Ellen G. White
Die Geschichte der Hoffnung

VOM SCHATTEN ZUM LICHT
DER GROSSE KAMPF ZWISCHEN GUT UND BÖSE

Die Geschichte der Hoffnung

VOM SCHATTEN ZUM LICHT

DER GROSSE KAMPF ZWISCHEN
GUT UND BÖSE

ELLEN G. WHITE

Titel der englischen Originalausgabe
»The Great Controversy Between Christ and Satan«
© 1911 by Mrs. Ellen G. White
Vollständig revidierte Ausgabe

Projektleitung: Christian Alt, Dominik Maurer, Franz Mössner
Chefredaktor und technische Leitung: Gunther Klenk
Textbearbeitung: Hans Peter Pavlik, Günter Fraatz, Ulrike Pelczar,
  Heinz Schaidinger, Gunther Klenk, Christian Alt
Redaktionelle Berater: Daniel Heinz, Hans Heinz
Satz: Pierre Intering
Layout: Simon Eitzenberger
Titelfoto: istockphoto.com/Igor Zhuravlov
Druck: GGP Media GmbH, D-07381 Pößneck

Zusätzlich zu den genannten Personen haben einige ehrenamtliche Helfer einen beachtlichen Einsatz zur Realisierung dieses Projektes geleistet.

Zwischenüberschriften und Anhänge entstammen nicht der Feder der Autorin, sondern wurden von den Redaktionen der herausgebenden Verlage erstellt.

Aufgrund des unterschiedlichen Seitenumbruchs bei der bebilderten Premium-Ausgabe dieses Werkes wird beim Zitieren aus diesem Buch empfohlen, neben dem Titel auch die Bezeichnung »Textausgabe« hinzuzufügen (abgekürzt: VSL-T).

9. Auflage 2021
© 2011 Advent-Verlag Schweiz, www.advent-verlag.ch
Postanschrift: CH-3704 Krattigen, Leissigenstraße 17
Verlagsarchivnummer 4570221
ISBN 978-3-905008-88-3

© 2011 TOP LIFE Wegweiser-Verlag GmbH, Wien, www.toplife-center.com
Postanschrift: A-1210 Wien, Prager Straße 287
Verlagsarchivnummer 020221
ISBN 978-3-900160-77-7

Das Werk einschließlich aller seiner Teile ist urheberrechtlich geschützt. Jede Verwertung außerhalb der engen Grenzen des Urheberrechtsgesetzes ist ohne Zustimmung der Verlage unzulässig und strafbar. Das gilt insbesondere für Vervielfältigungen, Übersetzungen, Mikroverfilmungen und die Verarbeitung in elektronischen Systemen.

Alle Rechte vorbehalten.

Printed in Germany.

VORWORT

Wer über Welt, Weltgeschichte, Politik und über das eigene Leben nachdenkt, stellt sich irgendwann die grundsätzliche Frage: Liegt in dem immer wiederkehrenden Kreislauf von Leid und Glück, Erfolg und Misserfolg, Krieg und Frieden, Leben und Tod ein tieferer Sinn oder ist alles nur ein Wechselspiel des Zufalls? Ist der Mensch den sinnlosen Launen eines unveränderlichen Schicksals ausgeliefert oder lässt sich irgendwo ein »roter Faden« erkennen?

Es gibt prinzipiell zwei verschiedene Wege der Weltbetrachtung, den griechisch-philosophischen und den christlich-prophetischen. Für die Griechen war die Welt vor allem Kosmos. Ihr Denken kreiste um Natur und Raum. An den Anfang setzten sie ewige Ur-Elemente wie Wasser, Luft oder Feuer und begründeten daraus die Naturwissenschaften. Für den Christen jedoch erschließt sich die Welt als eine Geschichte mit Anfang und Ziel. Schon lange bevor Cicero sagen konnte, Sokrates habe die Philosophie von den Sternen zu den Menschen herabgeholt, wussten die biblischen Propheten vom Gott Abrahams, Isaaks und Jakobs zu künden, der mit den Menschen einen Bund geschlossen hat. Erst dieses Wissen um Anfang und Ende der Welt sowie der Glaube an einen Gott als Schöpfer, Erlöser und Vollender eröffnen einen völlig neuen Horizont und eine beständige Hoffnung.

Dieser Horizont offenbart, dass in der Geschichte ein großer Kampf zwischen Gut und Böse tobt, in den jeder Mensch hineingestellt ist. »Wer an Jesus glaubt, der wird nicht gerichtet; wer aber nicht glaubt, der ist schon gerichtet«, schreibt der Evangelist Johannes (3,18). Damit sind wir alle zur Entscheidung gerufen, uns Jesus, dem Herrn der Welt, anzuvertrauen und ihm hoffnungsvoll auf dem Weg zu einer neuen Welt zu folgen.

Leider verließ die frühe Kirche schon bald das Vorbild der Urgemeinde Jesu und mit der Reichs- und Papstkirche trat ein fortschreitender Verfall ein. Daher musste die große Reformation des 16. Jahrhunderts kommen, deren Führer sich bemühten, die Kirche von vielen Missbräuchen und Irrtümern zu läutern. Erst mit dem Aufkommen der Täuferbewegung trat wieder die neutestamentliche Glaubensgemeinde an die Stelle der Volkskirche. Weitere Erweckungsbewegungen im 19. Jahrhundert haben diesen Weg der Rückkehr zum ursprünglichen biblischen Glauben fortgesetzt. Diesem Weg sieht sich die weltweite Adventbewegung heute verpflichtet und davon leitet sie ihr Selbstverständnis und ihren reformatorischen Auftrag ab.

Im vorliegenden Werk »Vom Schatten zum Licht«, das nun genau 100 Jahre nach der englischen Originalausgabe von 1911 in einer neuen deutschsprachigen Vollausgabe vorliegt, entwirft die Autorin vor unseren Augen ein gewaltiges Panorama der 2000-jährigen Geschichte des Christentums. Sie spricht eine klare Sprache, die an manchen Stellen nicht dem heutigen ökumenischen Empfinden* entspricht. Sie verteidigt inhaltlich jedoch die biblisch-reformatorische Position. Das Buch beschließt die geschichtliche Schau mit der entscheidenden Frage um die Hoffnung und die Vollendung am Ende der Zeit. Dabei macht sie deutlich: Der Triumph des Evangeliums liegt nicht hinter sondern vor uns. Es ist diese auf den zweiten Advent Jesu gerichtete Hoffnung, die uns auch heute noch, angesichts der Möglichkeit totaler Vernichtung durch Großgefahren und Katastrophen, nicht daran zweifeln lässt, dass durch alle Wirrnisse der Menschheitsgeschichte ein Weg zum Reich Gottes führt. Das vorliegende Buch möchte helfen, diesen Weg zu finden und mutig zu beschreiten.

Daniel Heinz

---

* Siehe Artikel im Anhang »Der römische Katholizismus – Kontinuität und Wandel«, S. 631-645

INHALT

Vorwort | 6
Einführung | 10

Teil 1 ABFALL UND TREUE

1. Die Zerstörung Jerusalems | 20
2. Treu in Verfolgung | 39
3. Geistliche Finsternis | 48
4. Die Waldenser | 59
5. John Wycliff | 75
6. Hus und Hieronymus | 90

Teil 2 DIE REFORMATION VERÄNDERT DIE WELT

7. Martin Luther bricht mit Rom | 114
8. Luther vor dem Reichstag | 136
9. Zwingli, der Reformator der Schweiz | 159
10. Fortschritt der Reformation in Deutschland | 171
11. Der Protest der Fürsten | 182
12. Die Reformation in Frankreich | 195
13. Die Niederlande und Skandinavien | 218
14. Späte englische Reformatoren | 225
15. Die Bibel und die Französische Revolution | 243

Teil 3 DIE REFORMATION GEHT WEITER

16. Zuflucht in der Neuen Welt | 266
17. Zeichen seines Kommens | 275
18. William Miller und das Buch Daniel | 290
19. Durch Finsternis zum Licht | 313
20. Eine große Erweckungsbewegung | 323
21. Weg von Gott – hin zur Welt | 340
22. Erfüllte Prophezeiungen | 354

| Teil 4 | **DIE ENTDECKUNG DES HIMMLISCHEN HEILIGTUMS** |

23	Die Bedeutung des Heiligtums	372
24	Im Allerheiligsten	385
25	Gottes Gesetz ist unveränderlich	393
26	Ein Werk der Erneuerung	409
27	Echte und falsche Heiligung	418
28	Das Untersuchungsgericht	434

| Teil 5 | **DAS GEHEIMNIS DES BÖSEN** |

29	Der Ursprung des Bösen	448
30	Die große Feindschaft	460
31	Gute und böse Engel	466
32	Die Schlingen Satans	472
33	Die erste große Täuschung	484
34	Der Betrug des Spiritismus	502

| Teil 6 | **STANDHAFT IM STURM** |

35	Gewissensfreiheit in Gefahr	514
36	Der kommende Kampf	532
37	Standhaft durch Gottes Wort	542
38	Die letzte Warnung	551
39	Die Zeit der Trübsal	560

| Teil 7 | **AM ENDE SIEGT DAS LICHT** |

40	Gottes Volk wird befreit	582
41	Die Verwüstung der Erde	598
42	Der Kampf ist zu Ende	607

ANHANG

Kirchengeschichtliche Zeittafel | 623
Der römische Katholizismus – Kontinuität und Wandel | 631
Glossar | 651
Ellen G. Whites Leben und Werk | 683
Verzeichnis der verwendeten Quellen | 689
Verwendete Bibelübersetzungen | 692
Abkürzungen der biblischen Bücher | 693

EINFÜHRUNG

Bevor die Sünde in die Welt kam, hatte Adam freien Zugang zu seinem Schöpfer, doch seitdem sich der Mensch durch Übertretung des göttlichen Willens von Gott getrennt hatte, wurde er von diesem großen Vorrecht ausgeschlossen. Durch den Erlösungsplan schuf Gott jedoch einen Weg, auf dem die Bewohner der Erde weiterhin mit dem Himmel in Verbindung treten können. Gott hat durch seinen Geist mit den Menschen gesprochen, und göttliches Licht wurde der Welt durch Offenbarungen über seine erwählten Diener geschenkt. »Getrieben von dem Heiligen Geist haben Menschen im Namen Gottes geredet.« (2. Petrus 1,21)

In den ersten 2.500 Jahren der menschlichen Geschichte gab es keine schriftlich aufgezeichnete Offenbarung. Menschen, denen sich Gott mitgeteilt hatte, gaben ihre Erkenntnis mündlich an andere weiter, und so wurde dieses Wissen von den Vätern zu den Söhnen über Generationen hinweg weitergetragen. Zur Zeit Moses begann man damit, die überlieferten Worte aufzuschreiben. Die inspirierten Offenbarungen Gottes wurden damals in einem Buch zusammengefasst. Während eines langen Zeitraums von 1.600 Jahren setzte sich dieser Vorgang fort – von Mose, dem Berichterstatter der Schöpfung und der Gesetzgebung, bis zu Johannes, der die eindrucksvollsten Wahrheiten des Evangeliums niederschrieb.

Die Bibel weist auf Gott als ihren Verfasser hin, doch sie wurde von Menschenhand geschrieben, und die verschiedenen Ausdrucksformen ihrer Bücher zeigen Merkmale der jeweiligen Schreiber. Die Wahrheiten sind alle offenbart worden, »von Gott eingegeben« (2. Timotheus 3,16), doch sie wurden in menschlichen Worten aufgeschrieben. Der Unendliche hat durch seinen Heiligen Geist den Verstand und das Herz seiner Diener erleuchtet. Er hat Träume und Gesichte, Symbole und Bilder gegeben, und diejenigen, denen die Wahrheit auf diese Weise offenbart wurde, haben die Gedanken in menschlichen Worten zum Ausdruck gebracht.

Die Zehn Gebote sprach Gott selbst und schrieb sie mit seiner eigenen Hand nieder. Sie sind göttlichen, nicht menschlichen Ursprungs. Die Bibel hingegen mit ihren göttlichen Wahrheiten ist in menschlicher Sprache verfasst. Sie bildet eine spezielle Verbindung des Göttlichen mit dem Menschlichen. Eine ähnliche Verbindung bestand auch in Christus, dem Sohn Gottes und dem Menschensohn. Daher kann man von der Bibel wie auch von Christus sagen: »Das Wort wurde Fleisch und wohnte unter uns« (Johannes 1,14 Elb.).

Die Bücher der Heiligen Schrift wurden in verschiedenen Epochen von Menschen geschrieben, die nach ihrer gesellschaftlichen Stellung, ihrem Beruf, ihren geistigen und geistlichen Fähigkeiten sehr unterschiedlich waren. Deshalb finden wir nicht nur stilistisch große Unterschiede in diesen Büchern, sondern auch eine Vielfalt in der Art, wie die Themen dargestellt werden. Die Schreiber bedienten sich unterschiedlicher Ausdrucksweisen. Oft wird dieselbe Wahrheit von dem einen nachdrücklicher betont als von dem andern, und wo mehrere Schreiber dasselbe Thema unter anderen Gesichtspunkten und Umständen darstellen, mag der oberflächliche, nachlässige oder voreingenommene Leser Ungereimtheiten oder Widersprüche sehen, während der nachdenkende, gottesfürchtige Forscher mit klarerer Einsicht eine grundlegende Übereinstimmung erkennt.

Indem die Wahrheit durch verschiedene Persönlichkeiten dargestellt wird, lernen wir sie aus immer neuen Blickwinkeln kennen. Ein Schreiber zeigt sich von der einen Seite eines Themas stärker beeindruckt, und er erfasst jene Dinge, die mit seiner Erfahrung, seinem Wahrnehmungsvermögen oder seinem Verständnis übereinstimmen. Ein Zweiter sieht es unter einem anderen Blickwinkel, aber jeder stellt unter der Leitung des Geistes Gottes das dar, was ihn am meisten beeindruckt. So beleuchtet jeder eine bestimmte Seite der Wahrheit, und gerade dadurch entsteht eine vollkommene Harmonie. Die Fakten, die dem Leser auf diese Weise dargeboten werden, verbinden sich zu einem vollendeten Ganzen, das den Bedürfnissen der Menschen unter allen Lebensumständen und Erfahrungen gerecht wird.

Gott wollte die Verkündigung seiner Wahrheit menschlichen Vermittlern anvertrauen. Er selbst hat durch seinen Heiligen Geist die Menschen dazu befähigt, diese Aufgabe wahrzunehmen. Er hat den Verstand des Einzelnen bei der Auswahl so gelenkt, dass jeder wusste, was er zu sagen oder zu schreiben hatte. Der Schatz ist irdischen Gefäßen anvertraut worden, und dennoch stammt er vom Himmel. Das Zeugnis wird mit unvollkommenen menschlichen Worten mitgeteilt und ist dennoch das Zeugnis Gottes. Ein gehorsames, gläubiges Kind Gottes sieht darin die Herrlichkeit einer göttlichen Macht, voller Gnade und Wahrheit.

In seinem Wort hat Gott dem Menschen das Wissen vermittelt, das für seine Erlösung notwendig ist. Die Heilige Schrift muss als eine maßgebliche, unfehlbare Offenbarung des göttlichen Willens angenommen werden. Sie ist der Maßstab für den Charakter, die Verkünderin von Grundlehren und der Prüfstein der Erfahrung. »Alle Schrift, von Gott eingegeben, ist nütze zur Lehre, zur Zurechtweisung, zur Besserung, zur Erziehung in der

Gerechtigkeit, dass der Mensch Gottes vollkommen sei, zu allem guten Werk geschickt.« (2. Timotheus 3,16.17)

Doch die Tatsache, dass Gott den Menschen seinen Willen durch sein Wort offenbarte, hat die beständige Gegenwart des Heiligen Geistes und seine Führung nicht überflüssig gemacht. Im Gegenteil, unser Erlöser verhieß den Heiligen Geist, um seinen Dienern das Wort zu öffnen, dessen Lehren zu erhellen und diese auch im täglichen Leben anzuwenden. Da die Bibel vom gleichen Geist inspiriert wurde, ist es unmöglich, dass der Heilige Geist Dinge lehrt, die in irgendeinem Punkt diesem Wort widersprechen.

Der Geist wurde nicht gegeben – und kann auch nie dazu verliehen werden –, um die Heilige Schrift zu ersetzen; denn die Schrift erklärt ausdrücklich, dass das Wort Gottes der Maßstab ist, an dem jede Lehre und jede Erfahrung geprüft werden muss. Der Apostel Johannes schrieb: »Glaubt nicht einem jeden Geist, sondern prüft die Geister, ob sie von Gott sind; denn es sind viele falsche Propheten ausgegangen in die Welt.« (1. Johannes 4,1) Und Jesaja erklärt: »Hin zur Weisung und hin zur Offenbarung! Werden sie das nicht sagen, so wird ihnen kein Morgenrot scheinen.« (Jesaja 8,20)

Durch die Irrtümer etlicher Menschen ist das Werk des Heiligen Geistes sehr in Misskredit geraten. Sie beanspruchen, von ihm erleuchtet zu sein, und behaupten, keine weitere Führung durch das Wort Gottes zu benötigen. Sie lassen sich von Eindrücken leiten, die sie für die Stimme Gottes im Herzen halten, aber der Geist, der sie beherrscht, ist nicht der Geist Gottes. Gefühlen nachzugeben, durch die das Studium der Heiligen Schrift vernachlässigt wird, kann nur zu Verwirrung, Täuschung und ins Verderben führen. Das dient nur dazu, die Pläne des Bösen zu unterstützen. Da die Wirksamkeit des Heiligen Geistes für die Gemeinde Christi außerordentlich wichtig ist, gehört es auch zu den Plänen Satans, durch die Irrtümer von Extremisten und Fanatikern das Werk des Geistes herabzusetzen und das Volk Gottes zu veranlassen, diese Kraftquelle, die uns der Herr selbst gegeben hat, zu vernachlässigen.

In Übereinstimmung mit dem Wort sollte der Heilige Geist während der ganzen Zeit der Verkündigung des Evangeliums sein Werk fortsetzen. Solange die Schriften des Alten und des Neuen Testaments niedergeschrieben wurden, hörte der Heilige Geist nie auf, zusätzlich zu den Offenbarungen, die Eingang in den biblischen Kanon fanden, einzelnen Personen Licht zu schenken. Die Bibel selbst berichtet, wie Menschen durch den Heiligen Geist in Angelegenheiten gewarnt, getadelt, beraten und belehrt wurden, die nichts mit der Weitergabe des Wortes zu tun hatten. Zu verschiedenen Zeiten werden z. B. Propheten erwähnt, über deren Tätigkeit nichts Schriftliches festgehalten wurde. In gleicher Weise sollte der Heilige Geist auch, nachdem der Kanon der Heiligen Schrift abgeschlossen war, weiterhin die Kinder Gottes erleuchten, warnen und trösten.

Jesus verhieß seinen Jüngern: »Der Tröster, der Heilige Geist, den mein Vater senden wird in meinem Namen, der wird euch alles lehren und euch an alles erinnern, was ich euch gesagt habe.« (Johannes 14,26) »Wenn aber jener, der Geist der Wahrheit, kommen wird, wird er euch in alle Wahrheit leiten ... und was zukünftig ist, wird er euch verkündigen.« (Johannes 16,13) Die Schrift lehrt eindeutig, dass diese Verheißungen in keiner Weise auf die Zeit der Apostel beschränkt sind, sondern für die Gemeinde Christi zu allen Zeiten gelten. Christus versicherte seinen Nachfolgern: »Siehe, ich bin bei euch alle Tage bis an der Welt Ende.« (Matthäus 28,20) Und Paulus erklärt, dass die Gaben und Offenbarungen des Geistes für die Gemeinde bestimmt waren, »damit die Heiligen zugerüstet werden zum Werk des Dienstes. Dadurch soll der Leib Christi erbaut werden, bis wir alle hingelangen zur Einheit des Glaubens und der Erkenntnis des Sohnes Gottes, zum vollendeten Mann, zum vollen Maß der Fülle Christi« (Epheser 4,12.13).

Für die Gläubigen in Ephesus betete der Apostel: »Der Gott unseres Herrn Jesus Christus, der Vater der Herrlichkeit, gebe euch den Geist der Weisheit und der Offenbarung, ihn zu erkennen. Und er gebe euch erleuchtete Augen des Herzens, damit ihr erkennt, zu welcher Hoffnung ihr von ihm berufen seid ... und wie überschwänglich groß seine Kraft an uns [ist], die wir glauben.« (Epheser 1,17-19) Paulus sprach für die Gemeinde in Ephesus die Bitte aus, dass der Dienst des göttlichen Geistes das Verständnis erleuchten und für die tiefen Dinge des Wortes Gottes empfänglich machen sollte.

Nach der wunderbaren Ausgießung des Heiligen Geistes zu Pfingsten ermahnte Petrus das Volk umzukehren und sich auf den Namen Jesu Christi zur Vergebung ihrer Sünden taufen zu lassen. Er sagte: »So werdet ihr empfangen die Gabe des Heiligen Geistes. Denn euch und euren Kindern gilt diese Verheißung und allen, die fern sind, so viele der Herr, unser Gott, herzurufen wird.« (Apostelgeschichte 2,38.39)

In unmittelbarem Zusammenhang mit dem Ablauf des großen Tages Gottes hat der Herr durch den Propheten Joel eine besondere Ausgießung seines Geistes verheißen. (Joel 3,1) Diese Vorhersage erfüllte sich teilweise durch die Ausgießung des Heiligen Geistes zu Pfingsten. Doch ihre volle Erfüllung wird sie erst durch die Offenbarung der Gnade Gottes beim Abschlusswerk des Evangeliums finden.

Der große Kampf zwischen Gut und Böse wird bis zum Ende der Zeit an Heftigkeit zunehmen. Zu allen Zeiten hat sich der Zorn Satans an der

Gemeinde Christi ausgelassen, und Gott hat seinem Volk seine Gnade und seinen Geist zu Hilfe geschickt, um es bei der Auseinandersetzung mit der Macht des Bösen zu stärken. Als die Apostel Christi sein Evangelium in die Welt hinaustragen und für alle zukünftigen Generationen schriftlich festhalten sollten, wurden sie besonders durch den Heiligen Geist erleuchtet. Wenn aber die Gemeinde Gottes der endgültigen Befreiung entgegengeht, wird Satan mit größerer Macht wirken. Er kommt »hinab und hat einen großen Zorn und weiß, dass er wenig Zeit hat« (Offenbarung 12,12). Er wird »mit großer Kraft und lügenhaften Zeichen und Wundern« wirken (2. Thessalonicher 2,9). Sechstausend Jahre lang hat es jener mächtige Geist, einst der höchste unter den Engeln Gottes, völlig auf Täuschung und Verderben abgesehen. All die Tiefen satanischer Fähigkeiten und Verschlagenheit, die er sich erworben hat, all die Grausamkeit, die er in diesen Kämpfen durch die Jahrhunderte entwickelte, setzt er im letzten Kampf gegen Gottes Volk ein. Und in dieser gefahrvollen Zeit sollen die Nachfolger Christi die Warnungsbotschaft von der Wiederkunft des Erlösers in die Welt hinaustragen und ein Volk vorbereiten, das »unbefleckt und untadelig« (2. Petrus 3,14) bei seiner Wiederkunft vor ihm stehen kann. Zu dieser Zeit braucht die Gemeinde die besondere Gabe der göttlichen Gnade und Macht nicht weniger als in den Tagen der Apostel.

Erleuchtet durch den Heiligen Geist sind mir, der Verfasserin dieser Seiten, die Ereignisse des lang anhaltenden Kampfes zwischen Gut und Böse gezeigt worden. Von Zeit zu Zeit wurde mir Einblick in den Ablauf des großen Kampfes gegeben, der zwischen Gut und Böse in den verschiedenen Zeitaltern zwischen Christus, dem Fürsten des Lebens, dem Urheber unserer Erlösung, und Satan, dem Fürsten des Bösen, dem Urheber der Sünde, dem ersten Übertreter von Gottes heiligem Gesetz, tobt. Satans Feindschaft gegen Christus zeigt sich in der Feindschaft gegen dessen Nachfolger. Den gleichen Hass gegen die Richtlinien des Gesetzes, die gleiche Verführungstaktik, durch die Irrtum als Wahrheit erscheint, durch die Menschengesetze das Gesetz Gottes ersetzen und Menschen verführt werden, das Geschöpf statt den Schöpfer anzubeten, kann man durch die ganze Geschichte verfolgen. Satan bemüht sich, Gottes Wesen falsch darzustellen, Menschen zu veranlassen, eine falsche Vorstellung vom Schöpfer zu haben und ihm mit Angst statt mit Liebe zu begegnen. Es ist sein Anliegen, das göttliche Gesetz beiseitezuschieben und die Menschen dahin zu bringen, zu meinen, dass sie von den Forderungen Gottes entbunden seien. Durch alle Jahrhunderte wurden jene, die es wagten, sich seinen Täuschungen zu widersetzen, unentwegt verfolgt. Das kann zurückverfolgt werden bis in die Geschichte der

Patriarchen, der Propheten, der Apostel, der Märtyrer und der Reformatoren.

Im letzten großen Kampf wird Satan dasselbe Verfahren anwenden, denselben Geist offenbaren und nach demselben Ziel streben wie in allen vergangenen Zeitaltern. Was gewesen ist, wird wieder sein, ausgenommen, dass der kommende Kampf alles bisher Geschehene an Heftigkeit übertreffen wird. Satans Täuschungen werden listiger, seine Angriffe entschlossener sein. Wenn es möglich wäre, würde er selbst die Auserwählten verführen (vgl. Markus 13,22).

Als mir der Geist Gottes die großen Wahrheiten seines Wortes und die Ereignisse der Vergangenheit und der Zukunft zeigte, wurde ich gebeten, anderen weiterzugeben, was mir offenbart worden war – die Geschichte des Kampfes in der Vergangenheit zu verfolgen und sie so nachzuzeichnen, dass dadurch Licht auf den rasch herannahenden Kampf in der Zukunft geworfen wird. Ich habe mich bemüht, solche Ereignisse aus der Kirchengeschichte auszuwählen und zusammenzufassen, die zeigen, wie die großen entscheidenden Wahrheiten der Welt in den verschiedenen Zeitepochen mitgeteilt wurden, die dann den Zorn Satans und die Feindschaft einer Kirche, die die Welt liebt, erregten und die von denen bewahrt wurden, die »ihr Leben nicht geliebt [haben], bis hin zum Tod« (Offenbarung 12,11).

Durch diese Berichte können wir uns ein Bild von dem vor uns liegenden Kampf machen. Wenn wir sie im Licht der Heiligen Schrift betrachten und sie durch den Heiligen Geist beleuchten lassen, werden die Schliche des Bösen aufgedeckt und die Gefahren zum Vorschein kommen, die diejenigen meiden müssen, die beim Kommen des Herrn als »untadelig« angesehen werden wollen.

Die großen Ereignisse, die den Fortschritt der geistlichen Erneuerung in den vergangenen Jahrhunderten zeigen, sind gut bekannt und von der protestantischen Welt allgemein anerkannt worden. Es sind Fakten, die niemand bestreiten kann. Diesen Ablauf habe ich in Anbetracht des Ziels dieses Buches und der Kürze, die notwendigerweise beachtet werden musste, kurz dargestellt und so zusammengefasst, wie es zu ihrem richtigen Verständnis nötig war. In einigen Fällen, in denen ein Historiker Ereignisse so zusammengestellt hat, dass sie kurz eine umfassende Sicht des Themas wiedergaben oder Einzelheiten passend zusammenfassten, wurden seine Aussagen zitiert. An manchen Stellen wurde jedoch kein besonderer Hinweis auf die Quelle gegeben, da das Zitat nicht übernommen wurde, um den Autor als Autorität hinzustellen, sondern einfach weil seine Ausführung eine gute und ausdrucksvolle Darstellung des Themas ist. Bei der Wiedergabe von

Erfahrungen und Ansichten derjenigen, die in unserer Zeit das Werk der Reformation weiterführten, wurde in ähnlicher Weise aus ihren veröffentlichten Werken zitiert.

Es ist nicht so sehr die Absicht dieses Buches, neue Wahrheiten über die Auseinandersetzungen früherer Zeiten darzustellen, sondern vielmehr Tatsachen und Grundsätze hervorzuheben, die für zukünftige Ereignisse eine Bedeutung haben. Doch wenn man die Berichte aus der Vergangenheit als Teil der Auseinandersetzung zwischen den Mächten des Lichts und der Finsternis ansieht, erhalten sie eine neue Bedeutung. Durch sie wird ein Licht auf die Zukunft geworfen und der Pfad derer erhellt, die – wie die früheren Reformatoren – berufen wurden, selbst auf die Gefahr hin, alle irdischen Güter zu verlieren, Zeugnis abzulegen »um des Wortes Gottes willen und des Zeugnisses von Jesus« (Offenbarung 1,9).

Es ist die Absicht dieses Buches, die Ereignisse des großen Kampfs zwischen Wahrheit und Irrtum offenzulegen, die Tücken Satans anzuprangern und zu zeigen, wie man ihnen erfolgreich widerstehen kann. Es soll eine befriedigende Antwort auf das große Problem des Bösen gegeben werden. Dieses Buch wirft Licht auf die Entstehung und endgültige Vernichtung der Sünde. Dabei wird die Gerechtigkeit und große Güte Gottes bei der Behandlung seiner Geschöpfe ganz deutlich. Schließlich zeigt es den heiligen und unwandelbaren Charakter des Gesetzes. Dass durch dieses Buch Menschen von der Macht der Finsternis befreit und Teilhaber am »Erbteil der Heiligen im Licht« (Kolosser 1,12) werden, zum Lob dessen, der uns geliebt und sich selbst für uns gegeben hat, ist das aufrichtige Gebet der Verfasserin.

Ellen G. White

TEIL 1

ABFALL UND TREUE

*»Sei treu bis in den Tod,
und ich werde dir die Krone des
Lebens geben.«*

Offenbarung 2,10 ZÜ

KAPITEL 1

DIE ZERSTÖRUNG JERUSALEMS

»Wenn doch auch du erkenntest zu dieser Zeit, was zum Frieden dient! Aber nun ist's vor deinen Augen verborgen. Denn es wird eine Zeit über dich kommen, da werden deine Feinde um dich einen Wall aufwerfen, dich belagern und von allen Seiten bedrängen, und werden dich dem Erdboden gleichmachen samt deinen Kindern in dir und keinen Stein auf dem andern lassen in dir, weil du die Zeit nicht erkannt hast, in der du heimgesucht worden bist.« (Lukas 19,42-44)

JESUS WEINT ÜBER JERUSALEM

Von der Höhe des Ölbergs schaute Jesus auf Jerusalem hinunter. Lieblich und friedlich breitete sich die Landschaft vor ihm aus. Es war die Zeit des Passafestes, und aus allen Ländern hatten sich die Nachkommen Jakobs versammelt, um dieses große Nationalfest zu feiern. Inmitten von Gärten und Weinbergen, die von den Zelten der Pilger besetzt waren, erhoben sich terrassenförmig die Hügel der Hauptstadt Israels mit ihren stattlichen Palästen und massiven Bollwerken. Die Tochter Zions schien mit Stolz zu sagen: »Ich bin eine Königin ... und Leid werde ich nicht sehen.« (Offenbarung 18,7) Sie war anmutig und glaubte in der Gunst des Himmels zu stehen, genauso wie vor Jahrhunderten, als der Hofsänger formulierte:»Schön ragt empor der Berg Zion, daran sich freut die ganze Welt ... die Stadt des großen Königs.« (Psalm 48,3) Unmittelbar vor ihm lagen die prächtigen Gebäude des Tempels. Die Strahlen der sinkenden Sonne ließen den schneeweißen Marmor seiner Mauern aufleuchten und wurden vom goldenen Tor, den Türmen und Zinnen reflektiert. In vollendeter Schönheit stand Zion da, der Stolz der jüdischen Nation. Bei welchem Kind Israels hätte dieser Anblick nicht begeisterte Bewunderung hervorgerufen! Doch Jesus empfand etwas ganz anderes.»Als er nahe hinzukam, sah er die Stadt und weinte über sie.« (Lukas 19,41) Inmitten der allgemeinen Freude seines triumphalen Einzugs, während unter wedelnden Palmzweigen die fröhlichen Hosiannarufe von den umliegenden Hügeln widerhallten und ihn tausende von Stimmen zum König ausriefen, überkam den Erlöser der Welt plötzlich ein geheimnisvoller Kummer. Der Sohn Gottes, der Verheißene Israels, dessen Macht den Tod bezwungen und seine Gefangenen aus den Gräbern hervorgerufen hatte, brach in Tränen aus. Es waren nicht die Tränen eines gewöhnlichen Kummers, sondern einer unaussprechlichen, intensiven Seelenangst.

Seine Tränen flossen nicht um seinetwillen, obgleich er genau wusste, wohin ihn sein Weg führte. Vor ihm lag Gethsemane, der Schauplatz seines bevorstehenden Leidens. Auch das Schaftor war zu sehen, durch welches jahrhundertelang Opfertiere getrieben wurden und das nun für ihn offen stand, wenn er »wie ein Lamm ... zur Schlachtbank geführt« (Jesaja 53,7) werden sollte. Nicht weit davon entfernt lag Golgatha, die Stätte der Kreuzigung. Über den Weg, den Christus bald betreten sollte, würden demnächst die Schrecken einer großen Finsternis fallen, wenn er sein Leben zum Opfer für die Sünde hingäbe. Doch es waren nicht die Gedanken an diese Ereignisse, die in dieser Stunde allgemeiner Fröhlichkeit Schatten auf ihn warfen. Keine Vorahnung seiner übermenschlichen Todesangst betrübte seinen opferbereiten Geist. Er beweinte das Schicksal von Tausenden in Jerusalem, weil sie blind und unbußfertig waren, obwohl er gekommen war, um sie zu segnen und zu retten.

Die Geschichte von mehr als tausend Jahren göttlicher Führung und schützender Fürsorge, die das auserwählte Volk erlebt hatte, lag offen vor Jesu Augen. Dort war der Berg Morija, auf dem der verheißene Sohn (Isaak) als widerstandsloses Schlachtopfer an den Altar gebunden worden war (vgl. 1. Mose 22,9), ein Symbol für das Opfer des Sohnes Gottes. Dort war der Segensbund, die großartige messianische Verheißung, dem Vater der Gläubigen bestätigt worden. (1. Mose 22,16-18) Dort stiegen die Flammen des Opfers von der Tenne Araunas zum Himmel empor und wandten das Schwert des Würgeengels ab (vgl. 1. Chronik 21), ein passendes Symbol für das Opfer des Erlösers und seinen Mittlerdienst für die schuldige Menschheit. Jerusalem war von Gott vor der ganzen Welt geehrt worden. Denn der Herr hatte »Zion erwählt«, und es gefiel ihm, »dort zu wohnen« (Psalm 132,13). Dort hatten die heiligen Propheten jahrhundertelang ihre Warnungsbotschaften verkündigt. Dort hatten die Priester ihre Räuchergefäße geschwungen, und der Weihrauch war mit den Gebeten der Frommen zu Gott aufgestiegen. Hier hatte man täglich das Blut der geopferten Lämmer dargebracht, die auf das Lamm Gottes hinwiesen. Dort hatte Jahwe in der Wolke der Herrlichkeit über dem Gnadenstuhl seine Gegenwart offenbart. Dort stand der Fuß jener geheimnisvollen Leiter, welche die Erde mit dem Himmel verband (1. Mose 28,12; Johannes 1,51), jener Leiter, auf der die Engel Gottes auf- und niederstiegen und die der Welt den Weg in das Allerheiligste öffnete. Hätte Israel als Nation dem Himmel die Treue bewahrt, würde Jerusalem, die auserwählte Stadt Gottes, ewig gestanden haben. (Jeremia 17,21-25) Aber die Geschichte jenes bevorzugten Volks war gekennzeichnet von Abfall und Aufruhr. Sie hatten sich der Gnade des Himmels widersetzt, ihre Vorrechte missbraucht und die ihnen gebotenen Gelegenheiten verschmäht.

Obwohl die Israeliten die Boten Gottes verspotteten und seine Worte verachteten und seine Propheten verhöhnten (vgl. 2. Chronik 36,16), hatte er sich ihnen doch immer noch als der »Herr, Gott, barmherzig und gnädig und geduldig und von großer Gnade und Treue« (2. Mose 34,6) gezeigt. Obwohl sie ihn immer wieder zurückwiesen, setzte er sich stets erneut für sie ein. Mit mehr als erbarmungsvoller Liebe eines Vaters in der Fürsorge für seinen Sohn ließ Gott »immer wieder gegen sie reden durch seine Boten; denn er hatte Mitleid mit seinem Volk und seiner Wohnung«. (2. Chronik 36,15) Nachdem alle Ermahnungen, Bitten und Zurechtweisungen erfolglos geblieben waren, sandte er ihnen die beste Gabe des Himmels, ja, er schüttete den ganzen Himmel in jener einen Gabe über sie aus.

GOTT GAB SEIN BESTES

Der Sohn Gottes selbst wurde gesandt, um die unbußfertige Stadt zur Umkehr zu bewegen. War es doch Christus, der Israel als einen guten Weinstock aus Ägypten geholt hatte. (Psalm 80,9) Durch seine eigene Hand wurden die Heiden vor ihnen vertrieben. Den Weinstock pflanzte er »auf einer fetten Höhe«. In seiner Fürsorge baute er einen Zaun um ihn herum und sandte seine Knechte aus, damit sie seinen Weinstock pflegten. »Was sollte man noch mehr tun an meinem Weinberg, das ich nicht getan habe an ihm? Warum hat er denn schlechte Trauben gebracht, während ich darauf wartete, dass er gute brächte?« (Jesaja 5,1-4) Doch als er gute Trauben suchte, brachte er nur wilde Früchte. Dann suchte er persönlich seinen Weinberg auf und hoffte immer noch sehnsüchtig, Früchte zu ernten, damit dieser vielleicht vor dem Verderben bewahrt werden könnte. Er grub ihn um, beschnitt und pflegte ihn. Unermüdlich versuchte er, seinen Weinberg zu retten, den er mit eigenen Händen gepflanzt hatte.

Drei Jahre lang ging der Herr des Lichts und der Herrlichkeit unter seinem Volk ein und aus. Er ist »umhergezogen und hat Gutes getan und alle gesund gemacht, die in der Gewalt des Teufels waren«. (Apostelgeschichte 10,38)

Er befreite die Verzweifelten, gab den Gebundenen die Freiheit, machte Blinde sehend, Lahme gehend und Taube hörend. Er reinigte Aussätzige, weckte Tote auf und predigte den Armen das Evangelium. (Lukas 4,18; Matthäus 11,5) An alle Gesellschaftsschichten richtete er den gnädigen Ruf: »Kommet her zu mir alle, die ihr mühselig und beladen seid; ich will euch erquicken.« (Matthäus 11,28)

Obgleich ihm Gutes mit Bösem und Liebe mit Hass vergolten wurde (Psalm 109,5), tat er doch unentwegt seinen Dienst der Barmherzigkeit. Nie wurden diejenigen abgewiesen, die seine Gnade gesucht hatten. Er war selbst ein heimatloser Wanderer, und Schande und Entbehrung waren sein tägliches Los, doch er lebte, um die Nöte und Leiden der Menschen zu lindern und um Menschen zu bewegen, das Geschenk des Lebens anzunehmen. Die Wogen der Gnade, die sich an jenen halsstarrigen Herzen brachen, wogten in einer noch stärkeren Flut mitleidsvoller und unaussprechlicher Liebe zurück. Aber Israel hatte sich von seinem besten Freund und einzigen Helfer abgewandt, hatte die Mahnungen seiner Liebe verachtet, seine Ratschläge verschmäht, über seine Warnungen gelacht.

Die Stunde der Hoffnung und der Gnade neigte sich schnell dem Ende zu, die Schale des lange zurückgehaltenen Zorns Gottes war nahezu voll. Die drohende Wolke, die sich in den Jahren des Abfalls und des Aufruhrs gebildet hatte, war jetzt schwarz, weckte böse Vorahnungen und war im Begriff, sich über ein schuldiges Volk zu entladen. Derjenige aber, der sie vor ihrem bevorstehenden Schicksal hätte bewahren können, wurde verachtet, misshandelt, verworfen und sollte bald gekreuzigt werden. Wenn Christus am Kreuz von Golgatha hängen würde, sollten die Tage Israels als bevorzugte und gesegnete Nation zu Ende sein. Der Verlust eines einzigen Menschen ist ein Unglück, das unendlich schwerer wiegt als irdischer Reichtum und Gewinn. Als Christus auf Jerusalem blickte, sah er das Schicksal einer ganzen Stadt, einer ganzen Nation vor sich. Jene Stadt, jene Nation war einst die Auserwählte Gottes, sein besonderes Eigentum.

Propheten hatten über den Abfall der Kinder Israel und die schrecklichen Verwüstungen geweint, die Folgen ihrer Sünden gewesen waren. Jeremia hatte sich gewünscht, dass seine Augen Tränenquellen gewesen wären, um Tag und Nacht die Erschlagenen der Tochter seines Volks und der gefangenen und weggeführten Herde seines Herrn beweinen zu können. (Jeremia 8,23; 13,17) Welchen Schmerz muss da Christus empfunden haben, dessen prophetischer Blick nicht Jahre, sondern ganze Zeitalter umfasste! Er sah, wie der Würgeengel sein Schwert gegen die Stadt erhob, die so lange die Wohnung Jahwes gewesen war. Von der Kuppe des Ölbergs, von derselben

Stelle aus, die später von Titus und seinem Heer besetzt wurde, schaute er über das Tal auf die heiligen Höfe und Säulenhallen. Obwohl Tränen seine Augen trübten, erkannte er doch in einer schrecklichen Vision, wie feindliche Heere die Mauern der Stadt umzingelten. Er hörte die stampfenden Schritte der Heere, die zum Krieg aufmarschierten. Er hörte die Stimmen von Müttern und Kindern, wie sie in der belagerten Stadt nach Brot schrien. Er sah, wie ihr heiliger und prächtiger Tempel, ihre Paläste und Türme in Flammen aufgingen, wie dort, wo sie einst standen, ein rauchender Trümmerhaufen übrig blieb.

IHR HABT NICHT GEWOLLT

Er überschaute die Jahrhunderte und sah das Volk des Bundes zerstreut in alle Länder, wie Wrackteile an einer verlassenen Meeresküste. In dieser irdischen Strafe, die auf die Bewohner der Stadt herabfiel, sah er nur den ersten Schluck aus jener Zornesschale, die sie beim letzten Gericht bis zur Neige leeren müssen. Sein göttliches Erbarmen und seine mitleidsvolle Liebe fanden ihren Ausdruck in den klagenden Worten: »Jerusalem, Jerusalem, die du tötest die Propheten und steinigst, die zu dir gesandt sind! Wie oft habe ich deine Kinder versammeln wollen, wie eine Henne ihre Küken versammelt unter ihre Flügel; und ihr habt nicht gewollt!« (Matthäus 23,37) O hättest du die Zeit deiner Heimsuchung erkannt und was deinem Frieden diente, die du von allen Völkern bevorzugt warst! Ich habe den Engel des Gerichts aufgehalten, ich habe dich zur Umkehr gerufen, aber umsonst. Nicht nur Knechte, Boten und Propheten hast du abgewiesen, auch den Heiligen Israels, deinen Erlöser, hast du verworfen. Wenn du vernichtet wirst, so bist du allein dafür verantwortlich. »Ihr wollt nicht zu mir kommen, dass ihr das Leben hättet« (Johannes 5,40).

Jerusalem war für Christus das Symbol einer Welt, die durch Unglaube und Aufruhr verstockt war und dem Vergeltungsgericht Gottes entgegen eilte. Die Leiden einer gefallenen Welt lagen drückend auf ihm und rangen seinen Lippen diesen außerordentlich bitteren Aufschrei ab. Er sah im menschlichen Elend, in den Tränen und im Blut die Spuren der Sünde. Sein Herz wurde von unendlichem Mitleid mit den Hilflosen und Leidenden dieser Erde gerührt. Er sehnte sich danach, ihnen allen Erleichterung zu verschaffen. Aber selbst seine Hand konnte die Flut menschlichen Elends nicht abwenden, denn nur wenige würden sich an die einzige Hilfsquelle wenden. Er war bereit, in den Tod zu gehen, um ihnen die Erlösung zu ermöglichen. Aber nur wenige würden zu ihm kommen, um das Leben zu erhalten.

Die Majestät des Himmels in Tränen! Der Sohn des ewigen Gottes niedergebeugt in Seelenangst! Dieser Anblick setzte den ganzen Himmel in Erstaunen. Dieses Bild verdeutlicht uns die außerordentliche Sündhaftigkeit der Sünde. Es zeigt, welch schwere Aufgabe es selbst für die göttliche Allmacht ist, die Schuldigen vor den Folgen der Übertretung des Gesetzes Gottes zu retten. Als Jesus in die Zukunft und auf die Menschen der letzten Tage blickte, sah er, dass die Welt einer ähnlichen Täuschung verfallen würde wie jene, die den Fall Jerusalems bewirkte. Die große Sünde der Juden war, dass sie Christus verwarfen. Das große Vergehen der christlichen Welt wird die Ablehnung des Gesetzes Gottes sein, der Grundlage seiner Regierung im Himmel und auf Erden. Die Gebote Jahwes werden verachtet und verworfen. Millionen verfallen der Knechtschaft der Sünde und werden zu Sklaven Satans und deshalb zum zweiten Tod verdammt, weil sie es in der Zeit der Gnade unterließen, auf das Wort der Wahrheit zu hören. Welch schreckliche Blindheit, welch seltsame Verblendung!

DER ERSTE UND DER ZWEITE TEMPEL

Zwei Tage vor dem Passafest, als Christus zum letzten Mal den Tempel verließ, nachdem er die Scheinheiligkeit der jüdischen Obersten bloßgestellt hatte, ging er mit seinen Jüngern wieder zum Ölberg und setzte sich mit ihnen auf einen grasbedeckten Abhang, von wo man die Stadt überblicken konnte. Noch einmal schaute er auf ihre Mauern, Türme und Paläste. Noch einmal betrachtete er den Tempel in seiner glänzenden Pracht – ein Diadem der Schönheit, die Krone des heiligen Berges.

Tausend Jahre zuvor pries der Psalmist die Güte Gottes für Israel, weil er das heilige Haus der Israeliten zu seiner Wohnung gemacht hatte. »So erstand in Salem sein Zelt und seine Wohnung in Zion.« (Psalm 76,3) Er »erwählte den Stamm Juda, den Berg Zion, den er lieb hat. Er baute sein Heiligtum wie Himmelshöhen, wie die Erde, die er gegründet hat für immer« (Psalm 78,68.69). Der erste Tempel war in der Glanzzeit der Geschichte Israels gebaut worden. Dafür hatte König David einen großen Vorrat an Schätzen angelegt, und die Pläne für den Bau waren durch göttliche Eingebung entworfen worden (vgl. 1. Chronik 28,12.19). Salomo, der weiseste Herrscher Israels, hatte das Werk vollendet. Dieser Tempel war das herrlichste Gebäude, das die Welt je gesehen hat. Trotzdem erklärte der Herr durch den Propheten Haggai mit Blick auf den zweiten Tempel: »Es soll die Herrlichkeit dieses neuen Hauses größer werden, als die des ersten gewesen ist. ... Ja, alle Heiden will ich erschüttern. Da sollen dann kommen aller Völker Kostbarkeiten, und ich will dies Haus voll Herrlichkeit machen, spricht der Herr Zebaoth.« (Haggai 2,9.7)

Nach der Zerstörung des Tempels durch Nebukadnezar wurde er etwa fünfhundert Jahre vor Christi Geburt von einem Volk wieder aufgebaut, das nach einer lebenslangen Verbannung in ein verwüstetes und nahezu menschenleeres Land zurückgekehrt war. Unter den Rückkehrern befanden sich alte Männer, welche die Herrlichkeit des salomonischen Tempels gesehen hatten und die nun bei der Grundsteinlegung des neuen Gebäudes weinten, weil es so geringer sein musste als das frühere. Das damals vorherrschende Gefühl wird von dem Propheten eindringlich beschrieben: »Wer ist unter euch noch übrig, der dies Haus in seiner früheren Herrlichkeit gesehen hat? Und wie seht ihr's nun? Sieht es nicht wie nichts aus?« (Haggai 2,3; Esra 3,12) Dann aber wurde die Verheißung gegeben, dass die Herrlichkeit dieses letzten Hauses größer sein sollte als die des ersten.

Doch der zweite Tempel erreichte weder die Pracht des ersten, noch wurde er wie der erste durch das sichtbare Zeichen der göttlichen Gegenwart geheiligt. Keine übernatürliche Macht offenbarte sich bei seiner Einweihung. Keine Wolke der Herrlichkeit erfüllte das neu errichtete Heiligtum. Kein Feuer fiel vom Himmel hernieder, um das Opfer auf dem Altar zu verzehren. Die Herrlichkeit Gottes thronte nicht mehr zwischen den Cherubim im Allerheiligsten. Es gab darin keine Bundeslade, keinen Gnadenstuhl und keine Gesetzestafeln. Keine Stimme erscholl vom Himmel, um dem fragenden Priester den Willen Jahwes kundzutun.

Jahrhundertelang hatten die Juden vergebens versucht, zu belegen, dass die durch Haggai ausgesprochene Verheißung Gottes in Erfüllung gegangen sei, doch Stolz und Unglauben verblendeten ihren Geist, sodass sie die wahre Bedeutung der Worte des Propheten nicht verstehen konnten. Der zweite Tempel wurde nicht durch die Wolke der Herrlichkeit des Herrn geehrt, sondern durch die lebendige Gegenwart des Einen, in dem die Fülle der Gottheit leibhaftig wohnte – der selbst Gott war und sich im Fleisch offenbarte. Der von allen Völkern Ersehnte (vgl. Haggai 2,7) war tatsächlich in seinen Tempel gekommen, als der Mann von Nazareth in den heiligen Hallen lehrte und heilte. Durch die Gegenwart Christi, und nur dadurch, übertraf der zweite Tempel die Herrlichkeit des ersten. Aber Israel stieß die angebotene Gabe des Himmels von sich. Mit dem demütigen Lehrer, der an jenem Tag durch das goldene Tor hinausging, wich die Herrlichkeit für immer vom Tempel. Damit hatten sich bereits die Worte des Erlösers erfüllt: »Siehe, euer Haus soll euch wüst gelassen werden.« (Matthäus 23,38)

Die Jünger waren voll Ehrfurcht und Verwunderung, als sie die Vorhersage Christi über die Zerstörung des Tempels hörten, und wollten mehr über die Bedeutung dieser Worte wissen. Architekten hatten ihr ganzes Fachwissen aufbringen müssen, ein riesiges Vermögen und viel Arbeit wurde über vierzig Jahre lang investiert, um seine Herrlichkeit zu vergrößern. Herodes der Große hatte römischen Reichtum und jüdische Schätze für diesen Bau verwandt, und sogar der römische Kaiser hatte ihn durch Gaben bereichert. Massive Blöcke weißen Marmors von geradezu unwahrscheinlicher Größe, die dafür aus Rom herbeigeschafft worden waren, wurden in das Bauwerk eingefügt. Darauf lenkten die Jünger die Aufmerksamkeit ihres Meisters, als sie sagten: »Meister, siehe, was für Steine und was für Bauten!« (Markus 13,1)

Jesu Antwort auf diese Worte war so ernst wie überraschend: »Wahrlich, ich sage euch: Es wird hier nicht ein Stein auf dem andern bleiben, der nicht zerbrochen werde.« (Matthäus 24,2)

FALSCHE SICHERHEIT

Mit der Zerstörung Jerusalems verbanden die Jünger die Wiederkunft Christi in weltlicher Herrlichkeit, um den Thron eines Weltreichs zu besteigen, die unbußfertigen Juden zu bestrafen und das Volk von der römischen Unterdrückung zu befreien. Der Herr hatte ihnen gesagt, dass er wiederkommen werde. Als sie von dem Gericht über Jerusalem hörten, dachten sie an diese Wiederkunft, und als sie mit Jesus Christus auf dem Ölberg zusammen waren, fragten sie deshalb: »Sage uns, wann wird das geschehen? Und was wird das Zeichen sein für dein Kommen und für das Ende der Welt?« (Matthäus 24,3)

Die Zukunft blieb den Jüngern barmherzigerweise verhüllt. Hätten sie zu jener Zeit die zwei furchtbaren Tatsachen – die Leiden und den Tod des Erlösers sowie die Zerstörung ihrer Stadt und des Tempels – völlig verstanden, wären sie von Entsetzen überwältigt worden. Christus gab ihnen nur einen kurzen Überblick über die wichtigsten Ereignisse, die vor dem Ende der Zeit stattfinden würden. Seine Worte wurden damals nicht ganz verstanden, aber ihre Bedeutung sollte seinem Volk verständlich gemacht werden, sobald es dieses benötigte. Die Prophezeiung, die er hier aussprach, hatte eine doppelte Bedeutung: Sie bezog sich zunächst auf die Zerstörung Jerusalems, schilderte aber zugleich die Schrecken des Jüngsten Tages.

Jesus schilderte den aufmerksamen Jüngern die Strafgerichte, die über das abgefallene Israel hereinbrechen würden und insbesondere die Vergeltung, die über sie kommen würde, weil sie den Messias verschmähten und kreuzigten. Eindeutige Zeichen würden dem schrecklichen Höhepunkt vorausgehen. Die gefürchtete Stunde würde schnell und unerwartet hereinbrechen. Christus warnte seine Nachfolger: »Wenn ihr nun sehen werdet das Gräuelbild der Verwüstung stehen an der heiligen Stätte, wovon gesagt ist durch den Propheten Daniel – wer das liest, der merke auf! –, alsdann fliehe auf die Berge ...« (Matthäus 24,15.16; vgl. Lukas 21,20) Wenn die heidnischen Standarten der Römer bis auf wenige hundert Meter von der Stadtmauer entfernt auf heiligem Boden aufgepflanzt würden, dann könnten sich die Nachfolger Christi noch durch eine Flucht retten. Sobald das Warnzeichen erkennbar wäre, dürften alle, die entkommen wollten, nicht zögern. Im ganzen Land Judäa sowie in Jerusalem selbst musste man dem Zeichen zur Flucht sofort gehorchen. Wer gerade auf dem Dach war, sollte nicht ins Haus gehen, selbst nicht einmal, um seine wertvollsten Schätze zu retten. Wer auf dem Feld oder im Weinberg arbeitete, sollte sich nicht die Zeit nehmen, das Oberkleid zu holen, das er wegen der Hitze des Tages abgelegt hatte. Niemand durfte auch nur einen Augenblick zögern, wenn er bei der allgemeinen Zerstörung nicht mit zugrunde gehen wollte.

Während der Regierungszeit des Herodes wurde Jerusalem nicht nur beträchtlich verschönert, durch den Bau von Türmen, Wällen und Befestigungen wurde auch der natürliche Schutz der Stadt verstärkt, sodass sie als uneinnehmbar galt. Wer zu dieser Zeit öffentlich ihre Zerstörung vorhergesagt hätte, wäre wie einst Noah als verrückter Panikmacher bezeichnet worden. Christus sagte: »Himmel und Erde werden vergehen; aber meine Worte werden nicht vergehen.« (Matthäus 24,35) Wegen ihrer Sünden wurde über die Stadt der Zorn Gottes ausgesprochen, und ihr hartnäckiger Unglaube besiegelte ihr Schicksal.

Der Herr hatte durch den Propheten Micha erklärt: »So hört doch dies, ihr Häupter im Hause Jakob und ihr Herren im Hause Israel, die ihr das Recht verabscheut und alles, was gerade ist, krumm macht; die ihr Zion mit Blut baut und Jerusalem mit Unrecht – seine Häupter richten für Geschenke, seine Priester lehren für Lohn und seine Propheten wahrsagen für Geld – und euch dennoch auf den Herrn verlasst und sprecht: Ist nicht der Herr unter uns? Es kann kein Unglück über uns kommen.« (Micha 3,9-11)

Diese Worte zeigen deutlich, wie verdorben und selbstgerecht die Einwohner Jerusalems waren. Während sie behaupteten, die Vorschriften des Gesetzes Gottes streng zu beachten, übertraten sie alle seine Grundsätze. Sie hassten Christus, weil seine Reinheit und Heiligkeit ihre Bosheit offenbarte, und sie klagten ihn an, die Ursache all des Unglücks zu sein, das infolge ihrer Sünden über sie kam. Obwohl sie wussten, dass er sündlos war, erklärten sie, sein Tod sei für die Sicherheit ihres Volks notwendig. »Lassen wir ihn so«, sagten die jüdischen Obersten, »dann werden sie alle an ihn glauben, und dann kommen die Römer und nehmen uns Land und Leute«. Wenn Christus geopfert würde, könnten sie noch einmal ein starkes, einiges Volk werden. So dachten sie und stimmten der Entscheidung ihres Hohenpriesters zu, dass es besser sei, »ein Mensch sterbe für das Volk, als dass das ganze Volk verderbe« (Johannes 11,48.50).

Auf diese Weise hatten die führenden Juden »Zion mit Blut ... und Jerusalem mit Unrecht« gebaut (Micha 3,10), und während sie ihren Erlöser töteten, weil er ihre Sünden getadelt hatte, war ihre Selbstgerechtigkeit so groß, dass sie sich als das begnadete Volk Gottes ansahen und vom Herrn erwarteten, dass er sie von ihren Feinden befreien werde. »Darum«, fuhr der Prophet fort, »wird Zion um euretwillen wie ein Acker gepflügt werden, und Jerusalem wird zum Steinhaufen werden und der Berg des Tempels zu einer Höhe wilden Gestrüpps« (Micha 3,12).

ZEICHEN UND WARNUNGEN

Nachdem das Schicksal Jerusalems von Christus selbst verkündet worden war, hielt der Herr seine Strafgerichte über Stadt und Nation fast vierzig Jahre zurück. Bewundernswert war die Langmut Gottes gegenüber denen, die sein Evangelium verwarfen und seinen Sohn ermordeten. Gottes Handeln mit den Juden als Nation wird im Gleichnis vom unfruchtbaren Feigenbaum treffend beschrieben. Der Auftrag war deutlich gegeben: »So hau ihn ab! Was nimmt er dem Boden die Kraft?« (Lukas 13,7). Aber die göttliche Gnade gewährte noch eine letzte Schonzeit. Es gab immer noch viele Juden, denen der Charakter und das Werk Christi unbekannt waren. Oft erhielten die Nachkommen nicht die gleichen Gelegenheiten oder das gleiche Licht, das ihre Eltern zurückgewiesen hatten. Durch die Predigt der Apostel und ihrer Mitarbeiter wollte Gott Licht auf diese Nachkommen scheinen lassen, damit auch sie erfahren konnten, wie sich die Prophezeiungen nicht nur in der Geburt und im Leben Christi, sondern auch in seinem Tod und in seiner Auferstehung erfüllt hatten. Die Kinder wurden nicht für die Sünden ihrer Eltern verdammt (vgl. Hesekiel 18,20). Wenn sie jedoch das Licht kannten, das ihren Eltern gegeben worden war, und das zusätzliche Licht, das ihre Generation empfangen hatte, auch verwarfen, hatten sie Anteil an den Sünden ihrer Eltern und füllten das Maß ihrer Missetat.

Gottes Langmut mit Jerusalem bestärkte die Juden nur in ihrer hartnäckigen Unbußfertigkeit. In ihrem Hass und ihrer Grausamkeit gegen die

Jünger Jesu wiesen sie das letzte Gnadenangebot zurück. Daraufhin entzog Gott ihnen seinen Schutz und schränkte die Macht Satans und seiner Engel nicht länger ein. Die Nation wurde der Herrschaft des Führers überlassen, den sie sich selbst ausgewählt hatte. Ihre Kinder hatten die Gnade Christi verschmäht, die es ihnen möglich gemacht hätte, ihre üblen Triebe zu bändigen, und diese bekamen nun die Oberhand. Satan weckte in ihnen die heftigsten und niedrigsten Leidenschaften. Die Menschen handelten ohne Überlegung, sie waren von Sinnen und nur noch von ihren Trieben und blinder Wut beherrscht. Sie wurden satanisch in ihrer Grausamkeit. In der Familie wie im Volk, unter den höchsten wie den niedrigsten Klassen herrschten Argwohn, Neid, Hass, Streit, Empörung, Mord. Nirgendwo gab es Sicherheit. Freunde und Verwandte verrieten einander. Eltern töteten ihre Kinder und Kinder ihre Eltern. Die Führer des Volkes hatten nicht die Kraft, sich selbst zu beherrschen. Ungezügelte Leidenschaften machten sie zu Tyrannen. Die Juden glaubten falschen Zeugen, um so den unschuldigen Sohn Gottes zu verurteilen. Jetzt machten falsche Anklagen ihr eigenes Leben unsicher. Durch ihre Handlungen hatten sie lange genug zu erkennen gegeben: »Lasst uns doch in Ruhe mit dem Heiligen Israels!« (Jesaja 30,11) Nun war ihr Wunsch erfüllt: Gottesfurcht beunruhigte sie nicht länger. Satan stand an der Spitze der Nation, und er beherrschte die höchste zivile und religiöse Obrigkeit.

Die Führer der gegensätzlichen politischen Gruppen taten sich vorübergehend zusammen, um ihre bemitleidenswerten Opfer auszuplündern und zu foltern, um sich dann nur wieder gegenseitig zu überfallen und gnadenlos abzuschlachten. Selbst vor dem heiligen Tempel machten sie mit ihrer schrecklichen Grausamkeit nicht Halt. Die Anbeter wurden vor dem Altar niedergemetzelt und so das Heiligtum durch Erschlagene verunreinigt. Dennoch erklärten die Anführer dieses teuflischen Werks in ihrer gotteslästerlichen Anmaßung öffentlich, sie hätten keine Sorge, dass Jerusalem zerstört werden würde, denn die Stadt sei Gottes Eigentum. Um ihre Macht zu festigen, bestachen sie falsche Propheten. Als die römischen Truppen schon den Tempel belagerten, sollten diese erklären, dass das Volk bis zur Befreiung durch Gott ausharren sollte. Bis zum Ende hielt die Menge an dem Glauben fest, dass der Allerhöchste zur Vernichtung der Gegner eingreifen würde. Israel aber hatte die göttliche Hilfe verschmäht und war nun den Feinden schutzlos ausgeliefert. Unglückliches Jerusalem! Es war durch innere Zwistigkeiten zerrissen, die Straßen durch seine toten Söhne, die sich gegenseitig erwürgten, blutrot gefärbt, während fremde Heere seine Befestigungen niederrissen und seine Krieger erschlugen.

So erfüllten sich buchstäblich alle Vorhersagen Christi über die Zerstörung Jerusalems. Die Juden erfuhren die Wahrheit der Warnungsbotschaften Christi: »Mit welchem Maß ihr messt, wird euch zugemessen werden.« (Matthäus 7,2)

Als Vorboten des Unglücks und Untergangs erschienen Zeichen und Wunder. Mitten in der Nacht schien ein unnatürliches Licht über Tempel und Altar. Die Abendwolken erschienen dem Betrachter wie ein Heer von Kriegern mit Streitwagen, die sich zum Kampf rüsteten. Priester wurden während ihres abendlichen Dienstes durch geheimnisvolle Töne erschreckt, die Erde zitterte, und ein Chor von Stimmen schrie: »Lasset uns von dannen ziehen!« Das große Osttor, das so schwer war, dass es kaum von zwanzig Männern geschlossen werden konnte und das durch mächtige eiserne Sperren gesichert war, die tief im Steinbelag eingelassen waren, tat sich um Mitternacht von selbst auf. (MHJ, XIII; vgl. JGJL, VI, 5)

Sieben Jahre lang ging ein Mann durch die Straßen Jerusalems und verkündigte der Stadt den drohenden Untergang. Tag und Nacht sang er das wilde Trauerlied: »Eine Stimme vom Aufgang, eine Stimme vom Niedergang, eine Stimme von den vier Winden; eine Stimme über Jerusalem und den Tempel, eine Stimme über den Bräutigam und die Braut, Stimme über das ganze Volk.« Dieses seltsame Wesen wurde eingekerkert und gegeißelt; aber keine Klage kam über seine Lippen. Auf Schmähungen und Misshandlungen antwortete er nur: »Wehe, wehe Jerusalem! Wehe, wehe der Stadt, dem Volk und dem Tempel!« (MHJ, XIII; vgl. JGJL, VI, 5) Dieser Warnruf hörte nicht auf, bis der Mann bei der Belagerung, die er vorhergesagt hatte, getötet wurde.

CHRISTEN IN SICHERHEIT

Kein einziger Christ kam bei der Zerstörung Jerusalems ums Leben. Christus hatte seine Jünger gewarnt, und alle, die seinen Worten glaubten, warteten auf das verheißene Zeichen. »Wenn ihr aber sehen werdet, dass Jerusalem von einem Heer belagert wird«, sagte Jesus, »dann erkennt, dass seine Verwüstung nahe herbeigekommen ist. Alsdann, wer in Judäa ist, der fliehe ins Gebirge, und wer in der Stadt ist, gehe hinaus, und wer auf dem Lande ist, komme nicht herein« (Lukas 21,20.21). Nachdem die Römer unter Cestius Gallus, dem Statthalter der römischen Provinz Syrien, die Stadt eingeschlossen hatten, hoben sie die Belagerung unerwartet auf, als alles für einen sofortigen Angriff günstig schien. Die verzweifelten Belagerten glaubten nicht mehr an einen erfolgreichen Widerstand und waren bereit, sich zu ergeben, doch der römische General zog seine Streitkräfte ohne ersichtlichen Grund ab. Gottes gnädige Vorsehung gestaltete die Ereignisse zum Besten für sein Volk. Das verheißene Zeichen war den wartenden Christen gegeben, und nun wurde allen, die der Warnung des Heilands folgen wollten, dazu Gelegenheit geboten. Die Ereignisse überschlugen sich so, dass weder Juden noch Römer die Flucht der Christen verhindern konnten. Nach dem Rückzug des Cestius machten die Juden einen Ausfall aus Jerusalem und verfolgten das römische Heer. Als beide Heere sich bekämpften, hatten die Christen Gelegenheit, die Stadt zu verlassen. Zu dieser Zeit war das Land auch frei von Feinden, welche die Christen von ihrer Flucht hätten abhalten können. Zur Zeit der Belagerung hatten sich die Juden in Jerusalem versammelt, um das Laubhüttenfest zu feiern, und so waren die Christen in der Lage, unbehelligt zu fliehen. Ohne Aufschub flohen sie an einen sicheren Ort, nach Pella im Land Peräa, auf der anderen Seite des Jordans.

»SEIN BLUT KOMME ÜBER UNS«

Die jüdischen Heere, die Cestius und sein Heer verfolgten, warfen sich mit solcher Wut auf dessen Nachhut, dass dieser die vollständige Vernichtung drohte. Nur unter großen Schwierigkeiten gelang es den Römern, sich zurückzuziehen. Die Juden blieben nahezu ohne Verluste und kehrten mit ihrer Beute triumphierend nach Jerusalem zurück. Doch dieser scheinbare Erfolg brachte ihnen nur Unheil. Er bestärkte ihren halsstarrigen Widerstand gegen die Römer und brachte schnell unaussprechliches Leid über eine Stadt, die dem Untergang geweiht war.

Als Titus die Belagerung wieder aufnahm, brach das Elend über Jerusalem herein. Die Belagerung fand zur Zeit des Passafestes statt, als sich Millionen von Juden in der Stadt aufhielten. Die Lebensmittelvorräte hätten, sorgfältig aufbewahrt, die Bewohner jahrelang ernähren können, wenn sie nicht durch Missgunst und Rache der streitenden Parteien zerstört worden wären. Nun aber verbreitete sich der Schrecken der Hungersnot. Ein Maß Weizen wurde für ein Talent verkauft. Die Hungerqualen waren so schrecklich, dass Männer an dem Leder ihrer Gürtel, an ihren Sandalen und an den Hüllen ihrer Schilde nagten. Viele Bewohner schlichen sich zur Nachtzeit zur Stadt hinaus, um wilde Kräuter zu sammeln, die außerhalb der Stadtmauern wuchsen, obwohl viele ergriffen und unter grausamen Qualen getötet wurden. Andere kehrten wohlbehalten zurück, aber alles, was sie unter so großen Gefahren gesammelt hatten, wurde ihnen weggenommen. Die Obersten legten den Belagerten die unmenschlichsten Qualen auf, um von einer verarmten Bevölkerung die letzten knappen Vorräte herauszupressen, die sie möglicherweise irgendwo versteckt hatte. Nicht selten wurden solche Grausamkeiten von wohlgenährten Männern begangen, die sich nur einen möglichst guten Lebensmittelvorrat für die Zukunft anlegen wollten. Tausende starben durch Hunger und Seuchen. Die natürlichen Bande der Liebe schienen zerstört. Männer beraubten ihre Frauen und Frauen ihre Männer. Kinder rissen den greisen Eltern das Brot vom Mund. Die Frage des Propheten »Kann auch eine Frau ihr Kindlein vergessen?« (Jesaja 49,15) erhielt in den Mauern dieser verlorenen Stadt eine Antwort: »Es haben die barmherzigsten Frauen ihre Kinder selbst kochen müssen, damit sie zu essen hatten in dem Jammer der Tochter meines Volks.« (Klagelieder 4,10) Wiederum bewahrheitete sich eine Warnung, die vierzehn Jahrhunderte zuvor gegeben worden war: »Eine Frau unter euch, die zuvor so verwöhnt und in Üppigkeit gelebt hat, dass sie nicht einmal versucht hat, ihre Fußsohle auf die Erde zu setzen, vor Verwöhnung und Wohlleben, die wird dem Mann in ihren Armen und ihrem Sohn und ihrer Tochter nicht gönnen die Nachgeburt ... und ihr Kind, das sie geboren hat; denn sie wird beides vor Mangel an allem heimlich essen in der Angst und Not, mit der dich dein Feind bedrängen wird in deinen Städten.« (5. Mose 28,56.57)

Die römischen Offiziere versuchten, die Juden mit Schrecken zu erfüllen und dadurch zur Übergabe zu bewegen. Israeliten, die sich ihrer Gefangennahme widersetzten, wurden gegeißelt, gefoltert und vor der Stadtmauer gekreuzigt. Täglich erlitten Hunderte auf diese Weise den Tod, und dieses grauenvolle Werk setzte man so lange fort, bis im Tal Josaphat und auf Golgatha so viele Kreuze aufgerichtet waren, dass kaum Raum blieb, sich zwischen ihnen zu bewegen. Schrecklich erfüllte sich die frevelhafte, vor dem Richterstuhl des Pilatus ausgesprochene Verwünschung: »Sein Blut komme über uns und unsere Kinder!« (Matthäus 27,25)

ZERSTÖRT UND VERNICHTET

Titus hätte der Schreckensszene gern ein Ende bereitet und damit der Stadt Jerusalem das volle Maß ihres Gerichts erspart. Entsetzen packte ihn, als er die Leichname der Erschlagenen haufenweise in den Tälern liegen sah. Überwältigt schaute er vom Gipfel des Ölbergs auf den herrlichen Tempel und gab Befehl, nicht einen Stein davon zu berühren. Bevor er versuchte, diese Festung einzunehmen, beschwor er die jüdischen Führer in einem ernsten Aufruf, ihn nicht zu zwingen, die heilige Stätte mit Blut zu entweihen. Sollten sie einwilligen, an einem anderen Ort zu kämpfen, würde kein Römer die Heiligkeit des Tempels verletzen. Flavius Josephus selbst forderte die Juden mit einem eindringlichen Appell auf, den Widerstand einzustellen, um sich selbst, ihre Stadt und die Stätte ihrer Anbetung zu retten. Aber seine Worte wurden mit bitteren Verwünschungen beantwortet. Als er als letzter Vermittler vor ihnen stand, um mit ihnen zu verhandeln, schoss man Pfeile gegen ihn ab. Die Juden hatten die flehentlichen Bitten des Sohnes Gottes verworfen, und nun machten sie Vorhaltungen und Bitten nur noch umso entschlossener, bis zuletzt Widerstand zu leisten. Die Bemühungen von Titus, den Tempel zu retten, waren vergeblich. Ein Größerer als er hatte erklärt, dass nicht ein Stein auf dem andern bleiben sollte.

Die blinde Hartnäckigkeit der führenden Juden und die verabscheuungswürdigen Verbrechen, die in der belagerten Stadt verübt wurden, erweckten bei den Römern Entsetzen und Entrüstung, und endlich beschloss Titus, den Tempelberg zu stürmen, das Gebäude aber, wenn möglich, vor der Zerstörung zu bewahren. Seine Befehle wurden jedoch missachtet. Als er sich abends in sein Zelt zurückgezogen hatte, unternahmen die Juden einen Ausfall aus dem Tempel und griffen die römischen Soldaten an. Im Handgemenge wurde von einem Soldaten eine Brandfackel durch eine Öffnung in die Vorhalle geschleudert, und unmittelbar darauf standen die mit Zedernholz getäfelten Räume um das heilige Gebäude in Flammen. Titus eilte mit seinen Generälen und Legionären herbei und befahl den Soldaten, die Flammen zu löschen, aber seine Worte blieben unbeachtet. In ihrer Wut schleuderten die Soldaten brennende Fackeln in die Kammern rund um den Tempel und metzelten eine große Anzahl Flüchtender nieder, die dort Schutz gesucht hatten. Das Blut floss wie Wasser die Tempelstufen hinunter. Tausende und Abertausende von Juden kamen um. Das Schlachtgetöse wurde übertönt von dem Ruf »Ikabod!« – die Herrlichkeit ist dahin.

»Titus war es unmöglich, der Wut der Soldaten Einhalt zu gebieten; er trat mit seinen Offizieren ein und besichtigte das Innere des heiligen Gebäudes. Der Glanz erregte ihre Bewunderung, und da die Flammen noch nicht bis zum Heiligtum vorgedrungen waren, unternahm er einen letzten Versuch, es zu retten. Er sprang vor und forderte die Mannschaften auf, das Umsichgreifen der Feuersbrunst zu verhindern. Der Hauptmann Liberalis versuchte, mit seinen Stabsoffizieren Gehorsam zu erzwingen; doch durch die rasende Feindseligkeit gegen die Juden, durch die heftige Aufregung des Kampfes und durch die unersättliche Beutegier verloren sie die Achtung vor ihren Befehlshabern. Die Soldaten sahen alles um sich herum von Gold blitzen, das in dem wilden Lodern der Flammen einen blendenden Glanz ausstrahlte. Sie vermuteten unermessliche Schätze im Heiligtum. Unbemerkt warf ein Soldat eine brennende Fackel zwischen die Angeln der Tür, und im Nu stand das ganze Gebäude in Flammen. Die dichten Rauchschwaden und das Feuer zwangen die Offiziere, sich zurückzuziehen und das herrliche Gebäude seinem Schicksal zu überlassen.

War es schon für die Römer ein erschreckendes Schauspiel, wie mögen es erst die Juden empfunden haben? Die Anhöhe, welche die Stadt weit überragte, erschien wie ein feuerspeiender Berg. Ein Gebäude nach dem andern stürzte mit furchtbarem Krachen in sich zusammen und wurde von dem feurigen Abgrund verschlungen. Die Dächer aus Zedernholz glichen einem Feuermeer, die vergoldeten Zinnen glänzten wie flammende Feuerzungen, aus den Türmen der Tore schossen hohe Flammen und Rauchsäulen empor. Die benachbarten Hügel waren erleuchtet. Gespenstisch wirkende Zuschauergruppen verfolgten in fürchterlicher Angst die fortschreitende Zerstörung. Auf den Mauern und Höhen der oberen Stadt drängte sich Kopf an Kopf. Manche waren bleich vor Angst und Verzweiflung, andere blickten düster, in ohnmächtiger Rache. Die Rufe der hin- und hereilenden römischen Soldaten und das Heulen der Aufständischen, die in den Flammen umkamen, vermischten sich mit dem Brüllen der Feuersbrunst und dem donnernden Krachen des einstürzenden Gebälks. Das Echo antwortete von den Bergen und ließ die Schreckensrufe des Volkes auf den Höhen widerhallen. Entlang der Mauern erscholl Angstgeschrei und Wehklagen. Menschen, die von der Hungersnot erschöpft im Sterben lagen, rafften alle Kraft zusammen, um einen letzten Schrei der Angst und Verlassenheit auszustoßen.

Das Blutbad im Innern war noch schrecklicher als der Anblick von außen. Männer und Frauen, Alt und Jung, Aufrührer und Priester, Kämpfende und um Gnade Flehende wurden unterschiedslos niedergemetzelt. Die Anzahl der Erwürgten überstieg die der Würger. Die Legionäre mussten über Berge von Toten hinwegsteigen, um ihr Vertilgungswerk fortsetzen zu können.« (MHJ, XIII; vgl. JGJL, VI, 5)

DIE ERNTE DER BÖSEN SAAT

Nach der Zerstörung des Tempels fiel bald die ganze Stadt in die Hände der Römer. Die Obersten der Juden verließen die scheinbar uneinnehmbaren Türme, und Titus fand sie verlassen vor. Erstaunt darüber erklärte er, dass Gott sie in seine Hände gegeben habe, denn keine Kriegsmaschine, wie gewaltig sie auch sein mochte, hätte jene staunenswerten Festungsmauern bezwingen können. Die ganze Stadt mitsamt dem Tempel wurde bis auf die

Grundmauern geschleift, und der Boden, auf dem das heilige Gebäude gestanden hatte, wurde »wie ein Acker gepflügt« (Jeremia 26,18). Während der Belagerung und dem darauf folgenden Gemetzel verloren mehr als eine Million Menschen ihr Leben. Überlebende wurden als Gefangene weggeführt, als Sklaven verkauft, nach Rom verschleppt und dort im Triumphzug des Eroberers durch die Stadt getrieben, in Amphitheatern wilden Tieren vorgeworfen oder als heimatlose Wanderer über die ganze Welt verstreut.

Die Juden hatten sich ihre Fesseln selbst geschmiedet und den Becher der Rache gefüllt. Die vollständige Vernichtung ihrer Nation und all die Leiden, die ihnen in die Zerstreuung in alle Länder folgten, waren die Ernte einer Saat, die sie selbst gesät hatten. So sagt der Prophet: »Israel, du bringst dich ins Unglück«, »denn du bist gefallen um deiner Schuld willen.« (Hosea 13,9; 14,2) Ihre Leiden werden oft als Strafe dargestellt, mit der sie auf einen direkten Befehl Gottes hin heimgesucht wurden. Auf diese Weise versucht der große Betrüger, sein eigenes Werk zu verbergen. Halsstarrig hatten sie die Liebe und Gnade Gottes zurückgewiesen und so den Schutz Gottes selbst verloren. So konnte Satan über sie bestimmen, wie es ihm gefiel. Die schrecklichen Grausamkeiten, die bei der Zerstörung Jerusalems verübt wurden, sind der Beweis dafür, wie rachsüchtig Satan seine Macht über jene ausübt, die sich seiner Herrschaft unterstellen.

Wir können kaum ermessen, wie sehr wir Christus unseren Frieden und Schutz verdanken. Nur die Macht Gottes hält Satan davon ab, die Menschheit ganz unter seine Herrschaft zu bringen. Ungehorsame und Undankbare hätten allen Grund, für Gottes Gnade und Langmut dankbar zu sein, denn er ist es, der die grausame Macht des Bösen im Zaum hält. Wenn man jedoch die Grenzen der göttlichen Geduld überschreitet, werden diese Beschränkungen aufgehoben. Für den Sünder ist Gott in diesem Moment aber nicht der Gerichtsvollzieher, der den Richterspruch umsetzt. Wer die göttliche Gnade verwirft, wird sich selbst überlassen und wird ernten, was er gesät hat. Jeder verworfene Lichtstrahl, jede verschmähte oder unbeachtete Warnung, jede geduldete Leidenschaft, jede Übertretung des Gesetzes Gottes ist eine Saat, die ihre entsprechende Ernte hervorbringt. Wird dem Geist Gottes beharrlich widerstanden, zieht er sich schließlich von dem Sünder zurück. Keine Macht kann dann die bösen Leidenschaften der Seele im Zaum halten, und es gibt keinen Schutz vor der Boshaftigkeit und Feindschaft Satans. Die Zerstörung Jerusalems ist eine furchtbare und ernsthafte Warnung für alle, die das Angebot der göttlichen Gnade auf die leichte Schulter nehmen und den Ermahnungen der göttlichen Barmherzigkeit widerstehen. Nie hat Gott ein deutlicheres Zeugnis dafür gegeben, wie groß seine Abscheu vor der Sünde ist und welch sichere Strafe der Schuldige auf sich zieht.

Die Weissagung des Heilands über die Zerstörung Jerusalems wird sich noch auf eine andere Weise erfüllen, von der jene schreckliche Verwüstung uns nur eine schwache Vorahnung lieferte. In dem Schicksal dieser auserwählten Stadt können wir das Schicksal einer Welt erkennen, die Gottes Barmherzigkeit verschmäht und sein Gesetz mit Füßen getreten hat. Die Geschichte menschlichen Elends, das jahrhundertelang über die Erde hereinbrach, ist grauenhaft und düster. Das Herz wird beklommen und der Geist verzagt, wenn wir über diese Dinge nachdenken. Schrecklich waren die Folgen, die die Ablehnung der Autorität des Himmels nach sich zog. Doch ein noch furchtbareres Bild wird uns in den Offenbarungen über die Zukunft enthüllt. Die Berichte der Vergangenheit – die lange Reihe von Aufständen, Kämpfen und Revolutionen, alle Kriege »mit Gedröhn ... und jeder Mantel, durch Blut geschleift« (Jesaja 9,4) –, was sind diese, verglichen mit den Schrecken jenes Tages, wenn der Geist Gottes den Gottlosen seinen Beistand ganz entzieht und die Ausbrüche menschlicher Leidenschaften und satanischer Wut nicht mehr zügelt! Dann wird die Welt wie niemals zuvor die entsetzlichen Folgen der Herrschaft Satans erkennen.

DAS ENDE DER WELT

Wie zur Zeit der Zerstörung Jerusalems wird an jenem Tag Gottes Volk gerettet werden, »ein jeder, der aufgeschrieben ist zum Leben«. (Jesaja 4,3) Christus hat vorhergesagt, dass er wiederkommen will, um seine Getreuen um sich zu sammeln: »Und dann werden wehklagen alle Geschlechter auf Erden und werden sehen den Menschensohn kommen auf den Wolken des Himmels mit großer Kraft und Herrlichkeit. Und er wird seine Engel senden mit hellen Posaunen, und sie werden seine Auserwählten sammeln von den vier Winden, von einem Ende des Himmels bis zum andern.« (Matthäus 24,30.31) Dann werden alle, die dem Evangelium nicht gehorchten, »mit dem Hauch seines Mundes« umgebracht und »durch seine Erscheinung, wenn er kommt«, vernichtet werden. (2. Thessalonicher 2,8) Wie im alten Israel bringen sich die Gottlosen selbst um, sie fallen durch ihre Übertretungen. Durch ihr sündhaftes Leben haben sie sich so weit von der Gemeinschaft mit Gott entfernt und ihr Wesen ist durch das Böse so sehr erniedrigt worden, dass die Offenbarung göttlicher Macht für sie ein verzehrendes Feuer sein wird.

Nehmt euch in Acht, ihr Menschen, dass ihr die Lehren nicht gering schätzt, die in den Worten Christi an euch gerichtet sind. Wie er seine Jünger vor der Zerstörung Jerusalems warnte und ihnen die Zeichen des herannahenden Untergangs erklärte, damit sie ihre Flucht vorbereiten konnten, so hat er die Welt vor der herannahenden endgültigen Vernichtung durch Zeichen gewarnt, damit alle, die wollen, dem kommenden Zorn entgehen können. Jesus erklärt: »Es werden Zeichen geschehen an Sonne und Mond und Sternen, und auf Erden wird den Völkern bange sein.« (Lukas 21,25; Matthäus 24,29; Markus 13,24-26; Offenbarung 6,12-17) Wer diese Vorboten seines Kommens sieht, soll wissen, »dass er nahe vor der Tür ist« (Matthäus 24,33). »So wacht nun«, lauten seine mahnenden Worte. (Markus 13,35) Alle, die auf diese Stimme achten, werden nicht in der Finsternis bleiben, damit jener Tag sie nicht unvorbereitet überfällt. Aber über alle, die nicht wachen wollen, wird »der Tag des Herrn kommen wie ein Dieb in der Nacht« (1. Thessalonicher 5,2-5).

Die Welt ist jetzt nicht aufgeschlossener, die Warnungsbotschaften für diese Zeit anzunehmen, als es damals die Juden waren, die sich der Botschaft unseres Erlösers über Jerusalem widersetzten. Mag er kommen, wann er will, der Tag des Herrn wird die Gottlosen unvorbereitet finden. Wenn das Leben seinen üblichen Gang geht, wenn die Menschheit von Vergnügen, Geschäften, Handel und Gelderwerb in Anspruch genommen ist, wenn religiöse Führer den Fortschritt und die Aufklärung der Welt verherrlichen, wenn sich das Volk in falscher Sicherheit wiegt, dann wird plötzliches Verderben über die Leichtsinnigen und Gottlosen hereinbrechen wie ein Dieb, der sich um Mitternacht in unbewachte Heime einschleicht, »und sie werden nicht entfliehen« (1. Thessalonicher 5,3).

KAPITEL 2

TREU IN VERFOLGUNG

Als Christus auf dem Ölberg seine Jünger einen Blick auf das Schicksal Jerusalems und die Ereignisse bei seiner Wiederkunft werfen ließ, sprach er auch über die zukünftigen Erfahrungen seines Volkes zwischen seiner Himmelfahrt und seiner Wiederkunft in Macht und Herrlichkeit und der Befreiung seiner Nachfolger. Vom Ölberg sah er die Stürme voraus, die über die apostolische Gemeinde hereinbrechen würden. Als er weiter in die Zukunft blickte, sah er in den kommenden Zeiten der Finsternis und Verfolgung verheerende Stürme auf seine Nachfolger zukommen. Kurz, prägnant und mit schrecklicher Deutlichkeit kündigte er an, welche Verfolgungen die Gemeinde Gottes durch die Herrscher dieser Welt erleiden müsste. (Matthäus 24,9.21.22) Die Nachfolger Christi werden den gleichen Weg der Demütigung, der Schmach und des Leidens gehen, den ihr Meister ging. Die gleiche Feindschaft, die dem Erlöser der Welt entgegenschlug, müssen auch diejenigen erleben, die an seinen Namen glauben.

AUFS ÄUSSERSTE VERFOLGT – DENNOCH STANDHAFT

Die Geschichte der Urgemeinde bezeugt die buchstäbliche Erfüllung der Voraussagen Christi. Die Mächte der Welt und der Hölle vereinigten sich gegen den in seinen Nachfolgern gegenwärtigen Christus. Das Heidentum konnte sich ausrechnen, dass seine Tempel und Altäre niedergerissen würden, sollte das Evangelium siegreich sein. Deshalb bot es all seine Kräfte auf, um das Christentum zu vernichten. Die Feuer der Verfolgung wurden entfacht. Den Christen wurde ihr Besitz geraubt, und man vertrieb sie aus ihren Heimen. Sie erduldeten »einen großen Kampf des Leidens« (Hebräer 10,32). Sie »haben Spott und Geißelung erlitten, dazu Fesseln und Gefängnis. Sie sind gesteinigt, zersägt, durchs Schwert getötet worden« (Hebräer 11,36.37). Eine große Anzahl besiegelte ihr Zeugnis mit Blut. Adliger und Sklave, Arm und Reich, Gelehrte und Ungebildete wurden ohne Unterschied erbarmungslos umgebracht.

Diese Verfolgungen, die etwa zur Zeit des Martyriums des Paulus unter Nero begannen, dauerten mit größerer oder geringerer Heftigkeit über Jahrhunderte an. Christen wurden zu Unrecht der abscheulichsten Verbrechen beschuldigt und als Verursachende großer Unglücksfälle wie Hungersnot, Seuchen und Erdbeben hingestellt. Sie waren dem Volkszorn ausgesetzt und Ziel von Verdächtigungen. Als sie zur Zielscheibe öffentlichen Hasses und Argwohns wurden, standen Denunzianten bereit, die Unschuldigen gegen Bezahlung anzuklagen. Sie wurden als Aufständische gegen das Reich, als Feinde der Religion und als Schädlinge der Gesellschaft verurteilt. Viele warf man wilden Tieren vor oder verbrannte sie lebendigen Leibes in den Amphitheatern. Manche wurden gekreuzigt, andere in Fellen wilder Tiere in Arenen gejagt, um von Hunden zerrissen zu werden. Ihre Bestrafung war oft die Hauptunterhaltung an öffentlichen Festen. Ganze Zuschauermassen ergötzten sich an ihrem Anblick und bedachten ihre Todesschmerzen mit Beifall und Hohngelächter.

Wo immer die Nachfolger Christi Zuflucht suchten, wurden sie stets wie wilde Tiere gejagt. Ihnen blieb nichts anderes übrig, als sich an einsamen und verlassenen Orten zu verbergen. »Sie haben Mangel, Bedrängnis, Misshandlung erduldet. Sie, deren die Welt nicht wert war, sind umhergeirrt in Wüsten, auf Bergen, in Höhlen und Erdlöchern.« (Hebräer 11,37.38) Die Katakomben boten Tausenden Zuflucht. Unter den Hügeln außerhalb der Stadt Roms gab es lange, durch Erde und Felsen getriebene Gänge, deren dunkles, verschlungenes Netzwerk sich kilometerweit über die Stadtmauern hinaus erstreckte. An diesen unterirdischen Zufluchtsorten begruben die Nachfolger Christi ihre Toten, und wenn sie verdächtigt und geächtet wurden, fanden sie hier eine Unterkunft. Wenn der Lebensspender jene auferwecken wird, die den guten Kampf gekämpft haben, wird manch ein Märtyrer aus diesen düsteren Höhlen hervorkommen.

Selbst unter heftigster Verfolgung hielten diese Zeugen für Jesus ihren Glauben unbefleckt. Obwohl sie jeder Annehmlichkeit beraubt, vom Sonnenlicht ferngehalten waren und im dunklen, aber freundlichen Schoß der Erde hausen mussten, kam keine Klage über ihre Lippen. Sie stärkten einander vielmehr mit aufmunternden Worten, die Entbehrungen und Trübsal zu ertragen. Sie waren jeder irdischen Würde beraubt und verleugneten dennoch ihren christlichen Glauben nicht. Doch die Prüfungen und Verfolgungen waren Stufen, die sie ihrer Ruhe und ihrem Lohn näher brachten.

Wie die Diener Gottes vor Zeiten sind sie »gemartert worden und haben die Freilassung nicht angenommen, damit sie die Auferstehung, die besser ist, erlangten« (Hebräer 11,35). Sie riefen sich die Worte ihres Meisters ins Gedächtnis, dass sie bei Verfolgungen um Christi willen fröhlich und getrost sein sollten, weil ihr Lohn im Himmel wunderbar sein würde, denn die Propheten vor ihnen waren genauso verfolgt worden. Sie freuten sich, würdig zu sein, für die Wahrheit zu leiden, und Triumphgesänge stiegen aus den prasselnden Flammen empor. Sie sahen zu Christus auf und erblickten ihn und seine heiligen Engel, die mit inniger Anteilnahme und Anerkennung auf die Standhaftigkeit der Leidenden herabschauten. Eine Stimme kam vom Thron Gottes zu ihnen hernieder: »Sei getreu bis an den Tod, so will ich dir die Krone des Lebens geben.« (Offenbarung 2,10)

Die Anstrengungen Satans, die Gemeinde Christi mit Gewalt zu zerstören, waren vergeblich. Der große Kampf, in dem die Jünger Jesu ihr Leben ließen, hörte nicht auf, als diese Getreuen auf ihrem Posten fielen. Durch ihre Niederlage blieben sie Sieger. Gottes Mitarbeiter wurden erschlagen, aber sein Werk ging stetig voran. Das Evangelium breitete sich aus und die Zahl seiner Anhänger wuchs. Es drang in Gebiete vor, die sogar den Adlern Roms unzugänglich blieben. Ein Christ, der mit den heidnischen Herrschern, die die Verfolgung betrieben, argumentierte, sagte: »Kreuzigt, martert, verurteilt uns, reibt uns auf ... eure Ungerechtigkeit ist der Beweis unserer Unschuld. ... Noch hilft euch all eure ... Grausamkeit.« Vielmehr wurde sie für andere zu einer überzeugenden Einladung, ihren Glauben anzunehmen. »Je mehr von uns niedergemäht werden, desto zahlreicher werden wir, denn das Blut der Christen ist ein Same.« (TA, 50)

Tausende wurden ins Gefängnis geworfen und umgebracht, aber andere standen auf, um diese Lücken auszufüllen. Wer wegen seines Glaubens gefoltert wurde, befand sich in den Händen Christi und war für ihn ein Überwinder. Diese Märtyrer hatten den guten Kampf gekämpft und werden die Krone der Gerechtigkeit empfangen, wenn Christus wiederkommt. Die Leiden, welche die Christen erduldeten, verbanden sie nur noch inniger untereinander und mit ihrem Erlöser. Ihr beispielhaftes Leben und ihr Zeugnis im Tod war ein andauerndes Bekenntnis der Wahrheit. Was am wenigsten zu erwarten war, das geschah: Untertanen Satans verließen ihren Dienst und reihten sich in die Schar der treuen Nachfolger Christi ein.

HINTERLIST STATT GEWALT

Mehr Erfolg im Kampf gegen die Herrschaft Gottes erhoffte sich Satan, indem er Pläne legte, die christliche Gemeinde selbst zu unterwandern. Sollten die Nachfolger Christi verführt werden können, Gott zu beleidigen, würden sie Kraft, Festigkeit und Beharrlichkeit verlieren und zu einer leichten Beute werden.

Der große Widersacher suchte durch Hinterlist das zu erreichen, was er mit Gewalt nicht bekommen hatte. Die Verfolgungen hörten auf, und an ihre Stelle traten gefährliche Verlockungen irdischen Wohllebens und weltlichen Ruhms. Götzendiener wurden dazu gebracht, Teile der christlichen Lehre anzunehmen, während sie andere wesentliche Glaubenspunkte ablehnten. Sie gaben vor, an Jesus als den Sohn Gottes, an seinen Tod und seine Auferstehung zu glauben, waren sich jedoch ihrer Sünden nicht bewusst und sahen keinen Anlass zur Umkehr oder zu einer Veränderung ihrer Gesinnung. Sie waren zu Kompromissen bereit und verlangten von den Christen, dass auch sie Zugeständnisse machten, damit sie sich alle auf einer Ebene im Glauben an Christus vereinen könnten.

Nun befand sich die Gemeinde in ernster Gefahr. Gefangenschaft, Folter, Feuer und Schwert waren im Vergleich zu dieser Gefahr Segnungen gewesen. Einzelne Christen blieben fest und erklärten, dass sie unmöglich Kompromisse eingehen könnten. Andere stimmten den Zugeständnissen zu und passten ihr Glaubensbekenntnis um der Einheit willen solchen Menschen an, die nur Teile der christlichen Lehre angenommen hatten und meinten, das könne ein Mittel auf dem Weg zu ihrer vollständigen Bekehrung sein. Dies war für die treuen Nachfolger Christi eine angsterfüllte Zeit. Unter dem Deckmantel eines angeblichen Christentums verstand es Satan, sich in die Gemeinde einzuschleichen, um ihren Glauben zu verfälschen und ihre Gedanken vom Wort der Wahrheit abzulenken.

Die meisten Christen waren schließlich bereit, gewisse Prinzipien zu lockern, und so kam es zu einer Vereinigung von Christentum und Heidentum. Obwohl die Götzendiener angeblich bekehrt waren und sich der Gemeinde anschlossen, hielten sie doch am Aberglauben fest. Sie tauschten nur den Gegenstand ihrer Anbetung gegen Bilder von Jesus, Maria und anderen Heiligen ein. Der gefährliche Sauerteig des Heidentums, der so in die Gemeinde gebracht wurde, setzte sein unheilvolles Werk fort. Ungesunde Lehren, Riten und Zeremonien voller Aberglauben mischten sich in den christlichen Glauben und Gottesdienst. Als sich die Nachfolger Christi mit Götzendienern verbanden, wurde die christliche Religion korrumpiert und die Gemeinde verlor ihre Reinheit und Kraft. Einige Christen ließen sich durch diese Täuschungen jedoch nicht irreführen. Sie hielten dem Urheber der Wahrheit die Treue und beteten allein Gott an.

KOMPROMISSE MIT HEIDEN

Unter denen, die sich zu Christus bekennen, hat es seit jeher zwei Gruppen gegeben. Während sich die eine mit dem Leben des Erlösers beschäftigt und sich ernsthaft bemüht, ihre Fehler zu korrigieren und seinem Vorbild immer ähnlicher zu werden, geht die andere den praktischen Wahrheiten aus dem Weg, die ihre Irrtümer bloßstellen. Selbst zu ihrer besten Zeit bestand die Gemeinde nicht nur aus echten, unverfälschten und aufrichtigen Menschen. Christus lehrte, dass Personen, welche sich bewusst der Sünde hingeben, nicht in die Gemeinde aufgenommen werden sollen. Jedoch nahm er Männer fehlerhaften Charakters bei sich auf und gab ihnen die Möglichkeit, von seinen Lehren und seinem Beispiel zu lernen, damit sie ihre Mängel erkennen und korrigieren konnten. Unter den zwölf Aposteln befand sich ein Verräter. Judas wurde nicht wegen, sondern trotz seiner Charakterfehler aufgenommen. Er war einer seiner Jünger, damit er durch Christi Lehre und Beispiel lernen konnte, was ein christlicher Charakter ist. So hatte er Gelegenheit, seine Irrtümer zu erkennen, umzukehren, sich durch die göttliche Gnade reinigen zu lassen und der Wahrheit zu gehorchen. Aber Judas verschloss sich dem Licht, das ihm so gnädig schien. Er gab der Sünde nach und forderte dadurch die Versuchungen Satans heraus. Seine bösen Charakterzüge gewannen die Oberhand. Er ließ sich von den Mächten der Finsternis leiten und wurde zornig, wenn man seine Fehler tadelte. Auf diese Weise konnte er angestiftet werden, schließlich jenes furchtbare Verbrechen zu begehen, seinen eigenen Meister zu verraten. Ähnliches geschieht mit allen, die Frömmigkeit vorspielen, aber solche hassen, die sie in ihrem Frieden stören, weil sie ihren sündhaften Lebenswandel beim Namen nennen. Sobald sich ihnen eine günstige Gelegenheit bietet, verraten sie wie Judas diejenigen, die sich bemühen, sie zu ihrem Besten zu ermahnen.

Die Apostel fanden in der Gemeinde angeblich fromme Glieder, die jedoch im Geheimen Sünden pflegten. Hananias und Saphira waren Betrüger, denn sie behaupteten, Gott ein vollständiges Opfer zu bringen, obwohl sie aus Habsucht einen Teil davon für sich zurückbehielten. Der Geist der Wahrheit offenbarte den Aposteln den wirklichen Charakter dieser Scheinheiligen, und Gottes Gericht befreite die Gemeinde von diesem Makel, der ihre Reinheit beschmutzte. Dieser offenkundige Beweis des scharfsichtigen Geistes Christi war den Heuchlern und Übeltätern ein Schrecken. Sie konnten mit denen, die durch ihr Denken und Handeln beständig Christi Repräsentanten waren, nicht lange zusammenleben. Als Prüfungen und Verfolgung über Jesu Nachfolger kamen, konnten nur solche Menschen Christi Jünger werden, die bereit waren, um der Wahrheit willen alles zu verlassen. Solange die Verfolgungen andauerten, blieb die Gemeinde deshalb verhältnismäßig rein. Sobald diese aber aufhörten, schlossen sich neue Menschen der Gemeinde an, die weniger aufrichtig waren, und schon stand die Tür für Satan offen.

Es gibt jedoch keine Gemeinschaft zwischen dem Fürsten des Lichts und dem Fürsten der Finsternis, auch nicht zwischen ihren Nachfolgern. Als die Christen einwilligten, sich mit denen zusammenzutun, die dem Heidentum nur halbherzig abgesagt hatten, betraten sie einen Pfad, der sie immer weiter von der Wahrheit wegführte. Satan freute sich, dass es ihm gelungen war, eine so große Anzahl der Nachfolger Christi zu täuschen. Er übte seine Macht noch stärker aus und trieb sie an, jene zu verfolgen, die Gott treu geblieben waren. Niemand verstand es so gut, dem wahren christlichen Glauben entgegenzutreten wie solche, die ihn einst verteidigt hatten. Diese abtrünnigen Christen verbanden sich mit ihren halb-heidnischen Gefährten und bekämpften so die wichtigen Fundamente der christlichen Lehre.

Für die Treuen war es ein verzweifeltes Ringen, der Irreführung und den Gräueln zu widerstehen, die sich in priesterlichem Gewand in die Gemeinde einschlichen. Man bekannte sich nicht mehr zur Heiligen Schrift als Richtschnur des Glaubens. Der Grundsatz wahrer Religionsfreiheit wurde als Ketzerei gebrandmarkt, seine Verteidiger gehasst und geächtet.

TREUE WECKT HASS

Nach langem und schwerem Kampf entschlossen sich die wenigen Getreuen, jede Gemeinschaft mit der abtrünnigen Kirche aufzugeben, falls diese sich weiterhin beharrlich weigern sollte, Irrtum und Götzendienst abzulegen. Sie erkannten, dass die Trennung eine absolute Notwendigkeit war, wenn sie selbst dem Wort Gottes gehorchen wollten. Sie wollten keine Irrtümer dulden, die für sie selbst verhängnisvoll werden könnten und ihre Kinder und Kindeskinder gefährdeten. Dem Frieden und der Einheit zuliebe waren sie zu jedem Zugeständnis bereit, das nicht im Widerspruch zu ihrer Treue zu Gott stand. Doch sie erkannten, dass ein Friede der mit der Opferung von Grundsätzen erkauft wird, zu teuer ist. Wenn Einigkeit nur auf Kosten von Wahrheit und Rechtschaffenheit erreicht werden konnte, dann würden sie Uneinigkeit, ja sogar Krieg vorziehen.

Es wäre für die Gemeinde und die Welt gut, wenn die Prinzipien, von denen sich diese standhaften Nachfolger damals leiten ließen, auch heute die Herzen der Gläubigen belebten. Es herrscht jedoch unter dem bekennenden Volk Gottes eine beängstigende Gleichgültigkeit in Bezug auf die Lehren, welche Säulen des christlichen Glaubens darstellen. Die Ansicht, diese Lehren wären nicht von entscheidender Bedeutung, gewinnt immer mehr an Boden. Diese verheerende Entwicklung stärkt die Hände der Drahtzieher Satans, sodass Irrlehren und verhängnisvolle Täuschungen, denen die Gläubigen in der Vergangenheit unter Einsatz ihres Lebens widerstanden und die sie ans Licht brachten, heute von Tausenden, die sich Nachfolger Christi nennen, mit Wohlwollen aufgenommen werden.

Die ersten Christen waren in der Tat ein besonderes Volk. Ihr tadelloses Benehmen und ihr unerschütterlicher Glaube waren ein ständiger Tadel für Sünder, die sich dadurch in ihrer Ruhe gestört fühlten. Obwohl sie nicht sehr zahlreich waren, keinen Reichtum besaßen und keine hohen Stellungen oder Ehrentitel innehatten, waren sie den Übeltätern überall dort ein Dorn im Auge, wo ihr Charakter und ihre Lehren bekannt waren. Deshalb wurden sie von den Gottlosen gehasst wie einst Abel von dem ruchlosen Kain. Aus dem gleichen Grund, aus dem Kain zum Mörder Abels wurde, ermordeten solche, die sich der Prüfung durch den Heiligen Geist entzogen, die Kinder Gottes. Aus dem gleichen Grund verschmähten und kreuzigten die Juden den Erlöser. Die Reinheit und Heiligkeit seines Charakters war für sie eine ständige Anklage gegen ihre Selbstsucht und Verdorbenheit. Seit den Tagen Christi bis heute erzeugen die treuen Jünger Jesu Hass und Widerstand bei denen, die sich auf dem Weg der Sünde wohlfühlen.

DAS BÖSE WIRD SICHTBAR

Wie kann unter diesen Umständen das Evangelium eine Botschaft des Friedens genannt werden? Als Jesaja die Geburt des Messias vorhersagte, gab er ihm den Titel »Friedefürst«. Als die Engel den Hirten verkündigten, dass Christus geboren sei, sangen sie über den Fluren Bethlehems: »Ehre sei Gott in der Höhe und Friede auf Erden bei den Menschen seines Wohlgefallens.« (Lukas 2,14) Zwischen diesen prophetischen Aussagen und den Worten Christi »ich bin nicht gekommen, Frieden zu bringen, sondern das Schwert« (Matthäus 10,34), scheint ein Widerspruch zu bestehen. Doch richtig verstanden, stimmen beide Aussagen völlig überein. Das Evangelium ist eine Botschaft des Friedens. Das Christentum verbreitet, wenn es angenommen und ausgelebt wird, Frieden, Eintracht und Freude über die ganze Erde. Die Religion Christi wird alle in inniger Gemeinschaft miteinander verbinden, die ihre Lehren annehmen. Es war Jesu Aufgabe, die Menschen mit Gott und untereinander zu versöhnen. Im Allgemeinen befindet sich die Welt aber unter der Herrschaft Satans, des bittersten Feindes Jesu. Das Evangelium zeigt ihr Lebensgrundsätze, die ihren Gewohnheiten und Wünschen völlig zuwiderlaufen, und dagegen lehnt sie sich auf. Sie hasst die Reinheit, die ihre Sünden offenbart und verurteilt, und sie verfolgt und vernichtet alle, die ihr jene gerechten und heiligen Ansprüche vor Augen halten. In diesem Sinn wird das Evangelium ein Schwert genannt, weil die ewig gültigen Wahrheiten Hass und Streit erzeugen.

Das geheimnisvolle Wirken Gottes, der zulässt, dass der Gerechte von der Hand des Gottlosen Verfolgung erleidet, hat viele, die im Glauben schwach sind, schon in größte Verlegenheit gebracht. Manche sind sogar bereit, ihr Vertrauen auf Gott wegzuwerfen, weil er zulässt, dass es den niederträchtigsten Menschen gut geht, während die Besten und Reinsten durch grausame Mächte geplagt und gequält werden. Wie ist es möglich, wird gefragt, dass der Gerechte und Barmherzige, dessen Macht unendlich ist, solche Ungerechtigkeiten und Unterdrückungen duldet? Dies ist eine Frage, die uns nicht quälen muss. Gott hat uns ausreichende Beweise seiner Liebe geliefert, und wir sollen nicht an seiner Güte zweifeln, wenn wir sein Wirken nicht verstehen können. Christus sagte zu seinen Jüngern, als er die Zweifel voraussah, die sie in den Tagen der Prüfung und der Finsternis plagen würden: »Gedenkt an das Wort, das ich euch gesagt habe: Der Knecht ist nicht größer als sein Herr. Haben sie mich verfolgt, so werden sie euch auch verfolgen.« (Johannes 15,20) Jesus hat mehr für uns gelitten, als irgendeiner seiner Nachfolger durch die Grausamkeit gottloser Menschen jemals zu leiden vermag. Wer berufen ist, Qualen und den Märtyrertod zu erdulden, folgt nur den Fußstapfen des treuen Gottessohnes.

»Der Herr verzögert nicht die Verheißung.« (2. Petrus 3,9) Er vergisst oder vernachlässigt seine Kinder nicht. Er gestattet aber den Gottlosen, ihren wahren Charakter zu offenbaren, damit keiner, der seinem Willen folgen will, von ihnen getäuscht werden kann. Wiederum lässt er die Gerechten durch den Feuerofen der Trübsal gehen, damit sie selbst gereinigt werden und ihr Beispiel andere von der Realität des Glaubens und der Kraft Gottes überzeugt und ihr treuer Wandel auch den Gottlosen und Ungläubigen das Urteil spricht.

Gott gestattet den Übeltätern, dass es ihnen gut geht und ihre Feindschaft gegen ihn offenkundig wird. Wenn aber das Maß ihrer Ungerechtigkeit voll ist, werden alle Menschen in der vollständigen Vernichtung der

Gottlosen die Gerechtigkeit und Gnade Gottes erkennen. Der Tag seiner Vergeltung nähert sich rasch, an dem alle, die sein Gesetz übertreten und sein Volk unterdrückt haben, die gerechte Strafe für ihre Taten erhalten, und jede Gräueltat, jede Ungerechtigkeit am Volk Gottes so bestraft wird, als ob sie an Christus selbst begangen worden wäre.

Es gibt eine andere und wichtigere Frage, auf die sich die Kirchen unserer Tage konzentrieren sollten. Der Apostel Paulus sagt: »Alle, die fromm leben wollen in Christus Jesus, müssen Verfolgung leiden.« (2. Timotheus 3,12) Weshalb ist es dann aber so, dass Verfolgung offenbar mehrheitlich abgeflaut ist? Der einzige Grund liegt darin, dass sich die Kirche der Welt angepasst hat und deshalb keinen Widerstand mehr erregt. Die Religion unserer Tage hat nicht den reinen und heiligen Charakter, der den christlichen Glauben in den Tagen Jesu und seiner Apostel auszeichnete. Weil man mit der Sünde gemeinsame Sache macht, die großen Wahrheiten des Wortes Gottes gleichgültig betrachtet und wenig lebendiger Glaube in der Gemeinde vorhanden ist, ist das Christentum in der Welt anscheinend so beliebt. Lassen wir den Glauben und die Kraft der ersten Christengemeinde neu aufleben, dann wird auch der Geist der Verfolgung wieder lebendig und das Feuer der Verfolgung neu entfacht werden.

KAPITEL 3

GEISTLICHE FINSTERNIS

In seinem zweiten Brief an die Gemeinde in Thessalonich kündete der Apostel Paulus einen großen Abfall an, der zur Errichtung des geistlichen Roms führen würde. Er schrieb: »Lasst euch durch niemand und auf keine Weise täuschen! Denn zuerst muss der Abfall von Gott kommen und der Mensch der Gesetzwidrigkeit erscheinen, der Sohn des Verderbens, der Widersacher, der sich über alles, was Gott oder Heiligtum heißt, so sehr erhebt, dass er sich sogar in den Tempel Gottes setzt und sich als Gott ausgibt.« Weiter warnte der Apostel seine Brüder: »Denn die geheime Macht der Gesetzwidrigkeit ist schon am Werk; nur muss erst der beseitigt werden, der sie bis jetzt noch zurückhält.« (2. Thessalonicher 2,3.4.7 EÜ) Schon zu dieser frühen Zeit sah er voraus, dass sich Irrtümer in die Gemeinde einschleichen und den Weg für die Papstkirche ebnen würden.

KOMPROMISSE UND MACHTANSPRÜCHE

Ganz allmählich, erst heimlich und stillschweigend, mit zunehmender Macht, aber immer offener gewann »das Geheimnis der Gesetzesfeindschaft« (2. Thessalonicher 2,7 ZÜ) die Herrschaft über die Menschen und setzte sein trügerisches und gotteslästerliches Werk fort. Fast unmerklich fanden heidnische Bräuche Eingang in die christliche Kirche. Der Geist des Kompromisses und der Anpassung wurde eine Zeit lang durch heftige Verfolgungen zurückgehalten, die die Kirche unter dem Heidentum erdulden musste. Doch als die Verfolgungen aufhörten und das Christentum in Höfe und Paläste einzog, legte es die demütige Einfachheit Christi und seiner Apostel ab und machte dem Gepränge und Stolz heidnischer Priester und Herrscher Platz. An die Stelle von Gottes Geboten traten menschliche Theorien und Traditionen. Die formale Bekehrung von Kaiser Konstantin Anfang des vierten Jahrhunderts löste große Freude aus, und die Welt hielt unter dem Deckmantel der Gerechtigkeit Einzug in die christliche Kirche. Jetzt schritt der Prozess der Verfälschung rasch voran. Das scheinbar besiegte Heidentum wurde zum Sieger. Sein Geist beherrschte die Kirche. Heidnische Lehren, Zeremonien und Aberglaube verbanden sich mit dem Glauben und dem Gottesdienst der bekennenden Nachfolger Christi.

Aus diesem Kompromiss zwischen Heidentum und Christentum entstand der »Mensch der Gesetzwidrigkeit« (2. Thessalonicher 2,3 EÜ), der durch die Prophetie vorhergesagt worden war, der sich über Gott erhob und ihm entgegenstand. Dieses gigantische System falscher Religion ist ein Meisterwerk satanischer Macht, ein Denkmal seiner Bemühungen, sich selbst auf den Thron zu setzen, um die Welt nach seinem Willen zu regieren.

Satan war schon einmal bestrebt, mit Christus einen Kompromiss zu schließen. Er begab sich zum Sohn Gottes in die Wüste der Versuchung und zeigte ihm alle Reiche der Welt und ihre Herrlichkeit und bot an, ihm alles zu übergeben, wenn er die Oberherrschaft des Fürsten der Finsternis anerkennen würde. Christus wies den verwegenen Versucher zurecht und zwang ihn, sich zu entfernen. Doch Satan versucht die Menschen auf gleiche Weise mit größerem Erfolg. Um irdischen Gewinn und weltliche Ehre zu erreichen, ließ sich die Kirche dazu verleiten, die Gunst und den Beistand der Großen dieser Erde zu suchen. Auf diese Weise wurde Christus zurückgewiesen, und an seiner Stelle begann man dem Bischof von Rom, dem Repräsentanten des großen Widersachers, die Untertanentreue zu leisten.[1]

Eine der wichtigsten Lehren der römischen Kirche ist, dass der Papst das sichtbare Haupt der universalen Kirche Christi sei, ausgestattet mit höchster Autorität über Bischöfe und Geistliche in allen Teilen der Welt. Mehr noch, man verlieh dem Papst sogar göttliche Titel.[2] Er wurde »Herr Gott, der Papst« genannt und als unfehlbar[3] erklärt. Er verlangt, dass ihm alle Menschen Ehre erweisen. Denselben Anspruch, den Satan bei der Versuchung Jesu in der Wüste erhob, sucht er auch heute noch durch die Kirche Roms, und unzählige sind bereit, ihm zu huldigen.

Wer jedoch Gott fürchtet und ihn verehrt, tritt dieser gegen Gott gerichteten und schlimmen Anmaßung des arglistigen Feindes ebenso entgegen, wie Christus es tat: »Du sollst Gott, deinen Herrn, anbeten und ihm allein dienen.« (Lukas 4,8) Gott hat in seinem Wort nie einen Hinweis darauf gegeben, dass irgendein Mensch zum Oberhaupt der Gemeinde bestimmt werden soll. Die Lehre des päpstlichen Primats steht den Lehren der Heili-

---

1 Bei diesen und ähnlichen Aussagen hatte die Verfasserin vor allem das repressive kirchliche System des Mittelalters und der Gegenreformation vor Augen. Was die Situation des modernen Katholizismus nach dem 2. Vatikanischen Konzil (1962-65) betrifft, siehe Anhang Seite 631: »Der römische Katholizismus – Kontinuität und Wandel«.
2 Siehe Glossar »Päpste, Titel«, S. 674.
3 Siehe Glossar »Unfehlbarkeit des Papstes«, S. 679.

gen Schrift direkt entgegen. Der Papst kann keine Macht über die christliche Kirche haben, es sei denn durch widerrechtliche Aneignung.

GOTTES WORT WIRD VERDRÄNGT

Protestanten wurden von Katholiken der Ketzerei und der vorsätzlichen Trennung von der wahren Kirche beschuldigt. Doch solche Anklagen müssen sie sich eigentlich selbst gefallen lassen. Denn sie sind es, die das Banner Christi niedergelegt haben und vom »ein für allemal den Heiligen überlieferten Glauben« (Judas 3 Elb.) abgewichen sind.

Satan wusste sehr wohl, dass die Menschen durch die Heilige Schrift in der Lage sein würden, seine Täuschung zu durchschauen und seiner Macht zu widerstehen. Selbst der Erlöser der Welt antwortete auf seine Angriffe mit dem Wort Gottes. Bei jeder Attacke hielt ihm Christus den Schild ewiger Wahrheit entgegen und sagte: »Es steht geschrieben.« (Lukas 4,1-13) Jedem Angriff des Feindes widerstand er mit der Weisheit und der Macht des Wortes. Damit Satan seinen Einfluss über die Menschen erhalten konnte und um dem Machtanspruch des päpstlichen Thrones zum Durchbruch zu verhelfen, musste er die Menschen über die Heilige Schrift in Unwissenheit lassen. Die Bibel jedoch erhebt Gott und weist sterbliche Menschen in ihre Schranken. Deshalb mussten ihre heiligen Wahrheiten geheim gehalten und unterdrückt werden. Diesem Kurs folgte die Römische Kirche. Jahrhundertelang wurde die Verbreitung der Bibel verboten.[4] Dem Volk war es nicht gestattet, sie zu lesen oder sie im Haus zu haben, und charakterlose Priester und Prälaten legten ihre Lehren so aus, dass ihre eigenen Ansprüche gestützt wurden. So wurde der Papst fast überall auf der Welt als Statthalter Gottes auf Erden anerkannt, ausgestattet mit Autorität über Kirche und Staat.

Nachdem das Prüfinstrument für den Irrtum ausgeschaltet worden war, konnte Satan willkürlich herrschen. Das prophetische Wort hatte vorausgesagt, dass das Papsttum danach trachten würde, »Zeiten und Gesetz zu ändern« (Daniel 7,25 ZÜ). Dabei verlor es keine Zeit. Um den Heiden einen Ersatz für die Götzenanbetung anzubieten und so ihre vorgebliche Annahme des Christentums zu fördern, wurde die Verehrung von Bildern[5] und Reliquien allmählich in den christlichen Gottesdienst eingeführt. Ein allgemeines Konzil bestätigte schließlich dieses System des Aberglaubens. Um das Maß voll zu machen, nahm sich Rom vor, das zweite Gebot, das den

---

4 Siehe Glossar »Bibelverbote«, S. 653.
5 Siehe Glossar »Bilderverehrung«, S. 655.

Bilderdienst verbietet, aus den Zehn Geboten zu entfernen und das zehnte Gebot zu teilen, um wieder auf die Zahl zehn zu kommen.

VERÄNDERUNG VON »ZEITEN UND GESETZ«

Zugeständnisse an das Heidentum ebneten den Weg für eine weitere Missachtung der Autorität des Himmels. Satan arbeitete durch ungeheiligte Kirchenführer und verfälschte durch sie auch das vierte Gebot. Er versuchte, den altehrwürdigen Sabbat aufzuheben, den Tag, den Gott gesegnet und geheiligt hatte (vgl. 1. Mose 2,2.3), und stattdessen den heidnischen Festtag zu erheben, den die Heiden als »ehrwürdigen Tag der Sonne« verehrten. Diese Veränderung wurde zunächst nicht offen versucht. In den ersten Jahrhunderten beachteten alle Christen den wahren Sabbat. Sie kämpften für die Ehre Gottes, und weil sie überzeugt waren, dass sein Gesetz unveränderlich ist, hielten sie an seinen heiligen Vorschriften fest. Doch Satan wirkte durch Kirchenführer, die sich Gott nicht geweiht hatten, um sein Ziel zu erreichen. Um die Aufmerksamkeit des Volkes auf den Sonntag zu lenken, erklärte man diesen zu einem Festtag zu Ehren der Auferstehung Christi. Es wurden an diesem Tag religiöse Feiern abgehalten, er wurde als Erholungstag betrachtet, während der Sabbat noch immer heilig blieb.

Um seine Ziele zu erreichen, hatte Satan schon vor dem ersten Kommen Christi die Juden dazu verführt, der Sabbatfeier schwerste Bürden aufzuerlegen, sodass sie zu einer Last wurde. Nun missbrauchte er das falsche Licht, das er auf den Sabbat hatte scheinen lassen, und wertete den Sabbat ab, indem er ihn als eine rein jüdische Einrichtung darstellte. Als der Sonntag von den Christen schon allgemein als Freudentag gefeiert wurde, überzeugte er sie davon, alles Jüdische zu hassen und den Sabbat zu einem Fastentag zu machen, einem Tag der Trauer und des Trübsinns.

Anfang des vierten Jahrhunderts erhob Konstantin durch eine Verordnung den Sonntag im ganzen Römischen Reich zum öffentlichen Feiertag.[6] Der Tag der Sonne wurde von den heidnischen Untertanen verehrt und auch Christen achteten ihn. Es war die Absicht des Kaisers, die widersprüchlichen Interessen des Christentums und des Heidentums zu vereinen. Bischöfe der Kirche, die von Ehrgeiz und Machthunger getrieben waren, drängten ihn dazu. Sie hatten erkannt, dass die formelle Annahme des Christentums durch die Heiden gefördert und damit die Macht und der Ruhm der Kirche vergrößert werden könnte, wenn von Christen und Heiden der gleiche Tag

---

6   Siehe Glossar, »Sonntagsgesetz Konstantins«, S. 678.

beachtet würde. Doch auch wenn viele gottesfürchtige Christen allmählich dazu veranlasst wurden, dem Sonntag eine gewisse Heiligkeit zuzugestehen, gehorchten sie doch dem vierten Gebot und beachteten den wahren Sabbat als Gottes heiligen Tag.

Der Erzbetrüger hatte seine Aufgabe noch nicht zu Ende geführt. Er war entschlossen, die ganze christliche Welt unter seinem Banner zu vereinigen und seine Macht durch seinen stolzen Statthalter auszuüben, der behauptete, der Stellvertreter Christi zu sein. Durch halb bekehrte Heiden, ehrgeizige Würdenträger und weltliebende Kirchenmänner erreichte er sein Ziel. Von Zeit zu Zeit wurden große Kirchenversammlungen abgehalten, zu denen die geistlichen Würdenträger aus aller Welt zusammenkamen. Auf fast allen Konzilen wurde der Sabbat, den Gott eingesetzt hatte, immer mehr unterdrückt, während die Verehrung des Sonntags entsprechend zunahm. Schließlich verehrte man diesen heidnischen Festtag als eine göttliche Einrichtung, während der biblische Sabbat als ein Relikt aus dem Judentum betrachtet und die Sabbathalter verflucht wurden.

Dem großen Abtrünnigen war es gelungen, sich über »alles, was Gott oder Gottesdienst heißt« (2. Thessalonicher 2,4) zu erheben. Er hatte es gewagt, das einzige Gebot im göttlichen Gesetz zu verändern, das unverkennbar alle Menschen auf den wahren und lebendigen Gott hinweist. Im vierten Gebot wird Gott als der Schöpfer von Himmel und Erde offenbart. Darin unterscheidet er sich von allen falschen Göttern. Der siebte Tag war als Erinnerung an das Schöpfungswerk und als Ruhetag für die Menschen geheiligt worden. Er war darauf angelegt, den Menschen zu allen Zeiten den lebendigen Gott als Quelle des Seins und als Ziel der Verehrung und Anbetung vor Augen zu halten. Satan hat sich schon immer bemüht, Menschen von ihrer Treue zu Gott und vom Gehorsam gegenüber seinem Gesetz abzubringen. Daher richtet er seine Angriffe besonders auf jenes Gebot, das auf den Schöpfergott hinweist.

Protestanten machen geltend, dass die Auferstehung Christi den Sonntag zum christlichen Sabbat gemacht habe. Die Schrift jedoch liefert dafür keine Beweise. Weder Christus noch die Apostel haben diesem Tag solche Ehre erwiesen. Die Sonntagsfeier als christliche Einrichtung hat ihren Ursprung in jenem »Geheimnis der Gesetzesfeindschaft« (2. Thessalonicher 2,7 ZÜ), das sein Werk schon in den Tagen von Paulus begann. Wo und wann hat der Herr den Sonntag eingeführt? Diese Ordnung ist ein Kind des Abfalls. Welche gültige Begründung gibt es für diese Veränderung? Von der Heiligen Schrift wird sie jedenfalls nicht unterstützt.

1260 JAHRE VERFOLGUNG

Im sechsten Jahrhundert war das Papsttum fest gegründet. Sein Machtzentrum befand sich in der kaiserlichen Stadt, und der Bischof von Rom wurde zum Haupt der gesamten christlichen Kirche erklärt. Das Heidentum war dem Papsttum gewichen. Der Drache hatte dem Tier »seine Kraft und seinen Thron und seine große Macht« (Offenbarung 13,2) übergeben. Jetzt begannen die 1260 Jahre päpstlicher Unterdrückung, wie in den Prophezeiungen[7] von Daniel und in der Offenbarung vorhergesagt (vgl. Daniel 7,25; Offenbarung 13,5-7). Christen wurden gezwungen, entweder päpstliche Formen und Gottesdienste anzunehmen und dabei ihre Rechtschaffenheit aufzugeben oder aber den Rest ihres Lebens in Kerkern zu schmachten oder den Tod auf der Folterbank, dem Scheiterhaufen oder durch das Henkersbeil zu erleiden. So erfüllten sich die Worte Jesu: »Ihr werdet sogar von Eltern und Geschwistern, von Verwandten und Freunden ausgeliefert werden, und manche von euch werden sie in den Tod schicken. Und ihr werdet gehasst werden von allen um meines Namens willen.« (Lukas 21,16.17 ZÜ) Die Gläubigen wurden mit größerem Hass als je zuvor verfolgt, und die Welt wurde ein riesiges Schlachtfeld. Jahrhundertelang musste die Gemeinde Christi ihr Dasein in Abgeschiedenheit und Finsternis fristen. So sagt der Prophet: »Und die Frau entfloh in die Wüste, wo sie einen Ort hatte, bereitet von Gott, dass sie dort ernährt werde 1260 Tage.« (Offenbarung 12,6)

Mit der Machtentfaltung der römischen Kirche begann das dunkle Mittelalter; mit der Zunahme der kirchlichen Gewalt verdichtete sich die Finsternis. Die Menschen wurden dazu verleitet, ihr Vertrauen nicht mehr auf Christus, das wahre Fundament, sondern auf den römischen Papst zu setzen. Statt für die Vergebung der Sünden und das ewige Heil dem Sohn Gottes zu vertrauen, schaute das Volk auf den Papst, auf die Priester und auf die Prälaten, denen er seine Autorität übertragen hatte. Das Volk wurde gelehrt, dass der Papst ihr Mittler auf Erden sei und dass sich niemand Gott nähern könne, außer durch ihn. Zudem würde er für sie die Stellung Gottes einnehmen, und deshalb sei ihm bedingungsloser Gehorsam zu leisten. Ein Abweichen von seinen Forderungen genügte, um die Schuldigen mit härtesten Strafen an Leib und Seele zu belegen. So wurden die Gedanken der Gläubigen von Gott auf irrende, grausame Menschen gerichtet, mehr noch, auf den Fürsten der Finsternis selbst, der seine Macht durch sie ausübte. Die Sünde wurde durch ein Gewand der Heiligkeit getarnt. Wenn die Heilige Schrift unterdrückt wird und der Mensch sich selbst als die oberste Instanz betrachtet, können wir nichts anderes erwarten als Betrug, Irreführung

---

7   Siehe Glossar; »Prophetischer Schlüssel (Jahr-Tag-Prinzip)«, S. 675.

und entwürdigende Ungerechtigkeit. Wo Gottes Gesetz beseitigt wird und menschliche Verordnungen und Traditionen an seine Stelle treten, ist Korruption stets die Folge.

Für die Gemeinde Christi waren dies stets Zeiten der Not. Treue Bannerträger gab es tatsächlich nur wenige. Obwohl die Wahrheit nicht ohne Zeugen blieb, schien es zeitweise, dass Irrtum und Aberglaube vollständig die Oberhand behielten und die wahre Religion aus der Welt verbannt worden sei. Man verlor das Evangelium aus den Augen, doch die Formen der Religion wurden vervielfacht und das Volk mit härtesten Forderungen belastet.

Man lehrte die Menschen nicht nur, den Papst als ihren Mittler anzusehen, sondern auch zur Vergebung ihrer Sünden auf ihre eigenen Werke zu vertrauen. Lange Wallfahrten, Bußübungen, Reliquienverehrung, Kirchenbauten, Errichten von Schreinen und Altären, die Bezahlung hoher Geldsummen an die Kirche – das alles und vieles mehr wurde den Menschen auferlegt, um den Zorn Gottes zu besänftigen oder seine Gunst zu sichern; als ob Gott wie ein Mensch wäre, der durch Kleinigkeiten erzürnt und durch Gaben oder Bußübungen zufriedengestellt werden könnte!

FÄLSCHUNGEN

Trotz dieser Übel selbst unter den Führern der römischen Kirche schien ihr Einfluss stetig zuzunehmen. Gegen Ende des 8. Jahrhunderts erhoben die päpstlichen Vertreter den Anspruch, dass die römischen Bischöfe bereits in den ersten Jahrhunderten dieselbe geistliche Macht besessen hätten, die sie nun ausübten. Um diese Behauptung zu untermauern, mussten Mittel und Wege gesucht werden, um Autorität zu gewinnen, und diese wurden vom Vater der Lüge bereitwillig angeboten. Dazu fälschten Mönche alte Dokumente.[8] Verordnungen von Konzilien, die vorher unbekannt waren, wurden plötzlich »entdeckt« und unterstützten die weltweite Oberherrschaft des Papstes seit frühesten Zeiten. Eine Kirche, die die Wahrheit abgelehnt hatte, nahm diese Fälschungen nun erfolgshungrig an.

Die wenigen treuen Bauleute, die auf das wahre Fundament bauten (1. Korinther 3,10.11), wurden verwirrt und gehindert, als der Schutt falscher Lehren das Werk hinderte. Wie die Bauleute auf der Mauer Jerusalems in den Tagen Nehemias waren einige bereit zu sagen: »Die Kraft der Träger ist zu schwach, und der Schutt ist zu viel; wir können an der Mauer nicht weiterbauen.« (Nehemia 4,4) Durch den beständigen Kampf gegen Verfolgung, Betrug, Ungerechtigkeit und andere Hindernisse, die ihnen Satan in

---

8   Siehe Glossar »Gefälschte Urkunden«, S. 659.

den Weg legte, wurden einige, die treue Bauleute waren, entmutigt. Um des lieben Friedens willen und zur Sicherung von Eigentum und Leben wandten sie sich vom wahren Fundament ab. Andere, die sich vom Widerstand ihrer Feinde nicht abschrecken ließen, erklärten: »Fürchtet euch nicht vor ihnen; gedenkt an den Herrn, der groß und furchtbar ist, und streitet für eure Brüder, Söhne, Töchter, Frauen und Häuser« (Nehemia 4,8); und sie führten die Arbeit weiter, ein jeder umgürtet mit dem »Schwert des Geistes« (Epheser 6,17).

Zu allen Zeiten wurden die Feinde Gottes durch den gleichen Hass und Widerstand gegen die Wahrheit angestachelt, und dieselbe Wachsamkeit und Treue war nötig. Die Worte, die Christus seinen Jüngern mitgab, gelten allen seinen Nachfolgern bis ans Ende der Zeit: »Was ich aber euch sage, das sage ich allen: Wachet!« (Markus 13,37)

Die Finsternis schien dichter zu werden, die Bilderverehrung fand weite Verbreitung. Man zündete vor den Bildern Kerzen an und verrichtete Gebete. Die widersinnigsten und abergläubischsten Gebräuche nahmen überhand. Der Aberglaube beherrschte so sehr die Gedanken der Menschen, dass es schien, als hätte die Vernunft ihren Einfluss vollkommen verloren. Da Priester und Bischöfe vergnügungssüchtig, sinnlich und verdorben lebten, war es nicht verwunderlich, dass das Volk, das von ihnen Führung erwartete, ebenfalls in Unwissenheit und Laster versank.

KAISER UND PAPST IM ZWIST

Eine nächste Stufe der päpstlichen Anmaßung wurde erreicht, als im elften Jahrhundert Papst Gregor VII. die Unfehlbarkeit[9] der römischen Kirche verkündete. In den von ihm veröffentlichten Thesen erklärte er, dass die Kirche nie geirrt habe und nach der Heiligen Schrift auch nie irren werde. Biblische Beweise stützten diese Behauptung jedoch nicht. Der stolze Pontifex beanspruchte auch die Autorität, Kaiser abzusetzen. Er behauptete, dass keiner seiner Rechtssprüche von irgendjemandem aufgehoben werden könnte, dass es umgekehrt aber sein Vorrecht sei, die Entscheidungen aller anderen rückgängig zu machen.

Ein augenfälliges Beispiel seines tyrannischen Wesens lieferte dieser Verteidiger der Unfehlbarkeit mit der Behandlung des Deutschen Kaisers Heinrich IV. Weil sich dieser Monarch erdreistete, die Autorität des Papstes zu ignorieren, wurde er exkommuniziert und für abgesetzt erklärt. Erschreckt über die Untreue und die Drohungen seiner eigenen Fürsten,

---

9   Siehe Glossar »Irrtumslosigkeit der Kirche«, S. 662.

die durch den päpstlichen Befehl zum Aufstand gegen ihn ermutigt worden waren, hielt es Heinrich für notwendig, mit Rom Frieden zu schließen. In Begleitung seiner Gemahlin und eines treuen Dieners überquerte er mitten im Winter die Alpen und demütigte sich vor dem Papst. Als er die Burg erreichte, in die sich der Papst zurückgezogen hatte, wurde er ohne Leibwache in einen Vorhof geführt. In bitterer Kälte wartete er dort ohne Kopfbedeckung, barfuß und in einem Büßergewand auf die Erlaubnis des Papstes, vor ihm zu erscheinen. Erst nachdem er drei Tage mit Fasten und Beichten zugebracht hatte, gewährte ihm der Papst gnädigst Vergebung. Aber auch diese erhielt Heinrich nur unter der Bedingung, die Genehmigung des Papstes abzuwarten, bevor er die Reichsinsignien wieder aufnahm oder seine kaiserliche Macht ausübte. Gregor sah sich durch diesen Triumph ermutigt und prahlte, dass es seine Pflicht sei, den Stolz der Könige zu brechen.

Sehr deutlich zeigt sich hier der Unterschied zwischen dem überheblichen Stolz eines hochmütigen Papstes und der Sanftmut und Güte Christi, der an die Herzenstür klopft und um Einlass bittet, damit er Vergebung und Frieden bringen kann. Er lehrte seine Jünger: »Wer unter euch der Erste sein will, der sei euer Knecht.« (Matthäus 20,27)

IRRTÜMER AUS DEM HEIDENTUM

Die folgenden Jahrhunderte wurden Zeugen einer ständigen Zunahme des Irrtums in den von Rom verabschiedeten Lehren. Schon vor dem Aufkommen des Papsttums hatte man den Aussagen heidnischer Philosophen viel Aufmerksamkeit geschenkt, welche dadurch einen beachtlichen Einfluss auf die Kirche ausübten. Viele vordergründig Bekehrte hingen immer noch an den Grundsätzen ihrer heidnischen Philosophie. Sie setzten ihre Studien nicht nur fort, sondern drängten sie auch anderen auf, um dadurch Einfluss unter den Heiden zu gewinnen. So gelangten gravierende Irrtümer in den christlichen Glauben. Herausragend war darunter der Glaube an eine natürliche Unsterblichkeit des Menschen und sein Bewusstsein im Tod. Auf der Grundlage dieser Lehre führte Rom die Anrufung der Heiligen und die Verehrung der Jungfrau Maria[10] ein. Daraus erwuchs auch die Irrlehre von einer ewigen Höllenqual für diejenigen, die letztlich keine Reue zeigen. Schon früh wurde dies alles in den Glauben der Papstkirche aufgenommen.

---

10 Siehe Glossar »Marienverehrung«, S. 666.

Damit war der Weg für die Einführung einer weiteren Erfindung des Heidentums bereit, die Rom das Fegefeuer[11] nannte. Es wurde dazu benutzt, um der einfältigen und abergläubischen Masse Furcht und Schrecken einzujagen. Diese Irrlehre behauptet, dass es einen Ort der Qual gebe, an dem Seelen, die keine ewige Verdammung verdienen, die Strafen für ihre Sünden erleiden, bis sie von ihrer Unreinheit befreit seien und freien Zugang zum Himmel hätten.

Eine weitere Zusatzlehre wurde notwendig, um Rom zu ermöglichen, von der Furcht und den Lastern seiner Anhänger zu profitieren. Dies gelang mit der Ablasslehre.[12] Ein vollständiger Erlass für begangene, gegenwärtige und zukünftige Sündenstrafen und eine Befreiung von allen Qualen wurde denen zugesichert, die sich an den Kriegen des Pontifex zur Erweiterung seiner weltlichen Herrschaft beteiligten, seine Feinde bestraften oder diejenigen ausrotteten, die es wagten, seine geistliche Oberherrschaft abzulehnen. Ferner wurde das Volk darüber informiert, dass man sich durch Geldzahlungen an die Kirche von Sünden freikaufen und auch die Seelen seiner verstorbenen Freunde von den peinigenden Flammen des Fegefeuers erlösen könne. Auf solche Weise füllte Rom seine Schatztruhe und bewahrte den Prunk, den Luxus und die Lasterhaftigkeit des angeblichen Vertreters Christi, der keinen Ort hatte, wo er sein Haupt hinlegen konnte.

Das biblische Abendmahl wurde durch die Messe,[13] ein götzendienerisches Opfer, ersetzt. Päpstliche Priester gaben vor, durch eine geheimnisvolle Zeremonie einfaches Brot und einfachen Wein in den wirklichen Leib und in wirkliches Blut Christi verwandeln zu können. (WRP, VII, 3, 26) Mit dieser geradezu gotteslästerlichen Anmaßung beanspruchten sie öffentlich die Macht, Gott, den Schöpfer aller Dinge, immer wieder neu »zu schaffen«. Unter Androhung der Todesstrafe verlangte man von den Christen, sich zu dieser schrecklichen, den Himmel beleidigenden Häresie zu bekennen. Scharenweise wurden solche, die sich weigerten, dem Flammentod übergeben.

AUF DEM TIEFPUNKT ANGELANGT

Im 13. Jahrhundert wurde die schrecklichste aller Einrichtungen des Papsttums eingeführt: die Inquisition.[14] Der Fürst der Finsternis arbeitete mit den Würdenträgern der päpstlichen Hierarchie zusammen. Bei ihren heimlichen Beratungen kontrollierte Satan mit seinen Engeln die Gedan-

---

11 Siehe Glossar »Fegefeuer«, S. 657.
12 Siehe Glossar »Ablass«, S. 651.
13 Siehe Glossar »Messopfer«, S. 668.
14 Siehe Glossar »Inquisition«, S. 661.

ken von bösen Menschen, während unerkannt unter ihnen ein Engel Gottes stand. Er zeichnete den schrecklichen Bericht ihrer boshaften Beschlüsse und die Geschichte ihrer Taten auf, die zu abscheulich waren, als dass sie vor menschliche Augen kommen sollten. »Das große Babylon« war »betrunken von dem Blut der Heiligen« (Offenbarung 17,6). Millionen von verstümmelten Märtyrern schrien zu Gott um Vergeltung gegen diese abtrünnige Macht.

Das Papsttum war zum Gewaltherrscher über die ganze Welt geworden. Könige und Kaiser beugten sich den Verordnungen des römischen Pontifex. Das Schicksal der Menschen in Zeit und Ewigkeit schien in seinen Händen zu liegen. Jahrhundertelang wurden die Lehren Roms umfassend und blind befolgt, seine Bräuche beachtet und seine Festtage von allen gefeiert. Sein Klerus wurde verehrt und großzügig unterstützt. Zu keiner Zeit hatte die römische Kirche größere Würde, Herrlichkeit oder Macht.

Aber »der Höhepunkt des Papsttums war der Tiefpunkt der Welt« (WHP, I, 4). Die Heilige Schrift war nicht nur dem Volk, sondern auch den Priestern nahezu unbekannt. Wie die Pharisäer in alter Zeit hassten die päpstlichen Würdenträger das Licht, das ihre Sünden aufdecken würde. Nachdem Gottes Gesetz, die Regel der Gerechtigkeit, beiseite getan war, übten sie unbegrenzte Macht aus und gingen völlig hemmungslos dem Laster nach. Betrug, Habsucht und Verschwendung waren an der Tagesordnung. Die Menschen schreckten vor keiner Gewalttat zurück, wenn sie dadurch Reichtum oder Ansehen gewinnen konnten. Die Paläste der Päpste und Prälaten waren Schauplatz wüstester Ausschweifungen. Einige der herrschenden Päpste machten sich solch abscheulicher Verbrechen schuldig, dass sich weltliche Herrscher um ihre Absetzung bemühten. Sie hatten sich so niederträchtig gebärdet, dass sie nicht länger geduldet werden konnten. Jahrhundertelang machte Europa auf dem Gebiet der Wissenschaft, der Künste und der Zivilisation keine Fortschritte. Das Christentum war sittlich und geistlich gelähmt.

Der Zustand der Welt unter der Herrschaft Roms zeigte eine furchtbare und genaue Erfüllung der Worte des Propheten Hosea: »Mein Volk ist dahin, weil es ohne Erkenntnis ist. Denn du hast die Erkenntnis verworfen; darum will ich dich auch verwerfen. ... Du vergisst das Gesetz deines Gottes; darum will auch ich deine Kinder vergessen.« (Hosea 4,6) »Es ist keine Treue, keine Liebe, keine Erkenntnis Gottes im Lande; sondern Gotteslästern, Lügen, Morden, Stehlen und Ehebrechen hat überhand genommen, und eine Blutschuld kommt nach der andern.« (Hosea 4,1.2) Das waren die Folgen, die sich aus der Beseitigung des Wortes Gottes ergaben.

KAPITEL 4

DIE WALDENSER

Selbst inmitten der Finsternis, die sich während der langen päpstlichen Vorherrschaft auf die Erde senkte, konnte das Licht der Wahrheit nicht völlig ausgelöscht werden. Zu jeder Zeit gab es Zeugen für Gott – Menschen, die den Glauben an Christus als den einzigen Mittler zwischen Gott und den Menschen bewahrten, die an der Bibel als einziger Richtschnur des Lebens festhielten und die auch den wahren Sabbat beachteten. Wie viel die Welt diesen Menschen verdankt, wird die Nachwelt nie erkennen. Sie wurden als Ketzer gebrandmarkt, ihre Motive verkannt, ihr Charakter verunglimpft, ihre Schriften unterdrückt, missdeutet oder vernichtet. Dennoch blieben sie standhaft und bewahrten die Reinheit ihres Glaubens über Jahrhunderte als heiliges Vermächtnis für kommende Generationen.

DIE GEMEINDE »IN DER WÜSTE«

Die Geschichte des Volkes Gottes während der finsteren Zeit der päpstlichen Vorherrschaft ist im Himmel aufgezeichnet, in irdischen Akten hingegen fanden sie nur wenig Platz. Nur in Anklageschriften ihrer Verfolger sind spärliche Hinweise zu finden. Es war die Politik Roms, jede Spur von Abweichungen gegenüber seinen Lehren und Verordnungen zu vernichten. Alles Ketzerische, gleichgültig, ob es sich um Menschen oder Schriften handelte, versuchte man auszurotten. Äußerungen von Zweifel oder Fragen über die Autorität der päpstlichen Lehren genügten, dass Arme wie Reiche, Hohe wie Niedrige ihr Leben verloren. Rom versuchte auch, jeden Bericht über seine Grausamkeiten an Abweichlern zu vernichten. Auf päpstlichen Konzilien wurde beschlossen, dass Bücher und Schriften mit solchen Inhalten verbrannt werden mussten. Vor der Erfindung der Buchdruckerkunst existierten nur wenige Bücher, die zudem nicht sehr dauerhaft waren. Es gab also nur wenig, um Rom von der Ausführung seiner Absichten abzuhalten.

Keine Gemeinde innerhalb des römischen Herrschaftsbereiches blieb lange unbehelligt oder erfreute sich ungestörter Gewissensfreiheit. Sobald das Papsttum Macht erlangte, streckte es seine Arme aus, um alles zu vernichten, was seine Oberherrschaft nicht anerkannte. Eine Kirche nach der anderen unterwarf sich seiner Befehlsgewalt.

In Großbritannien[15] hatte der ursprüngliche christliche Glaube schon früh Fuß gefasst. Das Evangelium, das die Briten in den ersten Jahrhunderten unserer Zeitrechnung angenommen hatten, war anfänglich frei von römischem Abfall. Die Verfolgung durch heidnische Kaiser, die sich bis zu diesen entfernten Küsten ausdehnte, war die einzige »Gabe«, die Rom diesen Urgemeinden überbrachte. Viele Christen, die vor der Verfolgung in England fliehen mussten, fanden in Schottland eine Zuflucht. Von dort wurde die Wahrheit nach Irland gebracht. In diesen Ländern nahm man sie mit Freuden auf.

Als die Angelsachsen Britannien eroberten, gewann das Heidentum die Kontrolle zurück. Die Eroberer lehnten es ab, durch ihre Sklaven unterrichtet zu werden, und die Christen waren gezwungen, sich in Berge und wilde Moore zurückzuziehen. Das Licht wurde zwar eine Zeitlang verborgen, es brannte aber weiter. Ein Jahrhundert später schien es in Schottland mit einer Helligkeit, die bis in weit entfernte Länder reichte. Aus Irland kam der gläubige Kolumban mit seinen Mitarbeitern. Sie führten die verstreuten Christen auf der einsamen Insel Iona zusammen, die das Zentrum ihrer missionarischen Arbeit wurde. Unter diesen Evangelisten gab es einen, der den biblischen Sabbat hielt. So wurde auch diese Wahrheit unter dem Volk verbreitet. Auf Iona wurde eine Schule gegründet, die Missionare aussandte, nicht nur nach Schottland und England, sondern auch nach Deutschland, in die Schweiz und sogar bis nach Italien.

Aber Rom hatte seine Augen auf Britannien gerichtet und war entschlossen, es unter seine Vorherrschaft zu bringen. Im 6. Jahrhundert begannen römische Missionare mit der Bekehrung der heidnischen Angelsachsen. Diese wurden von den stolzen Barbaren freundlich aufgenommen und führten Tausende zum römischen Glauben. Beim Fortschritt ihres Werkes trafen die päpstlichen Führer mit ihren Neubekehrten auf Gläubige, die ein anderes ganz ursprüngliches Christentum lebten. Dabei zeigte sich ein augenfälliger Gegensatz. Diese waren einfache und demütige Menschen, die in Charakter, Lehre und Verhalten nach der Bibel lebten. Die anderen hingegen hatten den Aberglauben, den Pomp und die Arroganz Roms übernommen. Der römische Gesandte verlangte nun, dass auch diese Christen die Vormachtstellung des fürstlichen Pontifex anerkannten. Die Briten antworteten freundlich, dass sie zwar allen Menschen in Nächstenliebe begegnen wollten, dass der Papst aber nicht das Recht habe, die kirchliche Oberho-

---

15 Siehe Glossar »Britannien, das Christentum im alten B.«, S. 656.

heit zu beanspruchen. Deshalb könnten sie ihm nur jene Ehre erweisen, die auch jedem anderen Nachfolger Jesu zusteht. Wiederholt wurde versucht, ihre Ergebenheit gegenüber Rom zu gewinnen, doch diese bescheidenen Christen waren ob dem Stolz der römischen Boten erstaunt und antworteten standhaft, dass sie keinen anderen Herrn als Christus kennen. Nun offenbarte sich der wahre Geist des Papsttums. Der Vertreter Roms erklärte: »Wenn ihr die Brüder nicht aufnehmt, die euch Frieden bringen, so sollt ihr Feinde bekommen, die euch den Krieg bringen. Wenn ihr euch nicht mit uns vereint, um den Angelsachsen den Weg des Lebens zu bringen, so sollt ihr von ihrer Hand den Todesstreich empfangen.« (BHE, II, 2, 4; vgl. NGR, III, 9) Das waren keine leeren Drohungen. Krieg, Intrigen und Betrügereien wurden gegen diese Zeugen des biblischen Glaubens angewandt, bis die Kirchen Britanniens zerstört waren oder gezwungen wurden, sich der Herrschaft des Papstes zu unterstellen.

In den Ländern, die sich außerhalb der Gerichtsbarkeit Roms befanden, gab es viele Jahrhunderte christliche Gruppen, die von den päpstlichen Irrlehren fast unberührt blieben. Sie waren zwar von Heiden umgeben und wurden im Laufe der Zeit durch deren Irrtümer beeinflusst, doch sie betrachteten weiterhin die Bibel als die einzige Richtschnur ihres Glaubens und hielten an vielen Wahrheiten fest. Diese Christen glaubten an die dauerhafte Gültigkeit des Gesetzes Gottes und hielten den Sabbat des vierten Gebots. Solche Gemeinden, die an diesem Glauben festhielten, gab es in Afrika und unter den Armeniern in Kleinasien.

DIE FLUCHT DER TREUEN

Doch unter denen, die sich den Übergriffen des Papsttums am stärksten widersetzten, standen die Waldenser an vorderster Front. Gerade in dem Land, wo das Papsttum seinen Sitz aufgeschlagen hatte, wurde seiner Falschheit und seiner Verdorbenheit der entschlossenste Widerstand entgegengebracht. Über Jahrhunderte hinweg behielten diese piemontesischen Christen ihre Unabhängigkeit. Doch auch hier kam die Zeit, wo Rom ihre Unterwerfung forderte. Nach glücklosen Kämpfen gegen den römischen Machtanspruch anerkannten die Leiter dieser Gemeinden zögernd die Vorherrschaft dieser Macht, der sich scheinbar die ganze Welt unterwarf. Es gab aber Einzelne, die es ablehnten, der Autorität des Papstes und seiner Prälaten Gehorsam zu leisten. Sie waren entschlossen, Gott die Treue zu halten und die Reinheit und Einfachheit ihres Glaubens zu bewahren. Es gab eine Trennung in der Gemeinde. Jene, die dem alten Glauben treu blieben, zogen sich zurück. Einige von ihnen verließen ihre heimatlichen Alpen und richteten das Banner der Wahrheit in fremden Ländern auf. Andere zogen sich in felsige Schluchten der Berge zurück und bewahrten dort ihre Freiheit, Gott zu dienen.

Der Glaube, der von den Waldensern bewahrt und gelehrt wurde, stand in scharfem Gegensatz zu den falschen Lehren, die Rom vertrat. Ihr Glaube war gegründet auf das geschriebene Wort Gottes, die wahre Grundlage des Christentums. Doch diese einfachen Bauern in ihren verborgenen Zufluchtsorten, abgeschieden von der Welt und treu in ihrer täglichen Arbeit bei ihren Herden und in ihren Weinbergen, waren nicht von sich aus auf die Wahrheiten gestoßen, die den Dogmen und Irrlehren Roms widersprachen. Ihre Überzeugung hatten sie nicht neu empfangen, sondern von ihren Vätern geerbt. Sie kämpften für den Glauben der apostolischen Gemeinde, »der ein für alle Mal den Heiligen überliefert« war (Judas 3). »Die Gemeinde in der Wüste« (vgl. Offenbarung 12,6) und nicht die stolze Hierarchie auf dem Thron der römischen Weltmetropole war die wahre Gemeinde Christi, die Hüterin der Schätze der Wahrheit, die Gott seinem Volk anvertraut hatte, um sie der Welt mitzuteilen.

Unter den Hauptursachen, die zur Trennung der wahren Gemeinde von Rom geführt hatten, war der Hass Roms gegen den Sabbat. Wie die Prophezeiung vorhersagte, würde die päpstliche Macht die Wahrheit zu Boden werfen. Das Gesetz Gottes wurde mit Füßen getreten, während menschliche Überlieferungen betont wurden. Die Gemeinden, die unter der Herrschaft des Papsttums standen, wurden schon früh gezwungen, den Sonntag als heiligen Tag zu ehren. Inmitten von Irrtum und Aberglauben, die allgemein vorherrschten, wurde sogar das wahre Volk Gottes so verwirrt, dass sie den Sabbat hielten, jedoch auch am Sonntag nicht arbeiteten. Doch das genügte den päpstlichen Würdenträgern nicht. Sie verlangten nicht nur, dass der Sonntag geheiligt, sondern auch dass der Sabbat entweiht werde, und sie klagten in scharfer Sprache die an, die es wagten, ihn zu ehren. Nur wer der römischen Macht entfloh, konnte dem Gesetz Gottes in Frieden gehorchen.

Die Waldenser gehörten mit zu den ersten Völkern Europas, die eine Übersetzung der Heiligen Schrift[16] besaßen. Jahrhunderte vor der Reformation verfügten sie über Abschriften der Bibel in ihrer Muttersprache. Sie besaßen die unverfälschte Wahrheit, was ihnen Hass und Verfolgung einbrachte. Sie bezeichneten die Kirche von Rom als das abtrünnige Babylon aus der Offenbarung, und unter Einsatz ihres Lebens erhoben sie sich und widerstanden der kirchlichen Korruption. (HGW, 80-88). Während ei-

---

16 Siehe Glossar, »Waldenser, Bibelübersetzung«, S. 681.

nige unter dem Druck lang anhaltender Verfolgung Zugeständnisse machten und nach und nach von ihren Glaubensgrundsätzen abwichen, die sie von den anderen unterschieden, hielten andere an der Wahrheit fest. Im dunklen Mittelalter des Abfalls gab es Waldenser, die Rom die Gefolgschaft verweigerten, Bilderverehrung als Götzendienst verwarfen und am wahren Sabbat[17] festhielten. In den heftigsten Stürmen der Gegner blieben sie ihrem Glauben treu. Obgleich sie von den Speeren der Savoyer durchbohrt und von Brandfackeln der Anhänger Roms versengt wurden, verteidigten sie unerschrocken Gottes Wort und seine Ehre.

Hinter den erhabenen Bollwerken der Berge, die zu allen Zeiten Zufluchtsorte Verfolgter und Unterdrückter waren, fanden die Waldenser eine Unterkunft. Hier brannte das Licht der Wahrheit inmitten der Finsternis des Mittelalters. Hier wurde das Zeugnis des alten Glaubens tausend Jahre lang hochgehalten.

ZUHAUSE IN DER ABGESCHIEDENHEIT

Gott hielt für sein Volk einen Zufluchtsort von erhabener Würde bereit, der den gewaltigen Wahrheiten entsprach, die ihnen anvertraut waren. Diesen getreuen Verbannten wurden die Berge zum Symbol der ewigen Gerechtigkeit Jahwes. Sie zeigten ihren Kindern die Gipfel, die sich in unwandelbarer Majestät vor ihnen auftürmten, und erzählten ihnen von dem, bei dem keine Veränderung ist noch Wechsel des Lichts und der Finsternis (Jakobus 1,17), dessen Wort so dauerhaft ist wie die ewigen Gipfel. Gott festigte die Berge und umgürtete sie mit Stärke, die nur der Arm der unendlichen Kraft von ihrem Ort bewegen kann. Genauso hatte er sein Gesetz geschaffen, das die Grundlage seiner Herrschaft im Himmel und auf Erden ist. Der Arm des Menschen kann zwar seine Mitmenschen erreichen und ihr Leben zerstören, doch genauso wenig, wie dieser Arm die Berge aus ihren Grundfesten heben und sie ins Meer werfen kann, könnte er auch nur ein Gebot Jahwes verändern oder eine einzige Verheißung austilgen, die Gott denen gegeben hat, die seinen Willen tun. Gottes Diener sollten in ihrer Treue zu seinem Gesetz ebenso fest bleiben wie die ewigen Berge.

Hohe Gebirge und tiefe Täler waren eine ständige Erinnerung an Gottes Schöpfermacht. Sie standen für die feste Gewissheit, dass Gottes Fürsorge und Schutz nie enden würden. Diese Pilger lernten die stummen Symbole der Gegenwart Jahwes zu lieben. Sie jammerten nicht über die Härte ihres Schicksals, denn inmitten der Einsamkeit waren sie nie allein. Sie dankten

---

17 Siehe Glossar »Waldenser und die Sabbatfeier«, S. 681.

Gott, dass er ihnen vor dem Zorn und der Grausamkeit der Menschen einen Zufluchtsort bereitet hatte. Sie freuten sich über ihre Freiheit, Gott anzubeten. Wenn sie von ihren Feinden verfolgt wurden, gaben ihnen die Bergeshöhen einen sicheren Schutz. Von manch einem erhabenen Felsen stimmten sie Gott ihren Lobgesang an, und die Heere Roms konnten ihre Dankeslieder nicht zum Schweigen bringen.

Rein, einfach und brennend war die Frömmigkeit dieser Nachfolger Christi. Die Grundsätze der Wahrheit bedeuteten ihnen mehr als ihr Zuhause, ihre Ländereien, ihre Freunde, ihre Familienangehörigen, ja mehr als ihr eigenes Leben. Diese Grundsätze versuchten sie gewissenhaft in die Herzen ihrer Kinder einzuprägen. Von frühester Kindheit an wurde die Jugend in der Schrift unterrichtet und gelehrt, die Forderungen des Gesetzes Gottes heilig zu halten. Da es nur wenige Abschriften der Bibel gab, lernten sie ihre kostbaren Worte auswendig. Viele konnten lange Abschnitte aus dem Alten wie auch dem Neuen Testament aus dem Gedächtnis aufsagen. Bilder aus der majestätischen Natur und den bescheidenen Segnungen im täglichen Leben wurden mit den Bildern aus der Bibel verglichen. Kleine Kinder lernten, mit Dankbarkeit auf Gott als den Geber aller guten Dinge zu schauen.

Liebevolle und zärtliche Eltern hatten eine zu große Zuneigung zu ihren Kindern, als dass sie diese dem Streben nach Genuss überließen. Vor ihnen lag ein Leben voller Mühsal und Prüfungen, vielleicht sogar der Märtyrertod. Von Kindheit an wurden sie angehalten, Schwierigkeiten zu erdulden, sich Prüfungen zu unterziehen und doch selbstständig zu denken und zu handeln. Sehr früh wurde ihnen beigebracht, Verantwortung zu übernehmen, Worte abzuwägen und die Weisheit des Schweigens zu verstehen. Ein einziges unbedachtes Wort bei einer Anhörung durch Feinde hätte nicht nur das Leben des Sprechers, sondern auch das von Hunderten seiner Brüder gefährdet; denn wie Wölfe ihre Beute jagen, so verfolgten die Feinde der Wahrheit diejenigen, die es wagten, sich zur Glaubensfreiheit zu bekennen.

Um der Wahrheit willen hatten die Waldenser ihren irdischen Wohlstand aufgegeben und arbeiteten mit beharrlicher Geduld für ihr tägliches Brot. Jeder Fleck anbaufähigen Bodens in den Bergen wurde sorgfältig bewirtschaftet, und die Täler und weniger fruchtbare Hänge wurden urbar gemacht. Sparsamkeit und Selbstverleugnung bildeten einen Teil der Erziehung, die die Kinder als ihr einziges Vermächtnis erhielten. Man lehrte sie, dass ihr Leben nach dem Willen Gottes eine Schule sei und ihre Lebensbedürfnisse nur durch persönliche Arbeit, Vorsorge, Umsicht und

Glauben befriedigt werden könnten. Eine solche Erziehung war mühsam und beschwerlich, aber heilsam. Sie gab dem Menschen genau das, was er in seinem gefallenen Zustand benötigt: die Schule, die Gott für die Erziehung und Entwicklung des Menschen vorgesehen hat. Während die Jugend an Mühsal und harte Arbeit gewöhnt wurde, vernachlässigten die Eltern auch die Entwicklung der Bildung nicht. Sie brachten ihren Kindern bei, dass all ihre Kräfte Gott gehören und für seinen Dienst gefördert und entfaltet werden müssen.

DIE SCHRIFT IM MITTELPUNKT

In ihrer Reinheit und Schlichtheit glichen die Gemeinden der Waldenser der Gemeinde aus der Zeit der Apostel. Sie lehnten die Vorherrschaft des Papstes und der Prälaten ab und beriefen sich auf die Bibel als die einzige, überragende, unfehlbare Autorität. Anders als die gebieterischen Priester Roms folgten ihre Pastoren dem Beispiel ihres Meisters, der nicht gekommen war, »dass er sich dienen lasse, sondern dass er diene« (Matthäus 20,28). Sie versorgten die Herde Gottes und führten sie zu den grünen Auen und zur lebendigen Quelle seines heiligen Wortes. Weitab von den Monumenten weltlicher Pracht und menschlichem Stolz versammelte sich das Volk nicht in prunkvollen Kirchen oder großartigen Kathedralen, sondern im Schatten der Berge und in den Tälern der Alpen. In Zeiten der Gefahr versammelten sie sich in Felsenfestungen, um das Wort der Wahrheit von den Dienern Christi zu hören. Die Pastoren predigten nicht nur das Evangelium, sondern besuchten die Kranken, unterrichteten die Kinder, ermahnten Irrende, schlichteten Streitigkeiten und arbeiteten dafür, dass Harmonie und brüderliche Liebe herrschten. In Friedenszeiten wurden sie durch freiwillige Gaben der Menschen unterhalten, doch wie Paulus der Zeltmacher erlernte jeder einen Beruf oder ein Handwerk, womit er sich nötigenfalls ernähren konnte.

Von ihren Predigern erhielten die Jugendlichen ihre Bildung. Obwohl auch Fächer der Allgemeinbildung unterrichtet wurden, studierte man doch in erster Linie die Bibel. Das Matthäus- und das Johannesevangelium sowie viele der Briefe der Apostel mussten auswendig gelernt werden. Sie fertigten auch Abschriften der Heiligen Schrift an. Einige Handschriften enthielten die ganze Bibel, andere nur einzelne Auszüge, denen einige einfache Texterklärungen von denen hinzugefügt wurden, die dazu in der Lage waren. So wurden die Schätze der Wahrheit ans Licht gebracht, welche von denen, die sich über Gott erhoben hatten, so lange verborgen worden waren.

Oft wurde die Heilige Schrift Vers für Vers, Kapitel für Kapitel, in dumpfen, finsteren Höhlen, im Schein von Fackeln und in geduldiger, mühevoller Arbeit abgeschrieben. So schritt das Werk voran, und der offenbarte Wille Gottes leuchtete wie reines Gold. Und denjenigen, die in dieser Arbeit standen, erschien das Leuchten noch viel heller, klarer und beeindruckender, weil sie gerade deswegen große Schwierigkeiten durchlitten hatten. Engel des Himmels umgaben diese treuen Diener.

Satan hatte die päpstlichen Priester und Prälaten gedrängt, das Wort der Wahrheit unter dem Schutt des Irrtums, der Irrlehren und des Aberglaubens zu begraben. Doch auf höchst wunderbare Weise überdauerte es doch unverfälscht die Zeiten größter Finsternis. Es trug nicht den Stempel des Menschen, sondern das Siegel Gottes. Beharrlich haben Menschen immer wieder versucht, die klare und einfache Bedeutung der Schrift zu verschleiern und ihrem Zeugnis Widersprüche zu unterstellen. Aber wie die Arche auf den wogenden Wassern hat das Wort Gottes die Stürme stets überstanden, die es zu vernichten drohten. Es ist wie bei einer Mine, die den Zugang zu reichen Gold- und Silberadern verschafft, die unter der Erdoberfläche verborgen liegen. Um sie zu entdecken, muss nach den kostbaren Vorkommnissen geschürft werden. Auch die Heilige Schrift birgt Schätze der Wahrheit, die sich nur denjenigen erschließen, die ernsthaft, demütig und unter Gebet danach suchen. Nach Gottes Plan ist die Bibel ein Lehrbuch für alle Menschen, das immer wieder studiert werden sollte – in der Kindheit, in der Jugendzeit und im Erwachsenenalter. Er gab den Menschen sein Wort als eine Offenbarung von sich selbst. Jede neu entdeckte Wahrheit ist eine erweiterte Offenbarung des Charakters seines Urhebers. Das Studium der Schrift ist das von Gott bestimmte Mittel, um den Menschen in eine engere Beziehung zu seinem Schöpfer zu bringen und ihm dadurch eine klarere Erkenntnis des göttlichen Willens zu schenken. Es ist das Mittel der Kommunikation zwischen Gott und dem Menschen.

UNTERWEGS MIT DEM WORT

Die Waldenser wussten: »Die Furcht des Herrn ist der Weisheit Anfang.« (Psalm 111,10) Doch sie waren nicht blind für die Bedeutung des Kontakts zur Welt, der Notwendigkeit von Menschenkenntnis und eines aktiven Lebens, um den Horizont zu erweitern und den Verstand zu schärfen. Aus ihren Schulen in den Bergen wurden einige Jugendliche an Lehrinstitute in Frankreich und Italien gesandt, wo größere Möglichkeiten zum Studium, zum Nachdenken und für Beobachtungen bestanden als in den heimatlichen

Alpen. Diese Jugendlichen waren hierbei Versuchungen ausgesetzt, wurden mit Lastern konfrontiert und begegneten verschlagenen Mittelsmännern Satans, die sie mit raffiniertesten Irrlehren und gefährlichem Schwindel bedrängten. Doch ihre Erziehung hatte sie von Kindheit an gegen solche Gefahren gewappnet.

An den Schulen, die sie besuchten, durften sie niemanden ins Vertrauen ziehen. Ihre Kleider waren so gefertigt, dass sie darin ihren größten Schatz verbergen konnten, die kostbaren Handschriften der Bibel. Diese Produkte harter, monate- und jahrelanger Arbeit trugen sie bei sich, um Teile davon, möglichst ohne Argwohn zu erregen, denen weiterzugeben, deren Herzen offen schienen, um die Wahrheit anzunehmen. Von klein auf waren diese waldensischen Jugendlichen für dieses Ziel erzogen worden. Sie verstanden ihre Aufgabe und führten sie gewissenhaft aus. In diesen Schulen wurden manche bekehrt, und oft durchdrangen ihre Prinzipien die gesamte Institution, und die päpstlichen Schulleiter konnten selbst durch beharrliche Befragung nicht die so genannte verderbliche Ketzerei bis zur Quelle hin zurückverfolgen.

Der Geist Christi ist ein missionarischer Geist. Das erste Anliegen eines erneuerten Herzens ist, auch andere zum Erlöser zu bringen. Von einem solchen Geist waren die Waldenser erfüllt. Sie fühlten, dass Gott mehr von ihnen verlangte, als nur die Wahrheit in den Reihen ihrer Gemeinden in Reinheit zu bewahren, sondern dass sie die großartige Pflicht hatten, das Licht an diejenigen weiterzugeben, die in der Finsternis waren. Die Gewalt des Wortes Gottes sollte die Knechtschaft, die Rom ihnen auferlegte, durchbrechen. Die Prediger der Waldenser waren ausgebildete Missionare, wobei jeder, der in das Predigtamt eintreten wollte, zuerst Erfahrungen als Evangelist sammeln musste. Jeder hatte drei Jahre in einem Missionsfeld zu dienen, bevor er eine Aufgabe in einer Heimatgemeinde übernehmen konnte. Dieser Missionsdienst verlangte von Anfang an Selbstverleugnung und Opferbereitschaft und war die beste Vorbereitung auf das Leben eines Predigers in jener Prüfungszeit. Die jungen Menschen, die zu dem heiligen Amt eingesegnet wurden, hatten keine Aussicht auf irdischen Reichtum und Ehre, eher auf ein Leben voller Mühen und Gefahren und möglicherweise den Märtyrertod. Die Missionare wurden zu zweit ausgesandt, wie Jesus dies mit seinen Jüngern getan hatte. Jedem jüngeren Mann wurde für gewöhnlich ein älterer und erfahrener mitgegeben, wobei der Jüngere unter der Führung seines Begleiters stand, der auch die Verantwortung für die Ausbildung übernahm und dessen Anweisungen befolgt werden mussten. Diese beiden Mitarbeiter blieben nicht ständig zusammen, trafen sich aber öfter zum Gebet und zur Beratung und stärkten sich so gegenseitig im Glauben.

Hätten die Waldenser die Absicht ihrer Mission verraten, wäre dies für sie verhängnisvoll gewesen, daher verbargen sie sorgfältig ihre eigentliche Aufgabe. Jeder Prediger hatte ein Gewerbe oder einen Beruf. Unter diesem Deckmantel einer weltlichen Tätigkeit ging er seiner Arbeit als Missionar nach. Meistens wählten sie den Beruf eines Händlers oder Hausierers. »Sie boten Seide, Schmucksachen und andere Gegenstände an, die zu jener Zeit nur von weit entfernten Märkten zu beziehen waren, und wurden dort als Händler willkommen geheißen, wo sie als Missionare zurückgewiesen worden wären.« (WHP, I, 4). In der ganzen Zeit schauten sie zu Gott auf und baten um Weisheit, damit sie einen Schatz anbieten konnten, der kostbarer war als Gold oder Edelsteine. Heimlich trugen sie Handschriften der Bibel oder Teile davon bei sich, und wann immer sich eine Gelegenheit bot, lenkten sie die Aufmerksamkeit ihrer Kunden auf diese Schriften. Oft wurde so das Interesse geweckt, das Wort Gottes zu lesen, und einzelne Schriftstücke wurden gerne den Leuten überlassen, die Verlangen danach zeigten.

LICHTER IN DER FINSTERNIS

Die Arbeit dieser Missionare begann in den Ebenen und Tälern am Fuß ihrer eigenen Berge, sie erstreckte sich aber auch weit über diese Grenzen hinaus. Barfuß und in Kleidern, die auf ihrer Reise so schmutzig wurden wie seinerzeit die ihres Herrn, gingen sie durch große Städte und drangen in entlegene Länder vor. Überall streuten sie die kostbare Saat aus. Auf ihrem Weg entstanden Gemeinden, und das Blut der Märtyrer war Zeuge für die Wahrheit. Am Tag des Herrn wird eine reiche Ernte aus der Arbeit dieser treuen Männer eingesammelt werden. Im Versteckten und still bahnte sich das Wort Gottes seinen Weg durch die Christenheit und wurde in den Heimen und Herzen der Menschen gut aufgenommen.

Für die Waldenser war die Schrift nicht nur ein Bericht über Gottes Handeln in der Vergangenheit und eine Darstellung der Verantwortung und Pflichten für die Gegenwart, sondern eine Enthüllung zukünftiger Gefahren und Herrlichkeiten. Sie glaubten, dass das Ende aller Dinge nicht mehr fern sei, und studierten die Bibel unter Gebet und Tränen. Umso mehr waren sie von ihren kostbaren Lehren beeindruckt und umso deutlicher erkannten sie ihre Pflicht, die heilsbringenden Wahrheiten anderen bekannt zu machen. Auf den heiligen Blättern erkannten sie, dass der Heilsplan klar offenbart war, und im Glauben an Jesus fanden sie Trost, Hoffnung und

Frieden. Wenn das Licht ihren Verstand erleuchtete und ihr Herz befreite, sehnten sie sich danach, diese Strahlen auf Menschen scheinen zu lassen, die in der Finsternis des päpstlichen Irrtums gefangen waren.

Sie sahen, wie sich unzählige Menschen unter der Leitung von Papst und Priestern vergeblich bemühten, durch körperliche Qualen für ihre sündenbeladenen Seelen Gnade zu erlangen. Ihnen wurde gesagt, sie sollten zu ihrem Heil auf ihre guten Werke vertrauen, und so waren sie stets mit sich selbst beschäftigt. In ihren Gedanken verweilten sie bei ihrem sündigen Zustand, sie sahen sich dem Zorn Gottes ausgesetzt, sie kasteiten Seele und Leib und fanden doch keine Erleichterung. Gewissenhafte Menschen wurden so an die Lehren Roms gefesselt. Tausende verließen ihre Familien und Freunde und fristeten ihr Leben in Klosterzellen. Durch häufiges Fasten, grausame Geißelungen, nächtliche Mahnwachen, stundenlanges Liegen auf dem Bauch auf den kalten und feuchten Steinböden ihrer armseligen Behausungen, durch lange Pilgerfahrten, erniedrigende Bußübungen und furchtbare Folterqualen versuchten Tausende vergebens, Frieden im Gewissen zu finden. Von Schuldgefühlen geplagt, vom Zorn eines rachsüchtigen Gottes verfolgt, litten viele Menschen so lange, bis sie erschöpft zusammenbrachen und ohne einen Lichtstrahl der Hoffnung ins Grab sanken.

Die Waldenser sehnten sich danach, diesen hungernden Menschen das Brot des Lebens zu brechen, ihnen in den Verheißungen Gottes die Botschaft des Friedens zu zeigen und sie auf Christus als ihre einzige Hoffnung zur Erlösung hinzuweisen. Die Auffassung, dass gute Werke Übertretungen des Gesetzes Gottes sühnen könnten, entlarvten sie als Lüge. Vertrauen auf menschliche Verdienste versperrt den Blick auf die unendliche Liebe Christi. Jesus starb als Sühnopfer für den Menschen, weil die gefallene Menschheit nichts tun kann, um sich vor Gott zu rechtfertigen. Die Verdienste eines gekreuzigten und auferstandenen Heilands sind die Grundlage des christlichen Glaubens. Die Seele ist von Christus genauso abhängig und durch den Glauben so sehr mit ihm verbunden wie ein Glied mit dem Leib und eine Rebe mit dem Weinstock.

Die Lehren der Päpste und Priester führten die Menschen dahin, den Charakter Gottes und sogar den von Christus als streng, düster und abschreckend wahrzunehmen. Vom Erlöser wurde gesagt, er habe so wenig Sympathie für den Menschen im gefallenen Zustand, dass ein Mittlerdienst von Priestern und Heiligen nötig sei. Diejenigen, deren Geist durch das Wort Gottes erleuchtet worden war, sehnten sich danach, diese irregeleiteten Menschen auf Jesus als ihren mitfühlenden und liebevollen Erlöser hinzuweisen. Alle, die mit ihrer Sündenlast, ihren Sorgen und erschöpft zu ihm kommen, empfängt er mit offenen Armen. Sie sehnten sich auch danach, die Hindernisse zu beseitigen, die Satan vor den Menschen aufgebaut hatte. Diese versperrten den Blick auf die Zusagen, dass sie direkt zu Gott kommen und ihm ihre Sünden bekennen konnten, um Vergebung und Frieden zu empfangen.

HOFFNUNG FÜR SUCHENDE

Der waldensische Missionar breitete vor den Suchenden bereitwillig die wertvollen Wahrheiten des Evangeliums aus. Vorsichtig zog er die abgeschriebenen Teile der Bibel aus seiner Tasche. Seine größte Freude war es, dem aufrichtig suchenden und von Sünden geplagten Menschen, der nur einen Gott der Rache und der Vergeltung kannte, einen, der darauf wartete, das Gericht durchzuführen, Hoffnung zu vermitteln. Mit bebenden Lippen und Tränen in den Augen, nicht selten auf den Knien liegend, entfaltete er vor seinen Geschwistern die kostbaren Verheißungen, welche die einzige Hoffnung für den Sünder offenbaren. So drang das Licht in manch verfinsterten Geist und vertrieb die Wolke der Schwermut, bis die Sonne der Gerechtigkeit mit ihren heilenden Strahlen das Herz erhellte. Es geschah oft, dass Teile der Schrift immer wieder aufs Neue gelesen werden mussten, weil ein Hörer dies so wünschte, als ob er sich vergewissern wollte, dass er recht gehört hatte. Besonders wollten die Menschen diese Worte immer wieder hören: »Das Blut Jesu, seines Sohnes, macht uns rein von aller Sünde.« (1. Johannes 1,7) »Wie Mose in der Wüste die Schlange erhöht hat, so muss der Menschensohn erhöht werden.« (Johannes 3,14.15)

Vielen ging nun ein Licht auf, welche Ansprüche Rom eigentlich geltend machte. Sie erkannten die Nutzlosigkeit einer Vermittlung von Menschen oder Engeln zugunsten eines Sünders. Als das wahre Licht ihnen aufging, riefen sie mit Freuden aus: »Christus, mein Priester, sein Blut ist mein Opfer und sein Altar mein Beichtstuhl.« Sie stützten sich völlig auf die Verdienste Jesu und wiederholten die Worte: »Ohne Glauben ist's unmöglich, Gott zu gefallen.« (Hebräer 11,6) »Und in keinem anderen ist das Heil; denn uns Menschen ist kein anderer Name unter dem Himmel gegeben, durch den wir gerettet werden sollen.« (Apostelgeschichte 4,12 ZÜ)

Die Gewissheit, dass es einen liebevollen Erlöser gibt, schien für einige dieser armen, seelisch aufgewühlten Menschen, zu schön, um wahr zu sein. Sie glaubten sich in den Himmel versetzt, so groß war ihre Erleichterung und so hell das Licht, das auf sie schien. Sie legten ihre Hände vertrauensvoll in die Hand Christi und setzten ihre Füße auf den Fels des Heils. Alle Todesfurcht war vertrieben. Gefängnis und Scheiterhaufen schreckten sie nicht mehr, wenn dadurch nur der Name ihres Erlösers geehrt wurde.

Das Wort Gottes wurde an geheimen Orten hervorgeholt und vorgelesen, manchmal einem einzigen Menschen, manchmal einer kleinen Gruppe, die sich nach Licht und Wahrheit sehnte. Oft verbrachte man ganze Nächte auf diese Weise. Die Zuhörer waren hin und wieder so verwundert und erstaunt, dass der Bote der Barmherzigkeit mit seiner Lesung innehalten musste, bis die Heilsbotschaft wirklich erfasst werden konnte. Häufig wurden Worte wie diese geäußert: »Wird Gott mein Opfer wirklich annehmen? Wird er gnädig auf mich herabschauen? Wird er mir vergeben?« Die Antwort wurde vorgelesen: »Kommet her zu mir alle, die ihr mühselig und beladen seid; ich will euch erquicken.« (Matthäus 11,28)

Man begann an die Verheißungen zu glauben und reagierte darauf freudig: »Keine langen Pilgerfahrten mehr; keine beschwerlichen Reisen mehr zu heiligen Reliquienschreinen. Ich kann zu Jesus kommen, so wie ich bin, sündhaft und unheilig, und er wird das bußfertige Gebet nicht verachten. ›Deine Sünden sind dir vergeben‹ (Matthäus 9,2). Meine, sogar meine können vergeben werden!«

Heilige Freude erfüllte die Herzen, und der Name Jesu wurde durch Lobgesänge und Danksagungen erhöht. Diese Befreiten kehrten glücklich in ihre Häuser zurück, um das Licht weiterzugeben. Sie berichteten, so gut sie es konnten, von ihrer neuen Erfahrung, und dass sie den wahren und lebendigen Weg gefunden hatten. Eine seltsame und heilige Macht lag in den Worten der Schrift, die unmittelbar zu den Menschen sprach, die sich nach der Wahrheit sehnten. Es war die Stimme Gottes, und sie überzeugte alle, die zuhörten.

Der Bote der Wahrheit ging seinen Weg weiter, doch über seine Demut, seine Aufrichtigkeit und seinen Eifer wurde oft gesprochen. In vielen Fällen fragten seine Hörer nicht, woher er kam und wohin er ging. Sie waren zuerst überrascht, dann von Dankbarkeit und Freude überwältigt, sodass sie gar nicht daran dachten, ihn danach zu fragen. Wenn sie ihn dringend baten, ihr Heim zu besuchen, antwortete er, dass er die verlorenen Schafe der Herde besuchen müsse. Sie fragten sich dann: Könnte dieser Bote ein Engel vom Himmel gewesen sein?

In vielen Fällen wurde der Bote der Wahrheit nicht wieder gesehen. Er hatte sich vielleicht in andere Länder begeben oder verbrachte sein Leben in einem unbekannten Kerker, möglicherweise verblichen seine Gebeine sogar an der Stelle, wo er die Wahrheit bezeugt hatte. Doch die Worte, die er hinterließ, konnten nicht zerstört werden. Sie taten ihr Werk an den Herzen der Menschen, deren segensreiche Ergebnisse erst am Tag des Gerichts vollständig bekannt sein werden.

Die Missionare der Waldenser drangen in das Reich Satans ein, und die Mächte der Finsternis wurden zu größerer Wachsamkeit aufgerüttelt. Der Fürst des Bösen beobachtete jedes Bemühen, die Wahrheit zu verbreiten, und es erweckte die Furcht seiner Mittelsmänner. Die Kirchenführer sahen im Wirken dieser demütigen Wanderprediger eine Gefahr für ihre Sache. Wenn man das Licht der Wahrheit ungehindert scheinen ließe, würden die schwarzen Wolken des Irrtums, in die das Volk eingehüllt war, weggeblasen. Die Gedanken der Menschen würden allein auf Gott gelenkt, und die Vorherrschaft Roms würde schließlich fallen.

STANDHAFT IN DER VERFOLGUNG

Allein die Existenz dieses Volkes, das den Glauben der Urgemeinde aufrechterhielt, offenbarte beständig den Abfall Roms und erregte daher den bittersten Hass und brachte Verfolgungen. Die Weigerung der Waldenser, die Heilige Schrift aufzugeben, bedeutete eine Beleidigung, die Rom nicht tolerieren konnte. Man beschloss daher, sie auszurotten. Nun begannen die schlimmsten Kreuzzüge gegen das Volk Gottes in ihren alpinen Behausungen. Inquisitoren spürten sie auf, und der Brudermord Kains an dem unschuldigen Abel von einst wurde zigmal wiederholt.

Immer wieder wurden die fruchtbaren Äcker der Waldenser verwüstet, ihre Häuser und Kapellen niedergerissen, sodass eine Wüste übrig blieb, wo es einst blühende Felder und Behausungen von unschuldigen und fleißigen Leuten gab. Wie ausgehungerte Bestien durch den Geruch von Blut immer wilder werden, so wurde die Wut der Anhänger des Papsttums stets größer, je größer das Leiden ihrer Opfer war. Viele dieser Zeugen eines reinen Glaubens verfolgte man über die Berge und hetzte sie in die Täler, wo sie sich im Schutz von mächtigen Wäldern und Felsklippen versteckt hielten.

Es konnte keine Anklage gegen das moralische Verhalten dieser gesitteten und doch geächteten Gruppe erhoben werden. Sogar ihre Feinde bezeichneten sie als ein friedfertiges, stilles und frommes Volk. Das große Vergehen dieser Menschen bestand darin, dass sie Gott nicht im Sinne des Papstes dienen wollten. Für dieses Verbrechen wurden die schlimmsten Demütigungen, Beschimpfungen und Folter über sie gebracht, die sich Menschen oder Teufel je ersinnen konnten.

Als Rom eines Tages beschloss, diese verhasste Sekte auszurotten, beschuldigte man sie durch eine päpstliche Bulle der Ketzerei und gab sie zum Abschlachten frei.[18] Sie wurden nicht als Müßiggänger verklagt oder weil sie unehrlich und liederlich seien, sondern ihnen wurde vorgeworfen, sie besäßen eine Art von Frömmigkeit und Heiligkeit, die »die Schafe der wahren Herde« verführen würde. Deshalb ordnete der Papst an, »dass diese arglistige und abscheuliche Sekte von Bösewichtern«, wenn sie »sich weigern abzuschwören, wie giftige Schlangen zertreten werden« sollten (WHP, XVI, 1; vgl. BGW, 81 u. 125; HGW, 744 ff.). Hat dieser hochmütige Machthaber etwa nicht damit gerechnet, diesen Worten nochmals zu begegnen? Wusste er denn nicht, dass sie in den Büchern des Himmels aufgezeichnet sind und ihm im Gericht vorgehalten werden? Jesus sagte: »Was ihr getan habt einem von diesen meinen geringsten Brüdern, das habt ihr mir getan.« (Matthäus 25,40)

Eine Bulle forderte alle Kirchenglieder auf, sich dem Kreuzzug gegen die Ketzer anzuschließen. Als Ansporn, an diesen grausamen Taten teilzunehmen, sprach sie »von allen kirchlichen Schmerzen und Strafen frei. Die Bulle entband alle, die an dem Kreuzzug teilnahmen, von sämtlichen geleisteten Eiden. Sie legitimierte deren Anspruch auf jedes Eigentum, das sie unrechtmäßig erworben hatten, und versprach den Erlass aller ihrer Sünden, auch die, einen Ketzer getötet zu haben. Alle Verträge wurden als nichtig erklärt, die zugunsten von Waldensern abgeschlossen worden waren, sie forderte Dienstboten auf, sie zu verlassen, verbot allen Menschen, ihnen irgendeine Hilfe zu geben, und ermächtigte jedermann, sich ihres Eigentums zu bemächtigen« (WHP, XVI, 1). Dieses Schriftstück offenbart deutlich, wer die Fäden zu diesen Taten in Händen hielt: Das Brüllen des Drachens und nicht die Stimme Christi war darin zu hören.

Die päpstlichen Führer wollten sich nicht den Richtlinien des göttlichen Gesetzes anpassen, sondern stellten Regeln auf, die ihnen behagten, und bestimmten, dass alle gezwungen werden sollten, ihnen Folge zu leisten, weil Rom es wollte. Die schrecklichsten Tragödien spielten sich ab. Charakterlose und gotteslästerliche Priester und Päpste taten das Werk, das Satan entsprach. Barmherzigkeit fand keinen Raum in ihrem Wesen. Der gleiche Geist, der Christus kreuzigte und die Apostel tötete, der den blutrünstigen Nero gegen die Gläubigen seiner Zeit aufhetzte, war auch jetzt am Werk, um die Erde von denen zu säubern, die Gott liebte.

Die Verfolgungen, die viele Jahrhunderte über das gottesfürchtige Volk hereinbrachen, wurden von diesem mit Geduld und Ausdauer ertragen. Das

---

18 Siehe Glossar »Waldenserdekrete und Verfolgungen«, S. 681.

ehrte ihren Erlöser. Ungeachtet der Kreuzzüge und des Gemetzels, die sie ertragen mussten, sandten sie weiterhin ihre Missionare aus, um die kostbare Wahrheit zu verbreiten. Sie wurden zu Tode gehetzt, doch ihr Blut tränkte die ausgestreute Saat, und gute Frucht blieb nicht aus. So legten die Waldenser Jahrhunderte vor der Geburt Luthers von Gott Zeugnis ab. Sie waren in viele Länder zerstreut und pflanzten die Saat der Reformation, welche mit Wycliff begann, sich in den Tagen Luthers stark ausbreitete und bis zum Ende der Zeit von Menschen fortgeführt wird, die zum Leiden bereit sind »um des Wortes Gottes willen und des Zeugnisses von Jesus« (Offenbarung 1,9).

KAPITEL 5

JOHN WYCLIFF

Vor der Reformation gab es zeitweise nur sehr wenige Exemplare der Bibel, aber Gott ließ es nicht zu, dass sein Wort zerstört wurde. Seine Wahrheiten sollten nicht für immer verborgen bleiben. Leicht hätte er die Worte des Lebens zugänglich machen können, so wie er Gefängnistüren öffnen und eiserne Tore entriegeln konnte, um seine Diener zu befreien. In verschiedenen Ländern Europas bewegte der Geist Gottes Menschen, nach der Wahrheit wie nach verlorenen Schätzen zu suchen. Sie wurden vom Heiligen Geist geführt und erforschten die heiligen Schriften mit großem Eifer. Sie waren bereit, das Licht anzunehmen, koste es, was es wolle. Obwohl sie nicht alles klar erkannten, waren sie doch in der Lage, viele begrabene Wahrheiten zu erkennen. Als himmlische Boten gingen sie voran, zerbrachen die Ketten des Irrtums und des Aberglaubens und forderten die Menschen auf, die so lange versklavt waren, aufzustehen und ihr Recht auf Freiheit zu fordern.

WYCLIFFS STUDIENZEIT

Außer bei den Waldensern war das Wort Gottes jahrhundertelang lediglich in Sprachen vorhanden, die nur von Gelehrten verstanden wurden. Doch nun war die Zeit gekommen, dass die Bibel übersetzt und den Menschen in den verschiedenen Ländern in ihrer Muttersprache in die Hand gegeben werden sollte. Für die Welt war die Zeit der finsteren Mitternacht vorbei. Die Stunden der Dunkelheit gingen zu Ende, und in vielen Ländern erschienen die Zeichen des kommenden Morgens.

Im 14. Jahrhundert ging in England der »Morgenstern der Reformation« auf. John Wycliff war der Vorbote der Reformation, nicht nur für England allein, sondern für die ganze Christenheit. Der große Protest gegen Rom, den er einleiten durfte, sollte nie mehr zum Schweigen gebracht werden. Dieser Einspruch eröffnete den Kampf, der einzelne Menschen, Kirchen und ganze Völker in die Freiheit führen sollte.

Wycliff erhielt eine freiheitliche Ausbildung. Für ihn war die Furcht des Herrn der Anfang aller Weisheit. An der Universität wurde er bekannt für seinen tiefen Glauben, seine außergewöhnlichen Talente und seine solide

Gelehrsamkeit. In seinem Wissensdrang wollte er jeden Fachbereich kennen lernen. Er erhielt eine Ausbildung in scholastischer Philosophie, in Kirchenrecht und im Zivilrecht, besonders in dem seines eigenen Landes. In seinem späteren Wirken wurde der Wert seiner früheren Studien offenkundig. Seine gründliche Kenntnis der spekulativen Philosophie seiner Zeit befähigte ihn, deren Irrtümer aufzudecken, und durch seine Studien des Zivil- und Kirchenrechts war er in der Lage, sich an der großen Auseinandersetzung um bürgerliche und religiöse Freiheit zu beteiligen. Er konnte mit den Waffen, die er aus dem Wort Gottes erhielt, genauso gut umgehen wie mit dem Wissen, das er sich bei seinen Studien angeeignet hatte, und er verstand die Taktik der Gelehrten. Seine geistige Überlegenheit und sein gründliches Wissen erwarben ihm den Respekt von Freund und Feind. Seine Anhänger vermerkten mit Genugtuung, dass ihr Hauptvertreter zu den führenden Köpfen der Nation gehörte, und seine Gegner wurden zurückgehalten, der Sache der Reform Verachtung entgegenzubringen, da sie ihrem Verfechter weder Unwissenheit noch Schwäche vorwerfen konnten.

Noch während seines Studiums an der Universität fing er an, die Heilige Schrift zu erforschen. In dieser Zeit, als die Bibel ausschließlich in den alten Sprachen existierte, konnten sich nur Gelehrte einen Weg zu den Quellen der Wahrheit bahnen, das gemeine Volk blieb davon ausgeschlossen. Damit war der Weg für Wycliffs späteres Werk als Reformator gebahnt. Gelehrte hatten das Wort Gottes studiert und die darin offenbarte große Wahrheit von der freien göttlichen Gnade gefunden. Durch ihren Unterricht verbreiteten sie die Erkenntnis der Wahrheit und führten andere dazu, sich dem lebendigen Wort Gottes zuzuwenden.

Als Wycliff sich mit der Heiligen Schrift beschäftigte, tat er dies mit der gleichen Gründlichkeit, die es ihm ermöglicht hatte, das Schulwissen zu meistern. Sein großes Verlangen nach tieferer Erkenntnis hatten bisher weder seine scholastischen Studien noch die Lehren der Kirche befriedigen können. Im Wort Gottes fand er endlich das, was er bisher vergeblich gesucht hatte. Hier erkannte er den offenbarten Erlösungsplan und sah, dass Christus der alleinige Fürsprecher des Menschen ist. Nun beschloss er, sich dem Dienst Christi zu widmen und die biblischen Wahrheiten zu verkünden, die er gefunden hatte.

GEGEN IRRTÜMER UND MÜSSIGGANG

Wie die späteren Reformatoren sah Wycliff nicht voraus, wohin ihn sein Wirken führen würde. Er suchte nicht vorsätzlich die Auseinandersetzung mit Rom. Doch die Hingabe an die Wahrheit musste ihn unweigerlich mit dem Irrtum in Konflikt bringen. Je deutlicher er die Irrlehren des Papsttums erkannte, desto bestimmter verkündete er die Lehren der Bibel. Er erkannte, dass Rom das Wort Gottes aufgegeben und mit menschlichen Traditionen vertauscht hatte. Furchtlos warf er der Priesterschaft vor, die Heilige Schrift unterdrückt zu haben, und er verlangte, dass die Bibel dem Volk zurückgegeben und ihre Autorität in der Kirche wiederhergestellt werde. Er war ein fähiger, aufrichtiger Lehrer und ein redegewandter Prediger. Sein tägliches Leben war eine Demonstration der Wahrheiten, die er predigte. Seine Schriftkenntnis, sein scharfsinniger Verstand, die Reinheit seines Lebens, sein unbeugsamer Mut und seine Rechtschaffenheit brachten ihm Achtung und Vertrauen ein. Viele Menschen waren mit ihrem früheren Glauben unzufrieden, als sie die Bosheit sahen, die in der römischen Kirche vorherrschte, und sie begrüßten mit unverhohlener Freude die Wahrheiten, die Wycliff ans Licht brachte. Doch die päpstlichen Würdenträger schäumten vor Wut, als sie erkannten, dass dieser Reformator einen größeren Einfluss gewann als sie selbst.

Wycliff spürte messerscharf jeden Irrtum auf und wies furchtlos auf Missbräuche hin, die von Rom gebilligt wurden. Als Schlosskaplan des Königs wehrte er sich standhaft gegen die päpstlichen Forderungen nach Tributzahlungen der englischen Krone an den Papst und zeigte, dass der Anspruch päpstlicher Autorität über weltliche Herrscher eine willkürliche Anmaßung war, die sowohl der Vernunft als auch der Offenbarung widersprach. Die Ansprüche des Papstes hatten große Entrüstung hervorgerufen, und Wycliffs Lehren übten einen bedeutenden Einfluss auf die führenden Köpfe der Nation aus. König und Adel vereinten sich im Widerstand gegen den Anspruch des Papstes auf weltliche Autorität und verweigerten die Tributzahlungen. Dies war ein wirkungsvoller Schlag gegen die Vormachtstellung des Papstes in England.

Ein anderes Übel, gegen das der Reformator einen langen und entschlossenen Kampf führte, war der Orden der Bettelmönche. In England wimmelte es von solchen Mönchen, was eine schädliche Auswirkung auf das Ansehen und den Wohlstand der Nation hatte. Wirtschaft, Wissenschaft und Volksmoral spürten den lähmenden Einfluss. Der Müßiggang und die Bettelei der Mönche waren nicht nur eine schwere Last für die Geldmittel des Volkes, sie brachten auch die nützliche Arbeit in Verruf. Die Jugend wurde demoralisiert und verdorben. Der Einfluss der Bettelmönche veranlasste viele junge Menschen dazu, in ein Kloster einzutreten und sich dem Mönchsleben zu weihen. Das geschah nicht nur ohne die Einwilligung der

Eltern, sondern auch oft ohne ihr Wissen und gegen ihre Anweisung. Einer der frühen Kirchenväter, der den Anspruch des Mönchtums höher einstufte als Liebe zu den Eltern und Kindespflicht, hatte erklärt: »Sollte auch dein Vater weinend und jammernd vor deiner Tür liegen und deine Mutter dir den Leib zeigen, der dich getragen, und die Brüste, die dich gesäugt haben, so siehe zu, dass du sie mit Füßen trittst und dich unverwandt zu Christus begibst.« Durch dies »gräulich ungeheuer Ding«, wie Luther es später nannte, »das mehr nach einem Wolf und einem Tyrannen riecht als nach einem Christen und Mann«, wurden die Herzen der Kinder zur Auflehnung gegen ihre Eltern gebracht (LEA, XXV, 337 [396]; Op. lat., X, 269). So setzten die Päpste wie einst die Pharisäer die Gebote Gottes durch ihre Satzungen außer Kraft. In vielen Heimen sah es trostlos aus und Eltern wurden ihrer Söhne und Töchter beraubt.

Sogar Studenten wurden durch die falschen Darstellungen der Mönche betrogen und dazu verführt, in ihre Orden einzutreten. Viele bereuten später diesen Schritt, als sie einsahen, dass sie ihr eigenes Leben vertan und ihren Eltern Kummer bereitet hatten. Doch wenn sie einmal in diese Fänge geraten waren, war es für sie unmöglich, ihre Freiheit zurückzugewinnen. Aus Furcht vor dem Einfluss der Mönche lehnten es daher viele Eltern ab, ihre Kinder auf die Universitäten zu schicken. Dies hatte in den großen Bildungszentren einen erheblichen Rückgang der Studentenzahl zur Folge. Das Bildungsniveau sank und Unwissenheit nahm überhand.

GEGEN VOLKSVERFÜHRUNG

Der Papst hatte diesen Mönchen das Recht erteilt, Beichten abzunehmen und Absolution zu erteilen. Dies wurde ein Grundübel. Von Geldgier getrieben, gewährten die Mönche Absolution, sodass sich alle möglichen Verbrecher an sie wandten, was zur Folge hatte, dass die schlimmsten Laster schnell zunahmen. Die Armen und Kranken wurden sich selbst überlassen, während Gaben, die für diese bestimmt waren, den Mönchen zufielen. Unter Drohungen forderten sie von Menschen Almosen und bezichtigten jene, die ihrem Orden Geschenke verweigerten, der Gottlosigkeit. Ungeachtet ihres Bekenntnisses zur Armut nahm der Reichtum der Mönche ständig zu. Ihre prunkvollen Gebäude und die reich gedeckten Tische machten die wachsende Armut des Volkes umso augenfälliger. Während sie selbst in Saus und Braus lebten, sandten sie an ihrer Stelle Ungebildete in die Welt, um die Leute mit großartigen Geschichten, Legenden und Späßen zu unterhalten, und machten sie noch vollständiger zu Betrogenen der Mönche.

Trotzdem hatten die Mönche die abergläubische Masse weiterhin fest im Griff und gaukelten ihr vor, dass die Anerkennung der Oberhoheit des Papstes, die Anbetung der Heiligen und die Abgabe von Almosen an die Mönche die Summe aller religiösen Pflichten sei und dies ausreiche, um sich einen Platz im Himmel zu sichern.

Gelehrte und gläubige Männer hatten vergeblich versucht, diese Mönchsorden zu reformieren. Doch Wycliff hatte eine klarere Sicht der Dinge. Er packte das Übel an der Wurzel und erklärte, dass das System falsch sei und beseitigt werden müsse. Nun kamen Fragen und Kontroversen auf. Als die Mönche durchs Land zogen und ihren päpstlichen Ablass verkauften, begannen viele daran zu zweifeln, ob Vergebung tatsächlich mit Geld erworben werden könne. Sie fragten sich, ob sie Vergebung nicht direkt bei Gott suchen sollten, statt beim Pontifex in Rom.[19] Nicht wenige waren über die Habsucht der Mönche beunruhigt, deren Raffgier nie befriedigt zu sein schien. »Mönche und Priester fressen uns auf wie ein Geschwür«, sagten sie. »Gott muss uns befreien, sonst geht das Volk zugrunde.« (DAGR, XVII, 7) Um ihre Gier zu vertuschen, behaupteten diese Bettelmönche, sie würden nur dem Beispiel Christi folgen, denn auch Jesus und seine Jünger hätten von Almosen des Volkes gelebt. Diese Behauptung schadete ihrer Sache, denn nun griffen viele zur Bibel und erforschten selbst die Wahrheit, was man sich in Rom am wenigsten gewünscht hatte. Dadurch wurden die Menschen zur Quelle der Wahrheit geführt, die man in Rom stets zu verbergen versuchte.

Wycliff verfasste nun kurze Abhandlungen gegen die Bettelmönche, nicht weil er die Auseinandersetzung mit ihnen suchte, sondern weil er die Aufmerksamkeit des Volkes auf die Bibel und ihren Urheber lenken wollte. Er erklärte, dass der Papst nicht mehr Macht zur Sündenvergebung und Exkommunikation besitze als irgendein Priester und kein Mensch wirklich exkommuniziert werden könne, es sei denn, er habe die Verurteilung Gottes auf sich gezogen. Wycliff hätte dieses gewaltige Gebilde geistlicher und weltlicher Macht nicht wirkungsvoller stürzen können, das sich der Papst eingerichtet hatte und in welchem Leib und Seele von Millionen gefangen gehalten wurden.

Ein zweites Mal wurde Wycliff berufen, die Rechte der englischen Krone gegen die Übergriffe Roms zu verteidigen, und da er ein königlicher Gesandter war, verbrachte er zwei Jahre in den Niederlanden, wo er mit den Unterhändlern des Papstes verhandelte. Hier kam er mit kirchlichen Würdenträgern aus Frankreich, Italien und Spanien zusammen und hatte Gelegenheit, hinter die Kulissen zu schauen und Einblicke in viele Dinge zu

---

19 Siehe Glossar »Ablass«, S. 651.

gewinnen, die ihm in England verborgen geblieben wären. Er erfuhr vieles, was er in seinen späteren Werken als Argument anführen konnte. Bei diesen päpstlichen Gesandten erkannte er den wahren Charakter und die echten Ziele der Hierarchie. Er kehrte nach England zurück, um seine früheren Lehren offener und mit größerem Eifer zu wiederholen, und erklärte, dass Gier, Stolz und Betrug die Götter Roms seien.

In einer seiner Broschüren schrieb er über den Papst und seine Geldeintreiber: »Sie entziehen unserm Land den Lebensunterhalt der Armen und viele tausend Mark pro Jahr von des Königs Geld für Sakramente und geistliche Dinge, was die verfluchte Ketzerei der Simonie[20] ist, und sie bewegen das Christentum dazu, diese Häresie gutzuheißen und zu unterstützen. Und gewiss, auch wenn unser Reich einen ungeheuren Berg von Gold hätte und keiner davon nähme, als nur dieser hochmütige, weltliche Priesterkassierer, würde im Laufe der Zeit dieser Berg verzehrt werden, denn er zieht alles Geld aus unserem Lande und gibt nichts dafür zurück als Gottes Fluch für seine Simonie.« (LHW, III, 37; NKG, 6, 2, § 2)

REAKTIONEN AUS ROM
– KIRCHENSPALTUNG

Bald nach der Rückkehr nach England wurde Wycliff vom König zum Pfarrer von Lutterworth ernannt. Dies war ein Beleg dafür, dass der König zumindest an seiner offenen Rede keinen Anstoß nahm. Wycliffs Einfluss wirkte sich auf das tägliche Leben am Hof aus und prägte den Glauben des ganzen Volkes.

Das päpstliche Gewitter donnerte bald auf ihn herab. Drei Bullen wurden nach England abgesandt: eine an die Universität, eine an den König und eine an die Prälaten. Alle drei verlangten unverzügliche und entscheidende Maßnahmen, um den Lehrer der Ketzerei zum Schweigen zu bringen (NKG, VI, 1, § 8).[21] Schon bevor die Bulle eintraf, hatten die Bischöfe in ihrem Eifer Wycliff zu einem Verhör geladen. Allerdings begleiteten ihn zwei der mächtigsten Fürsten des Reiches zum Gerichtshof, und das Volk, welches das Gebäude umringte und hineindrängte, vermochte die Richter dermaßen einzuschüchtern, dass das Verfahren einstweilen vertagt wurde. Wycliff konnte in Frieden seines Weges gehen. Bald darauf starb Edward III., den die Prälaten in seinen alten Tagen gegen den Reformator aufstacheln

---

20 Simonie ist der Erwerb geistlicher Ämter durch Kauf. Sie war im Mittelalter weit verbreitet. Die Bezeichnung wird von Simon Magus abgeleitet (Apostelgeschichte 8,18), der von den Aposteln die Gabe des Heiligen Geistes mit Geld erwerben wollte.
21 Siehe Glossar »Wycliff, John«, S. 682.

wollten, und Wycliffs einstiger Beschützer Johann von Gent, der Herzog von Lancaster, Prinzregent des Nachfolgerkönigs Richard II., wurde Landesherr. Doch mit dem Eintreffen der päpstlichen Bullen unterlag ganz England dem unbedingten Befehl, den Ketzer festzunehmen und gefangen zu legen. Diese Maßnahmen waren die Vorboten des Scheiterhaufens. Es galt als sicher, dass Wycliff bald der Rache Roms zum Opfer fallen würde. Derjenige aber, der vor Zeiten zu seinem Knecht [Abraham] gesagt hatte: »Fürchte dich nicht. ... Ich bin dein Schild« (1. Mose 15,1), streckte auch hier seine Hand aus, um seinen Diener zu schützen. Der Tod ereilte nicht den Reformator, sondern den, der seine Vernichtung angeordnet hatte. Papst Gregor XI. starb, und die Geistlichen, die Wycliff verhören wollten, kehrten heim.

Gottes Vorsehung lenkte die Ereignisse auch weiterhin und verschaffte der Ausbreitung der Reformation neue Möglichkeiten. Auf Gregors XI. Tod folgten zwei rivalisierende Päpste. Zwei Mächte, die beide behaupteten, unfehlbar[22] zu sein, stritten gegeneinander und verlangten Gehorsam. Jeder rief die Gläubigen auf, ihn im Kampf gegen den anderen zu unterstützen, und bekräftigte seine Forderung mit schrecklichen Bannflüchen gegen den anderen und mit Verheißungen von himmlischen Belohnungen für seine Unterstützer. Dieses Vorgehen schwächte die Macht des Papsttums sehr. Die streitenden Parteien taten alles, um die andere Seite anzugreifen, und Wycliff hatte eine Zeit lang Ruhe. Bannflüche und gegenseitige Beschuldigungen flogen von einem Papst zum anderen, und Ströme von Blut flossen, um die widerstreitenden Behauptungen zu bekräftigen. Verbrechen und Skandale überschwemmten die Kirche. Währenddessen lebte der Reformator zurückgezogen in seiner Pfarrei in Lutterworth und arbeitete fleißig daran, die Aufmerksamkeit der Menschen von den streitenden Päpsten weg auf Jesus, den Fürsten des Friedens, hinzulenken.

Die Kirchenspaltung mit all ihrem Streit und Sittenverfall, den sie auslöste, bereitete der Reformation den Weg, damit das Volk das wahre Gesicht des Papsttums erkennen konnte. In einem Heft, das Wycliff unter dem Titel »On the Schism of the Popes« [Über das Schisma der Päpste] veröffentlichte, rief er das Volk auf zu überlegen, ob die beiden Päpste nicht vielleicht die Wahrheit sagten, wenn sie sich gegenseitig als Antichrist verdammten. »Gott«, sagte er, »wollte nicht mehr, dass der Feind nur in einem einzigen Priester herrschte, sondern ... machte eine Spaltung zwischen zweien, sodass Menschen in Christi Namen leichter beide sollten überwinden können.« (VLW, II, 6; vgl. NKG, 6, 2, § 28) Wie sein Meister predigte Wycliff das Evangelium den Armen. Er gab sich nicht damit zufrieden, das Licht nur in den bescheidenen

---

22 Siehe Glossar »Unfehlbarkeit des Papstes«, S. 679.

Heimen seines Kirchensprengels in Lutterworth scheinen zu lassen, er beschloss, es in alle Teile Englands zu tragen. Um dies zu erreichen, rief er eine Gruppe einfacher, frommer Prediger zusammen, die die Wahrheit liebten und nichts lieber wollten, als sie zu verbreiten. Diese Männer gingen überall hin und predigten auf Marktplätzen, auf den Straßen großer Städte und auf Landstraßen. Sie besuchten Alte, Kranke, Arme und verkündigten ihnen die frohe Botschaft von der Gnade Gottes.

Als Professor der Theologie in Oxford predigte Wycliff das Wort Gottes in den Hörsälen der Universität. Er stellte den Studenten die Wahrheit in seinen Vorlesungen so treu dar, dass sie ihn den »Doktor des Evangeliums« nannten. Doch die größte Aufgabe seines Lebens sollte die Übersetzung der Heiligen Schrift ins Englische werden. In seinem Buch »On the Truth and Meaning of Scripture« [Über die Wahrheit und Bedeutung der Schrift] äußerte er seine Absicht, die Bibel zu übersetzen, damit jedermann in England die wunderbaren Werke Gottes in seiner Muttersprache lesen könnte.

DIE BIBEL IN ENGLISCHER SPRACHE

Plötzlich jedoch konnte Wycliff seine Arbeit nicht mehr fortsetzen. Obwohl er noch keine sechzig Jahre alt war, hatten doch rastlose Arbeit, anhaltendes Studium und unaufhörliche Angriffe seiner Feinde an seinen Kräften gezehrt und ließen ihn früh altern. Er wurde von einer gefährlichen Krankheit befallen. Diese Kunde bereitete den Mönchen große Freude. Nun dachten sie, er würde das Übel bitter bereuen, das er der Kirche zugefügt hatte, und sie eilten in seine Kammer, um ihm die Beichte abzunehmen. Vertreter der vier Mönchsorden und vier Beamte der Stadt standen um den Mann herum, von dem sie glaubten, er liege im Sterben. »Der Tod sitzt Euch auf den Lippen«, sagten sie, »denkt bußfertig an Eure Sünden, und nehmt in unserer Gegenwart alles zurück, was Ihr gegen uns gesagt habt.« Der Reformator hörte schweigend zu. Dann bat er seinen Diener, ihn im Bett aufzurichten, während er seinen Blick unablässig auf jene richtete, die ihn umringten und auf seinen Widerruf warteten. Mit der festen, starken Stimme, die sie schon so oft hatte erzittern lassen, sagte er zu ihnen: »Ich werde nicht sterben, sondern leben und die Gräuel der Mönche erzählen.« (DAGR, XVII, 7; vgl. NKG, VI, 2, § 10; SCK, XXXIV, 525) Erstaunt und verlegen eilten die Mönche aus dem Zimmer.

Wycliffs Worte erfüllten sich. Er blieb am Leben und legte seinen Landsleuten die mächtige Waffe gegen Rom in die Hand – die Bibel, die himmlische Botschaft, um das Volk zu befreien, zu erleuchten und zu evangelisieren. Bei der Ausführung dieser Aufgabe galt es, viele und große Hindernisse zu überwinden. Wycliff litt an körperlicher Schwäche und wusste, dass ihm nur noch wenige Jahre der Arbeit zur Verfügung standen. Er sah den Widerstand, dem er entgegentreten musste. Doch ermutigt durch die Verheißungen in Gottes Wort ging er unerschrocken ans Werk. Durch besondere Vorsehung wurde er von Gott im vollen Besitz seiner geistigen Kräfte erhalten, reich an Erfahrung für sein größtes Werk. Während die ganze Christenheit in Aufruhr war, machte sich der Reformator in seiner Pfarrei in Lutterworth an seine selbsterwählte Aufgabe, unbehelligt vom Sturm, der draußen wütete.

Am Ende war das Werk vollbracht: die erste englische Übersetzung der Heiligen Schrift, die es gab. Nun war das Wort Gottes für England geöffnet. Der Reformator fürchtete sich jetzt weder vor dem Gefängnis noch dem Scheiterhaufen. Er hatte dem englischen Volk ein Licht in die Hand gegeben, das nie verlöschen sollte. Dadurch, dass er seinen Landsleuten die Bibel gab, hatte er mehr getan, um sie von den Fesseln der Unwissenheit und des Lasters zu befreien und mehr, um sein Land zu befreien und zu erheben, als je durch die glänzendsten Siege auf dem Schlachtfeld errungen wurde.

Da die Buchdruckerkunst noch unbekannt war, konnten Abschriften der Bibel nur durch langsame und mühevolle Arbeit hergestellt werden. Das Interesse an diesem Buch aber war so groß, dass viele sich bereitwillig an die Arbeit machten, um es zu vervielfältigen, und nur mit Mühe konnten die Abschreiber die Nachfrage befriedigen. Einige wohlhabende Käufer bestellten die ganze Bibel, andere kauften nur Teile davon. Oft schlossen sich mehrere Familien zusammen, um ein Exemplar zu finanzieren. So fand Wycliffs Bibel schnell Zugang in die Heime des Volkes.

Der Appell an den menschlichen Verstand rüttelte das Volk aus seiner untätigen Unterwerfung unter päpstliche Dogmen wach. Wycliff vertrat bereits jetzt die Unterscheidungslehren des Protestantismus: Die Erlösung allein durch den Glauben an Christus und die Unfehlbarkeit der Heiligen Schrift. Die Prediger, die er ausgesandt hatte, verbreiteten die Bibel zusammen mit den Schriften des Reformators mit solchem Erfolg, dass der neue Glaube von nahezu der Hälfte des englischen Volkes angenommen wurde.

ZWISCHEN WELTLICHEM REICH UND KIRCHLICHER MACHT

Die Herausgabe der Heiligen Schrift bestürzte die kirchlichen Behörden. Sie hatten es nun mit einem mächtigeren Gegner als Wycliff zu tun, einem Gegner, gegen den ihre Waffen nicht viel ausrichten konnten. Zu jener Zeit gab es in England kein Bibelverbot, denn die Heilige Schrift war nie zuvor in der Sprache des Volkes veröffentlicht worden. Solche Gesetze wurden später erlassen und sehr streng durchgesetzt. Trotz der Bemühungen der Priester gab es in der Zwischenzeit Gelegenheit zur Verbreitung des Wortes Gottes.

Die päpstlichen Führer versuchten erneut, die Stimme des Reformators zum Schweigen zu bringen. Er musste sich nacheinander vor drei Gerichten verantworten, doch nichts brachte den gewünschten Erfolg. Zuerst bezeichnete eine bischöfliche Synode seine Schriften als Ketzerei, und da Wycliffs Feinde den jungen König Richard II. auf ihre Seite ziehen konnten, erwirkten sie einen königlichen Erlass, der allen mit Gefängnis drohte, die sich zu den geächteten Lehren bekannten.

Wycliff wandte sich daraufhin an das Parlament. Er klagte die Priesterschaft furchtlos vor der Nationalversammlung an und verlangte eine Reform der ungeheuren Missbräuche, die von der Kirche gebilligt wurden. Überzeugend schilderte er die Übergriffe und die Bestechlichkeit des päpstlichen Stuhls. Seine Feinde gerieten in Verwirrung. Freunde und Anhänger Wycliffs waren schon zum Nachgeben gezwungen worden, und es wurde bereits fest damit gerechnet, dass sich auch der alternde Reformator, allein und ohne Freunde, der vereinten Macht von Krone und Mitra beugen würde. Stattdessen mussten sich die Anhänger des Papsttums geschlagen geben. Das Parlament wurde durch die flammenden Appelle Wycliffs dazu gebracht, das Edikt des Königs aufzuheben, und so erlangte der Reformator wieder seine Freiheit.

Ein drittes Mal wurde er vor Gericht gebracht, und diesmal vor den höchsten kirchlichen Gerichtshof des Reichs. Hier zeigte man für Ketzer kein Mitleid. Hier sollte Rom endlich triumphieren und das Werk des Reformators zum Stillstand bringen. So dachten die Anhänger des Papsttums. Wenn sie ihr Ziel nicht erreichen sollten, würden sie Wycliff zwingen, seinen Lehren abzuschwören, oder er würde vom Gerichtshof den Flammen übergeben.

Doch Wycliff widerrief nicht. Er wollte nicht heucheln. Furchtlos verteidigte er seine Lehren und widerlegte die Anklagen seiner Verfolger. Sich selbst, seine Stellung und den Anlass dieser Versammlung vergessend, stellte er seine Zuhörer vor das göttliche Gericht. Er wog ihre Spitzfindigkeiten und Täuschungen mit der Waage der ewigen Wahrheit. Im Gerichtssaal spürte man die Macht des Heiligen Geistes. Die Zuhörer wurden von Gott in Bann gehalten, und offenbar hatte keiner die Kraft, den Raum zu verlassen. Die Worte des Reformators schienen wie Pfeile aus dem Köcher des Herrn die Herzen der Anwesenden zu durchbohren. Mit überzeugender Autorität schleuderte er die Anklage der Ketzerei auf sie selbst zurück. Weshalb, fragte er, hatten sie sich erkühnt, ihre Irrtümer zu verbreiten? Um des Gewinns willen, um mit der Gnade Gottes Handel zu treiben? »Mit wem, glaubt ihr«, sagte er zum Schluss, »dass ihr streitet? Mit einem alten Mann am Rande des Grabes? Nein! Mit der Wahrheit, die stärker ist als ihr und die euch überwinden wird.« (WHP, II, 13) Mit diesen Worten verließ er die Versammlung, und keiner seiner Feinde versuchte, ihn daran zu hindern.

RECHTFERTIGUNGSSCHREIBEN AN DEN PAPST

Wycliff hatte seine Aufgabe nahezu erfüllt. Nachdem er die Wahrheit so lange hoch gehalten hatte, sollte dieser Dienst bald von ihm genommen werden. Doch noch ein letztes Mal würde er für das Evangelium Zeugnis ablegen. Mitten im mächtigen Reich des Irrtums sollte die Wahrheit verkündigt werden. Wycliff wurde vor den päpstlichen Gerichtshof in Rom zitiert, der schon so oft das Blut von Heiligen vergossen hatte. Er war nicht blind gegenüber der ihm drohenden Gefahr, doch er hätte dieser Aufforderung Folge geleistet, wenn ihn nicht ein Schlaganfall daran gehindert hätte, diese Reise anzutreten. Da er nicht direkt in Rom vorsprechen konnte, entschied er sich, seine Ansichten schriftlich kundzutun. Von seiner Pfarrei aus schrieb der Reformator dem Papst einen Brief, der zwar im Ton respektvoll und voll christlichen Geistes war, aber den Prunk und den Stolz des päpstlichen Stuhls scharf verurteilte.

»Wahrlich, ich freue mich«, schrieb er, »jedem den Glauben, den ich vertrete, kundzutun und besonders dem Bischof von Rom, von dem ich annehme, dass er aufrichtig und gerecht ist und bereitwilligst meinen dargelegten Glauben bestätigen oder berichtigen wird, falls er irrtümlich ist.

Erstens setze ich voraus, dass das Evangelium Christi die Gesamtheit des Gesetzes Gottes ist. ... Ich halte dafür, dass der Bischof von Rom, da er der Stellvertreter Christi auf Erden ist, vor allen anderen Menschen am meisten an das Gesetz des Evangeliums gebunden ist. Denn die Größe der Jünger bestand nicht in weltlicher Würde oder Ehre, sondern in der engen und genauen Nachfolge des Lebens und Wandels Christi. ... Christus war während der Zeit seiner Pilgerschaft hier ein sehr armer Mann, der alle weltliche Herrschaft und Ehre verwarf. ...

Kein aufrichtiger Mensch sollte dem Papst noch irgendeinem Heiligen nachfolgen, außer in den Punkten, in denen dieser Jesus Christus nachge-

folgt ist; denn Petrus und die Söhne des Zebedäus sündigten, als sie nach weltlicher Ehre verlangten, die der Nachfolge Christi zuwider ist, und deshalb sollte man ihnen in jenen Irrtümern nicht nachfolgen. ...
Der Papst sollte allen irdischen Besitz und alle Herrschaft der weltlichen Macht überlassen und dazu seine ganze Geistlichkeit nachdrücklich bewegen und ermahnen, denn so tat es Christus, besonders durch seine Apostel.
Habe ich in irgendeinem dieser Punkte geirrt, so will ich mich demütigst der Zurechtweisung unterwerfen, selbst durch den Tod, falls die Notwendigkeit es so verlangt. Und falls ich nach meinem eigenen Wunsch und Willen wirken könnte, so würde ich vor dem Bischof von Rom persönlich erscheinen. Doch der Herr hat mich auf eine andere Art heimgesucht und mich gelehrt, Gott mehr zu gehorchen als den Menschen.«
Am Ende schrieb er: »Deshalb beten wir zu Gott, dass er unseren Papst Urban VI. anregen wolle, wie er angefangen hat, dass er mit seinem Klerus dem Herrn Jesus Christus in Leben und Sitten nachfolge und dass sie das Volk wirksam lehren und dass dieses ihnen wiederum in denselben Stücken getreulich nachfolge.« (FAM, III, 49 und 50; vgl. NKG, 6, § 29)
Wycliff stellte also den Papst und seine Kardinäle der Sanftmut und Demut Christi gegenüber. Nicht nur ihnen, sondern der ganzen Christenheit wurde so der Gegensatz zwischen ihnen und dem Meister gezeigt, dessen Stellvertreter sie sein wollten.

DER GRUNDSTEIN
DER REFORMATION IST GELEGT

Wycliff erwartete nichts anderes, als dass ihm seine Treue das Leben kosten würde. König, Papst und Bischöfe hatten sich vereint, um ihn zu vernichten, und es schien sicher, dass er spätestens in ein paar Monaten auf dem Scheiterhaufen enden würde. Aber sein Mut blieb unerschütterlich. »Man braucht nicht weit zu gehen, um die Palme der Märtyrer zu suchen«, sagte er, »verkündigt nur das Wort Christi stolzen Bischöfen, und das Märtyrertum wird nicht ausbleiben! Was? Leben und schweigen? Niemals! Mag das Schwert, das über meinem Haupte hängt, getrost fallen! Ich erwarte den Streich!« (DAGR, XVII, 8)

Doch Gottes Fürsorge schützte seinen Diener immer noch. Der Mann, der ein Leben lang die Wahrheit unter täglicher Lebensgefahr mutig verteidigt hatte, durfte dem Hass seiner Feinde nicht zum Opfer fallen. Nie versuchte Wycliff, sich selbst zu schützen, doch der Herr war sein Beschützer, und jetzt, als sich seine Feinde ihrer Beute sicher glaubten, nahm ihn die Hand Gottes aus ihrer Reichweite. In seiner Kirche in Lutterworth teilte er gerade das Abendmahl aus, als er einen Schlaganfall erlitt und kurz darauf starb. Wycliff wurde von Gott in sein Amt berufen. Er hatte ihm das Wort der Wahrheit in den Mund gelegt und beschützte ihn, damit es unter das Volk kommen konnte. Sein Leben wurde bewahrt und sein Wirken so lange ausgedehnt, bis ein Fundament für das große Werk der Reformation gelegt war. Wycliff kam aus der finsteren Zeit des Mittelalters. Niemand war ihm vorausgegangen, der ihm für sein reformatorisches Wirken ein Vorbild hätte sein können. Wie Johannes der Täufer war er der Botschafter einer neuen Zeit. Das Lehrgebäude der Wahrheit, welches er verkündete, besaß eine solche Einheit und Vollständigkeit, dass es von den Reformatoren, die ihm folgten, nicht übertroffen wurde. Etliche erreichten seinen Erkenntnisstand selbst hundert Jahre später noch nicht. Sein Fundament war so breit und so tief, so fest und so sicher gebaut, dass es durch diejenigen, die nach ihm kamen, nicht mehr neu gelegt werden musste.

Die große Bewegung, die von Wycliff ins Leben gerufen wurde, die das Gewissen und den Verstand ganzer Völker befreite, welche so lange an die Vorherrschaft Roms gebunden waren, hatte ihren Ursprung in der Bibel. Hier sprudelte die Quelle dieses Segensstroms, der seit dem 14. Jahrhundert wie Lebenswasser durch die Zeiten fließt. Wycliff nahm die Heilige Schrift in unbedingtem Glauben als inspirierten Willen Gottes und als ausreichende Regel für die Praxis an. Er war gelehrt worden, die römische Kirche als göttliche und unfehlbare Autorität zu respektieren und die Lehren und Gebräuche einer tausendjährigen Tradition kritiklos anzunehmen. Doch er wandte sich von all dem ab, um auf Gottes heiliges Wort zu hören. Er forderte das Volk auf, dieser Autorität zu folgen. Statt auf die Kirche durch die Stimme des Papstes zu hören, erklärte er, dass die einzig wahre Autorität in der Stimme Gottes liege, die durch sein Wort spricht. Und er lehrte nicht nur, dass die Bibel die vollkommene Offenbarung des Willens Gottes ist, sondern dass nur der Heilige Geist sie auslegen könne und jeder Einzelne durch Erforschen ihrer Lehre seine Pflichten selbst erkennen müsse. So lenkte er die Aufmerksamkeit der Menschen vom Papst und der römischen Kirche weg auf das Wort Gottes.

Wycliff war einer der größten Reformatoren. Die Größe und Klarheit seines Verstandes, seine Festigkeit in der Wahrheit und sein Mut zu deren Verteidigung erreichten wenige, die nach ihm kamen. Reines Leben, unermüdlicher Fleiß beim Studium und bei der Arbeit, Unbestechlichkeit, Rechtschaffenheit, eine christusähnliche Liebe und Treue in der Ausübung seines Dienstes waren die Hauptmerkmale dieses ersten Reformators. Er verkündigte dies in einer Zeit geistlicher Finsternis und moralischer Verdorbenheit.

Der Charakter Wycliffs ist ein Zeugnis für die erziehende und umwandelnde Macht der Heiligen Schrift. Die Bibel machte ihn zu dem, was er war. Wer die großen Wahrheiten der biblischen Offenbarung erforscht, erfrischt und belebt all seine Fähigkeiten. Er erweitert und schärft seinen Verstand und entwickelt sein Urteilsvermögen. Das Studium der Heiligen Schrift veredelt wie kein anderes jeden Gedanken, jedes Gefühl und jede Sehnsucht. Es festigt den Willen, verleiht Geduld und Mut, stärkt den Geist, läutert den Charakter und heiligt den ganzen Menschen. Ein aufrichtiges, ehrfürchtiges Studium der Schrift, das die Gedanken des Studierenden in direkten Kontakt mit den Gedanken des Unendlichen bringt, würde der Welt Menschen mit klarerem und aktiverem Intellekt sowie edleren Grundsätzen schenken, als es je durch die beste Ausbildung in menschlicher Philosophie möglich wäre. »Wenn dein Wort offenbar wird«, sagt der Psalmist, »so erfreut es und macht klug.« (Psalm 119,130)

NACH WYCLIFFS TOD

Die Lehren Wycliffs wurden eine gewisse Zeit verbreitet. Wycliffs Nachfolger, Wycliffiten oder Lollarden genannt, durchzogen nicht nur England, sondern brachten die Kenntnis des Evangeliums auch in ferne Länder. Nachdem ihr Lehrer von ihnen gegangen war, arbeiteten die Prediger mit noch größerem Eifer als zuvor, und große Volksmengen strömten zu ihnen und hörten ihre Lehren. Einige Angehörige des Adels und sogar die Gemahlin des Königs waren unter den Bekehrten. An vielen Orten gab es eine merkliche Verbesserung im Verhalten der Leute, und die Bilder der römischen Kirche, die zu falscher Anbetung geführt hatten, wurden aus den Kirchen entfernt. Doch bald brach ein erbarmungsloser Sturm der Verfolgung über jene Menschen herein, die es gewagt hatten, sich durch die Lehren der Bibel leiten zu lassen. Die englischen Könige, die eifrig darauf bedacht waren, mit der Unterstützung Roms ihre Macht zu sichern, zögerten nicht, die Reformatoren zu opfern. Zum ersten Mal in der Geschichte Englands wurde der Scheiterhaufen für die Jünger des Evangeliums aufgeschichtet. Der Märtyrertod zog ins Land. Verfechter der Wahrheit, geächtet und gefoltert, konnten ihre Schreie nur zu den Ohren des Herrn Zebaoth aufsteigen lassen. Obwohl sie als Kirchenfeinde und Landesverräter verfolgt wurden, predigten sie weiterhin an geheimen Orten. Sie fanden – wo immer möglich – Schutz in den bescheidenen

Häusern der Armen, ja sie mussten sich sogar oft in Gruben und Höhlen verbergen. Trotz dieser Verfolgungswut hielt ein ruhiger, gottesfürchtiger und geduldiger Protest gegen den vorherrschenden Sittenverfall auf religiösem Gebiet noch jahrhundertelang an. Die Christen dieser frühen Zeit kannten die Wahrheit nur teilweise, doch sie hatten gelernt, Gottes Wort zu lieben und ihm zu gehorchen, und sie litten geduldig um seinetwillen. Wie die Jünger in apostolischer Zeit, gaben viele ihren irdischen Besitz für die Sache Christi her. Diejenigen, die in ihren eigenen vier Wänden bleiben durften, gewährten den vertriebenen Brüdern Unterschlupf, und wenn auch sie selbst vertrieben wurden, nahmen sie gern das Los der Verstoßenen auf sich. Es ist allerdings auch wahr, dass Tausende, die durch die Wut ihrer Verfolger eingeschüchtert wurden, ihre Freiheit durch Aufgabe ihres Glaubens erkauften und in Bußkleidern die Gefängnisse verließen, um so ihren Widerruf zu bezeugen. Die Zahl derer hingegen, die als Adlige wie auch Geringe in ihren Kerkerzellen, den »Lollardtürmen«, furchtlos die Wahrheit bezeugten, war nicht gering. Inmitten von Folter und Flammen waren sie froh, dass sie würdig erachtet wurden, »die Gemeinschaft der Leiden Christi« kennen zu lernen.

Es war den Anhängern des Papsttums nicht gelungen, Wycliff bei Lebzeiten den Willen der Kirche aufzuzwingen, und ihr Hass konnte nicht befriedigt werden, solange sein Leib friedlich im Grabe ruhte. Durch einen Erlass des Konzils zu Konstanz mehr als vierzig Jahre nach seinem Tod wurden seine Gebeine ausgegraben, öffentlich verbrannt und die Asche in einen nahe gelegenen Bach gestreut. »Dieser Bach«, sagt ein alter Schriftsteller, »hat seine Asche in den Avon getragen, vom Avon in den Severn, vom Severn in die Meerengen und in den großen Ozean. Und so ist Wycliffs Asche ein Sinnbild seiner Lehre, die jetzt über die ganze Welt verbreitet ist.« (FCHB, 4, 2, 54) Von der Bedeutung ihrer arglistigen Tat begriffen seine Feinde wenig.

Die Schriften Wycliffs haben Jan Hus aus Böhmen dazu veranlasst, die vielen Irrtümer der römischen Kirche abzulegen und seinerseits ein Erneuerungswerk zu beginnen. So wurde in diesen beiden Ländern, die weit auseinander liegen, die Saat der Wahrheit ausgestreut. Von Böhmen aus verbreitete sich das Werk in andere Länder. Die Gedanken der Menschen wurden auf das lange vergessene Wort Gottes gerichtet. Eine göttliche Hand bereitete den Weg für die große Reformation vor.

KAPITEL 6

HUS UND HIERONYMUS

Das Evangelium fand schon im 9. Jahrhundert Eingang in Böhmen. Die Bibel war übersetzt worden und der Gottesdienst fand in der Sprache des Volkes statt. Als jedoch die Macht des Papstes zunahm, verlor das Wort Gottes mehr und mehr an Bedeutung. Gregor VII., der es sich zur Aufgabe gemacht hatte, den Stolz der Könige zu demütigen, war nicht weniger darauf bedacht, das Volk zu unterjochen. Dementsprechend verfasste er eine Bulle, die den Gottesdienst in böhmischer Sprache verbot. Der Papst erklärte, dass »es dem Allmächtigen gefällt, wenn der Gottesdienst in einer unbekannten Sprache durchgeführt wird, und dass viele Übel und Ketzereien durch Missachtung dieser Regel entstanden sind« (WHP, III, 1; vgl. CHB, 16). So beschloss Rom, das Licht des Wortes auszulöschen und das Volk in Finsternis zu halten. Aber der Himmel hatte andere Vorkehrungen getroffen, um die Gemeinde am Leben zu erhalten. Viele Waldenser und Albigenser, die aus ihrer Heimat in Frankreich und Italien vertrieben worden waren, siedelten sich in Böhmen an. Auch wenn sie es nicht wagten, öffentlich zu lehren, arbeiteten sie doch eifrig im Verborgenen. Auf diese Weise blieb der wahre Glaube über Jahrhunderte erhalten.

Schon vor Hus gab es Männer in Böhmen, die sich gegen den Sittenverfall in der Kirche und die Lasterhaftigkeit des Volks stellten. Ihre Arbeit erregte breites Interesse. Die Befürchtungen der Hierarchie wurden geweckt und eine Verfolgung der Jünger des Evangeliums begann. Sie führten ihre Gottesdienste in den Wäldern und Bergen durch, wurden von Soldaten gejagt, und viele wurden umgebracht. Später beschlossen die Kirchenführer, dass jeder, der vom römischen Gottesdienst abwich, verbrannt werden sollte. Doch während Christen ihr Leben ließen, blickten sie nach vorn auf den Sieg ihrer Sache. Einer von denen, die »lehrten, dass das Heil nur durch den Glauben an den gekreuzigten Erlöser zu finden« sei, erklärte im Sterben: »Jetzt hat die Wut der Feinde die Oberhand über uns, aber es wird nicht für immer sein; es wird sich einer aus dem gemeinen Volk erheben, ohne Schwert und Autorität, gegen den sie nichts vermögen werden.« (WHP, III, 1; vgl. CHB, 20) Luthers Zeit war noch weit entfernt; aber schon trat einer auf, dessen Zeugnis gegen Rom die Völker bewegen sollte.

AKADEMIKER UND PRIESTER

Jan Hus war von bescheidener Herkunft und wurde durch den Tod seines Vaters Halbwaise. Seine gläubige Mutter [23], die Bildung und Gottesfurcht als eines der wertvollsten Besitztümer ansah, wollte ihrem Sohn dieses Erbe weitergeben. Hus besuchte erst eine örtliche Schule und begab sich dann auf die Universität nach Prag, wo er einen Freiplatz erhielt. Seine Mutter begleitete ihn dorthin, eine arme Witwe, die ihrem Sohn keine irdischen Güter geben konnte; doch als sie sich der großen Stadt näherten, kniete sie neben dem vaterlosen Sohn nieder und erbat für ihn den Segen des himmlischen Vaters. Die Mutter konnte nicht ahnen, wie umfassend ihr Gebet erhört werden sollte.

An der Universität zeichnete sich Hus bald durch unermüdlichen Fleiß und große Fortschritte im Studium aus, während sein tadelloser Lebenswandel und sein liebenswürdiges, gewinnendes Benehmen ihm allgemeine Achtung einbrachte. Er war ein aufrichtiger Anhänger der römischen Kirche und ein ernster Sucher nach den geistlichen Segnungen, die diese versprach. Anlässlich einer Jubiläumsfeier ging er zur Beichte, spendete seine letzten Geldstücke als Opfer und schloss sich der Prozession an, damit er die versprochene Absolution bekäme. Nach Beendigung seiner Studien wurde er Priester, bald darauf kirchlicher Würdenträger mit Zugang zum königlichen Hof. Er wurde auch Professor und später Rektor[24] der Universität, an der er studiert hatte. Nach wenigen Jahren war der bescheidene ehemalige Stipendiat der Stolz seines Vaterlandes, und sein Name wurde in ganz Europa berühmt.

Sein Erneuerungswerk begann aber auf einem anderen Gebiet. Mehrere Jahre nach seiner Priesterweihe wurde er zum Prediger der Bethlehemskapelle ernannt. Der Stifter dieser Kapelle hatte seinerzeit durchgesetzt, dass die Schrift in der Volkssprache gepredigt werden sollte, was für ihn einen hohen Stellenwert hatte. Trotz der Gegnerschaft Roms wurde diese Gepflogenheit in Böhmen nie ganz abgeschafft. Doch man kannte die Bibel kaum und in allen Bevölkerungsschichten hatten sich große Las-

---

23 Siehe Glossar »Hus, Jan«, S. 660.
24 Siehe Glossar »Hus' Rektorat«, S. 660.

ter verbreitet. Schonungslos trat Hus diesen Missständen entgegen und benutzte das Wort Gottes, um daraus die Grundsätze der Wahrheit und Reinheit zu betonen, die er ihnen einprägte.

Hieronymus, ein Bürger Prags und späterer Weggefährte von Jan Hus, brachte bei seiner Rückkehr aus England Wycliffs Schriften mit. Die Königin von England, eine böhmische Prinzessin, hatte sich zu Wycliffs Lehren bekannt, und durch ihren Einfluss wurden die Werke des Reformators auch in ihrem Heimatland weit verbreitet. Hus las diese Werke mit großem Interesse. Er hielt den Verfasser für einen aufrichtigen Christen und war geneigt, die Reformen, die Wycliff vertrat, mit Wohlwollen zu betrachten. Hus wusste noch nicht, dass er zu diesem Zeitpunkt schon einen Pfad betreten hatte, der ihn weit weg von Rom führen sollte.

Um diese Zeit trafen zwei Fremde aus England in Prag ein, Gelehrte, die das Licht empfangen hatten und gekommen waren, um es in fremden Ländern zu verbreiten. Sie begannen mit einem offenen Angriff auf die Vorrangstellung des Papstes und wurden bald von den Behörden zum Schweigen gebracht. Sie ließen sich jedoch von ihrem Vorhaben nicht abhalten und nahmen Zuflucht zu anderen Mitteln. Da sie nicht nur Prediger sondern auch Künstler waren, stellten sie von nun an diese Gaben in den Dienst der Verkündigung. An einem öffentlichen Ort zeichneten sie zwei Bilder. Eines stellte den Einzug Jesu nach Jerusalem dar, »auf einem Füllen, dem Jungen eines Lasttiers« reitend (Matthäus 21,5), gefolgt von seinen Jüngern in abgetragenen Kleidern und barfuß. Das andere Bild zeigte eine päpstliche Prozession, wobei der Papst in reiche Gewänder gekleidet und mit dreifacher Krone auf dem Haupt auf einem großen, prächtig geschmückten Pferd saß, mit Trompetern vorweg und gefolgt von Kardinälen und Prälaten in blendender Pracht.

Dies war eine Predigt, die die Aufmerksamkeit aller Bevölkerungsschichten erregte. Ganze Scharen kamen, um sich die Bilder anzusehen. Alle erkannten die Moral in diesen Zeichnungen. Viele waren vom Gegensatz zwischen der Barmherzigkeit und Demut Christi und dem arroganten Prunk des Papstes, des angeblichen Dieners Christi, beeindruckt. In Prag entstand daraufhin eine große Aufregung, und nach einer gewissen Zeit fanden die Fremdlinge, dass es für ihre Sicherheit besser wäre, wenn sie weiterzögen. Die Lehre aber, die sie verkündigt hatten, wurde nicht vergessen. Die Bilder machten einen großen Eindruck auf Hus und hatten zur Folge, dass er die Bibel und Wycliffs Schriften gründlicher studierte. Obwohl er auch jetzt noch nicht bereit war, alle Reformen Wycliffs anzunehmen, sah er doch den wahren Charakter des Papsttums deutlicher, und mit noch größerem Eifer brandmarkte er nun den Stolz, den Ehrgeiz und die Korruption der Hierarchie.

ERSTE AUSEINANDERSETZUNGEN

Von Böhmen breitete sich das Licht nach Deutschland aus, denn Unruhen an der Prager Universität verursachten, dass Hunderte deutscher Studenten die Stadt verließen. Viele von ihnen hatten von Hus ihre ersten Kenntnisse über die Bibel erhalten, und nach ihrer Rückkehr verbreiteten sie das Evangelium in ihrer Heimat.

Die Nachricht von den Geschehnissen in Prag erreichte Rom, und Hus wurde umgehend aufgefordert, vor dem Papst zu erscheinen. Dieser Aufforderung nachzukommen, hätte für ihn den sicheren Tod bedeutet. Der König und die Königin von Böhmen, die Universität, Mitglieder des Adels und Regierungsbeamte richteten vereint eine Bittschrift an den Pontifex, es Hus doch zu gestatten, in Prag zu bleiben und einem Bevollmächtigten aus Rom Rede und Antwort zu stehen (PGB, III, 6, 257 f.). Statt dieser Bitte nachzukommen, trieb der Papst das Verfahren voran und erwirkte die Verurteilung von Hus. Dann verhängte er über die Stadt Prag den Kirchenbann.

Wenn in jener Zeit ein solches Urteil ausgesprochen wurde, rief dies große Bestürzung hervor. Die Rituale, die es begleiteten, waren so angelegt, dass sie ein Volk erzittern ließen, das den Papst ja als den Stellvertreter Gottes betrachtete, der die Schlüssel von Himmel und Hölle in den Händen hielt und die Macht besaß, weltliche sowie geistliche Urteile zu fällen. Man glaubte, dass die Tore des Himmels für jene Gebiete verschlossen waren, die mit dem Bann belegt wurden, und dass ihre Toten von den Orten der Glückseligkeit ausgeschlossen blieben, bis es dem Papst gefiel, den Bann aufzuheben. Als Zeichen dieser schrecklichen Katastrophe wurden alle Gottesdienste in Prag eingestellt und die Kirchen geschlossen. Hochzeiten wurden auf Friedhöfen abgehalten, die Toten, denen das Begräbnis auf geweihtem Grund untersagt wurde, verscharrte man ohne Feierlichkeit in Gräben oder auf Feldern. Solche Maßnahmen übten einen enormen Einfluss auf die Wahrnehmung der Menschen aus. Damit versuchte Rom ihre Gewissen zu kontrollieren.

In Prag herrschte Aufruhr. Von vielen wurde Hus als Urheber dieser Katastrophe angesehen, und sie verlangten, dass Hus der Rache Roms übergeben werde. Um den Sturm zu stillen, zog sich der Reformator für eine Zeit in sein Heimatdorf zurück (nach Ziegenburg [Kozi Hrádek] in Südböhmen). An seine Freunde, die er in Prag zurückgelassen hatte, schrieb er: »Wisset also, dass ich, durch diese Ermahnung Christi und sein Beispiel geleitet, mich zurückgezogen habe, um nicht den Bösen Gelegenheit zur ewigen Verdammnis und den Guten zur Bedrückung und Betrübnis Ursache zu werden; und dann auch, damit nicht die gottlosen Priester die Predigt des göttlichen Wortes ganz verhindern sollten. Ich bin also nicht deshalb gewichen, damit durch mich die göttliche Wahrheit verleugnet würde, für welche ich mit Gottes Beistand zu sterben hoffe.« (BRAR, I, 94/95; vgl. NKG, VI, 2, § 47) Hus gab seine Tätigkeit nicht auf, sondern bereiste das umliegende Land und predigte zur lernbegierigen Menge. Die Maßnahmen, die der Papst zur Unterdrückung des Evangeliums ergriff, trugen dazu bei, dass das Evangelium weiter verbreitet wurde. »Denn wir vermögen nichts wider die Wahrheit, sondern nur etwas für die Wahrheit.« (2. Korinther 13,8)

»Hus muss in dieser Zeit seiner Laufbahn einen schmerzlichen Kampf durchgemacht haben. Obgleich die Kirche ihn durch ihren Blitzstrahl zu überwältigen suchte, hatte er sich nicht von ihrer Autorität losgesagt. Die römische Kirche war für ihn nach wie vor die Braut Christi und der Papst Gottes Stellvertreter und Statthalter. Hus wollte gegen den Missbrauch der Autorität und nicht gegen das Prinzip selbst kämpfen. Dadurch entstand ein fürchterlicher Kampf zwischen den Überzeugungen seiner Vernunft und den Forderungen seines Gewissens. Wenn die Autorität gerecht und unfehlbar war, wie er doch glaubte, wie kam es, dass er sich gezwungen fühlte, ihr ungehorsam zu sein? Gehorchen hieß für ihn sündigen; aber warum sollte der Gehorsam gegen eine unfehlbare Kirche solche Folgen haben? Das war ein Problem, das er nicht lösen konnte; das war der Zweifel, der ihn von Stunde zu Stunde quälte. Die naheliegendste Antwort fand er schließlich in der Überlegung, dass sich hier wiederholte, was sich bereits in den Tagen Christi abgespielt hatte; die Priester der Kirche waren korrupt geworden und missbrauchten ihre rechtmäßige Autorität zur Erlangung unrechtmäßiger Ziele. Dies veranlasste ihn dazu, als Leitlinie für sich selbst das Prinzip zu übernehmen, dass nur die bewusst verstandenen Weisungen der Heiligen Schrift unser Gewissen bestimmen sollten. Dies empfahl er in seinen Predigten den Zuhörern. Damit vertrat er den Grundsatz, dass es eine unfehlbare Wegweisung nur bei Gott gibt, der in der Bibel spricht, und nicht in der Kirche, die durch die Priesterschaft redet. (WHP, III, 2)

POLARISIERUNG

Als sich die Nervosität in Prag etwas gelegt hatte, kehrte Hus zu seiner Bethlehemskapelle zurück und predigte das Wort mit noch größerem Mut und Eifer. Seine Feinde waren aktiv und mächtig, aber die Königin und viele Adlige waren seine Freunde, und große Teile des Volkes hielten zu ihm. Viele, die seine reinen und erhabenen Lehren und sein heiliges Leben mit den erniedrigenden Dogmen der Priesterschaft verglichen und sich Gedanken über deren Habsucht und Prasserei machten, erachteten es als eine Ehre, auf seiner Seite zu stehen.

Bisher war Hus auf sich allein gestellt. Nun aber schloss sich Hieronymus seinem Erneuerungswerk an, der während seines Aufenthalts in England die Lehren Wycliffs angenommen hatte. Von nun an arbeiteten die beiden zusammen und sollten auch im Tod nicht getrennt werden. Hieronymus war scharfsinnig, redegewandt und gebildet. Diese Fähigkeiten, durch welche man die Gunst der Öffentlichkeit gewinnen kann, besaß er in besonderem Maß. Aber in jenen Eigenschaften, die wahre Charakterstärke ausmachen, war Hus die bedeutendere Persönlichkeit. Sein besonnenes Urteil zügelte den ungestümen Hieronymus. Dieser respektierte Hus und nahm seinen Rat demütig an. Dank dieser Zusammenarbeit konnte sich die Erneuerung schneller ausbreiten.

Gott schenkte diesen auserwählten Männern viel Licht und offenbarte ihnen viele Irrtümer Roms. Doch sie empfingen nicht das ganze Licht, das der Welt gegeben werden sollte. Durch diese seine Diener begann Gott die Menschen aus der Dunkelheit der mittelalterlichen Papstkirche herauszuführen. Doch viele und mächtige Hindernisse mussten noch überwunden werden. Gott führte seine Diener Schritt für Schritt, immer nur so weit, wie sie es fassen konnten. Sie waren nicht imstande, alles Licht auf einmal zu empfangen. So wie die volle Mittagssonne jene blendet, die lange im Dunkeln waren, so hätten sich auch diese Erneuerer abgewendet, wenn ihnen die ganze Erkenntnis auf einmal offenbart worden wäre. Deshalb schenkte Gott ihnen nach und nach das Licht, so wie es auch das Volk aufzunehmen vermochte. In den folgenden Jahrhunderten sollten weitere gewissenhafte Arbeiter folgen, um die Menschen auf dem Weg der Erneuerung weiter voranzubringen.

Die Kirchenspaltung[25] dauerte weiter an. Drei Päpste stritten mittlerweile um die Vorherrschaft, und ihre Kämpfe bescherten der Christenheit Verbrechen und Aufruhr. Die Päpste begnügten sich nicht mehr damit, Bannflüche gegeneinander zu schleudern. Sie griffen jetzt zu den weltlichen Waffen und begannen Kriegswerkzeug zu kaufen und Söldner einzustellen. Dazu musste natürlich Geld beschafft werden. Zu diesem Zweck wurden

---

25 Siehe Glossar »Kirchenspaltung (Schisma)«, S. 665.

Gaben, Ämter und Segnungen der Kirche zum Verkauf angeboten.[26] Die Priester folgten dem Beispiel ihrer Vorgesetzten und griffen ebenfalls zu Simonie und Militärgewalt, um ihre Gegner zu demütigen und die eigene Macht zu stärken. Hus wurde täglich mutiger in seinen Angriffen auf die Gräuel, die im Namen der Religion geduldet wurden, und das Volk klagte die römischen Führer offen an, die Ursache dieses Elends zu sein, das über die Christenheit hereinbrach.

Wieder schien die Stadt Prag an der Schwelle einer blutigen Auseinandersetzung zu stehen. Wie in früherer Zeit wurde ein Diener Gottes angeklagt, »Israel ins Unglück« zu stürzen (1. Könige 18,17). Über die Stadt wurde wieder der Bann verhängt, und Hus zog sich in sein Heimatdorf zurück. So endete die Zeit, in der er von seiner geliebten Bethlehemskapelle aus die Wahrheit bezeugen konnte. Er sollte auf einer größeren Bühne auftreten und zur ganzen Christenheit sprechen, bevor er sein Leben zum Zeugnis der Wahrheit niederlegen musste.

EINLADUNG UND REISE NACH KONSTANZ

Um die Missstände und Wirren zu beseitigen, die ganz Europa verunsicherten, fand ein allgemeines Konzil in Konstanz[27] statt. Dieses Konzil wurde auf Wunsch Kaiser Sigismunds durch einen der drei einander bekämpfenden Päpste, Papst Johannes XXIII., einberufen. Der Wunsch nach diesem Konzil war Papst Johannes, dessen Charakter und Praktiken eine Untersuchung schlecht vertrugen, alles andere als willkommen, auch nicht den Prälaten mit ihrer ebenso lockeren Moral, wie sie bei den Kirchenmännern jener Zeit vorherrschte. Er wagte es aber nicht, dem Willen Sigismunds zu widersprechen.

Das Hauptanliegen dieses Konzils war die Beseitigung der Kirchenspaltung und die Ausrottung der Ketzerei. Aus diesem Grund wurden auch die anderen beiden Gegenpäpste sowie der führende Vertreter der neuen Ansichten, Jan Hus, aufgefordert zu erscheinen. Die Ersteren erschienen aus Gründen der eigenen Sicherheit nicht persönlich, sondern ließen sich durch ihre Gesandten vertreten. Papst Johannes, der das Konzil einberufen hatte, kam mit vielen bösen Ahnungen und dem Verdacht dorthin, dass es das heimliche Ziel des Kaisers wäre, ihn abzusetzen. Außerdem befürchtete er, für seine Unsittlichkeiten, mit denen er den Heiligen Stuhl beschmutzte, sowie für die Verbrechen, durch die er an die Macht gekommen war, zur

---

26 Siehe Glossar »Missbräuche in geistlichen Dingen«, S. 670.
27 Siehe Glossar »Konzil zu Konstanz«, S. 666.

Rechenschaft gezogen zu werden. Doch er hielt mit großem Gepränge Einzug in die Stadt Konstanz. Er war von kirchlichen Würdenträgern höchsten Ranges umgeben, und ihm folgte ein Zug von Höflingen. Der gesamte Klerus, die Würdenträger der Stadt und eine riesige Volksmenge strömten ihm entgegen, um ihn willkommen zu heißen. Vier hohe Beamte hielten einen goldenen Baldachin über ihn. Vor ihm wurde die Hostie getragen, und die reichen Gewänder der Kardinäle und des Adels ergaben ein eindrucksvolles Bild.

Unterdessen näherte sich ein anderer Reisender der Stadt Konstanz. Hus war sich der Gefahren bewusst, die ihm drohten. Er verabschiedete sich von seinen Freunden, als ob er sie nie wiedersehen würde, und machte sich mit dem Gefühl auf den Weg, dass dieser ihn auf den Scheiterhaufen bringen würde. Trotz des freien Geleits, das ihm vom böhmischen König und ebenso von Kaiser Sigismund während der Reise zugesichert worden war, bereitete er sich auf einen möglichen Tod vor.

An seine Freunde in Prag schrieb er: »Meine Brüder ... ich gehe von hier mit einem freien Geleit vom König, um meinen zahllosen und moralischen Feinden zu begegnen. ... Ich verlasse mich völlig auf den allmächtigen Gott, meinen Heiland; ich vertraue darauf, dass er auf unsere innigen Gebete hören wird und mir seine Klugheit und Weisheit in meinen Mund legt, damit ich ihnen widerstehen kann, und dass er mir seinen Heiligen Geist verleiht, mich in der Wahrheit zu stärken, damit ich mit Mut den Versuchungen, dem Kerker und wenn notwendig, einem grausamen Tod entgegen gehen kann. Jesus Christus litt um seiner Auserwählten willen, und sollten wir daher überrascht sein, dass er uns ein Beispiel gab, für ihn und unser Heil alles zu erdulden? Er ist Gott und wir seine Geschöpfe; er ist der Herr und wir sind seine Diener; er ist der Herr der Welt und wir sind verachtenswerte Sterbliche – und doch litt er! Warum sollten wir nicht auch leiden, besonders wenn Leid zu unserer Reinigung dient? Daher, meine Geliebten, wenn mein Tod zu seiner Herrlichkeit beitragen sollte, betet darum, dass er schnell kommen möge, und dass der Herr mich befähigt, all meiner Not mit Standhaftigkeit zu begegnen. Doch wenn es besser sein sollte, dass ich zu euch zurückkehre, so wollen wir Gott darum bitten, dass ich ohne Befleckung wieder zu euch komme; das heißt, dass ich nicht einen Tüttel der Wahrheit des Evangeliums unterdrücke, damit ich meinen Brüdern ein ausgezeichnetes Beispiel liefere, dem sie nachfolgen können. Vielleicht werdet ihr mein Antlitz in Prag nie wieder sehen; wenn es aber der Wille des allmächtigen Gottes ist, mich euch wiederzugeben, lasst uns mit festerem Herzen in der Erkenntnis und Liebe zu seinem Gesetz vorangehen.« (BRAR, I, 150; vgl. NKG, 6, 2, 2, § 49)

In einem anderen Brief an einen Priester, der ein Jünger des Evangeliums geworden war, sprach Hus in tiefer Demut über seine Irrtümer und klagte sich selbst an, dass er »Freude daran hatte, reiche Gewänder zu tragen und Stunden mit leichtfertigen Dingen zu vergeuden.« Er fügte die rührenden Ermahnungen hinzu: »Möge die Herrlichkeit Gottes und das Heil von Seelen dein Gemüt in Anspruch nehmen und nicht der Besitz von Pfründen und Vermögen. Hüte dich davor, dein Haus mehr zu schmücken als deine Seele, und verwende deine größte Sorgfalt auf das geistliche Gebäude. Sei liebevoll und demütig zu den Armen und verschwende deine Habe nicht durch Festgelage. Solltest du dein Leben nicht bessern und dich vom Überflüssigen fernhalten, so fürchte ich, wirst du hart gezüchtigt werden, wie ich selbst. ... Du kennst meine Lehre, denn du hast meine Unterweisungen von deiner Kindheit an empfangen, deshalb ist es unnütz für mich, dir weiter zu schreiben. Aber ich beschwöre dich bei der Gnade unseres Herrn, mich nicht in irgendeiner der Eitelkeiten nachzuahmen, in welche du mich fallen sahest.« Auf dem Umschlag des Briefes fügte er hinzu: »Ich beschwöre dich, mein Freund, diese Siegel nicht zu brechen, bis du die Gewissheit erlangt hast, dass ich tot bin.« (BRAR, I, 163/164)

Auf seiner Reise bemerkte Hus überall Anzeichen der Verbreitung seiner Lehren und das Wohlwollen, mit der sie aufgenommen wurden. Die Menschen kamen zusammen, um ihn zu sehen, und in einigen Städten begleiteten ihn Beamte durch die Straßen.

SCHAUPROZESSE

Nach seiner Ankunft in Konstanz wurde Hus völlige Freiheit gewährt. Zu dem Geleitschutz des Kaisers kam noch eine persönliche Zusicherung des Schutzes durch den Papst. Doch entgegen wiederholter feierlicher Zusicherungen wurde er bald danach auf Befehl des Papstes und der Kardinäle verhaftet und in einen dumpfen Kerker geworfen. Später wurde er in eine befestigte Burg (Burg Gottlieben) am südlichen Ufer des Rheins gebracht und dort gefangen gehalten. Der Papst hatte aus seiner Niedertracht keinen Nutzen gezogen, denn bald danach wurde er in demselben Gefängnis eingekerkert (BRAR, 269). Vor dem Konzil wurde er zuvor der gemeinsten Verbrechen schuldig gesprochen; neben Mord, Simonie und Ehebruch für »Sünden, die unpassend sind, genannt zu werden.« So erklärte es das Konzil selbst, und schließlich wurde ihm die Tiara abgenommen und er selbst ins

Gefängnis geworfen (HK, VII, 139-141). Die Gegenpäpste setzte man ebenfalls ab und ein neuer Papst wurde gewählt.

Obwohl sich der Papst größerer Verbrechen schuldig gemacht hatte, als Hus den Priestern je zur Last legte und wofür er eine Reform verlangte, machte sich dasselbe Konzil, das den Papst abgesetzt hatte, nun daran, den Reformator zu vernichten. Die Gefangennahme von Hus rief in Böhmen große Entrüstung hervor. Mächtige Adlige richteten scharfe Proteste wegen dieses Frevels an das Konzil (HGHB, 179 ff). Der Kaiser, der der Verletzung des freien Geleits nur zögernd zustimmte, widersetzte sich dem Vorgehen gegen Hus. Doch die Feinde des Reformators waren bösartig und entschieden. Sie nutzten die Vorurteile des Kaisers, seine Befürchtungen und seinen Eifer für die Kirche. Sie brachten umfangreiche Argumente vor, um zu beweisen, dass niemand »Ketzern Vertrauen schenken sollte, noch Leuten, die unter dem Verdacht der Ketzerei stünden, selbst wenn sie mit einem Sicherheitsgeleit von Kaisern und Königen versehen seien« (PGB, VI, 327 ff.). Damit setzten sie sich durch.

Durch Krankheit und Einkerkerung geschwächt – die schlechte und feuchte Luft in seinem Kerker brachte ihm ein Fieber, das ihn fast das Leben kostete – wurde Hus endlich vor das Konzil geführt. In Ketten gefesselt stand er vor dem Kaiser, der ihm sein Ehrenwort[28] gegeben hatte, für seinen Schutz zu sorgen. Während seines langen Verhörs vertrat er standhaft die Wahrheit, und in Gegenwart der Würdenträger von Staat und Kirche protestierte er ernst und gewissenhaft gegen den Sittenverfall der Hierarchie. Als er gefragt wurde, ob er lieber abschwören oder den Tod auf sich nehmen wolle, wählte er das Schicksal des Märtyrers.

Die Gnade Gottes hielt ihn aufrecht. In den Wochen des Leidens vor seiner endgültigen Verurteilung erfüllte der Friede des Himmels seine Seele. »Ich schreibe diesen Brief«, teilte er einem Freund mit, »in meinem Kerker und mit meinen Händen in Ketten, und morgen erwarte ich mein Todesurteil. ... Wenn wir uns mit der Hilfe Jesu Christi wieder treffen in dem köstlichen Frieden des zukünftigen Lebens, wirst du lernen, wie gnädig Gott mir gegenüber war, wie wirksam er mich inmitten meiner Versuchungen und Not getragen hat.« (LHC, I, 516; vgl. RWG, XIII, 131/132; OAG, dort: PSA, II, 377/ 378; BRAR, II, 67)

In der Dunkelheit seines Kerkers sah er den Sieg des wahren Glaubens voraus. In seinen Träumen kehrte er zu seiner Kapelle in Prag zurück, wo er das Evangelium gepredigt hatte, und sah dort den Papst und die Bischöfe, wie sie die Bilder von Christus übertünchten, die er an die Wände hatte

---

28 Siehe Glossar »Sigismunds Geleitbrief«, S. 678.

malen lassen. Dieses Traumbild betrübte ihn; aber »am nächsten Tag sah er viele Maler, die damit beschäftigt waren, die Figuren in größerer Anzahl und leuchtenderen Farben zu restaurieren. Sobald ihre Aufgabe fertig war, riefen sie, von einer unzählbaren Menge umgeben: ›Nun lasst die Päpste und Bischöfe kommen, sie werden sie nie mehr übermalen!‹« Der Reformator berichtete von seinem Traum: »Ich weiß mit Sicherheit, dass das Bild Christi niemals vernichtet werden wird. Sie wollten es zerstören, aber es wird frisch in alle Herzen gemalt werden von besseren Predigern, als ich es bin.« (DAGR, I, 6; vgl. NKG, VI, 2, 2, § 73)

Zum letzten Mal wurde Hus vor das Konzil geführt. Es war eine große und glanzvolle Versammlung. Der Kaiser, die Reichsfürsten, königliche Abgeordnete, Kardinäle, Bischöfe, Priester und eine riesige Volksmenge waren gekommen, um dem Ereignis des Tages beizuwohnen. Leute aus allen Teilen der Christenheit hatten sich als Zeugen dieses ersten großen Opfers in dem anhaltenden Kampf versammelt, durch den die Glaubensfreiheit gesichert werden sollte.

Als er zu einer letzten Aussage aufgefordert wurde, lehnte Hus es ab, seine Lehren zu widerrufen. Er richtete einen durchdringenden Blick auf den Monarchen, der sein Wort so schamlos gebrochen hatte, und erklärte: »Ich bin aus eigenem freiem Entschluss vor dem Konzil erschienen, unter dem öffentlichen Schutz und dem Ehrenwort des hier anwesenden Kaisers.« (RAR, II, 84; vgl. PGB, 364) Tiefe Röte überzog Sigismunds Gesicht, als sich die Augen der ganzen Versammlung auf ihn richteten.

GEDEMÜTIGT WIE CHRISTUS

Als das Urteil gefällt worden war, begann die Zeremonie der Amtsenthebung. Die Bischöfe kleideten ihren Gefangenen in das priesterliche Gewand, und als er es anlegte, sagte er: »Unser Herr Jesus Christus wurde zum Zeichen der Schmähung mit einem weißen Mantel bedeckt, als Herodes ihn vor Pilatus bringen ließ.« (BRAR, III, 95/96) Als er abermals zum Widerruf ermahnt wurde, antwortete er und wandte sich an das Volk: »Mit welchem Antlitz könnte ich den Himmel anblicken? Wie sollte ich jene Menge von Menschen ansehen, denen ich das reine Evangelium gepredigt habe? Nein, ich erachte ihre Seligkeit höher als diesen armseligen Leib, der nun zum Tode bestimmt ist.« Dann wurde ihm ein Teil des Priesterornats nach dem anderen abgenommen, wobei jeder Bischof einen Fluch über ihn aussprach, während er seinen Teil der Zeremonie durchführte. »Schließlich wurde ihm eine pyramidenförmige Mitra aus Papier aufgesetzt, die mit schrecklichen dämonischen Figuren bemalt war und vorn die Inschrift ›Haeresiarcha‹ (Erzketzer) trug. ›Mit größter Freude‹, sagte Hus, ›will ich diese Krone der Schmach um deinetwillen tragen, o Jesus, der du für mich die Dornenkrone getragen hast.‹«

Als er so hergerichtet war, »sprachen die Prälaten: ›Nun übergeben wir deine Seele dem Teufel.‹ Aber Hus hob seine Augen zum Himmel und sprach: ›Ich befehle meinen Geist in deine Hände, o Herr Jesus, denn du hast mich erlöst.‹« (WHP, III, 7)

Nun wurde er den weltlichen Behörden übergeben und zum Richtplatz geführt. Ein riesiger Zug folgte nach; Hunderte Waffenträger, Priester und Bischöfe in ihren kostbaren Gewändern und die Bevölkerung von Konstanz. Als er auf dem Scheiterhaufen an den Marterpfahl gebunden wurde und alles bereit war, das Feuer anzuzünden, wurde der Märtyrer nochmals aufgefordert, seine Irrtümer zu widerrufen und sein Leben zu retten. »Welche Irrtümer«, sagte Hus, »sollte ich widerrufen? Ich bin mir keines Irrtums bewusst. Ich rufe Gott zum Zeugen an, dass alles, was ich geschrieben und gepredigt habe, geschehen ist, um Menschen von Sünde und Verderben wegzubringen; und daher bestätige ich freudig mit meinem Blut die Wahrheit, die ich geschrieben und gepredigt habe.« (WHP, III, 7; vgl. NGK.) Als das Feuer um ihn aufflammte, begann er zu singen: »Christe, du Sohn des lebendigen Gottes, erbarme dich meiner!« (NGK, VI, 2, 2, § 69; vgl. HK, VI, 209 ff.) Er sang so lange, bis seine Stimme für immer verstummte.

Selbst seine Feinde waren betroffen über dieses heroische Verhalten. Ein eifriger Anhänger des Papsttums, der den Märtyrertod von Hus und Hieronymus aufzeichnete und ein Jahr später starb, schrieb: »Beide ertrugen alles mit standhaftem Gemüt, als ihre letzte Stunde geschlagen hatte. Sie bereiteten sich auf das Feuer vor, als ob sie zu einem Hochzeitsfest gingen. Sie gaben keinen Schmerzenslaut von sich. Als die Flammen emporschlugen, fingen sie an, Loblieder zu singen, und kaum vermochte die Heftigkeit des Feuers ihrem Gesang Einhalt zu gebieten.« (WHP, III, 7; vgl. SHB)

Als Hus' Körper vollständig verbrannt war, wurde seine Asche samt der Erde, auf der sie lag, gesammelt, in den Rhein geworfen und so ins Meer gespült. Seine Verfolger bildeten sich vergeblich ein, sie hätten die Wahrheiten nun ausgerottet, die er gepredigt hatte. Sie konnten nicht ahnen, dass die Asche, die an jenem Tag dem Meer zuströmte, wie eine Saat war, die in alle Länder der Welt ausgestreut wurde und dass sie in noch unbekannten Ländern eine reiche Ernte an Zeugen für die Wahrheit einbringen würde. Die Stimme, die in der Konzilshalle in Konstanz gesprochen hatte, brachte ein Echo hervor, das in allen kommenden Zeiten gehört werden sollte. Hus lebte nicht mehr, aber die Wahrheit, für die er gestorben war, konnte nicht untergehen. Sein Beispiel an Glauben und Standhaftigkeit würde noch viele ermutigen, fest zur Wahrheit zu stehen, auch angesichts von Folter und Tod. Sein Flammentod rückte der ganzen Welt die hinterhältige Grausamkeit Roms ins Bewusstsein. Die Feinde der Wahrheit förderten dadurch unwissentlich eine Sache, die sie vergebens zu vernichten suchten.

FOLTER UND WIDERRUF

In Konstanz sollte aber noch ein zweiter Scheiterhaufen errichtet werden. Das Blut eines weiteren Märtyrers musste für die Wahrheit Zeugnis ablegen. Als sich Hus vor seiner Abreise zum Konzil verabschiedete, wurde er von Hieronymus ermahnt, mutig und standhaft zu bleiben, und wenn er in irgendeine Not geraten sollte, würde er ihm zu Hilfe eilen. Als er dann von der Gefangennahme des Reformators hörte, machte sich der treue Jünger sofort auf, um sein Versprechen einzulösen. Mit einem einzigen Begleiter und ohne Sicherheitsgeleit machte er sich auf den Weg nach Konstanz. Nach seiner Ankunft wurde ihm klar, dass er sich nur selbst in Gefahr brachte, ohne etwas für die Befreiung von Hus tun zu können. Er floh aus der Stadt, wurde aber auf seinem Heimweg verhaftet und von einer Gruppe Soldaten in Ketten in die Stadt zurückgebracht. Bei seinem ersten Auftritt vor dem Konzil wurden seine Versuche, auf die vorgebrachten Anklagen zu antworten, von Zwischenrufen übertönt: »In die Flammen mit ihm, in die Flammen!« (BRAR, II, 256) Er wurde in ein Verließ geworfen und in einer Körperhaltung angekettet, die ihm große Schmerzen bereitete. Man hielt ihn dort bei Wasser und Brot fest. Unter diesen grausamen Haftbedingungen holte sich Hieronymus nach einigen Monaten eine lebensgefährliche Krankheit. Seine Feinde befürchteten, er könnte ihnen wegsterben, deshalb behandelten sie ihn etwas weniger hart. Dennoch blieb er ein weiteres Jahr in Haft.

Hus' Tod hatte nicht die Wirkung, die sich die Anhänger des Papsttums erhofft hatten. Die Verletzung der Zusicherung des freien Geleits hatte einen Sturm der Entrüstung hervorgerufen. Das Konzil hielt es für besser, einen sichereren Weg einzuschlagen, und beschloss, Hieronymus nicht zu verbrennen, sondern ihn, wenn möglich, zum Widerruf zu zwingen (BRAR, III, 156; vgl. PGB, VI, 312). Man brachte ihn vor die Versammlung und bot ihm die Alternative an, abzuschwören oder auf dem Scheiterhaufen zu sterben. Zu Beginn seiner Kerkerhaft wäre der Tod für ihn eine Gnade gewesen, verglichen mit den schrecklichen Leiden, die er erdulden musste. Nun aber war er durch Krankheit, die strengen Haftbedingungen, die Qualen der Angst und der Ungewissheit, durch die Trennung von seinen Freunden und durch den Tod von Hus so sehr verzagt, dass seine Kraft nachgab und er sich der Forderung des Konzils unterwarf. Er gelobte, sich an den katholischen Glauben zu halten, und stimmte dem Beschluss des Konzils zur Verdammung der Lehren von Wycliff und Hus zu, ausgenommen die »heiligen Wahrheiten«, die beide gelehrt hatten (VHH, I, 173-175; HK, VII, 235; SCK, XXXIV, 662 ff.).

Durch dieses Mittel glaubte Hieronymus, die Stimme seines Gewissens ersticken zu können und seinem Schicksal zu entkommen. Aber in der Abgeschiedenheit seines Verlieses sah er klarer, was er getan hatte. Er dachte über den Mut und die Treue von Hus nach und erkannte im Gegensatz dazu, dass er die Wahrheit verleugnet hatte. Er dachte an seinen göttlichen Meister, der für ihn den Kreuzestod erduldete und dem zu dienen er sich verpflichtet hatte. Vor seinem Widerruf hatte er inmitten aller Leiden stets Trost in der Gewissheit der Gnade Gottes gefunden. Nun aber quälten ihn Gewissensbisse und Zweifel. Er wusste, dass er noch viel mehr abschwören musste, um mit Rom in Frieden zu leben. Der Pfad, auf den er sich begeben hatte, konnte nur in den völligen Abfall führen. Sein Entschluss war gefasst: Nur um einer kurzen Zeit des Leidens zu entgehen, wollte er seinen Herrn nicht verleugnen.

NEUER MUT

Bald wurde er wieder vor das Konzil geladen. Seine Unterwerfung hatte seine Richter nicht befriedigt. Ihre Blutrünstigkeit, die durch den Tod von Hus entfacht worden war, verlangte nach weiteren Opfern. Hieronymus konnte sein Leben nur durch Preisgabe der Wahrheit retten. Aber er hatte sich entschlossen, seinen Glauben zu bekennen und seinem Leidensbruder in den Flammentod zu folgen.

Er nahm seinen früheren Widerruf zurück und verlangte als Sterbender eine Gelegenheit, sich zu verteidigen. Die Prälaten fürchteten die Folgen seiner Worte und bestanden auf einer einfachen Zustimmung oder Ablehnung der Anklagen, die gegen ihn erhoben wurden. Hieronymus wehrte sich gegen eine solche Grausamkeit und Ungerechtigkeit:»Ganze 340 Tage habt ihr mich in dem schwersten, schrecklichsten Gefängnis, da nichts als Unflat,

Gestank, Kot und Fußfesseln neben höchstem Mangel aller notwendigsten Dinge, gehalten. Meinen Feinden gewährt ihr gnädige Audienz, mich aber wollt ihr nicht eine Stunde hören. ... Ihr werdet Lichter der Welt und verständige Männer genannt, so sehet zu, dass ihr nichts unbedachtsam wider die Gerechtigkeit tut. Ich bin zwar nur ein armer Mensch, welches Haut es gilt. Ich sage auch dies nicht, der ich sterblich bin, meinetwegen. Es verdrießt mich, dass ihr als weise, verständige Männer wider alle Billigkeit ein Urteil fällt.« (TH, 158)

Seinem Gesuch wurde schließlich stattgegeben. In Gegenwart seiner Richter kniete Hieronymus nieder und betete, dass der göttliche Geist seine Gedanken und Worte leiten möge und er nichts Unwahres oder Unwürdiges über seinen Meister sagen werde. An ihm erfüllte sich an diesem Tag das Versprechen Gottes an die ersten Jünger:»Und man wird euch vor Statthalter und Könige führen um meinetwillen. ... Wenn sie euch nun überantworten werden, so sorgt nicht, wie oder was ihr reden sollt; denn es soll euch zu der Stunde gegeben werden, was ihr reden sollt. Denn nicht ihr seid es, die da reden, sondern eures Vaters Geist ist es, der durch euch redet.« (Matthäus 10,18-20)

Hieronymus' Worte riefen selbst bei seinen Feinden Staunen und Bewunderung hervor. Ein ganzes Jahr lang war er in einem Verlies eingemauert gewesen, weder in der Lage zu lesen noch etwas zu sehen, unter körperlichen Leiden und seelischen Ängsten. Doch trug er seine Argumente in großer Klarheit und Macht vor, als ob er ungestört Gelegenheit zu deren Formulierung gehabt hätte. Er wies auf eine Reihe heiliger Männer hin, die durch ungerechte Richter verurteilt worden waren. In fast jeder Generation hat es Männer gegeben, die das Volk ihrer Zeit aufrichten wollten, und deshalb getadelt und ausgestoßen wurden, denen man aber in späterer Zeit die notwendige Ehre erwies. Christus selbst sei von einem ungerechten Gericht als Übeltäter verdammt worden.

STANDHAFT WIE CHRISTUS

Bei seinem Widerruf hatte Hieronymus dem Urteil der Justiz über Hus zugestimmt. Jetzt bereute er das und bezeugte die Unschuld und Heiligkeit des Märtyrers.»Ich kannte ihn von seiner Kindheit an«, sagte er,»er war ein großartiger Mann, gerecht und heilig; er wurde trotz seiner Unschuld verurteilt. ... Ich bin ebenfalls bereit zu sterben. Ich schrecke nicht vor der Folter zurück, die mir von meinen Feinden und falschen Zeugen bereitet wird. Sie müssen eines Tages vor dem großen Gott, den niemand täuschen kann, für ihre Verleumdungen Rechenschaft ablegen.« (BRAR, II, 151)

Er klagte sich wegen seiner Verleugnung der Wahrheit an und fuhr fort: »Darüber hinaus nagt und plagt mich keine Sünde, die ich von Jugend an getan habe, so hart, als die an diesem todbringenden Ort begangene, da ich dem unbilligen Urteil, so über Wycliff und den heiligen Märtyrer Hus, meinen getreuen Lehrer, verhängt wurde, beistimmte und aus Zaghaftigkeit und Todesfurcht sie verfluchte. Deshalb ich an derselben Stelle dagegen durch Hilfe, Trost und Beistand Gottes und des Heiligen Geistes frei öffentlich mit Herz und Mund und Stimme bekenne, dass ich meinen Feinden zu Gefallen sehr viel Übles getan habe. Ich bitte Gott, mir solches aus Gnaden zu verzeihen und aller meiner Missetaten, worunter diese die größte ist, nicht zu gedenken.« (TH, 162; vgl. VHCC, 183)

Dann zeigte er auf die Richter und sagte standhaft: »Ihr habt Wycliff und Hus verdammt, nicht etwa, weil sie an den Lehren der Kirche gerüttelt, sondern weil sie die Schandtaten der Geistlichkeit, ihren Aufwand, Stolz und all die Laster gebrandmarkt hatten. Ihre Behauptungen sind unwiderlegbar, auch ich halte daran fest gleichwie sie.«

Dann wurde er unterbrochen, und wütend vor Zorn schrien die Prälaten: »Was bedarf es weiterer Beweise? Wir sehen mit unseren eigenen Augen den halsstarrigsten Ketzer!«

Von ihrem Rasen unberührt, rief Hieronymus aus: »Was! Meint ihr, ich fürchte mich zu sterben? Ihr habt mich ein ganzes Jahr in einem fürchterlichen Verlies gehalten, schrecklicher als der Tod selbst. Ihr habt mich grausamer behandelt als einen Türken, Juden oder Heiden, und mein Fleisch ist mir buchstäblich auf meinen Knochen bei lebendigem Leibe verfault, und dennoch beklage ich mich nicht, denn Klagen ziemen sich nicht für einen Mann von Herz und Mut; doch ich kann nur mein Erstaunen über eine solche Barbarei an einem Christen ausdrücken.« (BRAR, III, 168/169)

Abermals brach ein Sturm los, und Hieronymus wurde auf schnellstem Weg wieder ins Gefängnis gesteckt. Doch unter den Zuschauern waren etliche, auf die seine Worte einen tiefen Eindruck machten und die sein Leben retten wollten. Die höchsten kirchlichen Würdenträger besuchten ihn im Gefängnis und baten ihn innigst, sich dem Konzil zu unterwerfen. Es wurden ihm die großartigsten Belohnungen versprochen, falls er seinen Widerstand gegen Rom aufgeben würde. Aber Hieronymus blieb standhaft wie sein Meister, als diesem die ganze Herrlichkeit dieser Welt angeboten wurde.

»Kann ich aus der Heiligen Schrift überführt werden«, sagte er, »will ich von Herzen um Vergebung bitten; wo nicht, will ich nicht weichen, auch nicht einen Schritt.« Darauf sagte einer von denen, die ihn versuchen wollten: »Muss alles aus der Schrift beurteilt werden? Wer kann sie verstehen? Muss man nicht die Kirchenväter zu ihrer Auslegung heranziehen?« Hieronymus erwiderte: »Was höre ich da? Soll das Wort falsch sein oder beurteilt werden? Soll es nicht allein gehört werden? Sollen die Menschen mehr gelten als das heilige Wort Gottes? ... Warum hat Paulus seine Bischöfe nicht ermahnt, auf die Ältesten zu hören, sondern gesagt, die Heilige Schrift kann dich unterweisen?«, antwortete Hieronymus. »Nein, das nehme ich nicht an, es koste mein Leben. Gott kann es wiedergeben.«

»Du Ketzer«, war die Antwort, »es reut mich, dass ich so viel deinetwegen getan habe. Ich sehe wohl, dass der Teufel dich regiert.« (TH, 162-164)

Bald darauf fällte man das Todesurteil über ihn. Er wurde an denselben Ort geführt, an dem Hus sein Leben gelassen hatte. Singend ging er seinen Weg, sein Antlitz strahlte Frieden und Freude aus. Sein Blick war auf Christus gerichtet, und der Tod hatte für ihn seine Schrecken verloren. Als der Scharfrichter hinter seinem Rücken den Scheiterhaufen anzünden wollte, rief der Märtyrer: »Kommt mutig nach vorn und zündet ihn vor meinen Augen an. Wenn ich mich gefürchtet hätte, wäre ich nicht hier.«

Als die Flammen um ihn herum aufstiegen, sprach er ein letztes Gebet: »Herr, allmächtiger Vater, erbarme dich mein und vergib mir meine Sünden; denn du weißt, dass ich deine Wahrheit allezeit geliebt habe.« (BRAR, III, 185/186) Seine Stimme versagte, doch seine Lippen bewegten sich weiter im Gebet. Als das Feuer sein Werk getan hatte, wurde die Asche des Märtyrers samt der Erde, auf der sie lag, aufgenommen und gleich der von Hus in den Rhein gestreut (TH, 168).

So kamen Gottes Lichtträger um. Aber das Licht der Wahrheit, das sie verbreiteten, das Licht ihres heldenhaften Beispiels, konnte nicht ausgelöscht werden. Ebenso gut hätten Menschen versuchen können, die Sonne in ihrem Lauf zu hindern oder die Morgendämmerung aufzuhalten, die soeben begonnen hatte, die Erde zu erleuchten.

KRIEG IN BÖHMEN

In Böhmen entfachte Hus' Hinrichtung eine Flamme der Entrüstung und des Schreckens. Die ganze Nation empfand, dass er der Arglist der Priester und dem Treuebruch des Kaisers zum Opfer gefallen war. Er wurde als treuer Lehrer der Wahrheit angesehen, und das Konzil, das ihn zum Tod verurteilt hatte, wurde des Mordes beschuldigt. Seine Lehren gewannen nun größere Aufmerksamkeit als je zuvor. Durch päpstliche Erlasse waren die Schriften Wycliffs verdammt und dem Feuer übergeben worden. Was vor der Vernichtung verschont geblieben war, wurde jetzt aus Verstecken hervorgeholt und zusammen mit der Bibel oder mit erworbenen Bibelteilen studiert. Viele kamen so zum reformierten Glauben.

Die Mörder von Hus jedoch sahen nicht tatenlos dem Sieg seiner Lehre zu. Papst und Kaiser schlossen sich zusammen, um die Bewegung zu vernichten, und Sigismunds Heere fielen in Böhmen ein.

Doch ein Befreier erhob sich. Jan Ziska, der bald nach Ausbruch des Krieges völlig erblindete, jedoch einer der tüchtigsten Feldherren des Landes war, wurde der Führer der Böhmen. Sein Volk verließ sich auf die Hilfe Gottes und widerstand den mächtigsten Heeren, die gegen sie geführt wurden. Immer wieder fiel der Kaiser mit frischen Truppen in Böhmen ein, und immer wieder wurde er schmählich zurückgeschlagen. Die Hussiten überwanden die Furcht vor dem Tode und niemand konnte sie schlagen. Einige Jahre nach Kriegsbeginn starb der tapfere Ziska, doch sein Platz wurde von Andreas Prokop eingenommen, der ein ebenso tapferer General und in mancher Beziehung sogar ein fähigerer Anführer war.

Als die Feinde erfuhren, dass der blinde Kriegsmann tot war, meinten sie, dies sei eine günstige Gelegenheit, um alles zurückzuerobern, was sie verloren hatten. Der Papst rief nun zu einem Kreuzzug auf, und wiederum drang eine ungeheure Streitmacht in Böhmen ein, und abermals wurde sie vernichtend geschlagen. Ein weiterer Kreuzzug wurde ausgerufen, und in allen päpstlichen Ländern Europas sammelte man Männer, Geld und Waffen. Ganze Volksmengen scharten sich unter das Banner des Papstes und waren überzeugt, der hussitischen Ketzerei endlich ein Ende zu bereiten. Siegesgewiss drang das Riesenheer in Böhmen ein. Das Volk versammelte sich, um es zurückzutreiben. Beide Heere marschierten aufeinander zu, bis sie nur noch durch einen Fluss voneinander getrennt waren. »Die Kreuzfahrer waren ihren Gegnern an Zahl weit überlegen, doch statt über den Fluss zu setzen und die Hussiten anzugreifen, gegen die zu kämpfen sie doch von so weit gekommen waren, starrten sie schweigend auf diese Krieger.« (WHP, III, 17; vgl. OAG, dort: PSA, II, 397-408) Dann befiel das Heer des Kaisers plötzlich ein geheimnisvoller Schrecken. Ohne einen Schwertstreich getan zu haben und wie von einer unsichtbaren Macht vertrieben, brach die ganze Heeresmacht auseinander. Viele wurden durch das hussitische Heer niedergemetzelt, das die Flüchtenden verfolgte. Eine ungeheure Beute fiel den

Siegern in die Hände, sodass der Krieg den Böhmen Reichtum statt Armut einbrachte. (WHP, III, 17)

Einige Jahre später rief ein neuer Papst zu einem weiteren Kreuzzug auf. Wie vorher schaffte man aus allen päpstlichen Ländern Europas Menschen und Mittel herbei. Groß waren die Anreize für jene, die zu diesem gefährlichen Unternehmen bereit waren. Volle Vergebung für abscheulichste Verbrechen wurde jedem Kreuzfahrer zugesichert. Allen, die im Krieg umkommen sollten, wurde eine reiche Belohnung im Himmel versprochen, und wer auf dem Schlachtfeld überlebte, sollte Reichtum und Ehre ernten. Erneut wurde ein großes Heer zusammengezogen und wiederum drang man in Böhmen ein. Die hussitischen Streitkräfte zogen sich vor den Invasoren weit ins Landesinnere zurück und verleiteten diese zur Annahme, den Sieg bereits in der Tasche zu haben. Schließlich hielt das Heer Prokops an, wandte sich gegen den Feind um und ging zum Angriff über. Jetzt entdeckten die Kreuzfahrer ihren Irrtum, blieben in ihrem Lager und warteten auf den Angriff. Als sie das Getöse des herannahenden Heeres vernahmen, wurden sie vom Schrecken[29] ergriffen, noch ehe sie die Hussiten zu Gesicht bekamen. Fürsten, Generäle und einfache Soldaten warfen ihre Rüstungen weg und flohen in alle Richtungen. Umsonst versuchte der päpstliche Legat als Anführer der Invasion seine erschreckten und durcheinander geratenen Truppen zu sammeln. Trotz großer Bemühungen wurde er vom Strom seines flüchtenden Heeres weggefegt. Wiederum war die Niederlage vollkommen, und den Siegern fiel eine große Beute in die Hände.

Zum zweiten Mal floh nun ein gewaltiges Heer, das aus mutigen und für Schlachten ausgebildeten und ausgerüsteten Soldaten aus den mächtigsten Nationen Europas bestand, ohne Schwertstreich vor den Verteidigern eines kleinen und bis dahin schwachen Volkes. Hier konnte man eine göttliche Macht erkennen. Die Invasoren wurden durch eine übernatürliche Kraft geschlagen. Derjenige, der die Heere des Pharaos am Roten Meer vernichtete, die Midianiter vor Gideon mit seinen dreihundert Mann in die Flucht schlug, der in einer Nacht die Streitkräfte der stolzen Assyrer ausschaltete, hatte abermals seine Hand ausgestreckt und der Macht dieses Unterdrückers ein Ende bereitet.»Sie fürchten sich da, wo nichts zu fürchten ist; doch Gott zerstreut die Gebeine derer, die dich bedrängen. Du machst sie zuschanden, denn Gott hat sie verworfen.« (Psalm 53,6)

---

29 Siehe Glossar »Hussitenkriege«, S. 661.

KOMPROMISSE, SPALTUNGEN UND NEUE GEMEINSCHAFTEN

Als die päpstlichen Führer an der Eroberung durch Gewalt verzweifelten, schlugen sie den Verhandlungsweg ein. Es kam zu einem Vergleich, der den Böhmen zwar die Gewissensfreiheit gewährte, sie in Wirklichkeit jedoch unter die Gewalt Roms brachte. Die Böhmen stellten für einen Frieden mit Rom vier Bedingungen: die freie Predigt der Wahrheit, das Recht der ganzen Gemeinde auf Brot und Wein beim Abendmahl, den Gebrauch der Muttersprache beim Gottesdienst und den Ausschluss der Geistlichen von weltlichen Ämtern und Rechten; und im Fall von Verbrechen eine Strafgerichtsbarkeit der bürgerlichen Gerichte über Geistliche wie Laien. Die päpstlichen Machthaber »stimmten schließlich zu, dass die vier Artikel der Hussiten angenommen werden; aber das Recht ihrer Auslegung, also die Bestimmung ihrer genauen Bedeutung sollte dem Konzil vorbehalten bleiben, das heißt dem Papst und dem Kaiser« (WHP, III, 18; vgl. CGKB, I, 197). Auf dieser Grundlage wurde ein Abkommen geschlossen, und Rom erhielt durch Heuchelei und Betrug, was es durch Waffengewalt vergebens zu erreichen versuchte. Wie bei der Auslegung der Bibel wurde den hussitischen Artikeln[30] eine eigene Interpretation gegeben. Ihr Sinn wurde verdreht, damit sie mit den eigenen Absichten übereinstimmten.

Große Kreise in Böhmen konnten diesem Pakt nicht zustimmen, da sie sich in ihrer Freiheit betrogen fühlten. Es entstanden Uneinigkeit und Spaltungen, die zu Streit und Blutvergießen unter ihnen selbst führten. In einem solchen Streit fiel der edle Prokop, und die Freiheit Böhmens war dahin.

Sigismund, der Verräter von Hus und Hieronymus, wurde nun König von Böhmen, und ungeachtet seines Eides, die Rechte der Böhmen zu unterstützen, ging er dazu über, dem Papsttum wieder Einfluss zu verschaffen. Doch durch seine Unterwerfung unter Rom hatte er wenig gewonnen. Sein Leben war von zwanzig langen Jahren der Mühen und Gefahren gezeichnet. Seine Heere wurden durch den langen und unnützen Kampf aufgerieben, seine Schätze verbraucht. Und nun, ein Jahr nach seinem Amtsantritt in Böhmen, starb er. Zurück blieb ein Land am Rand eines Bürgerkriegs, und der Nachwelt hinterließ er einen Namen, der von Schande geprägt war.

Es folgte eine Zeit voller Aufruhr, Streit und Blutvergießen. Wieder drangen fremde Heere in Böhmen ein, und die innere Uneinigkeit zerrüttete das Volk. Wer dem Evangelium treu blieb, wurde blutig verfolgt.

---

30 Siehe Glossar »Prager Artikel«, S. 675.

Während ihre früheren Brüder einen Pakt mit Rom schlossen und dessen Irrtümer annahmen, bildeten die Gottesfürchtigen, die an ihrem Glauben festhielten, unter dem Namen »Unitas Fratrum« oder »Brüder-Unität« eine neue Gemeinschaft.[31] Dieser Schritt brachte ihnen die Verwünschungen aller Gesellschaftsschichten. Doch sie ließen sich nicht erschüttern. Sie waren gezwungen, in Wäldern und Höhlen Zuflucht zu suchen, und versammelten sich trotzdem, um Gottes Wort zu lesen und Gottesdienste abzuhalten.

Durch Boten, die sie heimlich in verschiedene Länder aussandten, erfuhren sie, dass hier und da »vereinzelte Bekenner der Wahrheit lebten, etliche in dieser, etliche in jener Stadt, die wie sie verfolgt wurden, und dass es in den Alpen eine alte Gemeinde gab, die auf der Grundlage der Schrift stand und gegen die abgöttischen Verderbnisse Roms protestierte« (WHP, III, 19). Diese Nachricht wurde mit großer Freude aufgenommen, und es entstand ein Schriftverkehr mit den Waldensern.

Standfest im Glauben an das Evangelium verharrten diese Böhmen durch die Nacht ihrer Verfolgung und hielten in dieser dunkelsten Stunde ihre Augen stets dem Horizont zugewandt, wie Menschen, die auf den Morgen warten. »Ihr Los fiel in böse Tage; aber ... sie erinnerten sich der Worte, die zuerst von Hus ausgesprochen und dann von Hieronymus wiederholt worden waren, dass ein Jahrhundert verstreichen müsse, ehe der Tag anbrechen könne. Diese Worte waren für die Taboriten[32] das, was Josefs Worte für die Stämme im Hause der Knechtschaft waren: ›Ich sterbe; aber Gott wird euch heimsuchen und aus diesem Lande führen.‹« (WHP, III, 19)

»Die letzten Jahre des 15. Jahrhunderts bezeugen den langsamen, aber sicheren Zuwachs der Brüdergemeinden. Obgleich sie durchaus nicht unbelästigt blieben, erfreuten sie sich verhältnismäßiger Ruhe. Am Anfang des 16. Jahrhunderts zählten sie in Böhmen und Mähren über zweihundert Gemeinden.« (GLTH, 3. Aufl., II, 570) »So groß war die Zahl der Übriggebliebenen, die der verheerenden Wut des Feuers und des Schwertes entgangen waren und die die Dämmerung jenes Tages sehen durften, den Hus vorhergesagt hatte.« (WHP, III, 19)

---

31 Aus dieser Bruderschaft ging später die Herrnhuter Gemeinde in Sachsen hervor.
32 Nach der säkularen Geschichtsschreibung der radikale Flügel der Hussiten, der im Gegensatz zu den Kalixtinern nicht zum päpstlichen Glauben zurückkehrte.

TEIL 2

DIE REFORMATION VERÄNDERT DIE WELT

»Da wir nun gerecht geworden sind durch den Glauben, haben wir Frieden mit Gott durch unsern Herrn Jesus Christus.«

Römer 5,1

KAPITEL 7

MARTIN LUTHER BRICHT MIT ROM

Unter denen, die berufen wurden, die Gemeinde aus der Finsternis der Papstkirche in das Licht eines reineren Glaubens zu führen, stand Martin Luther an vorderster Stelle. Er war eifrig, feurig und hingebungsvoll und kannte keine Furcht außer der Ehrfurcht vor Gott. Als Grundlage für den Glauben anerkannte er allein die Heilige Schrift. Luther war der Mann der Stunde. Durch ihn verwirklichte Gott ein großes Werk für die Reformation der Kirche und die Erleuchtung der Welt.

SCHUL- UND STUDIENZEIT

Wie die ersten Verkündiger des Evangeliums kam Luther aus den Reihen der Armen. Seine frühe Kindheit verbrachte er im bescheidenen Heim eines deutschen Bauern. Durch die tägliche harte Arbeit als Bergmann verdiente sein Vater die Mittel, damit sein Sohn studieren konnte. Er wollte aus ihm einen Juristen machen. Aber Gottes Absicht war es, aus ihm einen Baumeister an jenem großen Tempel zu machen, der sich im Laufe der Jahrhunderte langsam erhob. Die Schule, in der Luther durch die göttliche Vorsehung auf diese wichtige Lebensaufgabe vorbereitet wurde, bestand aus Mühsal, Entbehrung und strenger Disziplin.

Luthers Vater war willensstark, geistig rege, charakterfest, ehrlich, bestimmt und geradlinig. Er blieb seinen Überzeugungen stets treu, egal was es kostete. Sein gesunder Menschenverstand führte ihn dazu, dem Mönchtum mit Misstrauen zu begegnen. Er war daher äußerst verärgert, als sein Sohn ohne väterliche Zustimmung in ein Kloster eintrat. Es dauerte zwei Jahre, bis er sich mit seinem Sohn versöhnte, doch seine Grundhaltung gegenüber dem Mönchtum blieb dieselbe.

Luthers Eltern legten großen Wert auf die Erziehung und Ausbildung ihrer Kinder. Sie bemühten sich, ihnen eine gute Kenntnis über Gott und praktische christliche Tugenden zu vermitteln. Oft hörte der Sohn, wie sein Vater zu Gott betete, das Kind möge sich doch stets an den Namen des Herrn erinnern und eines Tages zur Förderung der Wahrheit beitragen. Soweit es ihr arbeitsreiches Leben zuließ, nutzten die Eltern jede Möglichkeit, sich sittlich und geistig weiterzubilden. Sie bemühten sich ernsthaft und beharrlich, ihre Kinder auf ein frommes und nützliches Leben vorzubereiten. Zuweilen waren sie in ihrer Entschiedenheit und Charakterfestigkeit mit ihren Kindern etwas zu streng, doch der Reformator fand für ihre Erziehung mehr lobende als tadelnde Worte, obwohl ihm bewusst war, dass sie sich in manchen Bereichen geirrt hatten.

In der Schule, die er schon in jungen Jahren besuchte, bekam Luther Härte und sogar Gewalt zu spüren. Seine Eltern waren sehr arm, und als Luther sein Zuhause verließ, um die Schule in einer anderen Stadt zu besuchen, musste er eine Zeit lang als Kurrendesänger von Haus zu Haus gehen, um sein Brot zu verdienen. Häufig litt er Hunger. Die damals vorherrschenden finsteren und abergläubischen Vorstellungen von Religion machten ihm Angst. Abends legte er sich sorgenbeladen zu Bett, blickte bedrückt in die dunkle Zukunft und hatte dauernd Angst beim Gedanken an Gott, den er sich als harten, unerbittlichen Richter und grausamen Tyrannen vorstellte und nicht als liebevollen himmlischen Vater.

Obwohl Luther oft mit sehr entmutigenden Umständen zu kämpfen hatte, strebte er entschlossen vorwärts. Er fühlte sich zu hohen moralischen Werten und zu geistiger Höchstleistung hingezogen. Er war wissensdurstig und seine Ernsthaftigkeit sowie sein praktischer Sinn strebten nach dem Beständigen und Nützlichen und nicht nach Aufsehenerregendem und Oberflächlichem.

Als er mit achtzehn in die Universität Erfurt eintrat, hatte sich seine Lage ein wenig verbessert und seine Aussichten waren etwas erfreulicher als in früheren Jahren. Sparsamkeit und Fleiß ermöglichten es seinen Eltern, ihn mit allem zu unterstützen, was er nötig hatte und der Einfluss verständnisvoller Freunde milderte die belastenden Folgen seiner früheren Erziehung. Nun studierte er eifrig die Schriften der besten Autoren, behielt ihre wichtigsten Gedanken in Erinnerung und machte sich ihre Weisheit zu Eigen. Schon unter der harten Disziplin seiner früheren Lehrer hatte er sich ausgezeichnet. Unter den weitaus günstigeren Bedingungen entwickelte sich sein Geist nun schnell. Sein gutes Gedächtnis, seine lebhafte Fantasie, sein Scharfsinn und sein unermüdlicher Einsatz machten ihn bald zu einem der besten unter seinen Kollegen. Diszipliniertes Denken förderte sein Auffassungsvermögen, sein Geist wurde belebt und seine Wahrnehmung geschärft. Auf diese Weise wurde er auf die Auseinandersetzungen seines Lebens vorbereitet.

Luthers Herz war von Ehrfurcht gegenüber Gott erfüllt. Diese befähigte ihn, grundsatztreu zu bleiben und in Demut vor seinem Herrn zu leben. Ständig war ihm seine Abhängigkeit von Gottes Hilfe bewusst. Es gab keinen Tag, den er nicht im Gebet begann, und in seinem Herzen bat er Gott unablässig um Führung und Beistand. Oft sagte er: »Fleißig gebetet ist über die Hälfte studiert.« (AGR, II, 2; vgl. MLH, 3)

DIE ENTDECKUNG IM KLOSTER

Als Luther eines Tages in der Universitätsbibliothek in Büchern stöberte, entdeckte er eine lateinische Bibel. Noch nie hatte er ein solches Buch gesehen. Er selbst bezeugte: »Da ich zwanzig Jahre alt war, hatte ich noch keine gesehen. Ich meinte, es wären keine Evangelien noch Episteln mehr, denn die in den Postillen sind.« (LEA LX, 255) Nun blickte er zum ersten Mal auf das ganze Wort Gottes. Mit Ehrfurcht und Bewunderung blätterte er die heiligen Seiten um. Mit beschleunigtem Puls und klopfendem Herzen las er ganz allein die Worte des Lebens, hielt hin und wieder inne und rief: »Oh, dass Gott mir solch ein Buch als mein Eigentum geben wollte!« (DAGR, II, 2). Himmlische Engel standen ihm zur Seite, und Strahlen von Gottes Thron offenbarten seinem Verstand die Schätze der Wahrheit. Stets hatte er sich gefürchtet, Gott zu beleidigen. Nun aber wurde er von seiner Sündhaftigkeit so fest überzeugt wie nie zuvor.

Das aufrichtige Verlangen, von Sünden befreit zu sein und mit Gott in Frieden zu leben, hatte ihn veranlasst, in ein Kloster einzutreten und als Mönch zu leben. Hier musste er die niedrigsten Fronarbeiten leisten und von Haus zu Haus betteln gehen. Er war in einem Alter, in dem man sich am meisten nach Achtung und Anerkennung sehnt. Durch solche Sklavenarbeit fühlte er sich jedoch zutiefst gedemütigt. Dennoch ertrug er diese Erniedrigung geduldig, weil er glaubte, dass sie um seiner Sünden willen notwendig sei.

Jeden Augenblick, den er von seinen täglichen Pflichten erübrigen konnte, benutzte er zum Studium. Er gönnte sich wenig Schlaf und nahm sich kaum Zeit für seine kärglichen Mahlzeiten. Das Studium der Heiligen Schrift befriedigte ihn am meisten. Im Kloster hatte er eine Bibel gefunden, die an eine Mauer gekettet war, und an diesen Ort zog er sich oft zurück. Je mehr er von seinen Sünden überzeugt wurde, desto stärker versuchte er, Vergebung und Frieden durch eigene Werke zu finden. Er führte ein äußerst hartes Leben und bemühte sich, durch Fasten, Wachen und Kasteien das Böse in seinem Wesen zu besiegen, von dem ihm das Leben als Mönch keine Befreiung brachte. Er schreckte vor keinem Opfer zurück, das ihm jene Reinheit des Herzens bringen könnte, die ihm vor Gott Anerkennung brächte. Er sagte später: »Wahr ist's, ein frommer Mönch bin ich gewesen, und habe so gestrenge meinen Orden gehalten, dass ich's sagen darf: Ist je ein Mönch gen Himmel gekommen durch Möncherei, so wollte ich auch hineingekommen sein; denn ich hätte mich (wo es länger gewährt hätte) zu Tode gemartert mit Wachen, Beten, Lesen und anderer Arbeit.« (DAGR, II, 3; vgl. LEA, XXXI, 273) Diese belastende Disziplin schwächte ihn und er erlitt Ohnmachtsanfälle, von denen er sich nie richtig erholte. Doch trotz all seiner Bemühungen fand seine schuldbeladene Seele keine Befreiung. So trieb es ihn an den Rand der Verzweiflung.

Als es schien, dass für Luther alles verloren war, sandte ihm Gott einen Freund und Helfer. Der gottergebene Staupitz öffnete ihm das Wort Gottes und forderte ihn auf, von sich selbst wegzuschauen, aufzuhören mit dem Nachdenken über die ewige Qual für die Übertretung des Gesetzes Gottes und auf Jesus zu schauen, seinen die Sünden vergebenden Befreier. »Statt dich wegen deiner Sünden zu kasteien, wirf dich in die Arme des Erlösers. Vertraue auf ihn, auf die Gerechtigkeit seines Lebens, auf die Versöhnung in seinem Tode. Horch auf den Sohn Gottes. Er ist Mensch geworden, um dir die Gewissheit seiner göttlichen Gunst zu geben. ... Liebe ihn, der dich zuerst geliebt hat.« (DAGR, II, 3; vgl. WLS, II, 264) So sprach dieser Botschafter der Gnade. Seine Worte machten auf Luther einen nachhaltigen Eindruck. Nach vielen Kämpfen mit lang gehegten Irrtümern konnte er endlich die Wahrheit erfassen und seine aufgewühlte Seele fand Frieden.

ENTTÄUSCHUNG IN ROM

Luther wurde zum Priester geweiht und aus dem Kloster als Professor an die Universität Wittenberg berufen. Hier widmete er sich dem Studium der Heiligen Schrift in den Ursprachen und begann Vorlesungen über die Bibel zu halten. So wurden die Psalmen, die Evangelien und die neutestamentlichen Briefe Scharen von begeisterten Zuhörern zugänglich und verständlich gemacht. Staupitz, sein Freund und Vorgesetzter, drängte ihn, auf die Kanzel zu gehen und das Wort Gottes zu predigen. Luther zögerte, denn er fühlte sich unwürdig, an Christi Statt zum Volk zu reden. Nach langem inneren Kampf gab er dem Drängen seiner Freunde nach. Er war mit der Schrift bereits sehr gut vertraut und die Gnade Gottes war mit ihm. Seine Wortgewandtheit fesselte die Aufmerksamkeit der Zuhörer. Die Klarheit und Vollmacht, mit der er die Wahrheit darlegte, überzeugte ihren Verstand, und sein glühender Eifer rührte ihr Herz an.

Luther war nach wie vor ein treuer Sohn der päpstlichen Kirche, und es fiel ihm nicht im Entferntesten ein, je etwas anderes zu sein. Durch die Vorsehung Gottes konnte er Rom besuchen. Zu Fuß machte er sich auf die Reise und übernachtete in Klöstern, die am Weg lagen. In einem italienischen Kloster war er über den Reichtum, die Pracht und den Luxus erstaunt. Mit einem fürstlichen Einkommen ausgestattet, wohnten die Mönche in prächtigen Gemächern, kleideten sich in die reichsten und kostbarsten Gewänder und aßen an einem reich gedeckten Tisch. Eine böse Vorahnung beschlich ihn, als er diese Zustände mit der Selbstverleugnung und Härte seines eigenen Lebens verglich und seine Gedanken wurden zunehmend verwirrt.

Endlich erblickte er in der Ferne die Stadt der sieben Hügel. Tief bewegt warf er sich zu Boden und rief:»Sei mir gegrüßt, du heiliges Rom!« (DAGR, II, 6) Er betrat die Stadt, besuchte die Kirchen, hörte den Wundererzählungen der Priester und Mönche zu und befolgte alle vorgeschriebenen Zeremonien. Wohin er auch blickte, immer wieder wurde er in Staunen aber auch in Schrecken versetzt. Er sah, dass es in allen Klassen der Geistlichkeit Ungerechtigkeit gab. Von Prälaten hörte er unanständige Witze, und ihre schlimme Respektlosigkeit, die sich sogar in der Messe zeigte, erfüllte ihn mit Schrecken. Als er sich unter die Mönche und das Volk begab, fand er überall Prasserei und Ausschweifung. Wohin er sich auch wandte, an den heiligen Stätten sah er nur Unheiliges.»Niemand glaube«, schrieb er, »was zu Rom für Büberei und gräulich Sünde und Schande gehen … er sehe, höre und erfahre es denn. Daher sagt man: ›Ist irgendeine Hölle, so muss Rom drauf gebaut sein; denn da gehen alle Sünden im Schwang.‹« (DAGR, II, 6; vgl. LEA, LXII, 441)

Durch einen kurz zuvor veröffentlichten Erlass hatte der Papst all jenen Ablass versprochen, die auf den Knien die »Pilatusstiege« hinaufrutschen würden. Von dieser Treppe wurde gesagt, dass unser Erlöser auf ihr hinuntergegangen sei, als er das römische Gerichtshaus verließ, und dass sie durch ein Wunder von Jerusalem nach Rom gelangt sei (siehe RDG, 8. Aufl., I, 200). Andächtig erklomm Luther eines Tages diese Treppe, als plötzlich eine donnerähnliche Stimme ihm zu sagen schien: »Der Gerechte wird aus Glauben leben.« (Römer 1,17) Er sprang auf und verließ beschämt, entsetzt und in Eile diese Stätte. Jene Bibelstelle aber verlor bei ihm nie ihre Wirkung. Von nun an erkannte er deutlicher als je zuvor den Irrtum, sich für die Erlösung auf Menschenwerke zu verlassen, und er begriff die Notwendigkeit, ständig auf die Verdienste Christi zu vertrauen. Seine Augen waren geöffnet worden und sie sollten sich vor der Irreführung des Papsttums nie mehr verschließen. Als er der Stadt Rom den Rücken kehrte, wandte sich auch sein Herz ab, und von da an wurde die Kluft immer tiefer, bis er sich ganz von der päpstlichen Kirche trennte.

ZWISCHEN LICHT UND FINSTERNIS

Nach seiner Rückkehr aus Rom wurde Luther von der Universität Wittenberg der Titel eines Doktors der Theologie verliehen. Damit erhielt er die Freiheit, sich wie nie zuvor dem Studium der Heiligen Schrift zu widmen, die er so liebte. Er hatte feierlich gelobt, während seines ganzen Lebens das Wort sorgfältig zu erforschen und zu predigen und nicht auf Aussagen und Lehren der Päpste zu achten. Luther war nicht mehr nur Mönch oder Professor, sondern der bevollmächtigte Verkünder der Bibel und als Hirte berufen, die Herde zu weiden, die nach Wahrheit hungerte und dürstete. Er erklärte mit Nachdruck, dass Christen keine anderen Lehren annehmen sollten als die, welche auf der Autorität der Heiligen Schrift beruhen. Diese Worte erschütterten das Fundament des päpstlichen Lehrgebäudes. Sie enthielten die wesentlichen Grundprinzipien der Reformation.

Luther erkannte die Gefahr, menschliche Theorien über das Wort Gottes zu erheben. Furchtlos griff er den spitzfindigen Unglauben der Schulgelehrten an und trat der Philosophie und Theologie entgegen, die schon so lange ihren herrschenden Einfluss auf das Volk ausgeübt hatten. Er verurteilte solche Lehren nicht nur als wertlos, sondern als verderblich. Luther bemühte sich, die Aufmerksamkeit seiner Zuhörer von den Spitzfindigkeiten der Philosophen und Theologen abzuwenden, und auf die ewigen Wahrheiten zu lenken, welche die Propheten und Apostel verkündigt hatten.

Wie kostbar war die Botschaft, die er einer erwartungsvollen Zuhörerschaft bringen durfte. Nie zuvor waren den Menschen solche Lehren zu Ohren gekommen. Die frohe Botschaft von der Liebe des Erlösers und von der Gewissheit der Vergebung durch das versöhnende Blut Christi erfreute die Herzen und erfüllte sie mit unvergänglicher Hoffnung. In Wittenberg wurde ein Licht entfacht, dessen Strahlen die hintersten Winkel der Erde erreichen und das bis zum Ende der Zeit immer heller leuchten sollte.

Doch Licht und Finsternis lassen sich nicht vereinen. Zwischen Wahrheit und Irrtum tobt ein unvermeidbarer Kampf. Das eine aufrecht zu erhalten und zu verteidigen heißt, das andere anzugreifen und zu stürzen. Christus selbst sagte: »Ich bin nicht gekommen, Frieden zu bringen, sondern das Schwert.« (Matthäus 10,34) Luther sagte einige Jahre nach Beginn der Reformation: »Gott reißt, treibt und führt mich; ich bin meiner nicht mächtig; ich will stille sein und werde mitten in den Tumult hineingerissen.« (DAGR, V, 2; vgl. EMLB, 430, 20.2.1519) Von jetzt an wurde er in die Auseinandersetzung hineingedrängt.

Die römische Kirche hatte die Gnade Gottes zu einem Handelsgut herabgewürdigt. Die Tische der Geldwechsler (Matthäus 21,12) waren neben ihren Altären aufgestellt und die Luft war erfüllt vom Geschrei der Verkäufer und Käufer. Unter dem Vorwand, für den Bau der Peterskirche in Rom Mittel zu beschaffen, wurde der Ablass für Sünden öffentlich und mit der Autorisierung des Papstes angeboten. Mit Frevelgeld sollte ein Tempel für den Gottesdienst gebaut werden, und der Eckstein wurde mit dem Lösegeld der Bosheit gelegt. Doch gerade diese Geldmittel, die für die Verherrlichung Roms verwendet wurden, versetzten der römischen Macht und Größe den vernichtenden Schlag. Dieses Vorgehen rief den entschiedensten und erfolgreichsten Feind des Papsttums auf den Plan und führte zu einem Kampf, der den päpstlichen Thron erschüttern und die dreifache Krone des Papstes ins Wanken bringen sollte.

GEKAUFTE VERGEBUNG

Johann Tetzel, der römische Gesandte, der mit dem Ablassverkauf[33] in Deutschland beauftragt wurde, war früher wegen gemeinster Vergehen gegen die Menschlichkeit und gegen das Gesetz Gottes verurteilt worden. Doch nachdem er sich der Strafe für seine Verbrechen entzogen hatte, wurde ihm die Förderung des finanziell einträglichen und gewissenlosen Vorhabens des Papsttums übertragen. Mit großer Unverfrorenheit wiederholte er die krassesten Lügen und erzählte einem unwissenden, einfältigen und abergläubischen Volk Wundergeschichten. Hätte es das Wort Gottes gekannt, wäre es nicht so betrogen worden. Damit das Volk unter der Kontrolle des Papstes blieb und die ehrgeizigen Führer ihre Macht und ihren Reichtum vergrößern konnten, wurde ihm die Bibel vorenthalten (siehe GCEH, 4, I, § 5).

Wenn Tetzel eine Stadt betrat, ging ein Bote vor ihm her und verkündigte: »Die Gnade Gottes und des heiligen Vaters ist vor den Toren.« (DAGR, III, 1) Das Volk hieß den gotteslästerlichen Betrüger willkommen, und »man hätte nicht wohl Gott selber schöner empfangen und halten können«, wäre er vom Himmel herabgekommen. (DAGR, III, 1; vgl. DML, 102) Der schändliche Handel wickelte sich in der Kirche ab. Tetzel stieg auf die Kan-

---

33   Siehe Glossar »Ablasshandel«, S. 652.

zel und bot die Ablassbriefe als die kostbarste Gabe Gottes zum Kauf an. Er erklärte dem Käufer, dass durch seine Ablassbriefe alle Sünden, »auch noch so ungeheuerliche, welche der Mensch erst in der Zukunft begehen möchte«, verziehen würden. »Es wäre nicht Not, Reue noch Leid oder Buße für die Sünde zu haben.« Darüber hinaus versicherte er seinen Zuhörern, dass der Ablass nicht nur die Macht hätte, die Lebendigen, sondern auch die Toten zu erlösen. Von dem Augenblick an, wo das Geld im Kasten klingt, würde die Seele aus dem Fegefeuer in den Himmel gehen (siehe HHR, I, 96; vgl. LEA, XXVI, 69 ff.).

Als Simon der Magier den Aposteln die Macht abkaufen wollte, Wunder zu wirken, antwortete ihm Petrus: »Dass du verdammt werdest mitsamt deinem Geld, weil du meinst, Gottes Gabe werde durch Geld erlangt.« (Apostelgeschichte 8,20) Aber bei Tetzels Angebot griffen Tausende zu. Gold und Silber flossen in seine Schatztruhe. Eine Erlösung, die für Geld zu haben war, konnte leichter erlangt werden, als eine, die Reue, Glaube und fleißigen Einsatz forderte. Nur so jedoch kann der Sünde Widerstand geleistet und sie überwunden werden.

Viele gelehrte und gottergebene Männer der römischen Kirche hatten der Ablasslehre schon widersprochen, und viele glaubten den Behauptungen nicht, die jeder Vernunft und der göttlichen Offenbarung so sehr widersprachen. Kein Geistlicher wagte es, seine Stimme gegen diesen schändlichen Handel zu erheben. Die Menschen jedoch wurden verwirrt und unruhig. Viele fragten sich ernsthaft, ob Gott seine Kirche nicht durch irgendein Werkzeug reinigen könnte.

Obwohl Luther noch immer ein sehr eifriger Anhänger des Papstes war, entsetzten ihn doch die frevlerischen Anmaßungen der Ablasskrämer. Viele aus seiner eigenen Gemeinde hatten solche Ablassbriefe gekauft und kamen nun mit ihnen zu ihrem Pastor. Sie beichteten ihm ihre verschiedenen Sünden und erwarteten Absolution, nicht weil sie bereuten und sich bessern wollten, sondern aufgrund des Ablasses. Luther verweigerte ihnen die Absolution und warnte sie, dass sie in ihren Sünden enden würden, falls sie sie nicht bereuten und ihr Leben änderten. In großer Bestürzung eilten die Abgewiesenen zu Tetzel und beklagten sich, dass ihr Beichtvater die Zertifikate nicht anerkenne, und einige verlangten mutig ihr Geld zurück. Der Mönch wurde zornig und sprach die schlimmsten Verwünschungen aus. Er ließ auf öffentlichen Plätzen Feuer anzünden und erklärte, dass er »vom Papste Befehl hätte, die Ketzer, die sich wider den Allerheiligsten, den Papst und seinen allerheiligsten Ablass, legten, zu verbrennen« (DAGR, III, 1; vgl. WLS, XV, 471).

DER THESENANSCHLAG

Luther begann nun mutig sein Werk als Kämpfer für die Wahrheit. Von der Kanzel herab verkündete er seine ernsten Warnungen. Er zeigte dem Volk den abscheulichen Charakter der Sünde und machte deutlich, dass es dem Menschen unmöglich sei, seine Schuld durch eigene Werke zu verringern oder der Strafe zu entgehen. Nur Reue vor Gott und Glaube an Christus könnten den Sünder retten. Die Gnade Christi könne nicht gekauft werden, denn sie sei ein freies Geschenk. Er riet dem Volk, keine Ablässe mehr zu kaufen, sondern im Glauben auf den gekreuzigten Erlöser zu schauen. Er berichtete über seine eigene schmerzliche Erfahrung, als er vergeblich versucht hatte, durch Demütigung und Buße Erlösung zu erreichen, und versicherte seinen Zuhörern, dass sie erst Friede und Freude finden würden, wenn sie von sich weg auf Christus schauten.

Tetzel führte seinen Handel fort und erhob weiterhin seine verwerflichen Ansprüche. Da entschloss sich Luther, diesen himmelschreienden Missbräuchen wirksamer zu widerstehen. Bald schon bot sich ihm dazu eine Gelegenheit. Die Schlosskirche zu Wittenberg besaß viele Reliquien, die an bestimmten Festtagen für das Volk ausgestellt wurden. Allen, die an diesen Tagen die Kirche besuchten und zur Beichte kamen, wurde ein vollständiger Sündenerlass versprochen. Daher kamen zu solchen Zeiten viele Menschen dorthin. Ein ganz besonderer Anlass dieser Art war das nahe bevorstehende Fest Allerheiligen. Am Tag zuvor schloss sich Luther der Menschenmenge an, die auf dem Weg zur Kirche war, und schlug ein Plakat mit 95 Thesen gegen die Ablasslehre an die Kirchentür. Er erklärte sich bereit, diese Thesen am folgenden Tag in der Universität gegen all jene zu verteidigen, die den Mut hätten, ihnen zu widersprechen.

Seine Thesen zogen die allgemeine Aufmerksamkeit auf sich. Sie wurden wieder und wieder gelesen und überall verbreitet. An der Universität und in der ganzen Stadt entstand eine große Aufregung. Diese Thesen machten deutlich, dass die Vollmacht zur Vergebung von Sünden und zum Erlass von Sündenstrafen niemals dem Papst oder einem anderen Menschen übergeben worden war. Das ganze System sei ein Hohn, eine Masche der Kirche, die aus dem Aberglauben des Volkes finanziellen Gewinn schlug; eine Einrichtung Satans um die Seelen all jener zu verderben, die seinen lügenhaften Ansprüchen Glauben schenkten. Es wurde auch deutlich gezeigt, dass das Evangelium von Christus der kostbarste Schatz der Kirche ist. Darin offenbart sich die Gnade Gottes, die allen Menschen, die sie in Reue und im Glauben suchen, frei geschenkt wird.

Luthers Thesen forderten zur Diskussion heraus, aber niemand wagte es, die Herausforderung anzunehmen. In wenigen Tagen waren die gestellten Fragen in ganz Deutschland bekannt, und in wenigen Wochen erschollen sie durch die ganze Christenheit. Viele gläubige Katholiken, die die schreckliche Ungerechtigkeit in ihrer Kirche sahen und beklagten, jedoch nicht wussten, wie ihr zu begegnen sei, lasen die Lehrsätze mit großer Freude. Sie erkannten darin die Stimme Gottes und fühlten, dass er seine Hand gnädig ausstreckte, um die anschwellende Flut des Verderbens aufzuhalten, die vom römischen Stuhl ausging. Fürsten und Beamte freuten sich insgeheim, dass einer überheblichen Macht, die keine Einwände gegen ihre Beschlüsse erlaubte, so immer mehr ein Riegel vorgeschoben wurde.

DIE FOLGEN DER MUTIGEN TAT

Aber die abergläubische Menge, die ihr sündhaftes Leben liebte, war entsetzt, als die Spitzfindigkeiten hinweggefegt wurden, die ihre Ängste besänftigt hatten. Durchtriebene Geistliche, die das Verbrechen gebilligt hatten, wurden aufgeschreckt und mussten um ihren Gewinn fürchten. Sie wurden wütend und schlossen sich zusammen, um ihre Ansprüche zu verteidigen. Der Reformator musste sich mit erbitterten Anklägern auseinandersetzen. Einige beschuldigten ihn, übereilt und impulsiv gehandelt zu haben. Andere warfen ihm Vermessenheit vor und erklärten, er werde nicht von Gott geführt, sondern handle aus Stolz und Dreistigkeit. »Wer kann eine neue Idee vorbringen«, antwortete Luther, »ohne einen Anschein von Hochmut, ohne Beschuldigung der Streitlust? Weshalb sind Christus und alle Märtyrer getötet worden? Weil sie stolze Verächter der Wahrheit ihrer Zeit zu sein schienen und neue Ansichten aussprachen, ohne die Vertreter der alten Meinung demütig um Rat zu fragen.«

Und er erklärte weiter: »Ich will nicht, dass nach Menschen Rat, sondern nach Gottes Rat geschehe, was ich tue; ist das Werk von Gott, wer möcht's hindern, ist's nicht aus Gott, wer möcht's fördern? Es geschehe nicht mein, noch ihr, noch euer, sondern Dein Wille, heiliger Vater im Himmel!« (DAGR, III, 6; vgl. EMLB, I, 126, an Lang, 11.10.1517)

Obwohl Luther durch den Geist Gottes dazu bewegt worden war, sein Werk zu beginnen, sollte er es nicht ohne schwere Kämpfe weiterführen. Die Vorwürfe seiner Feinde, die Missdeutungen seiner Argumente und ihre ungerechten und boshaften Bemerkungen über seinen Charakter und seine Beweggründe ergossen sich wie eine Flut über ihn und blieben nicht ohne Wirkung. Er war zuversichtlich, dass sich ihm die Führer des Volkes in der

Kirche sowie in den Schulen freudig anschließen und seine Reform unterstützen würden. Ermutigende Worte von hochgestellten Persönlichkeiten hatten ihm Freude und Hoffnung geschenkt. Im Geist hatte er für die Kirche schon einen neuen Tag anbrechen sehen. Doch die Ermutigung schlug in Vorwürfe und Verurteilungen um. Viele kirchliche und staatliche Würdenträger waren von der Wahrheit seiner Thesen überzeugt. Aber bald sahen sie, dass die Annahme dieser Wahrheiten große Umwälzungen zur Folge haben würde. Das Volk zu erleuchten und zu reformieren hieße ganz offensichtlich, die Autorität Roms zu untergraben, auf Unsummen von Geld, das in ihre Schatzkammern floss, zu verzichten und damit die Extravaganzen und den Luxus der päpstlichen Führer zu unterbinden. Weiterhin bedeutete es, das Volk zu selbstständigem Denken und Handeln zu erziehen und für die Erlösung nur auf Christus zu blicken. Das wiederum würde bedeuten, den Thron des Pontifex zu stürzen und am Ende sogar die eigene Autorität zu untergraben. Aus diesem Grund wiesen sie die Erkenntnis, die Gott ihnen anbot, zurück. Indem sie dem Mann widerstanden, den Gott ihnen zu ihrer Erleuchtung gesandt hatte, stellten sie sich gegen Christus und die Wahrheit.

Luther zitterte, als er auf sich schaute: Allein stand er den größten Mächten der Welt gegenüber. Manchmal zweifelte er, ob ihn Gott wirklich in seinem Widerstand gegen die Autorität der Kirche leitete.»Wer war ich«, schrieb er,»der sich sollte wider des Papstes Majestät setzen, vor welcher die Könige auf Erden und der ganze Erdboden sich entsetzten ...? Was mein Herz in jenen zwei Jahren ausgestanden und erlitten hat und in welcherlei Demut, ja Verzweiflung ich da schwebte, ach! Davon wissen die sichern Geister wenig, die hernach des Papstes Majestät mit großem Stolz und Vermessenheit angriffen« (DAGR, III, 9; vgl. SCL, I, 119 ff.). Doch er wurde nicht gänzlich der Verzweiflung überlassen. Als menschliche Unterstützung fehlte, schaute er auf Gott allein und lernte, dass man sich vollkommen auf dessen allmächtigen Arm verlassen kann.

ARGUMENTATION MIT DER HEILIGEN SCHRIFT

Einem Freund der Reformation schrieb Luther:»Es ist vor allem gewiss, dass man die Heilige Schrift weder durch Studium noch mit dem Verstand erfassen kann. Deshalb ist es zuerst Pflicht, dass du mit dem Gebet beginnst und den Herrn bittest, er möge dir zu seiner Ehre, nicht zu deiner, in seiner großen Barmherzigkeit das wahre Verständnis seiner Worte schenken. Das Wort Gottes wird uns von seinem Urheber ausgelegt, wie er selbst sagt, alle werden sie von Gott gelehrt. Hoffe deshalb nichts von deinem Studium und Verstand, vertraue allein auf den Einfluss des Geistes. Glaube meiner Erfahrung.« (DAGR, III, 7; vgl. EMLB, I, 142, 18.01.1518) Diese Lehre ist von entscheidender Bedeutung für alle, die sich von Gott berufen fühlen, anderen die ernsten Wahrheiten für die heutige Zeit zu verkündigen. Diese Wahrheit ruft die Feindschaft Satans und derer auf den Plan, die seine Fabeln lieben. Bei der Auseinandersetzung mit den Mächten des Bösen ist mehr nötig als Verstandeskraft und menschliche Weisheit.

Wenn sich die Feinde auf Gebräuche und Traditionen, auf päpstliche Erklärungen oder auf die Autorität des Papstes beriefen, trat Luther ihnen mit der Bibel – ja allein mit der Bibel – entgegen. Diese Argumente konnten sie nicht widerlegen, deshalb schrien diese Sklaven des Formalismus und des Aberglaubens nach seinem Blut, wie seinerzeit die Juden nach dem Blut Christi. »Er ist ein Ketzer!«, riefen die Eiferer Roms. »Es ist Hochverrat gegen die Kirche, wenn ein so schändlicher Ketzer noch eine Stunde länger lebt. Auf den Scheiterhaufen mit ihm!« (DAGR, III, 9; vgl. SCL, 104) Aber Luther fiel ihrer Wut nicht zum Opfer. Nach dem Willen Gottes hatte er ein Werk auszuführen und himmlische Engel wurden zu seinem Schutz geschickt. Viele jedoch, die von Luther das kostbare Licht empfangen hatten, setzten sich der Wut Satans aus und erlitten um der Wahrheit willen furchtlos Folter und Tod.

Luthers Lehren zogen die Aufmerksamkeit denkender Geister in ganz Deutschland auf sich. Seine Predigten und Schriften verbreiteten Lichtstrahlen, die Tausende erweckten und erleuchteten. Ein lebendiger Glaube trat an die Stelle eines toten Formalismus, der so lange in der Kirche vorgeherrscht hatte. Die Leute verloren mehr und mehr das Vertrauen in die abergläubischen Lehren Roms. Die Schranken des Vorurteils gaben langsam nach. Das Wort Gottes, wodurch Luther jede Lehre und jede Behauptung prüfte, war wie ein zweischneidiges Schwert, das sich seinen Weg in die Herzen der Menschen bahnte. Überall erwachte ein Verlangen nach geistlichem Wachstum. Überall gab es einen solchen Hunger und Durst nach Gerechtigkeit, wie man ihn seit Jahrhunderten nicht mehr gekannt hatte. Die Blicke der Menschen, die so lange auf menschliche Riten und irdische Mittler gerichtet waren, wandten sich jetzt reuevoll und im Glauben Christus, dem Gekreuzigten, zu.

PÄPSTLICHE VORLADUNG

Das weit verbreitete Interesse an Luthers Lehren erhöhte die Ängste der päpstlichen Behörden. Luther wurde nach Rom vorgeladen, um sich gegen die Anklage der Ketzerei zu verantworten. Die Aufforderung erfüllte seine Freunde mit Schrecken. Sie kannten die Gefahr nur zu gut, die ihm in dieser verworfenen Stadt drohte, die vom Blut der Märtyrer, der Zeugen Jesu schon berauscht war. Sie erhoben Einspruch gegen diese Reise nach Rom und baten darum, dass er in Deutschland verhört werde.

Man konnte sich schließlich einigen und der päpstliche Legat, Kardinal Thomas Cajetan, erhielt den Auftrag, den Fall anzuhören. In den Anweisungen, die der Papst seinem Legaten übermittelt hatte, war aber schon vermerkt, dass Luther zum Ketzer erklärt worden sei. Der römische Gesandte wurde deshalb beauftragt, »ihn zu verfolgen und unverzüglich in Haft zu nehmen«. Für den Fall, dass Luther standhaft bleiben sollte und der Legat seiner nicht habhaft werden konnte, hatte er die Vollmacht, »ihn in ganz Deutschland zu ächten, zu verbannen, zu verfluchen und über all seine Freunde den Bann auszusprechen« (DAGR, IV, 2; vgl. LEA, XXXIII, 354 ff.). Um die Pest dieser Ketzerei auszurotten, befahl der Papst seinem Gesandten zudem, all jene zu exkommunizieren, die es unterließen, Luther und seine Anhänger zu ergreifen und sie der Rache Roms auszuliefern, ohne Rücksicht auf deren Amt in Kirche oder Staat, außer dem Kaiser.

Hier zeigte sich der wahre Geist des Papsttums. Keine Spur von christlichen Grundsätzen, nicht einmal von allgemeinem Gerechtigkeitsempfinden war in diesem Dokument zu finden. Luther hielt sich weit von Rom entfernt auf. Er hatte noch keine Gelegenheit gehabt, seinen Standpunkt zu erklären oder zu verteidigen, und schon bevor man seinen Fall untersucht hatte, war er kurzerhand zum Ketzer abgestempelt worden. Am selben Tag wurde er bedroht, beschuldigt, verurteilt und verdammt, und das alles durch einen selbst ernannten »Heiligen Vater«, die alleinige, höchste und unfehlbare Autorität in Kirche und Staat!

Genau zu dieser Zeit, als Luther die Zuneigung und den Rat eines wahren Freundes benötigte, sandte ihm Gott in seiner Vorsehung Philipp Melanchthon nach Wittenberg. Jung an Jahren, bescheiden und zurückhaltend in seinem Benehmen, mit gesundem Urteilsvermögen, umfassendem Wissen und gewinnender Beredsamkeit, zusammen mit einem reinen und aufrichtigen Charakter erwarb er sich allgemeine Bewunderung und Achtung. Seine genialen Talente waren genauso ausgeprägt wie seine Liebenswürdigkeit. Bald wurde er ein eifriger Jünger des Evangeliums und Luthers vertrautester Freund und wertvollster Helfer. Seine Freundlichkeit, seine Vorsicht und Genauigkeit ergänzten den Mut und die Tatkraft Luthers. Ihr gemeinsames Wirken gab der Reformation die erforderliche Kraft und war für den Reformator eine Quelle großer Ermutigung.

Augsburg wurde als Ort des Verhörs bestimmt, und Luther machte sich zu Fuß auf den Weg in diese Stadt. Man hegte seinetwegen ernste Befürchtungen. Es gab Drohungen, dass er auf dem Weg aufgegriffen und ermordet werden sollte. Deshalb rieten ihm seine Freunde, sich dieser Gefahr nicht auszusetzen. Ja, sie baten ihn sogar flehentlich, Wittenberg eine Zeit lang zu verlassen und sich denen anzuvertrauen, die ihn bereitwillig beschützen würden. Er wollte aber die Stellung nicht verlassen, die Gott ihm anvertraut hatte. Ungeachtet der Stürme, die auf ihn hereinbrechen würden, musste er weiterhin getreulich die Wahrheit verteidigen. Er sagte sich: »Ich bin mit Jeremia gänzlich der Mann des Haders und der Zwietracht ... je mehr sie drohen, desto freudiger bin ich ... mein Name und Ehre muss auch jetzt gut herhalten; also ist mein schwacher und elender Körper noch übrig, wollen sie den hinnehmen, so werden sie mich etwa um ein paar Stunden Leben ärmer machen, aber die Seele werden sie mir doch nicht nehmen. ... Wer Christi Wort in die Welt tragen will, muss mit den Aposteln stündlich gewärtig sein, den Tod zu erleiden.« (DAGR, IV, 4; vgl. EMLB, I, 211 ff., 10.07.1518)

DAS VERHÖR VOR CAJETAN

Die Nachricht von Luthers Ankunft in Augsburg erfüllte den päpstlichen Gesandten mit großer Genugtuung. Der lästige Ketzer, der die Aufmerksamkeit der ganzen Welt auf sich zog, schien nun in der Gewalt Roms zu sein, und der Legat war fest entschlossen, Luther nicht entwischen zu lassen. Der Reformator versäumte es, ein freies Geleit zu beantragen. Seine Freunde bedrängten ihn, nicht ohne ein solches vor Cajetan zu erscheinen, und sie selbst nahmen es auf sich, ein solches vom Kaiser zu erbitten. Der Legat suchte nach einer Möglichkeit, Luther zum Widerruf zu zwingen. Sollte ihm dies nicht gelingen, wollte er ihn nach Rom bringen, wo er das Schicksal von Hus und Hieronymus teilen sollte. Deshalb bemühte sich Cajetan über seine Repräsentanten, Luther dazu zu bewegen, auf die Sicherheit eines freien Geleits zu verzichten und sich ganz seiner Gunst anzuvertrauen. Der Reformator lehnte dies jedoch strikt ab und erschien erst vor dem päpstlichen Gesandten, als er den Brief, der ihm den kaiserlichen Schutz garantierte, in seinen Händen hatte.

Die Gesandten Roms verfolgten die Strategie, Luther durch angebliches Wohlwollen für sich zu gewinnen. In seinen Aussprachen gab sich der Legat sehr zuvorkommend, doch er verlangte von Luther, sich bedingungslos der kirchlichen Autorität zu unterwerfen und in jedem Punkt ohne Diskussion oder Frage nachzugeben. Der Kardinal hatte aber den Charakter des Mannes, mit dem er sich befassen musste, nicht richtig eingeschätzt. In seiner Antwort drückte Luther seine Achtung vor der Kirche, sein Verlangen nach der Wahrheit und seine Bereitschaft aus, alle Einwände gegen seine Lehre zu beantworten und diese der Entscheidung bestimmter führender Universitäten zu unterbreiten. Gleichzeitig protestierte er gegen die Verfahrensweise des Kardinals, der von ihm einen Widerruf verlangte, ohne ihm seinen Irrtum nachgewiesen zu haben.

Die einzige Antwort war: »Widerrufe, widerrufe!« Der Reformator zeigte auf, dass seine Haltung durch die Heilige Schrift bestätigt sei, und erklärte entschlossen, er könne der Wahrheit nicht abschwören. Cajetan war nicht in der Lage, die Argumente Luthers zu widerlegen. Deshalb überhäufte er ihn mit Vorwürfen, Spott und Schmeicheleien. Dazwischen zitierte er die kirchliche Tradition und die Kirchenväter, sodass Luther gar nicht zu Wort kommen konnte. Luther erkannte, dass die Versammlung auf diese Weise völlig nutzlos verlaufen würde. Nur widerwillig erlaubte man ihm schließlich, seine Verteidigung schriftlich einzureichen.

»Dadurch«, schrieb er an einen Freund, »erhielt der Unterdrückte einen doppelten Gewinn. Erstens kann etwas Geschriebenes der Beurteilung anderer unterbreitet werden, und zweitens ist die Möglichkeit größer, auf die Ängste, aber auch auf das Gewissen eines geschwätzigen Despoten einzuwirken, der ihn sonst mit seinem stets befehlshaberischen Ton gar nicht zu Wort kommen ließe.« (MLTL, 271.272; vgl. LEA, XVII, 209 / LIII, 3 ff.)

Bei der nächsten Unterredung legte Luther eine klare, gedrängte und aufrichtige Erklärung seiner Ansichten vor, die er durch viele Schriftstellen begründete. Dieses Papier las er dem Kardinal laut vor und händigte es ihm danach aus. Dieser schob es jedoch verächtlich zur Seite und bezeichnete es als eine Ansammlung unnützer Worte und bedeutungsloser Zitate. Luther, dem nun die Augen aufgingen, begegnete dem hochmütigen Prälaten auf seinem eigenen Feld, den Überlieferungen und Lehren der Kirche, und widerlegte seine Auffassungen vollständig.

Als der Prälat sah, dass Luthers Gründe unwiderlegbar waren, verlor er seine Selbstbeherrschung und rief zornig: »Widerrufe! Oder ich werde dich nach Rom vor die Richter schicken, die für diesen Fall zuständig sind. Ich werde dich und all deine Anhänger sowie alle, die dich unterstützen, exkommunizieren und sie aus der Kirche werfen.« Schließlich erklärte er in überheblichem und ärgerlichem Ton: »Widerrufe oder komm mir nicht wieder vor die Augen.« (DAGR, IV, 8; vgl. LEA, LXIV, 361-365 / LXII, 71 ff.)

Der Reformator zog sich sofort mit seinen Freunden zurück und gab deutlich zu verstehen, dass man von ihm keinen Widerruf erwarten könne. Dies entsprach keineswegs der Absicht des Kardinals. Er hatte sich eingebildet, er könne Luther einschüchtern und ihn so zur Unterwerfung zwingen. Cajetans Pläne waren unerwartet gescheitert. Allein gelassen mit seinen Helfern blickte er höchst verärgert von einem zum andern.

DIE MACHT DES WORTES

Luthers Bemühungen bei diesem Anlass hatten durchaus positive Folgen. Die große Versammlung hatte Gelegenheit, die beiden Männer zu vergleichen und sich über deren Geist wie auch die Stärken und Schwächen der jeweiligen Standpunkte selbst ein Urteil zu bilden. Welch ein Kontrast war das! Der Reformator, einfach und bescheiden, aber entschieden, stand in der Kraft Gottes dort und hatte die Wahrheit auf seiner Seite. Der Vertreter des Papstes war selbstgefällig, anmaßend, hochmütig und unverschämt und ohne einen einzigen Beweis aus der Heiligen Schrift, und doch schrie er ungestüm: »Widerrufe, oder du wirst zur Bestrafung nach Rom gesandt.«

Ungeachtet des freien Geleits planten die Vertreter Roms, Luther zu ergreifen und einzukerkern. Da es zwecklos war, den Aufenthalt zu verlängern, bedrängten die Freunde Luther, unverzüglich nach Wittenberg zurückzukehren und beschworen ihn, äußerste Vorsicht walten zu lassen, um sein Vorhaben zu verheimlichen. Er verließ daher Augsburg vor Tagesanbruch zu Pferd und wurde nur von einem Reiseführer begleitet, den ihm die Stadtbehörde zur Verfügung gestellt hatte. Unter düsteren Vorahnungen machte er sich heimlich auf den Weg durch die dunklen und stillen Straßen der Stadt. Wachsame und grausame Feinde planten seinen Untergang. Würde er den gestellten Fallen entkommen? Dies waren Momente der Furcht und des ernsten Gebets. Er erreichte ein kleines Tor in der Stadtmauer. Man öffnete ihm und ließ ihn mit seinem Führer ungehindert hindurch. Als die Flüchtenden außerhalb der Stadt waren, beschleunigten sie ihren Ritt. Ehe der Legat erfuhr, dass Luther abgereist war, befand sich dieser außer Reichweite seiner Verfolger. Satan und seine Helfer waren überlistet. Der Mann, den sie in ihrer Gewalt glaubten, war wie ein Vogel den Schlingen seines Fängers entkommen.

Der päpstliche Legat war überwältigt, bestürzt und ärgerlich, als er von Luthers Flucht erfuhr. Er hatte gehofft, für seine Klugheit und Entschiedenheit beim Vorgehen gegen diesen Unruhestifter große Ehre zu erhalten. Nun wurde seine Hoffnung enttäuscht. In einem Brief an Friedrich den Weisen, den Kurfürsten von Sachsen, drückte er seinen bittern Zorn aus, indem er Luther heftig beschuldigte und von dem Monarchen verlangte, dass dieser den Reformator nach Rom sende oder ihn aus Sachsen verbanne.

Bei seiner Verteidigung verlangte Luther vom Legaten oder vom Papst, dass sie ihm seine Irrtümer anhand der Bibel beweisen sollten, und gelobte in feierlichster Weise, seine Lehren zu widerrufen, falls nachgewiesen werde, dass sie dem Wort Gottes widersprachen. Er dankte Gott, ihn für würdig befunden zu haben, für eine so heilige Sache zu leiden.

Der Kurfürst wusste bis dahin nur wenig von den Lehren der Reformation, aber er war zutiefst beeindruckt von der Aufrichtigkeit, Kraft und Klarheit der Worte Luthers. Friedrich beschloss, Luther so lange zu schützen, bis der Reformator des Irrtums überführt werden würde. Als Erwiderung auf die Forderung des Legaten schrieb er: »›Weil der Doktor Martinus vor euch zu Augsburg erschienen ist, so könnt ihr zufrieden sein. Wir haben nicht erwartet, dass ihr ihn, ohne ihn widerlegt zu haben, zum Widerruf zwingen wollt. Kein Gelehrter in unserem Fürstentum hat behauptet, dass die Lehre Martins gottlos, antichristlich oder ketzerisch sei.‹ Der Fürst weigerte sich weiterhin, Luther nach Rom zu schicken oder ihn aus seinem Lande zu vertreiben.« (DAGR, IV, 10; vgl. LEA, XXXIII, 409 ff.)

Der Kurfürst erkannte, dass die sittlichen Schranken der Gesellschaft allgemein zusammenbrachen. Eine große Erneuerung war nötig. All die aufwändigen und kostspieligen Einrichtungen, um Verbrechen einzudämmen und zu bestrafen, wären unnötig, wenn die Menschen den Vorschriften Gottes und der Stimme eines erleuchteten Gewissens gehorchten. Er sah, dass Luther daran arbeitete, dieses Ziel zu erreichen, und freute sich heimlich, dass in der Kirche ein besserer Einfluss spürbar wurde.

Er sah auch, dass Luther als Professor an der Universität sehr erfolgreich war. Erst vor einem Jahr hatte der Reformator seine Thesen an die Schlosskirche geschlagen, und bereits war die Zahl der Pilger, die aus Anlass von Allerheiligen die Kirche besuchte, sehr viel geringer geworden. Rom musste auf Gottesdienstbesucher und Opfergaben verzichten. Nun kam eine andere Gruppe nach Wittenberg, keine Pilger, die Reliquien verehrten, sondern Studenten, welche die Hörsäle füllten. Luthers Schriften hatten überall ein neues Interesse an der Heiligen Schrift geweckt. Nicht nur aus ganz Deutschland, auch aus anderen Ländern strömten Studenten zur Universität. Junge Männer, die zum ersten Mal nach Wittenberg kamen, »erhoben die Hände gen Himmel, lobten Gott, dass er wie einst in Zion das Licht der

Wahrheit« von dieser Stadt aus »leuchten lasse und es in die fernsten Lande schicke« (DAGR, IV, 10).

Luther war bis jetzt erst teilweise von den Irrtümern Roms bekehrt. Er schrieb: »Ich sah damals noch sehr wenige Irrtümer des Papstes.« (LEA, LXII, 73) Doch als er Gottes Wort mit den päpstlichen Erlassen und Konstitutionen verglich, schrieb er voll Erstaunen: »Ich gehe die Dekrete der Päpste für meine Disputation durch und bin – ich sage dir's ins Ohr – ungewiss, ob der Papst der Antichrist selbst ist oder ein Apostel des Antichrist; elendiglich wird Christus, d. h. die Wahrheit von ihm, in den Dekreten gekreuzigt.« (DAGR, V, 1; vgl. EMLB, I, 450, 13.3. 1519) Noch aber war Luther ein Anhänger der römischen Kirche, und er dachte nicht daran, die Verbindung mit ihr zu lösen.

AUF DEN SPUREN DER HUSSITEN

Die Schriften Luthers und seine Lehren wurden in der ganzen Christenheit bekannt gemacht. Das Werk breitete sich bis in die Schweiz und nach Holland aus. Exemplare seiner Schriften fanden ihren Weg nach Frankreich und Spanien. In England wurden seine Lehren als Worte des Lebens empfangen. Die Wahrheit kam auch nach Belgien und Italien. Tausende erwachten aus ihrer Lethargie zu einem freudigen und hoffnungsvollen Glaubensleben.

Rom wurde immer ungehaltener über die Angriffe Luthers. Einige seiner fanatischen Widersacher, sogar Doktoren an katholischen Universitäten, erklärten, dass jemand, der diesen aufrührerischen Mönch ermorde, ohne Sünde wäre. Eines Tages näherte sich dem Reformator ein Fremder, der eine Pistole unter dem Mantel verborgen hatte, und fragte ihn, warum er so allein gehe. »Ich stehe in Gottes Hand«, antwortete Luther, »er ist meine Kraft und mein Schild. Was kann mir ein Mensch tun?« (DAGR, VI, 2; vgl. LEA, LXIV, 365 ff.) Als der Fremde diese Worte hörte, wurde er blass und floh vor der Gegenwart himmlischer Engel.

Rom war zur Vernichtung Luthers entschlossen, aber Gott blieb sein Schutz. Seine Lehren drangen überall hin, »in Hütten und Klöster, in Ritterburgen, in Akademien und königliche Paläste«, und edle und aufrichtige Männer erhoben sich überall, um seine Bemühungen zu unterstützen (DAGR, VI, 2).

Um diese Zeit las Luther die Werke von Jan Hus und erkannte, dass bereits der böhmische Reformator die große Wahrheit der Rechtfertigung durch den Glauben genauso hochgehalten hatte wie er: »Wir sind alle«, schrieb Luther, »Paulus, Augustin und ich selbst Hussiten gewesen, ohne es zu wissen! ... Gott wird sicherlich die Welt heimsuchen«, setzte er fort, »weil die Wahrheit vor einem Jahrhundert gepredigt und verbrannt wurde!« (WHP, VI, 1)

In seinem Sendbrief »An den christlichen Adel deutscher Nation: Von des christlichen Standes Besserung« schrieb Luther über den Papst: »Es ist gräulich und erschrecklich anzusehen, dass der Oberste in der Christenheit, der sich Christi Statthalter und Petri Nachfolger zu sein rühmt, so weltlich und prächtig fährt, dass ihn darin kein König, kein Kaiser mag erlangen und gleich werden. ... Gleicht sich das mit dem armen Christus und St. Peter, so ist's ein neues Gleichen. ... Sie sprechen, er sei ein Herr der Welt; das ist erlogen, denn Christus, des Statthalter und Amtmann er sich rühmet zu sein, sprach vor Pilatus: Mein Reich ist nicht von dieser Welt. Es kann doch kein Statthalter weiter regieren denn sein Herr.« (DAGR, VI, 3, 77/81; vgl. LAW, II)

Über die Universitäten schrieb er: »Ich habe große Sorge, die hohen Schulen seien große Pforten der Hölle, so sie nicht emsig die Heilige Schrift üben und treiben ins junge Volk. ... Wo aber die Heilige Schrift nicht regiert, da rate ich fürwahr niemand, dass er sein Kind hintue. Es muss verderben alles, was nicht Gottes Wort ohne Unterlass treibt.« (DAGR, VI, 3, 77.81)

Dieser Aufruf verbreitete sich in Windeseile über ganz Deutschland und übte einen mächtigen Einfluss auf das Volk aus. In der ganzen Nation gärte es, und massenweise erwachten Leute und scharten sich um das Banner der Reformation. Luthers Widersacher brannten vor Rache und drangen auf den Papst ein, er möge doch entschiedene Maßnahmen gegen ihn ergreifen. Es wurde verfügt, dass Luthers Lehren unverzüglich geächtet werden sollten. Sechzig Tage wurden dem Reformator und seinen Anhängern gewährt. Wenn sie nach dieser Zeit nicht widerriefen, würden sie alle exkommuniziert.

TRENNUNG VON ROM

Das war eine schreckliche Krise für die Reformation. Jahrhundertelang hatte Rom durch Verhängung des Kirchenbanns mächtigen Monarchen Furcht eingeflößt. Gewaltige Reiche litten unter Elend und Verwüstung. Allen, die von Rom unter den Bann gestellt wurden, begegnete man durchwegs mit Angst und Schrecken. Sie wurden aus der Gemeinschaft ihrer Gefährten verstoßen und als Geächtete behandelt, die bis zur Vernichtung gejagt werden sollten. Luther war nicht blind gegen den Sturm, der nun über ihn hereinbrechen sollte, aber er blieb standfest und vertraute auf Christus, seinen Schutz und Schild. Mit dem Glauben und dem Mut eines Märtyrers schrieb er: »Wie soll es werden? Ich bin blind für die Zukunft und nicht darum besorgt, sie zu wissen. ... Wohin der Schlag fällt, wird mich ruhig lassen. ... Kein Baumblatt fällt auf die Erde ohne den Willen des Vaters, wie viel weniger wir. ... Es ist ein Geringes, dass wir um des Wortes willen sterben oder umkommen, da er selbst im Fleisch erst für uns gestorben ist. Also werden wir mit demselben aufstehen, mit welchem wir umkommen, und mit ihm durchgehen, wo er zuerst durchgegangen ist, dass wir endlich dahin kommen, wohin er auch gekommen ist, und bei ihm bleiben ewiglich.« (DAGR, VI, 1, 113; vgl. EMLB, II, 484/485, 1.10.1520)

Als die päpstliche Bulle eintraf, sagte Luther: »Ich verlache sie nur und greife sie jetzt als gottlos und lügenhaft ganz eckianisch an. Ihr sehet, dass Christus selbst darin verdammt werde. ... Ich freue mich aber doch recht herzlich, dass mir um der besten Sache willen Böses widerfahre. ... Ich bin nun viel freier, nachdem ich gewiss weiß, dass der Papst als der Antichrist und des Satans Stuhl offenbarlich erfunden sei.« (DAGR, VI, 9; vgl. EMLB, II, 491, 12.10.1520)

Doch der Erlass aus Rom blieb nicht ohne Wirkung. Gefängnis, Folter und Schwert waren mächtige Waffen, um Gehorsam zu erzwingen. Die Schwachen und Abergläubischen zitterten vor dem Erlass des Papstes. Während man allgemein viel Sympathie für Luther bekundete, hielten manche ihr Leben für zu kostbar, um es für die Reformation aufs Spiel zu setzen. Alles schien darauf hinzudeuten, dass das Werk des Reformators scheitern würde.

Doch Luther war immer noch furchtlos. Rom hatte seine Bannflüche gegen ihn geschleudert, die Welt schaute zu, und niemand zweifelte, dass es mit ihm nun zu Ende sein würde, es sei denn, er schwöre ab. Aber mit ungeheurer Macht schleuderte er das Verdammungsurteil auf seinen Urheber zurück und erklärte öffentlich, dass er mit Rom für immer gebrochen habe. In Gegenwart einer Anzahl Studenten, Gelehrter und Bürger jeden Standes verbrannte er die päpstliche Bulle, zusammen mit den kanonischen Gesetzen sowie den Dekretalen und bestimmten Schriftstücken seiner Gegner, die das Papsttum unterstützten. »Meine Feinde sind in der Lage gewesen«, sagte er, »durch das Verbrennen meiner Bücher der Sache des Glaubens im Denken des allgemeinen Volks zu schaden und ihre Seelen zu vernichten. Aus diesem Grunde habe ich daraufhin ihre Bücher verbrannt. Ein schwerer Kampf hat gerade angefangen. Bisher habe ich nur mit dem Papst gespielt. Ich habe dieses Werk in Gottes Namen angefangen, es wird durch seine

Macht ohne mich beendet werden.« (DAGR, VI, 10; vgl. LEA, XXIV, 155 u. 164)

Auf die Vorwürfe seiner Feinde, die wegen der Schwäche seiner Sache stichelten, erwiderte Luther: »Wer weiß, ob mich Gott dazu berufen und erweckt hat und ihnen zu fürchten ist, dass sie nicht Gott in mir verachten. ... Mose war allein im Ausgang von Ägypten, Elia allein zu König Ahabs Zeiten, Elisa auch allein nach ihm; Jesaja war allein in Jerusalem. ... Hesekiel allein zu Babylon. ... Dazu hat er noch nie den obersten Priester oder andere hohe Stände zu Propheten gemacht; sondern gemeiniglich niedrige, verachtete Personen auferweckt, auch zuletzt den Hirten Amos. ... Also haben die lieben Heiligen allezeit wider die Obersten, Könige, Fürsten, Priester, Gelehrten predigen und schelten müssen, den Hals daran wagen und lassen. ... Ich sage nicht, dass ich ein Prophet sei; ich sage aber, dass ihnen so viel mehr zu fürchten ist, ich sei einer, so viel mehr sie mich verachten und sich selbst achten ... So bin ich jedoch gewiss für mich selbst, dass das Wort Gottes bei mir und nicht bei ihnen ist.« (DAGR, VI, 10; vgl. LEA, XXIV, 58/59)

Sein endgültiger Entschluss, sich von der römischen Kirche zu trennen, lief nicht ohne gewaltige innere Kämpfe ab. Etwa um diese Zeit schrieb er: »Ich empfinde täglich bei mir, wie gar schwer es ist, langwährige Gewissen, und mit menschlichen Satzungen gefangen, abzulegen. Oh, mit wie viel großer Mühe und Arbeit, auch durch gegründete Heilige Schrift, habe ich mein eigen Gewissen kaum können rechtfertigen, dass ich einer allein wider den Papst habe dürfen auftreten, ihn für den Antichrist halten. ... Wie oft hat mein Herz gezappelt, mich gestraft und mir vorgeworfen ihr einig stärkstes Argument: Du bist allein klug? Sollten die andern alle irren und so eine lange Zeit geirrt haben? Wie, wenn du irrest und so viele Leute in den Irrtum verführest, welche alle ewiglich verdammt würden? Bis so lang, dass mich Christus mit seinem einigen gewissen Wort befestigt und bestätigt hat, dass mein Herz nicht mehr zappelt.« (MLTL, 372.373; vgl. LEA, LIII, 93/94)

EXKOMMUNIKATION

Der Papst hatte Luther mit Exkommunikation gedroht, falls er nicht widerrufen sollte, und diese Drohung wurde jetzt wahr gemacht. Eine neue Bulle wurde veröffentlicht, die eine endgültige Trennung Luthers von der römischen Kirche verkündigte, ihn vom Himmel für verflucht erklärte und alle in denselben Fluch einschloss, die seine Lehren annahmen. Die große Auseinandersetzung hatte nun mit voller Wucht begonnen.

Alle, die Gott benützt, um Wahrheiten zu verkünden, die für ihre Zeit besonders wichtig sind, müssen mit Widerstand rechnen. In den Tagen Luthers gab es eine gegenwärtige Wahrheit, die von besonderer Bedeutung war. Gott, der alle Dinge nach dem Rat seines Willens ausführt, hat es gefallen, Menschen in unterschiedliche Lebenslagen zu bringen. Er teilt ihnen dort Aufgaben zu, die der Zeit und den Umständen entsprechen, in denen sie leben. Wenn sie das Licht beachteten, das ihnen verliehen wird, würden Sie die Wahrheit noch besser verstehen lernen. Aber heute ist die Wahrheit von den meisten Leuten genauso wenig erwünscht, wie von den Anhängern des Papsttums, die Luther widerstanden. Es besteht heute wie in früheren Jahrhunderten dieselbe Bereitschaft, an Stelle von Gottes Wort, Theorien und Traditionen von Menschen anzunehmen. Wer Wahrheit für die heutige Zeit verkündigt, darf keine günstigere Aufnahme erwarten, als dies zur Zeit der Reformatoren der Fall war. Der große Kampf zwischen Wahrheit und Irrtum, zwischen Christus und Satan wird bis zum Abschluss der Geschichte der Welt an Heftigkeit zunehmen.

Jesus sagte zu seinen Jüngern: »Wäret ihr von der Welt, so hätte die Welt das Ihre lieb. Weil ihr aber nicht von der Welt seid, sondern ich euch aus der Welt erwählt habe, darum hasst euch die Welt. Gedenkt an das Wort, das ich euch gesagt habe: Der Knecht ist nicht größer als sein Herr. Haben sie mich verfolgt, so werden sie euch auch verfolgen; haben sie mein Wort gehalten, so werden sie eures auch halten.« (Johannes 15,19.20) Andererseits erklärte unser Erlöser deutlich: »Weh euch, wenn euch jedermann wohl redet! Denn das Gleiche haben ihre Väter den falschen Propheten getan.« (Lukas 6,26) Der Geist der Welt verträgt sich mit dem Geist Christi heute genauso wenig wie in früheren Zeiten. Wer das Wort Gottes unverfälscht verkündigt, wird heute nicht mit größerem Vorzug empfangen als damals. Die Formen des Widerstands gegen die Wahrheit mögen sich ändern, die Feindschaft mag weniger offen sein, weil raffinierter, doch der Gegensatz zwischen beiden besteht noch immer und wird bis zum Ende der Zeit immer klarer sichtbar werden.

KAPITEL 8

LUTHER VOR DEM REICHSTAG

Mit Karl V. hatte ein neuer Kaiser den deutschen Thron bestiegen. Die römischen Gesandten beeilten sich, ihre Glückwünsche zu überbringen und den Monarchen zu bewegen, seine Macht gegen die Reformation einzusetzen. Auf der anderen Seite wurde Karl vom Kurfürst von Sachsen, dem er zu einem großen Teil seine Krone verdankte, eindringlich gebeten, keine Maßnahmen gegen Luther einzuleiten, bevor er diesen nicht angehört hätte. Damit kam der Kaiser in eine schwierige Lage, die ihn in Verlegenheit brachte. Die Vertreter des Papstes würden sich nicht mit weniger zufrieden geben, als mit einem kaiserlichen Erlass, der Luther zum Tod verurteilte. Der Kurfürst hingegen hatte mit Nachdruck erklärt, dass weder Seine Kaiserliche Majestät noch jemand anderes bisher nachgewiesen hätten, dass Luthers Schriften widerlegt seien. Deshalb bat er um »freies Geleit für Dr. Luther, um ihn vor einem Tribunal von gelehrten, frommen und unparteiischen Richtern erscheinen zu lassen« (DAGR, IV, 11; vgl. KML, I, 367 u. 384).

SCHWERE ANKLAGEN IN WORMS

Die Aufmerksamkeit aller Parteien richtete sich nun auf die Versammlung der deutschen Länder, die kurz nach Karls Thronbesteigung in Worms stattfand. Wichtige politische Fragen von nationalem Interesse standen bei diesem Reichstag auf der Tagesordnung, und zum ersten Mal sollten die deutschen Fürsten ihren jugendlichen Monarchen an einer Reichsversammlung erleben. Aus allen Gebieten des Vaterlands waren kirchliche und staatliche Würdenträger gekommen. Weltliche Adlige, von edler Geburt, mächtig und eifersüchtig auf ihre ererbten Rechte bedacht; Kirchenfürsten, stolz auf ihre überragende Würde und Macht; höfische Ritter und ihr bewaffnetes Gefolge und Gesandte aus fernen Ländern; sie alle kamen nach

Worms. Doch das Hauptinteresse dieser großen Versammlung galt der Sache des sächsischen Reformators.

Karl hatte den Kurfürsten zuvor angewiesen, Luther auf den Reichstag mitzubringen, ihm seinen Schutz zugesichert, freies Geleit versprochen und eine offene Diskussion der strittigen Punkte mit fachkundigen Personen zugesagt. Luther selbst sah seinem Erscheinen vor dem Kaiser mit Spannung entgegen. Mit seiner Gesundheit stand es in jener Zeit nicht zum Besten, doch er schrieb dem Kurfürsten: »Ich werde, wenn man mich ruft, kommen, soweit an mir liegt, ob ich mich auch krank müsste hinfahren lassen, denn man darf nicht zweifeln, dass ich von dem Herrn gerufen werde, wenn der Kaiser mich ruft. Greifen sie zur Gewalt, wie es wahrscheinlich ist – denn um belehrt zu werden, lassen sie mich nicht rufen –, so muss man dem Herrn die Sache befehlen; dennoch lebt und regiert derselbige, der die drei Knaben im Feuerofen des Königs von Babylon erhalten hat. Will er mich nicht erhalten, so ist's um meinen Kopf eine geringe Sache. ... Man muss nur dafür sorgen, dass wir das Evangelium, das wir begonnen, den Gottlosen nicht zum Spott werden lassen. ... Wir wollen lieber unser Blut dafür vergießen. Wir können nicht wissen, ob durch unser Leben oder unseren Tod dem allgemeinen Wohle mehr genützt werde. ... Nimm von mir alles, nur nicht, dass ich fliehe oder widerrufe: Fliehen will ich nicht, widerrufen noch viel weniger.« (DAGR, IV, 11; vgl. EMLB, XXI, 24, 21.12.1520)

Die Nachricht, dass Luther vor dem Reichstag erscheinen würde, rief in Worms allgemeine Aufregung hervor. Der päpstliche Nuntius, Hieronymus Aleander, dem man die Sache insbesondere anvertraut hatte, war beunruhigt und wütend. Er sah einen verheerenden Ausgang für die Sache des Papsttums voraus. Eine Untersuchung für einen Fall einzuleiten, bei dem der Papst bereits seine Verurteilung ausgesprochen hatte, war eine Schande für die Autorität des Pontifex Maximus. Zudem war er besorgt, dass die wortgewaltige Darstellung der Beweise dieses Mannes viele Fürsten veranlassen könnte, sich von der Sache des Papstes abzuwenden. Er protestierte deshalb bei Karl in schärfster Form, dass Luther vor dem Reichstag erscheinen sollte. Um diese Zeit wurde die Bulle über Luthers Exkommunikation veröffentlicht. Zusammen mit den Einsprüchen des Legaten, veranlasste dies den Kaiser nachzugeben. Er schrieb dem Kurfürsten von Sachsen, dass Luther in Wittenberg bleiben müsse, wenn er nicht widerrufen wollte.

Aleander gab sich mit diesem Sieg nicht zufrieden, sondern arbeitete mit aller Macht und Schlauheit daran, dass Luther verurteilt würde. Mit einer Beharrlichkeit, die einer besseren Sache würdig gewesen wäre, lenkte er die Aufmerksamkeit der Fürsten, Prälaten und der anderen Mitglieder

der Versammlung darauf, den Reformator der »Aufwiegelung, Rebellion, Gottlosigkeit und Gotteslästerung« zu beschuldigen. Doch die Wucht und Leidenschaft, die der Legat an den Tag legte, zeigten nur allzu deutlich den Geist, der ihn trieb. Es war die allgemeine Meinung, »es sei mehr Neid und Rachelust als Eifer der Frömmigkeit, die ihn aufreizten« (DAGR, VII, 1; vgl. CCL, 54 ff.). Die Mehrheit im Reichstag war mehr denn je geneigt, die Sache Luthers günstig zu beurteilen.

Mit doppeltem Eifer drängte Aleander den Kaiser zu seiner Pflicht, die päpstlichen Erlasse durchzusetzen, doch nach deutschem Gesetz war dies nicht ohne die Zustimmung der Fürsten möglich. Als der Kaiser letztlich der Aufdringlichkeit des Legaten nachgab, wurde dem päpstlichen Gesandten erlaubt, vor dem Reichstag zu sprechen. »Es war ein großer Tag für den Nuntius. Die Versammlung war groß, noch größer war die Sache. Aleander sollte für Rom, die Mutter und Herrin aller Kirchen, das Wort führen.« Er sollte vor den versammelten Machthabern der Christenheit das Fürstentum von Petrus verteidigen. »Er hatte die Gabe der Beredsamkeit und zeigte sich der Erhabenheit des Anlasses gewachsen. Die Vorsehung wollte es, dass Rom vor dem erlauchtesten Tribunal erscheinen und dass seine Sache durch den begabtesten seiner Redner vertreten werden sollte, bevor die Verdammung ausgesprochen würde.« (WHP, VI, 4) Mit Besorgnis blickten die Fürsten, die auf der Seite Luthers standen, auf die Folgen der Rede Aleanders. Der Kurfürst von Sachsen war nicht zugegen, er sandte aber zwei Vertrauensleute nach Worms, um Notizen von der Ansprache des Nuntius zu machen.

Mit aller Macht der Gelehrsamkeit und Redekunst versuchte Aleander, die Wahrheit zu Fall zu bringen. Er schleuderte eine Beschuldigung nach der anderen auf Luther und nannte ihn einen Feind der Kirche und des Staates, der Lebenden und der Toten, der Geistlichkeit und der Laien, der Konzilien und der einzelnen Christen. »Die Irrtümer Luthers genügten«, sagte er, »um hunderttausend Ketzer zu verbrennen.«

Abschließend versuchte er, die Anhänger der Reformation zu verdächtigen. »Was sind all die Lutheraner? Eine Bande frecher Schulmeister, verdorbener Priester, liederlicher Mönche, unwissender Advokaten und herabgekommener Adliger, zusammen mit dem Pöbel, den sie fehlgeleitet und verdorben haben. Wie viel überlegener ist ihnen gegenüber die katholische Partei an Zahl, Fähigkeit und Macht! Ein einstimmiger Beschluss dieser erlauchten Versammlung wird die Einfältigen erleuchten, die Unklugen warnen, die Wankelmütigen entschieden machen und die Schwachen stärken.« (DAGR, VI, 3)

Mit solchen Waffen wurden die Verteidiger der Wahrheit in jedem Zeitalter angegriffen. Dieselben Argumente werden bis heute gegen all jene vorgebracht, die es wagen, etablierten Irrtümern mit den klaren und deutlichen Lehren des Wortes Gottes entgegenzutreten. »Wer sind diese Prediger neuer Lehren?«, rufen jene aus, die eine volkstümliche Religion wünschen. »Es sind Ungebildete, gering an Zahl und aus den unteren Volksschichten. Und doch behaupten sie, die Wahrheit zu besitzen und das auserwählte Volk Gottes zu sein. Sie sind Unwissende und Getäuschte. Wie sehr ist ihnen unsere Kirche doch an Zahl und Einfluss überlegen. Wie viele große und gelehrte Männer sind doch auf unserer Seite und wie viel größer ist doch unsere Macht!« Solche Argumente haben ein bemerkenswertes Gewicht in der Welt, sind aber heute nicht beweiskräftiger als in den Tagen der Reformatoren.

Die Reformation wurde durch Luther nicht vollendet, wie viele annehmen. Sie muss bis zum Ende der Geschichte fortgeführt werden. Luthers großes Werk bestand darin, das Licht, das Gott auf ihn hatte scheinen lassen, anderen weiterzugeben. Er empfing jedoch noch nicht das volle Licht, das der Welt gegeben werden sollte. Von jener Zeit bis heute fiel fortwährend neues Licht auf die Heilige Schrift und ständig wurden neue Wahrheiten entdeckt.

MISSSTÄNDE WERDEN AUFGEDECKT

Die Ansprache des Legaten beeindruckte den Reichstag zutiefst (siehe HK, IX, 202). Luther, der den päpstlichen Vertreter mit den klaren und überzeugenden Wahrheiten des Wortes Gottes hätte widerlegen können, war nicht anwesend. Kein Versuch wurde unternommen, den Reformator zu verteidigen. Man war allgemein geneigt, nicht nur ihn und seine Lehren zu verdammen, sondern möglichst alle Ketzerei auszurotten. Rom hatte die günstigste Gelegenheit erhalten, die eigene Sache zu verteidigen. Alles, was zu ihrer Rechtfertigung gesagt werden konnte, wurde gesagt. Doch der vermeintliche Sieg war der Anfang der Niederlage. Von nun an sollte der Gegensatz zwischen Wahrheit und Irrtum noch deutlicher sichtbar werden, denn jetzt begann ein offener Kampf. Von jenem Tag an würde Rom nie wieder so sicher stehen, wie zuvor.

Während die meisten Mitglieder des Reichstags nicht gezögert hätten, Luther der Rache Roms auszuliefern, sahen und beklagten doch viele unter ihnen die große Verdorbenheit in der Kirche und wünschten, dass die Missbräuche beseitigt würden, unter denen das deutsche Volk durch den

Sittenverfall und die Geldgier der Priesterherrschaft leiden musste. Der Legat hatte die päpstliche Rolle ins günstigste Licht gerückt. Doch nun bewegte Gott ein Mitglied des Reichstages dazu, die Auswirkungen der päpstlichen Gewaltherrschaft treffend zu beschreiben. Mit edler Entschlossenheit erhob sich Herzog Georg von Sachsen in jener fürstlichen Versammlung und beschrieb mit schrecklicher Genauigkeit den Betrug und die Gräuel des Papsttums und deren schlimme Folgen. Zum Schluss sagte er: »Dies sind einige der Missbräuche, die laut gegen Rom zeugen. Alle Scham ist beiseite gelegt und sein einziges Ziel ist ... Geld, Geld, Geld ... sodass die Priester, die die Wahrheit lehren sollten, nichts als Lügen äußern, und sie werden nicht nur geduldet, sondern belohnt, denn je größer ihre Lügen, desto größer der Gewinn. Aus diesem verderbten Brunnen fließt vergiftetes Wasser. Die Ausschweifung reicht der Habsucht die Hand. ... Das ist leider der Skandal, der von der Priesterschaft verursacht wird, der so viele arme Seelen in die ewige Verdammnis reißt. Eine allgemeine Reform muss durchgeführt werden« (DAGR, VII, 4; vgl. SCL, 328-330).

Luther selbst hätte die päpstlichen Missbräuche nicht fähiger und kompetenter und kräftiger anprangern können. Die Tatsache, dass der Redner ein ausgesprochener Feind des Reformators war, verlieh seinen Worten umso mehr Gewicht.

Wären den Versammelten die Augen geöffnet worden, hätten sie Engel in ihrer Mitte erblicken können, die ihre Lichtstrahlen durch die Dunkelheit des Irrtums sandten und die Herzen und Gemüter bereit machten, die Wahrheit zu empfangen. Selbst die Gegner der Reformation standen unter der Kontrolle des mächtigen Gottes der Wahrheit und der Weisheit. Auch durch sie bereitete er dem großen Werk, das jetzt ausgeführt werden sollte, den Weg. Martin Luther selbst war nicht anwesend, aber die Stimme eines Größeren, der mächtiger war als Luther, wurde in jener Versammlung vernommen.

Sofort ernannte der Reichstag einen Ausschuss, der eine Liste dieser päpstlichen Unterdrückungen aufstellen sollte, die so schwer auf dem deutschen Volk lasteten. Dieser Katalog enthielt 101 Anklagepunkte und wurde dem Kaiser mit der Bitte vorgelegt, unverzüglich Maßnahmen zur Beseitigung dieser Missstände zu ergreifen. »Es gehen so viele Seelen verloren«, sagten die Bittsteller, »so viele Räubereien, Bestechungen finden statt, weil das geistliche Oberhaupt der Christenheit sie gestattet. Es muss dem Untergang und der Schande unseres Volkes vorgebeugt werden. Wir bitten Euch untertänigst und inständigst, dahin zu wirken, dass eine Besserung und gemeine Reformation geschehe« (DAGR, VII, 4; vgl. KNRU, XXI, 275).

LUTHER WIRD VORGELADEN

Der Reichstag verlangte nun, dass Luther vor der Versammlung erscheinen sollte. Ungeachtet der Bitten, Proteste und Drohungen Aleanders sagte der Kaiser endlich zu und Luther wurde aufgefordert, vor dem Reichstag zu erscheinen. Mit der Aufforderung wurde ihm freies Geleit zugesichert, das ihm die Rückkehr an einen sicheren Ort garantierte. Ein Herold brachte diese Zusicherung nach Wittenberg und erhielt den Auftrag, Luther nach Worms zu geleiten.

Luthers Freunde waren bestürzt und erschrocken. Sie kannten das Vorurteil und die Feindschaft gegen ihn und befürchteten, dass selbst das freie Geleit nicht beachtet würde, darum bedrängten sie ihn, sein Leben nicht aufs Spiel zu setzen. Er antwortete: »Die Anhänger des Papstes wollen gar nicht, dass ich nach Worms komme, sie wollen nur meine Verurteilung und meinen Tod. Aber das alles ist unbedeutend. Betet nicht für mich, sondern für das Wort Gottes. ... Christus wird mir seinen Geist geben, dass ich diese Diener des Irrtums überwinde. Ich verachte sie im Leben, ich werde sie durch meinen Tod besiegen. Sie arbeiten daran, mich zu zwingen, dass ich widerrufe; aber mein Widerruf wird also lauten: Ich habe früher gesagt, der Papst sei der Statthalter Christi, jetzt bestehe ich darauf, dass der Papst der Widersacher unseres Herrn ist und der Apostel des Satans.« (DAGR, VII, 6)

EINE BEWEGTE REISE

Luther musste seine gefahrvolle Reise nicht alleine machen. Drei seiner besten Freunde entschlossen sich, ihn an der Seite des kaiserlichen Boten zu begleiten. Auch Melanchthon hätte sich ihnen gerne angeschlossen. Sein Herz war mit Luther verbunden, und er sehnte sich danach, ihm zu folgen, wenn nötig, auch ins Gefängnis oder in den Tod. Aber seinen Bitten wurde nicht entsprochen. Sollte Luther etwas zustoßen, so läge die Hoffnung der Reformation auf dem jungen Mitarbeiter. Als sich der Reformator von Melanchthon verabschiedete, sagte er: »Wenn ich nicht zurückkomme und meine Feinde mich töten, lehre du weiter und bleibe in der Wahrheit. Arbeite du an meiner Stelle. ... Wenn du überlebst, wird mein Tod wenig Auswirkung haben.« (DAGR, VII, 7) Studenten und Bürger waren bei Luthers Abreise sichtlich gerührt. Viele, die das Evangelium angenommen hatten, weinten bei seinem Abschied. So machten sich der Reformator und seine Gefährten von Wittenberg aus auf den Weg.

Unterwegs nahmen sie wahr, dass düstere Vorahnungen das Volk bedrückten. In einigen Städten wurde ihnen keine Ehre erwiesen. Als sie an einem Ort übernachteten, drückte ein freundlich gesinnter Priester seine Befürchtungen aus und zeigte ihnen das Bild eines italienischen Reformators, der als Märtyrer gestorben war. Am folgenden Tag erfuhren sie, dass Luthers Werke in Worms bereits verworfen worden waren. Offizielle Boten verkündeten den Beschluss des Kaisers und forderten das Volk auf, die geächteten Bücher den Behörden abzuliefern. Der kaiserliche Begleiter fürchtete um Luthers Sicherheit auf dem Reichstag, und da er meinte, dass Luther bereits unsicher geworden sei, fragte er ihn, ob er weiterreisen wollte. Dieser antwortete: »Ja, obwohl geächtet in allen Städten, werde ich doch fortziehen.« (DAGR, VII, 7; vgl. LEA, LXIV, 367)

In Erfurt wurde Luther mit allen Ehren empfangen. Auf den Straßen, die er oft mit einem Bettelsack durchschritten hatte, bewunderte ihn jetzt die Menge. Er besuchte seine Klosterzelle und erinnerte sich an seine inneren Kämpfe. Das Licht, das seine Seele dort erleuchtet hatte, durchflutete nun ganz Deutschland. Man drängte ihn zum Predigen, was ihm eigentlich verboten worden war. Doch der kaiserliche Begleiter erlaubte es ihm und nun bestieg jener Mönch, der seinerzeit ein Klosterknecht war, die Kanzel.

Einer überfüllten Versammlung predigte er die Worte Christi: »Friede sei mit euch! ... Ihr wisset auch, dass alle Philosophen, Doktoren und Skribenten sich beflissen zu lehren und schreiben, wie sich der Mensch zur Frömmigkeit halten soll, haben sich des sehr bemüht, aber wie man sieht, wenig ausgerichtet. ... Denn Gott, der hat auserwählet einen Menschen, den Herrn Jesum Christ, dass der soll den Tod zerknirschen, die Sünden zerstören und die Hölle zerbrechen. Dies ist das Werk der Erlösung. ... Christus hat gesiegt! Dies ist die gute Nachricht, und wir werden durch sein Werk gerettet und nicht durch unsere eigenen. ... Unser Herr Christus hat gesagt: Habt Frieden und sehet meine Hände. Sieh Mensch, ich bin der allein, der deine Sünde hat hinweggenommen, der dich erlöste. Nun habe Frieden. ...«

Er fuhr fort und zeigte auf, dass der wahre Glauben sich in einem heiligen Leben offenbart. »Da uns Gott gerettet hat, lasst uns unsere Werke ordnen, dass sie ihm annehmbar sind. Ist er reich, so soll sein Gut den Armen nutz sein; ist er arm, soll sein Verdienst den Reichen zugute kommen. ... Denn wenn du merkst, dass du deinen Nutzen allein schaffst, so ist dein Dienst falsch.« (DAGR, VII, 7; vgl. LEA, XVI, 249-257)

Gebannt hörten die Leute zu. Jenen nach Wahrheit hungernden Menschen wurde das Brot des Lebens gebrochen. Christus wurde vor ihnen über Päpste, Legaten, Kaiser und Könige erhoben. Luther machte keinerlei Andeutungen über seine gefährliche Lage. Er wollte sich nicht zum Mittelpunkt der Gefühle oder der Sympathien machen. Im Nachdenken über Christus vergaß er sich selbst. Er verbarg sich hinter dem Mann von Golgatha und wollte nur Jesus als den einzigen Erlöser des Sünders darstellen.

Überall auf seinem weiteren Reiseweg brachte man ihm großes Interesse entgegen. Eine neugierige Menge war stets um ihn und freundliche Stimmen warnten vor den Absichten der Anhänger des Papstes. Einige sagten: »Man wird dich verbrennen wie den Hus«. Luther antwortete: »Und wenn sie gleich ein Feuer machten, das zwischen Wittenberg und Worms bis an den Himmel reicht, weil es aber gefordert wäre, so wollte ich doch im Namen des Herrn erscheinen und dem Behemoth zwischen seine großen Zähne treten und Christum bekennen und denselben walten lassen.« (DAGR, VII, 7; vgl. WLS, XV, 2172 u. 2173)

LUTHERS ANKUNFT IN WORMS

Die Neuigkeit seiner Ankunft in Worms erregte großes Aufsehen. Seine Freunde zitterten um seine Sicherheit und seine Feinde bangten um den Erfolg ihrer Sache. Man bemühte sich energisch, ihn vom Betreten der Stadt abzuhalten. Auf Betreiben der Anhänger des Papsttums drängte man ihn, sich auf das Schloss eines befreundeten Ritters zu begeben, wo angeblich alle Schwierigkeiten freundschaftlich beigelegt werden könnten. Freunde versuchten, in ihm Angst vor der drohenden Gefahr zu wecken. Doch all ihre Bemühungen waren umsonst. Luther wankte nicht und erklärte: »Ich will gen Worms, wenngleich so viel Teufel drinnen wären als immer Ziegel auf ihren Dächern!« (DAGR, VII, 7)

Bei seiner Ankunft in Worms strömte eine große Menge zu den Stadttoren, um ihn zu begrüßen. Ein so großer Menschenauflauf kam nicht einmal bei der Ankunft des Kaisers zusammen. Die Aufregung war groß, und in der Menge sang jemand mit schriller Stimme ein Beerdigungslied als Warnung für Luther, was für ein Schicksal ihm bevorstünde. »Gott wird mein Schutz sein«, sprach dieser mutig beim Verlassen des Wagens.

Die Anhänger des Papsttums hatten nicht geglaubt, dass Luther wirklich nach Worms kommen würde, und seine Ankunft erfüllte sie mit Bestürzung. Der Kaiser rief unverzüglich seine Berater zusammen, um die Vorgehensweise zu besprechen. Einer der Bischöfe, ein unbeugsamer Anhänger des Papsttums, erklärte: »Wir haben uns schon lange darüber beraten. Seine Kaiserliche Majestät möge diesen Mann beiseite tun und ihn umbringen lassen. Sigismund hat den Johann Hus ebenso behandelt; einem Ketzer braucht man kein freies Geleit zu geben oder zu halten.« »Nein«, entschied der Kaiser, »wir müssen unser Wort halten.« (DAGR, VII, 8; vgl. RDG, I, 330 ff) Deshalb wurde entschieden, den Reformator anzuhören.

Die ganze Stadt wollte diesen außergewöhnlichen Mann sehen, und bald war seine Unterkunft voller Besucher. Luther hatte sich kaum von einer kürzlich erlittenen Krankheit erholt. Er war auch noch müde von der Reise, die volle zwei Wochen gedauert hatte. Er musste sich auf die wichtigen Ereignisse des folgenden Tages vorbereiten und brauchte Ruhe und Entspannung. Der Wunsch, ihn zu sehen, war jedoch so groß, dass er sich nur einige Stunden Ruhe gönnen konnte, bevor sich Edelleute, Ritter, Priester und Bürger um ihn scharten. Unter ihnen gab es viele Adlige, die vom Kaiser so mutig eine Abschaffung der kirchlichen Missbräuche verlangt hatten und, wie Luther sich ausdrückte, »alle durch mein Evangelium frei geworden waren« (MLTL, 393). Freund und Feind wollten den unerschrockenen Mönch sehen. Er empfing sie ruhig und beherrscht und beantwortete alle Fragen mit Würde und Weisheit. Er war standhaft und mutig. Sein bleiches und hageres Gesicht war von Mühe und Krankheit gezeichnet, hatte aber einen freundlichen und sogar freudigen Ausdruck. Der feierliche Ernst seiner Worte strahlte eine unwiderstehliche Kraft aus, die selbst seine Feinde nicht unberührt ließ. Freund und Feind wunderten sich über ihn. Manche waren überzeugt, dass er von Gott geleitet war. Andere äußerten ähnliche Bemerkungen wie die Pharisäer über Christus: »Er hat einen Teufel.«

Am folgenden Tag wurde Luther aufgefordert, vor dem Reichstag zu erscheinen. Ein kaiserlicher Beamter wurde beauftragt, ihn in den Empfangssaal zu führen. Nur mit Mühe erreichte er aber diesen Ort. An jedem Zugang standen Schaulustige, die jenen Mönch sehen wollten, der es gewagt hatte, der Autorität des Papstes Widerstand zu leisten.

Gerade wollte Luther vor seine Richter treten, als ein alter Feldherr und Sieger mancher Schlacht freundlich zu ihm sagte: »Mönchlein, Mönchlein, du hast jetzt einen Gang zu tun, dergleichen ich und mancher Oberster auch in unsern blutigsten Schlachten nicht getan haben. Aber ist dein Anliegen gerecht und deine Sache sicher, so fahre in Gottes Namen fort und sei nur getrost, Gott wird dich nicht verlassen.«[34] (DAGR, VII, 8; vgl. SAS, III, 54)

VOR DEM REICHSTAG

Schließlich stand Luther vor dem Reichstag. Der Kaiser saß auf seinem Thron und war umgeben von den erlauchtesten Persönlichkeiten des Reichs.

---

34 Es handelte sich um den Landsknechtführer Georg von Frundsberg, der Luther mit den zitierten Worten ermutigend auf die Schulter geklopft haben soll.

Nie zuvor war ein Mensch einer eindrucksvolleren Versammlung gegenübergetreten. Hier sollte Martin Luther für seinen Glauben Rede und Antwort stehen. »Sein Erscheinen allein war ein außerordentlicher Sieg über das Papsttum. Der Papst hatte diesen Mann verurteilt, und dieser stand jetzt vor einem Gericht, das sich dadurch über den Papst stellte. Der Papst hatte ihn in den Bann getan, von aller menschlichen Gesellschaft ausgestoßen, und dennoch war er mit höflichen Worten vorgeladen und erschien nun vor der erlauchtesten Versammlung der Welt. Der Papst hatte ihn zu ewigem Schweigen verurteilt und jetzt sollte er vor Tausenden aufmerksamer Zuhörer aus den fernsten Ländern der Christenheit reden. So kam durch Luther eine gewaltige Revolution zustande: Rom stieg von seinem Thron herab und das Wort eines Mönches gab die Veranlassung.« (DAGR, VII, 8)

Vor dieser mächtigen adligen Versammlung schien der Reformator, der aus einfachen Verhältnissen stammte, eingeschüchtert und verlegen. Mehrere Fürsten bemerkten seine Gefühlsregungen, und einer von denen, die sich ihm genähert hatten, flüsterte ihm zu: »Fürchtet Euch nicht vor denen, die den Leib töten und die Seele nicht mögen töten.« Ein anderer sagte: »Wenn Ihr vor Fürsten und Könige geführt werdet um meinetwillen, wird es Euch durch den Geist Eures Vaters gegeben werden, was Ihr reden sollt.« (Siehe MLL, 53.) Aus dem Mund großer weltlicher Herren stärkten die Worte Christi seinen Diener in der Stunde der Prüfung.

Luther wurde direkt vor den Thron des Kaisers geführt. Es herrschte Totenstille im überfüllten Saal. Dann erhob sich ein kaiserlicher Beamter, zeigte auf einen Stapel Bücher und wollte von Luther zwei Fragen beantwortet haben: ob er dieselben als die seinigen anerkenne und ob er die Ansichten widerrufen wolle, die er darin verbreitet hatte. Nachdem die Buchtitel vorgelesen worden waren, antwortete Luther, indem er die erste Frage bestätigte, diese Bücher geschrieben zu haben. »Was die zweite Frage betrifft«, fuhr er fort, »weil dies eine Frage vom Glauben und der Seelen Seligkeit ist und das göttliche Wort betrifft, was das höchste ist im Himmel und auf Erden ... da wäre es vermessen und sehr gefährlich, etwas Unbedachtes auszusprechen. Ich könnte ohne vorherige Überlegung leicht weniger behaupten, als die Sache erfordert, oder mehr als der Wahrheit gemäß wäre, und durch das eine und andere jenem Urteile Christi verfallen: ›Wer mich verleugnet vor den Menschen, den werde ich vor meinem himmlischen Vater auch verleugnen‹ (Matthäus 10,33). Deshalb bitte ich Eure Kaiserliche Majestät aufs Alleruntertänigste um Bedenkzeit, damit ich ohne Nachteil für das göttliche Wort und ohne Gefahr für meine Seele dieser Frage genugtue.« (DAGR, VII, 8; vgl. LEA, LXIV, 377 ff; op. lat. XXXVII, 5-8)

Es war klug von Luther, dieses Gesuch zu stellen. Sein Vorgehen überzeugte die Versammlung davon, dass er nicht impulsiv oder unüberlegt handelte. Solche Ruhe und Selbstbeherrschung, die von einem Menschen nicht erwartet wurden, der stets kühn und unnachgiebig war, trug zu seiner Überlegenheit bei und befähigte ihn später, seine Antworten mit Vorsicht, Entschiedenheit, Weisheit und Würde vorzutragen, was seine Gegner überraschte und enttäuschte und ihre Anmaßung und ihren Stolz bändigte.

UNTER DEM SCHUTZ GOTTES

Am folgenden Tag musste er wieder erscheinen, um seine endgültige Antwort zu geben. Als er darüber nachdachte, welch große Mächte sich gegen die Wahrheit verbündet hatten, verließ ihn für einige Augenblicke der Mut. Sein Glaube schwankte, Furcht und Zittern ergriffen ihn und Schrecken überwältigte ihn. Gefahren türmten sich vor ihm auf, seine Feinde schienen zu siegen, und die Mächte der Finsternis die Oberhand zu gewinnen. Wolken umgaben ihn und schienen ihn von Gott zu trennen. Er sehnte sich nach der Gewissheit, dass der Herr der Heerscharen mit ihm sei. In seiner Seelennot warf er sich auf sein Angesicht und stieß jene gebrochenen und herzzerreißenden Schreie aus, die niemand außer Gott völlig verstehen kann.

Er betete: »Allmächtiger, ewiger Gott! Wie ist es nur ein Ding um die Welt! Wie sperrt sie den Leuten die Mäuler auf, und ich habe so wenig Vertrauen in dich. ... Wenn es nur die Kraft dieser Welt ist, in die ich mein Vertrauen setze, ist alles vorbei. ... Meine letzte Stunde ist gekommen, meine Verdammung ist ausgesprochen. ... Ach Gott! O du mein Gott, stehe du mir bei wider alle Welt, Vernunft und Weisheit. Tue du es; du musst es tun, du allein. Ist es doch nicht meine, sondern deine Sache. Habe ich doch für meine Person hier nichts zu schaffen und mit diesen großen Herren der Welt zu tun. ... Aber dein ist die Sache, Herr, die gerecht und ewig ist. Stehe mir bei, du treuer, ewiger Gott! Ich verlasse mich auf keinen Menschen. Es ist umsonst und vergebens, es hinket alles, was fleischlich ist. ... Hast du mich dazu erwählet? ... Steh mir bei in dem Namen deines lieben Sohnes Jesu Christi, der mein Schutz und Schirm sein soll, ja meine feste Burg.« (DAGR, vgl. LEA, LXIV, 289 ff.)

Eine weise Vorsehung hatte Luther seine Notlage erkennen lassen, damit er nicht auf seine eigene Kraft vertraute und sich selbstsicher in Gefahr stürzte. Es war jedoch keine Furcht vor persönlichem Leiden, keine Angst vor Folter oder Tod, die ihm unmittelbar drohten und ihn nun mit Schrecken erfüllten. Er war an einem Punkt angekommen, wo er alleine nicht mehr weiter wusste. Durch seine Schwäche hätte die Sache der Wahrheit Schaden erleiden können. Er rang mit Gott nicht um seine eigene Sicherheit, sondern um den Sieg des Evangeliums. Seine Angst glich dem Ringen Jakobs an dem einsamen Bach. Wie Israel errang auch er den Sieg vor Gott. In seiner vollkommenen Hilflosigkeit klammerte er sich an Christus, den mächtigen Befreier. Er wurde gestärkt durch die Zusicherung, dass er nicht allein vor den Reichstag treten müsse. Friede kehrte in seine Seele zurück, und er freute sich, dass es ihm vergönnt war, das Wort Gottes vor all den Herrschern dieser Welt hochzuhalten.

In festem Gottvertrauen bereitete sich Luther auf den ihm bevorstehenden Kampf vor. Er überlegte, wie er antworten könnte, sah Stellen in seinen eigenen Schriften durch und suchte in der Heiligen Schrift nach passenden Beweisen, die seine Positionen stützten. Dann legte er seine linke Hand auf die Heilige Schrift, die offen vor ihm lag, hob seine rechte Hand zum Himmel und gelobte, »dem Evangelium treu zu bleiben und seinen Glauben frei zu bekennen, sollte er ihn auch mit seinem Blute besiegeln« (DAGR, VII, 8).

Als er wieder in den Reichstag geführt wurde, zeigte sein Gesicht keine Spuren von Furcht und Verlegenheit. Ruhig und friedvoll, dennoch erhaben, großmütig und edel stand er als Zeuge Gottes vor den Großen dieser Welt. Der Kaiserliche Beamte verlangte nun nach der Entscheidung. War Luther jetzt gewillt, seine Lehren zu widerrufen? In gedämpftem und bescheidenem Ton, maßvoll und ohne Erregung trug Luther seine Antwort vor. Sein Benehmen war zurückhaltend und ehrerbietig, strahlte jedoch zur Überraschung der Versammlung dennoch Zuversicht und Freude aus.

BESCHEIDEN, ABER DEUTLICH

Seine Antwort lautete: »Allerdurchlauchtigster, großmächtigster Kaiser, durchlauchtigste Fürsten, gnädigste und gnädig Herren! Auf die Bedenkzeit, mir auf gestrigen Abend ernannt, erscheine ich gehorsam und bitte durch die Barmherzigkeit Gottes Eure Kaiserliche Majestät um Gnaden, dass sie wollen, wie ich hoffe, diese Sachen der Gerechtigkeit und Wahrheit gnädiglich zuhören, und so ich von wegen meiner Unerfahrenheit ... wider die höfischen Sitten handle, mir solches gnädig zu verzeihen als einem, der nicht an fürstlichen Höfen erzogen, sondern in Mönchswinkeln aufgekommen.« (DAGR, VII, 8; vgl. LEA, LXIV, 378)

Dann ging er zu den Fragen über und betonte, dass seine Bücher nicht alle denselben Charakter hätten. Einige handelten vom Glauben und von guten Werken, und auch seine Widersacher hätten diese nicht nur als harmlos sondern auch als nützlich bezeichnet. Diese zu widerrufen hieße Wahrheiten verdammen, zu denen sich alle Seiten bekennen. Die zweite Art bestünde aus Schriften, die die Sittenverderbnis und Machtmissbräuche des Papsttums behandelten. Diese Werke zu widerrufen hieße, die Gewaltherrschaft Roms zu stärken und das Tor zur Gottlosigkeit noch weiter zu öffnen. In der dritten Art von Büchern würden Einzelpersonen angegriffen, die bestehende Übelstände verteidigt hätten. Hier gab er freimütig zu, dass er heftiger gewesen sei als es sich gezieme. Er erhebe keineswegs Anspruch auf Fehlerlosigkeit, doch auch diese Bücher könne er nicht widerrufen, denn sonst würden die Feinde der Wahrheit in ihrer Kühnheit nur noch bestärkt und das Volk mit noch größerer Grausamkeit unterdrückt.

»Dieweil aber ich ein Mensch und nicht Gott bin«, setzte er fort, »so mag ich meine Büchlein anders nicht verteidigen, denn mein Herr Jesus Christus seine Lehre unterstützt hat: ›Habe ich übel geredet, so beweise es‹ (vgl. Johannes 18,23). Derhalben bitte ich durch die Barmherzigkeit Gottes Eure Kaiserliche Majestät und Gnaden, oder aber alle andern Höchsten und Niedrigen mögen mir Zeugnis geben, mich des Irrtums überführen, mich mit prophetischen und evangelischen Schriften überwinden. Ich will auf das Allerwilligste bereit sein, so ich dessen überwiesen werde, alle Irrtümer zu widerrufen und der Allererste sein, meine Bücher in das Feuer zu werfen.

Aus welchem allem ist, meine ich, offenbar, dass ich genügsam bedacht, erwogen und ermessen habe die Gefahr, Zwietracht, Aufruhr und Empörung, so wegen meiner Lehre in der Welt erwachsen ist. ... Wahrlich, mir ist das Liebste zu hören, dass wegen des göttlichen Wortes sich Misshelligkeit und Uneinigkeit erheben wie in früheren Zeiten; denn das ist der Charakter und die Bestimmung des göttlichen Wortes, wie der Herr selbst sagt: ›Ich bin nicht gekommen, Frieden zu senden, sondern das Schwert.‹ (Matthäus 10,34) ... Darum müssen wir bedenken, wie wunderbar und schrecklich unser Gott ist in seinen Gerichten, auf dass nicht das, was jetzt unternommen wird, um die Uneinigkeit beizulegen, hernach, so wir den Anfang dazu mit Verdammung des göttlichen Wortes machen, vielmehr zu einer Sintflut unerträglicher Übel ausschlage. ... Ich könnte dafür reichlich Exempel bringen aus der Heiligen Schrift, von Pharao, den Königen zu Babel und von den Königen Israels, welche gerade dann am meisten Verderben sich bereitet haben, wenn sie mit den klügsten Reden und Anschlägen ihr Reich zu befrieden und zu befestigen dachten. Denn der Herr ist's, der die Klugen erhascht in ihrer Klugheit und die Berge umkehrt, ehe sie es innewerden;

darum tut's Not, Gott zu fürchten.« (DAGR, VII, 8; vgl. LEA, LXIV, 379-382; op. lat. XXXVII, 11-13)

Luther hatte deutsch gesprochen. Nun wurde er aufgefordert, dieselben Worte auf Lateinisch zu wiederholen. Obwohl er durch die bisherigen Ausführungen erschöpft war, willigte er ein und trug seine Rede nochmals mit gleicher Klarheit und Deutlichkeit vor. Gott führte auch hier. Viele Fürsten waren durch Irrtum und Aberglauben so verblendet, dass sie die Kraft der Argumentation bei Luthers erster Rede nicht richtig erfassen konnten, doch durch die Wiederholung waren sie in der Lage, die Ausführungen klar zu verstehen.

SO HELFE MIR GOTT!

Abgeordnete, die ihre Augen hartnäckig vor dem Licht verschlossen und nicht bereit waren, sich von der Wahrheit überzeugen zu lassen, gerieten durch die vollmächtigen Worte Luthers in Wut. Als er seine Rede beendet hatte, sagte der Sprecher des Reichstags zornig: »Sie haben die Fragen nicht beantwortet, die Ihnen vorgelegt wurden. ... Sie werden hiermit aufgefordert, klar und deutlich zu antworten. ... Wollen Sie widerrufen oder nicht?«

Darauf erwiderte der Reformator: »Weil denn Eure Majestät und die Herrschaften eine einfache Antwort begehren, so will ich eine geben, die weder Hörner noch Zähne hat, dermaßen: Wenn ich nicht durch Zeugnisse der Schrift und klare Vernunftgründe überzeugt werde; denn weder dem Papst noch den Konzilien allein glaube ich, da es feststeht, dass sie öfter geirrt und sich selbst widersprochen haben, so bin ich durch die Stellen der Heiligen Schrift, die ich angeführt habe, überwunden in meinem Gewissen und gefangen in dem Worte Gottes. Daher kann und will ich nichts widerrufen, weil wider das Gewissen etwas zu tun weder sicher noch heilsam ist. Hier stehe ich, ich kann nicht anders, Gott helfe mir, Amen.« (DAGR, VII, 8; vgl. LEA, LXIV, 382 ff.)

Damit stellte sich dieser rechtschaffene Mann auf das sichere Fundament des Wortes Gottes. Das Licht des Himmels erleuchtete sein Angesicht. Die Größe und Reinheit seines Charakters, sein Friede und seine Herzensfreude wurden jedermann deutlich, als er gegen die Macht des Irrtums aussagte und die Überlegenheit des Glaubens bezeugte, der die Welt überwindet.

Der ganzen Versammlung hatte es vor Verwunderung eine Zeit lang die Sprache verschlagen. Seine erste Antwort hatte Luther in leisem Ton und in ehrerbietiger, fast unterwürfiger Art vorgetragen. Die Anhänger Roms deuteten dies als ein Zeichen, dass ihm der Mut sank. Sein Gesuch um Bedenkzeit betrachteten sie als Vorbereitung zum Widerruf. Kaiser Karl, der halb verächtlich die erschöpfte Gestalt, das schlichte Äußere und das einfache Auftreten des Mönchs betrachtete, hatte selbst erklärt: »Dieser Mönch soll mich nicht zum Ketzer machen.« Der Mut und die Festigkeit, die Luther nun an den Tag legte, überraschte die Parteien ebenso wie die Kraft und die Klarheit seiner Argumente. Der Kaiser war vor Bewunderung hingerissen und rief: »Dieser Mönch redet unerschrocken, mit getrostem Mut!« Viele deutsche Fürsten blickten mit Stolz und Freude auf diesen Vertreter ihrer Nation.

Die Anhänger Roms waren geschlagen. Ihre Sache erschien in einem äußerst ungünstigen Licht. Um ihre Macht zu erhalten, beriefen sie sich nicht etwa auf die Heilige Schrift, sondern flüchteten sich in Drohungen, einem stets erfolgreichen Machtmittel Roms. Der Sprecher des Reichstags sagte: »Falls Ihr nicht widerruft, werden der Kaiser und die Fürsten und die Stände miteinander beraten, wie mit einem solch unkorrigierbaren Ketzer verfahren werden müsse.«

Luthers Freunde, die freudig seiner vortrefflichen Verteidigungsrede zugehört hatten, zitterten bei diesen Worten. Aber der Doktor selbst bemerkte gelassen: »So helf mir Gott, denn einen Widerruf kann ich nicht tun.« (DAGR, VII, 8; vgl. WLS, XV, 2234/2235)

LEGAT UND KAISER ...

Luther wurde angewiesen, den Saal zu verlassen, während sich die Fürsten zur Beratung versammelten. Sie erkannten, dass es zu einer großen Krise gekommen war. Luthers beharrliche Weigerung, sich zu fügen, könnte die Geschichte der Kirche für Jahrhunderte beeinflussen. Es wurde beschlossen, ihm nochmals Gelegenheit zum Widerruf zu geben. Er wurde zum letzten Mal vor den Reichstag gebracht. Wiederum wurde ihm die Frage gestellt, ob er seine Lehren widerrufen wolle. Luther wiederholte: »Ich weiß keine andere Antwort zu geben wie die bereits vorgebrachte.« (LLA, XVII, 580) Es war offensichtlich, dass er weder durch Versprechungen noch durch Drohungen dazu bewegt werden konnte, den Anweisungen Roms Folge zu leisten.

Die Vertreter Roms ärgerten sich, dass ihre Macht, die Könige und Adlige hatte erzittern lassen, von einem bescheidenen Mönch derart missachtet wurde. Er sollte ihren Zorn zu spüren bekommen, und sie wollten ihn zu Tode foltern. Obwohl Luther die drohende Gefahr erkannte, sprach er alle in christlicher Würde und Gelassenheit an. Seine Worte waren frei von Stolz, Eifer und Verdrehungen. Er hatte sich selbst und die großen Männer um sich herum völlig aus den Augen verloren und fühlte sich in der Gegenwart dessen, der unendlich höher war als Päpste, Prälaten, Könige und Kaiser. Christus hatte durch Luthers Zeugnis mit einer solchen Vollmacht und Erhabenheit gesprochen, dass Freund und Feind vorübergehend in Ehrfurcht und Staunen versetzt wurden. Der Geist Gottes war in jener Versammlung zugegen und ergriff die Herzen der Großen des Reichs. Mehrere Fürsten anerkannten mutig, dass Luthers Sache richtig war. Viele waren von der Wahrheit überzeugt, aber bei einigen währten die Eindrücke nicht lange. Dann gab es eine andere Gruppe, die sich zunächst mit ihrer Meinung zurückhielt, die aber die Schrift durchforschte und später zu furchtlosen Unterstützern der Reformation wurden.

Kurfürst Friedrich von Sachsen war gespannt auf Luthers Auftritt vor dem Reichstag und lauschte seiner Rede tief gerührt. Mit Stolz und Freude verfolgte er den Mut, die Entschlossenheit und Selbstbeherrschung des Gelehrten und war mehr denn je entschlossen, diesen Mann zu verteidigen. Als er die streitenden Parteien miteinander verglich, erkannte er, dass die Weisheit von Päpsten, Königen und Prälaten durch die Macht der Wahrheit zunichte gemacht worden war. Das Papsttum hatte eine Niederlage erlitten, die unter allen Völkern und zu allen Zeiten spürbar bleiben sollte.

Als der Legat erkannte, welche Wirkung Luthers Rede auf die Zuhörer ausgeübt hatte, fürchtete er wie nie zuvor um den Erhalt der römischen Macht. Er war bereit, jedes ihm zur Verfügung stehende Mittel einzusetzen, um den Reformator zu beseitigen. Mit all seiner Beredsamkeit und seinem diplomatischen Geschick, das ihn in so hohem Maße auszeichnete, warnte er den jungen Kaiser (etwa 21-jährig) vor der Torheit und Gefahr, die Freundschaft und Unterstützung des mächtigen Heiligen Stuhls wegen eines unbedeutenden Mönchs aufs Spiel zu setzen.

Seine Worte blieben nicht ohne Wirkung. Schon am Tag nach Luthers Antwort teilte Karl[35] dem Reichstag mit, dass er entschlossen sei, die Politik seiner Vorfahren weiterzuführen, die katholische Religion zu schützen und zu erhalten. Da sich Luther geweigert habe, seinen Irrtümern abzuschwören, müssten nun die schwersten Maßnahmen gegen ihn und seine ketzerischen Lehren ergriffen werden.»Es sei offenkundig, dass ein durch seine eigene Torheit verleiteter Mönch der Lehre der ganzen Christenheit widerstreite ... so bin ich fest entschlossen, alle meine Königreiche, meine Schätze, meine Freunde, meinen Leib, mein Blut, meine Seele und mein

---

35   Siehe Glossar »Kaiser Karl V.«, S. 664.

Leben daran zu setzen, dass dies gottlose Vornehmen nicht weiter um sich greife. ... Ich gebiete demnach, dass er sogleich nach der Vorschrift des Befehls wieder heimgebracht werde und sich laut des öffentlichen Geleites in Acht nehme, nirgends zu predigen, noch dem Volk seine falschen Lehren weiter vorzutragen. Denn ich habe fest beschlossen, wider ihn als einen offenbaren Ketzer zu verfahren. Und begehre daher von Euch, dass Ihr in dieser Sache dasjenige beschließet, was rechten Christen gebührt und wie Ihr zu tun versprochen habt.« (DAGR, VII, 9; vgl. WLS, XIV, 2236/2237) Dennoch erklärte der Kaiser, dass das freie Geleit eingehalten werden und Luther zuerst sicher nach Hause kommen müsse, bevor Maßnahmen gegen ihn ergriffen werden könnten.

... GEGEN DEUTSCHE FÜRSTEN

Zwei gegensätzliche Meinungen stießen nun im Reichstag aufeinander. Die Gesandten und Vertreter des Papstes forderten von neuem, das freie Geleit für den Reformator nicht zu beachten. »Der Rhein«, sagten sie, »sollte seine Asche aufnehmen, wie dies hundert Jahre zuvor bei Hus der Fall war.« (DAGR, VII, 9) Doch die deutschen Fürsten, obwohl päpstlich gesinnt und offene Feinde Luthers, protestierten gegen einen solch offensichtlichen Treuebruch, da er ein Makel für die Ehre der Nation wäre. Sie wiesen auf das Unheil hin, das auf Hus' Tod folgte, und gaben deutlich zu verstehen, dass sie nicht gewillt waren, eine Wiederholung dieser schrecklichen Ereignisse über Deutschland und auf das Haupt ihres jugendlichen Kaisers hereinbrechen zu lassen.

Karl selbst erwiderte auf den niederträchtigen Vorschlag: »Wenn Treue und Glauben nirgends mehr gelitten würden, sollten doch solche an den fürstlichen Höfen ihre Zuflucht finden.« (DAGR, VII, 9; vgl. SCL, 357) Die erbittertsten unter den päpstlichen Feinden Luthers drangen noch weiter auf den Kaiser ein. Er sollte mit dem Reformator so verfahren, wie einst König Sigismund mit Jan Hus, als dieser ihn der Ungnade der Kirche überließ. Aber Karl V. erinnerte sich an die Begebenheit, als Hus in der öffentlichen Versammlung auf seine Ketten hinwies und den Monarchen an sein abgegebenes Versprechen erinnerte. Deshalb erklärte er: »Ich will nicht wie Sigismund erröten!« (DAGR, VII, 9; vgl. LHC, 1, 3, 404)

Karl hatte die Wahrheiten, die Luther verkündigt hatte, jedoch ganz bewusst verworfen. »Ich bin fest entschlossen«, schrieb der Herrscher, »in die Fußstapfen meiner Ahnen zu treten.« (SGR, VII, 9) Er hatte entschieden, nicht von dem Pfad der gewohnten Tradition abzuweichen, auch nicht, um auf den Wegen der Wahrheit und der Gerechtigkeit zu gehen. Er würde das Papsttum trotz all seiner Grausamkeit und Korruption stützen, weil das schon seine Väter getan hatten. Damit hatte er seinen Standpunkt eingenommen, und so verwarf er alles Licht, das über die Erkenntnis seiner Väter hinausging, und lehnte jede weitergehende Verpflichtung ab.

MUTIG UND STANDHAFT

Heutzutage klammern sich viele in gleicher Weise an die Gewohnheiten und Traditionen ihrer Väter. Wenn der Herr ihnen weiteres Licht übermittelt, lehnen sie es ab, weil sie meinen: Was er den Vätern nicht gezeigt hat, gilt auch nicht für sie. Wir befinden uns jedoch nicht mehr dort, wo unsere Väter waren und deshalb sind auch unsere Pflichten und Verantwortlichkeiten nicht mehr die gleichen. Gott wird es nicht gutheißen, wenn wir lediglich auf das Beispiel unserer Väter blicken und für die Bestimmung unserer Pflichten das Wort der Wahrheit nicht selbstständig untersuchen. Unsere Verantwortung ist größer als die unserer Vorfahren. Wir sind nicht nur für jenes Licht verantwortlich, welches sie bereits empfangen und uns als Erbe hinterlassen haben, sondern zusätzlich auch für solches, das uns heute aus dem Wort Gottes erleuchtet.

Christus sagte von den ungläubigen Juden: »Wenn ich nicht gekommen wäre und hätte es ihnen gesagt, so hätten sie keine Sünde; nun aber können sie nichts vorbringen, um ihre Sünde zu entschuldigen.« (Johannes 15,22) Dieselbe göttliche Macht sprach durch Luther zum Kaiser und zu den deutschen Fürsten. Und als das Licht aus Gottes Wort erstrahlte, sprach sein Geist zum letzten Mal zu Vielen der Versammelten. So wie der Stolz und sein Streben nach Beliebtheit Pilatus viele Jahrhunderte zuvor dazu gebracht hatte, sein Herz vor dem Erlöser der Welt zu verschließen; so wie Felix dem Boten der Wahrheit zitternd geboten hatte: »Für diesmal geh! Zu gelegener Zeit will ich dich wieder rufen lassen« (Apostelgeschichte 24,25), und so wie der stolze Agrippa bekannt hatte: »Es fehlt nicht viel, so wirst du mich noch überreden und einen Christen aus mir machen« (Apostelgeschichte 26,28) und sich von der Botschaft vom Himmel abwandte, so unterwarf sich auch Karl V. dem Diktat des weltlichen Stolzes und der Politik und verschmähte das Licht der Wahrheit.

Gerüchte über die Absichten gegen Luther machten die Runde und brachten die ganze Stadt in Aufregung. Der Reformator hatte viele Freunde gewonnen, die die hinterhältigen Grausamkeiten Roms gegen all jene kannten, die es gewagt hatten, die Verdorbenheit der Kirche aufzudecken.

Sie beschlossen, dass Luther nicht geopfert werden dürfe. Hunderte von Adligen verpflichteten sich, ihn zu schützen. Nicht wenige rügten die Botschaft des Kaisers öffentlich als ein Zeugnis von Schwäche vor der Vorherrschaft Roms. An Haustüren und auf öffentlichen Plätzen wurden Plakate aufgehängt, von denen einige die Verurteilung, andere die Unterstützung Luthers forderten. Auf einem waren nur die bedeutungsvollen Worte des weisen Salomos geschrieben: »Weh dir, Land, dessen König ein Kind ist!« (Prediger 10,16) In ganz Deutschland war die Begeisterung des Volkes für Luther spürbar. Sowohl dem Kaiser als auch dem Reichstag war damit klar, dass jedes Unrecht, das ihm zugefügt würde, den Frieden im Reich und sogar die Sicherheit des Thrones gefährden würde.

Friedrich von Sachsen hielt sich mit seinen wirklichen Gefühlen für den Reformator wohlweislich zurück, während er gleichzeitig unermüdlich ein Auge auf ihn hatte und seine Wege und die seiner Feinde überwachte. Viele machten jedoch keinen Hehl aus ihrer Sympathie für Luther. Er wurde von Fürsten, Grafen, Baronen und anderen einflussreichen Persönlichkeiten kirchlichen und weltlichen Standes besucht. »Das kleine Zimmer des Doktors konnte die vielen Besucher, die sich vorstellten, nicht fassen«, schrieb Spalatin (MLTL, I; vgl. LEA, op. lat XXXVII, 15/16). Die Leute starrten auf ihn, als wäre er mehr als ein Mensch. Selbst solche, die seinen Lehren nicht glaubten, konnten seine Rechtschaffenheit nur bewundern, die ihm den Mut gab, eher den Tod zu erleiden als sein Gewissen zu verletzen.

Alles wurde unternommen, um Luther zu einem Kompromiss mit Rom zu bewegen. Adlige und Fürsten machten ihm klar, dass er bald aus dem Reich verbannt würde und nicht mehr verteidigt werden könne, falls er gegen die Beschlüsse von Kirche und Reichstag weiterhin sein eigenes Urteil durchsetzen wolle. Auf diese Bitte antwortete Luther: »Das Evangelium Christi kann nicht ohne Widerstand verkündigt werden. ... Warum sollte dann die Furcht oder die Ahnung von Gefahr mich vom Herrn trennen und vom göttlichen Wort, das allein die Wahrheit ist? Nein, ich würde vielmehr meinen Leib, mein Leben und mein Blut dahingeben.« (DAGR, VII, 10; vgl. LEA, op. lat. XXXVII, 18)

Erneut wurde er gedrängt, sich dem Urteil des Kaisers zu unterwerfen, denn dann hätte er nichts zu befürchten. Luther erwiderte: »Ich stimme von ganzem Herzen zu, dass der Kaiser, die Fürsten oder der geringste Christ meine Bücher prüfen und mein Werk beurteilen, aber nur unter der Bedingung, dass das Wort Gottes die Grundlage ist. Die Menschen müssen nur diesem allein gehorchen. Tut meinem Gewissen keine Gewalt an, das gebunden ist an die Heilige Schrift.« (DAGR, VII, 10)

Einem anderen Aufruf entgegnete er: »Ich will eher das sichere Geleit aufgeben. Ich lege meine Person und mein Leben in die Hand des Kaisers, doch niemals Gottes Wort – nie!« (DAGR, VII, 10) Er erklärte seine Bereitschaft, sich der Entscheidung eines allgemeinen Konzils zu unterwerfen, aber nur unter der Bedingung, dass es nach der Schrift entscheide. »Was das Wort Gottes und den Glauben anbelangt«, fügte er hinzu, »so kann jeder Christ ebenso gut urteilen wie der Papst es für ihn tun könnte, sollten ihn auch eine Million Konzilien unterstützen.« (MLTL, I,; vgl. LHA, II, 107) Freunde und Feinde waren schließlich überzeugt, dass weitere Vermittlungsversuche zwecklos seien.

Hätte der Reformator in nur einem einzigen Punkt nachgegeben, hätten Satan und seine Heere den Sieg errungen. Doch seine standhafte Entschlossenheit brachte der Kirche die Befreiung und führte sie in ein neues und besseres Zeitalter. Der Einfluss dieses einen Mannes, der es gewagt hatte, in religiösen Fragen selbstständig zu denken und zu handeln, sollte die Kirche und die Welt nicht nur zu seiner Zeit verändern, sondern für alle zukünftigen Generationen. Seine Entschlossenheit und Treue sollten bis zum Ende der Zeit ein Vorbild für alle sein, die ähnliche Erfahrungen machen müssen. Die Macht und Majestät Gottes überragten den Rat der Menschen und die mächtige Kraft Satans.

DIE ENTLASSUNG

Dann wurde Luther mit kaiserlicher Autorität befohlen, nach Hause zurückzukehren, und er wusste, dass dieser Entlassung bald seine Verurteilung folgen würde. Dunkle Wolken hingen über seinem Weg, doch als er Worms verließ, erfüllten Freude und Lobpreis sein Herz. »Der Teufel hat auch wohl verwahret des Papstes Regiment und wollte es verteidigen; aber Christus machte ein Loch darein, und Satan wurde gezwungen, einem Herrn, höher als er selbst, zu gehorchen.« (DAGR, VII, 11; vgl. LLA, XVII, 589)

Nach seiner Abreise – noch immer mit dem Wunsch erfüllt, dass man seine Entschlossenheit nicht als Auflehnung missdeuten möchte – schrieb Luther an den Kaiser: »Gott, der ein Herzenskündiger ist, ist mein Zeuge, dass ich in aller Untertänigkeit Eurer Kaiserlichen Majestät Gehorsam zu leisten ganz willig und bereit bin, es sei durch Leben oder Tod, durch Ehre, durch Schande, Gut oder Schaden. Ich habe auch nichts vorbehalten als allein das göttliche Wort, in welchem der Mensch nicht allein lebt. ... In zeitlichen Sachen sind wir schuldig, einander zu vertrauen, weil derselben Dinge Unterwerfung, Gefahr und Verlust der Seligkeit keinen Schaden tut. Aber in

Gottes Sache und ewigen Gütern leidet Gott solche Gefahr nicht, dass der Mensch dem Menschen solches unterwerfe. ... Solcher Glaube und Unterwerfung ist das wahre rechte Anbeten und der eigentliche Gottesdienst und sollte nur dem Schöpfer dargebracht werden.« (DAGR, VII, 11; vgl. EMLB, XXI, 129-141, 28.04.1521)

Auf seiner Rückreise von Worms war Luthers Empfang in den Städten noch herzlicher als auf seiner Hinreise. Hochstehende Geistliche hießen den exkommunizierten Mönch willkommen, und weltliche Herrscher ehrten den Mann, der vom Kaiser geächtet wurde. Er wurde gebeten zu predigen, und trotz des kaiserlichen Verbots betrat er wiederum die Kanzel. »Ich habe nicht darein gewilligt, dass Gottes Wort gebunden werde«, sagte er, »noch will ich es.« (MLTL, I, 420; vgl. EMLB XXI, 154, 14.05.1521)

UNTER DIE REICHSACHT GESTELLT

Luther war noch nicht lange aus Worms abgereist, als die Vertreter des Papsttums beim Kaiser eine Reichsacht gegen den Reformator durchsetzten. Darin wurde Luther »nicht als ein Mensch, sondern als der böse Feind in Gestalt eines Menschen mit angenommener Mönchskutte« gebrandmarkt (DAGR, VII, 11; vgl. LEA, XXIV, 223-240). Es wurde befohlen, Maßnahmen gegen sein Werk zu ergreifen, sobald das freie Geleit abgelaufen war. Allen wurde verboten, ihn aufzunehmen, ihm Speise und Trank anzubieten, ihm öffentlich oder insgeheim durch Wort oder Tat zu helfen oder ihn zu unterstützen. Wo immer er sich aufhielt, sollte er festgenommen und der Obrigkeit ausgeliefert werden. Auch seine Anhänger sollten gefangen genommen und ihr Eigentum beschlagnahmt werden. Seine Schriften sollten vernichtet werden, und schließlich sollten alle, die es wagen würden, diesem Erlass zuwiderzuhandeln, ebenfalls verhaftet werden. Der Kurfürst von Sachsen und die Fürsten, die Luther wohlgesonnen waren, hatten Worms kurz nach dessen Abreise verlassen, und so konnte der Erlass des Kaisers vom Reichstag bestätigt werden. Nun frohlockte die römische Partei und sah das Schicksal der Reformation als besiegelt an.

AUF DIE WARTBURG ENTFÜHRT

Für diese Stunde der Gefahr hatte Gott seinem Diener einen Fluchtweg vorbereitet. Ein wachsames Auge hatte Luthers Wege verfolgt, und ein aufrichtiges und edles Herz hatte sich entschlossen, ihn zu retten. Es war eindeutig, dass Rom nur durch seinen Tod zufrieden gestellt werden konnte.

Nur durch ein Versteck konnte Luther aus den Klauen des Löwen in Sicherheit gebracht werden. Gott verlieh Friedrich von Sachsen die Weisheit für einen Plan, wie Luther bewahrt werden konnte. Zusammen mit wahren Freunden wurde dieses Vorhaben ausgeführt und Luther unauffindbar vor Freunden und Feinden versteckt. Auf seiner Heimreise wurde Luther ergriffen, von seinen Begleitern getrennt, in höchster Eile durch einsame Wälder verschleppt und auf eine abgelegene Festung, die Wartburg, gebracht. Seine Entführung geschah unter solch geheimnisvollen Umständen, dass selbst Friedrich lange nicht wusste, wohin der Reformator gebracht worden war. Der Kurfürst wurde mit voller Absicht in Unkenntnis gelassen, denn solange er nichts über Luthers Aufenthaltsort wusste, konnte er dazu keine Auskunft geben. Er begnügte sich mit der Gewissheit, dass der Reformator in Sicherheit war.

Frühling, Sommer und Herbst vergingen, der Winter kam, und Luther war immer noch ein Gefangener. Aleander und seine Freunde frohlockten, denn sie glaubten, das Licht des Evangeliums sei ausgelöscht. Stattdessen füllte der Reformator seine Lampe aus dem Speicher der Wahrheit auf, und das Licht leuchtete umso heller.

In der sicheren Abgeschiedenheit der Wartburg freute sich Luther eine Zeit lang über seine Geborgenheit vor der Hitze des Kampfgetümmels. Aber dann belasteten ihn die Stille und Ruhe. Er war an ein Leben der Tat und des harten Kampfes gewöhnt und konnte es schwer ertragen, untätig zu sein. An diesen einsamen Tagen dachte er oft an den Zustand der Kirche, und verzweifelt rief er: »Aber, es ist niemand, der sich aufmache und zu Gott halte oder sich zur Mauer stelle für das Haus Israel an diesem letzten Tage des Zorns Gottes!« (DAGR, IX, 2; vgl. EMLB, XXI, 148, 12.5. 1521, an Melanchthon) Wiederum waren seine Gedanken nach innen gerichtet, und er fürchtete, der Feigheit beschuldigt zu werden, weil er sich aus dem Zwist zurückgezogen hatte. Dann machte er sich Vorwürfe wegen seiner Passivität und der Behaglichkeit, in der er lebte. Doch er erreichte zu dieser Zeit mehr, als es für einen einzelnen Menschen möglich schien. Nie war seine Feder untätig. Während seine Feinde sich der Illusion hingaben, er sei zum Schweigen gebracht, wurden sie durch den Beweis des Gegenteils in Erstaunen und Verwirrung versetzt. Eine Fülle von Abhandlungen aus seiner Feder[36] machten in ganz Deutschland die Runde. Einen ganz besonderen Dienst erwies er seinen Volksgenossen durch die Übersetzung des Neuen Testaments ins Deutsche. Von seinem felsigen Patmos verkündigte er fast ein ganzes Jahr lang das Evangelium und tadelte die Sünden und Irrtümer seiner Zeit.

---

36 Siehe Glossar »Luthers literarische Tätigkeit während der Wartburgzeit«, S. 666.

Gott hatte seinen Diener aber nicht nur deswegen aus dem öffentlichen Leben genommen, um ihn vor dem Zorn seiner Feinde zu bewahren und ihm bei seiner wichtigen Aufgabe eine Zeit der Ruhe zu gönnen. Diese Zeit sollte noch weit wertvollere Ergebnisse hervorbringen. In der Einsamkeit und Abgeschiedenheit seines Zufluchtsortes in den Bergen war Luther von irdischen Helfern getrennt und fernab von menschlichem Lob. Das bewahrte ihn vor Stolz und Selbstsicherheit, die Erfolg sonst so oft hervorruft. Leid und Demütigung bereiteten ihn wiederum darauf vor, in der schwindelerregenden Höhe sicher zu gehen, auf die er so plötzlich erhoben worden war.

Wenn sich Menschen der Freiheit erfreuen, die die Wahrheit bringt, sind sie geneigt, jene zu loben, durch die Gott die Ketten ihres Irrtums und ihres Aberglaubens brechen ließ. Satan versucht immer wieder, die Gedanken und Neigungen des Menschen von Gott abzulenken und auf menschliche Mittler zu richten. Er bringt sie dazu, nur das Werkzeug zu ehren und die Hand, die alle Ereignisse durch Vorsehung lenkt, zu missachten. Nur allzu oft werden religiöse Verantwortungsträger gelobt und geehrt, die dann aber ihre Abhängigkeit von Gott vergessen und auf sich selbst vertrauen. Das Endergebnis davon ist, dass sie versuchen werden, das Gewissen und die Sinne der Menschen zu beherrschen, die sich dann der Führung dieser Leute anvertrauen, statt auf das Wort Gottes zu schauen. Das Werk der Erneuerung wird oft durch den Geist gehemmt, dem diese Anhänger unterliegen. Vor dieser Gefahr wollte Gott die Reformation bewahren. Er wollte, dass dieses Werk das Siegel Gottes und nicht das eines Menschen trug. Die Menschen hatten ihren Blick auf Luther, den Ausleger der Wahrheit gerichtet. Er wurde von ihnen genommen, damit sich alle dem ewigen Begründer der Wahrheit selbst zuwenden sollten.

KAPITEL 9

ZWINGLI, DER REFORMATOR DER SCHWEIZ

Bei der Wahl der Werkzeuge für die Erneuerung der Kirche wird der gleiche göttliche Plan sichtbar wie bei ihrer Gründung. Der himmlische Lehrer ging an den Großen der Welt, die Titel und Reichtum besaßen und es gewohnt waren als Anführer des Volkes Lob und Ehre zu empfangen, einfach vorüber. Diese waren in ihrer eingebildeten Überlegenheit nämlich so stolz und selbstsicher, dass sie gar nicht mehr dazu bewegt werden konnten, ihren Mitmenschen Anteilnahme zu zeigen und Mitarbeiter des demütigen Mannes von Nazareth zu werden. An die ungelernten, hart arbeitenden Fischer von Galiläa war der Ruf ergangen: »Folgt mir nach; ich will euch zu Menschenfischern machen.« (Matthäus 4,19) Diese Jünger waren demütig und ließen sich unterweisen. Je weniger sie von den Irrtümern ihrer Zeit beeinflusst waren, desto erfolgreicher konnte Christus sie unterrichten und für seinen Dienst ausbilden. So war es auch in den Tagen der großen Reformation. Die führenden Reformatoren stammten aus bescheidenen Verhältnissen. Es waren Männer, die einerseits ganz frei waren vom Stolz über ihre soziale Stellung und andererseits vom Einfluss der Frömmelei und den Machenschaften der Priesterklasse. Es liegt in Gottes Plan, durch den Einsatz bescheidener Werkzeuge große Ergebnisse zu erzielen. Auf diese Weise fällt die Ehre nicht den Menschen zu, sondern dem, der in ihnen »das Wollen und das Vollbringen bewirkt, zu seinem eigenen Wohlgefallen« (Philipper 2,13 ZÜ).

SCHULZEIT UND STUDIUM

Wenige Wochen nachdem Luther in der Hütte eines sächsischen Bergmanns zur Welt gekommen war, wurde Ulrich Zwingli am Fuß der Alpen im Haus eines Bergbauern (in Wildhaus im Toggenburg) geboren. Die

Umgebung, in der Zwingli aufwuchs und seine erste Bildung waren eine gute Vorbereitung für seine künftige Aufgabe. Er wuchs inmitten einer Bergwelt von natürlicher Schönheit und würdevoller Erhabenheit auf und erhielt schon früh einen Sinn für die Größe, Macht und Majestät Gottes. Die Berichte über die Heldentaten, die in seinen heimatlichen Bergen vollbracht wurden, entfachten in ihm jugendliche Sehnsüchte. Zu Füßen seiner frommen Großmutter lauschte er den wenigen kostbaren Erzählungen aus der Bibel, die ihr aus Legenden und Überlieferungen der Kirche zu Ohren gekommen waren. Gespannt hörte er von den großen Taten der Patriarchen und Propheten, von den Hirten, die ihre Herden auf den Hügeln von Palästina weideten, wo Engel mit ihnen sprachen, vom Kind zu Bethlehem und dem Mann auf Golgatha.

Wie Hans Luther wollte auch Zwinglis Vater seinem Sohn eine gute Ausbildung ermöglichen. Der Knabe musste daher sein heimatliches Tal schon bald verlassen. Sein Geist entwickelte sich rasch und schon bald stellte sich die Frage, wo es Lehrer gab, die sachkundig genug waren, um ihn auszubilden. So kam er mit 13 Jahren nach Bern, wo sich damals die bedeutendste Schule der Schweiz befand. Hier geriet er jedoch in eine Gefahr, die seine vielversprechende Zukunft bedrohte. Mönche bemühten sich beharrlich, ihn zum Eintritt in ein Kloster zu bewegen. Die Dominikaner- und Franziskanermönche konkurrierten um die Gunst des Volks. Mit glänzendem Schmuck in ihren Kirchen, prunkvollen Zeremonien und dem Zauber berühmter Reliquien und Wunder wirkender Bilder wetteiferten sie miteinander.

Die Berner Dominikaner erkannten, dass ihnen Profit und Ehre winkten, wenn sie diesen talentierten jungen Studenten für sich gewinnen könnten. Er war noch sehr jung, besaß eine natürliche Schreib- und Redegabe und hatte einzigartige musikalische und dichterische Fähigkeiten. Das würde ihre Gottesdienste für das Volk weit anziehender machen als all ihr Pomp und ihre Zurschaustellung und die Einnahmen für ihren Orden würden steigen. Mit List und Schmeichelei versuchten sie Zwingli zum Eintritt in ihr Kloster zu verleiten. Luther hatte sich während seiner Studienzeit in eine Klosterzelle zurückgezogen. Hätte ihn Gottes Vorsehung nicht dort herausgeholt, wäre er der Welt verloren gegangen. Doch Zwingli sollte gar nicht erst in diese Gefahr geraten. Glücklicherweise kamen seinem Vater die Absichten der Klosterbrüder zu Ohren. Er dachte nicht daran, seinem Sohn zu erlauben, das untätige und nutzlose Leben der Mönche zu teilen. Weil er erkannte, dass hier die zukünftige Brauchbarkeit seines Sohnes auf dem Spiel stand, wies er ihn an, unverzüglich nach Hause zurückzukehren.

Der junge Mann gehorchte, blieb jedoch nicht sehr lange in seinem heimatlichen Tal. Er nahm seine Studien wieder auf und begab sich wenig später nach Basel. Hier hörte Zwingli zum ersten Mal die gute Nachricht von der freien Gnade Gottes. Thomas Wyttenbach (1472–1526, Reformator von Biel), ein Lehrer der alten Sprachen, wurde durch das Studium des Griechischen und Hebräischen zur Heiligen Schrift geführt, und Strahlen göttlichen Lichts fielen durch seine Lehrtätigkeit auch auf seine Studenten. Er erklärte, es gebe eine ältere und wertvollere Wahrheit als die Theorien der Lehrer und Philosophen. (SZLW, I, 41) »Er widerlegte den päpstlichen Ablass und die Verdienstlichkeit der sogenannten guten Werke und behauptete, der Tod Christi sei die einzige Genugtuung für unsere Sünden.« (WHK, XXI, 452) Für Zwingli waren diese Worte der erste Lichtstrahl in der Morgendämmerung.

ÄHNLICHE ERKENNTNISSE WIE LUTHER

Zwingli wurde bald von Basel abberufen, um sein Lebenswerk zu beginnen. Seine erste Pfarrstelle trat er im gebirgigen Kanton Glarus an, unweit seiner toggenburgischen Heimat. Nach seiner Priesterweihe »widmete er sich mit ganzer Kraft der Erforschung der göttlichen Wahrheit, denn er wusste«, sagte ein Mitreformator (Oswald Myconius [1488–1552]), »wie vieles derjenige zu wissen nötig hat, welchem das Amt anvertraut ist, die Herde Christi zu lehren« (WHP, VIII, 5; vgl. SZLW, 45). Je mehr er in der Heiligen Schrift forschte, desto deutlicher erkannte er den Gegensatz zwischen ihrer Wahrheit und den Irrlehren Roms. Er nahm die Bibel als das einzig wahre und unfehlbare Wort Gottes an. Zwingli erkannte, dass sie ihr eigener Ausleger sein musste, und wagte es deshalb nicht, vorgefasste Ansichten oder Lehren anhand der Bibel beweisen zu wollen, sondern hielt es für seine Pflicht, ihre klaren und offensichtlichen Lehren zu erforschen. Jedes Hilfsmittel versuchte er einzusetzen, um ein volles und richtiges Verständnis ihrer Aussagen zu bekommen. Er flehte um den Beistand des Heiligen Geistes, der sich nach seiner Überzeugung allen offenbart, die ihn ernsthaft und unter Gebet suchen.

Zwingli sagte: »Die Schrift kommt von Gott, nicht von Menschen, und eben Gott, der Gott, der erleuchtet, der wird auch dir zu verstehen geben, dass seine Rede von Gott kommt. ... Das Wort Gottes fehlt nicht, es ist klar, es erklärt sich selbst, und erleuchtet die menschliche Seele mit allem Heil und Gnaden, tröstet sie in Gott, demütigt sie, sodass sie sich selbst vergisst und Gott ergreift.« Zwingli hatte die Wahrheit dieser Worte an sich selbst

erfahren. Später spricht er noch einmal von dieser Erfahrung: »Als ich vor sieben oder acht Jahren anfing, mich ganz auf die Heilige Schrift zu verlassen, wollte mir die Philosophie und Theologie der Zänker immerdar ihre Einwürfe machen. Da kam ich zuletzt dahin, dass ich dachte: ›Du musst alle Lüge lassen und die Meinung Gottes lauter aus seinem eigenen einfachen Wort lernen‹. Da fing ich an, Gott um sein Licht zu bitten, und die Schrift begann, für mich viel heller zu werden.« (WHP, VIII, 6; vgl. SSZ, I, 81.79)
Die Lehre, die Zwingli verkündigte, hatte er nicht von Luther übernommen. Es war die Lehre Christi. »Predigt Luther Christus«, schrieb der schweizerische Reformator, »so tut er eben dasselbe, was ich tue. Wenn er auch viel mehr Menschen zu Christus gebracht hat als ich. Das ist unwichtig. Ich will keinen anderen Namen tragen als den von Christus, dessen Kriegsmann ich bin und der allein mein Hauptmann ist. ... Nie habe ich einen Buchstaben an Luther geschrieben, noch Luther mir. Und warum? ... Damit klar würde, dass der Geist Gottes mit sich selbst im Reinen ist, da wir beide, ohne Kontakt zu haben, die Lehre Christi in solcher Übereinstimmung lehren.« (DAGR, VII, 9; vgl. SSZ, I, 256 ff.)

EINSICHT IN DAS KLOSTERLEBEN

1516 wurde Zwingli eine Pfarrstelle im Kloster Einsiedeln angeboten. Hier erhielt er einen klareren Einblick in die Verdorbenheit Roms, und von hier aus reichte sein reformatorischer Einfluss weit über sein heimatliches Alpenland hinaus. Ein angeblich Wunder wirkendes Bildnis der Jungfrau Maria war eine der Hauptattraktionen von Einsiedeln. Über der Eingangspforte des Klosters war zu lesen: »Hier findet man volle Vergebung der Sünden.« (DAGR, VIII, 142; WHKG, IV, 142) Das ganze Jahr hindurch kamen Pilger zum Gnadenbild der Jungfrau. Doch zum jährlichen Fest ihrer Weihe strömten große Menschenmengen aus allen Gegenden der Schweiz und sogar aus Frankreich und Deutschland herbei. Dieser Anblick betrübte Zwingli sehr, und er nutzte die Gelegenheit, diesen im Aberglauben gefangenen Menschen die Freiheit durch das Evangelium zu verkünden.

»Meint nicht«, sagte er, »dass Gott in diesem Tempel eher ist als an irgendeinem Ort der Schöpfung. Wo auch immer das Land liegt, in dem ihr wohnt, Gott ist unter euch und hört euch. ... Können unnütze Werke, lange Wallfahrten, Geschenke und Bitten an die Jungfrau oder die Heiligen euch die Gnade Gottes sichern? ... Was hilft das Plappern von Worten, mit denen wir unsere Gebete schmücken? Welchen Wert haben eine glänzende Kapuze, eine säuberlich geschorene Glatze, mit Gold geschmückte Schuhe? ...

Gott schaut das Herz an, aber unsere Herzen sind fern von ihm ...«»Christus«, sagte er, »der einmal für uns am Kreuz geopfert wurde, ist das Opfer, das Sühne gebracht hat für die Gläubigen bis in alle Ewigkeit.« (DAGR, VIII, 5; vgl. SSZ, I, 216.232)

Vielen Hörern waren solche Lehren unangenehm. Für sie war es eine bittere Enttäuschung, zu hören, dass sie ihre mühsame Reise vergeblich unternommen hatten. Sie konnten nicht fassen, dass ihnen die Vergebung durch Christus frei angeboten wurde. Sie waren mit dem alten Weg zum Himmel, den Rom für sie ausgesucht hatte, zufrieden und schreckten vor einer Suche nach etwas Besserem zurück. Es war leichter, ihre Seligkeit den Priestern und dem Papst anzuvertrauen als nach der Reinheit des Herzens zu trachten.

Andere hingegen freuten sich über die frohe Nachricht von der Erlösung durch Christus. Die Einhaltung von Regeln, die ihnen Rom auferlegte, brachte ihnen keinen Seelenfrieden, und sie nahmen im Glauben das Blut ihres Erlösers zu ihrer Versöhnung an. Zu Hause erzählten sie anderen von dem kostbaren Licht, das sie empfangen hatten. So verbreitete sich die Wahrheit von Dorf zu Dorf und von Stadt zu Stadt und die Zahl der Pilger, die zum Gnadenbild der Jungfrau kamen, nahm drastisch ab. Die Opfergaben gingen zurück und damit verringerte sich auch Zwinglis Gehalt, welches aus diesen Einkünften bezahlt wurde. Das löste bei ihm jedoch nur Freude aus, denn er erkannte, dass die Macht des Fanatismus und des Aberglaubens gebrochen wurde.

LEUTPRIESTER AM GROSSMÜNSTER IN ZÜRICH

Die Kirchenführer sahen sehr wohl, was Zwingli bewirkte, doch vorerst warteten sie ab und schritten nicht ein. Noch hofften sie, ihn für ihre Sache gewinnen zu können und umwarben ihn mit Schmeichelei. Unterdessen gewann jedoch die Wahrheit die Herzen des Volkes.

In Einsiedeln wurde Zwingli auf eine größere Aufgabe vorbereitet und schon bald sollte er sie in Angriff nehmen. Nach drei Jahren wurde er im Dezember 1518 als Leutpriester an das Großmünster nach Zürich berufen. Zürich war damals die bedeutendste Stadt der Schweizerischen Eidgenossenschaft und ihr Einfluss war weit herum spürbar. Die Chorherren, auf deren Einladung Zwingli nach Zürich kam, hielten aber nichts von Neuerungen und gaben ihm die folgenden Anweisungen:

»Du musst nicht versäumen«, sagten sie, »für die Einkünfte des Domkapitels zu sorgen und auch das Geringste nicht verachten. Ermahne die

Gläubigen von der Kanzel und dem Beichtstuhle, alle Abgaben und Zehnten zu entrichten und durch Gaben ihre Anhänglichkeit an die Kirche zu bewähren. Auch die Einkünfte von Kranken, von Opfern und jeder andern kirchlichen Handlung musst du zu mehren suchen. Auch gehört zu deinen Pflichten die Verwaltung des Sakramentes, die Predigt und die Seelsorge. In mancher Hinsicht, besonders in der Predigt, kannst du dich durch einen Vikar ersetzen lassen. Die Sakramente brauchst du nur den Vornehmen, wenn sie dich auffordern, reichen; du darfst es sonst ohne Unterschied der Personen nicht tun.« (DAGR, VIII, 6; vgl. SSZ, 227; HHE, IV, 63-85)

Zwingli hörte dieser Dienstanweisung ruhig zu. Dann dankte er für die Ehre, in ein so hohes Amt berufen worden zu sein, und erklärte, wie er dieses auszuführen gedenke: »Das Leben Christi, des Erlösers«, sagte er, »ist zu lange den Leuten vorenthalten worden. Ich werde vom ganzen Evangelium des Matthäus predigen ... und nur aus der Quelle der Schrift nehmen und ihre Tiefen ergründen, einen Abschnitt mit dem anderen vergleichen und nach Verständnis durch dauerndes und ernstes Gebet suchen. Zur Ehre Gottes, seines eingeborenen Sohnes, der wahren Erlösung der Menschen und der Erbauung im wahren Glauben, dem ich meinen Dienst weihen werde.« (DAGR, VIII, 6; vgl. MZ, 6; BRGE, I, 12) Obwohl etliche der Chorherren diesen Plan nicht billigten und versuchten, Zwingli davon abzubringen, blieb er standhaft und erklärte, er wolle keine neue Methode einführen, sondern die alte Methode fortsetzen, welche die Kirche in früheren und reineren Zeiten benutzt hatte.

Es war bereits Interesse an der Wahrheit, die er lehrte, erwacht, und das Volk strömte in großer Zahl zu seinen Predigten. Unter den Zuhörern waren viele, die schon lange keinen Gottesdienst mehr besucht hatten. Zwingli begann seinen Gottesdienst, indem er die Evangelien öffnete und seinen Zuhörern die inspirierten Berichte über das Leben, die Lehren und den Tod Christi erklärte. Wie schon in Einsiedeln stellte er hier das Wort Gottes als die einzig unfehlbare Autorität und den Tod Christi als das einzig vollkommene Opfer dar. »Zu Christus«, sagte er, »möchte ich euch führen – zu Christus, der wahren Quelle der Erlösung.« (DAGR, VIII, 6; SSZ, VII, 142 ff.) Leute aus allen Volksschichten – vom Staatsmann und Gelehrten bis zum Handwerker und Bauern – scharten sich um diesen Prediger. Seine Worte wurden mit großem Interesse aufgenommen. Er verkündigte nicht nur das Geschenk der Erlösung, sondern tadelte auch furchtlos die Missstände seiner Zeit. Nach einem Predigtbesuch im Großmünster priesen manche Gott. »Dieser ist ein rechter Prediger der Wahrheit, der wird sagen, wie die Sachen stehn, und als ein Mose uns aus Ägypten führen.« (DAGR, VIII, 6; HHK, IV, 40)

Am Anfang waren die Leute begeistert von seinen Auftritten, doch mit der Zeit regte sich Widerstand. Die Mönche begannen sein Werk zu behindern und seine Lehren zu verurteilen. Viele überschütteten ihn mit Hohn und Spott, andere wurden frech und drohten ihm. Aber Zwingli ertrug all dies mit Geduld und sagte: »Wenn man die Bösen zu Christus führen will, so muss man bei manchem die Augen zudrücken.« (DAGR, VIII, 6; vgl. SCR, 155)

GUTE SAAT UND UNKRAUT

Um diese Zeit kam ein neues Instrument zur Förderung der Reformation ins Spiel. Ein Freund des evangelischen Glaubens aus Basel, der Humanist Beatus Rhenanus, sandte einen gewissen Lucian mit einigen Schriften Luthers nach Zürich. Er sah im Verkauf dieser Bücher ein mächtiges Mittel zur Verbreitung des geistlichen Lichtes. An Zwingli schrieb er: »Mach sicher, ob dieser Mann genügend Klugheit und Geschick besitzt, wenn ja, lass ihn Luthers Schriften, vor allem die für Laien gedruckte Auslegung des Gebets des Herrn, in allen Städten, Flecken, Dörfern, auch von Haus zu Haus verbreiten. Je mehr sie bekannt sind, desto mehr Käufer werden sie finden.« (DAGR, VIII, 6; SSZ, VII, 81, 02. Juli 1519) Auf diese Weise fand das Licht Eingang in die Herzen vieler Menschen.

Doch wenn Gott sich anschickt, die Stricke der Unwissenheit und des Aberglaubens zu lösen, hält Satan die Menschen mit großer Macht in der Dunkelheit fest und zieht die Fesseln noch stärker an. In den verschiedensten Ländern machten sich Männer auf, dem Volk Vergebung und Rechtfertigung durch das Blut Christi zu verkündigen. Gleichzeitig verstärkte Rom seine Anstrengungen, allen Christen die Möglichkeit zu bieten, für Geld Vergebung zu erhalten.

Jede Sünde hatte ihren Preis und den Menschen wurde die Genehmigung zur Ausübung eines jeden Verbrechens erteilt, wenn nur die Schatztruhe der Kirche gefüllt blieb. So gingen beide Bewegungen voran – die eine bot Vergebung der Sünden durch Geld an, die andere Vergebung durch Christus. Rom erlaubte die Sünde und machte sie zur Quelle seiner Einkünfte; die Reformatoren verurteilten sie und wiesen auf Christus als Versöhner und Befreier.

In Deutschland wurde der Ablassverkauf den Dominikanermönchen anvertraut, wobei der berüchtigte Tetzel die führende Rolle spielte. In der Schweiz lag er in Händen der Franziskaner unter dem italienischen Mönch Bernardin Samson. Samson hatte der Kirche bereits gute Dienste geleistet und in Deutschland und der Schweiz große Geldbeträge gesammelt, welche die päpstlichen Schatzkammern füllten. Nun durchquerte er die Schweiz und zog große Menschenmassen an. Arme Bauern beraubte er ihres dürftigen Einkommens und bei den Reichen holte er kostbare Geschenke. Doch der Einfluss der Reformation machte sich bemerkbar. Obwohl der Ablasshandel nicht gänzlich versiegte, gingen die Einnahmen deutlich zurück. Zwingli war zu dieser Zeit noch in Einsiedeln. Kurz nach seiner Einreise in die Schweiz bot Samson seine Ablassbriefe in einem benachbarten Ort an. Als der Reformator von Samsons Mission hörte, widersetzte er sich ihm unverzüglich. Die beiden begegneten sich zwar nicht, aber Zwingli stellte die Anmaßungen des Mönchs mit einem solchen Erfolg bloß, dass Samson die Gegend verlassen musste.

Auch in Zürich predigte Zwingli eifrig gegen die Ablasskrämer, und als sich Samson der Stadt näherte, gab ihm ein Ratsbote die Anweisung, er solle weiterziehen. Durch eine List gelang es ihm zwar, in die Stadt zu gelangen, er wurde jedoch fortgeschickt, ohne einen einzigen Ablasszettel verkauft zu haben. Kurz darauf verließ er die Schweiz. (SZ, I, 144 ff.)

IM ANGESICHT DES SCHWARZEN TODES

1519 wurde die Schweiz von der Pest, dem Schwarzen Tod, heimgesucht. Diese Seuche gab der Reformation starken Auftrieb. Als die Menschen der Seuche unmittelbar gegenüberstanden, erkannten viele, wie nutzlos die Ablasszettel waren, die sie kürzlich gekauft hatten, und suchten nach einem sichereren Grund für ihren Glauben. In Zürich wurde auch Zwingli auf das Krankenlager geworfen. Die Hoffnung auf seine Genesung war so klein, dass bald das Gerücht umging, er sei tot. In dieser schweren Stunde blieben sein Mut und seine Hoffnung unerschütterlich. Im Glauben schaute er auf das Kreuz von Golgatha und vertraute dem großen Versöhnungsangebot für die Sünde. Nachdem er dem Tod entronnen war, predigte er das Evangelium mit größerem Eifer als jemals zuvor und in seinen Worten lag eine ungewohnte Vollmacht. Mit großer Freude hießen die Menschen ihren geliebten Pfarrer willkommen, der dem Grab so nahe gewesen war. Auch sie hatten Kranke und Sterbende begleitet und schätzten nun die Gute Nachricht wie nie zuvor.

Die Wahrheiten des Evangeliums wurden für Zwingli noch klarer und er erlebte dessen erneuernde Kraft noch tiefgreifender. Nun befasste er sich mit dem Sündenfall und dem Erlösungsplan. Er sagte: »In Adam sind wir alle tot und in Verderbnis und Verdammnis versunken.« (WHP, VIII, 6; SSZ, IX, 9) »Christus ... hat für uns eine ewige Erlösung erkauft. ... Sein Leiden ist ewig gut und fruchtbar, tut der göttlichen Gerechtigkeit in Ewigkeit für die Sünden aller Menschen genug, die sich sicher und gläubig darauf verlassen.« Doch er lehrte deutlich, dass es den Menschen unter der Gnade Christi nicht freistehe, weiterhin zu sündigen. »Siehe, wo der wahre Glaube ist, da ist Gott. Wo aber Gott ist, da geschieht nichts Arges ... da fehlt es nicht an guten Werken.« (DAGR, VIII, 9; SSZ, I, 5, 182 ff.)

Das Interesse an Zwinglis Predigten war enorm. Um ihn zu hören strömten so viele Menschen ins Großmünster, dass die Kirche bis zum Bersten voll war. Schrittweise entfaltete er die Wahrheit vor seinen Zuhörern. Er behandelte dabei immer nur so viel, wie sie fassen konnten und achtete sorgfältig darauf, nicht schon zu Beginn Themen zu wählen, die sie aufschreckten und Vorurteile weckten. Seine Kernaufgabe bestand darin, ihre Herzen für die Lehren Christi zu gewinnen, sie durch die Liebe Christi sanftmütig zu machen und ihnen das Beispiel Jesu vor Augen zu malen. Sobald die Menschen die Grundsätze des Evangeliums annahmen, verwarfen sie folgerichtig ihre abergläubischen Vorstellungen und Praktiken.

DIE FRÜCHTE DES EVANGELIUMS: FRIEDE IN DER STADT

Langsam machte die Reformation in Zürich Fortschritte, was ihre Gegner alarmierte und zu aktivem Widerstand anregte. In Worms hatte ein Jahr zuvor der Mönch aus Wittenberg Papst und Kaiser mit seinem Nein widerstanden. Nun deutete alles darauf hin, dass sich in Zürich ein ähnlicher Widerstand gegen die päpstlichen Machtansprüche aufbaute. Zwingli wurde wiederholt angegriffen. In den katholischen Kantonen war es hin und wieder vorgekommen, dass Nachfolger des Evangeliums auf dem Scheiterhaufen endeten. Doch das genügte nicht. Der Lehrer der Ketzerei selbst musste zum Schweigen gebracht werden. Daher sandte der Bischof von Konstanz drei Abgesandte zum Stadtrat von Zürich, die Zwingli beschuldigen sollten, er lehre das Volk, die Gesetze der Kirche zu übertreten und gefährde damit den Frieden sowie Recht und Ordnung in der Gesellschaft. Sollte die Autorität der Kirche nicht beachtet werden, so argumentierte man, wäre das Ergebnis allgemeine Gesetzlosigkeit. Zwingli antwortete: »Ich habe schon beinahe vier Jahre lang das Evangelium Jesu mit saurer Mühe und Arbeit gepredigt. Zürich ist ruhiger und friedlicher als jeder andere Ort der Eidgenossenschaft, und dies schreiben alle guten Bürger dem Evangelium zu.« (DAGR, VIII, 11; vgl. WHKG, IV, 226/227)

Die Abgesandten des Bischofs hatten die Stadträte ermahnt, Rom treu zu bleiben, denn außerhalb dieser Kirche gäbe es kein Heil. Zwingli erwiderte:

»Lasst euch, liebe Herrn und Bürger, durch diese Ermahnung nicht auf den Gedanken bringen, dass ihr euch jemals von der Kirche Christi gesondert habt. Ich glaube zuversichtlich, dass ihr euch noch wohl zu erinnern wisst, was ich euch in meiner Erklärung über Matthäus gesagt habe, dass jener Fels, welcher dem ihn redlich bekennenden Jünger den Namen Petrus gab, das Fundament der Kirche sei. In jeglichem Volk, an jedem Ort, wer mit seinem Munde Jesum bekennt und im Herzen glaubt, Gott habe ihn von den Toten auferweckt, wird selig werden. Es ist gewiss, dass niemand außer derjenigen Kirche selig werden kann.« (DAGR, VIII, 11; WHKG, IV, 233) Die Folge dieser Verhandlung war, dass sich bald darauf einer der drei Abgesandten des Bischofs zum reformierten Glauben bekannte (Johannes Wanner [SZ I, 212]).

Der Stadtrat lehnte es ab, Maßnahmen gegen Zwingli zu ergreifen, und Rom rüstete sich zu einem neuen Angriff. Als der Reformator von den Plänen der Anhänger des Papsttums hörte, erklärte er: Lasst sie nur kommen; ich fürchte sie weniger »wie ein hohes Ufer die Wellen drohender Flüsse« (WHP, VIII, 6; vgl. SSZ, VII, 202, 22. Mai 1522). Die Anstrengungen der Geistlichkeit förderten nur noch die Sache, die sie vernichten wollten. Die Wahrheit breitete sich weiter aus, und in Deutschland fassten ihre Anhänger nach dem Verschwinden Luthers neuen Mut, als sie vom Fortschritt des Evangeliums in der Schweiz hörten.

Als sich die Reformation in Zürich festigte, wurden auch ihre Früchte immer deutlicher sichtbar: die Sittenlosigkeit ging zurück und Ordnung und friedliches Zusammenleben wurden gefördert. Zwingli konnte schreiben: »Der Friede weilt in unserer Stadt. ... Zwischen uns gibt es keine Spannung, keine Zwietracht, keinen Neid, keine Zänkereien und Streitigkeiten. Wem könnte man aber diese Übereinstimmung der Gemüter mehr zuschreiben als wie dem höchsten, besten Gott?« (WHP, VIII, 6; vgl. SSZ, VII, 389, 5. April 1525)

Die Erfolge, welche die Reformation vorzuweisen hatte, reizte die Anhängerschaft Roms noch mehr, sie zu vernichten. Nachdem sie eingesehen hatten, dass eine Verfolgung Luthers in Deutschland wenig brachte, entschloss man sich, der Reformation mit ihren eigenen Waffen zu begegnen. Es sollte ein Streitgespräch mit Zwingli stattfinden. Rom nahm die Sache selbst in die Hand, und weil man sich den Sieg sichern wollte, bestimmte man nicht nur den Ort der Auseinandersetzung, sondern auch die Richter, die zwischen den streitenden Parteien urteilen sollten. Konnte man Zwingli erst einmal in die Hand bekommen, würde man schon dafür sorgen, dass er ihnen nicht entwischte. Wenn der Anführer erst einmal zum Schweigen gebracht würde, könnte die Bewegung rasch zerschlagen werden. Diese Absicht wurde jedoch sorgfältig geheim gehalten.

DIE DISPUTATION ZU BADEN

Das Streitgespräch sollte in Baden (Kanton Aargau) stattfinden, aber Zwingli war nicht zugegen. Der Stadtrat von Zürich misstraute den Absichten der Anhänger Roms. Gewarnt durch das Verbrennen evangelischer Zeugen auf Scheiterhaufen in den päpstlich gesinnten Kantonen, verbot er seinem Prediger, sich der Gefahr auszusetzen. In Zürich war er bereit, sich allen Vertretern Roms zu stellen. Aber in Baden, wo erst kürzlich das Blut von Märtyrern der Wahrheit geflossen war, hätte er den sicheren Tod gefunden. Ökolampad, der Reformator Basels, und Berchtold Haller, der Reformator Berns, wurden ausgewählt, den Reformator zu vertreten, während der bekannte Dr. Johannes Eck mit einer Schar päpstlicher Gelehrter die Seite Roms vertrat.

Wenn auch Zwingli bei dieser »Badener Disputation« fehlte, war sein Einfluss doch spürbar. Die Schreiber wurden durch die Vertreter des Papsttums bestimmt, und allen anderen Teilnehmern war jede Art von Aufzeichnung bei Todesstrafe verboten. Dennoch wurde Zwingli täglich über die Reden, die in Baden gehalten wurden, genauestens informiert. Ein Student, der den Verhandlungen beiwohnte, schrieb abends die vorgebrachten Argumente auf. Zwei weitere Studenten trugen die Verhandlungsberichte sowie die täglichen Briefe Ökolampads an Zwingli nach Zürich. Die Antworten des Reformators enthielten Ratschläge und Anregungen. Sie wurden nachts geschrieben und frühmorgens durch die beiden Kuriere nach Baden zurückgebracht. Um der Wachsamkeit der Torhüter an den Stadttoren zu entgehen, trugen diese Boten Körbe mit Federvieh auf ihren Köpfen und konnten so ungehindert die Stadt betreten.

So stellte sich Zwingli seinen verschlagenen Gegnern zum Kampf. »Er hat«, schreibt Myconius, »während des Gesprächs durch Nachdenken, Wachen, Raten, Ermahnen und Schreiben mehr gearbeitet, als wenn er der Disputation selbst beigewohnt hätte« (DAGR, XI, 13; vgl. SSZ, VII, 517; MZ, 10).

Siegesgewiss waren die Vertreter Roms in ihren kostbarsten Gewändern und mit funkelnden Juwelen nach Baden gekommen. Sie lebten in Saus und Braus und ihre Tafeln waren mit den köstlichsten Leckerbissen und ausgesuchtesten Weinen gedeckt. Als Ausgleich zu ihren geistlichen Pflichten wurde gefeiert und gezecht. In auffallendem Gegensatz dazu stand der

Auftritt der Reformatoren, die vom Volk kaum höher eingeschätzt wurden als eine Gruppe von Bettlern, deren anspruchslose Mahlzeiten sie nur kurze Zeit bei Tisch hielten. Der Hauswirt Ökolampads nahm die Gelegenheit wahr, ihn in seinem Zimmer zu beobachten, und fand ihn regelmäßig entweder beim Studium oder im Gebet. Deshalb sagte er sehr verwundert: »Man muss gestehen, das ist ein sehr frommer Ketzer.« (DAGR, XI, 13, 271; vgl. BRGE, I, 351)

Bei der Versammlung betrat Eck überheblich »eine prächtig verzierte Kanzel; der einfach gekleidete Ökolampad musste ihm gegenüber auf ein grob gearbeitetes Gerüst treten« (DAGR, XI, 13, 270). Ecks schallende Stimme und seine grenzenlose Zuversicht waren unverkennbar. Die Aussicht auf Gold und Ruhm belebte seinen Eifer, denn dem Verteidiger der Tradition war eine ansehnliche Belohnung zugesichert worden. Wenn er keine Argumente hatte, benutzte er Beleidigungen und sogar Flüche.

Ökolampad war ein bescheidener Mann mit wenig Selbstvertrauen. Vom Streit eingeschüchtert brachte er sich mit der feierlichen Erklärung ein: »Ich akzeptiere keine andere Regel zur Beurteilung als das Wort Gottes.« (DAGR, XI, 13) Obwohl sein Auftreten bescheiden und geduldig war, erwies er sich als fähig und tapfer. »Eck, der mit der Schrift nicht zurechtkommen konnte, berief sich immer wieder auf Überlieferung und Herkommen. Ökolampad antwortete, auf die Heilige Schrift hinweisend: Über allen Übungen steht in unserem Schweizerlande das Landrecht. Unser Landbuch aber ist [in Glaubenssachen] die Bibel.« (DAGR, XI, 13; vgl. HLSV, II, 94)

Der Kontrast zwischen den beiden Gegnern blieb nicht ohne Wirkung. Die ruhige und klare Argumentation und die behutsame und bescheidene Darlegung des Reformators gewannen die Gemüter der Zuhörer. Aber von den prahlerisch und lautstark vorgetragenen Thesen Ecks wandten sie sich mit Entsetzen ab.

Die Disputation dauerte achtzehn Tage. Mit großer Zuversicht beanspruchten die Vertreter des Papsttums am Ende den Sieg für sich. Die meisten Abgesandten ergriffen Partei für Rom und die Tagung ließ verlauten, dass die Reformatoren besiegt worden wären und zusammen mit ihrem Anführer Zwingli aus der Kirche ausgeschlossen seien. Doch die Früchte dieser Tagung offenbarten, welche Seite tatsächlich überlegen war, denn die Streitgespräche verliehen der protestantischen Sache starken Auftrieb. Nur wenig später bekannten sich die wichtigen Städte Bern und Basel zur Reformation.

KAPITEL 10

FORTSCHRITT DER REFORMATION IN DEUTSCHLAND

Ganz Deutschland war bestürzt über Luthers geheimnisvolles Verschwinden. Überall forschte man nach seinem Verbleib. Die wildesten Gerüchte wurden in Umlauf gesetzt, und viele glaubten, er sei ermordet worden. Großes Wehklagen erhob sich, nicht nur unter seinen erklärten Freunden, sondern auch unter Tausenden, die sich nicht öffentlich zur Reformation bekannt hatten. Manche legten einen feierlichen Eid ab, seinen Tod zu rächen.

DAS WERK GEHT VORAN

Die römisch-katholischen Führer nahmen mit Schrecken wahr, wie sehr die Stimmung gegen sie umschlug. Obwohl sie zunächst über Luthers vermeintlichen Tod gejubelt hatten, wollten sie sich nun dem Zorn des Volkes entziehen. Luthers Feinde waren zu der Zeit, als er unter ihnen seine kühnsten Taten vollbrachte, weit weniger beunruhigt, als jetzt, wo er verschwunden war. Seine wütenden Gegner hatten versucht, den mutigen Reformator zu vernichten, doch obwohl dieser jetzt zu einem hilflosen Gefangenen geworden war, fürchteten sie sich weiterhin. »Der einzige Weg, uns selbst zu retten«, meinte einer, »ist, dass wir Fackeln anzünden und in der Welt nach Luther suchen, um ihn dem Volke wiederzugeben, das nach ihm verlangt.« (DAGR, IX, 1, 5) Der Erlass des Kaisers schien wirkungslos zu sein, und die päpstlichen Gesandten waren entrüstet, als sie sahen, dass ihnen weit weniger Aufmerksamkeit geschenkt wurde als dem Schicksal Luthers.

Die Nachricht, dass er zwar gefangen, aber in Sicherheit sei, beschwichtigte nicht nur die Ängste der Menschen, sondern entfachte ihre Begeisterung für ihn. Seine Schriften wurden eifriger gelesen als zuvor. Immer mehr Zeitgenossen schlossen sich dem mutigen Mann an, der gegen eine solch ungeheuerliche Übermacht das Wort Gottes verteidigte. Die Reformation gewann ständig an Kraft, und die Saat, die Luther ausgestreut hatte, ging überall auf. In seiner Abwesenheit konnte ein Werk vollbracht werden, das während seiner Anwesenheit unmöglich gewesen wäre. Nachdem ihr großer Wegbereiter verschwunden war, spürten andere Mitarbeiter ihre Verantwortung. Mit frischem Glauben und großem Eifer gingen sie voran und setzten alles in ihrer Macht Stehende daran, dass dieses so edelmütig begonnene Werk nicht beeinträchtigt wurde.

FANATISMUS

Aber auch Satan war nicht müßig. Er plante, was er schon bei anderen Reformbewegungen versucht hatte – das Volk zu betrügen und zu vernichten, indem er den Menschen anstelle des Originals eine Fälschung anbot. So wie im ersten Jahrhundert der christlichen Gemeinde falsche Christusse aufkamen, so standen im 16. Jahrhundert falsche Propheten auf.

Einige Männer, die durch die Erregung in der religiösen Welt tief ergriffen waren, bildeten sich ein, der Himmel habe ihnen besondere Erkenntnisse offenbart. Sie erklärten, von Gott beauftragt worden zu sein, die Reformation zu Ende zu führen, und behaupteten, dass sie durch Luther zu schwach begonnen habe. In Wirklichkeit aber zerstörten sie das Werk, das Luther aufgebaut hatte. Sie verwarfen den zentralen Grundsatz, das eigentliche Fundament der Reformation, welcher festschrieb, dass Gottes Wort als Maßstab für Glauben und Handeln genügt. Sie ersetzten diese unfehlbare Richtschnur durch den wechselhaften und unsicheren Maßstab ihrer eigenen Gefühle und Empfindungen. Indem sie den großen Prüfstein für Irrtum und Betrug beseitigten, machten sie für Satan den Weg frei, die Gemüter nach seinem Gutdünken zu lenken.

Einer dieser Propheten behauptete, vom Engel Gabriel unterrichtet worden zu sein. Ein Student, der sich mit ihm zusammentat, gab sein Studium auf und erklärte, von Gott selbst die Weisheit zur Auslegung der Heiligen Schrift erhalten zu haben. Andere, die von Natur aus zum Fanatismus neigten, schlossen sich ihnen an. Das Vorgehen dieser Enthusiasten rief große Aufregung hervor. Überall hatten Luthers Predigten beim Volk das Verlangen nach einer Reform geweckt, und nun wurden einige aufrichtige Seelen durch die anmaßenden Behauptungen dieser neuen Propheten in die Irre geführt.

Die Anführer dieser Bewegung gingen nach Wittenberg, wo sie ihre Ansprüche Melanchthon und seinen Mitarbeitern aufdrängten. Sie sagten:

»Wir sind von Gott gesandt, das Volk zu unterweisen. Wir haben vertrauliche Gespräche mit Gott und wissen, was geschehen wird, mit einem Wort, wir sind Apostel und Propheten und berufen uns auf Dr. Luther.« (DAGR, IX, 7, 42 ff.)

Die Reformatoren waren erstaunt und verwirrt. Ein solches Phänomen war ihnen bisher noch nie begegnet und sie wussten nicht, wie sie damit umgehen sollten. Melanchthon sagte: »Diese Leute sind ungewöhnliche Geister, aber was für Geister? ... Wir wollen auf der einen Seite den Geist Gottes nicht dämpfen, auf der anderen aber auch nicht vom Teufel verführt werden.« (DAGR, IX, 7, 42 ff.)

Schon bald zeigten sich die Früchte dieser neuen Lehre. Die Menschen wurden dazu verleitet, die Bibel zu vernachlässigen oder ganz zu verwerfen. Auf den Schulen herrschte Verwirrung. Es gab Studenten, die jede Einschränkung verwarfen, ihr Studium abbrachen und die Universität verließen. Die Männer, die sich für fähig hielten, die Reformation zu beleben und zu leiten, brachten sie in Wirklichkeit an den Rand des Ruins. Die Vertreter des Papsttums wurden wieder zuversichtlicher und frohlockten: »Noch ein Versuch ... und alles ist zurückgewonnen.« (DAGR, IX, 7, 42 ff.)

ZURÜCK NACH WITTENBERG

Als Luther auf der Wartburg von diesen Ereignissen hörte, sagte er tief besorgt: »Ich habe immer erwartet, dass Satan uns eine solche Plage schicken würde.« (DAGR, IX, 7, 42 ff.) Er erkannte den wahren Charakter dieser falschen Propheten und sah die Gefahr, die der Wahrheit drohte. Der Widerstand des Papstes und des Kaisers hatte in ihm nie solch große Verwirrung und Verzweiflung hervorgerufen wie das, was er jetzt erlebte. Aus den Reihen vorgeblicher Freunde der Reformation kamen ihre schlimmsten Feinde. Gerade die Wahrheiten, die ihm so große Freude und so viel Trost bereitet hatten, wurden nun dazu missbraucht, um in der Kirche Zwiespalt und Verwirrung zu stiften.

Der Heilige Geist hatte Luther bei seinem Erneuerungswerk vorangetrieben, sodass dieser über sich hinauswuchs. Er hatte nicht geplant, eine solche Stellung einzunehmen, wie er sie jetzt besaß, oder solch drastische Veränderungen vorzunehmen. Obwohl er nur ein Werkzeug in der Hand des Allmächtigen war, bangte er oft um den Ausgang seiner Sache. Einmal sagte er: »Wüsste ich, dass meine Lehre einem einfältigen Menschen schadete (und das kann sie nicht, denn sie ist das Evangelium selbst), so möchte ich eher zehn Tode leiden, als nicht widerrufen.« (DAGR, IX, 7, 42 f.)

Nun fiel das Zentrum der Reformation, die Stadt Wittenberg, dem Fanatismus und der Gesetzlosigkeit zum Opfer. Luthers Lehren hatten diesen schrecklichen Zustand sicher nicht verursacht, aber seine Feinde im ganzen Land gaben ihm die Schuld dafür. Verbittert fragte er sich manchmal: »Dahin sollt es mit dem großen Werk der Reformation kommen?« Wenn er aber mit Gott im Gebet rang, zog Friede in sein Herz ein: »Gott hat das Werk angefangen, Gott wird es wohl vollenden«, sagte er, »du wirst es nicht dulden, dass es durch Aberglauben und Fanatismus verderbt wird.« (DAGR, IX, 7, 42 f.) Der Gedanke, noch länger dem Schauplatz dieser Auseinandersetzung fernzubleiben, wurde ihm unerträglich. So entschloss er sich, nach Wittenberg zurückzukehren.

Sofort machte sich Luther auf den gefahrvollen Weg. Noch stand er unter der Reichsacht. Seine Feinde konnten ihn einfach umbringen, Freunden war es verboten, ihm zu helfen und Unterschlupf zu gewähren. Die kaiserliche Regierung hatte gegen seine Anhänger die energischsten Schritte eingeleitet. Doch er sah, dass das Evangeliumswerk in Gefahr war, und im Namen des Herrn zog er furchtlos für die Wahrheit in den Kampf.

Nachdem er seine Absicht erklärt hatte, die Wartburg zu verlassen, schrieb Luther an den Kurfürsten von Sachsen: »Eure Kurfürstliche Gnaden wisse, ich komme gen Wittenberg in gar viel einem höhern Schutz denn des Kurfürsten. Ich hab's auch nicht im Sinne, von Eurer Kurfürstlichen Gnaden Schutz zu begehren. Ja, ich halt, ich wolle Eure Kurfürstlichen Gnaden mehr schützen, denn sie mich schützen könnte. Dazu wenn ich wüsste, dass mich Eure Kurfürstlichen Gnaden könnte und wollte schützen, so wollte ich nicht kommen. Dieser Sache soll noch kann kein Schwert raten oder helfen, Gott muss hier allein schaffen, ohne alles menschliche Sorgen und Zutun. Darum, wer am meisten glaubt, der wird hier am meisten schützen.« (DAGR, IX, 8, 53 f.)

In einem zweiten Brief, den er auf dem Weg nach Wittenberg verfasste, fügte Luther hinzu: »Ich will Eurer Kurfürstlichen Gnaden Ungunst und der ganzen Welt Zorn ertragen. Die Wittenberger sind meine Schafe. Gott hat sie mir anvertraut. Ich muss mich für sie in den Tod begeben. Ich fürchte in Deutschland einen großen Aufstand, wodurch Gott unser Volk strafen will.« (DAGR, IX, 7, 42 f.)

Er handelte vorsichtig und demütig; gleichzeitig aber war er fest entschlossen. »Mit dem Worte«, sagte er, »müssen wir streiten, mit dem Worte stürzen, was die Gewalt eingeführt hat. Ich will keinen Zwang gegen Aber- und Ungläubige. ... Keiner soll zum Glauben und zu dem, was des Glaubens ist, gezwungen werden.« (DAGR, IX, 8, 53 f.)

DAS WORT BRICHT
DEN ZAUBER DES FANATISMUS

Bald sprach es sich in Wittenberg herum, dass Luther zurückgekehrt sei und predigen wolle. Von überall strömte das Volk herbei und die Kirche war bis zum Bersten voll. Luther stieg auf die Kanzel, lehrte, mahnte und tadelte mit großer Weisheit und Güte. Wer die Messe mit Gewalt abschaffen wollte, dem gab er Folgendes zu bedenken:

»Die Messe ist ein böses Ding, und Gott ist ihr feind; sie sollte abgetan werden, und ich wollte, dass in der ganzen Welt allein das evangelische Abendmahl gehalten würde. Doch sollte man es niemand entreißen. Wir müssen diese Sache in Gottes Händen lassen. Sein Wort muss arbeiten und nicht wir. Warum, fragst du? Weil ich die Herzen der Menschen nicht in der Hand habe wie der Töpfer den Ton. Wir haben wohl das Recht der Rede, aber nicht das Recht zum Handeln. Das Wort sollen wir predigen, aber den Rest übernimmt Gott. So ich nun Druck ausübe, was würde ich gewinnen? Ein äußerliches Wesen, ein Affenspiel, aber da ist kein gut Herz, kein Glaube, keine Liebe. Wo diese drei fehlen, ist das Werk nichts; ich wollte nicht einen Birnstiel darauf geben. ... Also wirkt Gott mit seinem Wort mehr, als wenn du und ich und die ganze Welt alle Gewalt vereinigen würden. Gott will das Herz, und wenn er es bekommt, ist alles gewonnen. ...

Predigen will ich's, sagen will ich's, schreiben will ich's; aber zwingen, dringen mit der Gewalt will ich niemand, denn der Glaube will willig und ohne Zwang angezogen werden. Nehmt ein Exempel an mir. Ich bin dem Ablass und allen Anhängern des Papsttums entgegen gewesen, aber mit keiner Gewalt. Ich hab allein Gottes Wort getrieben, gepredigt und geschrieben, sonst hab ich nichts getan. Das hat, wenn ich geschlafen habe ... also viel getan, dass das Papsttum also schwach geworden ist, dass ihm noch nie kein Fürst noch Kaiser so viel abgebrochen hat. Ich habe nichts getan, das Wort Gottes hat es alles gehandelt und ausgerichtet. Wenn ich hätte wollen mit Ungemach fahren, ich wollte Deutschland in ein groß Blutvergießen gebracht haben. Aber was wär es? Ein Verderbnis an Leib und Seele. Ich habe nichts gemacht, ich habe das Wort Gottes lassen handeln.« (DAGR, IX, 8, 53 ff.)

Eine ganze Woche lang predigte Luther Tag für Tag zu einer mit Spannung zuhörenden Menge. Das Wort Gottes brach den Zauber des Fanatismus. Die Macht des Evangeliums führte das irregeleitete Volk auf den Weg der Wahrheit zurück.

Luther hatte kein Verlangen danach, mit den Schwärmern zusammenzutreffen, deren Vorgehensweise so großes Unheil angerichtet hatte. Er kannte sie als Männer ohne gesundes Urteilsvermögen und von ungezügelter Leidenschaft. Sie erhoben den Anspruch, vom Himmel besonders erleuchtet zu sein, und waren nicht bereit, den geringsten Widerspruch, ja nicht einmal einen freundlichen Rat oder Tadel anzunehmen. Sie maßten sich an, höchste Autorität zu besitzen und verlangten, dass alle ihre Ansprüche widerspruchslos anerkannten. Als sie jedoch ein Gespräch mit Luther forderten, war er bereit, ihnen zu begegnen. Dabei entlarvte er ihre Anmaßungen so gründlich, dass diese Hochstapler Wittenberg unverzüglich verließen.

Der Fanatismus war eine Zeit lang eingedämmt, doch einige Jahre später brach er mit noch größerer Heftigkeit und schrecklichen Folgen wieder aus. Über die Führer dieser Bewegung sagte Luther: »Die Heilige Schrift war für sie nichts als ein toter Buchstabe, und alle schrien: ›Geist! Geist!‹ Aber wahrlich, ich gehe nicht mit, wohin ihr Geist sie führt. Der barmherzige Gott behüte mich ja vor einer Kirche, darin lauter Heilige sind. Ich will da bleiben, wo es Schwache, Niedrige, Kranke gibt, welche ihre Sünde kennen und empfinden, welche unablässig nach Gott seufzen und schreien aus Herzensgrund, um seinen Trost und Beistand zu erlangen.« (DAGR, X, 10)

THOMAS MÜNTZER

Thomas Müntzer[37] war der Eifrigste unter allen Fanatikern, ein Mann mit bemerkenswerten Fähigkeiten. Wenn sie in gute Bahnen gelenkt worden wären, hätte er damit viel Positives bewirken können. Doch er hatte die grundlegendsten Prinzipien wahrer Religion nie begriffen. »Er war von dem Wunsch besessen, die Welt zu erneuern, und vergaß wie alle Schwärmer, dass eine Reformation bei ihm selbst beginnen musste.« (DAGR, IX, 8) Er wollte Rang und Einfluss gewinnen, war aber nicht bereit, sich jemandem unterzuordnen, nicht einmal Luther. Er erklärte, dass die Reformatoren die Autorität des Papsttums durch die der Schrift ersetzt hätten, was nur eine andere Form des Papsttums sei. Von sich selbst sagte Müntzer, er sei von Gott berufen, eine wahre Reformation einzuleiten. »Wer diesen Geist besitzt«, sagte Müntzer, »besitzt den wahren Glauben, auch wenn er niemals in seinem Leben die Heilige Schrift zu Gesicht bekäme.« (DAGR, X, 10)

Die schwärmerischen Lehrer ließen sich gänzlich von ihren Eindrücken leiten. Sie hielten jeden Gedanken und jede innere Regung für

---

37 Siehe Glossar »Müntzer, Thomas«, S. 672.

Gottes Stimme. In der Folge nahmen sie extreme Positionen ein. Einige verbrannten sogar ihre Bibeln und riefen aus: »Der Buchstabe tötet, aber der Geist macht lebendig.« Müntzers Lehren kamen dem menschlichen Verlangen nach dem Außergewöhnlichen entgegen. Sie befriedigten den Stolz, indem sie menschliche Ideen und Meinungen über das geschriebene Wort Gottes stellten. Tausende nahmen seine Lehren an. Bald prangerte er jede Art von Ordnung im öffentlichen Gottesdienst an und erklärte, den Fürsten zu gehorchen, heiße, Gott und Belial gleichzeitig dienen zu wollen.

Menschen, die im Begriff waren, das päpstliche Joch abzuwerfen, reagierten nun auch auf Einschränkungen der weltlichen Obrigkeit gereizt. Müntzers revolutionäre Lehren, für die er göttliche Zustimmung beanspruchte, verleiteten sie dazu, sich jeder Kontrolle zu entziehen und ihren Vorurteilen und Leidenschaften freien Lauf zu lassen. Es folgten schreckliche Aufstände und Kämpfe, die den Boden Deutschlands mit Blut tränkten.

Seelenqualen, wie sie Luther seinerzeit in Erfurt durchlitten hatte, legten sich mit doppelter Heftigkeit auf ihn, als er die Folgen des Fanatismus sah, die man nun der Reformation zur Last legte. Die römisch-katholischen Fürsten erklärten, der Aufruhr sei die natürliche Folge von Luthers Lehren, und viele waren bereit, dem zuzustimmen. Obwohl diese Behauptung jeder Grundlage entbehrte, brachte sie den Reformator in große Not. Dass über die Wahrheit Schande kam, weil sie mit grobem Fanatismus gleichgestellt wurde, war mehr, als er ertragen konnte. Doch die Rädelsführer der Rebellion hassten Luther nicht nur, weil er ihren Lehren widersprach und ihren Anspruch auf Inspiration ablehnte, sondern weil er sie des Aufruhrs gegen die weltliche Obrigkeit bezichtigte. Als Vergeltungsmaßnahme nannten sie ihn einen bösen Heuchler. Nun schien es ganz, als habe er die Feindschaft sowohl der Fürsten als auch des Volkes auf sich gezogen.

Die Anhänger des Papsttums frohlockten und erwarteten einen schnellen Niedergang der Reformation. Sie legten Luther sogar jene Irrtümer zur Last, die er mit großem Eifer richtig stellen wollte. Nun behauptete die Partei der Fanatiker, ungerecht behandelt worden zu sein. Damit gewann sie die Sympathie eines großen Teils der Bevölkerung. Wie so oft, hielt man Menschen, die einen falschen Weg eingeschlagen hatten, schließlich für Märtyrer. So kam es, dass diejenigen, die sich der Reformation mit aller Kraft widersetzt hatten, am Ende bemitleidet und als Opfer von Härte und Unterdrückung geehrt wurden. Das war Satans Werk, angeregt durch denselben Geist der Rebellion, der sich ganz am Anfang schon im Himmel bekundet hatte.

KAMPF AUF ALLEN SEITEN

Satan bemüht sich ständig, die Menschen zu täuschen und sie zu veranlassen, Sünde als Gerechtigkeit und Gerechtigkeit als Sünde zu bezeichnen. Welch großen Erfolg hatte doch sein Werk! Wie oft werden treue Diener Gottes mit Tadel überschüttet, weil sie furchtlos die Wahrheit verteidigen! Menschen, die nur Diener Satans sind, werden mit Lob und Schmeicheleien überhäuft und sogar als Märtyrer angesehen, während diejenigen, die wegen ihrer Treue zu Gott geachtet und bestärkt werden sollten, unter Verdächtigungen und Misstrauen allein gelassen werden.

Unechte Heiligkeit und falsche Heiligung verrichten noch immer ihr verführerisches Werk. In vielfältiger Gestalt zeigt sich heute der gleiche Geist wie zur Zeit Luthers. Er lenkt die Gedanken von der Heiligen Schrift weg und bringt Menschen dazu, sich von ihren eigenen Gefühlen und Eindrücken leiten zu lassen, anstatt Gottes Weisungen zu gehorchen. Das ist eine der erfolgreichsten Strategien Satans, um Reinheit und Wahrheit in Verruf zu bringen.

Von allen Seiten kamen die Angriffe, doch Luther verteidigte das Evangelium ohne Furcht. Gottes Wort erwies sich bei jeder Auseinandersetzung als mächtige Waffe. Mit diesem Wort kämpfte er gegen die eigenmächtige Autorität des Papstes und die rationalistische Philosophie der Gelehrten, während er fest wie ein Fels dem Fanatismus entgegentrat, der sich in die Reformation einschleichen wollte.

Jede dieser so gegensätzlichen Bewegungen setzte die Heilige Schrift auf ihre Weise beiseite und machte menschliche Weisheit zur Quelle für religiöse Wahrheit und Erkenntnis. Der Rationalismus vergöttert die Vernunft und erhebt sie zum Maßstab über die Religion. Der römische Katholizismus beansprucht für den Papst eine göttliche Vollmacht, die seit den Tagen der Apostel durch alle Jahrhunderte hindurch über eine ununterbrochene Linie auf ihn übertragen wurde. Das schafft, unter einem Deckmantel von Heiligkeit und apostolischem Auftrag, jeder Form von Ausschweifung und Korruption viel Spielraum. Die Eingebungen, auf die sich Müntzer und seine Gefährten beriefen, entstammten keiner besseren Quelle als den Launen der eigenen Einbildung. Ihr Einfluss untergrub jede Form von menschlicher oder göttlicher Autorität. Wahres Christentum hingegen betrachtet das Wort Gottes als das große Schatzhaus der inspirierten Wahrheit und als Prüfstein für jede Eingebung.

DIE BIBEL FÜR DAS VOLK

Nach seiner Rückkehr von der Wartburg stellte Luther die Übersetzung des Neuen Testaments fertig, und das Evangelium wurde dem deutschen Volk bald in seiner eigenen Sprache überreicht. Alle wahrheitsliebenden Menschen empfingen diese Übersetzung mit großer Freude, sie wurde jedoch von denen verächtlich abgelehnt, die menschliche Traditionen und Gebote bevorzugten.

Die Priester waren beunruhigt, dass das gewöhnliche Volk nun in der Lage war, mit ihnen über die Lehren der Heiligen Schrift zu diskutieren. Dabei kam ihre eigene Unwissenheit ans Tageslicht. Die Waffen ihrer fleischlichen Argumentation waren gegen das Schwert des Geistes machtlos. Rom bot seine ganze Macht auf, um die Verbreitung der Heiligen Schrift zu verhindern, aber all seine Erlasse, Bannflüche und Strafen waren wirkungslos. Je mehr Rom den Gebrauch der Bibel verdammte und verbot, desto größer wurde das Verlangen des Volkes, zu wissen, was sie wirklich lehrt. Wer lesen konnte, erforschte das Wort Gottes für sich selbst mit Hingabe. Man nahm die Schrift mit, las sie wieder und wieder und war erst zufrieden, als man ganze Teile auswendig kannte. Als Luther das Interesse sah, mit dem das Neue Testament aufgenommen wurde, begann er unverzüglich mit der Übersetzung des Alten und veröffentlichte es in Teilen, sobald sie fertiggestellt waren.

Luthers Schriften wurden in Stadt und Land positiv aufgenommen. »Was Luther und seine Freunde schrieben, wurde von andern verbreitet. Mönche, die von der Unrechtmäßigkeit ihres Klostergelübdes überzeugt wurden, wollten nach langer Untätigkeit ein arbeitsames Leben führen. Da sie aber für die Predigt des göttlichen Wortes zu geringe Kenntnisse besaßen, zogen sie durch die Provinzen und verkauften Luthers Bücher. Es gab bald sehr viele dieser mutigen Hausierer.« (DAGR, XI, 88)

Die Schriften wurden von Armen und Reichen, Gelehrten wie Laien, mit großem Interesse gelesen. Abends lasen Dorfschullehrer kleinen Gruppen, die sich in Wohnungen versammelten, aus der Bibel vor. Dabei wurden stets einige Anwesende von der Wahrheit überzeugt. Man nahm das Wort mit Freuden auf und erzählte dann anderen von der guten Nachricht.

Die inspirierten Worte der Bibel bewahrheiteten sich: »Wenn dein Wort offenbar wird, so erfreut es und macht klug die Unverständigen.« (Psalm 119,130) Das Studium der Bibel bewirkte eine große Veränderung in den Gedanken und Herzen des Volkes. Die päpstliche Herrschaft hatte ihren Untertanen ein eisernes Joch auferlegt, das sie in Unwissenheit und Erniedrigung festhielt. Peinlich genau wurden abergläubische Formen beobachtet, doch in all diesen religiösen Handlungen kamen Herz und Verstand viel zu kurz. Die Verkündigung Luthers durch die schlichten Wahrheiten der Heiligen Schrift hatte ihre Wirkung auf das einfache Volk und weckte seine ungenutzten Fähigkeiten, die nicht nur den Geist reinigten und veredelten, sondern auch dem Verstand neue Kraft und Vitalität verliehen.

Leute aus allen Volksschichten sah man mit Bibeln in der Hand die Lehren der Reformation verteidigen. Die Anhänger des Papsttums, die das Studium der Heiligen Schrift den Priestern und Mönchen überlassen hatten, forderten diese nun auf, anzutreten und diese neuen Lehren zu widerlegen. Doch Priester und Mönche, die weder die Schrift noch die Kraft Gottes kannten, waren denen, die sie als ungebildete Häretiker verschrien hatten, vollkommen unterlegen. »Leider«, sagte ein katholischer Schriftsteller, »hatte Luther die Seinigen überredet, man dürfe nur den Aussprüchen der heiligen Bücher Glauben schenken.« (DAGR, XI, 86 ff.) Menschenmassen hörten den »ungebildeten« Männern zu, die sich sogar mit gelehrten und beredten Theologen auseinandersetzten. Die beschämende Unwissenheit dieser großen Männer wurde offenbar, als man ihren Argumenten die einfachen Lehren des Wortes Gottes gegenüberstellte. Arbeiter, Soldaten, Frauen und sogar Kinder waren mit den Lehren der Bibel besser vertraut als Priester und Gelehrte.

Der Unterschied zwischen den Jüngern des Evangeliums und den Gehilfen des päpstlichen Aberglaubens war in den Reihen der Gelehrten genauso klar erkennbar wie unter dem gewöhnlichen Volk. »Die alten Stützen der Hierarchie hatten die Kenntnis der Sprachen und das Studium der Wissenschaft vernachlässigt; ihnen trat eine studierende, in der Schrift forschende, mit den Meisterwerken des Altertums sich beschäftigende Jugend entgegen. Diese aufgeweckten Köpfe und unerschrockenen Männer erwarben sich bald solche Kenntnisse, dass sich lange Zeit keiner mit ihnen messen konnte. ... Wo die jungen Verteidiger der Reformation mit den römischen Doktoren zusammentrafen, griffen sie diese mit solcher Ruhe und Zuversicht an, dass diese unwissenden Menschen zögerten, verlegen wurden und sich allgemein gerechte Verachtung zuzogen.« (DAGR, XI, 86 ff.)

DIE GEISTLICHKEIT IN BEDRÄNGNIS

Als die römischen Geistlichen sahen, dass die Anzahl ihrer Gottesdienstbesucher zurückging, riefen sie die weltlichen Behörden zu Hilfe und versuchten, mit allen ihnen zur Verfügung stehenden Mitteln, ihre Zuhörer zurückzugewinnen. Aber die Menschen hatten in den neuen Lehren das gefunden, was ihre geistlichen Bedürfnisse stillte. So kehrten sie denen, die sie so lange mit der wertlosen Spreu abergläubischer Bräuche und menschlicher Traditionen ernährt hatten, den Rücken.

Als die Lehrer der Wahrheit unter der Verfolgung litten, erinnerten sie sich an die Worte Christi: »Wenn sie euch aber in einer Stadt verfolgen, so flieht in eine andere.« (Matthäus 10,23) So drang das Licht überall hin. Oft wurde den Flüchtenden irgendwo eine gastfreundliche Tür geöffnet, und während sie dort waren, verkündigten sie Christus. Dies taten sie manchmal in Kirchen, doch wenn ihnen dieses Vorrecht verweigert wurde, predigten sie auch in Privathäusern oder im Freien. Wo immer sie Zuhörer fanden, war ein geweihter Tempel. Die Wahrheit wurde mit solcher Einsatzfreude und Zuversicht gepredigt, dass sie sich mit unwiderstehlicher Kraft ausbreitete.

Vergeblich versuchte sowohl die kirchliche wie auch die weltliche Obrigkeit die Ketzerei zu vernichten. Vergeblich griffen sie zu Gefangenschaft, Folter, Feuer und Schwert. Tausende besiegelten ihr Glaubenszeugnis mit ihrem Blut, doch das Werk ging voran. Die Verfolgung diente der Ausbreitung der Wahrheit. Der Fanatismus, den Satan mit ihr in Verbindung bringen wollte, machte den Unterschied zwischen seinem Wirken und dem Werk Gottes nur noch deutlicher.

# KAPITEL 11

DER PROTEST DER FÜRSTEN

Eines der edelsten Zeugnisse, das je für die Reformation abgelegt wurde, war der Protest der christlichen Fürsten Deutschlands auf dem zweiten Reichstag zu Speyer 1529. Der Mut, das Gottvertrauen und die Entschlossenheit dieser gläubigen Männer waren bahnbrechend für die Glaubens- und Gewissensfreiheit späterer Zeiten. Ihr Protest gab den Anhängern des reformierten Glaubens den Namen Protestanten, seine Prinzipien waren das Wesen des Protestantismus. (DAGR, XIII, 6, 59)

DER BRUCH DES STILLHALTEABKOMMENS

Für die Reformation brach ein dunkler und bedrohlicher Tag an. Das Wormser Edikt (1521) hatte Luther zwar geächtet und das Verbreiten oder Annehmen seiner Lehren verboten, doch im Reich dominierte bislang eine religiöse Toleranz. Gottes Vorsehung hatte die Kräfte, die der Wahrheit entgegen standen, im Zaum gehalten. Karl V. war entschlossen, die Reformation auszurotten, doch jedes Mal, wenn er zum entscheidenden Schlag ausholen wollte, musste er sich davon abwenden. Immer wieder schien die sofortige Vernichtung aller, die es wagten, sich gegen Rom aufzulehnen, unabwendbar, doch zum kritischen Zeitpunkt rückten entweder türkische Heere an der Ostgrenze des Reiches vor oder der französische König oder gar der Papst selbst, der auf die große Macht des Kaisers neidisch geworden war, zog gegen ihn in den Krieg. Damit konnte sich die Reformation inmitten allgemeinen Streits unter den Nationen festigen und ausbreiten.

Doch schließlich hatten die katholischen Fürsten ihre Zwistigkeiten beigelegt, sodass sie ihren gemeinsamen Kampf gegen die Reformation wieder aufnehmen konnten. Bis zur Einberufung eines allgemeinen Konzils hatte der Reichstag zu Speyer 1526 jedem deutschen Land im Bereich der Religion volle Freiheit zugebilligt. Doch kaum waren die Gefahren vorüber, unter denen diese Zugeständnisse gemacht worden waren, berief der Kaiser 1529 einen zweiten Reichstag nach Speyer ein, um die Ketzerei zu vernichten. Die Fürsten sollten möglichst durch friedliche Mittel dazu gebracht werden, sich gegen die Reformation zu stellen. Sollte der Plan scheitern, war Karl bereit, zum Schwert zu greifen.

Die Anhänger des Papsttums jubelten und erschienen zahlreich in Speyer. Sie brachten ihre Feindschaft gegenüber den Reformatoren und allen, die auf ihrer Seite standen, offen zum Ausdruck. Da sagte Melanchthon: »Wir sind der Abschaum und der Kehricht der Welt; aber Christus wird auf sein armes Volk herabsehen und es bewahren.« Den beim Reichstag anwesenden evangelischen Fürsten wurde verboten, das Evangelium selbst in ihren Privaträumen predigen zu lassen. Aber die Einwohner von Speyer hatten Verlangen nach dem Wort Gottes, und trotz Verbot strömten sie zu Tausenden zu den Gottesdiensten, die in der Kapelle des Kurfürsten von Sachsen abgehalten wurden.

Dies beschleunigte die Krise. Der Kaiser sandte eine Botschaft an den Reichstag und forderte ihn auf, den Beschluss zur Religionsfreiheit aufzuheben, da dieser wiederholt zu großen Unruhen führe. Diese willkürliche Entscheidung rief unter den evangelischen Christen Empörung und Unruhe hervor. Einer sagte: »Christus ist wieder in den Händen von Kaiphas und Pilatus.« (DAGR, XIII, 5, 51 f.) Die Anhänger des Papsttums wurden immer heftiger, und ein Fanatiker unter ihnen erklärte: »Die Türken sind besser als die Lutheraner; denn die Türken beachten das Fasten, und diese verletzen es. Wenn wir zwischen der Heiligen Schrift Gottes und den alten Irrtümern der Kirche zu wählen hätten, würden wir die Erstere verwerfen.« Melanchthon schrieb: »Täglich schleuderte Faber (der Beichtvater König Ferdinands und spätere Bischof von Wien) in der vollen Versammlung neue Steine gegen uns Evangelische.« (DAGR, XIII, 5, 51 f.)

Die Duldung in religiösen Fragen war gesetzlich geregelt, und die evangelischen Staaten waren fest entschlossen, die Verletzung ihrer Rechte nicht hinzunehmen. Luther stand immer noch unter der Reichsacht, die ihm das Edikt von Worms auferlegt hatte. Ihm wurde nicht erlaubt, nach Speyer zu kommen, er wurde aber durch Mitarbeiter und Fürsten vertreten. Gott hatte sie erweckt, um seine Sache in dieser Notsituation zu verteidigen. Der edle Friedrich von Sachsen, Luthers früherer Schutzherr, war gestorben. Sein Bruder und Nachfolger, Herzog Johann, hatte die Reformation jedoch freudig begrüßt. Während er ein Freund des Friedens war, legte er in allen Belangen des Glaubens dennoch Mut und große Tatkraft an den Tag.

EIN GEFÄHRLICHER KOMPROMISSVORSCHLAG

Die Priester verlangten, dass sich die Staaten, welche die Reformation angenommen hatten, bedingungslos der römischen Gerichtsbarkeit unterwarfen. Die Reformatorischen forderten ihrerseits die Freiheit, die ihnen vorher gewährt worden war. Sie konnten nicht einwilligen, dass Rom jene Staaten wieder unter seine Herrschaft brachte, die mit so großer Freude das Wort Gottes angenommen hatten.

Man legte schließlich einen Kompromissvorschlag auf den Tisch. In Gebieten, die von der Reformation noch nicht erfasst worden waren, sollte das Edikt von Worms rigoros durchgesetzt werden; »wo man aber davon abgewichen und wo dessen Einführung ohne Volksaufruhr nicht möglich sei, solle man wenigstens nicht weiter reformieren, keine Streitfragen verhandeln, die Messe nicht verbieten, keinen Katholiken zum Luthertum übertreten lassen« (DAGR, XIII, 5, 51 f.). Dieser Vorschlag wurde zur großen Genugtuung der Priester und Prälaten vom Reichstag angenommen.

Falls dieser Erlass »Gesetzeskraft erhielt, so konnte sich die Reformation weder weiter ausbreiten ... wo sie noch nicht war, noch wo sie bestand, festen Boden gewinnen« (DAGR, XIII, 5, 51 f.). Die Redefreiheit würde aufgehoben, Bekehrungen würden nicht mehr gestattet, und von den Freunden der Reformation würde verlangt, sich kurzerhand diesen Einschränkungen und Verboten zu unterwerfen. Die Hoffnung der Welt schien wieder einmal dem Erlöschen nahe. »Die Wiederherstellung der römischen Hierarchie hätte die alten Missstände unweigerlich zurückgebracht.« Darüber hinaus wäre genügend Gelegenheit geboten worden, ein »ganzes Werk zu zerstören, das durch Fanatismus und Zwietracht sonst schon so arg erschüttert war« (DAGR, XIII, 5, 51 f.).

Als die evangelische Partei zur Beratung zusammen kam, blickte man sich bestürzt an. Alle fragten: »Was ist jetzt zu tun?« Für die Welt stand Großes auf dem Spiel. »Sollten die führenden Köpfe der Reformation nachgeben und das Edikt annehmen? Wie leicht hätten die Reformatoren in diesem entscheidenden Augenblick, der in der Tat außerordentlich wichtig war, sich dazu überreden lassen können, einen falschen Weg einzuschlagen. Wie viele glaubhafte Vorwände und annehmbare Gründe für ihre Unterwerfung hätten sich finden lassen! Den lutherisch gesinnten Fürsten war die freie Ausübung ihres Glaubens zugesichert. Dieselbe Begünstigung erstreckte sich auch auf alle ihre Untertanen, die die reformierte Lehre angenommen hatten, ehe die Regelungen in Kraft traten. Konnte sie dies nicht zufriedenstellen? Wie vielen Gefahren würde man durch eine Unterwerfung ausweichen! Doch in welch unbekannte Wagnisse und Kämpfe würde der Widerstand sie treiben! Wer weiß, ob sich in Zukunft je wieder solch eine Gelegenheit bieten würde! ›Lasst uns den Frieden annehmen; lasst uns den Ölzweig ergreifen, den Rom uns entgegenhält, und die Wunden Deutschlands schließen.‹ Mit derartigen Begründungen hätten die Reformatoren sich bei der Annahme eines Weges, der unvermeidlich bald darauf den Umsturz ihrer Sache herbeigeführt haben würde, rechtfertigen können.

Glücklicherweise erkannten sie den Grundsatz, auf dem diese Anordnung beruhte, und handelten im Glauben. Was war das für ein Grundsatz? – Es war das Recht Roms, das Gewissen zu zwingen und eine freie Untersuchung zu untersagen. Sollten aber sie selbst und ihre evangelischen Untertanen sich nicht der Religionsfreiheit[38] erfreuen? – Ja, als eine Gunst, die in der Anordnung besonders vorgesehen war, nicht aber als ein Recht. In allem, was in diesem Abkommen nicht inbegriffen war, sollte der herrschende Grundsatz der Autorität maßgebend sein; das Gewissen wurde nicht berücksichtigt; Rom war der unfehlbare Richter, und ihm musste man gehorchen. Die Annahme der vorgeschlagenen Vereinbarung wäre ein sichtbares Zugeständnis gewesen, dass die Religionsfreiheit auf das evangelische Sachsen beschränkt werden sollte; was aber die übrige Christenheit anging, so seien freie Forschung und das Bekenntnis des reformierten Glaubens Verbrechen, die mit Kerker und Scheiterhaufen zu ahnden wären. Dürften sie der örtlichen Beschränkung der Religionsfreiheit zustimmen, dass man verkündige, die Reformation habe ihren letzten Anhänger gewonnen, ihren letzten Fußbreit erobert? Und sollte dort, wo Rom zu dieser Stunde sein Zepter schwang, seine Herrschaft ständig aufgerichtet bleiben? Könnten die Reformatoren sich unschuldig fühlen an dem Blut jener Hunderte und Tausende, die in Erfüllung dieser Anordnung ihr Leben in päpstlichen Ländern opfern müssten? Dies hieße, in jener so verhängnisvollen Stunde die Sache des Evangeliums und die Freiheit der Christenheit zu verraten.« – »Lieber wollten sie ... ihre Länder, ihre Kronen, ihr Leben opfern.« (DAGR, XIII, 5, 51 f.)

DURCHSCHAUT UND VERWORFEN

»Wir verwerfen diesen Beschluss«, sagten die Fürsten. »In Gewissensangelegenheiten hat die Mehrheit keine Macht.« Die Abgeordneten erklärten: »Das Dekret von 1526 hat den Frieden im Reich gestiftet; hebt man es auf, so heißt das, Deutschland in Hader und Zank zu stürzen. Der Reichstag hat keine weitere Befugnis als die Aufrechterhaltung der Glaubensfreiheit

---

38 Siehe Glossar »Religionsfreiheit«, S. 677.

bis zu einem Konzil.« (DAGR, XIII, 5, 51 f.) Es ist die Pflicht des Staates, die Glaubensfreiheit zu schützen, aber in Glaubensangelegenheiten hört seine Autorität auf. Jede weltliche Regierung, die sich in die Einhaltung von religiösen Bestimmungen einmischt oder solche forciert, opfert den Grundsatz der Religionsfreiheit, für den die evangelischen Christen so tapfer kämpften.

Die Anhänger des Papsttums beschlossen, den nach ihrer Auslegung »frechen Trotz« zu unterbinden. Nun begannen sie, unter den Unterstützern der Reformation Spaltungen zu erzeugen und jeden einzuschüchtern, der sich nicht offen zu ihnen bekannte. Zuletzt wurden die Vertreter der freien Reichsstädte vor den Reichstag geladen und aufgefordert zu erklären, ob sie den Bedingungen dieses Antrags zustimmen würden. Vergeblich baten sie um Bedenkzeit. Als sie Stellung beziehen mussten, ergriff fast die Hälfte für die Reformatoren Partei. Damit weigerten sie sich, die Gewissensfreiheit und das Recht auf persönliche Urteilsbildung zu opfern. Sie waren sich dabei voll bewusst, dass ihnen dieser Standpunkt in Zukunft Kritik, Verurteilung und Verfolgung einbringen würde. Einer der Abgeordneten bemerkte: »Das ist die erste Probe ... bald kommt die zweite: das Wort Gottes widerrufen oder brennen.« (DAGR, XIII, 5, 51 f.)

König Ferdinand, der Stellvertreter des Kaisers auf dem Reichstag, erkannte, dass dieser Erlass zu ernsthaften Spaltungen führen würde, falls die Fürsten nicht dazu bewegt werden konnten, ihn anzunehmen und zu unterstützen. Weil er genau wusste, dass der Einsatz von Gewalt solche Männer nur noch entschlossener machte, versuchte er es mit der Überredungskunst. Er »bat die Fürsten um Annahme des Dekrets, für welchen Schritt der Kaiser ihnen großen Dank wissen würde« (DAGR, XIII, 5, 51 f.). Aber diese gewissenhaften Männer vertrauten der Autorität eines Herrschers, der größer ist als irdische Machthaber, und antworteten ruhig: »Wir gehorchen dem Kaiser in allem, was zur Erhaltung des Friedens und zur Ehre Gottes dienen kann.« (DAGR, XIII, 5, 51 f.)

Vor der ganzen Reichsversammlung erklärte der König dem Kurfürsten und seinen Freunden, dass das Edikt bald in Form eines kaiserlichen Erlasses abgefasst werden würde und dass ihnen jetzt nur noch die Möglichkeit bleibe, sich der Mehrheit zu unterwerfen. Nachdem er dies gesagt hatte, verließ er die Versammlung. Damit nahm er den Protestanten die Möglichkeit zur Beratung und zur Erwiderung. Vergeblich baten sie den König durch eine Gesandtschaft, zurückzukehren. Auf ihren Einspruch erwiderte er nur: »Die Artikel sind beschlossen; man muss sich unterwerfen.« (DAGR, XIII, 5, 51 f.)

Die kaiserliche Partei war überzeugt, dass sich die christlichen Fürsten auf die Heilige Schrift berufen würden und dieser höhere Beachtung schenkten als menschlichen Lehren und Ansprüchen. Auch war für sie klar, dass, wo immer dieses Prinzip übernommen würde, letztendlich der Sturz des Papsttums bevorstand. Aber wie so viele nach ihnen schauten sie nur auf das Sichtbare und redeten sich ein, dass die Sache des Papstes und des Kaisers stark, die der Reformatoren jedoch schwach sei. Hätten sich die Reformatoren allein auf menschliche Hilfe verlassen können, wären sie tatsächlich so machtlos gewesen, wie die Anhänger des Papsttums es annahmen. Aber obwohl sie zahlenmäßig unterlegen waren und von Rom abwichen, besaßen sie doch innere Stärke. Sie beriefen sich »vom Beschluss des Reichstages auf Gottes Wort, von Kaiser Karl auf Jesus Christus, den König aller Könige, den Herrn aller Herren« (DAGR, XIII, 5, 51 f.).

Weil Ferdinand ihre Gewissensüberzeugung missachtet hatte, beschlossen die Fürsten, auf seine Abwesenheit keine Rücksicht mehr zu nehmen. Unverzüglich richteten sie ihren Protest an die Ratsversammlung. Eine feierliche Erklärung wurde aufgesetzt und dem Reichstag vorgelegt:

»Wir protestieren durch diese Erklärung vor Gott, unserem einigen Schöpfer, Erhalter, Erlöser und Seligmacher, der uns einst richten wird, und erklären vor allen Menschen und Kreaturen, dass wir für uns und die Unsrigen in keiner Weise dem vorgelegten Dekret beipflichten oder beitreten und allen Punkten, welche Gott, seinem heiligen Worte, unserem guten Gewissen, unserer Seligkeit zuwiderlaufen.

Wie sollten wir das Edikt billigen können und dadurch erklären, dass, wenn der allmächtige Gott einen Menschen zu seiner Erkenntnis beruft, dieser Mensch nicht die Freiheit hat, diese Erkenntnis anzunehmen! ... Da nur die Lehre, welche Gottes Wort gemäß ist, gewiss genannt werden kann, da der Herr eine andere zu lehren verbietet, da jeder Text der Heiligen Schrift durch deutlichere Stellen derselben ausgelegt werden soll, da dieses heilige Buch in allem, was dem Christen Not tut, leicht verständlich ist und das Dunkel zu zerstreuen vermag: so sind wir mit Gottes Gnade entschlossen, allein die Predigt des göttlichen Wortes, wie es in den biblischen Büchern des Alten und Neuen Testaments enthalten ist, lauter und rein, und nichts, was dawider ist, aufrechtzuerhalten. Dieses Wort ist die einzige Wahrheit, die alleinige Richtschnur aller Lehre und alles Lebens und kann nicht fehlen noch trügen. Wer auf diesen Grund baut, besteht gegen alle Mächte der Hölle; alle Menschentorheit, die sich dawiderlegt, verfällt vor Gottes Angesicht. ...

Deshalb verwerfen wir das Joch, das man uns auflegt. ... Wir hoffen, Ihre Kaiserliche Majestät werde als ein christlicher Fürst, der Gott vor allen Dingen liebt, in unserer Sache verfahren, und erklären uns bereit, ihm, wie euch, gnädige Herren, alle Liebe und allen Gehorsam zu erzeigen, welches unsere gerechte und gesetzliche Pflicht ist.« (DAGR, XIII, 6)

Dies machte einen großen Eindruck auf den Reichstag. Ein solcher Mut der Protestanten erschreckte und erstaunte die Mehrheit. Sie sahen stürmische Zeiten auf sich zukommen. Zwietracht, Streit und Blutvergießen schienen unvermeidlich. Die Reformatorischen waren jedoch von der Gerechtigkeit ihrer Sache überzeugt, verließen sich auf den Arm des Allmächtigen und blieben fest und mutig.

DIE PRINZIPIEN DES PROTESTANTISMUS

»Die in dieser berühmten Protestation ... ausgesprochenen Grundsätze sind der wesentliche Inhalt des Protestantismus. Die Protestation tritt gegen zwei menschliche Missbräuche in Glaubenssachen auf: gegen die Einmischung der weltlichen Macht und die Willkür des Klerus. Sie setzt an die Stelle der weltlichen Behörde die Macht des Gewissens und an die Stelle des Klerus die Autorität des Wortes Gottes. Der Protestantismus erkennt die weltliche Gewalt in göttlichen Dingen nicht an und sagt, wie die Apostel und die Propheten: ›Man muss Gott mehr gehorchen als den Menschen.‹ (Apostelgeschichte 5,29) Ohne Karls V. Krone anzutasten, hält er die Krone Jesu Christi aufrecht, und noch weitergehend stellt er den Satz auf, dass alle Menschenlehre den Aussprüchen Gottes untergeordnet sein soll.« (DAGR, XIII, 6) Die Protestanten bestanden außerdem auf ihrem Recht, religiöse Überzeugungen frei aussprechen zu dürfen. Sie wollten nicht nur dem Wort Gottes glauben und gehorchen, sondern es auch lehren und lehnten es ab, dass Priester und Verwaltungen das Recht hätten, sich einzumischen. Der Protest zu Speyer war ein ernstes Zeugnis gegen religiöse Unduldsamkeit und ein Appell des Rechts aller Menschen, Gott nach ihrem eigenen Gewissen zu dienen.

Die Erklärung war gegeben. Sie wurde in das Gedächtnis von Tausenden und in die Bücher des Himmels eingetragen, wo kein menschliches Bemühen sie auslöschen konnte. Das ganze evangelische Deutschland übernahm diesen Protest als Ausdruck seines Glaubens. Überall sah man in dieser Erklärung den Anfang einer neuen und besseren Zeit. Einer der Fürsten sagte den Protestanten in Speyer: »Der allmächtige Gott, der euch die Gnade verliehen, ihn kräftig, frei und furchtlos zu bekennen, bewahre euch in dieser christlichen Standhaftigkeit bis zum Tage des Gerichts!« (DAGR, XIII, 6)

Hätte sich die Reformation nach ihrem anfänglichen Erfolg darauf eingelassen, auf die Zustimmung der Welt zu warten, wäre sie Gott und sich selbst untreu geworden und hätte sich ihr eigenes Grab geschaufelt. Die Erfahrung dieser edlen Reformatoren enthält eine Lehre für alle späteren Generationen. Satans Art und Weise, gegen Gott und sein Wort zu wirken, hat sich nicht verändert. Er stellt sich heute noch genauso dagegen, dass die Heilige Schrift zur Lebensregel erhoben wird, wie im 16. Jahrhundert. Heutzutage weicht man von ihren Lehren und Weisungen massiv ab, und deshalb gilt es zu jenem bedeutsamen Prinzip des Protestantismus zurückzukehren, wonach die Bibel und die Bibel allein der Maßstab für Glaube und Handeln ist. Satan arbeitet immer noch mit allen Mitteln daran, die Religionsfreiheit zu beseitigen. Die antichristliche Macht, die die Protestanten in Speyer ablehnten, versucht heute mit neuer Kraft, ihre verlorene Herrschaft zurückzugewinnen. Dasselbe Festhalten am Wort Gottes, wie dies zu jener Zeit der Krise der Reformation geschah, ist auch heute die einzige Hoffnung auf Reform.

Die Protestanten erkannten Anzeichen einer drohenden Gefahr. Es gab aber auch Hinweise, dass Gott seine Hand ausstreckte, um die Treuen zu bewahren. Etwa zu dieser Zeit »hatte Melanchthon seinen Freund Simon Grynäus rasch durch die Stadt an den Rhein geführt mit der Bitte, sich übersetzen zu lassen. Als dieser über das hastige Drängen erstaunt war, erzählte ihm Melanchthon: Eine ernste, würdige Greisengestalt, die er nicht gekannt, sei ihm entgegengetreten mit der Nachricht, Ferdinand habe Häscher abgeschickt, um den Grynäus zu verhaften« (DAGR, XIII, 6).

An diesem Tag hatte sich Grynäus über eine Predigt Fabers entrüstet und nach dem Gottesdienst diesem führenden päpstlichen Gelehrten Vorhaltungen gemacht wegen »einiger arger Irrtümer«. Faber hatte sich seinen Zorn nicht anmerken lassen, begab sich aber gleich zum König, von dem er einen Haftbefehl gegen den lästigen Heidelberger Professor erwirkte. Melanchthon hatte keinen Zweifel, dass Gott ihm einen seiner heiligen Engel zur Warnung seines Freundes gesandt hatte.

»Reglos stand er am Rheinufer und wartete, bis das Wasser des Stroms Grynäus vor seinen Verfolgern gerettet hatte. ›Endlich‹, rief Melanchthon aus, als er ihn am anderen Ufer sah, ›ist er den grausamen Klauen seiner Verfolger entrissen worden, die nur unschuldiges Blut vergießen wollen‹. Als er zu seinem Haus zurückkehrte, wurde ihm berichtet, dass Beamte nach Grynäus suchten und sein Haus von oben bis unten durchstöbert hatten.« (DAGR, XIII, 6)

DAS AUGSBURGER BEKENNTNIS

Die Reformation sollte vor den Mächtigen dieser Erde noch größere Bedeutung erhalten. Den evangelischen Fürsten war eine Anhörung durch König Ferdinand verwehrt worden, aber man gab ihnen Gelegenheit, ihre Sache vor dem Kaiser und den versammelten Würdenträgern von Staat und Kirche vorzutragen. Um die Meinungsverschiedenheiten zu beseitigen, die das Reich in Unruhe versetzten, berief Karl V. im Jahr nach dem Protest von Speyer einen Reichstag nach Augsburg (1530) ein, bei dem er persönlich den Vorsitz führen wollte. Dorthin wurden auch die protestantischen Führer vorgeladen.

Der Reformation drohte große Gefahr, aber ihre Verfechter vertrauten ihren Fall dem Schutz Gottes an und gelobten, am Evangelium festzuhalten. Der Kurfürst von Sachsen wurde von seinen Ratgebern gedrängt, nicht auf dem Reichstag zu erscheinen, denn der Kaiser erwarte die Anwesenheit der Fürsten nur, um sie in eine Falle zu locken. Es sei »ein Wagnis, sich mit einem so mächtigen Feinde in dieselben Mauern einzuschließen« (DAGR, XIV, 2, 110). Doch andere erklärten eindrucksvoll, »die Fürsten sollten Mut haben, und Gottes Sache werde gerettet« (DAGR, XIV, 2, 110). Luther sagte: »Gott ist treu – und wird uns nicht lassen.« (DAGR, XIV, 2, 110)

Der Kurfürst und sein Gefolge machten sich auf den Weg nach Augsburg. Alle wussten um die Gefahren, die ihm drohten, und viele gingen mit düsterer Miene und bedrücktem Herzen dorthin. Luther begleitete sie bis Coburg. Um ihren nachlassenden Glauben zu stärken, sang er ihnen einen Choral vor, den er auf dieser Reise geschrieben hatte: »Ein feste Burg ist unser Gott.« Manch düstere Vorahnung wurde vertrieben, und manches Herz wurde unter diesen begeisternden Klängen erleichtert.

Die reformierten Fürsten beschlossen, vor dem Reichstag eine Erklärung abzugeben, die in systematischer Form mit Beweisen aus der Heiligen Schrift abgefasst war. Mit der Vorbereitung dieser Erklärung wurden Luther, Melanchthon und ihre Gefährten beauftragt. Dieses »Augsburger Bekenntnis« wurde von den Protestanten als eine Darlegung ihres Glaubens angenommen, und sie versammelten sich, um ihre Namen unter das Dokument zu setzen. Es war eine ernste Zeit der Prüfung. Die Reformierten achteten sorgfältig darauf, dass ihr Anliegen nicht mit politischen Angelegenheiten vermengt wurde. Die Reformation sollte durch nichts als nur durch das Wort Gottes beeinflusst werden. Als die christlichen Fürsten das Dokument unterzeichnen wollten, trat Melanchthon dazwischen und sprach: »Die Theologen, die Diener Gottes, müssen das vorlegen, und das Gewicht der Großen der Erde muss man für andere Dinge aufsparen.« – »Gott gebe«, antwortete Johann von Sachsen, »dass ihr mich nicht ausschließet, ich will tun, was recht ist, unbekümmert um meine Krone; ich will den Herrn bekennen. Das Kreuz Jesu Christi ist mehr wert als mein Kurhut und mein Hermelin.« (DAGR, XIV, 6, 147 f.) Als er dies gesagt hatte, setzte er seinen Namen darunter. Ein anderer Fürst sagte, als er die Feder ergriff: »Wo es die Ehre meines Herrn Jesu Christi gilt, bin ich bereit, Gut und Leben aufzugeben. ... Ehe ich eine andere Lehre als die, welche in der Konfession enthalten ist, annehme, will ich lieber Land und Leute aufgeben und mit dem Stabe in der Hand aus meiner Väter Heimat auswandern.« (DAGR, XIV, 6, 157 f.) Das war der Glaube und der Mut dieser Gottesmänner!

Es kam die festgesetzte Zeit, dass sie vor dem Kaiser erscheinen mussten. Karl V. saß auf seinem Thron, umgeben von den Kurfürsten und Fürsten des Reiches, und erteilte den protestantischen Reformatoren eine Audienz. Ihr Glaubensbekenntnis wurde vorgelesen. Jener ehrwürdigen Versammlung wurden die Wahrheiten des Evangeliums klar und deutlich dargelegt und die Irrtümer der Papstkirche aufgezeigt. Mit Recht ist dieser Tag als der größte der Reformation und als einer der größten in der Geschichte des Christentums und der Menschheit bezeichnet worden. (DAGR, XIV, 7, 156 f.)

Es waren nur wenige Jahre vergangen, seitdem der Mönch von Wittenberg allein vor dem Reichstag zu Worms gestanden hatte. Nun standen an seiner Stelle die edelsten und mächtigsten Fürsten vor dem Kaiser. Luther war es verboten worden, in Augsburg zu erscheinen, doch durch seine Worte und Gebete war er anwesend. »Ich bin über alle Maßen froh«, schrieb er, »dass ich bis zu der Stunde gelebt habe, in welcher Christus durch solche Bekenner vor solcher Versammlung in einem herrlichen Bekenntnis verkündigt worden ist.« (DAGR, XIV, 7, 156 f.) Auf diese Weise erfüllte sich, was die Schrift sagt: »Ich rede von deinen Zeugnissen vor Königen!« (Psalm 119,46)

In den Tagen des Apostels Paulus wurde das Evangelium, für das er eingekerkert war, vor Fürsten und Edle der Kaiserstadt getragen. Auch hier wurde das, was der Kaiser verboten hatte von der Kanzel zu predigen, im Palast verkündigt. Was viele sogar für die Dienerschaft als unpassend angesehen hatten, hörten nun verwundert die Herrscher und Herren des Reichs. Könige und Männer von Rang waren die Zuhörer, gekrönte Fürsten die Prediger, und die Predigt war die königliche Wahrheit Gottes. Ein Zeitgenosse (Johannes Mathesius, 1504–1565, Schüler und Biograf Luthers) sagte, dass es seit der apostolischen Zeit »kein größer und höher Werk gegeben« habe. »Was die Lutheraner vorgelesen haben, ist wahr, es ist die reine Wahrheit, wir können es nicht leugnen«, erklärte ein katholischer Bischof. »Könnt ihr das von Kurfürsten abgefasste Bekenntnis mit guten Gründen widerlegen?«, wollte ein anderer von Dr. Eck wissen. »Nicht mit den Schriften der Apostel und Propheten«, antwortete dieser, »aber wohl mit denen der Väter und Konzilien.« – »Also sind die Lutheraner in der Schrift und wir daneben«, entgegnete der Fragende. (DAGR, XIV, 8, 167)

Einige deutsche Fürsten konnten für den reformierten Glauben gewonnen werden. Sogar der Kaiser räumte ein, dass die protestantischen Artikel die reine Wahrheit seien. Das Augsburger Bekenntnis wurde in viele Sprachen übersetzt, in ganz Europa verbreitet und von Millionen Menschen aus späterer Generationen als Ausdruck ihres Glaubens angenommen.

NICHT DURCH WELTLICHE MACHT ...

Gottes treue Diener arbeiteten nicht allein. Während sie es »mit Mächtigen und Gewaltigen, nämlich mit den Herren der Welt, die in dieser Finsternis herrschen, mit den bösen Geistern unter dem Himmel« (Epheser 6,12) zu tun hatten, verließ der Herr sein Volk nicht. Wären ihre Augen geöffnet worden, hätten sie die deutlichen Beweise der Gegenwart und Hilfe Gottes genauso sehen können, wie einst ein Prophet des Alten Testamentes. Als der Diener Elisas seinen Meister auf das feindliche Heer aufmerksam machte, das sie umgab und ihnen alle Fluchtwege abschnitt, betete dieser: »HERR, öffne ihm doch die Augen, dass er sieht!« (2. Könige 6,17 ZÜ) Und tatsächlich, der ganze Berg war voll von Pferden und Wagen aus Feuer. Die Armee des Himmels hatte Position bezogen, um den Mann Gottes zu beschützen. Genauso wachten Engel über die Mitarbeiter im Dienst der Reformation.

Luther vertrat stets die Auffassung, die Reformation dürfe zu ihrer Verteidigung nie weltliche Mächte zu Hilfe rufen und nicht zu den Waffen greifen. Er freute sich, dass sich Fürsten des Reiches zum Evangelium bekannt hatten. Doch als sie zu ihrer Verteidigung ein Bündnis schließen wollten, »wollte Luther die evangelische Lehre nur von Gott allein verteidigt wissen, je weniger sich die Menschen darein mischten, desto herrlicher werde sich Gottes Eingreifen offenbaren. Alle Umtriebe, wie die beabsichtigten, deuteten ihm auf feige Ängstlichkeit und sündhaftes Misstrauen« (DAGR, X, 14, 187 f.).

Als sich mächtige Feinde vereinten, um den reformierten Glauben zu Fall zu bringen, und Tausende von Schwertern gegen sie gezogen wurden, schrieb Luther: »Satan lässt seine Wut aus, gottlose Pfaffen verschwören sich, man bedroht uns mit Krieg. Ermahne das Volk weiterzukämpfen vor Gottes Thron mit Glauben und Gebet, sodass unsere Feinde, vom Geiste Gottes besiegt, zum Frieden gezwungen werden. Das Erste, was Not tut, die erste Arbeit, ist das Gebet. Angesichts der Schwerter und der Wut Satans hat das Volk nur eins zu tun: es muss beten.« (DAGR, X, 14, 187 f.)

Als sich Luther später zum versuchten Bündnis der reformierten Fürsten äußerte, erklärte er, dass bei diesem Krieg die einzige Waffe des Gläubigen »das Schwert des Geistes« sei. Er schrieb an den Kurfürsten von Sachsen: »Wir können in unserem Gewissen solch versuchtes Bündnis nicht billigen. Wir möchten lieber zehnmal tot sein, als zu sehen, dass unser Evangelium einen Tropfen vergossenes Blut verursacht. Wir sollen wie die Schlachtschafe gerechnet sein. Es muss ja Christi Kreuz getragen sein. Euer Kurfürstliche Gnaden seien getrost und unerschrocken, wir wollen mit Beten mehr ausrichten, denn sie mit all ihrem Trotzen. Allein dass wir unsere Hände rein vom Blut unserer Brüder behalten, und wo der Kaiser mich und die anderen forderte, so wollen wir erscheinen. Euer Kurfürstliche Gnaden soll weder meinen noch eines anderen Glauben verteidigen, sondern ein jeder soll auf seine eigene Gefahr glauben.« (DAGR, XIV, 1, 104)

... SONDERN DURCH VERTRAUEN AUF CHRISTUS

Aus dem verborgenen Gebetskämmerlein kam die Kraft, welche in dieser großen Reformation die ganze Welt erschütterte. In dieser abgeschiedenen Stille setzten die Diener des Herrn ihre Füße auf den Felsen seiner Verheißungen. Während der Auseinandersetzung in Augsburg verging kein Tag, an dem Luther nicht »täglich drei Stunden dem Gebet widmete, und zwar zu einer Zeit, die dem Studium am günstigsten gewesen wäre«. In der Zurückgezogenheit seines Kämmerleins hörte man, wie er sein Herz vor Gott ausschüttete »mit solchem Glauben und Vertrauen ... als ob er mit seinem Freund und Vater rede. Ich weiß, sagte der Reformator, dass du unser Vater und unser Gott bist, dass du die Verfolger deiner Kinder zerstreuen wirst, denn du selbst bist mit uns in der Gefahr. Diese ganze Sache ist dein, nur weil du sie gewollt hast, haben wir sie unternommen. Schütze du uns, o Herr!«

An Melanchthon, der vor der Last der Sorge und Angst fast verzweifelte, schrieb er: »Gnade und Friede in Christo! In Christo, sage ich, nicht in der

Welt. Amen! Ich hasse deine Besorgnisse, die dich, wie du schreibst, verzehren, gewaltig. Wenn die Sache falsch ist, so wollen wir widerrufen; wenn sie gerecht ist, weshalb machen wir den, welcher uns ruhig schlafen heißt, bei so vielen Verheißungen zum Lügner? ... Christus entzieht sich nicht der Sache der Gerechtigkeit und Wahrheit; er lebt und regiert, und welche Angst können wir noch haben?« (DAGR, XIV, 6, 152 f.)

Gott hörte auf die Schreie seiner Diener. Prinzen und Predigern gab er Gnade und Mut, um vor den Herrschern der Finsternis in dieser Welt die Wahrheit hochzuhalten. Der Herr spricht: »Siehe, ich lege in Zion einen auserwählten, kostbaren Eckstein; und wer an ihn glaubt, der soll nicht zuschanden werden.« (1. Petrus 2,6) Die protestantischen Reformatoren hatten auf Christus gebaut, und die Pforten der Hölle konnten sie nicht überwältigen.

KAPITEL 12

DIE REFORMATION IN FRANKREICH

Auf den Protest von Speyer und die Augsburger Konfession, die den Triumph der Reformation in Deutschland markierten, folgten Jahre des Kampfes und der Finsternis. Geschwächt durch Spaltungen in den eigenen Reihen und angegriffen von mächtigen Feinden, schien der Protestantismus dem vollständigen Untergang geweiht. Tausende besiegelten ihr Zeugnis mit ihrem Blut. Bürgerkriege brachen aus, und die protestantische Sache wurde durch einen ihrer führenden Anhänger verraten. Die Edelsten der reformierten Fürsten fielen in die Hände des Kaisers und wurden als Gefangene von Stadt zu Stadt geschleppt. Aber im Augenblick des scheinbaren Sieges erlitt der Kaiser eine Niederlage. Die Beute wurde seinen Händen entrissen, und er war gezwungen, die Lehren zu dulden, die er sein Leben lang vernichten wollte. Er hatte sein Reich, seine Schätze und selbst sein Leben aufs Spiel gesetzt, um die Ketzerei zu vernichten. Nun wurden seine Armeen in Schlachten aufgerieben, seine Schätze aufgezehrt und viele Gebiete seines Reiches durch Aufstände bedroht. Gleichzeitig breitete sich der neue Glaube, den er eigentlich ausrotten wollte, überall aus. Karl V. hatte gegen den Allmächtigen gekämpft. Gott hatte gesagt: »Es werde Licht«, doch der Kaiser wollte die Finsternis erhalten. Er hatte sein Ziel nicht erreicht. Vom langen Kampf erschöpft, dankte er als Kaiser vorzeitig ab und zog sich in ein Kloster zurück, wo er zwei Jahre später starb (1558).

FABER UND FAREL

Der Reformation in der Schweiz und in Deutschland standen finstere Tage bevor. Während viele Kantone der Eidgenossenschaft den reformierten Glauben annahmen, klammerten sich andere in blinder Hartnäckigkeit an die Lehre Roms. Die Verfolgung derjenigen, die die Wahrheit annehmen wollten, führte schließlich zum Bürgerkrieg. Zwingli und viele Anhänger der Reformation fielen auf dem blutigen Schlachtfeld von Kappel. Ökolampad wurde von dieser Katastrophe überwältigt und starb bald darauf. Rom jubelte und schien an vielen Orten zurückzugewinnen, was es verloren hatte. Aber der Ewige, dessen Ratschluss unvergänglich ist, hatte sein Volk nicht im Stich gelassen. Seine Hand brachte Rettung. Er hatte in anderen Ländern Diener erweckt, die die Reformation weiterführen sollten.

Noch ehe man den Namen Luther als Reformator kannte, hatte in Frankreich der Morgen schon zu dämmern begonnen. Einer der Ersten, der das Licht aufgriff, war der betagte Jacques Lefèvre d'Étaples (Jacobus Faber Stapulensis), ein Mann von umfassender Gelehrsamkeit, Professor der Sorbonne und ein aufrichtiger und eifriger Anhänger des Papsttums. Bei Forschungsarbeiten in alter Literatur wurde seine Aufmerksamkeit auf die Bibel gelenkt, und er gab diese Erkenntnis seinen Studenten weiter.

Lefèvre war ein begeisterter Verehrer der Heiligen und hatte damit begonnen, eine Geschichte der Heiligen und Märtyrer nach den Legenden der Kirche zu verfassen. Dies war eine umfangreiche Aufgabe. Er war schon gut vorangekommen, als ihm einfiel, dass die Bibel ihm dabei nützlich sein könnte. Daraufhin begann er sie zu studieren. Tatsächlich fand er dort Beschreibungen von Heiligen, aber nicht derjenigen, die im römischen Kalender aufgeführt waren. Eine Flut göttlichen Lichts erhellte seinen Verstand. Erstaunt und angewidert wandte er sich von seiner selbst gestellten Aufgabe ab und widmete sich dem Studium des Wortes Gottes. Bald begann er die dort entdeckten kostbaren Wahrheiten der Heiligen Schrift zu lehren.

Schon 1512, noch bevor Luther und Zwingli ihr Reformationswerk begonnen hatten, schrieb Lefèvre: »Gott allein gibt uns die Gerechtigkeit durch den Glauben, rechtfertigt uns allein durch seine Gnade zum ewigen Leben.« (WHP, XIII, 1) Während er beim Geheimnis der Erlösung verweilte, rief er aus: »O wunderbarer Austausch: der Unschuldige wird verurteilt, der Schuldige freigesprochen; der Gesegnete verflucht, der Verfluchte gesegnet; das Leben stirbt, der Tote erhält das Leben; die Ehre ist mit Schmach bedeckt, der Geschmähte wird geehrt.« (DAGR, XII, 2, 290)

Er lehrte, dass die Ehre für die Erlösung nur Gott gebührt, erklärte aber gleichzeitig, dass der Mensch verpflichtet sei, Gott zu gehorchen. »Bist du der Kirche Christi angehörig«, sagte er, »so bist du ein Glied am Leibe Christi und als solches mit Göttlichkeit erfüllt. ... Wenn die Menschen dieses Vorrecht begriffen, so würden sie sich rein, keusch und heilig halten und alle Ehre dieser Welt für eine Schmach achten im Vergleich zu der inneren Herrlichkeit, welche den fleischlichen Augen verborgen ist« (DAGR, XII, 2, 290).

Unter Lefèvres Studenten gab es einige, die seinen Worten große Aufmerksamkeit schenkten. Lange nachdem die Stimme ihres Lehrers zum

Schweigen gebracht worden war, sollten sie die Verkündigung der Wahrheit weiterführen. Zu diesen gehörte Guillaume (Wilhelm) Farel. Seine frommen Eltern erzogen ihn so, dass er die Lehren der Kirche vorbehaltlos annahm. Von sich selbst hätte er wie der Apostel Paulus sagen können: »Denn nach der allerstrengsten Richtung unsres Glaubens habe ich gelebt als Pharisäer.« (Apostelgeschichte 26,5) Als ergebener Anhänger Roms brannte er vor Eifer, die Widersacher der Kirche auszurotten. »Ich knirschte mit den Zähnen wie ein wütender Wolf«, sagte er später über diesen Abschnitt seines Lebens, »wenn sich irgendeiner gegen den Papst äußerte.« (WHP, XIII, 2, 129) Unermüdlich betete er bis zu dieser Zeit zu den Heiligen und besuchte zusammen mit Lefèvre die Kirchen von Paris, betete vor den Altären und schmückte die Heiligenschreine mit Gaben. Aber diese Handlungen konnten ihm keinen inneren Frieden bringen. Er war von seiner Sünde überzeugt, was sein Gewissen belastete und alle Bußhandlungen nicht auslöschen konnten. Er lauschte den Worten des Reformators wie einer Stimme vom Himmel: »Das Heil ist aus Gnaden; der Unschuldige wird verurteilt, der Schuldige freigesprochen.« – »Das Kreuz Christi allein öffnet den Himmel, schließt allein das Tor der Hölle.« (WHP, XIII, 2, 129)

Farel nahm mit Freuden die Wahrheit an. Durch eine Bekehrung ähnlich der des Paulus wandte er sich von der Sklaverei menschlicher Überlieferungen ab und der Freiheit der Kinder Gottes zu. Er »war so umgewandelt, dass er nicht mehr die Mordlust eines wilden Wolfes hatte, sondern einem sanften Lamme glich, nachdem er sich vom Papst entfernt und ganz Christus hingegeben hatte« (DAGR, XII, 3, 295).

BEIM BISCHOF VON MEAUX

Während Lefèvre weiterhin das Licht unter seinen Studenten verbreitete, verkündigte Farel das Wort öffentlich. Für die Sache Christi legte er einen genauso großen Eifer an den Tag wie damals für den Papst. Ein Würdenträger der Kirche, der Bischof von Meaux, schloss sich ihnen bald darauf an. Andere angesehene Gelehrte stießen zu den Verkündigern des Evangeliums und gewannen Angehörige aller Schichten von Handwerkern und Bauern bis zu den Mitgliedern des Königshauses. Die Schwester des französischen Königs Franz I. nahm den reformierten Glauben an. Eine Zeitlang schien es, als ob ihm der König und die Königinmutter wohl gesonnen wären. Voller Hoffnung sahen die Reformatoren der Zeit entgegen, in der Frankreich für das Evangelium gewonnen sein würde.

Doch ihre Hoffnungen sollten sich nicht erfüllen. Prüfungen und Verfolgungen kamen auf die Jünger Christi zu, was aber noch gnädig vor ihren Augen verborgen war. Eine Zeit lang herrschte Friede, damit die Gläubigen Kräfte sammeln konnten, um dem Sturm zu begegnen. Die Reformation machte große Fortschritte. Der Bischof von Meaux war eifrig bemüht, Priester und Laien in seiner Diözese zu unterrichten. Unwissende und unsittliche Priester wurden entlassen und so weit wie möglich durch gläubige und gebildete Leute ersetzt. Der Bischof wünschte sich sehnlichst, dass all seine Leute Zugang zum Wort Gottes erhielten, was bald erreicht wurde. Lefèvre machte sich an die Übersetzung des Neuen Testament. Genau zur selben Zeit, als Luthers deutsche Bibel in Wittenberg gedruckt war, wurde in Meaux das Neue Testament in Französisch veröffentlicht. Der Bischof scheute weder Mühen noch Kosten, um es in seinen Pfarrbezirken zu verbreiten, und bald waren die Bauern von Meaux im Besitz der Heiligen Schrift.

Wie von Durst gequälte Wanderer, die sich mit Freuden auf eine sprudelnde Wasserquelle stürzen, nahmen diese Menschen die Botschaft des Himmels auf. Feldarbeiter und Handwerker waren alle froh, wenn sie bei ihrer täglichen Arbeit über die kostbaren Wahrheiten der Bibel sprechen konnten. Statt am Feierabend ins Wirtshaus zu gehen, versammelten sie sich in ihren Häusern, lasen im Wort Gottes, beteten zusammen und lobten den Herrn. Bald machte sich in diesen Gemeinden eine große Veränderung bemerkbar. Obwohl sie dem untersten Stand der ungebildeten und hart arbeitenden Landbevölkerung angehörten, zeigte sich in ihrem Leben die erneuernde und erhebende Kraft der göttlichen Gnade. Sie waren demütige, liebevolle und heilige Menschen und bezeugten, was das Evangelium bei denen bewirken kann, die es in aller Aufrichtigkeit annehmen.

Das in Meaux entzündete Licht ließ seine Strahlen weit hinaus leuchten, und täglich nahm die Zahl der Neubekehrten zu. Die Wut des Priestertums konnte eine Zeit lang durch den König in Schach gehalten werden. Er verachtete den engstirnigen Eifer der Mönche, aber letztlich gewannen die päpstlichen Führer die Oberhand. Nun wurde der Scheiterhaufen aufgeschichtet. Als der Bischof von Meaux zwischen Feuer und Widerruf wählen musste, wählte er den leichteren Weg. Aber trotz des Rückfalls des Hirten blieb seine Herde fest. Viele bezeugten die Wahrheit inmitten der Flammen. Durch ihren Mut und ihre Treue auf dem Scheiterhaufen sprachen diese demütigen Christen zu Tausenden, die in den Tagen des Friedens nie ihr Zeugnis gehört hatten.

Es waren nicht nur die Einfachen und Armen, die unter Spott und Leiden Zeugnis für Christus abzulegen wagten. In fürstlichen Gemächern und

Palästen gab es edle Gläubige auch königlichen Geblüts, denen die Wahrheit mehr bedeutete als Rang, Reichtum und selbst das Leben. Eine ritterliche Rüstung verbarg oft einen erhabeneren und standhafteren Geist als Talar und Mitra.

LOUIS DE BERQUIN ...

Louis de Berquin war von adliger Herkunft, ein tapferer und höfischer Ritter mit feinen Umgangsformen und tadellosem Charakter, der gern studierte.»Er war«, sagt ein Schriftsteller,»sehr eifrig bei der Beachtung aller päpstlichen Einrichtungen, besuchte genau alle Messen und Predigten ... und setzte allen seinen übrigen Tugenden dadurch die Krone auf, dass er das Luthertum ganz besonders verabscheute.« Doch wie viele andere Menschen, die durch göttliche Vorsehung zum Studium der Bibel geführt wurden, war er erstaunt, hier nicht etwa »die Satzungen Roms, sondern die Lehren Luthers« (WHP, XIII, 9, 159) zu finden, und widmete sich von nun an ganz der Sache des Evangeliums.

Er war »der gelehrteste Adlige von Frankreich«, ein Günstling des Königs und wegen seiner Begabung, seiner Beredsamkeit, seines unbeugsamen Muts, seines heldenhaften Eifers und seines Einflusses am Hof von vielen Zeitgenossen dafür angesehen, der Reformator seines Landes zu werden. Beza sagt:»Berquin wäre ein zweiter Luther geworden, hätte er in Franz I. einen zweiten Kurfürsten gefunden.«»Er ist schlimmer als Luther«, schrien die Anhänger des Papsttums. (WHP, XIII, 9) Tatsächlich fürchteten ihn die Anhänger Roms in Frankreich mehr als Luther. Sie warfen ihn als Ketzer in den Kerker, doch der König ließ ihn frei. Der Kampf dauerte Jahre. König Franz schwankte zwischen Rom und der Reformation und tolerierte oder unterdrückte wechselweise den wilden Eifer der Mönche. Berquin wurde dreimal von den päpstlichen Behörden verhaftet und kurz darauf von dem Monarchen wieder auf freien Fuß gesetzt. Der König bewunderte dessen Genialität und weigerte sich, diesen edlen Charakter der Bosheit der Priesterschaft preiszugeben.

Wiederholt wurde Berquin vor der Gefahr gewarnt, die ihm in Frankreich drohte, und man empfahl ihm dringend, denen zu folgen, die im freiwilligen Exil Sicherheit gefunden hatten. Der schüchterne, unbeständige Erasmus, dem trotz all seiner glänzenden Gelehrsamkeit jene moralische Größe fehlte, die Leben und Ehre der Wahrheit unterordnet, schrieb an Berquin:»Halte darum an, als Gesandter ins Ausland geschickt zu werden. Bereise Deutschland. Du kennst Beda und seinesgleichen – er ist ein tausendköpfiges Ungeheuer, welches Gift nach allen Seiten ausspeit. Deine Feinde heißen Legion. Selbst wenn deine Sache besser wäre als die Jesu Christi, so würden sie dich nicht gehen lassen, bis sie dich elendiglich umgebracht haben. Verlasse dich nicht allzu sehr auf den Schutz des Königs. Auf jeden Fall bringe mich nicht in Ungelegenheiten bei der theologischen Fakultät.« (WHP, XIII, 9; vgl. EOE, 2, 1206)

Als die Gefahr zunahm, wurde Berquin nur umso eifriger. Er war weit davon entfernt, den diplomatischen und selbstsüchtigen Ratschlag des Erasmus anzunehmen, und entschloss sich zu noch kühneren Maßnahmen. Er verteidigte nicht nur die Wahrheit, sondern griff den Irrtum direkt an. Die Romtreuen beschuldigten ihn der Ketzerei, er hingegen konfrontierte sie selbst mit diesem Vorwurf. Seine rührigsten und erbittertsten Gegner waren die gelehrten Doktoren und Mönche an der theologischen Fakultät der großen Universität von Paris, eine der höchsten kirchlichen Autoritäten sowohl für die Stadt als auch für das ganze Land. Aus den Schriften dieser Gelehrten wählte Berquin zwölf Lehrsätze aus, die er öffentlich »der Bibel widersprechend und ketzerisch« nannte. Er wandte sich an den König und bat ihn, Schiedsrichter in dieser Auseinandersetzung zu sein.

Der Monarch war nicht abgeneigt, das Gewicht und den Scharfsinn der beiden streitenden Parteien ans Licht zu bringen. Endlich hatte er Gelegenheit, den Hochmut dieser stolzen Mönche zu demütigen. Deshalb bat er sie, ihre Sache anhand der Bibel zu verteidigen. Diese wussten sehr wohl, dass sie mit dieser Waffe nicht umgehen konnten. Kerker, Folter und Scheiterhaufen handhabten sie viel besser. Nun waren die Rollen vertauscht, und die Mönche drohten selbst in die Grube zu fallen, die sie für Berquin gegraben hatten. In ihrer Verlegenheit suchten sie einen Ausweg aus dieser Klemme.

... EIN FRANZÖSISCHER MÄRTYRER

»Gerade zu dieser Zeit wurde ein Standbild der Jungfrau Maria an einer Straßenecke verstümmelt aufgefunden.« In der Stadt herrschte darüber große Aufregung. Scharen von Menschen strömten auf den Platz und brachten Trauer und Empörung zum Ausdruck. Auch der König zeigte sich tief betroffen. Hier bot sich den Mönchen eine Gelegenheit, aus der sie Nutzen ziehen konnten und sofort reagierten sie entsprechend. »Dies sind die Früchte der Lehren Berquins«, riefen sie. »Alles geht seinem Umsturz entgegen – die Religion, die Gesetze, ja selbst der Thron – infolge dieser lutherischen Verschwörung.« (WHP, XII, 9, 159)

Berquin wurde erneut verhaftet. Der König zog sich aus Paris zurück, und so hatten die Mönche freie Hand, nach ihrem Willen zu handeln. Der Reformator wurde zum Tode verurteilt. Um zu verhindern, dass Franz einschritt und ihn nochmals rettete, vollzog man das Urteil gleich am Tag der Verkündung. Zur Mittagszeit führte man Berquin zum Richtplatz. Eine riesige Menschenmenge hatte sich dort versammelt. Viele sahen mit Erstaunen und Besorgnis, dass das Opfer aus einer der besten und edelsten Familien Frankreichs stammte. Verblüffung, Empörung, Verachtung und bitterer Hass standen in den Gesichtern der wogenden Menge. Aber auf Berquins Antlitz war kein Schatten zu sehen. Die Gedanken des Märtyrers waren weit entfernt von diesem Schauplatz des Aufruhrs. Er war sich nur der Gegenwart des Herrn bewusst.

Der erbärmliche Schinderkarren, auf dem er gezogen wurde, die düsteren Blicke seiner Verfolger, der schreckliche Tod, den er vor sich hatte, all dies beachtete er nicht. Der Lebendige, der tot war und in Ewigkeit lebt, der die Schlüssel des Todes und der Hölle hat (Offenbarung 1,18), war bei ihm. Berquins Antlitz leuchtete von himmlischem Licht und Frieden. »Er war mit einem Samtrock sowie mit Gewändern von Atlas und Damast angetan und trug goldbestickte Beinkleider.« (DAGC, II, 16) Nun würde er seinen Glauben in Gegenwart des Königs aller Könige und vor dem ganzen Universum bekennen, und keine Trauer sollte seine Freude verhüllen.

Als sich der Zug langsam durch die bevölkerten Straßen der Stadt bewegte, bestaunte die Menge verwundert den ungetrübten Frieden und die freudige Siegesgewissheit seines Blicks und seiner Haltung. »Er ist«, sagten sie, »wie einer, der in einem Tempel sitzt und über heilige Dinge nachdenkt.« (WHP, XIII, 9)

Vom Scheiterhaufen aus wollte Berquin einige Worte an die Menge richten. Aber die Mönche fürchteten die Folgen einer solchen Ansprache und begannen zu schreien, die Soldaten schepperten mit ihren Waffen und der Lärm übertönte Berquins Worte. »Auf diese Weise setzte im Jahre 1529 die höchste gelehrte und kirchliche Autorität in dem gebildeten Paris der Bevölkerung von 1793 das gemeine Beispiel, auf dem Schafott die ehrwürdigen Worte eines Sterbenden zu ersticken.« (WHP, XIII, 9)

IM KEIM ERSTICKT

Berquin wurde erdrosselt und sein Körper den Flammen übergeben. Bei der Nachricht von seinem Tod trauerten die Freunde der Reformation in ganz Frankreich. Aber sein Beispiel war nicht vergebens. »Wir wollen«, sagten die Zeugen der Wahrheit, »mit gutem Mut dem Tod entgegengehen, indem wir unseren Blick auf das jenseitige Leben richten« (DAGR, II, 16). Während der Verfolgungen in Meaux wurde den Lehrern des reformierten Glaubens die Erlaubnis entzogen, zu predigen und so zogen sie in andere Gebiete. Lefèvre ging bald darauf nach Deutschland. Farel kehrte in seine Geburtsstadt (Gap in der Dauphiné) zurück und verbreitete das Licht in der Gegend, wo er seine Kindheit verbracht hatte. Dort wusste man schon, was in Meaux vorgefallen war, und die Wahrheit, die er mit furchtlosem Eifer verkündete, fand ihre Zuhörer. Bald wurden die Behörden gegen ihn aufgehetzt, um ihn zum Schweigen zu bringen, und er wurde aus der Stadt ausgewiesen. Obwohl er nicht mehr öffentlich arbeiten konnte, zog er durch Täler und Dörfer, predigte in Privathäusern und auf einsamen Auen. In Wäldern und felsigen Höhlen fand er Unterschlupf, wo er sich bereits in seiner Jugendzeit aufgehalten hatte. Gott bereitete ihn für größere Prüfungen vor. »Kreuz und Verfolgung und die Umtriebe Satans«, schrieb er, »haben mir nicht gefehlt; sie sind stärker gewesen, als dass ich aus eigener Kraft sie hätte aushalten können; aber Gott ist mein Vater, er hat mir alle nötige Kraft verliehen und wird es auch ferner tun.« (DAGR, XII, 9, 344)

Wie in den Tagen der Apostel diente die Verfolgung »zur Förderung des Evangeliums«. (Philipper 1,12) Nachdem sie aus Paris und Meaux vertrieben worden waren, »zogen [sie] umher und predigten das Wort« (Apostelgeschichte 8,4). Auf diese Weise fand das Licht seinen Weg in viele der entlegensten Provinzen Frankreichs.

DER JUNGE CALVIN UND OLIVÉTAN

Gott bereitete immer wieder Mitarbeiter vor, die sein Wort verbreiteten. In einer Pariser Schule gab es einen aufmerksamen, stillen jungen Mann, der sich schon früh durch einen starken und scharfen Verstand auszeichnete. Auch durch tadelloses Leben, intellektuellen Eifer sowie religiöse Hingabe machte er auf sich aufmerksam. Begabung und Fleiß ließen ihn bald zum Stolz seiner Schule werden, und es wurde erwartet, dass Johannes Calvin einer der fähigsten und geehrtesten Verteidiger der Kirche werden würde. Aber ein Strahl göttlichen Lichts durchdrang auch diese Mauern der Scholastik und des Aberglaubens, die Calvin umgaben. Mit Schaudern hörte er von den neuen Lehren, und er hatte nicht den geringsten Zweifel, dass die Ketzer das Feuer verdienten, dem sie übergeben worden waren. Ohne es zu wissen, wurde er mit der Ketzerei konfrontiert und gezwungen, den Anspruch der katholischen Theologie zu prüfen, um damit die protestantischen Lehren zu bekämpfen.

Ein Vetter Calvins (Pierre-Robert Olivétan), der sich der Reformation angeschlossen hatte, befand sich in Paris. So trafen sich die beiden Verwandten oft zu Gesprächen über Dinge, die das Christentum beunruhigten. »Es gibt nur zwei Religionen in der Welt«, sagte der Protestant Olivétan, »die eine Klasse ist die, welche die Menschen erfunden haben und nach denen die Menschen sich durch Zeremonien und gute Werke retten; die andere ist die Religion, welche in der Bibel offenbart ist und die Menschen lehrt, für die Erlösung nur nach der freien Gnade Gottes zu schauen.«

»Weg mit euren neuen Lehren!«, rief Calvin. »Bildet ihr euch ein, dass ich mein ganzes Leben lang im Irrtum gewesen bin?« (WHP, XIII, 7)

Aber die Gedanken, die ihn jetzt gefangen hielten, wurde er nicht mehr los, und wenn er in seinem Zimmer allein war, dachte er über die Worte seines Vetters nach. Sündenbewusstsein überfiel ihn. Er sah sich ohne Mittler in der Gegenwart eines heiligen und gerechten Richters. Fürsprache durch Heilige, gute Werke, kirchliche Zeremonien, sie alle hatten keine Macht, um Sünde zu sühnen. Er sah vor sich nichts anderes als das Dunkel ewiger Verzweiflung. Vergeblich versuchten die Kirchengelehrten, sein Leid zu lindern. Beichte und Bußübungen brachten nichts, denn sie konnten ihn nicht mit Gott versöhnen.

Calvin war noch in seine fruchtlosen inneren Kämpfe verwickelt, als er zufällig auf einem öffentlichen Platz sah, wie ein Ketzer verbrannt wurde. Er bewunderte den Frieden, den das Antlitz dieses Märtyrers ausstrahlte. Unter den Qualen dieses schrecklichen Todes und unter der noch schrecklicheren Verdammung durch die Kirche zeigte dieser Verurteilte Glauben und Mut, die der junge Student im Vergleich zu seiner eigenen Verzweiflung und Finsternis sah, obwohl er doch im strengsten Kirchengehorsam lebte. Er wusste, dass sich diese Ketzer mit ihrem Glauben auf die Bibel stützten. Er entschloss sich, diese zu studieren, um dadurch möglicherweise dem Geheimnis ihrer Freude auf die Spur zu kommen.

In der Bibel fand er Christus. »O Vater!«, rief er aus, »sein Opfer hat deinen Zorn besänftigt, sein Blut hat meine Flecken gereinigt, sein Kreuz hat meinen Fluch getragen, sein Tod hat für mich Genugtuung geleistet. Wir hatten viel unnütze Torheiten geschmiedet; aber du hast mir dein Wort gleich einer Fackel gegeben, und du hast mein Herz gerührt, damit ich jedes andere Verdienst, ausgenommen das des Erlösers, verabscheue.« (MLTL, III, 13; vgl. COL, 123)

Calvin sollte Priester werden. Schon im Alter von zwölf Jahren war er zum Kaplan einer kleinen Gemeinde ernannt worden, und in Übereinstimmung mit den kanonischen Regeln der Kirche hatte ihm der Bischof das Haupt geschoren. Zwar wurde er nicht zum Priester geweiht und führte nie das Amt eines Priesters aus, doch war er ein Mitglied der Geistlichkeit, hatte einen entsprechenden Amtstitel und auch ein Gehalt. Nun fühlte er, dass er nie Priester werden würde, und wandte sich für einige Zeit dem Studium der Rechte zu, gab aber schließlich diesen Plan auf und entschloss sich, sein Leben in den Dienst des Evangeliums zu stellen. Calvin zögerte jedoch, eine öffentliche Lehrtätigkeit anzunehmen. Von Natur aus war er schüchtern. Das Bewusstsein einer großen Verantwortung lastete schwer auf ihm, deshalb entschied er sich zum weiteren Studium. Am Ende gab er jedoch den ernsten Bitten seiner Freunde nach. »Wunderbar ist es«, sagte er, »dass einer von so niedriger Herkunft zu so hoher Würde erhoben werden sollte.« (WHP, XIII, 9)

VERKÜNDIGUNG IN PRIVATRÄUMEN

Im Stillen begann Calvin seine Arbeit, und seine Worte waren wie Tau, der auf die Erde fällt, um diese zu erfrischen. Er hatte Paris verlassen und hielt sich in einer Provinzstadt unter dem Schutz von Prinzessin Margarete von Parma auf, die das Evangelium liebte und ihm und seinen Jüngern den notwendigen Schutz gewährte. Calvin war noch immer ein anspruchsloser, bescheidener junger Mann. Er begann seine Aufgabe in den Häusern der Leute, las mit ihnen die Bibel und erklärte die Heilswahrheiten. Wer die gute Nachricht hörte, erzählte sie anderen weiter, und bald lehrte Calvin in den umliegenden Orten der Stadt. Er fand Zugang zu Schlössern und Hütten und gründete Gemeinden, die furchtlos die Wahrheit bezeugten.

Nach einigen Monaten war er wieder in Paris. Im Kreis der Gebildeten und Gelehrten herrschte eine ungewohnte Aufregung. Das Studium der alten Sprachen hatte die Menschen zur Bibel geführt. Viele, die von ihren Wahrheiten bisher nicht berührt waren, diskutierten nun eifrig über sie und stritten sogar mit den Verfechtern des römischen Glaubens. Obwohl Calvin auf dem Gebiet der theologischen Auseinandersetzung sehr bewandert war, hatte er einen würdevolleren Auftrag, als sich in den Gelehrtenstreit unter diesen lärmenden Schulweisen zu stürzen. Die Menschen waren aufgewühlt, und nun schien die Zeit gekommen, ihnen die Wahrheit nahezubringen. Während die Hörsäle der Universitäten erfüllt waren mit dem Geschrei theologischer Streitgespräche, ging Calvin von Haus zu Haus, öffnete mit den Menschen die Bibel und sprach mit ihnen über Christus, den Gekreuzigten.

Nach Gottes Vorsehung sollte Paris eine weitere Möglichkeit erhalten, das Evangelium anzunehmen. Der Aufruf Lefèvres und Farels war verworfen worden, doch nun sollten alle Volksschichten dieser großen Metropole die

Botschaft erneut hören. Aus politischen Überlegungen hatte sich der König noch nicht völlig für Rom und gegen die Reformation entschieden. Margarete hoffte noch immer, der Protestantismus werde in Frankreich siegen. Sie beschloss, dass der reformierte Glaube in Paris gepredigt werden sollte. Während der Abwesenheit des Königs beauftragte sie einen evangelischen Prediger mit der Verkündigung in den Kirchen der Stadt. Als die Geistlichkeit dies verbot, öffnete die Prinzessin ihren Palast. Ein Zimmer wurde als Kapelle hergerichtet, und es wurde bekannt gegeben, dass hier jeden Tag zu einer bestimmten Stunde eine Predigt gehalten werde und jedermann dazu eingeladen sei. Das Volk strömte in Scharen zu diesen Gottesdiensten. Nicht nur die Kapelle, sondern auch die Vorzimmer und Hallen waren zum Bersten voll. Tausende kamen jeden Tag zusammen: Adlige, Staatsmänner, Rechtsgelehrte, Kaufleute und Handwerker. Der König verbot die Versammlungen nicht, sondern ordnete an, dass zwei Kirchen in Paris dafür geöffnet werden sollten. Noch nie zuvor war die Stadt vom Wort Gottes so bewegt worden. Es schien, als sei der Geist des Lebens vom Himmel auf das Volk herabgekommen. Mäßigkeit, Reinheit, Ordnung und Fleiß traten an die Stelle von Trunkenheit, Ausschweifung, Zwietracht und Müßiggang.

Die Priesterschaft war jedoch nicht untätig. Da der König sich nach wie vor weigerte, die Predigt zu verbieten, wandten sich die Geistlichen an die Bevölkerung. Man scheute keine Mittel, um die Furcht, die Vorurteile und den Fanatismus der unwissenden und abergläubischen Menge zu erregen. Wie seinerzeit Jerusalem überließ sich Paris blind den falschen Lehrern und erkannte weder die Zeit seiner Heimsuchung noch die Dinge, die zu seinem Frieden dienten. Zwei Jahre lang wurde das Wort in der französischen Hauptstadt gepredigt, aber während viele es annahmen, verwarf es doch die Mehrheit der Bevölkerung. Die religiöse Duldung durch König Franz war gespielt und diente nur eigenen Absichten. Die Anhänger des Papsttums gewannen wieder die Oberhand, die Kirchen wurden abermals geschlossen und Scheiterhaufen errichtet.

VERKÜNDIGUNG IN DER PROVINZ

Calvin war noch in Paris. Durch Studium, Nachdenken und Gebet bereitete er sich auf seine zukünftige Aufgabe vor, weiterhin das Licht zu verbreiten. Schließlich geriet auch er in Verdacht. Die Verwaltung war entschlossen, ihn den Flammen zu übergeben. In seiner Abgeschiedenheit glaubte er sich sicher und dachte an keine Gefahr, als Freunde in sein Zimmer stürmten und ihm berichteten, dass Beamte auf dem Weg seien, ihn zu verhaften. Schon hörte man lautes Klopfen an der Außentür. Nun galt es, keine Sekunde zu verlieren. Einige seiner Freunde hielten die Beamten am Eingang auf, während andere dem Reformator halfen, aus dem Fenster zu steigen. Schnell machte er sich auf den Weg zu den Außenbezirken der Stadt. In der Hütte eines Landarbeiters, eines Freundes der Reformation, fand er Zuflucht. Mit dem Gewand seines Gastgebers verkleidet und einer Hacke auf den Schultern setzte er seine Flucht fort. Er reiste Richtung Süden und fand auf den Besitzungen Margaretes Zuflucht. (DAGR, II, 30)

Hier blieb er einige Monate im Schutz mächtiger Freunde und führte wie zuvor sein Studium fort. Doch die Verbreitung des Evangeliums in Frankreich lag ihm sehr am Herzen, und er konnte nicht länger untätig bleiben. Nachdem sich der Sturm etwas gelegt hatte, fand er in der Universitätsstadt Poitiers ein neues Arbeitsfeld, wo die neuen Lehren schon gut aufgenommen worden waren. Leute aus allen Volksschichten hörten freudig dem Evangelium zu. Die Predigten waren nicht öffentlich, sondern fanden im Haus des Bürgermeisters in dessen Privaträumen statt. Zuweilen predigte Calvin auch in Parkanlagen das Wort des ewigen Lebens für diejenigen, die es hören wollten. Als die Zuhörerzahl nach einer gewissen Zeit anstieg, zog man es aus Sicherheitsgründen vor, sich außerhalb der Stadt zu versammeln. Eine Höhle in einer tiefen und engen Bergschlucht, wo Bäume und überhängende Felsen die Einsamkeit vollständig machten, wurde als Versammlungsort gewählt. Die Zuhörer verließen die Stadt in kleinen Gruppen auf verschiedenen Straßen und trafen sich an diesem Ort. Hier an dieser abgelegenen Stätte wurde die Bibel laut vorgelesen und erklärt. Hier wurde zum ersten Mal von Protestanten in Frankreich das Abendmahl gefeiert. Von dieser kleinen Gemeinschaft wurden mehrere treue Evangelisten in die Welt gesandt.

Noch einmal kehrte Calvin nach Paris zurück. Nicht einmal jetzt wollte er die Hoffnung aufgeben, dass Frankreich als Nation die Reformation annehmen würde. Für ihn blieben aber fast alle Türen verschlossen. Das Evangelium zu predigen hieß, den direkten Weg auf den Scheiterhaufen einzuschlagen. Da entschloss er sich, nach Deutschland aufzubrechen. Kaum hatte er Frankreich verlassen, brach ein Sturm über die Protestanten herein. Wäre er geblieben, hätte dies sicher zu seinem Tod geführt.

UNKLUGER ÜBEREIFER UND SEINE FOLGEN

Die französischen Reformatoren hätten es gerne gesehen, wenn ihr Land mit Deutschland und der Schweiz Schritt gehalten hätte. Sie entschieden sich daher, einen mutigen Schlag gegen den römischen Aberglauben auszuführen, der das ganze Land aufrütteln sollte. Dazu wurden in einer Nacht in ganz Frankreich Plakate gegen die Messe angeschlagen. Statt die Reformation zu fördern, stürzte dieser übereifrige und unkluge Schritt nicht nur seine Urheber, sondern auch die Freunde des reformierten Glaubens in ganz Frankreich ins Unglück. Nun hatten die Katholiken, was sie schon lange wünschten: einen Vorwand zur völligen Ausrottung der Ketzer als Aufwiegler, die die Sicherheit des Thrones und den Frieden im Land gefährdeten.

Es wurde nie bekannt, ob ein unbesonnener Freund oder ein gerissener Feind ein solches Plakat an der Tür zu den königlichen Privatgemächern angebracht hatte. Der König war empört. In dieser Schrift wurde der Irrglaube, der Jahrhunderte lang verehrt worden war, schonungslos angeprangert. Die beispiellose Verwegenheit, solch unschöne und Aufsehen erregende Äußerungen in die Gegenwart des Monarchen zu bringen, erregte seinen Zorn. Zitternd und sprachlos vor Entsetzen blieb er einen Augenblick stehen. Dann fasste er seine Wut in die schrecklichen Worte: »Man ergreife ohne Unterschied alle, die des Luthertums verdächtigt sind. ... Ich will sie alle ausrotten.« (DAGR, IV, 10) Die Würfel waren gefallen. Der König hatte sich entschieden, sich ganz auf die Seite Roms zu stellen.

Sofort wurden Maßnahmen getroffen, jeden Lutheraner in Paris zu verhaften. Ein armer Handwerker, ein Anhänger des reformierten Glaubens, der es gewohnt war, die Gläubigen zu den Geheimversammlungen zu führen, wurde festgenommen. Unter der Drohung, sofort auf dem Scheiterhaufen verbrannt zu werden, wurde ihm befohlen, die päpstlichen Abgesandten zum Haus eines jeden Protestanten in Paris zu führen. Vor dieser gemeinen Erpressung schreckte er zurück, doch aus Angst vor den Flammen stimmte er zu und willigte ein, der Verräter seiner Brüder zu werden. Hinter einer Hostie und mit einem Gefolge von Priestern, Weihrauchträgern, Mönchen und Soldaten schritt Jean Morin, der königliche Inquisitor, mit dem Verräter langsam und schweigend durch die Straßen der Stadt. Angeblich war diese Demonstration eine Versöhnung für die Beleidigung, die »dem heiligen Sakrament« durch die Protestanten zugefügt worden war. Doch hinter diesem Prunk verbarg sich ein tödlicher Zweck. Wenn der Zug gegenüber dem Haus eines Lutheraners ankam, machte der Verräter ein Zeichen, aber es wurde kein Wort gesprochen. Der Zug hielt an, das Haus wurde betreten, die Familie herausgeschleppt, in Ketten gelegt, und die schreckliche Gruppe ging weiter auf der Suche nach neuen Opfern. »Er schonte weder große noch kleine Häuser noch die Gebäude der Universität. ... Vor Morin zitterte die ganze Stadt. ... Es war eine Zeit der Schreckensherrschaft.« (DAGR, IV, 10)

Die Opfer mussten unter grausamen Schmerzen sterben, denn auf besonderen Befehl wurde ihr Feuer abgeschwächt, um ihre Todesqualen zu verlängern. Aber sie starben als Sieger. Sie blieben standhaft und unerschütterlich, ihr Friede ungetrübt. Ihre Verfolger waren dieser unbeugsamen Festigkeit gegenüber machtlos und fühlten sich geschlagen. »Scheiterhaufen wurden in allen Stadtteilen von Paris errichtet, und das Verbrennen erfolgte an verschiedenen aufeinander folgenden Tagen in der Absicht, durch Ausdehnung der Hinrichtungen Furcht vor der Ketzerei zu verbreiten. Das wurde für das Evangelium allerdings vorteilhaft. Ganz Paris konnte sehen, was für Menschen die neuen Lehren hervorbrachten! Keine Kanzel konnte so beredt sein wie der Scheiterhaufen des Märtyrers. Die stille Freude, die auf den Angesichtern jener Menschen ruhte, wenn sie dem Richtplatz zuschritten, ihr Heldenmut inmitten der peinigenden Flammen, ihre sanftmütige Vergebung der Beleidigungen wandelten nicht selten den Zorn in Mitleid und den Hass in Liebe um und zeugten mit unwiderstehlicher Beredsamkeit für das Evangelium.« (WHP, XIII, 20)

EIN ADERLASS AN GELEHRSAMKEIT

Die Priester, die sich eifrig darum bemühten, die Wut des Volkes weiter zu schüren, verbreiteten die schrecklichsten Anklagen gegen die Protestanten. Man beschuldigte sie einer schlimmen Verschwörung, wonach die Katholiken massakriert, die Regierung gestürzt und der König ermordet werden sollte. Zur Unterstützung dieser Behauptungen konnten jedoch nicht die geringsten Beweise erbracht werden. Dennoch sollten sich diese schrecklichen Vorhersagen erfüllen, wenn auch unter ganz anderen Umständen und mit völlig neuen Begründungen. Die Grausamkeiten, die den unschuldigen Protestanten von den Katholiken zugefügt wurden, erreichten schließlich ein Maß, das nach Vergeltung rief. So ereilte die Katholiken Jahrhunderte später genau jenes Schicksal, das man für den König, seine Regierung und seine Untertanen prophezeit hatte. Allerdings wurde es dann von Ungläubigen und den Anhängern des Papstes selbst herbeigeführt. Nicht die Einführung des Protestantismus, sondern seine Unterdrückung brachte 300 Jahre später dieses schreckliche Unheil über Frankreich.

Verdächtigungen, Misstrauen und Terror drangen nun durch alle Volksschichten. Der allgemeine Schrecken zeigte deutlich, welch tiefe Wurzeln die Lehren Luthers in Menschen geschlagen hatten, die sich durch Bildung, Einfluss und Charakter ausgezeichnet hatten. Vertrauensstellungen und Ehrenämter waren plötzlich unbesetzt. Handwerker, Drucker, Gelehrte,

Universitätsprofessoren, Autoren und sogar Höflinge ließ man heimlich verschwinden. Hunderte flohen aus Paris, verließen ihre Heimat und gingen freiwillig ins Exil. In vielen Fällen wurde damit zum ersten Mal sichtbar, dass sie den reformierten Glauben bevorzugten. Als die Anhänger des Papsttums nach ihnen suchten, erschreckte sie der Gedanke, dass diese unerkannten Ketzer bislang unter ihnen geduldet worden waren. Nun ließen sie ihre Wut an den unzähligen, weniger gut gestellten Opfern aus, die sich in ihrer Gewalt befanden. Die Gefängnisse waren überfüllt und die gesamte Luft schien getrübt vom Rauch der Scheiterhaufen, die für die Zeugen des Evangeliums entzündet wurden.

Franz I. hatte sich gerühmt, ein großer Förderer der Bewegung zur Renaissance der Gelehrsamkeit zu sein, die den Beginn des 16. Jahrhunderts markierte. Es war ihm eine Ehre, Gelehrte aus allen Ländern an seinem Hof zu versammeln. Seine Liebe zur Gelehrsamkeit und seine Verachtung der Unwissenheit und des Aberglaubens der Mönche ist wenigstens teilweise für eine gewisse Duldung der Reformation verantwortlich. In seinem Eifer, der ihn zur Vernichtung der Ketzerei bewog, erließ dieser Schirmherr der Gelehrsamkeit ein Edikt, das Druckerzeugnisse in ganz Frankreich verbot. Dadurch lieferte Franz I. neben vielen anderen Beispielen den Beweis, dass Bildung keine Garantie gegen religiöse Intoleranz und Verfolgung ist.

Durch eine feierliche und öffentliche Zeremonie verpflichtete sich Frankreich, den Protestantismus völlig auszurotten. Die Priester verlangten, die Beleidigung, die dem Himmel durch die Missbilligung der Messe widerfahren war, müsse durch Blut gesühnt werden, und der König solle anstelle seines Volkes diese schreckliche Tat öffentlich genehmigen.

EINE ABSCHEULICHE HINRICHTUNG

Die schreckliche Zeremonie wurde auf den 21. Januar 1535 angesetzt. Die abergläubische Angst und der blinde Hass einer ganzen Nation war geschürt worden. Paris war voll von Menschen, die sich aus allen umliegenden Gegenden eingefunden hatten und die Straßen der Stadt bevölkerten. Mit einer großen, imposanten Prozession wurde der Tag eingeleitet. »Die Häuser an der Marschroute waren mit Trauerflor behangen; hier und dort waren Altäre aufgestellt.« Vor jeder Tür brannte eine Fackel zu Ehren des »heiligen Sakraments«. Vor Tagesanbruch formierte sich die Prozession beim königlichen Palast. »Zuerst kamen die Banner und Kreuze der verschiedenen Kirchspiele, dann erschienen paarweise Bürger mit Fackeln in den Händen.« Ihnen schlossen sich Vertreter der vier Mönchsorden in ihren unterschiedlichen Mönchsgewändern an. Dann folgte eine große Anzahl berühmter Reliquien. Dahinter ritten Kirchenfürsten in ihren purpurnen und scharlachfarbenen mit Juwelen besetzten Roben. Es war ein farbenprächtiger und glanzvoller Anblick.

»Die Hostie wurde vom Bischof von Paris unter einem kostbaren Baldachin getragen ... unterstützt von vier Prinzen von Geblüt. ... Hinter der Hostie ging der König. ... Franz I. trug an diesem Tag weder Krone noch königliche Gewänder.« Mit »entblößtem Haupt und gesenktem Blick, in der Hand eine brennende Kerze haltend«, erschien der König von Frankreich »als ein Büßender«. (WHP, XIII, 21) Vor jedem Altar verneigte er sich in Demut, nicht der Laster wegen, die sein Gewissen verunreinigt hatten, noch wegen des unschuldigen Blutes, mit dem seine Hände befleckt waren, sondern um der »Todsünde« seiner Untertanen willen, die es gewagt hatten, die Messe zu verdammen. Ihm folgten die Königin und die staatlichen Würdenträger, die auch zu zweit gingen, und jeder trug eine brennende Kerze in der Hand.

An jenem Tag hielt der König selbst im Bischofspalast als Teil dieser Handlungen eine Ansprache vor den hohen Beamten des Reiches. Mit sorgenvoller Miene erschien er vor ihnen und beklagte mit bewegten Worten »den Frevel, die Gotteslästerung, den Tag des Schmerzes und der Schande«, der über das Volk hereingebrochen sei, und forderte jeden treuen Untertanen auf, bei der Ausrottung dieser pestartigen Häresie mitzuhelfen, die Frankreich mit dem Untergang bedrohe. »So wahr ich euer König bin, ihr Herren, wüsste ich eines meiner eigenen Glieder von dieser abscheulichen Fäulnis befleckt und angesteckt, ich ließe es mir von euch abhauen. ... Noch mehr, sähe ich eines meiner Kinder damit behaftet, ich würde sein nicht schonen. ... Ich würde es selbst ausliefern und Gott zum Opfer bringen!« Tränen erstickten seine Stimme, und die ganze Versammlung stimmte weinend in die Worte ein: »Wir wollen leben und sterben für den katholischen Glauben!« (DAGR, IV, 12)

Eine schreckliche Finsternis legte sich auf die Nation, die das Licht der Wahrheit verworfen hatte. Die »heilsame Gnade« war erschienen, doch Frankreich wandte sich von diesem Licht ab und wählte die Finsternis, nachdem es die Macht und Heiligkeit dieser Gnade gesehen hatte, nachdem Tausende in Städten und Dörfern von der göttlichen Schönheit in den Bann gezogen worden waren. Es wies die himmlische Gabe zurück, als sie ihm angeboten wurde. Es nannte das Böse gut und das Gute böse, bis es seiner willentlichen Selbsttäuschung zum Opfer fiel. Die Menschen mögen geglaubt haben, sie hätten Gott durch die Verfolgung seines Volkes einen

Dienst erwiesen, doch ihre Ernsthaftigkeit machte sie nicht schuldlos. Das Licht, das sie vor Verführung bewahrt hätte, vor ihrer Befleckung mit Blut, hatten sie eigenwillig verworfen.

Ein feierlicher Eid wurde in der gleichen großen Kathedrale abgelegt, in der fast dreihundert Jahre später die »Göttin der Vernunft« von einem Volk auf den Thron gesetzt wurde, das den lebendigen Gott aus den Augen verloren hatte. Die Prozession setzte sich wieder in Bewegung, und die Vertreter Frankreichs begannen das Werk, das sie sich zu tun geschworen hatten. »In kurzen Abständen waren Gestelle errichtet worden, auf denen Protestanten lebendig verbrannt werden sollten, und es wurde vereinbart, dass die Holzscheite in dem Augenblick entzündet werden sollten, wenn der König ankam, und dass die Prozession anhalten sollte, damit jedermann Zeuge der Hinrichtung wurde.« (WHP, XIII, 21) Die Einzelheiten dieser Folterqualen, die diese Zeugen Christi erleiden mussten, sind zu schrecklich, um sie zu schildern. Doch keines der Opfer wankte. Als man ihnen befahl zu widerrufen, antwortete einer: »Ich glaube nur, was die Propheten und Apostel ehemals gepredigt haben und was die ganze Gemeinschaft der Heiligen geglaubt hat. Mein Glaube setzt seine Zuversicht auf Gott und wird aller Gewalt der Hölle widerstehen.« (DAGR, IV, 12)

Immer wieder hielt der Zug an den Folterstätten an. Als man zum Ausgangspunkt am Königspalast zurückkam, verlief sich die Menge, der König und die Prälaten zogen sich zurück, jedermann war mit dem Ablauf zufrieden und man beglückwünschte sich, dass das angefangene Werk bis zur gänzlichen Ausrottung der Ketzerei fortgesetzt würde.

DIE FOLGEN DER ABLEHNUNG

Das Evangelium des Friedens, das Frankreich verworfen hatte, wurde nur zu gründlich ausgerottet, und die Folgen sollten schrecklich sein. Am 21. Januar 1793, genau 258 Jahre nach jenem Tag, an dem sich Frankreich entschloss, die Reformatoren zu verfolgen, zog eine andere Prozession mit einer ganz anderen Absicht durch die Straßen von Paris. »Abermals war der König die Hauptperson, abermals erhoben sich Tumult und Lärm; wiederum wurde der Ruf nach mehr Opfern laut; aufs Neue gab es schwarze Schafotte, und nochmals wurden die Geschehnisse des Tages mit schrecklichen Hinrichtungen beschlossen. Ludwig XVI., der kämpfte, um den Händen seiner Kerkermeister und Henker zu entwischen, wurde auf den Henkerblock geschleppt und hier mit Gewalt festgehalten, bis das Beil gefallen war und sein abgeschlagenes Haupt auf das Schafott rollte.« (WHP, XIII, 21) Der

König war nicht das einzige Opfer. In der Nähe desselben Orts kamen noch 2.800 Menschen während der blutigen Zeit dieser Schreckensherrschaft durch die Guillotine ums Leben.

Die Reformation hatte der Welt die geöffnete Bibel gebracht, die Vorschriften des Gesetzes Gottes entsiegelt und seine Ansprüche in das Volksgewissen eingeprägt. Die Menschen wurden durch die unendliche Liebe mit den Satzungen und Ordnungen des Himmels vertraut gemacht. Gott sprach zu den Menschen: »So haltet sie nun und tut sie! Denn dadurch werdet ihr als weise und verständig gelten bei allen Völkern, dass, wenn sie alle diese Gebote hören, sie sagen müssen: Ei, was für weise und verständige Leute sind das, ein herrliches Volk!« (5. Mose 4,6) Als Frankreich die Himmelsgabe verschmähte, wurde die Saat der Anarchie und des Verderbens ausgesät, und die unausbleibliche Folge waren Revolution und Schreckensherrschaft.

FAREL UND FROMENT IN DER WESTSCHWEIZ

Lange vor dem Plakatanschlag und der darauf einsetzenden Verfolgung sah sich der mutige Kämpfer Farel gezwungen, sein Vaterland zu verlassen. Er zog sich in die Schweiz zurück. Durch seine Arbeit unterstützte er das Werk Zwinglis und half der Reformation zum Durchbruch. Dort verbrachte er seine späteren Jahre und übte einen entscheidenden Einfluss auf die Reformation in Frankreich aus. Während der ersten Jahre seines Exils bemühte er sich besonders um die Verbreitung des Evangeliums in seinem Geburtsland. Er verbrachte viel Zeit damit, seinen Landsleuten im grenznahen Gebiet das Evangelium zu verkündigen. Von hier aus verfolgte er den Religionskampf mit unermüdlicher Wachsamkeit und war mit ermutigenden Worten und Ratschlägen behilflich. Mit Unterstützung anderer Emigranten wurden die Schriften der deutschen Reformatoren ins Französische übersetzt und zusammen mit der französischen Bibel in hohen Auflagen gedruckt. Durch Hausierer wurden diese Werke in großen Stückzahlen in ganz Frankreich verkauft. Sie wurden den Geschäftsreisenden zu einem niedrigen Preis angeboten und durch den Gewinn waren diese in der Lage, weiterzuarbeiten.

Farel begann seine Arbeit in der Schweiz im bescheidenen Gewand eines Lehrers. In einer abgeschiedenen Kirchengemeinde widmete er sich der Erziehung der Kinder. Neben den allgemeinen Lehrfächern unterrichtete er vorsichtig biblische Wahrheiten und hoffte, durch die Kinder die Eltern zu erreichen. Einige glaubten, aber die Priester traten dazwischen, unterbanden die Arbeit, und die abergläubische Landbevölkerung wurde aufgestachelt, sich zu widersetzen. »Das kann nicht das Evangelium Christi sein«, betonten die Priester, »denn die Verkündigung bringt nicht Frieden, sondern Krieg.« (WHP, XIV, 3) Wenn er in einer Stadt verfolgt wurde, floh er gleich den ersten Jüngern in eine andere. Er wanderte zu Fuß von Dorf zu Dorf, von Stadt zu Stadt, ertrug Hunger, Kälte und Müdigkeit und war überall in Lebensgefahr. Er predigte auf Marktplätzen, in Kirchen, manchmal auf den Kanzeln der Kathedralen. Hin und wieder war die Kirche leer, zuweilen wurde seine Predigt durch Geschrei unterbrochen, dann wurde er wieder gewaltsam von der Kanzel heruntergerissen. Mehrmals griff ihn die lärmende Menge an und prügelte ihn fast zu Tode. Aber er ging seinen Weg. Obwohl er oft abgewiesen wurde, kehrte er unermüdlich in den Kampf zurück. Nach und nach sah er, wie Dörfer und Städte, die Hochburgen des Papsttums gewesen waren, dem Evangelium ihre Tore öffneten. Die kleine Kirchengemeinde, in der er zuerst gewirkt hatte, nahm bald den reformierten Glauben an. Die Städte Murten und Neuenburg gaben ebenfalls die römischen Riten auf und entfernten die götzendienerischen Bilder aus ihren Kirchen.

Farel hatte schon lange vor, den protestantischen Glauben in Genf zu verbreiten. Könnte diese Stadt gewonnen werden, würde sie zum Zentrum der Reformation für Frankreich, die Schweiz und Italien werden. Mit diesem Ziel vor Augen arbeitete er in vielen umliegenden Ortschaften, bis diese den reformierten Glauben annahmen. Dann betrat er mit einem einzigen Gefährten Genf. Er durfte nur zwei Predigten halten. Die Priester, die vergeblich versucht hatten, eine Verurteilung Farels vor zivilen Behörden zu erreichen, führten ihn vor einen Kirchenrat, zu dem sie mit Waffen kamen, die unter ihren Gewändern versteckt waren, um ihn zu töten. Mit Schlagstöcken und Schwertern bewaffnet, versammelte sich vor der Halle eine wütende Menge, die bereit war, ihn umzubringen, sollte er dem Rat entkommen. Allein die Anwesenheit von Verwaltungsbeamten und bewaffneten Soldaten rettete ihm das Leben. Am folgenden Morgen wurde er mit seinem Gefährten über den See an einen sicheren Ort geleitet. So endete Farels erster Versuch, in Genf das Evangelium zu verkündigen.

Für den nächsten Anlauf wurde ein einfacheres Werkzeug auserwählt. Es war ein junger Mann von so bescheidenem Auftreten, dass ihn sogar die bekennenden Freunde der Reformation kühl behandelten. Was sollte denn solch ein Mensch dort erreichen, wo ein Farel zurück gewiesen worden war? Wie konnte einer, dem es an Mut und Erfahrung fehlte, einem Sturm widerstehen, der die Stärksten und Tapfersten in die Flucht geschlagen hatte? »Es soll nicht durch Heer oder Kraft, sondern durch meinen Geist geschehen, spricht der Herr Zebaoth.« (Sacharja 4,6) »Was töricht ist vor der Welt, das hat Gott erwählt, damit er die Weisen zuschanden mache« (1. Korinther 1,27), »denn die Torheit Gottes ist weiser, als die Menschen sind, und die Schwachheit Gottes ist stärker, als die Menschen sind.« (1. Korinther 1,25)

Froment fing seine Arbeit als Lehrer an. Die Wahrheiten, die er den Kindern in der Schule beibrachte, erzählten diese zu Hause. Bald tauchten auch die Eltern im Schulzimmer auf, um bei seinen Bibelerklärungen zuzuhören, bis der ganze Raum von aufmerksamen Hörern gefüllt war. Ausgaben des Neuen Testaments und Traktate wurden gratis verteilt und kamen dadurch in die Hände vieler, die es nicht wagten, den neuen Lehren offen zuzuhören. Nach einiger Zeit wurde auch dieser Wortverkünder in die Flucht geschlagen, aber seine Verkündigung blieb im Gedächtnis der Leute. Die Reformation hatte Wurzeln geschlagen, wurde kräftiger und breitete sich immer weiter aus. Die Prediger kamen zurück, und durch ihre Arbeit fand der protestantische Gottesdienst in Genf Aufnahme.

CALVIN IN GENF

Die Stadt hatte sich bereits zur Reformation bekannt, als Calvin nach mancher Irrfahrt und nach wechselvollen Zeiten durch ihre Tore eintrat. Er kam von einem letzten Besuch seiner Geburtsstadt und befand sich auf dem Weg nach Basel, als er erfuhr, dass die direkte Straße von Truppen Karls V. besetzt war und er den Umweg über Genf nehmen musste.

In diesem Besuch erkannte Farel die Hand Gottes. Obwohl Genf den reformierten Glauben angenommen hatte, galt es dort noch eine große Aufgabe zu erfüllen. Die Bekehrung zu Gott ist ja nicht Sache eines Gemeinwesens, sondern von einzelnen Menschen. Herz und Gewissen eines Menschen werden durch die Macht des Heiligen Geistes erneuert, nicht durch die Beschlüsse von Stadträten. Wohl hatten die Genfer die Autorität Roms abgeschüttelt, doch sie waren noch nicht bereit, die Laster abzulegen, die unter der römischen Herrschaft blühten. Es war keine leichte Aufgabe, hier die wahren Werte des Evangeliums aufzurichten und dieses Volk darauf vorzubereiten, die Stellung würdig auszufüllen, zu der Gott sie berufen wollte.

Farel war überzeugt, dass er in Calvin jemanden gefunden hatte, mit dem er sich diese Arbeit teilen konnte. Er beschwor den jungen Evangelisten, in Gottes Namen in Genf zu bleiben und dort zu arbeiten. Erschrocken wich Calvin zurück. Er war furchtsam und friedliebend und hatte Angst davor, dem ungestümen, unabhängigen, ja hitzigen Geist der Genfer zu begegnen. Eine angeschlagene Gesundheit und seine Studiengewohnheiten bewogen ihn, eher zurückgezogen zu leben. Er glaubte, der Reformation mit seiner Feder am besten dienen zu können, und wünschte sich einen ruhigen Ort für seine Forschungstätigkeit, um von dort aus mit Druckerzeugnissen die Gemeinden zu unterweisen und aufzubauen. Aber Farels ernsthafte Ermahnung war für ihn ein Ruf vom Himmel, und er wagte keinen Widerspruch. Es schien ihm, wie er sagte, »als ob die Hand Gottes vom Himmel herab ausgereckt ihn ergriffen und unwiderruflich an den Ort gesetzt habe, den er so gern verlassen wollte« (DAGR, IX, 17).

Zu jener Zeit befand sich der Protestantismus in großer Gefahr. Bannflüche des Papstes donnerten gegen Genf, und mächtige Reiche drohten der Stadt mit der Vernichtung. Wie konnte diese kleine Stadt einer Priestermacht widerstehen, die Könige und Kaiser so oft unterworfen hatte? Wie sollte sie sich den Heeren der größten Eroberer der Welt widersetzen?

DER JESUITENORDEN UND DIE GEGENREFORMATION

In der ganzen Christenheit war der Protestantismus durch furchtbare Feinde bedroht. Nach dem ersten Triumph der Reformation sammelte Rom neue Kräfte in der Hoffnung, sie vollständig zu vernichten. In jener Zeit wurde der Jesuitenorden[39] gegründet, der grausamste, skrupelloseste und mächtigste Verfechter des Papsttums. Seine Mitglieder mussten sich von irdischen Bindungen und menschlichen Interessen trennen, natürliche Neigungen abtöten und Vernunft und Gewissen zum Schweigen bringen. Sie kannten keine Regeln und keine Bindungen außer denen ihres Ordens* und auch keine andere Pflicht als die Erweiterung seiner Macht. Das Evangelium hatte die Anhänger Christi befähigt, Gefahren zu begegnen, Leid zu ertragen und in Kälte, Hunger, Mühsal und Armut nicht zu verzagen. Sie hielten das Banner der Wahrheit hoch, auch angesichts von Folterbank, Kerker und Scheiterhaufen. Um dieser Macht zu begegnen, begeisterten die Jesuiten ihre Nachfolger mit einem fanatischen Eifer, der sie befähigte, ähnlichen Gefahren zu begegnen und der Macht der Wahrheit mit den Waffen der Täuschung entgegenzutreten. Kein Verbrechen war ihnen zu groß, keine Täuschung zu abscheulich, keine Verschleierung zu aufwendig, um sie auszuführen. Sie selbst waren durch Gelübde an Armut und Bescheidenheit gebunden. Ihre Aufgabe war es jedoch, sich für Reichtum und Macht einzusetzen, um diese zum Sturz des Protestantismus und zur Wiederherstellung der päpstlichen Herrschaft zu verwenden.

---

39 Siehe Glossar »Jesuitenorden«, S. 664.

Wenn sie als Mitglieder des Ordens auftraten, trugen sie das Gewand der Heiligkeit, besuchten Gefängnisse und Krankenhäuser, halfen Armen und Kranken, gaben vor, der Welt abgesagt zu haben, und trugen den heiligen Namen Jesu, der überall Gutes tat. Doch unter diesem tadellosen Äußeren wurden oft die verbrecherischsten und tödlichsten Absichten verborgen. Gemäß dieser Richtlinie waren Lüge, Diebstahl, Meineid, Meuchelmord nicht nur verzeihbar, sondern empfehlenswert, wenn sie den Interessen der Kirche dienten. Unter verschiedensten Verkleidungen bahnten sich die Jesuiten ihren Weg in die Staatsämter, wurden Ratgeber der Könige und gestalteten die Regierungspolitik. Sie wurden Staatsdiener, um als Spione ihre Vorgesetzten zu überwachen. Sie bauten Schulen für Söhne von Fürsten und Adligen auf und solche für das normale Volk. Kinder von protestantischen Eltern wurden zur Einhaltung päpstlicher Riten angehalten. Der äußerliche Prunk der römischen Gottesdienste sollte die Schüler verblenden, den Verstand verwirren, die Einbildungskraft fesseln, und damit wurde die Freiheit, die von den Vätern erkämpft worden war, von den Söhnen verraten. Die Jesuiten verbreiteten sich schnell über ganz Europa, und wohin sie kamen, erfolgte eine Wiederbelebung des Papsttums.

Um ihnen größere Macht zu verleihen, wurde eine päpstliche Bulle erlassen, nach der die Inquisition[40] wieder eingeführt werden sollte. Obwohl man dieses schreckliche Tribunal auch in katholischen Ländern verabscheute, wurde es durch päpstliche Herrscher wieder eingesetzt. Gräueltaten, zu schrecklich, um ans Tageslicht gebracht zu werden, wurden erneut in den verborgenen Kerkern begangen. Viele Länder verloren die Blüten ihrer Nation. Die aufrichtigsten, edelsten, intelligentesten und gebildetsten Menschen; gläubige und hingebungsvolle Pfarrer, fleißige und landestreue Bürger, hervorragende Gelehrte, talentierte Künstler und geschickte Kunsthandwerker wurden zu Tausenden und Abertausenden umgebracht oder gezwungen, in andere Länder zu fliehen.

Solche Mittel hatte Rom ersonnen, um das Licht der Reformation auszulöschen, um den Menschen die Bibel zu entziehen und Unwissenheit und mittelalterlichen Aberglauben wieder aufleben zu lassen. Doch durch den Segen Gottes und das gesegnete Werk der Nachfolger Luthers, die Gott erweckt hatte, wurde der Protestantismus nicht überwunden. Seine Stärke verdankte er nicht den Waffen der Fürsten. Die kleinsten Länder, die bescheidensten und schwächsten Nationen wurden seine Bollwerke. Das kleine Genf war umgeben von Feinden, welche die Stadt zu zerstören drohten. Die Niederlande kämpften an ihren sandigen Küsten gegen die Tyrannei

---

40 Siehe Glossar »Inquisition«, S. 661

Spaniens, damals das größte und wohlhabendste Königreich. Das kahle und unfruchtbare Schweden errang Siege für die Reformation.

GENF – BOLLWERK UND AUSGANGSPUNKT DER REFORMATION IN EUROPA

Nahezu 30 Jahre lang wirkte Calvin in Genf, zunächst um eine Kirche zu gründen, die sich an der Morallehre der Bibel orientierte und dann, um die Reformation in ganz Europa voranzutreiben. Seine öffentliche Amtsführung war zwar nicht fehlerfrei und seine Lehren waren nicht ohne Irrtum. Dennoch war er ein Instrument, um jene Wahrheiten, die für seine Zeit besonders wichtig waren, öffentlich bekanntzumachen. Calvin hielt der rasch wieder aufkommenden Welle des Papsttums die Grundsätze des Protestantismus entgegen und förderte in den reformierten Kirchen eine einfache und saubere Lebensführung. Sie verdrängte den Stolz und die Bestechlichkeit, die unter der Lehre Roms begünstigt worden waren.

Von Genf aus wurden Schriften verbreitet und Lehrer ausgesandt, die die Reformation in die Welt hinaustrugen. Dorthin schauten Verfolgte aller Länder, um Anleitung, Rat und Ermutigung zu erhalten. Die Stadt Calvins wurde zur Zufluchtsstätte für verfolgte Reformatoren ganz Westeuropas. Aus schrecklichen Stürmen, die noch Jahrhunderte andauern sollten, kamen Flüchtlinge zu den Toren Genfs. Sie waren ausgehungert, verwundet, aus ihren Heimen vertrieben, von ihren Familien getrennt und fanden hier herzliche Aufnahme und ein neues Zuhause. Ihre Geschicklichkeit, Gelehrsamkeit und Frömmigkeit wurden der Stadt zum Segen. Viele, die hier Obdach gefunden hatten, kehrten in ihre Heimat zurück, um der Tyrannei Roms Widerstand zu leisten. John Knox, der tapfere Reformator Schottlands, nicht wenige Puritaner Englands, Protestanten aus den Niederlanden und Spanien und Hugenotten aus Frankreich trugen die Fackel der Wahrheit von Genf aus in ihre Heimatländer, um Licht in die Finsternis zu bringen.

KAPITEL 13

DIE NIEDERLANDE UND SKANDINAVIEN

In den Niederlanden rief die päpstliche Gewaltherrschaft schon sehr früh energischen Widerstand hervor. 700 Jahre vor der Zeit Luthers wurde der Papst von zwei unerschrockenen Bischöfen angeklagt, nachdem sie als Abgesandte in Rom den wahren Charakter des »heiligen Stuhls« kennen gelernt hatten: Gott »hat seine Königin und Braut, die Gemeinde, zu einer edlen und ewigen Einrichtung für ihre Familie gesetzt mit einer Mitgift, die weder vergänglich noch verderbbar ist, und hat ihr eine ewige Krone, ein Zepter gegeben ... Wohltaten, die du wie ein Dieb abschneidest. Du setzest dich in den Tempel Gottes als ein Gott; statt ein Hirte zu sein, bist du den Schafen zum Wolf geworden. ... Du willst, dass wir dich für einen hohen Bischof halten, aber du benimmst dich vielmehr wie ein Tyrann. ... Statt ein Knecht aller Knechte zu sein, wie du dich nennst, bemühst du dich, ein Herr aller Herren zu werden. ... Du bringst die Gebote Gottes in Verachtung. ... Der Heilige Geist ist der Erbauer aller Gemeinden, so weit sich die Erde ausdehnt. ... Die Stadt unseres Gottes, deren Bürger wir sind, reicht zu allen Teilen des Himmels, und sie ist größer als die Stadt, welche die heiligen Propheten Babylon nannten, die vorgibt, göttlich zu sein, sich zum Himmel erhebt und sich rühmt, dass ihre Weisheit unsterblich sei, und schließlich, wenn auch ohne Grund, dass sie nie irre noch irren könne« (BGNR, I, 6).

Von Jahrhundert zu Jahrhundert standen andere auf und wiederholten diesen Protest. Jene frühen Lehrer, die viele Länder durchreisten, kannte man unter den verschiedensten Namen. Ihrem Wesen nach arbeiteten sie jedoch wie die waldensischen Missionare und verbreiteten überall die Erkenntnis des Evangeliums. So erreichten sie auch die Niederlande. Ihre Lehren verbreiteten sich rasch. Die waldensische Bibel übersetzten sie ins Niederländische. Sie erklärten, »dass ein großer Vorteil darin liege, dass sich in ihr keine Scherze, keine Fabeln, kein Spielwerk, kein Betrug, nichts als Worte der Wahrheit befänden, dass sie allerdings hier und da eine harte Kruste habe, aber dadurch nur der Kern und die Süßigkeit alles dessen, was gut und heilig ist, leichter entdeckt werde« (BGNR, I, 14). So schrieben die Freunde des alten Glaubens im zwölften Jahrhundert.

Dann begannen die päpstlichen Verfolgungen, aber trotz Scheiterhaufen und Folter nahm die Zahl der Gläubigen zu. Standhaft erklärten sie, dass in Glaubensfragen die Bibel die einzige unfehlbare Autorität in der Religion sei und »niemand gezwungen werden solle zu glauben, sondern durch die Predigt gewonnen werden müsse« (MLTL, II, 87; vgl. BGNR, I, 14).

MENNO SIMONS

Luthers Lehren fielen in den Niederlanden auf fruchtbaren Boden. Aufrichtige und gewissenhafte Männer traten auf und predigten dort das Evangelium. Menno Simons stammte aus dem friesischen Witmarsum im Norden der Niederlande. Er war römisch-katholisch erzogen und zum Priester geweiht worden. Die Bibel kannte er nicht, und aus Angst vor ketzerischer Verführung hätte er sie auch gar nicht gelesen. Als ihm Zweifel am Dogma der Transsubstantiation – der Lehre von der Umwandlung der Hostie in Fleisch und Blut Jesu Christi – aufkamen, schrieb er dies einer Versuchung Satans zu. Durch Gebet und Beichte versuchte er sich davon zu befreien, aber vergebens. Simons versuchte vergeblich, die anklagende Stimme seines Gewissens durch Zerstreuung zum Schweigen zu bringen.

Nach einiger Zeit wurde er zum Studium des Neuen Testamentes geführt. Zusammen mit den Schriften Luthers bewegte ihn dies dazu, den reformierten Glauben anzunehmen. Bald danach wurde er in einem Nachbardorf Zeuge einer Enthauptung. Ein Mann, der sich der Wiedertaufe schuldig gemacht hatte, war zum Tod verurteilt worden. Das veranlasste Simons dazu, die Bibel hinsichtlich der Kindertaufe zu studieren. In der Heiligen Schrift fand er dazu jedoch keinerlei Belege. Er entdeckte aber, dass immer eine Haltung der Reue und des Glaubens als Voraussetzung für den Empfang der Taufe gefordert wird.

Menno kehrte der römischen Kirche den Rücken und widmete sich der Verkündigung der Wahrheiten, die er erkannt hatte. Sowohl in Deutschland als auch in den Niederlanden tauchten bestimmte Schwärmer auf, die abwegige und aufrührerische Lehren vertraten, womit sie gegen Ordnung und Anstand verstießen. Vor Gewalt und Aufstand schreckten sie nicht zurück. Menno Simons erkannte die schrecklichen Folgen, welche diese Bewegungen unweigerlich nach sich ziehen würden. Energisch widersetzte er sich den falschen Lehren und den chaotischen Machenschaften dieser Fanatiker. Viele waren durch diese Schwärmer verführt worden, sagten sich aber schließlich von ihren verderblichen Lehren los. Es gab auch noch viele Nachkommen der frühen Christen, die Früchte der waldensischen Lehrtätigkeit waren. Unter diesen Gruppen arbeitete Menno Simons mit viel Eifer und Erfolg. 25 Jahre reiste er umher, erduldete große Mühsal und Entbehrungen mit Frau und Kindern und war oft in Lebensgefahr. Er durchzog die Niederlande und Norddeutschland und arbeitete hauptsächlich unter der einfachen Bevölkerung. Dort hatte er einen weitreichenden Einfluss. Obwohl Menno Simons nur eine einfache Bildung besaß, war er von Natur aus redegewandt und ein Mann von unerschütterlicher Rechtschaffenheit. Er war demütig und höflich und besaß einen tiefen und ernsthaften Glauben. Die Grundsätze, die er anderen predigte, lebte er selbst beispielhaft aus. Damit gewann er das Vertrauen der Menschen. Seine Nachfolger wurden zerstreut und unterdrückt. Sie mussten viel leiden, weil sie mit den Schwärmern aus Münster verwechselt wurden. Dennoch bekehrten sich viele Menschen durch Simons Wirken.

Nirgendwo sonst fanden die reformierten Lehren eine so allgemeine Akzeptanz wie in den Niederlanden. Trotzdem machten ihre Anhänger in nur wenigen Ländern so schreckliche Verfolgungen durch wie hier. In Deutschland hatte Karl V. die Reformation zwar geächtet, und am liebsten hätte er alle ihre Anhänger auf den Scheiterhaufen gebracht, doch die Fürsten stellten sich seiner Tyrannei entgegen. In den Niederlanden hingegen hatte er größere Macht, und in kurzen Abständen folgte hier ein Verfolgungserlass dem anderen. Die Bibel zu lesen oder zu hören, aus ihr zu predigen oder nur schon über sie zu sprechen sollte mit dem Tod auf dem Scheiterhaufen bestraft werden. Auch das heimliche Beten zu Gott, die Weigerung, sich vor einem Bild zu verneigen, und das Singen von Psalmen war bei Todesstrafe verboten. Selbst wer seinen Glauben widerrief, wurde verurteilt, die Männer zum Tod durch das Schwert, die Frauen durch Begraben bei lebendigem Leib. Tausende verschwanden unter der Herrschaft Karls V. und Philipps II.

Eine ganze Familie wurde einmal vor den Inquisitionsrichtern gebracht, weil sie der Messe fernblieb und zu Hause Gottesdienst feierte. Als der jüngste Sohn über ihre geheimen Gewohnheiten befragt wurde, antwortete er: »Wir fallen auf unsere Knie und beten, dass Gott unsere Gemüter erleuchten und unsere Sünden verzeihen möge. Wir beten für unseren Landesfürsten, dass seine Regierung gedeihlich und sein Leben glücklich sein möge. Wir beten für unsere Stadtbehörde, dass Gott sie erhalten möge.« (WHP, XVIII, 6) Einige Richter waren tief gerührt, dennoch wurden der Vater und einer der Söhne zum Tod auf dem Scheiterhaufen verurteilt.

Der Glaubensmut der Märtyrer war ebenso groß wie die Wut der Verfolger. Nicht nur Männer, sondern auch zarte Frauen und junge Mädchen zeigten einen unbeirrbaren Mut. »Frauen stellten sich neben den Marterpfahl ihrer Gatten, und während diese das Feuer erduldeten, flüsterten sie ihnen Worte des Trostes zu oder sangen Psalmen, um sie aufzumuntern.« »Jungfrauen legten sich lebendig in ihr Grab, als ob sie das Schlafgemach zur nächtlichen Ruhe beträten, oder gingen in ihren besten Gewändern auf das Schafott oder in den Feuertod, als ob sie zur Hochzeit gingen.« (WHP, XVIII, 6) Wie zu der Zeit, als das Heidentum das Evangelium zu vernichten drohte, war das Blut der Christen eine Saat (vgl. TA, 50). Verfolgung diente dazu, die Zahl der Zeugen für die Wahrheit zu vermehren. Die unüberwindbare Entschlossenheit dieser Menschen trieb den Monarchen in den Wahnsinn, und Jahr für Jahr setzte er seine Grausamkeiten fort, jedoch ohne Erfolg. Erst unter dem edlen Prinzen Wilhelm von Oranien brachte die Revolution den Niederländern die Freiheit, Gott zu dienen.

TAUSEN IN DÄNEMARK

In den Bergen des Piemont, in den Ebenen Frankreichs und an den Küsten Hollands wurde der Fortschritt des Evangeliums mit dem Blut seiner Jünger besiegelt. Doch in den Ländern des Nordens fand es friedlichen Eingang. Studenten aus Wittenberg, die in ihre Heimat zurückkehrten, trugen den reformierten Glauben nach Skandinavien. Auch die Verbreitung von Luthers Schriften brachte Licht. Das einfache und zähe Volk des Nordens sagte sich von der Verderbtheit, dem Prunk und dem Aberglauben Roms los und nahm die Reinheit, Einfachheit und Leben spendenden Wahrheiten der Bibel an.

Hans Tausen, »der Reformator Dänemarks«, war ein Bauernsohn. Der Junge zeichnete sich schon früh durch einen scharfen Verstand aus. Er sehnte sich nach einer guten Ausbildung, aber die Umstände im elterlichen Heim ließen dies nicht zu. So trat er in ein Kloster ein. Hier gewann er durch seine Rechtschaffenheit, seinen Fleiß und seine Treue bald die Zuneigung seiner Vorgesetzten. In Prüfungen erwies er sich als ein verheißungsvolles Talent. Das war für einen zukünftigen Dienst in der Kirche vielversprechend, und man beschloss, ihn an einer deutschen oder niederländischen Universität studieren zu lassen. Mit Ausnahme von Wittenberg durfte er sich seine Universität selbst auswählen. Der Student der Kirche sollte nicht durch das Gift der Ketzerei in Gefahr gebracht werden, meinten die Mönche.

Tausen ging nach Köln, das damals wie heute eine der Hochburgen des römischen Glaubens war. Hier widerte ihn die Mystik der Schulgelehrten jedoch bald an. Ungefähr in dieser Zeit kam er mit Luthers Schriften in Berührung. Er las sie mit Freude und Verwunderung und wünschte sich sehnlichst, von diesem Reformator persönlich unterrichtet zu werden. Dadurch riskierte er allerdings, seinen klösterlichen Vorgesetzten zu verärgern und dessen Unterstützung zu verlieren. Doch der Entschluss war bald gefasst, und kurz darauf trug er sich als Student in Wittenberg ein.

Bei seiner Rückkehr nach Dänemark ging er wieder in sein Kloster. Niemand verdächtigte ihn des Luthertums, denn er behielt sein Geheimnis für sich. Ohne bei seinen Kameraden Vorurteile zu erregen, begann er sie zu einem reineren Glauben und heiligeren Leben zu führen. Tausen öffnete mit ihnen die Bibel und erklärte deren wahren Sinn. Schließlich predigte er ihnen Christus als die Gerechtigkeit des Sünders und seine einzige Hoffnung auf Erlösung. Der Zorn seines Priors war groß, denn der hatte große Hoffnungen auf ihn als tapferen Verteidiger Roms gesetzt. Unverzüglich wurde er in ein anderes Kloster versetzt und unter strenger Aufsicht in seine Zelle gesperrt.

Zum Entsetzen seiner neuen Aufpasser bekannten sich bald mehrere weitere Mönche zum Protestantismus. Durch das Gefängnisgitter seiner Zelle hindurch gab Tausen seinen Kameraden die Erkenntnis der Wahrheit weiter. Hätten diese dänischen Priester den Umgang der Kirche mit der Ketzerei gekannt, wäre Tausens Stimme wohl nie wieder gehört worden. Doch anstatt ihm in einem unterirdischen Kerker sein Grab zu bereiten, entließen sie ihn aus dem Kloster. Nun waren sie machtlos. Ein soeben erschienener königlicher Erlass bot den Verkündigern der neuen Lehre Schutz, und Tausen begann zu predigen. Die Kirchen öffneten sich ihm, und das Volk strömte hinein, um ihn zu hören. Auch andere predigten das Wort. Das Neue Testament wurde ins Dänische übersetzt und im ganzen Land verbreitet. Damit erreichten die Anhänger des Papstes, die sich bemühten, dieses Werk zu vereiteln, genau das Gegenteil. Bald nahm ganz Dänemark den reformierten Glauben an.

DIE GEBRÜDER PETRI UND
DIE REFORMATION IN SCHWEDEN

Auch in Schweden hatten junge Männer aus der Quelle Wittenbergs getrunken und das Lebenswasser zu ihren Landsleuten getragen. Zwei führende schwedische Reformatoren, Olaus und Laurentius Petri (Olaf und Lars Petersson), Söhne eines Schmieds aus Örebro, studierten unter Luther und Melanchthon. Die Lehren, die sie dort hörten, verbreiteten sie nun fleißig in ihrem Heimatland. Wie der große Reformator rüttelte Olaus das Volk durch seinen Eifer und seine Sprachgewalt auf, während Laurentius gelehrt, nachdenklich und ruhig war wie Melanchthon. Beide Männer waren eifrig im Glauben, besaßen vorzügliche theologische Kenntnisse und verbreiteten die Wahrheit mit Entschlossenheit und Mut. Doch schon bald regte sich päpstlicher Widerstand. Die katholischen Priester wiegelten das unwissende und abergläubische Volk auf. Olaus Petri wurde oft von der Menge angegriffen und kam verschiedentlich nur knapp mit dem Leben davon. Beide Reformatoren wurden jedoch vom König begünstigt und beschützt.

Unter der Herrschaft der römischen Kirche war das Volk in Armut versunken und wurde unterdrückt. Es besaß keine Heilige Schrift und hatte eine Religion, die nur aus Bildern und Zeremonien bestand, die dem Gemüt kein Licht brachten. Deshalb kehrte es zu den abergläubischen Auffassungen und heidnischen Praktiken seiner Vorfahren zurück. Streitende Parteien entzweiten die Nation, deren endlose Kämpfe das Land noch tiefer ins Elend stürzten. Der König war entschlossen, in Kirche und Staat eine Reformation durchzuführen, und begrüßte diese fähigen Helfer im Kampf gegen Rom.

In Gegenwart des Königs und der führenden Männer Schwedens verteidigte Olaus Petri die Lehren des reformierten Glaubens gegenüber den Fürsprechern Roms mit großem Geschick. Er verkündete, die Lehren der Kirchenväter seien nur dann annehmbar, wenn sie in Übereinstimmung mit der Heiligen Schrift stünden. Außerdem seien die wesentlichen Glaubenslehren in der Bibel klar und deutlich dargelegt und für jedermann verständlich. Christus sagte: »Meine Lehre ist nicht von mir, sondern von dem, der mich gesandt hat.« (Johannes 7,16) Und Paulus erklärte, er wäre verflucht, falls er ein anderes Evangelium predigte als jenes, das er empfangen hatte (Galater 1,8). »Wie denn«, sagte der Reformator, »sollen andere sich anmaßen, nach ihrem Wohlgefallen Lehrsätze aufzustellen und sie als zur Seligkeit notwendige Dinge aufzubürden?« (WHP, X, 4) Petri wies nach, dass die Erlasse der Kirche keine Autorität hätten, wenn sie den Geboten Gottes widersprächen. Für ihn galt das große protestantische Bekenntnis »die Bibel und die Bibel allein« als Richtlinie für Glauben und Leben.

Dieses Streitgespräch, obwohl an einem nicht genau bekannten Ort durchgeführt, diente dazu, uns zu zeigen, »aus welchem Holz das Heer dieser Reformatoren geschnitzt war. Sie waren keine ungebildeten, sektiererischen und lärmenden Wortfechter – weit davon entfernt; es waren Männer, die das Wort Gottes studiert hatten und wohl verstanden, die Waffen zu führen, mit denen die Rüstkammer der Bibel sie ausgestattet hatte. In ihrer Bildung waren sie ihrer Zeit weit voraus. Wenn wir unsere Aufmerksamkeit auf solch glänzende Zentren wie Wittenberg und Zürich und auf solch berühmte Namen wie Luther und Melanchthon, Zwingli und Ökolampad richten, so könnte man uns sagen, das seien die Leiter der Bewegung und wir würden natürlicherweise eine ungeheure Kraft und große Errungenschaft bei ihnen erwarten; die Untergeordneten hingegen seien ihnen nicht gleich. Wenden wir uns aber dem unbekannten Schauplatz in Schweden zu, den schlichten Namen Olaus und Laurentius Petri – von den Meistern zu den Jüngern –, was finden wir? ... Gelehrte und Theologen, Männer, die gründlich die gesamte Evangeliumswahrheit kannten und die einen leichten Sieg über die Wortverdreher der Schulen und die Würdenträger Roms gewannen« (WHP, X, 4).

SCHWEDEN, BOLLWERK DES PROTESTANTISMUS

Als Ergebnis dieser Disputation nahm der König von Schweden den protestantischen Glauben an, und nicht lange danach bekannte sich auch der Reichstag dazu. Das Neue Testament war von Olaus Petri schon ins Schwedische übersetzt worden, und auf Wunsch des Königs nahmen die beiden Brüder die Übersetzung der ganzen Bibel in Angriff. So erhielt das schwedische Volk zum ersten Mal das Wort Gottes in seiner Muttersprache. Auf Beschluss des Reichstags sollten Prediger im ganzen Land die Heilige Schrift auslegen, und in den Schulen sollte gelehrt werden, wie man die Bibel liest.

Die Finsternis der Unwissenheit und des Aberglaubens konnte langsam, aber sicher durch das strahlende Licht des Evangeliums beseitigt werden. Nachdem sich das Land von der römischen Unterdrückung befreit hatte, stieg es zu einer Stärke und Größe empor, die es zuvor noch nie erreicht hatte. Schweden wurde zu einem Bollwerk des Protestantismus. Ein Jahrhundert später, in einer Zeit höchster Gefahr, wagte dieses kleine und bisher schwache Land als einzige europäische Nation, in den schrecklichen Kämpfen des Dreißigjährigen Krieges Deutschland zu helfen. Ganz Nordeuropa schien wieder unter die Gewaltherrschaft Roms zu fallen. Schwedische Truppen machten es möglich, dass Deutschland den Erfolg des Papsttums abwenden konnte, für Protestanten calvinistischer wie lutherischer Glaubensrichtung Duldung zu erreichen und in reformierten Ländern die Glaubens- und Gewissensfreiheit wiederherzustellen.

KAPITEL 14

SPÄTE ENGLISCHE REFORMATOREN

Während Martin Luther den Menschen in Deutschland die bisher verschlossene Bibel zugänglich machte, wurde William Tyndale in England vom Geist Gottes gedrängt, dasselbe auch für sein Land zu tun. Wycliffs Bibel war seinerzeit aus einem lateinischen Text übersetzt worden, der viele Fehler enthielt. Sie wurde nie gedruckt, und ein handgeschriebenes Exemplar war so teuer, dass es sich nur Adlige oder Reiche leisten konnten. Außerdem war sie verhältnismäßig wenig verbreitet, weil die Kirche den Besitz strengstens verboten hatte. 1516, ein Jahr vor Luthers Thesenanschlag, veröffentlichte Erasmus von Rotterdam seine griechische und lateinische Ausgabe des Neuen Testaments. Nun wurde zum ersten Mal das Wort Gottes in der Originalsprache gedruckt. Viele Fehler früherer Fassungen konnten in diesem Werk berichtigt werden, und der Sinn wurde klarer wiedergegeben. Das führte in Gelehrtenkreisen zu einem besseren Verständnis der Wahrheit und verlieh der Reformation neuen Auftrieb. Doch der größte Teil der allgemeinen Bevölkerung hatte nach wie vor keinen Zugang zu Gottes Wort. Tyndale sollte das Werk Wycliffs vollenden und seinen Landsleuten die Bibel zugänglich machen.

TYNDALE –
PREDIGER, ÜBERSETZER UND MÄRTYRER

Tyndale war ein eifriger Schüler und ernsthafter Wahrheitssucher, der das Evangelium aus dem griechischen Neuen Testament von Erasmus kennenlernte. Er verkündigte seine Überzeugungen furchtlos und verlangte, dass alle Lehren anhand der Schrift geprüft würden. Auf die päpstliche Behauptung, die Kirche sei Urheberin der Bibel und allein die Kirche könne sie auslegen, erwiderte Tyndale: »Wer hat denn den Adler gelehrt, seine Beute zu finden? Derselbe Gott lehrt seine hungrigen Kinder ihren Vater in seinem Worte finden. Nicht ihr habt uns die Schrift gegeben, vielmehr habt ihr sie uns vorenthalten; ihr seid es, die solche verbrennen, die sie predigen, ja ihr würdet die Schrift selbst verbrennen, wenn ihr könntet.« (DAGR, XVIII, 4)

Tyndales Predigten weckten großes Interesse, und viele nahmen die Wahrheit an. Die Priester waren jedoch wachsam, denn kaum hatte er sein Arbeitsfeld verlassen, versuchten sie durch Drohungen und Entstellungen sein Werk zu zerstören. Dies gelang ihnen nur allzu oft. »Was soll ich tun?«, rief Tyndale aus, »während ich hier säe, reißt der Feind dort alles aus, wo ich gerade herkomme. Ich kann nicht überall gleichzeitig sein. Oh, dass die Christen die Heilige Schrift in ihrer Sprache besäßen, dann könnten sie den Verdrehungen selbst widerstehen! Ohne die Bibel ist es unmöglich, die Laien in der Wahrheit zu gründen« (DAGR, XVIII, 4).

Dieser Gedanke ließ ihn von nun an nicht mehr los. Er sagte: »In Israels eigener Sprache erschollen die Psalmen im Tempel des Herrn, und das Evangelium sollte unter uns nicht reden dürfen in der Sprache Englands? Die Kirche sollte weniger Licht haben jetzt im hohen Mittag als ehemals in den ersten Stunden der Dämmerung? Das Neue Testament muss in der Volkssprache gelesen werden können.« Die Kirchengelehrten waren sich nicht einig. Nur mit Hilfe der Bibel konnte das Volk die Wahrheit erkennen. »Einer hält zu diesem Gelehrten, der andere zu jenem und alle widersprechen sich. Wie sollen wir da das Wahre vom Falschen unterscheiden? Allein durch das Wort Gottes!« (DAGR, XVIII, 4)

Nicht lange danach erklärte ein katholischer Gelehrter in einem Streitgespräch mit Tyndale: »Wir wären besser dran ohne Gottes Gesetz als ohne das Gesetz des Papstes.« Tyndale antwortete: »Ich trotze dem Papst samt all seinen Gesetzen. Wenn Gott mir das Leben schenkt, so soll in wenigen Jahren ein Bauernknecht, der den Pflug führt, die Schrift noch besser verstehen als du.« (AEB, 19; vgl. DAGR, XVIII, 4)

Nun war er in seiner Absicht bestärkt, dem Volk in seiner eigenen Sprache das Neue Testament zu geben, und er machte sich sofort an die Arbeit. Als er aus seinem Heimatort in Gloucestershire vertrieben wurde, ließ er sich in London nieder, wo er eine Zeit lang ungestört arbeiten konnte. Aber wiederum zwang ihn die Gewalt der Anhänger Roms in die Flucht. Als ihm ganz England verschlossen schien, suchte er in Deutschland Zuflucht. Hier begann er das englische Neue Testament zu drucken. Zweimal musste er seine Arbeit einstellen, doch wenn es ihm in einer Stadt verboten wurde zu drucken, ging er in eine andere. Schließlich kam er nach Worms, wo Luther einige Jahre zuvor das Evangelium vor dem Reichstag verteidigt hatte. In dieser alten Stadt lebten viele Freunde der Reformation, und Tyndale konnte ohne weitere Behinderungen sein Werk fortsetzen. Eine erste Auflage von 3.000 Exemplaren war bald fertig, und noch im selben Jahr folgte eine zweite.

Ernsthaft und beharrlich führte er seine Arbeit fort. Obwohl die englischen Behörden ihre Häfen strengstens überwacht hatten, gelangte das Wort auf verschiedenen Wegen heimlich nach London und verbreitete sich von dort aus über das ganze Land. Die Anhänger des Papsttums versuchten vergeblich, die Wahrheit zu unterdrücken. Der Bischof von Durham kaufte einem Buchhändler, der ein Freund Tyndales war, den ganzen Vorrat an Bibeln mit der Absicht ab, diese zu vernichten, und meinte, damit das Werk stark zu behindern. Aber das Gegenteil war der Fall. Das eingenommene Geld wurde in eine neue und bessere Auflage investiert, die sonst gar nicht hätte erscheinen können. Als Tyndale später gefangen genommen wurde, bot man ihm die Freiheit an, wenn er die Namen derer verrate, die ihm die Kosten zum Druck seiner Bibeln finanzierten. Er antwortete, dass der Bischof von Durham mehr denn sonst jemand dazu beigetragen habe. Da dieser für den Büchervorrat einen hohen Preis bezahlt hatte, war Tyndale in der Lage, guten Mutes weiterzumachen.

Tyndale wurde an seine Feinde verraten und musste viele Monate im Kerker zubringen. Schließlich bezeugte er seinen Glauben durch den Märtyrertod. Doch die Waffen, die er schmiedete, befähigten andere, den Kampf durch die Jahrhunderte bis in unsere Zeit weiterzuführen.

WEITERE MÄRTYRER IN ENGLAND

Hugh Latimer predigte von der Kanzel, dass das Volk die Bibel in seiner Sprache lesen sollte. »Der Urheber der Heiligen Schrift«, sagte er, »ist Gott selbst, und diese Schrift hat einen Anteil an der Macht und Ewigkeit ihres Urhebers. Es gibt weder Könige, Kaiser, Obrigkeiten noch Herrscher ... die nicht gebunden wären ... seinem heiligen Wort zu gehorchen. ... Lasst uns keine Nebenwege einschlagen, sondern lasst uns vom Wort Gottes geleitet werden; lasst uns nicht ... unsern Vätern nachfolgen und auf das sehen, was sie getan haben, sondern auf das, was sie hätten tun sollen.« (LFS)

Robert Barnes und John Frith, treue Freunde Tyndales, waren nun die neuen Kämpfer für die Wahrheit. Ihnen folgten die Gebrüder Ridley und Thomas Cranmer. Diese Führer der englischen Reformation waren gelehrte Männer, die meisten von ihnen für ihren Eifer und ihre Frömmigkeit in der römischen Kirche hoch geachtet. Sie wurden zu Gegnern des Papsttums, weil sie die Irrtümer des »Heiligen Stuhls« erkannten. Sie waren mit dem

Geheimnis um Babylon bestens vertraut, was ihrem Zeugnis gegen diese Macht ein umso größeres Gewicht verlieh.

»Ich muss euch jetzt eine seltsame Frage stellen«, sagte Latimer, »wer ist der eifrigste Bischof und Prälat in England? ... Ich sehe, ihr horcht und wartet, dass ich seinen Namen nenne. ... Ich will ihn nennen: Es ist der Teufel. ... Er entfernt sich nie aus seinem Kirchsprengel; sucht ihn, wann ihr wollt, er ist immer zu Hause ... er ist stets bei der Arbeit. ... Ihr werdet ihn nie träge finden, dafür verbürge ich mich. ... Wo der Teufel wohnt ... tut mir die Bücher weg und holt Kerzen herbei; tut die Bibeln weg und holt die Rosenkränze herbei; tut weg das Licht des Evangeliums und holt das Licht der Kerzen, ja sogar am hellen Mittag. ... Nieder mit dem Kreuz Christi, es lebe das Fegefeuer, das die Tasche leert ... hinweg mit dem Bekleiden der Nackten, Armen und Lahmen; herbei mit der Verzierung von Bildern und dem bunten Schmücken von Stock und Stein; herbei mit menschlichen Überlieferungen und Gesetzen; nieder mit Gottes Überlieferungen und seinem allerheiligsten Wort. ... Oh, dass unsere Prälaten so eifrig wären, die Körner guter Lehre auszustreuen, wie Satan fleißig ist, allerlei Unkraut zu säen!« (LSP)

Diese Reformatoren hielten alle an dem gleichen Prinzip fest, wie dies schon die Waldenser, Wycliff, Hus, Luther, Zwingli und ihre Verbündeten getan hatten: an den unfehlbaren Aussagen der Heiligen Schrift als Norm für Glauben und Leben. Sie sprachen den Päpsten, Konzilien, Kirchenvätern und Königen das Recht ab, in Fragen der Religion das menschliche Gewissen zu kontrollieren. Die Bibel war ihre Richtschnur, und an ihren Aussagen prüften sie alle Lehren und Behauptungen. Der Glaube an Gott und an sein Wort stärkte diese heiligen Männer, als sie auf dem Scheiterhaufen ihr Leben hingaben. »Sei guten Mutes«, rief Latimer seinem Leidensgefährten zu, als die Flammen begannen, ihre Stimmen zum Schweigen zu bringen, »wir werden heute durch Gottes Gnade ein Licht in England anzünden, und ich vertraue darauf, dass es nie ausgelöscht werden wird.« (WL, I, 13)

JOHN KNOX, DER UNERSCHROCKENE REFORMATOR SCHOTTLANDS

In Schottland wurde die Wahrheit, die einst Columba und seine Mitstreiter ausgesät hatten, nie völlig ausgerottet. Jahrhunderte, nachdem sich die Kirchen Englands Rom unterworfen hatten, hielten die Kirchen Schottlands noch an ihrer Freiheit fest. Aber im zwölften Jahrhundert fasste das Papsttum auch hier Fuß und übte seine Gewaltherrschaft uneingeschränkter aus als in jedem anderen Land. Nirgendwo war die Finsternis größer. Dennoch durchbrachen Strahlen des Lichts die Dunkelheit und verkündeten den kommenden Tag. Die Lollarden, die von England mit der Bibel und den Schriften Wycliffs kamen, taten viel, damit das Evangelium erhalten blieb, und jedes Jahrhundert hatte seine Zeugen und Märtyrer.

Zu Beginn der großen Reformation erschienen Luthers Schriften und wenig später das Neue Testament Tyndales in englischer Sprache. Von der römischen Hierarchie unbemerkt, zogen die stillen Boten über Berg und Tal und zündeten überall die Fackel der Wahrheit wieder neu an. In Schottland war sie schon nahezu erloschen. Damit machten sie das rückgängig, was Rom in vier Jahrhunderten der Unterdrückung erreicht hatte.

Dann gab das Blut der Märtyrer der Bewegung frischen Auftrieb. Die Anführer des Papsttums erkannten plötzlich die Gefahr, die ihnen drohte, und brachten einige der edelsten und geehrtesten Söhne Schottlands auf den Scheiterhaufen. Sie errichteten damit jedoch Kanzeln, von denen die Worte sterbender Zeugen im ganzen Land zu hören waren. So wurden die Menschen ermutigt, die Fesseln der römischen Herrschaft abzuschütteln.

Patrick Hamilton und George Wishart, von adligem Geschlecht und Charakter, gaben ihr Leben mit vielen weniger bekannten Jüngern auf dem Scheiterhaufen hin. Aber bei den Flammen Wisharts stand einer, den kein Feuer zum Schweigen bringen sollte und der unter Gottes Führung dem Papsttum in Schottland die Totenglocke läuten sollte.

John Knox wandte sich von den Überlieferungen und dem Wunderglauben der Kirche ab, um sich nur noch von den Wahrheiten des Wortes Gottes zu nähren. Wisharts Lehren bestärkten ihn in seinem Entschluss, die Verbindung mit Rom zu lösen und sich den verfolgten Reformatoren anzuschließen.

Als Freunde ihn bedrängten, doch das Amt eines Predigers anzunehmen, zauderte er vor dieser Verantwortung. Nach Tagen der Abgeschiedenheit und langen Ringens willigte er ein. Als er die Stellung erst einmal angenommen hatte, ging er mit unerschütterlicher Entschlossenheit voran. Furchtlos und mutig kämpfte er ein Leben lang. Dieser unerschrockene Reformator fürchtete nicht die Auseinandersetzung mit Menschen. Die Feuer der Märtyrer, die um ihn herum auflodern, regten seinen Eifer nur zu noch größerer Entschlossenheit an. Das Beil des Henkers schwebte drohend über seinem Haupt, aber dessen ungeachtet teilte er nach links wie nach rechts kräftige Hiebe aus und zertrümmerte so den Götzendienst.

Mancher führende Protestant verstummte, wenn er in die Gegenwart der Königin von Schottland geführt wurde, doch John Knox bezeugte vor ihr standhaft die Wahrheit. Durch Schmeicheleien war er nicht zu gewinnen und keine Drohung machte ihn verzagt. Die Königin beschuldigte ihn der Ketzerei. Er habe dem Volk eine Religion gepredigt, die der Staat verboten hatte, erklärte sie. Damit habe er Gottes Gesetz übertreten, das dem Volk gebiete, seinen Fürsten zu gehorchen. Knox antwortete unbeirrt:

»Da die richtige Religion weder ihren Ursprung noch ihre Autorität von weltlichen Fürsten erhielt, sondern von dem ewigen Gott allein, sind die Untertanen nicht gezwungen, ihren Glauben nach dem Geschmack ihrer Fürsten zu richten. Denn oft sind die Fürsten am allerunwissendsten in Gottes wahrer Religion. ... Hätte aller Same Abrahams die Religion Pharaos angenommen, dessen Untertanen sie lange waren, welche Religion, ich bitte Sie, Madame, hätte die Welt damals gehabt? Oder wenn in den Tagen der Apostel alle Menschen die Religion der römischen Kaiser gehabt hätten, welche Religion würde dann auf Erden geherrscht haben? ... Und so, Madame, können Sie sehen, dass Untertanen nicht an die Religion ihrer Fürsten gebunden sind, wenn ihnen auch geboten wird, ihnen Gehorsam zu leisten.«

Darauf erwiderte Königin Maria: »Ihr legt die Heilige Schrift auf diese Weise aus, sie [die katholischen Lehrer] auf eine andere; wem soll ich glauben und wer soll Richter sein?«

»Sie sollen Gott glauben, der deutlich in seinem Wort spricht«, antwortete der Reformator, »und weiter als das Wort lehrt, brauchen Sie weder das eine noch das andere zu glauben. Das Wort Gottes ist in sich klar, und wenn irgendeine Stelle dunkel ist, so erklärt der Heilige Geist, der sich nie widerspricht, sie deutlicher an anderen Stellen, sodass kein Zweifel sein kann, es sei denn für die, welche sich hartnäckig verschließen« (LWK, II, 281.284).

Unter Lebensgefahr verkündete der furchtlose Reformator diese Wahrheiten in der Gegenwart der Königin. Mit demselben unerschrockenen Mut hielt er an seinem Vorhaben fest und kämpfte betend so lange für den Herrn, bis Schottland vom Papsttum befreit war.

VERBREITUNG DURCH VERFOLGUNG

In England wurde die Verfolgung durch die Einführung des Protestantismus als Staatsreligion zwar abgeschwächt, aber nicht völlig beendet. Viele Lehren Roms wurden zwar verworfen, aber nicht wenige Zeremonien blieben erhalten. Die Vorherrschaft des Papstes wurde zwar abgelehnt, aber an dessen Stelle wurde der Monarch als Haupt der Kirche eingesetzt. Der Gottesdienst war immer noch weit von der Reinheit und Einfachheit des Evangeliums entfernt. Der große Grundgedanke der religiösen Freiheit wurde noch nicht verstanden. Allerdings griffen die protestantischen Herrscher höchst selten zu solch schrecklichen Grausamkeiten, wie sie Rom gegen die Ketzer anwandte. Doch das Recht eines jeden, Gott so anzubeten, wie es sein Gewissen verlangte, wurde nicht gewährt. Alle mussten sich an die Lehren und Liturgien halten, die von der Staatskirche vorgeschrieben wurden. Andersdenkende litten noch jahrhundertelang mehr oder weniger unter Verfolgung.

Im 17. Jahrhundert wurden tausende Prediger aus ihren Ämtern vertrieben. Den Menschen war unter Androhung schwerer Geldbußen, Gefängnis oder Verbannung verboten, religiöse Veranstaltungen zu besuchen, die von der Kirche nicht genehmigt waren. Die Gläubigen, die nicht auf ihren Gottesdienst verzichten wollten, waren gezwungen, sich in dunklen Gassen, düsteren Dachkammern oder je nach Jahreszeit nachts in Wäldern zu versammeln. In den schützenden Tiefen des Waldes, einem besonderen Tempel Gottes, versammelten sich zerstreute und verfolgte Gotteskinder zum Gebet und zum Lobpreis Gottes. Doch trotz aller Vorsichtsmaßnahmen mussten viele für ihren Glauben leiden. Gefängnisse waren überfüllt, Familien wurden auseinandergerissen, viele aus dem Land verbannt. Doch Gott war bei seinem Volk, und die Verfolgung konnte sein Zeugnis nicht zum Schweigen bringen. Viele wurden über das Meer nach Amerika vertrieben. Dort legten sie den Grundstein für bürgerliche und religiöse Freiheit, das Bollwerk und der Stolz dieses Landes.

Wie zur Zeit der Apostel trug auch hier die Verfolgung zur Verbreitung des Evangeliums bei. In einem widerlichen Kerker, in Gesellschaft von Ausgestoßenen und Verbrechern, atmete John Bunyan Himmelsluft. Dort schrieb er seine wundervolle Allegorie von der Reise eines Pilgers aus dem Land des Verderbens zur Himmelsstadt. Mehr als zwei Jahrhunderte lang sprach jene Stimme aus dem Gefängnis von Bedford mit durchdringender Macht zu den Herzen der Menschen. Bunyans Bücher »Die Pilgerreise« und »Überschwängliche Gnade für den größten der Sünder« haben unzählige Menschen auf den Weg des Lebens geführt.

Richard Baxter, John Flavel, Joseph Alleine und andere begabte und gebildete Männer mit tiefer christlicher Erfahrung wurden tapfere Verteidiger des Glaubens, »der ein für alle Mal den Heiligen überliefert ist« (Judas 3). Das Werk, das diese Männer schufen, obschon sie von den Herrschern dieser Welt verpönt und geächtet wurden, kann niemals untergehen. Flavels »Brunnquell des Lebens« und »Die Wirkung der Gnade« haben Tausenden gezeigt, wie sie ihr Leben Christus übergeben können. Baxters Buch »Der umgewandelte Pfarrer« hat sich für viele, die eine Wiederbelebung des

Werkes Gottes wünschten, als Segen erwiesen. Sein Buch »Die ewige Ruhe der Heiligen« hat viele Suchende zu der »Ruhe« geführt, die noch für das Volk Gottes vorhanden ist. (Hebräer 4,9)

WHITEFIELD UND DIE GEBRÜDER WESLEY

Etwa einhundert Jahre später, in einer Zeit großer geistlicher Finsternis, wurden George Whitefield und die Gebrüder John und Charles Wesley zu Gottes Lichtträgern. Unter der Führung der Staatskirche waren die Menschen in England so weit vom wahren Glauben abgewichen, dass sie sich kaum noch von Heiden unterschieden. Der Vernunftglaube des Deismus[41] dominierte das Denken der Geistlichkeit und durchdrang fast ihre ganze Theologie. Die Oberschicht verachtete den Glauben und brüstete sich damit, über solche Schwärmereien, wie sie ihn nannten, erhaben zu sein. Die Unterschicht war völlig ungebildet und der Unmoral ergeben, während es der Kirche an Mut oder Glaubenskraft fehlte, den Niedergang der Wahrheit aufzuhalten.

Die großartige Lehre von der Rechtfertigung durch den Glauben, die Luther so klar und deutlich verkündigt hatte, verlor man fast gänzlich aus den Augen. An ihre Stelle trat wieder das römische Prinzip vom Vertrauen in gute Werke zur Erlangung des Heils. Whitefield und die Gebrüder Wesley, die Glieder der Staatskirche waren, suchten aufrichtig nach Gottes Gnade. Man hatte sie gelehrt, dass man diese durch ein tugendhaftes Leben und die Einhaltung religiöser Ordnungen erhalten könne.

Als Charles Wesley einmal schwer erkrankte und mit dem Tod rechnen musste, wurde er gefragt, worauf er seine Hoffnung auf ewiges Leben stütze. Seine Antwort lautete: »Ich habe mich nach Kräften bemüht, Gott zu dienen.« Als der Freund mit der Antwort nicht völlig zufrieden schien, dachte Wesley: »Sind meine Bemühungen nicht genügend Grund für die Hoffnung? Will er mir meinen Erfolg rauben? Ich habe nichts anderes, worauf ich vertrauen könnte.« (WLCW, 102) Eine solch dichte Finsternis hatte sich auf die Kirche gesenkt, dass die Versöhnung nicht mehr bekannt war. Christus war seiner Herrlichkeit beraubt worden und die Menschen hatten sich von ihrer einzigen Hoffnung auf Erlösung, dem Blut des Gekreuzigten, abgewandt.

Wesley und seine Mitarbeiter wurden zu der Erkenntnis geführt, dass wahre Religion Herzenssache und das Gesetz Gottes auf Gedanken wie auch auf Worte und Handlungen anzuwenden ist. Überzeugt von der Notwendigkeit eines reinen Herzens wie auch der Rechtschaffenheit des äußeren

---

41 Siehe Glossar »Deismus«, S. 656

Wandels begannen sie ernsthaft, ihr Leben zu erneuern. Durch fleißiges Beten überwanden sie das Böse ihres natürlichen Herzens. Sie führten ein Leben der Selbstverleugnung, Liebe und Demut. Strengstens und peinlich genau hielten sie sich an jede Regel, von der sie glaubten, sie könne zu dem führen, was sie sich am meisten wünschten, zur Heiligkeit, die vor Gott angenehm ist. Aber sie erreichten nicht, was sie wollten. Ihre Bemühungen, sich von der Verdammnis durch die Sünde selbst zu befreien oder deren Macht zu brechen, waren vergebens. Es war derselbe Kampf, den Luther in seiner Zelle in Erfurt geführt hatte. Es war dieselbe Frage, die seine Seele gequält hatte: »Wie könnte ein Mensch vor Gott gerecht sein?« (Hiob 9,2 Elb.)

Das Feuer der göttlichen Wahrheit, das auf den Altären des Protestantismus nahezu erloschen war, sollte durch die alte Fackel wieder zum Lodern gebracht werden, die durch Jahrhunderte hindurch von den böhmischen Christen weitergereicht worden war. Nach der Reformationszeit wurde der Protestantismus in Böhmen durch römische Horden niedergetreten. Wer die Wahrheit nicht verleugnen wollte, wurde zur Flucht gezwungen. Einige fanden Zuflucht in Sachsen, wo sie ihren Glauben lebendig erhielten. Nachkommen dieser Christen brachten das Licht zu Wesley und seinen Gefährten.

SCHLÜSSELEREIGNISSE IM LEBEN JOHN WESLEYS

John und Charles Wesley wurden nach ihrer Einsegnung zum Predigtamt mit einem Missionsauftrag nach Amerika geschickt. An Bord des Schiffes befand sich eine Gruppe von mährischen Brüdern. Während der Überfahrt kamen heftige Stürme auf, und John Wesley sah schon den Tod vor Augen, ohne die Gewissheit des Friedens mit Gott zu haben. Die mährischen Brüder hingegen strahlten eine Ruhe und ein Gottvertrauen aus, das Wesley fremd war.

Er sagte: »Ich hatte lange vorher den großen Ernst ihres Benehmens beobachtet. Ihre Demut war ständig daran erkennbar, dass sie für die andern Reisenden niedrige Dienstleistungen verrichteten, die keiner der Engländer durchführen würde, wofür sie keine Bezahlung verlangten, sondern sie ausschlugen und sagten, es sei gut für ihre stolzen Herzen, und ihr geliebter Heiland habe noch mehr für sie getan. Jeder Tag hatte ihnen Gelegenheit geboten, eine Sanftmut zu zeigen, die keine Beleidigung beseitigen konnte. Wurden sie gestoßen, geschlagen oder niedergeworfen, so erhoben sie sich wieder und gingen weg, aber keine Klage wurde in ihrem Munde gefunden.

Jetzt sollten sie geprüft werden, ob sie von dem Geist der Furcht ebenso frei waren wie von dem des Stolzes, des Zornes und der Rachsucht. Während sie gerade einen Psalm sangen, mit dem ihr Gottesdienst begann, brach eine Sturzwelle herein, zerriss das Hauptsegel, bedeckte das Schiff und ergoss sich zwischen die Decks, sodass es schien, als ob die große Tiefe uns bereits verschlungen hätte. Unter den Engländern erhob sich ein furchtbares Angstgeschrei. Die Brüder aber sangen ruhig weiter. Ich fragte nachher einen von ihnen: ›Waren Sie nicht erschrocken?‹ Er antwortete: ›Gott sei Dank nicht.‹ ›Aber‹, fragte ich, ›waren Ihre Frauen und Ihre Kinder nicht ängstlich?‹ Er erwiderte mild: ›Nein, unsere Frauen und Kinder fürchten sich nicht zu sterben.‹« (WLCW, 10)

Nach der Ankunft in Savannah blieb Wesley kurze Zeit bei den mährischen Brüdern und war tief beeindruckt von ihrer christlichen Haltung. Über einen ihrer Gottesdienste, die in so auffallendem Gegensatz zu dem leblosen Formalismus der anglikanischen Kirche standen, schrieb er: »Die große Einfachheit als auch die Feierlichkeit des Ganzen ließen mich die dazwischenliegenden 1.700 Jahre beinahe vergessen und versetzten mich in eine Versammlung, wo Form und Staat nicht galten, sondern wo Paulus der Zeltmacher oder Petrus der Fischer unter Bekundung des Geistes und der Kraft den Vorsitz hatten.« (WLCW, 11 f.)

Auf seiner Rückreise nach England verhalf ihm ein mährischer Prediger zu einem klareren Verständnis des biblischen Glaubens. Wesley wurde überzeugt, dass er jede Abhängigkeit von seinen eigenen Werken für seine Errettung aufgeben und sich gänzlich auf »Gottes Lamm, das der Welt Sünde trägt« (Johannes 1,29), verlassen musste. Bei einer Tagung der Mährischen Gesellschaft in London wurde eine Schrift Luthers vorgelesen, die von den Veränderungen sprach, die der Geist Gottes im Herzen eines Gläubigen bewirkt (es handelte sich hierbei um Luthers Vorrede zum Römerbrief). Als Wesley dies hörte, wurde auch in seiner Seele der Glaube entzündet. »Ich fühlte, dass sich mein Herz seltsam erwärmte«, sagte er. »Ich fühlte, dass ich mein ganzes Vertrauen für mein Seelenheil auf Christus, ja auf Christus allein, setzte, und ich erhielt die Zusicherung, dass er meine, ja meine Sünden weggenommen und mich von dem Gesetz der Sünde und des Todes erlöst hatte.« (WLCW, 52)

In jahrelangem schwerem und verzweifeltem Kampf, strenger Selbstverleugnung, Schmach und Erniedrigung hielt Wesley beharrlich an seinem Ziel fest, nach Gott zu suchen. Nun hatte er Gott gefunden. Er hatte erkannt, dass die Gnade, die er sich durch Beten, Fasten, Almosengeben und Selbstverleugnung erarbeiten wollte, ein Geschenk war, »ohne Geld und umsonst«.

Nachdem er im Glauben an Christus gefestigt war, brannte in ihm das Verlangen, die einzigartige Botschaft von Gottes freier Gnade zu verkündigen. »Ich betrachte die ganze Welt als mein Kirchspiel«, sagte er, »und wo ich auch immer sein mag, erachte ich es als passend, recht und meine Pflicht und Schuldigkeit, allen, die bereit sind zuzuhören, die frohe Botschaft des Heils zu verkündigen« (WLCW, 74).

Er setzte sein diszipliniertes und selbstloses Leben fort, aber nun nicht mehr als Grund, sondern als Folge seines Glaubens. Es war nicht mehr die Wurzel, sondern die Frucht der Heiligkeit. Gottes Gnade, die uns in Christus begegnet, ist die Grundlage der christlichen Hoffnung, und diese Gnade bekundet sich im Gehorsam. Wesley widmete nun sein ganzes Leben der Verkündigung dieser großartigen Wahrheit, die er angenommen hatte: Gerechtigkeit durch den Glauben an das versöhnende Blut Christi und die Kraft des Heiligen Geistes, der das Herz erneuert und als Frucht ein Leben hervorbringt, das sich am Vorbild Christi ausrichtet.

ERWECKUNG IN DEMUT

Whitefield und die Brüder Wesley waren für ihren Dienst durch einen langen und harten Weg vorbereitet worden, der zur persönlichen Überzeugung ihres eigenen verlorenen Zustands führte. Dadurch waren sie in der Lage, schwere Situationen als Streiter Christi zu ertragen, wenn ihnen Spott, Hohn und Verfolgung begegneten, sowohl an der Universität als auch zu Beginn ihrer Verkündigung. Sie und einige ihrer Mitstreiter wurden von ihren gottlosen Kommilitonen verächtlich »Methodisten« genannt. Heute trägt eine der größten und ehrenvollsten Glaubensgemeinschaften in Großbritannien und den USA diesen Namen.

Als Glieder der anglikanischen Kirche fühlten sie sich mit deren Gottesdienstformen sehr verbunden. Aber der Herr hatte ihnen in seinem Wort einen höheren Maßstab vorgestellt. Durch den Heiligen Geist wurden sie beauftragt, Christus, den Gekreuzigten, zu predigen. Die Macht des Höchsten begleitete ihre Arbeit. Tausende wurden überzeugt und erlebten eine echte Bekehrung. Diese Schafe mussten vor den reißenden Wölfen geschützt werden. Wesley hatte nicht die Absicht, eine neue Glaubensgemeinschaft zu gründen, doch er organisierte die Gläubigen in der sogenannten »Methodist Connection«.

Der Widerstand der anglikanischen Kirche gegen diese Prediger war unverständlich und hart. In seiner Weisheit hatte Gott die Ereignisse jedoch so gelenkt, dass die Erneuerung innerhalb der Kirche selbst beginnen konnte.

Wäre sie von außen gekommen, hätte sie nicht bis dort hinein dringen können, wo sie so sehr nötig war. Weil aber die Erweckungsprediger Kirchenmitglieder waren, konnten sie innerhalb der Kirche überall dort wirken, wo sie die Gelegenheit dazu fanden. So erhielt die Wahrheit Zutritt zu Orten, wo ihr die Türen sonst verschlossen geblieben wären. Einige Kirchenführer wurden aus ihrem geistlichen Schlaf wachgerüttelt und begannen, ihren Pfarreien als eifrige Prediger zu dienen. So erwachten im Formalismus erstarrte Kirchgemeinden zu neuem Leben.

Zu Wesleys Zeit wie zu allen Zeiten der Kirchengeschichte erfüllten Menschen mit verschiedenen Begabungen den Auftrag, der ihnen übergeben wurde. Sie waren sich nicht in allen Lehrfragen einig, doch sie waren alle vom Geist Gottes ergriffen und gemeinsam von dem Wunsch erfüllt, Menschen für Christus zu gewinnen. Aufgrund von Meinungsverschiedenheiten hätte sich Whitefield einst beinahe von den Gebrüdern Wesley getrennt, doch als sie in der Schule Christi Demut gelernt hatten, versöhnten sie sich durch gegenseitige Nachsicht und Nächstenliebe. Sie hatten keine Zeit für Streitgespräche, während Irrtum und Ungerechtigkeit überall wucherten und Sünder in ihr Verderben liefen.

WUNDER WÄHREND DER VERFOLGUNG

Die Diener Gottes mussten einen schwierigen Weg gehen. Einflussreiche Männer und Gelehrte benutzten ihre Macht gegen sie. Nach einiger Zeit zeigten viele Geistliche offene Feindschaft. Kirchentüren blieben dem reinen Glauben und denen, die ihn verkündigten, verschlossen. Die Methode der Geistlichen, von der Kanzel herab zu denunzieren, rief die Mächte der Finsternis, der Unwissenheit und der Ungerechtigkeit auf den Plan. Wieder und wieder entging John Wesley dem Tod nur durch ein Wunder göttlicher Gnade. Als der Zorn des Pöbels gegen ihn entbrannte und es keinen Ausweg mehr zu geben schien, trat ein Engel in menschlicher Gestalt an seine Seite, die Menge wich zurück und der Diener Gottes verließ unbehelligt die Stätte der Gefahr.

Über seine Errettung von dem aufgebrachten Pöbel bei einem solchen Anlass sagte Wesley: »Viele versuchten mich hinzuwerfen, während wir auf einem schlüpfrigen Weg bergab zur Stadt gingen, weil sie meinten, wenn ich einmal zu Fall gebracht wäre, würde ich wohl kaum wieder aufstehen. Aber ich stolperte nicht, glitt nicht einmal im Geringsten aus, bis ich gänzlich aus ihren Händen entronnen war. ... Obgleich sich viele Feinde Mühe gaben, mich am Kragen oder Rock zu fassen, um mich niederzureißen, konnten sie doch keinen Halt gewinnen; nur einem gelang es, einen Zipfel meines Rockschoßes festzuhalten, der bald in seiner Hand blieb, während die andere Hälfte, in der sich eine Tasche mit einer Banknote befand, nur halb abgerissen wurde. ... Ein derber Mensch unmittelbar hinter mir schlug mehrmals mit einem langen Eichenstock nach mir, hätte er mich nur einmal damit auf den Hinterkopf getroffen, hätte er sich jede weitere Mühe sparen können. Aber jedes Mal wurde der Schlag abgewendet, ich weiß nicht wie, denn ich konnte mich weder zur Rechten noch zur Linken bewegen. ... Ein anderer stürzte sich durch das Gedränge, erhob seinen Arm zum Schlag, ließ ihn aber plötzlich sinken und streichelte mir den Kopf mit den Worten: ›Was für weiches Haar er hat!‹ ... Bei allen Anlässen waren es die Herzen der Gassenhelden und der Rädelsführer, die zuerst verwandelt wurden. Einer von ihnen war sogar ein Ringkämpfer, der im Bärengarten auftrat. ...

Wie sanft bereitet Gott uns darauf vor, seinen Willen zu tun! Vor zwei Jahren streifte ein Stück von einem Ziegelstein meine Schultern, ein Jahr später traf mich ein Stein zwischen die Augen. Im letzten Monat erhielt ich einen Schlag und heute Abend zwei, einen, ehe wir in die Stadt kamen, und einen, nachdem wir hinausgegangen waren, doch beide waren wie nichts, denn obgleich mich ein Mann mit aller Gewalt auf die Brust schlug und der andere mit solcher Wucht auf den Mund, dass das Blut sofort spritzte, fühlte ich doch nicht mehr Schmerz von beiden Schlägen, als wenn sie mich mit einem Strohhalm berührt hätten.« (WW, III, 297.298)

Die Anhänger und Prediger der Methodisten jener Zeit mussten Spott und Verfolgung sowohl von Kirchengliedern als auch von offenbar Ungläubigen ertragen, die durch Verdrehungen in Rage gebracht wurden. Man zog sie vor Gericht. Von Gerechtigkeit konnte aber keine Rede sein, denn in den Gerichtshöfen jener Zeit wurde selten Recht gesprochen. Oft wurde den Gläubigen von ihren Verfolgern Gewalt angetan. Der Pöbel ging von Haus zu Haus, zerstörte Möbel und Eigentum, plünderte, was ihm in die Hände fiel, und misshandelte Männer, Frauen und Kinder brutal. Es gab auch Fälle, bei denen die Bevölkerung auf Plakaten aufgerufen wurde, sich zu einer gegebenen Zeit an einem bestimmten Ort einzufinden und mitzuhelfen, Häuser von Methodisten auszurauben und deren Fenster einzuschlagen. Solch öffentliche Verstöße gegen menschliche und göttliche Gesetze wurden toleriert und blieben ungesühnt. Menschen, deren einziger Fehler es war, Sünder vom Pfad des Verderbens auf den Weg der Heiligkeit zu lenken, wurden systematisch verfolgt.

Zu den Anschuldigungen gegen ihn und seine Anhänger sagte John Wesley: »Manche behaupten, dass die Lehren dieser Männer falsch, irrig und fanatisch, dass sie neu und bis vor Kurzem unbekannt gewesen und dass sie quäkerisch, schwärmerisch und päpstlich seien. All diese Behauptungen waren bereits im Ansatz falsch, da ausführlich gezeigt werden konnte, dass jeder Zweig dieser Lehre auf die Heilige Schrift gründete, wie sie von unserer eigenen Kirche ausgelegt wird. Daher kann sie nicht falsch oder irrtümlich sein, vorausgesetzt, dass die Heilige Schrift wahr ist. ... Andere behaupteten: ›Ihre Lehre ist zu streng, sie machen den Weg zum Himmel zu schmal.‹ Und dies ist wirklich der ursprüngliche Einwand (der eine Zeit lang der einzige war) und liegt insgeheim tausend andern zugrunde, die in verschiedener Gestalt aufkommen. Aber machen sie den Weg himmelwärts schmaler, als unser Herr und seine Apostel ihn beschrieben hatten? Ist ihre Lehre strenger als die der Bibel? Betrachtet nur einige deutliche Bibelstellen: ›Du sollst den Herrn, deinen Gott, lieben von ganzem Herzen, von ganzer Seele, von allen Kräften und von ganzem Gemüt.‹ (Lukas 10,27) ›Die Menschen müssen am Tage des Gerichts von jedem nichtsnutzigen Wort, das sie geredet haben, Rechenschaft ablegen.‹ (Matthäus 12,36) ›Ob ihr nun esst oder trinkt oder was ihr auch tut, das tut alles zu Gottes Ehre.‹ (1. Korinther 10,31)

Wenn ihre Lehre strenger ist als diese, so sind sie zu tadeln; ihr wisst aber in eurem Gewissen, dass dem nicht so ist. Und wer kann um ein Jota weniger genau sein, ohne das Wort Gottes zu verdrehen? Kann ein Haushalter des Geheimnisses Gottes treu erfunden werden, wenn er irgendeinen Teil jenes heiligen Unterpfands verändert? Nein, er kann nichts umstoßen, er kann nichts abmildern, er ist gezwungen, allen Menschen zu erklären: ›Ich darf die Heilige Schrift nicht eurem Geschmack anpassen. Ihr müsst euch nach ihr richten oder auf ewig zugrunde gehen.‹ Das ist der wirkliche Grund zum volkstümlichen Geschrei: ›Diese Menschen sind lieblos!‹ Sind sie wirklich lieblos? In welcher Beziehung? Speisen sie nicht die Hungrigen und kleiden sie nicht die Nackten? ›Ja, aber das ist es nicht; daran mangelt es ihnen nicht; aber sie sind lieblos im Urteil; sie denken, es könne niemand gerettet werden außer denen, die auf ihrem Weg sind.‹« (WW, III, 152.153)

GOTTES GESETZ BLEIBT

Der geistliche Niedergang, der unmittelbar vor der Zeit Wesleys so offensichtlich wurde, war in hohem Maß die Folge gesetzloser Lehren (Antinomismus). Viele behaupteten, dass Christus das Sittengesetz abgeschafft habe und Christen daher dieses Gesetz nicht mehr einhalten müssten, dass also ein Gläubiger von der »Knechtschaft guter Werke« befreit sei. Andere anerkannten zwar die Beständigkeit des Gesetzes, erachteten es aber nicht für nötig, dass Prediger das Volk zur Einhaltung seiner Vorschriften anhielten, da diejenigen, die von Gott zum Heil bestimmt worden seien, »durch die göttliche Gnade unwiderstehlich zu Frömmigkeit und Tugend angetrieben würden«, während diejenigen, die zur ewigen Verdammnis bestimmt wären, »nicht die Kraft hätten, das göttliche Gesetz zu halten.«

Andere, die geltend machten, dass »die Auserwählten weder vom Glauben abfallen noch der göttlichen Gnade verlustig gehen können«, vertraten eine noch ungebührlichere Überzeugung. »Die bösen Handlungen, die sie begehen, sind in Wirklichkeit nicht sündhaft, noch können sie als Übertretung des göttlichen Gesetzes betrachtet werden. Folglich gibt es für sie keinen Anlass, ihre Sünden zu bekennen, noch sich von ihnen durch Buße abzuwenden.« (CSE, Stichwort: Antinomians) Deshalb erklärten sie, dass selbst eine der gröbsten Sünden, »die allgemein als eine schreckliche Übertretung des Gesetzes Gottes betrachtet werde, in Gottes Augen keine Sünde ist«, wenn sie von einem seiner Auserwählten begangen werde. »Denn es ist eines der wesentlichen und besonderen Merkmale der Auserwählten des Herrn, nichts tun zu können, was entweder nicht wohlgefällig vor Gott oder durch das Gesetz verboten ist.«

Solche ungeheuerlichen Lehren sind im Wesentlichen dieselben wie sie auch später von populären Erziehern und Theologen vertreten wurden, nämlich dass es kein unveränderliches göttliches Gesetz als Maß für das Recht gebe, sondern dass die Gesellschaft den Maßstab der Moral bestimme und dieser sich ständig verändere. All diese Ideen entspringen ein und demselben führenden Geist, der bereits unter den sündlosen Bewohnern des Himmels sein Werk begann, als er versuchte, die gerechten Schranken des Gesetzes Gottes zu durchbrechen.

Die Lehre von der göttlichen Vorherbestimmung (Prädestination), wonach der Charakter des Menschen unabänderlich festgelegt sei, hatte viele dazu verleitet, das Gesetz Gottes praktisch zu verwerfen. Wesley trat den Irrtümern der gesetzesfeindlichen Lehren entschieden entgegen und wies nach, dass Gesetzesfeindlichkeit schriftwidrig ist. »Denn es ist erschienen die heilsame Gnade Gottes allen Menschen.« (Titus 2,11) »Dies ist gut und wohlgefällig vor Gott, unserm Heiland, welcher will, dass allen Menschen geholfen werde und sie zur Erkenntnis der Wahrheit kommen. Denn es ist ein Gott und ein Mittler zwischen Gott und den Menschen, nämlich der Mensch Christus Jesus, der sich selbst gegeben hat für alle zur Erlösung.« (1.Timotheus 2,3-6) Der Geist Gottes wird jedem Menschen reichlich gegeben, damit jedermann die Möglichkeit hat, seine Errettung anzunehmen. So erleuchtet

Christus, »das wahre Licht ... alle Menschen ... die in diese Welt kommen« (Johannes 1,9). Die Menschen verlieren ihre Errettung durch ihre eigene vorsätzliche Zurückweisung der Gabe des Lebens.

Zur Behauptung, Jesu Tod habe die Zehn Gebote zusammen mit dem Zeremonialgesetz aufgehoben, sagte Wesley: »Das Sittengesetz, wie es in den Zehn Geboten enthalten und von den Propheten eingeschärft worden ist, hat er nicht abgetan. Es war nicht der Zweck seines Kommens, irgendeinen Teil davon abzuschaffen. Es ist dies ein Gesetz, das nie gebrochen werden kann, das feststeht ›wie der treue Zeuge in den Wolken.‹ (Psalm 89,38) ... Das war so von Anbeginn der Welt und wurde ›nicht auf steinerne Tafeln‹ (2. Korinther 3,3), sondern in die Herzen aller Menschenkinder geschrieben, als sie aus der Hand des Schöpfers hervorgingen. Und wie sehr auch die einst von Gottes Finger geschriebenen Buchstaben jetzt durch die Sünde verwischt sein mögen, können sie doch nicht gänzlich ausgetilgt werden, solange wir noch ein Bewusstsein von Gut und Böse haben. Jeder Teil dieses Gesetzes muss für alle Menschen und in allen Zeitaltern in Kraft bleiben, da es nicht von Zeit oder Ort noch von irgendwelchen anderen Umständen abhängig ist, die dem Wechsel unterworfen sind, sondern von der Natur Gottes und der Natur der Menschen und ihren unveränderlichen Beziehungen zueinander.

›Ich bin nicht gekommen aufzulösen, sondern zu erfüllen.‹ (Matthäus 5,17) ... Fraglos ist seine Meinung an dieser Stelle (in Übereinstimmung mit all dem, was vorangeht und folgt): Ich bin gekommen, es in seiner Vollkommenheit aufzurichten, trotz aller menschlichen Deutungen; ich bin gekommen, alles, was in ihm dunkel und undeutlich war, in ein volles und klares Licht zu stellen; ich bin gekommen, die wahre und volle Bedeutung jedes Teils bekannt zu machen, die Länge und Breite zu zeigen und die ganze Tragweite eines jeglichen darin enthaltenen Gebots sowie die Höhe und Tiefe, dessen unbegreifliche Reinheit und Geistlichkeit in allen seinen Zweigen.« (WP, 25)

GESETZ UND EVANGELIUM

Wesley macht deutlich, dass Gesetz und Evangelium vollkommen übereinstimmen. »Es besteht deshalb die denkbar innigste Verbindung zwischen Gesetz und Evangelium. Auf der einen Seite bahnt das Gesetz beständig den Weg für das Evangelium und weist uns darauf hin, auf der anderen führt uns das Evangelium beständig zu einer genaueren Erfüllung des Gesetzes. Das Gesetz zum Beispiel verlangt von uns, Gott und den Nächsten zu lieben und sanftmütig, demütig oder heilig zu sein. Wir merken, dass wir hierzu nicht in der Lage sind, ja ›bei den Menschen ist's unmöglich.‹ (Matthäus 19,26) Aber wir sehen eine Verheißung Gottes, uns diese Liebe zu geben und uns demütig, sanftmütig und heilig zu machen. Wir ergreifen dies Evangelium, diese frohe Botschaft; uns geschieht nach unserem Glauben, damit ›die Gerechtigkeit, vom Gesetz gefordert, in uns erfüllt würde‹ (Römer 8,4) durch den Glauben an Christus Jesus. ...

Die größten Feinde des Evangeliums Christi sind die, welche offen und ausdrücklich ›das Gesetz richten‹ und ›übel davon reden‹. Sie lehren die Menschen, das ganze Gesetz, nicht nur eins seiner Gebote, sei es das geringste oder das größte, sondern sämtliche Gebote zu brechen (aufzuheben, zu lösen, ihre Verbindlichkeit zu beseitigen). ... Höchst erstaunlich ist, dass die, welche sich dieser starken Täuschung ergeben haben, wirklich glauben, Christus dadurch zu ehren, dass sie sein Gesetz umstoßen, und meinen, sein Amt zu verherrlichen, indem sie seine Lehre zerstören! Ach, sie ehren ihn gerade wie Judas es tat, als er sagte: ›Sei gegrüßt, Rabbi! und küsste ihn.‹ (Matthäus 26,49) Und Jesus könnte ebenso zu einem jeglichen von ihnen sagen: ›Verrätst du den Menschensohn mit einem Kuss?‹ (Lukas 22,48) Es ist nichts anderes, als Christus mit einem Kuss zu verraten, über sein Blut zu sprechen und ihm seine Krone zu nehmen, irgendeinen Teil seines Gesetzes auf leichtfertige Weise beiseite zu setzen unter dem Vorwand, sein Evangelium zu fördern. In der Tat kann keiner dieser Anschuldigung entgehen, der den Glauben in einer Weise verkündigt, die direkt oder indirekt dazu führt, irgendeinen Teil des Gehorsams beiseite zu setzen – keiner, der Jesus Christus so predigt, dass dadurch selbst das geringste der heiligen Gebote Gottes ungültig gemacht, geschwächt oder aufgehoben werde.« (WP, 25)

Denen, die vorgaben, dass »die Predigt des Evangeliums die Ziele des Gesetzes erfüllt«, erwiderte Wesley: »Dies lehnen wir gänzlich ab. Es kommt schon dem allerersten Endzweck des Gesetzes nicht nach, nämlich die Menschen der Sünde zu überführen und die aufzurütteln, die noch immer am Rande der Hölle schlafen.« Der Apostel Paulus erklärt: »Denn durch das Gesetz kommt Erkenntnis der Sünde« (Römer 3,20), »und ehe sich der Mensch nicht der Schuld bewusst ist, wird er nicht wirklich die Notwendigkeit des versöhnenden Blutes Christi fühlen. ... Wie unser Heiland auch selbst sagt: ›Die Gesunden bedürfen des Arztes nicht, sondern die Kranken.‹ (Lukas 5,31) Es ist deshalb töricht, den Gesunden oder denen, die sich gesund wähnen, einen Arzt aufzudrängen. Ihr müsst sie erst davon überzeugen, dass sie krank sind, sonst werden sie keine Hilfe verlangen. Ebenso töricht ist es, demjenigen Christus anzubieten, dessen Herz noch ganz und unzerbrochen ist.« (WP, 35)

So bemühte sich Wesley wie sein Herr, als er das Evangelium von der Gnade Gottes predigte, »sein Gesetz herrlich und groß« (Jesaja 42,21) zu machen. Gewissenhaft führte er das Werk durch, das ihm Gott anvertraut hatte, und die Auswirkungen, die er sehen durfte, waren großartig. Am Ende eines Lebens von über 80 Jahren, von denen er mehr als ein halbes Jahrhundert als Wanderprediger zugebracht hatte, betrug die Zahl seiner erklärten Anhänger über eine halbe Million. Aber die Anzahl derer, die durch sein Wirken aus dem Verderben und der Schmach der Sünde zu einem edleren und reineren Leben fanden, und derer, die durch seine Lehren eine tiefere und reichere Erfahrung erleben durften, wird man erst erkennen, wenn die ganze Familie der Erlösten im Reich Gottes vereint sein wird. Sein Leben ist für jeden Christen eine Unterweisung von unschätzbarem Wert. Mögen der Glaube, die Bescheidenheit, der unermüdliche Eifer, die Opferbereitschaft und die Hingabe dieses Dieners Christi auch die heutigen Kirchen erfassen.

KAPITEL 15

DIE BIBEL UND DIE FRANZÖSISCHE REVOLUTION

Im 16. Jahrhundert hatte die Reformation, die dem Volk die Bibel brachte, in allen Ländern Europas Eingang gefunden. In einigen Nationen wurde sie als Botin des Himmels freudig aufgenommen, in anderen gelang es dem Papsttum in erheblichem Umfang, ihr den Zugang zu verwehren. Dort wurde das Licht der Bibelkenntnis mit seinem erhebenden Einfluss fast völlig ausgeschlossen. In einem Land fand das Licht wohl Eingang, aber die Dunkelheit verschlang es wieder. Jahrhundertelang kämpften dort Wahrheit und Irrtum um die Vorherrschaft. Schließlich siegte das Böse und die himmlische Wahrheit wurde verstoßen. »Das ist aber das Gericht, dass das Licht in die Welt gekommen ist, und die Menschen liebten die Finsternis mehr als das Licht.« (Johannes 3,19) Diese Nation musste nun die Folgen ihrer Wahl tragen. Der Einhalt gebietende Einfluss des Heiligen Geistes wurde dem Volk, das die Gabe seiner Gnade verachtet hatte, entzogen. Das Übel konnte zur Reife gelangen, und die ganze Welt sah, wohin es führt, wenn das Licht vorsätzlich zurückgewiesen wird.

DIE BIBEL UND DIE 1260 PROPHETISCHEN JAHRE

Der Krieg gegen die Bibel, der in Frankreich über Jahrhunderte anhielt, fand in den Auswirkungen der Revolution[42] seinen Höhepunkt. Ihr schrecklicher Ausbruch war nur die logische Folge der Ablehnung der Heiligen Schrift durch Rom.[43] Noch nie hatte die Welt die Auswirkung der päpstlichen Politik auf drastischere Weise erlebt. Es war ein Beispiel dafür, wohin die Lehre der römischen Kirche nach mehr als tausend Jahren geführt hatte.

---

42 Siehe Glossar »Französische Revolution, Ursachen und Auswirkungen«, S. 658.
43 Siehe Glossar »Frankreich, Ablehnung der volkssprachigen Bibellektüre«, S. 657.

Schon die Propheten sagten die Unterdrückung der Heiligen Schrift während der päpstlichen Oberherrschaft voraus. Der Schreiber der Offenbarung wies sogar auf die schrecklichen Folgen hin, die besonders Frankreich durch die Herrschaft des »Menschen der Bosheit« (2. Thessalonicher 2,3) erleiden sollte.

Der Engel des Herrn sagte: »Die heilige Stadt werden sie zertreten 42 Monate lang. Und ich will meinen zwei Zeugen Macht geben, und sie sollen weissagen 1260 Tage lang, angetan mit Trauerkleidern. ... Und wenn sie ihr Zeugnis vollendet haben, so wird das Tier, das aus dem Abgrund aufsteigt, mit ihnen kämpfen und wird sie überwinden und wird sie töten. Und ihre Leichname werden liegen auf dem Marktplatz der großen Stadt, die heißt geistlich: Sodom und Ägypten, wo auch ihr Herr gekreuzigt wurde. ... Und die auf Erden wohnen, freuen sich darüber und sind fröhlich und werden einander Geschenke senden; denn diese zwei Propheten hatten gequält, die auf Erden wohnten. Und nach drei Tagen und einem halben fuhr in sie der Geist des Lebens von Gott, und sie stellten sich auf ihre Füße; und eine große Furcht fiel auf die, die sie sahen.« (Offenbarung 11,2-11)

Die hier erwähnten »42 Monate« und »1260 Tage« sind ein und dieselbe Zeitangabe, welche die Periode umfasst, in der die Gemeinde Christi unter der Unterdrückung Roms leiden würde. Die 1260 Jahre der päpstlichen Vorherrschaft begannen 538 und endeten 1798[44]. In diesem Jahr drangen französische Truppen in Rom ein und nahmen den Papst gefangen, der dann in der Verbannung starb. Es wurde zwar kurz darauf ein neuer Papst gewählt, aber das Papsttum hat nie wieder die gleiche Macht auszuüben vermocht, die es vorher besaß.

Die Gemeinde wurde nicht während der ganzen Zeit dieser 1260 Jahre verfolgt. In seinem Erbarmen verkürzte Gott diese Feuerprobe für sein Volk. Der Herr sprach von einer »großen Trübsal«, die über die Gemeinde kommen sollte, mit folgenden Worten: »Und wenn diese Tage nicht verkürzt würden, so würde kein Mensch selig werden; aber um der Auserwählten willen werden diese Tage verkürzt.« (Matthäus 24,22) Durch den Einfluss der Reformation wurde die Verfolgung schon vor 1798 eingestellt.

Über die zwei Zeugen sagt der Prophet ferner: »Diese sind die zwei Ölbäume und die zwei Leuchter, die vor dem Herrn der Erde stehen.« (Offenbarung 11,4) Der Psalmist erklärt: »Dein Wort ist meines Fußes Leuchte und ein Licht auf meinem Wege.« (Psalm 119,105) Die beiden Zeugen stellen die Schriften des Alten und des Neuen Testaments dar. Beide sind wichtige Zeugnisse für den Ursprung und den ewigen Bestand des Gesetzes

---

44 Siehe Grafik S. 398

Gottes. Beide sind auch Zeugnisse für den Erlösungsplan. Die Sinnbilder, der Opferdienst und die Prophezeiungen im Alten Testament weisen auf den kommenden Erlöser hin. Die Evangelien und Briefe des Neuen Testaments erzählen von einem Retter, der genauso kam, wie es die Sinnbilder und Prophezeiungen vorhergesagt hatten.

»Sie sollen weissagen 1260 Tage lang, angetan mit Trauerkleidern.« (Offenbarung 11,3) Während des längsten Teils dieser Zeitepoche blieben diese Zeugen Gottes verborgen. Die päpstliche Macht wollte das Wort der Wahrheit vor dem Volk verbergen und lieferte ihm falsche Zeugen, um der Bibel zu widersprechen. Als sie durch weltliche und kirchliche Behörden geächtet war, wurde ihr Zeugnis verfälscht und alles unternommen, was sich Menschen und Dämonen ausdenken konnten, um die Gedanken der Menschen von der Schrift abzulenken. Wer es wagte, ihre heiligen Wahrheiten zu verkündigen, wurde gejagt, verraten, gefoltert, in Kerkerzellen eingesperrt, um seines Glaubens willen gepeinigt, zur Flucht in Bergfestungen oder in Schluchten und Höhlen gezwungen. Da weissagten die treuen Zeugen »angetan mit Trauerkleidern.« Dennoch legten sie ihr Zeugnis in der gesamten Zeit der 1260 Jahre ab. Auch in der finstersten Zeit gab es Gläubige, die Gottes Wort liebten und Gott von ganzem Herzen ehrten. Diesen treuen Dienern wurde Weisheit, Macht und Autorität geschenkt, Gottes Wahrheit in all dieser Zeit zu verkündigen.

»Und wenn ihnen jemand Schaden tun will, so kommt Feuer aus ihrem Mund und verzehrt ihre Feinde; und wenn ihnen jemand Schaden tun will, muss er so getötet werden.« (Offenbarung 11,5) Menschen können nicht ungestraft das Wort Gottes mit Füßen treten. Diese schreckliche Warnung wird im letzten Kapitel der Offenbarung wiederholt: »Ich bezeuge allen, die da hören die Worte der Weissagung in diesem Buch: Wenn jemand etwas hinzufügt, so wird Gott ihm die Plagen zufügen, die in diesem Buch geschrieben stehen. Und wenn jemand etwas wegnimmt von den Worten des Buchs dieser Weissagung, so wird Gott ihm seinen Anteil wegnehmen am Baum des Lebens und an der heiligen Stadt, von denen in diesem Buch geschrieben steht.« (Offenbarung 22,18.19)

Solche Warnungen hat Gott den Menschen gegeben, um sie davor zu bewahren, in irgendeiner Weise zu verändern, was er offenbart oder geboten hat. Diese ernsten Warnungen gelten allen, die Menschen veranlassen, das Gesetz Gottes auf die leichte Schulter zu nehmen. Wer leichtfertig behauptet, dass es wenig darauf ankomme, ob man Gottes Gebot halte oder nicht, sollte bangen und zittern. Wer seine eigenen Ansichten höher stellt als Gottes Offenbarungen und die klaren Aussagen des Wortes dem eigenen

Zweck anpassen will oder der Welt nach dem Munde reden möchte, lädt eine schreckliche Verantwortung auf sich. An dem geschriebenen Wort, dem Gesetz Gottes, wird der Charakter eines jeden Menschen geprüft, und jeder muss mit Verurteilung rechnen, der diese unfehlbare Prüfung nicht besteht.

DER ATHEISMUS WIRD GESETZLICH VERANKERT

Die Zeit, als »sie ihr Zeugnis vollendet« hatten (Offenbarung 11,7), »angetan mit Trauerkleidern«, endete 1798. Als die Zeit kam, dass ihr verborgenes Werk abgeschlossen war, würde »das Tier, das aus dem Abgrund aufsteigt« (Offenbarung 11,7), aufstehen und die beiden bekämpfen. In vielen europäischen Ländern standen die Mächte, die in Kirche und Staat herrschten, jahrhundertelang unter der Kontrolle Satans, wobei das Papsttum als Werkzeug diente. Doch hier wird eine neue Auswirkung der satanischen Macht ins Blickfeld gerückt.

Unter dem Vorwand, die Bibel zu achten, war es Roms Taktik, sie in einer unbekannten Sprache zu verschließen und dem Volk vorzuenthalten. Während seiner Vorherrschaft weissagten die beiden Zeugen »in Trauerkleidern«. Nun aber erhob sich eine andere Macht, »das Tier aus dem Abgrund«, und erklärte dem Wort Gottes offen den Krieg.

Die »große Stadt«, in deren Gassen die Zeugen erschlagen wurden und wo ihre Leichname lagen, heißt »geistlich ... Ägypten« (Offenbarung 11,8). Von allen Ländern, die in der Bibel genannt werden, verleugnete Ägypten die Existenz Gottes am kühnsten und widerstand dem göttlichen Gebot. Kein Monarch wagte je eine offenere und vermessenere Auflehnung gegen die Macht des Himmels als der König Ägyptens. Als Mose dem Pharao eine Botschaft des Herrn überbrachte, erwiderte der König stolz: »Wer ist der Herr, dass ich ihm gehorchen müsse und Israel ziehen lasse? Ich weiß nichts von dem Herrn, will auch Israel nicht ziehen lassen.« (2. Mose 5,2) Dies ist Atheismus, und das Land, das durch Ägypten sinnbildlich dargestellt wird, leugnet den lebendigen Gott auf ähnliche Weise und zeigt den gleichen ungläubigen und herausfordernden Geist. Die »große Stadt« wird auch »geistlich« mit Sodom verglichen. Der Abfall Sodoms und seine Übertretung des Gesetzes Gottes zeigte sich besonders in seiner Unzucht. Auch diese Sünde war bei der Nation besonders deutlich, die den Angaben der Schrift entsprechen sollte.

Kurz vor 1798 sollte nach den prophetischen Worten eine Macht satanischen Ursprungs und Charakters auftreten und der Bibel offen den Krieg erklären. In dem Land, in dem die beiden Zeugen Gottes so mundtot gemacht wurden, würde sich nun der Atheismus des Pharao und die Unzucht Sodoms zeigen.

Diese Prophezeiung hat in Frankreich eine überaus genaue und treffende geschichtliche Erfüllung gefunden. Während der Revolutionszeit 1793 »hörte die Welt zum ersten Mal, dass eine Versammlung von Männern, die geboren und zivilisiert erzogen waren und die sich das Recht nahmen, eine der schönsten Nationen Europas zu regieren, ihre vereinte Stimme erhob, um die feierlichste Wahrheit, welche der Mensch empfangen kann, zu verleugnen und einstimmig den Glauben an Gott und die Anbetung eines Gottes abzulehnen« (SLN, I, 17).

»Frankreich ist die einzige Nation in der Welt, von der der authentische Bericht vorliegt, dass sie als Nation ihre Hand in offener Empörung gegen den Schöpfer des Weltalls erhoben hat. Es gab und gibt noch eine Menge Lästerer und Ungläubige in England, Deutschland, Spanien und anderswo; aber Frankreich steht in der Weltgeschichte als einziger Staat da, der durch einen Erlass seiner gesetzgebenden Versammlung erklärte, dass es keinen Gott gebe, in dessen Hauptstadt sämtliche Bewohner und eine ungeheure Menge anderswo, Frauen und Männer, vor Freude sangen und tanzten, als sie die Bekanntmachung hörten.« (BM, November 1870)

Frankreich zeigte auch die Merkmale, die für Sodom besonders charakteristisch waren. Während der Revolution hatte die Moral im Land einen Tiefststand erreicht, der jenem glich, der die Zerstörung der Städte in der Jordanebene auslöste. Ein Historiker beschreibt den Atheismus und die Unzucht in Frankreich so, wie sie in der Prophezeiung dargestellt werden. »Eng verbunden mit diesen religionsfeindlichen Gesetzen war jenes, welches das Ehebündnis auf die Stufe eines rein bürgerlichen Übereinkommens vorübergehender Natur herunterstufte. Dabei ist die Ehe die heiligste Verbindung, die menschliche Wesen eingehen können, und deren Dauerhaftigkeit wesentlich zur Festigung der Gesellschaft beiträgt. Nun sollte sie zu einem Bündnis werden, welches zwei beliebige Personen miteinander treffen und nach Willkür wieder lösen könnten. ... Hätten sich böse Geister vorgenommen, ein Verfahren zu entdecken, welches auf die wirksamste Weise alles zugrunde richtet, was sich an Ehrwürdigem, Anmutigem oder Dauerhaftem im Familienleben bietet, und hätten sie gleichzeitig die Sicherheit gehabt, dass das Unheil, das sie anzurichten beabsichtigten, von einem Geschlecht auf das andere fortgepflanzt werden sollte, so hätten sie keinen wirksameren Plan ersinnen können als die Herabwürdigung der Ehe. ... Sophie Arnould, eine durch ihren geistreichen Witz berühmte Sängerin, beschrieb die republikanische Hochzeit als das Sakrament des Ehebruchs.« (SLN, I, 17)

»Wo auch ihr Herr gekreuzigt wurde.« (Offenbarung 11,8) Auch dieses prophetische Merkmal sollte Frankreich erfüllen. In keinem anderen Land wurde die Feindschaft gegen Christus auffallender gezeigt. Nirgendwo stieß die Wahrheit auf erbitterteren und grausameren Widerstand. Durch die Verfolgung der Bekenner des Evangeliums in Frankreich wurde Christus in der Person seiner Jünger gekreuzigt.

DIE BARTHOLOMÄUSNACHT ALS AUSLÖSER

Jahrhunderte hindurch wurde das Blut der Heiligen vergossen. Während die Waldenser ihr Leben auf den piemontesischen Bergen verloren »um des Wortes Gottes willen und des Zeugnisses von Jesus« (Offenbarung 1,9), legten ihre Brüder, die Albigenser in Frankreich, ein ähnliches Zeugnis für die Wahrheit ab. In der Zeit der Reformation wurden ihre Anhänger unter schrecklichsten Qualen hingerichtet. Könige und Adlige, Damen von edler Geburt und zarte Mädchen, der Stolz und die Elite der Nation, ergötzten sich an den Todesqualen der Märtyrer für Jesus. Die tapferen Hugenotten, die für die Rechte kämpften, die dem Menschen am heiligsten sind, vergossen ihr Blut auf manchem hart umkämpften Feld. Die Protestanten wurden für vogelfrei erklärt, ein Kopfpreis auf sie ausgesetzt, und man hetzte sie von Ort zu Ort wie wilde Tiere.

»Die Gemeinde der Wüste«, die wenigen Nachkommen der frühen Christen, die noch in Frankreich lebten, sich in den Bergen im Süden verbargen und sich noch bis ins 18. Jahrhundert verstecken mussten, hielten noch immer am Glauben ihrer Väter fest. Wenn sie es wagten, sich nachts an Berghängen oder an abgelegenen Orten zu versammeln, wurden sie von den Dragonern gejagt und zu lebenslanger Sklaverei auf die Galeeren verschleppt. Die reinsten, gebildetsten und intelligentesten Franzosen wurden unter scheußlichen Qualen mit Räubern und Meuchelmördern zusammengekettet.« (WHP, XXII, 6) Mit anderen ging man »barmherziger« um. Sie wurden kaltblütig erschossen, als sie unbewaffnet und hilflos zum Gebet niederknieten. Hunderte von Menschen, Greise, wehrlose Frauen, unschuldige Kinder wurden an ihrem Versammlungsort tot auf dem Boden liegen gelassen. Beim Durchstreifen der Gebirgshänge und Wälder, wo sich diese Menschen gerne versammelten, war es nichts Ungewöhnliches, »alle vier Schritte auf dem Boden herumliegende oder auf Bäumen herumhängende Leichname zu finden.« Ihr Land wurde durch Schwert, Streitaxt und Ruten »in eine große und bedrückende Wüste verwandelt. ... Diese Gräuel wurden nicht in einem finsteren Zeitalter ... sondern in jener glänzenden Zeit Ludwigs XIV. begangen. Die Wissenschaften wurden damals gepflegt, die Literatur blühte, die Geistlichkeit des Hofes und der Hauptstadt waren gelehrte und wortgewandte Männer, die sich gern mit dem Anschein von Demut und Liebe zierten« (WHP, XXII, 7).

Doch die schwärzeste Tat auf dieser Verbrechensliste, die scheußlichste aller höllischen Untaten dieser Jahrhunderte des Schreckens war die Bartholomäusnacht (1572). Bis heute blickt man mit Schaudern auf das Schreckensszenario dieses feigen und abscheulichen Gemetzels zurück. Der französische König, der von römisch-katholischen Priestern und Prälaten gedrängt wurde, genehmigte diese schreckliche Tat. Eine Glocke gab mitten in der Nacht das Zeichen zum Gemetzel. Zu Tausenden wurden Protestanten, die in ihren Wohnungen friedlich schliefen und sich auf das Ehrenwort des Königs verließen, ohne Vorwarnung herausgezerrt und kaltblütig abgeschlachtet.

Wie Christus der unsichtbare Führer seines Volkes aus der Knechtschaft Ägyptens war, so war Satan der unsichtbare Führer seiner Gefolgsleute bei dieser schrecklichen Tat, in der die Zahl der Märtyrer vervielfacht wurde. Dieses Massaker von Paris dauerte sieben Tage, während der ersten drei Tage mit unfassbarer Wut. Es beschränkte sich nicht auf die Hauptstadt, sondern auf besonderen Befehl des Königs wurde es auf alle Provinzen und Städte ausgedehnt, in denen Protestanten lebten. Man achtete weder Alter noch Geschlecht, weder Säugling noch Greis, weder Adlige noch Bauern, weder Alt noch Jung, weder Mutter noch Kind. Zwei Monate dauerte das Blutbad in ganz Frankreich. 70.000 der besten Köpfe der Nation kamen ums Leben.

»Als die Nachricht von dem Blutbad Rom erreichte, kannte die Freude der Geistlichkeit keine Grenzen. Der Kardinal von Lothringen belohnte den Boten mit 1000 Kronen, der Domherr von Sant'Angelo sandte einen dröhnenden Freudengruß aus, Glocken läuteten von jedem Turm, Freudenfeuer verwandelten die Nacht zum Tag und Papst Gregor XIII. zog, begleitet von den Kardinälen und andern geistlichen Würdenträgern, in einer langen Prozession zur Kirche San Ludovico, wo der Kardinal von Lothringen ein Tedeum sang. ... Zur Erinnerung an das Gemetzel wurde eine Gedenkmünze geprägt, und im Vatikan kann man drei Freskogemälde von Giorgio Vasari sehen, die den Angriff auf den Admiral, den König, der im Rat das Massaker plant, und das Blutbad selbst darstellen. Papst Gregor sandte Karl die goldene Rose und hörte vier Monate später ... ruhigen Gemüts die Predigt eines französischen Priesters an ... der von ›jenem Tag des Glücks und der Freude sprach, als der Heilige Vater die Nachricht empfing und höchst feierlich hinging, um Gott und dem heiligen Ludwig seinen Dank darzubringen‹.« (WMB, XIV, 34)

VON DER GOTTESLEUGNUNG ...

Der gleiche betörende Geist, der zum Blutbad der Bartholomäusnacht anstiftete, war auch der Hauptanführer der Revolution. Jesus Christus wurde zum Betrüger erklärt, und das Schlagwort der französischen Freidenker war: »Nieder mit dem Schuft!« [»Écrasez l'infâme!«], womit sie Christus meinten. Himmelschreiende Gotteslästerung und bodenlose Ruchlosigkeit gingen Hand in Hand, und der lasterhafteste und niederträchtigste Mensch sowie das grausamste und verwahrloseste Scheusal wurden hoch gelobt. Man zollte dem Teufel höchste Huldigung, während Christus in all seiner Wahrheit, Reinheit und selbstlosen Liebe gekreuzigt wurde.

»So wird das Tier, das aus dem Abgrund aufsteigt, mit ihnen kämpfen und wird sie überwinden und wird sie töten.« (Offenbarung 11,7) Die atheistische Macht, die Frankreich während der Revolution und der folgenden Schreckensherrschaft regierte, hat gegen Gott und sein heiliges Wort einen Krieg geführt, wie ihn die Welt noch nie erlebt hatte. Die französische Nationalversammlung schaffte die Anbetung Gottes ab. Bibeln wurden eingesammelt und mit allergrößter Verachtung verbrannt. Das Gesetz Gottes wurde mit Füßen getreten und Institutionen zur Förderung der Bibel abgeschafft. Der wöchentliche Ruhetag wurde aufgehoben und stattdessen wurde jeder zehnte Tag der Zecherei und Gotteslästerung gewidmet. Taufe und Abendmahl wurden verboten und über Gräbern gut sichtbar Inschriften angebracht, die den Tod als ewigen Schlaf bezeichneten.

Gottesfurcht galt nicht mehr als Anfang der Weisheit (Sprüche 9,10), sondern als Anfang der Torheit. Mit Ausnahme der Verehrung von Freiheit und Vaterland war jegliche religiöse Anbetung verboten. Der »verfassungsmäßige Bischof von Paris wurde eingesetzt, um in der schamlosesten und anstößigsten Posse, die sich je vor einer Nationalvertretung abspielte, die Hauptrolle zu übernehmen. ... Man führte ihn in einer förmlichen Prozession vor, damit er der Versammlung erklärte, dass die Religion, die er so viele Jahre lang gelehrt hatte, in jeglicher Hinsicht ein Stück Pfaffentrug ohne irgendeinen Grund in der Geschichte noch in der heiligen Wahrheit sei. Er verleugnete mit feierlichen und deutlichen Worten die Existenz Gottes, zu dessen Dienst er eingesegnet worden war, und widmete sich in Zukunft der Verehrung der Freiheit, Gleichheit, Tugend und Sittlichkeit. Dann legte er seinen bischöflichen Schmuck auf den Tisch und empfing eine brüderliche

Umarmung von dem Präsidenten des Konvents. Verschiedene abgefallene Priester folgten dem Beispiel dieses Prälaten« (SLN, I, 17).

»Und die auf Erden wohnen, freuen sich darüber und sind fröhlich und werden einander Geschenke senden; denn diese zwei Propheten hatten gequält, die auf Erden wohnten.« (Offenbarung 11,10) Das ungläubige Frankreich hatte die tadelnde Stimme der beiden Zeugen Gottes zum Schweigen gebracht. Das Wort Gottes lag tot auf seinen Straßen, und alle frohlockten, die seine Einschränkungen und Forderungen hassten. Die Menschen forderten den König des Himmels öffentlich heraus und riefen wie die Sünder von einst: »Wie sollte Gott es wissen? Wie sollte der Höchste etwas merken?« (Psalm 73,11)

Mit einer Vermessenheit, die gotteslästerlicher nicht sein könnte, sagte ein Priester dieser neuen Ordnung: »Gott, so du existierst, räche deinen beleidigten Namen. Ich biete dir Trotz! Du schweigst! Du wagst es nicht, deine Donner zu schleudern! Wer wird nach diesem an dein Dasein glauben?« (LHRF, IX, 309) Was für ein Echo ist dies von Pharaos Anmaßung: »Wer ist der HERR, dass ich ihm gehorchen müsse und Israel ziehen lasse? Ich weiß nichts von dem HERRN.« (2. Mose 5,2)

... ZUR ANBETUNG DER MENSCHLICHEN VERNUNFT

»Die Toren sprechen in ihrem Herzen: Es ist kein Gott.« (Psalm 14,1) Über die Verfälscher der Wahrheit sagt der Herr Folgendes: »Ihre Torheit wird jedermann offenbar werden.« (2. Timotheus 3,9) Nachdem Frankreich die Anbetung des lebendigen Gottes, »des Hohen und Erhabenen, der ewig wohnt« (vgl. Jesaja 57,15), verworfen hatte, war es für diese Nation nur noch ein kleiner Schritt bis zum erniedrigenden Götzendienst durch die Anbetung der Göttin der Vernunft in der Person einer liederlichen Frau. Dies geschah in der Nationalversammlung durch die höchste gesetzgebende Behörde. Ein Geschichtsschreiber sagt: »Eine der Zeremonien dieser wahnsinnigen Zeit ist unübertroffen in ihrer geschmacklosen Art, verbunden mit Gottlosigkeit. Die Tore des Konvents wurden einer Schar von Musikanten geöffnet, der in feierlichem Zug die Mitglieder der Stadtbehörde folgten, während sie ein Loblied auf die Freiheit sangen und als Gegenstand ihrer zukünftigen Anbetung eine verschleierte Frau geleiteten, die sie die Göttin der Vernunft nannten. Als man sie innerhalb der Schranken gebracht, mit großer Förmlichkeit entschleiert und zur Rechten des Präsidenten hingesetzt hatte, erkannte man sie allgemein als eine Tänzerin aus der Oper. ... Dieser Person, der passendsten Vertreterin jener Vernunft, die man anbetete, huldigte die Nationalversammlung Frankreichs öffentlich. Diese gottlose und lächerliche Maskerade war eine gewisse Modeerscheinung, und die Einsetzung der Göttin der Vernunft wurde in der ganzen Nation an allen Orten erneuert und nachgeahmt, wo die Bewohner zeigen wollten, dass sie der Revolution in gleicher Weise zustimmten.« (SLN, I, 17)

Der Redner, der die Anbetung der Vernunft einführte, sagte: »Mitglieder der gesetzgebenden Versammlung! Der Fanatismus ist der Vernunft gewichen. Seine getrübten Augen konnten den Glanz des Lichts nicht ertragen. Heute hat sich eine unermessliche Menge in den gotischen Gewölben versammelt, die zum ersten Mal von der Stimme der Wahrheit widerhallen. Dort haben die Franzosen die einzig wahre Anbetung der Freiheit und der Vernunft vollzogen; dort haben wir neue Wünsche für das Glück der Waffen der Republik formuliert; dort haben wir die leblosen Götzen gegen die Vernunft, dieses belebte Bild, das Meisterwerk der Natur, eingetauscht.« (THRF, II, 370/371)

Als die Göttin in den Konvent geführt wurde, nahm der Redner sie bei der Hand und sagte, indem er sich an die Versammlung wandte: »›Sterbliche, hört auf, vor dem ohnmächtigen Donner eines Gottes zu beben, den eure Furcht geschaffen hat. Hinfort anerkennt keinen Gott außer der Vernunft. Ich stelle euch ihr reinstes und edelstes Bild vor; wenn ihr Götter haben müsst, so opfert nur solchen wie dieser. ... O Schleier der Vernunft, falle vor dem erlauchten Senat der Freiheit!‹

Nachdem der Präsident die Göttin umarmt hatte, wurde sie auf einen prächtigen Wagen gesetzt und inmitten eines ungeheuren Gedränges zur Kathedrale von Notre-Dame geführt, damit sie dort die Stelle der Gottheit einnehme. Dann wurde sie auf den Hochaltar gehoben und von allen Anwesenden verehrt.« (AHE, I, 10)

Nicht lange danach folgten öffentliche Bibelverbrennungen. Bei einem dieser Anlässe betrat die »Société populaire du Musée« [Volksgesellschaft des Museums] die Halle der Stadtbehörde mit dem Ruf: »Vive la Raison!« [Es lebe die Vernunft!] Auf der Spitze einer Stange waren halb verbrannte Reste verschiedener Bücher aufgespießt, unter anderem Gebets- und Messebücher sowie das Alte und Neue Testament, um nach den Worten des Präsidenten »in einem großen Feuer die gesamten Torheiten zu sühnen, die zu begehen sie das menschliche Geschlecht veranlasst hatten« (JP, 1793, Nr. 318).

DIE INTELLEKTUELLEN VERTRIEBEN UND AUSGEROTTET

Der Atheismus vollendete, was das Papsttum begonnen hatte. Roms Politik hatte die Zustände auf sozialem, politischem und religiösem Gebiet heraufbeschworen, die Frankreich nun dem Verderben entgegentrieben. Schriftsteller, die von den Schrecken der Revolutionszeit berichteten, legten diese Ausschreitungen dem Thron und der Kirche zur Last. Streng genommen trug die Kirche die Verantwortung dafür. Das Papsttum hatte die Sinne der Könige vergiftet und gegen die Reformation als Feind der Monarchie aufgehetzt, ein Element der Zwietracht, das dem Frieden und der Einheit der Nation zum Verhängnis wurde. Der Geist Roms rief die schrecklichsten Grausamkeiten und schlimmste Unterdrückung hervor, die je von einem Thron ausgegangen waren.

Mit der Bibel kam der Geist der Freiheit. Wo das Evangelium angenommen wurde, belebte es den Geist der Menschen. Langsam streiften sie die Fesseln der Unwissenheit, der Unmoral und des Aberglaubens ab, die sie so lange versklavt hatten, und begannen selbstständig zu denken und zu handeln. Monarchen sahen es und fürchteten um ihre Willkürherrschaft.

Rom tat alles, um diese eifersüchtigen Ängste zu schüren. 1525 sagte der Papst zu Frankreichs Herrscher: »Diese Tollwut [der Protestantismus] wird nicht nur die Religion verwirren und verderben, sondern auch alle Herrschaften, Gesetze, Orden und Rangunterschiede.« (FGPF, I, 2, § 8) Einige Jahre später warnte ein päpstlicher Nuntius den König: »Sire, täuschen Sie sich nicht, die Protestanten werden die bürgerliche wie die religiöse Ordnung untergraben. ... Der Thron ist ebenso sehr in Gefahr wie der Altar. ... Die Einführung einer neuen Religion bringt notwendigerweise die einer neuen Regierung mit sich.« (DAGC, II, 36) Theologen sprachen die Vorurteile des Volkes an, als sie erklärten, dass die protestantische Lehre »die Leute zu Neuerungen und Torheiten verlockt, dem König die aufopfernde Liebe seiner Untertanen raubt und Kirche und Staat verheert«. So gelang es Rom, die französische Nation gegen die Reformation aufzuwiegeln. »Zur Erhaltung des Thrones, zur Bewahrung des Adels und zur Aufrechterhaltung der Gesetze wurde das Schwert der Verfolgung in Frankreich zuerst gezogen.« (WHP, XIII, 4)

In keiner Weise sahen die Herrscher die Folgen ihrer Politik voraus, die dem Land zum Verhängnis wurden. Die biblischen Lehren hätten den Menschen die Grundsätze von Gerechtigkeit, Mäßigkeit, Wahrheit, Gleichheit und Wohltätigkeit in ihren Geist und in ihr Herz eingepflanzt, die tatsächlich die Grundlage des Wohlergehens einer jeden Nation sind. »Gerechtigkeit erhöht ein Volk.« (Sprüche 14,34) »Durch Gerechtigkeit wird der Thron befestigt.« (Sprüche 16,12) »Und der Gerechtigkeit Frucht wird Friede sein, und der Ertrag der Gerechtigkeit wird ewige Stille und Sicherheit sein.« (Jesaja 32,17) Wer dem göttlichen Gesetz gehorcht, beachtet auch die Gesetze seines Landes genau. Wer Gott fürchtet, ehrt auch den König bei der Ausübung seiner gerechten und legitimen Autorität. Aber das unglückliche Frankreich verbot die Bibel und verbannte deren Anhänger. Aufrichtige, unbescholtene und prinzipientreue Menschen von intellektuellem Scharfsinn und sittlicher Kraft, die den Mut hatten, zu ihrer Überzeugung zu stehen, für ihren Glauben und für die Wahrheit zu leiden, ließ man jahrhundertelang als Galeerensklaven schuften, auf dem Scheiterhaufen verbrennen oder in dumpfen Kerkern verschmachten. Abertausende konnten sich durch Flucht retten. Vom Beginn der Reformation an blieb diese Lage 250 Jahre lang unverändert.

»Während jener langen Zeitspanne gab es unter den Franzosen kaum eine Generation, die nicht Zeuge gewesen wäre, wie Jünger des Evangeliums vor der wahnsinnigen Wut der Verfolger flohen und Bildung, Künste, Gewerbefleiß und Ordnungsliebe, in denen sie sich in der Regel auszeichneten, mit sich nahmen. Damit bereicherten sie das Land, das ihnen Zuflucht bot. Im gleichen Verhältnis, wie andere Länder mit diesen guten Gaben beglückt wurden, verarmte ihr eigenes Land. Wären alle, die vertrieben wurden, in Frankreich geblieben, hätte die Geschicklichkeit dieser Verbannten in ihren Gewerben während 300 Jahren auf die heimatliche Scholle befruchtend wirken können. In dieser langen Zeit wären ihre künstlerischen Fähigkeiten der heimatlichen Wirtschaft zugute gekommen. Ihr schöpferischer Geist und forschender Verstand hätte die Literatur des Landes befruchtet und seine Wissenschaften gefördert. Ihre Weisheit hätte seine Beratungen geleitet, ihre Tapferkeit seine Schlachten geschlagen, ihre Unparteilichkeit seine Gesetze aufgestellt. Die Religion der Bibel hätte den Geist des Volkes gestärkt und dessen Gewissen beherrscht. Welches Ansehen hätte Frankreich in jener Zeit erreicht! Welch großes, blühendes und glückliches Land – den Nationen ein Vorbild – hätte es sein können!

Aber eine blinde, nicht zu überwindende Unbelehrbarkeit verjagte jeden Lehrer der Tugend, jeden Streiter für Ordnung, jeden ehrlichen Verteidiger des Thrones aus seiner Heimat. Sie sagten zu den Menschen, die ihr Land zu Ruhm und Ansehen auf Erden hätte bringen können: ›Wählt, was ihr haben wollt, den Scheiterhaufen oder die Verbannung!‹ Schließlich war der Untergang des Staates vollständig. Es blieb kein Gewissen mehr, das man ächten, keine Religion, die man auf den Scheiterhaufen schleppen, kein

Patriotismus, den man in die Verbannung jagen konnte.« Die Revolution mit all ihren Gräueln war die schreckliche Folge.[45] »Mit der Flucht der Hugenotten erfuhr Frankreich einen allgemeinen Rückschritt. Blühende Fabrikstädte gingen zugrunde, fruchtbare Gebiete kehrten zu ihrer ursprünglichen Wildnis zurück, geistiger Stumpfsinn und sittlicher Verfall folgten einer Zeit ungewöhnlichen Fortschritts. Paris wurde ein riesiges Armenhaus; es wird geschätzt, dass beim Ausbruch der Revolution 200.000 Arme Unterstützung vom König verlangten. Nur der Jesuitenorden blühte in der verfallenen Nation und herrschte mit fürchterlicher Willkür über Kirchen und Schulen, Gefängnisse und Galeeren.« (WHP, XIII, 20)

LUXUS UND SOZIALE UNGERECHTIGKEIT

Das Evangelium hätte die politischen und sozialen Probleme Frankreichs lösen können, die Klerus, König und Gesetzgebern über den Kopf wuchsen und letztlich die Nation in Anarchie und Verderben stürzten. Doch unter der Herrschaft der römischen Kirche vergaß das Volk die segensreichen Lehren des Erlösers über Selbstaufopferung und selbstlose Liebe. Sie wurden abgelenkt von der Selbstverleugnung für andere. Die Reichen wurden für die Unterdrückung der Armen nicht getadelt; die Armen bekamen in ihrer Knechtschaft und Erniedrigung keine Hilfe. Die Selbstsucht der Wohlhabenden und Machthaber wurde immer deutlicher und bedrückender. Jahrhundertelang wurden die Bauern durch die Habgier des Adels aufs Schlimmste ausgebeutet und ausgepresst. Die Reichen behandelten die Armen ungerecht und die Armen hassten die Reichen.

In vielen Provinzen waren Adlige die Großgrundbesitzer und die arbeitende Klasse nur deren Pächter. Sie waren ihren Gutsherren auf Gedeih und Verderb ausgeliefert und wurden gezwungen, den unverschämten Forderungen nachzukommen. Die Bürde, Kirche und Staat zu unterhalten, lastete auf den Schultern der mittleren und unteren Schichten, die von zivilen und geistlichen Behörden schwer besteuert wurden.»Die Willkür des Adels galt als das höchste Gesetz; die Bauern und Landbewohner konnten hungern, ohne dass die Unterdrücker sich darum gekümmert hätten. ... Die Leute wurden bei jeder Gelegenheit gezwungen, einzig und allein den Vorteil des Gutsbesitzers zu berücksichtigen. Das Leben der Landarbeiter war nichts als beständige Mühsal und ungelindertes Elend. Ihre Klagen, falls sie es überhaupt wagten, diese vorzubringen, wurden mit beleidigender

---

45 Siehe Glossar »Frankreich, Schreckensherrschaft (La terreur)«, S. 658.

Verachtung abgewiesen. Die Gerichtshöfe hörten eher einem Adligen als einem Bauern zu. Bestechung der Richter wurde allgemein akzeptiert, und die geringste Laune der Vornehmen erlangte durch diese allgemeine Verderbtheit Gesetzeskraft. Nicht einmal die Hälfte der von der arbeitenden Klasse durch die weltlichen Großen und die Geistlichkeit erpressten Steuern gelangten in die königliche oder kirchliche Schatzkammer; alles andere wurde in schändlicher Genusssucht verschleudert. Und die Leute, die auf diese Weise ihre Mitmenschen an den Bettelstab brachten, waren selbst von allen Steuern befreit und durch Gesetze oder Brauch zu allen Staatsämtern berechtigt. Zu diesen bevorzugten Klassen zählten 150.000 Personen. Für deren Annehmlichkeiten wurden Millionen zu einem hoffnungslosen und herabwürdigenden Leben verdammt.«[46]

Der Hof gab sich dem Luxus und der Verschwendungssucht hin. Das Volk hatte wenig Vertrauen zu den Regierenden. Allen Beschlüssen der Regierung haftete der Verdacht der Korruption an.

Mehr als 50 Jahre vor der Revolution bestieg Ludwig XV. den Thron, der sogar in diesen schlimmen Zeiten dafür bekannt war, ein träger, leichtsinniger und lüsterner Monarch zu sein. Da der Adel verdorben und grausam war, die Unterschicht verarmt und unwissend, der Staat finanziell ruiniert, das Volk verzweifelt, bedurfte es keines Propheten, um eine schreckliche Katastrophe vorauszusehen. Den Warnungen seiner Ratgeber entgegnete der König gewöhnlich: »Bemüht euch, alles im Gang zu erhalten, so lange ich leben mag; nach meinem Tode mag es kommen, wie es will.« Vergebens verlangte man nach einer Reform. Obwohl der König die Missstände sah, brachte er weder den Mut noch die Kraft auf, ihnen zu begegnen. Für das Unheil, das Frankreich bevorstand, hatte er nur einen teilnahmslosen und egoistischen Kommentar: »Nach mir die Sintflut!«

Ständig schürte Rom die Eifersucht des Königs und der herrschenden Klasse und redete ihnen ein, man müsse das Volk unter Zwang halten, wohl wissend, dass dies den Staat schwächen würde. Aber nur so konnte es die Herrschenden und das Volk unter seine Kontrolle bringen. In ihrer weitsichtigen Politik wusste die päpstliche Macht: Wenn man die Menschen wirkungsvoll versklaven will, müssen Fesseln an ihre Seelen gelegt werden; und der sicherste Weg, ihnen die Flucht aus der Abhängigkeit unmöglich zu machen, ist der Entzug ihrer Freiheit. Tausendmal schrecklicher als körperliches Leiden, das eine solche Politik verursachte, war die moralische Erniedrigung. Nachdem man den Menschen die Bibel vorenthalten hatte, wurden Engstirnigkeit und Selbstsucht ihre Lehrer. Das Volk versank in

---

46 Siehe Glossar »Frankreich, die Bevorzugten und die Massen«, S. 658.

Unwissenheit, Aberglauben und Unmoral. So war es nicht mehr in der Lage, sich selbst zu regieren.

DIE SCHRECKENSHERRSCHAFT

Die Folge davon war, dass alles ganz anders kam, als Rom es eigentlich wollte. Das Vorgehen der Kirche führte nicht dazu, dass sich die Masse blind ihren Lehrsätzen unterwarf, sondern es brachte Ungläubige und Revolutionäre hervor. Diese verachteten die römische Kirche als Priesterzunft, und den Klerus betrachteten sie als mitverantwortlich für ihre Unterdrückung. Der einzige Gott, den die Massen kannten, war der Gott Roms, und die römische Lehre war die einzige bekannte Religion. Sie betrachteten römische Gier und Grausamkeit als logische »Früchte« biblischer Lehre und wollten davon nichts mehr wissen.

Rom hatte den Charakter Gottes falsch dargestellt und die göttlichen Forderungen verdreht. Nun verwarfen die Menschen die Bibel samt ihrem Urheber. Die römische Kirche verlangte blinden Glauben an ihre Dogmen, die angeblich biblisch waren. Als Reaktion darauf verwarfen Voltaire und seine Anhänger die biblischen Lehren völlig und verbreiteten überall das Gift des Unglaubens. Rom zermalmte das Volk unter seinen eisernen Füßen, und als Folge entledigten sich die erniedrigten und brutal behandelten Massen nicht nur dieser Tyrannei, sie rissen auch alle anderen Schranken nieder. In ihrer Wut über den gleißenden Betrug, dem sie so lange gehuldigt hatten, verwarfen sie Wahrheit und Lüge gleichermaßen. In ihrer vermeintlichen Freiheit verwechselten diese Sklaven des Lasters Maßlosigkeit mit Freiheit.

Der König war zu Beginn der Revolution zu Konzessionen bereit und billigte dem Volk eine Vertretung zu, die mehr Gewicht haben sollte als die des Adels und der Geistlichkeit zusammen. So verschob sich das Kräfteverhältnis zugunsten des Volkes, doch es war nicht vorbereitet, diese Macht mit Weisheit und Verhältnismäßigkeit auszuüben. Man wollte sich für erlittenes Leid einen Ausgleich schaffen und beschloss, die Gesellschaft neu zu gestalten. Eine aufgebrachte Menge, deren Geist von bitteren und lang gehegten Erinnerungen an Ungerechtigkeiten erfüllt war, war entschlossen, diese leidvollen und unerträglich gewordenen Verhältnisse umzustürzen und sich an jenen zu rächen, die sie als Urheber ihres Elends ansahen. Die Unterdrückten setzten jetzt das um, was sie unter der Tyrannenherrschaft gelernt hatten, und begannen jene zu unterdrücken, von denen sie zuvor unterdrückt worden waren.

Das unglückliche Frankreich erntete auf blutige Weise, was es gesät hatte. Schrecklich waren die Folgen seiner Unterwerfung unter die Herrschermacht Roms. Wo Frankreich zu Beginn der Reformation unter dem Einfluss Roms den ersten Scheiterhaufen errichtet hatte, stellte die Revolution nun ihre erste Guillotine auf. An derselben Stelle, an der die ersten Märtyrer des protestantischen Glaubens im 16. Jahrhundert verbrannt waren, fielen im 18. Jahrhundert die ersten Opfer unter dem Fallbeil. Weil Frankreich das Evangelium von sich gewiesen hatte, wurde dem Unglauben und dem Verderben Tür und Tor geöffnet. Als die Schranken des göttlichen Gesetzes niedergerissen worden waren, stellte sich heraus, dass menschliche Gesetze nicht ausreichten, um die gewaltige Flut der Charakterlosigkeit zu zähmen. Das Land versank in Revolution und Anarchie. Der Krieg gegen die Bibel läutete eine Zeitepoche ein, die als Schreckensherrschaft in die Weltgeschichte eingegangen ist. Friede und Glück waren aus den Heimen und Herzen der Menschen verschwunden. Niemand fühlte sich sicher. Wer heute triumphierte, wurde morgen verdächtigt und abgeurteilt. Gewalt und Sinnlichkeit führten das Zepter.

König, Geistlichkeit und Adel wurden gezwungen, sich der Grausamkeit eines zum Wahnsinn getriebenen Volkes zu fügen. Der König wurde hingerichtet, aber die Lust auf Rache wurde dadurch nur verstärkt und diejenigen, die ihn in den Tod geschickt hatten, folgten ihm bald auf dem Schafott. Ein allgemeines Gemetzel an all jenen wurde beschlossen, die im Verdacht standen, der Revolution gegenüber feindlich gesinnt zu sein. In den Gefängnissen drängten sich zu Zeiten mehr als 200.000 Häftlinge. In den Städten des Königreichs spielten sich Horrorszenen ab. Die Parteien der Revolution bekämpften sich gegenseitig, und Frankreich wurde zu einem gewaltigen Schlachtfeld streitender Volksmassen, die nur von ihrer Wut beherrscht wurden.»In Paris folgte ein Aufstand dem andern, und die Bürger waren in viele Parteien zersplittert, die es anscheinend auf nichts anderes als auf ihre gegenseitige Ausrottung abgesehen hatten.« Zu all dem Elend kam noch hinzu, dass das Land in einen langen und verheerenden Krieg mit den europäischen Großmächten hineingezogen wurde.»Das Land war beinahe bankrott, die Truppen schrien nach ihrem nicht ausbezahlten Sold, die Pariser waren am Verhungern, die Provinzen wurden von Räubern verwüstet und die Zivilisation ging beinahe unter in Anarchie und Zügellosigkeit.«

Nur zu gut hatte das Volk die Lehre der Grausamkeit und Folter gelernt, die ihm Rom mit Ausdauer vorgeführt hatte. Der Tag der Vergeltung war schließlich gekommen. Nur wurden jetzt nicht mehr die Jünger Jesu in die Kerker geworfen und auf Scheiterhaufen geschleppt, denn diese Gläubigen waren längst umgekommen oder lebten im Exil. Nun bekam das unbarmherzige Rom die tödliche Macht derer selbst zu spüren, die es dazu erzogen hatte, an Bluttaten Gefallen zu finden. »Das Beispiel der Verfolgung, das die französische Geistlichkeit so lange gegeben hatte, wurde ihr nun mit großem Nachdruck vergolten. Die Schafotte färbten sich rot von dem Blut der Priester. Die Galeeren und Gefängnisse, die einst von Hugenotten gefüllt waren, wurden jetzt von deren Verfolgern bevölkert. An die Ruderbank gekettet und mühsam am Riemen ziehend, machte die katholische Geistlichkeit alle Qualen durch, die sie so reichlich über die friedliebenden Ketzer gebracht hatte.«

»Dann kamen jene Tage, als die grausamsten aller Gesetze von dem unmenschlichsten aller Gerichtshöfe ausgeführt wurden. Niemand konnte seinen Nachbarn grüßen oder sein Gebet verrichten ... ohne Gefahr zu laufen, ein Kapitalverbrechen zu begehen. In jedem Winkel lauerten Spione. Allmorgendlich arbeitete die Guillotine lange und schwer. Die Gefängnisse waren so gedrängt voll wie die Räume eines Sklavenschiffes. In den Straßenrinnen eilte das Blut schäumend der Seine zu. ... Täglich wurden Wagenladungen mit Opfern durch die Straßen von Paris ihrem Schicksal entgegengefahren. Die Kommissare aber, die der Konvent in die Provinzen gesandt hatte, schwelgten in übermäßiger Grausamkeit, wie man sie selbst in der Hauptstadt nicht kannte. Das Messer der Todesmaschine stieg und fiel zu langsam für das Werk der Metzelei. Lange Reihen von Gefangenen mähte man mit Kartätschen nieder. Überfüllte Boote wurden am Boden angebohrt. Lyon wurde zur Wüste. In Arras blieb den Gefangenen selbst die grausame Barmherzigkeit eines schnellen Todes versagt. Die ganze Loire hinab, von Saumur bis zum Meer, fraßen Scharen von Krähen und Weihen an den nackten Leichnamen, die in abscheulicher Weise miteinander verschlungen waren. Weder Geschlecht noch Alter erwies man Barmherzigkeit. Die Anzahl der Jünglinge und Mädchen von 17 Jahren, die von dieser fluchwürdigen Regierung ermordet wurde, lässt sich nach Hunderten berechnen. Der Brust entrissene Säuglinge wurden von in Reihen stehenden Jakobinern von Spieß zu Spieß geworfen.« In dem kurzen Zeitraum von zehn Jahren kamen Scharen von Menschen ums Leben.

DIE VIELEN GESICHTER SATANS

So wollte es Satan haben, und darauf hatte er jahrhundertelang hingearbeitet. Er trachtet nur danach, die Menschen zu täuschen, und ist nur darauf aus, ihnen Leid und Elend zuzufügen, Gottes Werke zu verwüsten, die göttliche Liebe und Güte in den Schmutz zu ziehen und den Himmel in

Trauer zu stürzen. Durch seine Verführungskünste verblendet er die Sinne der Menschen und verleitet sie, Gott für seine eigenen bösen Taten verantwortlich zu machen, als ob das ganze Elend eine Folge des Schöpferplans wäre. Nachdem Satan Menschen durch seine grausame Macht erniedrigt und verroht hat, treibt er sie – sobald sie ihre Freiheit erlangt haben – zu Ausschweifungen und Gräueltaten an. Tyrannen und Unterdrücker schließlich nutzen solche Beispiele hemmungsloser Unmoral, um damit die angeblich negativen Folgen von Freiheit aufzuzeigen.

Kommt man ihm in seiner Verkleidung auf die Schliche, wechselt er die Maske, und wieder folgt ihm eine Vielzahl genauso eifrig wie zuvor. Als man herausgefunden hatte, dass es eine Täuschung war, Rom nachzufolgen und Satan die Menschen auf diese Weise nicht mehr zur Übertretung des göttlichen Gesetzes verführen konnte, trieb er sie dahin, die Religion als Betrug und die Bibel als Märchen zu betrachten; und als das Volk die göttlichen Regeln abwarf, gab es sich der ungezügelten Gesetzlosigkeit hin.

Der fatale Irrtum, der die Franzosen in ein solches Elend stürzte, war die Missachtung dieser bedeutungsvollen Wahrheit: dass wahre Freiheit nur innerhalb der Schranken des göttlichen Gesetzes zu finden ist. »O dass du auf meine Gebote gemerkt hättest, so würde dein Friede sein wie ein Wasserstrom und deine Gerechtigkeit wie Meereswellen ... Aber die Gottlosen, spricht der Herr, haben keinen Frieden.« (Jesaja 48,18.22) »Wer aber mir gehorcht, wird sicher wohnen und ohne Sorge sein und kein Unglück fürchten.« (Sprüche 1,33)

Atheisten, Ungläubige und Abgefallene widersetzen sich dem Gesetz Gottes und verwerfen es. Die Folgen ihres Einflusses beweisen aber, dass es dem Menschen nur dann gut geht, wenn er sich an die göttlichen Verordnungen hält. Wer diese Lehre aus dem Buch Gottes nicht lernen will, sollte sie in der Geschichte der Völker erkennen.

Als Satan daran arbeitete, die Menschen durch die römische Kirche vom Gehorsam gegen Gott wegzuführen, arbeitete er im Verborgenen und verschleierte sein Wirken. Dadurch wurden die nachfolgende Entartung und das Elend nicht als Früchte der Gesetzesübertretung erkannt. Der Geist Gottes wirkte Satans Macht zwar so stark entgegen, dass er seine Absichten nicht voll verwirklichen konnte, doch die Menschen vermochten nicht von den Folgen auf die Ursache zu schließen und erkannten den wirklichen Ursprung ihres Elends nicht. Aber während der Revolution wurde das Gesetz Gottes durch einen Beschluss der Nationalversammlung öffentlich abgeschafft, und in der darauf folgenden Schreckensherrschaft konnte jedermann den Zusammenhang von Ursache und Wirkung erkennen.

Als Frankreich Gott öffentlich absagte und sich von der Bibel trennte, gerieten gottlose Menschen und die Geister der Finsternis in Begeisterung, weil sie es fertig gebracht hatten, ihr lang ersehntes Ziel zu erreichen: ein Reich, frei von den Schranken des göttlichen Gesetzes. »Weil das Urteil über böses Tun nicht sogleich ergeht, wird das Herz der Menschen voll Begier, Böses zu tun.« (Prediger 8,11) Aber die Übertretung von Recht und Gerechtigkeit führt zwangsläufig in Elend und Verderben, auch wenn die Bosheit des Menschen nicht unverzüglich bestraft wird. Nach Jahrhunderten des Abfalls und des Verbrechens hatte der Zorn Gottes das Limit für einen Tag der Vergeltung erreicht. Als das Maß der Schuld voll war, erkannten die Gottesverächter zu spät, wie schrecklich es ist, die Geduld Gottes zu verwirken. Der zügelnde Geist Gottes, der Satans grausame Macht in Schach hält, zog sich in hohem Maß zurück, worauf derjenige, dessen größte Freude es ist, die Menschen ins Elend zu stürzen, die Erlaubnis erhielt, nach seinem Gutdünken zu handeln. Die Aufrührer wurden gezwungen, ihre Früchte zu ernten, und im Land fanden Verbrechen statt, die zu schrecklich sind, um berichtet zu werden. Aus verwüsteten Provinzen und zerstörten Städten ertönte ein entsetzlicher Schrei, ein Schrei bitterster Angst. Frankreich wurde wie durch ein Erdbeben erschüttert. Religion, Gesetz, soziale Ordnung, Familie, Staat, Kirche, alles wurde von derselben gottlosen Hand zu Boden geworfen, die sich gegen das Gesetz Gottes erhob. Wahr ist das Wort des weisen Mannes: »Der Gottlose wird fallen durch seine Gottlosigkeit.« (Sprüche 11,5) »Wenn ein Sünder auch hundertmal Böses tut und lange lebt, so weiß ich doch, dass es wohl gehen wird denen, die Gott fürchten, die sein Angesicht scheuen. Aber dem Gottlosen wird es nicht wohl gehen.« (Prediger 8,12.13) »Weil sie die Erkenntnis hassten und die Furcht des Herrn nicht erwählten ... darum sollen sie essen von den Früchten ihres Wandels und satt werden an ihren Ratschlägen.« (Sprüche 1,29.31)

DER SIEGESZUG DER BIBEL

Obwohl Gottes treue Zeugen durch die gotteslästerliche Macht, die »aus dem Abgrund« kam, erschlagen wurden, sollten sie nicht lange schweigen. »Und nach drei Tagen und einem halben fuhr in sie der Geist des Lebens von Gott, und sie stellten sich auf ihre Füße; und eine große Furcht fiel auf die, die sie sahen.« (Offenbarung 11,11) 1793 hatte die französische Nationalversammlung Gesetze verabschiedet, die die christliche Religion abschafften und die Bibel verboten. Dreieinhalb Jahre später hat dieselbe Versammlung durch einen weiteren Erlass diese Gesetze wieder rückgängig gemacht, und die Bibel wurde wieder geduldet. Die Welt war über die ungeheure Schuld entsetzt, die die Verwerfung dieser heiligen Offenbarung nach sich gezogen hatte, und man erkannte die Notwendigkeit des Glaubens an Gott und an sein Wort als Grundlage von Tugend und Sittlichkeit. Der Herr sagt: »Wen hast du geschmäht und gelästert? Über wen hast du die Stimme erhoben? Du hobst deine Augen empor wider den Heiligen Israels.« (Jesaja 37,23) »Darum siehe, diesmal will ich sie lehren und meine Kraft und Gewalt ihnen kundtun, dass sie erfahren sollen: Ich heiße der Herr.« (Jeremia 16,21)

Über die zwei Zeugen sagt der Prophet weiter: »Und sie hörten eine große Stimme vom Himmel zu ihnen sagen: Steigt herauf! Und sie stiegen auf in den Himmel in einer Wolke, und es sahen sie ihre Feinde.« (Offenbarung 11,12) Nachdem Frankreich gegen die beiden Zeugen Gottes zu Felde gezogen war, gelangten diese zu Ehren wie nie zuvor. 1804 wurde die Britische und Ausländische Bibelgesellschaft gegründet. Ähnliche Gesellschaften mit Zweigstellen auf dem europäischen Kontinent folgten. 1816 nahm die amerikanische Bibelgesellschaft ihre Tätigkeit auf. Als die britische Bibelgesellschaft gegründet wurde, waren gedruckte Bibeln schon in 50 Sprachen erhältlich. Seitdem wurde die Bibel in viele Hunderte von Sprachen und Dialekte übersetzt.[47]

In den fünfzig Jahren vor 1792 wurde dem Missionswerk im Ausland wenig Beachtung geschenkt. Es gab keine neuen Missionsgesellschaften, und nur wenige Kirchen verbreiteten das Christentum in heidnischen Ländern. Doch gegen Ende des 18. Jahrhunderts kam es zu einer großen Veränderung. Die Menschen waren von den Ergebnissen des Rationalismus enttäuscht. Sie erkannten die Notwendigkeit einer göttlichen Offenbarung und einer praktischen Frömmigkeit. Von dieser Zeit an erlebte die Auslandsmission ein beispielloses Wachstum.[48]

Die Verbesserung der Buchdruckerkunst gab der Verbreitung der Bibel Auftrieb. Die zunehmenden Möglichkeiten der Kommunikation zwischen verschiedenen Ländern, der Abbau überlieferter Schranken von Vorurteilen und nationaler Überheblichkeit und der Verlust der weltlichen Macht des Papsttums bahnten dem Wort Gottes den Weg. Jahrelang konnte die Bibel ohne Beschränkung auf den Straßen Roms verkauft werden und ist heute in jeden Winkel der bewohnten Erde getragen worden.

Prahlend sagte einst der ungläubige Voltaire: »Ich habe es satt, immer wieder zu hören, dass zwölf Männer die christliche Religion gegründet haben. Ich werde beweisen, dass ein Mann genügt, um sie zu überwinden.«

---

47   Siehe Glossar »Bibelverbreitung«, S. 654.
48   Siehe Glossar, »Mission, äußere«, S. 671.

Seit seinem Tod sind etliche Generationen vergangen, und Millionen haben der Bibel den Kampf angesagt. Doch wo es zu Voltaires Zeiten Hunderte von Bibeln gab, gibt es heute Hunderttausende. Einer der ersten Reformatoren der christlichen Gemeinde hat einmal gesagt: »Die Bibel ist ein Amboss, der viele Hämmer verschlissen hat.« Der Herr sagt: »Keiner Waffe, die gegen dich bereitet wird, soll es gelingen, und jede Zunge, die sich gegen dich erhebt, sollst du im Gericht schuldig sprechen.« (Jesaja 54,17) »Das Wort unseres Gottes bleibt ewiglich.« (Jesaja 40,8) »Alle seine Ordnungen sind beständig. Sie stehen fest für immer und ewig; sie sind recht und verlässlich.« (Psalm 111,7.8) Was immer auf menschlicher Autorität aufgebaut ist, wird umgestoßen werden, was aber auf den Felsen des unveränderlichen Wortes Gottes gegründet ist, wird ewiglich bestehen.

TEIL 3

DIE REFORMATION GEHT WEITER

»Und du, Daniel, verbirg diese Worte
und versiegle dies Buch bis auf die letzte Zeit.
Viele werden es dann durchforschen
und große Erkenntnis finden.«

Daniel 12,4

KAPITEL 16

ZUFLUCHT IN DER NEUEN WELT

Obwohl die englischen Reformatoren die Lehren der römischen Kirche abgelehnt hatten, behielten sie ihre Formen weitgehend bei. Auch wenn der Herrschaftsanspruch und das Glaubensbekenntnis Roms verworfen wurden, blieben doch viele ihrer Gebräuche und Zeremonien in der anglikanischen Kirche erhalten. Man machte geltend, dass es sich bei diesen Dingen nicht um Gewissensfragen handelte, weil sie in der Schrift nicht geboten werden. Sie seien von untergeordneter Bedeutung und weil sie von der Bibel nicht verboten werden, seien sie auch nicht prinzipiell schlecht. Wenn man sie beachte, helfe es, die Kluft zwischen den reformierten Kirchen und Rom zu verringern. Gleichzeitig betonte man, dass dies den Anhängern Roms die Annahme des protestantischen Glaubens erleichtern würde.

Konservativen wie kompromissbereiten Kräften schienen diese Argumente überzeugend. Aber es gab andere, die das nicht so sahen. Die Tatsache, dass diese Gebräuche »dahin zielten, die Kluft zwischen Rom und der Reformation zu überbrücken« (MLTL, V, 22), war in ihren Augen ein einleuchtendes Argument gegen ihre Beibehaltung. Sie betrachteten diese Bräuche als ein Kennzeichen der Sklaverei, von der sie befreit worden waren und zu der sie nicht wieder zurückkehren wollten. Sie argumentierten, Gott habe in seinem Wort Regeln für den Gottesdienst festgelegt, und es sei den Menschen nicht freigestellt, neue Ordnungen hinzuzufügen und bestehende abzulegen. Der große Abfall habe mit dem Ersatz der Autorität Gottes durch die der Kirche begonnen. Rom hatte damit angefangen, das aufzuerlegen, was Gott nicht ausdrücklich verboten hatte, und endete damit, das zu verbieten, was Gott unmissverständlich angeordnet hatte.

Viele Gläubige wünschten sich aufrichtig, zur Reinheit und Schlichtheit der ersten Gemeinde zurückzukehren. Sie betrachteten viele der gängigen Gebräuche in der Kirche von England als Zeichen des Götzendienstes, und daher konnten sie nicht mit gutem Gewissen an den Gottesdiensten teilnehmen. Doch die Kirche, die von den zivilen Behörden unterstützt wurde, duldete keine Abweichungen von ihren Formen. Der Besuch des Gottesdienstes war gesetzlich angeordnet, und auf die Teilnahme an unerlaubten religiösen Zusammenkünften standen Gefängnis, Verbannung und Todesstrafe.

DIE VERTREIBUNG DER PURITANER

Der neue englische König, der zu Beginn des 17. Jahrhunderts den Thron bestiegen hatte, erklärte seine Entschlossenheit, gegen die Puritaner vorzugehen und drohte: »Entweder passen sie sich an, oder ... sie werden aus dem Land vertrieben, oder es passiert ihnen Schlimmeres.« (BHUS, I, 12, § 6) Sie wurden gejagt, verfolgt und eingekerkert, und die Zukunft sah für sie wenig verheißungsvoll aus. So waren viele überzeugt, dass für Menschen, die Gott nach ihrem Gewissen dienen wollten, »England für immer aufgehört hatte, ein Wohnort zu sein« (PHNE, III, § 43). Einige entschlossen sich daraufhin, in Holland Zuflucht zu suchen. Sie mussten Schwierigkeiten, Verluste und Gefangenschaft erleben. Ihre Pläne wurden durchkreuzt, und man verriet sie an ihre Feinde. Aber ihre Standfestigkeit siegte, und an den Küsten der holländischen Republik fanden sie schließlich freundliche Aufnahme.

Durch ihre Flucht hatten sie ihre Häuser, ihr Eigentum und die Mittel für ihren Lebensunterhalt verloren. Sie waren Fremdlinge in einem fremden Land unter einem Volk mit einer anderen Sprache und anderen Sitten. Um ihr Brot zu verdienen, mussten sie neuen und ungewohnten Beschäftigungen nachgehen. Männer mittleren Alters, die bisher Ackerbau betrieben hatten, mussten nun handwerkliche Berufe erlernen. Doch sie fanden sich mit diesen Umständen freudig ab und verloren keine Zeit mit Untätigkeit oder Unzufriedenheit. Obwohl sie immer wieder unter Armut litten, dankten sie Gott für jeden Segen, den sie empfingen und freuten sich an der ungestörten geistlichen Gemeinschaft. »Sie wussten, dass sie Pilger waren, und schauten nicht viel auf irdische Dinge, sondern hoben ihre Augen auf gen Himmel, ihrem liebsten Heimatland, und beruhigten ihr Gemüt.« (BHUS, I, 12, § 15)

Mitten in Verbannung und Schwierigkeiten wurden ihre Liebe und ihr Glaube gestärkt. Sie vertrauten den Verheißungen Gottes, und er ließ sie in der Not nicht im Stich. Seine Engel standen ihnen ermutigend und unterstützend zur Seite. Und als ihnen Gott den Weg über das Meer in ein Land auftat, in dem sie einen eigenen Staat gründen und ihren Kindern das kostbare Erbe der Religionsfreiheit hinterlassen konnten, zögerten sie nicht und gingen auf dem Weg der Vorsehung voran.

Gott hatte die Prüfungen für sein Volk zugelassen, um es auf die Vollendung seiner gnädigen Absichten vorzubereiten. Bevor die Gemeinde erhöht werden konnte, musste sie demütig werden. Gott wollte seine Macht für sie entfalten und bewies der Welt einmal mehr, dass er die nicht verlässt, die ihm vertrauen. Er hatte die Ereignisse so gelenkt, dass sie den Zorn Satans heraufbeschworen und die Anschläge gottloser Menschen seine Ehre fördern und sein Volk an einen Ort der Sicherheit bringen würden. Verfolgung und Verbannung bahnten den Weg in die Freiheit.

Als die Puritaner erstmals gezwungen waren, die anglikanische Kirche zu verlassen, schlossen sie als freies Volk des Herrn einen feierlichen Bund miteinander und versprachen, in »allen seinen Wegen, die ihnen bekannt waren oder noch bekannt gemacht würden, gemeinsam zu wandeln« (BPF, 74). Dies war der wahre Geist der Reformation, das lebendige Prinzip des Protestantismus. Mit diesem Vorsatz verließen die Pilger Holland und fanden in der Neuen Welt eine Heimat. Ihr Prediger, John Robinson, der durch göttliche Vorsehung verhindert war, sie zu begleiten, richtete in seiner Abschiedsrede folgende Worte an die Auswanderer:

»Geschwister, wir gehen nun voneinander, und der Herr weiß, ob ich so lange leben werde, um euch wiederzusehen. Ob der Herr es nun zulässt oder nicht, ich fordere euch vor Gott und seinen heiligen Engeln auf, mir nicht weiter zu folgen, als ich Christus gefolgt bin. Falls Gott euch durch ein anderes Werkzeug irgendetwas offenbaren sollte, so seid ebenso bereit, es anzunehmen wie zu der Zeit, da ihr die Wahrheit durch meinen Dienst annahmt; denn ich bin sehr zuversichtlich, dass der Herr noch mehr Wahrheit und Licht aus seinem heiligen Wort hervorbrechen lassen wird.« (MLTL, V, 70 ff.)

»Was mich betrifft, so kann ich den Zustand der reformierten Kirchen nicht genug beklagen, die in der Religion bis zu einer gewissen Stufe gelangt sind und nicht weitergehen wollen, als die Werkzeuge ihrer Reformation gegangen sind. Die Lutheraner sind nicht zu veranlassen, über das hinauszugehen, was Luther sah ... und die Calvinisten bleiben, wie ihr seht, da stehen, wo sie von jenem großen Gottesmann, der noch nicht alle Dinge sah, zurückgelassen wurden. Dies ist ein sehr beklagenswertes Elend; denn wenn jene Männer in ihrer Zeit auch brennende und leuchtende Lichter waren, so erkannten sie doch nicht alle Ratschläge Gottes; lebten sie aber jetzt, würden sie auch bereit sein, weiteres Licht anzunehmen, wie sie damals bereit waren, das erste zu empfangen.« (NHP, I, 269)

»Denkt an euer Gemeindegelöbnis, in dem ihr euch verpflichtet habt, in allen Wegen des Herrn zu wandeln, wie sie euch bekannt geworden sind oder noch bekannt werden. Denkt an euer Versprechen und euren Bund mit Gott und miteinander, alles Licht und alle Wahrheit anzunehmen, die euch noch aus seinem geschriebenen Wort bekannt gemacht werden. Doch achtet darauf, ich flehe euch an, was ihr als Wahrheit annehmt, vergleicht es, prüft es an anderen Schriftstellen der Wahrheit, ehe ihr es annehmt, denn es ist nicht möglich, dass die christliche Welt schließlich aus solch einer dichten antichristlichen Finsternis herauskommt und ihr dann auf einmal die vollkommene Erkenntnis aufgeht.« (MLTL, V, 70 ff.)

EIN ZUFLUCHTSORT

Das Verlangen nach Gewissensfreiheit trieb die Pilger dazu, die Risiken der langen Seereise und die Gefahren und Nöte der Wildnis auf sich zu nehmen und dann unter Gottes Segen an der Küste Amerikas den Grundstein zu einer mächtigen Nation zu legen. Die Pilger waren wohl ehrliche und gottesfürchtige Leute, aber das große Prinzip der religiösen Freiheit[49] erkannten sie noch nicht. Die Freiheit, für die sie so große Opfer gebracht hatten, gewährten sie anderen nicht genauso. »Sehr wenige selbst der hervorragendsten Denker und Sittenlehrer des 17. Jahrhunderts hatten einen richtigen Begriff von jenem herrlichen, dem Neuen Testament entstammenden Grundsatz, der Gott als den einzigen Richter des menschlichen Glaubens anerkennt.« (MLTL, V, 297) Die Auffassung, dass Gott der Kirche das Recht gegeben habe, das menschliche Gewissen zu kontrollieren und festzulegen, was Ketzerei ist und sie zu bestrafen, ist einer der am tiefsten verwurzelten Irrtümer des Papsttums. Die Reformatoren verwarfen zwar das römische Glaubensbekenntnis, aber sie waren nicht völlig frei von seinem Geist der Unduldsamkeit. Die undurchdringliche Finsternis, die durch die lange Zeit der päpstlichen Herrschaft die ganze Christenheit eingehüllt hatte, war noch nicht völlig von ihr gewichen. Ein führender Prediger aus der Kolonie in der Bucht von Massachusetts sagte einmal: »Duldung machte die Welt antichristlich, und die Kirche fühlte sich nie schuldig bei der Bestrafung der Ketzer.« (MLTL. V, 335) In der Kolonie wurde festgelegt, dass nur Kirchenmitglieder in der zivilen Leitung stimmberechtigt waren. Man gründete eine Art Staatskirche, und alle Leute mussten für den Unterhalt der Geistlichkeit aufkommen. Die Verwaltung wurde beauftragt, Ketzerei zu bekämpfen. Damit lag die zivile Gewalt in der Hand der Kirche.

---

49 Siehe Glossar »Religionsfreiheit«, S. 677.

Es dauerte nicht lange, bis dieser Zustand das Unvermeidliche zur Folge hatte – Verfolgungen.

Elf Jahre nach der Gründung der ersten Kolonie kam Roger Williams in die Neue Welt. Wie die ersten Pilgerväter erfreute er sich der religiösen Freiheit, doch im Gegensatz zu ihnen erkannte er, was nur wenige seiner Zeit einsahen, dass nämlich diese Freiheit ein unverzichtbares Recht aller Menschen ist, wie auch immer ihr Glaubensbekenntnis aussieht. Er war ein aufrichtiger Wahrheitssucher und glaubte wie Robinson nicht, dass die Gläubigen schon das ganze Licht aus Gottes Wort empfangen hatten. Williams »war der erste Mensch im modernen Christentum, der die zivile Staatsordnung auf die Lehre der Gewissensfreiheit aufbaute, wobei alle Auffassungen vor dem Gesetz gleich waren« (BHUS, I, 15, § 16). Er erklärte, es sei die Aufgabe der Verwaltung, Verbrechen zu bekämpfen, aber nie das Gewissen zu beherrschen. »Das Volk oder die Behörden«, sagte er, »mögen entscheiden, was der Mensch dem Menschen schuldig ist, wenn sie aber versuchen, die Pflichten des Menschen gegenüber Gott vorzuschreiben, sind sie dazu nicht berechtigt. So gibt es keine Sicherheit, denn es ist klar, wenn der Verwaltungsbeamte die Macht dazu hat, er heute diese und morgen jene Meinung oder jenes Bekenntnis vorschreiben mag, wie es in England von den verschiedenen Königen und Königinnen und von etlichen Päpsten und Konzilien in der römischen Kirche getan wurde, sodass der Glaube zu einem einzigen Chaos würde« (MLTL, V, 340).

Unter Androhung von Geld- oder Gefängnisstrafe wurde von jedermann verlangt, die Gottesdienste der Staatskirche zu besuchen. »Williams verwarf dieses Gesetz, denn die schlimmste Satzung im englischen Gesetzbuch war, den Besuch der Kirche zu verlangen. Leute zu zwingen, sich mit Andersgläubigen zusammenzutun, betrachtete er als eine offene Verletzung ihrer natürlichen Rechte; Unreligiöse und Unwillige zum öffentlichen Gottesdienst zu schleppen, hieß Heuchelei zu verlangen. ... ›Niemand sollte zur Anbetung oder Unterstützung eines Gottesdienstes gezwungen werden‹, fügte er hinzu. ›Was‹, riefen seine Gegner aus, die über seine Grundsätze erstaunt waren, ›ist nicht der Arbeiter seines Lohnes wert?‹ ›Ja‹, erwiderte er, ›von denen, die ihn einstellen.‹« (BHUS, I, 15, § 2)

Roger Williams war als treuer Prediger geachtet und geliebt, ein Mann von seltener Begabung, unbeugsamer Rechtschaffenheit und echter Güte. Doch seine standhafte Weigerung, der zivilen Verwaltung die Aufsicht über die Kirche zu überlassen und sein Verlangen nach religiöser Freiheit konnten nicht geduldet werden. Die Anwendung dieser neuen Lehre, wurde behauptet, würde »die Grundlage der Regierung des Landes untergraben« (BHUS, I, 15, § 10). Er wurde zum Verlassen der Kolonien verurteilt und flüchtete schließlich, um einer Gefangennahme zu entgehen, mitten im Winter und bei Sturm in die unberührten Wälder.

»Vierzehn Wochen lang«, so schrieb er, »musste ich mich allein in einer bitteren Jahreszeit herumschlagen und wusste nicht, was Brot oder Bett heißt.« Doch »die Raben speisten mich in der Wüste« (MLTL, V, 349 f.), und ein hohler Baum diente ihm oft als Obdach. So setzte er seine mühevolle Flucht durch Schnee und weglose Wälder fort, bis er bei einem Indianerstamm Zuflucht fand, dessen Vertrauen und Zuneigung er gewann, als er versuchte, ihnen die Wahrheiten des Evangeliums zu zeigen.

Nach wechselvollen Monaten der Wanderschaft erreichte er schließlich die Küste der Narragansett-Bucht, wo er das Fundament für den ersten modernen Staat legte, der das Recht auf vollständige Religionsfreiheit anerkannte. Das grundlegende Prinzip der Kolonie von Roger Williams war, »dass jeder das Recht hat, Gott nach seinem eigenen Gewissen zu verehren« (MLTL, V, 354). Sein kleiner Staat Rhode Island wurde zum Zufluchtsort für die Verfolgten. Er wuchs und gedieh, und seine Grundprinzipien zur bürgerlichen und religiösen Freiheit sollten schließlich Eckpfeiler in der amerikanischen Republik werden.

RECHT AUF GLAUBENS- UND GEWISSENSFREIHEIT

In der Unabhängigkeitserklärung, jener großartigen alten Freiheitsurkunde, legten die amerikanischen Gründerväter Folgendes fest: »Wir anerkennen diese Wahrheiten als selbstverständlich: dass alle Menschen gleich geschaffen sind; dass ihnen ihr Schöpfer gewisse unveräußerliche Rechte verliehen hat; dass zu diesen Leben, Freiheit und die Erlangung des Glückes gehören.« Ausdrücklich und unmissverständlich garantiert die amerikanische Verfassung die Unverletzlichkeit des Gewissens: »Keine Religionsprüfung soll je erforderlich sein zur Bekleidung irgendeines öffentlichen Amtes in den Vereinigten Staaten. ... Der Kongress soll kein Gesetz erlassen, das die Einführung einer Religion bezweckt oder deren freie Ausübung verbietet.«

Die Verfasser der Konstitution anerkannten den ewigen Grundsatz, dass die Beziehung des Menschen zu seinem Gott über der menschlichen Gesetzgebung steht und die Rechte seines Gewissens unveräußerlich sind. Eine Begründung dieser Tatsachen war nicht erforderlich; wir sind uns ihrer in unserem eigenen Herzen bewusst. Es ist dies Bewusstsein, das den menschlichen Gesetzen Trotz bietet, das so viele Märtyrer in Qualen und Flammen standhaft gemacht hat. Sie fühlten, dass ihre Pflicht Gott gegenüber menschlichen Verordnungen überlegen ist und dass der Mensch keine Autorität über ihr Gewissen hat. Es ist ein angeborener Grundsatz, den nichts austilgen kann.« (DUSK, Serien-Nr. 200, Urkunden-Nr. 271)

Als die Neuigkeit von einem Land, wo jeder Mensch die Früchte seiner Arbeit ernten und nach seiner Überzeugung leben könne, in den Ländern Europas verbreitet wurde, machten sich Tausende zu den Küsten der Neuen Welt auf. Die Kolonien vervielfachten sich.»Massachusetts bot durch eine besondere Verordnung den Christen jeder Nation freundliche Aufnahme und unentgeltliche Hilfe an, die über den Atlantik flüchteten, ›um Kriegen, Hungersnot oder der Unterdrückung ihrer Verfolger zu entgehen‹. Somit wurden Flüchtlinge und Unterdrückte durch gesetzliche Verordnungen Gäste des Staates.« (MLTL, V, 417) Zwanzig Jahre nach der ersten Landung in Plymouth siedelten sich viele tausend Pilger in Neuengland an.

Um das zu sichern, wonach sie gesucht hatten,»waren sie mit einem bescheidenen Auskommen und einem Leben der Genügsamkeit und der harten Arbeit zufrieden. Sie verlangten von dem Boden nur einen leidlichen Ertrag ihrer Arbeit. Keine goldenen Aussichten warfen einen trügerischen Schein auf ihren Weg. ... Sie waren mit dem langsamen, aber beständigen Fortschritt ihres gesellschaftlichen Gemeinwesens zufrieden. Sie ertrugen geduldig die Entbehrungen der Wildnis, wässerten den Baum der Freiheit mit ihren Tränen und mit dem Schweiß ihres Angesichts, bis er im Lande tiefe Wurzeln geschlagen hatte.«

Die Bibel war für sie die Grundlage ihres Glaubens, Quelle der Weisheit und Freiheitsbrief. Ihre Prinzipien wurden zu Hause, in der Schule und in der Kirche fleißig studiert, und ihre Früchte zeigten sich in Wohlstand, Bildung, Reinheit und Mäßigkeit. Man konnte jahrelang in puritanischen Siedlungen wohnen, ohne je »einen Trunkenbold zu sehen, einen Fluch zu hören oder einem Bettler zu begegnen« (BHUS, I, 19, § 25). Der Beweis wurde geliefert, dass die Lehren der Heiligen Schrift der beste Schutz der nationalen Größe sind. Die schwachen und isolierten Kolonien wuchsen zu einem Bund von mächtigen Staaten zusammen, und die Welt nahm mit Bewunderung den Frieden und Wohlstand »einer Kirche ohne Papst und eines Staates ohne König« zur Kenntnis.

ERNEUTE KOMPROMISSE

Immer mehr Menschen zog es an die Küsten Amerikas. Ihre Beweggründe waren jedoch ganz anders als jene der ersten Pilgerväter. Der einfache Glaube und der saubere Lebenswandel hatten vielerorts eine sehr prägende

Wirkung entfaltet. Doch durch die Zunahme jener Menschen, die nur weltliche Vorteile suchten, wurde dieser Einfluss immer schwächer.

Die Verordnung der ersten Kolonisten, nur Kirchenmitgliedern das aktive und passive Stimmrecht zu gewähren, hatte äußerst schädliche Auswirkungen. Diese Maßnahme sollte ein Mittel sein, um die Reinheit des Staats zu bewahren, doch der Kirche brachte sie den Verfall. Als nämlich das Religionsbekenntnis zu einer Vorbedingung für das Stimmrecht und die Bekleidung eines öffentlichen Amtes wurde, führte dies dazu, dass sich viele Menschen aus rein weltlichen Überlegungen, aber ohne verändertes Herz, einer Kirche anschlossen. So bestanden die Kirchen zu einem beträchtlichen Teil aus unbekehrten Menschen. Selbst unter den Pastoren gab es solche, die nicht nur Irrtümer lehrten, sondern von der erneuernden Kraft des Heiligen Geistes nichts wussten. Damit zeigten sich einmal mehr die bösen Folgen, die seit den Tagen Konstantins durch die gesamte Kirchengeschichte hindurch bis heute immer wieder dort zu Tage treten, wo versucht wird, die Kirche mit Hilfe des Staates zu bauen und die weltliche Macht zu rufen, um das Evangelium Jesu Christi zu unterstützen. Dieser hatte eindeutig erklärt: »Mein Reich ist nicht von dieser Welt.« (Johannes 18,36) Die Verbindung der Kirche mit dem Staat, mag sie auch noch so unbedeutend sein, kann zwar den Schein erwecken, die Welt würde dadurch näher zur Kirche kommen, in Wirklichkeit aber bringt sie die Kirche näher zur Welt.

Den von John Robinson und Roger Williams auf so edle Weise vertretenen Grundsatz, wonach die Erkenntnis der Wahrheit stets fortschreite und sich Christen deshalb immer darauf einstellen müssten, alles Licht anzunehmen, das ihnen aus Gottes heiligem Wort entgegen strahlt, verloren ihre Nachkommen aus den Augen. Die protestantischen Kirchen Amerikas, und auch diejenigen in Europa, die durch den Segen der Reformation so sehr begünstigt worden waren, verpassten es, auf dem Weg der Reform weiter voranzuschreiten. Obwohl von Zeit zu Zeit einige treue Männer auftraten, um neue Wahrheiten zu verkündigen und lange gehegte Irrtümer bloßzustellen, war die Mehrheit, wie die Juden zur Zeit Christi oder die Papsttreuen zur Zeit Luthers, damit zufrieden, das zu glauben, was schon die Väter geglaubt hatten und so zu leben, wie schon die Väter gelebt hatten. So verkam die Religion einmal mehr zu bloßem Formalismus. Irrtum und Aberglaube wurden gehegt und gepflegt. Sie wären beseitigt worden, wenn die Kirche dem Licht des Wortes Gottes weiter gefolgt wäre. So aber erlosch das geistliche Feuer allmählich, das von der Reformation entfacht worden war. Schließlich hatten die protestantischen Kirchen eine Reform fast ebenso nötig wie die römische Kirche zur Zeit Luthers. Man war genauso weltlich gesinnt und geistlich abgestumpft und hatte genauso große Ehrfurcht vor menschlichen Ansichten. Gottes Lehren wurden einmal mehr durch menschliche Theorien ersetzt.

Auf die weite Verbreitung der Bibel zu Beginn des 19. Jahrhunderts und das große Licht, das die Welt daraufhin erhellte, folgte kein entsprechender Fortschritt in der Erkenntnis der offenbarten Wahrheit oder im praktischen Glauben. Satan konnte dem Volk das Wort aber nicht mehr wie in früheren Zeiten vorenthalten, denn es war für alle erreichbar. Um aber sein Ziel trotzdem zu erreichen, brachte er viele dazu, der Bibel keine Beachtung mehr zu schenken. Die Menschen erforschten die Schrift nicht mehr und akzeptierten weiterhin falsche Auslegungen und Lehren, die mit der Schrift nicht übereinstimmten.

Nachdem Satan erkannt hatte, dass sein Bemühen, die Wahrheit durch Verfolgung auszulöschen, ein Fehlschlag war, verführte er die Menschen wieder zu Kompromissen, was schon früher zum großen Abfall und zur Entwicklung der römisch-katholischen Kirche geführt hatte. Diesmal verleitete er die Christen jedoch nicht mehr dazu, sich mit Heiden zu verbinden, sondern mit solchen, die durch Verehrung alles Weltlichen genauso sehr Götzendiener waren wie ehemals die Heiden. Die Folgen waren ebenso vernichtend wie in früheren Zeiten. Stolz und Verschwendung wurden unter dem Deckmantel der Religion gepflegt und die Kirchen wurden korrupt. Satan verdrehte weiterhin die Lehren der Bibel, und Traditionen, die Millionen zugrunde richten sollten, schlugen tiefe Wurzeln. Die Kirche hielt an diesen Traditionen fest und verteidigte sie, statt um den Glauben zu ringen, »der ein für alle Mal den Heiligen überliefert ist« (Judas 3). Auf diese Weise wurden jene Grundsätze herabgewürdigt, für die die Reformatoren so viel eingesetzt und so stark gelitten hatten.

KAPITEL 17

ZEICHEN SEINES KOMMENS

Eine der erhabensten und zugleich kostbarsten Wahrheiten, die in der Bibel offenbart wird, ist die über die Wiederkunft Christi zur Vollendung des großen Erlösungswerks. Gottes Pilgervolk, das so lange »in Finsternis und [im] Schatten des Todes« (Lukas 1,79) wandern musste, wurde mit der Verheißung seines Erscheinens eine kostbare, begeisternde Hoffnung gegeben und zwar von dem, der »die Auferstehung und das Leben« ist und der die »Verbannten heimbringen« wird. Die Lehre von der Wiederkunft Christi ist das Leitmotiv der Heiligen Schrift. Von dem Tag an, an dem das erste Menschenpaar den Garten Eden im Kummer verließ, warten die Gläubigen auf das Kommen des Verheißenen, der die Macht des Zerstörers brechen und sie in das verlorene Paradies zurückbringen wird. Geheiligte Menschen warteten seit ältester Zeit auf die Erscheinung des Messias in Herrlichkeit als Erfüllung ihrer Hoffnung. Henoch, in der Ahnenreihe von Eden der Siebte, der drei Jahrhunderte lang in enger Gemeinschaft mit seinem Gott lebte, durfte im Voraus das Erscheinen des Erlösers sehen. »Siehe«, sagte er, »der Herr kommt mit seinen vielen tausend Heiligen, Gericht zu halten über alle.« (Judas 14.15) Der Patriarch Hiob rief in der Nacht seiner Bedrängnis mit unerschüttertem Vertrauen: »Aber ich weiß, dass mein Erlöser lebt, und als der Letzte wird er über dem Staub sich erheben. Und ist meine Haut noch so zerschlagen und mein Fleisch dahingeschwunden, so werde ich doch Gott sehen. Ich selbst werde ihn sehen, meine Augen werden ihn schauen und kein Fremder.« (Hiob 19,25-27)

CHRISTUS KOMMT WIEDER

Das Kommen Christi zur Aufrichtung der Herrschaft der Gerechtigkeit bewog die Schreiber der Heiligen Schrift zu den überragendsten und erhabensten Aussagen. Dichter und Propheten der Bibel haben zu diesem Thema Worte gefunden, die von himmlischem Feuer durchglüht sind. Der

TEIL 3 | VOM SCHATTEN ZUM LICHT

Psalmist sang über die Macht und die Majestät des Königs von Israel: »Aus Zion bricht an der schöne Glanz Gottes. Unser Gott kommt und schweiget nicht. ... Er ruft Himmel und Erde zu, dass er sein Volk richten wolle«. (Psalm 50,2-4) »Der Himmel freue sich, und die Erde sei fröhlich. ... Er wird den Erdkreis richten mit Gerechtigkeit und die Völker mit seiner Wahrheit.« (Psalm 96,11.13)

Der Prophet Jesaja schrieb: »Wachet auf und rühmet, die ihr liegt unter der Erde! Denn ein Tau der Lichter ist dein Tau, und die Erde wird die Toten herausgeben.« (Jesaja 26,19) »Er wird den Tod verschlingen auf ewig. Und Gott der Herr wird die Tränen von allen Angesichtern abwischen und wird aufheben die Schmach seines Volks in allen Landen; denn der Herr hat's gesagt. Zu der Zeit wird man sagen: Siehe, das ist unser Gott, auf den wir hofften, dass er uns helfe. Das ist der Herr, auf den wir hofften; lasst uns jubeln und fröhlich sein über sein Heil.« (Jesaja 25,8.9)

In einem Gesicht sah der Prophet Habakuk das Erscheinen Christi folgendermaßen: »Gott kam von Teman und der Heilige vom Gebirge Paran. Seines Lobes war der Himmel voll, und seiner Ehre war die Erde voll. Sein Glanz war wie Licht. ... Er stand auf und ließ erbeben die Erde; er schaute und ließ erzittern die Heiden. Zerschmettert wurden die uralten Berge, und bücken mussten sich die uralten Hügel, als er wie vor alters einherzog ... als du auf deinen Rossen rittest und deine Wagen den Sieg behielten? ... Die Berge sahen dich, und ihnen ward bange. ... Die Tiefe ließ sich hören. Ihren Aufgang vergaß die Sonne, und der Mond stand still; beim Glänzen deiner Pfeile verblassen sie, beim Leuchten deines blitzenden Speeres. ... Du zogst aus, deinem Volk zu helfen, zu helfen deinem Gesalbten.« (Habakuk 3,3.4.6.8.10.13)

Kurz bevor der Erlöser seine Jünger verließ, tröstete er sie in ihrem Kummer mit der Zusicherung, dass er wiederkommen werde: »Euer Herz erschrecke nicht! ... In meines Vaters Hause sind viele Wohnungen. ... Ich gehe hin, euch die Stätte zu bereiten. Und wenn ich hingehe, euch die Stätte zu bereiten, so will ich wiederkommen und euch zu mir nehmen.« (Johannes 14,1-3) »Wenn aber der Menschensohn kommen wird in seiner Herrlichkeit und alle Engel mit ihm, dann wird er sitzen auf dem Thron seiner Herrlichkeit, und alle Völker werden vor ihm versammelt werden.« (Matthäus 25,31.32)

Die Engel, die nach der Himmelfahrt Christi auf dem Ölberg erschienen, wiederholten den Jüngern die Verheißung seiner Wiederkunft: »Dieser Jesus, der von euch weg gen Himmel aufgenommen wurde, wird so wiederkommen, wie ihr ihn habt gen Himmel fahren sehen.« (Apostelgeschichte 1,11)

Der Apostel Paulus bezeugt unter Eingebung des Heiligen Geistes: »Denn er selbst, der Herr, wird, wenn der Befehl ertönt, wenn die Stimme des Erzengels und die Posaune Gottes erschallen, herabkommen vom Himmel.« (1. Thessalonicher 4,16) Der Prophet von Patmos sagt: »Siehe, er kommt mit den Wolken, und es werden ihn sehen alle Augen.« (Offenbarung 1,7)

Um sein Kommen reiht sich die Herrlichkeit, durch die »alles wiedergebracht wird, wovon Gott geredet hat durch den Mund seiner heiligen Propheten von Anbeginn.« (Apostelgeschichte 3,21) Dann wird die so lange andauernde Herrschaft des Bösen gebrochen werden. »Es sind die Reiche der Welt unseres Herrn und seines Christus geworden, und er wird regieren von Ewigkeit zu Ewigkeit.« (Offenbarung 11,15) »Denn die Herrlichkeit des Herrn soll offenbart werden, und alles Fleisch miteinander wird es sehen.« (Jesaja 40,5) »Gleichwie Gewächs aus der Erde wächst und Same im Garten aufgeht, so lässt Gott der Herr Gerechtigkeit aufgehen und Ruhm vor allen Heidenvölkern.« (Jesaja 61,11) »Zu der Zeit wird der Herr Zebaoth eine liebliche Krone sein und ein herrlicher Kranz für die Übriggebliebenen seines Volks.« (Jesaja 28,5)

Dann wird das lang ersehnte messianische Friedensreich auf der ganzen Erde aufgerichtet werden. »Ja, der Herr tröstet Zion, er tröstet alle ihre Trümmer und macht ihre Wüste wie Eden und ihr dürres Land wie den Garten des Herrn.« (Jesaja 51,3) »Die Herrlichkeit des Libanon ist ihr gegeben, die Pracht von Karmel und Scharon.« (Jesaja 35,2) »Man soll dich nicht mehr nennen ›Verlassene‹ und dein Land nicht mehr ›Einsame‹, sondern du sollst heißen ›Meine Lust‹ und dein Land ›Liebe Frau‹; denn ... wie sich ein Bräutigam freut über die Braut, so wird sich dein Gott über dich freuen.« (Jesaja 62,4.5)

DIE WIEDERKUNFTSERWARTUNG IN DER CHRISTENHEIT

Zu allen Zeiten war die Wiederkunft des Herrn die Hoffnung seiner treuen Nachfolger. Die Verheißung Jesu auf dem Ölberg, dass er wiederkommen werde, erhellte den Jüngern die Zukunft und erfüllte ihre Herzen mit Freude und Hoffnung, die weder von Sorgen noch von Prüfungen erstickt werden konnten. Inmitten von Leiden und Verfolgungen war die »Erscheinung der Herrlichkeit des großen Gottes und unseres Heilands Jesus Christus« »die selige Hoffnung« (Titus 2,13). Als die Christen in Thessalonich in Trauer ihre Lieben beerdigten, nachdem sie gehofft hatten, mit ihnen zusammen ihren Herrn wiederzusehen, wies sie ihr Lehrer Paulus auf die Auferstehung zur Zeit der Wiederkunft hin. Dann sollen die Toten in Christus auferstehen und zusammen mit den Lebenden dem Herrn entgegengerückt werden in die Luft. »Und so werden wir«, sagte er, »bei dem Herrn sein allezeit. So tröstet euch mit diesen Worten untereinander.« (1. Thessalonicher 4,17.18)

Auf dem felsigen Patmos hörte der geliebte Jünger die Verheißung: »Siehe, ich komme bald« (Offenbarung 22,7), und seine sehnsuchtsvolle Antwort war das Gebet der Gemeinde auf ihrem langen Weg durch die Geschichte: »Ja komm, Herr Jesus!« (Offenbarung 22,20)

Jahrhunderte hindurch bezeugten Heilige und Märtyrer diese Hoffnung aus Kerkern heraus und von Scheiterhaufen und Schafotten herab. Einer dieser Gläubigen, der von der persönlichen Auferstehung Christi wie auch von seiner eigenen bei der Wiederkunft seines Herrn überzeugt war, sagte einmal: »Sie verachteten den Tod und fühlten sich über ihn erhaben.« (TRCE, 33) Sie waren bereit, ins Grab zu steigen, um von dort »als Freie aufzuerstehen« (TRCE, 54). Sie warteten auf das »Erscheinen des Herrn in den Wolken in der Herrlichkeit des Vaters, der den Gerechten das Himmelreich bringen würde.« Die Waldenser hegten den gleichen Glauben (TRCE, 129-132), und auch Wycliff freute sich auf die Erscheinung des Erlösers, der Hoffnung der Glaubensgemeinde. (TRCE, 132-134)

Luther erklärte: »Ich sage mir wahrlich, der Tag des Gerichtes könne keine vollen 300 Jahre mehr ausbleiben. Gott will und kann diese gottlose Welt nicht länger dulden. Der große Tag naht, an dem das Reich der Gräuel gestürzt werden wird.« (TSK, 129 ff.)

»Diese alte Welt ist nicht fern von ihrem Ende«, sagte Melanchthon. Calvin forderte die Christen auf, nicht unschlüssig zu sein, sondern sich eifrig nach dem Tag der Wiederkunft des Herrn als des heilsamsten aller Tage zu sehnen, und erklärte, dass die ganze Familie der Getreuen diesen Tag vor Augen haben werde. Er sagte: »Wir müssen nach Christus hungern, ihn suchen, erforschen, bis zum Anbrechen jenes großen Tages, an dem unser Herr die Herrlichkeit seines Reiches völlig offenbaren wird.« (TSK, 129 ff.)

»Ist nicht unser Herr Jesus leiblich gen Himmel gefahren, und wird er nicht wiederkommen?«, fragte Knox, der schottische Reformator. »Wir wissen, dass er wiederkommen wird, und das in Kürze.« Ridley und Latimer, die beide ihr Leben für die Wahrheit ließen, sahen im Glauben der Wiederkunft des Herrn entgegen. Ridley schrieb: »Die Welt geht unzweifelhaft – dies glaube ich, und deshalb sage ich es – dem Ende entgegen. Lasst uns mit Johannes, dem Knecht Christi, rufen: Komme bald, Herr Jesus!« (TSK, 129 ff.)

Baxter sagte: »Der Gedanke an das Kommen des Herrn ist mir überaus köstlich und erfreut mich sehr.« (BPW, XVII, 555) »Seine Erscheinung lieb zu haben und der seligen Hoffnung entgegenzublicken ist das Werk des Glaubens und kennzeichnet seine Heiligen. ... Wenn wir verstehen, dass der Tod der letzte Feind ist, der bei der Auferstehung vernichtet wird, wird uns auch bewusst, wie ernstlich Gläubige auf die Wiederkunft Christi warten und dafür beten sollten, denn dann ist der volle und endgültige Sieg errungen.« (BPW, XVII, 500) »Dies ist der Tag, auf den alle Gläubigen harren, hoffen und warten sollten, da er das ganze Werk ihrer Erlösung und die Erfüllung aller ihrer Wünsche und Bestrebungen verwirklicht. ... Beschleunige, o Herr, diesen Segen bringenden Tag.« (BPW, XVII, 182 f.) Das war die Hoffnung der apostolischen Kirche, der »Gemeinde in der Wüste« und der Reformatoren.

KATASTROPHEN AUF ERDEN ...

Die Prophezeiung klärt uns nicht nur über die Art und den Grund der Wiederkunft Christi auf, sondern weist auf Zeichen hin, an denen die Menschen erkennen können, wann dieses Ereignis herannaht. Jesus sagte: »Es werden Zeichen geschehen an Sonne und Mond und Sternen.« (Lukas 21,25) »Aber zu jener Zeit, nach dieser Bedrängnis, wird die Sonne sich verfinstern und der Mond seinen Schein verlieren, und die Sterne werden vom Himmel fallen, und die Kräfte der Himmel werden ins Wanken kommen. Und dann werden sie sehen den Menschensohn kommen in den Wolken mit großer Kraft und Herrlichkeit.« (Markus 13,24-26) Johannes schildert in der Offenbarung das erste der Zeichen, die der Wiederkunft Christi vorausgehen: »Die Sonne wurde finster wie ein schwarzer Sack, und der ganze Mond wurde wie Blut.« (Offenbarung 6,12)

Diese Zeichen wurden vor Beginn des 19. Jahrhunderts beobachtet. 1755 geschah in Erfüllung dieser Prophezeiung das schrecklichste Erdbeben[50], über das je berichtet wurde. Es ging zwar als Erdbeben von Lissabon in die Geschichte ein, dehnte sich aber über den größten Teil Europas, Afrikas und Amerikas aus. Es wurde auf Grönland, in der Karibik, auf der Insel Madeira, in Norwegen und Schweden sowie in Großbritannien und Irland verspürt. Es erstreckte sich über eine Fläche von über zehn Millionen Quadratkilometer. In Afrika war die Erschütterung beinahe ebenso heftig wie in Europa. Ein großer Teil der Stadt Algier wurde zerstört, und ein algerisches Dorf von acht- oder zehntausend Einwohnern nahe der Grenze zu Marokko

---

50 Siehe Glossar »Erdbeben von Lissabon«, S. 657.

wurde von der Erde verschlungen. Eine riesige Flutwelle ergoss sich über die Küsten von Spanien und Afrika, spülte Städte fort und richtete riesige Verwüstungen an.

Die größten Erschütterungen wurden in Spanien und Portugal festgestellt. In der Stadt Cadiz soll die heranstürzende Flut fast zwanzig Meter hoch gewesen sein. »Etliche der größten Berge in Portugal wurden stark, gewissermaßen in ihren Grundfesten, erschüttert. Die Gipfel einiger Berge öffneten sich, wurden auf erstaunliche Weise gespalten und zerrissen. Dabei flogen ungeheure Steinmassen in die umliegenden Täler. Man erzählt, dass diesen Bergen Flammen entstiegen.« (LPG, 495)

In Lissabon »wurde ein unterirdischer Donner vernommen, und kurz darauf brachte ein gewaltiger Stoß den größten Teil der Stadt zum Einstürzen. Im Laufe von etwa sechs Minuten kamen 60.000 Menschen ums Leben. Das Meer zog sich erst zurück und gab die Küste frei. Dann fluteten die Wellen heran und waren bis zu 15 Meter höher als normal. ... Zu anderen außerordentlichen Ereignissen, die sich während der Katastrophe in Lissabon zutrugen, zählt das Versinken eines neuen Kais, der mit einem ungeheuren Kostenaufwand ganz aus Marmor hergestellt worden war. Eine große Menschenmenge hatte sich hier schutzsuchend versammelt, weil sie glaubte, außerhalb des Bereiches der fallenden Trümmer zu sein; doch plötzlich versank der Kai mit der ganzen Menschenmenge darauf, und nicht einer der Leichname kam je wieder an die Oberfläche« (LPG, 495).

»Dem Stoß« des Erdbebens »folgte unmittelbar der Einsturz sämtlicher Kirchen und Klöster, fast aller großen öffentlichen Bauten und mehr als ein Viertel der Häuser. Ungefähr zwei Stunden nach dem Erdstoß brach in verschiedenen Stadtvierteln Feuer aus und wütete beinahe drei Tage lang mit solcher Gewalt, dass die Stadt völlig verwüstet wurde. Das Erdbeben geschah an einem Feiertag, als die Kirchen und Klöster voller Menschen waren, von denen nur sehr wenige entkamen.« (EA, 1831, Art. »Lissabon«) »Der Schrecken des Volkes überstieg jede Beschreibung. Niemand weinte, das Unglück war zu groß. Die Menschen liefen hin und her, wahnsinnig vor Schrecken und Entsetzen, schlugen sich ins Gesicht und an die Brust und riefen: ›Erbarmen! Die Welt geht unter!‹ Mütter vergaßen ihre Kinder und rannten mit Kruzifixen umher. Unglücklicherweise liefen viele in die Kirchen, um Schutz zu suchen, und vergebens wurde ununterbrochen die Hostie gezeigt, vergebens klammerten sich die armen Geschöpfe an die Altäre. Kruzifixe, Priester und Volk wurden bei dem allgemeinen Untergang verschlungen.« An diesem verhängnisvollen Tag kamen schätzungsweise 90.000 Menschen ums Leben.

... UND GEHEIMNISVOLLE ZEICHEN AM HIMMEL

25 Jahre später erschien das nächste vorhergesagte Zeichen: die Verfinsterung der Sonne und des Mondes. Auffallend an dieser Prophezeiung ist die genaue Zeitangabe ihrer Erfüllung. Als der Heiland mit seinen Jüngern auf dem Ölberg über die lange trübselige Zeit der Gemeinde sprach – über diese 1260 Jahre der Verfolgung durch das Papsttum –, von denen er versprochen hatte, sie zu verkürzen, erwähnte er gewisse Ereignisse, die seinem Kommen vorausgehen würden. Dabei nannte er den Zeitrahmen, in dem dieses erste Zeichen erscheinen sollte. »Aber zu jener Zeit, nach dieser Bedrängnis, wird die Sonne sich verfinstern und der Mond seinen Schein verlieren.« (Markus 13,24) Die 1260 Tage oder Jahre liefen mit dem Jahr 1798 ab. Ein Vierteljahrhundert vorher hatten die Verfolgungen beinahe gänzlich aufgehört. Nach diesen Verfolgungen sollte gemäß der Worte Christi die Sonne verdunkelt werden. Am 19. Mai 1780 ging diese Weissagung in Erfüllung.

»Die geheimnisvollste und unerklärbare, wenn nicht gänzlich ohne Beispiel dastehende Naturerscheinung ... war der finstere Tag vom 19. Mai 1780 – eine höchst sonderbare Verfinsterung des ganzen sichtbaren Himmels in Neuengland.« (DFC, 89)

Ein Augenzeuge aus Massachusetts beschrieb dieses Ereignis wie folgt: »Am Morgen ging die Sonne klar auf, bald aber bezog sich der Himmel. Die Wolken sanken immer tiefer, und während sie dunkler und bedrohlicher wurden, zuckten Blitze, der Donner rollte und etwas Regen fiel. Gegen neun Uhr lichtete sich die Wolkendecke und nahm ein messing- oder kupferfarbenes Aussehen an, sodass Erde, Felsen, Bäume, Gebäude, das Wasser und die Menschen in diesem seltsamen, unheimlichen Licht ganz verändert erschienen. Wenige Minuten später breitete sich eine schwere, schwarze Wolke über den ganzen Himmel aus, mit Ausnahme eines schmalen Streifens am Horizont, und es war so dunkel, wie es gewöhnlich im Sommer um neun Uhr abends ist ...

Angst, Entsetzen und heilige Scheu bemächtigten sich der Menschen. Frauen standen vor den Türen und schauten in die dunkle Landschaft, Männer kehrten von ihrer Feldarbeit zurück, der Zimmermann verließ sein Werkzeug, der Schmied seine Werkstatt, der Kaufmann seinen Laden. Die Schulen wurden geschlossen und zitternde Kinder rannten heim. Reisende suchten Unterkunft in den nächsten Bauernhäusern. ›Was soll das werden?‹, fragten bebende Lippen und Herzen. Es schien, als ob ein großer Sturm über das Land hereinbrechen wollte oder als ob das Ende aller Dinge gekommen sei.

Kerzen wurden angezündet, und das Feuer im offenen Kamin brannte so hell wie an einem Herbstabend ohne Mondlicht. ... Die Hühner erklommen ihre Ruhestangen und schliefen ein, das Vieh ging an die Wiesenpforten und brüllte, Frösche quakten, Vögel sangen ihr Abendlied und Fledermäuse flogen herum. Aber die Menschen wussten, dass die Nacht nicht hereingebrochen war. ...

Dr. Nathanael Whittaker, Geistlicher in Salem, hielt einen Gottesdienst im Versammlungssaal und behauptete in seiner Predigt, dass die Dunkelheit übernatürlich sei. An vielen anderen Orten wurden Versammlungen durchgeführt, und die Bibeltexte für die unvorbereiteten Predigten waren unvermeidlich solche, die andeuteten, dass die Finsternis in Übereinstimmung mit der biblischen Weissagung stand. ... Kurz nach elf Uhr war die Dunkelheit am stärksten.« (TEA, April 1899, III, Nr. 4, 53.54)

»An den meisten Orten war die Finsternis so dicht, dass man weder nach der Uhr sehen noch die häuslichen Arbeiten ohne Kerzenlicht ausführen konnte. ... Das Ausmaß der Finsternis war außergewöhnlich. Nach Osten erstreckte sie sich bis Falmouth, nach Westen erreichte sie den äußersten Teil von Connecticut und Albany, nach Süden hin wurde sie an der ganzen Küste entlang beobachtet, und nach Norden reichte sie, so weit sich die amerikanischen Niederlassungen ausdehnten.« (GHR, III, 57)

Eine oder zwei Stunden vor Sonnenuntergang folgte auf die starke Dunkelheit ein teilweise klarer Himmel, die Sonne kam hervor, doch war ihr Schein von einem schwarzen, schweren Schleier getrübt. »Nach Sonnenuntergang kamen die Wolken zurück und es wurde schnell sehr dunkel. ... Die Dunkelheit der Nacht war ebenso ungewöhnlich und erschreckend wie die des Tages, denn obgleich es fast Vollmond war, ließ sich doch kein Gegenstand ohne künstliches Licht unterscheiden, und dieses sah von den Nachbarhäusern und andern Orten aus, als ob es durch eine ägyptische Finsternis schien, die für die Strahlen nahezu undurchdringlich war.« (TMS, X, N. 472, 25. Mai 1780) Ein Augenzeuge dieses Ereignisses sagte: »Ich konnte mich des Gedankens nicht erwehren, dass, wenn alle leuchtenden Himmelskörper in solch undurchdringliche Finsternis gehüllt oder gänzlich verschwunden wären, die Finsternis nicht vollständiger hätte sein können.« (MHSC, 1792, 1. Serie, I, 97) Obgleich um neun Uhr abends der Mond voll aufging, »vermochte er nicht im Geringsten den todesähnlichen Schatten zu zerteilen.« Nach Mitternacht verschwand die Finsternis, und als der Mond sichtbar wurde, sah er aus wie Blut.

Der 19. Mai 1780 ging als »der finstere Tag« in die Geschichte ein. Seit der Zeit Moses wurde nie mehr von einer Finsternis gleicher Dichte, gleichen

Ausmaßes und gleicher Dauer berichtet. Was hier von Augenzeugen geschildert wurde, ist wie eine Wiederholung der Worte, die der Herr durch den Propheten Joel 2500 Jahre zuvor ausgesprochen hatte: »Die Sonne soll in Finsternis und der Mond in Blut verwandelt werden, ehe denn der große und schreckliche Tag des Herrn kommt.« (Joel 3,4)

EREIGNISSE WÄHREND DER ZEIT DES ENDES

Christus forderte sein Volk auf, nach Zeichen seiner Wiederkunft Ausschau zu halten und sich zu freuen, wenn es die Zeichen seines kommenden Königs erkennen würde. »Wenn aber dieses anfängt zu geschehen, dann seht auf und erhebt eure Häupter, weil sich eure Erlösung naht.« (Lukas 21,28) Er wies seine Nachfolger auf die im Frühling Knospen treibenden Bäume hin und sagte: »Wenn sie jetzt ausschlagen und ihr seht es, so wisst ihr selber, dass jetzt der Sommer nahe ist. So auch ihr: wenn ihr seht, dass dies alles geschieht, so wisst, dass das Reich Gottes nahe ist.« (Lukas 21,30.31)

Doch als der Geist der Demut und Hingabe in der Kirche dem Stolz und dem Formalismus Platz machte, erkaltete die Liebe zu Christus und der Glaube an seine Wiederkunft. Das vorgebliche Volk Christi war verweltlicht, von Vergnügungen ganz in Anspruch genommen und blind für die Zeichen der Wiederkunft seines Herrn. Die Lehre der Wiederkunft wurde vernachlässigt. Die Schriftstellen, die sich auf dieses Ereignis beziehen, wurden durch falsche Auslegungen vernebelt, bis sie größtenteils ignoriert und vergessen waren. Dies war insbesondere in den Kirchen Amerikas der Fall. Alle Gesellschaftsschichten erfreuten sich der Freiheit und einer hohen Lebensqualität. Ehrgeiziges Verlangen nach Reichtum und Luxus erzeugte eine Sucht nach Geldgewinn. Man strebte nach Popularität und Macht, und jeder glaubte, diese erreichen zu können. Die Folge davon war, dass die Menschen das Hauptinteresse ihrer Hoffnungen auf Dinge dieses Lebens richteten, und dass der herrliche Tag, an dem alles Irdische ein Ende haben wird, weit in die Zukunft verschoben wurde.

Als Jesus seinen Jüngern die Zeichen seiner Wiederkunft erläuterte, sagte er ihnen zugleich einen Abfall voraus, der unmittelbar vor seinem Erscheinen herrschen würde. Wie in den Tagen Noahs werde man sich in erster Linie mit weltlichen Tätigkeiten und Vergnügungen befassen, mit kaufen, verkaufen, pflanzen, bauen, heiraten und sich heiraten lassen. Gott und das zukünftige Leben würden vergessen. Menschen, die in dieser Zeit leben, rät Christus: »Gebt acht auf euch, dass euer Herz nicht schwer werde von

Rausch und Trunkenheit und Sorge ums Leben und dass jener Tag nicht jäh über euch komme wie eine Schlinge. Denn er wird über alle hereinbrechen, die den Erdkreis bewohnen. Seid also allezeit wachsam und betet, damit ihr die Kraft bekommt, all dem zu entrinnen, was geschehen wird, und vor den Menschensohn zu gelangen.« (Lukas 21,34-36 ZÜ)

Den Zustand der Kirche zu dieser Zeit schildern die Worte des Erlösers in der Offenbarung: »Du hast den Namen, dass du lebst, und bist tot.« (Offenbarung 3,1) Und an jene, die sich weigern, aus ihrer gleichgültigen Sorglosigkeit herauszutreten, ergeht die ernste Warnung: »Wenn du aber nicht wachen wirst, werde ich kommen wie ein Dieb, und du wirst nicht wissen, zu welcher Stunde ich über dich kommen werde.« (Offenbarung 3,3)

Die Menschen müssen auf die sie umgebenden Gefahren aufmerksam gemacht werden. Sie müssen auf die ernsten Ereignisse vorbereitet werden, die mit dem Ende der Gnadenzeit in Verbindung stehen. Der Prophet Gottes erklärt: »Der Tag des Herrn ist groß und voller Schrecken, wer kann ihn ertragen?« (Joel 2,11) Wer bestehen wird, wenn der erscheint, von dem heißt es: »Deine Augen sind zu rein, als dass du Böses ansehen könntest, und dem Jammer kannst du nicht zusehen!« (Habakuk 1,13) Denen, die rufen: »Du bist mein Gott; wir ... kennen dich« (Hosea 8,2) und seinen Bund übertreten und einem andern Gott nachlaufen (vgl. Psalm 16,4), die Böses in ihrem Herzen verbergen und die Wege der Ungerechtigkeit lieben, für die wird des Herrn Tag »finster und nicht licht sein, dunkel und nicht hell« (Amos 5,20). »Zur selben Zeit«, spricht der Herr, »will ich Jerusalem mit der Lampe durchsuchen und aufschrecken die Leute, die sich durch nichts aus der Ruhe bringen lassen und sprechen in ihrem Herzen: Der Herr wird weder Gutes noch Böses tun.« (Zefanja 1,12) »Ich will den Erdkreis heimsuchen um seiner Bosheit willen und die Gottlosen um ihrer Missetat willen und will dem Hochmut der Stolzen ein Ende machen und die Hoffart der Gewaltigen demütigen.« (Jesaja 13,11) »Es wird sie ihr Silber und Gold nicht erretten können am Tage des Zorns des Herrn« (Zefanja 1,18), und »ihre Güter sollen zum Raub werden und ihre Häuser verwüstet« (Zefanja 1,13).

Der Prophet Jeremia ruft über diese schreckliche Zeit aus: »Wie ist mir so weh! ... und ich habe keine Ruhe; denn ich höre der Posaune Hall, den Lärm der Feldschlacht; Niederlage auf Niederlage wird gemeldet.« (Jeremia 4,19.20) »Dieser Tag ist ein Tag des Grimmes, ein Tag der Trübsal und der Angst, ein Tag des Wetters und des Ungestüms, ein Tag der Finsternis und des Dunkels, ein Tag der Wolken und des Nebels, ein Tag der Posaune und des Kriegsgeschreis.« (Zefanja 1,15.16) »Denn siehe, des Herrn Tag kommt ... die Erde zu verwüsten und die Sünder von ihr zu vertilgen.« (Jesaja 13,9)

Mit Blick auf diesen großen Tag ruft Gott sein Volk in seinem Wort in höchst feierlicher und beeindruckender Sprache auf, sich von seiner geistlichen Trägheit zu erheben und Gottes Angesicht in Reue und Demut zu suchen. »Blast die Posaune zu Zion, ruft laut auf meinem heiligen Berge! Erzittert, alle Bewohner des Landes! Denn der Tag des Herrn kommt und ist nahe.« (Joel 2,1) »Sagt ein heiliges Fasten an, ruft die Gemeinde zusammen! Versammelt das Volk, heiligt die Gemeinde, sammelt die Ältesten, bringt zusammen die Kinder. ... Der Bräutigam gehe aus seiner Kammer und die Braut aus ihrem Gemach! Lasst die Priester, des Herrn Diener, weinen zwischen Vorhalle und Altar.« (Joel 2,15-17) »Bekehrt euch zu mir von ganzem Herzen mit Fasten, mit Weinen, mit Klagen! Zerreißt eure Herzen und nicht eure Kleider und bekehrt euch zu dem Herrn, eurem Gott! Denn er ist gnädig, barmherzig, geduldig und von großer Güte.« (Joel 2,12.13)

GEISTLICHE TEILNAHMSLOSIGKEIT VOR DEM ERSCHEINEN CHRISTI

Um ein Volk darauf vorzubereiten, am Tag des Herrn zu bestehen, musste ein großes Reformwerk durchgeführt werden. Gott sah voraus, dass sich viele bekennende Christen nicht auf die Ewigkeit vorbereiteten. In seiner Barmherzigkeit sandte er ihnen eine Warnungsbotschaft, um sie aus ihrer Erstarrung aufzurütteln, damit sie sich für die Wiederkunft des Herrn bereit machten.

Diese Warnung ist in Offenbarung 14 aufgezeichnet. Hier wird eine dreifache Botschaft so dargestellt, als würde sie von himmlischen Wesen verkündigt, worauf unmittelbar das Kommen des Menschensohns folgt, um »die Ernte der Erde« einzuholen. Die erste Warnung verkündigt die Nähe des Gerichts. Der Prophet »sah einen andern Engel fliegen mitten durch den Himmel, der hatte ein ewiges Evangelium zu verkündigen denen, die auf Erden wohnen, allen Nationen und Stämmen und Sprachen und Völkern. Und er sprach mit großer Stimme: Fürchtet Gott und gebt ihm die Ehre; denn die Stunde seines Gerichts ist gekommen! Und betet an den, der gemacht hat Himmel und Erde und Meer und die Wasserquellen!« (Offenbarung 14,6.7)

Diese Botschaft wird ein Teil des »ewigen Evangeliums« genannt. Die Verkündigung dieses Evangeliums wurde aber nicht Engeln übertragen, sondern Menschen anvertraut. Heilige Engel beaufsichtigen diesen Dienst und sind verantwortlich für das große Werk der Errettung von Menschen. Aber die eigentliche Verkündigung des Evangeliums wird von den Dienern Christi auf Erden durchgeführt.

Treue und gehorsame Menschen, die sich vom Geist Gottes und von seinem Wort leiten ließen, wurden mit der Verkündigung dieser Warnung an die Welt beauftragt. Sie achteten auf das »feste prophetische Wort«, auf jenes »Licht, das da scheint an einem dunklen Ort, bis der Tag anbreche und der Morgenstern aufgehe« (2. Petrus 1,19). Sie hatten die Erkenntnis Gottes mehr gesucht als alle verborgenen Reichtümer und schätzten sie höher »als Silber, und ihr Ertrag ist besser als Gold« (Sprüche 3,14). Der Herr offenbarte ihnen die großen Dinge über sein Reich. »Der Herr ist denen Freund, die ihn fürchten; und seinen Bund lässt er sie wissen.« (Psalm 25,14)

Es waren nicht die gelehrten Theologen, die für diese Wahrheit Verständnis aufbrachten und sie verkündigten. Wären sie treue Wächter gewesen und hätten sie die Schrift unter Gebet fleißig erforscht, hätten sie die Zeit der Nacht erkannt. Die Prophezeiungen hätten ihnen die Ereignisse gezeigt, die kurz bevorstanden. Dazu aber waren sie nicht bereit, und so wurde die Botschaft einfacheren Menschen übertragen. Jesus rief: »Wandelt, solange ihr das Licht habt, damit euch die Finsternis nicht überfalle.« (Johannes 12,35) Wer sich von dem Licht abwendet, das Gott ihm gegeben hat oder es nicht sehen will, wenn es in seiner Reichweite ist, bleibt der Finsternis überlassen. Aber der Erlöser erklärt: »Wer mir nachfolgt, der wird nicht wandeln in der Finsternis, sondern wird das Licht des Lebens haben.« (Johannes 8,12) Wer immer beharrlich den Willen Gottes sucht und auf das bereits empfangene Licht achtet, wird größeres Licht empfangen. Ihm wird ein Stern voll himmlischen Glanzes gesandt werden, der ihn in alle Wahrheit führt.

Beim ersten Kommen Christi hätten die Priester und Schriftgelehrten der Heiligen Stadt, denen das lebendige Wort gegeben worden war, die Zeichen der Zeit erkennen und die Ankunft des Verheißenen verkündigen können. Die Weissagung Michas nannte den Geburtsort (Micha 5,1). Daniel gab die Zeit seines Kommens an (Daniel 9,25). Gott hatte diese Weissagungen den jüdischen Ältesten anvertraut. Es gab für sie keine Entschuldigung. Sie waren nicht unwissend und hätten dem Volk das baldige Kommen des Messias verkündigen können. Ihre mangelnde Kenntnis war das Ergebnis sündhafter Sorglosigkeit. Einerseits bauten die Juden für die getöteten Propheten Gottes Denkmäler, andererseits aber ehrten sie die Großen dieser Welt, womit sie den Knechten Satans huldigten. In ihrem ehrgeizigen Streben nach Macht und Ansehen unter den Menschen verloren sie die Ehre Gottes aus den Augen, die ihnen der König des Himmels angeboten hatte.

Die Ältesten Israels hätten mit gründlichem und ehrfürchtigem Interesse den Ort, die Zeit und die Umstände des größten Ereignisses der Weltgeschichte studieren sollen – die Ankunft des Sohnes Gottes, um die Erlösung der Menschheit zu vollenden. Das ganze Volk hätte wachen und warten sollen, um unter den Ersten zu sein, die den Erlöser der Welt empfingen. Doch als zwei müde Reisende von den Hügeln Nazareths die lange, enge Straße Bethlehems bis zum Ostende durchschritten, suchten sie leider vergebens eine Unterkunft für die Nacht. Ihnen wurde keine Tür geöffnet, um sie zu empfangen. In einer armseligen Hütte, die für das Vieh bestimmt war, fanden sie Unterschlupf, und dort wurde der Erlöser der Welt geboren.

Himmlische Engel hatten die Herrlichkeit gesehen, die der Sohn beim Vater besaß, bevor die Welt erschaffen wurde, und sie warteten mit lebhafter Anteilnahme auf sein Erscheinen auf Erden als dem freudigsten Ereignis für alle Völker. Engel wurden beauftragt, die frohe Botschaft denen zu bringen, die bereit waren, sie zu empfangen, und die sie freudig allen Erdenbewohnern bekannt machen würden. Christus erniedrigte sich und nahm menschliche Gestalt an. Er sollte eine unendliche Leidenslast tragen, wenn er sein Leben als Opfer für die Sünde darbrachte. Dennoch erwarteten die Engel, dass der Sohn des Höchsten selbst in seiner Erniedrigung den Menschen in einer seinem Charakter entsprechenden Würde und Herrlichkeit erscheinen sollte. Würden sich die Großen dieser Erde in Israels Hauptstadt versammeln, um ihn zu begrüßen? Würden Legionen von Engeln ihn der wartenden Menge vorstellen?

Ein Engel besuchte die Erde, um zu sehen, wer sich auf das Kommen Jesu vorbereitete. Er konnte aber nirgendwo Zeichen der Erwartung erkennen. Da war weder Lob noch Jubel zu vernehmen, dass die Zeit des Messias gekommen war. Eine Zeit lang verweilte der Engel über der auserwählten Stadt und dem Tempel, in dem sich die göttliche Gegenwart über Jahrhunderte offenbart hatte, doch sogar hier fand er dieselbe Gleichgültigkeit vor. Mit Prunk und Stolz brachten die Priester im Tempel ihre verunreinigten Opfer dar. Mit lauter Stimme wandten sich die Pharisäer an das Volk oder sprachen an den Straßenecken prahlerische Gebete. In keinem der Königspaläste, bei keiner philosophischen Zusammenkunft, an keiner Rabbinerschule achtete man auf diese wunderbare Tatsache, die den Himmel mit so viel Freude erfüllte, dass sich der Erlöser der Menschheit anschickte, auf der Erde zu erscheinen.

LICHT FÜR SUCHENDE

Nirgendwo war erkennbar, dass Christus erwartet wurde oder dass Vorbereitungen für den Empfang des Fürsten des Lebens getroffen worden waren. Verblüfft wollte der himmlische Botschafter mit der schmählichen Kunde in den Himmel zurückkehren, als er eine Gruppe von Hirten erblickte, die ihre Herden in der Nacht hüteten, zum sternenbesäten Himmel aufschauten und über die Prophezeiung eines Messias nachdachten, der auf die Erde kommen sollte. Sie sehnten sich nach der Ankunft des Erlösers der Welt. Hier waren Menschen, die sich vorbereitet hatten, um die himmlische Botschaft zu empfangen. Da erschien ihnen plötzlich der Engel des Herrn und verkündigte freudig die gute Botschaft. Himmlische Herrlichkeit überflutete die Ebene, und eine unzählbare Engelschar wurde sichtbar. Als ob die Freude für einen Botschafter allein zu groß gewesen wäre, stimmte ein gewaltiger Chor in ein Lied ein, das alle Erlösten eines Tages singen werden: »Ehre sei Gott in der Höhe und Friede auf Erden bei den Menschen seines Wohlgefallens.« (Lukas 2,14)

Welch eine Lehre liegt in diesem wunderbaren Bericht von Bethlehem verborgen! Wie straft sie unseren Unglauben, unseren Stolz und unsere Selbstzufriedenheit! Sie ist uns eine Warnung, damit wir nicht durch eine sträfliche Gleichgültigkeit die Zeichen der Zeit in gleicher Weise missachten und den Tag unserer Heimsuchung verkennen.

Aber nicht nur auf den Höhen Judäas, nicht nur bei bescheidenen Hirten fanden Engel Menschen, die den Messias erwarteten. Auch in heidnischen Ländern gab es solche, die nach ihm Ausschau hielten. Es waren reiche und edle Männer, weise Philosophen des Ostens. Durch das Studium der Natur erkannten die Weisen Gott in der Schöpfung. Aus den hebräischen Schriften hatten sie erfahren, dass ein Stern aus Jakob aufgehen sollte, und mit eifrigem Verlangen erwarteten sie die Ankunft dessen, der nicht nur der »Trost Israels« (Lukas 2,25), sondern auch »ein Licht, zu erleuchten die Heiden« (Lukas 2,32), »das Heil ... bis an die Enden der Erde« sein würde (Apostelgeschichte 13,47). Sie suchten nach dem Licht, und Licht vom Thron Gottes erleuchtete den Weg vor ihren Füßen. Während Priester und Rabbiner in Jerusalem, die berufenen Hüter und Lehrer der Wahrheit, in Finsternis gehüllt waren, leitete der Stern des Himmels diese heidnischen Fremdlinge zum Geburtsort des neuen Königs.

Denen, die auf Christus warten, wird er »zum zweiten Mal ... nicht der Sünde wegen erscheinen, sondern denen, die auf ihn warten, zum Heil« (Hebräer 9,28). Wie die Kunde von der Geburt des Erlösers wurde auch die Botschaft von der Wiederkunft nicht den religiösen Führern anvertraut. Sie hatten versäumt, ihre Verbindung mit Gott aufrechtzuerhalten und das Licht vom Himmel von sich gewiesen. Deshalb gehörten sie nicht zu den Menschen, von denen der Apostel Paulus sagt: »Ihr aber, liebe Brüder, seid nicht in der Finsternis, dass der Tag wie ein Dieb über euch komme. Denn ihr alle seid Kinder des Lichtes und Kinder des Tages. Wir sind nicht von der Nacht noch von der Finsternis.« (1. Thessalonicher 5,4.5)

Die Wächter auf den Mauern Zions hätten die Ersten sein sollen, um die Botschaft vom Kommen des Erlösers zu vernehmen, die Ersten, um ihre Stimme zu erheben, um seine Nähe zu verkündigen, die Ersten, um das Volk aufzufordern, sich auf sein Kommen vorzubereiten. Aber sie ließen sich's wohl ergehen, träumten von Frieden und Sicherheit, während das Volk in seinen Sünden schlief. Jesus verglich seine Gemeinde mit einem unfruchtbaren Feigenbaum, der im Schmuck der Blätter prangte, aber keine köstlichen Früchte hervorbrachte. Man rühmte sich, religiöse Formen zu beachten, während wahre Demut, Reue und Glauben fehlten, welche allein Gott ihren Dienst hätten angenehm machen können. Statt Früchte des Geistes zeigten sich Stolz, Formalismus, Prahlerei, Selbstsucht und Unterdrückung. Eine abgefallene Gemeinde verschloss ihre Augen vor den Zeichen der Zeit. Gott verließ sie nicht, noch ließ er es an seiner Treue fehlen. Sie aber trennten sich von ihm und seiner Liebe. Als sie es ablehnten, seinen Forderungen nachzukommen, blieb die Erfüllung seiner Verheißungen an ihnen aus.

So weit kommt es, wenn man das Licht und die Vorzüge nicht schätzt, die Gott schenkt. Wenn eine Gemeinde es versäumt, den Weg zu gehen, den Gott ihr in seiner Vorsehung zeigt, und nicht jeden Lichtstrahl und jede Offenbarung annimmt, verwandelt sich jede Art von Religion unausweichlich in reinen Formalismus, und der Geist der lebendigen Frömmigkeit verschwindet. Diese Wahrheit hat die Geschichte der Kirche wiederholt veranschaulicht. Gott verlangt von seinem Volk Werke des Glaubens und des Gehorsams, entsprechend der geschenkten Segnungen und Vorrechte. Gehorsam verlangt Opfer und schließt das Kreuz ein. Aus diesem Grund lehnten so viele angebliche Nachfolger Christi das Licht des Himmels ab und erkannten wie die Juden von einst nicht die Zeit ihrer Heimsuchung (Lukas 19,44). Weil sie stolz und ungläubig waren, überging der Herr die Oberen von damals und offenbarte seine Wahrheit den Hirten von Bethlehem und den Weisen aus dem Morgenland, weil sie das Licht annahmen, das sie empfangen hatten.

KAPITEL 18

WILLIAM MILLER UND DAS BUCH DANIEL

Ein ehrenwerter und rechtschaffener amerikanischer Farmer war dazu verleitet worden, an der göttlichen Autorität der Bibel zu zweifeln. Doch weil er ehrlich nach der Wahrheit suchte, wurde er schließlich von Gott dazu auserwählt, Wegbereiter für die Verkündigung der Wiederkunft Christi zu werden. William Miller[51] hatte wie viele andere Reformatoren vor ihm in jungen Jahren mit der Armut zu kämpfen. Dabei hatte er sich so wichtige Eigenschaften wie Fleiß und Selbstüberwindung angeeignet. Die Mitglieder seiner eigenen Familie zeichneten sich durch eine Grundhaltung von Unabhängigkeit und Freiheitsliebe aus. Sie besaßen Durchhaltevermögen und liebten ihr Vaterland. All das prägte auch den Charakter von William. Sein Vater war Hauptmann in der amerikanischen Revolutionsarmee, und die Opfer, die er in den Kämpfen und Leiden jener stürmischen Tage brachte, mögen der Grund für die armseligen Verhältnisse von Millers Kindheit gewesen sein.

William war von kräftiger Natur und zeigte schon in seiner Kindheit eine überdurchschnittliche Verstandeskraft. Diese trat mit zunehmendem Alter noch deutlicher hervor. Er war ein eifriger und gründlicher Denker und er hatte ein starkes Verlangen nach Wissen. Obwohl er sich keine akademische Bildung aneignen konnte, machten ihn seine Liebe zum Studium, seine Kritikfähigkeit und seine Gewohnheit, sorgfältig nachzudenken, zu einem Mann mit gesunder Urteilskraft und umfassendem Wissen. Er war moralisch untadelig, sein Leumund beneidenswert. Seine Rechtschaffenheit, Sparsamkeit und sein wohltätiger Charakter brachten ihm hohe Achtung ein. Durch Fleiß und Tatkraft erwarb er sich schon früh einen großen Sachverstand, wobei er seinen Studiengewohnheiten stets treu blieb. In verschiedenen zivilen und militärischen Ämtern kam er zu Ansehen, und der Weg zu Reichtum und Ruhm schien für ihn geebnet.

---

51 Siehe Glossar »Miller, William«, S. 670.

William Miller hatte eine tiefgläubige Mutter, und in seiner Kindheit wurde er religiös geprägt. Im frühen Mannesalter geriet er jedoch in die Gesellschaft von Deisten.⁵² Deren Einfluss auf ihn war besonders groß, da sie meist gute Bürger sowie wohltätige und menschenfreundliche Leute waren. In der Nachbarschaft von christlichen Institutionen war ihr Charakter bis zu einem gewissen Maße durch ihre Umgebung geprägt. Die Achtung und das Vertrauen, die man ihnen entgegenbrachte, hatten sie der Bibel zu verdanken. Doch wurden diese guten Gaben so verdreht, dass dadurch ein Einfluss gegen das Wort Gottes entstand. Die Verbindung zu diesen Männern brachte Miller dazu, auch ihre Weltanschauung zu übernehmen. Die gängige Schriftauslegung schien ihm voll von unüberwindlichen Schwierigkeiten zu sein. Doch sein neuer Glaube, der die Bibel beiseite setzte, bot ihm keine Alternative, und er war damit bei weitem nicht zufrieden. Trotzdem blieb er dieser Ansicht ungefähr zwölf Jahre lang treu. Als er 34 Jahre alt war, überzeugte ihn der Heilige Geist von seinem sündigen Zustand. Seine frühere Weltanschauung gab ihm keine begründete Hoffnung, die über das Grab hinaus reichte. Die Zukunft war düster und unheimlich. Über seine Gefühle jener Zeit schrieb er später:

»Vernichtet zu werden, das war ein kalter, schauriger Gedanke, und Rechenschaft ablegen zu müssen wäre der sichere Untergang aller gewesen. Der Himmel über meinem Haupte war wie Erz und die Erde unter meinen Füßen wie Eisen. Die Ewigkeit – was war sie? Und der Tod – warum gab es ihn? Je mehr ich mit mir kämpfte, desto weiter entfernte ich mich von den Beweisen. Je mehr ich darüber nachdachte, desto zerfahrener wurden meine Schlussfolgerungen. Ich versuchte, nicht weiter nachzudenken, aber meine Gedanken ließen sich nicht kontrollieren. Ich fühlte mich wahrhaft elend, wusste jedoch nicht warum. Ich murrte und klagte, wusste aber nicht, gegen wen. Ich war überzeugt, dass irgendwo ein Fehler lag, wusste aber nicht, wo oder wie das Richtige zu finden sei. Ich trauerte und war ohne Hoffnung.«

VOM DEISTEN ZUM CHRISTEN

In dieser Haltung blieb Miller mehrere Monate. »Plötzlich«, sagte er, »prägte sich meinem Gemüt lebhaft der Charakter eines Erlösers ein. Es schien mir, als gebe es ein Wesen, das so gut und barmherzig ist, dass es sich für unsere Übertretungen als Sühne anbietet und uns dadurch vor der Strafe für die Sünde rettet. Ich fühlte sofort, wie herzlich ein solches Wesen sein müsste und stellte mir vor, dass ich mich in seine Arme werfen

---

52   Siehe Glossar »Deismus«, S. 656.

und seiner Gnade vertrauen könnte. Aber es erhob sich die Frage: Wie kann bewiesen werden, dass es ein solches Wesen gibt? Ich fand, dass ich außerhalb der Bibel keinen Beweis für die Existenz eines solchen Erlösers oder gar eines zukünftigen Daseins entdecken konnte. ...

Ich sah, dass die Bibel von einem solchen Erlöser berichtete, wie ich ihn nötig hatte, und ich wunderte mich, wie ein nicht inspiriertes Buch solche Grundsätze entwickeln konnte, die den Bedürfnissen einer gefallenen Welt so vollkommen entsprachen. Ich musste zugeben, dass die Heilige Schrift eine Offenbarung Gottes sein muss. Sie wurde meine Freude, und in Jesus fand ich einen Freund. Der Erlöser wurde für mich der Wichtigste unter vielen Tausenden, und die Heilige Schrift, die zuvor dunkel und voller Widersprüche schien, wurde meines Fußes Leuchte und ein Licht auf meinem Wege. Ruhe und Zufriedenheit zogen in mein Gemüt ein. Ich erkannte Gott, den Herrn, als einen Fels inmitten der Wogen des Lebens. Die Bibel wurde nun zu meinem Hauptstudium, und ich kann wahrlich sagen, dass ich sie mit großer Freude durchforschte. Ich bemerkte, dass man mir nicht einmal die Hälfte ihres Inhalts erzählt hatte. Es wunderte mich, dass ich ihre Schönheit und Herrlichkeit nicht eher gesehen hatte, und ich war erstaunt darüber, wie ich sie je hatte ablehnen können. Ich fand darin alles, was mein Herz sich wünschen konnte – es gab ein Heilmittel für jede Krankheit meiner Seele. Ich verlor jeden Gefallen an anderem Lesestoff und wollte Weisheit von Gott bekommen.« (BMM, 65-67)

Miller bekannte sich nun öffentlich zu dem Glauben, den er bis vor kurzem verachtet hatte. Aber seine ungläubigen Kameraden brachten schnell die Argumente vor, die er bisher selbst gegen die göttliche Autorität der Bibel verwandt hatte. Er war noch nicht darauf vorbereitet, ihnen zu antworten, meinte jedoch, wenn die Bibel eine Offenbarung Gottes sei, müssten ihre Aussagen sich harmonisch zusammenfügen lassen, und wenn sie dem Menschen zur Unterweisung gegeben sei, müsste sie für ihn verständlich sein. Er entschloss sich, sie selbst zu durchforschen und herauszufinden, ob sich die scheinbaren Widersprüche nicht lösen ließen.

William Miller bemühte sich, alle Vorurteile abzulegen und auf Kommentare zu verzichten. Darum verglich er Schriftstelle mit Schriftstelle, wobei er sich der angegebenen Parallelstellen und einer Konkordanz bediente. Er studierte regelmäßig und methodisch, fing mit dem ersten Buch Mose an, las Vers um Vers und las erst weiter, wenn sämtliche Unklarheiten der verschiedenen Abschnitte beseitigt waren. Wenn ihm eine Stelle unverständlich war, verglich er sie gewöhnlich mit jedem anderen Text, der mit dem betrachteten Text irgendwie in Zusammenhang zu stehen schien.

Jedes Wort prüfte er bezüglich seiner richtigen Bedeutung zum Thema, und wenn seine Ansicht mit jedem Text übereinstimmte, war für ihn die Schwierigkeit behoben. Wann immer er auf einen Abschnitt stieß, der schwer zu verstehen war, fand er eine Erklärung in einem anderen Teil der Schrift. Wenn er ernstlich im Gebet um göttliche Erleuchtung bat, wurde das klar, was ihm zunächst dunkel erschien. Er erfuhr die Wahrheit der Worte des Psalmisten: »Wenn dein Wort offenbar wird, so erfreut es und macht klug die Unverständigen.« (Psalm 119,130)

DAS STUDIUM DER APOKALYPTISCHEN PROPHETIE

Mit großem Interesse studierte Miller das Buch Daniel und die Offenbarung, wobei er die gleichen Auslegungsprinzipien anwandte wie bei den anderen Teilen der Schrift. Er entdeckte mit großer Freude, dass die Symbole der Prophetie verständlich waren. Miller erkannte, dass sich die Weissagungen, sofern sie schon erfüllt waren, wörtlich erfüllt hatten. All die verschiedenen Bilder, Metaphern, Gleichnisse, Ähnlichkeiten usw. konnten entweder in ihrem unmittelbaren Zusammenhang erklärt werden oder die Begriffe, die sie darstellten, wurden an anderen Stellen definiert. Wenn sie erklärt werden sollten, mussten sie wörtlich verstanden werden. Er sagt: »So wurde ich überzeugt, dass die Bibel eine Kette offenbarter Wahrheiten ist, so deutlich und einfach mitgeteilt, dass selbst der einfache Mann nicht zu irren braucht.« (BMM, 70) Seine Bemühungen wurden belohnt, als er den großen Linien der Prophetie Schritt für Schritt folgte und dabei Glied um Glied in der Kette der Wahrheit erkannte. Himmlische Engel lenkten seine Gedanken und führten ihn zum Verständnis der Heiligen Schrift.

Er erkannte in der Art und Weise, wie sich Prophezeiungen in der Vergangenheit erfüllt hatten, bestimmte Grundmuster. Diese konnte er für die Beurteilung jener Prophezeiungen heranziehen, die sich erst in der Zukunft erfüllen würden. Dabei kam er zur Einsicht, dass das Wort Gottes die damals populäre Erwartung einer geistigen Regierung Christi in einem zeitlichen Millennium vor dem Ende der Welt gar nicht unterstützt. Diese Lehre, die ein tausendjähriges Reich des Friedens und der Gerechtigkeit vor das persönliche Kommen des Herrn stellte, rückte die Schrecken des Tages Gottes in weite Ferne. Wie anziehend dieser Gedanke auch sein mag, er widerspricht dennoch den Lehren Christi und seiner Apostel, die erklärten, dass Unkraut und Weizen bis zum Tag der Ernte (Matthäus 13,30), dem Ende der Welt, nebeneinander wachsen würden. »Mit den bösen Menschen aber und Betrügern wird's je länger, desto ärger« (2. Timotheus 3,13), »dass in den letzten Tagen schlimme Zeiten kommen werden« (2. Timotheus 3,1) und das Reich der Finsternis fortbestehen müsse bis zur Ankunft des Herrn, wenn es verzehrt werden soll »mit dem Geist seines Mundes« und ihm ein Ende gemacht werde »durch seine Erscheinung, wenn er kommt« (2. Thessalonicher 2,8).

Die apostolische Gemeinde kannte keine Lehre von einer weltweiten Bekehrung und einem geistlichen Königreich Christi. Bis vor Beginn des 18. Jahrhunderts wurde diese auch im Christentum allgemein nicht vertreten. Wie jeder andere Irrtum hatte auch dieser schlimme Folgen. Den Menschen wurde gesagt, dass sie die Erscheinung des Herrn in ferner Zukunft zu erwarten hätten. Sie wurden so davon abgehalten, die Zeichen seiner nahenden Wiederkunft zu beachten. Dies erzeugte ein unbegründetes Gefühl der Sorglosigkeit und Sicherheit und verführte viele dazu, die notwendige Vorbereitung zur Begegnung mit dem Herrn zu vernachlässigen.

DIE WIEDERKUNFT CHRISTI VORHERGESAGT

Miller fand heraus, dass die buchstäbliche, persönliche Wiederkunft Christi in der Schrift eindeutig gelehrt wird. Paulus sagt: »Er selbst, der Herr, wird, wenn der Befehl ertönt, wenn die Stimme des Erzengels und die Posaune Gottes erschallen, herabkommen vom Himmel.« (1. Thessalonicher 4,16) Und der Erlöser erklärt, dass sie »sehen den Menschensohn kommen auf den Wolken des Himmels mit großer Kraft und Herrlichkeit« (Matthäus 24,30). »Denn wie der Blitz ausgeht vom Osten und leuchtet bis zum Westen, so wird auch das Kommen des Menschensohns sein.« (Matthäus 24,27) Er wird von all den Scharen des Himmels begleitet werden. Der Menschensohn wird kommen »in seiner Herrlichkeit, und alle Engel mit ihm« (Matthäus 25,31). »Und er wird seine Engel senden mit hellen Posaunen, und sie werden seine Auserwählten sammeln von den vier Winden, von einem Ende des Himmels bis zum anderen.« (Matthäus 24,31)

Bei seiner Wiederkunft werden die gerechten Toten auferweckt und die gerechten Lebenden verwandelt. »Wir werden nicht alle entschlafen«, sagt Paulus, »wir werden aber alle verwandelt werden; und das plötzlich, in einem Augenblick, zur Zeit der letzten Posaune. Denn es wird die Posaune erschallen, und die Toten werden auferstehen unverweslich, und wir werden verwandelt werden. Denn dies Verwesliche muss anziehen die Unverweslichkeit, und dies Sterbliche muss anziehen die Unsterblichkeit.« (1. Korinther 15,51-53) Und in seinem Brief an die Thessalonicher schreibt er nach der Schilderung der Wiederkunft Christi: »Zuerst werden die Toten, die in Christus gestorben sind, auferstehen. Danach werden wir, die wir leben und übrig bleiben, zugleich mit ihnen entrückt werden auf den Wolken in die Luft, dem Herrn entgegen; und so werden wir bei dem Herrn sein allezeit.« (1. Thessalonicher 4,16.17)

Sein Volk kann vor dem persönlichen Erscheinen seines Herrn nicht in das Reich Christi kommen. Der Erlöser sagte: »Wenn aber der Menschensohn kommen wird in seiner Herrlichkeit und alle Engel mit ihm, dann wird er sitzen auf dem Thron seiner Herrlichkeit, und alle Völker werden vor ihm versammelt werden. Und er wird sie voneinander scheiden, wie ein Hirt die Schafe von den Böcken scheidet, und wird die Schafe zu seiner Rechten stellen und die Böcke zur Linken. Da wird dann der König sagen zu denen zu seiner Rechten: Kommt her, ihr Gesegneten meines Vaters, ererbt das Reich, das euch bereitet ist von Anbeginn der Welt!« (Matthäus 25,31-34)

Die angeführten Schriftzitate machen deutlich, dass bei der Wiederkunft des Menschensohns die Toten mit einem unverweslichen Körper auferweckt und die Lebenden verwandelt werden. Durch diese großartige Veränderung werden sie für das Reich Gottes vorbereitet, denn Paulus sagt, »dass Fleisch und Blut das Reich Gottes nicht ererben können; auch wird das Verwesliche nicht erben die Unverweslichkeit« (1. Korinther 15,50). In seinem gegenwärtigen Zustand ist der Mensch sterblich und vergänglich. Das Reich Gottes aber ist unvergänglich und ewig. Deshalb kann der Mensch in seinem gegenwärtigen Zustand nicht in das Reich Gottes kommen. Doch wenn Jesus kommt, wird er seinem Volk die Unsterblichkeit schenken. Dann ruft er sie auf, das Königreich einzunehmen, von dem sie bisher nur Erben waren.

Diese und andere Bibelstellen waren für Miller deutliche Beweise, dass Ereignisse, die allgemein vor der Wiederkunft Christi erwartet wurden, wie ein weltweites Friedensreich und die Aufrichtung des Reiches Gottes auf Erden, der Wiederkunft folgen würden. Ferner stimmten alle Zeichen der Zeit und der Zustand der Welt mit den prophetischen Beschreibungen der letzten Tage überein. Allein durch das Studium der Schrift erkannte er, dass sich die Zeit, die der Erde in ihrem gegenwärtigen Zustand noch zur Verfügung stand, dem Ende näherte.

»Ein anderer Beweis, der mich wesentlich beeinflusste«, sagte er, »war die Zeitrechnung der Heiligen Schrift. ... Ich fand heraus, dass vorhergesagte Ereignisse, die sich in der Vergangenheit erfüllt hatten, häufig in einem klaren Zeitrahmen stattfanden: die 120 Jahre bis zur Sintflut (1. Mose 6,3), die sieben Tage, die ihr vorangehen sollten, mit 40 Tagen vorhergesagten

Regens (1. Mose 7,4), der 400-jährige Aufenthalt der Kinder Abrahams im fremden Land (1. Mose 15,13), die drei Tage der Träume des Mundschenks und des Bäckers (1. Mose 40,12-20), Pharaos sieben Jahre (1. Mose 41,28-54), die 40 Jahre in der Wüste (4. Mose 14,34), die dreieinhalb Jahre der Hungersnot (1. Könige 17,1; Jakobus 5,17; Lukas 4,25) ... die 70 Jahre der Gefangenschaft (Jeremia 25,11), Nebukadnezars sieben Zeiten (Daniel 4,13-16) und die 7 Wochen, die 62 Wochen und die 1 Woche, welche zusammen 70 Wochen ergeben, die für die Juden bestimmt waren (Daniel 9,24-27). All diese Ereignisse, die durch eine Prophetie zeitlich fixiert waren, erfüllten sich wie vorhergesagt.« (BMM, 74.75)

DIE PROPHEZEIUNG DER 2300 JAHRE

Als Miller während seines Bibelstudiums auf Zeitangaben stieß, die nach seinem Verständnis bis zur Wiederkunft Christi reichten, konnte er sie nicht anders »als vorher bestimmte Zeiten« ansehen, die Gott seinen Knechten offenbart hatte. »Was verborgen ist«, sagt Mose, »ist des Herrn, unseres Gottes; was aber offenbart ist, das gilt uns und unsern Kindern ewiglich, dass wir tun sollen alle Worte dieses Gesetzes« (5. Mose 29,28), und der Herr erklärt durch den Propheten Amos, dass er nichts tut, »er offenbare denn seinen Ratschluss den Propheten, seinen Knechten« (Amos 3,7). Wer im Wort Gottes sucht, darf also voll Vertrauen erwarten, dass das bedeutendste Ereignis der Weltgeschichte in der Schrift klar dargestellt wird.

Miller sagte: »Ich war völlig überzeugt, dass alle Schrift, von Gott eingegeben, nützlich ist (2. Timotheus 3,16), und dass sie nie aus menschlichem Willen hervorgebracht wurde (2. Petrus 1,21), sondern dass die heiligen Menschen Gottes vom Heiligen Geist getrieben geredet haben. Sie ist ›uns zur Lehre geschrieben, damit wir durch Geduld und den Trost der Schrift Hoffnung haben‹ (Römer 5,4). Daher konnte ich die chronologischen Teile der Bibel genauso als einen Teil der Heiligen Schrift ansehen, und sie sind somit in gleicher Weise unserer ernsten Aufmerksamkeit wert wie irgendein anderer Schriftabschnitt. Ich dachte deshalb, wenn ich versuchte, zu verstehen, was Gott in seiner Barmherzigkeit für gut gefunden hatte, uns zu offenbaren, hätte ich kein Recht, die prophetischen Zeitangaben zu übergehen.« (BMM, 75)

Die Weissagung, welche die Zeit der Wiederkunft Christi am deutlichsten zu enthüllen schien, war die in Daniel 8,14: »Bis 2300 Abende und Morgen vergangen sind; dann wird das Heiligtum wieder geweiht werden.«

Da Miller seinem Grundsatz folgte, dass sich das Wort Gottes selbst auslegt, entdeckte er dabei, dass in der symbolischen Prophetie ein Tag ein Jahr bedeutet (4. Mose 14,34 und Hesekiel 4,6). Er erkannte, dass sich der Zeitraum von 2300 prophetischen Tagen oder buchstäblichen Jahren weit über den Zeitraum des Alten Bundes hinaus erstreckte und sich folglich nicht auf das Heiligtum dieses Bundes beziehen konnte. Miller teilte die allgemeine Ansicht, dass im christlichen Zeitalter die Erde das Heiligtum sei. Deshalb deutete er die in Daniel 8,14 prophezeite Reinigung als die Läuterung der Erde mit Feuer vor der Wiederkunft Christi. Wenn also der richtige Ausgangspunkt für die 2300 Tage gefunden werden könnte, wäre nach seiner Meinung die Zeit der Wiederkunft relativ leicht zu berechnen. Damit wäre die Zeit des großen Endes offenbart, die Zeit, in der der gegenwärtige Zustand mit »all seinem Stolz und seiner Macht, seinem Gepränge und seiner Eitelkeit, seiner Gottlosigkeit und Unterdrückung ein Ende hat«; wenn der Fluch »von der Erde weggenommen, der Tod vernichtet, die Knechte Gottes, die Propheten, die Heiligen und alle, die seinen Namen fürchten, belohnt, und diejenigen, welche die Erde verderben, vernichtet werden.« (BMM, 76)

DER ZEITRAUM DER 2300 JAHRE

Mit neuer und größerer Ernsthaftigkeit untersuchte Miller die Prophezeiungen weiter. Ganze Tage und Nächte widmete er dem Studium jener Themen, die ihm so überragend wichtig erschienen und seine ganze Aufmerksamkeit fesselten. In Daniel 8 fand er keinen Hinweis auf den Ausgangspunkt für die 2300 Tage. Obwohl der Engel Gabriel das Gesicht erklären musste, legte er es nur teilweise aus. Als dem Propheten die schreckliche Verfolgung der Gemeinde gezeigt wurde, schwanden seine Kräfte. Mehr konnte er nicht ertragen, und der Engel verließ ihn erst einmal. »Und ich, Daniel, war erschöpft und lag einige Tage krank. Danach stand ich auf und verrichtete meinen Dienst beim König. Und ich wunderte mich über das Gesicht, und niemand konnte es mir auslegen.« (Daniel 8,27)

Doch Gott hatte seinem Boten befohlen: »Lege diesem das Gesicht aus, damit er's versteht.« (Daniel 8,16) Dieser Auftrag musste ausgeführt werden. Der Engel gehorchte, kehrte einige Zeit später zu Daniel zurück und sagte: »Jetzt bin ich ausgegangen, um dir zum rechten Verständnis zu verhelfen. ... So merke nun auf das Wort, damit du das Gesicht verstehst.« (Daniel 9,22.23) Ein wichtiger Punkt in der Vision von Kapitel 8 war bis jetzt unerklärt geblieben, nämlich der Zeitraum der 2300 Tage. Deshalb nahm

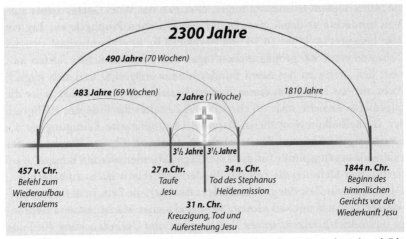

In der längsten Zeitweissagung der Bibel kündigt der Prophet Daniel Jahrhunderte im Voraus das umfassende Erlösungswerk Jesu Christi termingenau an.

der Engel bei seiner Rückkehr das Thema wieder auf und widmete sich der Zeitfrage:

»Über dein Volk und über deine heilige Stadt sind 70 Wochen bestimmt. ... So wisse und verstehe: Vom Erlass des Befehls zur Wiederherstellung und zum Ausbau Jerusalems bis zu dem Gesalbten, dem Fürsten, vergehen 7 Wochen und 62 Wochen; Straßen und Gräben werden wieder gebaut, und zwar in bedrängter Zeit. Und nach den 62 Wochen wird der Gesalbte ausgerottet werden, und ihm wird nichts zuteil werden. ... Und er wird mit den Vielen einen festen Bund schließen eine Woche lang; und in der Mitte der Woche wird er Schlacht- und Speiseopfer aufhören lassen.« (Daniel 9,24-27 Schl.)

Der Engel wurde mit der ausdrücklichen Absicht zu Daniel gesandt, ihm den Teil des Gesichts zu erklären, den er im Kapitel 8 nicht verstanden hatte, nämlich die Aussage über die Zeit. »Bis 2300 Abende und Morgen vergangen sind; dann wird das Heiligtum wieder geweiht werden.« (Daniel 8,14) Nachdem der Engel Daniel aufgefordert hatte, »so merke nun auf das Wort, damit du das Gesicht verstehst« (Daniel 9,23), sagte er weiter: »Siebzig Wochen sind verhängt über dein Volk und über deine heilige Stadt.« (V. 24) Das hier mit »verhängt« übersetzte Wort heißt wörtlich »abgeschnitten«. Der Engel sagte, dass 70 Jahrwochen, also 490 Jahre, abgeschnitten und für die Juden reserviert seien. Aber wovon waren sie abgeschnitten? Da die 2300 Tage die einzige Zeitspanne ist, die in Kapitel 8 erwähnt wird, muss es sich um die Periode handeln, von der die 70 Wochen abgeschnitten wurden. Die 70 Wochen müssen daher ein Teil der 2300 Tage sein und die beiden Zeitabschnitte müssen gleichzeitig beginnen. Nach Aussage des Engels sollten die 70 Wochen mit dem Datum des Befehls zum Wiederaufbau Jerusalems beginnen. Wenn das Datum dieses Befehls herausgefunden werden könnte, wäre auch der Ausgangspunkt des Zeitraums der 2300 Tage feststellbar.

DIE 70 JAHRWOCHEN UND DER MESSIAS

Im siebten Kapitel des Buches Esra finden wir diesen Befehl (Esra 7,12-16). Der umfassendste Befehl wurde vom persischen König Artaxerxes 457 v. Chr. erlassen. In Esra 6,14 heißt es jedoch, dass das Haus des Herrn in Jerusalem »nach dem Befehl des Kyrus, Darius und Arthasasta (Artaxerxes), der Könige in Persien« gebaut worden sei. Diese Könige verfassten, bestätigten und vervollständigten den Erlass. Diese Vollständigkeit, die die Prophezeiung verlangte, bestimmt daher den Anfang der 2300 Jahre. Nimmt man 457 v. Chr. als Zeitpunkt, an dem der Erlass vollständig formuliert war, so waren damit die Bedingungen für den Beginn der prophetischen 70 Wochen erfüllt.

»Vom Erlass des Befehls zur Wiederherstellung und zum Aufbau Jerusalems bis zu dem Gesalbten, dem Fürsten, vergehen 7 Wochen und 62 Wochen« (Daniel 9,25 Schl.) – also 69 Wochen oder 483 Jahre. Der Erlass des Artaxerxes trat im Herbst 457 v. Chr. in Kraft. Von diesem Zeitpunkt an gerechnet erstreckten sich die 483 Jahre bis in den Herbst 27 n. Chr.[53] Zu jener Zeit ging die Weissagung in Erfüllung. Der »Gesalbte« bedeutet der »Messias«. Im Herbst 27 n. Chr. wurde Christus von Johannes getauft und empfing die Salbung durch den Heiligen Geist. Der Apostel Petrus bezeugt, dass »Gott Jesus von Nazareth gesalbt hat mit heiligem Geist und Kraft« (Apostelgeschichte 10,38). Und Jesus selbst erklärte: »Der Geist des Herrn ist auf mir, weil er mich gesalbt hat, zu verkündigen das Evangelium den Armen.« (Lukas 4,18) Nach seiner Taufe »kam Jesus nach Galiläa und predigte das Evangelium Gottes und sprach: Die Zeit ist erfüllt« (Markus 1,14.15).

»Und er wird mit den Vielen einen Bund schließen eine Woche lang.« (Daniel 9,27 Schl.) Die hier erwähnte Woche ist die letzte der 70. Sie entspricht den letzten sieben Jahren der Zeitspanne, die für die Juden bestimmt war. In der Zeit von 27 bis 34 n. Chr. verkündigte Jesus das Evangelium zuerst persönlich, dann durch seine Jünger besonders den Juden. Als die Apostel die frohe Botschaft vom Reich Gottes verkündigten, gab der Erlöser die

---

53 Siehe Glossar »Prophetische Daten (457 v. Chr.)«, S. 675.

Anweisung: »Geht nicht den Weg zu den Heiden und zieht in keine Stadt der Samariter, sondern geht hin zu den verlorenen Schafen aus dem Hause Israel.« (Matthäus 10,5.6)
»In der Mitte der Woche wird er Schlacht- und Speiseopfer aufhören lassen.« (Daniel 9,27 Schl.) Im Jahre 31 n. Chr., dreieinhalb Jahre nach seiner Taufe, wurde Jesus Christus gekreuzigt. Mit dem großen Opfer auf Golgatha fand der Opferdienst ein Ende, der vier Jahrtausende lang auf das Lamm Gottes hingewiesen hatte. Der Typus traf auf den Antitypus, und der Opfer- und Zeremoniendienst fand hier seine Erfüllung.

Die 70 Wochen oder 490 Jahre, die besonders für die Juden vorgesehen waren, endeten 34 n. Chr. Zu dieser Zeit besiegelte das Volk durch einen Beschluss des Hohen Rats seine Ablehnung des Evangeliums durch den Märtyrertod des Stephanus und die Verfolgung der Jünger Christi. Von diesem Zeitpunkt an war die Botschaft der Erlösung nicht mehr auf das auserwählte Volk beschränkt, sondern wurde der Welt verkündigt. Durch Verfolgungen wurden die Jünger gezwungen, Jerusalem zu verlassen. Sie »zogen umher und predigten das Wort. Philippus aber kam hinab in die Hauptstadt Samariens und predigte ihnen von Christus« (Apostelgeschichte 8,4.5). Unter göttlicher Leitung konnte Petrus dem Hauptmann von Cäsarea, dem gottesfürchtigen Kornelius, das Evangelium verkündigen, und der eifrige Paulus, nachdem er für den Glauben an Jesus gewonnen war, wurde beauftragt, die frohe Botschaft »in die Ferne zu den Heiden« zu tragen (Apostelgeschichte 22,21).

DIE ZEIT DES ENDES ERKANNT

Bis hierher haben sich die Angaben der Prophezeiung auffallend genau erfüllt, und der Beginn der 70 Wochen war außer Zweifel 457 v. Chr., ihr Ende 34 n. Chr. Durch diese Angaben ist es nicht schwierig, das Ende der 2300 Tage zu finden. Da 70 Wochen oder 490 Tage von den 2300 Tagen abgeschnitten sind, bleiben noch 1810 Tage übrig. Nach Ablauf von 490 Tagen müssen sich noch 1810 Tage erfüllen. Von 34 n. Chr. erstrecken sich die 1810 Jahre bis ins Jahr 1844. Folglich enden die 2300 Tage aus Daniel 8,14 im Jahre 1844. Nach dem Zeugnis des Engels Gottes sollte am Ende dieser großen prophetischen Zeitspanne »das Heiligtum wieder geweiht [gereinigt] werden.« Damit war die Reinigung des Heiligtums, die nach allgemeiner Auffassung bei der Wiederkunft stattfinden sollte, zeitlich genau festgelegt.

Miller und seine Mitarbeiter glaubten anfangs, dass die 2300 Tage im Frühjahr 1844 endeten, während die Prophezeiung auf den Herbst jenes

Jahres hinwies. Dieses Missverständnis brachte denen Enttäuschung und Ratlosigkeit, die an das frühere Datum für die Wiederkunft geglaubt hatten. Aber es beeinflusste in keiner Weise die Kraft des Arguments, dass die 2300 Tage im Jahr 1844 endeten und dass das große Ereignis der Reinigung des Heiligtums dann stattfinden musste.

FREUDE UND VERANTWORTUNG

Als Miller mit dem Studium der Heiligen Schrift begann, um zu beweisen, dass sie eine Offenbarung Gottes ist, hatte er nicht die geringste Ahnung, zu welchen Resultaten er schlussendlich kommen würde. Er konnte die Ergebnisse seiner Untersuchungen selbst kaum glauben. Doch der Beweis aus der Schrift war zu deutlich und zu zwingend, als dass er ihn zurückweisen konnte.

Als er 1818 zu der festen Überzeugung kam, dass Christus in ungefähr 25 Jahren erscheinen würde, um sein Volk zu erlösen, hatte er schon zwei Jahre Bibelstudium hinter sich. »Ich brauche nicht von der Freude zu reden«, sagte Miller, »die mit dieser frohen Aussicht mein Herz erfüllte, oder von dem heißen Sehnen meiner Seele, einen Anteil an den Freuden der Erlösten zu haben. Die Bibel war nun für mich ein neues Buch. Sie war wirklich für mich ein Fest der Sinne; alles, was mir in ihren Lehren finster, geheimnisvoll oder dunkel erschienen war, wurde durch das helle Licht, das nun aus ihren heiligen Seiten hervorbrach, zerstreut. Oh, wie glänzend und herrlich zeigte sich die Wahrheit! Alle Widersprüche und Ungereimtheiten, die ich vorher in dem Wort gefunden hatte, waren verschwunden, und obwohl es noch viele Stellen gab, mit denen ich nicht zufrieden war, weil ich sie nicht völlig verstand, so war doch so viel Licht zur Erleuchtung meines vorher verfinsterten Gemütes daraus hervorgegangen, dass ich beim Studium der Heiligen Schrift eine Freude empfand, von der ich nie geglaubt hätte, dass ich sie durch ihre Lehren erlangen könnte« (BMM, 76.77).

»Bei der ernsten Überzeugung, dass sich so überwältigende Ereignisse in kurzer Zeit erfüllen sollten, wie sie in der Heiligen Schrift vorhergesagt waren, trat mit gewaltiger Macht die Frage an mich heran: Welche Verantwortung gegenüber der Welt liegt auf mir angesichts der Beweise, die mich überzeugt haben?« (BMM, 81) Er fühlte sehr deutlich, dass es seine Pflicht war, anderen das Licht weiterzugeben, das er empfangen hatte. Miller war sich sicher, dass er von den Gottlosen Widerstand zu erwarten hatte, doch er war zuversichtlich, dass sich alle Christen über die Hoffnung freuen würden, ihrem geliebten Erlöser zu begegnen. Seine einzige Befürchtung war, dass viele in Erwartung der herrlichen Erlösung, die in absehbarer Zeit geschehen sollte, die Lehre annehmen würden, ohne die Schriftstellen gründlich zu prüfen, die diese Wahrheit enthielten. Aus Furcht, er könnte sich irren und dadurch andere irreführen, zögerte er, seine Erkenntnis zu verkündigen. Deshalb prüfte er noch einmal die Ergebnisse seines Studiums und untersuchte sorgfältig jeden Einwand, der ihm in den Sinn kam. Aber durch das Licht des Wortes verschwanden diese wie der Nebel vor der Sonne. Nach fünfjähriger Prüfung war er von der Richtigkeit seiner Auslegung vollständig überzeugt.

Nun machte sich die Pflicht erneut bemerkbar, anderen nahezubringen, was die Schrift nach seiner Überzeugung so deutlich lehrte. Er sagte:»Wenn ich meinen Tätigkeiten nachging, verfolgte mich ständig der Gedanke: ›Geh und sage der Welt, in welcher Gefahr sie sich befindet.‹ Der Text stand immer vor mir: Wenn ich nun zu dem Gottlosen sage: ›Du Gottloser musst des Todes sterben! und du sagst ihm das nicht, um den Gottlosen vor seinem Wege zu warnen, so wird er, der Gottlose, um seiner Sünde willen sterben, aber sein Blut will ich von deiner Hand fordern. Warnst du aber den Gottlosen vor seinem Wege, dass er von ihm umkehre, und er will von seinem Wege nicht umkehren, so wird er um seiner Sünde willen sterben, aber du hast dein Leben errettet.‹ (Hesekiel 33,8.9) Ich fühlte: wenn die Gottlosen gewarnt werden könnten, dann würde sich eine große Zahl von ihnen bekehren; wenn sie aber nicht gewarnt würden, könnte ihr Blut von meiner Hand gefordert werden.« (BMM, 92)

Miller begann seine Ansichten privat überall zu verbreiten, wo er Gelegenheit dazu hatte, und betete, dass irgendein Prediger ihre Kraft erkennen und sich ihrer Verkündigung weihen würde. Er konnte sich aber der Überzeugung nicht erwehren, dass er die persönliche Pflicht hatte, die Warnung weiterzugeben. Ständig klangen ihm die Worte in den Ohren: »Geh und sage es der Welt; ihr Blut werde ich von deiner Hand fordern.« Er trug diese Bürde noch weitere neun Jahre auf seinem Herzen, bis er 1831 zum ersten Mal die Beweggründe für seinen Glauben öffentlich vortrug.

MILLER VERKÜNDIGT IN DER ÖFFENTLICHKEIT

So wie Elisa von seinen Ochsen auf dem Feld weggerufen wurde, um den Mantel der Weihe zum Prophetenamt zu empfangen, so wurde auch Miller von seinem Pflug weggerufen, um den Menschen die Geheimnisse des Gottesreichs zu erschließen. Zaghaft begann er sein Werk und führte seine Zuhörer Schritt für Schritt durch die prophetischen Zeitabschnitte bis zum zweiten Kommen Christi. Als er das große Interesse sah, das seine Worte hervorriefen, fühlte er sich mehr und mehr gestärkt und ermutigt. Nur durch den Zuspruch seiner Glaubensbrüder, in deren Worten er den Ruf Gottes vernahm, willigte Miller ein, seine Ansichten öffentlich vorzutragen. Er war bereits 50 Jahre alt, an öffentliches Reden nicht gewöhnt und fühlte sich seiner Aufgabe nicht gewachsen. Aber von Anfang an wurde er in wunderbarer Weise gesegnet und konnte manchem Suchenden den Weg zur Errettung zeigen. Seinem ersten Vortrag folgte eine religiöse Erweckung, bei der mit Ausnahme von zwei Personen dreizehn Familien bekehrt wurden. Er wurde sofort gebeten, auch an anderen Orten zu sprechen, und fast überall folgte seinen Vorträgen eine Wiederbelebung des Werkes Gottes. Sünder bekehrten sich, Christen weihten sich aufs Neue, und Deisten und Ungläubige mussten die biblische Wahrheit und die christliche Religion anerkennen. Das Zeugnis derjenigen, unter denen er arbeitete, lautete: »Er erreicht eine Klasse von Menschen, die sich von andern Männern nicht beeinflussen lassen.« (BMM, 138) Miller wollte mit seinen Predigten ein allgemeines Verständnis für die großen Themen des Glaubens wecken und der wachsenden Verweltlichung und Sinnlichkeit seiner Zeit entgegenwirken.

In fast jeder Stadt, in der er predigte, gab es Dutzende, manchmal sogar Hunderte von Bekehrungen. An vielen Orten öffneten protestantische Kirchen fast jeder Glaubensrichtung ihre Türen, und im Allgemeinen kamen die Einladungen von den Predigern der verschiedenen Gemeinden. Miller machte es sich zur unumstößlichen Regel, an keinem Ort zu sprechen, an den er nicht eingeladen wurde, doch er fand es unmöglich, auch nur die Hälfte der Einladungen anzunehmen, die ihn erreichten. Viele, die seine Ansicht über das genaue Datum der Wiederkunft Christi nicht annahmen, wurden doch überzeugt, dass die Wiederkunft Christi sicher und nahe war und sie sich darauf vorbereiten mussten. In einigen größeren Städten hinterließen seine Vorträge einen sichtbaren Eindruck. Schankwirte gaben ihren Handel auf und verwandelten ihre Trinkstuben in Versammlungssäle, Spielhöllen wurden geschlossen. Ungläubige, Deisten, Universalisten und selbst unverbesserliche Prasser bekehrten sich, von denen manche jahrelang kein Gotteshaus mehr betreten hatten. In den verschiedenen Glaubensgemeinschaften einzelner Stadtteile wurden fast stündlich Gebetsversammlungen durchgeführt. Geschäftsleute versammelten sich mittags zu Gebet und Lobgesang. Es kam nicht zu einer schwärmerischen Begeisterung, sondern die Menschen erfasste ein tiefgreifender, feierlicher Ernst. Wie die Reformatoren vor ihm zielte Miller mit seiner Arbeit darauf ab, den Verstand zu überzeugen und das Gewissen zu wecken statt lediglich Gefühle zu erregen.

Von seiner eigenen Baptistengemeinde erhielt Miller 1833 eine Predigerlizenz. Viele Prediger dieser Glaubensgemeinschaft billigten seine Tätigkeit, und mit ihrer formalen Bestätigung führte er sein Werk fort. Er reiste und predigte unaufhörlich, auch wenn sich seine persönlichen Tätigkeiten nur auf Neuengland (nordöstliche USA) und die Mittleren Staaten (Delaware, New Jersey, Maryland, Pennsylvania) beschränkten. Jahrelang bestritt er sämtliche Auslagen aus eigener Tasche. Auch später erhielt er nie genug, um damit die Reisespesen zu den Orten, an die er eingeladen wurde, ganz zu decken. So war seine Öffentlichkeitsarbeit weit davon entfernt, einen finanziellen Gewinn zu erbringen. Vielmehr belastete sie sein Vermögen, das in diesem Abschnitt seines Lebens beständig abnahm. Er war der Vater einer Großfamilie, aber da sie fleißig und genügsam waren, reichten die Erträge seiner Farm für ihren wie auch seinen Unterhalt aus.

VORBOTEN DES KOMMENS CHRISTI

Zwei Jahre nach Millers erstem öffentlichen Vortrag über die Zeichen, die auf ein baldiges Erscheinen Christi hinwiesen, erfolgte 1833 das letzte Zeichen, das Christus als Vorbote seiner Wiederkunft angekündigt hatte. »Die Sterne werden vom Himmel fallen«, hatte Jesus gesagt (Matthäus 24,29), und Johannes erklärte in der Offenbarung, als er in der Vision die Vorgänge erblickte, die den Tag Gottes ankündigen sollten: »Die Sterne des Himmels fielen auf die Erde, wie ein Feigenbaum seine Feigen abwirft, wenn er von starkem Wind bewegt wird.« (Offenbarung 6,13) Diese Prophezeiung erfüllte sich treffend und eindrucksvoll durch den großen Meteorregen vom 13. November 1833. Das war das ausgedehnteste und eindrucksvollste Schauspiel fallender Sterne, von dem je berichtet wurde. »Der ganze Himmel über den gesamten Vereinigten Staaten war damals stundenlang in feuriger Bewegung. Noch nie hatte es von der ersten Ansiedlung an in jenem Lande eine Naturerscheinung gegeben, die von einem Teil der Bevölkerung mit so großer Bewunderung und von dem andern mit so viel Schaudern und Bestürzung betrachtet wurde. ... Die Erhabenheit und feierliche Pracht lebt noch heute bei vielen im Gedächtnis. ... Niemals ist Regen dichter zur Erde gefallen als jene Meteore. Im Osten, Westen, Norden und Süden, überall sah man das Gleiche. Mit einem Wort, der ganze Himmel schien in Bewegung zu sein. ... Das Schauspiel, wie es Prof. Sillimans Journal schildert, war in ganz Nordamerika sichtbar. ... Bei vollkommen klarem und heiterem Himmel dauerte das unaufhörliche Spiel blendend glänzender Lichtkörper am ganzen Himmel von zwei Uhr morgens bis zum Tagesanbruch.« (DAP, XXVIII, § 1-5)

»Keine Sprache kann je der Pracht jenes herrlichen Schauspiels gerecht werden ... niemand, der es nicht selbst gesehen hat, kann sich eine angemessene Vorstellung von seiner Herrlichkeit machen. Es schien, als ob sich alle Sterne des Himmels an einem Punkt in der Nähe des Zenits gesammelt hätten und blitzschnell gleichzeitig in alle Richtungen des Horizontes geschossen würden; doch es hörte nicht auf: Tausende folgten schnell der Bahn, die Tausende schon durcheilt hatten, als seien sie für diese Gelegenheit erschaffen worden.« (RCA, 13. Dezember 1833) »Ein genaueres Bild als das von einem Feigenbaum, der seine Feigen abwirft, wenn ein heftiger Wind durch ihn hindurchfährt, hätte man nicht zeichnen können.« (PA, 26. November 1833)

Im New Yorker »Journal of Commerce« vom 14. November 1833 erschien ein ausführlicher Artikel über diese wundersame Naturerscheinung mit folgender Aussage: »Kein Weiser oder Gelehrter hat je, wie ich annehme, über eine Erscheinung wie die von gestern Morgen mündlich oder schriftlich berichtet. Vor 1800 Jahren hat ein Prophet sie genau vorausgesagt, so wir uns nur die Mühe geben wollten, unter einem Sternenfall fallende Sterne zu verstehen ... in dem allein möglichen Sinne, dass es buchstäblich wahr ist.«

So erschien das letzte Zeichen seines Kommens, über das Jesus zu seinen Jüngern sagte: »Ebenso auch: wenn ihr das alles seht, so wisst, dass er nahe vor der Tür ist.« (Matthäus 24,33) Nach diesen Zeichen sah Johannes als nächstes Ereignis, dass »der Himmel wie eine Schriftrolle« zurückwich, während die Erde erbebte, die Berge und Inseln bewegt wurden und die Gottlosen vor der Gegenwart des Menschensohnes entsetzt zu fliehen suchten (Offenbarung 6,12-17).

Viele Augenzeugen betrachteten den Sternenfall als den Vorboten des kommenden Gerichts, »als ein schreckliches Vorbild, einen sicheren Vorläufer, ein barmherziges Zeichen jenes großen und schrecklichen Tages« (PEA, »The Old Countryman«, 26. November 1833). So wurde die Aufmerksamkeit der Menschen auf die Erfüllung der Prophezeiungen gelenkt, und viele ließen sich durch die Botschaft von der Wiederkunft warnen.

EINE WEITERE PROPHETISCHE ERFÜLLUNG

1840 erregte eine andere bemerkenswerte prophetische Erfüllung große Aufmerksamkeit. Zwei Jahre zuvor hatte Josiah Litch, einer der führenden Verkündiger der Wiederkunft, eine Auslegung von Offenbarung 9 veröffentlicht und den Fall des Osmanischen Reiches[54] vorhergesagt. Nach

---

54 Siehe Glossar »Osmanisches Reich, Niedergang«, S. 673.

seinen Berechnungen sollte diese Macht »1840, irgendwann im August« gestürzt werden, und nur einige Tage vor Erfüllung der Prophezeiung schrieb er: »Wenn wir zugeben, dass sich der erste Zeitabschnitt von 150 Jahren genau erfüllt hatte, ehe Konstantin XI. Palaiologos (auch Dragases genannt) mit der Erlaubnis der Türken den Thron bestieg, und dass die 391 Jahre und 15 Tage am Schluss des ersten Zeitabschnittes anfingen, so müssen sie am 11. August 1840 enden, sodass man erwarten darf, dass die osmanische Macht in Konstantinopel gebrochen werden wird. Und ich glaube gewiss, dass dies eintreten wird.« (ST, 01. August 1840)

Genau an diesem Tag akzeptierte die Türkei durch ihre Gesandten den Schutz der alliierten Großmächte Europas und begab sich somit unter die Aufsicht christlicher Mächte. Dieses Ereignis erfüllte genau die Vorhersage. Als das bekannt wurde, kamen viele zur Überzeugung, dass Miller und seine Mitarbeiter die Prophezeiungen richtig auslegten. Dies gab der Adventbewegung einen wunderbaren Auftrieb. Gelehrte und angesehene Männer schlossen sich Miller an, predigten und veröffentlichten seine Ansichten, und von 1840 bis 1844 wurde die Bewegung schnell größer.

AUFKOMMENDER WIDERSTAND

William Miller hatte durch Nachdenken und Studium große geistige Fähigkeiten erlangt. Diesen Fähigkeiten fügte er die Weisheit des Himmels hinzu, indem er sich mit der Quelle der Weisheit verband. Er war ein Mann großer Verdienste, der allen Menschen, die charakterliche Integrität und moralische Vorzüglichkeit schätzten, Respekt und Achtung abverlangte. Wahre Herzensgüte vereinigte er mit christlicher Demut und Selbstbeherrschung, war zu allen aufmerksam und liebenswürdig, bereit, andere Meinungen anzuhören und Argumente abzuwägen. Sachlich und leidenschaftslos prüfte er alle Theorien und Lehren am Wort Gottes, und sein gesundes Denken und seine gründliche Kenntnis der Schrift befähigten ihn, Irrtümer zu widerlegen und Falschheit bloßzustellen.

Dennoch konnte er sein Werk nicht ohne harten Widerstand weiterführen. Es erging ihm wie den Reformatoren vor ihm: Volkstümliche religiöse Lehrer nahmen die Wahrheiten nicht an, die Miller lehrte. Da diese ihre Auffassungen nicht durch die Schrift belegen konnten, mussten sie Zuflucht zu menschlichen Aussagen und Lehren sowie zu den Traditionen der Väter nehmen. Doch bei den Predigern der Adventwahrheit galt nur das Zeugnis der Schrift. »Die Bibel und die Bibel allein!«, lautete ihre Losung. Weil ihren Gegnern die biblischen Argumente fehlten, griffen sie zu Hohn und Spott. Zeit, Geld und Talente wurden zur Verunglimpfung derer verwendet, deren einziges Vergehen es war, freudig die Wiederkunft ihres Herrn zu erwarten, ein heiliges Leben zu führen und andere zu ermahnen, sich auf das Erscheinen Christi vorzubereiten.

Viele heftige Anstrengungen wurden unternommen, um die Gedanken der Gläubigen von der Wiederkunft Jesu abzulenken. Das Studium der Prophezeiungen, die sich auf die Wiederkunft Christi und auf das Ende der Welt bezogen, wurde als Sünde hingestellt und als etwas, wofür sich Menschen schämen müssten. So untergrub die allgemeine Verkündigung das Vertrauen in das Wort Gottes und ihre Unterweisung nahm den Menschen den Glauben. Für viele bedeutete dies ein Freipass, um all das auszuleben, wonach ihre gottlose Natur verlangte. Die Urheber dieses Übels lasteten dann aber alles den Adventgläubigen an.

Während Miller verständige und aufmerksame Zuhörer scharenweise anzog, wurde er in der religiösen Presse selten erwähnt, und wenn, dann geschah es nur, um ihn ins Lächerliche zu ziehen oder ihn anzuschuldigen. Leichtsinnige und gottlose Menschen fühlten sich durch die Aussagen der religiösen Lehrer in ihrem Lebenswandel bestätigt und überhäuften Miller und sein Werk mit Vorwürfen, Witzeleien, Hohn und Spott. Der ergraute Mann, der sein behagliches Heim verlassen hatte, auf eigene Kosten von Stadt zu Stadt, von Dorf zu Dorf reiste und unermüdlich im Einsatz war, um die Welt vor dem nahenden Weltgericht zu warnen, wurde als Fanatiker, Lügner und vorwitziger Bursche verlacht und verspottet.

Die weltliche Presse jedoch war entrüstet und erhob Einspruch gegen die Verhöhnungen, Schmähungen und Verleumdungen, denen Miller ausgesetzt war. »Eine Sache von so weit reichender Bedeutung und furchtbaren Folgen« leichtfertig und mit unzüchtigen Reden zu behandeln, so erklärten weltlich gesinnte Männer, »hieße nicht nur, sich über die Gefühle ihrer Vertreter und Verteidiger zu belustigen«, sondern auch »den Tag des Gerichts ins Lächerliche zu ziehen, Gott selbst zu verhöhnen und die Schrecken jenes Gerichts geringschätzig zu betrachten.« (BMM, 183)

Der Anstifter allen Übels versuchte nicht nur, der Adventbotschaft entgegenzuwirken, sondern den Überbringer selbst zu vernichten. Miller stellte zwischen der Schriftwahrheit und den Herzen der Zuhörer einen praktischen Bezug her, tadelte ihre Sünden, störte ihre Selbstzufriedenheit, und seine eindeutigen und klaren Worte erregten ihre Feindschaft. Der Widerstand, mit dem Kirchenmitglieder seine Botschaft bekämpften, ermutigte die niedrigeren Volksschichten, noch weiterzugehen. Im Geheimen planten einige seiner Feinde, ihn beim Verlassen einer Versammlung zu ermorden. Doch unter der Menge befanden sich heilige Engel. Einer von ihnen erschien in der Gestalt eines Mannes, nahm den Diener des Herrn beim Arm und geleitete ihn durch den zornigen Pöbel hindurch in Sicherheit. Sein Werk war noch nicht beendet, deshalb mussten die Absichten Satans durchkreuzt werden.

Ungeachtet all diesen Widerstands wuchs das Interesse an der Adventbewegung immer mehr. Die Zuhörerschaft wuchs von Dutzenden über Hunderte zu Tausenden. In den verschiedenen Gemeinschaften nahm sie so sehr zu, dass sich der Widerstand sogar gegen diese Bekehrten richtete und Kirchengemeinden zu disziplinarischen Maßnahmen gegen Gemeindeglieder griffen, die Millers Ansichten teilten. All dies veranlasste ihn zu einer schriftlichen Erwiderung an die Adresse von Christen aller Gemeinschaften, in der er dazu aufforderte, ihm seine Irrtümer anhand der Schrift zu zeigen, falls seine Lehren falsch seien.

»Was haben wir geglaubt«, sagte er, »das zu glauben uns nicht durch das Wort Gottes geboten ist, das, wie ihr selbst zugebt, die Regel, und zwar die einzige unseres Glaubens und Wandels ist? Was haben wir getan, was solche giftigen Anschuldigungen von der Kanzel und in der Presse gegen uns herausfordert und euch eine gerechte Ursache geben konnte, uns [Adventgläubige] aus euren Kirchen und eurer Gemeinschaft auszuschließen? ... Haben wir Unrecht, so zeigt uns, worin dies besteht, zeigt uns aus dem Worte Gottes, dass wir im Irrtum sind. Verspottet wurden wir genug, das kann uns nie davon überzeugen, dass wir Unrecht haben. Das Wort Gottes allein kann unsere Ansichten ändern. Unsere Schlussfolgerungen wurden bedacht und unter Gebet gezogen, weil wir die Beweise in der Heiligen Schrift fanden.« (BMM, 250-252)

WIE ZUR ZEIT NOAHS

Von Zeit zu Zeit wurden Warnungsbotschaften, die Gott durch seine Diener in die Welt sandte, mit ähnlicher Skepsis und Unglauben empfangen. Als Gott durch die Bosheit der Menschen veranlasst wurde, die Erde durch Wasser zu überfluten, gab er seine Absicht vorher bekannt, damit alle die Möglichkeit hatten, sich von ihren bösen Wegen abzuwenden. 120 Jahre lang hörten die Menschen den Warnungsruf, Buße zu tun, damit sie der Zorn Gottes nicht zerstöre. Aber die Botschaft war für sie wertloses Geschwätz, dem sie nicht glaubten. Durch ihre Boshaftigkeit erdreisteten sie sich, den Botschafter Gottes zu verschmähen, und klagten ihn sogar der Vermessenheit an. Wie konnte es ein einzelner Mensch wagen, gegen die

Großen dieser Erde aufzustehen? Wenn die Botschaft Noahs wahr wäre, warum glaubte und erkannte sie dann nicht die ganze Welt? Was ist schon die Behauptung eines Einzelnen gegen die Weisheit Tausender! Sie glaubten weder der Warnung noch suchten sie Schutz in der Arche.

Spötter wiesen auf die Abläufe in der Natur hin, auf die unabänderliche Reihenfolge der Jahreszeiten, auf den blauen Himmel, aus dem noch nie Regen auf die Erde gefallen war, auf die grünen Felder, die vom frischen Tau der Nacht benetzt wurden, und riefen aus: »Redet er nicht in Fabeln?« – Verachtend erklärten sie den Prediger der Gerechtigkeit zu einem wilden Schwärmer. Noch begeisterter als zuvor gingen sie ihren Vergnügungen nach und blieben mehr denn je auf ihren bösen Wegen. Doch ihr Unglaube hielt das verkündete Ereignis nicht auf. Gott ertrug ihre Bosheit lange Zeit und gab ihnen reichlich Gelegenheit zur Buße, aber zur angekündigten Zeit kam das Gericht über jeden, der Gottes Gnade verworfen hatte.

Nach den Aussagen Christi soll zur Zeit seiner Wiederkunft ein ähnlicher Unglaube vorherrschen. Die Menschen zu Noahs Zeiten »beachteten es nicht, bis die Sintflut kam und raffte sie alle dahin; so wird es auch sein beim Kommen des Menschensohns«, wie Christus selbst sagte (Matthäus 24,39). Wenn sich das bekennende Volk Gottes mit der Welt vereinigt, so lebt wie die Welt und wie sie verbotenen Vergnügungen nachgeht, wenn der Luxus der Welt auch in den Gemeinden der Gläubigen Einzug hält, wenn Hochzeitsglocken klingen und die Menschheit viele Jahre weltlichen Wohlstands erwartet, dann wird das Ende ihrer glänzenden Visionen und ihrer trügerischen Hoffnungen wie ein Blitz vom Himmel über sie kommen.

Wie Gott seinen Diener in die Welt sandte, um die Menschheit vor der kommenden Flut zu warnen, so sandte er erwählte Boten aus, um die Nähe des Endgerichts zu verkünden. Und wie die Zeitgenossen Noahs lachten und die Vorhersagen des Predigers der Gerechtigkeit verhöhnten, so verspotteten auch zu Millers Zeiten viele diese Warnung, auch solche, die sich zum Volk Gottes bekannten.

Warum waren die Lehre und die Predigt von der Wiederkunft Christi in den Kirchen so unbeliebt? Während die Ankunft des Herrn dem Übeltäter Leid und Verderben bringt, so bedeutet sie für den Gerechten Freude und Hoffnung. Diese große Wahrheit brachte den Treuen Gottes zu allen Zeiten Trost. Warum ist sie seinem bekennenden Volk sowie seinem Urheber zum »Stein des Anstoßes« und zum »Fels des Ärgernisses« geworden? Der Herr selbst gab seinen Jüngern die Verheißung: »Wenn ich hingehe, euch die Stätte zu bereiten, will ich wiederkommen und euch zu mir nehmen.« (Johannes 14,3) Weil Jesus die Verlassenheit und den Kummer seiner Nachfolger voraussah, beauftragte er seine Engel, sein Volk mit der Zusicherung zu trösten, dass er persönlich zurückkommen werde, und zwar so, wie er in den Himmel gefahren sei. Als die Jünger in den Himmel starrten, um einen letzten Blick auf den zu werfen, den sie liebten, wurde ihre Aufmerksamkeit auf die Worte gelenkt: »Ihr Männer von Galiläa, was steht ihr da und seht zum Himmel? Dieser Jesus, der von euch weg gen Himmel aufgenommen wurde, wird so wiederkommen, wie ihr ihn habt gen Himmel fahren sehen.« (Apostelgeschichte 1,11) Durch die Botschaft des Engels wurde ihre Hoffnung neu belebt. Die Jünger »kehrten zurück nach Jerusalem mit großer Freude und waren allezeit im Tempel und priesen Gott« (Lukas 24,52.53). Sie freuten sich nicht, weil sie von Jesus getrennt und in ihren Prüfungen und ihrem Kampf gegen die Versuchungen allein gelassen wurden, sondern weil ihnen der Engel versichert hatte, dass Jesus wiederkomme.

UNVERSTÄNDNIS STATT FREUDE

Die Verkündigung der Wiederkunft Christi sollte wie damals, als Engel das Kommen des Erlösers den Hirten Bethlehems verkündigten, eine Botschaft großer Freude sein. Die sehnsüchtig Wartenden können diese biblisch begründete Verkündigung nur mit Freude begrüßen. Derjenige, auf dem ihre Hoffnung auf ewiges Leben beruht, würde wiederkommen, nicht um geschmäht, verachtet und verworfen zu werden wie bei seinem ersten Kommen, sondern in Macht und Herrlichkeit, um sein Volk zu erlösen. Wer Christus nicht liebt, wünscht sich, dass er wegbleiben möge, und es könnte keinen überzeugenderen Beweis dafür geben, dass die Kirchen sich von Gott entfernt haben, als die Verärgerung und Feindseligkeit, die durch diese vom Himmel gesandte Botschaft ausgelöst wurde.

Wer die Lehre von der Wiederkunft jedoch annahm, erkannte die Notwendigkeit der Umkehr und der Demut vor Gott. Manche zögerten lange, sich für Christus oder für die Welt zu entscheiden; nun fühlten sie aber, dass es an der Zeit war, einen festen Standpunkt einzunehmen. »Alles, was die Ewigkeit betrifft, nahm für sie eine ungewöhnliche Wirklichkeit an. Der Himmel wurde ihnen nahegebracht und sie fühlten sich vor Gott schuldig.« (BMM, 146) Christen erwachten zu neuem geistlichem Leben. Ihnen wurde klar, dass die Zeit kurz war und bald getan werden musste, was sie für ihre Mitmenschen zu tun hatten. Irdisches trat in den Hintergrund, die Ewigkeit schien sich vor ihnen zu öffnen, und was zum ewigen Wohl oder Wehe des Menschen gehörte, ließ das Zeitliche verblassen. Der Geist Gottes ruhte auf ihnen und unterstützte den ernsten Aufruf an ihre Brüder sowie an die Sünder, sich auf den Tag Gottes vorzubereiten. Ihr Alltagsleben war ein stilles Zeugnis und ein ständiger Tadel für formalistische und ungeheiligte Kirchenglieder. Sie wollten in ihrer Jagd nach Vergnügungen, in ihrem Hang zum Gelderwerb und weltlicher Ehre nicht gestört werden. Dies erklärt die Feindschaft und den Widerstand gegen den Adventglauben und seine Verkündiger.

Da die Beweisführungen der prophetischen Zeitperioden unwiderlegbar waren, versuchten die Gegner, vom Studium dieses Themas dadurch abzuschrecken, dass sie lehrten, die Prophezeiungen seien versiegelt. So traten die Protestanten in die Fußspuren der Vertreter Roms. Während diese dem Volk die Bibel[55] vorenthielten, behaupteten protestantische Kirchen, ein wichtiger Teil der Heiligen Schrift – nämlich die Wahrheiten, die sich insbesondere auf unsere Zeit beziehen – könnte nicht verstanden werden.

Prediger und Volk erklärten, die Weissagungen Daniels und der Offenbarung seien unverständliche Geheimnisse. Aber Christus lenkte die Aufmerksamkeit seiner Jünger auf die Worte des Propheten Daniel und auf Ereignisse, die in ihrer Zeit stattfinden sollten, als er sagte: »Wer das liest, der merke darauf!« (Matthäus 24,15) Der Behauptung, dass die Offenbarung ein Geheimnis sei, das nicht verstanden werden könne, wird schon durch den Titel dieses Buches widersprochen: »Dies ist die Offenbarung Jesu Christi, die ihm Gott gegeben hat, seinen Knechten zu zeigen, was in Kürze geschehen soll. ... Selig ist, der da liest und die da hören die Worte der Weissagung und behalten, was darin geschrieben ist; denn die Zeit ist nahe.« (Offenbarung 1,1-3)

Der Prophet sagt: »Selig ist, der da liest ...«. Es gibt jedoch solche, die gar nicht lesen. Sie erhalten diesen Segen nicht. – »... und die da hören ...«. Es gibt auch solche, die gar nichts über die Prophezeiungen hören wollen. Auch diese Gruppe erhält den Segen nicht. – »... und behalten, was darin geschrieben ist.« Viele lehnen es ab, die in der Offenbarung enthaltenen Warnungen und Unterweisungen zu beherzigen.

Niemand aus diesen Gruppen kann die verheißenen Segnungen beanspruchen. Wer die Prophezeiungen ins Lächerliche zieht und über ihre feierlich gegebenen Sinnbilder spottet; wer sich weigert, sein Leben zu erneuern und sich auf das Kommen des Menschensohnes vorzubereiten, wird ohne Segen bleiben.

Wie können es Menschen mit Blick auf diese Zeugnisse wagen, zu behaupten, die Offenbarung sei ein Geheimnis und übersteige menschliches Verständnis? Geheimnisse werden dort offenbart, das Buch geöffnet. Das

---

55 Siehe Glossar »Bibelverbote« S. 653.

Studium der Offenbarung lenkt die Aufmerksamkeit auf die Prophezeiungen Daniels. Beide Bücher enthalten außerordentlich wichtige Hinweise über die Ereignisse, die Gott den Menschen gegeben hat, die am Ende der Weltgeschichte ablaufen.

Johannes erhielt einen tiefen und spannenden Einblick in die Geschichte der Christengemeinde. Er sah die Gefahren und Konflikte des Volkes Gottes und seine endgültige Befreiung. Er berichtet von den letzten Botschaften, welche die Ernte der Erde zur Reife bringen sollen, entweder als Garben für den himmlischen Speicher oder als Brennholz für das Feuer der Vernichtung. Dinge von großer Bedeutung wurden ihm insbesondere für die letzte Gemeinde offenbart, damit die, die sich vom Irrtum ab- und der Wahrheit zuwenden, über die Gefahren und Konflikte, die vor ihnen liegen, aufgeklärt werden können. Niemand braucht über das zukünftige Geschehen auf Erden im Ungewissen zu bleiben.

Warum herrscht über diesen wichtigen Teil der Heiligen Schrift dann allgemein so viel Unkenntnis? Warum herrscht eine allgemeine Abneigung gegen die Erforschung dieser Lehren? Das ist das Ergebnis eines wohl überlegten Plans des Fürsten der Finsternis, um den Menschen genau das vorzuenthalten, was seine Täuschungen offenlegt. Aus diesem Grund verkündigte Christus, der Verfasser der Offenbarung, einen Segen über alle, welche die Worte der Weissagung lesen, hören und beachten, weil er den Kampf voraussah, welcher wegen des Studiums der Offenbarung ausbrechen sollte.

KAPITEL 19

DURCH FINSTERNIS ZUM LICHT

Durch alle Jahrhunderte hindurch zeigte das Werk Gottes auf Erden bei jeder großen Reformation und jeder religiösen Bewegung auffallende Ähnlichkeiten. Die Grundzüge des göttlichen Handelns mit den Menschen sind immer gleich. Wichtige Bewegungen der Gegenwart haben ihre Parallelen in der Vergangenheit, und die Erfahrungen der Gemeinde früherer Zeiten vermitteln Lehren von großem Wert für unsere Zeit.

DAS AUSMASS DER PROPHEZEIUNG NICHT ERFASST

Keine Wahrheit wird in der Bibel mehr betont als die, dass Gott seine Diener auf Erden bei der Verbreitung des Erlösungswerks durch den Heiligen Geist immer auf ganz besondere Weise geführt hat. Menschen sind Instrumente in Gottes Hand, durch die er seine gnädigen und barmherzigen Absichten ausführt. Jeder leistet seinen Beitrag, und jedem ist so viel Licht anvertraut, wie es den Bedürfnissen seiner Zeit entspricht. Es reicht zwar aus, um ihn für den von Gott gegebenen Auftrag zu befähigen, aber kein Mensch, wie sehr ihn der Himmel auch ausgezeichnet haben mag, hat je den großen Erlösungsplan vollumfänglich erfasst. Er hat nicht einmal ein umfassendes Verständnis für das Ziel von Gottes Wirken in seiner Zeit gehabt. Der Mensch kann nicht völlig verstehen, was Gott durch das Werk, das er ihm anvertraut hat, ausführen will, er kann auch nicht die ganze Tragweite der Botschaft sehen, die er in Gottes Namen verkündigt.

»Meinst du, dass du weißt, was Gott weiß, oder kannst du alles so vollkommen treffen wie der Allmächtige?« (Hiob 11,7) »Denn meine Gedanken sind nicht eure Gedanken, und eure Wege sind nicht meine Wege, spricht der Herr, sondern so viel der Himmel höher ist als die Erde, so sind auch meine Wege höher als eure Wege und meine Gedanken als eure Gedanken.« (Jesaja 55,8.9) »Ich bin Gott, und sonst keiner mehr, ein Gott, dem nichts gleicht. Ich habe von Anfang an verkündigt, was hernach kommen soll, und vorzeiten, was noch nicht geschehen ist.« (Jesaja 46,9.10)

Selbst die Propheten, die durch den Geist eine besondere Erleuchtung bekamen, konnten das Ausmaß der Offenbarung, die ihnen anvertraut wurde, nicht vollständig erfassen. Die Bedeutung wurde erst nach und nach klar, wenn das Volk Gottes die betreffenden Lehren benötigte.

Petrus schrieb über die Erlösung, die das Evangelium ans Licht brachte: »Nach dieser Seligkeit haben gesucht und geforscht die Propheten, die von der Gnade geweissagt haben, die für euch bestimmt ist, und haben geforscht, auf welche und was für eine Zeit der Geist Christi deutete, der in ihnen war und zuvor bezeugt hat die Leiden, die über Christus kommen sollten, und die Herrlichkeit danach. Ihnen ist offenbart worden, dass sie nicht sich selbst, sondern euch dienen sollten.« (1. Petrus 1,10-12)

Während es den Propheten kaum möglich war, die ihnen offenbarten Dinge vollständig zu verstehen, suchten sie doch ernsthaft nach dem vollen Licht über das, was ihnen Gott in seiner Gnade gezeigt hatte. Sie haben »gesucht und geforscht ... worauf oder auf was für eine Zeit der Geist Christi deutete, der in ihnen war.« Welch eine Lehre für das Volk Gottes im christlichen Zeitalter, zu dessen Nutzen diese Prophezeiungen durch seine Diener gegeben wurden! »Ihnen ist offenbart worden, dass sie nicht sich selbst, sondern euch dienen sollten.« Hören wir auf diese heiligen Männer, die in den Offenbarungen so fleißig »gesucht und geforscht« haben, obwohl diese Generationen betrafen, die zu ihrer Zeit nicht einmal geboren waren. Stellen wir ihren heiligen Eifer der gleichgültigen Haltung späterer Generationen gegenüber, mit der sie diese Himmelsgabe behandelten. Welch ein Vorwurf an das bequeme, weltliebende Desinteresse derer, die sich damit zufrieden geben, dass die Prophezeiungen nicht verstanden werden könnten!

Obwohl der begrenzte Verstand der Menschen nicht ausreicht, den Rat des Ewigen zu erforschen oder das Ausmaß seiner Absichten völlig zu verstehen, ist es doch auf ihren Irrtum oder ihre Nachlässigkeit zurückzuführen, dass sie die himmlischen Botschaften nur so verschwommen verstehen. Es kommt nicht selten vor, dass die Gedanken des Volks und sogar der Diener Gottes durch menschliche Anschauungen, Traditionen oder Irrlehren so verblendet werden, dass sie die großen Dinge, die in Gottes Wort offenbart sind, nur teilweise erkennen können. So war es auch bei den Jüngern Christi, als der Erlöser noch bei ihnen war. Sie wurden durch die Volksmeinung, der Messias sei ein weltlicher Fürst, der Israel zu einem Weltreich machen sollte, so beeinflusst, dass sie die Bedeutung der Weissagungen über sein Leiden und seinen Tod überhaupt nicht verstehen konnten.

Christus selbst hatte sie mit der Botschaft hinausgesandt: »Erfüllt ist die Zeit, und nahe gekommen ist das Reich Gottes. Kehrt um und glaubt an das Evangelium!« (Markus 1,15 ZÜ) Diese Botschaft beruhte auf dem 9. Kapitel des Buches Daniel. Nach Aussage des Engels reichten die 69 Wochen bis auf den »Gesalbten, einen Fürsten« (Daniel 9,25). Mit großer Hoffnung und voll freudiger Erwartung schauten die Jünger der Aufrichtung des messianischen Reiches in Jerusalem entgegen, das über die ganze Erde herrschen sollte.

Sie predigten die Botschaft, die Christus ihnen anvertraut hatte, obwohl sie selbst deren Bedeutung falsch verstanden. Während sich ihre Verkündigung auf Daniel 9,25 bezog, achteten sie nicht auf den nächsten Vers desselben Kapitels, dass der Messias ausgerottet würde. Von frühester Jugend an warteten sie sehnsüchtig auf die Herrlichkeit eines messianischen Reiches auf Erden, und dies verblendete ihr Verständnis über die Prophezeiungen wie auch die Worte Christi.

Sie kamen ihrer Pflicht nach, dem jüdischen Volk die angebotene Gnade zu verkündigen. Aber gerade als sie von ihrem Herrn erwarteten, dass er den Thron Davids besteigen würde, mussten sie mit ansehen, wie er wie ein Übeltäter ergriffen, ausgepeitscht, verspottet, verurteilt und ans Kreuz von Golgatha geschlagen wurde. Welche Verzweiflung beherrschte die Herzen dieser Jünger, als ihr Herr im Grabe schlief!

DAS GNADENREICH ERRICHTET ...

Christus war zur vorhergesagten Zeit und auf die in der Prophezeiung angekündigte Art und Weise gekommen. Sein Dienst hatte die Weissagung der Schrift bis ins kleinste Detail erfüllt. Er verkündigte die Botschaft des Heils und »predigte mit Vollmacht« (Lukas 4,32). Seine Zuhörer fühlten, dass diese vom Himmel kam. Das Wort und der Geist Gottes bestätigten die Sendung des Gottessohnes.

Die Jünger hingen immer noch mit inniger Zuneigung an ihrem geliebten Meister, und doch schlichen sich bei ihnen Gefühle der Unsicherheit und des Zweifels ein. In ihrer tief sitzenden Angst erinnerten sie sich nicht mehr an die Worte Christi, die sie auf sein Leiden und seinen Tod hinwiesen. Wenn Jesus von Nazareth der wahre Messias gewesen war, hätten sie dann einen solchen Schmerz und eine solche Enttäuschung erfahren müssen? Diese Frage quälte sie, als Christus in diesen hoffnungslosen Stunden jenes Sabbats zwischen Tod und Auferstehung im Grabe lag.

Wenn auch die Nacht der Sorgen schwer auf den Jüngern lastete, waren sie doch nicht verlassen. Der Prophet sagte: »Wenn ich auch im Finstern sitze, so ist doch der Herr mein Licht. ... Er wird mich ans Licht bringen, dass ich seine Gnade schaue.« (Micha 7,8.9) »So wäre auch Finsternis nicht finster bei dir, und die Nacht leuchtete wie der Tag. Finsternis ist wie das Licht.« (Psalm 139,12) Gott hatte gesagt: »Den Frommen geht das Licht auf in der Finsternis.« (Psalm 112,4) »Aber die Blinden will ich auf dem Wege leiten, den sie nicht wissen; ich will sie führen auf den Steigen, die sie nicht kennen. Ich will die Finsternis vor ihnen her zum Licht machen und das Höckerige zur Ebene. Das alles will ich tun und nicht davon lassen.« (Jesaja 42,16)

Was die Jünger im Namen ihres Herrn verkündeten, war in jeder Hinsicht richtig, und die Ereignisse, auf die sie hinwiesen, geschahen genau zur vorherbestimmten Zeit. »Die Zeit ist erfüllt, und das Reich Gottes ist herbeigekommen« (Markus 1,15), war ihre Botschaft. Bei Ablauf »der Zeit«, der 69 Wochen aus Daniel 9, die bis zum Kommen des Messias,»des Gesalbten«, reichten, erhielt Christus die Salbung des Geistes, als er von Johannes im Jordan getauft wurde. Das Himmelreich, das sie verkündigten und das herbeigekommen war, wurde beim Tod Christi aufgerichtet. Dieses Reich war kein irdisches Reich, wie man sie gelehrt hatte, auch war es kein zukünftiges, unvergängliches Reich, das erst aufgerichtet werden wird, wenn »das Reich und die Macht und die Gewalt über die Königreiche unter dem ganzen Himmel ... dem Volk der Heiligen des Höchsten gegeben werden, dessen Reich ewig ist« (Daniel 7,27). In der Bibel wird der Ausdruck »Himmelreich« sowohl für das Reich der Gnade als auch für das Reich der Herrlichkeit benutzt. Das Reich der Gnade erläutert uns der Apostel Paulus im Hebräerbrief. Nachdem er auf Christus hingewiesen hatte, den barmherzigen Fürsprecher, der »mit leiden [kann] mit unserer Schwachheit«, sagt der Apostel: »Darum lasst uns hinzutreten mit Zuversicht zu dem Thron der Gnade, damit wir Barmherzigkeit empfangen und Gnade finden zu der Zeit, wenn wir Hilfe nötig haben.« (Hebräer 4,16) Der Thron der Gnade stellt das Reich der Gnade dar, denn die Existenz eines Throns setzt die Existenz eines Königreichs voraus. In vielen Gleichnissen verwendet Christus den Ausdruck »Himmelreich«, um das Wirken der göttlichen Gnade an den Herzen der Menschen zu beschreiben.

So weist der Thron der Herrlichkeit auf das Reich der Herrlichkeit hin, und auf dieses beziehen sich die Worte des Erlösers: »Wenn aber der Menschensohn kommen wird in seiner Herrlichkeit, und alle Engel mit ihm, dann wird er sitzen auf dem Thron seiner Herrlichkeit, und alle Völker werden vor ihm versammelt werden.« (Matthäus 25,31.32) Dieses Reich liegt noch in der Zukunft. Erst bei der Wiederkunft Christi wird es aufgebaut werden.

Das Reich der Gnade wurde unmittelbar nach dem Sündenfall des Menschen gestiftet, als ein Rettungsplan für das schuldige Menschengeschlecht.

Es manifestierte sich damals als Absicht und als Verheißung Gottes. Durch den Glauben konnten Menschen zu seinen Bürgern werden, obwohl es tatsächlich erst beim Tod Christi in Kraft trat. Auch nach Antritt seiner irdischen Mission hätte sich Christus vom Opfer auf Golgatha zurückziehen können, ermüdet durch den Starrsinn und die Undankbarkeit der Menschen. In Gethsemane zitterte der Leidenskelch in seiner Hand. Auch dann noch hätte Jesus den Blutschweiß von seiner Stirn wischen und das schuldige Geschlecht in seiner Ungerechtigkeit der Vernichtung überlassen können. Hätte er dies getan, hätte es für die gefallene Menschheit keine Rettung gegeben. Doch als der Erlöser sein Leben hingab und mit seinem letzten Atemzug ausrief: »Es ist vollbracht« (Johannes 19,30), war die Erfüllung des Heilsplanes gesichert. Die Verheißung der Erlösung, die dem sündigen Paar in Eden gegeben wurde, war nun bestätigt. Das Reich der Gnade, das zuvor in der Verheißung bestanden hatte, war nun aufgerichtet.

Ausgerechnet der Tod Christi, der ihre Erwartungen so gänzlich zerstört hatte, machte die Hoffnung der Jünger nun für immer fest. Obwohl dieser Tod sie so bitter enttäuscht hatte, wurde er schließlich zum entscheidenden Beweis, der ihren Glauben bestätigte. Das Ereignis, das ihnen Trauer und Verzweiflung brachte, öffnete das Tor der Hoffnung für jeden Nachkommen Adams, und in ihm war das Zentrum des zukünftigen Lebens und des ewigen Glücks der Treuen Gottes aller Zeiten begründet.

... UND SEINE BEDEUTUNG ENDLICH VERSTANDEN

Sogar durch die Enttäuschung der Jünger hindurch verwirklichte Gott schließlich die Absichten seines grenzenlosen Erbarmens. Die Herzen der Jünger waren von der göttlichen Gnade und der Vollmacht der Lehre Jesu gewonnen worden, denn »noch nie hat ein Mensch so geredet wie dieser« (Johannes 7,46). Aber obwohl ihre Liebe zu Jesus reinem Gold glich, war sie doch noch durchsetzt vom ursprünglichen Wesen des weltlichen Stolzes und des eigennützigen Ehrgeizes. Noch im Obergemach, in jener feierlichen Stunde, als das Passalamm zubereitet wurde und der Meister schon im Schatten von Gethsemane stand, »erhob sich ... ein Streit unter ihnen, wer von ihnen als der Größte gelten solle« (Lukas 22,24). Sie sahen nur den Thron, die Krone und die Herrlichkeit, während vor ihnen die Schmach, die Seelenangst des Gartens Gethsemane, das Richthaus und das Kreuz auf Golgatha lagen. Durch ihren Stolz und ihr Verlangen nach weltlichem Ruhm hielten sie so hartnäckig an den Irrlehren ihrer Zeit fest, dass sie die Worte des Erlösers übersahen, welche die wirkliche Wesensart seines Reichs beschrieben und auf Jesu Leiden und seinen Tod hinwiesen. Diese Irrtümer verursachten die schwere, aber notwendige Prüfung, die Gott zu ihrer Heilung zugelassen hatte. Obwohl die Jünger den Sinn ihrer Botschaft verkannt hatten und ihre Erwartungen nicht verwirklicht sahen, hatten sie doch die Warnungen verkündigt, die Gott ihnen mitgeteilt hatte, und der Herr belohnte ihren Glauben und ehrte ihren Gehorsam. Ihnen wurde das Werk anvertraut, das großartige Evangelium vom auferstandenen Herrn unter allen Völkern zu verbreiten. Um sie auf diese Aufgabe vorzubereiten, mussten sie einige bittere Erfahrungen durchmachen.

Nach seiner Auferstehung erschien Jesus seinen Jüngern auf dem Weg nach Emmaus und »fing an bei Mose und allen Propheten und legte ihnen aus, was in der ganzen Schrift von ihm gesagt war« (Lukas 24,27). Die Herzen der Jünger waren gerührt. Ihr Glaube war angefacht. Sie wurden »wiedergeboren ... zu einer lebendigen Hoffnung« (1. Petrus 1,3), noch ehe sich Jesus ihnen zu erkennen gab. Er wollte ihr Verständnis erhellen und ihren Glauben an das »feste ... prophetische Wort« (2. Petrus 1,19) stärken. Er wollte, dass die Wahrheit in ihren Herzen tiefe Wurzeln schlagen sollte, nicht nur aufgrund seines persönlichen Zeugnisses, sondern aufgrund des unbestreitbaren Zeugnisses der Symbole und Schatten des Zeremonialgesetzes sowie der alttestamentlichen Prophezeiungen. Die Nachfolger Christi brauchten einen begründbaren Glauben, nicht nur um ihrer selbst, sondern um der Welt willen, der sie die Erkenntnis Christi verkündigen sollten. Als ersten Schritt zu dieser Erkenntnis wies sie Jesus auf »Mose und alle Propheten« hin. In dieser Weise bezeugte der auferstandene Erlöser den Wert und die Bedeutung der Schriften des Alten Testaments.

Welch eine Veränderung ging in den Herzen der Jünger vor sich, als sie noch einmal in das geliebte Antlitz ihres Meisters blickten. (Lukas 24,32) In einem vollständigeren und vollkommeneren Sinn als je zuvor erkannten sie den, »von dem Mose im Gesetz und die Propheten geschrieben haben« (Johannes 1,45). Ungewissheit, Angst und Verzweiflung wichen vollkommener Zuversicht und felsenfestem Glauben. So war es nicht verwunderlich, dass sie nach seiner Auferstehung »allezeit im Tempel waren und Gott priesen« (Lukas 24,53). Weil das Volk nur um den schmachvollen Tod des Erlösers wusste, erwartete es in den Gesichtern der Jünger den Ausdruck von Sorge, Bestürzung und Niedergeschlagenheit. Stattdessen strahlten sie Freude und Siegesgewissheit aus. Aber diese Jünger hatten für ihre bevorstehende Arbeit eine lange Vorbereitungszeit hinter sich. Hinter ihnen lag die schwerste Prüfung, die sie je bestehen mussten. Sie durften erleben, wie sich Gottes

Wort siegreich erfüllte, auch wenn nach menschlichem Ermessen alles verloren schien. Konnte nun noch irgendetwas ihren Glauben erschüttern oder ihre glühende Liebe erkalten lassen? In ihrem heftigsten Schmerz fanden sie »einen starken Trost« und eine Hoffnung, »einen sicheren und festen Anker« für ihre Seele (Hebräer 6,18.19). Sie hatten die Weisheit und Macht Gottes erfahren, und sie waren »gewiss, dass weder Tod noch Leben, weder Engel noch Mächte noch Gewalten, weder Gegenwärtiges noch Zukünftiges, weder Hohes noch Tiefes noch eine andere Kreatur« sie scheiden konnte »von der Liebe Gottes, die in Christus Jesus ist, unserm Herrn« (Römer 8,38.39). »In dem allen überwinden wir weit durch den, der uns geliebt hat« (Römer 8,37), sagten sie. »Aber des Herrn Wort bleibt in Ewigkeit.« (1. Petrus 1,25) »Wer will verdammen? Christus Jesus ist hier, der gestorben ist, ja vielmehr, der auch auferweckt ist, der zur Rechten Gottes ist und uns vertritt.« (Römer 8,34)

Der Herr sagt: »Mein Volk soll nicht mehr zuschanden werden.« (Joel 2,26) »Den Abend lang währt das Weinen, aber des Morgens ist Freude.« (Psalm 30,6) Am Auferstehungstag hatten diese Jünger ihren Erlöser getroffen, und beim Hören auf seine Worte hatten ihre Herzen zu brennen begonnen. Sie hatten das Haupt, die Hände und die Füße gesehen, die für sie verwundet worden waren. Vor seiner Himmelfahrt hatte er sie hinaus nach Bethanien geführt. Er hatte seine Hände erhoben und sie mit den Worten gesegnet: »Gehet hin in alle Welt und predigt das Evangelium aller Kreatur« (Markus 16,15) und beigefügt »Siehe, ich bin bei euch alle Tage« (Matthäus 28,20). Am Pfingsttag kam der versprochene Tröster auf sie herab und vermittelte ihnen die Kraft des Himmels. Die Gläubigen gerieten damals außer sich vor Freude und wurden sich der Gegenwart ihres auferstandenen Herrn bewusst. Und obwohl ihr Weg sie schließlich, genau wie ihn, zu Opfer und Martyrium führen sollte: Hätten sie bei alledem ihren Dienst am »Evangelium seiner Gnade«, und die »Krone der Gerechtigkeit«, welche sie bei seinem Kommen empfangen würden, gegen den Ruhm eines rein irdischen Thrones eingetauscht, wie sie ihn in ihrer frühen Jüngerschaft erwartet hatten? Der »aber, der überschwänglich tun kann über alles hinaus, was wir bitten oder verstehen« (Epheser 3,20), hatte ihnen mit der Gemeinschaft seiner Leiden auch die Gemeinschaft seiner Freude gegeben, der Freude, »viele Söhne zur Herrlichkeit« (Hebräer 2,10) zu führen. Es ist eine unaussprechliche Freude, »eine ewige und über alle Maßen gewichtige Herrlichkeit« (2. Korinther 4,17), von der Paulus sagt, dass »dieser Zeit Leiden nicht ins Gewicht fallen« wird (Römer 8,18).

PARALLELEN IN DER VERKÜNDIGUNG

Die Erfahrung der Jünger, die beim ersten Kommen Christi »das Evangelium vom Reich« verkündigten, hat ihr Gegenstück in der Erfahrung derer, welche die Botschaft seiner Wiederkunft verbreiteten. Wie die Jünger hinausgingen und predigten: »Die Zeit ist erfüllt, das Reich Gottes ist herbeigekommen« (Markus 1,15), so verkündigten Miller und seine Mitarbeiter, dass der längste und letzte prophetische Zeitabschnitt, den die Bibel kennt, fast abgelaufen sei, dass das Gericht unmittelbar bevorstehe und das ewige Reich bald anbrechen werde. Was die Zeit betraf, gründete sich die Predigt der Jünger auf die 70 Wochen aus Daniel 9. Miller und seine Gefährten verkündeten den Ablauf der 2300 Tage aus Daniel 8,14, von denen die 70 Wochen ein Abschnitt waren. Sowohl Miller als auch die Jünger verkündigten die Erfüllung von verschiedenen Teilen derselben großen prophetischen Zeitkette.

Wie die ersten Jünger erfassten auch Miller und seine Gefährten die Bedeutung ihrer Verkündigung nicht vollständig. Irrtümer, wie sie in der Kirche seit langem verbreitet waren, machten die genaue Auslegung einer wichtigen Aussage der Prophetie unmöglich. Obwohl sie eine Botschaft verkündigten, die Gott ihnen anvertraut hatte, wurden sie durch ein falsches Verständnis enttäuscht.

Bei der Erklärung von Daniel 8,14 (Schl.), »bis zu 2300 Abenden und Morgen; dann wird das Heiligtum gerechtfertigt werden«, teilte Miller, wie schon erwähnt, die allgemein vorherrschende Ansicht, dass die Erde das Heiligtum sei. Er glaubte, dass mit der »Reinigung des Heiligtums« die Reinigung der Erde durch Feuer bei der Wiederkunft des Herrn gemeint sei. Als er daher herausfand, dass das Ende der 2300 Tage genau vorhergesagt war, schloss er daraus, dass damit die Zeit der Wiederkunft Christi offenbart sei. Sein Irrtum lag darin, dass er übernahm, was allgemein unter »Heiligtum« verstanden wurde.

Im alttestamentlichen Schattendienst, der auf das Opfer und den Priesterdienst Christi hinwies, war die Reinigung des Heiligtums der letzte Dienst, den der Hohepriester innerhalb eines Jahres durchzuführen hatte. Sie war das abschließende Versöhnungswerk, die Beseitigung oder Entfernung der Sünden Israels. Sie stellt den letzten Dienst unseres Hohenpriesters im Himmel dar, die Entfernung oder Auslöschung der Sünden seines Volks, die in den himmlischen Büchern verzeichnet sind. Dieser Dienst beinhaltet ein Untersuchungs- bzw. ein Gerichtsverfahren. Er geht dem Kommen Jesu, der mit großer Macht und Herrlichkeit in den Wolken des Himmels erscheinen wird, unmittelbar voraus. Wenn Jesus wiederkommt, ist nämlich das Schicksal jedes Menschen bereits entschieden. Jesus sagt: »Siehe, ich komme bald und mein Lohn mit mir, einem jeden zu geben, wie seine Werke sind.« (Offenbarung 22,12) Dieses Gericht direkt vor der Wiederkunft wird in der ersten Engelsbotschaft von Offenbarung 14 angekündigt: »Fürchtet Gott und gebt ihm die Ehre; denn die Stunde seines Gerichts ist gekommen!« (Offenbarung 14,7)

Die diese Warnung verkündigten, vermittelten die richtige Botschaft zur richtigen Zeit. Doch wie die ersten Jünger aufgrund von Daniel 9 erklärten: »Die Zeit ist erfüllt, und das Reich Gottes ist herbeigekommen« und nicht erkannten, dass in der gleichen Schriftstelle vom Tod des Messias die Rede war, so predigten Miller und seine Gefährten eine Botschaft, die auf Daniel 8,14 und Offenbarung 14,7 beruhte, und versäumten zu erkennen, dass noch weitere Aussagen in Offenbarung 14 standen, die ebenfalls vor der Wiederkunft Christi gepredigt werden mussten. Wie sich die Jünger über das Reich getäuscht hatten, das am Ende der 70 Wochen aufgerichtet werden sollte, so ließen sich die Adventgläubigen über die Ereignisse am Ende der 2300 Tage täuschen. In beiden Fällen war der Grund die Annahme oder vielmehr ein Festhalten an allgemein verbreiteten Irrtümern, die das Denken gegenüber der Wahrheit verdunkelten. Beide Gruppen erfüllten den Willen Gottes, als sie die Botschaft verkündigten, die nach seinem Plan weitergegeben werden sollte, und beide erlebten durch ihre eigenen Missverständnisse Enttäuschungen.

BERICHTIGUNG DER FEHLINTERPRETATION

Dennoch erreichte Gott seine gnadenvolle Absicht, indem er zuließ, dass die Warnung vor dem Gericht auf diese Weise gegeben wurde. Der große Tag stand nahe bevor. Die Menschen wurden anhand dieser prophetischen Zeit geprüft, damit offenbar würde, was wirklich in ihren Herzen vorging. Die Botschaft sollte die Gemeinde prüfen und reinigen. Die Gläubigen sollten erkennen, ob ihre Herzen auf diese Welt oder auf Christus und den Himmel ausgerichtet waren. Sie erklärten, ihren Erlöser zu lieben. Nun konnten sie ihre Liebe beweisen. Waren sie bereit, weltliche Hoffnungen und diesseitigen Ehrgeiz aufzugeben und ihren Herrn mit Freuden zu empfangen? Die Botschaft sollte zur Erkenntnis ihres wahren geistlichen Zustands führen. Sie wurde aus Gnade gesandt, um sie aufzurütteln, den Herrn in Reue und Demut zu suchen.

Obwohl ihre Enttäuschung die Folge ihrer eigenen Fehlinterpretation war, diente sie den Gläubigen letztlich zum Besten. Sie stellte die Herzen all derer auf die Probe, die sich dazu bekannt hatten, die Warnung anzunehmen. Würden sie angesichts ihrer Enttäuschung ihre Glaubenserfahrungen aufgeben und ihr Vertrauen in das Wort Gottes über Bord werfen? Oder würden sie in Gebet und Demut zu erkennen versuchen, wo sie es versäumt hatten, die Bedeutung der Prophetie zu erkennen? Wie viele handelten aus Furcht, aus dem Impuls heraus oder aus Erregung? Wie viele waren halbherzig oder ungläubig? Eine Vielzahl gab an, sich auf das Kommen des Herrn zu freuen. Wenn diese Menschen Spott und Vorwürfe der Welt, die Verzögerung ihrer Hoffnung sowie Enttäuschungen ertragen müssten, würden sie ihren Glauben verleugnen? Wenn sie nicht sofort das Handeln Gottes mit ihnen verstehen würden, würden sie die sehr klaren Aussagen der Schrift verleugnen?

Diese Glaubensprüfung sollte die Standhaftigkeit derer zeigen, die wahrhaft gläubig und gehorsam gewesen waren und die Lehren der Heiligen Schrift und des Heiligen Geistes angenommen hatten. Diese Erfahrung sollte sie wie keine andere lehren, welche Gefahren entstehen, wenn man menschliche Theorien und Auslegungen annimmt, statt die Bibel sich selbst erklären zu lassen. Die Ratlosigkeit und der Kummer durch ihren Irrtum sollte bei den wahrhaft Gläubigen die notwendige Korrektur bewirken. Sie würden zu einem gründlicheren Studium des prophetischen Wortes geführt und die Grundlagen ihres Glaubens sorgfältiger erforschen und alles ablehnen, was nicht auf die Wahrheit der Schrift gegründet ist, wie verbreitet es in der christlichen Welt auch sein mag.

Alles, was diesen Gläubigen wie den ersten Jüngern in der Stunde der Prüfung finster und unverständlich vorkam, sollte ihnen später deutlich gemacht werden. Könnten sie sehen, »zu welchem Ende es der Herr geführt hat« (Jakobus 5,11), würden sie trotz der Schwierigkeiten durch ihren Irrtum erkennen, dass Gottes Liebesabsichten an seinem Volk stets zuverlässig erfüllt worden sind. Durch segensreiche Erfahrungen würden sie lernen, dass der Herr »barmherzig und ein Erbarmer« ist und dass alle seine Wege »lauter Güte und Treue für alle« sind, »die seinen Bund und seine Gebote halten« (Psalm 25,8.10).

KAPITEL 20

EINE GROSSE ERWECKUNGS-BEWEGUNG

In der Botschaft des ersten Engels aus Offenbarung 14 wird durch die Verkündigung der baldigen Wiederkunft Christi eine große religiöse Erweckung vorhergesagt. Johannes sieht »einen andern Engel fliegen mitten durch den Himmel, der hatte ein ewiges Evangelium zu verkündigen denen, die auf Erden wohnen, allen Nationen und Stämmen und Sprachen und Völkern« (Offenbarung 14,6). »Mit großer Stimme« verkündete er die Botschaft: »Fürchtet Gott und gebt ihm die Ehre; denn die Stunde seines Gerichts ist gekommen! Und betet an den, der gemacht hat Himmel und Erde und Meer und die Wasserquellen.« (Offenbarung 14,7)

WEISSAGUNGEN ENTSCHLÜSSELT

Wenn gesagt wird, dass ein Engel diese Warnung verkündigt, ist das äußerst bedeutungsvoll. Es hat Gott in seiner Weisheit gefallen, den erhabenen Charakter des Werkes, das es auszuführen galt, mit der Reinheit, der Herrlichkeit und der Macht eines himmlischen Boten zu vergleichen, denn diese Botschaft würde von Macht und Herrlichkeit begleitet sein. »Und ich sah einen andern Engel fliegen mitten durch den Himmel, der hatte ein ewiges Evangelium zu verkündigen denen, die auf Erden wohnen, allen Nationen und Stämmen und Sprachen und Völkern.« (Offenbarung 14,6) Der Flug des Engels »mitten durch den Himmel« und seine »große Stimme«, die eine Warnung an alle ist, »die auf Erden wohnen«, weisen auf die Schnelligkeit und weltweite Ausdehnung dieser Bewegung hin.

Die Botschaft selbst wirft ein Licht auf die Zeit, in der diese Bewegung entstehen soll. Über sie sagt der Text, dass sie ein Teil des »ewigen Evangeliums« ist und den Beginn des Gerichts verkündigt. Die Heilsbotschaft wurde zu allen Zeiten gepredigt. Diese Botschaft hingegen ist ein Teil des Evangeliums, das erst in den letzten Tagen verkündigt werden konnte, denn erst dann würde es zutreffen, dass die Stunde des Gerichts gekommen ist. Die Prophetie berichtet über eine Reihe von Ereignissen, die zum Beginn des Gerichts hinführen. Dies wird insbesondere im Buch Daniel beschrieben. Den Abschnitt der Prophezeiung, der sich auf die letzten Tage bezieht, sollte Daniel verbergen und versiegeln »bis auf die letzte Zeit« (Daniel 12,9). Erst zu dieser Zeit konnte die Botschaft über das Gericht verkündigt werden, gegründet auf die Erfüllung dieser Prophezeiungen. Aber in der letzten Zeit, sagt der Prophet, werden viele sie »durchforschen und große Erkenntnis finden« (Daniel 12,4).

Der Apostel Paulus warnte die Gemeinde, die Wiederkunft Christi in seinen Tagen zu erwarten: Denn der Tag Christi kommt nicht, schrieb er, ohne dass zuvor »der Abfall« komme »und der Mensch der Gesetzlosigkeit offenbart« werde (2. Thessalonicher 2,3 Elb.). Erst nach dem großen Abfall und der langen Regierungszeit des »Menschen der Gesetzlosigkeit« dürfen wir die Ankunft unseres Herrn erwarten. Der »Mensch der Gesetzlosigkeit«, der auch als »Geheimnis der Gesetzlosigkeit« (V. 7), »Sohn des Verderbens« (V. 3) und »Gesetzesfeind« (V. 8 ZÜ) bezeichnet wird, ist das Papsttum, das, wie vorhergesagt, 1260 Jahre herrschen sollte. Diese Zeit endete 1798. Die Wiederkunft Christi konnte nicht vor dieser Zeit stattfinden. Paulus schließt in seine Vorhersage die ganze christliche Zeit bis 1798 ein. Erst nach dieser Zeit sollte die Botschaft von der Wiederkunft Christi verkündigt werden.

Eine solche Botschaft wurde in der Vergangenheit nie gepredigt. Wie wir gesehen haben, predigte Paulus sie nicht. Er wies seine Brüder bezüglich der Wiederkunft auf eine ferne Zukunft hin. Die Reformatoren verkündigten sie nicht. Martin Luther erwartete das Gericht ungefähr 300 Jahre nach seiner Zeit. Aber seit 1798 ist das Buch Daniel entsiegelt, die Prophezeiungen werden immer besser verstanden, und viele haben die ernste Botschaft vom nahenden Gericht verkündigt.

Wie die große Reformation im 16. Jahrhundert kam die Adventbewegung in verschiedenen Ländern der Christenheit gleichzeitig auf. Sowohl in Europa als auch in Amerika wurden Männer des Glaubens und Gebets zum Studium der Prophezeiungen geführt, durchforschten die inspirierten Berichte und fanden überzeugende Hinweise, dass das Ende aller Dinge nahe war. Unabhängig voneinander studierten einzelne Gruppen von Christen in verschiedenen Ländern die Heilige Schrift und kamen allein durch sie zu der Überzeugung, dass die Ankunft des Erlösers nahe bevorstand.

EIN BEKEHRTER JUDE

1821, drei Jahre nachdem Miller die Prophezeiungen verstanden und auf die Zeit des Gerichts hingewiesen hatte, begann Dr. Joseph Wolff, der »Weltmissionar«, das baldige Kommen des Herrn zu verkündigen. Wolff wurde in Deutschland geboren, war jüdischer Abstammung und Sohn eines Rabbiners. Schon in frühester Jugend war er von der Wahrheit des christlichen Glaubens überzeugt. Da er einen regen und forschenden Geist hatte, hörte er den Gesprächen im Haus seines Vaters oft interessiert zu. Täglich trafen sich dort fromme Juden, die von den Hoffnungen und Erwartungen ihres Volkes sprachen, vom Kommen des Messias und der Wiederherstellung Israels. Als der Junge eines Tages den Namen Jesus von Nazareth hörte, fragte er, wer das sei. Die Antwort lautete: »Ein höchst begabter Jude, weil er aber vorgab, der Messias zu sein, verurteilte ihn das jüdische Gericht zum Tode.« – »Warum ist Jerusalem zerstört«, fuhr er fort, »und warum sind wir in Gefangenschaft?« – »Ach«, antwortete der Vater, »weil die Juden die Propheten umbrachten.« Dem Kind kam sofort der Gedanke: »Vielleicht war auch Jesus von Nazareth ein Prophet und die Juden haben ihn getötet, obgleich er unschuldig war.« (WRE, I, 6 ff.) Der Gedanke ließ ihn nicht mehr los. Weil es ihm verboten war, christliche Kirchen zu betreten, stand er oft draußen vor den Gebäuden, um den Predigten zuzuhören.

Bereits als er sieben Jahre alt war, prahlte er gegenüber einem älteren christlichen Nachbarn über den zukünftigen Triumph Israels beim Erscheinen des Messias, worauf der alte Mann freundlich zu ihm sagte: »Mein Junge, ich will dir sagen, wer der wirkliche Messias war: Es war Jesus von Nazareth ... den deine Vorfahren kreuzigten, wie sie vorzeiten auch andere Propheten umbrachten. Geh heim und lies das 53. Kapitel des Propheten Jesaja und du wirst überzeugt werden, dass Jesus Christus der Sohn Gottes ist.« (WRE, I, 6 ff.) Sofort überkam ihn eine Ahnung, dass das stimmen könnte. Er ging nach Hause, las den betreffenden Abschnitt in der Bibel und wunderte sich, wie genau sich dieser in Jesus von Nazareth erfüllt hatte. Waren die Worte dieses Christen wahr? Der Knabe bat seinen Vater um eine Erklärung dieser Prophezeiungen, doch dieser hüllte sich daraufhin so sehr in Schweigen, dass der Junge es nie wieder wagte, das Thema zu erwähnen. Dadurch wurde jedoch sein Verlangen, mehr über den christlichen Glauben zu erfahren, noch stärker.

Das Wissen, das er suchte, wurde in seinem jüdischen Familienkreis absichtlich von ihm ferngehalten. Als er elf Jahre alt war, verließ er das Haus seines Vaters und zog in die Welt, um sich selbst eine gute Ausbildung zu verschaffen, sowie seine Religion und sein Lebenswerk zu wählen. Er fand eine Zeit lang bei Verwandten Unterkunft, wurde aber bald als Abtrünniger von ihnen vertrieben und musste allein und mittellos seinen Weg unter Fremden finden. Er zog von Ort zu Ort, studierte fleißig und gab Hebräischstunden, um sich seinen Lebensunterhalt zu verdienen. Durch den Einfluss eines katholischen Lehrers wurde er zum katholischen Glauben geführt. Dadurch fasste er den Entschluss, Missionar unter seinem eigenen Volk zu werden. Einige Jahre später schrieb er sich am »Collegium pro fide propaganda« [Kollegium für Glaubenspropaganda] in Rom ein und setzte dort seine Studien fort. Hier brachte ihm sein unabhängiges Denken und seine offene Rede den Vorwurf der Ketzerei ein. Offen griff er die Missbräuche der Kirche an und forderte eine Erneuerung. Obwohl ihn die päpstlichen Würdenträger anfänglich mit besonderer Achtung behandelten, musste er Rom nach einiger Zeit verlassen. Unter Aufsicht der Kirche zog er von Ort zu Ort, bis es schließlich deutlich wurde, dass er sich nie dem Zwang der römischen Kirche unterwerfen würde. Er wurde für unverbesserlich erklärt, und man ließ ihn ziehen, wohin er wollte. Nun machte er sich auf den Weg nach England, wo er den protestantischen Glauben annahm und sich der anglikanischen Kirche anschloss. Nach zweijährigem Studium begann er 1821 sein Lebenswerk.

Als Wolff die große Wahrheit vom ersten Kommen Christi als »des Allerverachtetsten und Unwertesten, voller Schmerzen und Krankheit« (Jesaja 53,3) annahm, erkannte er aber auch, dass die Prophetie mit gleicher Deutlichkeit von dessen Wiederkunft in Macht und Herrlichkeit spricht. Während Wolff versuchte, sein Volk zu Jesus von Nazareth, dem Verheißenen, zu führen und es auf sein erstes Erscheinen in Demut als ein Opfer für die Sünden der Menschen hinzuweisen, lehrte er auch Christi Wiederkunft als König und Erlöser.

Er sagte: »Jesus von Nazareth, der wahre Messias, dessen Hände und Füße durchbohrt wurden, der wie ein Lamm zur Schlachtbank geführt wurde, der ein Mann der Schmerzen und Leiden war, der zum ersten Mal kam, nachdem das Zepter von Juda und der Herrscherstab von seinen (Judas) Füßen gewichen war, wird zum zweiten Mal kommen in den Wolken des Himmels mit der Posaune des Erzengels.« (WFM, 62) Er wird »auf dem Ölberg stehen; und jene Herrschaft über die Schöpfung, die einst Adam zugewiesen war und von ihm verwirkt wurde (vgl. 1. Mose 1,26 und 3,17), wird Jesus gegeben werden. Er wird König sein über die ganze Erde. Das Seufzen und Klagen der Schöpfung wird aufhören, und Lob- und Danklieder werden erschallen. ... Wenn Jesus in der Herrlichkeit seines Vaters mit seinen heiligen Engeln kommt ... werden die Toten in Christus zuerst auferstehen (1. Thessalonicher 4,16; 1. Korinther 15,23). Dies nennen wir Christen die erste Auferstehung. Danach wird die Tierwelt ihren Charakter ändern (Jesaja 11,6-9) und Jesus untertan werden (Psalm 8). Allgemeiner Friede wird herrschen. ... Der Herr wird wiederum auf die Erde herniederschauen und sagen: Siehe, es ist sehr gut.« (WT, 378.379.294)

PREDIGER DER WIEDERKUNFT

Wolff glaubte, dass die Ankunft des Herrn kurz bevorstand, und seine Interpretation der Prophetie wich nur um wenige Jahre von der vorhergesagten Zeit Millers ab. Jenen, die auf den Schrifttext »Von dem Tage aber und von der Stunde weiß niemand« (Matthäus 24,36) hinwiesen und daraus folgerten, dass Menschen nichts über die Nähe der Wiederkunft Christi wissen dürften, antwortete Wolff: »Sagte unser Herr, dass der Tag und die Stunde nie bekannt werden sollten? Hat er uns nicht Zeichen der Zeit gegeben, damit wir wenigstens das Herannahen seiner Wiederkunft erkennen könnten, so wie man an dem Feigenbaum, wenn er Blätter treibt, weiß, dass der Sommer nahe ist (Matthäus 24,32)? Sollen wir jene Zeit nie erkennen können, obgleich er uns selbst ermahnt, den Propheten Daniel nicht nur zu lesen, sondern auch zu verstehen? Gerade im Buch Daniel heißt es, dass diese Worte bis auf die Zeit des Endes verborgen bleiben sollten (was zu seiner Zeit der Fall war) und dass viele darüber kommen (ein hebräischer Ausdruck für betrachten und nachdenken über die Zeit) und ›große Erkenntnis‹ (hinsichtlich der Zeit) finden‹ würden (Daniel 12,4). Überdies will unser Herr damit nicht sagen, dass das Herannahen der Zeit unbekannt bleiben soll, sondern nur, dass niemand den bestimmten ›Tag und die genaue Stunde‹ weiß. Er sagt, es soll genügend durch die Zeichen der Zeit bekannt werden, um uns anzutreiben, uns auf seine Wiederkunft vorzubereiten, gleichwie Noah die Arche baute.« (WFM, 62)

Über die volkstümliche Auslegung bzw. Missdeutung der Heiligen Schrift schrieb Wolff: »Der größere Teil der christlichen Kirche ist von dem klaren Sinn der Heiligen Schrift abgewichen und hat sich der trügerischen Lehre des Buddhismus zugewandt, die vorgibt, dass das zukünftige Glück der Menschen in einem Herumschweben in der Luft bestehe. Diese Leute nehmen an, dass man Heiden verstehen muss, wenn Juden dasteht; dass die Kirche gemeint sei, wenn sie Jerusalem lesen; dass es Himmel bedeute, wenn es heißt Erde; dass an den Fortschritt der Missionsgesellschaften zu denken sei, wenn vom Kommen des Herrn die Rede ist; und dass unter dem Ausdruck ›auf den Berg des Hauses Gottes gehen‹, eine große Versammlung der Methodisten zu verstehen sei.« (WT, 96)

In den 24 Jahren von 1821 bis 1845 bereiste Wolff viele Länder. In Afrika besuchte er Ägypten und Abessinien; in Asien Palästina, Syrien, Persien, Buchara[56] sowie Indien. Er besuchte auch die Vereinigten Staaten, und auf der Reise dorthin predigte er auf der Insel St. Helena. Im August 1837 traf er in New York ein. Nach Vorträgen in dieser Stadt predigte er in Philadelphia und Baltimore, dann reiste er nach Washington weiter. »Hier wurde mir«, sagt er, »auf Vorschlag von Expräsident John Quincy Adams in einem der Häuser des Kongresses einstimmig die Benutzung des Kongresssaales für einen Vortrag zur Verfügung gestellt, den ich an einem Samstag in Gegenwart sämtlicher Mitglieder des Kongresses, des Bischofs von Virginia sowie der Geistlichkeit und der Bürger von Washington hielt. Die Mitglieder der Regierung von New Jersey und Pennsylvania zollten mir die gleiche Ehre. In ihrer Gegenwart hielt ich Vorlesungen über meine Forschungen in Asien sowie auch über die persönliche Regentschaft von Jesus Christus« (WT, 377).

Dr. Wolff reiste ohne den Schutz irgendeiner europäischen Regierung durch unzivilisierteste Länder. Oft geriet er in Not und war von zahllosen Gefahren umgeben. Er wurde verprügelt, musste hungern, wurde als Sklave verkauft und dreimal zum Tod verurteilt. Räuber überfielen ihn, und manchmal wäre er fast verdurstet. Einmal wurde ihm alles gestohlen, was er besaß, und er musste zu Fuß Hunderte von Kilometern durch ein Gebirge wandern, während ihm der Schnee ins Gesicht schlug und seine nackten Füße durch die Berührung mit dem gefrorenen Boden erstarrten.

Wenn man ihn davor warnte, unbewaffnet zu wilden und feindseligen Stämmen zu gehen, so erklärte er, dass er sehr wohl »mit Waffen ausgerüstet« sei, nämlich mit dem Gebet, »mit Eifer für Christus und mit Vertrauen auf seine Hilfe.« »Ich habe auch«, sagte er, »die Liebe zu Gott und meinem Nächsten im Herzen und trage die Bibel in meiner Hand.« Wohin er auch ging, er hatte immer eine hebräische und eine englische Bibel bei sich. Über eine seiner späteren Reisen sagt er: »Ich ... hielt die Bibel offen in meiner Hand. Ich fühlte, dass meine Kraft in dem Buch lag und dass seine Macht mich erhalten würde.« (AP, 192 ff.)

So mühte er sich beharrlich, bis die Gerichtsbotschaft über einen großen Teil der bewohnten Erde verbreitet war. Er verkündigte das Wort in verschiedenen Sprachen unter Juden, Türken, Parsen, Hindus und vielen anderen Völkern und Stämmen und prophezeite überall das kommende Reich des Messias.

---

56 Früher Turkestan, heute Turkmenistan, Usbekistan, Tadschikistan, Kirgisien, dazu Teile Kasachstans, Irans, Afghanistans, Westchinas und der Mongolei.

Auf seiner Reise durch Buchara stieß er bei einem entlegenen und abgesonderten Volksstamm auf die Lehre von der baldigen Wiederkunft des Herrn. Von den Arabern des Jemen sagt er ferner, dass sie »im Besitz eines Buches sind, ›Seera‹ genannt, das von der Wiederkunft Christi und seiner Regierung in Herrlichkeit spricht, und sie erwarten 1840 große Ereignisse« (WT, 398/399). »Im Jemen ... verbrachte ich sechs Tage mit den Nachkommen Rechabs. Sie trinken keinen Wein, pflanzen keine Weinberge, säen keine Saat, wohnen in Zelten und gedenken der Worte Jonadabs, des Sohnes Rechabs. Es befanden sich auch Israeliten aus dem Stamm Dan bei ihnen ... die gemeinsam mit den Kindern Rechabs die baldige Ankunft des Messias in den Wolken des Himmels erwarten.« (WT, 389)

Auf einen ähnlichen Glauben stieß ein anderer Missionar bei den Tataren. Ein tatarischer Priester fragte diesen Missionar, wann Christus wiederkomme. Als der Missionar antwortete, dass er davon nichts wisse, war der Priester über die Unwissenheit dieses professionellen Bibellehrers äußerst überrascht und erklärte seinen eigenen Glauben, der auf der Prophezeiung beruhte, dass Christus um 1844 wiederkommen würde.

HOFFNUNG UNTER ANGLIKANERN UND JESUITEN

In England fing man schon 1826 an, die Adventbotschaft zu predigen. Die Bewegung nahm keine so eindeutige Form an wie in Amerika. Der genaue Zeitpunkt der Wiederkunft wurde nicht generell gelehrt, aber die große Wahrheit von Christi baldigem Kommen in Macht und Herrlichkeit war sehr weit verbreitet und nicht nur unter Dissidenten und Nonkonformisten. Der englische Schriftsteller Mourant Brock berichtet von 700 anglikanischen Predigern, die das »Evangelium vom Reich« verkündigten. Die Botschaft von der Wiederkunft des Herrn im Jahre 1844 wurde auch in Großbritannien verkündigt. Publikationen der amerikanischen Adventbewegung waren weit verbreitet. Ihre Bücher und Zeitschriften wurden in England nachgedruckt. 1842 kehrte der gebürtige Engländer Robert Winter, der in den USA den Adventglauben angenommen hatte, in seine Heimat zurück und verkündigte dort das Kommen des Herrn. Viele schlossen sich seinem Werk an, und die Gerichtsbotschaft wurde in verschiedenen Teilen Englands verbreitet.

In Südamerika (in Chile) fand der spanische Jesuit Manuel Lacunza y Díaz inmitten barbarischer Unwissenheit und priesterlicher List seinen Weg zur Heiligen Schrift und damit zur Wahrheit von der baldigen Wiederkunft Christi. Einerseits fühlte er sich zur Verkündigung der Warnungsbotschaft gedrungen, andererseits wollte er der Zensur Roms entkommen, deshalb veröffentlichte er seine Ansichten unter dem Pseudonym »Rabbi Ben-Ezra« und gab sich als bekehrter Jude aus. Lacunza lebte im 18. Jahrhundert, doch sein Buch erschien erst 1811, zehn Jahre nach seinem Tod. 1825 wurde es ins Englische übersetzt, nachdem es seinen Weg nach London gefunden hatte. Durch diese Herausgabe stieg das erwachende Interesse Englands an der Wiederkunft Christi weiter an.

HOFFNUNG IN DEUTSCHLAND

In Deutschland wurde diese Lehre im 18. Jahrhundert von Johann Albrecht Bengel, einem berühmten Bibelgelehrten, Kritiker und Prälaten der lutherischen Kirche, gepredigt. Nach Beendigung seiner Schulzeit hatte Bengel »sich dem Studium der Theologie gewidmet, wozu ihn sein tief ernstes und frommes Gemüt von Natur aus hinzog, erweitert und verstärkt durch seine frühe Bildung und Erziehung. Wie andere denkende junge Männer vor und nach ihm hatte auch er mit religiösen Zweifeln und Schwierigkeiten zu kämpfen, und mit tiefem Gefühl spricht er von den vielen Pfeilen, die sein armes Herz durchbohrten und seine Jugend schwer erträglich machten« (EB, Art. J.A. Bengel, vgl. RE, II, 295-301). Später als Mitglied des Württembergischen Konsistoriums (der Landeskirchenbehörde) trat er für die Religionsfreiheit ein. »Indem er alle Rechte und Vorrechte der Kirche aufrechterhielt, befürwortete er, jede billige Freiheit denen zu gewähren, die sich aus Gewissensgründen gebunden fühlten, sich aus ihrer Gemeinschaft zurückzuziehen.« (EB, Art. J.A. Bengel, vgl. RE, II, 295-301) Dieser Grundsatz hat sich in seiner näheren Heimat bis heute positiv ausgewirkt.

Während der Vorbereitung einer Predigt für einen Adventsonntag über Offenbarung 21 brach das Licht von Christi Wiederkunft bei Bengel durch. Wie nie zuvor entfalteten sich die Prophezeiungen der Apokalypse seinem Verständnis. Überwältigt von der Erkenntnis der erstaunlichen Bedeutung und einzigartigen Herrlichkeit der Szenen, die von dem Propheten dargestellt werden, sah er sich gezwungen, für eine gewisse Zeit etwas Distanz zu diesem Thema zu halten. Auf der Kanzel ergriff es ihn allerdings wieder in seiner ganzen Lebhaftigkeit und Stärke. Von nun an widmete er sich dem Studium der Prophezeiungen, besonders der Offenbarung, und war bald davon überzeugt, dass sie auf ein baldiges Kommen Christi hinwiesen. Das Datum, das er für die Wiederkunft errechnete, wich nur wenige Jahre von dem Termin ab, den Miller später vertrat.

Bengels Schriften wurden in der ganzen Christenheit verbreitet. Seine Ansichten über die Prophetie wurden im Herzogtum Württemberg und in gewissem Ausmaß auch in anderen Teilen Deutschlands allgemein gut aufgenommen. Die Bewegung ging nach seinem Tod weiter, und die Botschaft wurde gleichzeitig in Deutschland wie in anderen Ländern beachtet. Schon früh zogen einige Gläubige nach Russland und gründeten dort Siedlungen. Der Glaube an das baldige Kommen Jesu ist in diesen Kolonien immer noch zu finden.

HOFFNUNG IN FRANKREICH UND IN DER SCHWEIZ

Auch in Frankreich und in der Schweiz schien das Licht. In Genf, wo Farel und Calvin die Reformationswahrheit verbreitet hatten, predigte Louis Gaussen über die Wiederkunft Christi. Als Schüler nahm Gaussen den Geist des Rationalismus auf, der im späten 18. und im beginnenden 19. Jahrhundert ganz Europa durchdrang, und als er ins Predigtamt eintrat, war er nicht nur über den wahren Glauben unwissend, sondern neigte gar zur Skepsis. Seit seiner Jugend war er aber am Studium der Prophezeiungen interessiert. Als er das Werk »Histoire ancienne« [Alte Geschichte] von Charles Rollin las, wurde er auf das zweite Kapitel des Buches Daniel aufmerksam. Die wunderbare Genauigkeit, mit der sich die Prophezeiung erfüllt hatte, verblüffte ihn. Darin fand er ein Zeugnis für die göttliche Inspiration der Heiligen Schrift, das ihm in den Auseinandersetzungen der späteren Jahre zum festen Anker wurde. Die Lehren des Rationalismus befriedigten ihn nicht mehr. Das Studium der Bibel und sein Forschen nach klarerer Erkenntnis führten ihn nach einiger Zeit zu einem festen Glauben.

Bei weiterem Nachforschen in den Prophezeiungen kam er zu der Überzeugung, dass die Wiederkunft des Herrn kurz bevorstand. Er war von dem Ernst und der Bedeutung dieser großen Wahrheit so beeindruckt, dass er sich entschloss, sie den Menschen zu verkündigen. Aber der Volksglaube, wonach die Prophezeiungen Daniels Geheimnisse seien, die man nicht verstehen könne, war für ihn ein schweres Hindernis auf seinem Weg. Schließlich tat er, was schon Farel vor ihm getan hatte, als dieser Genf evangelisierte: Er begann bei den Kindern, durch die er hoffte, das Interesse der Eltern zu gewinnen.

Als er später über diese Absicht sprach, sagte er: »Ich möchte dies so verstanden wissen, dass es nicht wegen der geringen Bedeutung, sondern im Gegenteil des hohen Wertes wegen ist, dass ich diese Sache in dieser vertraulichen Form darzustellen wünschte und mich damit an die Kinder wandte. Ich wollte gehört werden und hatte befürchtet, keine Aufmerksamkeit zu erregen, falls ich mich an die Erwachsenen wenden würde. ... Ich beschloss deshalb, zu den Jüngsten zu gehen. Ich versammelte eine Schar von Kindern um mich. Wenn die Zahl der Anwesenden zunimmt, wenn man sieht, dass sie zuhören, Gefallen daran finden, angezogen werden, dass sie das Thema verstehen und erklären können, dann werde ich sicherlich bald einen zweiten Kreis von Zuhörern haben, und die Erwachsenen ihrerseits werden sehen, dass es die Mühe lohnt, sich hinzusetzen und zu studieren. Geschieht das, dann ist die Sache gewonnen.« (GPD, II, Vorwort)

Gaussen hatte Erfolg. Als er Kinder unterrichtete, hörten ihm auch ältere Leute zu. Die Emporen seiner Kirche waren mit aufmerksamen Zuhörern gefüllt, unter ihnen Gelehrte und Männer von Rang und Namen, Fremde und Ausländer, die Genf besuchten, und durch sie wurde die Botschaft in andere Gegenden getragen.

Durch diesen Erfolg ermutigt, veröffentlichte Gaussen seine Lehren in der Hoffnung, das Studium der prophetischen Bücher in den Kirchen der französischsprachigen Welt anzuregen. Er sagte:»Durch die Veröffentlichung des Lehrstoffs, der den Kindern beigebracht worden ist, appellieren wir an die Erwachsenen, die oft solche Bücher vernachlässigen unter dem falschen Vorwand, dass sie unverständlich seien. Wie können sie unverständlich sein, da eure Kinder sie verstehen? ... Ich hatte das dringliche Bestreben«, fügte er hinzu,»die bekannten Weissagungen bei unseren Gemeinden, wenn möglich, allgemein bekannt zu machen. ... Es gibt in der Tat kein Studium, das, wie mir scheint, den Bedürfnissen der Zeit besser entspräche. ... Hierdurch müssen wir uns vorbereiten auf die bevorstehende Trübsal und warten auf Jesus Christus.«

Obwohl Gaussen einer der hervorragendsten und beliebtesten Prediger französischer Sprache war, wurde er doch nach einiger Zeit seines Amtes enthoben. Sein Hauptvergehen war, dass er der Jugend statt des Katechismus, eines faden und rationalistischen Kirchenhandbuchs fast ohne eine Ermutigung für einen positiven Glauben, Bibelunterricht gab. Später wurde er Lehrer an einer theologischen Schule, während er sonntags den Unterricht mit den Kindern fortsetzte und sie in der Heiligen Schrift unterwies. Seine Werke über die Prophezeiungen fanden ebenfalls ein großes Interesse. Von seinem Lehrstuhl aus, über die Presse sowie durch seine Lieblingsbeschäftigung als Lehrer von Kindern fanden seine Ausführungen noch jahrelang Beachtung und ermunterten viele zum Studium der Prophezeiungen, die zeigten, dass der Herr bald kommen werde.

KINDER PREDIGEN IN SKANDINAVIEN

Auch in Skandinavien wurde die Adventbotschaft gepredigt und fand ein breites Interesse. Viele wurden aus ihrem sorglosen Sicherheitsempfinden aufgeschreckt und bekannten ihre Sünden, ließen von ihnen ab und suchten im Namen Christi Vergebung. Aber die Geistlichkeit der Staatskirche widersetzte sich der Bewegung, und durch ihren Einfluss wurden einige, die die Botschaft verkündigten, ins Gefängnis geworfen. An vielen Orten, wo auf diese Weise die Prediger der Wiederkunft zum Schweigen gebracht wurden, sandte Gott seine Botschaft auf wunderbare Weise durch kleine Kinder. Da sie noch minderjährig waren, konnten sie von Gesetzes wegen nicht daran gehindert werden, und sie durften unbehelligt verkündigen.

Die Bewegung wurde besonders in Arbeiterkreisen gut aufgenommen, und die Leute versammelten sich meist in deren bescheidenen Wohnungen, um die Warnung zu hören. Die Kinderprediger kamen selbst aus armen Kleinbauernfamilien. Einige dieser Kinder waren nicht älter als sechs oder acht Jahre. Während sie durch ihr Leben bezeugten, dass sie ihren Erlöser liebten und sich bemühten, Gottes heiliges Gesetz zu halten, zeigten sie im Allgemeinen nur die Intelligenz und Fähigkeiten, die man normalerweise von Kindern ihres Alters erwarten kann. Standen sie aber vor den Leuten, wurde deutlich, dass sie von einem Einfluss bewegt wurden, der ihre natürlichen Gaben überstieg. Ihr Tonfall und ihr Auftreten änderten sich, und in feierlichem Ernst warnten sie vor dem Gericht mit Worten aus der Schrift: »Fürchtet Gott und gebt ihm die Ehre; denn die Stunde seines Gerichts ist gekommen!« (Offenbarung 14,7) Sie rügten die Sünden des Volks und verurteilten nicht nur seine Unmoral und seine Laster, sondern tadelten auch Verweltlichung und Abfall und forderten ihre Zuhörer auf, sich zu beeilen, um dem kommenden Zorn Gottes zu entkommen.

Mit Zittern hörten die Leute zu. Der Geist Gottes, der zu ihren Herzen sprach, überzeugte sie. Viele begannen mit neuem Eifer in der Heiligen Schrift zu forschen. Unmäßige und Unsittliche begannen einen neuen Lebenswandel, andere gaben ihre unredlichen Gewohnheiten auf. Der Auftritt der Kinder war so eindrücklich, dass sogar Geistliche zugeben mussten, dass die Hand Gottes diese Bewegung führte.

Gott wollte, dass die Nachricht von der Wiederkunft Christi auch in den skandinavischen Ländern verbreitet wurde, und als die Stimmen seiner Diener zum Schweigen gebracht wurden, legte er seinen Geist auf Kinder, damit das Werk durchgeführt würde. Als sich Jesus Jerusalem näherte und ihn eine jubelnde Menge umgab, die ihn frohlockend und mit Palmzweigen wedelnd als Sohn Davids ankündigte, forderten ihn die eifersüchtigen

Pharisäer auf, das Volk zum Schweigen zu bringen. Doch Jesus antwortete ihnen, dass all dies die Erfüllung einer Prophezeiung sei und wenn diese schwiegen, die Steine reden würden. Das Volk ließ sich durch die Drohungen der Priester und Führer einschüchtern und schwieg, als der Zug durch die Tore Jerusalems zog, aber die Kinder im Tempelhof nahmen später den Ruf auf, schwangen ihre Palmzweige und riefen: »Hosianna dem Sohn Davids!« (Matthäus 21,9) Da wandten sich die Pharisäer verärgert an Jesus und sagten: »Hörst du auch, was diese sagen?« Er aber antwortete: »Ja! Habt ihr nie gelesen: (Psalm 8,3) ›Aus dem Munde der Unmündigen und Säuglinge hast du dir Lob bereitet‹?« (Matthäus 21,16) So wie Gott durch Kinder auf das erste Kommen Christi hinwies, wirkte er auch durch sie, als die Botschaft seiner Wiederkunft verkündigt werden sollte. Gottes Wort muss sich erfüllen, dass die Nachricht von der Wiederkunft des Erlösers allen Völkern, Sprachen und Zungen verkündigt wird.

GROSSVERANSTALTUNGEN IN DEN USA

William Miller und seine Mitarbeiter waren beauftragt, die Warnung in Amerika zu verkündigen. Dieses Land wurde zum Zentrum der großen Adventbewegung. Hier fand die Weissagung von der ersten Engelsbotschaft ihre unmittelbare Erfüllung. Die Schriften Millers und seiner Mitarbeiter wurden in weit entfernte Länder getragen. Wohin auch immer Missionare auf der ganzen Welt gekommen waren, überall wurde die frohe Botschaft von der baldigen Wiederkunft Christi hingetragen. Nah und fern wurde die Botschaft des ewigen Evangeliums verbreitet: »Fürchtet Gott und gebt ihm die Ehre; denn die Stunde seines Gerichts ist gekommen!«

Die Ankündigung der Wiederkunft Christi im Frühjahr 1844 prägte sich tief in die Herzen der Leute ein. Die Botschaft ging von Staat zu Staat und erregte überall großes Aufsehen. Viele waren davon überzeugt, dass die prophetischen Zeiträume richtig berechnet wurden. Eigene Meinungen wurden abgelegt und die Wahrheit freudig angenommen. Einige Prediger gaben ihre sektiererischen Ansichten und Gefühle auf, verzichteten auf ihre Gehälter und schlossen sich der Verkündigung der Wiederkunft an. Es waren jedoch verhältnismäßig wenige Prediger, die die Botschaft annahmen, deshalb wurde sie meist einfachen Laien übertragen. Landwirte verließen ihre Felder, Handwerker ihre Werkstätten, Händler ihre Waren, Fachleute ihre Positionen; und doch war die Anzahl derer klein, die das Werk auszuführen hatten. Der Zustand einer gottlosen Gemeinde und einer Welt, die in Bosheit versank, lastete schwer auf den treuen Wächtern. Willig ertrugen sie Mühen, Entbehrungen und Leiden, damit Menschen zur Umkehr und zum Heil geführt werden konnten. Obwohl sie durch Satan behindert wurden, ging das Werk stetig voran, und die Adventwahrheit wurde von Tausenden angenommen.

Überall wurde das eindringliche Zeugnis gehört, und es warnte weltliche wie kirchliche Sünder, dem kommenden Zorn zu entfliehen. Wie Johannes der Täufer, der Vorläufer Christi, legten die Prediger »die Axt den Bäumen an die Wurzel« (Lukas 3,9) und forderten von allen »Früchte, die der Umkehr entsprechen« (Lukas 3,8 ZÜ). Die ergreifenden Aufrufe standen in offensichtlichem Gegensatz zu den üblichen Zusicherungen von Frieden und Sicherheit, die von den Kanzeln herab ertönten. Das einfache, direkte Zeugnis der Schrift, ausgelöst durch die Kraft des Heiligen Geistes, bewegte etwas im Volk, und nur wenige konnten sich dem entziehen. Bekennende Christen wurden aus ihrer falschen Sicherheit gerissen. Sie erkannten ihren Abfall, ihren Weltgeist, ihren Unglauben, ihren Stolz und ihre Selbstsucht. Viele suchten den Herrn in Buße und Demut. Ihre Wünsche, die so lange nur auf Irdisches gerichtet waren, wurden nun auf den Himmel fixiert. Der Geist Gottes ruhte nun auf diesen Menschen, und einfältigen und demütigen Herzens stimmten sie in den Ruf ein: »Fürchtet Gott und gebt ihm die Ehre; denn die Stunde seines Gerichts ist gekommen!«

Sünder fragten weinend: »Was muss ich tun, dass ich gerettet werde?« (Apostelgeschichte 16,30) Wer einen unlauteren Lebenswandel geführt hatte, war um Wiedergutmachung besorgt. Jedermann, der in Christus Frieden gefunden hatte, sehnte sich danach, die Segnungen anderen mitzuteilen. Die Eltern wandten sich ihren Kindern, Kinder ihren Eltern zu. Unnahbarkeit und Stolz wurden beseitigt. Man bereute Fehler zutiefst. Familienmitglieder kümmerten sich um das Heil derer, die ihnen wert und teuer waren. Oft hörte man ernste Fürbitten. In großer Angst flehten überall Menschen zu Gott. Viele rangen Nächte hindurch um Sündenvergebung oder um die Bekehrung von Verwandten und Nachbarn.

Menschen aller Klassen strömten zu den adventistischen Versammlungen. Reich und Arm, Hoch und Niedrig wollten aus verschiedenen Gründen die biblische Lehre von der Wiederkunft näher kennen lernen. Während seine Diener die Gründe ihres Glaubens erklärten, hielt der Herr Widerstand im Zaum. Oft waren die Werkzeuge schwach, aber der Heilige Geist gab seiner Wahrheit Macht. In den Versammlungen spürte man die Gegenwart der heiligen Engel, und täglich wurden neue Gläubige gewonnen. Wenn Beweise der baldigen Wiederkunft Christi wiederholt wurden, hörten große

Mengen atemlos den ernsten Predigten zu. Himmel und Erde schienen sich einander zu nähern. Jung und Alt sowie auch Menschen in der Lebensmitte verspürten die Macht Gottes. Mit Lob auf den Lippen kehrten die Zuhörer in ihre Häuser zurück, und frohe Klänge tönten durch die Stille der Nacht. Niemand, der solche Versammlungen besucht hat, kann die Szenen ernsten Interesses vergessen.

ANGEBLICH IM UNGEWISSEN

Die Verkündigung der Wiederkunft Christi zu einer bestimmten Zeit rief bei allen Gesellschaftsklassen großen Widerstand hervor, vom Pastor auf der Kanzel bis zum verwegensten Sünder. Die Worte der Weissagung gingen in Erfüllung: »Ihr sollt vor allem wissen, dass in den letzten Tagen Spötter kommen werden, die ihren Spott treiben, ihren eigenen Begierden nachgehen und sagen: Wo bleibt die Verheißung seines Kommens? Denn nachdem die Väter entschlafen sind, bleibt es alles, wie es von Anfang der Schöpfung gewesen ist.« (2. Petrus 3,3.4) Viele, die sagten, dass sie ihren Erlöser liebten, erklärten, dass sie nichts gegen die Lehre von der Wiederkunft Christi einzuwenden hätten, sie seien lediglich gegen die Festsetzung einer bestimmten Zeit. Doch Gottes Auge sah alles und las auch in ihren Herzen. Sie wollten nichts hören von einer Wiederkunft Christi, um die Welt mit Gerechtigkeit zu richten. Sie waren treulose Diener, und ihre Werke würden in der Beurteilung Gottes, der die Herzen prüft, nicht bestehen; deshalb fürchteten sie sich, ihrem Herrn zu begegnen. Wie die Juden zur Zeit des ersten Kommens Christi waren sie nicht bereit, Jesus zu empfangen. Sie lehnten es nicht nur ab, auf die deutlichen Aussagen der Schrift zu hören, sondern machten sich über diejenigen lustig, die den Herrn erwarteten. Satan und seine Engel frohlockten und verspotteten Christus und seine heiligen Engel, weil seine bekennenden Gläubigen so wenig Liebe für ihren Herrn hatten und sein Kommen gar nicht wollten.

»Niemand weiß den Tag oder die Stunde« war das am meisten gebrauchte Argument der Gegner des Adventglaubens. Die Schrift sagt: »Von dem Tage aber und von der Stunde weiß niemand, auch die Engel im Himmel nicht, auch der Sohn nicht, sondern allein der Vater.« (Matthäus 24,36) Dieser Text wurde klar und ausgewogen von denen erklärt, die auf den Herrn warteten, und dadurch wurde die falsche Auslegung ihrer Gegner deutlich. Christus hatte diese Worte während jener denkwürdigen Unterhaltung mit seinen Jüngern auf dem Ölberg ausgesprochen, nachdem er den Tempel zum letzten Mal besucht hatte. Die Jünger hatten die Frage gestellt: »Was wird das Zeichen sein für dein Kommen und für das Ende der Welt?« (Matthäus 24,3) Jesus nannte ihnen Zeichen und sagte: »Wenn ihr das alles seht, so wisst, dass es nahe vor der Tür ist.« (Matthäus 24,33) Eine Aussage des Herrn darf nicht so ausgelegt werden, dass sie einer anderen widerspricht. Wenn auch niemand den Tag und die Stunde seiner Wiederkunft kennt, werden wir doch unterrichtet und sollten wissen, wann sie nahe ist. Es wird uns ferner gesagt, dass die Nichtbeachtung seiner Warnung bzw. die Vernachlässigung oder Zurückweisung des Wissens um die Nähe der Wiederkunft für uns ähnlich fatale Folgen haben wird wie für die Menschen in den Tagen Noahs, die nichts davon wissen wollten, wann die Flut kommen sollte. Das Gleichnis im selben Kapitel, das den treuen Knecht mit dem untreuen vergleicht und das Urteil über jenen ausspricht, der in seinem Herzen sagte, »Mein Herr kommt noch lange nicht« (Matthäus 24,48) zeigt, wie Christus diejenigen sieht und belohnt, die auf ihn warten und sein Kommen verkündigen, im Gegensatz zu jenen, die das ablehnen. »Darum wachet« (V. 42), sagt er. »Selig ist der Knecht, den sein Herr, wenn er kommt, das tun sieht.« (V. 46) »Wenn du aber nicht wachen wirst, werde ich kommen wie ein Dieb, und du wirst nicht wissen, zu welcher Stunde ich über dich kommen werde.« (Offenbarung 3,3)

Paulus spricht von Menschen, für die der Herr unerwartet erscheinen wird. »Der Tag des Herrn wird kommen wie ein Dieb in der Nacht. Wenn sie sagen werden: Es ist Friede, es hat keine Gefahr, dann wird sie das Verderben schnell überfallen ... und sie werden nicht entfliehen.« Doch er fügt über diejenigen, welche die Warnung des Herrn beachten, hinzu: »Ihr aber, liebe Brüder, seid nicht in der Finsternis, dass der Tag wie ein Dieb über euch komme. Denn ihr alle seid Kinder des Lichtes und Kinder des Tages. Wir sind nicht von der Nacht noch von der Finsternis.« (1. Thessalonicher 5,2-5)

Somit war deutlich erwiesen, dass es sich von der Schrift her nicht rechtfertigen lässt, über die Nähe der Wiederkunft Christi unwissend zu bleiben. Wer nach einer Entschuldigung suchte, um die Wahrheit zu verwerfen, überhörte einfach diese Erklärung, und kühne Spötter sowie vorgebliche Diener Christi wiederholten immer wieder die Worte: »Von dem Tage aber und von der Stunde weiß niemand!« Als Leute aufgeschreckt wurden und nach dem Weg des Heils fragten, stellten sich religiöse Lehrer zwischen sie und die Wahrheit und versuchten, durch falsche Auslegungen des Wortes Gottes ihre Ängste zu besänftigen. Untreue Wächter verbanden sich mit dem Werk des großen Betrügers und schrien: »Friede! Friede!«, wo Gott nicht von Frieden gesprochen hatte. Wie bei den Pharisäern zur Zeit Christi weigerten sich viele, das Himmelreich zu betreten, und hinderten gleichzeitig andere daran, hineinzukommen. Das Blut dieser Menschen wird von ihrer Hand gefordert werden.

STANDHAFT UND BEREIT

Die Demütigsten und Hingebungsvollsten in den Kirchen waren meist die Ersten, welche die Botschaft annahmen. Wer die Bibel selbst studierte, dem wurde der schriftwidrige Charakter der volkstümlichen Ansichten über die Prophezeiungen deutlich. Wo immer die Menschen nicht von der Geistlichkeit kontrolliert wurden, wo immer sie das Wort selbstständig erforschten, musste die Adventbotschaft nur mit der Schrift verglichen werden, um ihre göttliche Autorität zu bestätigen.

Viele wurden von ihren ungläubigen Brüdern verfolgt. Manche willigten ein, ihre Hoffnung zu verschweigen, nur um ihre Stellung in der Gemeinde behalten zu können. Andere fühlten aber, dass ihnen ihre Treue zu Gott verbot, die Wahrheiten zu verbergen, die der Herr ihnen anvertraut hatte. Nicht wenige wurden aus der Kirche ausgeschlossen, weil sie nichts anderes getan hatten, als ihren Glauben an die Wiederkunft Christi auszudrücken. Die folgenden Worte des Propheten waren Balsam für diejenigen, die eine solche Prüfung zu bestehen hatten: »Es sprechen eure Brüder, die euch hassen und verstoßen um meines Namens willen: Lasst doch den Herrn sich verherrlichen, dass wir eure Freude mit ansehen; doch sie sollen zuschanden werden.« (Jesaja 66,5)

Mit größter Anteilnahme verfolgten Engel die Ergebnisse der Warnung. Wenn die Kirchen die Botschaft insgesamt verwarfen, wandten sich die Engel betrübt ab. Aber es gab viele, die wegen der Adventbotschaft noch nicht geprüft worden waren. Viele waren durch Ehemänner, Frauen, Eltern oder Kinder irregeleitet worden, zu glauben, dass es eine Sünde sei, den Ketzereien der Adventgläubigen auch nur zuzuhören. Engel wurden gebeten, treu über diese Menschen zu wachen, denn es sollte noch ein weiteres Licht vom Thron Gottes auf sie scheinen.

Mit unaussprechlichem Verlangen warteten alle, welche die Botschaft angenommen hatten, auf die Ankunft des Herrn. Die Zeit war nahe. Sie erwarteten diese Stunde in stillem Ernst und ruhten in freudiger Gemeinschaft mit Gott, in einem aufrichtigen Frieden, der ihnen in der ewigen Herrlichkeit zuteil werden sollte. Keiner, der diese Hoffnung und dieses Vertrauen miterlebte, kann jene kostbaren Stunden des Wartens vergessen. Schon einige Wochen vor der erwarteten Zeit wurden die meisten weltlichen Aktivitäten beendet. Die aufrichtig Gläubigen prüften jeden Gedanken und jede Gefühlsregung sorgfältig, als lägen sie auf ihrem Totenbett und müssten in wenigen Stunden die Augen schließen. Es wurden keine Kleider für die Himmelfahrt[57] angefertigt, aber jedermann wollte die innere Klarheit haben, bereit zu sein, dem Erlöser zu begegnen. Ihr weißes Kleid war die Reinheit ihres Herzens – ein Charakter, der durch das versöhnende Blut Christi gereinigt wurde. Gäbe es im Volk Gottes doch heute noch den gleichen Geist, der die Herzen durchforscht, den gleichen entschlossenen Glauben! Wenn sie sich weiterhin vor dem Herrn so gedemütigt und ihre Bitten zum Gnadenthron geschickt hätten, wären sie jetzt im Besitz weit köstlicherer Erfahrungen. Es wird zu wenig gebetet, es gibt zu wenig wirkliche Sündenerkenntnis, und der Mangel an lebendigem Glauben hält manchen von der Gnade fern, die unser Erlöser doch so reichlich bereithält.

Gott wollte sein Volk prüfen. Seine Hand verdeckte einen Fehler bei der Auslegung der prophetischen Zeitketten. Die Adventgläubigen bemerkten diesen Irrtum nicht, er wurde auch nicht von den gelehrtesten ihrer Gegner aufgedeckt. Diese sagten: »Eure Berechnung der prophetischen Zeitabschnitte ist richtig. Irgendein großes Ereignis wird stattfinden, doch nicht das, was Mr. Miller vorhersagt, es ist die Bekehrung der Welt und nicht die Wiederkunft Christi.«[58]

Der erwartete Zeitpunkt verstrich, und Christus erschien nicht zur Befreiung seines Volkes. Alle, die aufrichtig in Glauben und Liebe auf den Herrn gewartet hatten, waren jetzt bitter enttäuscht. Gott aber hatte sein Ziel erreicht, er prüfte die Herzen derer, die vorgaben, auf Christi Wiederkunft gewartet zu haben. Unter ihnen waren viele, die von keinem höheren Beweggrund als von Angst getrieben wurden. Ihr Glaubensbekenntnis hatte weder ihre Herzen noch ihren Lebenswandel beeinflusst. Als das erwartete Ereignis ausblieb, erklärten diese Leute: »Wir sind nicht enttäuscht. Wir haben nie geglaubt, dass Christus wiederkommen würde.« Sie gehörten zu den Ersten, die über den Schmerz der wahrhaft Gläubigen spotteten.

Doch Jesus und die himmlischen Heerscharen schauten mit Liebe und Anteilnahme auf die geprüften und treuen, aber enttäuschten Gläubigen herab. Hätte man den Vorhang beiseite schieben können, der die sichtbare Welt von der unsichtbaren trennt, so hätte man Engel sehen können, wie sie sich den standhaften Gläubigen näherten, um sie vor den Pfeilen Satans zu schützen.

---

57 Siehe Glossar »Himmelfahrtskleider«, S. 660.
58 Siehe Glossar »Prophetische Zeitrechnung«, S. 676.

KAPITEL 21

WEG VON GOTT – HIN ZUR WELT

Als Miller und seine Mitarbeiter die Lehre von der Wiederkunft Christi verkündigten, taten sie dies mit der einzigen Absicht, ihre Mitmenschen dazu zu bewegen, sich auf das Gericht vorzubereiten. Sie bemühten sich, Menschen, die bereits einen Glauben hatten, auf die einzig wahre Hoffnung der Kirche und auf die Notwendigkeit einer tieferen christlichen Erfahrung aufmerksam zu machen. Auch bemühten sie sich darum, unbekehrten Menschen bewusst zu machen, dass sie ihre Sünden unverzüglich bereuen und zu Gott umkehren sollten. »Sie versuchten nicht, irgendjemanden zu einer Sekte oder Religionsgemeinschaft zu bekehren, und arbeiteten daher unter allen Gruppen und Gemeinschaften, ohne in ihre Organisation oder ihre Regeln einzugreifen«.

Miller sagte: »In allen meinen Arbeiten habe ich nie gewollt oder beabsichtigt, irgendeine Sonderrichtung außerhalb der bestehenden Kirchen aufzubauen oder eine auf Kosten einer andern zu begünstigen. Ich wollte ihnen allen nützen. In der Annahme, dass sich alle Christen auf das Kommen Jesu freuen und dass die, welche es nicht so sehen konnten wie ich, trotzdem jene lieben würden, die diese Lehre annähmen, ahnte ich nicht, dass jemals gesonderte Versammlungen nötig werden könnten. Mein einziges Ziel war, Menschen zu Gott zu bekehren, der Welt das kommende Gericht bekannt zu machen und meine Mitmenschen zu jener Vorbereitung des Herzens zu bewegen, die sie befähigt, ihrem Gott in Frieden zu begegnen. Die große Mehrheit derer, die durch mein Wirken bekehrt wurden, verbanden sich mit den verschiedenen bestehenden Kirchen.« (BMM, 328)

Da Miller beabsichtigte, bestehende Gemeinden zu erwecken, war man ihm eine Zeit lang wohl gesonnen. Doch als Prediger und religiöse Führer die Adventbotschaft ablehnten und versuchten, jede Diskussion über dieses Thema zu unterdrücken, haben sie die Lehre nicht nur von der Kanzel aus bekämpft, sondern gestatteten ihren Mitgliedern auch nicht mehr, die Vorträge über die Wiederkunft Christi zu besuchen oder bei geselligen

Zusammenkünften in ihren Gemeinden über ihre Hoffnung zu sprechen. So sahen sich die Gläubigen großen Schwierigkeiten gegenüber und waren ratlos. Einerseits liebten sie ihre Gemeinden und wollten sich nicht von ihnen trennen. Als sie aber mit ansehen mussten, wie das Zeugnis des Wortes unterdrückt und ihnen das Recht zur Erforschung der Prophetie versagt wurde, erkannten sie, dass es ihnen ihre Treue zu Gott verbot, sich zu fügen. Sie konnten jene, die das Zeugnis des Wortes verwarfen, nicht mehr als die Gemeinde Christi, als einen »Pfeiler und eine Grundfeste der Wahrheit« (1. Timotheus 3,15) ansehen. So fühlten sie sich gezwungen, sich von ihren früheren Gemeinden zu trennen. Im Sommer 1844 traten etwa 50.000 Menschen aus ihren Kirchen aus.

VERWELTLICHUNG DURCH ABLEHNUNG DER WAHRHEIT

Zu jener Zeit beobachtete man in den meisten Kirchen der Vereinigten Staaten eine auffällige Veränderung. Über Jahre hatte man sich allmählich zunehmend weltlichen Bräuchen und Gewohnheiten angepasst, was einen entsprechenden Niedergang des geistlichen Lebens zur Folge hatte. In jenem Jahr aber gab es in fast allen Kirchen im Land Anzeichen eines plötzlichen und besonders auffälligen Verfalls. Wenn auch niemand den Grund angeben konnte, wurde dieser doch allgemein bemerkt, und man befasste sich von den Kanzeln wie auch in der Presse damit.

An einer Versammlung der Presbyterianer in Philadelphia stellte Albert Barnes, Verfasser eines bekannten Bibelkommentars und Pastor einer der bedeutendsten Gemeinden jener Stadt, fest, »dass er seit 20 Jahren im Dienst sei und dass er, abgesehen von der letzten Feier, das Abendmahl noch nie ausgeteilt habe, ohne mindestens einige Glieder in die Gemeinde aufzunehmen. Aber nun gebe es keine Erweckungen, keine Bekehrungen mehr, auch praktisch kein sichtbares Wachstum in der Gnade unter den Bekennern, und niemand komme in sein Studierzimmer, um mit ihm über sein Seelenheil zu sprechen. Mit der Zunahme des Geschäftsverkehrs und den blühenden Aussichten des Handels und der Industrie gehe eine Zunahme der weltlichen Gesinnung Hand in Hand. So ergeht es zudem allen Kirchen« (CJ, 23. 5.1844).

Im Februar desselben Jahres sagte Professor Charles G. Finney vom Oberlin-College: »Wir müssen erkennen, dass die protestantischen Kirchen unseres Landes im großen Ganzen entweder allen sittlichen Reformen dieses Zeitalters gleichgültig oder sogar feindlich gegenüberstanden. Es gibt zwar einzelne Ausnahmen, doch sie reichen nicht aus, um den allgemeinen Trend zu verändern. Es gibt noch eine andere Tatsache, die dies bestätigt: das fast gänzliche Fehlen von Erweckungen in den Gemeinden. Die geistliche Abgestumpftheit durchdringt beinahe alles und lehrt uns das Fürchten. Das bezeugt die religiöse Presse des ganzen Landes. ... Mit sehr großem Interesse widmen sich die Gemeindeglieder der Mode und gehen Hand in Hand mit den Gottlosen zu Vergnügungen, zum Tanz und zu andern Festlichkeiten. ... Doch wir brauchen nicht weiter über dieses peinliche Thema zu sprechen. Es genügt, dass die Beweise sich mehren und uns schwer bedrücken, dass die Kirchen im Allgemeinen auf traurige Weise entarten. Sie sind sehr weit von dem Herrn entfernt, und er hat sich von ihnen zurückgezogen.«

Und ein Autor der Zeitschrift »Religious Telescope« bezeugt: »Wir haben nie einen so allgemeinen Verfall wahrgenommen wie gerade jetzt. Wahrlich, die Kirche sollte aufwachen und die Ursache dieses Notstandes ergründen, denn als eine solche Not muss jeder, der Zion liebt, diesen Zustand ansehen. Wenn wir die ›wenigen und vereinzelten‹ Fälle wahrer Bekehrung und die nahezu beispiellose Unbußfertigkeit und Sturheit der Sünder ansehen, rufen wir fast unwillkürlich aus: ›Hat Gott vergessen gnädig zu sein, oder ist die Tür der Barmherzigkeit geschlossen?‹«

Ein solcher Zustand hat immer einen Ursprung in der Gemeinde selbst. Geistliche Finsternis, die Völker, Kirchgemeinden und einzelne Menschen heimsucht, kommt nicht durch einen willkürlichen Entzug der göttlichen Gnade, sondern durch die Vernachlässigung oder Ablehnung göttlichen Lichts durch den Menschen. Ein treffendes Beispiel dieser Wahrheit ist die Geschichte der jüdischen Nation zur Zeit Christi. Die Juden hatten sich der Welt übergeben und Gott und sein Wort vergessen, wodurch ihr Verstand vernebelt und ihre Herzen irdisch und sinnlich wurden. Deshalb wussten sie nichts über die Ankunft des Messias, und in ihrem Stolz und Unglauben verwarfen sie den Erlöser. Nicht einmal dann entzog Gott dem jüdischen Volk die Erkenntnis über oder die Teilhabe an den Segnungen der Erlösung. Wer aber die Wahrheit verwarf, verlor jedes Verlangen nach den Gaben des Himmels. Sie hatten »aus Finsternis Licht und aus Licht Finsternis« gemacht (Jesaja 5,20), bis das Licht, das in ihnen war, Finsternis wurde, »wie groß wird dann die Finsternis sein!« (Matthäus 6,23)

Es passt zu den Absichten Satans, wenn Menschen die Formen der Religion beibehalten, wahre Frömmigkeit aber vermissen lassen. Nachdem die Juden das Evangelium verworfen hatten, hielten sie eifrig an ihren alten Ritualen fest. Sie sonderten sich rigoros nach außen ab, während sie zugeben mussten, dass Gott nicht mehr unter ihnen war. Die Prophezeiung Daniels deutete so unmissverständlich auf die Zeit des Messias hin und sagte so deutlich seinen Tod voraus, dass die Rabbiner vom Studium des Buches Daniel abrieten und schließlich alle verfluchten, die versuchen würden, die Zeit zu berechnen. Jahrhundertelang stand das Volk Israel dem Gnadenangebot der Erlösung gleichgültig, blind und unbußfertig gegenüber und kümmerte sich nicht um die Segnungen des Evangeliums. Das ist eine ernste und schreckliche Warnung vor der Gefahr, das Licht des Himmels zu verwerfen.

Gleiche Ursachen haben gleiche Wirkungen. Wer vorsätzlich eine klar erkannte Pflicht bewusst ignoriert, weil sie seinen Neigungen entgegensteht, wird schließlich nicht mehr in der Lage sein, Irrtum von Wahrheit zu unterscheiden. Sein Verstand wird verfinstert, sein Gewissen verhärtet, sein Herz verstockt und seine Seele von Gott getrennt. Wo die Botschaft der göttlichen Wahrheit verschmäht oder verachtet wird, kommt Finsternis über die Gemeinde, Glaube und Liebe erkalten und es schleichen sich Entfremdung und Spaltungen ein. Gemeindeglieder richten ihr Interesse und ihr Bestreben nach weltlichen Dingen aus und Sünder verharren in ihrer Unbußfertigkeit.

ABLEHNUNGEN WIE ZUR ZEIT JESU

Die erste Engelsbotschaft aus Offenbarung 14, die die Zeit des Gerichts Gottes ankündigt und die Menschen auffordert, Gott zu fürchten und ihn anzubeten, war dazu vorgesehen, das wahre Volk Gottes von den verderblichen Einflüssen der Welt zu trennen und seinen tatsächlichen Zustand der Verweltlichung und des Abfalls zu erkennen. Durch diese Botschaft sandte Gott eine Warnung an die Gemeinde. Hätte die Gemeinde sie beachtet, wären die Missstände beseitigt worden, die sie von Gott trennten. Hätten sie die Botschaft vom Himmel angenommen, ihre Herzen vor dem Herrn gedemütigt und sich ernsthaft darauf vorbereitet, in seiner Gegenwart bestehen zu können, hätten sich der Geist und die Macht Gottes unter ihnen gezeigt. Die Gemeinde hätte abermals den hohen Grad der Einheit, des Glaubens und der Liebe erreicht, den sie in apostolischen Zeiten hatte, als alle Gläubigen »ein Herz und eine Seele« (Apostelgeschichte 4,32) waren und »das Wort Gottes mit Freimut« (Apostelgeschichte 4,31) redeten. »Der Herr aber fügte täglich zur Gemeinde hinzu, die gerettet wurden.« (Apostelgeschichte 2,47)

Wenn das Volk, das sich zu Gott bekennt, das Licht so annähme, wie es aus dem Wort scheint, würde es die Einheit, um die Christus betete und die der Apostel mit »Einigkeit im Geist durch das Band des Friedens« beschreibt, erreichen. Dadurch entsteht, wie er sagt, »ein Leib und ein Geist, wie ihr auch berufen seid zu einer Hoffnung eurer Berufung; ein Herr, ein Glaube, eine Taufe« (Epheser 4,3-5).

Solche Segnungen erfuhren die, welche die Adventbotschaft annahmen. Sie kamen aus verschiedenen Glaubensgemeinschaften, aber konfessionelle Schranken waren bald niedergerissen, widersprechende Glaubensbekenntnisse verschwanden, die unbiblische Hoffnung eines tausendjährigen Friedensreichs auf Erden und falsche Ansichten über die Wiederkunft wurden berichtigt, Stolz und weltliches Gehabe hinweggefegt und Ungerechtigkeit beseitigt. Herzen vereinten sich in inniger Gemeinschaft, Liebe und Freude traten an die erste Stelle. Was diese Lehre für die wenigen vollbracht hat, die sie annahmen, hätte sie für alle erreichen können, wenn sie angenommen worden wäre.

Die einzelnen Glaubensgemeinschaften missachteten aber diese Warnung. Ihre Prediger, die als Wächter »über das Haus Israel« die Zeichen der Wiederkunft Jesu als Erste hätten erkennen müssen, versäumten es, die Wahrheit entweder aus dem Zeugnis der Propheten oder an den Zeichen der Zeit zu erkennen. Da weltliche Hoffnungen und Ehrgeiz ihr Herz erfüllten, erkalteten zugleich ihre Liebe zu Gott und ihr Glaube an sein Wort. Als ihnen die Lehre über die Wiederkunft verkündigt wurde, weckte sie in ihnen nur Vorurteile und Unglauben. Dass die Botschaft größtenteils durch Laien verkündigt wurde, war für sie ein Gegenargument. Wie in früheren Zeiten wurde dem deutlichen Zeugnis Gottes mit der Frage begegnet: »Glaubt denn einer von den Oberen oder Pharisäern an ihn?« (Johannes 7,48) Als man herausfand, wie schwierig es war, die Argumente aus den prophetischen Zeitangaben zu widerlegen, rieten viele vom Studium der Prophezeiungen ab und erklärten, die prophetischen Bücher seien versiegelt und könnten nicht verstanden werden. Viele vertrauten den Pastoren blind und lehnten es ab, den Warnungen zuzuhören. Andere waren von der Wahrheit überzeugt, wagten aber nicht, sich dazu zu bekennen, »um nicht aus der Synagoge ausgestoßen zu werden« (Johannes 12,42). Die Botschaft, die Gott der Gemeinde als Prüfung und Läuterung gesandt hatte, offenbarte nur allzu deutlich, welch große Anzahl ihr Herz der Welt statt Christus zugewandt hatte. Ihre Verbindung zur Welt war stärker als die zum Himmel. Sie entschieden sich, auf die Stimme der weltlichen Weisheit zu hören und kehrten sich von der Botschaft der Wahrheit ab, die den Zustand ihres Herzens aufdeckte.

Als sie die Warnung des ersten Engels zurückwiesen, lehnten sie das Mittel ab, das der Himmel für ihre geistliche Erneuerung vorgesehen hatte.

Sie verachteten den Botschafter der Gnade, der die Missstände hätte beseitigen können, die sie von Gott trennten, und mit noch größerem Eifer suchten sie die Freundschaft der Welt. Hier lag die Ursache dieses bedenklichen Zustands der Verweltlichung, des Abfalls und des geistlichen Todes, wie er in den Kirchen 1844 vorherrschte.

BABYLON IST GEFALLEN

In Offenbarung 14 folgte ein zweiter Engel auf den ersten, der rief: »Sie ist gefallen, sie ist gefallen, Babylon[59], die große Stadt; denn sie hat mit dem Zorneswein ihrer Hurerei getränkt alle Völker.« (Offenbarung 14,8) Der Name »Babylon« geht auf die Kurzform »Babel« zurück und bedeutet Verwirrung. In der Heiligen Schrift wird diese Bezeichnung für die verschiedenen Formen falscher oder abgefallener Religionen verwendet. In Offenbarung 17 wird Babylon als eine Frau dargestellt, ein Bild, das in der Bibel symbolisch für eine Gemeinde verwendet wird, wobei eine tugendhafte Frau eine reine Gemeinde darstellt, eine liederliche Frau hingegen eine abtrünnige Kirche.

In der Bibel wird die heilige und beständige Beziehung zwischen Christus und seiner Gemeinde mit der Verbindung zweier Menschen in der Ehe dargestellt. Durch einen feierlichen Bund hat der Herr sein Volk an sich gebunden. Er versprach ihm, sein Gott zu sein, und sein Volk gelobte, ihm allein zu gehören. Er sagt: »Ich will mich mit dir verloben für alle Ewigkeit, ich will mich mit dir verloben in Gerechtigkeit und Recht, in Gnade und Barmherzigkeit.« (Hosea 2,21) Und abermals: Ich »will euch bringen nach Zion.« (Jeremia 3,14) Paulus benutzt dieselbe Redewendung im Neuen Testament, wenn er sagt: »Ich habe euch verlobt mit einem einzigen Mann, damit ich Christus eine reine Jungfrau zuführte.« (2. Korinther 11,2)

Die Untreue der Gemeinde Christi, dass sie ihr Vertrauen und ihre Liebe von ihm abwandte und der Liebe zu weltlichen Dingen Raum gab, wird mit der Verletzung eines Ehegelübdes verglichen. Die Sünde Israels, die darin bestand, sich von seinem Herrn abzuwenden, wird unter diesem Bild dargestellt, und die großartige Liebe Gottes, die auf eine solche Weise verachtet wurde, wird im folgenden Text eindrucksvoll geschildert: »Und ich schwor dir's und schloss mit dir einen Bund, spricht Gott, der Herr, dass du solltest mein sein.« (Hesekiel 16,8) Du »wurdest überaus schön und kamst zu königlichen Ehren. Und dein Ruhm erscholl unter den Völkern deiner Schönheit wegen, die vollkommen war durch den Schmuck, den ich dir angelegt hatte, spricht Gott, der Herr. Aber du verließest dich auf deine Schönheit. Und

---

59 Siehe Glossar »Babylon«, S. 653.

weil du so gerühmt wurdest, triebst du Hurerei.« (Hesekiel 16,13-15) »Aber das Haus Israel hat mir nicht die Treue gehalten, gleichwie eine Frau wegen ihres Liebhabers nicht die Treue hält, spricht der Herr.« (Jeremia 3,20) »Du Ehebrecherin, die du dir Fremde anstelle deines Mannes nimmst!« (Hesekiel 16,32)

Das Neue Testament wandte sich mit ähnlichen Worten an bekennende Christen, welche die Freundschaft zur Welt mehr begehrten als die Gunst Gottes. Der Apostel Jakobus sagt: »Ihr Ehebrecherinnen, wisst ihr nicht, dass die Freundschaft der Welt Feindschaft gegen Gott ist? Wer nun ein Freund der Welt sein will, erweist sich als Feind Gottes.« (Jakobus 4,4 Elb.)

In Offenbarung 17 wird Babylon als Frau dargestellt, die »in Purpur und Scharlach [gekleidet war] und geschmückt mit Gold, Edelsteinen und Perlen, und in der Hand hielt sie einen goldenen Becher – der war voll von Abscheulichkeiten und dem Unrat ihrer Unzucht. Und auf ihre Stirn war ein Name geschrieben, ein Geheimnis: Babylon die Große, Mutter der Huren und Gräuel der Erde. Und ich sah diese Frau, trunken vom Blut der Heiligen und vom Blut der Zeugen Jesu. Und bei ihrem Anblick geriet ich in großes Staunen« (Offenbarung 17,4-6 ZÜ). Von Babylon wird ferner gesagt, sie sei »die große Stadt, die die Herrschaft hat über die Könige auf Erden« (Offenbarung 17,18). Die Macht, die jahrhundertelang einen machthaberischen Einfluss auf christliche Monarchen ausgeübt hatte, war Rom. Purpur und Scharlachfarbe, Gold, kostbare Steine und Perlen zeigen in anschaulicher Weise die Pracht und den mehr als königlichen Prunk des anmaßenden Bischofssitzes in Rom. Keine andere Macht konnte so treffend als »betrunken ... vom Blut der Heiligen und vom Blut der Zeugen Jesu« (Offenbarung 17,6) bezeichnet werden. Babylon wird auch der Sünde einer gesetzeswidrigen Verbindung mit »den Königen auf Erden« (Offenbarung 17,2) angeklagt. Die jüdische Gemeinde wurde durch ihre Abkehr vom Herrn und ihre Verbindung zu den Heiden zur Hure. Rom brachte sich in gleicher Weise ins Verderben, indem es die Unterstützung weltlicher Mächte suchte. Damit fiel es unter dasselbe Urteil wie einst Israel und Juda.

BABYLONS TÖCHTER

Babylon wird als »die Mutter der Huren« bezeichnet. Ihre »Töchter« müssen symbolisch gesprochen jene Kirchen sein, die an den Lehren und Traditionen Babylons festhalten. Auch folgen sie ihrem Beispiel, wenn sie die Wahrheit und die Anerkennung bei Gott opfern, um eine unheilige Allianz mit der Welt einzugehen. Die Botschaft von Offenbarung 14 verkündigt den Fall Babylons, der auch auf religiöse Gemeinschaften angewandt werden muss, die einmal rein waren und sich später befleckten. Da dieser Botschaft die Warnung vor dem Gericht vorausgeht, muss sie in den letzten Tagen verkündet werden. Sie kann sich deshalb nicht nur auf die römische Kirche beziehen, denn diese Kirche ist schon seit Jahrhunderten in einem gefallenen Zustand. Darüber hinaus wird das Volk Gottes in Offenbarung 18 aufgefordert, Babylon zu verlassen (V. 4). Nach diesem Text müssen noch viele aus Gottes Volk in Babylon sein. In welchen religiösen Gemeinschaften ist der größere Teil der Nachfolger Christi zu finden? Zweifellos in den verschiedenen Kirchen, die sich zum evangelischen Glauben bekennen. Als diese Kirchen aufkamen, nahmen sie eine ehrbare Haltung für Gott und seine Wahrheit ein, deshalb waren sie gesegnet. Sogar die ungläubige Welt musste zugeben, dass die Annahme der Prinzipien des Evangeliums segensreiche Ergebnisse zur Folge hatte, wie der Prophet zu Israel sagte: »Dein Ruhm erscholl unter den Völkern deiner Schönheit wegen, die vollkommen war durch den Schmuck, den ich dir angelegt hatte, spricht Gott der Herr.« (Hesekiel 16,14) Aber dasselbe Verlangen, das Israel Fluch und Ruin gebracht hatte, wurde nun auch ihnen zum Verhängnis. Es war der Wunsch, die Lebensgewohnheiten der gottlosen Menschen zu übernehmen und das Verlangen, ihre Freunde zu werden. »Du verließest dich auf deine Schönheit. Und weil du so gerühmt wurdest, triebst du Hurerei und botest dich jedem an, der vorüberging, und warst ihm zu Willen.« (Hesekiel 16,15)

Viele protestantische Kirchen folgten dem Beispiel Roms und gingen eine ehrlose Verbindung mit »den Königen auf Erden« ein – die Staatskirchen durch ihre Beziehungen zu weltlichen Behörden und andere Gemeinschaften, indem sie um die Gunst der Welt warben. Der Ausdruck »Babylon« – Verwirrung – kann zu Recht auf diese Kirchen angewandt werden, die alle behaupten, ihre Lehren der Bibel zu entnehmen, und doch sind sie in zahllose Sekten mit verschiedenen weit auseinandergehenden Bekenntnissen und Theorien zersplittert.

Neben einer sündhaften Verbindung mit der Welt weisen Kirchen, die sich von Rom getrennt haben, noch andere Merkmale Roms auf.

Ein römisch-katholischer Autor behauptet: »Falls die römische Kirche sich in der Verehrung der Heiligen je der Abgötterei schuldig machte, so steht ihre Tochter, die anglikanische Kirche, ihr nicht nach; denn sie hat zehn Kirchen, die der Jungfrau Maria gewidmet sind, gegenüber einer, die Christus geweiht ist.« (CCCI, 21/22, Vorwort)

Dr. Samuel Hopkins macht in »A Treatise on the Millennium« [Eine Abhandlung über das Tausendjährige Reich] folgende Aussage: »Wir haben keinen Grund, den antichristlichen Geist und seine Gebräuche darauf zu beschränken, was heute die römische Kirche genannt wird. Die protestantischen Kirchen tragen viel von dem Antichristen in sich und sind weit davon entfernt, völlig reformiert zu sein ... von Verderbtheit und Gottlosigkeit.« (HW, II, 328) Über die Trennung der presbyterianischen Kirche von Rom schreibt Dr. Thomas Guthrie: »Vor 300 Jahren verließ unsere Kirche mit einer offenen Bibel auf ihrer Fahne und dem Wahlspruch ›Erforschet die Schrift‹ auf ihrer Urkunde die Tore Roms.« Dann stellt er die bedeutungsvolle Frage: »Aber kam sie wirklich rein aus Babylon hervor?« (GGE, 237)

Charles H. Spurgeon sagte: »Die anglikanische Kirche scheint ganz und gar durchsäuert zu sein von der Lehre, dass das Heil in den Sakramenten liege; aber die sich von dieser Kirche getrennt haben, sind gleichermaßen von philosophischem Unglauben durchdrungen. Auch die, von denen wir bessere Dinge erwartet hätten, wenden sich, eine nach der andern, von den Grundsätzen des Glaubens ab. Das innerste Herz Englands ist, glaube ich, ganz durchlöchert von einem verderblichen Unglauben, der es immer noch wagt, auf die Kanzel zu steigen und sich christlich zu nennen.«

ANPASSUNG – DIE URSACHE DES ABFALLS

Was war der Anfang des großen Abfalls? Wie kam es dazu, dass die Kirche von der Einfachheit des Evangeliums abwich? Sie passte sich den Bräuchen des Heidentums an, um den Heiden die Annahme des Christentums zu erleichtern. Der Apostel Paulus erklärte schon in seinen Tagen: »Es regt sich schon das Geheimnis der Bosheit.« (2. Thessalonicher 2,7) Solange die Apostel lebten, blieb die Gemeinde verhältnismäßig rein. Doch »gegen Ende des 2. Jahrhunderts veränderten sich die meisten Gemeinden. Als die alten Jünger gestorben waren, schwand unter ihren Kindern und den Neubekehrten die frühere Einfachheit ... und nahm kaum merkbar neue Formen an« (RER, VI, § 17, 51). Um Leute leichter zum Christentum zu bekehren, wurden die hohen Ansprüche gesenkt, und man erzeugte dadurch »eine heidnische Flut, die in die Kirche hineinströmte, die ihre Gewohnheiten, Bräuche und Götzen mitbrachte« (GL, 278). Da die christliche Religion die Gunst und Unterstützung weltlicher Herrscher anstrebte, wurde sie vordergründig durch Scharen von Menschen akzeptiert. Doch weil viele nur dem Schein nach Christen wurden, »blieben sie im Wesentlichen Heiden und beteten insgeheim ihre Götzen weiterhin an« (GL, 278).

Hat sich dieser Vorgang nicht fast in jeder Kirche, die sich protestantisch nennt, wiederholt? Nach dem Ableben der Gemeindegründer, die noch den wahren Geist der Erneuerung hatten, übernahmen ihre Nachfolger die Führung und entwarfen ein neues Erscheinungsbild. Während sie einerseits blind an den Glaubensbekenntnissen ihrer Väter festhielten und sich jeder neuen Wahrheit verweigerten, die diese noch nicht erkannt hatten, wichen diese Kinder der Reformatoren andererseits weitgehend von der Demut, Selbstverleugnung und dem Verzicht auf das Weltliche ab. So verschwand die ursprüngliche Einfachheit. Eine Welle der Weltlichkeit mit ihren Gewohnheiten, Bräuchen und Götzen überschwemmte die Kirche.

Ach, wie sehr wird diese »Freundschaft mit der Welt«, die aber »Feindschaft mit Gott ist« (Jakobus 4,4) unter den bekennenden Nachfolgern Christi gepflegt! Wie weit haben sich die großen Kirchen überall im Christentum vom biblischen Stand der Demut, Selbstverleugnung, Einfachheit und Gottesfurcht entfernt! John Wesley sagte einmal, als er von dem richtigen Gebrauch des Geldes sprach: »Verschwendet keinen Teil einer so köstlichen Gabe für die bloße Befriedigung der Augenlust durch überflüssige oder kostspielige Kleidung oder unnötigen Putz. Verschwendet keinen Teil für die kunstvolle Ausschmückung eurer Häuser, für überflüssige oder teure Einrichtungen, für kostbare Bilder, Gemälde, Vergoldungen. ... Gebt nichts aus, um ein hoffärtiges Leben zu führen, um die Bewunderung oder das Lob der Menschen zu gewinnen. ... ›Solange es dir wohl geht, wird man Gutes von dir reden.‹ Solange du dich ›kleidest mit Purpur und köstlicher Leinwand‹ und ›alle Tage herrlich und in Freuden lebst‹, werden viele ohne Zweifel deinen erlesenen Geschmack, deine Freigebigkeit und Gastfreundschaft loben. Erkaufe aber ihren Beifall nicht so teuer; begnüge dich lieber mit der Ehre, die von Gott kommt.« (WW, Sermon 50) In vielen Kirchen werden jedoch heutzutage solche Lehren verachtet.

Einer Kirche anzugehören war in der Welt populär geworden. Regierende, Politiker, Juristen, Ärzte, Kaufleute wurden zu Kirchenmitgliedern, um sich dadurch Achtung und Vertrauen in der Gesellschaft zu erwerben und um ihre eigenen weltlichen Interessen zu fördern. So versuchten sie, ihre unredlichen Geschäfte unter einem christlichen Mantel zu verbergen. Die verschiedenen religiösen Gemeinschaften, gestärkt durch den Reichtum und den Einfluss dieser getauften Weltmenschen, gewannen dadurch eine noch größere Popularität und Gunst. Prächtige Kirchen wurden an belebten Straßen gebaut und auf die verschwenderischste Weise ausgeschmückt. Kirchgänger trugen kostbare und nach neuester Mode gefertigte Kleidung. Ein begabter Prediger, der Menschen fesseln und unterhalten konnte, wurde gut bezahlt. Seine Predigten durften weit verbreitete Sünden nicht ansprechen; sie sollten »zeitgemäß« und dem modernen Ohr angepasst sein.

Moderne Sünder wurden in Kirchenregister eingetragen und »Modesünden« mit dem Deckmantel der Frömmigkeit zugedeckt.

Eine führende amerikanische Zeitung, die sich mit der Haltung der bekennenden Christen im 19. Jahrhundert beschäftigt, schrieb: »Allmählich hat sich die Kirche dem Zeitgeist ergeben und ihre gottesdienstlichen Formen den modernen Bedürfnissen angepasst. ... Tatsächlich benutzt die Kirche heute alles, was hilft, die Religion anziehend zu machen.« Ein Schreiber im New Yorker »Independent« sagt über den Methodismus: »Die Trennungslinie zwischen den Gottesfürchtigen und den Gottlosen verblasst zu einem Halbschatten, und auf beiden Seiten sind eifrige Menschen bemüht, alle Unterschiede zwischen ihrer Handlungsweise und ihren Vergnügungen zu verwischen. ... Die Volkstümlichkeit der Religion trägt ungeheuer viel dazu bei, die Zahl derer zu vermehren, die sich ihre Segnungen verschaffen möchten, ohne redlich ihren Pflichten nachzukommen.«

Howard Crosby sagt: »Es ist eine sehr ernste Sache, dass Christi Kirche so wenig den Absichten ihres Herrn nachkommt. Wie die Juden vor alters durch ein freundschaftliches Verhältnis zu Götzendienern ihre Herzen von Gott abwandten ... so verlässt die heutige Kirche Christi durch ihre falsche Partnerschaft mit der ungläubigen Welt die göttlichen Richtlinien ihres wahren Lebens und gibt sich den verderblichen, wenngleich oft scheinbar folgerichtigen Gewohnheiten einer unchristlichen Gesellschaft hin, benutzt Argumente und kommt zu Schlussfolgerungen, die den Offenbarungen Gottes fremd und dem Wachstum in der Gnade entgegenstehen.« (CHC, 141/142)

DER VERLUST CHRISTLICHER WERTE

In dieser Flut von Weltlichkeit und Vergnügungssucht gehen Selbstverleugnung und Selbstaufopferung um Christi willen fast vollständig verloren. »Manche Männer und Frauen, die sich jetzt in unseren Kirchen rege betätigen, wurden als Kinder dazu angehalten, Opfer zu bringen, damit sie imstande wären, für Christus etwas zu geben oder zu tun. ... Doch falls es nun an Mitteln fehlt ... darf niemand aufgefordert werden, etwas zu geben. O nein, haltet einen Basar ab, veranstaltet ein Theaterstück, ein Scheinverhör, ein altertümliches Abendessen oder eine Mahlzeit – irgendetwas, was das Volk belustigt.«

Gouverneur Washburn von Wisconsin erklärte in seiner Jahresbotschaft vom 9. Januar 1873: »Es scheint notwendig zu werden, Gesetze zu erlassen, um Schulen schließen zu können, die geradezu spielsüchtige Menschen heranzüchten. Man findet sie überall. Selbst die Kirche (ohne Zweifel unwissentlich) wird manchmal dabei ertappt, dass sie des Teufels Werk ausführt. Wohltätigkeitskonzerte, Geschenkveranstaltungen, Verlosungen, oft für religiöse und Wohltätigkeitszwecke, häufig aber auch, um weit geringeren Absichten zu dienen, werden veranstaltet; Lotterien, Verlosungen usw. erfüllen den Zweck, Geld zu bekommen, ohne den entsprechenden Wert dafür zu geben. Nichts ist so demoralisierend oder berauschend, besonders für die Jugend, als der Gewinn von Geld oder Gut, ohne dafür zu arbeiten. Wenn sich achtbare Personen mit derartigen Glücksunternehmen befassen und ihr Gewissen damit beruhigen, dass das Geld für einen guten Zweck verwendet werde, dann ist es nicht verwunderlich, dass die Jugend dieses Landes so oft in Gewohnheiten verfällt, die durch die Spannung bei Glücksspielen regelmäßig hervorgerufen wird.«

Der Geist der Anpassung an die Welt durchdringt die christlichen Kirchen. Während einer Predigt in London malte Robert Atkins ein dunkles Bild vom geistlichen Zerfall, der in England vorherrscht: »Die wahrhaft Gerechten auf Erden verschwinden von der Erde und niemand nimmt es zu Herzen. Die heutigen Bekenner der Religion in jeder Kirche lieben die Welt, passen sich ihr an, trachten nach persönlicher Bequemlichkeit und streben nach Ansehen. Sie sind berufen, mit Christus zu leiden, aber sie schrecken schon vor einem Schmähwort zurück. ... Abfall, Abfall, Abfall!, steht an der Front jeder Kirche geschrieben, und wüssten sie es nur und könnten sie es fühlen, so gäbe es noch Hoffnung; doch ach, sie rufen: ›Wir sind reich und haben genug und brauchen nichts‹.« (ASAL, Traktat Nr. 39)

Dies ist die große Sünde, die Babylon zur Last gelegt wird, durch den »Wein ihrer Hurerei wurden die Bewohner der Erde betrunken«. (Offenbarung 17,2) Das berauschende Getränk, das sie der Welt anbietet, sind die falschen Lehren, die Babylon als Folge der ungesetzlichen Verbindung mit den Großen dieser Welt angenommen hat. Die Freundschaft mit der Welt verdirbt ihren Glauben. Und nun übt Babylon durch die Verbreitung von Lehren, die den klaren Aussagen der Heiligen Schrift widersprechen, ihrerseits einen verderblichen Einfluss auf die Welt aus.

Rom entzog dem Volk die Bibel und verlangte von den Menschen, die eigenen Lehren anzunehmen. Die Reformation ermöglichte es, dass die Menschheit das Wort Gottes zurück erhielt. Doch ist es nicht allzu wahr, dass die Gläubigen in unserer Zeit von ihren Kirchen mehr auf Glaubensbekenntnisse eingeschworen werden als auf die Lehren der Heiligen Schrift? Charles Beecher sagt über die protestantischen Kirchen: »Sie schrecken vor jedem rauen Wort gegen die Glaubensbekenntnisse mit der gleichen

Empfindlichkeit zurück, mit der jene heiligen Väter sich über irgendein hartes Wort, das der aufkommenden Verehrung der Heiligen und Märtyrer gegolten hätte, entsetzt haben würden. ... Die protestantischen evangelikalen Gemeinschaften haben sich gegenseitig die Hände so gebunden, dass unter ihnen allen niemand Prediger werden kann, ohne das eine oder andere Buch außerhalb der Bibel anzunehmen. ... Es ist keine Einbildung, wenn man sagt, dass die Macht der Glaubensbekenntnisse anfängt, die Bibel ebenso zu verbieten, wie Rom dies wirklich getan hat, wenn auch auf eine listigere Weise.« (BBSC)

LETZTE WARNUNG AN DIE GLÄUBIGEN

Wenn treue Lehrer das Wort Gottes auslegen, treten oft gelehrte Theologen oder Prediger auf, die behaupten, die Schrift zu verstehen. Sie verunglimpfen gesunde Lehren als Ketzereien und halten so Suchende von der Wahrheit ab. Wäre die Welt nicht hoffnungslos betrunken von dem Wein Babylons, könnten viele durch die klaren und gut verständlichen Wahrheiten überzeugt und bekehrt werden. Der Glaube erscheint aber so verwirrend und widersprüchlich, dass die Menschen nicht wissen, was sie als Wahrheit annehmen sollen. Die Schuld an der Unbußfertigkeit der Welt lastet auf der Kirche.

Im Sommer 1844 wurde die zweite Engelsbotschaft aus Offenbarung 14 zum ersten Mal gepredigt und fand damals unmittelbare Anwendung auf die Kirchen der Vereinigten Staaten, in denen die Warnung des Gerichts am weitesten verkündigt und zugleich am deutlichsten verworfen wurde und der Abfall am schnellsten um sich griff. Die zweite Engelsbotschaft erfüllte sich 1844 nicht vollständig. Als Folge der Ablehnung des Lichts der Adventbotschaft erlebten die Kirchen damals einen Sittenzerfall, der aber noch nicht vollständig war. Da sie die besonderen Wahrheiten für jene Zeit weiterhin verwarfen, fielen sie immer tiefer. Bis jetzt kann allerdings noch nicht gesagt werden, dass Babylon gefallen sei, denn sie hat noch nicht alle »Bewohner der Erde« mit dem »Wein ihrer Hurerei betrunken« gemacht. Weltlichkeit und Gleichgültigkeit gegenüber den wichtigen Wahrheiten für unsere Zeit existiert und gewinnt in den Gemeinden der protestantischen Kirchen in allen Ländern der christlichen Welt immer mehr an Boden. Diese Kirchen schließt der zweite Engel in seine feierliche wie auch schreckliche Beschuldigung ein. Doch der Abfall hat seinen Höhepunkt noch nicht erreicht.

Die Heilige Schrift erklärt, dass Satan vor der Wiederkunft des Herrn »mit großer Kraft und lügenhaften Zeichen und Wundern und mit jeglicher

Verführung zur Ungerechtigkeit« wirken wird, und dass die, welche »die Liebe zur Wahrheit nicht angenommen haben, dass sie gerettet würden«, kräftige Irrtümer empfangen werden, »sodass sie der Lüge glauben« (2. Thessalonicher 2,9-11). Erst wenn dieser Zustand erreicht und die Vereinigung der Kirchen mit der Welt in der ganzen Christenheit abgeschlossen ist, wird der Fall Babylons vollständig sein. Dieser Prozess geht schrittweise voran, und die Erfüllung von Offenbarung 14,8 liegt noch in der Zukunft.

Ungeachtet ihrer geistlichen Finsternis und Entfremdung von Gott befinden sich in den Kirchen, die Babylon ausmachen, noch treue Nachfolger Christi. Viele unter ihnen haben noch nie von den besonderen Wahrheiten für unsere Zeit gehört. Nicht wenige sind mit ihrem gegenwärtigen Zustand unzufrieden und sehnen sich nach klarerem Licht. Vergebens suchen sie nach dem Ebenbild Christi in den Kirchen, zu denen sie gehören. Je weiter sich ihre Gemeinden von der Wahrheit entfernen und je enger sich diese mit der Welt verbinden, desto größer wird der Unterschied zwischen den beiden Gruppen, was letztlich zur Trennung führt. Es wird die Zeit kommen, wenn diejenigen, die Gott über alles lieben, nicht mehr länger mit solchen Menschen in Verbindung bleiben können, die »das Vergnügen mehr [lieben] als Gott; dabei haben sie den äußeren Schein von Gottesfurcht, deren Kraft aber verleugnen sie« (2. Timotheus 3,4.5 Schl.).

Offenbarung 18 weist auf die Zeit hin, in der die Kirchen, weil sie die Warnung der dreifachen Engelsbotschaft aus Offenbarung 14,6-12 ablehnten, den Zustand erreicht haben werden, den der zweite Engel prophezeit hat. Dann wird Gottes Volk, das noch in Babylon ist, aufgefordert werden, sich von dieser Bindung zu lösen. Dies wird die letzte Botschaft sein, die an die Welt gerichtet wird, und sie wird ihre Aufgabe erfüllen. Wenn diejenigen, die »der Wahrheit nicht glaubten, sondern Lust hatten an der Ungerechtigkeit« (2. Thessalonicher 2,12), ihren Wahnvorstellungen überlassen bleiben und der Lüge glauben, wird das Licht der Wahrheit in die Herzen derer scheinen, die offen sind, es zu empfangen, und alle Kinder Gottes, die noch in Babylon sind, werden dem Ruf folgen: »Geht hinaus aus ihr, mein Volk!« (Offenbarung 18,4)

KAPITEL 22

ERFÜLLTE PROPHEZEIUNGEN

Als im Frühjahr 1844 die Zeit verstrich, in der man mit der Wiederkunft Christi rechnete, wurden jene, die ihn im Glauben erwartet hatten, eine Weile von Zweifeln und Ungewissheit geplagt. In den Augen der Gesellschaft hatten sie eine vollständige Niederlage erlitten und den Beweis erbracht, dass sie einer Täuschung erlegen waren. Doch für sie war das Wort Gottes noch immer die Quelle ihres Trostes. Erneut studierten viele die Schrift, suchten abermals nach Bestätigungen für ihren Glauben und durchforschten sorgfältig die Prophezeiungen nach weiterem Licht. Das biblische Zeugnis, das ihre Haltung unterstützte, schien klar und folgerichtig zu sein. Unmissverständliche Zeichen wiesen auf ein baldiges Kommen Christi hin. Der besondere Segen des Herrn durch die Bekehrung von Sündern und die Erweckung unter Christen zu neuem geistlichem Leben hatten gezeigt, dass die Botschaft vom Himmel gekommen war. Obwohl die Gläubigen ihre Enttäuschung nicht erklären konnten, waren sie sich sicher, dass Gott sie durch diese Erfahrungen geführt hatte.

Die Prophezeiungen, die sie als Hinweise auf das zweite Kommen Jesu verstanden, enthielten Anweisungen, die sich sehr treffend auf ihre unsichere und angespannte Lage anwenden ließen. Das ermutigte sie, geduldig zu warten und darauf zu vertrauen, dass das, was für sie jetzt noch im Dunkeln lag, zur rechten Zeit verständlich werden würde.

Zu diesen Prophezeiungen gehörte auch jene aus Habakuk 2,1-4: »Hier stehe ich auf meiner Warte und stelle mich auf meinen Turm und schaue und sehe zu, was er mir sagen und antworten werde auf das, was ich ihm vorgehalten habe. Der Herr aber antwortete mir und sprach: Schreib auf, was du geschaut hast, deutlich auf eine Tafel, dass es lesen könne, wer vorüberläuft! Die Weissagung wird ja noch erfüllt werden zu ihrer Zeit und wird endlich frei an den Tag kommen und nicht trügen. Wenn sie sich auch hinzieht, so harre ihrer; sie wird gewiss kommen und nicht ausbleiben.

Siehe, wer halsstarrig ist, der wird keine Ruhe in seinem Herzen haben, der Gerechte aber wird durch seinen Glauben leben.«

VERSPÄTUNG?

Die Anweisung aus dem prophetischen Wort: »Schreib auf, was du geschaut hast, deutlich auf eine Tafel, dass es lesen könne, wer vorüberläuft!« (Habakuk 2,2) hatte Charles Fitch schon im Jahr 1842 auf den Gedanken gebracht, eine prophetische Karte anzufertigen, um die Visionen aus den Büchern Daniel und Offenbarung bildlich darzustellen. Die Veröffentlichung dieser Grafik wurde als Erfüllung des Auftrags an Habakuk angesehen. Zu jener Zeit bemerkte aber niemand, dass gerade in dieser Prophezeiung von einem offenbaren Verzug der Erfüllung und von einer Zeit des Wartens gesprochen wird. Nach der Enttäuschung gewann der folgende Textabschnitt an Bedeutung: »Die Weissagung wird ja noch erfüllt werden zu ihrer Zeit und wird endlich frei an den Tag kommen und nicht trügen. Wenn sie sich auch hinzieht, so harre ihrer; sie wird gewiss kommen und nicht ausbleiben ... der Gerechte aber wird durch seinen Glauben leben.«

Ein Teil von Hesekiels Prophezeiungen war für die Gläubigen ebenfalls eine Quelle der Kraft und des Trostes: »Und des Herrn Wort geschah zu mir: Du Menschenkind, was habt ihr da für ein Gerede im Lande Israels? Ihr sagt: Es dauert so lange, und es wird nichts aus der Weissagung. Darum sage zu ihnen: So spricht Gott der Herr: ... Die Zeit ist nahe, und alles kommt, was geweissagt ist. ... Denn ich bin der Herr. Was ich rede, das soll geschehen und sich nicht lange hinausziehen.« (Hesekiel 12,21-25) »Mit den Gesichten, die dieser schaut, dauert's noch lange, und er weissagt auf Zeiten, die noch ferne sind. Darum sage ihnen: So spricht Gott der Herr: Was ich rede, soll sich nicht lange hinausziehen, sondern es soll geschehen, spricht Gott der Herr.« (Hesekiel 12,27.28)

Die Wartenden freuten sich und glaubten, dass der, der das Ende von Beginn an kennt, der die Zeiten überblickt, ihre Enttäuschung voraussah und ihnen Worte des Trostes und der Hoffnung geschenkt hatte. Hätte es diese Schriftabschnitte nicht gegeben, die sie ermahnten, geduldig zu warten und an ihrem Vertrauen zu Gott festzuhalten, so hätte ihr Glaube in dieser schweren Prüfungszeit versagt.

Das Gleichnis von den zehn Jungfrauen aus Matthäus 25 weist ebenfalls auf die Erfahrung des Adventvolks hin. Als Christus die Fragen seiner Jünger in Matthäus 24 beantwortete, wie die Zeichen seiner Wiederkunft und des Endes der Welt aussehen würden, nannte er die wichtigsten Ereignisse der Welt- und Kirchengeschichte zwischen seinem ersten Erscheinen und seiner Wiederkunft: die Zerstörung Jerusalems, die große Trübsal der Gemeinde unter heidnischer und päpstlicher Verfolgung, die Verfinsterung der Sonne und des Mondes und den Sternenfall. Dann sprach er von seiner Ankunft in seinem Reich und erzählte das Gleichnis, das die beiden Gruppen von Knechten zeigt, die auf sein Erscheinen warteten. Das Kapitel 25 beginnt danach mit den Worten: »Dann wird das Himmelreich gleichen zehn Jungfrauen«. Wie am Ende von Kapitel 24 wird erzählt, wie die Gemeinde in den letzten Tagen lebt. In diesem Gleichnis wird ihre Erfahrung an Hand von Ereignissen einer nahöstlichen Hochzeit beschrieben.

»Dann wird das Himmelreich gleichen zehn Jungfrauen, die ihre Lampen nahmen und gingen hinaus, dem Bräutigam entgegen. Aber fünf von ihnen waren töricht, und fünf waren klug. Die törichten nahmen ihre Lampen, aber sie nahmen kein Öl mit. Die klugen aber nahmen Öl mit in ihren Gefäßen, samt ihren Lampen. Als nun der Bräutigam lange ausblieb, wurden sie alle schläfrig und schliefen ein. Um Mitternacht aber erhob sich lautes Rufen: Siehe, der Bräutigam kommt! Geht hinaus, ihm entgegen!« (Matthäus 25,1-6)

Das Kommen Christi, wie es die erste Engelsbotschaft verkündigt, ist hier das Erscheinen des Bräutigams. Die weitreichenden Erneuerungsbewegungen durch die Verkündigung der baldigen Wiederkunft Christi entsprechen dem Aufbrechen der zehn Jungfrauen. Zwei verschiedene Arten von Menschen treten in diesem Gleichnis wie auch in jenem von Matthäus 24 auf. Alle hatten ihre Lampen – die Bibel – mitgenommen und waren im Schein ihrer Lichter dem Bräutigam entgegengegangen. »Die törichten nahmen ihre Lampen, aber sie nahmen kein Öl mit. Die klugen aber nahmen Öl mit in ihren Gefäßen, samt ihren Lampen.« (Matthäus 25,3.4) Die Letzteren hatten die Gnade Gottes und die erleuchtende Macht des Heiligen Geistes empfangen. Sein Wort war ihres »Fußes Leuchte und ein Licht« auf ihrem Wege (Psalm 119,105). Sie hatten die Schrift in der Furcht Gottes erforscht, um die Wahrheit kennen zu lernen, und ernsthaft nach Reinheit des Herzens und des Lebens gestrebt. Sie hatten eigene Erfahrungen gemacht und glaubten an Gott und sein Wort. Die daraus resultierende Überzeugung konnte weder durch Enttäuschungen noch Verzögerungen zerstört werden. Andere »nahmen ihre Lampen, aber sie nahmen kein Öl mit.« Sie hatten aus dem Impuls heraus gehandelt. Bei ihnen hatte die ernste Botschaft Furcht ausgelöst, aber sie waren vom Glauben ihrer Geschwister abhängig und mit ihren unbeständigen, zur Zeit aber guten Gefühlen zufrieden, ohne ein volles Verständnis der Wahrheit zu haben oder ein echtes Werk der Gnade an ihren Herzen erlebt zu haben. Sie gingen voller Hoffnung und der Erwartung einer sofortigen Belohnung ihrem Herrn entgegen, aber sie waren auf Verzögerung und Enttäuschung nicht vorbereitet. Als Prüfungen kamen, versagte ihr Glaube und ihre Lichter brannten trübe.

»Als nun der Bräutigam lange ausblieb, wurden sie alle schläfrig und schliefen ein.« (Matthäus 25,5) Die Verzögerung des Bräutigams entspricht der Zeit der Wiederkunftserwartung, der Zeit der Enttäuschung und des scheinbaren Verzugs. In dieser Zeit der Unsicherheit schwand bald das Interesse der Oberflächlichen und Halbherzigen, und ihre Anstrengungen ließen nach. Wer aber seinen Glauben auf eine persönliche Kenntnis der Bibel stützte, stand auf einem Felsen, den die Wellen der Enttäuschung nicht wegspülen konnten. Sie wurden »alle schläfrig und schliefen ein«. Die einen wurden gleichgültig und gaben ihren Glauben auf, die anderen warteten geduldig, bis helleres Licht geschenkt wurde. Doch schienen auch die Letzteren in der Nacht der Prüfung ihren Eifer und ihre Hingabe zu verlieren. Die Halbherzigen und Oberflächlichen konnten sich nicht länger auf den Glauben ihrer Geschwister stützen. Jeder musste für sich selbst stehen oder fallen.

Etwa zu jener Zeit kam Fanatismus auf. Einige, die sich begeistert zur Botschaft bekannt hatten, begannen das Wort Gottes als ihren einzigen unfehlbaren Leitfaden zu verwerfen und behaupteten, nun vom Geist geleitet zu sein. Sie ließen sich von ihren eigenen Gefühlen, Eindrücken und Vorstellungen beherrschen. Es gab solche, die in ihrem blinden und fanatischen Eifer all jene verurteilten, die diesen Kurs nicht gut hießen. Bei der Mehrheit der Adventgläubigen fanden ihre schwärmerischen Ansichten und Handlungen zwar kein Verständnis, aber sie dienten dazu, die Sache der Wahrheit insgesamt in Verruf zu bringen.

FANATISMUS – EIN WERK SATANS

Satan versuchte dadurch, dem Werk Gottes zu widerstehen und es zu vernichten. Große Teile des Volks wurden durch die Adventbewegung aufgerüttelt, Tausende Sünder bekehrt, und treue Menschen verkündigten die Wahrheit sogar während der Zeit des Verzugs. Der Fürst des Bösen verlor seine Untertanen. Um die Sache Gottes in Verruf zu bringen, versuchte er die zu täuschen, die sich zum Glauben bekannten und sie zum Fanatismus zu verleiten. Dann standen seine Mittelsmänner bereit, um jeden Irrtum, jeden Fehler, jede ungeeignete Handlung in übertriebenem Licht öffentlich aufzubauschen, um die Adventgläubigen und ihren Glauben unbeliebt zu machen. Je größer die Zahl derer war, die er zum Bekenntnis des Glaubens an die Wiederkunft bewegen konnte, während er ihre Herzen beherrschte, umso größer war der Vorteil, den er gewinnen konnte, indem er die Aufmerksamkeit auf sie als die Repräsentanten der ganzen Gruppe der Gläubigen lenkte.

Satan ist »der Verkläger unserer Brüder« (Offenbarung 12,10). Sein Geist betört die Menschen, auf Irrtümer und Mängel im Volk Gottes zu achten und diese öffentlich bekannt zu machen, während die guten Taten unerwähnt bleiben. Er ist stets tätig, wenn Gott an der Rettung von Menschen wirkt. Wenn Gottes Kinder vor den Herrn treten, ist Satan unter ihnen. Bei jeder Erweckung führt er Menschen hinzu, deren Herzen ungeheiligt und deren Geist unausgewogen ist. Wenn diese einzelne Wahrheiten angenommen und einen Platz unter den Gläubigen eingenommen haben, beeinflusst er sie, Lehren zu verkünden, durch die Sorglose in die Irre geführt werden. Niemand erweist sich dadurch als wahrer Christ, dass er sich in Gesellschaft der Kinder Gottes, in einem Gotteshaus oder sogar am Tisch des Herrn befindet. Satan nimmt oft an den feierlichsten Anlässen in der Gestalt von Menschen teil, die er als seine Mittelsmänner benutzen kann.

Auf ihrem Weg zur himmlischen Stadt macht Satan den Gläubigen jeden Zentimeter streitig. In der Kirchengeschichte hat nie eine Erneuerung ohne ernste Hindernisse stattgefunden. So war es schon zur Zeit von Paulus. Wo immer der Apostel Gemeinden gründete, gab es solche, die vorgaben, die Wahrheit angenommen zu haben, aber dennoch Irrlehren in die Gemeinde brachten. Wären sie angenommen worden, hätten sie die Liebe zur Wahrheit letztlich verdrängt. Auch Luther war durch das Wirken der Fanatiker verzweifelt und verwirrt. Diese behaupteten, dass Gott direkt zu ihnen gesprochen habe, und daher stellten sie ihre eigenen Ideen und Meinungen über das Zeugnis der Heiligen Schrift. Viele, die nicht genug Glauben und Erfahrung hatten, aber genügend Selbstüberschätzung, und die es liebten, Neues zu hören und zu erzählen, wurden von den Anmaßungen dieser neuen »Lehrer« verführt. So wirkten sie mit Satans Helfern zusammen und rissen nieder, was Gott durch Luther aufgebaut hatte. Auch die beiden Wesley Brüder und viele andere, die einen segensreichen Einfluss auf die Welt ausübten, begegneten Satans Ränkespielen auf Schritt und Tritt. Er treibt übereifrige, unausgeglichene und ungeheiligte Menschen in die unterschiedlichsten Formen des Fanatismus.

William Miller hatte kein Ohr für Einflüsse, die zu Fanatismus führten. Wie Luther erklärte er, dass jeder Geist mit der Bibel geprüft werden müsse. »Der Teufel«, sagte Miller, »hat große Macht über die Gemüter mancher Menschen in der gegenwärtigen Zeit. Und wie können wir erfahren, wes Geistes Kinder sie sind? Die Bibel antwortet: ›An ihren Früchten sollt ihr sie erkennen‹. ... Es sind viele Geister in die Welt hinausgegangen, und uns ist aufgetragen, die Geister zu prüfen. Jeder Geist, der uns nicht antreibt, in dieser gegenwärtigen Welt bescheiden, gerecht und gottesfürchtig zu leben, ist nicht der Geist Christi. Ich bin immer mehr davon überzeugt, dass Satan auf diese ungestümen Bewegungen einen großen Einfluss hat. ... Viele unter uns, die angeblich völlig geheiligt sein wollen, folgen Menschensatzungen und scheinen ebenso wenig von der Wahrheit zu wissen wie andere, die nicht solche Ansprüche erheben.« (BMM, 236/237.282) »Der Geist des Irrtums lenkt uns von der Wahrheit ab, aber der Geist Gottes führt uns in die Wahrheit. Doch, so sagt ihr, ein Mensch kann im Irrtum sein und meinen, er sei in der Wahrheit. Was dann? Wir antworten: Der Geist und das Wort stimmen miteinander überein. Wenn ein Mensch sich nach dem Wort Gottes beurteilt und sich mit dem ganzen Wort vollkommen in Übereinstimmung findet, muss er glauben, dass er die Wahrheit hat; findet er aber, dass der Geist, der ihn leitet, nicht mit dem ganzen Sinn des Gesetzes oder des Buches Gottes übereinstimmt, dann wandle er vorsichtig, damit er nicht in der Schlinge des Teufels gefangen werde.« (AHST, LXXI, Nr. 23, 1845) »Ich habe oft mehr Beweise innerer Frömmigkeit durch eine Träne im Auge, eine feuchte Wange, ein ersticktes Wort erhalten als von all dem Lärmen in der ganzen Christenheit.« (BMM, 282)

In den Tagen der Reformation lasteten deren Feinde das ganze Unheil, das durch den Fanatismus angerichtet wurde, stets denen an, die diesem am eifrigsten entgegenwirkten. Ähnliches taten die Gegner der Adventbewegung. Sie gaben sich aber mit ihren Entstellungen und Übertreibungen nicht zufrieden und setzten Gerüchte in die Welt, die der Wahrheit nicht im Geringsten entsprachen. Diese Menschen wurden von Vorurteil und Hass getrieben. Sie wurden in ihrer Ruhe durch die Ankündigung gestört, dass Christus vor der Tür stehe. Sie fürchteten, dass das wahr sein könnte, erhofften sich aber das Gegenteil. Dies erklärt ihre Feindseligkeit gegen die Adventgläubigen und deren Glauben.

Das Wirken einiger Fanatiker, die sich in die Reihen der Adventgläubigen eingeschlichen hatten, ist genauso wenig ein Grund zur Behauptung, die Bewegung sei nicht von Gott, wie die Anwesenheit von Fanatikern und Betrügern in der Gemeinde zur Zeit eines Paulus oder eines Luther genügend Grund war, ihr Tun zu verdammen. Das Volk Gottes muss aus seinem Schlaf erwachen und ein aufrichtiges Werk der Reue und der Erneuerung beginnen. Aus der Schrift muss es lernen, was Wahrheit in Jesus ist. Es muss sich Gott vollständig weihen, denn es gibt genügend Hinweise, dass Satan noch tätig und wachsam ist. Er wird seine Macht durch jede mögliche Verführung zeigen und alle gefallenen Engel seines Reichs zu Hilfe rufen.

DIE GEDULD DER HEILIGEN

Die Verkündigung der Wiederkunft Christi war nicht die Ursache von Fanatismus und Spaltung. Diese traten aber im Sommer 1844 auf, als sich die Adventgläubigen in einem Zustand des Zweifels und der Verwirrung befanden. Die Predigt der ersten Engelsbotschaft und der »Mitternachtsruf« zielten gerade darauf ab, Fanatismus und Zwietracht zu verhindern. Alle, die bei dieser feierlichen Bewegung mitarbeiteten, stimmten darin überein; sie waren erfüllt von Liebe zueinander und zu Jesus, den sie so bald zu sehen hofften. Der eine Glaube und die eine selige Erwartung waren über jeden menschlichen Einfluss erhaben und erwiesen sich als Schild gegen die Angriffe Satans.

»Als nun der Bräutigam lange ausblieb, wurden sie alle schläfrig und schliefen ein. Um Mitternacht aber erhob sich lautes Rufen: Siehe, der Bräutigam kommt! Geht hinaus, ihm entgegen! Da standen diese Jungfrauen alle auf und machten ihre Lampen fertig.« (Matthäus 25,5-7) Im Sommer 1844, in der Mitte zwischen dem zuerst berechneten Ende der 2300 Tage und dem später entdeckten Zeitpunkt im Herbst des gleichen Jahres, wurde die Botschaft genau im Wortlaut der Bibel verkündet: »Siehe, der Bräutigam kommt!«

Auslöser dieser Bewegung war die Entdeckung, dass der Erlass des Artaxerxes zum Wiederaufbau Jerusalems aus dem Jahr 457 v. Chr. im Herbst jenes Jahres in Kraft trat und nicht schon im Frühjahr, wie man anfänglich glaubte. Beginnt man mit der Zählung der 2300 Jahre im Herbst 457 v. Chr., so enden diese im Herbst 1844 n. Chr.[60]

Sinnbildliche Hinweise aus dem Alten Testament wiesen auch auf den Herbst als Zeit hin, in der »das Heiligtum wieder geweiht [gereinigt]« werden musste (Daniel 8,14). Dies wurde umso klarer, als man auf die Art und Weise aufmerksam wurde, wie sich die Zeichen für das erste Erscheinen Christi erfüllt hatten.

---

60 Siehe Glossar »Prophetische Zeitrechnung«, S. 676.

Die Opferung des Passalamms war das Sinnbild für den Tod Christi. Paulus sagte: »Denn auch wir haben ein Passalamm, das ist Christus, der geopfert ist.« (1. Korinther 5,7) Die Webegarbe der Erstlingsfrüchte, die zur Zeit des Passafestes vor dem Herrn hin- und herbewegt wurde, war das Bild für die Auferstehung Christi. Über die Auferstehung des Herrn und anschließend seines ganzen Volkes sagte Paulus: »Denn wie sie in Adam alle sterben, so werden sie in Christus alle lebendig gemacht werden. Ein jeder aber in seiner Ordnung: als Erstling Christus; danach, wenn er kommen wird, die, die Christus angehören.« (1. Korinther 15,22.23) Wie die Webegarbe, die als Erstlingsfrucht des Getreides vor der Ernte eingesammelt wurde, ist Christus die Erstlingsfrucht der Erlösten, die bei der zukünftigen Auferstehung als Unsterbliche in die Speicher Gottes gesammelt werden.

Diese Sinnbilder erfüllten sich nicht nur hinsichtlich der Ereignisse, sondern auch hinsichtlich der Zeit. Am 14. Tag des ersten jüdischen Monats, an demselben Tag, an dem während 15 langer Jahrhunderte das Passalamm geschlachtet worden war, setzte Christus, nachdem er mit seinen Jüngern das Passalamm gegessen hatte, eine Feier ein, die an seinen eigenen Tod erinnern sollte als »Gottes Lamm, das der Welt Sünde trägt« (Johannes 1,29). In derselben Nacht wurde er von bösen Händen ergriffen, um gekreuzigt und getötet zu werden. Als Gegenstück zur Webegarbe wurde unser Herr am dritten Tag von den Toten auferweckt, »als Erstling unter denen, die entschlafen sind«. (1. Korinther 15,20) Er ist ein Beispiel für die Auferstehung aller Gerechten, deren »nichtiger Leib verwandelt« wird, so »dass er gleich werde seinem verherrlichten Leibe« (Philipper 3,21).

In ähnlicher Weise müssen jene bildlichen Handlungen, die sich auf das zweite Kommen Jesu beziehen, zu der im symbolischen Dienst angedeuteten Zeit in Erfüllung gehen. Unter dem mosaischen Dienst fand die Reinigung des Heiligtums oder der Große Versöhnungstag am zehnten Tag des siebten jüdischen Monats statt (3. Mose 16,26-34), wenn der Hohepriester nach der Versöhnung der Israeliten und der Beseitigung ihrer Sünde aus dem Heiligtum heraustrat und das Volk segnete. So glaubte man, dass Christus, unser großer Hoherpriester, erscheinen würde, um die Erde durch die Vernichtung von Sünde und Sündern zu reinigen und sein wartendes Volk mit Unsterblichkeit zu segnen. Der zehnte Tag des siebten Monats, der Große Versöhnungstag, die Zeit der Reinigung des Heiligtums, fiel 1844 auf den 22. Oktober. Dieser Tag wurde als der Tag der Wiederkunft des Herrn angesehen. Das stand in Übereinstimmung mit den Beweisen, die bereits gefunden worden waren, nämlich dass die 2300 Tage im Herbst ablaufen würden, und die Schlussfolgerung schien unwiderlegbar.

EINE EINZIGARTIGE BEWEGUNG

Auf die Zeit des Wartens und Schlafens folgt im Gleichnis von Matthäus 25 die Ankunft des Bräutigams. Das war in Einklang mit den Argumenten, die soeben dargelegt worden waren. Sowohl die Prophezeiungen als auch die alttestamentlichen Schattendienste belegten deutlich die Wahrheit dieser Sicht. Und so kam es, dass der »Mitternachtsruf« von Tausenden von Gläubigen verkündigt wurde.

Die Bewegung breitete sich wie eine Flutwelle über das ganze Land aus. Sie ging von Stadt zu Stadt, von Dorf zu Dorf, bis in die hintersten Winkel des Landes, bis das wartende Volk Gottes völlig erweckt war. Vor dieser Verkündigung schmolz der Fanatismus dahin wie der Frühreif vor der aufgehenden Sonne. Die Gläubigen sahen ihre Zweifel und Verwirrung dahinschwinden. Hoffnung und Mut machten sich unter ihnen breit. Hier gab es keine Übertreibungen, auf die man immer wieder stößt, wo menschlicher Eifer ohne den beherrschenden Einfluss des Wortes Gottes und des Heiligen Geistes im Spiel ist. Es war wie zu jenen Zeiten in Israel, als sich das Volk nach Tadelsbotschaften durch die Propheten in Demut an seinen Herrn wandte. Das sind Merkmale, die das Werk Gottes in jedem Zeitalter kennzeichnen. Da gab es kaum Übereifer, vielmehr gründliche Herzensprüfung, Sündenbekenntnis und Absage an die Welt. Die Sorge dieser kämpfenden Gemüter galt der Vorbereitung auf die Begegnung mit ihrem Herrn. Sie verharrten im Gebet und in ungeteilter Hingabe an Gott.

Miller berichtete über dieses Geschehen: »Es zeigt sich kein großer Ausdruck von Freude; diese wird für eine zukünftige Gelegenheit aufgespart, wo Himmel und Erde in unaussprechlicher Freude und Herrlichkeit jauchzen werden. Man hört auch kein Geschrei, auch das ist dem Ruf vom Himmel vorbehalten. Die Sänger schweigen; sie warten, um sich den Engelscharen, dem Chor des Himmels, anzuschließen. ... Man streitet nicht über Gefühle; alle sind eines Herzens und eines Sinnes.« (BMM, 270, 271)

Ein anderer Teilnehmer der Bewegung bezeugte: »Sie erzeugte überall eine gründliche Prüfung und Demütigung der Herzen vor Gott. Sie war die Ursache dafür, dass sich die Menschen von der Liebe zu den Dingen dieser Welt befreiten, Streitigkeiten schlichteten, Sünden bekannten und zerknirscht, reuevoll und zerschlagenen Geistes zu Gott im Himmel um Gnade und Annahme flehten. Sie brachte Demütigung und Niedergeschlagenheit vor Gott, wie wir es noch nie zuvor gesehen hatten. Wie der Herr durch den Propheten Joel befohlen hatte, sollten beim Herannahen des großen Tages Gottes nicht die Kleider, sondern die Herzen zerrissen werden; man wandte sich zum Herrn mit Fasten, Weinen und Klagen. Wie Gott durch Sacharja sagen ließ, so wurde ein Geist der Gnade und des Gebets über seine Kinder ausgegossen; sie sahen den, den sie zerstochen hatten; es herrschte große Trauer im Lande ... und die, welche auf den Herrn warteten, kasteiten ihre Seelen vor ihm.« (BASR, I, 271, Januar 1845)

Seit den Tagen der Apostel gab es keine religiöse Bewegung, die so frei von menschlicher Unvollkommenheit und satanischer List war wie diese im Herbst 1844. Selbst nach vielen Jahren spürten Menschen, die fest auf dem Boden der Wahrheit blieben, immer noch den heiligenden Einfluss dieses gesegneten Werks und bezeugten, dass dieser von Gott kam.

GEHEILIGT – ABER NOCHMALS ENTTÄUSCHT

Beim Ruf »Siehe, der Bräutigam kommt! Geht hinaus, ihm entgegen« standen die Wartenden »alle auf und machten ihre Lampen fertig« (Matthäus 25,7). Sie studierten das Wort Gottes mit einem Eifer und einem Interesse, die vorher nicht bekannt waren. Engel wurden vom Himmel gesandt, um Entmutigte wach zu rütteln, damit sie die Botschaft annahmen. Das Werk entsprang nicht der Weisheit und dem Wissen der Menschen, sondern der Macht Gottes. Nicht die Begabtesten, sondern die Demütigsten und Hingebungsvollsten vernahmen diesen Ruf und gehorchten ihm. Bauern ließen die Ernte auf ihren Feldern stehen, Handwerker legten ihr Werkzeug nieder, und mit Freudentränen in den Augen gingen sie hinaus und verkündigten die Warnung. Die Leiter der früheren Erweckungsbewegung gehörten zu den Letzten, die sich dieser Bewegung anschlossen. Die Kirchen verschlossen im Allgemeinen dieser Botschaft ihre Tore, und viele, die sich zu ihr bekannten, trennten sich von ihnen. In der Vorsehung Gottes verband sich diese Verkündigung mit der zweiten Engelsbotschaft und gab dieser ihre besondere Kraft.

Die Botschaft »Siehe, der Bräutigam kommt« sollte keine Diskussionen auslösen, weil der Beweis aus der Schrift zu diesem Thema überzeugend und eindeutig war. In ihr lag eine treibende Kraft, die auf die Gemüter wirkte. Da gab es keine Zweifel und kein Hinterfragen. Als Christus triumphierend in Jerusalem einzog, strömte das Volk, das sich aus allen Landesteilen zum Fest versammelt hatte, zum Ölberg. Als es sich der Schar anschloss, die

Jesus begleitete, wurde es sogleich von der Begeisterung der Stunde erfasst und stimmte in den Ruf ein: »Gelobt sei, der da kommt in dem Namen des Herrn!« (Matthäus 21,9) In gleicher Weise strömten Ungläubige zu den Versammlungen der Adventgläubigen – einige aus Neugier, andere nur um zu spotten – und fühlten dort die Überzeugungskraft in der Botschaft »Siehe, der Bräutigam kommt«.

Zu jener Zeit war es der Glaube, der Antwort auf Gebete brachte. Dieser Glaube »sah auf die Belohnung« (Hebräer 11,26). Wie Regenschauer auf das durstige Erdreich fallen, so kam der Geist der Gnade auf die ernsthaft Suchenden. Wer sich danach sehnte, bald vor seinem Erlöser zu stehen, empfand eine unaussprechliche Freude. Die sanfte, aber überwältigende Kraft des Heiligen Geistes ließ die Herzen auftauen, als Gottes Segen den treuen Gläubigen in so reichem Maß gewährt wurde.

Sorgsam und würdevoll sammelten sich die, welche die Botschaft gehört hatten, zu der Zeit, als sie ihrem Herrn zu begegnen hofften. Jeden Morgen war es das Erste, sich zu vergewissern, ob sie bei Gott wirklich Annahme gefunden hätten. Sie waren fest vereint und beteten viel mit- und füreinander. Sie zogen sich oft an abgeschiedene Orte zurück, um mit Gott Zwiesprache zu halten, und ihre Fürbitten stiegen aus Feld und Wald zum Himmel empor. Wichtiger als ihr tägliches Brot war für sie die Gewissheit, dass der Erlöser auf ihrer Seite war, und wenn eine Wolke ihren Geist verdunkelte, ruhten sie nicht eher, bis diese weggefegt wurde. Da sie seine vergebende Liebe spürten, sehnten sie sich danach, den zu sehen, den sie so liebten.

Aber wiederum sollten sie enttäuscht werden. Die Zeit der Erwartung ging vorüber, und Christus erschien nicht. Beharrlich und vertrauensvoll hatten sie sein Erscheinen erwartet. Nun empfanden sie das Gleiche wie Maria, als sie an das Grab des Erlösers kam und es leer fand. Da rief sie weinend aus: »Sie haben meinen Herrn weggenommen, und ich weiß nicht, wo sie ihn hingelegt haben.« (Johannes 20,13)

Ein Gefühl der Scheu sowie die Befürchtung, die Botschaft könnte wahr sein, legte der Welt der Ungläubigen eine Zeit lang gewisse Beschränkungen auf. Diese verschwanden nicht gleich, als die Zeit vorüber war. Zuerst wagten die Ungläubigen nicht, über die Enttäuschten zu triumphieren. Als aber keine Anzeichen von Gottes Zorn zu erkennen waren, verloren sich ihre Ängste, und sie begannen die Gläubigen erneut zu verspotten und lächerlich zu machen. Eine große Anzahl, die vorgegeben hatte, das baldige Kommen des Herrn erwartet zu haben, gab ihren Glauben auf. Einige waren äußerst zuversichtlich gewesen und zeigten sich in ihrem Stolz zutiefst getroffen, dass sie am liebsten aus der Welt verschwunden wären. Wie Jona beklagten sie sich über Gott und wollten lieber sterben als leben. Wer seinen Glauben auf Ansichten anderer gestützt hatte und nicht auf das Wort Gottes, war wieder bereit, seine Meinung zu ändern. Die Spötter zogen die Schwachen und die Feiglinge auf ihre Seite. Vereint erklärten diese nun, dass nichts mehr zu befürchten oder zu erwarten sei. Die Zeit sei vorbei, der Herr nicht gekommen und die Welt könne noch Tausende von Jahren so bleiben.

Aufrichtige Gläubige hatten für Christus alles aufgegeben und seine Gegenwart wie nie zuvor verbreitet. Sie waren überzeugt, der Welt die letzte Warnung gegeben zu haben, und erwarteten, bald in die Gesellschaft ihres göttlichen Meisters und der himmlischen Engel aufgenommen zu werden. Von der Gesellschaft derer, die der Botschaft nicht glaubten, hatten sie sich zurückgezogen. Sehnsüchtig hatten sie gebetet: »Komm, Herr Jesus, komme bald!« Aber er war nicht gekommen. Nun sollten sie nochmals die schwere Bürde der Sorgen und Verlegenheiten auf sich nehmen und den Spott und die Verachtung einer höhnenden Welt ertragen: Dies war eine schreckliche Glaubens- und Geduldsprüfung.

SIE GEHORCHTEN DEM WORT

Diese Enttäuschung war jedoch nicht so groß wie jene, welche die Jünger zur Zeit Christi erlebt hatten. Als Jesus im Triumph in Jerusalem Einzug hielt, glaubten seine Anhänger, er würde nun den Thron Davids besteigen und Israel von seinen Unterdrückern befreien. Mit viel Hoffnung und freudigem Erwarten wetteiferten sie untereinander, ihren König zu ehren. Manche breiteten ihre Mäntel wie zu einem Teppich auf seinem Weg aus oder streuten Palmzweige vor ihm her. In ihrer enthusiastischen Freude brachen sie vereint in Beifallsrufe aus: »Hosianna dem Sohn Davids!« Durch diese Rufe beunruhigt und erzürnt, forderten die Pharisäer Jesus auf, seine Jünger zurechtzuweisen. Dieser aber antwortete: »Wenn diese schweigen werden, so werden die Steine schreien.« (Lukas 19,40) Die Weissagung musste erfüllt werden. Die Jünger führten nur Gottes Absicht aus, und doch hatten sie eine bittere Enttäuschung hinzunehmen. Nur einige Tage später mussten sie mit ansehen, wie ihr Meister eines qualvollen Todes starb. Daraufhin legten sie ihn in ein Grab. Nicht in einem einzigen Punkt hatten sich ihre Erwartungen erfüllt, und ihre Hoffnungen starben mit Jesus. Erst als der Herr als Sieger aus dem Grab hervorgegangen war, wurde ihnen bewusst, dass die Prophetie alles vorhergesagt hatte und »dass Christus leiden musste und von den Toten auferstehen« (Apostelgeschichte 17,3).

500 Jahre zuvor hatte der Herr durch den Propheten Sacharja erklärt: »Du, Tochter Zion, freue dich sehr, und du, Tochter Jerusalem, jauchze! Siehe, dein König kommt zu dir, ein Gerechter und ein Helfer, arm und reitet auf einem Esel, auf einem Füllen der Eselin.« (Sacharja 9,9) Hätten die Jünger erkannt, dass Christus gerichtet und getötet werden sollte, hätten sie diese Prophezeiung nicht erfüllen können.

In ähnlicher Weise erfüllten Miller und seine Leute die Prophetie und verkündigten eine Botschaft, die gemäß der göttlich inspirierten Vorhersage die ganze Welt erreichen sollte. Sie hätten dies aber nicht tun können, wenn sie die Prophezeiungen schon vollumfänglich verstanden hätten. Diese hatten nämlich ihre Enttäuschung schon vorhergesagt, und sie enthielten eine weitere Botschaft, die es vor dem Kommen des Herrn noch allen Nationen zu verkündigen galt. Die erste und die zweite Engelsbotschaft wurden zur rechten Zeit verkündigt und erfüllten das Werk, zu dem Gott sie bestimmt hatte.

Die Gesellschaft beobachtete dies und erwartete, dass die Adventbewegung in sich zusammenbrechen würde, wenn die Zeit vorbeigehen und Christus nicht kommen sollte. Viele gaben unter dieser starken Anfechtung ihren Glauben auf, aber einige hielten durch. Die Früchte der Adventbewegung, der Geist der Demut und der Herzenserforschung, des Verzichts auf Weltliches und der Lebenserneuerung, die das Werk begleitet hatten, bezeugten, dass es von Gott war. Die Gläubigen wagten es nicht, die Kraft des Heiligen Geistes zu leugnen, die sich in ihren Predigten von der Wiederkunft gezeigt hatte, und sie konnten keinen Fehler bei der Berechnung der prophetischen Zeiten entdecken. Den Gelehrtesten unter ihren Widersachern war es nicht gelungen, ihre Interpretation der Prophetie zu widerlegen. Ohne biblische Beweise konnten sie ihre Standpunkte nicht aufgeben, die sie durch ernstes Forschen in der Schrift und unter Gebet gefunden hatten, erleuchtet durch den Geist Gottes und mit in seiner lebendigen Kraft brennenden Herzen. Ihr Standpunkt konnte sich gegen die scharfsinnigste Kritik und den bittersten Widerstand bekannter Religionslehrer und welterfahrener Männer behaupten. Er blieb fest und unerschütterlich sowohl gegen die vereinten Angriffe von Gelehrsamkeit und Sprachgewalt als auch gegen den Spott und die Verunglimpfungen ehrenwerter oder gemeiner Menschen.

Freilich hatten sie in Bezug auf das erwartete Ereignis einen Fehler gemacht, aber auch dies konnte ihr Vertrauen in das Wort Gottes nicht erschüttern. Als Jona in den Straßen Ninives verkündigte, dass die Stadt innerhalb von 40 Tagen untergehen werde, nahm der Herr die Demütigung der Einwohner an und verlängerte ihre Gnadenzeit. Und doch war die Botschaft Jonas von Gott, und Ninive wurde nach dem Willen Gottes geprüft. Die Adventisten glaubten, dass Gott sie in ähnlicher Weise geführt hatte, eine Warnung vor dem Gericht zu verkünden. »Diese Botschaft«, erklärten sie, »hat die Herzen aller, die sie hörten, auf die Probe gestellt. Sie hat entweder eine Liebe für das Erscheinen des Herrn geweckt oder aber einen mehr oder weniger spürbaren – aber von Gott erkannten – Hass gegenüber seinem Kommen erregt. Sie hat eine Trennungslinie gezogen … sodass die, welche ihre eigenen Herzen prüfen wollten, hätten wissen können, auf welcher Seite sie beim Kommen des Herrn gestanden wären; ob sie ausgerufen hätten: ›Siehe, das ist unser Gott, auf den wir harren, und er wird uns helfen‹ oder ob sie die Felsen und Berge angerufen hätten, auf sie zu fallen und sie zu verbergen ›vor dem Angesicht dessen, der auf dem Thron sitzt, und vor dem Zorn des Lammes‹. Gott hat, wie wir glauben, auf diese Weise seine Kinder geprüft und ihren Glauben getestet, um zu sehen, ob sie in der Stunde der Versuchung zurückschrecken würden, in die er sie geführt hatte, und ob sie diese Welt fahren ließen und unbedingtes Vertrauen auf das Wort Gottes setzten.« (AHST, LXXVII, Nr. 14, 13.11.1844)

Die Gefühle derer, die immer noch glaubten, dass Gott sie in ihren vergangenen Erfahrungen gelenkt hatte, kommen in den Worten William Millers zum Ausdruck: »Hätte ich meine Zeit in derselben Gewissheit, wie ich sie damals besaß, noch einmal zu durchleben, so würde ich, um vor Gott und den Menschen aufrichtig zu sein, nochmals so handeln, wie ich es getan habe. … Ich hoffe, dass ich meine Kleider von allem Menschenblut gereinigt habe. Ich fühle, dass ich mich, soweit es in meiner Macht stand, von aller Schuld an ihrer Verdammung befreit habe. … Wenn ich auch zweimal enttäuscht wurde«, schrieb dieser Gottesmann, »bin ich doch nicht niedergeschlagen oder entmutigt. … Meine Hoffnung auf das Kommen Christi ist größer denn je. Ich habe nur das getan, was ich nach Jahren ernstlichen Nachdenkens für meine heilige Pflicht hielt. Habe ich geirrt, so geschah es aus christlicher Liebe, aus Liebe zu meinen Mitmenschen und aus Überzeugung von meiner Pflicht gegen Gott. … Eines weiß ich: Ich habe nur das gepredigt, wovon ich überzeugt war, und Gott ist mit mir gewesen, seine Macht hat sich in dem Werk offenbart, und viel Gutes ist gewirkt worden. … Viele Tausende sind nach menschlichem Ermessen durch die Verkündigung des Endes der Zeit dahin gebracht worden, die Heilige Schrift zu erforschen. Sie sind dadurch und durch die Besprengung mit dem Blut Christi mit Gott versöhnt worden.« (BMM, 256.255.277.280.281) »Ich habe mich weder um die Gunst der Stolzen beworben noch den Mut sinken lassen, wenn die Welt drohte. Ich werde auch jetzt nicht ihren Beifall suchen noch über meine Pflicht hinausgehen, um ihren Hass zu erregen. Ich werde mein Leben nie in ihre Hände legen noch, wie ich hoffe, zurückschrecken, es zu verlieren, falls es Gott in seiner gütigen Vorsehung so bestimmt.« (WLM, 315)

AM GLAUBEN FESTHALTEN

Gott ließ sein Volk nicht im Stich. Sein Geist war noch immer bei denen, die das Licht nicht voreilig verleugneten und die Adventbewegung nicht anklagten. Im Hebräerbrief stehen Worte der Ermutigung und der Warnung für die Geprüften und Wartenden in dieser Zeit der Krise:»Werft euer Vertrauen nicht weg, welches eine große Belohnung hat. Geduld aber habt ihr nötig, damit ihr den Willen Gottes tut und das Verheißene empfangt. Denn ›nur noch eine kleine Weile, so wird kommen, der da kommen soll, und wird nicht lange ausbleiben. Mein Gerechter aber wird aus Glauben leben. Wenn er aber zurückweicht, hat meine Seele kein Gefallen an ihm‹ (Habakuk 2,3-4). Wir aber sind ... von denen, die glauben und die Seele erretten.« (Hebräer 10,35-39)

Dass diese Ermahnung an die Gemeinde der Endzeit gerichtet ist, geht aus den Worten hervor, die auf die Nähe der Wiederkunft des Herrn hinweisen:»Denn nur noch eine kleine Weile, so wird kommen, der da kommen soll, und wird nicht lange ausbleiben.« Es wird auch deutlich darin gesagt, dass der Herr seine Ankunft nur scheinbar hinauszögert. Dieser Hinweis trifft besonders auf die Adventisten jener Zeit zu. Die Gläubigen, die hier angesprochen werden, standen in der Gefahr, an ihrem Glauben Schiffbruch zu erleiden. Sie hatten den Willen Gottes getan und waren der Führung des Heiligen Geistes und seines Wortes gefolgt, doch konnten sie weder seine Absicht während ihrer eben gemachten Erfahrung noch ihren einzuschlagenden Weg erkennen. Nun waren sie versucht zu zweifeln, ob Gott sie wirklich geführt hatte. Aber gerade zu dieser Zeit waren die Worte besonders zutreffend:»Der Gerechte aber wird durch seinen Glauben leben.« Als das helle Licht des»Mitternachtsrufs« auf ihren Weg schien, als sie die Prophezeiungen entsiegelt sahen und die sich schnell erfüllenden Zeichen darauf hinwiesen, dass die Wiederkunft Christi kurz bevorstand, da wanderten sie sozusagen im Licht. Nun aber waren ihre Hoffnungen enttäuscht, da konnten sie nur im Glauben an Gott und an sein Wort leben. Die spottende Welt sagte:»Ihr seid betrogen worden. Gebt euren Glauben auf und gebt zu, dass die Adventbewegung satanischen Ursprungs war.« Gottes Wort sagte jedoch:»Wenn er aber zurückweicht, hat meine Seele kein Gefallen an ihm.« Ihren Glauben nun aufzugeben und die Macht des Heiligen Geistes zu verleugnen, der die Botschaft begleitet hatte, käme einem Rückzug ins Verderben gleich. Die Worte des Paulus ermutigten sie zur Standhaftigkeit: »Werft euer Vertrauen nicht weg. ... Geduld ... habt ihr nötig. ... Denn nur noch eine kleine Weile, so wird kommen, der da kommen soll, und wird nicht lange ausbleiben.« (Hebräer 10,35-37) Der einzig sichere Weg war, am Licht festzuhalten, das sie bereits von Gott empfangen hatten, sich an seinen Verheißungen festzuklammern und die Schrift weiter zu durchforschen und geduldig darauf zu warten, bis sie weiteres Licht bekamen.

TEIL 4

DIE ENTDECKUNG DES HIMMLISCHEN HEILIGTUMS

*»Und sie sollen mir ein Heiligtum machen,
dass ich unter ihnen wohne.«*
2. Mose 25,8

KAPITEL 23

DIE BEDEUTUNG DES HEILIGTUMS

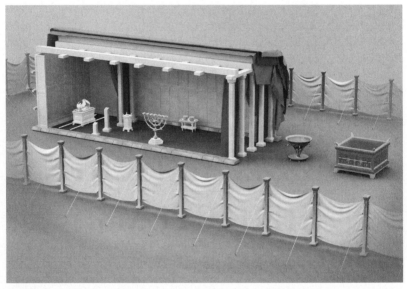

Modell des von den Israeliten in der Wüste mitgeführten Heiligtums mit seinen Geräten.

Die wichtigste Schriftstelle, die die Grundlage und den Hauptpfeiler des Adventglaubens bildete, war die Erklärung: »Bis 2300 Abende und Morgen vergangen sind; dann wird das Heiligtum wieder geweiht [gereinigt] werden.« (Daniel 8,14) Diese Worte waren allen Gläubigen vertraut, die an das baldige Kommen des Herrn glaubten. Tausende wiederholten diese Prophezeiung als Losungswort ihres Glaubens. Sie meinten, dass all ihre Erwartungen und Hoffnungen von diesen angekündigten Ereignissen abhingen. Sie hatten gezeigt, dass diese prophetischen Tage im Herbst 1844 enden sollten. Wie alle anderen Christen glaubten auch die Adventisten, dass die Erde oder ein Teil von ihr das Heiligtum sei. Sie meinten, dass die Reinigung des Heiligtums die Säuberung der Erde durch das Feuer des Jüngsten Tages bedeutete und dass dies bei der Wiederkunft Christi stattfinden würde. Daraus folgerten sie, Christus würde 1844 zur Erde zurückkehren.

WEITER VORAN, AUF SOLIDER GRUNDLAGE

Aber die festgesetzte Zeit verstrich, und der Herr war nicht gekommen. Die Gläubigen wussten, dass Gottes Wort nicht irren konnte, deshalb musste bei ihrer Auslegung etwas nicht stimmen. Wo aber steckte der Fehler? Manche retteten sich aus der Sackgasse, indem sie erklärten, dass die 2300 Tage nicht im Jahre 1844 zu ihrem Ende gekommen seien. Sie konnten dazu aber keinen anderen Grund anführen als den, dass Christus nicht zu der von ihnen erwarteten Zeit erschienen war. Sie argumentierten, wenn die prophetischen Tage im Jahre 1844 geendet hätten, wäre Christus wiedergekommen, um das Heiligtum zu reinigen, indem er die Erde durch Feuer gereinigt hätte. Da er nicht erschienen war, konnten die Tage noch nicht verstrichen sein.

Diese Schlussfolgerung hätte bedeutet, die bisherigen Berechnungen zu den prophetischen Zeitabschnitten zu verwerfen. Man hatte jedoch herausgefunden, dass die 2300 Tage im Herbst 457 v. Chr. begannen, als damals der Erlass des Königs Artaxerxes in Kraft trat, um Jerusalem zu restaurieren und neu aufzubauen. Wenn man dieses Jahr als Anfangspunkt festlegte, ergab sich bei der Übertragung aller anderen vorhergesagten Ereignisse eine vollständige Übereinstimmung mit den Erklärungen zu diesem Zeitabschnitt in Daniel 9,25-27[61]. Die 69 Wochen, die ersten 483 der 2300 Jahre, sollten bis zum Messias, dem Gesalbten, reichen. Die Taufe Christi und die Salbung durch den Heiligen Geist im Jahre 27 n. Chr. erfüllten diese Vorgabe genau. In der Mitte der 70. Woche sollte der Messias ausgerottet werden. Dreieinhalb Jahre nach seiner Taufe, im Frühjahr 31, wurde Christus gekreuzigt. Die 70 Wochen oder 490 Jahre sollten vor allem für die jüdische Nation bestimmt sein. Als diese Zeit abgelaufen war, besiegelte das Volk seine Ablehnung gegenüber Christus, indem es seine Nachfolger verfolgte. Die Apostel wandten sich daraufhin ab 34 n. Chr. an die Heiden. Nachdem die ersten 490 von den 2300 Jahren verstrichen waren, blieben noch 1810 Jahre übrig. Von 34 reichen diese 1810 Jahre bis 1844. »Dann«, sagte der Engel, »wird das Heiligtum wieder geweiht werden.« Alle vorhergehenden prophetischen Zeiten hatten sich unbestreitbar zur festgesetzten Zeit erfüllt.

Bei dieser Berechnung war eigentlich alles klar und stimmig, außer, dass sich kein Ereignis finden ließ, das die Frage beantwortet hätte, was genau

---

61   Siehe Grafik S. 298

mit der Reinigung des Heiligtums im Jahr 1844 gemeint war. Hätte man nun den Zeitpunkt, an dem diese 2300 Tage endeten, aufgegeben, wäre die gesamte Fragestellung unsinnig geworden und man hätte damit einen Standpunkt aufgegeben, der unmissverständlich auf erfüllten Prophezeiungen beruhte.

Gott aber hatte sein Volk in der großen Adventbewegung geführt und seine Macht und Herrlichkeit hatten dieses Werk begleitet. Nun würde er es nicht zulassen, dass man sein Wort mit Zweifel und Unsicherheit in Verbindung brachte und dem Werk falschen und schwärmerischen Übereifer vorwarf. Viele gaben ihre früheren Berechnungen über die prophetischen Zeitabschnitte auf und stellten die Richtigkeit der gesamten darauf gegründeten Bewegung in Frage. Andere hingegen waren nicht bereit, Glaubensstandpunkte und Erfahrungen aufzugeben, die so sehr von der Heiligen Schrift und dem Zeugnis des Geistes Gottes untermauert worden waren. Sie waren überzeugt, bei der Auslegung der Prophezeiungen vernünftige Prinzipien angewandt zu haben und erachteten es als ihre Pflicht, an den so gewonnenen Wahrheiten festzuhalten und ihre biblischen Studien in diesem Sinn fortzusetzen. Unter ernstem Gebet überprüften sie ihre Standpunkte und studierten die Heilige Schrift, um ihren Fehler herauszufinden. Nachdem sie in der Berechnung der prophetischen Zeitabschnitte keine Fehler finden konnten, wurden sie dahin geführt, das Thema des biblischen Heiligtums näher zu untersuchen.

DAS HEILIGTUM NÄHER BETRACHTET

Bei ihren Untersuchungen fanden sie heraus, dass es zur Unterstützung der weit verbreiteten Ansicht, mit dem Heiligtum sei die Erde gemeint, keine biblischen Belege gab. Aber sie fanden in der Heiligen Schrift eine umfassende Erklärung über das Heiligtum, seine Beschaffenheit, seinen Standort und seine Dienste. Die biblischen Autoren haben es so ausführlich beschrieben, dass über das Verständnis kein Zweifel aufkommen konnte. Paulus schreibt in dem Brief an die Hebräer: »Es hatte zwar auch der erste Bund seine Satzungen für den Gottesdienst und sein irdisches Heiligtum. Denn es war da aufgerichtet die Stiftshütte: der vordere Teil, worin der Leuchter war und der Tisch und die Schaubrote, und er heißt das Heilige; hinter dem zweiten Vorhang aber war der Teil der Stiftshütte, der das Allerheiligste heißt. Darin waren das goldene Räuchergefäß und die Bundeslade, ganz mit Gold überzogen; in ihr waren der goldene Krug mit dem Himmelsbrot und der Stab Aarons, der gegrünt hatte, und die Tafeln des Bundes. Oben darüber aber waren die Cherubim der Herrlichkeit, die überschatteten den Gnadenthron. Von diesen Dingen ist jetzt nicht im Einzelnen zu reden.« (Hebräer 9,1-5)

Das Heiligtum, von dem der Apostel hier spricht, war die Stiftshütte, die Mose in Gottes Auftrag als irdische Wohnstätte des Allerhöchsten errichtet hatte. »Und sie sollen mir ein Heiligtum machen, dass ich unter ihnen wohne« (2. Mose 25,8), war die Anweisung, die Mose auf dem Berg von Gott erhielt. Die Israeliten zogen durch die Wüste, und die Stiftshütte war so konstruiert, dass sie von Ort zu Ort getragen werden konnte. Dennoch war sie ein großartiger Bau. Aufrecht stehende Planken bildeten ihre Wände, die mit schwerem Gold überzogen und in silberne Sockel eingelassen waren. Das Dach bestand aus verschiedenen Decken oder Teppichen, die äußersten waren Felle, die innersten feines Leinen, das mit Figuren von Cherubim durchwirkt war. Neben dem Vorhof, in dem der Brandopferaltar stand, bestand die Stiftshütte selbst aus zwei Abteilungen, dem Heiligen und dem Allerheiligsten, die durch einen kostbaren und schönen Vorhang voneinander getrennt waren. Ein ähnlicher Vorhang hing am Eingang zur ersten Abteilung.

An der Südseite im Heiligen befand sich der Leuchter mit seinen sieben Lampen, welche die Stiftshütte Tag und Nacht erleuchteten, gegen Norden stand der Schaubrottisch und vor dem Vorhang, der das Heilige vom Allerheiligsten trennte, der goldene Räucheraltar, von dem eine wohlriechende Wolke mit den Gebeten Israels täglich zu Gott emporstieg.

Im Allerheiligsten stand die Bundeslade, eine Truhe aus goldbelegtem Edelholz, in der die zwei Steintafeln lagen, auf die Gott mit seinem Finger die Zehn Gebote geschrieben hatte. Über der Bundeslade bildete der Gnadenthron den Deckel der heiligen Truhe, ein prächtiges Kunstwerk, auf dem zwei Cherubim standen, an jedem Ende einer, beide aus reinem Gold gefertigt. In dieser Abteilung offenbarte sich die göttliche Gegenwart in Form einer Wolke zwischen den Cherubim.

Nachdem sich die Hebräer in Kanaan niedergelassen hatten, ersetzte der Tempel Salomos die Stiftshütte, der zwar ein fester Bau von größerem Umfang war, aber die gleichen Proportionen wie die Stiftshütte beibehielt und ähnlich ausgestattet war. Das Heiligtum blieb bis zu seiner Zerstörung durch die Römer im Jahre 70 n. Chr. in dieser Form bestehen, ausgenommen während der Zeit Daniels, als es in Trümmern lag.

Dies ist das einzige Heiligtum, von dem die Bibel spricht und das je auf Erden bestanden hat. Paulus nannte es das Heiligtum des ersten Bundes. Aber hat der Neue Bund kein Heiligtum?

DAS ORIGINAL IM HIMMEL

Als die nach Wahrheit Suchenden erneut im Hebräerbrief nachforschten, fanden sie heraus, dass ein zweites oder neutestamentliches Heiligtum in dem bereits zitierten Text von Paulus eingeschlossen war: »Es hatte zwar auch der erste Bund seine Satzungen für den Gottesdienst und sein irdisches Heiligtum.« (Hebräer 9,1) Der Gebrauch des Wortes »auch« deutet an, dass Paulus dieses Heiligtum schon zuvor erwähnt hat. Am Anfang des vorhergehenden Kapitels lasen sie: »Das ist nun die Hauptsache bei dem, wovon wir reden: Wir haben einen solchen Hohenpriester, der da sitzt zur Rechten des Thrones der Majestät im Himmel und ist ein Diener am Heiligtum und an der wahren Stiftshütte, die Gott aufgerichtet hat und nicht ein Mensch.« (Hebräer 8,1.2)

Hier wird das Heiligtum des Neuen Bundes erwähnt. Das Heiligtum des ersten Bundes wurde von Mose erbaut und von Menschen aufgerichtet. Das hier erwähnte wurde vom Herrn aufgerichtet und nicht von Menschen. In jenem Heiligtum führten irdische Priester ihren Dienst aus, in diesem dient Christus, unser großer Hoherpriester, zur Rechten Gottes. Das eine Heiligtum befand sich auf Erden, das andere ist im Himmel.

Weiter stellten sie fest: Das Heiligtum, das Mose erbaute, wurde nach einem Vorbild erstellt. Der Herr wies Mose an: »Genau nach dem Vorbild der Wohnung und nach dem Vorbild all ihrer Geräte, das ich dir zeige, so sollt ihr es machen.« (2. Mose 25,9 ZÜ) Und wiederum hieß der Auftrag: »Und achte darauf, dass du sie nach ihrem Vorbild machst, das dir auf dem Berg gezeigt wird.« (2. Mose 25,40 ZÜ) Nach den Ausführungen des Paulus ist die erste Hütte »ein Gleichnis für die gegenwärtige Zeit: es werden da Gaben und Opfer dargebracht« (Hebräer 9,9). Ferner waren die heiligen Stätten »Abbilder der himmlischen Dinge« (Hebräer 9,23). Die Priester, die nach dem Gesetz Gaben darbrachten, dienten »nur dem Abbild und Schatten des Himmlischen« (Hebräer 8,5), und »Christus ist nicht eingegangen in das Heiligtum, das mit Händen gemacht und nur ein Abbild des wahren Heiligtums ist, sondern in den Himmel selbst, um jetzt für uns vor dem Angesicht Gottes zu erscheinen« (Hebräer 9,24).

Das Heiligtum im Himmel, in welchem Jesus für uns dient, ist das große Vorbild [Original] und das Heiligtum, welches Mose erbaute, ist das Abbild davon. Gott gab den Erbauern des irdischen Heiligtums seinen Geist. Die bei seiner Erstellung entfaltete Kunstfertigkeit war eine Offenbarung göttlicher Weisheit. Die Wände sahen aus, als ob sie aus massivem Gold gebaut wären, und reflektierten das Licht des siebenarmigen Leuchters in alle Richtungen. Der Schaubrottisch und der Räucheraltar glänzten wie reines Gold. Die prächtigen Teppiche, welche die Decke bildeten, trugen zur Schönheit des Anblicks mit ihren eingestickten Engelsfiguren in Blau, Purpur und Scharlach bei. Hinter dem zweiten Vorhang erschien die Schechina[62], die sichtbare Offenbarung der Herrlichkeit Gottes. Niemand außer dem Hohepriester konnte in ihre Gegenwart treten und am Leben bleiben.

Die beispiellose Pracht der irdischen Stiftshütte widerspiegelte für das menschliche Vorstellungsvermögen die Herrlichkeit des himmlischen Tempels, in dem Christus, unser Vorläufer, vor Gottes Thron für uns dient. Am Aufenthaltsort des Königs der Könige dienen ihm »tausendmal Tausende«, und »zehntausendmal Zehntausende« stehen vor ihm (Daniel 7,10).

Der himmlische Tempel ist erfüllt von der Herrlichkeit des ewigen Thrones Gottes und Seraphim, die strahlenden Engelwächter, verhüllen dort anbetend ihr Angesicht. Der großartigste, von Menschenhand je errichtete Bau konnte deshalb nur ein schwacher Abglanz dieser unermesslichen Größe und Herrlichkeit sein. Dennoch wurden durch das irdische Heiligtum und seine Dienste ganz wichtige Wahrheiten über das himmlische Heiligtum und das großartige Erlösungswerk, das dort für die Menschen ausgeführt wird, verständlich gemacht.

Die heiligen Stätten im himmlischen Heiligtum wurden durch die beiden Abteilungen im irdischen Heiligtum dargestellt. Als dem Apostel Johannes in der Vision ein Blick in den Tempel Gottes gewährt wurde, sah er dort, wie »sieben Fackeln mit Feuer brannten vor dem Thron« (Offenbarung 4,5). Er erblickte einen Engel, der »hatte ein goldenes Räuchergefäß; und ihm wurde viel Räucherwerk gegeben, dass er es darbringe mit den Gebeten aller Heiligen auf dem goldenen Altar vor dem Thron« (Offenbarung 8,3). Hier wurde dem Propheten erlaubt, in die erste Abteilung des Heiligtums im Himmel hineinzuschauen. Er sah dort die »sieben Fackeln mit Feuer« und »den goldenen Altar«, die im irdischen Heiligtum durch den goldenen Leuchter und den Räucheraltar dargestellt wurden. Wiederum heißt es: »Der Tempel Gottes im Himmel wurde aufgetan« (Offenbarung 11,19), und er schaute in das Innere, hinter den zweiten Vorhang, in das Allerheiligste. Hier sah er »die Lade des Bundes«, dargestellt durch die heilige Lade, die Mose gebaut hatte und die das Gesetz Gottes enthielt.

Die Beweise für die Existenz eines himmlischen Heiligtums waren für jene, die dieser Frage nachgingen, unbestreitbar. Mose baute das irdische Heiligtum nach einem Vorbild, das ihm gezeigt wurde. Paulus lehrt, dass jenes Vorbild das wahre Heiligtum sei, das sich im Himmel befindet, und Johannes bezeugt, dass er es im Himmel sah.

---

62 Siehe Glossar »Schechina«, S. 678.

GOTTES WOHNUNG

Im himmlischen Tempel, der Wohnstätte Gottes, gründet sein Thron auf Gerechtigkeit und Gericht. Im Allerheiligsten befindet sich das Gesetz Gottes, der große Maßstab allen Rechts, nach dem die ganze Menschheit geprüft werden wird. Die Bundeslade, wo die Tafeln des Gesetzes aufbewahrt sind, ist mit dem Gnadenstuhl bedeckt, vor dem Christus sein Blut zur Erlösung des Sünders darbietet. So wird die Verbindung von Gerechtigkeit und Gnade im Plan zur Erlösung des Menschen deutlich gemacht. Nur eine unendliche Weisheit konnte sich diese Verbindung ausdenken und nur eine unendliche Macht konnte sie verwirklichen. Es ist eine Verbindung, die den ganzen Himmel mit Staunen und Anbetung erfüllt. Die Cherubim, die im irdischen Heiligtum ehrfurchtsvoll auf den Gnadenstuhl herniederblicken, symbolisieren die Anteilnahme, mit der die himmlischen Heerscharen das Erlösungswerk betrachten. Das ist das Geheimnis der Gnade, »was auch die Engel begehren zu schauen« (1. Petrus 1,12); dass Gott gerecht sein kann, während er den reumütigen Sünder rechtfertigt und seine Beziehung mit der gefallenen Menschheit erneuert; dass Christus sich herablassen konnte, um eine unzählbare Schar von Gefallenen aus dem Abgrund des Verderbens herauszuholen, sie mit dem fleckenlosen Gewand seiner eigenen Gerechtigkeit zu bekleiden und sie mit ungefallenen Engeln zu vereinen, die ewig in der Gegenwart Gottes wohnen.

Dass Christus der Fürsprecher des Menschen ist, wird in jener schönen Prophezeiung Sacharjas vorgestellt, dessen Name »Spross (Zemach)« (Sacharja 3,8) bedeutet. Der Prophet sagt: »Den Tempel des Herrn wird er bauen, und er wird herrlich geschmückt sein und wird sitzen und herrschen auf seinem [des Vaters] Thron. Und ein Priester wird sein zu seiner Rechten, und es wird Friede sein zwischen den beiden.« (Sacharja 6,13)

»Den Tempel des HERRN wird er bauen«. Durch sein Opfer und seinen Mittlerdienst ist Christus beides, Grund und Baumeister der Gemeinde Gottes. Der Apostel Paulus verweist auf ihn als den Eckstein, »auf welchem der ganze Bau ineinandergefügt wächst zu einem heiligen Tempel in dem Herrn. Durch ihn werdet auch ihr miterbaut zu einer Wohnung Gottes im Geist« (Epheser 2,21.22).

»Er wird herrlich geschmückt sein.« (Sacharja 6,13) Der Schmuck, die Herrlichkeit der Erlösung des gefallenen Geschlechts, gehört Christus. In der Ewigkeit wird das Lied der Erlösten sein: Dem, »der uns liebt und uns erlöst hat von unsern Sünden mit seinem Blut und uns zu Königen und Priestern gemacht hat vor Gott, seinem Vater, ihm sei Ehre und Gewalt von Ewigkeit zu Ewigkeit! Amen.« (Offenbarung 1,5.6)

Er »wird sitzen und herrschen auf seinem Thron. Und ein Priester wird sein zu seiner Rechten« (Sacharja 6,13). Jetzt sitzt er noch nicht auf dem Stuhl seiner Herrlichkeit; denn das Reich der Herrlichkeit ist noch nicht aufgerichtet. Erst nach der Vollendung seines Werks wird Gott »ihm den Thron seines Vaters David geben ... und sein Reich wird kein Ende haben« (Lukas 1,32.33). Als Priester sitzt Christus jetzt mit seinem Vater auf dessen Thron (Offenbarung 3,21). Auf dem Thron mit dem Ewigen, der in sich selbst Dasein hat, sitzt er, der da »trug unsre Krankheit und lud auf sich unsre Schmerzen« (Jesaja 53,4), »der versucht worden ist in allem wie wir, doch ohne Sünde« (Hebräer 4,15), damit er »denen helfen kann, die versucht werden« (Hebräer 2,18). »Und wenn jemand sündigt, so haben wir einen Fürsprecher bei dem Vater.« (1. Johannes 2,1) Seine Vermittlung geschieht durch einen durchbohrten und gebrochenen Leib sowie durch sein makelloses Leben. Seine verwundeten Hände, seine durchstochene Seite, seine durchbohrten Füße legen Fürsprache für den gefallenen Menschen ein, dessen Erlösung durch einen so hohen Preis erkauft wurde.

»Und der Rat des Friedens wird zwischen ihnen beiden sein.« (Sacharja 6,13 Elb.) Die Liebe des Vaters ist genauso wie die des Sohnes die Quelle des Heils für die verlorene Menschheit. Jesus sagte zu seinen Jüngern bevor er wegging: »Ich sage euch nicht, dass ich den Vater für euch bitten will; denn er selbst, der Vater, hat euch lieb.« (Johannes 16,26.27) »Gott war in Christus und versöhnte die Welt mit sich selber.« (2. Korinther 5,19) Und in dem Dienst des Heiligtums droben ist »der Rat des Friedens zwischen ihnen beiden.« »Also hat Gott die Welt geliebt, dass er seinen eingeborenen Sohn gab, damit alle, die an ihn glauben, nicht verloren werden, sondern das ewige Leben haben.« (Johannes 3,16)

Die Frage »Was ist das Heiligtum?« wird von der Schrift also klar beantwortet. Der Ausdruck »Heiligtum«, wie ihn die Bibel gebraucht, bezieht sich erstens auf die Stiftshütte, die Mose als Abbild von himmlischen Dingen errichtet hat, und zweitens auf die »wahre Stiftshütte« (Hebräer 8,2) im Himmel, auf die das irdische Heiligtum hinwies. Mit dem Tod Christi fand der sinnbildhafte Dienst ein Ende. Die »wahre Stiftshütte« im Himmel ist das Heiligtum des Neuen Bundes. Weil die Prophezeiung von Daniel 8,14 in diesem Bund erfüllt wird, muss das Heiligtum, auf das sie sich bezieht, das des Neuen Bundes sein. Am Ende der 2300 Tage im Jahre 1844 gab es schon seit vielen Jahrhunderten kein Heiligtum auf Erden mehr. Somit weist die Prophezeiung »Bis 2300 Abende und Morgen vergangen sind; dann wird das Heiligtum wieder geweiht [oder: gereinigt] werden« ohne Zweifel auf das Heiligtum im Himmel hin.

DIE JÄHRLICHE REINIGUNG DES HEILIGTUMS

Noch muss aber die wichtigste Frage geklärt werden: Was ist mit Weihe oder Reinigung des Heiligtums gemeint? Das Alte Testament berichtet, dass es einen solchen Dienst im irdischen Heiligtum gegeben hat. Muss aber im Himmel irgendetwas gereinigt werden? In Hebräer 9 wird die Reinigung des irdischen wie auch des himmlischen Heiligtums deutlich gelehrt: »Und es wird fast alles mit Blut gereinigt nach dem Gesetz, und ohne Blutvergießen geschieht keine Vergebung. So also mussten die Abbilder der himmlischen Dinge [mit dem Blut von Tieren] gereinigt werden; die himmlischen Dinge selbst aber müssen bessere Opfer haben als jene« (Hebräer 9,22.23) – nämlich das kostbare Blut Christi.

Die Reinigung im sinnbildlichen wie im realen Dienst muss mit Blut vollzogen werden, in jenem mit dem Blut von Tieren, in diesem mit dem Blut Christi. Paulus nennt den Grund, warum diese Reinigung mit Blut vollzogen werden muss: Ohne Blutvergießen gibt es keine Vergebung. Es geht um Vergebung oder Tilgung der Sünde. Aber wie konnte Sünde in das Heiligtum kommen, sowohl in das himmlische wie in das irdische? Das kann man am symbolischen Dienst erkennen. Die Priester, die ihr Amt auf Erden ausübten, dienten »dem Abbild und Schatten des Himmlischen« (Hebräer 8,5).

Der Dienst im irdischen Heiligtum wurde in zwei Abteilungen durchgeführt. Die Priester dienten täglich im Heiligen, während der Hohepriester einmal jährlich im Allerheiligsten ein besonderes Werk der Versöhnung vollbrachte: die Reinigung des Heiligtums. Tag für Tag brachte der bußfertige Sünder sein Opfer zum Tor der Stiftshütte. Er legte dort seine Hand auf den Kopf des Opfers und bekannte seine Sünden, die er sinnbildlich auf das unschuldige Opfer übertrug. Dann wurde das Tier geschlachtet. »Ohne Blutvergießen geschieht keine Vergebung« (Hebräer 9,22), sagt der Apostel. »Des Leibes Leben ist im Blut.« (3. Mose 17,11) Gesetzesbruch hat den Tod des Übertreters zur Folge. Das Blut stellte das verwirkte Leben des Sünders dar, dessen Schuld auf das Opfertier übertragen wurde. Der Priester trug das Blut nun in das Heilige und sprengte es vor den Vorhang, hinter dem sich die Bundeslade mit dem Gesetz befand, das der Sünder übertreten hatte. Bei dieser Zeremonie wurde die Sünde durch das Blut sinnbildlich auf das Heiligtum übertragen. Es gab Fälle, bei denen das Blut nicht in das Heilige hineingetragen wurde, doch wurde das Fleisch von dem Priester gegessen, wie Mose den Söhnen Aarons gebot: »Der Herr hat es euch gegeben, dass ihr die Schuld der Gemeinde wegnehmen und sie vor ihm entsühnen sollt.« (3. Mose 10,17) Beide Handlungen symbolisierten die Übertragung der Sünde vom bußfertigen Sünder auf das Heiligtum.

Dies geschah Tag für Tag, das ganze Jahr hindurch. Die Sünden Israels wurden so auf das Heiligtum übertragen, und für deren Tilgung war eine besondere Zeremonie nötig. Nach dem Willen Gottes sollte für jede der beiden Abteilungen Versöhnung stattfinden. »und soll so das Heiligtum entsühnen wegen der Verunreinigungen der Israeliten und wegen ihrer Übertretungen, mit denen sie sich versündigt haben. So soll er tun der Stiftshütte, die bei ihnen ist inmitten ihrer Unreinheit« (3. Mose 16,16). Außerdem musste die Versöhnung für den Altar vollzogen werden, um ihn zu »reinigen und [zu] heiligen von den Verunreinigungen der Israeliten« (3. Mose 16,19).

Einmal im Jahr, am Großen Versöhnungstag, betrat der Hohepriester das Allerheiligste zur Reinigung des Heiligtums. Dieser Dienst beendete den jährlichen Heiligtumsdienst. Am Großen Versöhnungstag wurden zwei Ziegenböcke zum Tor der Stiftshütte gebracht und das Los über sie geworfen, »ein Los dem Herrn und das andere dem Asasel« (3. Mose 16,8). Der Bock, auf den das Los für den Herrn fiel, wurde als Sündopfer für das Volk geschlachtet. Der Hohepriester musste dessen Blut auf den Gnadenstuhl und vor dem Gnadenstuhl hinter dem Vorhang sprengen, ebenso auf den Räucheraltar vor dem Vorhang.

»Dann soll Aaron seine beiden Hände auf dessen [des lebenden Bockes] Kopf legen und über ihm bekennen alle Missetat der Israeliten und alle ihre Übertretungen, mit denen sie sich versündigt haben, und soll sie dem Bock auf den Kopf legen und ihn durch einen Mann, der bereitsteht, in die Wüste bringen lassen, dass also der Bock alle ihre Missetat auf sich nehme und in die Wildnis trage.« (3. Mose 16,21.22) Der Sündenbock kam nicht mehr ins Lager der Israeliten zurück, und der Mann, der ihn weggeführt hatte, musste sich und seine Kleider mit Wasser waschen, ehe er ins Lager zurückkehren durfte.

Die ganze Zeremonie diente dazu, den Israeliten die Heiligkeit Gottes und seine Abscheu vor der Sünde zu zeigen. Ferner mussten sie wissen, dass sie nicht mit Sünde in Berührung kommen konnten, ohne sich zu beschmutzen. Jedermann sollte während dieses Versöhnungswerks sein Gewissen erforschen. Jede Arbeit musste ruhen, und das ganze Volk musste den Tag in Demut, im Gebet, mit Fasten und in gründlicher Herzensprüfung verbringen.

VOM SYMBOL ZUR WIRKLICHKEIT

Durch diesen Schattendienst werden wichtige Wahrheiten über die Versöhnung vermittelt. Für den Sünder wurde ein Stellvertreter angenommen.

Aber die Sünde war durch das Blut des Opfertieres nicht getilgt. Es war ein Mittel, durch das die Sünde auf das Heiligtum übertragen werden konnte. Mit der Darbringung des Opferblutes bekannte sich der Sünder einerseits zur Autorität des Gesetzes Gottes und gestand seine Schuld als Übertretung dieses Gesetzes ein. Andererseits drückte er damit seinen Wunsch nach Vergebung und seinen Glauben an einen kommenden Erlöser aus. Doch damit war er noch nicht vollumfänglich von der Verdammung des Gesetzes befreit. Am Großen Versöhnungstag nahm der Hohepriester von der Gemeinde ein Opfer an, mit dessen Blut er in das Allerheiligste ging und es auf den Gnadenstuhl direkt über dem Gesetz sprengte. Damit leistete er symbolisch Genugtuung für dessen Ansprüche. Dann nahm er in seiner Eigenschaft als Vermittler die Sünden auf sich selbst und trug sie aus dem Heiligtum heraus. Er legte seine Hände auf den Kopf des noch lebenden Bockes, bekannte über ihm alle diese Sünden und übertrug sie so symbolisch von sich auf das Tier. Dieses trug sie dann davon, und das Volk galt auf diese Weise als für immer von seinen Sünden befreit.

Dies war der Dienst, der in »dem Abbild und Schatten des Himmlischen« (Hebräer 8,5) vollzogen wurde. Und was sinnbildlich im irdischen Heiligtumsdienst geschah, wird in der Realität im himmlischen Heiligtumsdienst durchgeführt. Nach seiner Himmelfahrt trat unser Erlöser seinen Dienst als unser Hoherpriester an. Paulus sagt: »Denn Christus ist nicht eingegangen in das Heiligtum, das mit Händen gemacht und nur ein Abbild des wahren Heiligtums ist, sondern in den Himmel selbst, um jetzt für uns vor dem Angesicht Gottes zu erscheinen.« (Hebräer 9,24)

Der Dienst, den der Priester das Jahr hindurch in der ersten Abteilung des Heiligtums ausführte, im Inneren »hinter dem Vorhang« (Hebräer 6,19), d. h. hinter dem Eingang, der das Heilige vom Vorhof trennte, symbolisiert den Dienst, den Christus nach seiner Himmelfahrt antrat. Es war die Pflicht des Priesters im täglichen Dienst, das Blut des Sündopfers und den Weihrauch, der mit den Gebeten Israels emporstieg, vor Gott zu bringen. So brachte Christus sein Blut und die Gebete der reumütigen Gläubigen, zusammen mit dem köstlichen Wohlgeruch seiner eigenen Gerechtigkeit, im Namen der Sünder vor den Vater. Dies war der Mittlerdienst Christi in der ersten Abteilung des himmlischen Heiligtums.

Dorthin folgten ihm die Jünger im Glauben, als er vor ihren Blicken verschwand. Auf diesen Dienst gründete sich ihre Hoffnung, die Paulus »einen sicheren und festen Anker unsrer Seele« nannte, »der auch hineinreicht bis in das Innere hinter dem Vorhang. Dahinein ist der Vorläufer für uns gegangen, Jesus, der ein Hoherpriester geworden ist in Ewigkeit«

(Hebräer 6,19.20). Christus ist »nicht durch das Blut von Böcken oder Kälbern, sondern durch sein eigenes Blut ein für alle Mal in das Heiligtum eingegangen und hat eine ewige Erlösung erworben« (Hebräer 9,12).

VERSÖHNUNG VOR DER WIEDERKUNFT

Dieser Dienst in der ersten Abteilung des Heiligtums dauerte 18 Jahrhunderte lang. Mit seinem Blut legte Christus Fürbitte für reuige Gläubige vor Gott ein und erreichte Vergebung und Annahme beim Vater, doch ihre Sünden blieben noch in den Büchern verzeichnet. So wie in der Symbolik des irdischen Heiligtums am Ende eines jeden Jahres ein Versöhnungsdienst stattfand, gibt es auch vor dem Abschluss des Erlösungswerkes Christi einen Versöhnungsdienst, der die Sünde aus dem Heiligtum entfernt. Dieser Dienst sollte am Ende der 2300 Tage beginnen. Zu jener Zeit betrat unser Hoherpriester, wie vom Propheten Daniel vorhergesagt (Daniel 8,14), das Allerheiligste, um den letzten Teil seines feierlichen Dienstes durchzuführen, die Reinigung des Heiligtums.

Wie vormals die Sünden des Volkes durch den Glauben auf das Sündopfertier gelegt und durch sein Blut sinnbildlich auf das irdische Heiligtum übertragen wurden, so werden im Neuen Bund die Sünden der reumütigen Menschen im Glauben auf Christus gelegt und dadurch wirklich auf das himmlische Heiligtum übertragen. Wie die sinnbildliche Reinigung im irdischen Heiligtum durch die Beseitigung der Sünden, die es verunreinigt hatten, geschah, so wird die tatsächliche Reinigung des himmlischen Heiligtums durch die Entfernung oder Auslöschung der Sünden erreicht, die dort aufgezeichnet sind. Ehe dies jedoch geschehen kann, müssen die Aufzeichnungen in den Büchern untersucht werden, damit entschieden werden kann, wer durch Bereuen der Sünde und Glauben an Christus berechtigt ist, die Segnungen von Christi Versöhnung zu empfangen. Die Reinigung des Heiligtums hat deshalb auch mit einer Untersuchung oder einem Gerichtsverfahren zu tun. Diese Aufgabe muss vor seiner Wiederkunft und vor der Erlösung seines Volks abgeschlossen sein, denn wenn Christus wiederkommt, bringt er seinen Lohn mit sich, »einem jeden zu geben, wie seine Werke sind« (Offenbarung 22,12).

Damit erkannten die, die dem Licht des prophetischen Wortes folgten, dass Christus am Ende der 2300 Tage im Jahre 1844 nicht auf die Erde kommen konnte, sondern das Allerheiligste im himmlischen Heiligtum betrat, um das Versöhnungswerk abzuschließen und dadurch seine Wiederkunft vorzubereiten.

Man erkannte auch, dass das Sündopfer auf das Opfer Christi hinwies und der Hohepriester Christus als unseren Mittler darstellte. Der Sündenbock symbolisierte Satan, den Urheber der Sünde. Die Sünden aller wahrhaft reumütigen Menschen werden am Ende auf ihn übertragen. Wenn der Hohepriester durch das Blut des Sündopfers die Sünden aus dem Heiligtum entfernte, legte er sie auf den Sündenbock. Wenn Christus durch sein eigenes Blut die Sünden seines Volks am Ende seines Dienstes aus dem himmlischen Heiligtum entfernt, wird er sie auf Satan legen, der bei der Urteilsvollstreckung die endgültige Strafe tragen muss. Der Sündenbock wurde in die Wüste gejagt und durfte nie wieder in die israelitische Gemeinschaft zurückkehren. So wird Satan für immer aus der Gegenwart Gottes und seines Volks verbannt und zusammen mit Sünde und Sündern endgültig vernichtet werden.

KAPITEL 24

IM ALLERHEILIGSTEN

Die Lehre vom Heiligtum war der Schlüssel, mit dem es möglich wurde, das Geheimnis der Enttäuschung von 1844 zu erklären. Sie brachte ein harmonisch aufgebautes Wahrheitssystem ans Licht, zeigte, dass Gottes Hand die große Adventbewegung geleitet hatte, und offenbarte die augenblickliche Stellung und Aufgabe von Gottes Volk. So wie die Jünger Jesu nach der schrecklichen Nacht des Schmerzes und der Enttäuschung froh waren, »dass sie den Herrn sahen« (Johannes 20,20), so freuten sich nun die, die im Glauben seine Wiederkunft erwarteten. Sie hatten gehofft, dass er in Herrlichkeit erscheinen würde, um seinen Dienern ihren Lohn zu bringen. Als ihre Hoffnungen jedoch enttäuscht wurden, verloren sie Jesus aus den Augen und riefen mit Maria: »Sie haben den Herrn weggenommen ... und wir wissen nicht, wo sie ihn hingelegt haben.« (Johannes 20,2) Nun sahen sie im Allerheiligsten ihren mitfühlenden Hohenpriester wieder, der bald als König und Erlöser erscheinen sollte. Das Licht aus dem Heiligtum erleuchtete Vergangenheit, Gegenwart und Zukunft. Sie wussten, dass Gott sie durch seine untrügliche Vorsehung geführt hatte. Wie die ersten Jünger hatten sie die Botschaft, die sie verkündigten, nicht verstanden, obwohl diese in jeder Hinsicht richtig war. Durch die Verbreitung dieser Botschaft taten sie den Willen des Herrn, und ihr Werk war nicht umsonst. Sie waren »wiedergeboren ... zu einer lebendigen Hoffnung« (1. Petrus 1,3) und freuten sich »mit unaussprechlicher und herrlicher Freude« (1. Petrus 1,8).

Sowohl die Weissagung in Daniel 8,14, »bis 2300 Abende und Morgen vergangen sind; dann wird das Heiligtum wieder geweiht werden«, als auch die erste Engelsbotschaft, »fürchtet Gott und gebt ihm die Ehre; denn die Stunde seines Gerichts ist gekommen« (Offenbarung 14,7), wiesen auf den Dienst Christi im Allerheiligsten hin. Damit ist das Untersuchungsgericht gemeint und nicht das Kommen Christi zur Erlösung seines Volkes und der Vernichtung der Bösen. Nicht in der Berechnung der prophetischen Zeitabschnitte lag demnach der Auslegungsfehler, sondern im Ereignis am Ende der 2300 Tage. Durch diesen Fehler erlitten die Gläubigen eine Enttäuschung, aber all das war durch die Prophetie vorausgesagt, und alles, was sie nach der Schrift erwarten konnten, hatte sich erfüllt. Genau zu der Zeit, als sie sich über ihre enttäuschte Hoffnung beklagten, fand das vorhergesagte Ereignis statt, das sich erfüllen musste, ehe der Herr erscheinen und seine Diener belohnen konnte.

ER KOMMT ZU SEINEM TEMPEL

Christus war nicht auf die Erde gekommen, wie sie erwartet hatten, sondern hatte vielmehr das Allerheiligste im himmlischen Heiligtum Gottes betreten, wie dies auch im Schattendienst geschah. Der Prophet Daniel sah dieses Ereignis voraus: »Ich sah in diesem Gesicht in der Nacht, und siehe, es kam einer mit den Wolken des Himmels wie eines Menschen Sohn und gelangte [nicht auf die Erde, sondern] zu dem, der uralt war, und wurde vor ihn gebracht.« (Daniel 7,13)

Dieses Kommen wird uns auch von dem Propheten Maleachi vorhergesagt: »Bald wird kommen zu seinem Tempel der Herr, den ihr sucht; und der Engel des Bundes, den ihr begehrt, siehe, er kommt! spricht der Herr Zebaoth.« (Maleachi 3,1) Der Herr kam zu seinem Tempel, und dies geschah für seine Kinder plötzlich und unerwartet. Dort suchten sie ihn jedoch nicht. Sie erwarteten ihn vielmehr auf der Erde »in Feuerflammen, Vergeltung zu üben an denen, die Gott nicht kennen und die nicht gehorsam sind dem Evangelium unseres Herrn Jesus« (2. Thessalonicher 1,8).

Aber die Menschen waren noch nicht bereit, ihrem Herrn zu begegnen. Es musste noch eine Vorbereitung stattfinden. Sie sollten noch Licht erhalten, das ihre Gedanken auf den Tempel Gottes im Himmel lenkte. Während sie ihrem Herrn im Glauben in seinem Dienst dorthin folgten, würden ihnen neue Aufgaben offenbart werden. Die Gemeinde sollte eine weitere Warnungsbotschaft und Anweisungen empfangen.

Der Prophet sagt: »Wer wird aber den Tag seines Kommens ertragen können, und wer wird bestehen, wenn er erscheint? Denn er ist wie das Feuer eines Schmelzers und wie die Lauge der Wäscher. Er wird sitzen und schmelzen und das Silber reinigen, er wird die Söhne Levi reinigen und läutern wie Gold und Silber. Dann werden sie dem Herrn Opfer bringen in Gerechtigkeit.« (Maleachi 3,2.3) Die auf Erden lebenden Gläubigen werden ohne Vermittler vor dem Angesicht eines heiligen Gottes bestehen müssen, wenn die Fürbitte Christi im himmlischen Heiligtum aufhört. Ihre Kleider müssen fleckenlos, ihr Charakter von der Sünde mit Blut gereinigt sein. Mit

Gottes Hilfe und durch eigenes sorgfältiges Bemühen müssen sie Sieger im Kampf mit dem Bösen sein. Während die Untersuchung im Himmel fortschreitet, während die Sünden der reumütigen Sünder aus dem Heiligtum entfernt werden, muss es auf Erden unter dem Volk Gottes ein besonderes Läuterungswerk, eine Abkehr von der Sünde, geben. Diese Aufgabe wird noch deutlicher in den Botschaften von Offenbarung 14 dargestellt.

Erst wenn all dies geschehen ist, werden die Nachfolger Christi für dessen Erscheinen bereit sein. Dann »wird dem Herrn wohlgefallen das Opfer Judas und Jerusalems wie vormals und vor langen Jahren« (Maleachi 3,4). Dann wird die Gemeinde, die der Herr bei seinem Kommen zu sich nehmen wird, eine herrliche sein, die »keinen Flecken oder Runzel oder etwas dergleichen« hat (Epheser 5,27). Dann wird sie hervorbrechen »wie die Morgenröte, schön wie der Mond, klar wie die Sonne, gewaltig wie ein Heer« (Hohelied 6,10).

Nach den Worten Maleachis kommt der Herr nicht nur zu seinem Tempel, sondern er wird bei seiner Wiederkunft auch Gericht halten: »Und ich will zu euch kommen zum Gericht und will ein schneller Zeuge sein gegen die Zauberer, Ehebrecher, Meineidigen und gegen die, die Gewalt und Unrecht tun den Tagelöhnern, Witwen und Waisen und die den Fremdling drücken und mich nicht fürchten, spricht der Herr Zebaoth.« (Maleachi 3,5) Judas beschreibt dasselbe Ereignis, wenn er sagt: »Siehe, der Herr kommt mit seinen vielen tausend Heiligen, Gericht zu halten über alle und zu strafen alle Menschen für alle Werke ihres gottlosen Wandels, mit denen sie gottlos gewesen sind, und für all das Freche, das die gottlosen Sünder gegen ihn geredet haben.« (Judas 14.15) Die Wiederkunft Christi auf Erden und das Kommen des Herrn zu seinem Tempel sind also zwei vollkommen verschiedene Ereignisse.

Christus betritt das Allerheiligste, »das Heiligtum [wird] wieder geweiht werden« (Daniel 8,14), der Menschensohn kommt zu dem, »der uralt war« (Daniel 7,13), der Herr kommt »zu seinem Tempel« (Maleachi 3,1): All dies sind Beschreibungen ein und desselben Ereignisses. Auch das Erscheinen des Bräutigams zur Hochzeit im Gleichnis der zehn Jungfrauen von Matthäus 25 bezieht sich auf dieses Geschehen.

UNTERSUCHUNG – HOCHZEIT – MAHL

Im Sommer und Herbst 1844 erging der Ruf: »Siehe, der Bräutigam kommt!« (Matthäus 25,6) Wie im Gleichnis durch die törichten und die klugen Jungfrauen dargestellt, bildeten sich damals zwei Gruppen von

Gläubigen. Die eine erwartete das Erscheinen des Herrn mit Freude. Sie hatte sich gründlich auf diese Begegnung vorbereitet. Die andere Gruppe war von Angst getrieben und handelte nur aus der momentanen Stimmung heraus. Sie hatte sich mit einer rein theoretischen Kenntnis der Wahrheit zufrieden gegeben, aber es fehlte ihr die Gnade Gottes. Als der Bräutigam im Gleichnis erschien, gingen jene, »die bereit waren ... mit ihm hinein zur Hochzeit« (Matthäus 25,10). Das hier dargestellte Erscheinen des Bräutigams findet vor der Hochzeit statt. Die Hochzeit bedeutet, dass Christus sein Reich übernimmt. Die Heilige Stadt, das neue Jerusalem, steht stellvertretend für das Königreich, dessen Hauptstadt es ist, und wird »Braut des Lammes« genannt (Offenbarung 21,9). So sagte der Engel zu Johannes: »Komm, ich will dir die Frau zeigen, die Braut des Lammes. Und er führte mich hin im Geist ... und zeigte mir die heilige Stadt Jerusalem hernieder kommen aus dem Himmel von Gott.« (Offenbarung 21,9.10) Es ist also offensichtlich, dass die Braut die Heilige Stadt verkörpert und die zehn Jungfrauen, die dem Bräutigam entgegengehen, ein Symbol für die Gemeinde sind. In der Offenbarung sind die Kinder Gottes die Gäste, »die zum Hochzeitsmahl des Lammes berufen sind« (Offenbarung 19,9). Wenn sie die Gäste sind, können sie nicht gleichzeitig die Braut sein. Christus wird von »dem, der uralt war ... Macht, Ehre und Reich« entgegennehmen (Daniel 7,13. 14). Er wird das neue Jerusalem, die Stadt seines Reichs, empfangen. Sie ist »bereitet wie eine geschmückte Braut für ihren Mann« (Offenbarung 21,2). Nachdem er das Reich empfangen hat, wird er in seiner Herrlichkeit als König der Könige und Herr der Herren kommen und sein Volk erlösen. Dieses Volk wird »mit Abraham und Isaak und Jakob im Himmelreich zu Tisch sitzen« (Matthäus 8,11) und am »Hochzeitsmahl des Lammes« (Offenbarung 19,9) teilnehmen.

Der Ruf »Siehe, der Bräutigam kommt« erging im Sommer 1844 und veranlasste Tausende zu glauben, dass die unmittelbare Ankunft des Herrn bevorstehe. Zur festgesetzten Zeit kam der Bräutigam, aber nicht auf die Erde, wie die Leute glaubten, sondern »zu dem, der uralt war« im Himmel. Er kam zur Hochzeit, zur Übernahme seines Reichs. »Die bereit waren, gingen mit ihm hinein zur Hochzeit, und die Tür wurde verschlossen.« (Matthäus 25,10) Sie konnten bei der Hochzeit nicht persönlich anwesend sein, denn diese fand im Himmel statt, während sie auf Erden waren. Die Nachfolger Christi sollen »auf ihren Herrn warten, wann er aufbrechen wird von der Hochzeit« (Lukas 12,36). Sie müssen jedoch sein Werk verstehen und ihm im Glauben folgen, wenn er vor den Thron Gottes tritt. In diesem Sinne wird von ihnen gesagt, dass sie zur Hochzeit eingehen.

Im Gleichnis waren es die, die Öl in ihren Gefäßen und in ihren Lampen hatten, die an der Hochzeit teilnahmen. Alle, die die Wahrheit aus der Schrift kannten, hatten auch den Geist und die Gnade Gottes erfahren. Sie hatten in der Nacht ihrer bitteren Prüfung geduldig in der Bibel nach hellerem Licht geforscht und erkannten dadurch die Heiligtumswahrheit und den Dienst ihres Erlösers und folgten ihm im Glauben ins obere Heiligtum.

Alle, die durch das Zeugnis der Schrift dieselben Wahrheiten annehmen, folgen Christus im Glauben, wenn er vor Gott tritt, um den letzten Mittlerdienst durchzuführen, an dessen Ende er sein Reich einnehmen wird – alle diese werden so beschrieben, dass sie zur Hochzeit eingehen.

Im Gleichnis von Matthäus 22 wird dasselbe Bild von der Hochzeit benutzt. Auch hier wird deutlich gezeigt, dass das Untersuchungsgericht vor der Hochzeit stattfindet. Der König betritt den Saal vor der Hochzeit, um sich die Gäste anzusehen, ob sie alle ihr »hochzeitliches Gewand« anhatten (Matthäus 22,11), das fleckenlose Kleid des Charakters, »hell gemacht im Blut des Lammes« (Offenbarung 7,14). Wer dem nicht entspricht, wird hinausgeworfen. Aber alle, die nach der Prüfung das Hochzeitskleid anhaben, werden von Gott angenommen und für würdig erachtet, Anteil an seinem Reich und an einem Sitz auf seinem Thron zu haben. Das Untersuchungsgericht prüft demnach den Charakter der Gläubigen und bestimmt so, wer für das Reich Gottes bereit ist. Damit beschließt es den Dienst im himmlischen Heiligtum.

Wenn diese Untersuchung abgeschlossen sein wird und alle Fälle der Nachfolger Christi aller Zeiten geprüft und entschieden worden sind, dann und nicht eher wird die Gnadenzeit abgeschlossen und die Gnadentür verschlossen werden. Durch diesen einen kurzen Satz »und die bereit waren, gingen mit ihm hinein zur Hochzeit, und die Tür wurde verschlossen« (Matthäus 25,10) werden wir zum letzten Dienst Christi geführt, in eine Zeit, in der das große Erlösungswerk für den Menschen vollendet sein wird.

EINE GESCHLOSSENE TÜR?

Wie wir gesehen haben, ist der irdische Heiligtumsdienst ein Abbild vom Geschehen im Himmel. Wenn der Hohepriester am Großen Versöhnungstag das Allerheiligste betrat, endete der Dienst in der ersten Abteilung. Gott befahl: »Kein Mensch soll in der Stiftshütte sein, wenn er hineingeht, Sühne zu schaffen im Heiligtum, bis er herauskommt.« (3. Mose 16,17) Als Christus das Allerheiligste betrat, um das abschließende Erlösungswerk zu tun, beendete er seine Aufgabe in der ersten Abteilung. Doch als dieser Dienst endete, begann der Dienst in der zweiten Abteilung. Wenn der Hohepriester im Schattendienst das Heilige am Großen Versöhnungstag verließ, trat er in die Gegenwart Gottes und brachte das Blut des Sündopfers für alle Israeliten, die ihre Sünden ernsthaft bereut hatten, dar. So schloss Christus wohl einen Teil seines Vermittlerdienstes ab, begann aber sogleich den zweiten, bei dem er immer noch durch sein Blut beim Vater für die Sünder Fürbitte einlegt.

Dies verstanden die Adventgläubigen im Jahr 1844 nicht. Nachdem die Zeit verstrichen war, in der sie Christus erwartet hatten, glaubten sie immer noch, dass er bald kommen würde. Sie meinten, einen wichtigen Punkt erreicht zu haben, und Christi Werk als Mittler der Menschen vor Gott sei nun zu Ende. Für sie hatte es den Anschein, dass nach biblischer Lehre die Gnadenzeit der Menschen kurz vor der Wiederkunft des Herrn in den Wolken des Himmels zu Ende gehe. Dies schien aus solchen Schriftstellen bewiesen, die auf eine Zeit hindeuteten, in der die Menschen die Gnadentür suchen, dort anklopfen und um Gnade bitten würden und ihnen nicht geöffnet wird. Sie fragten sich, ob die Zeit, zu der sie die Wiederkunft Christi erwartet hatten, nicht eher den Beginn jener Periode markierte, die seiner Wiederkunft unmittelbar vorangehen sollte. Als sie ihre Warnung vor dem nahenden Gericht verkündet hatten, meinten sie, ihre Arbeit für die Welt sei getan, und sie verloren das Interesse an der Rettung von Sündern. Der verwegene und lästerliche Spott der Gottlosen schien ihrer Annahme Recht zu geben, dass Gott seinen Geist von denen zurückgezogen hatte, die seine Gnade verworfen hatten. All dies bestärkte sie in ihrer Überzeugung, dass die Gnadenzeit beendet oder, wie sie sich ausdrückten, »die Gnadentür verschlossen« sei.

Doch sie erhielten helleres Licht, als sie die Frage um das Heiligtum untersuchten. Sie erkannten nun, dass sie mit ihrer Annahme vom Ende der 2300 Tage im Jahre 1844 Recht hatten, und dass dies ein wichtiger Zeitpunkt war. Wenn es auch zutraf, dass das Tor der Hoffnung geschlossen war, durch das die Menschen in 1800 Jahren Zugang zu Gott hatten, so wurde doch ein anderes Tor geöffnet, und die Vergebung der Sünden durch die Fürsprache Christi fand nun im Allerheiligsten statt. Der eine Teil des Dienstes war beendet, aber nur um einem anderen Platz zu machen. Es gab immer noch eine »offene Tür« zum himmlischen Heiligtum, in dem Christus für den Sünder diente.

Nun sah man die Anwendung jener Worte Christi aus der Offenbarung, die er an die Gemeinde gerade in dieser Zeit richtete: »Das sagt der Heilige, der Wahrhaftige, der da hat den Schlüssel Davids, der auftut, und niemand schließt zu, der zuschließt, und niemand tut auf: Ich kenne deine Werke. Siehe, ich habe vor dir eine Tür aufgetan, und niemand kann sie zuschließen.« (Offenbarung 3,7.8)

VOM VERSTÄNDNIS DES MITTLERDIENSTES

Diejenigen, die Christus im Glauben in seinem großen Werk der Versöhnung folgen, empfangen auch die Vorzüge dieser für sie geleisteten Vermittlung. Wer aber das Licht verwirft, das dieser Dienst offenbart, zieht daraus auch keinen Nutzen. Jene Juden, die das Licht verwarfen, das Christus bei seiner ersten Ankunft brachte und die sich weigerten, an ihn als den Erlöser der Welt zu glauben, konnten durch ihn auch keine Vergebung empfangen. Als Jesus nach seiner Himmelfahrt durch sein eigenes Blut das himmlische Heiligtum betrat, um die Segnungen seiner Fürbitte über seine Jünger auszugießen, blieben die Juden in vollständiger Finsternis und setzten ihren nutzlosen Opfer- und Gabendienst fort. Die Sinnbilder und der Schattendienst hatten ihr Ende gefunden. Die Tür, durch die die Menschen früher Zugang zu Gott gefunden hatten, stand nicht länger offen. Die Juden hatten sich geweigert, den Herrn auf dem einzigen Weg zu suchen, auf dem er gefunden werden konnte – durch den Dienst im himmlischen Heiligtum. Daher hatten sie keine Gemeinschaft mit Gott. Für sie war die Tür verschlossen. Sie wussten nichts von Christus als dem wahren Opfer und einzigen Mittler vor Gott und konnten deshalb auch den Segen seiner Fürsprache nicht empfangen.

Der Zustand der ungläubigen Juden veranschaulicht den Zustand der Sorglosen und Ungläubigen unter den vorgeblichen Christen, die vom Dienst unseres gnädigen Hohenpriesters bewusst nichts wissen wollen. Als der Hohepriester des Schattendienstes das Allerheiligste betrat, mussten alle Israeliten um das Heiligtum versammelt sein und sich feierlich vor Gott demütigen, damit sie Vergebung ihrer Sünden empfangen konnten und nicht aus der Gemeinschaft ausgeschlossen wurden. Wie viel wichtiger ist es heute, in der Zeit des realen Versöhnungstages, das Werk unseres Hohenpriesters zu verstehen und zu wissen, welche Aufgaben uns übertragen worden sind.

Menschen können Warnungen nicht ungestraft verwerfen, die ihnen Gott in seiner Gnade sendet. In den Tagen Noahs erhielt die Welt eine Botschaft vom Himmel, und ihre Rettung hing davon ab, wie sie diese Botschaft aufnahm. Weil sie diese Warnung verwarf, zog sich der Geist Gottes von dem sündigen Geschlecht zurück, und alle kamen im Wasser der Sintflut um. Zur Zeit Abrahams endete Gottes Gnade für die schuldbeladenen Einwohner Sodoms. Alle außer Lot, seiner Frau und seinen beiden Töchtern wurden von dem vom Himmel herabfallenden Feuer verzehrt. Genauso war es in den Tagen Christi, als der Sohn Gottes den ungläubigen Juden jener Generation sagte: »Euer Haus soll euch wüst gelassen werden.« (Matthäus 23,38) Und im Hinblick auf die letzten Tage erklärte die gleiche göttliche Stimme über diejenigen, die »die Liebe zur Wahrheit nicht angenommen haben, dass sie gerettet würden: Darum sendet ihnen Gott die Macht der Verführung, sodass sie der Lüge glauben, damit gerichtet werden alle, die der Wahrheit nicht glaubten, sondern Lust hatten an der Ungerechtigkeit« (2. Thessalonicher 2,10-12). Wenn die Menschen die Lehren seines Wortes verwerfen, zieht sich Gottes Geist von ihnen zurück und überlässt sie den Irrtümern, die sie lieben.

Doch Christus dient immer noch als Mittler für die Menschen, und alle Suchenden werden diese Erkenntnis finden. Obwohl die Adventgläubigen dies zu Beginn nicht verstanden, wurde es ihnen später klar, als sich ihnen die Schriftstellen erschlossen, die ihre Situation beschrieben.

1844 begann eine Periode großer Prüfungen für alle, die noch am Adventglauben festhielten. Ihre einzige Stütze, an der sie ihre Überzeugung fest machen konnten, war das Licht, das ihre Blicke auf das himmlische Heiligtum lenkte. Einige verwarfen ihren Glauben an ihre früheren Berechnungen der prophetischen Zeiten und schrieben den gewaltigen Einfluss, den der Heilige Geist auf die Adventbewegung ausübte, menschlichen oder satanischen Kräften zu. Andere waren fest davon überzeugt, dass der Herr sie in ihrer früheren Erfahrung geführt hatte. Als sie warteten, beobachteten und beteten, um Gottes Willen zu erkennen, sahen sie, dass ihr großer Hoherpriester einen anderen Dienst angetreten hatte. Sie folgten ihm im Glauben, und so wurde ihnen das abschließende Werk der Gemeinde gezeigt. Sie erhielten ein klareres Verständnis von der ersten und der zweiten Engelsbotschaft und waren bereit, die dritte Engelsbotschaft von Offenbarung 14 zu empfangen und sie an die Welt weiterzugeben.

KAPITEL 25

GOTTES GESETZ IST UNVERÄNDERLICH

»Der Tempel Gottes im Himmel wurde aufgetan, und die Lade seines Bundes wurde in seinem Tempel sichtbar.« (Offenbarung 11,19) Die Bundeslade Gottes befindet sich im Allerheiligsten, in der zweiten Abteilung des Heiligtums. Im Heiligtumsdienst auf Erden, »dem Abbild und Schatten des Himmlischen« (Hebräer 8,5), wurde diese Abteilung nur am Großen Versöhnungstag anlässlich der Reinigung des Heiligtums geöffnet. Wenn also gesagt wird, dass »der Tempel Gottes im Himmel ... aufgetan und die Lade seines Bundes in seinem Tempel sichtbar wurde« (Offenbarung 11,19), weist das auf die Öffnung des Allerheiligsten im himmlischen Heiligtum im Jahr 1844 hin, als Christus dort eintrat, um das Abschlusswerk der Versöhnung durchzuführen. Alle, die ihrem großen Hohenpriester im Glauben ins Heiligtum folgten, als er seinen Dienst im Allerheiligsten begann, sahen »die Lade seines Bundes«. Weil sie sich mit dem Heiligtumsdienst befasst hatten, verstanden sie die Veränderung im Dienst ihres Erlösers und erkannten, dass er nun sein Blut im Namen der Sünder vor der Lade Gottes darbot.

DIE VORLAGE IM HIMMEL

In der Bundeslade im irdischen Heiligtum wurden die beiden Steintafeln aufbewahrt, auf denen das Gesetz Gottes eingraviert war. Die Lade war eigentlich nur ein Behältnis für die Gesetzestafeln, aber diese göttlichen Gebote verliehen ihr ihren Wert und ihre Heiligkeit. Als der Tempel Gottes geöffnet wurde, war die Lade des Bundes zu sehen. Im Allerheiligsten im himmlischen Tempel wird das göttliche Gesetz würdig aufbewahrt. Dieses Gesetz wurde am Sinai unter Donnergrollen von Gott selbst verkündet und mit seinem eigenen Finger auf die Steintafeln geschrieben.

Im himmlischen Heiligtum befindet sich die großartige Vorlage des Gesetzes Gottes. Die Gebote, die in die Steintafeln eingraviert und von

Mose im Pentateuch aufgezeichnet wurden, waren davon eine zuverlässige Abschrift. Alle, die ein Verständnis dieser wichtigen Wahrheit gewonnen hatten, konnten nun erkennen, wie heilig und unveränderlich das göttliche Gesetz ist. Wie nie zuvor erkannten sie die Kraft der Worte Christi: »Solange Himmel und Erde bestehen, wird kein i-Punkt und kein Komma im Gesetz gestrichen. Das ganze Gesetz muss erfüllt werden.« (Matthäus 5,18 GNB) Das Gesetz Gottes, das die Offenbarung seines Willens und ein Abbild seines Wesens ist, muss ewig bestehen bleiben als treuer Zeuge im Himmel. Kein einziges Gebot wurde je aufgehoben, kein i-Punkt und kein Komma je verändert. Der Psalmist sagt: »Herr, dein Wort bleibt ewiglich, so weit der Himmel reicht.« (Psalm 119,89) »Zuverlässig sind alle seine Gebote, fest gegründet auf immer und ewig.« (Psalm 111,7.8 Elb.)

Im Herzen der Zehn Gebote befindet sich das vierte Gebot, wie es ursprünglich verkündigt wurde: »Denke an den Sabbattag und halte ihn heilig. Sechs Tage sollst du arbeiten und all deine Arbeit tun; der siebte Tag aber ist ein Sabbat für den HERRN, deinen Gott. Da darfst du keinerlei Arbeit tun, weder du selbst noch dein Sohn oder deine Tochter, dein Knecht oder deine Magd noch dein Vieh oder der Fremde bei dir in deinen Toren. Denn in sechs Tagen hat der HERR den Himmel und die Erde gemacht, das Meer und alles, was in ihnen ist, dann aber ruhte er am siebten Tag. Darum hat der HERR den Sabbattag gesegnet und ihn geheiligt.« (2. Mose 20,8-11 ZÜ)

Die Herzen jener, die Gottes Wort erforschten, wurden durch den Heiligen Geist beeindruckt. In ihnen wuchs die Überzeugung, dass sie dieses Gebot unwissentlich übertreten und den Ruhetag des Schöpfers missachtet hatten. Sie untersuchten die Gründe für die Feier des ersten Wochentags anstelle des Tags, den Gott geheiligt hatte, und konnten in der Schrift keinen Hinweis darauf finden, dass das vierte Gebot aufgehoben oder der Sabbat verändert worden war. Der Segen, der auf dem siebenten Tag lag, wurde ihm nie entzogen. Sie suchten ehrlich den Willen Gottes und wollten auch danach handeln. Als ihnen bewusst wurde, dass sie sein Gesetz übertreten hatten, wurde ihnen das Herz schwer und sie bekundeten ihre Treue zu Gott, indem sie anfingen, den Sabbat zu heiligen.

Aber es gab viele und ernsthafte Anstrengungen, ihren Glauben zu Fall zu bringen. Es wurde jedoch für jedermann deutlich: Wenn das irdische Heiligtum ein Abbild des himmlischen ist, dann ist auch das Gesetz, das in der irdischen Bundeslade lag, eine genaue Abschrift des himmlischen. Daher gehört zur Annahme der Wahrheit vom himmlischen Heiligtum auch die Anerkennung der Ansprüche des Gesetzes Gottes und die Beachtung des Sabbats vom vierten Gebot. Hier lag das Geheimnis des vehementen und entschlossenen Widerstands gegen die eindeutige Offenlegung der Schrift, die den Dienst Christi im himmlischen Heiligtum zeigt. Menschen versuchten, die Tür zu verschließen, die Gott geöffnet hatte, und die Tür zu öffnen, die Gott geschlossen hatte. Aber »der auftut, und niemand schließt zu, der zuschließt, und niemand tut auf« hatte gesagt: »Siehe, ich habe vor dir eine Tür aufgetan, und niemand kann sie zuschließen.« (Offenbarung 3,7.8) Christus hatte die Tür zum Allerheiligsten geöffnet, d. h. den Dienst dort aufgenommen. Licht fiel durch die offene Tür des himmlischen Heiligtums, und das vierte Gebot erschien als Teil des Gesetzes, das dort aufbewahrt wurde. Gott hatte es eingesetzt und niemand konnte es zu Fall bringen.

GOTT IST DER SCHÖPFER

Diejenigen, die das Licht des Mittlerdienstes Christi und die ewige Gültigkeit des göttlichen Gesetzes erkannt hatten, fanden heraus, dass diese Wahrheiten in Offenbarung 14 bestätigt wurden. Die Botschaft dieses Kapitels enthält eine dreifache Warnung[63], durch welche die Bewohner der Erde auf die Wiederkunft des Herrn vorbereitet werden sollen. Die Ankündigung »Die Stunde seines Gerichts ist gekommen« (V. 7) weist auf das Abschlusswerk im Dienst Christi hin, auf die Erlösung der Menschen. Sie läutet die Verkündigung der Wahrheit ein, die verbreitet werden soll, bis Jesus seine Vermittlung beendet und zur Erde zurückkehrt, um sein Volk zu sich zu holen. Das Gericht, das 1844 seinen Anfang nahm, muss so lange weitergehen, bis alle Fälle von Verstorbenen und Lebenden entschieden sind, und es währt daher bis zum Ende der Gnadenzeit. Damit die Menschen vorbereitet sind, in diesem Gericht zu bestehen, fordert sie die Botschaft auf: »Fürchtet Gott und gebt ihm die Ehre ... und betet an den, der gemacht hat Himmel und Erde und Meer und die Wasserquellen.« (V. 7) Ob jemand die Botschaft angenommen hat oder nicht, kann an folgenden Worten beurteilt werden: »Hier sind, die da halten die Gebote Gottes und den Glauben an Jesus.« (V. 12) Um sich auf das Gericht vorzubereiten, müssen die Menschen Gottes Gesetz beachten. Dieses Gesetz wird im Gericht das Maß für die Beurteilung des Charakters sein. Der Apostel Paulus erklärt: »Die unter dem Gesetz gesündigt haben, werden durchs Gesetz verurteilt werden ... an dem Tag, an dem Gott das Verborgene der Menschen durch Christus Jesus richten wird.« (Römer 2,12.16) Weiter sagt er: »Die das Gesetz tun, werden gerecht

---

63 Siehe Glossar »Dreifache Engelsbotschaft«, S. 656.

sein.« (Römer 2,13) Glaube ist notwendig, um das göttliche Gesetz halten zu können; denn »ohne Glauben ist's unmöglich, Gott zu gefallen« (Hebräer 11,6). »Was aber nicht aus dem Glauben kommt, das ist Sünde.« (Römer 14,23)

»Fürchtet Gott und gebt ihm die Ehre« (Offenbarung 14,7), rief der erste Engel und forderte die Menschen auf, Gott als den Schöpfer des Himmels und der Erde zu ehren. Um das zu tun, müssen sie sein Gesetz halten. Salomo sagte: »Fürchte Gott und halte seine Gebote; denn das gilt für alle Menschen.« (Prediger 12,13) Wenn die Menschen Gottes Gebote nicht halten, findet Gott keinen Gefallen an ihrem Gottesdienst. »Das ist die Liebe zu Gott, dass wir seine Gebote halten.« (1. Johannes 5,3) »Wer sein Ohr abwendet, um die Weisung nicht zu hören, dessen Gebet ist ein Gräuel.« (Sprüche 28,9)

Die Verpflichtung, Gott anzubeten, beruht auf der Tatsache, dass er der Schöpfer ist und dass ihm alle Geschöpfe ihre Existenz verdanken. Wo immer die Bibel gebietet, ihn zu ehren und anzubeten, weil er über allen Göttern der Heiden steht, wird als Grund seine Schöpfermacht genannt. »Denn alle Götter der Völker sind Götzen; aber der Herr hat den Himmel gemacht.« (Psalm 96,5) »Mit wem wollt ihr mich also vergleichen, dem ich gleich sei? spricht der Heilige. Hebt eure Augen in die Höhe und seht! Wer hat dies geschaffen?« (Jesaja 40,25.26) »Denn so spricht der Herr, der den Himmel geschaffen hat. ... Ich bin der Herr, und sonst keiner mehr.« (Jesaja 45,18) Der Psalmist sagt: »Erkennet, dass der Herr Gott ist! Er hat uns gemacht und nicht wir selbst zu seinem Volk und zu Schafen seiner Weide.« (Psalm 100,3) »Kommt, lasst uns anbeten ... und niederfallen vor dem Herrn, der uns gemacht hat.« (Psalm 95,6) Und die heiligen Wesen, die Gott im Himmel anbeten, sagen, warum ihm ihre Ehrfurcht gilt: »Herr, unser Gott, du bist würdig, zu nehmen Preis und Ehre und Kraft; denn du hast alle Dinge geschaffen.« (Offenbarung 4,11)

In Offenbarung 14 werden die Menschen aufgefordert, den Schöpfer anzubeten, und in der Prophezeiung wird auf eine Gruppe von Menschen hingewiesen, die aufgrund der dreifachen Engelsbotschaft die Gebote Gottes halten. Eines dieser Gebote bezeichnet Gott direkt als Schöpfer. »Aber am siebenten Tage ist der Sabbat des Herrn, deines Gottes ... Denn in sechs Tagen hat der Herr Himmel und Erde gemacht und das Meer und alles, was darinnen ist, und ruhte am siebenten Tage. Darum segnete der Herr den Sabbattag und heiligte ihn.« (2. Mose 20,10.11) Vom Sabbat sagte der Herr, dass er »ein Zeichen« sei, »damit ihr wisst, dass ich, der Herr, euer Gott bin« (Hesekiel 20,20). Der Grund dazu lautet: »Denn in sechs Tagen machte der Herr Himmel und Erde, aber am siebenten Tage ruhte er und erquickte sich.« (2. Mose 31,17)

AN DEN SCHÖPFER DENKEN

»Die Bedeutung des Sabbats als Erinnerung an die Schöpfung liegt darin, dass er uns stets den wahren Grund vor Augen hält, warum Gott die Anbetung gebührt« – er ist der Schöpfer und wir seine Geschöpfe.»Der Sabbat bildet die eigentliche Grundlage aller Gottesdienste, denn er lehrt diese große Wahrheit so eindrücklich wie keine andere Einrichtung. Der wahre Grund der Gottesanbetung, nicht nur am siebten Tag, liegt im Unterschied zwischen dem Schöpfer und seinen Geschöpfen. Die eindrucksvolle Realität ist nie überholt und darf nie vergessen werden.« (AHS, XXVII) Um diese Wahrheit dem Menschen stets in Erinnerung zu bringen, hat Gott den Sabbat bereits in Eden eingesetzt. Solange die Tatsache, dass er unser Schöpfer ist, ein Grund zu seiner Anbetung bleibt, solange wird auch der Sabbat sein Zeichen zum Gedächtnis sein. Wäre der Sabbat überall gehalten worden, und hätten die Menschen ihre Gedanken und Neigungen stets in Ehrfurcht und Anbetung auf ihren Schöpfer gelenkt, hätte es nie einen Götzendiener, Atheisten oder Ungläubigen gegeben. Die Heiligung des Sabbats ist ein Zeichen der Treue gegenüber dem wahren Gott,»der den Himmel, die Erde, das Meer und die Quellen geschaffen hat« (Offenbarung 14,7 GNB). Daraus ergibt sich, dass die Botschaft, die dem Menschen gebietet, Gott anzubeten und seine Gebote zu halten, ihn ganz besonders dazu auffordert, das vierte Gebot zu befolgen.

Im Gegensatz zu denen, welche die Gebote Gottes halten und den Glauben Jesu haben, weist der dritte Engel auf eine andere Gruppe hin, gegen deren Irrtümer eine ernste und schreckliche Warnung ausgesprochen wird: »Wenn jemand das Tier anbetet und sein Bild und nimmt das Zeichen an seine Stirn oder an seine Hand, der wird von dem Wein des Zornes Gottes trinken.« (Offenbarung 14,9.10) Eine richtige Auslegung der benutzten Symbole ist notwendig, um diese Botschaft zu verstehen. Was ist das Tier, das Bild und das Malzeichen?

Die Serie der Prophezeiungen mit diesen Symbolen beginnt in Offenbarung 12 mit dem Drachen, der Christus bei dessen Geburt umbringen will. Vom Drachen wird gesagt, dass er Satan darstellt (Offenbarung 12,9). Er war es, der Herodes drängte, den Erlöser zu töten. Doch das wichtigste Werkzeug Satans im Krieg gegen Christus und sein Volk während der ersten Jahrhunderte christlicher Zeit war das Römische

Reich mit seiner vorwiegend heidnischen Religion. Während der Drache primär Satan darstellt, ist er andererseits auch ein Sinnbild für das heidnische Rom.

In Offenbarung 13,1-10 wird ein anderes Tier beschrieben, »gleich einem Panther«, dem der Drache »seine Kraft und seinen Stuhl und große Macht« gab. Wie die meisten Protestanten geglaubt haben, symbolisiert dieses Bild das Papsttum, dessen Macht, Sitz und Autorität einst das alte Römische Reich innehatte. »Und es wurde ihm ein Maul gegeben, zu reden große Dinge und Lästerungen. ... Und es tat sein Maul auf zur Lästerung gegen Gott, zu lästern seinen Namen und sein Haus und die im Himmel wohnen. Und ihm wurde Macht gegeben, zu kämpfen mit den Heiligen und sie zu überwinden; und ihm wurde Macht gegeben über alle Stämme und Völker und Sprachen und Nationen.« (Offenbarung 13,5-7) Diese Vorhersage, die fast identisch ist mit der Beschreibung des kleinen Horns von Daniel 7, weist zweifellos auf das Papsttum hin.

»Und ihm wurde Macht gegeben, es zu tun 42 Monate lang.« Der Prophet sagt ferner: »Und ich sah eines seiner Häupter, als wäre es tödlich verwundet.« Und weiter berichtet er: »Wenn jemand ins Gefängnis soll, dann wird er ins Gefängnis kommen; wenn jemand mit dem Schwert getötet werden soll, dann wird er mit dem Schwert getötet werden.« (Offenbarung 13,5.3.10) Die 42 Monate bezeichnen die gleiche Zeitperiode wie »eine Zeit und zwei Zeiten und eine halbe Zeit« (dreieinhalb Jahre; Daniel 7,25; 12,7; Offenbarung 12,14) oder die 1260 Tage (Offenbarung 11,3; 12,6). Diese

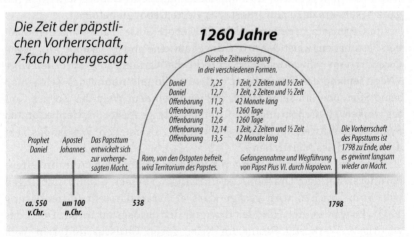

Siebenmal und auf drei verschlüsselte Arten sagten die beiden apokalyptischen Propheten Daniel und Johannes 1260 dunkle Jahre der Kirchengeschichte voraus.

Periode begann 538 mit der päpstlichen Vorherrschaft und endete 1798. In diesem Jahr wurde der Papst durch die französische Armee gefangen genommen, das Papsttum erhielt eine tödliche Wunde und die Weissagung wurde erfüllt:»Wenn jemand in Gefangenschaft führt, so geht er [selbst] in die Gefangenschaft.« (Offenbarung 13,10 Schl.)

DAS LAND DER GLAUBENSFREIHEIT

An dieser Stelle wird ein neues Bild vorgestellt. Der Prophet sagt:»Ich sah ein zweites Tier aufsteigen aus der Erde; das hatte zwei Hörner wie ein Lamm.« (Offenbarung 13,11) Das Aussehen dieses Tieres sowie die Art und Weise seines Auftretens zeigen, dass es eine Nation ist, die anders ist als die, die durch die vorhergehenden Symbole dargestellt wurden. Die großen Königreiche, welche die Welt regierten, wurden dem Propheten Daniel als Raubtiere gezeigt. Diese erhoben sich, und »die vier Winde unter dem Himmel wühlten das große Meer auf« (Daniel 7,2). In Offenbarung 17 erklärt ein Engel, dass die Wasser »Völker und Scharen und Nationen und Sprachen« sind (Offenbarung 17,15). Winde sind ein Symbol für Kriege. Die vier Winde, die das große Meer aufwühlen, stellen Eroberungen und Umwälzungen dar, durch welche Königreiche zu Macht kamen.

Aber das Tier mit den lammähnlichen Hörnern sah der Prophet »aufsteigen aus der Erde« (Offenbarung 13,11). Statt andere Mächte zu erobern und deren Stelle einzunehmen, musste diese neue Nation in einem bisher unbewohnten Gebiet auftreten und sich allmählich und friedlich zu einer Großmacht entwickeln. Es konnte sich nicht unter den eng beieinander lebenden und miteinander kämpfenden Völkern der Alten Welt entwickeln, in jenem unruhigen Meer der »Völker und Scharen und Nationen und Sprachen« (Offenbarung 17,15). Es muss auf dem westlichen Teil der Erde gesucht werden.

Welche Nation der Neuen Welt begann nach 1798 mächtig zu werden, Größe und Stärke zu verheißen und die Aufmerksamkeit der Welt auf sich zu ziehen? Bei der Deutung dieses Sinnbildes gibt es keinen Zweifel. Eine einzige Nation entspricht der Beschreibung dieser Prophezeiung, sie weist eindeutig auf die Vereinigten Staaten von Amerika hin. Immer wieder ist von Rednern und Geschichtsschreibern der genaue Wortlaut des Propheten unbewusst verwendet worden, wenn der Aufstieg und das Wachstum dieses Staates erörtert wurden. Das Tier sah man »aufsteigen aus der Erde«. Philologen sagen, dass das Wort, das hier mit »aufsteigen« wiedergegeben wird, die Bedeutung von »aufsprießen oder aufwachsen wie eine Pflanze« hat.

Wie wir gesehen haben, muss diese Nation in einem bisher unbesiedelten Gebiet entstehen. Ein bedeutender Schriftsteller, der über die Entstehung der Vereinigten Staaten schreibt, spricht vom »Geheimnis ihres Erscheinens aus der Leere« und sagt: »Wie ein stiller Same wuchsen wir zu einem Reich heran.« (TNW, 462) Eine europäische Zeitung berichtete 1850 über die Vereinigten Staaten als einem wunderbaren Reich, das »hervorbrach und unter dem Schweigen der Erde täglich seine Macht und seinen Stolz vermehrte« (DN). In einer Rede über die Pilgerväter dieser Nation sagte Edward Everett: »Sie suchten nach einem abgelegenen Ort, geschützt durch seine Verborgenheit und sicher durch seine Abgeschiedenheit, wo die kleine Gemeinde aus Leiden sich der Gewissensfreiheit erfreuen konnte. Seht die ausgedehnten Gebiete, über die sie in friedlicher Eroberung ... die Fahnen des Kreuzes getragen haben!« (ESP, 22. Dezember 1824, 11)

»Und ... hatte zwei Hörner wie ein Lamm.« (Offenbarung 13,11) Die lammähnlichen Hörner weisen auf Jugend, Unschuld und Sanftmut hin, was treffend den Charakter der Vereinigten Staaten schildert, als sie der Prophet 1798 »aufsteigen« sah. Unter den christlichen Auswanderern, die als Erste in Amerika Zuflucht vor der Verfolgung durch Landesherren und ein unduldsames Priestertum fanden, gab es viele, die entschlossen waren, eine Regierung auf einer breiten Grundlage bürgerlicher und religiöser Freiheit aufzubauen. Ihre Ansichten wurden in die Unabhängigkeitserklärung hineingeschrieben, in der die große Wahrheit enthalten ist, dass »alle Menschen gleich geboren« und mit unveräußerlichem Recht auf »Leben, Freiheit und Streben nach Glück« ausgestattet sind. Die Verfassung garantiert dem Volk das Recht auf Selbstverwaltung und schreibt zwingend vor, dass die Vertreter, die das Volk wählt, die Gesetze in Kraft setzen und zur Durchführung bringen sollen. Auch Glaubensfreiheit wurde gewährleistet, und jedermann konnte Gott frei nach seinem Gewissen anbeten. Republikanische Gesinnung und Protestantismus wurden die grundlegenden Prinzipien der Nation. Sie sind das Geheimnis ihrer Macht und ihres Wohlstands. Unterdrückte und Geschundene der ganzen Christenheit kamen voller Erwartung und Hoffnung in dieses Land. Millionen haben seine Ufer gesucht, und die Vereinigten Staaten sind zu einer der mächtigsten Nationen der Erde aufgestiegen.

AMERIKANISCHE UNDULDSAMKEIT?

Aber das Tier mit den Hörnern gleichwie ein Lamm »redete wie ein Drache. Und es übt alle Macht des ersten Tieres aus vor seinen Augen, und es macht, dass die Erde und die darauf wohnen, das erste Tier anbeten, dessen tödliche Wunde heil geworden war ... und sagt denen, die auf Erden wohnen, dass sie ein Bild machen sollen dem Tier, das die Wunde vom Schwert hatte und lebendig geworden war« (Offenbarung 13,11-14).

Die lammähnlichen Hörner und die Drachenstimme des Tieres weisen auf einen auffallenden Gegensatz zwischen Worten und Taten dieser Nation hin. Die »Sprache des Drachens« sind die Handlungen ihrer Legislative und ihres Gerichtswesens. Ihre Taten strafen die freiheitlichen und friedlichen Grundsätze Lügen, die sie in ihrer Verfassung festgelegt haben. Die Voraussage, dass es »wie ein Drache« redet und »alle Macht des ersten Tieres« ausüben wird, sagt einen Geist der Unduldsamkeit und Verfolgung voraus, was bei den Nationen erkennbar ist, die durch den Drachen und das pantherähnliche Tier repräsentiert werden. Die Aussage, dass das Tier mit den zwei Hörnern bewirkt, »dass die Erde und die darauf wohnen das erste Tier anbeten«, deutet darauf hin, dass diese Nation ihre Macht einsetzen wird, um eine Forderung durchzusetzen, die dem Papsttum Ehre erweisen wird.

Ein solches Handeln würde den Grundsätzen dieser Regierung völlig widersprechen, dem Geist ihrer freien Einrichtungen, dem feierlichen Bekenntnis der Unabhängigkeitserklärung und der Verfassung. Die Gründerväter versuchten in Weisheit der Benutzung weltlicher Macht durch die Kirche mit ihren unausweichlichen Folgen von Unduldsamkeit und Verfolgung vorzubeugen. Die Verfassung schreibt vor: »Der Kongress soll kein Gesetz zur Einführung von Religion oder auch gegen ihre freie Ausübung erlassen«; auch soll die »religiöse Haltung niemals als Befähigung zu irgendeiner öffentlichen Vertrauensstellung in den Vereinigten Staaten zur Bedingung gemacht werden«. Erst wenn diese Schutzeinrichtungen der nationalen Freiheit offenkundig verletzt werden, können die Staatsbehörden einen religiösen Gehorsam erzwingen. Der innere Widerspruch eines solchen Vorgehens entspricht ziemlich genau der symbolischen Darstellung in der Bibel. Sie zeigt das Tier mit den lammähnlichen Hörnern, das sich zwar rein, mild und harmlos zeigt, aber wie ein Drache redet.

»Und sagt denen, die auf Erden wohnen, dass sie ein Bild machen sollen dem Tier.« (Offenbarung 13,14) Hier wird deutlich eine Regierungsform angesprochen, bei der die gesetzgebende Macht in den Händen des Volkes liegt, ein treffender Beweis, dass mit dieser Prophezeiung die Vereinigten Staaten gemeint sind.

Was ist aber »das Bild des Tieres«, und wie entsteht es? Das Bild wird von dem zweihörnigen Tier gemacht und ist ein Bild für das erste Tier. Es wird auch das Bild des Tiers genannt. Wenn wir erfahren wollen, was das Bild wirklich ist und wie es errichtet wird, müssen wir die Merkmale des Tieres – des Papsttums – ergründen.

ABFALL, EINHEITSSTREBEN UND GEWALT

Als die erste Gemeinde von der Einfachheit des Evangeliums abwich und heidnische Bräuche und Gewohnheiten annahm, verlor sie den Geist und die Kraft Gottes. Um die Gewissen der Menschen zu überwachen, suchte sie die Unterstützung der Staatsgewalt. Als Folge davon entstand das Papsttum, eine Kirche, die die Staatsgewalt kontrollierte und sie zur Durchsetzung ihrer eigenen Absichten einsetzte, besonders zur Bestrafung der »Ketzerei«. Damit die Vereinigten Staaten »ein Bild von dem Tier« machen können, müssen die religiösen Kräfte die Zivilregierung so beherrschen, dass der Staat zur Durchsetzung kirchlicher Ziele eingesetzt werden kann.

Wann immer die Kirche staatliche Macht erhielt, setzte sie diese ein, um Menschen zu bestrafen, die von ihrer Lehre abwichen. Protestantische Kirchen, die in den Fußstapfen Roms gingen und sich mit weltlichen Mächten verbanden, zeigten ein ähnliches Verlangen nach Einschränkung der Gewissensfreiheit. Ein Beispiel dazu bieten die andauernden Verfolgungen von Andersdenkenden durch die anglikanische Kirche. Im 16. und 17. Jahrhundert wurden Tausende von andersdenkenden Predigern gezwungen, ihre Gemeinden zu verlassen. Pastoren und Gemeindeglieder mussten Geldstrafen zahlen, wurden eingekerkert, gefoltert und starben als Märtyrer.

Es war der Abfall, der die frühe Kirche dazu veranlasste, die Hilfe des Staates zu suchen, und dies bereitete den Weg für die Entwicklung des Papsttums (des Tiers). Paulus sagte: »Zuvor muss der Abfall kommen und der Mensch der Bosheit offenbart werden.« (2. Thessalonicher 2,3) Der Abfall in der Kirche bereitet demnach dem Bild des Tiers den Weg.

Die Bibel sagt einen religiösen Verfall voraus, der vor der Wiederkunft Christi stattfinden und dem des ersten Jahrhunderts ähnlich sein wird. »In der letzten Zeit vor dem Ende der Welt stehen uns schlimme Zustände bevor. Die Menschen werden selbstsüchtig, geldgierig, prahlerisch und eingebildet sein. Sie werden Gott lästern, ihren Eltern nicht gehorchen und vor nichts mehr Ehrfurcht haben. Sie sind undankbar, lieblos und unversöhnlich, verleumderisch, unbeherrscht und gewalttätig, sie hassen das Gute, sind untreu und unzuverlässig und aufgeblasen vor Überheblichkeit. Sie kümmern sich nicht um das, was Gott Freude macht, sondern suchen nur, was ihre eigene Lust vermehrt. Sie geben sich zwar den Anschein der Frömmigkeit, aber von der wahren Lehre, von der Kraft, aus der echte Frömmigkeit lebt, wollen sie nichts wissen.« (2. Timotheus 3,1-5 GNB) »Der Geist aber sagt deutlich, dass in den letzten Zeiten einige von dem Glauben abfallen werden und verführerischen Geistern und teuflischen Lehren anhängen.« (1. Timotheus 4,1) Satan wird »mit großer Kraft und lügenhaften Zeichen und Wundern und mit jeglicher Verführung zur Ungerechtigkeit« wirken. Und alle, welche »die Liebe zur Wahrheit nicht angenommen haben, dass sie gerettet würden«, werden sich selbst überlassen und »kräftige Irrtümer« annehmen, »sodass sie der Lüge glauben« (2. Thessalonicher 2,9-11). Wenn dieser Zustand der Gottlosigkeit erreicht sein wird, werden die Ergebnisse wie in den ersten Jahrhunderten folgen.

Die großen Glaubensunterschiede unter den protestantischen Kirchen sind für viele ein entscheidender Beweis dafür, dass niemand versuchen wird, eine Einheitlichkeit zu erzwingen. Und doch herrscht unter den Kirchen seit Jahrzehnten eine immer stärker werdende Neigung, die Einheit aufgrund von gemeinsamen Glaubenslehren zu suchen. Um eine solche Einheit zu erreichen, muss die Erörterung kontroverser Themen ausgeklammert werden, wie wichtig diese vom biblischen Standpunkt aus auch sein mögen.

Charles Beecher, ein hervorragender amerikanischer Prediger, erklärte 1846 in einer Predigt: »Die Geistlichkeit der evangelisch-protestantischen Gemeinschaften steht nicht nur von Anfang an unter einem gewaltigen Druck rein menschlicher Furcht, sie lebt, bewegt und atmet auch in einem radikal verdorbenen Zustand. Zu jeder Stunde appelliert sie an alle niedrigeren Elemente ihrer Natur, um die Wahrheit zum Schweigen zu bringen und die Knie vor einer abgefallenen Macht zu beugen. Ging es nicht so mit Rom? Erleben wir jetzt nicht noch einmal das Gleiche? Was sehen wir gerade vor uns? Ein weiteres allgemeines Konzil! Eine Weltversammlung! Eine evangelische Allianz und ein universales Glaubensbekenntnis!« (BBSC) Wenn dieses Ziel erst einmal erreicht sein wird, dann wird es beim Bemühen um vollständige Einheit schnell auch zu Gewaltanwendung kommen.

Wenn sich die führenden Kirchen der Vereinigten Staaten in den Lehrpunkten, die sie ohnehin gemeinsam haben, zusammenschließen, werden sie den Staat so beeinflussen, dass er ihre Verordnungen durchsetzt und ihre Einrichtungen unterstützt. Dann wird das protestantische Amerika ein Bild der römischen Hierarchie errichtet haben, und die Verhängung von Strafen über Andersgläubige wird unausweichlich folgen.

Das Tier mit zwei Hörnern »macht [befiehlt], dass sie allesamt, die Kleinen und Großen, die Reichen und Armen, die Freien und Sklaven, sich ein Zeichen machen an ihre rechte Hand oder an ihre Stirn und dass niemand kaufen oder verkaufen kann, wenn er nicht das Zeichen hat, nämlich den Namen des Tieres oder die Zahl seines Namens« (Offenbarung 13,16.17). Die Warnung des dritten Engels lautet: »Wenn jemand das Tier anbetet und sein Bild und nimmt das Zeichen an seine Stirn oder an seine Hand, der wird von dem Wein des Zornes Gottes trinken.« (Offenbarung 14,9.10) Das »Tier«, das in dieser Botschaft erwähnt und dessen Anbetung durch das zweihörnige Tier erzwungen wird, ist das erste, pantherähnliche Tier aus Offenbarung 13, das Papsttum. Das »Bild des Tieres« stellt die Form des abgefallenen Protestantismus dar, die entstehen wird, sobald die protestantischen Kirchen zur Durchsetzung ihrer Lehren beim Staat Hilfe suchen. Nun muss noch das »Malzeichen des Tieres« beschrieben werden.

DER SABBAT: EIN ZEICHEN DER ZUGEHÖRIGKEIT ZU GOTT

Nach der Warnung vor der Anbetung des Tiers und seines Bildes erklärt die Prophetie weiter: »Hier sind, die da halten die Gebote Gottes und den Glauben an Jesus!« (Offenbarung 14,12) Da Menschen, die Gottes Gebote halten und solche, die das Tier anbeten und sein Malzeichen annehmen, in Gegensatz zueinander gebracht werden, kann daraus gefolgert werden, dass die Einhaltung von Gottes Gesetz einerseits und dessen Übertretung anderseits den Unterschied zwischen Anbetern Gottes und Anbetern des Tieres ausmacht.

Das besondere Merkmal des Tiers und folglich auch das seines Bildes ist die Übertretung der Gebote Gottes. Daniel sagte von dem kleinen Horn, dem Papsttum: »Er wird ... sich unterstehen, Festzeiten und Gesetz zu ändern.« (Daniel 7,25) Und Paulus nannte dieselbe Macht den »Menschen der Bosheit« (2. Thessalonicher 2,3), der sich über Gott erheben würde. Eine Weissagung ergänzt die andere. Das Papsttum konnte sich nur deshalb über Gott erheben, weil es das Gesetz änderte. Wer wissentlich das so veränderte Gesetz hält, gibt durch sein Verhalten jener Macht die höchste Ehre, die es verändert hat. Ein solcher Gehorsam gegenüber den päpstlichen Gesetzen würde ein Zeichen der Treue zum Papst statt zu Gott sein.

Das Papsttum hat den Versuch unternommen, das Gesetz Gottes zu ändern. Das zweite Gebot, das die Anbetung von Bildern verbietet, wurde aus dem Gesetz entfernt, und das vierte wurde so verändert, dass der erste Wochentag anstelle des siebenten zum Ruhetag gemacht wurde. Doch die Vertreter des Papsttums argumentieren, ein Grund, das zweite Gebot wegzulassen, sei der, dass es im ersten enthalten und deshalb überflüssig sei, und dass sie das Gesetz genau so formuliert hätten, wie es Gott verstanden haben wollte. Dies könne nicht die Veränderung sein, die vom Propheten vorhergesagt wurde. Der Prophet spricht von einer absichtlichen und überlegten Veränderung: »Er wird ... sich unterstehen, Festzeiten und Gesetz zu ändern.« Die Änderung des vierten Gebotes entspricht genau den Angaben der Prophezeiung. Als einzige Autorität hierfür steht die Kirche. Dadurch setzt sich die päpstliche Macht offen über Gott.

Die Menschen, die Gott anbeten, zeichnen sich durch die Beachtung des vierten Gebotes aus. Das Sabbatgebot ist ein Zeichen für Gottes Schöpfermacht und bezeugt sein Anrecht auf die Ehrerbietung und Verehrung der Menschen. Demgegenüber werden sich die Anbeter des Tieres dadurch auszeichnen, dass sie sich bemühen, das Denkmal des Schöpfers niederzureißen und Rom zu erheben. Wegen des Sonntags[64] machte das Papsttum erstmals seine anmaßenden Ansprüche geltend und bediente sich zum ersten Mal der Macht des Staates, um die Feier dieses Tages als »Tag des Herrn« zu erzwingen. Doch die Bibel nennt den siebenten Tag »Tag des Herrn«, nicht den ersten. Christus sagte: »So ist der Sohn des Menschen Herr auch des Sabbats.« (Markus 2,28 Elb.) Das vierte Gebot erklärt: »Am siebenten Tage ist der Sabbat des Herrn, deines Gottes.« (2. Mose 20,10) Und durch den Propheten Jesaja spricht Gott von »meinem heiligen Tage« (Jesaja 58,13).

Die so oft wiederholte Behauptung, dass Christus den Sabbat verändert habe, wird durch seine eigenen Worte widerlegt. In der Bergpredigt sagte er: »Denkt nicht, ich sei gekommen, um das Gesetz und die Weisungen der Propheten außer Kraft zu setzen. Ich bin nicht gekommen, um sie außer Kraft zu setzen, sondern um sie zu erfüllen und ihnen volle Geltung zu verschaffen. Ich versichere euch: Solange Himmel und Erde bestehen, wird kein i-Punkt und kein Komma im Gesetz gestrichen. Das ganze Gesetz muss erfüllt werden. Wer also ein noch so unbedeutendes Gebot für ungültig erklärt und die Menschen in diesem Sinne lehrt, wird in der neuen Welt Gottes den letzten Platz einnehmen. Wer es aber befolgt und andere dazu anhält, wird in der neuen Welt Gottes hoch geachtet sein.« (Matthäus 5,17-19 GNB)

Die Protestanten geben allgemein zu, dass die Schrift niemandem die Berechtigung gibt, den Sabbat zu verändern. Dies kann in verschiedensten Veröffentlichungen nachgelesen werden. So rechnet das Augsburger Bekenntnis den Sonntag zu den menschlichen Satzungen, »um guter Ord-

---

64 Siehe Glossar »Sonntagsgebot und Rom«, S. 679.

nung, Einigkeit und des Friedens willen erfunden« (CA, Artikel 15). Ein bedeutender deutscher Theologe erklärt, dass wir den Sonntag nicht aus »dem Neuen Testament, sondern aus der kirchlichen Überlieferung« haben. Ja, er behauptet: »Dass Christus oder seine Apostel ... den Sonntag und die Feiertage verordnet [hätten], lässt sich nicht nur nicht erweisen, sondern es lässt sich sogar das Gegenteil zu aller nach Lage der Zeugnisse denkbaren Evidenz bringen.« (BA, 52/53) Dies wird auch eindeutig in Publikationen der amerikanischen Traktatgesellschaft und der amerikanischen Sonntagsschulunion bestätigt. Eines dieser Werke erklärt deutlich, dass sich das Neue Testament über ein neues Sabbatgebot (gemeint ist der erste Wochentag, der Sonntag) völlig ausschweigt. Auch gebe es keine Vorschriften über dessen Beachtung (EAS, 184).

Ein anderer Autor schreibt: »Bis zum Tode Christi wurde keine Veränderung des Tages vorgenommen« und »soweit der Bericht zeigt, gaben sie [die Apostel] keinen ausdrücklichen Befehl zur Aufhebung des Siebenten-Tag-Sabbats und zu dessen Feier am ersten Wochentag« (WLD, 186).

Die Katholiken anerkennen, dass die Veränderung des Sabbats durch ihre Kirche geschehen ist, und erklären, dass Protestanten durch die Beachtung des Sonntags ihre Macht anerkennen. Der »Catholic Catechism of Christian Religion« beantwortet die Frage, welchen Tag man nach dem vierten Gebot halten solle, wie folgt: »Unter dem alten Gesetz war der Samstag der geheiligte Tag; aber die Kirche, angewiesen durch Jesus Christus und geleitet von dem Geist Gottes, hat den Sonntag an die Stelle des Sabbats gesetzt, sodass wir nun den ersten, nicht aber den siebenten Tag, heiligen. Sonntag bedeutet und ist jetzt der Tag des Herrn.«

Katholische Autoren nennen als Zeichen der Autorität der Kirche »die Verlegung des Sabbats auf den Sonntag, der auch die Protestanten gefolgt sind ... da sie durch die Sonntagsheiligung die Macht der Kirche anerkennen, Feste einzusetzen und deren Übertretung als Sünde zu bezeichnen« (TACD, 58). Was ist daher die Veränderung des Sabbats anderes als ein ausgeprägtes Zeichen der Autorität der römischen Kirche – »das Malzeichen des Tieres« (Offenbarung 16,2)?

DER SONNTAG WIRD ZUM MALZEICHEN DES TIERES

Die römische Kirche hat ihren umfassenden Machtanspruch nie aufgegeben, und wenn die Welt und die protestantischen Kirchen einen »Sabbat« katholischer Prägung akzeptieren und den biblischen Sabbat verwerfen, stimmen sie dieser Anmaßung praktisch zu. Für diese Veränderung mögen sie sich auf die Autorität der Tradition und der Kirchenväter berufen. Doch indem sie das tun, übergehen sie ausgerechnet jenen Grundsatz, der sie von Rom trennt und der betont, dass die Bibel und die Bibel allein die Grundlage des Protestantismus ist. Die Anhänger des Papsttums können erkennen, dass die Protestanten sich selbst betrügen und willentlich ihre Augen vor den Tatsachen verschließen. Solange die Bewegung zur Durchsetzung der Sonntagsruhe an Boden gewinnt, werden sie sich aber freuen und sich in ihrer Gewissheit bestärkt fühlen, dass letztlich die ganze protestantische Welt unter das Banner Roms gelangen wird.

Anhänger Roms behaupten, dass »die Protestanten durch ihre Sonntagsheiligung der Autorität der [katholischen] Kirche entgegen ihrem eigenen Willen Ehrerbietung erweisen« (SPTP, 213). Die Durchsetzung der Sonntagsfeier durch die protestantischen Kirchen fördert die Anerkennung der päpstlichen Macht – des Tieres. Wer die Ansprüche des vierten Gebots versteht und trotzdem den falschen Sabbat anstelle des wahren wählt, gibt jener Macht die Ehre, die aus eigener Autorität den falschen Sabbat befohlen hat. Wenn die Kirchen für die Durchsetzung einer religiösen Pflicht den Staat zu Hilfe nähmen, würden sie selbst das Bild des Tiers schaffen. Die allgemeine Verpflichtung zur Sonntagsfeier in den Vereinigten Staaten würde auf diese Weise zu einem Zwang werden, das Tier und sein Bild anzubeten.

Doch es gab Christen früherer Generationen, die den Sonntag feierten und glaubten, dadurch den biblischen Sabbat zu halten. Bis heute gibt es wahre Christen in jeder Kirche, auch in der römisch-katholischen, die aufrichtig glauben, dass der Sonntag der von Gott verordnete Ruhetag sei. Gott nimmt ihre ehrliche Absicht und ihre dadurch gezeigte Rechtschaffenheit an. Doch wenn die Sonntagsruhe gesetzlich angeordnet und gleichzeitig die Welt über die Verpflichtungen des wahren Sabbats erleuchtet wird, ehrt jeder, der Gottes Gebot übertritt, um einer Vorschrift zu gehorchen, die keine höhere Autorität kennt als diejenige Roms, das Papsttum mehr als Gott. Er verehrt das Tier und sein Bild. Wenn Menschen eine Einrichtung verwerfen, von der Gott gesagt hat, sie sei der Beweis seiner Autorität, und an dessen Stelle das ehren, was Rom als Hinweis auf seine Oberherrschaft betrachtet, nehmen sie damit das Zeichen der Treue zu Rom an, »das Malzeichen des Tieres«. Wenn diese Angelegenheit den Menschen deutlich vor Augen geführt wird und sie zwischen den Geboten Gottes und Geboten von Menschen wählen müssen, dann werden diejenigen, die an ihrer Übertretung festhalten, »das Malzeichen des Tiers« erhalten.

Die schrecklichste Drohung, die je an Sterbliche gerichtet worden ist, wird in der dritten Engelsbotschaft ausgesprochen. Eine Sünde, die gnadenlos den Zorn Gottes hervorruft, muss furchtbar sein. Die Menschen werden über diese wichtige Angelegenheit nicht im Dunkeln gelassen. Der Welt muss diese Warnung verkündigt werden, bevor Gottes Gerichte über sie hereinbrechen, damit jeder weiß, warum er bestraft werden könnte und die Möglichkeit hat, dieser Strafe zu entkommen. Das prophetische Wort sagt, dass der erste Engel seine Botschaft »allen Nationen und Stämmen und Sprachen und Völkern« (Offenbarung 14,6) verkündigt. Die Warnung des dritten Engels, die auch ein Teil dieser dreifachen Engelsbotschaft ist, soll nicht weniger weit verbreitet werden. Die Prophezeiung spricht von der lauten Stimme eines Engels, der durch den Himmel fliegt und die Aufmerksamkeit der Welt auf sich lenkt.

Am Ende dieses Kampfs wird die Christenheit in zwei Lager aufgeteilt sein: in eines, das die Gebote Gottes beachtet und am Glauben Jesu festhält, und eines, das dem Tier und seinem Bild huldigt und sein Malzeichen annimmt. Obwohl sich Kirche und Staat vereinigen werden und »die Kleinen und Großen, die Reichen und Armen, die Freien und Sklaven« gezwungen werden (Offenbarung 13,16), »das Zeichen des Tieres« anzunehmen, wird doch Gottes Volk diesem Zwang widerstehen. Der Seher von Patmos sieht »die den Sieg behalten hatten über das Tier und sein Bild und über die Zahl seines Namens; die standen an dem gläsernen Meer und hatten Gottes Harfen und sangen das Lied des Mose ... und das Lied des Lammes« (Offenbarung 15,2.3).

KAPITEL 26

EIN WERK DER ERNEUERUNG

Die Wiederherstellung des Sabbats, die in den letzten Tagen stattfinden wird, hat der Prophet Jesaja vorhergesagt: »So spricht der Herr: Wahrt das Recht und übt Gerechtigkeit; denn mein Heil ist nahe, dass es komme, und meine Gerechtigkeit, dass sie offenbart werde. Wohl dem Menschen, der dies tut, und dem Menschenkind, das daran festhält, das den Sabbat hält und nicht entheiligt und seine Hand hütet, nichts Arges zu tun!« (Jesaja 56,1.2) »Und die Fremden, die sich dem Herrn zugewandt haben, ihm zu dienen und seinen Namen zu lieben, damit sie seine Knechte seien, alle, die den Sabbat halten, dass sie ihn nicht entheiligen, und die an meinem Bund festhalten, die will ich zu meinem heiligen Berge bringen und will sie erfreuen in meinem Bethaus.« (Jesaja 56,6.7)

Aus dem Zusammenhang geht hervor, dass sich diese Worte auf das christliche Zeitalter beziehen: »Gott der Herr, der die Versprengten Israels sammelt, spricht: Ich will noch mehr zu der Zahl derer, die versammelt sind, sammeln.« (Jesaja 56,8) Hier wird die Aufnahme der Heiden in die christliche Gemeinde vorhergesagt. Jenen, die dann den Sabbat ehren, wird ein Segen verheißen. Damit erstreckt sich die Verpflichtung des vierten Gebots weit über Kreuzigung, Auferstehung und Himmelfahrt Christi hinaus bis in die Zeit, in der seine Diener allen Völkern die frohe Botschaft predigen.

ERINNERUNG AN DIE SCHÖPFUNG

Der Herr befiehlt durch denselben Propheten, er soll »verschließen die Offenbarung, versiegeln die Weisung« in seinen Jüngern (Jesaja 8,16). Das Siegel des Gesetzes Gottes findet man im vierten Gebot, denn es ist das einzige unter den zehn, das Namen und Rang des Gesetzgebers nennt. Es bezeichnet Gott als den Schöpfer des Himmels und der Erde und rechtfertigt so seinen Anspruch auf alleinige Anbetung. Nirgendwo im ganzen

Dekalog außer hier wird auf den Urheber des Gesetzes hingewiesen. Als die päpstliche Macht das Sabbatgebot veränderte, wurde dem Gesetz sein Siegel genommen. Die Nachfolger Jesu werden aufgefordert, es wiederherzustellen, indem sie dem Sabbat des vierten Gebots als Erinnerung an die Schöpfung und Zeichen der Autorität Gottes seine rechtmäßige Stellung zurückgeben.

»Zum Gesetz und zum Zeugnis!« In der Fülle widerstreitender Lehren und Theorien ist das Gesetz Gottes die einzige unfehlbare Norm, durch die alle Ansichten, Lehren und Theorien geprüft werden müssen. Darum sagt der Prophet: »Wenn sie nicht so sprechen, gibt es für sie kein Morgenrot.« (Jesaja 8,20 Schl.)

Ferner wird geboten: »Rufe getrost, halte nicht an dich! Erhebe deine Stimme wie eine Posaune und verkündige meinem Volk seine Abtrünnigkeit und dem Hause Jakob seine Sünden!« Nicht die gottlose Welt, sondern Menschen, die der Herr als »mein Volk« bezeichnet, sollen wegen ihrer Übertretungen zurechtgewiesen werden. Er erklärt weiter: »Sie suchen mich täglich und begehren, meine Wege zu wissen, als wären sie ein Volk, das die Gerechtigkeit schon getan und das Recht seines Gottes nicht verlassen hätte.« (Jesaja 58,1.2) Hier wird auf Menschen hingewiesen, die sich für gerecht halten und großes Interesse am Dienst für den Herrn zu haben scheinen, doch der strenge und ernste Tadel dessen, der die Herzen erforscht, zeigt deutlich, dass sie die göttlichen Verordnungen mit Füßen treten.

Der Prophet weist auf die Verordnung hin, die aufgegeben wurde: »Und es soll durch dich wieder aufgebaut werden, was lange wüst gelegen hat, und du wirst wieder aufrichten, was vorzeiten gegründet ward; und du sollst heißen: Der die Lücken zumauert und die Wege ausbessert, dass man da wohnen könne. Wenn du deinen Fuß am Sabbat zurückhältst und nicht deinen Geschäften nachgehst an meinem heiligen Tage und den Sabbat ›Lust‹ nennst und den heiligen Tag des Herrn ›Geehrt‹; wenn du ihn dadurch ehrst, dass du nicht deine Gänge machst und nicht deine Geschäfte treibst und kein leeres Geschwätz redest, dann wirst du deine Lust haben am Herrn.« (Jesaja 58,12-14) Auch diese Weissagung bezieht sich auf unsere Zeit. Als Rom den Sabbat veränderte, wurde eine Bresche in das Gesetz geschlagen. Aber nun ist die Zeit gekommen, jene göttliche Einrichtung wiederherzustellen. Die Lücke soll verzäunt und ein bleibendes Fundament für viele kommende Generationen gelegt werden.

Der Schöpfer hatte den Sabbat durch sein Ruhen und seinen Segen geheiligt. Adam feierte diesen Tag sowohl in seiner Unschuld im Garten Eden als auch später als reumütiger Sünder nach seinem Fall, durch den er aus seiner glücklichen Heimat vertrieben wurde. Von Abel bis zum gerechten Noah, von Abraham bis Jakob wurde er von allen Patriarchen beachtet. Als das auserwählte Volk in der Knechtschaft Ägyptens lebte, verloren viele unter dem vorherrschenden Götzendienst das Wissen um das göttliche Gesetz. Doch als der Herr Israel befreite, verkündete er dem versammelten Volk sein Gesetz in majestätischer Größe, damit es seinen Willen kennen und fürchten lernte und ihm ewig gehorchte.

Seit jenem Tag ist das Gesetz Gottes auf Erden erhalten geblieben und der Sabbat des vierten Gebots gehalten worden. Obwohl der »Mensch der Bosheit« erfolgreich war und Gottes heiligen Tag mit Füßen trat, lebten doch selbst in Zeiten der Vorherrschaft dieser Macht an versteckten Orten treue Gläubige, die den Sabbat ehrten. Seit der Reformation hat es in jeder Generation Menschen gegeben, die an ihm festhielten. Wenn auch oft unter Schmach und Verfolgung wurde ein beständiges Zeugnis über die unbegrenzte Gültigkeit des göttlichen Gesetzes und die Einhaltung des Sabbats abgelegt.

Diese Wahrheiten werden in Offenbarung 14 im Zusammenhang mit dem »ewigen Evangelium« erwähnt. Sie werden das Zeichen der Gemeinde bei Christi Wiederkunft sein. Als Ergebnis der dreifachen Engelsbotschaft wird gesagt: »Hier ist das Ausharren der Heiligen, welche die Gebote Gottes und den Glauben Jesu bewahren.« (Offenbarung 14,12 Elb.) Dies ist die letzte Botschaft vor der Wiederkunft des Herrn. Unmittelbar nach ihrer Verkündigung sieht der Prophet den Menschensohn in seiner Herrlichkeit kommen, um die Ernte der Erde einzubringen.

TRADITION ODER GEHORSAM

Alle, die die Bedeutung des Heiligtums und der Unveränderlichkeit des Gesetzes Gottes erkannt hatten, freuten sich und waren erstaunt, als sie die Schönheit und Harmonie der Wahrheiten sahen, die sich ihnen erschlossen. Sie wollten gern, dass das Licht, das ihnen so kostbar war, allen Christen weitergereicht würde und waren zuversichtlich, dass alle diese Erkenntnis mit Freuden annehmen würden. Aber bei vielen, die sich Nachfolger Christi nannten, waren Wahrheiten, die sie in Widerspruch zur Welt brachten, nicht willkommen. Der Gehorsam dem vierten Gebot gegenüber forderte ein Opfer, vor dem die Mehrheit zurückschreckte.

Als die Bedeutung der Sabbatheiligung erklärt wurde, argumentierten viele nach weltlichen Gesichtspunkten. Sie sagten: »Wir haben immer den Sonntag gehalten, unsere Väter hielten ihn und viele gute und fromme Menschen sind selig gestorben, obgleich sie den Sonntag gefeiert haben.

Wenn sie im Recht waren, sind wir es auch. Mit der Feier dieses neuen Ruhetages wären wir nicht mehr im Einklang mit der Welt und könnten keinen Einfluss mehr auf sie ausüben. Was kann ein kleines Häuflein, das den siebten Tag hält, gegenüber einer Welt erreichen, die den Sonntag feiert?« Mit ähnlichen Argumenten rechtfertigten die Juden die Ablehnung Christi. Die dargebrachten Opfer ihrer Väter wurden von Gott angenommen. Warum sollten die Kinder kein Heil finden, wenn sie den gleichen Weg gingen? Zur Zeit Luthers erklärten viele Anhänger des Papsttums, dass treue Christen im katholischen Glauben gestorben seien und diese Religion folglich ausreiche, um selig zu werden. Solche Schlussfolgerungen waren wirksame Schranken gegen den Fortschritt in Glauben und Lebenswandel.

Viele betonten, die Sonntagsfeier sei eine fest gegründete Lehre und seit Jahrhunderten ein weit verbreiteter Brauch in der Kirche. Gegen dieses Argument konnte vorgebracht werden, dass der Sabbat sehr viel älter und weiter verbreitet sei, sogar so alt wie die Welt selbst, und dass er von Engeln und Gott gutgeheißen wurde. Als die Erde geschaffen wurde, als die Morgensterne miteinander sangen und die Gottessöhne vor Freude jauchzten, wurde auch der Grund zum Sabbat gelegt. (vgl. Hiob 38, 6.7; 1. Mose 2,1-3.) Dieser Einrichtung gebührt unsere Ehre. Der Sabbat wurde durch keine menschliche Macht eingesetzt und beruht auf keiner menschlichen Überlieferung. Er wurde durch den,»der uralt war« (Daniel 7,9) und durch sein ewiges Wort geschaffen.

Als die Menschen zur Wiederherstellung des Sabbats aufgerufen wurden, verdrehten bekannte Prediger das Wort Gottes und interpretierten sein Zeugnis so, dass Fragende bald beruhigt waren. Wer nicht selbst in der Schrift nachforschte, gab sich mit den Auskünften zufrieden, die in Übereinstimmung mit den eigenen Wünschen standen. Viele versuchten die Wahrheit mit spitzfindigen Argumenten, den väterlichen Traditionen und der Autorität der Kirche zu verwerfen. Ihre Befürworter trieb es zur Bibel, um die Gültigkeit des vierten Gebots zu verteidigen. Demütige Männer, nur mit dem Wort der Wahrheit ausgerüstet, widerstanden den Angriffen der Gelehrten, die erstaunt und zornig erkennen mussten, dass ihre spitzfindige Beredsamkeit gegen die einfache und offene Argumentation dieser Männer nichts ausrichten konnte, die in der Schrift besser bewandert waren als in der Schulweisheit.

GOTT WÄHLT EINFACHE MENSCHEN

Aus Mangel an biblischen Beweisen betonten viele mit unermüdlicher Beharrlichkeit – und sie vergaßen dabei, dass gegen Christus und seine Apo-

stel ähnliche Einwände vorgebracht wurden –»Warum verstehen unsere Großen diese Sabbatfrage nicht? Nur wenige glauben an eure Auslegung. Es kann nicht sein, dass ihr Recht habt und alle Gelehrten der Welt Unrecht.«
Um solche Argumente zu widerlegen, musste man nur die Lehren der Heiligen Schrift zitieren und an die Geschichte vom Handeln des Herrn mit seinem Volk zu allen Zeiten erinnern. Gott arbeitet durch Menschen, die seine Stimme hören und ihm gehorchen, die nötigenfalls unangenehme Wahrheiten aussprechen und sich nicht fürchten, populäre Sünden zu tadeln. Der Grund, warum Gott sich nicht häufiger gelehrter Männer in gehobenen Stellungen bedient, um Reformbewegungen anzuführen, liegt darin, dass diese ihren Lehren, Theorien und theologischen Systemen vertrauen und keine Notwendigkeit verspüren, von Gott belehrt zu werden. Nur wer eine persönliche Beziehung zur Quelle der Wahrheit hat, kann die Schrift verstehen und auslegen. Manchmal werden Personen mit geringer schulischer Bildung berufen, die Wahrheit zu verkündigen. Aber nicht etwa, weil sie ungelehrt sind, sondern weil sie nicht zu stolz sind, sich von Gott etwas sagen zu lassen. Sie lernen in der Schule Christi, und ihre Demut und ihr Gehorsam machen sie groß. Indem Gott ihnen seine Wahrheit anvertraut, erweist er ihnen eine Ehre, die weltliche Ehre und menschliche Größe in Bedeutungslosigkeit versinken lässt.

FALSCHE ZEITRECHNUNGEN

Die Mehrheit der Adventgläubigen verwarf die Wahrheit über das Heiligtum und das Gesetz Gottes. Viele kehrten sich vom Glauben der Adventbewegung ab und nahmen unausgewogene und widersprüchliche Ansichten über jene Prophezeiungen an, die diese Bewegung vorhergesagt hatten. Einige verfielen dem Irrtum, wiederholt bestimmte Zeiten für die Wiederkunft Christi festzusetzen. Das Licht, das nun das Thema Heiligtum beleuchtete, hätte ihnen die Erkenntnis bringen können, dass keine prophetische Epoche bis zur Wiederkunft reicht und dass die genaue Zeit nicht vorhergesagt werden kann. Aber nachdem sie sich vom Licht abgewandt hatten, setzten sie immer wieder Zeiten fest, zu denen der Herr kommen sollte, und wurden genauso oft wieder enttäuscht.

Als irrige Ansichten über die Wiederkunft Christi in die neutestamentliche Gemeinde in Thessalonich eindrangen, riet ihnen der Apostel Paulus, ihre Hoffnungen und Erwartungen sorgfältig am Wort Gottes zu prüfen. Er wies sie auf Prophezeiungen hin, die Ereignisse offenbarten, die vor der Wiederkunft Christi stattfinden sollten, und zeigte ihnen, dass sie keinen

Grund hätten, den Herrn während ihrer Lebzeit zu erwarten. Seine warnenden Worte lauteten: »Lasst euch von niemandem verführen, in keinerlei Weise.« (2. Thessalonicher 2,3) Sollten sie Erwartungen hegen, die in der Schrift keine Grundlage hätten, würden sie zu verkehrten Handlungen verleitet, und ihre Enttäuschung würde sie dem Spott der Ungläubigen aussetzen. Sie könnten in der Gefahr stehen, entmutigt zu werden und der Versuchung erliegen, für ihre Erlösung notwendige Wahrheiten anzuzweifeln. Die Warnung des Apostels an die Thessalonicher enthält eine wichtige Lehre für die Menschen in den letzten Tagen. Viele Adventgläubige hatten das Gefühl, sie würden sich nicht eifrig und fleißig vorbereiten, wenn sie ihren Glauben an die Wiederkunft des Herrn nicht an einer vorherbestimmten Zeit festmachen könnten. Weil ihre Hoffnungen mehrfach geweckt, dann aber schnell wieder enttäuscht wurden, erlebten sie im Glauben so einen Schock, dass es für sie beinahe unmöglich wurde, von den großartigen Wahrheiten der Prophetie beeindruckt zu werden.

Die Verkündigung einer bestimmten Zeit für das Gericht war durch die Verkündigung der ersten Engelsbotschaft von Gott vorgesehen. Die Berechnung der prophetischen Zeit als Grundlage der Botschaft, die den Ablauf der 2300 Tage auf den Herbst 1844 festsetzte, ist unbestritten. Die wiederholten Versuche, neue Daten für den Anfang und das Ende dieser prophetischen Zeit zu finden und die unseriösen Argumente, die notwendig waren, um solche Standpunkte zu stützen, lenkten die Menschen nicht nur von der gegenwärtigen Wahrheit ab, sie schürten auch die Verachtung für jeglichen Versuch, Prophezeiungen zu erklären. Je öfter eine bestimmte Zeit für die Wiederkunft festgesetzt und je weiter diese Ansicht verbreitet wird, desto mehr dient dies Satans Zielen. Wenn die erwartete Zeit verstreicht, häuft er Spott und Hohn auf die Verfechter dieser Auffassung und bringt so die große Adventbewegung von 1843 und 1844 in Misskredit. Wer in diesem Irrtum verharrt, wird letztlich ein Datum festsetzen, das weit über die Wiederkunft hinausreicht. Er läuft Gefahr, sich in falscher Sicherheit zu wiegen, und wird erst aufwachen, wenn es zu spät ist.

UNGLAUBE BRINGT UMWEGE

Die Geschichte des alten Israel ist eine treffende Illustration für die Erfahrung der Adventgläubigen. Gott führte sein Volk in der Adventbewegung, wie er die Kinder Israel aus Ägypten geführt hatte. Während der großen Enttäuschung wurde ihr Glaube geprüft wie jener der Hebräer am Roten Meer. Hätten sie der leitenden Hand immer noch vertraut, die sie in ihrer zurückliegenden Erfahrung stets geführt hatte, hätten sie Gottes Erlösung erkannt. Hätten alle, die gemeinsam in dem Werk von 1844 tätig waren, die dritte Engelsbotschaft angenommen und sie in der Kraft des Heiligen Geistes verkündigt, hätte der Herr mächtig durch ihre Bemühungen gewirkt. Die Welt wäre vom Glanz des Lichts überflutet worden. Jahre zuvor schon wären die Erdenbewohner gewarnt worden, das Abschlusswerk vollendet gewesen, und Christus wäre gekommen, um sein Volk zu erlösen.

Es war nicht Gottes Wille, dass Israel 40 Jahre in der Wüste umherwandern sollte. Er wollte sein Volk direkt in das Land Kanaan führen und es dort als heiliges und glückliches Volk ansiedeln. Aber »wir sehen, dass sie nicht dahin kommen konnten wegen des Unglaubens« (Hebräer 3,19). Wegen ihres Abfalls kamen sie in der Wüste um, und andere wuchsen heran, die in das Gelobte Land einzogen. In gleicher Weise war es nicht Gottes Wille, dass Christi Wiederkunft so lange hinausgezögert wurde und sein Volk so viele Jahre in dieser sünden- und sorgenbeladenen Welt bleiben sollte. Aber Unglaube trennte sie von Gott. Als sie sich weigerten, das Werk zu tun, das Gott ihnen aufgetragen hatte, wurden andere mit der Verkündigung der Botschaft beauftragt. Aus Barmherzigkeit verschob Christus sein Kommen, damit Sünder Gelegenheit hätten, die Warnung zu hören und in ihm Schutz zu finden, bevor der Zorn Gottes ausgegossen wird.

Wie in früherer Zeit erregt eine Wahrheit, welche die Sünden und Irrtümer ihrer Zeit tadelt, Widerstand. »Wer Böses tut, der hasst das Licht und kommt nicht zu dem Licht, damit seine Werke nicht aufgedeckt werden.« (Johannes 3,20) Wenn Menschen erkennen, dass sie ihren Standpunkt mit der Heiligen Schrift nicht begründen können, versuchen viele, ihn um jeden Preis zu verteidigen. Deshalb greifen sie in arglistiger Weise die Persönlichkeit und die Motive derer an, die unbeliebte Wahrheiten verkündigen. So wurde zu allen Zeiten gehandelt. Elia wurde beschuldigt, ein Störenfried in Israel, Jeremia ein Verräter und Paulus ein Tempelschänder zu sein. Von dieser Zeit an bis heute werden jene, die der Wahrheit treu bleiben wollen, als Verführer, Ketzer und Abtrünnige verschrien. Viele Menschen, die zu ungläubig sind, um das sichere Wort der Prophetie anzunehmen, übernehmen mit bedenkenloser Leichtgläubigkeit Beschuldigungen gegen diejenigen, die es wagen, allgemein tolerierte Sünden zu tadeln. Dieser Geist wird beständig zunehmen, und die Bibel lehrt deutlich, dass eine Zeit kommen wird, in der die Gesetze des Staates immer mehr in Widerspruch zu Gottes Gesetz geraten werden. Wer dann allen göttlichen Weisungen gehorchen will, muss wie ein Übeltäter mit Vorwürfen und Strafen rechnen.

EIN AUFTRAG FÜR ALLE CHRISTEN

Welche Aufgabe hat ein Botschafter der Wahrheit in dieser Situation? Sollte er zu dem Schluss kommen, dass es besser wäre, die Wahrheit gar nicht zu verkündigen, weil sie viele Menschen ohnehin nur dazu bringt, ihren Forderungen aus dem Weg zu gehen oder sich ihr zu widersetzen? Nein! Nur weil das Wort Gottes Widerstand erregt, gibt es heute genauso wenig Grund, dies Zeugnis zurückzuhalten, wie zur Zeit früherer Reformatoren. Das Glaubensbekenntnis der Heiligen und Märtyrer wurde zum Segen späterer Generationen aufgezeichnet. Diese lebendigen Beispiele von Heiligkeit und unerschütterlicher Aufrichtigkeit sind uns erhalten geblieben, um denen Mut zu machen, die heute berufen sind, für Gott Zeugnis abzulegen. Diese empfingen Gnade und Wahrheit nicht für sich allein, sondern durch sie sollte die Erkenntnis Gottes die Erde erleuchten. Hat Gott seinen Dienern in dieser Generation Licht geschenkt? Dann sollten sie es vor der Welt aufleuchten lassen.

Der Herr sagte einst zu einem seiner Propheten, der in seinem Namen sprach: »Das Haus Israel will dich nicht hören, denn sie wollen mich nicht hören; denn das ganze Haus Israel hat harte Stirnen und verstockte Herzen.« (Hesekiel 3,7) Dennoch sollst du »ihnen meine Worte sagen, sie gehorchen oder lassen es« (Hesekiel 2,7). Dem Diener Gottes in dieser Zeit wird der Auftrag gegeben: »Rufe getrost, halte nicht an dich! Erhebe deine Stimme wie eine Posaune und verkündige meinem Volk seine Abtrünnigkeit und dem Hause Jakob seine Sünden!« (Jesaja 58,1)

Jeder, der Gelegenheit hatte, das Licht der Wahrheit zu empfangen, steht unter derselben ernsten und Achtung gebietenden Verantwortung wie der Prophet in Israel, an den das Wort Gottes erging: »Du Menschenkind, ich habe dich zum Wächter gesetzt über das Haus Israel. Wenn du etwas aus meinem Munde hörst, sollst du sie in meinem Namen warnen. Wenn ich nun zu dem Gottlosen sage: Du Gottloser musst des Todes sterben!, und du sagst ihm das nicht, um den Gottlosen vor seinem Wege zu warnen, so wird er, der Gottlose, um seiner Sünde willen sterben, aber sein Blut will ich von deiner Hand fordern. Warnst du aber den Gottlosen vor seinem Wege, dass er von ihm umkehre, und er will von seinem Wege nicht umkehren, so wird er um seiner Sünde willen sterben, aber du hast dein Leben errettet.« (Hesekiel 33,7-9)

Das große Hindernis, die Wahrheit anzunehmen und zu verbreiten, sind Unannehmlichkeiten und Vorwürfe, die dadurch entstehen. Das ist das einzige Argument gegen die Wahrheit, das ihre Verfechter nie widerlegen konnten. Doch das kann die wahren Nachfolger Christi nicht abschrecken.

Sie warten nicht auf die Zeit, in der die Wahrheit beliebt wird. Wie der Apostel Paulus sind sie von ihrem Auftrag überzeugt und nehmen das Kreuz bewusst auf sich, wohl wissend, dass »unsre Trübsal, die zeitlich und leicht ist ... eine ewige und über alle Maßen gewichtige Herrlichkeit« schafft (2. Korinther 4,17). Wie einst Mose halten sie »die Schmach Christi für größeren Reichtum als die Schätze Ägyptens« (Hebräer 11,26).

Menschen, die nur der Welt dienen wollen, handeln aus politischen Motiven, nie nach religiösen Grundsätzen, wie immer ihr Glaubensbekenntnis auch aussehen mag. Wir sollten das Richtige wählen, weil es richtig ist, und Gott die Folgen überlassen. Die Welt verdankt Menschen mit Grundsatztreue, Glauben und Mut große Reformen. Durch solche Männer muss das Erneuerungswerk in unserer Zeit vorwärtsgebracht werden.

So spricht der Herr: »Höret mir zu, die ihr die Gerechtigkeit kennt, du Volk, in dessen Herzen mein Gesetz ist! Fürchtet euch nicht, wenn euch die Leute schmähen; und wenn sie euch lästern, verzaget nicht! Denn die Motten werden sie fressen wie ein Kleid, und Würmer werden sie fressen wie wollenes Tuch; aber meine Gerechtigkeit bleibt ewiglich und mein Heil für und für.« (Jesaja 51,7.8)

KAPITEL 27

ECHTE UND FALSCHE HEILIGUNG

Wo immer das Wort Gottes treu verkündigt wurde, waren die Ergebnisse ein Zeugnis für seine göttliche Herkunft. Der Heilige Geist begleitete die Botschaft der Diener Gottes, und so erhielt das Wort seine Macht. Das Gewissen von Sündern wurde geweckt. Das »Licht, das alle Menschen erleuchtet, die in diese Welt kommen« (Johannes 1,9), erhellte die geheimsten Winkel ihrer Seelen und in der Dunkelheit verborgene Dinge kamen ans Licht. Das Herz und der Verstand dieser Menschen wurde von einer tiefen Überzeugung erfüllt. Sie wurden von ihrer Sünde, der Gerechtigkeit und dem kommenden Gericht überzeugt. Sie begriffen Jahwes Gerechtigkeit und erschraken vor dem Gedanken, in ihrer Schuld und Unreinheit vor dem erscheinen zu müssen, der die Herzen durchforscht. In ihrer Angst riefen sie aus: »Wer wird mich erlösen von diesem todverfallenen Leibe?« (Römer 7,24) Als ihnen das Kreuz von Golgatha mit seinem unendlichen Opfer für die Sünden der Menschen vor Augen geführt wurde, erkannten sie, dass nur die Verdienste Christi ausreichen würden, um ihre Übertretungen zu sühnen. Nur dies allein konnte den Menschen mit Gott versöhnen. Im Glauben und in Demut nahmen sie das Lamm Gottes an, das »der Welt Sünde trägt« (Johannes 1,29). Durch Jesu Blut hatten sie »Vergebung ihrer Sünden« erhalten (Lukas 1,77).

Diese Menschen brachten Früchte der Reue. Sie kamen zum Glauben, wurden getauft und begannen, ein neues Leben zu führen. Als eine neue Schöpfung in Jesus Christus (2. Korinther 5,17) gestalteten sie ihr Leben nicht länger nach ihren früheren Begierden, sondern im Glauben des Sohnes Gottes. Sie folgten seinen Fußspuren, wollten seinen Charakter widerspiegeln und sich reinigen, wie er rein ist (vgl. 1. Johannes 3,3). Was sie früher hassten, liebten sie nun, und was sie einst liebten, hassten sie. Stolze und von sich selbst eingenommene Menschen wurden bescheiden und demütig, eingebildete und arrogante ernsthaft und zurückhaltend. Gottlose wurden ehrfürchtig, Trinker nüchtern und Lasterhafte tugendhaft. Von der selbstgefälligen Mode der Gesellschaft wandten sie sich ab. Christen richteten sich nach dem Wort: »Putzt euch nicht äußerlich heraus mit aufwendigen Frisuren, kostbarem Schmuck oder prächtigen Kleidern. Eure Schönheit soll von innen kommen! Freundlichkeit und ein ausgeglichenes Wesen sind der unvergängliche Schmuck, der in Gottes Augen Wert hat.« (1. Petrus 3,3.4 GNB)

WAHRE UND FALSCHE ERWECKUNGEN

Erweckungen führten zu gründlicher Selbstprüfung und Demut. Sie waren geprägt durch feierliche und ernste Appelle an den Sünder mit der innigen Dankbarkeit dafür, dass sie durch Christi Blut erkauft worden waren. Männer und Frauen beteten und rangen mit Gott um die Errettung von Menschen. Die Frucht solcher Erweckungen konnte man bei denen erkennen, die Selbstverleugnung und Opfer nicht scheuten, sondern sich vielmehr freuten, weil man sie für würdig befunden hatte, Schmach und Anfechtungen um Christi willen zu erdulden. Die Menschen erkannten eine Änderung im Leben derer, die sich zum Namen Jesu bekannten. Ihre Umgebung wurde durch ihren Einfluss gesegnet. Sie verbanden sich mit Christus und säten in der Vollmacht des Heiligen Geistes, um ewiges Leben zu ernten.

Von ihnen konnte gesagt werden, dass »die Betrübnis ... zur Umkehr geführt hat. ... Denn die Betrübnis, die nach dem Willen Gottes ist, bewirkt eine Umkehr zum Heil, die niemand bereut. Die Betrübnis der Welt aber führt zum Tod. Denn seht, ihr seid nach dem Willen Gottes betrübt worden: Wie viel Einsatz hat dies doch bei euch ausgelöst, ja Bereitschaft zur Entschuldigung, Entrüstung, Gottesfurcht, Sehnsucht, Eifer, Willen zu gerechter Bestrafung. In allem habt ihr euch in der Sache als schuldlos erwiesen« (2. Korinther 7,9-11 ZÜ).

Dies bewirkt der Heilige Geist. Reue ist nur echt, wenn sie eine Erneuerung zur Folge hat. Nur wenn der Sünder sein Gelübde erfüllt, zurückgibt, was er geraubt hat, seine Sünden bekennt, Gott und seinen Nächsten liebt, kann er sicher sein, Frieden mit Gott gefunden zu haben. Auch in früheren Jahren hatten Zeiten religiöser Erweckung diese Auswirkungen. Bei der Beurteilung ihrer Früchte wurde deutlich, dass Gott sie bei der Errettung von Menschen und wegen ihres positiven Einflusses auf die Gesellschaft gesegnet hatte.

Viele Erweckungen in neuerer Zeit stehen jedoch in deutlichem Gegensatz zu den Offenbarungen der göttlichen Gnade in der Vergangenheit, die dem Wirken der Diener Gottes folgten. Wohl wird oft großes Interesse geweckt, viele sprechen von ihrer Bekehrung, und die Gemeinden erfahren großen Zuwachs. Dennoch zeigen die Ergebnisse nicht, dass es eine entsprechende Zunahme des geistlichen Lebens gegeben hat. Schnell aufflammendes Feuer erlischt bald und hinterlässt eine umso dichtere Finsternis.

Populäre Erweckungsveranstaltungen sind zu oft Appelle an die Vorstellungskraft, indem Emotionen geschürt werden und das Verlangen nach Neuem und Aufregendem befriedigt wird. Bekehrte, die so gewonnen werden, haben wenig Verlangen nach biblischer Wahrheit und wenig Interesse am Zeugnis der Propheten und Apostel. Wenn der Gottesdienst keinen sensationellen Charakter hat, ist er für sie nicht attraktiv und eine Botschaft, die an den klaren Verstand appelliert, ruft bei ihnen keine Reaktion hervor. Die eindeutigen Warnungen des Wortes Gottes, die sich direkt auf ihr ewiges Leben beziehen, werden nicht beachtet.

Bei jedem wahrhaft bekehrten Menschen wird die Beziehung zu Gott und zu ewigen Werten das große Thema seines Lebens sein. In welchen volkstümlichen Kirchen unserer Zeit finden wir aber den Geist der Hingabe an Gott? Die Bekehrten geben weder ihren Hochmut noch ihre Liebe zur Welt auf. Sie sind heute nicht williger, sich selbst zu verleugnen, das Kreuz auf sich zu nehmen und dem bescheidenen und demütigen Jesus nachzufolgen, als vor ihrer Bekehrung. Religion ist zur Unterhaltung für Ungläubige und Skeptiker geworden, weil so vielen, die sich zu ihr bekennen, deren Prinzipien unbekannt sind. Die Kraft der Frömmigkeit ist aus vielen Kirchen verschwunden. Ausflüge, Theateraufführungen, Basare, behagliche Wohnungen und persönlicher Luxus haben die Gedanken an Gott verbannt. Grundstücke, Kapital und weltliche Beschäftigungen beanspruchen die Gedanken, und ewige Werte erhalten nur flüchtige Aufmerksamkeit.

DAS GESETZ AUS DEN AUGEN VERLOREN

Ungeachtet des weit verbreiteten Niedergangs des Glaubens und der Frömmigkeit gibt es in diesen Kirchen wahre Nachfolger Christi. Bevor Gott die Welt zum letzten Mal durch seine Gerichte heimsucht, wird es unter dem Volk Gottes eine so große Erweckung zu ursprünglicher Frömmigkeit geben, wie es sie seit apostolischer Zeit nicht mehr gegeben hat. Der Geist und die Kraft des Herrn werden über Gottes Kinder ausgegossen werden. In dieser Zeit werden sich viele von jenen Kirchen trennen, bei denen die Liebe zu dieser Welt die Liebe zu Gott und seinem Wort verdrängt hat. Viele Gemeindeglieder wie auch Prediger werden die großen Wahrheiten mit Freuden annehmen, die Gott in dieser Zeit verkündigen lässt, um ein Volk auf die Wiederkunft des Herrn vorzubereiten. Der Feind der Menschen möchte dieses Werk gerne aufhalten, und bevor die Zeit für eine solche Bewegung kommt, wird er versuchen, sie durch falsche Erweckungen zu verhindern. In den Kirchen, die er unter seine betrügerische Macht bringen kann, wird er den Anschein erwecken, dass Gottes besonderer Segen ausgegossen wird. Alles wird wie ein großes religiöses Interesse aussehen. Viele werden frohlocken und glauben, dass Gott auf wunderbare Weise für sie wirkt, obwohl es das Wirken eines anderen Geistes ist. In religiösem Gewand wird Satan versuchen, seinen Einfluss auf die ganze Christenheit auszudehnen.

Bei vielen Erweckungsbewegungen des letzten Jahrhunderts waren in größerem oder kleinerem Umfang die gleichen Mächte am Werk, die sich in Zukunft noch deutlicher zeigen werden. Es kommt zu einer emotionalen Erregung, einer Vermischung von Wahrem und Falschem, welche leicht in die Irre führt. Doch niemand muss verführt werden. Durch Gottes Wort ist es nicht schwer, das Wesen dieser Bewegungen zu bestimmen. Wir können sicher sein, dass Gott seinen Segen dort nicht austeilt, wo Menschen das Zeugnis der Bibel missachten, indem sie sich von ihren klaren Wahrheiten, die das Herz prüfen und Selbstverleugnung und Abkehr von der Welt fordern, abwenden. Entsprechend dem Maßstab, den Christus selbst gegeben hat, »an ihren Früchten sollt ihr sie erkennen« (Matthäus 7,16), ist es offensichtlich, dass solche Bewegungen nicht das Werk des Geistes Gottes sind.

Gott hat sich durch die Wahrheiten in seinem Wort dem Menschen selbst offenbart. Für alle, die sie annehmen, sind sie ein Schutzschild gegen die Täuschungen Satans. Durch Vernachlässigung dieser Wahrheiten wurden die Tore für das Böse weit geöffnet, das sich in der religiösen Welt so stark verbreitet hat. Das Wesen und die Bedeutung des göttlichen Gesetzes hat man in erheblichem Umfang aus den Augen verloren. Ein falsches Verständnis vom Charakter und von der Dauerhaftigkeit und Verbindlichkeit des göttlichen Gesetzes hat zu falschen Vorstellungen über Bekehrung und Heiligung geführt. Die Folge war eine allgemeine Abnahme des lebendigen Glaubens in den Kirchen. Hier findet man das Geheimnis, weshalb den Erweckungen unserer Zeit der Geist und die Kraft Gottes so sehr fehlen.

In verschiedenen kirchlichen Gruppen gibt es sehr fromme Männer, die diese Fakten erkannt haben und beklagen. Professor Edwards A. Park sagte über die Gefahren auf dem Gebiet der Religion treffend: »Eine Gefahrenquelle ist, dass versäumt wird, die Bedeutung des göttlichen Gesetzes von der Kanzel zu betonen. In früheren Tagen war die Kanzel ein Widerhall der

Stimme des Gewissens. ... Unsere glänzendsten Prediger verliehen ihren Predigten eine wunderbare Majestät dadurch, dass sie dem Beispiel des Meisters folgten und das Gesetz, seine Gebote und seine Drohungen hervorhoben. Sie wiederholen die beiden großen Grundsätze, dass das Gesetz ein Abbild der göttlichen Vollkommenheit ist und dass ein Mensch, der das Gesetz nicht liebt, auch das Evangelium nicht liebt; denn das Gesetz wie auch das Evangelium sind ein Spiegel, der den wahren Charakter Gottes wiedergibt. Und es gibt noch eine andere Gefahr, nämlich die Sünde selbst, ihr Ausmaß und ihre Strafwürdigkeit zu unterschätzen. So wie der Gehorsam gegenüber den Geboten zur Gerechtigkeit führt, führt der Ungehorsam zum Unrecht. ...

Mit den bereits erwähnten Bedrohungen ist die Gefahr verbunden, die Gerechtigkeit Gottes zu unterschätzen. In der modernen Predigt neigt man dazu, die göttliche Gerechtigkeit von der göttlichen Güte zu trennen und die Güte auf eine Gefühlsregung zu reduzieren, anstatt sie zu einem Prinzip zu erheben. Die neue theologische Schau dividiert das auseinander, was Gott zusammengefügt hat. Ist das göttliche Gesetz gut oder böse? Es ist gut. Dann ist auch die Gerechtigkeit gut, denn sie enthält die Bereitschaft, das Gesetz zu erfüllen. Aus der Neigung, das göttliche Gesetz, die göttliche Gerechtigkeit sowie die Tragweite und Verwerflichkeit des menschlichen Ungehorsams zu unterschätzen, rutscht der Mensch leicht in die Gewohnheit ab, die Gnade gering zu achten, die für die Sünde Versöhnung anbietet.« So verliert das Evangelium im Verständnis der Menschen seinen Wert und seine Bedeutung, und man ist bald bereit, auch die Bibel beiseite zu legen.

GESETZ UND EVANGELIUM

Viele Lehrer in den Kirchen behaupten, dass Christus bei seinem Tod das Gesetz abgeschafft und die Menschen vom Gehorsam entbunden habe. Oft wird das Gesetz als ein schweres Joch hingestellt, und im Gegensatz zur Sklaverei des Gesetzes heben sie die Freiheit hervor, die uns das Evangelium gewährt.

Ganz anders jedoch betrachteten die Propheten und Apostel das heilige Gesetz Gottes. David sagte: »Ich wandle fröhlich; denn ich suche deine Befehle.« (Psalm 119,45) Der Apostel Jakobus, der nach Christi Tod schrieb, nennt die Zehn Gebote »das königliche Gesetz« (Jakobus 2,8) und »das vollkommene Gesetz der Freiheit« (Jakobus 1,25). Und der Schreiber der Offenbarung spricht mehr als ein halbes Jahrhundert nach der Kreuzigung einen Segen über die aus, »die Gottes Gebote halten« (Offenbarung 12,17), auf dass »sie teilhaben an dem Baum des Lebens und zu den Toren hineingehen in die Stadt« (Offenbarung 22,14).

Die Behauptung, Christus habe bei seinem Tod das Gesetz seines Vaters abgeschafft, steht auf tönernen Füßen. Wäre es möglich gewesen, das Gesetz zu ändern, hätte Christus nicht sterben müssen, um den Menschen von der Strafe der Gesetzesübertretung zu retten. Der Tod Christi, der auf keinerlei Weise das Gesetz abschaffen sollte, ist vielmehr der Beweis, dass es unveränderlich ist. Der Sohn Gottes ist gekommen, »dass er das Gesetz herrlich und groß mache« (Jesaja 42,21). Er sprach: »Ihr sollt nicht meinen, dass ich gekommen bin, das Gesetz oder die Propheten aufzulösen. ... Bis Himmel und Erde vergehen, wird nicht vergehen der kleinste Buchstabe noch ein Tüpfelchen vom Gesetz, bis es alles geschieht.« (Matthäus 5,17.18) Und von sich selbst sagt er: »Deinen Willen, mein Gott, tue ich gern, und dein Gesetz habe ich in meinem Herzen.« (Psalm 40,9)

Das Gesetz Gottes ist von seinem innersten Wesen her unveränderlich. Es ist eine Offenbarung des Willens und Charakters seines Urhebers. Gott ist Liebe und sein Gesetz ist Liebe. Die beiden großen Grundsätze des Gesetzes sind Liebe zu Gott und Liebe zum Menschen. »So ist nun die Liebe des Gesetzes Erfüllung.« (Römer 13,10) Das Wesen Gottes ist Gerechtigkeit und Wahrheit, so auch das seines Gesetzes. Der Psalmist sagt: »Dein Gesetz ist Wahrheit« (Psalm 119,142), »alle deine Gebote sind recht« (Psalm 119,172). »So ist also das Gesetz heilig, und das Gebot ist heilig, gerecht und gut.« (Römer 7,12) Solch ein Gesetz, das der Ausdruck des Geistes und Willens Gottes ist, muss so lange Bestand haben wie sein Urheber.

Es ist die Aufgabe der Bekehrung und Heiligung, den Menschen mit Gott zu versöhnen und ihn mit den Grundprinzipien des Rechts in Einklang zu bringen. Am Anfang schuf Gott den Menschen nach seinem Bild. Er lebte in vollkommener Übereinstimmung mit dem Wesen und Gesetz Gottes. Die Prinzipien der Gerechtigkeit waren ihm ins Herz geschrieben. Doch die Sünde entfremdete ihn von seinem Schöpfer, wodurch er nicht mehr dessen Ebenbild war. Sein Herz stand mit den Grundsätzen des göttlichen Gesetzes auf Kriegsfuß. »Denn der menschliche Eigenwille steht dem Willen Gottes feindlich gegenüber; er unterstellt sich dem Gesetz Gottes nicht und ist dazu auch gar nicht fähig.« (Römer 8,7 NGÜ) Doch »Gott hat die Welt so sehr geliebt, dass er seinen einzigen Sohn hingab« (Johannes 3,16 EÜ), damit der Mensch mit Gott versöhnt werden kann. Durch die Verdienste Christi kann er wieder in Übereinstimmung mit seinem Schöpfer gebracht werden. Sein Herz muss durch die göttliche Gnade erneuert werden, und er muss neues Leben von oben empfangen. Diese Verwandlung ist die Wiedergeburt, ohne die nach den Worten Christi niemand das Reich Gottes sehen kann (vgl. Johannes 3,3).

Der erste Schritt zur Versöhnung mit Gott ist, von der Sünde überzeugt zu sein. »Sünde ist das, was dem Gesetz nicht entspricht.« (1. Johannes 3,4 ZÜ) »Durch das Gesetz kommt Erkenntnis der Sünde.« (Römer 3,20) Um seine Schuld zu erkennen, muss der Sünder seinen Charakter an Gottes großem Maßstab der Gerechtigkeit prüfen. Das Gesetz ist ein Spiegel, der die Vollkommenheit eines gerechten Charakters zeigt und es dem Menschen möglich macht, seine eigenen Fehler zu erkennen.

WIE ERKENNT MAN SÜNDE?

Das Gesetz offenbart dem Menschen seine Sünde, bietet aber kein Heilmittel. Während es dem Gehorsamen Leben verspricht, erklärt es, dass der Tod die Folge für den Übertreter ist. Das Evangelium Christi allein kann den Menschen von der Verurteilung oder der Verunreinigung durch die Sünde befreien. Er muss vor Gott, dessen Gesetz er übertreten hat, Reue zeigen und an Christus als sein Sühnopfer glauben. Nur so können ihm Sünden vergeben werden, »die früher begangen wurden« (Römer 3,25.26), und so wird er zum Teilhaber der göttlichen Natur. Damit ist er ein Kind Gottes geworden und hat geistliche Annahme gefunden. Nun darf er sagen: »Abba, lieber Vater!« (Römer 8,15)

Steht es ihm nun frei, Gottes Gesetz zu übertreten? Paulus fragt: »Heben wir also das Gesetz durch den Glauben auf? Gewiss nicht! Im Gegenteil: Wir richten das Gesetz auf.« (Römer 3,31 ZÜ) »Wir, die wir für die Sünde tot sind, wie sollten wir noch in ihr leben können?« (Römer 6,2 ZÜ) Und Johannes erklärt: »Das ist die Liebe zu Gott, dass wir seine Gebote halten; und seine Gebote sind nicht schwer.« (1. Johannes 5,3) Bei der Wiedergeburt wird das Herz mit Gott und seinem Gesetz in Übereinstimmung gebracht. Wenn diese mächtige Umwandlung im Herzen des Sünders stattgefunden hat, ist er vom Tod zum Leben, von der Sünde zur Heiligkeit, von Übertretung und Auflehnung zu Gehorsam und Treue durchgedrungen. Das alte Leben der Entfremdung von Gott hat aufgehört, ein neues Leben der Versöhnung, des Glaubens und der Liebe hat begonnen. Dann wird »die Gerechtigkeit, vom Gesetz gefordert, in uns erfüllt ... die wir nun nicht nach dem Fleisch leben, sondern nach dem Geist« (Römer 8,4), und der Mensch spricht: »Wie habe ich dein Gesetz so lieb! Täglich sinne ich ihm nach.« (Psalm 119,97)

»Das Gesetz des HERRN ist vollkommen, es gibt Kraft und Leben.« (Psalm 19,8 GNB) Ohne Gesetz haben die Menschen keine richtige Vorstellung von der Reinheit und Heiligkeit Gottes oder von ihrer eigenen Schuld und Unreinheit. Sie sind von ihrer Sünde nicht wirklich überzeugt und haben kein Bedürfnis nach Umkehr. Da sie ihre Verlorenheit als Gesetzesübertreter nicht erkennen, sind sie sich auch der Notwendigkeit des versöhnenden Blutes Christi nicht bewusst. Die Hoffnung der Erlösung wird akzeptiert ohne durchgreifende Umwandlung des Herzens oder Erneuerung des Lebenswandels. So gibt es überaus viele oberflächliche Bekehrungen, und viele schließen sich den Gemeinden an, die nie mit Christus vereint wurden.

Durch die Missachtung oder Verwerfung des göttlichen Gesetzes entstehen auch falsche Lehren über die Heiligung. Diese sind in den religiösen Bewegungen von heute sehr einflussreich. Diese Lehren sind nicht nur falsch, sondern in ihren praktischen Ergebnissen gefährlich. Und da sie so beliebt werden, ist es doppelt wichtig, dass alle ein klares Verständnis davon haben, was die Bibel über diese Themen wirklich lehrt.

HEILIGUNG, EIN REIFEPROZESS

Echte Heiligung ist eine biblische Lehre. Der Apostel Paulus schreibt in seinem Brief an die Thessalonicher: »Denn das ist der Wille Gottes, eure Heiligung.« (1. Thessalonicher 4,3) Und er betet: »Er aber, der Gott des Friedens, heilige euch durch und durch.« (1. Thessalonicher 5,23) Die Bibel lehrt eindeutig, was Heiligung ist und wie man sie erleben kann. Christus betete für seine Jünger: »Heilige sie in deiner Wahrheit; dein Wort ist die Wahrheit.« (Johannes 17,17) Und Paulus lehrte, dass die Gläubigen durch den Heiligen Geist geheiligt werden sollen (vgl. Römer 15,16). Was ist das Werk des Heiligen Geistes? Jesus sagte zu seinen Jüngern: »Wenn aber jener, der Geist der Wahrheit, kommen wird, wird er euch in alle Wahrheit leiten.« (Johannes 16,13) Auch der Psalmist sagt: »Dein Gesetz ist Wahrheit.« (Psalm 119,142) Durch das Wort und den Geist Gottes werden dem Menschen die erhabenen Grundsätze der Gerechtigkeit gezeigt, die im Gesetz Gottes enthalten sind. Und weil das Gesetz Gottes »heilig, gerecht und gut« (Römer 7,12) und ein Abbild der göttlichen Vollkommenheit ist, ergibt sich daraus, dass ein menschlicher Charakter, vom Gehorsam gegenüber dem Gesetz geprägt, auch heilig sein wird. Christus ist das vollkommene Beispiel eines solchen Charakters. Er spricht: »ich [habe] die Gebote meines Vaters gehalten«, und »ich tue allezeit, was ihm gefällt« (Johannes 15,10; 8,29 ZÜ). Die Nachfolger Christi sollen ihm gleich werden, indem sie durch Gottes Gnade einen Charakter entwickeln, der im Einklang mit den Prinzipien seines heiligen Gesetzes steht. Das ist biblische Heiligung.

Nur durch den Glauben an Christus und durch die Kraft des im Menschen wohnenden Geistes Gottes, kann dieses Werk vollbracht werden. Paulus ermahnt die Gläubigen:»Arbeitet an euch selbst mit Furcht und Zittern, damit ihr gerettet werdet! Ihr könnt es, denn Gott selbst bewirkt in euch nicht nur das Wollen, sondern auch das Vollbringen, so wie es ihm gefällt.« (Philipper 2,12.13 GNB) Der Christ wird die Einflüsterungen der Sünde spüren, aber er wird sie ständig bekämpfen. Hier ist die Hilfe Christi nötig. Menschliche Schwäche verbindet sich mit göttlicher Kraft, und der Glaube ruft aus:»Gott aber sei Dank, der uns den Sieg gibt durch unsern Herrn Jesus Christus!« (1. Korinther 15,57)

Die Schrift zeigt deutlich, dass die Heilung ein Reifeprozess ist. Wenn Sünder bei ihrer Bekehrung durch das Blut der Versöhnung Frieden mit Gott finden, hat das christliche Leben eben erst begonnen. Jetzt müssen wir »uns der vollen Reife zuwenden« (Hebräer 6,1 Elb.) und müssen heranwachsen zu einem vollkommenen Menschen »zum vollen Maß der Fülle Christi« (Epheser 4,13). Der Apostel Paulus sagt:»Eins aber sage ich: Ich vergesse, was dahinten ist, und strecke mich aus nach dem, was da vorne ist, und jage nach dem vorgesteckten Ziel, dem Siegespreis der himmlischen Berufung Gottes in Christus Jesus.« (Philipper 3,13.14) Und Petrus zeigt uns die Schritte, wodurch biblische Heilung erreicht werden kann:»Darum setzt alles daran, dass zu eurem Glauben Charakterfestigkeit hinzukommt und zur Charakterfestigkeit geistliche Erkenntnis, zur Erkenntnis Selbstbeherrschung, zur Selbstbeherrschung Standhaftigkeit, zur Standhaftigkeit Ehrfurcht vor Gott, zur Ehrfurcht vor Gott Liebe zu den Glaubensgeschwistern und darüber hinaus Liebe zu allen Menschen. ... Wenn ihr das tut, werdet ihr vor jedem Fehltritt bewahrt bleiben.« (2. Petrus 1,5-7.10 NGÜ)

Wer die biblische Heilung an sich selbst erfahren hat, wird einen demütigen Geist bekunden. Wie Mose haben diese Menschen einen Blick für die Ehrfurcht erweckende Würde der Heiligkeit, und sie sehen den Gegensatz zwischen ihrer eigenen Unwürdigkeit und der Reinheit und erhabenen Vollkommenheit des Ewigen.

Der Prophet Daniel war ein Beispiel wahrer Heilung. Sein langes Leben stand im edlen Dienst für seinen Meister. Er war ein Mann, den der Himmel als einen »von Gott Geliebten« (Daniel 10,11) bezeichnete. Doch anstatt für sich zu beanspruchen, rein und heilig zu sein, zählte er sich selbst zu dem wahrhaft sündigen Volk Israel, als er vor Gott für sein Volk Fürbitte einlegte:»Wir liegen vor dir mit unserm Gebet und vertrauen nicht auf unsre Gerechtigkeit, sondern auf deine große Barmherzigkeit.« (Daniel 9,18) »Wir haben gesündigt, wir sind gottlos gewesen.« (Daniel 9,15) Und er erklärte:

»Ich redete und betete und bekannte meine und meines Volkes Israel Sünde.« (Daniel 9,20). Als ihm zu einem späteren Zeitpunkt der Sohn Gottes erschien, um ihm Anweisungen zu geben, sagte Daniel: »Jede Farbe wich aus meinem Antlitz, und ich hatte keine Kraft mehr.« (Daniel 10,8) Als Hiob die Stimme des Herrn aus dem Wettersturm hörte, rief er aus: Ich »spreche ... mich schuldig und tue Buße in Staub und Asche« (Hiob 42,6). Als Jesaja die Herrlichkeit Gottes sah und die Cherubim rufen hörte: »Heilig, heilig, heilig ist der Herr Zebaoth« (Jesaja 6,3), rief er aus: »Weh mir, ich vergehe!« (Jesaja 6,5) Nachdem Paulus in den dritten Himmel entrückt worden war und unaussprechliche Worte hörte, die kein Mensch sagen kann (vgl. 2. Korinther 12,2-4), sprach er von sich selbst als »dem allergeringsten unter allen Heiligen« (Epheser 3,8). Der geliebte Johannes, der an der Brust Jesu geruht und seine Herrlichkeit gesehen hatte, fiel vor den Füßen des Menschensohns wie tot um (vgl. Offenbarung 1,17).

GLAUBE UND WERKE

Wer seinen Weg im Schatten des Kreuzes von Golgatha geht, kann sich nicht selbst erhöhen und überheblich behaupten, frei von Sünde zu sein. Solchen Menschen ist bewusst, dass ihre Sünde die unerträglichen Leiden verursachte, die dem Sohn Gottes das Herz brachen und dieses Bewusstsein macht sie demütig. Jene Menschen, die Jesus am engsten verbunden sind, nehmen die Schwächen und die Sündhaftigkeit der menschlichen Natur am deutlichsten wahr. Sie setzen ihre Hoffnung einzig und allein auf die Verdienste des gekreuzigten und auferstandenen Erlösers.

Die Art von Heiligung, die heute in der religiösen Welt in den Vordergrund tritt, trägt den Geist von Selbsterhöhung in sich und missachtet das Gesetz Gottes, was sie der Religion der Bibel fremd macht. Ihre Anhänger lehren, dass Heiligung eine Momenterscheinung sei, bei der sie durch Glauben allein vollkommene Heiligkeit erreichen. »Glaube nur«, sagen sie, »und der Segen wird kommen.« Der Gläubige braucht sich um weiter nichts zu kümmern. Gleichzeitig leugnen sie die Autorität des göttlichen Gesetzes und behaupten, dass sie vom Halten der Gebote befreit seien. Kann aber ein Mensch heilig und in Übereinstimmung mit dem Willen und dem Wesen Gottes leben, ohne auch im Einklang mit jenen Prinzipien zu sein, die ein Ausdruck seiner Natur und seines Willens sind und die bekunden, was Gott wohlgefällt?

Der Wunsch nach einer bequemen Religion, die weder Eifer noch Selbstverleugnung, noch eine Trennung von den Torheiten der Welt fordert, hat die Lehre vom Glauben, und vom Glauben allein, zu einer populären Lehre gemacht. Was aber sagt das Wort Gottes? Der Apostel Jakobus sagt: »Was nützt es, meine Brüder und Schwestern, wenn einer sagt, er habe Glauben, aber keine Werke vorzuweisen hat? Vermag der Glaube ihn etwa zu retten? ... Bist du nun willens, du törichter Mensch, einzusehen, dass der Glaube ohne die Werke wirkungslos ist? Wurde Abraham, unser Vater, nicht aus Werken gerecht, da er seinen Sohn Isaak auf den Altar legte? Du siehst: Der Glaube wirkte mit seinen Werken zusammen, und aus den Werken wurde der Glaube vollkommen ... Ihr seht also, dass der Mensch aus Werken gerecht wird, nicht aus Glauben allein.« (Jakobus 2,14-24 ZÜ)

Das Zeugnis des Wortes Gottes wendet sich gegen diese verführerische Lehre vom Glauben ohne Werke. Wenn man die Zuwendung des Himmels für sich beansprucht, ohne auf die Bedingungen einzugehen, unter denen Gnade gewährt wird, ist das nicht Glaube, sondern Vermessenheit, denn echter Glaube hat seine Grundlage in den Verheißungen und Zusagen der Heiligen Schrift.

Niemand wiege sich im falschen Glauben, man könnte heilig werden, während auch nur ein einziges Gebot vorsätzlich übertreten wird. Wer bewusst eine Sünde begeht, bringt die hörbare Stimme des Heiligen Geistes zum Schweigen und trennt sich somit von Gott. »Sünde ist das, was dem Gesetz nicht entspricht.« (1. Johannes 3,4 ZÜ) Und »jeder, der sündigt, der hat ihn nicht gesehen und nicht erkannt« (1. Johannes 3,6 ZÜ). Obwohl Johannes in seinen Briefen die Liebe so oft erwähnt, scheut er sich doch nicht, den wahren Charakter derer zu offenbaren, die vorgeben, heilig zu sein, während sie gleichzeitig das Gesetz Gottes übertreten. »Wer sagt: Ich kenne ihn, und hält seine Gebote nicht, der ist ein Lügner, und in dem ist die Wahrheit nicht. Wer aber sein Wort hält, in dem ist wahrlich die Liebe Gottes vollkommen.« (1. Johannes 2,4.5) Daran wird das Bekenntnis eines jeden geprüft. Wir können keinen Menschen als heilig bezeichnen, der nicht in Übereinstimmung mit dem einzigen Maßstab der Heiligkeit lebt, der im Himmel und auf Erden gilt. Wenn Menschen die Bedeutung des Sittengesetzes nicht erkennen, wenn sie Gottes Verordnungen auf die leichte Schulter nehmen, wenn sie das kleinste dieser Gebote missachten und die Menschen so lehren, werden sie im Himmel kein Ansehen finden und sollten wissen, dass ihre Ansprüche jeglicher Grundlage entbehren.

FÜR GOTT NUR DAS BESTE

Die Behauptung, ohne Sünde zu sein, ist in sich selbst schon Hinweis genug, dass derjenige, der solche Ansprüche erhebt, weit davon entfernt ist, heilig zu sein. Er hat keine echte Vorstellung von der unendlichen Reinheit und Heiligkeit Gottes oder davon, dass wir wie er werden müssen, um in Übereinstimmung mit Gottes Charakter zu sein. Weil er keine Vorstellung von der Reinheit und erhabenen Schönheit Jesu und von der Boshaftigkeit und dem Elend der Sünde hat, kann sich so ein Mensch als heilig ansehen. Je größer der Abstand zwischen ihm und Christus ist, desto verschwommener ist seine Vorstellung vom göttlichen Charakter und dessen Anforderungen und desto gerechter fühlt er sich selbst.

Die Heiligung, wie sie die Heilige Schrift beschreibt, schließt den ganzen Menschen ein: Leib, Seele und Geist. Paulus betete für die Thessalonicher: »Er aber, der Gott des Friedens, heilige euch durch und durch und bewahre euren Geist samt Seele und Leib unversehrt, untadelig für die Ankunft unseres Herrn Jesus Christus.« (1. Thessalonicher 5,23) Wiederum schreibt er an Gläubige: »Ich ermahne euch nun, liebe Brüder, durch die Barmherzigkeit Gottes, dass ihr eure Leiber hingebt als ein Opfer, das lebendig, heilig und Gott wohlgefällig ist.« (Römer 12,1) Im alten Israel wurde jede Opfergabe an Gott sorgfältig untersucht. Wenn nur der kleinste Makel an einem vorgesehenen Opfertier gefunden wurde, wurde es zurückgewiesen, denn Gott hatte geboten, dass »kein Fehler« (2. Mose 12,5) am Opfer sein durfte. Auch den Christen wird geboten, ihre Leiber hinzugeben »als ein Opfer, das lebendig, heilig und Gott wohlgefällig ist« (Römer 12,1). Dazu müssen all ihre Kräfte im bestmöglichen Zustand erhalten bleiben. Jede Gewohnheit, die körperliche und geistige Kräfte im Menschen schwächt, macht ihn für den Dienst seines Schöpfers untauglich. Ist für Gott nicht nur das Beste, was wir ihm bieten können, gut genug? Christus sagte: »Du sollst den Herrn, deinen Gott, lieben von ganzem Herzen.« (Matthäus 22,37) Alle, die Gott von ganzem Herzen lieben, haben den einen Wunsch, ihm nur das Beste ihres Lebens zu weihen, und setzen immer alles daran, all ihre Fähigkeiten und ihr ganzes Wesen mit seinem Gesetz in Übereinstimmung zu bringen. Nur so werden sie befähigt, seinen Willen zu tun. Sie werden dadurch, dass sie sich der Genusssucht oder der Leidenschaft hingeben, das Opfer schwächen oder verunreinigen, das sie ihrem himmlischen Vater darbringen wollen.

Petrus sagt: »Enthaltet euch von fleischlichen Begierden, die gegen die Seele streiten.« (1. Petrus 2,11) Jede sündhafte Befriedigung zielt darauf ab, Geisteskräfte zu betäuben und das geistige und geistliche Wahrnehmungsvermögen abzutöten, damit das Wort oder der Geist Gottes das Herz nur noch schwach beeindrucken können. Paulus schreibt an die Korinther: »Lasst uns von aller Befleckung des Fleisches und des Geistes uns reinigen und die Heiligung vollenden in der Furcht Gottes.« (2. Korinther 7,1) Und unter der Frucht des Geistes, »Liebe, Freude, Frieden, Geduld, Güte, Rechtschaffenheit, Treue, Sanftmut«, reiht er auch die »Selbstbeherrschung« ein (Galater 5,22.23 ZÜ). Trotz dieser inspirierten Erklärungen schwächen viele, die sich Christen nennen, ihre Geisteskräfte, indem sie dem Gewinn nachjagen oder der Mode frönen. Wie viele entwürdigen ihre Ebenbildlichkeit Gottes durch Schwelgerei, Alkohol und verbotene Vergnügungen. Nur allzu oft unterstützen die Kirchen das Übel, statt es zu rügen. Um ihre Kassen wieder zu füllen, schaffen sie Anreize über den Appetit, das Streben nach Gewinn oder die Liebe zum Vergnügen. Die Liebe zu Christus ist zu schwach, um dieses Ziel zu erreichen. Wenn Jesus die Kirchen von heute beträte und das Feste feiern und das unheilige Treiben, das hier im Namen der Religion praktiziert wird, betrachtete, würde er dann die Schänder nicht ebenso verbannen, wie er damals die Geldwechsler aus dem Tempel von Jerusalem trieb?

HEILIGUNG UND VERZICHT

Der Apostel Jakobus sagt uns, dass die Weisheit, die von oben kommt, »erstens rein« ist (Jakobus 3,17 Elb.). Wie hätte er sich denen gegenüber verhalten, die den kostbaren Namen Jesu in den Mund nehmen, obwohl dieser mit Tabak verunreinigt ist, deren Atem und Körper von dem stechenden Rauch durchdrungen ist, der die Luft des Himmels verpestet und jeden zwingt, dieses Gift einzuatmen? Wäre der Apostel mit Gebräuchen in Kontakt gekommen, die mit der Reinheit des Evangeliums so unvereinbar sind, hätte er sie nicht als »irdisch, sinnlich und teuflisch« (V. 15) gebrandmarkt? Sklaven des Tabaks, die behaupten, völlig geheiligt zu sein, sprechen über ihre Hoffnung auf den Himmel, aber Gottes Wort sagt deutlich: »Nichts Unreines wird hineinkommen.« (Offenbarung 21,27)

»Wisst ihr nicht, dass euer Leib ein Tempel des heiligen Geistes ist, der in euch wirkt und den ihr von Gott habt, und dass ihr nicht euch selbst gehört? Ihr seid teuer erkauft. Verherrlicht also Gott mit eurem Leib!« (1. Korinther 6,19.20 ZÜ) Ein Mensch, der seinen Leib als Tempel des Heiligen Geistes versteht, lässt sich nicht zum Sklaven einer schädlichen Gewohnheit machen. Seine Kräfte gehören Christus, der ihn mit dem Preis seines Bluts erlöst hat. Sein Besitz gehört dem Herrn. Wie könnte er schuldlos sein, wenn er das ihm anvertraute Kapital verschwendet? Menschen, die sich Christen nennen, geben jedes Jahr ungeheure Summen für nutzlose und schädliche Befriedigungen aus, während andere aus Mangel am Wort des Lebens zugrunde gehen. Gott werden Zehnten und

Gaben geraubt, denn auf dem Altar zerstörerischer Lust verbrauchen sie mehr, als sie für die Unterstützung der Armen oder die Verkündigung des Evangeliums ausgeben. Wenn alle, die sich zur Nachfolge Jesu bekennen, wahrhaftig geheiligt wären, würden sie ihre Mittel nicht für sinnlose oder gar schädliche Genüsse ausgeben. Sie würden sie vielmehr in die Schatzkammer des Herrn fließen lassen. Christen würden zu einem Vorbild für Mäßigkeit, Verzicht und Opferbereitschaft werden und dadurch zu einem Licht in der Welt.

Die Welt verliert sich in zügelloser Genusssucht. Die Massen des Volkes sind »erfüllt von der Gier der Triebe und Sinne, von der Gier der Augen, vom Prahlen mit Geld und Macht« (1. Johannes 2,16 GNB). Doch Christi Nachfolger haben eine heilige Berufung. »Darum geht aus von ihnen und sondert euch ab, spricht der Herr, und rührt nichts Unreines an.« (2. Korinther 6,17) Im Licht des Wortes Gottes dürfen wir mit Recht sagen, dass Heiligung niemals echt sein kann, wenn sie nicht vollständigen Verzicht auf sündhafte Gewohnheiten und weltliche Vergnügungen bewirkt.

Menschen, die der Aufforderung nachkommen: »Zieht weg von hier, trennt euch von ihnen! Berührt nichts Unreines!«, gilt Gottes Verheißung: »Dann werde ich euch meine Liebe zuwenden. Ich will euer Vater sein und ihr sollt meine Söhne und Töchter sein. Das sagt der Herr, der Herrscher der ganzen Welt.« (2. Korinther 6,17.18 GNB). Jeder Christ hat das Vorrecht und auch die Aufgabe, mit göttlichen Dingen immer wieder reiche Erfahrungen zu machen. »Ich bin das Licht der Welt«, sagt der Erlöser. »Wer mir nachfolgt, der wird nicht wandeln in der Finsternis, sondern wird das Licht des Lebens haben.« (Johannes 8,12) »Der Gerechten Pfad glänzt wie das Licht am Morgen, das immer heller leuchtet bis zum vollen Tag.« (Sprüche 4,18) Jeder Schritt des Glaubens und Gehorsams bringt den Christen in engere Verbindung mit dem Licht der Welt, in dem »keine Finsternis« (1. Johannes 1,5) ist. Die Strahlen der Sonne der Gerechtigkeit scheinen auf alle, die Gott dienen, und diese sollen das Licht reflektieren. Wie uns die Sterne erzählen, dass es ein großes Licht am Himmel gibt, dessen Glanz sie erhellt, so sollen auch Christen zeigen, dass es einen Gott gibt, der auf dem Thron des Universums sitzt und der des Lobes und der Nachahmung würdig ist. Die Güte seines Geistes, die Reinheit und Heiligkeit seines Charakters werden in seinen Zeugen sichtbar.

In seinem Brief an die Kolosser weist Paulus auf die reichen Segnungen hin, die Gott seinen Kindern schenkt: »Darum lassen wir auch von dem Tag an, an dem wir's gehört haben, nicht ab, für euch zu beten und zu bitten, dass ihr erfüllt werdet mit der Erkenntnis seines Willens in aller geistlichen

Weisheit und Einsicht, dass ihr des Herrn würdig lebt, ihm in allen Stücken gefallt und Frucht bringt in jedem guten Werk und wachst in der Erkenntnis Gottes und gestärkt werdet mit aller Kraft durch seine herrliche Macht zu aller Geduld und Langmut.« (Kolosser 1,9-11)

Auch den Gläubigen in Ephesus schreibt er von seinem Wunsch, dass sie die Fülle der christlichen Vorrechte begreifen mögen. In deutlicher Sprache zeigt er ihnen die wunderbare Macht und Erkenntnis, die sie als Söhne und Töchter des Allerhöchsten besitzen könnten. Es war ihre Aufgabe, »stark zu werden durch seinen Geist an dem inwendigen Menschen ... in der Liebe eingewurzelt und gegründet« zu sein, zu »begreifen, welches die Breite und die Länge und die Höhe und die Tiefe ist«, und die Liebe Christi »zu erkennen, die alle Erkenntnis übertrifft«. Doch das Gebet des Apostels erreicht seinen Höhepunkt, wenn er betet, dass »ihr erfüllt werdet mit der ganzen Gottesfülle« (Epheser 3,16-19).

DIE FREUDE AM HERRN

Hier wird klar, was wir im Glauben an die Verheißungen unseres himmlischen Vaters erreichen können, wenn wir seine Anordnungen erfüllen. Durch die Verdienste Christi haben wir Zugang zum Thron der unendlichen Macht. »Der auch seinen eigenen Sohn nicht verschont hat, sondern hat ihn für uns alle dahingegeben – wie sollte er uns mit ihm nicht alles schenken?« (Römer 8,32) Der Vater gab seinem Sohn seinen Geist in Fülle, und auch wir dürfen an dieser Fülle teilhaben. Jesus sagt: »Wenn nun ihr, die ihr böse seid, euren Kindern gute Gaben geben könnt, wie viel mehr wird der Vater im Himmel den Heiligen Geist geben denen, die ihn bitten!« (Lukas 11,13) »Was ihr mich bitten werdet in meinem Namen, das will ich tun.« (Johannes 14,14) »Bittet, so werdet ihr nehmen, dass eure Freude vollkommen sei.« (Johannes 16,24)

Während das Leben eines Christen zwar von Demut geprägt ist, darf es doch nicht von Traurigkeit und Selbsterniedrigung überschattet sein. Jeder Mensch hat das Vorrecht so zu leben, dass Gott ihn annimmt und segnet. Unser himmlischer Vater will niemals, dass wir unter Gefühlen der Verwerfung und der Dunkelheit leiden. Es ist kein Beweis echter Demut, ständig mit gesenktem Kopf herum zu laufen und sich innerlich immer nur mit sich selbst zu beschäftigen. Wir dürfen uns an Jesus wenden, von ihm Reinigung erhalten und dann ohne Scham und Gewissensbisse vor Gottes Gesetz stehen. »So gibt es nun keine Verdammnis für die, die in Christus Jesus sind.« (Römer 8,1)

Durch Jesus werden die gefallenen Söhne Adams »Kinder Gottes« heißen (1. Johannes 3,1). »Denn weil sie alle von einem kommen, beide, der heiligt und die geheiligt werden, darum schämt er sich auch nicht, sie Brüder zu nennen.« (Hebräer 2,11) Das Leben des Christen sollte ein Leben des Glaubens, des Sieges und der Freude in Gott sein. »Denn alles, was von Gott geboren ist, überwindet die Welt; und unser Glaube ist der Sieg, der die Welt überwunden hat.« (1. Johannes 5,4) Treffend sagte Gottes Diener Nehemia: »Die Freude am Herrn ist eure Stärke« (Nehemia 8,10), und Paulus schreibt: »Freuet euch in dem Herrn allewege, und abermals sage ich: Freuet euch!« (Philipper 4,4) »Seid allezeit fröhlich, betet ohne Unterlass, seid dankbar in allen Dingen; denn das ist der Wille Gottes in Christus Jesus an euch.« (1. Thessalonicher 5,16-18)

Dies sind die Früchte echter Bekehrung und Heiligung, und weil die großen Prinzipien biblischer Gerechtigkeit, die im Gesetz Gottes dargestellt werden, in der christlichen Welt so gleichgültig behandelt werden, sind sie so selten zu sehen. Deshalb ist so wenig vom tiefen, bleibendem Werk des Geistes Gottes zu merken, wie das in früherer Zeit bei Erweckungen der Fall war.

Durch das, was wir betrachten, werden wir verändert. Weil aber jene ehrwürdigen Verordnungen, mit denen Gott den Menschen die Vollkommenheit und Heiligkeit seines Charakters offenbart hat, unbeachtet bleiben und die Aufmerksamkeit der Leute auf rein menschliche Lehren und Theorien gelenkt wird, ist es nicht verwunderlich, dass der lebendige Glaube in der Kirche abgenommen hat. Der Herr sagt: »Mich, die lebendige Quelle, verlassen sie und machen sich Zisternen, die doch rissig sind und kein Wasser geben.« (Jeremia 2,13)

»Wie glücklich ist ein Mensch, der sich nicht verführen lässt von denen, die Gottes Gebote missachten. ... Wie glücklich ist ein Mensch, der Freude findet an den Weisungen des HERRN, der Tag und Nacht in seinem Gesetz liest und darüber nachdenkt. Er gleicht einem Baum, der am Wasser steht; Jahr für Jahr trägt er Frucht, sein Laub bleibt grün und frisch. Was immer ein solcher Mensch unternimmt, es gelingt ihm gut.« (Psalm 1,1-3 GNB) Nur wenn das Gesetz Gottes seine rechtmäßige Stellung zurückerhält, kann es eine Erweckung zu ursprünglichem Glauben und Gottseligkeit unter seinem bekennenden Volk geben. »So spricht der Herr: Tretet hin an die Wege und schaut und fragt nach den Wegen der Vorzeit, welches der gute Weg sei, und wandelt darin, so werdet ihr Ruhe finden für eure Seele!« (Jeremia 6,16)

DAS UNTER-SUCHUNGSGERICHT

»**I**ch sah«, sagt der Prophet Daniel, »wie Throne aufgestellt wurden, und einer, der uralt war, setzte sich. Sein Kleid war weiß wie Schnee und das Haar auf seinem Haupt rein wie Wolle; Feuerflammen waren sein Thron und dessen Räder loderndes Feuer. Und von ihm ging aus ein langer feuriger Strahl. Tausendmal Tausende dienten ihm, und zehntausendmal Zehntausende standen vor ihm. Das Gericht wurde gehalten, und die Bücher wurden aufgetan.« (Daniel 7,9.10)

So wurde dem Propheten in einem Gesicht dieser großartige und ernste Tag gezeigt, an dem vor dem großen Richter der Welt Leben und Persönlichkeit eines jeden Menschen vorüberziehen und jedem Menschen gegeben »wird nach seinen Werken« (Römer 2,6). Der Uralte ist Gott der Vater. Der Psalmist sagt: »Ehe denn die Berge wurden und die Erde und die Welt geschaffen wurden, bist du, Gott, von Ewigkeit zu Ewigkeit.« (Psalm 90,2) Der große Schöpfer aller Wesen, der Verfasser aller Gesetze wird bei diesem Gericht den Vorsitz haben. Heilige Engel, »tausendmal Tausende ... und zehntausendmal Zehntausende« (Daniel 7,10), werden als Diener und Zeugen diesem großen Gericht beiwohnen.

»Und siehe, es kam einer mit den Wolken des Himmels wie eines Menschen Sohn und gelangte zu dem, der uralt war, und wurde vor ihn gebracht. Der gab ihm Macht, Ehre und Reich, dass ihm alle Völker und Leute aus so vielen verschiedenen Sprachen dienen sollten. Seine Macht ist ewig und vergeht nicht, und sein Reich hat kein Ende.« (Daniel 7,13.14) Hierbei handelt es sich nicht um die Wiederkunft Christi. Am Ende seines Vermittlerdienstes erscheint Christus im Himmel vor »dem, der uralt« ist (Daniel 7,13), um seine Herrschaft, seine Ehre und sein Reich zu empfangen. Dieses Kommen, und nicht die Wiederkunft Christi zur Erde, wurde in der Prophezeiung der 2300 Tage vorhergesagt, die 1844 endeten. In Begleitung himmlischer Engel betrat unser großer Hoherpriester das Allerheiligste und erscheint jetzt in der Gegenwart Gottes, um seinen letzten Dienst für die Menschen zu leisten. Er führt das Untersuchungsgericht durch, um die Verdienste seiner Versöhnung all jenen zukommen zu lassen, die sich ihrer würdig erweisen.

DIE BÜCHER IM HIMMEL

Am Schattendienst des irdischen Heiligtums konnten nur die am Großen Versöhnungstag teilnehmen, die ihre Sünden vor Gott bekannt und bereut hatten und deren Sünden durch das Blut des Sündopfers auf das Heiligtum übertragen worden waren. Am großen Tag der endgültigen Versöhnung und beim Untersuchungsgericht werden nur die Fälle derjenigen Menschen behandelt, die sich zum Volk Gottes bekennen. Das Gericht über die Gottlosen ist eine bestimmte und besondere Angelegenheit und findet zu einem späteren Zeitpunkt statt. »Denn die Zeit ist da, dass das Gericht anfängt an dem Hause Gottes. Wenn aber zuerst an uns, was wird es für ein Ende nehmen mit denen, die dem Evangelium Gottes nicht glauben?« (1. Petrus 4,17)

Die Bücher, die im Himmel geführt wurden, in denen die Namen und Taten der Menschen aufgeschrieben sind, bestimmen die Entscheidungen in diesem Gericht. Der Prophet Daniel sagt: »Das Gericht wurde gehalten, und die Bücher wurden aufgetan.« (Daniel 7,10) Der Schreiber der Offenbarung fügt bei der Schilderung desselben Vorgangs hinzu: »Und ein andres Buch wurde aufgetan, welches ist das Buch des Lebens. Und die Toten wurden gerichtet nach dem, was in den Büchern geschrieben steht, nach ihren Werken.« (Offenbarung 20,12)

Im Buch des Lebens stehen die Namen aller, die jemals in den Dienst Gottes traten. Jesus bat seine Jünger: »Freut euch ... dass eure Namen im Himmel geschrieben sind.« (Lukas 10,20) Paulus spricht von seinen getreuen Mitarbeitern, »deren Namen im Buch des Lebens stehen« (Philipper 4,3). Mit Blick auf »eine Zeit so großer Trübsal ... wie sie nie gewesen ist«, erklärte Daniel, dass Gottes Volk errettet werden soll, und zwar »alle, die im Buch geschrieben stehen« (Daniel 12,1). In der Offenbarung heißt es, dass nur solche Menschen die Stadt Gottes betreten dürfen, deren Namen »geschrieben stehen in dem Lebensbuch des Lammes« (Offenbarung 21,27).

»Ein Gedenkbuch« wird vom Herrn geschrieben »für die, welche den Herrn fürchten und an seinen Namen gedenken« (Maleachi 3,16). Ihre Worte des Glaubens, ihre Taten der Liebe sind im Himmel aufgeschrieben. Nehemia bezieht sich darauf, wenn er sagt: »Gedenke, mein Gott, um dessentwillen an mich und lösche nicht aus, was ich in Treue am Hause meines

Gottes und für den Dienst in ihm getan habe!« (Nehemia 13,14) Im Gedenkbuch Gottes ist jede gerechte Tat verewigt. Jede überwundene Versuchung, jede bezwungene Bosheit, jedes Wort empfindsamen Mitleids ist dort getreulich vermerkt. Jede Tat der Aufopferung, jeder erlittene Schmerz, jeder ertragene Kummer um Christi willen ist dort eingetragen. Der Psalmist sagt: »Zähle die Tage meiner Flucht, sammle meine Tränen in deinen Krug, ohne Zweifel, du zählst sie.« (Psalm 56,9)

Dort sind aber auch sämtliche Sünden der Menschen verzeichnet. »Denn Gott wird alle Werke vor Gericht bringen, alles, was verborgen ist, es sei gut oder böse.« (Prediger 12,14) Der Erlöser sagte, »dass die Menschen Rechenschaft geben müssen am Tage des Gerichts von jedem nichtsnutzigen Wort, das sie geredet haben. Aus deinen Worten wirst du gerechtfertigt werden, und aus deinen Worten wirst du verdammt werden« (Matthäus 12,36.37). Die schlechten Absichten und Beweggründe sind in einem lückenlosen Verzeichnis vermerkt, denn Gott wird zeigen, »was im Finstern verborgen ist, und wird das Trachten der Herzen offenbar machen« (1. Korinther 4,5). »Siehe, es steht vor mir geschrieben ... beides, ihre Missetaten und ihrer Väter Missetaten miteinander, spricht der Herr.« (Jesaja 65,6.7)

Jede Tat eines Menschen geht an dem Auge Gottes vorbei und wird entweder als Tat der Treue oder der Untreue eingetragen. Neben jedem Namen ist in den Büchern des Himmels jedes schlechte Wort, jede selbstsüchtige Tat, jede unerfüllte Pflicht, jede heimliche Sünde und jede geschickte Heuchelei mit unbestechlicher Genauigkeit aufgezeichnet. Unbeachtete Warnungen und vernachlässigter Tadel des Himmels, vergeudete Zeit, unbenutzte Gelegenheiten, Einfluss zum Bösen oder zum Guten mit seinen weit reichenden Folgen, alles wird durch Engel aufgezeichnet.

Das Gesetz Gottes ist die Norm, nach der das Leben und die Persönlichkeit eines Menschen im Gericht gemessen werden. Der weise Mann sprach: »Fürchte Gott und halte seine Gebote; denn das gilt für alle Menschen. Denn Gott wird alle Werke vor Gericht bringen, alles, was verborgen ist, es sei gut oder böse.« (Prediger 12,13.14) Und der Apostel Jakobus ermahnte seine Brüder: »Redet so und handelt so wie Leute, die durchs Gesetz der Freiheit gerichtet werden sollen.« (Jakobus 2,12)

CHRISTUS UNSER FÜRSPRECHER

Wer im Gericht für würdig befunden wird, wird an der Auferstehung der Gerechten teilhaben. Jesus sagte: »Welche aber gewürdigt werden, jene Welt zu erlangen und die Auferstehung von den Toten ... sind den Engeln gleich und Gottes Kinder, weil sie Kinder der Auferstehung sind.« (Lukas 20,35.36) Und weiter erklärt er: »Und werden hervorgehen, die Gutes getan haben, zur Auferstehung des Lebens.« (Johannes 5,29) Die gerechten Toten werden erst nach dem Gericht auferweckt, das sie der »Auferstehung des Lebens« für würdig befunden hat. Sie werden also bei Gericht nicht persönlich anwesend sein, wenn ihr Leben untersucht und über sie entschieden wird.

Jesus wird als ihr Verteidiger auftreten und vor Gott für sie Fürbitte einlegen. »Und wenn jemand sündigt, so haben wir einen Fürsprecher bei dem Vater, Jesus Christus, der gerecht ist.« (1. Johannes 2,1) »Denn Christus ist nicht eingegangen in das Heiligtum, das mit Händen gemacht und nur ein Abbild des wahren Heiligtums ist, sondern in den Himmel selbst, um jetzt für uns vor dem Angesicht Gottes zu erscheinen.« (Hebräer 9,24) »Daher kann er auch für immer selig machen, die durch ihn zu Gott kommen; denn er lebt für immer und bittet für sie.« (Hebräer 7,25)

Wenn in diesem Gericht die Bücher aufgeschlagen werden, wird das Leben eines jeden, der an Jesus geglaubt hat, vor Gott untersucht. Unser Fürsprecher beginnt mit denen, die zuerst auf Erden lebten, kommt dann zu jeder der folgenden Generationen und schließt mit den Lebenden ab. Jeder Name wird erwähnt, jeder Fall genau untersucht. Namen werden angenommen, Namen werden verworfen. Werden in den Büchern von irgendjemandem Sünden gefunden, die weder bereut noch vergeben wurden, wird sein Name aus dem Buch des Lebens entfernt und seine guten Taten aus dem Gedächtnisbuch Gottes gestrichen. Der Herr erklärte Mose: »Ich will den aus meinem Buch tilgen, der an mir sündigt.« (2. Mose 32,33) Und der Prophet Hesekiel sagt: »Wenn sich der Gerechte abkehrt von seiner Gerechtigkeit und tut Unrecht ... sollte der am Leben bleiben? An alle seine Gerechtigkeit, die er getan hat, soll nicht gedacht werden.« (Hesekiel 18,24)

Alle Menschen, die ihre Sünde wirklich bereut und im Glauben das Blut Jesu als versöhnendes Opfer angenommen haben, erhalten im Buch des Himmels neben ihrem Namen den Eintrag »vergeben«. Da sie nun an der Gerechtigkeit Christi teilhaben und erkannt wurde, dass ihr Charakter mit dem Gesetz Gottes übereinstimmt, werden ihre Sünden getilgt und sie für würdig befunden, das ewige Leben zu erhalten. Der Herr erklärt durch den Propheten Jesaja: »Ich, ich tilge deine Übertretungen um meinetwillen und gedenke deiner Sünden nicht.« (Jesaja 43,25) »Wer überwindet, der soll mit weißen Kleidern angetan werden, und ich werde seinen Namen nicht austilgen aus dem Buch des Lebens, und ich will seinen Namen bekennen vor meinem Vater und vor seinen Engeln.« (Offenbarung 3,5)

»Wer nun mich bekennt vor den Menschen, den will ich auch bekennen vor meinem himmlischen Vater. Wer mich aber verleugnet vor den Menschen, den will ich auch verleugnen vor meinem himmlischen Vater.« (Matthäus 10,32.33)

Das rege Interesse, das Entscheidungen irdischer Gerichtshöfe bei den Menschen wecken, ist nur ein schwaches Beispiel für das Interesse, das in den himmlischen Höfen vorhanden ist, wenn die Namen, die im Buch des Lebens eingetragen sind, vom Richter der Welt untersucht werden. Der göttliche Vermittler bringt sein Plädoyer vor, dass allen, die durch den Glauben an sein Blut Überwinder wurden, ihre Übertretungen vergeben werden sollen, damit sie in ihre Heimat in Eden wieder eingesetzt und als gemeinsame Erben mit ihm selbst zu ihrer »frühere[n] Herrschaft« (Micha 4,8) gekrönt werden können. Satan wollte in seinem Bemühen, die Menschheit zu täuschen und zu versuchen, den göttlichen Plan bei der Schöpfung des Menschen vereiteln. Nun aber bittet Christus darum, dass der Plan ausgeführt wird, als ob der Mensch nie gefallen wäre. Für sein Volk bittet er nicht nur um vollständige Vergebung und Rechtfertigung, sondern auch um Anteil an seinem Ruhm und einen Sitz auf seinem Thron.

Während Jesus für seine Nachfolger Fürbitte einlegt, verklagt Satan sie vor Gott als Gesetzesübertreter. Der große Verführer hat versucht, sie zu Skeptikern zu machen, damit sie ihr Gottvertrauen verlieren, sich von seiner Liebe trennen und sein Gesetz brechen. Nun weist er auf ihren Lebensbericht hin, auf ihre Charaktermängel, auf ihre Unähnlichkeit mit Christus, womit sie ihrem Erlöser Schande bereitet haben, und auf alle Sünden, zu denen er sie verleitet hat. Indem er sich auf diese Vorkommnisse stützt, beansprucht er sie als seine Untertanen.

Jesus entschuldigt ihre Sünden nicht, weist aber auf ihre Reue und ihren Glauben hin und bittet um Vergebung. Er hebt seine verwundeten Hände vor dem Vater und den heiligen Engeln hoch und sagt: »Ich kenne dich mit Namen«, »in die Hände habe ich dich gezeichnet« (2. Mose 33,12; Jesaja 49,16). »Die Opfer, die Gott gefallen, sind ein geängsteter Geist, ein geängstetes, zerschlagenes Herz wirst du, Gott, nicht verachten.« (Psalm 51,19) Und dem Ankläger seines Volkes erklärt er: »Der Herr schelte dich, du Satan! Ja, der Herr, der Jerusalem erwählt hat, schelte dich! Ist dieser nicht ein Brandscheit, das aus dem Feuer gerettet ist?« (Sacharja 3,2) Christus wird seine Getreuen mit seiner eigenen Gerechtigkeit bekleiden, damit er sie seinem Vater darstellen kann »als eine Gemeinde, die herrlich sei und keinen Flecken oder Runzel oder etwas dergleichen habe« (Epheser 5,27).

Ihre Namen stehen im Buch des Lebens, und von ihnen ist geschrieben: »Die werden mit mir einhergehen in weißen Kleidern, denn sie sind's wert.« (Offenbarung 3,4)

VOLLKOMMENE KLÄRUNG

Damit wird sich die Verheißung des Neuen Bundes vollkommen erfüllen: »Ich will ihnen ihre Missetat vergeben und ihrer Sünde nimmermehr gedenken« (Jeremia 31,34). »Zur selben Zeit und in jenen Tagen wird man die Missetat Israels suchen, spricht der Herr, aber es wird keine da sein, und die Sünden Judas, aber es wird keine gefunden werden.« (Jeremia 50,20) »Zu der Zeit wird, was der Herr sprießen lässt, lieb und wert sein und die Frucht des Landes herrlich und schön bei denen, die erhalten bleiben in Israel. Und wer da wird übrig sein in Zion und übrig bleiben in Jerusalem, der wird heilig heißen, ein jeder, der aufgeschrieben ist zum Leben in Jerusalem.« (Jesaja 4,2.3)

Die Arbeit des Untersuchungsgerichtes und die Tilgung der Sünden müssen vor der Wiederkunft des Herrn abgeschlossen sein. Weil die Toten aufgrund der Eintragungen in den Büchern gerichtet werden, ist es unmöglich, dass die Sünden der Menschen schon vor dem Gericht aus den Büchern gelöscht werden, denn dieses hat ja die Aufgabe, ihre Fälle zu untersuchen. Der Apostel Petrus sagt aber deutlich, dass die Sünden der Gläubigen getilgt werden, »damit die Zeit der Erquickung komme von dem Angesicht des Herrn und er den sende, der euch zuvor zum Christus bestimmt ist: Jesus« (Apostelgeschichte 3,20). Wenn das Untersuchungsgericht abgeschlossen ist, wird Christus kommen, um jedem das zu geben, was ihm nach seinen Werken zusteht.

Im Schattendienst auf Erden segnete der Hohepriester die Gemeinde, nachdem er Versöhnung für Israel erreicht hatte. So wird auch Christus nach Abschluss seines Vermittlerdienstes »nicht der Sünde wegen erscheinen, sondern denen, die auf ihn warten, zum Heil« (Hebräer 9,28). Wie der Priester die Sünden aus dem Heiligtum entfernte und über dem Haupt des Sündenbocks bekannte, so wird Christus all diese Sünden auf Satan legen, den Urheber und Anstifter der Sünde. Dieser Sündenbock, der die Sünden Israels trug, wurde weggeführt »in die Wüste« (3. Mose 16,22). So wird Satan, der die Last sämtlicher Sünden tragen muss, zu denen er Gottes Volk verführte, tausend Jahre lang an die Erde gebunden sein, die dann wüst und leer und ohne Bewohner sein wird. Er wird schließlich im Feuer, das auch alle Gottlosen vernichtet, die volle Strafe für seine Sünden erleiden. Damit wird der große Erlösungsplan vollendet sein. Dann ist die Sünde vollständig ausgerottet und all jene sind befreit, die bereit waren, dem Bösen zu widerstehen.

Zu der vorhergesagten Zeit – nach Ablauf der 2300 Tage im Jahre 1844 – begann die Untersuchung mit der Austilgung der Sünden. Wer jemals den Namen Christi angenommen hat, wird einer genauen Prüfung unterzogen. Lebende und Tote müssen gerichtet werden »nach dem, was in den Büchern geschrieben steht, nach ihren Werken« (Offenbarung 20,12).

Sünden, die weder bereut noch aufgegeben wurden, werden nicht vergeben und aus den Büchern getilgt, sondern am Tag des Gerichtes Gottes Zeugnis gegen den Sünder ablegen. Er mag seine Missetaten am helllichten Tag oder bei finsterer Nacht begangen haben, sie liegen offen vor unserem Richter. Engel Gottes beobachteten jede Sünde und zeichneten sie in dem lückenlosen Berichtsbuch auf. Man mag seine Sünde vor dem Vater, der Mutter, der Ehefrau, den Kindern oder den Freunden verheimlichen, niemand außer dem Schuldigen mag den leisesten Verdacht eines Unrechts hegen: Doch sie liegt offen vor den himmlischen Wesen. Weder das Dunkel der finstersten Nacht noch die diskreteste Geheimhaltung unlauterer Unternehmungen reichen aus, einen einzigen Gedanken vor dem Allwissenden zu verschleiern. Gott besitzt einen genauen Bericht über jede unehrliche Abrechnung und jede ungerechte Behandlung. Den Ewigen täuscht weder ein Schein von Frömmigkeit, noch unterläuft ihm ein Fehler bei der Beurteilung eines Charakters. Menschen mögen von denen getäuscht werden, die im Herzen verdorben sind, aber Gott sieht durch alle Masken hindurch und liest alle verborgenen Gedanken.

VERBORGENES UND ANVERTRAUTES

Was für ein feierlicher Gedanke! Jeder Tag, der in die Ewigkeit mündet, trägt seine Beweislast in den Büchern im Himmel. Gesprochene Worte, begangene Taten können nicht rückgängig gemacht werden. Engel haben Gutes und Böses in die Bücher eingetragen. Selbst dem mächtigsten Eroberer der Erde ist es unmöglich, den Bericht auch nur eines einzigen Tages rückgängig zu machen. Unsere Taten, unsere Worte, ja unsere geheimsten Gedanken tragen mit dazu bei, unser Schicksal zum Wohl oder zum Wehe zu entscheiden. Selbst wenn wir alles vergessen haben mögen, das Zeugnis für oder gegen uns bleibt bestehen.

Wie Gesichtszüge durch den Künstler mit untrüglicher Genauigkeit auf die Leinwand reproduziert werden, so wird der Charakter getreu in die himmlischen Bücher eingetragen. Doch wie wenig machen wir uns Gedanken über den Bericht, in den himmlische Wesen Einblick haben. Könnte der Schleier gelüftet werden, der die sichtbare von der unsichtbaren Welt trennt, und könnten die Menschen den Engeln zusehen, wie sie jedes Wort und jede Tat aufzeichnen, von denen im Gericht Rechenschaft verlangt wird, wie viele Worte, die täglich geäußert werden, blieben dann unausgesprochen, wie viele Taten ungetan!

Der Gebrauch eines jeden anvertrauten Talentes wird im Gericht genauestens geprüft. Wie haben wir die Mittel verwendet, die uns der Himmel anvertraut hat? Wird der Herr sein Eigentum mit Zinsen zurückerhalten, wenn er kommt? Haben wir die Fähigkeiten, die uns übertragen wurden, mit Kraft, Herz und Verstand zum Ruhm Gottes und zum Segen der Welt eingesetzt? Wie haben wir unsere Zeit, unsere Feder, unsere Stimme, unseren Einfluss genutzt? Was haben wir für Christus an einem Armen, einem Bekümmerten, einer Waise oder einer Witwe getan? Gott machte uns zu Treuhändern seines heiligen Wortes. Was haben wir mit dem Licht gemacht, das uns verliehen wurde, um Menschen zu Christus zu führen? Ein bloßes Bekenntnis, an den Erlöser zu glauben, ist wertlos. Nur die Liebe, die sich in den Werken zeigt, wird als echt anerkannt. Und doch ist es in der Sicht des Himmels allein die Liebe, die einer Tat ihren Wert verleiht. Was immer aus Liebe geschieht, wie klein es nach menschlicher Einschätzung auch erscheinen mag, wird von Gott anerkannt und belohnt.

Die Bücher des Himmels offenbaren die verborgene Selbstsucht der Menschen. Dort existiert der Bericht über unerfüllte Pflichten an den Mitmenschen und über Vergesslichkeit gegenüber Erwartungen des Erlösers. Dort werden wir sehen, wie oft Zeit, Gedanken und Kraft Satan überlassen wurden, die eigentlich Christus gehörten. Die Engel überbringen dem Himmel einen traurigen Bericht. Vernunftbegabte Wesen, bekenntliche Nachfolger Christi, sind durch den Erwerb weltlicher Güter und durch irdische Vergnügungen ganz in Anspruch genommen. Geld, Zeit und Kraft werden Äußerlichkeiten und dem eigenen Genuss geopfert, während es nur selten Momente gibt, die dem Gebet, dem Suchen in der Schrift, der Hingabe und dem Sündenbekenntnis gewidmet werden.

Satan schmiedet unzählige Pläne, um unsere Gedanken in Beschlag zu nehmen, damit wir uns nicht mit jenem wichtigen Werk befassen, mit dem wir doch bestens vertraut sein sollten. Der Erzbetrüger hasst die großen Wahrheiten, die ein versöhnendes Opfer und einen allmächtigen Mittler zeigen. Er weiß, dass alles davon abhängt, ob es ihm gelingt, die Gedanken von Christus und seiner Wahrheit abzulenken.

Wer die Segnungen der Fürsprache Christi nutzen möchte, sollte sich durch nichts von seiner Pflicht abhalten lassen, seine Heiligung in der Furcht Gottes zu vervollkommnen. Statt kostbare Stunden dem Vergnügen, dem Luxus oder der Gewinnsucht zu opfern, sollten sie dem ernsten, andächtigen Studium der Wahrheit gewidmet werden. Das Thema des Heiligtums und des Untersuchungsgerichts sollte dem Volk Gottes bestens vertraut sein. Alle sollten selbst die Stellung und das Werk ihres Hohenpriesters persönlich kennen. Sonst ist es für sie unmöglich, den Glauben auszuleben, der in dieser Zeit so wesentlich ist, oder den Platz einzunehmen, den Gott für sie vorgesehen hat. Jeder einzelne Mensch entscheidet durch sein Verhalten, ob er gerettet wird oder verloren geht. Jeder hat ein noch offenes Verfahren im Gericht Gottes. Jeder muss seinem großen Richter Auge in Auge gegenübertreten. Wie wichtig ist es darum, dass alle immer wieder über die feierliche Szene nachdenken, wenn das Gericht gehalten wird und die Bücher geöffnet werden, wenn jeder Einzelne am Ende der Tage gleichzeitig mit Daniel (vgl. Daniel 12,13) seinen Platz einnehmen muss.

Alle, die über diese Dinge Licht erhalten haben, müssen für die großen Wahrheiten, die Gott ihnen anvertraut hat, Zeugnis ablegen. Das Heiligtum im Himmel ist das Zentrum des Dienstes Christi für die Menschen. Dies betrifft jeden Erdenbürger. Es öffnet uns die Augen für den Erlösungsplan, bringt uns unmittelbar ans Ende der Zeit und offenbart uns den großartigen Ausgang des Kampfs zwischen Gerechtigkeit und Sünde. Es ist von außerordentlicher Bedeutung, dass wir alle diese Themen genauestens untersuchen und jedermann Rede und Antwort geben können, der uns fragt, warum wir solch große Hoffnung haben.

DIE FOLGENSCHWERSTE ZEIT

Der Mittlerdienst Christi im himmlischen Heiligtum ist ein ebenso wesentlicher Teil des Heilsplans wie sein Tod am Kreuz. Mit seinem Tod begann er das Werk, zu dessen Vollendung er nach seiner Auferstehung in den Himmel fuhr. Im Glauben müssen wir »in das Innere hinter dem Vorhang« eingehen (Hebräer 6,19). »Dahinein ist der Vorläufer für uns gegangen.« (Hebräer 6,20) Dort spiegelt sich das Licht vom Kreuz auf Golgatha wider, und dort erhalten wir einen klareren Einblick in die Geheimnisse der Erlösung. Die Erlösung des Menschen wurde durch einen unendlichen Preis erreicht, das Opfer entspricht den höchsten Anforderungen des gebrochenen Gesetzes Gottes. Jesus hat den Weg zum Thron des Vaters geebnet, und durch seine Vermittlung können die aufrichtigen Wünsche aller Menschen, die im Glauben zu ihm kommen, vor Gott gebracht werden.

»Wer seine Sünde leugnet, dem wird's nicht gelingen; wer sie aber bekennt und lässt, der wird Barmherzigkeit erlangen.« (Sprüche 28,13) Wenn jene, die ihre Fehler verheimlichen und entschuldigen, sehen könnten, wie Satan über sie jubelt, wie er Christus und seine heiligen Engel mit ihrem Wandel verhöhnt, würden sie ihre Sünden schnellstens bekennen und ablegen. Durch Schwächen im menschlichen Charakter verschafft sich Satan die Kontrolle über das ganze Denken, und er weiß, wenn solche Schwächen gehegt werden, dass er Erfolg haben wird. Deshalb gaukelt er den Nachfolgern Christi durch üble List ständig vor, Überwindung sei unmöglich. Aber Jesus bittet mit seinen verwundeten Händen und seinem zerschlagenen Leib und sagt allen, die ihm nachfolgen wollen: »Lass dir an meiner Gnade genügen.« (2. Korinther 12,9) »Nehmt auf euch mein Joch und lernt von mir; denn ich bin sanftmütig und von Herzen demütig; so werdet ihr Ruhe finden für eure Seelen. Denn mein Joch ist sanft, und meine Last ist leicht.« (Matthäus 11, 29.30) Niemand soll glauben, dass seine Fehler unheilbar seien. Gott schenkt Glauben und Gnade, sie zu überwinden.

Wir leben nun in der Zeit des Großen Versöhnungstags. Im Schattendienst, als der Hohepriester für Israel die Versöhnung erwirkte, waren alle aufgefordert, ihre Sünden zu bekennen und sich vor Gott zu demütigen, damit sie nicht aus dem Volk verstoßen würden. In gleicher Weise sollten sich heute alle, die den Wunsch haben, dass ihr Name im Lebensbuch stehen bleibt, in den wenigen noch verbleibenden Tagen ihrer Gnadenzeit vor Gott beugen, ihre Sünden ernst nehmen und echte Reue zeigen. Ihre Herzen müssen gewissenhaft und gründlich durchforscht werden. Der Leichtsinn, dem so viele bekennende Christen verfallen sind, muss abgelegt werden. Jeder, der seine üblen Neigungen überwinden will, die um die Vorherrschaft kämpfen, steht vor einer harten Auseinandersetzung. Jeder muss sich individuell vorbereiten. Es gibt keine Kollektivlösung. Die Reinheit und Frömmigkeit des einen kann den Mangel an Frömmigkeit eines anderen nicht ausgleichen. Obwohl alle Völker vor Gott im Gericht erscheinen müssen, wird er den Fall jedes Einzelnen so genau und gründlich untersuchen, als ob es kein anderes Wesen auf der Erde gäbe. Jeder muss geprüft und ohne Flecken, Runzel oder Ähnliches befunden werden.

Es sind feierliche Szenen, die beim Abschluss des Versöhnungswerks ablaufen. Folgenschwere Entscheidungen werden getroffen. Das Gericht findet jetzt im himmlischen Heiligtum statt. Seit vielen Jahren geht dieses Werk voran. Bald, niemand weiß wie bald, werden auch die Fälle der Lebenden behandelt werden. Unser Leben wird in der Ehrfurcht gebietenden Gegenwart Gottes untersucht werden. Mehr denn je ist es heute für alle nötig, die Ermahnungen des Erlösers zu beherzigen: »Seht euch vor, wachet! Denn ihr wisst nicht, wann die Zeit da ist.« (Markus 13,33) »Wenn du aber nicht wachen wirst, werde ich kommen wie ein Dieb, und du wirst nicht wissen, zu welcher Stunde ich über dich kommen werde.« (Offenbarung 3,3)

Wenn das Untersuchungsgericht abschließt, ist das Schicksal eines jeden Menschen entschieden, es sei zum Leben oder zum Tod. Die Gnadenzeit endet kurz vor der Erscheinung des Herrn in den Wolken des Himmels. Über diese Zeit sagt Christus in der Offenbarung: »Wer Böses tut, der tue weiterhin Böses, und wer unrein ist, der sei weiterhin unrein; aber wer gerecht ist, der übe weiterhin Gerechtigkeit, und wer heilig ist, der sei weiterhin heilig. Siehe, ich komme bald und mein Lohn mit mir, einem jeden zu geben, wie seine Werke sind.« (Offenbarung 22,11.12)

Gerechte wie Gottlose werden in ihrem sterblichen Zustand noch auf dieser Erde leben. Die Menschen werden pflanzen und bauen, essen und trinken und sind sich nicht bewusst, dass die endgültige und unwiderrufliche Entscheidung im himmlischen Heiligtum gefallen ist. Vor der Sintflut betrat Noah die Arche, Gott schloss ihn ein und die Gottlosen aus. Doch sieben Tage lang machte das Volk mit seinem sorglosen und vergnügungssüchtigen Leben weiter, spottete über die Warnungen vor einem drohenden Gericht und wusste nicht, dass sein Untergang bereits beschlossen war. »So wird es auch sein beim Kommen des Menschensohns« (Matthäus 24,39), sagte Christus. Still und von niemandem beachtet wird die entscheidende Stunde wie ein Dieb in der Nacht kommen, die das Schicksal eines jeden besiegelt und dem Ungerechten die göttliche Gnade für immer entzieht.

»So wacht nun ... damit er euch nicht schlafend finde, wenn er plötzlich kommt.« (Markus 13,35.36) Gefährlich ist der Zustand derer, die beim Wachen müde werden und sich den Verlockungen der Welt zuwenden. Es kann sein, dass genau zu jener Stunde, in der sich der Geschäftsmann seinem Gewinnstreben hingibt, der Genussfreudige sein Vergnügen sucht und eine modebewusste Dame ihren Schmuck anlegt, der Richter der Welt das Urteil verkündet: »Man hat dich auf der Waage gewogen und zu leicht befunden.« (Daniel 5,27)

TEIL 5

DAS GEHEIMNIS DES BÖSEN

*»Untadelig warst du auf deinen Wegen
seit dem Tag, an dem du erschaffen wurdest,
bis Unrecht an dir gefunden wurde.«*

Hesekiel 28,15 ZÜ

KAPITEL 29

DER URSPRUNG DES BÖSEN

Der Ursprung der Sünde und der Grund ihrer Existenz werfen Fragen auf, die viele Menschen in große Verlegenheit bringen. Sie sehen die Auswirkungen des Bösen mit seinen schrecklichen Folgen, das Leid und die Zerstörung in der Welt, und sie fragen sich, weshalb all dies unter der Herrschaft eines Gottes bestehen kann, dessen Weisheit, Macht und Liebe doch unendlich sind. Dafür finden sie keine Erklärung, es bleibt ein Geheimnis. Ihre Unsicherheit und ihre Zweifel machen sie blind für die Wahrheiten, die in Gottes Wort deutlich offenbart werden und die für die Erlösung grundlegend sind. Manche dringen bei ihren Nachforschungen über die Existenz der Sünde in Bereiche vor, über die Gott nie etwas offenbart hat. Deshalb finden sie auch keine Lösungen für ihre Probleme. Menschen, die zu Zweifel und Kritik neigen, benutzen dies als Argument, um ihre Ablehnung der Heiligen Schrift zu rechtfertigen. Andere wiederum finden keine zufriedenstellende Erklärung für das große Problem des Bösen, weil Traditionen und falsche Auslegungen die Lehren der Bibel über den wahren Charakter Gottes, über die Art seiner Regierung und die Prinzipien seines Umgangs mit der Sünde verdunkelt haben.

EIN FREMDKÖRPER IM UNIVERSUM

Es gibt keine Erklärung für den Ursprung der Sünde oder eine Begründung für ihre Existenz. Doch man kann genug über den Ursprung der Sünde und über ihren Ausgang verstehen, um die Gerechtigkeit und Güte Gottes in seinem Umgang mit dem Bösen voll zu erkennen. Nichts lehrt die Schrift deutlicher, als dass Gott keinerlei Verantwortung für das Aufkommen der Sünde trägt, dass es keine willkürliche Rücknahme der göttlichen Gnade war, und dass es keine Unvollkommenheit in der göttlichen Herrschaft gab, die als Ursache für den Aufruhr hätten gelten können. Die Sünde ist ein Eindringling, für deren Aufkommen es keine Erklärung gibt. Sie ist ein

Geheimnis, unerklärlich, und wer sie entschuldigt, verteidigt sie. Könnte man sie entschuldigen oder begründen, würde sie aufhören, Sünde zu sein. Unsere einzige Definition der Sünde ist die, die uns das Wort Gottes gibt. Sünde ist die »Übertretung des Gesetzes« (1. Johannes 3,4 Elb.). Sie ist die Folge einer Grundhaltung, die mit dem großen Gesetz der Liebe, welches die Grundlage der Herrschaft Gottes bildet, in Feindschaft steht.

Bevor das Böse entstand, war das Universum von Friede und Freude erfüllt. Alles war in vollkommener Harmonie mit dem Willen des Schöpfers. Die Liebe zu Gott stand über allem und die Liebe untereinander war ungeteilt. Christus, das Wort, der einzige Sohn Gottes, war eins mit dem ewigen Vater, eins in seiner Natur, in seinem Charakter und in seinen Absichten. Er war das einzige Wesen im Universum, das mit den Ratschlüssen und Absichten Gottes vollständig vertraut war. Bei der Erschaffung aller himmlischen Wesen wirkte der Vater durch Christus. »Das Sichtbare und das Unsichtbare, es seien Throne oder Herrschaften oder Mächte oder Gewalten; es ist alles durch ihn und zu ihm geschaffen« (Kolosser 1,16), und der ganze Himmel gelobte Christus und dem Vater die Treue.

Das Gesetz der Liebe war die Grundlage der göttlichen Herrschaft. Das Glück aller erschaffenen Wesen war von ihrer vollkommenen Übereinstimmung mit den erhabenen Grundsätzen der Gerechtigkeit abhängig. Gott wünscht sich von allen seinen Geschöpfen einen Dienst aus Liebe und eine Anerkennung, die einer bewussten Wertschätzung seines Charakters entspringt. An einer erzwungenen Gefolgschaft hat er keine Freude. Er beschenkt alle mit dem freien Willen, damit sie ihm aus freien Stücken dienen.

Aber es gab einen, der sich dazu entschloss, diese Freiheit zu missbrauchen. Bei ihm nahm die Sünde ihren Anfang. Gott hatte ihm nach Christus die höchste Ehre erwiesen und unter den himmlischen Bewohnern wurde ihm die höchste Macht und Herrlichkeit verliehen. Vor seinem Fall war Luzifer[65] heilig und rein und der Erste unter den schirmenden Cherubim. »So spricht der Herr, HERR: Du warst das vollendete Siegel, voller Weisheit und vollkommen an Schönheit ... Du warst ein mit ausgebreiteten Flügeln schirmender Cherub, und ich hatte dich dazu gemacht; du warst auf Gottes heiligem Berg; mitten unter feurigen Steinen gingst du einher. Vollkommen warst du in deinen Wegen von dem Tag an, als du geschaffen wurdest, bis sich Unrecht an dir fand.« (Hesekiel 28,12-15 Elb.)

Luzifer, von allen Engelscharen geliebt und geehrt, hätte in der Gunst Gottes bleiben und seine edle Macht benützen können, um andere zu segnen und seinen Schöpfer zu verherrlichen. Aber der Prophet sagt: »Dein

---

65 Siehe Glossar »Satan, Teufel, Luzifer«, S. 678.

Herz wollte hoch hinaus wegen deiner Schönheit, du hast deine Weisheit zunichte gemacht um deines Glanzes willen.« (Hesekiel 28,17 Elb.) Ganz allmählich entwickelte Luzifer das Verlangen, sich selbst zu erhöhen. »Weil sich dein Herz überhebt, als wäre es eines Gottes Herz.« (Hesekiel 28,6) »Du aber gedachtest in deinem Herzen: Ich will in den Himmel steigen und meinen Thron über die Sterne Gottes erhöhen, ich will mich setzen auf den Berg der Versammlung. ... Ich will auffahren über die hohen Wolken und gleich sein dem Allerhöchsten.« (Jesaja 14,13.14) Statt die Geschöpfe zu ermutigen, Gott durch Liebe und Treue zu ehren, war es Luzifers Bestreben, ihren Dienst und ihre Huldigung für sich selbst zu gewinnen. Eifersüchtig auf die Ehre, die der himmlische Vater allein seinem Sohn verliehen hatte, strebte dieser Engelfürst nach jener Macht, die ausschließlich Christus vorbehalten war.

Der ganze Himmel hatte Freude daran, die Herrlichkeit des Schöpfers zu bezeugen und ihn zu loben. Solange Gott auf diese Weise geehrt wurde, herrschten überall Friede und Freude. Doch nun störte ein Misston die himmlische Harmonie. Eigenruhm und Selbsterhöhung entsprachen nicht Gottes Willen und weckten düstere Vorahnungen bei denen, für die der Ruhm Gottes Vorrang hatte. Die himmlische Ratsversammlung verhandelte mit Luzifer. Der Sohn Gottes machte ihn auf die Größe, Güte und Gerechtigkeit des Schöpfers sowie auf die Unwandelbarkeit seines Gesetzes aufmerksam. Gott selbst hatte die himmlische Ordnung eingesetzt. Mit dem Abweichen würde Luzifer seinen Schöpfer entehren und sich ins Verderben stürzen. Aber die in unendlich großer Liebe und Barmherzigkeit ausgesprochene Warnung erregte nur seinen Widerstand. Luzifer war von der Eifersucht auf Christus vollkommen beherrscht und handelte umso entschlossener.

DER DRANG NACH SELBSTVERHERRLICHUNG

Der Stolz auf seine eigene Herrlichkeit nährte das Verlangen nach einer Vormachtstellung. Die hohen Ehren, die Luzifer übertragen worden waren, schätzte er nicht als Gabe Gottes, und sie weckten keine Dankbarkeit gegenüber seinem Schöpfer. Er rühmte sich seiner Klugheit und erhabenen Stellung und wollte Gott gleich sein. Die himmlischen Heerscharen liebten und verehrten ihn. Engel freuten sich, seine Anordnungen auszuführen; seine Weisheit und seine Herrlichkeit überragten sie alle. Dennoch war der Sohn Gottes der anerkannte Herrscher des Himmels, eins in Macht und Gewalt mit dem Vater. Bei allen Beratungen Gottes war Christus zugegen, während Luzifer nicht so tief in alle Pläne Gottes eingeweiht wurde. »Warum sollte Christus eine Vormachtstellung haben?«, fragte sich dieser mächtige Engel. »Warum wird er mehr geehrt als ich?«

Luzifer verließ seinen Platz in der unmittelbaren Umgebung Gottes und säte den Geist der Unzufriedenheit unter die Engel. Eine Zeit lang verbarg er seine wahren Absichten in geheimnisvoller Verschwiegenheit unter einer scheinbaren Ehrfurcht vor Gott. Dabei versuchte er, über die Gesetze, die das Leben der himmlischen Wesen regelten, Unzufriedenheit zu säen. Satan* redete ihnen ein, diese Ordnungen bestünden aus unnötigen Einschränkungen. Er drängte die Engel dazu, aufgrund ihrer natürlichen Heiligkeit, den Vorgaben ihres eigenen Willens zu folgen und versuchte, ihre Sympathie zu gewinnen, indem er Gott als ungerecht darstellte, weil dieser Christus höhere Ehre erwiesen hatte als ihm. Er versicherte, dass er größere Macht und Ehre nicht zur Selbsterhöhung anstrebte, sondern um die Freiheit aller himmlischen Bewohner zu sichern und ihnen dadurch zu einer höheren Daseinsstufe zu verhelfen.

Gott hatte in seiner Barmherzigkeit lange Geduld mit Luzifer. Er nahm ihm nicht sofort seine hohe Stellung, als er begann, den Geist der Unzufriedenheit zu entwickeln, selbst dann noch nicht, als er seine Ansprüche den treuen Engeln unterbreitete. Er wurde im Himmel lange geduldet. Immer wieder wurde ihm unter der Bedingung der Reue und Unterwerfung Vergebung angeboten. Solche Bemühungen, wie sie nur unendliche Liebe und Weisheit entwerfen konnten, sollten ihn von seinem Irrtum überzeugen. Unzufriedenheit war bisher im Himmel unbekannt. Luzifer selbst sah zunächst nicht, wohin er trieb. Er verstand die wirkliche Art seiner Gefühle nicht. Doch als nachgewiesen wurde, dass seine Unzufriedenheit unbegründet war, kam Luzifer zu der Erkenntnis, dass er sich im Unrecht befand, dass die Ansprüche Gottes gerechtfertigt waren, und dass er diese vor allen Himmelsbewohnern anerkennen sollte. Hätte er dies getan, hätte er sich selbst und viele Engel retten können, denn zu jenem Zeitpunkt hatte er seine Treue zu Gott noch nicht ganz aufgegeben. Obwohl er seine Stellung als schirmender Cherub verlassen hatte, hätte er doch wieder in sein Amt eingesetzt werden können, wenn er die Weisheit des Schöpfers anerkannt und sich mit dem Platz begnügt hätte, den ihm Gott in seinem großen Plan zugewiesen hatte. Aber Stolz hinderte ihn daran, sich zu fügen. Hartnäckig verteidigte er seinen eigenen Standpunkt, beharrte darauf, dass er keine Reue nötig hätte und begab sich vollends in den großen Kampf gegen seinen Schöpfer.

Von nun an stellte er die ganze Kraft seines überragenden Geistes in den Dienst der Verführung, um sich die Zuneigung der Engel, die unter seiner Führung standen, zu sichern. Sogar die Tatsache, dass Christus ihn gewarnt und ihm guten Rat erteilt hatte, wurde verdreht, um seinen verräterischen Absichten zu dienen. Denen, die sich durch liebevolles Vertrauen am engsten mit ihm verbunden fühlten, erklärte Satan, er sei falsch beurteilt worden, man habe seiner Stellung nicht die nötige Achtung entgegengebracht und wolle ihn in seiner Freiheit beschränken. Von falschen Darstellungen der Worte Christi ging er zu Verdrehungen und schließlich zu Lügen über und beschuldigte den Sohn Gottes, ihn vor den Himmelsbewohnern zu demütigen. Auch sein Verhältnis zu den treuen Engeln versuchte er falsch darzustellen. Allen, die er nicht verführen und auf seine Seite ziehen konnte, warf er Gleichgültigkeit gegenüber den Interessen der Himmelsbewohner vor. Seine eigenen Vergehen legte er nun denen zur Last, die Gott treu blieben. Um seine Anklage, Gott sei ungerecht, aufrechtzuerhalten, nahm er Zuflucht zu falschen Darstellungen der Worte und Handlungen des Schöpfers. Es war seine Methode, die Engel mit spitzfindigen Erklärungen in Bezug auf die Absichten Gottes zu verwirren. Die einfachsten Dinge hüllte er in Geheimnisse ein und säte durch gekonnte Verdrehungen Zweifel an eindeutigen Aussagen Gottes. Seine hohe Stellung in enger Verbindung zur göttlichen Leitung verlieh seinen Worten großen Nachdruck und veranlasste viele Engel, sich seinem Aufruhr gegen die himmlische Autorität anzuschließen.

VON HEIMLICHER UNZUFRIEDENHEIT ZU OFFENER AUFLEHNUNG

In seiner Weisheit gestattete es Gott Satan, sein Werk so lange weiterzuführen, bis der Geist der Unzufriedenheit offene Auflehnung hervorbrachte. Es war notwendig, dass seine Pläne zur vollen Entfaltung kamen, damit ihr wahres Wesen und Ziel von allen erkannt werden konnte. Luzifer hatte eine herrliche Stellung als gesalbter Cherub. Die himmlischen Wesen liebten ihn außerordentlich, und er hatte großen Einfluss auf sie. Gottes Herrschaft schloss nicht nur die Himmelsbewohner ein, sondern alle Welten, die er geschaffen hatte. Satan glaubte, dass er seinen Aufruhr auch auf andere Welten übertragen könnte, wenn es ihm gelänge, die Engel des Himmels auf seine Seite zu ziehen. Äußerst geschickt stellte er seine Sicht der Dinge dar und benutzte Lug und Trug, um seine Ziele zu erreichen. Er verfügte über eine große Verführungskraft und indem er sich hinter einem Gewand der

Lüge verbarg, gewann er einen Vorteil. Sogar die treuen Engel vermochten seinen Charakter nicht völlig zu durchschauen und konnten nicht erkennen, wohin sein Werk führte.

Satan war so hoch geehrt und alle seine Handlungen so geheimnisumwittert, dass es schwierig war, den Engeln die wahre Natur seiner Absichten klar zu machen. Bevor sie nicht zur völligen Entfaltung kam, erschien die Sünde nicht so übel, wie sie war. Bisher hatte sie in Gottes Universum keinen Platz gehabt, und heilige Wesen hatten keine Vorstellung von ihrer Natur und Boshaftigkeit. Sie waren nicht in der Lage, die schrecklichen Folgen abzusehen, die eine Beseitigung des Gesetzes Gottes nach sich ziehen würde. Satan hatte seine Taten anfänglich hinter einem scheinbaren Treueversprechen gegenüber Gott versteckt. Er gab vor, die Ehre Gottes zu fördern und seine Herrschaft für das Wohl aller Himmelsbewohner zu festigen. Während er bei den Engeln, die ihm unterstellt waren, Unzufriedenheit säte, erweckte er geschickt den Anschein, er wolle die Unzufriedenheit beseitigen. Wenn er auf Veränderungen in Gottes Gesetz und Herrschaft drang, geschah dies unter dem Vorwand, so etwas sei notwendig, um die Eintracht im Himmel zu bewahren.

Gott konnte der Sünde nur mit Gerechtigkeit und Wahrheit begegnen. Satan hingegen setzte Mittel ein, die Gott nicht verwenden konnte: Schmeichelei und Betrug. Er hatte versucht, Gottes Wort zu verfälschen und stellte den Engeln den Plan seiner Herrschaft falsch dar. Er behauptete, Gott sei ungerecht, weil er den Bewohnern des Himmels Gesetze und Regeln auferlegte. Wenn er von seinen Geschöpfen Unterordnung und Gehorsam fordere, suche Gott damit einzig seine Selbsterhöhung. Deshalb musste nun vor den Himmelsbewohnern sowie vor den Bewohnern aller Welten gezeigt werden, dass Gottes Regierung gerecht und sein Gesetz vollkommen ist. Satan hatte den Anschein erweckt, als wolle er das Gute des Universums fördern. Der wahre Charakter des Thronräubers und seine eigentlichen Absichten müssen von allen verstanden werden. Deshalb musste Satan Zeit gegeben werden, sich in seinen bösen Werken zu offenbaren.

Die Zwietracht, die Satan durch sein Verhalten im Himmel verursacht hatte, legte er dem Gesetz und der Herrschaft Gottes zur Last. Alles Übel sei das Ergebnis der göttlichen Regierung. Er gab vor, dass es sein Ziel gewesen sei, Jahwes Satzungen zu verbessern. Deshalb musste ihm erlaubt werden, die Art seiner Absichten zu demonstrieren und die Auswirkungen seiner Behauptungen in Bezug auf die Veränderungen des göttlichen Gesetzes zu zeigen. Sein eigenes Werk musste ihn entlarven. Von Anfang an hat Satan behauptet, kein Aufrührer zu sein. Das ganze Universum muss sehen, wie der Betrüger demaskiert wird.

EINE LEHRE FÜR ALLE

Selbst als beschlossen war, dass Satan nicht länger im Himmel bleiben durfte, vernichtete ihn Gott in seiner grenzenlosen Weisheit nicht. Da Gott nur mit einem Dienst aus Liebe zufrieden ist, muss die Treue seiner Geschöpfe aus der Überzeugung kommen, dass er gerecht und gütig ist. Die Bewohner des Himmels und anderer Welten, die unvorbereitet waren, das Wesen oder die Folgen der Sünde zu erfassen, hätten in einer Vernichtung Satans die Gerechtigkeit und Barmherzigkeit Gottes nicht erkennen können. Wäre Satan unmittelbar vernichtet worden, hätten Gottes Geschöpfe ihrem Herrn mehr aus Furcht als aus Liebe gedient. Der Einfluss des Betrügers wäre nicht völlig beseitigt worden, noch der Geist der Rebellion gänzlich vernichtet. Dem Bösen musste die Möglichkeit gegeben werden, zur Reife zu gelangen. Im Interesse des gesamten Universums und zur Klärung für die Ewigkeit, sollte Satan seine Grundsätze umfassend entfalten können. So würden seine Anklagen gegen Gottes Regierung von allen geschaffenen Wesen in ihrem wahren Licht erkannt werden, und die Gerechtigkeit und Gnade Gottes sowie die Unveränderlichkeit seines Gesetzes würden für immer außer Frage stehen.

Die Rebellion Satans sollte dem Universum für alle Zeitalter eine Lehre und ein bleibendes Zeugnis für das Wesen und die Folgen der Sünde sein. Die Entfaltung der Herrschaft Satans und ihre Folgen für Menschen und Engel würden offenbaren, welche Früchte die Beseitigung der Autorität Gottes hervorbringt. Es würde bezeugen, dass das Wohlergehen aller von Gott geschaffenen Wesen mit seiner Herrschaft und seinem Gesetz eng zusammenhängt. Auf diese Weise sollte die Geschichte dieser schrecklichen Auflehnung alle heiligen Wesen nachhaltig schützen. Sie würde sie vor einer Täuschung über das wahre Wesen der Gesetzesübertretung bewahren und ihnen das Sündigen und das Erleiden der damit verbundenen Strafen ersparen.

Bis zum Ende der Auseinandersetzung im Himmel versuchte sich der große Aufrührer zu rechtfertigen. Als angekündigt wurde, dass er mit all seinen Anhängern aus dieser glücklichen Heimat vertrieben werden sollte, bekannte sich der Rebell ganz offen dazu, das Gesetz des Schöpfers zu verachten. Er wiederholte seine Behauptung, dass Engel keinerlei Leitung nötig hätten, sondern ihrem eigenen Willen folgen sollten, der sie immer richtig führen würde. Er prangerte die göttlichen Satzungen als Beschränkung ihrer Freiheit an und verkündete seine Absicht, für die Abschaffung des Gesetzes zu sorgen, damit die himmlischen Heerscharen, von diesem Zwang befreit, eine höhere und herrlichere Daseinsstufe erreichen könnten.

Einstimmig machten Satan und seine Anhänger Christus für ihre Auflehnung verantwortlich. Sie erklärten, dass sie niemals rebelliert hätten, wenn sie nicht gerügt worden wären. In hartnäckiger und trotziger Treulosigkeit versuchten sie vergeblich, die Herrschaft Gottes zu stürzen. Gotteslästerlich behaupteten sie, die unschuldigen Opfer einer sie unterdrückenden Macht zu sein. Schließlich wurden der Erzrebell und all seine Sympathisanten aus dem Himmel verbannt.

Derselbe Geist, der die Rebellion im Himmel auslöste, erzeugt bis heute auf der Erde Aufruhr gegen Gott. Bei den Menschen arbeitet Satan mit denselben Methoden wie bei den Engeln. Sein Geist beherrscht heute die Kinder des Ungehorsams. So wie er versuchen auch sie die Schranken des Gesetzes Gottes niederzureißen und sie versprechen den Menschen Freiheit durch die Übertretung der göttlichen Ordnungen. Kritik an der Sünde erregt in ihnen noch immer den Geist des Hasses und des Widerstandes. Wenn sich Gottes Warnungsbotschaft an das Gewissen richtet, verleitet Satan die Menschen dazu, sich zu rechtfertigen und für ihren sündigen Weg die Zustimmung anderer zu gewinnen. Anstatt ihre Fehler zu korrigieren, stiften sie zum Aufruhr gegen den Mahner an, als ob dieser der eigentliche Urheber aller Schwierigkeiten wäre. Seit den Tagen des gerechten Abels bis in unsere Zeit ist das die Geisteshaltung, die jenen begegnet, die es wagen, die Sünde zu rügen.

Satan verleitet die Menschen mit derselben Methode zur Sünde, die er schon im Himmel angewandt hatte. Er entstellte den Charakter Gottes und ließ ihn als streng und erbarmungslos erscheinen. Als er damit Erfolg hatte, behauptete er, die ungerechten Einschränkungen Gottes hätten den Menschen zu Fall gebracht und auch ihn in die Auflehnung getrieben.

Der ewige Gott hingegen beschreibt sein Wesen selbst so: »HERR, HERR, Gott, barmherzig und gnädig und geduldig und von großer Gnade und Treue, der da Tausenden Gnade bewahrt und vergibt Missetat, Übertretung und Sünde, aber ungestraft lässt er niemand.« (2. Mose 34,6.7)

CHRISTUS ENTLARVT SATAN

Durch die Verbannung Satans aus dem Himmel bewies Gott seine Gerechtigkeit und bewahrte die Ehre seines Throns. Doch als der Mensch durch die Verführung dieses abgefallenen Engels gesündigt hatte, bezeugte Gott seine Liebe, indem er seinen eingeborenen Sohn für die gefallene Menschheit in den Tod gab. In der Versöhnung offenbart sich das Wesen Gottes. Das Kreuz ist für das ganze Universum der mächtigste Beweis dafür, dass Gott für den Kurs der Sünde, den Luzifer eingeschlagen hat, in keinerlei Weise verantwortlich gemacht werden kann.

In der Auseinandersetzung zwischen Christus und Satan während des irdischen Wirkens des Erlösers wurde der Charakter des großen Betrügers entlarvt. Nichts hätte die Zuneigung der himmlischen Engel und des treuen Universums zu Satan so wirkungsvoll zerstören können wie sein grausamer Kampf gegen den Erlöser der Welt. Die kühne Gotteslästerung in seiner Forderung, dass Christus ihn anbeten solle, die anmaßende Dreistigkeit, Christus auf einen Berggipfel und auf die Zinne des Tempels zu tragen, die heimtückische betrügerische Absicht, ihn zu bedrängen, sich aus schwindelnder Höhe in die Tiefe zu stürzen, die rastlose Bosheit, mit der er ihn von Ort zu Ort jagte und auf die Herzen der Priester und des Volks einwirkte, die göttliche Liebe zu verwerfen, und schließlich der Schrei »Kreuzige, kreuzige ihn!« (Lukas 23,21) – all dies erregte Erstaunen und Entrüstung im Universum.

Es war Satan, der die Welt dazu anstiftete, Christus zu verwerfen. Der Fürst des Bösen benutzte all seine Macht und Verschlagenheit, um Jesus zu vernichten, denn er erkannte, dass die Liebe und Barmherzigkeit des Erlösers und seine mitleidsvolle Zärtlichkeit der Welt das Wesen Gottes offenbaren würden. Satan stellte alles, was der Sohn Gottes gebot, in Frage und benutzte Menschen als seine Werkzeuge, um das Leben des Erlösers mit Schmerzen und Sorgen zu erfüllen. Spitzfindig und verschlagen versuchte er, das Werk Christi zu behindern. Durch gesetzlose Menschen ließ er ihn seinen Hass spüren. Gegen den, der ein Leben beispielloser Güte führte, brachte er gemeine Beschuldigungen vor. All dies entsprang einem tief verwurzelten Verlangen nach Rache. Auf Golgatha entluden sich Satans gesamte unterdrückte Eifersucht, sein Neid und sein Hass gegen den Sohn Gottes. Der gesamte Himmel blickte in starrem Entsetzen auf dieses Geschehen.

Als das große Opfer vollendet war, fuhr Christus in den Himmel auf. Er lehnte aber die Verehrung der Engel ab, bis er dem Vater seine Bitte vorgetragen hatte: »Vater, ich will, dass, wo ich bin, auch die bei mir seien, die du mir gegeben hast.« (Johannes 17,24) Da erklang mit unaussprechlicher Liebe und Macht die Antwort vom Thron des Vaters: »Es sollen ihn alle Engel Gottes anbeten.« (Hebräer 1,6) Jesus war ohne Makel. Seine Demütigung war zu Ende, sein Opfer vollbracht. Nun wurde ihm ein Name gegeben, »der über alle Namen ist« (Philipper 2,9). Nun war ersichtlich, dass Satan für seine Rebellion keine Entschuldigung mehr hatte. Er hatte seinen wahren Charakter als Lügner und Mörder offenbart. Es wurde sichtbar, dass er mit demselben Geist, mit dem er die Menschen beherrschte, die unter seiner Macht standen, die Himmelsbewohner geknechtet hätte, wenn es ihm erlaubt worden wäre. Er hatte behauptet, dass die Übertretung des Gesetzes Gottes Freiheit und Aufstieg bringen würde, doch die offensichtlichen Folgen waren Knechtschaft und Erniedrigung.

Satans lügenhafte Anklagen gegen den Charakter Gottes und seine Regierung erschienen in ihrem wahren Licht. Er hatte Gott beschuldigt, nur sich selbst verherrlichen zu wollen, wenn er von seinen Geschöpfen Unterwerfung und Gehorsam verlangte, und hatte erklärt, dass der Schöpfer von allen anderen Selbstverleugnung verlange, selbst aber keine Selbstverleugnung übe und keine Opfer bringe. Nun wurde offenbar, dass der Herr des Universums zur Erlösung eines gefallenen und sündigen Geschlechts das größte Opfer brachte, das die Liebe bringen konnte, »denn Gott war in Christus und versöhnte die Welt mit sich selber« (2. Korinther 5,19). Während Luzifer der Sünde die Tür öffnete, weil er Ehre und Herrschaft begehrte, erniedrigte Christus sich selbst und wurde gehorsam bis zum Tod, damit die Sünde vernichtet werden konnte.

GOTT WIRD VOR DEM UNIVERSUM GERECHTFERTIGT

Gott hatte seine Abscheu gegen die Prinzipien der Rebellion offengelegt. Der ganze Himmel erkannte seine Gerechtigkeit darin, dass Satan verurteilt und der Mensch erlöst wurde. Luzifer hatte behauptet, dass jeder Gesetzesübertreter auf ewig von der Gunst des Schöpfers ausgeschlossen sei und dass die Strafe nicht erlassen werden könne, wenn das Gesetz unveränderlich sei. Er hatte behauptet, die sündhafte Menschheit sei ohne jede Rettung und daher seine rechtmäßige Beute. Doch der Tod Christi war eine Tat zu Gunsten des Menschen, die nicht widerlegt werden konnte. Die Strafe für die Gesetzesübertretung fiel auf den, der Gott gleich war. Der Mensch war frei, die Gerechtigkeit Christi anzunehmen und durch ein Leben der Umkehr und der Demut, wie der Sohn Gottes, über die Macht Satans zu siegen. Damit bleibt Gott gerecht und spricht doch alle, die an Jesus glauben, frei.

Aber Christus kam nicht nur auf die Erde, erlitt Leid und Tod, um die Menschheit zu erlösen. Er kam auf diese Erde, um das »Gesetz herrlich und groß« zu machen (Jesaja 42,21). Nicht nur, dass die Bewohner dieser Welt dem Gesetz gebührende Achtung entgegen brächten, sondern auch, damit allen Welten des Universums aufgezeigt würde, dass Gottes Gesetz unveränderlich ist. Hätten seine Forderungen beseitigt werden können, wäre es nicht notwendig gewesen, dass der Sohn Gottes sein Leben hingab, um die Übertretung zu sühnen. Damit beweist der Tod Christi die Unwandelbarkeit des Gesetzes Gottes. Und das Opfer, zu dem die unendliche Liebe den Vater und den Sohn gedrängt hatte, damit Sünder erlöst werden konnten, zeigt dem ganzen Universum: Nichts Geringeres als dieser Erlösungsplan war ausreichend, um zu zeigen, dass Gerechtigkeit und Barmherzigkeit die Grundlagen des Gesetzes und der Regierung Gottes sind.

Im Gericht wird bei der endgültigen Urteilsvollstreckung deutlich, dass es für die Sünde keinen stichhaltigen Grund gibt. Der Richter der Welt wird Satan die Frage stellen: »Weshalb hast du dich gegen mich aufgelehnt und mir die Untergebenen meines Reiches genommen?« Dann wird der Urheber des Bösen keine Entschuldigung vorbringen können. Jeder Mund wird zum Schweigen gebracht werden und die aufrührerischen Scharen werden verstummen.

Das Kreuz von Golgatha hat das Gesetz als unveränderlich erklärt und dem Universum gezeigt, dass der Tod »der Sünde Sold« ist (Römer 6,23). Mit dem Todesruf des Erlösers »Es ist vollbracht!« (Johannes 19,30) wurde Satan die Totenglocke geläutet. Der große Kampf, der so lange gedauert hatte, wurde entschieden und die endgültige Tilgung der Sünde ist sichergestellt. Der Sohn Gottes ging durch die Tore des Todes, »damit er durch seinen Tod die Macht nähme dem, der Gewalt über den Tod hatte, nämlich dem Teufel« (Hebräer 2,14). Luzifers Verlangen nach Selbstverherrlichung verleitete ihn zu dem Ausspruch: »Ich will ... meinen Thron über die Sterne Gottes erhöhen, ich will ... gleich sein dem Allerhöchsten.« (Jesaja 14,13.14) Gott sprach: »Darum habe ich ein Feuer aus dir hervorbrechen lassen, das dich verzehrte und zu Asche gemacht hat auf der Erde ... dass du ... nicht mehr aufkommen kannst.« (Hesekiel 28,18.19) »Denn siehe, es kommt ein Tag, der brennen soll wie ein Ofen. Da werden alle Verächter und Gottlosen Stroh sein, und der kommende Tag wird sie anzünden, spricht der Herr Zebaoth, und er wird ihnen weder Wurzel noch Zweig lassen.« (Maleachi 3,19)

Das ganze Universum wird Zeuge des Wesens und der Folgen der Sünde sein. Ihre vollständige Ausrottung, die zu Beginn den Engeln Furcht und Gott Unehre gebracht hätte, wird nun die Liebe Gottes rechtfertigen und seine Ehre vor allen Geschöpfen des Universums wiederherstellen, die gern seinen Willen tun und in deren Herzen sein Gesetz geschrieben steht. Nie wieder wird das Böse auftreten. Das Wort Gottes sagt: »Es wird das Unglück nicht zweimal kommen.« (Nahum 1,9) Das Gesetz Gottes, das Satan als ein Joch der Knechtschaft verleumdet hatte, wird als Gesetz der Freiheit geehrt werden. Die geprüfte Schöpfung wird nie wieder von der Treue zu ihrem Herrn abfallen, dessen Charakter ihr völlig offenbart wurde als unergründliche Liebe und unendliche Weisheit.

KAPITEL 30

DIE GROSSE FEINDSCHAFT

»Ich will Feindschaft setzen zwischen dir und der Frau und zwischen deinem Nachkommen und ihrem Nachkommen; der soll dir den Kopf zertreten, und du wirst ihn in die Ferse stechen.« (1. Mose 3,15) Das göttliche Urteil, das nach dem Fall des Menschen über Satan verhängt wurde, war gleichzeitig eine Prophezeiung. Sie umfasste alle Epochen der Geschichte bis zum Ende der Zeit und gab eine Vorschau auf den großen Kampf, in den alle Menschen auf dieser Erde verwickelt sein würden.

FEINDSCHAFT, NICHT VON ANFANG AN

Gott erklärt: »Ich will Feindschaft setzen.« Diese Feindschaft bestand nicht von Anfang an. Sobald der Mensch das göttliche Gesetz übertreten hatte, wurde seine Natur vom Bösen angesteckt. Von nun an stand er nicht mehr im Gegensatz zu Satan, sondern in Übereinstimmung mit ihm. In ihrer Grundausrichtung besteht zwischen dem sündhaften Menschen und dem Urheber der Sünde kein Unterschied mehr. Beide wurden durch ihren Abfall von Gott vom Bösen verdorben. Der Abgefallene gibt sich nie zufrieden, es sei denn, er erhält Mitgefühl und Unterstützung, indem er andere veranlasst, seinem Beispiel zu folgen. Aus diesem Grund bilden gefallene Engel und böse Menschen eine Schicksalsgemeinschaft. Hätte Gott nicht auf besondere Weise eingegriffen, wären Satan und die Menschheit ein Bündnis gegen den Himmel eingegangen. Statt Feindschaft gegen Satan zu hegen, hätte sich das ganze Menschengeschlecht im Aufruhr gegen Gott vereint.

So wie Satan schon die Engel zur Auflehnung angestiftet hatte, verführte er auch die Menschen zur Sünde. Damit sicherte er sich ihre Zusammenarbeit im Kampf gegen den Himmel. Was den Hass gegen Christus betraf, waren sich Satan und die gefallenen Engel einig. Wenn es auch in allen anderen Bereichen Meinungsverschiedenheiten gab, hielt sie ihre Opposition gegen die Autorität des Herrschers des Universums doch fest zusammen. Aber als Satan die Worte vernahm, dass Feindschaft zwischen ihm und der Frau und zwischen seinem Nachkommen und ihrem Nachkommen (vgl. 1. Mose 3,15) bestehen sollte, wurde ihm klar, dass seine Absicht, die Natur des Menschen zu verderben, durchkreuzt werden würde. Es würde ein Mittel geben, um den Menschen zu befähigen, seiner Macht zu widerstehen.

Satans Feindschaft gegen die Menschheit ist entbrannt, weil ihr die Liebe und Gnade Gottes durch Christus gehört. Satan will den göttlichen Plan zur Erlösung der Menschen durchkreuzen. Er versucht Gott zu entehren, indem er sein Schöpfungswerk verunstaltet und beschmutzt, dem Himmel Kummer bereitet und die Erde mit Leid und Verwüstung erfüllt. Dann weist er auf all das Übel hin und behauptet, es sei das Resultat der Erschaffung des Menschen durch Gott.

Wenn Christus mit seiner Gnade am Herzen wirkt, schafft sie im Menschen Feindschaft gegen Satan. Ohne diese umwandelnde Gnade und diese erneuernde Kraft würde der Mensch ein Gefangener Satans bleiben, ein williger Diener, der immer bereit ist, seine Befehle auszuführen. Doch die neue Gesinnung im Herzen lässt dort, wo bisher Friede war, einen Zwiespalt entstehen. Die Kraft, die Christus verleiht, befähigt ihn, dem Tyrannen und unrechtmäßigen Machthaber zu widerstehen. Wer Sünde verabscheut, statt sie zu lieben, wer ihr widersteht und die Gewalt seiner inneren Leidenschaften überwindet, offenbart Grundsätze, die ihren Ursprung im Himmel haben.

Der Gegensatz, der zwischen dem Geist Christi und dem Geist Satans besteht, wurde besonders in der Art und Weise offensichtlich, wie Jesus von der damaligen Gesellschaft aufgenommen wurde. Es war nicht so sehr der fehlende Reichtum oder der Mangel an Prunk oder Größe, der die Juden veranlasste, ihn abzulehnen. Sie erkannten, dass er eine Macht besaß, die diesen Mangel an äußeren Vorzügen mehr als ausglich. Doch die Reinheit und Heiligkeit Christi erregte den Hass der Gottlosen. Sein Leben der Selbstverleugnung und des sündlosen Edelmuts war für das stolze und sinnliche Volk ein beständiger Vorwurf und erregte Feindschaft gegen den Sohn Gottes. Satan und böse Engel verbanden sich mit bösen Menschen. Alle Kräfte des Abfalls verschworen sich gegen den Verteidiger der Wahrheit.

Den Nachfolgern Christi wird die gleiche Feindschaft wie dem Meister entgegengebracht. Wer das abscheuliche Wesen der Sünde erkennt und der Versuchung mit der Kraft des Himmels widersteht, zieht mit Sicherheit den Zorn Satans und seiner Anhänger auf sich. Der Hass gegen die reinen Prinzipien der Wahrheit sowie Vorwürfe und Verfolgung gegen jene, die nach solchen Grundsätzen leben, werden bestehen, solange es Sünder gibt. Nachfolger Christi und Diener Satans werden nie miteinander übereinstimmen. Das Kreuz hat nicht aufgehört, ein Ärgernis zu sein. »Alle aber auch, die gottesfürchtig leben wollen in Christus Jesus, werden verfolgt werden.« (2. Timotheus 3,12 EÜ)

ANGRIFFE AUS DEM HINTERHALT

Satans Helfer arbeiten ständig unter seiner Anweisung an der Aufrichtung seiner Herrschaft und am Aufbau seines Reiches in Opposition zur Herrschaft Gottes. Zu diesem Zweck versuchen sie, die Nachfolger Christi zu täuschen und sie dazu zu verführen, ihre Treue zu Gott aufzugeben. Wie ihr Anführer legen sie die Schrift falsch aus und verdrehen sie, um ihr Ziel zu erreichen. Wie Satan versuchte, Gott mit Vorwürfen zu überhäufen, so verleumden seine Helfer das Volk Gottes. Der gleiche Geist, der Christus zu Tode brachte, treibt die Bösen an, die Nachfolger Christi zu vernichten. All dies ist in der ersten Prophezeiung bereits angedeutet: »Ich will Feindschaft setzen zwischen dir und der Frau und zwischen deinem Nachkommen und ihrem Nachkommen.« (1. Mose 3,15) So wird es weitergehen bis ans Ende der Zeit.

Satan bietet seine ganze Kraft auf und wirft all seine Macht in den Kampf. Warum stößt er nicht auf stärkeren Widerstand? Warum sind die Kämpfer Christi so schläfrig und desinteressiert? Weil sie so wenig echte Gemeinschaft mit Christus haben und ihnen sein Geist so sehr fehlt. Die Sünde erscheint ihnen nicht so widerlich und abstoßend wie ihrem Meister. Sie treten ihr nicht mit festem und entschiedenem Widerstand entgegen, so wie Christus dies tat. Sie erkennen nicht das außerordentliche Übel und die Boshaftigkeit der Sünde und sind blind für das Wesen und die Macht des Fürsten der Finsternis. Es gibt wenig Feindschaft gegen Satan und seine Taten, weil so große Unwissenheit über seine Macht und Bosheit sowie das riesige Ausmaß seiner Kriegsführung gegen Christus und seine Gemeinde besteht. Unzählige Menschen werden hier betrogen. Sie wissen nicht, dass ihr Feind ein mächtiger Feldherr ist, der seine gefallenen Engel beherrscht und mit gut ausgearbeiteten Plänen und geschickter Taktik gegen Christus Krieg führt, um die Rettung von Menschen zu verhindern. Unter bekennenden Christen und sogar unter Predigern des Evangeliums hört man selten etwas über Satan. Ausnahmsweise wird er vielleicht beiläufig auf der Kanzel erwähnt. Diese Menschen übersehen die Beweise seiner ständigen Wirksamkeit und seines Erfolges und missachten die vielen

Warnungen vor seinem Scharfsinn. Es scheint als würden sie sein Dasein ignorieren.

Während die Menschen über Satans Anschläge nichts wissen, ist ihnen dieser wachsame Feind jederzeit auf den Fersen. Er verschafft sich Zugang zu allen Heimen, zu jeder Straße unserer Städte, zu Kirchen, gesetzgebenden Versammlungen und Gerichten. Er verwirrt, täuscht, verführt, stürzt Männer, Frauen und Kinder ins Verderben, zerstört Familien und sät Hass, Neid, Hader, Streit, Aufstand und Mord. Und die christliche Welt scheint anzunehmen, dass diese Dinge gottgewollt sind und deshalb so sein müssen.

Ständig versucht Satan, das Volk Gottes zu überwältigen, indem er die Schranken niederreißt, die es von Welt und Gesellschaft trennen. Das alte Israel wurde zur Sünde verleitet, als es begann, mit den Heiden unerlaubte Beziehungen aufzunehmen. In ähnlicher Weise wird das moderne Israel in die Irre geführt. Den Ungläubigen hat »der Gott dieser Welt den Sinn verblendet ... dass sie nicht sehen das helle Licht des Evangeliums von der Herrlichkeit Christi, welcher ist das Ebenbild Gottes« (2. Korinther 4,4). Wer kein entschiedener Nachfolger Christi ist, ist ein Diener Satans. In einem nicht wiedergeborenen Herzen dominiert die Liebe zur Sünde und die Neigung, sie zu pflegen und zu entschuldigen. Erneuerte Herzen hingegen hassen die Sünde und leisten ihr entschlossenen Widerstand. Wenn sich Christen in die Gesellschaft von Gottlosen und Ungläubigen begeben, setzen sie sich der Versuchung aus. Satan verbirgt sich vor ihren Blicken und zieht ihnen seinen betrügerischen Deckmantel über die Augen. Sie können nicht erkennen, dass ein solcher Umgang das Ziel hat, ihnen Schaden zuzufügen. Je mehr sie sich der Welt im Charakter, in Worten und Taten anpassen, desto mehr werden sie verblendet.

Indem sich die Kirche weltlichen Gebräuchen anpasst, bekehrt sie sich zur Welt; niemals aber bekehrt sie dadurch die Welt zu Christus. Wer mit der Sünde vertraut ist, wird sie unausweichlich weniger abstoßend finden. Wer sich bewusst mit Satans Dienern einlässt, wird bald die Furcht vor ihrem Meister verlieren. Wenn wir bei der Ausübung unserer Pflicht wie Daniel am Hof Nebukadnezars geprüft werden, können wir sicher sein, dass Gott uns beschützt. Begeben wir uns aber selbst in Versuchung, werden wir früher oder später fallen.

HÖFLICH, RAFFINIERT, HINTERLISTIG

Der Versucher wirkt oft am erfolgreichsten durch solche Leute, die am wenigsten den Anschein erwecken, unter seiner Herrschaft zu stehen.

Wer Talent und Bildung besitzt, wird bewundert und geehrt, so als ob diese Fähigkeiten einen Mangel an Gottesfurcht ausgleichen oder die Gunst Gottes sichern könnten. Begabung und Bildung sind an sich Gaben Gottes. Wenn sie aber zum Ersatz für einen lebendigen Glauben werden und den Menschen nicht näher zu Gott, sondern von ihm weg bringen, werden sie zum Fluch und zum Fallstrick. Viele meinen, dass alles, was nach Höflichkeit und Kultur aussieht, in irgendeiner Weise christlich ist. Nie hat es eine größere Fehleinschätzung gegeben. Solche Eigenschaften sollten den Charakter eines jeden Christen auszeichnen, denn sie können einen mächtigen Einfluss für die wahre Religion ausüben, aber sie müssen Gott geweiht sein, sonst sind sie eine Macht zum Bösen. Mancher Gebildete mit vorzüglichen Manieren, der sich nie zu Handlungen hinreißen ließe, die allgemein als unsittlich angesehen werden, ist nur ein geschliffenes Werkzeug in den Händen Satans. Die hinterlistige, verführerische Art seines Einflusses und seines Beispiels macht ihn zu einem noch gefährlicheren Feind der Sache Christi als Unwissende und Ungebildete.

Durch ernstes Gebet und seine ständige Abhängigkeit von Gott erlangte Salomo jene Weisheit, die das Erstaunen und die Bewunderung der Welt erregte. Doch als er sich von der Quelle seiner Kraft abwandte und auf seine eigenen Wege vertraute, fiel er der Versuchung zum Opfer. Auf diese Weise machten ihn die wunderbaren Gaben, die diesem weisesten aller Könige gewährt wurden, nur zu einem noch wirkungsvolleren Werkzeug des Verführers.

Während Satan ständig versucht, das Denken der Christen für diese Tatsache blind zu machen, sollten sie nie vergessen, dass sie »nicht mit Fleisch und Blut zu kämpfen« haben, »sondern mit Fürsten und Gewaltigen, nämlich mit den Herren der Welt, die in der Finsternis dieser Welt herrschen, mit den bösen Geistern unter dem Himmel« (Epheser 6,12). Die von Gott eingegebene Warnung klingt durch die Jahrhunderte bis in unsere Zeit: »Seid nüchtern und wacht; denn euer Widersacher, der Teufel, geht umher wie ein brüllender Löwe und sucht, wen er verschlinge.« (1. Petrus 5,8) »Zieht an die Waffenrüstung Gottes, damit ihr bestehen könnt gegen die listigen Anschläge des Teufels.« (Epheser 6,11)

Seit den Tagen Adams bis in unsere Zeit hat unser mächtiger Feind seine Macht zur Unterdrückung und zum Verderben verwendet. Nun bereitet er seinen letzten Angriff gegen die Gemeinde vor. Alle, die Christus nachfolgen wollen, werden mit diesem unerbittlichen Gegner in Konflikt geraten. Je ähnlicher der Christ seinem himmlischen Vorbild wird, desto sicherer wird er zur Zielscheibe der Angriffe Satans. Alle, die sich aktiv für Gottes

Sache einsetzen, den Betrug des Bösen aufdecken und den Menschen Christus vor Augen führen, können in das Zeugnis von Paulus einstimmen, wenn er sagt: »Mit selbstloser Hingabe habe ich mich für den Herrn eingesetzt und ihm gedient, manchmal unter Tränen und unter schweren Prüfungen.« (Apostelgeschichte 20,19 GNB)

Satan überfiel Christus mit seinen heftigsten und raffiniertesten Versuchungen, wurde aber in jeder Auseinandersetzung zurückgeschlagen. Diese Kämpfe wurden für uns ausgefochten, und Christi Siege machen es auch uns möglich, zu überwinden. Christus wird allen Kraft geben, die danach verlangen. Niemand kann ohne eigene Zustimmung von Satan bezwungen werden. Der Versucher hat keine Macht, den Willen zu beherrschen oder den Menschen zur Sünde zu zwingen. Er kann Leiden verursachen, uns aber nicht verderben. Er kann uns in Angst versetzen, uns aber nicht verunreinigen. Die Tatsache, dass Christus überwunden hat, soll seine Nachfolger ermutigen, sich dem Kampf gegen Sünde und Satan entschlossen zu stellen.

KAPITEL 31

GUTE UND BÖSE ENGEL

Die Verbindung zwischen der sichtbaren und der unsichtbaren Welt, der Dienst der Engel Gottes und die Wirksamkeit böser Geister werden in der Bibel deutlich offenbart. Sie sind untrennbar mit der Geschichte der Menschheit verwoben. Es gibt eine zunehmende Tendenz, nicht mehr an die Existenz von bösen Geistern zu glauben, während die heiligen Engel, die »ausgesandt [sind] zum Dienst um derer willen, die das Heil ererben sollen« (Hebräer 1,14), von vielen als die Geister der Verstorbenen angesehen werden. Doch die Schrift lehrt nicht nur, dass gute und böse Engel existieren, sie liefert auch unbestreitbare Beweise, dass diese nicht die körperlosen Geister von verstorbenen Menschen sind.

DER DIENST GUTER ENGEL

Schon vor der Erschaffung des Menschen gab es Engel. Als die Grundlagen der Erde gelegt wurden, »sangen alle Morgensterne, die Gottessöhne jubelten vor Freude!« (Hiob 38,7 GNB) Nach dem Sündenfall des Menschen wurden Engel gesandt, um den Baum des Lebens zu bewachen, noch ehe ein Mensch gestorben war. Engel sind in ihrer Natur dem Menschen überlegen, denn der Psalmist sagt, der Mensch sei »wenig geringer gemacht als Engel« (Psalm 8,6 Elb.).

Die Schrift informiert uns über Anzahl, Macht und Herrlichkeit der himmlischen Wesen, über ihre Verbindung zur Herrschaft Gottes und ihre Beziehung zum Erlösungswerk. »Der HERR hat seinen Thron im Himmel errichtet, und sein Reich herrscht über alles.« (Psalm 103,19) Und der Prophet sagt: »Ich hörte eine Stimme vieler Engel rings um den Thron.« (Offenbarung 5,11) Sie dienen im Audienzsaal des Königs aller Könige, »starke Helden, die ihr seinen Befehl ausrichtet, dass man höre auf die Stimme seines Wortes« (Psalm 103,20). »Tausendmal Tausende dienten ihm, und zehntausendmal Zehntausende standen vor ihm« (Daniel 7,10), so sah es der Prophet Daniel. Der Apostel Paulus spricht von »vielen tausend Engeln« (Hebräer 12,22). Als Gottes Boten gehen sie aus »wie Blitze« (Hesekiel 1,14), so blendend ist ihre Herrlichkeit und so schnell ihr Flug. Beim Anblick des Engels, der am Grab Christi erschien und dessen »Gestalt war wie der Blitz und sein Gewand weiß wie der Schnee«, erschraken die Wachen »aus Furcht vor ihm und wurden, als wären sie tot« (Matthäus 28,3.4). Als der hochmütige Assyrer Sanherib Gott verunglimpfte und lästerte und Israel mit Vernichtung drohte, fuhr »in dieser Nacht ... der Engel des Herrn [aus] und schlug im Lager von Assyrien 185.000 Mann« (2. Könige 19,35). »Der vertilgte alle Kriegsleute und Obersten und Hauptleute« der Armee Sanheribs, »dass er mit Schanden wieder in sein Land zog« (2. Chronik 32,21).

Engel wurden ausgesandt, um den Kindern Gottes zur Seite zu stehen; zu Abraham mit Segensverheißungen; zu den Stadttoren von Sodom, um den gerechten Lot vor der Vernichtung durch das Feuer zu retten; zu Elia, als er vor Müdigkeit und Hunger in der Wüste am Verschmachten war; zu Elisa mit feurigen Wagen und Pferden, die den Ort umgaben, in dem er von seinen Feinden eingeschlossen war; zu Daniel, während er am Hof eines heidnischen Königs Weisheit von Gott erbat oder als er den Löwen zur Beute vorgeworfen wurde; zu Petrus, als er zum Tod verurteilt war und im Kerker des Herodes lag; zu den Gefangenen in Philippi; zu Paulus und seinen Gefährten in der Sturmnacht auf hoher See; um Kornelius vorzubereiten, damit er das Evangelium empfangen konnte; um Petrus mit der Botschaft der Erlösung zu einem heidnischen Fremdling zu schicken. So haben heilige Engel zu allen Zeiten Gottes Volk gedient.

Jeder Nachfolger Christi hat seinen Schutzengel. Diese himmlischen Wächter behüten die Gerechten vor der Macht des Bösen. Selbst Satan musste dies anerkennen, als er sagte: »Meinst du, dass Hiob Gott umsonst fürchtet? Hast du doch ihn, sein Haus und alles, was er hat, ringsumher beschützt.« (Hiob 1,9.10) Der Psalmist schildert die Art und Weise, wie der Herr sein Volk beschützt: »Der Engel des Herrn lagert sich um die her, die ihn fürchten, und hilft ihnen heraus.« (Psalm 34,8) Als Christus von denen sprach, die an ihn glaubten, sagte er: »Seht zu, dass ihr nicht einen von diesen Kleinen verachtet. Denn ich sage euch: Ihre Engel im Himmel sehen allezeit das Angesicht meines Vaters im Himmel.« (Matthäus 18,10) Die Engel, die beauftragt sind, den Kindern Gottes zu dienen, haben allezeit Zugang zu ihm.

So kann das Volk Gottes, das der betrügerischen Macht einer nie erlahmenden Bosheit Satans ausgesetzt ist und im Kampf mit all den Mächten des Bösen steht, sicher sein, dass ihm der beständige Schutz der himmlischen Engel zur Verfügung steht. Diese Zusicherung ist ihm nicht ohne Grund gegeben worden. Wenn Gott seinen Kindern Gnade und Schutz schenkt, dann deshalb, weil sie mächtigen Helfern des Bösen begegnen müssen. Diese Mächte sind zahlreich, entschlossen und unermüdlich, und ihre Bosheit und Macht kann niemand ohne Schaden ignorieren oder unbeachtet lassen.

BÖSE GEISTER, GEFALLENE ENGEL

Die bösen Geister wurden ursprünglich als sündlose Wesen erschaffen und waren den heiligen Geschöpfen, die jetzt Gottes Boten sind, in Charakter, Macht und Herrlichkeit gleich. Aber als sie durch Sünde gefallen waren, taten sie sich zusammen, um Gott zu entehren und die Menschen zu verderben. Sie waren mit Satan in seinem Aufruhr gegen Gott vereinigt, wurden mit ihm aus dem Himmel geworfen und haben durch alle Zeiten hindurch mit ihm in seinem Kampf gegen die göttliche Autorität zusammengearbeitet. Die Schrift berichtet uns von ihrem Bündnis, ihrer Herrschaft und ihren verschiedenen Gruppen, von ihrer Intelligenz und Raffinesse, von ihren arglistigen Absichten gegen den Frieden und das Glück der Menschen.

Die alttestamentliche Geschichte erwähnt gelegentlich die Existenz und Wirksamkeit böser Geister, doch am auffälligsten zeigten sie ihre Macht in der Zeit, als Christus auf Erden lebte. Der Sohn Gottes war gekommen, um das Erlösungswerk für die Menschheit durchzuführen, aber Satan war entschlossen, seinen Anspruch auf die Weltherrschaft durchzusetzen. In allen Teilen der Welt außer in Palästina hatte sein Bemühen, den Götzendienst einzuführen, Erfolg gehabt. In dieses Land, das sich als einziges der Herrschaft des Versuchers nicht völlig übergeben hatte, kam Jesus, um den Menschen das himmlische Licht zu schenken. Hier rangen zwei rivalisierende Mächte um die Vorherrschaft. Jesus in seiner Liebe lud alle ein, bei ihm Vergebung und Frieden zu finden. Die Heere der Finsternis erkannten, dass sie keine unbegrenzte Macht besaßen und ihre Herrschaft dem Untergang geweiht war, sollte Christi Mission erfolgreich sein. Satan wütete wie ein angeketteter Löwe und zeigte trotzig seine Macht über die Leiber und Herzen der Menschen.

Im Neuen Testament wird deutlich bezeugt, dass Menschen von Dämonen besessen waren. Menschen, die so geplagt wurden, litten nicht nur unter einer gewöhnlichen Krankheit. Christus wusste sehr genau, womit er es zu tun hatte, und erkannte die direkte Anwesenheit und das Wirken von bösen Geistern.

Ein treffendes Beispiel ihrer Anzahl und Boshaftigkeit, aber auch der Kraft und Barmherzigkeit Christi gibt uns der biblische Bericht über die Heilung der besessenen Gadarener (vgl. Matthäus 8, 28-34). Diese erbärmlichen Besessenen ließen alle Hemmungen fallen, krümmten sich, schäumten, rasten und erfüllten die Luft mit ihrem Geschrei. Sie taten sich selbst Gewalt an und wurden für alle zur Gefahr, die sich ihnen näherten. Ihre blutenden und entstellten Körper sowie ihre Raserei boten Satan einen erfreulichen Anblick. Einer der Dämonen, der die Leidenden quälte, sagte: »Legion heiße ich; denn wir sind viele.« (Markus 5,9) Im römischen Heer zählte eine Legion 3.000 bis 5.000 Mann. Die Heere Satans sind auch in Abteilungen geordnet, und eine einzige Abteilung, zu der diese Dämonen gehörten, zählte nicht weniger als eine römische Legion.

Auf Befehl Jesu verließen die bösen Geister ihre Opfer, die ruhig zu Füßen des Erlösers sitzen blieben, gebändigt, verständnisvoll und sanftmütig. Den Dämonen aber wurde es gestattet, eine Schweineherde ins Meer zu stürzen. Für die Bewohner von Gadara wog dieser Verlust schwerer als der Segen, den Christus gebracht hatte. Deshalb baten sie den göttlichen Arzt, ihr Gebiet zu verlassen. Dies war das Ziel, das Satan von Anfang an verfolgt hatte. Indem er Christus für den Verlust der Schweine verantwortlich machte, weckte er in den Menschen eigennützige Ängste. Auf diese Weise verhinderte er, dass sie den Worten Jesu zuhörten. Satan verklagt die Christen ständig, die Ursache für Verlust, Unglück und Leiden zu sein, anstatt sie dort zu suchen, wo sie herkommt, nämlich bei ihm selbst und seinen Helfershelfern.

Aber Jesu Absichten wurden nicht durchkreuzt. Er gestattete den bösen Geistern, die Schweineherde als Tadel für die Juden zu zerstören, die um des Gewinns willen diese unreinen Tiere züchteten. Wenn Christus die Dämonen nicht zurückgehalten hätte, wären nicht nur die Schweine, sondern auch ihre Hirten und Besitzer ins Meer gestürzt worden. Dass aber Hirten und Besitzer verschont blieben, verdankten sie allein der Macht Jesu, die er aus Barmherzigkeit für ihre Rettung einsetzte. Außerdem wurde dieses Ereignis zugelassen, damit die Jünger die grausame Macht sehen konnten, die Satan über Mensch und Tier ausübt. Christus wollte, dass seine Nachfolger den Feind, dem sie begegnen würden, genau kennen, damit sie nicht durch seine Schliche getäuscht und überlistet würden. Er wollte auch, dass die Leute dieser Gegend seine Macht erkennen sollten, die Knechtschaft Satans zu brechen und dessen Gefangene zu befreien. Jesus verließ zwar die Gegend, doch die Männer, die auf eine so wunderbare Weise befreit worden waren, blieben zurück, um die Barmherzigkeit ihres Wohltäters zu verkündigen.

TEIL 5 | VOM SCHATTEN ZUM LICHT

EINE GEKONNTE MASKERADE

In der Heiligen Schrift gibt es noch weitere Beispiele ähnlicher Art. Die Tochter einer Frau aus Syrophönizien wurde von einem Dämon geplagt, den Jesus mit einem Wort austrieb (Markus 7,26-30). »Ein Besessener ... war blind und stumm« (Matthäus 12,22), ein Jüngling, den ein stummer Geist oft »ins Feuer und ins Wasser geworfen [hatte], dass er ihn umbrächte« (vgl. Markus 9,17-27), »ein Mensch in der Synagoge, besessen von einem unreinen Geist«, der die Sabbatruhe der Schule in Kapernaum störte (vgl. Lukas 4,33-36): Sie alle wurden von dem barmherzigen Erlöser geheilt. Fast jedes Mal sprach Jesus den bösen Geist als ein verständiges Wesen an und befahl ihm, aus seinem Opfer auszufahren und es nicht mehr zu quälen. Als die Gottesdienstbesucher in Kapernaum seine gewaltige Macht sahen, »kam eine Furcht über sie alle, und sie redeten miteinander und sprachen: Was ist das für ein Wort? Er gebietet mit Vollmacht und Gewalt den unreinen Geistern, und sie fahren aus« (Lukas 4,36).

Menschen, die vom Teufel besessen sind, werden gewöhnlich in einem Zustand von starkem Leiden dargestellt. Aber diese Regel kennt auch Ausnahmen. Einige Menschen öffneten sich dem satanischen Einfluss, um dadurch übernatürliche Macht zu erhalten. Diese hatten dann natürlich keinen Kampf mit den Dämonen auszufechten. Zu ihnen gehörten Menschen mit einem Wahrsagegeist wie die beiden Zauberer Simon und Elymas sowie die Magd, die Paulus und Silas in Philippi nachlief.

Aber niemand ist in größerer Gefahr, von bösen Geistern beeinflusst zu werden, als der, der trotz des umfassenden Zeugnisses der Heiligen Schrift die Existenz und Wirksamkeit Satans und seiner Engel leugnet. Solange wir ihre Täuschungen nicht bemerken, besitzen sie einen enormen Vorteil. Viele achten auf ihre Eingebungen und glauben, eigenen Ideen und eigener Weisheit zu folgen. Weil wir uns dem Ende der Zeit nähern, arbeitet Satan mit größter Anstrengung, um uns zu betrügen und zu verderben und verbreitet überall den Glauben, dass er nicht existiert. Es gehört zu seinem Plan, sich selbst und die Art seiner Vorgehensweise versteckt zu halten.

Nichts fürchtet der große Verführer so sehr, als dass wir mit seinen Plänen vertraut werden. Um seinen wirklichen Charakter und seine Absichten besser tarnen zu können, lässt er sich so darstellen, dass die Erwähnung seines Namens bei den Menschen lediglich Spott und Hohn hervorruft. Es gefällt ihm, sich als ein missgestaltetes, albernes oder widerliches Wesen, halb Mensch, halb Tier, abgebildet zu sehen. Er freut sich, wenn er hört, wie sein Name bei Spaß und Spott von denen benutzt wird, die sich für intelligent und gut informiert halten.

Weil er sich geschickt verstellt, fragt man sich so oft: »Gibt es ein solches Wesen überhaupt?« Es ist ein Beweis seines Erfolgs, wenn Theorien, die den einfachsten Zeugnissen der Heiligen Schrift direkt widersprechen, in der religiösen Welt so weite Verbreitung finden. Weil Satan Menschen, die seinen Einfluss nicht kennen, so leicht beherrschen kann, liefert uns das Wort Gottes so viele Beispiele seines boshaften Tuns, deckt seine geheimen Kräfte auf und macht uns auf seine Angriffe aufmerksam.

Wären da nicht der Schutz und die Befreiung durch die überlegene Kraft unseres Erlösers, würden die Macht und Arglist Satans und seiner Heerscharen zu Recht Anlass zur Beunruhigung geben. Wir verschließen und verriegeln unsere Häuser sorgfältig, um unseren Besitz und unser Leben vor bösen Menschen zu schützen, doch wir denken selten an die gefallenen Engel, die ständig versuchen, uns zu beeinflussen, und gegen deren Angriffe wir uns aus eigener Kraft nicht wehren können. Falls es ihnen erlaubt wird, könnten sie unser Denken ablenken, uns quälen und krank machen und unseren Besitz und unser Leben vernichten. Ihre einzige Freude ist das Elend und Verderben der Menschen. Die Lage derer ist furchtbar, die sich den Ansprüchen Gottes widersetzen und den Versuchungen Satans nachgeben, bis Gott sie der Herrschaft der bösen Geister überlässt. Doch wer Christus nachfolgt, ist immer sicher unter seinem Schutz. Der Himmel sendet ihm Engel mit überragender Kraft, um ihn zu bewahren. Der Böse kann den Schutzwall nicht durchbrechen, den Gott um sein Volk aufgebaut hat.

KAPITEL 32

DIE SCHLINGEN SATANS

Der große Kampf zwischen Christus und Satan, der nun schon seit rund 6000 Jahren andauert, wird bald zu Ende sein. Der Böse verdoppelt seine Bemühungen, um das Erlösungswerk Christi für die Menschen zu vereiteln und sie in seinen Schlingen zu fangen. Er hat nur ein Ziel vor Augen: die Menschen in Unwissenheit zu lassen und von der Umkehr abzuhalten, bis der Vermittlerdienst Christi zu Ende ist und es für die Sünde kein Opfer mehr gibt.

VIELE TÄUSCHUNGEN

Solange keine besonderen Anstrengungen unternommen werden, seiner Macht zu widerstehen und wenn in der Gemeinde und der Welt Gleichgültigkeit vorherrschen, ist Satan unbesorgt. Es besteht dann nämlich keine Gefahr, die zu verlieren, die er nach seinem Willen gefangen hält. Wenn aber die Aufmerksamkeit auf ewige Dinge gelenkt wird und die Menschen fragen: »Was muss ich tun, dass ich gerettet werde?« (Apostelgeschichte 16,30), ist Satan zur Stelle, um seine Macht mit der Macht Christi zu messen und dem Einfluss des Heiligen Geistes entgegenzuwirken.

In der Bibel wird berichtet, als eines Tages »die Gottessöhne kamen und vor den Herrn traten, kam auch der Satan unter ihnen« (Hiob 1,6), nicht weil er den ewigen König anbeten wollte, sondern um seine böswilligen Absichten gegen die Gerechten voranzutreiben. Aus demselben Grund ist er anwesend, wenn sich Menschen zur Anbetung Gottes versammeln. Wenn er ihren Augen auch verborgen bleibt, arbeitet er doch fleißig daran, die Gedanken der Anbeter zu beherrschen. Wie ein geschickter Feldherr entwirft er seine Pläne im Voraus. Wenn er einen Botschafter Gottes sieht, der die Heilige Schrift studiert, merkt er sich das Thema, das den Menschen präsentiert werden soll. Dann wendet er all seine List und seinen Scharfsinn an, um die Umstände so zu lenken, dass die Botschaft jene nicht erreichen kann, die er in dieser Angelegenheit täuschen will. Jene Menschen, die die Warnung am nötigsten hätten, werden in dringende Geschäftsangelegenheiten eingebunden, die ihre Präsenz erfordern, oder sie werden auf andere Weise davon abgehalten, die Worte zu hören, die für sie doch »ein Geruch, der vom Leben kommt und zum Leben führt« (2. Korinther 2,16 ZÜ), sein könnten.

Satan sieht auch, wenn die Diener des Herrn durch die geistliche Finsternis, die das Volk umgibt, bedrückt sind. Er hört ihre ernsten Bitten um göttliche Gnade und Kraft, den Bann der Gleichgültigkeit, Sorglosigkeit und Trägheit zu brechen. Dann wendet er mit neuem Eifer seine Künste an. Er reizt die Menschen zur Befriedigung der Esslust oder zu irgendeiner anderen Form von Genuss und betäubt so ihre Aufnahmebereitschaft, damit sie gerade jene Dinge nicht hören, die sie so dringend erfahren sollten.

Satan weiß nur zu genau, dass alle, die er zur Vernachlässigung des Gebets und des Schriftstudiums verleiten kann, von seinen Attacken überwunden werden. Deshalb erfindet er alle möglichen Pläne, um die Gedanken ganz in Anspruch zu nehmen. Es hat schon immer Menschen gegeben, die zwar behaupten, gläubig zu sein, sich aber nicht darum bemühen, in ihrer Erkenntnis der Wahrheit voranzukommen. Stattdessen besteht ihre Religion darin, bei Menschen, mit denen sie nicht einer Meinung sind, Charakterfehler und Glaubensirrtümer zu suchen. Sie sind Satans rechte Hand. Es gibt nicht wenige Verkläger der Brüder, und sie werden immer dann aktiv, wenn Gott am Werk ist und seine Diener ihm wahre Ehre bringen. Sie werden den Worten und Handlungen derjenigen eine andere Färbung geben, welche die Wahrheit lieben und ihr gehorchen. Sie stellen die ernstesten, fähigsten und selbstlosesten Diener Christi entweder als Betrogene oder als Betrüger hin. Es gehört zu ihrem Stil, die Motive jeder guten und edlen Tat falsch darzustellen, Gerüchte in Umlauf zu bringen und Argwohn unter Unerfahreneren zu wecken. Auf jede nur mögliche Art versuchen sie, dass Reines und Gerechtes als verdorben und betrügerisch angesehen wird.

Niemand aber muss sich von solchen Menschen täuschen lassen. Es wird schnell sichtbar, wes Geistes Kinder sie sind, wessen Beispiel sie folgen und wessen Werk sie vollbringen. »An ihren Früchten sollt ihr sie erkennen.« (Matthäus 7,16) Sie benehmen sich wie Satan, der vergiftete Verleumder, »der Verkläger unserer Brüder« (Offenbarung 12,10).

Der große Betrüger kennt viele Mittel, um jede Art von Irrtum zu verbreiten und Menschen mit Irrlehren zu umgarnen, die geeignet sind, sich den Gefühlen und Fähigkeiten derer anzupassen, die er verderben will. Er will unaufrichtige und unbekehrte Personen in die Gemeinde bringen, die

Zweifel und Unglauben nähren und alle behindern, die gern möchten, dass das Werk Gottes wächst und vorankommt. Viele, die nicht wirklich an Gott und sein Wort glauben, stimmen gewissen Teilen der Wahrheit zu, gelten dann als Christen und sind so in der Lage, ihre Irrtümer als Lehren der Schrift einzubringen.

DAS WORT GOTTES HAT VORRANG

Die Auffassung, es sei unerheblich, was die Menschen glauben, ist eine der erfolgreichsten Verführungsmethoden Satans. Er weiß, dass Wahrheit, wenn sie aufrichtig angenommen wird, den Charakter des Empfängers heiligt. Deshalb versucht er ständig, den Menschen falsche Theorien, Fabeln, ja ein anderes Evangelium unterzuschieben. Von jeher haben Gottes Diener gegen Irrlehrer gekämpft, nicht nur weil sie böse Menschen sind, sondern weil sie Unwahrheiten verbreiten, die für die Menschen fatale Folgen haben. Elia, Jeremia und Paulus stellten sich fest und furchtlos gegen diejenigen, die Menschen vom Wort Gottes wegführten. Jene freizügige Haltung, die keinen Wert auf eine korrekte Glaubenslehre legt, fand bei diesen aufrichtigen Verfechtern der Wahrheit keine Zustimmung.

Unklare und phantasievolle Auslegungen der Heiligen Schrift und die vielen widersprüchlichen Glaubensbekenntnisse innerhalb der christlichen Welt sind das Werk unseres großen Widersachers, der so die Menschen verwirrt, damit sie die Wahrheit nicht erkennen können. Ein Hauptgrund für Uneinigkeit und Trennung unter den christlichen Kirchen liegt in der weit verbreiteten Praxis, der Heiligen Schrift Gewalt anzutun, um mit ihr Lieblingsansichten zu unterstützen. Statt die Heilige Schrift sorgfältig und in Demut zu durchforschen, um Gottes Willen kennen zu lernen, hält man Ausschau nach Außergewöhnlichem und Sonderbarem.

Um falsche Lehren oder unchristliche Praktiken zu stützen, gibt es solche, die Bibelstellen aus ihrem Zusammenhang lösen oder z.b. nur die Hälfte eines Verses zitieren, weil der restliche Teil genau das Gegenteil aussagen würde. Mit schlangenhafter List verschanzen sie sich hinter unzusammenhängenden Aussagen, die so zusammengefügt werden, dass sie ihren fleischlichen Wünschen entgegenkommen. Auf diese Weise verdrehen viele Gottes Wort absichtlich. Andere haben eine lebhafte Einbildungskraft und stürzen sich auf die Bilder und Symbole der Heiligen Schrift. Sie interpretieren sie anhand ihrer eigenen Fantasie und achten kaum auf das gesamte Zeugnis der Schrift, die sich doch selbst erklärt. Am Ende tragen sie dann ihre Einfälle als biblische Lehre vor.

Wenn man ohne andächtigen, demütigen und lernbereiten Geist das Studium der Heiligen Schrift aufnimmt, werden die deutlichsten und einfachsten wie auch die schwierigsten Abschnitte in ihrer eigentlichen Bedeutung verdreht. Die päpstlichen Führer wählten solche Abschnitte der Heiligen Schrift aus, die ihren Zwecken am besten dienten, interpretierten sie nach Gutdünken und legten sie den Gläubigen vor, ohne diesen die Möglichkeit zu geben, die Bibel selbst zu erforschen und ihre heiligen Wahrheiten zu verstehen. Die ganze Bibel sollte den Menschen in ihrem vollständigen Wortlaut zugänglich sein. Es wäre für sie besser, gar keine Bibelunterweisung zu erhalten, als eine, die die Lehren der Heiligen Schrift so grob verfälscht.

Die Bibel wurde dazu bestimmt, allen Menschen, die mit dem Willen ihres Schöpfers vertraut werden möchten, ein Wegweiser zu sein. Gott gab dem Menschen das feste prophetische Wort. Engel und sogar Christus selbst waren gekommen, um Daniel und Johannes mitzuteilen, was bald geschehen würde. Alle wichtigen Dinge, die unsere Erlösung betreffen, blieben nicht geheimnisvoll. Sie wurden auch nicht auf eine Weise offenbart, die einen ehrlich nach Wahrheit suchenden Menschen verwirren oder irreleiten könnte. Der Herr sagte durch den Propheten Habakuk: »Schreib auf, was du geschaut hast, deutlich auf eine Tafel, dass es lesen könne, wer vorüberläuft!« (Habakuk 2,2) Alle, die das Wort Gottes mit betendem Herzen studieren, können es verstehen. Jeder wahrhaft aufrichtige Mensch wird das Licht der Wahrheit finden. »Dem Gerechten muss das Licht immer wieder aufgehen.« (Psalm 97,11) Keine Gemeinde kann in ihrer Heiligung vorankommen, wenn ihre Glieder nicht ernsthaft nach Wahrheit suchen wie nach einem verborgenen Schatz.

Mit dem Ruf nach Freizügigkeit werden die Menschen blind für die Pläne ihres Widersachers, während er beständig daran arbeitet, sein Ziel zu erreichen. Wenn es ihm gelingt, biblische Aussagen durch menschliche Spekulationen zu ersetzen, wird das Gesetz Gottes zur Seite geschoben, und die Kirchen stehen unter der Knechtschaft der Sünde, während sie den Anspruch erheben, frei zu sein.

MENSCHLICHES WISSEN BLEIBT BESCHRÄNKT

Für viele ist die wissenschaftliche Forschung zum Fluch geworden. Durch Entdeckungen der Wissenschaft und der Kunst hat Gott der Erde eine Flut von Licht geschenkt. Aber selbst die größten Denker werden verwirrt, wenn sie in ihrer Forschung versuchen, ohne Anleitung durch

Gottes Wort, die Beziehung zwischen Wissenschaft und Offenbarung zu ergründen. Das menschliche Wissen über materielle und geistliche Dinge ist Stückwerk und unvollkommen; deshalb sind viele nicht in der Lage, ihre wissenschaftlichen Ansichten mit den biblischen Angaben in Übereinstimmung zu bringen. Viele akzeptieren bloße Theorien und Vermutungen als wissenschaftliche Tatsachen und meinen, das Wort Gottes müsse an »der fälschlich so genannten Erkenntnis« geprüft werden (1. Timotheus 6,20). Der Schöpfer und sein Werk übersteigen ihr Begriffsvermögen. Weil sie das Schöpfungswerk nicht durch natürliche Gesetzmäßigkeiten erklären können, wird der biblische Bericht als unzuverlässig angesehen. Wer das Zeugnis des Alten und Neuen Testaments bezweifelt, geht nur allzu oft noch einen Schritt weiter. Er stellt auch die Existenz Gottes in Frage und schreibt der Natur eine unendliche Macht zu. Nachdem diese Menschen ihren Anker aufgegeben haben, werden sie am Felsen des Unglaubens zerschellen.

So irren viele vom Glauben ab und lassen sich vom Teufel verführen. Menschen wollten weiser sein als ihr Schöpfer. Sie wollten durch ihre Philosophien die Geheimnisse ergründen, die auch in der Ewigkeit nicht offenbart werden. Würden die Menschen doch nur das zu verstehen suchen, was Gott über sich selbst und seine Absichten offenbart hat, sie würden eine solche Einsicht in die Herrlichkeit, Majestät und Macht Jahwes gewinnen, dass sie ihre eigene Beschränktheit einsähen und damit zufrieden wären, was ihnen und ihren Kindern offenbart worden ist. (vgl. 5. Mose 29,28.)

Es ist ein Meisterstück der Täuschungen Satans, dass er den Geist des Menschen ständig über jene Dinge grübeln und nachsinnen lässt, die Gott nicht offenbart hat und die wir auch gar nicht verstehen müssen. So verlor Luzifer seinen Platz im Himmel. Er wurde unzufrieden, weil Gott ihm nicht alle Geheimnisse seiner Pläne anvertraute, und missachtete völlig, was ihm über die Aufgaben in seiner hohen Stellung offenbart worden war. Dieselbe Unzufriedenheit verbreitete er unter den Engeln, die ihm unterstellt waren, und verursachte dadurch ihren Fall. Jetzt versucht er, die Menschen mit dem gleichen Geist zu erfüllen und sie auch zu veranlassen, die Gebote Gottes zu übertreten.

Wer nicht bereit ist, die klaren und deutlichen Wahrheiten der Bibel anzunehmen, sucht dauernd nach angenehmen Fabeln, die sein Gewissen beruhigen. Je weniger Geistlichkeit, Selbstlosigkeit und Demut die vorgetragenen Lehren verlangen, umso bereitwilliger werden sie aufgenommen. Diese Menschen erniedrigen ihre Verstandeskräfte, um ihren fleischlichen Begierden zu dienen. Sie halten sich selbst für zu weise, um mit reumütigem

Herzen und unter ernstem Gebet in der Schrift nach göttlicher Leitung zu suchen. Damit verlieren sie den Schutz vor Irreführung. Satan ist bereit, dem Herzen zu geben, wonach es verlangt, und setzt seine Lügen an die Stelle der Wahrheit. So gewann das Papsttum seine Macht über die Menschen. Die Protestanten folgen demselben Weg, weil sie die Wahrheit verwerfen, für die sie ein Kreuz auf sich nehmen müssten. Alle, die das Wort Gottes vernachlässigen und nach Bequemlichkeit und Diplomatie streben, um keine Meinungsverschiedenheiten mit der Welt zu haben, werden ihrem entsetzlichen Irrglauben überlassen, den sie für religiöse Wahrheit halten. Wer die Wahrheit vorsätzlich verwirft, wird jede nur mögliche Form von Irrtum annehmen. Wenn er auch vor der einen Täuschung zurückschreckt, wird er doch die nächste annehmen. Der Apostel Paulus spricht von Menschen, welche »die Liebe zur Wahrheit nicht angenommen haben, dass sie gerettet würden«, und sagt weiter: »Darum sendet ihnen Gott die Macht der Verführung, sodass sie der Lüge glauben, damit gerichtet werden alle, die der Wahrheit nicht glaubten, sondern Lust hatten an der Ungerechtigkeit.« (2. Thessalonicher 2,10-12) Mit solch einer Warnung vor Augen tun wir gut daran, auf der Hut zu sein, welche Lehren wir annehmen.

IRRLEHREN ZERSTÖREN DEN GLAUBEN

Zu den erfolgreichsten Verführungskünsten des großen Betrügers gehören die trügerische Lehre und die lügenhaften Wunder des Spiritismus. Er verkleidet sich als Engel des Lichts und wirft seine Netze aus, wo man es am wenigsten vermutet. Wenn die Menschen nur das Buch Gottes unter ernstem Gebet durchforschten, damit sie es verstehen, würden sie nicht in Finsternis gelassen und nähmen keine Irrlehren an. Weil sie aber die Wahrheit verwerfen, fallen sie der Lüge zum Opfer.

Eine andere gefährliche Irrlehre ist die Leugnung der Gottheit Jesu und die Behauptung, er habe vor seiner Ankunft in diese Welt nicht existiert. Diese Ansicht wird von vielen vertreten, die behaupten, an die Bibel zu glauben. Diese Auffassung steht aber in eindeutigem Widerspruch zu dem, was unser Erlöser selbst über seine Beziehung zu seinem Vater, seinen göttlichen Charakter und seine Präexistenz gesagt hat. Man kann diese Ansicht nicht aufrechterhalten, ohne dabei die Heilige Schrift auf sehr verantwortungslose Weise zu verdrehen. Sie erniedrigt nicht nur unsere Vorstellung vom Erlösungswerk, sondern untergräbt auch den Glauben an die Bibel als Offenbarung Gottes. Dadurch wird diese Irrlehre nicht nur gefährlicher, es wird auch schwieriger, sie zu widerlegen. Wenn Menschen die inspirierte

Aussage der Schrift über die Gottheit Christi verwerfen, ist eine Diskussion darüber zwecklos, denn kein Argument, und wenn es noch so zwingend ist, wird sie überzeugen können. »Der natürliche Mensch aber vernimmt nichts vom Geist Gottes; es ist ihm eine Torheit, und er kann es nicht erkennen; denn es muss geistlich beurteilt werden.« (1. Korinther 2,14) Wer an diesem Irrtum festhält, kann weder den Charakter noch den Auftrag Christi noch den Erlösungsplan Gottes wirklich verstehen.

Ein anderer raffinierter und verderblicher Irrtum ist die weit verbreitete Auffassung, Satan sei kein persönliches Wesen, und die Bibel gebrauche den Namen nur als Bild für die bösen Gedanken und Begierden der Menschen.

Die weit verbreitete Lehre, die von den volkstümlichen Kanzeln gepredigt wird, dass die Wiederkunft Christi für jeden Einzelnen bei seinem Tod stattfindet, ist ein Plan, um die Gedanken der Menschen von der persönlichen Wiederkunft Christi in den Wolken des Himmels abzulenken. Seit Jahren sagt Satan: »Siehe, er ist drinnen im Haus!« (Matthäus 24,26), und viele Menschen sind verloren gegangen, weil sie an diese Täuschung geglaubt haben.

Auch lehrt uns die weltliche Weisheit, das Gebet sei nicht wesentlich. Wissenschaftler behaupten, dass es keine wirkliche Antwort auf ein Gebet geben kann. Ein solches Wunder verstoße gegen die Naturgesetze und Wunder existierten nicht. Sie sagen, das All werde von festen Gesetzen regiert, und Gott tue nichts, was diesen Gesetzen widerspricht. Gott wird so dargestellt, als ob er durch seine eigenen Gesetze gebunden wäre und die Wirksamkeit der göttlichen Gesetze die göttliche Freiheit ausschließe. Das Zeugnis der Heiligen Schrift widerspricht einer solchen Lehre. Haben nicht auch Christus und die Apostel Wunder gewirkt? Derselbe mitfühlende Erlöser lebt noch heute, und er ist wie damals, als er noch sichtbar unter den Menschen lebte, bereit, auf Gebete des Glaubens zu hören. Das Natürliche und das Übernatürliche wirken zusammen. Es gehört zum Plan Gottes, uns als Antwort auf das Gebet des Glaubens das zu schenken, was er uns nicht gewähren würde, wenn wir nicht in dieser Weise zu ihm beteten.

Zahllos sind die Irrlehren und abstrusen Vorstellungen, die in den Kirchen der Christenheit verbreitet sind. Es ist unmöglich, die üblen Folgen abzuschätzen, wenn einer der Grenzsteine entfernt wird, die das Wort Gottes festlegt. Nur wenige, die das wagen, bleiben bei der Ablehnung einer einzigen Wahrheit stehen. Die meisten verwerfen eine biblische Lehre nach der anderen, bis sie den Glauben ganz aufgeben.

Irrtümer der volkstümlichen Theologie haben schon manchen Menschen zum Skeptiker gemacht, der sonst an die Schrift geglaubt hätte. Es ist für ihn unmöglich, Lehren anzunehmen, die seinen Auffassungen von Gerechtigkeit, Gnade und Güte Gewalt antun. Und da diese Ansichten als Lehren der Bibel dargestellt werden, lehnt er sie als Wort Gottes ab. Dies will Satan erreichen. Nichts wünscht er sich mehr, als das Vertrauen zu Gott und zu seinem Wort zu zerstören. Satan steht an der Spitze des großen Heeres der Zweifler, und er arbeitet mit all seinen Verführungskünsten, um Menschen zu verführen, in seine Reihen zu treten. Zweifel zu hegen gilt als fortschrittlich. Eine große Zahl von Menschen misstraut dem Wort Gottes heute aus demselben Grund wie seinem Urheber, weil es die Sünde rügt und verurteilt. Diejenigen, die nicht bereit sind, seinen Forderungen zu gehorchen, versuchen seine Autorität umzustoßen. Sie lesen die Bibel oder hören ihre Lehren von der Kanzel nur, um in der Schrift oder in der Predigt Fehler zu finden. Nicht wenige werden ungläubig, weil sie die Vernachlässigung ihrer Pflicht rechtfertigen oder entschuldigen wollen. Andere werden aus Stolz oder Trägheit zu Skeptikern. Sie lieben das bequeme Leben zu sehr, als dass sie sich aufraffen könnten, etwas Ehrenhaftes zu erreichen, das von ihnen Anstrengung und Selbstverleugnung abverlangt. Stattdessen sind sie bemüht, sich einen Ruf überragender Weisheit zu sichern, indem sie die Bibel kritisieren. Es gibt vieles, was der begrenzte Menschenverstand, der nicht von der göttlichen Weisheit erleuchtet ist, nicht erfassen kann. Darin finden sie Gründe zu Kritik. Viele betrachten es als Vorzug, auf der Seite des Unglaubens, der Skepsis und des Zweifels zu stehen. Aber unter dem Deckmantel scheinbarer Aufrichtigkeit kann man bei solchen Leuten feststellen, dass sie von Selbstbewusstsein und Stolz getrieben werden. Manche machen sich ein Vergnügen daraus, in der Schrift etwas zu finden, was andere Leute in Verlegenheit bringt. Andere kritisieren und argumentieren auf der falschen Seite allein aus Freude am Streit. Sie machen sich nicht klar, dass sie sich auf diese Weise in den Schlingen Satans verstricken. Weil sie nun aber offen ihren Unglauben ausgedrückt haben, meinen sie, ihre Haltung beibehalten zu müssen. Damit machen sie mit den Ungläubigen gemeinsame Sache und verbauen sich selbst das Tor zum ewigen Leben.

BIBLISCHE WAHRHEITEN
– EIN SICHERES FUNDAMENT

Gott hat in seinem Wort genügend Beweise für dessen göttlichen Charakter geliefert. Die großen Wahrheiten, die unsere Erlösung betreffen, sind deutlich dargestellt. Mit Hilfe des Heiligen Geistes, der jedem verheißen ist, der ernsthaft darum bittet, kann jeder diese Wahrheiten ohne fremde Hilfe verstehen. Gott hat einem jeden ein sicheres Fundament geliefert, auf das sich der Glaube stützen kann.

Allerdings reicht der begrenzte Verstand der Menschen nicht aus, um die Pläne und Absichten des ewigen Gottes völlig zu erfassen. Gott lässt sich nicht durch menschliches Forschen ergründen. Wir dürfen nicht versuchen, anmaßend den Vorhang zu lüften, durch den er seine Majestät verhüllt. Der Apostel ruft aus: »Wie unbegreiflich sind seine Gerichte und unerforschlich seine Wege!« (Römer 11,33) Wir können seine Handlungen mit uns und die Motive, die dazu führen, so weit erkennen, dass wir seine grenzenlose Liebe und Barmherzigkeit, verbunden mit unendlicher Machtfülle, begreifen. Unser himmlischer Vater regelt alles in Weisheit und Gerechtigkeit, und wir dürfen nicht unzufrieden oder misstrauisch sein, sondern müssen uns ehrfurchtsvoll vor ihm beugen. Er offenbart uns so viel, wie zu unserem Besten dient. Für alles Weitere müssen wir seiner allmächtigen Hand und seinem liebevollen Herzen vertrauen.

Während Gott genügend Beweise für den Glauben liefert, wird er nie alles aus dem Weg räumen, was den Unglauben entschuldigen könnte. Wer einen Haken sucht, um seinen Zweifel daran festzumachen, wird einen solchen finden. Wer sich weigert, Gottes Wort anzunehmen, bis der letzte Einwand beseitigt ist und kein Grund zum Zweifel mehr besteht, wird niemals zum Licht kommen.

Misstrauen gegenüber Gott ist das natürliche Ergebnis eines unbekehrten Herzens, das in Feindschaft mit ihm lebt. Der Glaube hingegen entsteht durch die Wirksamkeit des Heiligen Geistes und wird nur wachsen, wenn er gepflegt wird. Niemand kann einen starken Glauben entwickeln, ohne sich entschieden darum zu bemühen. Der Unglaube nimmt zu, wenn man ihm Raum gibt. Wenn Menschen sich nicht mit den Beweisen beschäftigen, die Gott ihnen zur Stärkung des Glaubens gegeben hat, sondern sich erlauben, stets zu hinterfragen und zu kritisieren, werden sie ihre Zweifel immer mehr bestätigt finden.

Alle, die an den Verheißungen Gottes zweifeln und der Zusicherung seiner Gnade misstrauen, entehren ihren Schöpfer. Statt andere durch ihren Einfluss zu Christus zu führen, treiben sie Menschen von ihm weg. Sie sind unfruchtbare Bäume, die ihre breitflächigen Zweige ausbreiten und kein Sonnenlicht auf andere Pflanzen fallen lassen, sodass diese im kalten Schatten verkümmern. Das Lebenswerk dieser Menschen wird unaufhörlich gegen sie zeugen. Sie säen eine Saat des Zweifels und der Skepsis, und die Ernte wird nicht ausbleiben.

Es gibt nur einen Weg für den, der aufrichtig von Zweifeln befreit werden will: Statt Dinge zu hinterfragen und zu kritisieren, die er nicht versteht, sollte er auf das Licht achten, das ihm bereits scheint, dann wird er größeres Licht erhalten. Was er als seine Aufgabe erkannt hat, sollte er pflichtgemäß ausführen, und dann wird er das begreifen lernen, worüber er jetzt noch im Zweifel ist.

Satan kann Fälschungen präsentieren, die der Wahrheit so ähnlich sind, dass diejenigen, die bereit sind, sich täuschen zu lassen, auch wirklich getäuscht werden, weil sie nichts von Selbstverleugnung und Aufopferung wissen wollen, wie es die Wahrheit verlangt. Der Feind hat aber keine Möglichkeit, auch nur einen einzigen Menschen unter seiner Gewalt zu halten, der die Wahrheit um jeden Preis aufrichtig sucht. Christus ist die Wahrheit und »das wahre Licht, das alle Menschen erleuchtet, die in diese Welt kommen« (Johannes 1,9). Der Geist der Wahrheit ist gesandt worden, um die Menschen in alle Wahrheit zu leiten. Und der Sohn Gottes sagt in seiner Vollmacht: »Suchet, so werdet ihr finden.« (Matthäus 7,7) »Wer bereit ist, Gott zu gehorchen, wird merken, ob meine Lehre von Gott ist oder ob ich meine eigenen Gedanken vortrage.« (Johannes 7,17 GNB)

SICHERHEIT DURCH GOTTVERTRAUEN UND GEBET

Die Nachfolger Christi wissen wenig über die Anschläge, die Satan und seine Helfershelfer gegen sie schmieden. Der aber im Himmel wohnt, wird all diese Pläne zunichte machen, um seine erhabenen Ziele zu erreichen. Der Herr lässt es zu, dass sein Volk in die Feuerprobe der Versuchung gerät, nicht weil er Freude an dessen Leiden und Trübsal hätte, sondern weil dieser Vorgang für seinen Sieg notwendig ist. Er kann sein Volk nicht ständig mit seiner eigenen Herrlichkeit vor Versuchungen abschirmen, denn das eigentliche Ziel der Prüfung ist, es darauf vorzubereiten, allen Verlockungen des Bösen zu widerstehen.

Weder böse Menschen noch die Teufel können Gottes Werk behindern oder seinem Volk seine Gegenwart entziehen, wenn es mit demütigem Herzen seine Sünden ablegt und sich im Glauben auf seine Verheißungen verlässt. Jeder Versuchung, jedem gegnerischen Einfluss, seien sie offenkundig oder verdeckt, können wir erfolgreich widerstehen, jedoch »nicht durch Kraft und nicht durch Stärke, sondern mit meinem Geist!, spricht der HERR der Heerscharen« (Sacharja 4,6 ZÜ).

»Die Augen des Herrn sehen auf die Gerechten, und seine Ohren hören auf ihr Gebet. ... Und wer ist's, der euch schaden könnte, wenn ihr dem Guten nacheifert?« (1. Petrus 3,12.13) Als sich Bileam durch das Versprechen einer großen Belohnung dazu verleiten ließ, Zauberformeln gegen Israel auszusprechen und durch Opfer für den Herrn einen Fluch über Gottes Volk zu bringen, verhinderte der Geist Gottes das Unheil, welches Bileam über das Volk aussprechen wollte. Er wurde gezwungen zu erklären: »Wie kann ich dieses Volk verwünschen, wenn Gott, der HERR, es nicht verwünschen will? Wie soll ich es verfluchen können, solange er nicht selbst den Fluch ausspricht? ... Ich möchte, dass ich einmal so wie sie in Gottes Frieden sterben könnte!« (4. Mose 23,8.10 GNB) Als nochmals geopfert worden war, erklärte der gottlose Prophet: »Er gab mir Weisung, dieses Volk zu segnen; und wenn er segnen will, kann ich's nicht ändern. Es bleibt dabei: Kein Unglück wird sie treffen, kein Unheil wird in Israel zu sehen sein. Der HERR steht ihnen bei, er ist ihr Gott; er ist ihr König, dem ihr Jubel gilt. ... Mit Zauberei und mit Beschwörungsformeln ist gegen dieses Volk nichts auszurichten. Darum zeigt man auf Israel und sagt: ›Sieh doch, was Gott für sie getan hat!‹« (4. Mose 23,20.21.23 GNB) Dennoch wurden zum dritten Mal Altäre aufgebaut, und erneut versuchte Bileam einen Fluch auszusprechen. Durch die unwilligen Lippen des Propheten sprach der Geist Gottes jedoch über seine Auserwählten und tadelte die Torheit und Bosheit seiner Feinde: »Gesegnet sei, wer dich segnet, und verflucht, wer dich verflucht!« (4. Mose 24,9)

Zu jener Zeit war das Volk Israel seinem Gott treu, und solange es dem Gesetz Gottes gehorchte, konnte es keine Macht der Erde oder der Hölle überwältigen. Obwohl es Bileam nicht erlaubt wurde, gegen Gottes Volk einen Fluch auszusprechen, erreichte er schließlich doch sein Ziel, indem er das Volk zur Sünde verleitete. Als es Gottes Gebote übertrat, trennte es sich von seinem Herrn und kam unter die Macht des Verderbers.

Satan weiß sehr wohl, dass der Schwächste, der sich auf Christus verlässt, seinen Angriffen und denen seiner gefallenen Engel widerstehen kann, wenn er sich offen zeigen würde. Deshalb versucht er, die Nachfolger Jesu aus ihrer Festung herauszulocken, während er mit seinen Streitkräften in einem Hinterhalt lauert und bereit ist, alle zu vernichten, die sich auf sein Gebiet hinauswagen. Nur wenn wir demütig auf Gott vertrauen und all seinen Geboten gehorchen, können wir uns völlig sicher fühlen.

Niemand ist ohne Gebet auch nur einen Tag oder eine Stunde sicher. Wir sollten den Herrn besonders um Weisheit bitten, sein Wort zu verstehen. Dort werden nicht nur die Intrigen des Versuchers offenbart, sondern auch die Mittel, mit denen man ihm widerstehen kann. Satan ist ein Fachmann im Zitieren von Bibelstellen, doch er fügt seine eigene Interpretation hinzu und hofft damit, uns zu Fall zu bringen. Wir müssen die Bibel demütigen Herzens erforschen und dürfen nie unsere Abhängigkeit von Gott aus den Augen verlieren. Ständig müssen wir vor Satan auf der Hut sein und ohne Unterlass im Glauben beten: »Führe uns nicht in Versuchung.« (Matthäus 6,13)

KAPITEL 33

DIE ERSTE GROSSE TÄUSCHUNG

Die Bemühungen Satans, unser Menschengeschlecht zu verführen, gehen zurück in die frühesten Anfänge der Geschichte. Der Anstifter des Aufruhrs im Himmel wollte auch die Erdbewohner in seinen Streit gegen die Herrschaft Gottes hineinziehen. Adam und Eva lebten vollkommen glücklich im Gehorsam dem Gesetz Gottes gegenüber. Dies war ein ständiges Zeugnis gegen die Behauptung, die Satan im Himmel vorgebracht hatte, dass das Gesetz Gottes seine Geschöpfe knechte und ihrem Glück im Wege stehe. Darüber hinaus war Satan neidisch, als er die schöne Heimat sah, die Gott dem sündlosen Paar bereitet hatte. Er beschloss daher, die Menschen zu Fall zu bringen, und wenn er sie von Gott getrennt und unter seine Macht gebracht hätte, würde er die Erde in seinen Besitz nehmen und hier sein Reich des Widerstands gegen den Allerhöchsten aufrichten.

DAS LEBEN VERSPIELT

Hätte sich Satan in seinem wahren Charakter offenbart, wäre er sofort abgewiesen worden, denn Gott hatte Adam und Eva vor diesem gefährlichen Feind gewarnt. Doch er wirkte im Dunklen und verbarg seine Absichten, damit er sein Ziel umso sicherer erreichen konnte. Er benutzte die Schlange als Medium, die damals ein bezauberndes Geschöpf war, und wandte sich mit den Worten an Eva: »Ja, sollte Gott gesagt haben: ihr sollt nicht essen von allen Bäumen im Garten?« (1. Mose 3,1) Hätte sich Eva nicht auf ein Gespräch mit dem Verführer eingelassen, wäre sie außer Gefahr gewesen, doch sie ließ sich auf eine Unterredung mit ihm ein und wurde ein Opfer seiner List. Genauso werden heute noch viele Menschen bezwungen. Sie zweifeln und argumentieren über Gottes Forderungen, und statt den göttlichen Geboten zu gehorchen, nehmen sie menschliche Theorien an, die nur die Pläne Satans verschleiern.

»Da sprach die Frau zu der Schlange: Wir essen von den Früchten der Bäume im Garten; aber von den Früchten des Baumes mitten im Garten hat Gott gesagt: Esset nicht davon, rühret sie auch nicht an, dass ihr nicht sterbet! Da sprach die Schlange zur Frau: Ihr werdet keineswegs des Todes sterben, sondern Gott weiß: an dem Tage, da ihr davon esst, werden eure Augen aufgetan, und ihr werdet sein wie Gott und wissen, was gut und böse ist.« (1. Mose 3,2-5) Er erklärte, sie würden wie Gott, sie würden größere Weisheit erlangen und eine höhere Daseinsstufe erreichen. Eva gab der Versuchung nach, und durch ihren Einfluss wurde auch Adam zur Sünde verführt. Sie glaubten den Worten der Schlange, dass Gott das, was er gesagt hatte, nicht so ernst nehmen würde und begannen, ihrem Schöpfer zu misstrauen. Sie bildeten sich ein, dass Gott ihre Freiheit einschränken wollte, dass sie aber durch Übertretung seines Gesetzes große Weisheit und eine hohe Daseinsstufe erlangen könnten.

Doch was fand Adam nach seiner Sünde über die Bedeutung der Worte »an dem Tage, da du von ihm isst, musst du des Todes sterben« (1. Mose 2,17) heraus? Stellte er fest, dass er nun eine höhere Daseinsstufe erreicht hatte, wie Satan ihn glauben gemacht hatte? Dann wäre diese Übertretung für ihn ein großer Gewinn gewesen, und Satan hätte sich als Wohltäter des Menschengeschlechts entpuppt. Aber Adam stellte fest, dass dies nicht die Bedeutung der göttlichen Worte war. Gott hatte erklärt, der Mensch müsse als Strafe für die Sünde zur Erde zurückkehren, von der er genommen war. »Du bist Erde und sollst zu Erde werden.« (1. Mose 3,19) Die Worte Satans »So werden eure Augen aufgetan« erwiesen sich nur insofern als wahr, als den beiden nach ihrem Ungehorsam die Augen geöffnet wurden und sie ihre Torheit erkannten. Nun kannten sie das Böse und sollten bald die Folgen ihres Ungehorsams erleben.

Inmitten des Gartens Eden wuchs der Baum des Lebens, dessen Frucht die Kraft hatte, ewiges Leben zu geben. Hätte Adam Gott gehorcht, hätte er weiterhin freien Zugang zu diesem Baum gehabt und ewig gelebt. Als er aber sündigte, wurde ihm der Zugang zu diesem Baum verwehrt, und er wurde sterblich. Der göttliche Urteilsspruch »Du bist Erde und sollst zu Erde werden« weist auf eine vollständige Auslöschung des Lebens hin.

Die Unsterblichkeit, die Gott dem Menschen unter der Bedingung des Gehorsams versprochen hatte, ging durch die Gesetzesübertretung verloren. Adam konnte seiner Nachkommenschaft nicht weitergeben, was er nicht besaß, und es hätte für die gefallene Menschheit keine Hoffnung auf ewiges Leben gegeben, wenn Gott dies nicht durch das Opfer seines Sohnes dem Menschen erreichbar gemacht hätte. Während »der Tod zu allen

Menschen durchgedrungen« ist, »weil sie alle gesündigt haben« (Römer 5,12), hat Christus »das Leben und ein unvergängliches Wesen ans Licht gebracht ... durch das Evangelium« (2. Timotheus 1,10). Nur durch Christus ist Unsterblichkeit zu erreichen. Jesus sagte: »Wer an den Sohn glaubt, der hat das ewige Leben. Wer aber dem Sohn nicht gehorsam ist, der wird das Leben nicht sehen.« (Johannes 3,36) Jeder Mensch kann diesen unschätzbaren Segen erhalten, wenn er die Bedingungen dazu erfüllt. Alle, »die in aller Geduld mit guten Werken trachten nach Herrlichkeit, Ehre und unvergänglichem Leben«, empfangen »ewiges Leben« (Römer 2,7).

Der Einzige, der Adam Leben im Ungehorsam versprach, war der große Betrüger. Die Erklärung der Schlange an Eva im Paradies – »ihr werdet mitnichten des Todes sterben« – war die erste Predigt, die über die Unsterblichkeit der Seele gehalten wurde. Doch diese Erklärung, die einzig und allein auf der Autorität Satans beruht, vernimmt man immer wieder von den Kanzeln der Christenheit, und sie wird von der Mehrheit der Menschen genauso bereitwillig aufgenommen wie von unseren Ureltern. Das göttliche Urteil: »Die Seele, die sündigt, sie soll sterben« (Hesekiel 18,20 Elb.), wird umgedeutet in »Die Seele, die sündigt, soll nicht sterben, sondern ewig leben.« Wir können uns über diese eigentümliche Verblendung nur wundern, die Menschen so leichtgläubig gegenüber den Aussagen Satans macht und so ungläubig, wenn es um Gottes Worte geht.

Hätte Gott dem Menschen nach dessen Fall weiterhin freien Zugang zum Baum des Lebens gewährt, hätte der Mensch ewig leben können, und die Sünde wäre dadurch unsterblich geworden. Doch Cherubim mit flammendem, blitzendem Schwert bewachten »den Weg zu dem Baum des Lebens« (1. Mose 3,24), und niemandem aus Adams Familie wurde es gestattet, diese Grenze zu überschreiten und von der Leben spendenden Frucht zu essen. Somit gibt es keinen unsterblichen Sünder.

EWIGE HÖLLENQUALEN UND EIN GOTT DER LIEBE?

Nach dem Sündenfall beauftragte Satan seine Engel, sich besonders darum zu bemühen, den Menschen den Glauben einzuimpfen, sie besäßen eine natürliche Unsterblichkeit. Sobald sie die Leute dazu gebracht hätten, diesen Irrtum anzunehmen, sollten sie diese zur Schlussfolgerung führen, dass ein Sünder in Ewigkeit im Elend leben müsse. Nun stellte der Fürst der Finsternis mit Hilfe seiner Helfer Gott als einen rachsüchtigen Tyrannen dar und erklärte, dieser würde alle, die ihm nicht gefallen, in die Hölle verstoßen, um sie ewig seinen Zorn spüren zu lassen. Während sie dort unter unaussprechlichen Qualen leiden und sich in den ewigen Flammen krümmen, schaue ihr Schöpfer mit Genugtuung auf sie herab.

Auf diese Weise projiziert der Erzfeind seine eigenen Eigenschaften auf den Schöpfer und Wohltäter der Menschheit. Grausamkeit ist satanisch, Gott aber ist Liebe. Alles, was Gott schuf, war rein, heilig und lieblich, bis der große Aufrührer die Sünde in die Welt brachte. Satan ist der Feind, der die Menschen zur Sünde verführt und sie vernichtet, wenn er es kann. Wenn er sein Opfer einmal in seiner Gewalt hat, freut er sich über dessen Untergang. Wäre es ihm erlaubt, würde er die ganze Menschheit mit seinem Netz fangen. Wenn die göttliche Macht nicht eingegriffen hätte, würde ihm kein einziger Sohn und keine einzige Tochter Adams entkommen.

Auch heute versucht Satan, Menschen zu überwältigen, wie er es damals mit unseren ersten Eltern tat, indem er das Vertrauen zu ihrem Schöpfer erschüttert und sie verleitet, die Weisheit seiner Herrschaft und die Gerechtigkeit seines Gesetzes anzuzweifeln. Um ihre Bosheit und Rebellion zu rechtfertigen, stellen Satan und seine Gesandten Gott noch schlimmer dar, als sie selbst sind. Der große Betrüger versucht, seinen eigenen grausamen Charakter auf unseren himmlischen Vater zu projizieren. Damit will er selbst als derjenige erscheinen, dem großes Unrecht angetan wurde, als man ihn aus dem Himmel verbannte, weil er sich einem solch ungerechten Herrscher wie Gott nicht unterwerfen wollte. Er führt der Welt die Freiheit vor Augen, der sie sich unter seiner »Mildtätigkeit« erfreuen würde, im Gegensatz zu dem Zwang unter den strengen Geboten Jahwes. So gelingt es ihm stets, Menschen von ihrer Treue zu Gott wegzulocken.

Die Lehre von einer ewig brennenden Hölle, in der die verstorbenen Bösen mit Feuer und Schwefel gequält werden, verletzt einerseits jedes Gefühl von Liebe und Barmherzigkeit. Andererseits widerspricht es auch unserem Sinn für Gerechtigkeit, wenn ein Mensch für die Sünden eines kurzen Erdenlebens so lange leiden müsste. Und doch ist diese Lehre weit verbreitet und findet sich in vielen Glaubensbekenntnissen der Christenheit. So sagte ein angesehener Theologe: »Der Anblick der Höllenqualen wird die Glückseligkeit der Heiligen für immer vergrößern. Wenn sie sehen, wie andere, gleicher Natur wie sie und unter den gleichen Umständen geboren, in solches Elend stürzen, während sie selbst ausgezeichnet dastehen, werden sie erkennen, wie glücklich sie sind.« Ein anderer sagte Folgendes: »Während der Verdammungsbefehl ewig an den Gefäßen des Zornes vollstreckt wird, steigt der Rauch ihrer Qual ewiglich vor den Gefäßen der Gnade auf, und diese werden, statt an dem Schicksal dieser Elenden Anteil zu nehmen, sagen: Halleluja! Lobt den Herrn!«

Wo finden sich solche Lehren im Wort Gottes? Werden denn die Erlösten im Himmel jedes Mitgefühl und alle Barmherzigkeit, ja sogar die Empfindungen ganz gewöhnlicher Menschlichkeit verloren haben? Werden diese dann durch stoische Teilnahmslosigkeit oder barbarische Grausamkeit ersetzt? Nein, so etwas lehrt das Wort Gottes niemals! Die Ansichten, die in diesen gerade erwähnten Zitaten vertreten werden, stammen von Männern, die gebildet und aufrichtig sein mögen, aber von Satans List getäuscht wurden. Er verleitet sie dazu, deutliche Aussagen der Bibel falsch auszulegen, und verleiht der Sprache einen Anflug von Bitterkeit und Bosheit, die zu ihm, doch niemals zu unserem Schöpfer passen. »So wahr ich lebe, spricht Gott der Herr: Ich habe kein Gefallen am Tode des Gottlosen, sondern dass der Gottlose umkehre von seinem Wege und lebe. So kehrt nun um von euren bösen Wegen. Warum wollt ihr sterben, ihr vom Hause Israel?« (Hesekiel 33,11)

Was wäre das für ein Gott, der sich am Anblick ewiger Qualen ergötzt? Kann sich unser Schöpfer wirklich am Stöhnen, am Geschrei und an den Verwünschungen von leidenden Geschöpfen erfreuen, die er in den Flammen der Hölle gefangen hält? Können diese entsetzlichen Schreie im Ohr der unendlichen Liebe Musik sein? Es wird behauptet, dass das dauernde Elend der Gottlosen Gottes Hass gegen die Sünde zeigt, die den Frieden und die Ordnung im Universum zerstört. Welch schreckliche Gotteslästerung! Als ob Gottes Hass gegen die Sünde ein Grund wäre, diese zu verewigen. Diese Theologen lehren, dass die endlose Qual, die keine Hoffnung auf Gnade kennt, die elenden Opfer rasend macht, und wenn sie ihre Wut in Flüchen und Gotteslästerungen zum Ausdruck bringen, sie ihre Schuldenlast immer mehr vergrößern. Gottes Herrlichkeit wird nicht dadurch erhöht, dass Sünde dauernd vermehrt und verewigt wird.

Der menschliche Geist ist nicht in der Lage, das Elend abzuschätzen, das durch diese Irrlehre von der ewigen Qual entstanden ist. Die biblische Religion, die voller Liebe und Güte und überaus reich an Erbarmen ist, wird durch solchen Aberglauben verfinstert und mit Schrecken umgeben. Wenn man bedenkt, wie falsch Satan den Charakter Gottes darstellt, wen wundert es dann, dass unser mitfühlender Schöpfer so sehr gefürchtet, gescheut und sogar gehasst wird? Diese fürchterlichen Vorstellungen von Gott, die auf der ganzen Welt von den Kanzeln herab gepredigt wurden, haben schon Tausende, ja Millionen zu Skeptikern und Ungläubigen gemacht.

Die Lehre von der ewigen Qual ist eine der Irrlehren, die zum »Zorneswein der Hurerei« Babylons gehören, von dem sie allen Völkern zu trinken gibt, wie es in Offenbarung 14,8 und 17,2 steht. Dass Diener Christi solche Irrlehren angenommen haben und sie von geweihten Stätten aus verkündigten, ist in der Tat rätselhaft. Sie übernahmen sie von Rom, wie dies auch beim falschen Sabbat der Fall war. Sicher haben auch große und aufrichtige Männer solche Lehren gepredigt, aber sie haben zu diesem Thema nicht dieselbe Erkenntnis erhalten wie wir heute. Sie waren nur für das Licht verantwortlich, das sie empfangen hatten. Von uns wird Rechenschaft von dem verlangt, was in unseren Tagen erkannt worden ist. Wenn wir vom Zeugnis der Schrift abweichen und Irrlehren annehmen, nur weil unsere Väter sie lehrten, stehen wir unter dem Urteil, das über Babylon ausgesprochen wird: Wir trinken vom »Zorneswein ihrer Hurerei« (Offenbarung 14,8).

DER IRRTUM DER ALLVERSÖHNUNG

Sehr viele Menschen, bei denen die Lehre von der ewigen Qual Abscheu erregt, werden oft zum Gegenteil getrieben. Sie lesen in der Schrift, dass Gott Liebe und Barmherzigkeit ist, und können nicht glauben, dass er seine Geschöpfe einem ewig brennenden Feuer überlassen wird. Weil sie an der Lehre von der Unsterblichkeit der Seele festhalten, sehen sie keine andere Alternative, als zu schlussfolgern, dass alle Menschen letztlich gerettet werden. Viele sehen in den Warnungen der Bibel lediglich ein Mittel, um die Menschen durch Angst zum Gehorsam zu treiben, und glauben, dass diese sich nie buchstäblich erfüllen werden. So kann der Sünder seinen selbstsüchtigen Vergnügungen nachgehen, die Forderungen Gottes missachten und doch erwarten, einmal angenommen zu werden. Eine solche Lehre, die auf Gottes Barmherzigkeit pocht, aber seine Gerechtigkeit ablehnt, gefällt dem fleischlichen Herzen und festigt die Kühnheit der Gottlosen.

Um zu zeigen, wie diejenigen, die an die Allversöhnung glauben, die Schrift verdrehen, damit sie ihre zerstörerischen Lehren stützen können, reicht es aus, auf ihre eigenen Äußerungen hinzuweisen. Beim Begräbnis eines ungläubigen jungen Mannes, der durch einen Unfall ums Leben kam, wählte ein Geistlicher, der ein Anhänger der Allversöhnung war, folgenden Bibeltext, der sich auf David bezog: »Denn er hatte sich getröstet über Amnon, dass er tot war.« (2. Samuel 13,39)

Der Geistliche sprach: »Man fragt mich häufig, was das Schicksal jener sein werde, die in Sünden die Welt verlassen, die vielleicht in betrunkenem Zustand, mit den unabgewaschenen Scharlachflecken des Verbrechens an ihren Kleidern sterben, oder die dahinfahren wie dieser junge Mann, ohne je nach Religion gefragt oder ihren Segen erfahren zu haben. Wir sind zufrieden mit der Heiligen Schrift; ihre Antwort soll das schreckliche Problem lösen. Amnon war überaus sündig; er war unbußfertig, wurde betrunken gemacht und in diesem Zustand umgebracht. David war ein Prophet Gottes; er muss gewusst haben, ob Amnon es in der zukünftigen Welt schlecht oder gut haben werde. Was war die Äußerung seines Herzens? ›König David hörte auf, Absalom zu grollen; denn er hatte sich getröstet über Amnon, dass er tot war.‹«

»Welche Schlussfolgerung können wir aus diesen Worten ziehen?«, fuhr der Verkündiger fort. »Ist es nicht die, dass eine endlose Qual nicht zu seiner Glaubensüberzeugung gehörte? Das entspricht genau unserem Glauben; und hier entdecken wir ein schlagkräftiges Argument zur Unterstützung der angenehmeren, erleuchtenderen, gefälligeren Annahme einer letzten, allgemeinen Reinheit und eines dauernden Friedens. Er war getröstet darüber, dass sein Sohn tot war. Und warum? Weil sein prophetisches Auge vorwärts in die herrliche Zukunft blicken und sehen konnte, dass sein Sohn, nachdem er von allen Versuchungen weit entfernt, von der Knechtschaft befreit, von der Verderbtheit der Sünde gereinigt, ausreichend geheiligt und erleuchtet, in die Versammlung aufgefahrener, frohlockender Geister aufgenommen wurde. Sein einziger Trost war, dass sein geliebter Sohn, entrückt aus dem gegenwärtigen Zustand der Sünde und des Leidens, dorthin versetzt sei, wo die erhabensten Einflüsse des Heiligen Geistes sich in seine verfinsterte Seele ergießen würden, wo sein Verstand der Weisheit des Himmels und dem lieblichen Einfluss unsterblicher Liebe geöffnet würde und er, auf diese Weise ausgerüstet mit einem geheiligten Wesen, die Ruhe und Gemeinschaft des himmlischen Erbes genießen könne.

Wir möchten also so verstanden werden, dass wir glauben, die Seligkeit des Himmels hängt von nichts ab, was wir in diesem Leben tun können, weder von einer gegenwärtigen Veränderung des Herzens noch von dem aktuellen Glauben oder einem geäußerten Religionsbekenntnis.«

Damit wiederholte dieser angebliche Diener Christi die Lüge der Schlange im Paradies: »Ihr werdet keineswegs des Todes sterben. ... An dem Tage, da ihr davon esst, werden eure Augen aufgetan, und ihr werdet sein wie Gott.« (1. Mose 3,4.5) Er erklärt, dass der gemeinste Sünder, ob Mörder, Dieb oder Ehebrecher, im Tod darauf vorbereitet wird, in die ewige Seligkeit einzugehen.

Woher holt sich dieser Irrlehrer seine Weisheit? Aus einem einzigen Satz, der ausdrückt, dass sich David der göttlichen Fügung unterwarf. »David hörte auf, Absalom zu grollen; denn er hatte sich getröstet über Amnon, dass er tot war.« (2. Samuel 13,39) Davids heftiger Schmerz ließ mit der Zeit nach, seine Gedanken wandten sich von dem toten zu dem lebendigen Sohn, der aus Furcht vor gerechter Strafe für sein Verbrechen freiwillig in die Verbannung geflohen war. Und dies sollte der biblische Beweis dafür sein, dass der blutschänderische, betrunkene Amnon nach seinem Ableben schnurstracks an den Ort der Wonne entrückt worden sei, wo er gereinigt und vorbereitet würde für die Gemeinschaft mit sündlosen Engeln? Das ist aber nur eine angenehme Fabel, die dazu geeignet ist, das natürliche Herz zufrieden zu stellen. Diese Lehre geht allein auf Satan selbst zurück, und er hat damit Erfolg. Erstaunt es uns, dass durch solche Unterweisung die Bosheit überhand nimmt?

Der Weg, den dieser eine Irrlehrer verfolgt, ist nur ein Beispiel von vielen anderen. Da werden einige wenige Worte der Heiligen Schrift aus dem Zusammenhang gerissen, die in vielen Fällen genau das Gegenteil von dem aussagen würden, was man in sie hineinlegt. So zerlegte Bibelstellen werden verdreht und als Beweis für Lehren herangezogen, die gar nicht im Wort Gottes begründet sind. Was da über den betrunkenen Amnon als Beweis für seine Aufnahme in den Himmel angeführt wird, steht in direktem Widerspruch zu der Aussage der Heiligen Schrift, dass kein Trunkenbold das Reich Gottes erben kann (vgl. 1. Korinther 6,10). Damit verdrehen Zweifler, Ungläubige und Skeptiker die Wahrheit in eine Lüge. Und viele Menschen werden durch ihre Spitzfindigkeit verführt. Sie werden in der Wiege fleischlicher Sicherheit in den Schlaf geschaukelt.

Wenn es wahr wäre, dass die Seelen aller Menschen in der Stunde ihres Ablebens direkt in den Himmel kämen, würde wohl jeder eher den Tod als das Leben begehren. Viele sind durch diesen Glauben dazu geführt worden, ihrem Leben ein Ende zu machen. Wenn ein Mensch von Sorgen, Ratlosigkeit und Enttäuschungen geplagt wird, scheint es für ihn ein Leichtes, den spröden Lebensfaden zu zerreißen und in die Welt ewiger Wonne zu entfliehen.

VOM ERNST DER SÜNDE

Gott hat in seinem Wort oft genug darauf hingewiesen, dass er die Übertreter seines Gesetzes bestrafen wird. Wer sich damit tröstet, Gott sei zu barmherzig, um gegenüber dem Sünder Gerechtigkeit walten zu lassen, sollte auf das Kreuz von Golgatha schauen. Der Tod des sündlosen Gottessohnes zeigt, dass der Tod »der Sünde Sold ist« (Römer 6,23) und jede

Übertretung des göttlichen Gesetzes ihre gerechte Strafe erhält. Christus, der Sündlose, wurde für den Menschen zur Sünde gemacht. Er nahm die Schuld der Gesetzesübertretung auf sich, sodass sich das Angesicht seines Vaters vor ihm verhüllte, bis sein Herz gebrochen und sein Leben ausgehaucht war. Dieses große Opfer wurde gebracht, damit Sünder erlöst werden können. Der Mensch hätte auf keine andere Weise von der Strafe für die Sünde befreit werden können. Jeder, der sich weigert, die Versöhnung anzunehmen, die durch einen so großen Aufwand möglich gemacht wurde, muss die Schuld und Strafe für seine Übertretung selbst auf sich nehmen.

Lesen wir weiter, was die Bibel noch über Gottlose und Unbußfertige sagt, die nach der Lehre der Allversöhner als heilige und glückliche Engel in den Himmel versetzt werden.

»Ich will dem Durstigen geben von der Quelle des lebendigen Wassers umsonst.« (Offenbarung 21,6) Diese Verheißung gilt nur denen, die Durst haben. Erhalten werden dieses lebendige Wasser nur Menschen, die es suchen, auch wenn sie alles verlieren, was ihnen lieb ist. »Wer überwindet, der wird es alles ererben, und ich werde sein Gott sein, und er wird mein Sohn sein.« (Offenbarung 21,7) Auch hier werden Bedingungen genannt: Um all diese Verheißungen zu erhalten, müssen wir der Sünde widerstehen und sie überwinden.

Der Herr erklärt durch den Propheten Jesaja: »Heil den Gerechten, sie haben es gut! ... Wehe aber den Gottlosen, sie haben es schlecht! Denn es wird ihnen vergolten werden, wie sie es verdienen.« (Jesaja 3,10.11) »Wenn ein Sünder auch hundertmal Böses tut und lange lebt, so weiß ich doch, dass es wohl gehen wird denen, die Gott fürchten, die sein Angesicht scheuen. Aber dem Gottlosen wird es nicht wohl gehen«, sagt Salomo (Prediger 8,12.13). Und Paulus bezeugt, dass der Sünder sich selbst Zorn anhäuft »auf den Tag des Zorns und der Offenbarung des gerechten Gerichtes Gottes, der einem jeden geben wird nach seinen Werken ... Ungnade und Zorn aber denen, die streitsüchtig sind und der Wahrheit nicht gehorchen, gehorchen aber der Ungerechtigkeit« (Römer 2,5.6.8).

»Das sollt ihr wissen, dass kein Unzüchtiger oder Unreiner oder Habsüchtiger – das sind Götzendiener – ein Erbteil hat im Reich Christi und Gottes.« (Epheser 5,5) »Strebt voll Eifer nach Frieden mit allen und nach der Heiligung, ohne die keiner den Herrn sehen wird.« (Hebräer 12,14 EÜ) »Selig sind, die ihre Kleider waschen, dass sie teilhaben an dem Baum des Lebens und zu den Toren hineingehen in die Stadt. Draußen sind die Hunde und die Zauberer und die Unzüchtigen und die Mörder und die Götzendiener und alle, die die Lüge lieben und tun.« (Offenbarung 22,14.15)

DER SÜNDER SCHLIESST SICH SELBST AUS

Gott hat den Menschen sein Wesen offenbart und deutlich gemacht, wie er mit der Sünde verfährt: »Herr, Herr, Gott, barmherzig und gnädig und geduldig und von großer Gnade und Treue, der da Tausenden Gnade bewahrt und vergibt Missetat, Übertretung und Sünde, aber ungestraft lässt er niemand.« (2. Mose 34,6.7) »Der Herr ... wird vertilgen alle Gottlosen.« (Psalm 145,20) »Die Übertreter aber werden miteinander vertilgt, und die Gottlosen werden zuletzt ausgerottet.« (Psalm 37,38) Durch seine Macht und Autorität besiegt Gott jeden Aufruhr, und doch stimmen all seine Handlungen vergeltender Gerechtigkeit mit seiner Barmherzigkeit, Langmut und Güte überein.

Gott zwingt niemandem seinen Willen oder seine Ansichten auf. Er freut sich nicht über sklavischen Gehorsam. Er möchte, dass seine Geschöpfe ihn lieben, weil er der Liebe wert ist. Er möchte, dass sie ihm gehorchen, weil sie seine Weisheit, Gerechtigkeit und Güte würdigen. Wer diese Eigenschaften richtig einschätzt, wird ihn lieben und sich in Bewunderung zu ihm hingezogen fühlen.

Die Prinzipien der Freundlichkeit, Barmherzigkeit und Liebe, die durch unseren Erlöser gelehrt und gelebt wurden, sind Abbilder des Willens und Wesens Gottes. Christus sagte, er lehre nichts anderes als das, was er von seinem Vater empfangen hatte. Die Grundsätze der göttlichen Herrschaft befinden sich in voller Übereinstimmung mit der Unterweisung Christi: »Liebt eure Feinde!« (Matthäus 5,44) Gott übt Gerechtigkeit an den Gottlosen zum Besten des ganzen Universums, auch derjenigen, die von seinen Gerichten heimgesucht werden. Er würde sie gern glücklich machen, wenn er das in Übereinstimmung mit den Gesetzen seiner Herrschaft und der Gerechtigkeit seines Charakters tun könnte. Überall umgibt er sie mit Zeichen seiner Liebe, er macht sie mit seinem Gesetz bekannt und folgt ihnen mit dem Angebot seiner Gnade. Sie aber verachten seine Liebe, setzen sein Gesetz außer Kraft und verschmähen seine Gnade. Während sie ständig seine Gaben empfangen, entehren sie den Geber. Sie hassen Gott, weil sie wissen, dass er ihre Sünden verabscheut. Der Herr hat mit ihren Abwegen lange Geduld, aber die entscheidende Stunde wird schließlich kommen, wenn über ihr Schicksal entschieden werden muss. Wird er dann die Rebellen an seine Seite ketten und sie zwingen, seinen Willen zu tun?

Menschen, die Satan zu ihrem Führer gewählt haben und sich von seiner Macht beherrschen lassen, sind nicht in der Lage, in Gottes Gegenwart zu treten. Stolz, Betrug, Zügellosigkeit und Grausamkeit haben sich in ihrem

Charakter festgesetzt. Können sie in den Himmel eingehen und ewig mit denen zusammenleben, die sie auf Erden verachtet und gehasst haben? Einem Lügner wird die Wahrheit niemals schmecken. Einbildung und Stolz können durch Sanftmut nicht befriedigt werden. Der Verderbte wird Reinheit nie akzeptieren, und der Selbstsüchtige fühlt sich von selbstloser Liebe nicht angezogen. Woran sollten sich Menschen im Himmel freuen, die ganz von irdischen und selbstsüchtigen Interessen in Anspruch genommen waren?

Was würde geschehen, wenn Menschen, die ihr Leben in Auflehnung gegen Gott verbracht haben, plötzlich in den Himmel kämen und dort den seit jeher bestehenden hohen und heiligen Stand der Vollkommenheit erleben würden? Jedes Lebewesen ist dort von Liebe erfüllt, jedes Angesicht strahlt vor Freude und anziehende Musik ertönt in wohlklingenden Melodien zur Ehre Gottes und des Lammes. Ein ununterbrochener Lichtstrom geht vom Angesicht dessen aus, der auf dem Thron sitzt, und erleuchtet die Erlösten. Wie könnten sich Menschen, deren Herz mit Hass gegen Gott, die Wahrheit und alles Heilige erfüllt ist, unter die himmlische Schar mischen, und in ihre Loblieder einstimmen? Könnten sie die Herrlichkeit Gottes und des Lammes ertragen? Niemals! Es wurden ihnen Jahre der Bewährung geschenkt, damit sie einen Charakter für den Himmel entwickeln konnten. Sie haben nie gelernt, das Reine zu lieben. Sie haben die Sprache des Himmels nie angenommen, und nun ist es zu spät. Ihr Leben in Auflehnung gegen Gott hat sie für den Himmel untauglich gemacht. Himmlische Reinheit und Friede würden ihnen eine Qual sein und die Herrlichkeit Gottes ein verzehrendes Feuer. Von diesem heiligen Ort würden sie fliehen wollen. Ihre Vernichtung wäre ihnen willkommen, damit sie das Angesicht dessen nicht mehr sehen müssten, der sie durch seinen Tod erlöst hat. Die Gottlosen haben ihr Schicksal und ihren Ausschluss aus dem Himmel selbst gewählt. Er ist zugleich ein Akt der Gerechtigkeit und der Barmherzigkeit Gottes.

DAS GERICHT,
EIN AKT DER BARMHERZIGKEIT

Wie die Wasser der Sintflut verkünden auch die Feuerflammen des großen Gerichtstages das Urteil Gottes, wonach die Bösen unverbesserlich und nicht bereit sind, sich der Autorität Gottes zu unterstellen. Sie haben sich an die Rebellion gewöhnt, und an ihrem Lebensende ist es zu spät, ihre Gedanken in die entgegengesetzte Richtung zu lenken, von der Übertretung zum Gehorsam und vom Hass zur Liebe.

Gott ließ den Mörder Kain am Leben, um der Welt zu zeigen, wohin ein ungezügeltes Leben der Bosheit führt. Durch den Einfluss der Lehren und des Beispiels Kains wurden sehr viele seiner Nachfolger zur Sünde verleitet, bis »die Bosheit des Menschen auf der Erde groß war und alles Sinnen der Gedanken seines Herzens nur böse den ganzen Tag. ... Und die Erde verdarb vor Gott, und die Erde wurde voll von Gewalttat« (1. Mose 6,5.11 ZÜ). Aus Barmherzigkeit zur Welt vernichtete Gott die bösen Bewohner zur Zeit Noahs. Das Gleiche geschah mit den charakterlosen Bewohnern Sodoms. Durch die betrügerische Macht Satans erhalten Übeltäter Sympathie und Bewunderung und verführen damit andere zum Aufruhr. So war es in Kains, Noahs sowie Abrahams Tagen, und so ist es in unserer Zeit. Aus Barmherzigkeit zum ganzen Universum wird Gott letztlich alle vernichten, die seine Gnade verschmähen.

»Denn der Lohn der Sünde ist der Tod, die Gabe Gottes aber ist das ewige Leben in Christus Jesus, unserem Herrn.« (Römer 6,23 EÜ) Leben ist das Erbe für den Gerechten, der Tod aber ist der Anteil der Gottlosen. Mose sagte zum Volk Israel: »Siehe, ich habe dir heute vorgelegt das Leben und das Gute, den Tod und das Böse.« (5. Mose 30,15) Der Tod, der in diesem Abschnitt erwähnt wird, ist nicht der Tod, der über Adam ausgesprochen wurde, denn alle Menschen erleiden die Strafe seiner Übertretung. Hier geht es um den »zweiten Tod« im Gegensatz zum ewigen Leben (vgl. Offenbarung 21,8).

Der Tod ist als Folge der Sünde Adams über die ganze Menschheit gekommen. Ohne Unterschied müssen alle sterben. Durch den Erlösungsplan sollen alle aus ihren Gräbern herauskommen. Es wird »eine Auferstehung der Gerechten wie der Ungerechten« geben (Apostelgeschichte 24,15). »Denn wie sie in Adam alle sterben, so werden sie in Christus alle lebendig gemacht werden.« (1. Korinther 15,22) Dennoch gibt es zwei unterschiedliche Klassen unter denen, die auferstehen. »Alle, die in den Gräbern sind, [werden] seine Stimme hören ... und werden hervorgehen, die Gutes getan haben, zur Auferstehung des Lebens, die aber Böses getan haben, zur Auferstehung des Gerichts.« (Johannes 5,28.29) Diejenigen, die der Auferstehung des Lebens würdig waren, sind »selig ... und heilig. ... Über diese hat der zweite Tod keine Macht«. (Offenbarung 20,6) Die Menschen aber, die sich nicht durch Reue und Glauben die Vergebung gesichert haben, müssen die Strafe für ihre Übertretung empfangen, »den Lohn der Sünde« (Römer 6,23 GNB). Unterschiedlich ist zwar die Dauer und Stärke der Strafe, die »ein jeder nach seinen Werken« erleidet (Offenbarung 20,13), aber zuletzt enden sie alle im zweiten Tod. Da es Gott in Übereinstimmung mit seinen

Prinzipien von Gnade und Gerechtigkeit unmöglich ist, einen Sünder in seiner Sünde zu erlösen, entzieht er ihm die Existenz, die er durch seine Übertretungen verspielt und deren er sich als unwürdig erwiesen hat. Ein inspirierter Autor schrieb: »Noch eine kleine Zeit, so ist der Gottlose nicht mehr da; und wenn du nach seiner Stätte siehst, ist er weg.« (Psalm 37,10) Und ein anderer erklärt: Sie »sollen sein, als wären sie nie gewesen« (Obadja 16). Bedeckt mit Schande versinken sie in die Hoffnungslosigkeit und werden für ewig ausgelöscht.

So wird der Sünde mit ihren Leiden und Zerstörungen, die sie verursacht hat, ein Ende bereitet. Der Psalmist sagt: »Du ... bringst die Gottlosen um; ihren Namen vertilgst du auf immer und ewig. ... Jedes Gedenken an sie ist vergangen.« (Psalm 9,6.7) Johannes, der Schreiber der Offenbarung, schaut vorwärts auf die Ewigkeit und hört eine allgemeine Lobeshymne, die von keinem Missklang gestört wird. »Und jedes Geschöpf, das im Himmel ist und auf Erden und unter der Erde und auf dem Meer und alles, was darin ist, hörte ich sagen: Dem, der auf dem Thron sitzt, und dem Lamm sei Lob und Ehre und Preis und Gewalt von Ewigkeit zu Ewigkeit!« (Offenbarung 5,13) Es wird keine verlorenen Seelen und Gotteslästerer geben, die sich in nie endenden Qualen krümmen, keine elenden Wesen werden ihre Schmerzensschreie in die Gesänge der Erlösten mischen.

»DIE TOTEN WISSEN NICHTS«

Auf dem fundamentalen Irrtum, der Mensch besitze natürliche Unsterblichkeit, beruht auch die Lehre vom Bewusstsein des Menschen im Tod. Doch diese Vorstellung widerspricht ebenso wie die Lehre von der ewigen Höllenqual den Aussagen der Heiligen Schrift, den Überlegungen der Vernunft und unserem Empfinden für Menschlichkeit. Nach weit verbreiteter Auffassung sehen die Erlösten im Himmel alles, was auf der Erde geschieht, insbesondere das Leben ihrer Freunde, die sie zurückgelassen haben. Wie könnte das eine Quelle der Freude für die Toten sein, wenn sie die Sorgen der Lebenden sehen und die Sünden beobachten, die ihre Lieben begehen; oder wenn sie miterleben, wie diese viel Kummer, Enttäuschungen und Ängste durchleiden müssen? Wie viel von der Freude des Himmels könnten sie genießen, wenn sie ständig das Leben ihrer Freunde auf Erden verfolgen könnten? Und wie abscheulich ist der Gedanke, dass die Seele des Unbußfertigen den Flammen der Hölle übergeben wird, sobald der Odem seinen Leib verlassen hat? Welche Tiefen der Angst müssen die Menschen erleiden, die ihre Freunde unvorbereitet ins Grab sinken sehen, um eine

Ewigkeit in Schmerz und Sünde zu verbringen! Solch grauenvolle Gedanken haben schon viele in den Wahnsinn getrieben.

Was sagt die Heilige Schrift zu diesem Thema? David erklärt, dass der Mensch im Tod kein Bewusstsein hat: »Denn des Menschen Geist muss davon, und er muss wieder zu Erde werden; dann sind verloren alle seine Pläne.« (Psalm 146,4) Salomo bezeugt das Gleiche: »Denn die Lebenden wissen, dass sie sterben werden, die Toten aber wissen nichts; sie haben auch keinen Lohn mehr, denn ihr Andenken ist vergessen. Ihr Lieben und ihr Hassen und ihr Eifern ist längst dahin; sie haben kein Teil mehr auf der Welt an allem, was unter der Sonne geschieht. ... Alles, was dir vor die Hände kommt, es zu tun mit deiner Kraft, das tu; denn bei den Toten, zu denen du fährst, gibt es weder Tun noch Denken, weder Erkenntnis noch Weisheit.« (Prediger 9,5.6.10)

Als Gott das Leben des Hiskia nach dessen Gebet um 15 Jahre verlängerte, ehrte der dankbare König seinen Herrn mit Lob für seine große Barmherzigkeit. Im folgenden Gesang nennt er den Grund seiner Freude: »Denn die Toten loben dich nicht, und der Tod rühmt dich nicht, und die in die Grube fahren, warten nicht auf deine Treue; sondern allein, die da leben, loben dich so wie ich heute. Der Vater macht den Kindern deine Treue kund.« (Jesaja 38,18.19) Nach der Volkstheologie sind die gerechten Toten im Himmel, wo sie in Wonne leben und Gott mit unsterblicher Zunge preisen, doch Hiskia konnte eine solche herrliche Aussicht im Tod nicht erkennen. Seine Worte stimmen mit dem Zeugnis des Psalmisten überein: »Im Tode gedenkt man deiner nicht; wer wird dir bei den Toten danken?« (Psalm 6,6) »Die Toten werden dich, Herr, nicht loben, keiner, der hinunterfährt in die Stille.« (Psalm 115,17)

Vom Erzvater David sagte Petrus am Pfingsttag: »Er ist gestorben und begraben, und sein Grab ist bei uns bis auf diesen Tag. ... Denn David ist nicht gen Himmel gefahren.« (Apostelgeschichte 2,29.34) Dass David bis zu seiner Auferstehung im Grab bleibt, beweist, dass die Gerechten beim Tod nicht in den Himmel fahren. Nur durch die Auferstehung und dadurch, dass Christus auferstanden ist, kann David schließlich zur Rechten Gottes sitzen.

Paulus sagt: »Wenn die Toten nicht auferstehen, so ist Christus auch nicht auferstanden. Ist Christus aber nicht auferstanden, so ist euer Glaube nichtig, so seid ihr noch in euren Sünden; so sind auch die, die in Christus entschlafen sind, verloren.« (1. Korinther 15,16-18) Wenn während 4000 Jahren die Gerechten bei ihrem Tod sofort in den Himmel gefahren wären, wie hätte dann Paulus sagen können, wenn es keine Auferstehung gäbe, dass »die, die in Christus entschlafen sind,« ebenso verloren wären? Eine Auferstehung wäre doch gar nicht nötig.

Der Märtyrer Tyndale sagte über den Zustand der Toten: »Ich gestehe offen, ich bin nicht davon überzeugt, dass sie schon in der Herrlichkeit leben wie Christus und die erwählten Engel Gottes. Auch ist diese Lehre kein Artikel meines Glaubensbekenntnisses; denn wenn dem so wäre, sähe ich die Predigt von der Auferstehung des Leibes als ganz vergeblich an.« (TPNT, abgedruckt in BR, 349)

DIE HOFFNUNG DER AUFERSTEHUNG

Es ist eine unbestreitbare Tatsache, dass die Hoffnung auf ewiges Glück unmittelbar nach dem Tod dazu geführt hat, dass die biblische Lehre von der Auferstehung weitgehend außer Acht gelassen wurde. Diese Tendenz stellte Dr. Adam Clarke fest, als er sagte: »Die Auferstehungslehre scheint unter den ersten Christen von weit größerer Bedeutung gewesen zu sein, als es heute der Fall ist. Wie kommt das? Die Apostel betonten sie beständig und ermahnten die Christen zu Fleiß, Gehorsam und Freudigkeit. Die geistlichen Hirten in der Gegenwart erwähnen sie nur selten! Wie die Apostel predigten, so glaubten die ersten Christen; wie wir predigen, so glauben unsere Zuhörer. Es gibt keine Lehre im Evangelium, auf die mehr Nachdruck gelegt wird, und es findet sich keine Lehre in der gegenwärtigen Verkündigung, die mehr vernachlässigt wird.« (CCNT, II, über 1. Korinther 15)

Dies ging so weit, bis die wunderbare Wahrheit von der Auferstehung in der christlichen Welt fast gänzlich in Vergessenheit geriet. So sagt ein führender religiöser Schriftsteller in seinen Anmerkungen zu den Worten des Apostels Paulus in 1. Thessalonicher 4,13-18: »Für alle praktischen Zwecke des Trostes nimmt die Lehre von der seligen Unsterblichkeit der Gerechten für uns die Stelle irgendeiner zweifelhaften Lehre von der Wiederkunft Christi ein. Bei unserem Tod kommt der Herr für uns. Darauf sollen wir warten, dafür wachen. Die Toten sind bereits in die Herrlichkeit eingegangen. Sie warten nicht auf die Posaune, auf ihr Urteil und ihre Seligkeit.«

Kurz bevor Jesus seine Jünger verließ, sagte er ihnen nicht, dass sie bald zu ihm kommen würden. »Ich gehe hin«, sprach er, »euch die Stätte zu bereiten. Und wenn ich hingehe, euch die Stätte zu bereiten, will ich wiederkommen und euch zu mir nehmen.« (Johannes 14,2.3) Weiter sagt uns Paulus: »Denn der Herr selbst wird beim Erschallen des Befehlswortes, bei der Stimme des Erzengels und der Posaune Gottes vom Himmel herabsteigen. Und die, die in Christus gestorben sind, werden zuerst auferstehen, danach werden wir, die wir noch am Leben sind, mit ihnen zusammen hinweg gerissen und auf Wolken empor getragen werden in die Höhe, zur Begegnung mit dem Herrn. Und so werden wir allezeit beim Herrn sein.« Und er fügt hinzu: »So tröstet also einander mit diesen Worten.« (1. Thessalonicher 4,16-18 ZÜ) Wie groß ist der Gegensatz zwischen diesen Worten des Trostes und den Worten des Allversöhners, der weiter oben zitiert wurde [vgl. S. 489-491]. Letzterer tröstete seine trauernden Freunde mit der Zusicherung, dass der Tote, wie sündhaft sein Leben auch gewesen sein mag, unmittelbar nach seinem letzten Atemzug unter die Engel aufgenommen worden sei. Paulus weist seine Brüder auf die zukünftige Wiederkunft des Herrn hin, wenn die Fesseln des Grabes gebrochen und »die Toten, die in Christus gestorben sind«, zu ewigem Leben auferweckt werden.

Ehe jemand in die himmlischen Wohnungen kommen kann, muss sein Fall untersucht werden, und sein Charakter und seine Werke müssen an Gott vorbeiziehen. Alle werden nach den Eintragungen in den Büchern gerichtet und den Lohn nach ihren Werken empfangen. Dieses Gericht findet nicht beim Tod statt. Man beachte die Worte des Paulus: »Denn er hat einen Tag festgesetzt, an dem er den Erdkreis richten wird in Gerechtigkeit durch einen Mann, den er dazu bestimmt hat, indem er ihn vor allen Menschen beglaubigte durch die Auferstehung von den Toten.« (Apostelgeschichte 17,31 ZÜ) Hier erklärt der Apostel deutlich, dass für das Gericht der Welt eine damals noch zukünftige Zeit festgesetzt worden ist.

Judas bezieht sich auf dieselbe Zeit: »Die Engel, die ihren himmlischen Rang nicht bewahrten, sondern ihre Behausung verließen, hat er für das Gericht des großen Tages festgehalten mit ewigen Banden in der Finsternis.« Dann führt er Worte Henochs an: »Siehe, der Herr kommt mit seinen vielen tausend Heiligen, Gericht zu halten über alle.« (Judas 6.14.15) Johannes sagt, er »sah die Toten, groß und klein, stehen vor dem Thron. ... Und die Toten wurden gerichtet nach dem, was in den Büchern geschrieben steht, nach ihren Werken.« (Offenbarung 20,12)

WENN DIE POSAUNE ERSCHALLT

Doch wenn sich die Toten bereits im himmlischen Glück befinden oder sich vor Schmerz in den Flammen der Hölle winden, wozu ist dann ein künftiges Gericht notwendig? Die Lehre der Schrift zu diesem wichtigen Thema liegt weder im Dunkeln, noch ist sie widersprüchlich. Sie kann von einfachen Leuten verstanden werden. Welcher unvoreingenommene Mensch kann hingegen in den gängigen Vorstellungen Weisheit oder Gerechtigkeit erkennen? Werden die Gerechten nach Untersuchung ihrer Fälle beim Gericht ihre Auszeichnung erhalten, »recht so, du tüchtiger und treuer Knecht ... geh hinein zu deines Herrn Freude« (Matthäus 25,21), wenn sie vielleicht schon seit Jahrhunderten in Gottes Gegenwart sind? Werden die Gottlosen aus ihrem Ort der Qual herbeigerufen, um vom Richter der Welt ihr Urteil entgegenzunehmen: »Geht weg von mir, ihr Verfluchten, in das ewige Feuer« (Matthäus 25,41)? Welch ein Hohn! Welch beschämende Infragestellung der Weisheit und Gerechtigkeit Gottes!

Die Theorie von der Unsterblichkeit der Seele ist eine der Irrlehren, die Rom aus dem Heidentum übernommen und in die christliche Religion eingefügt hat. Martin Luther reihte sie »den zahllosen Ausgeburten des römischen Misthaufens der Dekretalen« ein (PPI, 255). In seinen Anmerkungen zu Salomos Worten im Buch Prediger, dass die Toten nichts wissen, sagt der Reformator: »Ein weiterer Beweis, dass die Toten bewusstlos sind. Salomo denkt deshalb, die Toten schliefen gänzlich und dächten an nichts. Sie liegen, ohne Tage oder Jahre zu rechnen; doch wenn sie aufwachen, wird es ihnen vorkommen, als ob sie nur einen Augenblick geschlafen hätten.« (LWTL, V, 1535 ff.)

Nirgendwo in der Heiligen Schrift findet man die Aussage, dass die Gerechten ihre Belohnung und die Gottlosen ihre Strafe beim Tod erhalten. Weder Patriarchen noch Propheten, weder Christus noch seine Apostel haben je etwas dergleichen angedeutet. Die Bibel lehrt deutlich, dass die Verstorbenen nicht unmittelbar in den Himmel kommen. Sie werden als Schlafende dargestellt, die auf ihre Auferstehung warten (1. Thessalonicher 4,14; Hiob 14, 10-12). An demselben Tage, an dem der »silberne Strick« zerreißt und die »goldene Schale« zerbricht (Prediger 12,6), vergehen die Gedanken eines Menschen. Wer ins Grab hinunterfährt, versinkt im Schweigen. Er weiß nichts mehr von dem, was unter der Sonne geschieht (vgl. Hiob 14,21). Eine selige Ruhe für die matten Gerechten! Die Zeit, ob kurz oder lang, ist für sie nur ein Augenblick. Sie schlafen und werden durch die Posaune Gottes zu unsterblicher Herrlichkeit erweckt. »Denn die Posaune wird ertönen, und die Toten werden auferweckt werden, unverweslich ... Denn was jetzt vergänglich ist, muss mit Unvergänglichkeit bekleidet werden, und was jetzt sterblich ist, muss mit Unsterblichkeit bekleidet werden. Wenn aber mit Unvergänglichkeit bekleidet wird, was jetzt vergänglich ist, und mit Unsterblichkeit, was jetzt sterblich ist, dann wird geschehen, was geschrieben steht: Verschlungen ist der Tod in den Sieg. Tod, wo ist dein Sieg? Tod, wo ist dein Stachel?« (1. Korinther 15,52-55 ZÜ) Wenn sie aus ihrem tiefen Schlaf geweckt werden, wird ihr Denken dort wieder einsetzen, wo es einst aufhörte. Ihr letztes Gefühl war die Todesangst, der letzte Gedanke, sie würden unter die Macht des Todes geraten. Wenn sie aus dem Grab auferstehen, wird ihr erster froher Gedanke zu einem Triumphruf werden: »Tod, wo ist dein Sieg? Tod, wo ist dein Stachel?« (1. Korinther 15,55)

KAPITEL 34

DER BETRUG DES SPIRITISMUS

Der Dienst heiliger Engel, wie ihn das Wort Gottes beschreibt, ist für jeden Nachfolger Christi eine besonders tröstliche und wertvolle Wirklichkeit. Doch die biblische Lehre zu diesem Thema wird durch die Irrtümer der volkstümlichen Theologie verdunkelt und verfälscht. Die Lehre von der natürlichen Unsterblichkeit, zunächst von der heidnischen Philosophie übernommen und in der finsteren Zeit des großen Abfalls in die christliche Religion eingeführt, hat die große biblische Wahrheit, »die Toten ... wissen nichts« (Prediger 9,5), verdrängt. Viele Menschen glauben heute, dass »dienstbare Geister, ausgesandt zum Dienst um derer willen, die das Heil ererben sollen« (Hebräer 1,14), Geister der Toten sind. Ungeachtet dessen bezeugt die Heilige Schrift die Existenz himmlischer Engel und deren Verbindung zum Menschen, noch ehe der erste Mensch gestorben war.

GIBT ES BESUCHE VON VERSTORBENEN?

Die Lehre vom Bewusstsein im Tod, insbesondere der Glaube, dass Geister der Toten zurückkehren, um Lebenden zu dienen, hat dem modernen Spiritismus den Weg bereitet. Wenn die Toten Zugang zu Gott und den heiligen Engeln hätten und das Privileg einer viel größeren Kenntnis als zu ihren Lebzeiten besäßen, warum sollten sie nicht zur Erde zurückkehren und die Lebenden erleuchten und unterweisen? Wenn die Geister der Toten, wie von volkstümlichen Theologen gelehrt, um ihre Freunde auf Erden schweben, warum sollte ihnen nicht erlaubt werden, sich mit ihnen direkt zu unterhalten, um sie vor Bösem zu warnen oder im Kummer zu trösten? Wie können jene, die an ein Bewusstsein im Tod glauben, ablehnen, was verherrlichte Geister ihnen als göttliches Licht vermitteln? Hier werden Kanäle als heilig angesehen, die Satan verwendet, um seine Zwecke zu erreichen. Gefallene Engel, die seine Befehle ausführen, erscheinen als Boten aus der Geisterwelt. Während sie vorgeben, Lebende und Tote miteinander in Kontakt zu bringen, übt der Fürst des Bösen seinen beschwörenden Einfluss auf sie aus.

Satan hat die Macht, verstorbene Freunde vor den Menschen erscheinen zu lassen. Die Fälschung ist perfekt. Das bekannte Aussehen, die Worte und die Stimme werden mit bewundernswerter Klarheit wiedergegeben. Viele werden durch die Zusicherung getröstet, dass ihre Lieben die Freuden des Himmels genießen, und ohne sich einer Gefahr bewusst zu sein, schenken sie »verführerischen Geistern und teuflischen Lehren« Gehör (1. Timotheus 4,1).

Sobald Satan ihnen vermittelt hat, dass die Toten tatsächlich zurückkommen, um mit ihnen Verbindung aufzunehmen, lässt er die erscheinen, die unvorbereitet gestorben sind. Diese geben vor, glücklich im Himmel zu leben und dort sogar gehobene Stellungen einzunehmen. So wird der Irrglaube verbreitet, dass zwischen Gerechten und Gottlosen kein Unterschied besteht. Die vorgeblichen Besucher aus der Geisterwelt mahnen oft zu Vorsicht oder sprechen Warnungen aus, die sich als sachlich richtig herausstellen. Wenn dann eine Vertrauensbasis geschaffen worden ist, präsentieren sie Lehren, die den Glauben an die Heilige Schrift untergraben. Unter Vorspiegelung größter Anteilnahme an der Wohlfahrt ihrer Freunde auf Erden flößen sie die gefährlichsten Irrtümer ein. Weil sie manchmal einige Tatsachen aussprechen und zuweilen Zukünftiges vorhersagen, erhalten ihre Aussagen den Anschein von Zuverlässigkeit. Die Massen nehmen ihre Lehren bereitwillig an und glauben ihnen bedingungslos, als gehörten sie zu den heiligsten Wahrheiten der Bibel. Das Gesetz Gottes wird beiseite geschoben, der Geist der Gnade verachtet und das Blut des Bundes als eine barbarische Sache hingestellt. Die Geister lehnen die Gottheit von Christus ab und stellen den Schöpfer auf ihre eigene Stufe. So führt der große Aufrührer seinen Kampf gegen Gott unter einer neuen Maske fort, der im Himmel begann und den er auf Erden 6000 Jahre lang weiterführte.

Viele stellen spiritistische Bekundungen als Betrug oder als Kunstgriffe von Menschen hin, die sich als Medium gebrauchen lassen. Wenn es auch zutrifft, dass Betrügereien oft als bare Münze ausgegeben werden, so gab es auch erstaunliche Beweise übernatürlicher Kräfte. Das geheimnisvolle Klopfen, durch das der moderne Spiritismus begann, war nicht das Ergebnis menschlicher Tricks oder einer List, sondern das unmittelbare Werk böser Engel, die so eine der erfolgreichsten zerstörerischen Täuschungen einführten. Viele lassen sich von der Vorstellung umgarnen, Spiritismus sei lediglich menschlicher Schwindel. Wenn sie aber Erscheinungen hautnah miterleben, die sich nur auf übernatürliche Weise erklären lassen, werden sie verführt und sehen in ihnen die große Macht Gottes. Solche Leute übersehen das Zeugnis der Heiligen Schrift über die Wunder Satans und seiner Engel. Durch die Hilfe Satans waren die Zauberer Pharaos in der Lage, Gottes Taten nachzuahmen. Nach Aussagen von Paulus wird es vor der Wiederkunft Christi ähnliche Manifestationen satanischer Macht geben. Vor dem Kommen des Herrn wird das Böse »in der Macht des Satans auftreten mit großer Kraft und lügenhaften Zeichen und Wundern und mit jeglicher Verführung zur Ungerechtigkeit« (2. Thessalonicher 2, 9.10). Der Apostel Johannes beschreibt die Macht, die in den letzten Tagen Wundertaten bewirkt, mit folgenden Worten: »Es tat große und Aufsehen erregende Dinge und ließ vor den Augen der Menschen sogar Feuer vom Himmel auf die Erde fallen. Mit Hilfe solcher außergewöhnlicher Taten, zu denen es vom ersten Tier ermächtigt war und die es in seiner Gegenwart vollbrachte, gelang es ihm, die Bewohner der Erde irrezuführen.« (Offenbarung 13,13.14 NGÜ) Hier werden nicht nur Betrügereien vorhergesagt. Die Menschen werden durch Wunder verführt, die Satan und seine Helfer tatsächlich vollbringen und nicht nur vortäuschen.

DER ZAUBER DER SELBSTHERRLICHKEIT

Der Fürst der Finsternis, der die Kräfte seines überlegenen Geistes schon so lange zur Verführung von Menschen eingesetzt hat, passt sich mit seinen Verführungskünsten geschickt Leuten sämtlicher sozialer Schichten an. Den Gebildeten bringt er den Spiritismus in verfeinerter, intellektueller Form nahe und lockt auf diese Weise viele erfolgreich in seine Falle. Die Weisheit, die der Spiritismus verleiht, ist, wie der Apostel Jakobus sagt, »nicht die Weisheit, die von oben kommt, sondern eine irdische, eigennützige, teuflische Weisheit« (Jakobus 3,15 EÜ). Dies verbirgt der große Betrüger jedoch, wenn Verheimlichung seinem Zweck am besten dient. Er, der in der Wüste der Versuchung im Licht eines himmlischen Seraphs vor Christus erscheinen konnte, wird auch vor den Menschen in sehr ansprechender Weise als »Engel des Lichts« (vgl. 2. Korinther 11,14) auftreten. Er wendet sich mit anspruchsvollen Themen an den Verstand, regt die Phantasie mit hinreißenden Darstellungen an und erwirbt sich Zuneigung durch Schilderungen von Liebe und Güte. Er beeinflusst die Einbildungskraft zu erhabenen Gedankenflügen und macht Menschen stolz auf ihre eigene Weisheit, sodass sie in ihren Herzen den Ewigen verachten. Dieses mächtige Wesen, das den Erlöser der Welt auf einen extrem hohen Berg führen und ihm alle Königreiche der Erde und deren Herrlichkeit zeigen konnte, wird seine Versuchungen den Menschen in solch einer Weise präsentieren, dass die Sinne aller verwirrt werden, die nicht unter dem Schutz der göttlichen Macht stehen. Satan verführt Menschen heute in gleicher Weise, wie er einst Eva in Eden durch Schmeichelei täuschte, indem er das Verlangen nach verbotenen Erkenntnissen weckte und das Streben nach Selbstverwirklichung förderte. Weil er sich selbst diesen Begierden hingab, kam er zu Fall, und jetzt versucht er, die Menschen ebenso zu ruinieren. »Ihr werdet sein wie Gott und wissen, was gut und böse ist« (1. Mose 3,5), hatte er versprochen.

Der Spiritismus lehrt: »Der Mensch ist ein Geschöpf des Fortschritts, es ist seine Bestimmung, sich von seiner Geburt an bis in die Ewigkeit zur Gottheit hin zu entwickeln.« Ferner: »Jeder Geist wird sich selbst richten, und nicht ein anderer. ... Das Gericht wird ein gerechtes sein, denn es ist ein Selbstgericht. ... Der Thron ist in dir selbst.« Ein spiritistischer Lehrer sagte, als das »geistige Bewusstsein« in ihm erwachte: »Alle meine Mitmenschen waren ungefallene Halbgötter.« Ein anderer behauptet: »Jedes gerechte und vollkommene Wesen ist Christus.«

An die Stelle der Gerechtigkeit und Vollkommenheit eines ewigen Gottes, des wahren Gegenstands der Anbetung, und an die Stelle der vollkommenen Gerechtigkeit seines Gesetzes, des wahrhaften Maßstabs menschlicher Taten, hat Satan die sündhafte und irrende Natur des Menschen als einziges Objekt der Verehrung, als einziges Richtmaß für Gerechtigkeit und als Norm für den Charakter gesetzt. Dies ist jedoch keine Aufwärts-, sondern eine Abwärtsentwicklung.

Es ist eine geistige und geistliche Gesetzmäßigkeit, dass wir uns durch Betrachten einer Sache verändern. Das Denken passt sich allmählich den Dingen an, mit denen es sich befasst. Es nimmt das in sich auf, was zu lieben und zu verehren ihm zur Gewohnheit geworden ist. Der Mensch wird nie über das hinauswachsen, was er sich als Maßstab für Reinheit, Güte oder Wahrheit gesetzt hat. Wenn sein Ich zum höchsten Ideal wird, erreicht er nie erhabenere Werte. Er wird vielmehr immer tiefer sinken. Nur die Macht der Gnade Gottes kann den Menschen veredeln. Bleibt er sich selbst überlassen, führt ihn sein Weg unabwendbar nach unten.

Dem zügellosen, vergnügungssüchtigen und sinnlichen Menschen zeigt sich der Spiritismus unter einer weniger raffinierten Maske als dem Gebildeten und Intellektuellen. In seinen gröberen Formen finden diese Menschen eine Übereinstimmung mit ihren Neigungen. Satan studiert jede Schwachheit der menschlichen Natur. Er merkt sich die Sünden, die jeder zu begehen geneigt ist, und sorgt dann dafür, dass es nicht an Gelegenheiten mangelt, das Verlangen zum Bösen zu stillen. Er verführt die Menschen zu Ausschweifungen in Dingen, die an sich rechtmäßig sind, und veranlasst sie durch Unmäßigkeit, ihre körperlichen, geistigen und sittlichen Kräfte zu schwächen. Durch das freie Ausleben von Leidenschaften hat er Tausende verdorben und er tut es immer noch, um dadurch die Natur des Menschen zu verrohen. Um sein Werk zu vervollständigen, lässt Satan seine Geister verkünden, dass »wahre Erkenntnis den Menschen über das Gesetz erhaben macht«, dass »alles, was ist, auch richtig ist«, dass »Gott nicht verdammt« und dass »alle Sünden, die begangen wurden, harmlos sind«. Auf diese Weise werden Menschen zur Überzeugung geführt, die Lust sei das höchste Gesetz, Freiheit sei ein Freibrief und der Mensch sei nur sich selbst verantwortlich. Wen wundert es da, wenn sich Unredlichkeit und Verdorbenheit überall ausbreiten? Unzählige nehmen solche Lehren an, die ihnen die Freiheit gewähren, den Einflüsterungen des fleischlichen Herzens zu gehorchen. Die Zügel der Selbstbeherrschung werden der Lust überlassen, die Kräfte des Geistes und des Charakters werden tierischen Neigungen unterworfen. So treibt Satan frohlockend Tausende in sein Netz, die sich als Nachfolger Christi bezeichnen.

DURCH DIE SCHRIFT ENTZAUBERT

Niemand braucht jedoch von den lügenhaften Behauptungen des Spiritismus getäuscht zu werden. Gott hat der Welt genügend Licht gegeben, um sie in die Lage zu versetzen, die Fallstricke zu erkennen. Wie schon gezeigt, steht das eigentliche Fundament spiritistischer Lehren in schroffem Widerspruch zu den Aussagen der Heiligen Schrift. Die biblische Lehre erklärt: Die Toten wissen nichts, ihre Gedanken sind dahin, sie nehmen nichts wahr, was unter der Sonne geschieht, sie wissen nichts über die Freuden und Schmerzen derer, die ihnen auf Erden lieb und teuer waren (vgl. Prediger 9, 5.6).

Ferner hat Gott ausdrücklich jeden Kontakt mit angeblichen Geistern von Toten untersagt. Zu der Zeit des Volkes Israel gab es eine Gruppe von Leuten, die wie die modernen Spiritisten behaupteten, mit Toten in Kontakt zu stehen. Aber die »Wahrsagegeister«, wie diese Besucher aus anderen Welten genannt wurden, bezeichnet die Bibel als »Geister der Teufel« (vgl. 4. Mose 25,1-3; Psalm 106,28; 1. Korinther 10,20; Offenbarung 16,14). Mit Wahrsagegeistern zu verkehren, ist in den Augen des Herrn ein Gräuel und war unter Androhung von Todesstrafe strengstens verboten (3. Mose 19,31; 20,27). Heute wird schon der Name »Zauberei« belächelt. Die Behauptung, dass Menschen mit bösen Geistern Verbindung aufnehmen können, wird als eine Fabel des Mittelalters angesehen. Der Spiritismus aber, der Hunderttausende, ja Millionen von Anhängern zählt, hat sich seinen Weg in wissenschaftliche Kreise gebahnt, ist in Kirchen eingedrungen und wurde in gesetzgebenden Körperschaften, ja sogar an königlichen Höfen günstig aufgenommen. Diese gigantische Täuschung ist nichts anderes als eine Wiederbelebung der vor alters verdammten und verbotenen Zauberei, aber in neuem Gewand.

Selbst wenn es keine Beweise über den wirklichen Charakter des Spiritismus gäbe, sollte es dem Christen genügen, zu wissen, dass die Geister keinen Unterschied zwischen Gerechtigkeit und Sünde, den reinsten und edelsten Aposteln Christi und den verkommensten Sklaven Satans machen. Indem Satan den niederträchtigsten Menschen so darstellt, als ob er in den Himmel versetzt worden wäre und dort in gehobener Stellung leben dürfe, erklärt er den Menschen: »Gleichgültig, wie gottlos ihr seid, unwichtig, ob ihr an Gott oder an die Bibel glaubt oder nicht, lebt wie ihr wollt, der Himmel wird eure Heimat sein.« Die spiritistischen Lehrer behaupten in der Tat: »Wer Böses tut, der gefällt dem HERRN, und an solchen hat er Freude oder: Wo ist der Gott, der da straft?« (Maleachi 2,17) Gottes Wort aber sagt: »Weh denen, die Böses gut und Gutes böse nennen, die aus Finsternis Licht und aus Licht Finsternis machen!« (Jesaja 5,20)

Diese Lügengeister geben sich als Apostel aus und widersprechen dem, was diese zu ihren Lebzeiten unter Eingebung des Heiligen Geistes niedergeschrieben haben. Diese Geister leugnen den göttlichen Ursprung der Bibel, entziehen dadurch der Hoffnung der Christen die Grundlage und löschen das Licht aus, das den Weg zum Himmel offenbart. Satan stellt der Welt die Bibel als eine reine Erfindung dar, die wohl für die Menschen der Frühzeit passend gewesen, jetzt aber veraltet sei und beiseite gelegt werden könne. Spiritistische Manifestationen hätten nun die Stelle des Wortes Gottes eingenommen. Hiermit besitzt Satan ein Kommunikationsmittel, das völlig unter seiner Kontrolle steht, und durch das er die Welt glauben machen kann, was er will. Das Buch, das ihn und seine Nachfolger einmal richten wird, rückt er in den Hintergrund. Dort will er es haben. Den Retter der Welt macht er zu einem gewöhnlichen Menschen. Wie die römischen Soldaten, die Jesu Grab bewachten und dann Lügenberichte verbreiteten, die ihnen Priester und Älteste in den Mund gelegt hatten, um die Auferstehung zu leugnen, so versuchen Anhänger spiritistischer Manifestationen den Anschein zu erwecken, dass es nichts Übernatürliches im Leben unseres Erlösers gegeben hätte. Erst versuchen sie, Jesus in den Hintergrund zu verdrängen, dann lenken sie die Aufmerksamkeit auf ihre eigenen Wunder und erklären, dass diese die Werke Christi bei Weitem übertreffen.

RAFFINIERTE TÄUSCHUNGEN

Es ist wahr, dass der Spiritismus jetzt seine Form ändert und sich unter Verhüllung seiner eher verwerflichen Züge ein christliches Mäntelchen umgehängt hat. Doch seine Äußerungen sind dem Volk aus öffentlichen Reden und durch Publikationen in den Medien seit Jahren bekannt, und darin offenbart sich sein wirklicher Charakter. Diese Lehren können weder geleugnet noch verborgen werden.

In seiner gegenwärtigen Form ist der Spiritismus noch gefährlicher, weil er raffinierter zu täuschen versucht, und wie früher gebührt ihm kein Recht auf Toleranz. Während er früher Christus und die Bibel verwarf, gibt er nun vor, beide anzunehmen. Doch die Bibel wird in einer Weise ausgelegt, wie es dem unbekehrten Herzen gefällt, während ihre ernsten und wichtigen Wahrheiten unwirksam gemacht werden. Man erörtert den Begriff Liebe als eine Haupteigenschaft Gottes, degradiert sie aber zu einem schwachen Sentimentalismus, wobei man wenig Unterschied zwischen Gut und Böse macht. Gottes Gerechtigkeit, seine Verurteilung der Sünde, die Forderungen seines heiligen Gesetzes, all dies wird nicht beachtet. Dem Volk wird gesagt, dass es die Zehn Gebote als tote Buchstaben ansehen soll. Angenehme und zauberhafte Fabeln nehmen die Sinne gefangen und veranlassen die Menschen, die Heilige Schrift als Grundlage ihres Glaubens zu verwerfen. Christus wird verleugnet wie eh und je. Doch Satan hat die Augen der Menschen so verblendet, dass die Täuschung nicht wahrgenommen wird.

Nur wenige haben eine richtige Vorstellung von der täuschenden Macht des Spiritismus und der Gefahr, seinem Einfluss zu erliegen. Viele beschäftigen sich damit nur, um ihre Neugierde zu befriedigen und sie glauben nicht wirklich daran. Der Gedanke, dadurch von Geistern kontrolliert zu werden, würde sie zutiefst erschrecken. Doch sie wagen sich auf verbotenes Gebiet, und damit übt der gewaltige Verderber Macht über sie aus, ohne dass sie es wollen. Wenn sie einmal dazu verleitet worden sind, ihren Geist seiner Leitung zu übergeben, wird er sie gefangen halten. Es wird ihnen nicht mehr möglich sein, sich aus eigener Kraft von diesem bezaubernden und verlockenden Bann zu lösen. Allein die Kraft Gottes, die er als Antwort auf ein ernstes und vertrauensvolles Gebet gewährt, kann diese gefangenen Menschen wieder frei machen.

Wer sündhaften Neigungen des Charakters nachgibt oder bewusst in einer erkannten Sünde lebt, fordert dadurch die Versuchungen Satans heraus. Er trennt sich selbst von Gott und der Fürsorge der heiligen Engel. Wenn der Böse seine Verführungen vorbringt, ist er ohne Schutz und diesem eine leichte Beute. Wer sich in den Machtbereich Satans begibt, ahnt selten, wie dies enden wird. Nachdem ihn der Verführer zu Fall gebracht hat, benutzt er ihn, um andere ins Verderben zu stürzen.

Der Prophet Jesaja sagt: »Wenn sie aber zu euch sagen: Ihr müsst die Totengeister und Beschwörer befragen, die da flüstern und murmeln, so sprecht: Soll nicht ein Volk seinen Gott befragen? Oder soll man für Lebendige die Toten befragen? Hin zur Weisung und hin zur Offenbarung! Werden sie das nicht sagen, so wird ihnen kein Morgenrot scheinen.« (Jesaja 8,19.20) Wären die Menschen bereit gewesen, die Wahrheiten über ihre Natur und den Zustand der Toten anzunehmen, wie sie in der Heiligen Schrift eindeutig dargelegt werden, hätten sie die Ansprüche des Spiritismus mit seinen betrügerischen Wundern als Werk Satans erkannt. Aber anstatt die dem fleischlichen Herzen so angenehme Ungebundenheit aufzugeben und sich von den Sünden, die ihnen lieb geworden sind, abzukehren, verschließen unzählige Menschen ihre Augen vor dem Licht. Sie marschieren ungeachtet aller Warnungen einfach weiter, während Satan seine Schlingen um sie legt. So werden sie zu seiner Beute. »Weil sie die Liebe zur Wahrheit nicht in sich aufgenommen haben und sich nicht retten ließen ... schickt ihnen Gott eine Kraft, die in die Irre führt, dass sie der Lüge glauben.« (2. Thessalonicher 2,10.11 ZÜ)

Wer sich den Lehren des Spiritismus widersetzt, greift nicht nur Menschen, sondern auch Satan und seine Engel an. Er hat sich auf einen Kampf gegen Fürsten und Gewaltige sowie gegen die bösen Geister unter dem Himmel eingelassen. Satan rückt um keine Haaresbreite von seinem Einflussbereich ab, außer er wird durch die Macht himmlischer Boten vertrieben. Gottes Volk sollte in der Lage sein, ihm mit den gleichen Worten entgegenzutreten, wie es Christus tat: »Es steht geschrieben.« (Matthäus 4,4.7.10) Satan kann heute die Schrift zitieren, wie er dies in den Tagen Christi tat, und Lehren so verdrehen, dass sie seine Täuschungen unterstützen. Wer in diesen Zeiten der Gefahr bestehen will, muss selbst die Schrift verstehen.

HÖHEPUNKT DES BETRUGS IN DER ENDZEIT

Viele werden mit Geistern der Teufel konfrontiert, die ihnen in der Gestalt lieber Verwandter oder Freunde erscheinen und äußerst gefährliche Irrlehren verkünden. Solche Besucher sprechen eine ganz persönliche Ebene an und vollbringen Wunder, um ihren Behauptungen Nachdruck zu verleihen. Wir müssen vorbereitet sein, ihnen mit der biblischen Wahrheit gegenüberzutreten, dass die Toten nichts wissen und solche Erscheinungen Geister der Teufel sind.

Die »Stunde der Versuchung, die kommen wird über den ganzen Weltkreis, zu versuchen, die auf Erden wohnen« (Offenbarung 3,10), steht unmittelbar bevor. Alle, deren Glaube nicht fest auf das Wort Gottes gegründet ist, werden betrogen und überwunden. Satan arbeitet »mit jeglicher Verführung zur Ungerechtigkeit« (2. Thessalonicher 2,10), um die Menschen unter seine Herrschaft zu bringen, und seine Täuschungsversuche nehmen beständig zu. Er kann sein Ziel jedoch nur dann erreichen, wenn die Menschen freiwillig auf seine Versuchungen eingehen. Wer ernsthaft nach Erkenntnis der Wahrheit sucht, durch Gehorsam nach Reinheit des Charakters strebt und sich mit allen Kräften auf den Kampf vorbereitet, wird bei dem Gott der Wahrheit einen sicheren Schutz finden. »Weil du mein Wort von der Geduld bewahrt hast, will auch ich dich bewahren« (Offenbarung 3,10), lautet die Verheißung Jesu. Eher würde er alle Engel des Himmels aussenden, um sein Volk zu beschützen, als einen Menschen, der ihm vertraut, Satan als Beute zu überlassen.

Der Prophet Jesaja weist auf die schreckliche Irreführung der Gottlosen hin, die sie veranlasst, sich vor den Gerichten Gottes sicher zu fühlen: »Wir haben mit dem Tod einen Bund geschlossen und mit dem Totenreich einen Vertrag gemacht. Wenn die brausende Flut daherfährt, wird sie uns nicht treffen; denn wir haben Lüge zu unsrer Zuflucht und Trug zu unserm Schutz gemacht.« (Jesaja 28,15) In der hier beschriebenen Gruppe befinden sich Menschen, die sich trotz hartnäckiger Unbußfertigkeit in der falschen Sicherheit wiegen, dass es für den Sünder keine Strafe gibt, dass die ganze Menschheit, wie lasterhaft sie auch sein mag, in den Himmel aufgenommen und zu Engeln Gottes werden wird. Noch weit beeindruckender sind jene, die einen Bund mit dem Tod geschlossen und eine Übereinkunft mit der Hölle getroffen haben. Sie weisen die Wahrheiten von sich, die der Himmel als Schutz für die Gerechten in den Tagen der Trübsal vorgesehen hat, und suchen stattdessen bei den Lügen Satans Zuflucht, den betrügerischen Ansprüchen des Spiritismus.

Unbeschreiblich ist die Blindheit der Menschen dieser Generation. Tausende verwerfen das Wort Gottes als unglaubwürdig, übernehmen aber eifrig die Betrügereien Satans. Zweifler und Skeptiker bezeichnen Menschen als scheinheilig, die für einen Glauben kämpfen, wie ihn einst die Propheten und Apostel kannten, und machen sich über die ernsten Aussagen der Schrift von Jesus und seinem Erlösungsplan sowie über die Strafe gegen die Verächter der Wahrheit lustig. Sie täuschen großes Mitleid mit Menschen vor, die so eng, schwach und abergläubisch sind, dass sie den Anforderungen Gottes und seines Gesetzes Folge leisten. Sie legen eine solch große Gewissheit an den Tag, als ob sie tatsächlich einen Bund mit dem Tod geschlossen oder eine Übereinkunft mit der Hölle getroffen und eine unpassierbare, undurchdringliche Schranke zwischen sich und der Rache Gottes aufgerichtet hätten. Sie fürchten sich vor nichts. Sie haben sich so sehr dem Versucher übergeben, sich so eng mit ihm verbunden, sind so gründlich von seinem Geist erfüllt, dass sie weder die Kraft noch den Wunsch haben, seinen Schlingen zu entkommen.

Satan hat sich lange auf seine letzte Täuschung der Welt vorbereitet. Den Grundstein zu diesem Werk legte er durch seine Zusicherung an Eva im Paradies: »Ihr werdet keineswegs des Todes sterben. ... An dem Tage, da ihr davon esst, werden eure Augen aufgetan, und ihr werdet sein wie Gott und wissen, was gut und böse ist.« (1. Mose 3,4.5) Ganz allmählich hat er den Weg für das Meisterwerk seines Betrugs vorbereitet, die Entwicklung des Spiritismus. Er ist zwar mit seinen Bemühungen noch nicht am Ziel, wird es jedoch in der letzten Zeit erreichen. Der Prophet sagt: »Und ich sah ... drei unreine Geister ... gleich Fröschen; es sind Geister von Teufeln, die tun Zeichen und gehen aus zu den Königen der ganzen Welt, sie zu versammeln zum Kampf am großen Tag Gottes, des Allmächtigen.« (Offenbarung 16,13.14) Außer denen, die von der Macht Gottes durch den Glauben an sein Wort bewahrt werden, wird die ganze Welt dieser Täuschung in die Arme getrieben. Die Menschen wiegen sich schnell in einer falschen Sicherheit, aus der sie erst wieder erwachen, wenn der Zorn Gottes ausgegossen wird.

Gott der Herr sagt: »Das Recht mache ich zur Richtschnur und Gerechtigkeit zur Waage. Und Hagel wird die Zuflucht der Lüge wegfegen und Wasser das Versteck fortschwemmen. Euer Pakt mit dem Tod und der Totenwelt ist dann null und nichtig. Wenn die Katastrophe wie eine reißende Flut über euch kommt, gibt es für euch keine Rettung mehr.« (Jesaja 28, 17.18 GNB)

TEIL 6

STANDHAFT IM STURM

*»In der Welt wird man euch hart zusetzen,
aber verliert nicht den Mut:
Ich habe die Welt besiegt!«*

Johannes 16,33 GNB

KAPITEL 35

GEWISSENSFREIHEIT IN GEFAHR[66]

Die Protestanten stehen der römisch-katholischen Kirche gegenwärtig sehr viel wohlwollender gegenüber, als in früheren Jahren. In Ländern, in denen der Katholizismus nicht wächst und die Anhänger des Papsttums, um Einfluss zu gewinnen, eine versöhnliche Haltung einnehmen, existiert eine zunehmende Gleichgültigkeit gegenüber den Lehren, die die protestantischen Kirchen von der päpstlichen Hierarchie trennen. Immer mehr setzt sich die Ansicht durch, dass die Differenz in wesentlichen Punkten gar nicht so groß ist, wie bisher angenommen, und dass kleine Zugeständnisse auf protestantischer Seite zu einem besseren Einvernehmen mit Rom führen würden. Es gab eine Zeit, in der die Protestanten besonderen Wert auf die Gewissensfreiheit legten, die so teuer erkauft worden war. Sie lehrten ihre Kinder, das Papsttum abzulehnen und werteten den Versuch, nach Übereinstimmung mit Rom zu streben, als Untreue gegen Gott. Die heute an den Tag gelegte Haltung ist davon weit entfernt.

DER ANSPRUCH AUF UNFEHLBARKEIT

Die Verteidiger des Papsttums erklären, ihre Kirche sei verleumdet worden; und die protestantische Welt ist geneigt, diese Behauptung anzunehmen. Viele mahnen, dass es ungerecht sei, die heutige Kirche nach den Gräueln und Absurditäten zu beurteilen, die ihre Herrschaft während den Jahrhunderten der Unwissenheit und der Finsternis kennzeichneten. Sie entschuldigen ihre schreckliche Grausamkeit mit der allgemeinen Rohheit jener Zeit und behaupten, dass der Einfluss der modernen Zivilisation ihre Geisteshaltung verändert habe.

---

66 Bei den kritischen Aussagen über die römische Kirche in diesem Kapitel muss bedacht werden, dass die Verfasserin das Papsttum des 19. Jahrhunderts erlebte und die Geschichte eines repressiven kirchlichen Systems vor Augen hatte. Die Situation des modernen Katholizismus wird im Anhang »Der römische Katholizismus – Kontinuität und Wandel« (S. 631) dargelegt.

Haben diese Leute den Anspruch auf Unfehlbarkeit vergessen, den diese stolze Macht seit über 800 Jahren erhebt? Weit davon entfernt, ihn aufzugeben, wurde dieser Anspruch im 19. Jahrhundert mit noch größerer Bestimmtheit als je zuvor bestätigt. Wenn der Katholizismus behauptet, dass »die Kirche nie irrte und nach der Schrift nie irren wird« (MIHE, III, 11. Jh., § 9, Anm. entnommen aus »Dictatus papae« von Gregor VII.), wie wird er dann auf diese Grundsätze verzichten, die sein Verhalten in den vergangenen Jahrhunderten bestimmten?

Die Papstkirche wird ihren Anspruch auf Unfehlbarkeit niemals aufgeben. Was sie den Menschen angetan hat, die sie aufgrund der Ablehnung ihrer Dogmen verfolgte, bleibt für sie richtig.[67] Würde sie nicht erneut ebenso handeln, wenn sich die Gelegenheit dazu böte? Angenommen, die Einschränkungen durch weltliche Mächte würden fallen und Rom könnte seine frühere Machtstellung zurückerhalten, dann würden Gewaltherrschaft und Verfolgung schnell wieder aufflammen.

GEWISSENSFREIHEIT

Ein bekannter Autor [des 19. Jahrhunderts] äußerte sich folgendermaßen über die Haltung der päpstlichen Hierarchie zur Gewissensfreiheit und die Gefahren, die insbesondere den Vereinigten Staaten drohten, falls ihre Taktik Erfolg hätte:[68]

»Es gibt viele, die geneigt sind, jede Furcht vor dem römischen Katholizismus in den Vereinigten Staaten als engherzig oder naiv zu bezeichnen. Sie sehen im Charakter und der Haltung der römisch-katholischen Kirche nichts, was unseren freien Einrichtungen gegenüber feindlich wäre, oder finden nichts Unheilverkündendes in ihrem Wachstum. Wir wollen deshalb zunächst etliche Grundregeln unserer Regierung mit denen der katholischen Kirche vergleichen.

Die Verfassung der Vereinigten Staaten garantiert Gewissensfreiheit. Nichts ist teurer oder wesentlicher. Papst Pius IX. sagte in seiner Enzyklika vom 15. August 1854: ›Die absurden und irrigen Lehren oder Faseleien zur Verteidigung der Gewissensfreiheit sind ein außerordentlich verderblicher Irrtum – eine Pest, die vor allem anderen in einem Staat am meisten zu fürchten ist.‹[69] Derselbe Papst sprach im Syllabus vom 8. Dezember 1864 den Bann aus über ›diejenigen, welche die Freiheit des Gewissens und des

---

67 Zum Thema »Verfolgung Andersdenkender« siehe Glossar »Inquisition«, S. 661.
68 Siehe Anhang S. 631, »Der römische Katholizismus – Kontinuität und Wandel«
69 Zum Zitat von Pius IX. siehe Glossar »Gewissensfreiheit«, S. 660.

Glaubens betonen‹, wie auch über ›alle, die darauf bestehen, dass die Kirche nicht Gewalt ausüben dürfe.‹
Der friedfertige Ton Roms in den Vereinigten Staaten bedeutet keineswegs eine Sinnesänderung. Rom ist duldsam, wo es hilflos ist. Bischof O'Connor sagt: ›Die Religionsfreiheit wird nur geduldet, bis das Gegenteil durchgesetzt werden kann, ohne die katholische Welt zu gefährden.‹ ... Der Erzbischof von St. Louis sagte einmal: ›Ketzerei und Unglaube sind Verbrechen; und in christlichen Ländern, wie in Italien und Spanien, wo die ganze Bevölkerung katholisch ist und wo die katholische Religion einen wesentlichen Teil der Landesgesetze bildet, werden sie wie andere Verbrechen bestraft.‹ ...

Jeder Kardinal, Erzbischof und Bischof in der katholischen Kirche legt dem Papst den Treueeid ab, der u. a. folgende Worte enthält: ›Ketzer, Schismatiker und Rebellen wider unseren besagten Herrn (den Papst) oder seine vorgenannten Nachfolger will ich nach Kräften verfolgen und mich ihnen aufs Äußerste widersetzen.‹« (SOC, VI, § 2-4)[70]

Allerdings gibt es in der römisch-katholischen Kirche Tausende wahrer Christen, die Gott nach bestem Wissen und Gewissen dienen. Noch bis vor wenigen Jahrzehnten war ihnen der direkte Zugang zu Gottes Wort[71] verwehrt und sie konnten die Wahrheit nicht erkennen. Solche Menschen haben nie den Unterschied zwischen einem lebendigen, von Herzen kommenden Dienst und einer Wiederholung bloßer Formen und Zeremonien erlebt. Gott blickt mit Erbarmen und Zuneigung auf sie, denn sie wurden in einem trügerischen und unbefriedigenden Glauben erzogen. Er wird ihnen Licht senden, das ihre finstere Umgebung durchbrechen wird. Er wird ihnen die Wahrheit in Jesus offenbaren, und viele werden sich zu Jesu Volk bekennen.

PROTESTANTEN UND KATHOLIKEN

Aber der Katholizismus heute steht genauso wenig in Übereinstimmung mit dem Evangelium Christi wie zu irgendeiner früheren Zeit in seiner Geschichte. Auch die protestantischen Kirchen befinden sich in großer Finsternis, sonst würden sie die Zeichen der Zeit erkennen. Die Pläne und Arbeitsweisen der katholischen Kirche sind weitreichend. Sie setzt alles in

---

70 Die Formulierung dieses Eides stammt von Papst Clemens VIII. (1592-1605) und spiegelt die Gesinnung der Gegenreformation wider, welche noch bis in die Zeit vor dem 2. Vatikanischen Konzil (20. Jh.) nachwirkte.

71 Siehe Glossar »Bibelverbote«, S. 653 und »Frankreich, Ablehnung der volkssprachlichen Bibellektüre«, S. 657.

Bewegung, um ihren Einfluss auszuweiten und ihre Macht als Vorbereitung auf einen heftigen und entschlossenen Kampf zu vergrößern, um die Herrschaft der Welt zurückzugewinnen, Gegner wieder zu verfolgen und alles rückgängig zu machen, was der Protestantismus aufgebaut hat. Der Katholizismus gewinnt weltweit an Boden. Man achte nur auf die wachsende Zahl der Kirchen und Kapellen in protestantischen Ländern. Wie beliebt sind doch katholische Hochschulen und Seminare in Amerika, die weitgehend von Protestanten unterstützt werden. Man beachte auch die Annäherung der anglikanischen Kirche an Rom und die häufigen Übertritte zum Katholizismus. Diese Entwicklung sollte alle, die die Reinheit des Evangeliums schätzen, zur Wachsamkeit ermutigen.

Die Protestanten haben sich mit dem Katholizismus arrangiert und ihn begünstigt. Sie sind auf Kompromisse eingegangen und haben Zugeständnisse gemacht, die selbst Katholiken überraschten und die diese nicht verstehen konnten. Die Menschen schließen die Augen vor dem wahren Charakter des römischen Systems und vor den Gefahren, die durch seine Oberherrschaft zu befürchten sind. Das Volk muss aufgerüttelt werden, um dem Vordringen dieses gefährlichen Feindes der bürgerlichen und religiösen Freiheit zu widerstehen.

Viele Protestanten meinen, die katholische Religion sei unattraktiv und ihr Gottesdienst ein langweiliges und bedeutungsloses Zeremonienspiel. Hierin irren sie. Der Katholizismus täuscht die Menschen auf geschickte Weise. Der Gottesdienst der römisch-katholischen Kirche ist eine äußerst beeindruckende Zeremonie. Seine prächtigen und feierlichen Rituale faszinieren die Sinne der Menschen und bringen die Stimme der Vernunft und des Gewissens zum Schweigen. Die Sinne werden gefesselt. Prachtvolle Kirchen, großartige Prozessionen, goldene Altäre, juwelengeschmückte Reliquienschreine, kostbare Gemälde und auserlesene Bildhauereien sind eine Augenweide und wecken den Sinn für das Schöne. Auch das Ohr kommt durch unübertroffene Musik auf seine Rechnung. Wenn sich die tiefen, vollen Klänge der Orgel mit dem Gesang der vielen Stimmen vereinen und durch die erhabenen Dome und mit Säulen bestückten Seitenschiffe der großartigen Kathedralen klingen, wird das Gemüt unweigerlich mit Ehrfurcht und heiliger Scheu erfüllt.

Dieser äußere Glanz, die Pracht und die Zeremonien sind für das Bedürfnis eines sündenkranken Herzens ein Hohn und bezeugen gleichzeitig den inneren Verfall der Kirche. Die Religion Christi hat solche Anreize nicht nötig. Im Licht, das uns vom Kreuz her erleuchtet, erscheint das wahre Christentum so unverfälscht und schön, dass kein äußerlicher Schmuck seinen wirklichen Wert übertreffen kann. Vor Gott zählen die Schönheit eines heiligen Lebens und ein bescheidenes und ausgeglichenes Wesen. Ein glanzvoller Stil ist nicht unbedingt ein Hinweis auf reine und erhabene Gedanken. Hohes Kunstverständnis und kultivierter Geschmack sind oft ein Hinweis auf ein irdisches und sinnliches Denken. Satan benutzt solche Eigenschaften vielfach, damit der Mensch seine seelischen Bedürfnisse vergisst, die Aussicht auf ein zukünftiges ewiges Leben aus den Augen verliert, sich von seinem allmächtigen Helfer abwendet und ausschließlich für diese Welt lebt.

Religiöse Äußerlichkeiten ziehen unbekehrte Herzen an. Der Pomp und die Zeremonien der katholischen Kirche haben eine bezaubernde und verführerische Macht, von der viele Menschen in die Irre geführt werden, und sie betrachten die katholische Kirche als das eigentliche Tor zum Himmel. Nur wer fest auf dem Boden der Wahrheit steht und sein Herz durch den Heiligen Geist erneuern lässt, ist gegen diesen Einfluss gefeit. Tausende, die keine lebendige Erfahrung mit Christus haben, werden so zur Annahme einer kraftlosen Gottseligkeit verführt. Eine solche Religion kommt den Wünschen der Massen entgegen.

DER SCHEIN EINES CHRISTLICHEN LEBENS

Weil die Kirche die Vollmacht beansprucht, Sünden zu vergeben, sinkt bei vielen Katholiken die Hemmschwelle zur Sünde. Auch die Einrichtung der Beichte, ohne die keine Vergebung zugesprochen wird, fördert die Tendenz, das Böse zuzulassen. Wer vor einem sterblichen Menschen niederkniet und ihm in der Beichte die geheimsten Wünsche und Gedanken seines Herzens offenbart, erniedrigt seine Menschenwürde und schwächt die edlen Regungen seiner Seele. Wenn jemand vor einem Priester die Sünden seines Lebens offen legt – einem irrenden, sündigen sterblichen Menschen, der nicht selten durch Weingenuss und einen zügellosen Lebenswandel selbst charakterlich verdorben ist – wird auch sein eigener moralischer Maßstab gesenkt und als Folge wird er selbst verunreinigt. Weil der Priester ein Repräsentant Gottes ist, wird durch ihn die Vorstellung von Gott auf die Ebene des gefallenen Menschen heruntergezogen. Das herabwürdigende System des Bekenntnisses von Mensch zu Mensch ist die geheime Quelle, aus der vieles geflossen ist, was die Welt verunreinigt und sie für die endgültige Vernichtung reif gemacht hat. Wer gegen sich selbst nachsichtig ist, dem fällt es leichter, einem sterblichen Mitmenschen zu beichten, als sein

Herz für Gott zu öffnen. Es ist für die menschliche Natur einfacher, Bußübungen zu verrichten, als der Sünde abzusagen. Es ist auch leichter, den Leib mit Sacktuch und Brennnesseln zu quälen und sich mit Ketten wund zu reiben, als die sündhaften Leidenschaften zu kreuzigen. Das unbekehrte fleischliche Herz trägt lieber ein schweres Joch selbst, als sich unter das [sanfte] Joch Christi zu beugen (vgl. Matthäus 11,29.30).

Zwischen der römischen Kirche und der jüdischen Gemeinde zur Zeit Christi besteht eine markante Ähnlichkeit. Während die Juden jedes Prinzip des Gesetzes Gottes im Geheimen mit Füßen traten, waren sie nach außen hin streng um die Einhaltung seiner Verordnungen bemüht, die sie zudem noch mit Forderungen und Traditionen beschwerten, die den Gehorsam mühevoll und bedrückend machten. So wie die Juden erklärten, das Gesetz zu würdigen, so behaupten die Katholiken, das Kreuz zu ehren. Sie erheben das Symbol des Leidens Christi, während sie in ihrem Leben denjenigen verleugnen, den es repräsentiert.

Katholiken bringen auf ihren Kirchen, Altären und Gewändern Kreuze an. Überall sieht man die Insignien des Kreuzes. Überall wird es äußerlich verehrt und verherrlicht. Doch die Lehren Christi liegen unter einem Berg von sinnlosen Traditionen, falschen Auslegungen und strengen Vorschriften begraben. Die Worte des Erlösers über die uneinsichtigen Juden können noch viel besser auf die Würdenträger der römisch-katholischen Kirche angewandt werden: »Sie binden schwere und unerträgliche Bürden und legen sie den Menschen auf die Schultern; aber sie selbst wollen keinen Finger dafür krümmen.« (Matthäus 23,4) Gewissenhafte Menschen werden in dauernder Angst vor dem Zorn eines beleidigten Gottes gehalten, während viele Würdenträger ihr Leben in Luxus und sinnlichen Vergnügungen verbringen.

Durch die Verehrung von Bildern und Reliquien, die Anrufung von Heiligen und die Begeisterung für den Papst wird das Interesse der Menschen von Gott und seinem Sohn abgewendet. Um ihren Untergang zu erreichen, lenkt Satan die Aufmerksamkeit von Christus weg, der sie allein erlösen kann. Er bietet alles Mögliche als Ersatz an für den, der gesagt hat: »Kommt her zu mir, alle, die ihr mühselig und beladen seid; ich will euch erquicken.« (Matthäus 11,28)

Satan bemüht sich ständig, den Charakter Gottes, die Natur der Sünde und die wirklichen Anliegen in der großen Auseinandersetzung falsch darzustellen. Durch seine Spitzfindigkeiten reduziert er die Verbindlichkeit des Gesetzes Gottes und erleichtert das Sündigen. Gleichzeitig flößt er den Menschen falsche Vorstellungen von Gott ein, damit sie ihm mit Furcht und Hass statt mit Liebe begegnen. Die grausamen Züge seines eigenen Charakters werden dem Schöpfer zugeschrieben. Man findet sie in religiösen Systemen wieder und sie kommen in verschiedenen Formen der Anbetung zum Ausdruck. Auf diese Weise wird das Gemüt der Menschen verblendet und so sichert sich Satan ihre Unterstützung im Kampf gegen Gott. Durch Entstellung göttlicher Eigenschaften wurden Heiden zur Annahme verleitet, dass Menschenopfer notwendig seien, um sich die Gunst der Götter zu sichern. So fanden bei den verschiedenartigen Formen von Götzenverehrung die schlimmsten Grausamkeiten statt.

HEIDNISCHE EINFLÜSSE

Indem die römisch-katholische Kirche die Bräuche des Heidentums mit dem Christentum verband und wie das Heidentum den Charakter Gottes entstellte, hatte sie Praktiken übernommen, die nicht weniger grausam und abstoßend waren. In den Tagen der Vorherrschaft Roms gab es Foltermethoden,[72] um Menschen zur Annahme der katholischen Lehren zu zwingen. Es gab den Scheiterhaufen für diejenigen, die ihren Ansprüchen nicht zustimmten. Es gab Massaker, deren Ausmaß erst beim Jüngsten Gericht offenbar werden. Unter der Führung ihres Meisters Satan ersannen kirchliche Würdenträger Folterinstrumente, die den Opfern größtmögliche Schmerzen zufügten, die ihr Leben aber nicht beendeten. In vielen Fällen wurden diese höllischen Quälereien bis an die äußerste Grenze des menschlich Erträglichen wiederholt, bis die Natur den Kampf aufgab und der Gequälte den Tod als willkommene Befreiung begrüßte.

So erging es den Gegnern Roms. Die Kirche disziplinierte diese Menschen mit Geißeln, Fasten bis fast zum Verhungern, Kasteiungen des Körpers in jeder nur erdenklichen und das Herz kränkenden Form. Um sich die Gunst des Himmels zu sichern, verletzten die Büßer die Gesetze Gottes, indem sie die Naturgesetze missachteten. Sie wurden gelehrt, jene Bande zu zertrennen, die Gott gestiftet hatte, um den Menschen zu segnen und ihm Glück auf seinem irdischen Lebensweg zu schenken. Die Friedhöfe bergen Millionen von Opfern, die ihr Leben vergeblich damit verbrachten, ihre natürliche Liebe zu unterdrücken. Weil sie Gott nicht beleidigen wollten, verdrängten sie jeden Gedanken und jedes Gefühl der Zuneigung zu ihren Mitmenschen.

Wenn wir die rücksichtslose Haltung verstehen wollen, die Satan seit Jahrhunderten an den Tag legt, und zwar nicht unter Menschen, die nie etwas von Gott gehört haben, sondern mitten im Herzen der Christenheit

---

72 Siehe Glossar »Religionsfreiheit und die römische Kirche«, S. 677.

GEWISSENSFREIHEIT IN GEFAHR | 35

sowie überall in der christlichen Welt, brauchen wir nur einen Blick auf die Geschichte des römischen Systems zu werfen. Durch diese Verführung gelingt es dem Urheber des Bösen, Schande über Gott und Elend über die Menschen zu bringen. Wenn wir beobachten, wie er sich verstellt und durch die Würdenträger der Kirche wirkt, können wir verstehen, warum er eine so große Abneigung gegen die Bibel[73] hat. Wer dieses Buch liest, dem wird die Gnade und Liebe Gottes offenbart. Es wird deutlich, dass Gott dem Menschen für seine Erlösung keine dieser schweren Lasten auferlegt. Gott fordert nicht mehr als ein gebrochenes und reuevolles Herz sowie einen demütigen und gehorsamen Geist.

Christus gab in seinem ganzen Leben keine Anleitung dafür, dass sich Männer oder Frauen in ein Kloster zurückziehen sollten, um sich dadurch auf den Himmel vorzubereiten. Nie hat er gelehrt, dass Liebe und Zuneigung unterdrückt werden müssten. Das Herz des Erlösers floss von Liebe über. Je mehr sich der Mensch der moralischen Vollkommenheit nähert, desto schärfer ist sein Empfinden, desto besser nimmt er die Sünde wahr und umso größer ist sein Mitgefühl für Leidende. Die Päpste beanspruchen zwar, Stellvertreter Christi zu sein, aber wie hält ihr Charakter einem Vergleich mit unserem Erlöser stand? Hat Christus jemals Menschen auf die Folterbank oder ins Gefängnis bringen lassen, weil sie ihm nicht als König des Himmels huldigten? Hat er jemals seine Stimme erhoben und Menschen zum Tod verdammt, die ihn nicht annahmen? Als ihn Bewohner eines samaritanischen Dorfes beleidigten, empörte sich der Apostel Johannes und fragte: »Herr, willst du, so wollen wir sagen, dass Feuer vom Himmel falle und sie verzehre.« (Lukas 9,54) Da blickte Jesus mitleidsvoll auf seinen Jünger und tadelte dessen schroffen Geist mit den Worten: »Der Menschensohn ist nicht gekommen, das Leben der Menschen zu vernichten, sondern zu erhalten.« (Lukas 9,56) Wie grundverschieden ist doch der Geist Jesu, verglichen mit dem seines angeblichen Stellvertreters.

IM WESEN UNVERÄNDERT

Die römische Kirche zeigt sich der Welt heute von einer guten Seite. Die Berichte über ihre schrecklichen Grausamkeiten werden mit Entschuldigungen zugedeckt. Sie hüllt sich in christusähnliche Gewänder, aber in ihrem Wesen ist sie unverändert geblieben. Jeder Grundsatz der Papstkirche, der in der Vergangenheit definiert wurde, besteht auch heute noch. Die Lehren, die in den finstersten Tagen des Mittelalters formuliert wurden, werden

---

73 Siehe Glossar »Bibelverbote«, S. 653.

521

noch heute vertreten. Es täusche sich niemand! Das Papsttum, dem die Protestanten heute so freundlich begegnen,[74] ist dasselbe, das die Welt in den Tagen der Reformation beherrschte, als sich Menschen unter Lebensgefahr erhoben, um seine Bosheit bloßzustellen. Es besitzt das gleiche Selbstbewusstsein und erhebt denselben vermessenen Anspruch, mit dem es einst Könige und Fürsten beherrschte und es besteht auf Vorrechten, die nur Gott gehören. Seine Wesensart ist heute nicht weniger hart und gebieterisch als zu der Zeit, in der es die menschliche Freiheit niederwarf und die Heiligen des Höchsten vernichtete.

Auf das Papsttum trifft zu, was die Prophetie von dem »Abfall, der da kommen soll« (2. Thessalonicher 2,3) in den letzten Tagen, vorhergesagt hat. Es gehört zu seinem diplomatischen Geschick, immer gerade den Charakter anzunehmen, der seinen Absichten am besten dient. Es verändert sich äußerlich wie ein Chamäleon, verbirgt aber darunter das unveränderliche Gift der Schlange. »Wir sind nicht gebunden, den Ketzern Treue und Glauben zu halten«, erklärte die römische Kirche. (LHC, I, 516) Soll diese Macht, deren Geschichte während eines Jahrtausends mit dem Blut der Heiligen geschrieben wurde, nun zur Gemeinde Christi gerechnet werden?

Nicht ohne Grund wird in protestantischen Ländern die Behauptung verbreitet, dass sich der Katholizismus nicht mehr so sehr vom Protestantismus unterscheide wie in früheren Zeiten. Es hat eine Veränderung gegeben, doch die betraf nicht den Katholizismus. Der heutige Protestantismus ähnelt tatsächlich dem Katholizismus, weil er seit den Tagen der Reformatoren so sehr entartet ist.

Weil die protestantischen Kirchen die Gunst der Welt gesucht haben, hat falsche Nachsicht ihre Augen verblendet. Sie begreifen nicht, weshalb es falsch sein könnte, in allem Bösen nach dem Guten zu suchen. Die Folge davon wird schließlich sein, dass sie in allem Guten etwas Böses vermuten. Statt den Glauben zu verteidigen, der einst den Heiligen gegeben wurde, entschuldigen sie sich nun in Rom für ihre lieblose Beurteilung und bitten darum, ihren blinden Eifer zu verzeihen.

Eine große Gruppe, darunter auch solche, die dem Katholizismus nichts abgewinnen können, erwartet keine Gefahr von seiner Macht und seinem Einfluss. Viele machen geltend, dass die geistige und moralische Finsternis des Mittelalters die Verbreitung seiner Lehren, seines Aberglaubens und seiner Unterdrückung begünstigte; heute aber würden die Einsichten der modernen Zeit, die allgemeine Zunahme des Wissens und der Glaubensfreiheit ein Wiederaufleben der Unduldsamkeit und der Tyrannei unmöglich

---

74 Siehe Glossar »Ökumenismus, moderner«, S. 672.

machen. Schon der Gedanke, dieser Zustand könnte in unserer aufgeklärten Zeit erneut eintreten, wird lächerlich gemacht. Es ist wahr, die heutige Generation lebt in einer Zeit großer geistiger, moralischer und religiöser Erkenntnis. Die Seiten des geöffneten Wortes Gottes haben himmlisches Licht auf die Welt scheinen lassen. Man sollte aber bedenken, je mehr Licht gewährt wird, umso größer ist die Finsternis bei denen, die es verdrehen oder verwerfen.

Würden die Protestanten die Bibel unter Gebet studieren, könnten sie den wirklichen Charakter des Papsttums erkennen und ihn ablehnen. Aber viele halten sich in überheblicher Art für so weise, dass sie keinen Anlass sehen, Gott demütig zu suchen und sich in die Wahrheit leiten zu lassen. Obwohl sie sich mit ihrer Erleuchtung brüsten, kennen sie weder die Schrift noch die Macht Gottes. Sie benötigen etwas, das ihr Gewissen beruhigt und suchen nach dem, was am wenigsten geistlich und demütigend ist. Sie suchen einen Weg, der sie Gott vergessen lässt, der aber doch so aussieht, als würde man ihn nicht ausklammern. Das Papsttum ist gut darauf vorbereitet, den Bedürfnissen dieser Menschen zu entsprechen. Fast überall auf der Welt kann es den Wünschen zweier Menschenklassen entsprechen: derer, die durch ihre Verdienste gerettet sein wollen, und derer, die eine Errettung trotz ihrer Sünden fordern. Hierin liegt das Geheimnis päpstlicher Macht.

Die Zeit großer geistiger Finsternis hat sich für den Erfolg des Papsttums als günstig erwiesen. Es wird sich aber zeigen, dass eine Zeit großen geistigen Lichts für seinen Erfolg genauso günstig sein kann. In früheren Zeiten, als die Menschen ohne Gottes Wort waren und keine Kenntnis der Wahrheit besaßen, waren sie blind, und Tausende sahen die Fesseln nicht, die ihnen um die Füße gelegt worden waren.

Auch in unserer Generation werden viele durch den Glanz menschlicher Spekulationen geblendet, die fälschlicherweise »Wissenschaft« genannt werden. Sie nehmen das Netz nicht wahr, in das sie blind hineinlaufen. Gott bestimmte, dass der Mensch seinen Verstand als Gabe seines Schöpfers betrachten und diesen in den Dienst von Wahrheit und Gerechtigkeit stellen sollte. Wenn aber Stolz und Ehrgeiz gepflegt werden und die Menschen ihre eigenen Theorien über das Wort Gottes stellen, kann der Verstand größeren Schaden anrichten als die Unwissenheit. Damit wird die falsche Wissenschaft der heutigen Zeit, die den Glauben an die Bibel untergräbt, zu einem erfolgreichen Wegbereiter für das Papsttum. Dadurch gewinnen seine gefälligen Formen genauso an Akzeptanz, wie einst im dunklen Mittelalter, als ihm das Vorenthalten von Erkenntnis den Aufstieg brachte.

DER FALSCHE RUHETAG

Mit den Bewegungen, die sich in den Vereinigten Staaten[75] dafür einsetzen, dass die Einrichtungen und Gebräuche der Kirchen vom Staat unterstützt werden, folgen die Protestanten den Spuren des Papsttums. Ja noch mehr: Sie öffnen dem Papsttum die Tore, sodass es im protestantischen Amerika wieder jene Vorherrschaft erlangt, die es in der Alten Welt verloren hat. Was dieser Bewegung noch größere Bedeutung verleiht, ist die Tatsache, dass das ihr zugrunde liegende Ziel die Durchsetzung der Sonntagsfeier ist. Diese Gepflogenheit hat ihren Ursprung in Rom und es betrachtet sie als Zeichen seiner Autorität. Das ist der Geist des Papsttums, ein Geist, der die Fügsamkeit gegenüber weltlichen Gewohnheiten und die Verehrung menschlicher Überlieferungen über die Gebote Gottes stellt. Dieser Geist beginnt die protestantischen Kirchen zu durchdringen und führt sie dazu, den Sonntag genauso zu erheben, wie es das Papsttum vor ihnen tat.

Wenn man die Kräfte verstehen will, die sich in der kommenden Auseinandersetzung zeigen werden, muss man nur auf die Wege und Mittel achten, die Rom für dasselbe Ziel in der Vergangenheit benutzt hat. Will man wissen, wie Katholiken und Protestanten vereint mit jenen umgehen werden, die ihre Glaubenssätze ablehnen, erinnere man sich, mit welchem Geist Rom gegen den Sabbat und dessen Verteidiger vorging.

Kaiserliche Erlasse, allgemeine Konzilien und Kirchenverordnungen, die von weltlichen Mächten unterstützt wurden, bildeten die Stufen, auf denen dieser heidnische Festtag zu seiner Ehrenstellung in der christlichen Welt gelangte. Die erste Maßnahme zur Durchsetzung der Sonntagsfeier war der Erlass Kaiser Konstantins im Jahre 321 n. Chr.[76] Dieser Erlass forderte die Stadtbevölkerung auf, am »ehrwürdigen Tag der Sonne« zu ruhen, erlaubte aber den Landwirten ihre bäuerlichen Arbeiten. Obwohl dieser Erlass eigentlich eine heidnische Verordnung war, wurde er von Konstantin nach seinem formellen Übertritt zum Christentum durchgesetzt.

Da sich die kaiserliche Anordnung nicht als ausreichend erwies, ein göttliches Gebot zu ersetzen, stellte Bischof Eusebius, ein besonderer Freund und Schmeichler Konstantins, die Behauptung auf, dass Christus den Sabbat auf den Sonntag verlegt habe. Es wurde für diese Behauptung keine einzige Belegstelle aus der Heiligen Schrift angeführt. Eusebius selbst anerkannte unbeabsichtigt, dass seine These falsch ist, und wies mit folgenden Worten auf den wirklichen Urheber der Veränderung hin: »Alles, was man

---

75 Siehe Glossar »Katholizismus in den USA«, S. 665.
76 Siehe Glossar »Sonntagsgesetz Konstantins«, S. 678.

am Sabbat zu tun verpflichtet war, haben wir auf den Tag des Herrn übertragen.« (CSL, 538; CGS, 366) Wie unbegründet dieses Argument auch war, es ermutigte die Menschen, den Sabbat des Herrn mit Füßen zu treten. Alle, die die Ehre der Welt suchten, nahmen diese volkstümliche Feier an.

Als das Papsttum fest gegründet war, wurde der Sonntag weiter erhöht. Eine Zeit lang arbeitete man noch sonntags in der Landwirtschaft, wenn man keinen Gottesdienst besuchte. Der siebte Tag wurde weiterhin als Sabbat betrachtet. Allmählich kam es jedoch zu einer Veränderung. Trägern kirchlicher Ämter war es untersagt, an Sonntagen zivilrechtliche Urteile zu fällen. Bald darauf erging ein Verbot für jedermann, gleich welchen Standes, sonntags allgemeiner Arbeit nachzugehen, und zwar bei Geldstrafe für Freie und Rutenschlägen für Unfreie. Später wurde angeordnet, Reiche mit dem Verlust der Hälfte ihres Vermögens zu bestrafen oder, wenn sie weiterhin widerspenstig waren, zu Sklaven zu machen. Niedrigeren Klassen drohte eine lebenslängliche Verbannung.

DIE DURCHSETZUNG DES SONNTAGS

Auch angebliche Wunder wurden vorgebracht. Unter anderem wurde berichtet, dass einem Landmann, der an einem Sonntag seinen Acker pflügen wollte und zuvor seinen Pflug mit einem Eisen reinigte, das Eisen in seiner Hand stecken blieb und er es zwei Jahre lang »unter großen Schmerzen und zu seiner Schande« mit sich herumtragen musste (WHLD, 174).

Später gab der Papst Anweisungen, dass Priester jeder Pfarrgemeinde Sonntagsübertreter verwarnen und ermahnen sollten, in die Kirche zu gehen und ihre Gebete aufzusagen, da sie sonst ein großes Unglück über sich und ihre Nachbarn bringen würden. Eine Kirchenversammlung brachte das Argument vor, welches selbst von Protestanten angeführt wird: Der Sonntag muss der Sabbat sein, weil Leute, die an diesem Tag arbeiteten, vom Blitz getroffen worden seien. »Es ist offensichtlich«, sagten die Prälaten, »wie groß das Missfallen Gottes an der Vernachlässigung dieses Tages ist.« Dann wurde ein Aufruf erlassen, dass Priester und Prediger, Könige und Fürsten und alle treuen Untertanen »ihre äußerste Anstrengung und Sorgfalt anwenden sollten, damit der Tag wieder zu seiner Ehre gelangt und künftig zum Ansehen der Christenheit andächtiger beachtet werde« (MLD, 271).

Als sich die Beschlüsse der Kirchenversammlungen als nicht ausreichend erwiesen, ersuchte man weltliche Behörden um einen Erlass, der das Volk durch Schreckensandrohungen davon abhalten sollte, am Sonntag zu arbeiten. Auf einer Synode in Rom wurden alle früher getroffenen Entscheidungen mit größerem Nachdruck und Feierlichkeit bestätigt. Sie wurden auch in das Kirchenrecht aufgenommen und durch zivile Behörden in fast der ganzen Christenheit durchgesetzt (vgl. HHS, II, 5, 7).

Noch sorgte der Mangel an Zeugnissen aus der Schrift für nicht geringe Unruhe. Das Volk bezweifelte das Recht seiner Lehrer, die eindeutige Erklärung Jahwes »Der siebente Tag ist der Sabbat des Herrn, deines Gottes« beiseite zu setzen, um den Tag der Sonne zu ehren. Um den Mangel an biblischen Hinweisen auszugleichen, mussten andere Maßnahmen ergriffen werden. Einem eifrigen Sonntagsbefürworter, der gegen Ende des 12. Jahrhunderts England besuchte, widerstanden treue Zeugen der Wahrheit. Seine Bemühungen waren dermaßen vergeblich, dass er das Land für eine Zeit verließ, um nach Möglichkeiten zur Durchsetzung seiner Lehren zu suchen. Bei seiner Rückkehr hatte er sich das Notwendige beschafft und damit bei seinem späteren Wirken größeren Erfolg. Er brachte eine Schriftrolle mit, die angeblich von Gott selbst verfasst worden war, und die das benötigte Gebot der Sonntagsheiligung sowie schreckliche Drohungen gegen Ungehorsame enthielt. Dieses kostbare Schriftstück, so eindeutig eine Fälschung wie die Institution selbst, von der es stammte, sei vom Himmel gefallen und in Jerusalem auf dem Altar des heiligen Simeon auf Golgatha gefunden worden. Tatsächlich wurde die Rolle im päpstlichen Palast in Rom angefertigt. Schwindel und Fälschungen wurden vom Papsttum von jeher als legale Mittel angesehen, um Macht und Ansehen der Kirche zu fördern.

Diese Schriftrolle verbot das Arbeiten von der neunten Stunde an, also ab drei Uhr samstagnachmittags, bis zum Sonnenaufgang am Montag, und seine Echtheit galt durch viele Wunder als bestätigt. Es wurde behauptet, dass Menschen, die während dieser Zeit gearbeitet hätten, vom Schlag getroffen worden seien. Ein Müller, der sein Korn zu mahlen versuchte, habe statt Mehl einen Blutstrom aus der Mühle herausfließen sehen, und das Mühlrad sei ungeachtet der großen Wasserkraft stehen geblieben. Teig, den eine Frau in den Ofen gelegt habe, sei roh geblieben, obwohl der Ofen sehr heiß gewesen sei. Eine andere Frau habe Teig um die neunte Stunde zum Backen zubereitet, dann aber beschlossen, ihn bis Montag früh zur Seite zu legen. Sie fand, dass am folgenden Tag, durch göttliche Macht, der Teig zu Laiben geformt und gebacken war. Ein Mann, der an einem Samstag nach der neunten Stunde gebacken habe, habe am folgenden Morgen beim Brotbrechen erlebt, dass Blut aus dem Laib floss. Durch solch absurde und abergläubische Erfindungen versuchten die

Befürworter der Sonntagsheiligung die Heiligkeit dieses Tages zu begründen (HA, II, 528-530).

SONNTAGSHEILIGUNG UND VERFOLGUNGEN

In Schottland wie in England wurde eine größere Beachtung für den Sonntag dadurch erreicht, dass man einen Teil des alten Sabbats auf ihn übertrug. Aber die Zeit der Heilighaltung war unterschiedlich. Nach einem Erlass des Königs von Schottland sollte »der Samstag von zwölf Uhr mittags an heilig geachtet werden«, und niemand sollte sich von dieser Stunde an bis Montag früh an weltlichen Geschäften beteiligen (MD, 290/291).

Ungeachtet aller Bemühungen, die Sonntagsheiligung einzurichten, bekannten die Anhänger des Papsttums selbst, dass der Sabbat göttlichen, der Sonntag, der ihn ersetzte, aber menschlichen Ursprungs wäre. Im 16. Jahrhundert erklärte ein päpstliches Konzil eindeutig: »Alle Christen sollten bedenken, dass der siebente Tag von Gott geheiligt und nicht nur von den Juden angenommen und beachtet wurde, sondern auch von allen andern, die vorgaben, Gott zu verehren, obwohl wir Christen ihren Sabbat in den Tag des Herrn umgewandelt haben.« (MD, 281/282) Jene, die sich erdreisteten, Hand an das göttliche Gesetz zu legen, waren sich des Charakters ihres Werkes wohl bewusst. Sie erhoben sich absichtlich über Gott.

Die lange und blutige Verfolgung der Waldenser, von denen einige Sabbathalter waren, veranschaulicht auf markante Weise, wie Rom mit Menschen verfuhr, die seine Lehren nicht annahmen. Andere litten auf ähnliche Weise wegen ihrer Treue zum vierten Gebot. Die Geschichte der Christen in Abessinien ist besonders bedeutsam. Während der dunklen Zeit des europäischen Mittelalters wurden die Christen in Zentralafrika von der Welt vergessen und konnten während vieler Jahrhunderte ihren Glauben frei ausüben. Schließlich aber erfuhr Rom von ihrer Existenz, und der Kaiser von Abessinien wurde bald getäuscht, um den Papst als Stellvertreter Christi anzuerkennen. Andere Zugeständnisse folgten. Es wurde ein Erlass veröffentlicht, der die Sabbatfeier unter Androhung härtester Strafen verbot (siehe GCHE, 311/312). Doch die päpstliche Schreckensherrschaft wurde bald ein so erdrückendes Joch, dass die Abessinier beschlossen, es zu zerbrechen. Nach einem schrecklichen Kampf wurden die von Rom beeinflussten Truppen aus dem Land geworfen und der alte Glaube wiederhergestellt. Die Gemeinden freuten sich über ihre Freiheit, vergaßen nie die Lehre, die ihnen der Betrug, der Fanatismus und die despotische Macht Roms erteilt hatten. Innerhalb ihrer abgeschiedenen Grenzen waren sie glücklich, vom Rest der Christenheit unerkannt zu bleiben.

Die Kirchen Afrikas hielten den Sabbat,[77] wie er auch von der Kirche Roms vor ihrem vollständigen Abfall gehalten worden war. Sie beobachteten den siebten Tag nach dem Gebot Gottes, arbeiteten aber in Übereinstimmung mit dem Brauch der Kirche auch an Sonntagen nicht. Als Rom auf der Höhe seiner Macht angelangt war, verwarf es den Sabbat Gottes, um seinen eigenen Feiertag zu ehren. Doch die Gemeinden in Afrika, die fast tausend Jahre lang im Verborgenen blieben, nahmen an diesem Abfall nicht teil. Als sie unter die Herrschaft Roms kamen, wurden sie gezwungen, den wahren Sabbat aufzugeben und den falschen zu ehren. Doch sobald sie ihre Unabhängigkeit zurückerhielten, gehorchten sie wiederum dem vierten Gebot.

Diese Berichte aus der Vergangenheit enthüllen deutlich die Feindschaft Roms gegen den wahren Sabbat und dessen Verteidiger und die Mittel, die es anwandte, um ihrer eigenen Institution die Ehre zu geben. Das Wort Gottes lehrt uns, dass sich diese Geschehnisse wiederholen werden, wenn sich Katholiken und Protestanten vereinen und den Sonntag als Feiertag durchsetzen.

WIEDERBELEBUNG PROPHETISCH ANGEKÜNDIGT

Offenbarung 13 zeigt, dass die Macht des Tieres, das zwei Hörner hatte wie ein Lamm, die Menschen auf Erden verführen wird, das Papsttum anzubeten, welches durch ein Tier gleich einem Panther dargestellt wird. Ferner wird das Tier mit den zwei Hörnern denen, die auf Erden wohnen, befehlen, dass sie ein Bild machen sollen dem Tier und dass die Kleinen und Großen, die Reichen und Armen, die Freien und Sklaven das Zeichen des Tieres annehmen (vgl. Offenbarung 13,11-16). Es wurde bereits gezeigt, dass die Vereinigten Staaten die Macht sind, die durch das Tier mit den »zwei Hörnern wie ein Lamm« symbolisch dargestellt wird und dass diese Prophezeiung dann in Erfüllung gehen wird, wenn die Vereinigten Staaten die Sonntagsheiligung, das Zeichen von Roms Oberherrschaft, durchsetzen werden. Die Vereinigten Staaten werden jedoch nicht die Einzigen sein, die dem Papsttum huldigen. Roms Einfluss auf die Staaten, die einst seine Oberherrschaft anerkannten, ist noch längst nicht zerstört. Die Prophezei-

---

77 Siehe Glossar »Äthiopische Kirche und der Sabbat«, S. 652.

ung sagt voraus, dass seine Macht wiederhergestellt wird: »Ich sah eines seiner Häupter, als wäre es tödlich verwundet, und seine tödliche Wunde wurde heil. Und die ganze Erde wunderte sich über das Tier.« (Offenbarung 13,3) Die tödliche Wunde weist auf den Sturz des Papsttums im Jahr 1798 hin. Danach, sagt der Prophet, wurde »seine tödliche Wunde ... heil. Und die ganze Erde wunderte sich über das Tier.« Paulus sagt eindeutig, dass »der Mensch der Bosheit« bis zur Zeit der Wiederkunft Christi bleiben werde. »Lasst euch von niemandem verführen, in keinerlei Weise; denn zuvor muss der Abfall kommen und der Mensch der Bosheit offenbart werden, der Sohn des Verderbens ... und dann wird der Böse offenbart werden. Ihn wird der Herr Jesus umbringen mit dem Hauch seines Mundes und wird ihm ein Ende machen durch seine Erscheinung, wenn er kommt.« (2. Thessalonicher 2,3.8) Bis zum Ende der Zeit wird er sein Werk der Täuschung fortsetzen. Und der Schreiber der Offenbarung erklärt mit Bezug auf das Papsttum: »Alle, die auf Erden wohnen, beten es an, deren Namen nicht vom Anfang der Welt an geschrieben stehen in dem Lebensbuch des Lammes.« (Offenbarung 13,8) In der Alten wie in der Neuen Welt wird dem Papsttum durch die Sonntagsheiligung gehuldigt, die einzig und allein auf der Autorität der römischen Kirche beruht.

Seit Mitte des 19. Jahrhunderts haben Menschen in den Vereinigten Staaten, die die Prophezeiungen studierten, der Welt dieses Zeugnis vor Augen gehalten. Seit Jahren weisen Ereignisse auf die rasche Erfüllung dieser Voraussage hin. Protestantische Lehrer betonen in ähnlicher Weise den angeblich göttlichen Ursprung der Sonntagsheiligung. Wie die päpstlichen Führer, die für ihre Ansichten Wunder erfinden mussten, können sich auch die Protestanten auf keine biblischen Beweise stützen. Behauptungen, dass Gottesgerichte Menschen heimsuchen, weil diese den Sonntag übertreten, werden sich wiederholen. Der Anfang ist bereits gemacht. Die Bewegung für Sonntagsheiligung gewinnt immer mehr an Boden.

Es ist bezeichnend, wie scharfsinnig und geschickt die römische Kirche ist. Sie scheint alles vorauszusehen. Sie wartet ruhig ab und sieht zu, wie ihr die Protestanten durch die Annahme des falschen Sabbats huldigen und ihn mit den gleichen Mitteln durchsetzen wie die Katholiken in vergangenen Tagen. Jene, die das Licht der Wahrheit zurückweisen, werden dennoch bei dieser selbsternannten Macht, mit ihrem Anspruch auf Unfehlbarkeit, Hilfe suchen. Dabei werden sie eine Einrichtung erhöhen, die von dieser ins Leben gerufen wurde. Es ist naheliegend, dass Rom den Protestanten dabei zu Hilfe kommen wird. Wer versteht es besser, mit Ungehorsamen umzugehen als die päpstlichen Führer?

EINE WACHSENDE WELTMACHT

Die römisch-katholische Kirche mit ihrem weltweiten Netzwerk ist eine Riesenorganisation, die überall die Interessen des päpstlichen Stuhls vertritt. Ihre Millionen Mitglieder in allen Ländern der Erde werden unterwiesen, dem Papst treu zu sein. Welcher Nationalität sie auch angehören und wer immer sie regiert, die Autorität der Kirche müssen sie höher einschätzen als alles andere. Sie mögen ihrem Staat den Treueid leisten, doch über allem steht das Gelübde der Treue zum Gehorsam gegenüber der römischen Kirche, was sie von jedem Gelöbnis entbindet, das den Interessen Roms entgegensteht.

Die Geschichte zeigt, mit welchem Geschick und welcher Hartnäckigkeit sich die römische Kirche in die Angelegenheiten von Staaten eingemischt hat. Wo sie einmal Fuß gefasst hatte, verfolgte sie ihre Ziele ohne Rücksicht auf das Wohl von Volk und Regierung. 1204 nötigte Papst Innozenz III. Peter II., den König von Aragonien, zu folgendem außergewöhnlichen Eid: »Ich, Peter, König der Aragonier, bekenne und verspreche, meinem Herrn, Papst Innozenz, seinen katholischen Nachfolgern und der römischen Kirche stets treu und gehorsam zu sein und mein Reich gewissenhaft im Gehorsam gegen ihn zu bewahren, den kostbaren Glauben zu verteidigen und ketzerische Verderbtheit zu verfolgen.« (DHR, V, 6, 55) Dies stand in Einklang mit den Ansprüchen des römischen Pontifex, dass er »das Recht habe, Kaiser abzusetzen«, und »dass er Untertanen von ihrer Treuepflicht zu einem ungerechten Herrscher entbinden könne« (MIHE, III, 11. Jh., 2, 2, 9, Anm. 17).

Wir sollten uns daran erinnern, dass Rom sich stets rühmte, sich nie zu ändern. Die Prinzipien von Gregor VII. und Innozenz III. sind immer noch die der römischen Kirche. Hätte sie heute die Macht, würde sie diese mit ebenso großem Durchsetzungsvermögen ausüben wie in den vergangenen Jahrhunderten. Protestanten wissen nicht, was sie tun, wenn sie die Hilfe Roms annehmen, um die Sonntagsheiligung durchzusetzen. Während sie sich mit der Ausführung ihres Vorhabens befassen, arbeitet Rom an der Wiederherstellung seiner Macht, mit der die verlorene Oberhoheit wiedergewonnen werden soll. Wenn erst das Prinzip in den Vereinigten Staaten festgelegt ist, dass die Kirche die Macht des Staates einsetzen oder kontrollieren kann, wenn die Befolgung religiöser Verordnungen mit Hilfe weltlicher Gesetze erzwungen wird, kurz gesagt, wenn die Autorität der Kirche und des Staates das Gewissen der Menschen beherrscht, dann ist der Triumph Roms in diesem Land gewährleistet.

Gottes Wort warnt vor der herannahenden Gefahr. Wenn diese Warnung nicht beachtet wird, wird die protestantische Welt überrascht erkennen, welche Absichten Rom wirklich verfolgt, aber dann ist es zu spät, um diesen Schlingen zu entkommen. Roms Macht wächst im Stillen. Seine Lehren beeinflussen Parlamente, Kirchen sowie die Herzen der Menschen. Hinter den Mauern seiner gewaltigen Bauwerke werden sich in deren geheimen Verliesen die Verfolgungen von früher wiederholen. Heimlich und unvermutet sammelt die Kirche ihre Kräfte, um ihre Absichten voranzutreiben, und wenn die Zeit da ist, wird sie zum Schlag ausholen. Heute verlangt sie nach einer günstigen Ausgangsstellung, und diese wird ihr gegeben. Bald werden wir sehen und fühlen, worauf der römische Geist zielt. Wer auch immer dem Wort Gottes glaubt und gehorcht, wird Tadel und Verfolgung auf sich ziehen.

KAPITEL 36

DER KOMMENDE KAMPF

Seit Beginn des großen Kampfes im Himmel ist es Satans Bestreben, das Gesetz Gottes zu beseitigen. Um dieses Ziel zu erreichen, lehnte er sich gegen den Schöpfer auf. Obwohl er deshalb aus dem Himmel verbannt wurde, führt er auf der Erde denselben Kampf weiter. Unentwegt ist er bestrebt, Menschen zu verführen und sie dazu zu verleiten, das Gesetz Gottes zu übertreten. Ob dies nun durch Beseitigung des ganzen Gesetzes oder nur durch eines seiner Gebote geschieht; die Folgen sind letztlich dieselben. »Denn wenn jemand das ganze Gesetz hält und sündigt gegen ein einziges Gebot, der ist am ganzen Gesetz schuldig.« (Jakobus 2,10)

GESETZ UND GESETZGEBER VERWORFEN

Um die Ordnungen Gottes in Verruf zu bringen, verfälschte Satan die Lehren der Bibel. Der Glaube von Tausenden, die sich zur Heiligen Schrift bekennen, hat sich dadurch mit Irrtum vermischt. Das letzte große Ringen in dem lang anhaltenden Kampf zwischen Wahrheit und Irrtum erfolgt um das Gesetz Gottes. Dieser Kampf hat nun begonnen, ein Kampf zwischen den Gesetzen der Menschen und den Geboten Jahwes, zwischen der Religion der Bibel und der Religion von Fabeln und Traditionen.

Die Kräfte, die sich in diesem Streit gegen Wahrheit und Gerechtigkeit zusammenschließen, sind jetzt aktiv am Werk. Gottes heiliges Wort, dessen Überlieferung so viel Leiden und Blutvergießen gekostet hat, wird zu wenig geschätzt. Die Bibel ist heute zwar allen zugänglich, doch nur wenige nehmen sie als Wegleitung für ihr Leben an. Der Unglaube hat ein alarmierendes Maß erreicht, nicht nur in der Welt, sondern auch in den Kirchen. Viele verleugnen Lehren, die zu den Säulen des christlichen Glaubens gehören. Die großen Tatsachen der Schöpfung, wie sie durch inspirierte Schreiber übermittelt wurden, der Sündenfall des Menschen, die Versöhnung durch Christus und die ewige Gültigkeit des göttlichen Gesetzes werden von der

Mehrheit der Christen entweder teilweise oder praktisch ganz abgelehnt. Tausende von Menschen sind stolz auf ihre Weisheit und ihr unabhängiges Denken und betrachten es als Schwäche, vorbehaltlos der Heiligen Schrift zu vertrauen. Sie halten es für einen Beweis ihrer Überlegenheit und Gelehrsamkeit, die Schrift zu kritisieren und die wichtigsten Wahrheiten zu vergeistigen und zu entkräften. Viele Prediger unterrichten ihre Zuhörer und viele Professoren und Lehrer ihre Studenten dahingehend, dass das Gesetz Gottes verändert oder aufgehoben sei und dass solche, die es immer noch für gültig ansehen und buchstäblich beachten, nur Verachtung und Spott verdienen.

Wenn jedoch Menschen die Wahrheit ablehnen, lehnen sie auch deren Urheber ab. Wenn sie das Gesetz mit Füßen treten, schätzen sie auch die Autorität des Gesetzgebers gering. Es ist genauso leicht, einen Abgott aus Irrlehren und falschen Theorien zu formen wie einen Götzen aus Holz oder Stein. Durch falsche Darstellung der Eigenschaften Gottes verleitet Satan die Menschen zu einer falschen Vorstellung über den Charakter Gottes. Viele haben Jahwe entthront und einen philosophischen Götzen an seine Stelle gesetzt, während der lebendige Gott, wie er in seinem Wort, in Christus und in den Schöpfungswerken beschrieben wird, nur von wenigen angebetet wird. Tausende vergöttern die Natur, leugnen aber den Gott der Natur. In der heutigen Welt gibt es in einer etwas anderen Form genauso häufig Götzen wie im alten Israel in den Tagen Elias. Der Gott der Weisen von heute, der Professoren, Dichter, Politiker, Journalisten, der Gott der vornehmen Kreise, der Hochschulen, der Universitäten, ja der theologischen Fakultäten ist nicht viel besser als Baal, der Sonnengott der Phönizier.

Kein Irrtum, der von der christlichen Welt akzeptiert wird, schlägt die himmlische Autorität kühner, keiner widerspricht den Prinzipien der Vernunft direkter, keiner hat schädlichere Folgen als die heutige Lehre, die so schnell an Boden gewinnt, dass Gottes Gesetz für den Menschen nicht mehr verbindlich sei. Jedes Land hat seine Gesetze, die Achtung und Gehorsam verlangen, und keine Regierung kann ohne sie bestehen. Kann man sich einen Schöpfer des Himmels und der Erde vorstellen, der kein Gesetz kennt, nach dem er die Wesen leitet, die er geschaffen hat? Angenommen, hohe Geistliche würden öffentlich lehren, dass die Gesetze, die in ihrem Land gelten und die die Rechte der Bürger schützen, nicht verbindlich seien, dass sie die Freiheiten der Bevölkerung beschneiden und deshalb nicht befolgt werden sollten. Wie lange würde ein solcher Mann auf der Kanzel geduldet? Doch ist es ein größeres Vergehen, nationale Gesetze zu missachten, als göttliche Gebote mit Füßen zu treten, welche jeder Herrschaft zu Grunde liegen?

Es wäre viel leichter nachvollziehbar, wenn Staaten ihre Satzungen abschafften und dem Volk erlaubten, sich zu verhalten, wie es ihm beliebte, als dass der Herr des Universums sein Gesetz auflöste und die Welt damit ohne Richtschnur für die Verurteilung des Schuldigen und die Rechtfertigung des Gehorsamen bliebe. Wären wir in der Lage, die Folgen einer Aufhebung des göttlichen Gesetzes abzusehen? Das Experiment ist durchgeführt worden. Grässlich waren die Szenen in Frankreich, als der Atheismus zur herrschenden Macht wurde. Der Welt wurde eindrücklich gezeigt, dass die grausamsten Tyrannen die Macht übernehmen, wenn von Gott auferlegte Einschränkungen nicht mehr beachtet werden. Wenn der Standard der Gerechtigkeit nicht beachtet wird, hat der Fürst des Bösen freie Bahn zur Entfaltung seiner Macht auf Erden.

DIE FOLGEN DES UNGEHORSAMS

Wo immer die Grundsätze Gottes abgelehnt werden, erscheint die Sünde nicht mehr sündig und Gerechtigkeit nicht mehr erstrebenswert. Wer sich der Herrschaft Gottes nicht unterordnen will, verliert die Fähigkeit, sich selbst zu beherrschen. Durch ihre schädlichen Lehren pflanzen solche Menschen den Geist des Aufbegehrens in die Herzen von Kindern und Jugendlichen, die ja von Natur aus Beschränkungen nicht mögen. Daraus entsteht eine Gesellschaft der Gesetzlosigkeit und der Willkür. Während man die Gutgläubigkeit derer, die den Vorgaben Gottes folgen wollen, verspottet, verfällt die Masse bereitwillig den Täuschungen Satans. Sie lässt der Sinnlichkeit freien Lauf und praktiziert jene Sünden, die einst das Strafgericht Gottes über die Heiden brachte.

Wer die Menschen lehrt, Gottes Gebote auf die leichte Schulter zu nehmen, sät und erntet Ungehorsam. Wenn man die Schranken fallen lässt, die das göttliche Gesetz aufrichtet, werden auch menschliche Gesetze bald genauso missachtet werden. Da Gott unehrliche Handlungen, Gier, Lüge und Betrug verbietet, sind Menschen bereit, seine Gesetze, in denen sie nur Hindernisse für ihren weltlichen Wohlstand sehen, mit Füßen zu treten. Doch die Folgen einer Beseitigung dieser Gebote sind für sie unabsehbar. Sie betrachten diese als ein Hindernis auf dem Weg zu weltlichem Wohlstand. Wer jedoch diese Grundsätze außer Kraft setzt, muss mit Konsequenzen rechnen, die er nicht voraussahen kann. Wenn das Gesetz nicht verbindlich ist, warum sollte sich jemand fürchten, es zu übertreten? Eigentum wäre nicht mehr sicher. Menschen würden sich den Besitz ihrer Nächsten mit Gewalt aneignen, und die Stärksten wären die Reichsten. Es gäbe überhaupt keine Achtung mehr vor dem Leben. Im Eheversprechen sähe man nicht länger eine heilige Schutzmauer für die Familie. Wer die Macht hätte, würde dem Nächsten die Ehefrau mit Gewalt nehmen, sobald es ihm beliebt. Auch das fünfte Gebot würde zusammen mit dem vierten beseitigt. Kinder würden nicht davor zurückschrecken, ihren Eltern das Leben zu nehmen, wenn sie dadurch die Gier ihres verdorbenen Herzens befriedigen könnten. Die zivilisierte Welt würde zu einer Horde von Räubern und Mördern. Friede, Ruhe und Glück würde es auf der Erde nicht mehr geben.

Gerade die Lehre, dass der Mensch vom Gehorsam gegenüber Gottes Geboten befreit sei, hat das moralische Pflichtbewusstsein geschwächt und in der Welt die Schleusen der Ungerechtigkeit geöffnet. Wie eine riesige Flutwelle sind Gesetzlosigkeit, Genusssucht und Verdorbenheit über uns hereingebrochen. In unseren Familien ist Satan am Werk. Sein Banner weht selbst über Heimen, die sich zum Christentum bekennen. Dort herrschen Neid, Verleumdung, Heuchelei, Entfremdung, Zwietracht, Streit, Vertrauensmissbrauch und sexuelle Freizügigkeit. Ein ganzes System religiöser Prinzipien und Lehren, die Grundlage und das Gerüst des gesellschaftlichen Lebens, befindet sich im freien Fall. Gemeinste Verbrecher, die wegen ihrer Vergehen ins Gefängnis geworfen wurden, erhalten Aufmerksamkeit und werden mit Geschenken bedacht, als hätten sie beneidenswerte Auszeichnungen erworben. Ihre Person und ihre Verbrechen erhalten große Aufmerksamkeit in der Öffentlichkeit. Die widerlichsten Details ihrer Verirrungen werden in den Medien publiziert. Das regt andere Menschen dazu an, selbst zu betrügen, zu rauben und zu töten. Satan freut sich dann über den Erfolg seiner abgründigen Pläne. Menschen werden vom Laster verblendet, Leben wird mutwillig vernichtet, Unmäßigkeit und Ungerechtigkeiten aller Art und Größe nehmen in erschreckendem Maß zu. Das muss alle, die Gott fürchten, dazu veranlassen, Wege zu suchen, um diese Flut des Bösen einzudämmen.

Die Gerichte sind korrupt. Herrscher werden von Gewinnsucht und der Liebe zu sinnlichen Vergnügungen getrieben. Die Fähigkeiten vieler Menschen werden durch Unmäßigkeit beeinträchtigt, sodass Satan eine nahezu vollständige Herrschaft über sie ausüben kann. Juristen werden irregeleitet, bestochen, getäuscht. Es gibt Trunksucht, Prasserei, Leidenschaften, Neid, Verlogenheit jeglicher Art unter den Hütern des Gesetzes. »Das Recht ist zurückgewichen, und die Gerechtigkeit hat sich entfernt; denn die Wahrheit ist auf der Gasse zu Fall gekommen, und die Aufrichtigkeit findet keinen Eingang.« (Jesaja 59,14)

ZUKÜNFTIGE FOLGEN DER UNTREUE

Ungerechtigkeit und geistliche Finsternis zur Zeit der römischen Oberherrschaft waren die unausbleiblichen Folgen der Unterdrückung der Heiligen Schrift. Wo aber liegt die Ursache der weit verbreiteten Gottlosigkeit, der Verwerfung des göttlichen Gesetzes und des daraus folgenden Sittenverfalls bei gleichzeitig großer Erkenntnis des Evangeliums in einem Zeitalter religiöser Freiheit? Da Satan die Welt nicht länger unter Kontrolle halten kann, indem er ihr die Heilige Schrift vorenthält, benutzt er andere Mittel, um dasselbe Ziel zu erreichen. Den Glauben an die Bibel zu zerstören, hat dieselbe Wirkung wie die Vernichtung der Bibel selbst. Durch die verbreitete Auffassung, dass Gottes Gesetz nicht mehr bindend sei, kann er die Menschen genauso zur Gesetzesübertretung verführen, wie wenn sie überhaupt nichts über die Gebote wüssten. Wie in früheren Zeiten wirkt er auch heute durch die Kirche, um seine Ziele zu erreichen. Die heutigen religiösen Organisationen beachten die unpopulären Wahrheiten, die in der Bibel doch so deutlich gelehrt werden, nicht mehr. Um diese zu bekämpfen, griffen sie zu Interpretationen und nahmen Positionen ein, welche den Samen des Unglaubens aufblühen ließen. Sie klammerten sich an den päpstlichen Irrtum von der natürlichen Unsterblichkeit des Menschen und daran, dass der Mensch im Tod ein Bewusstsein habe. Damit verloren sie den einzigen Schutz vor den Täuschungen des Spiritismus. Die Lehre von der ewigen Höllenqual hat manche verleitet, der Bibel nicht mehr zu glauben. Und wenn man die Menschen auf das vierte Gebot aufmerksam macht, erkennen sie, dass die Einhaltung des Sabbats verpflichtend wäre. Um sich nun aber von dieser Pflicht zu befreien, die sie nicht erfüllen möchten, erklären viele volkstümliche Prediger, das Gesetz Gottes sei nicht länger verbindlich. So wird das Gesetz zusammen mit dem Sabbat abgelehnt. Während sich das Werk der Sabbatreform ausdehnt, wird es weltweit zur Ablehnung des göttlichen Gesetzes kommen, um die Einhaltung des vierten Gebots zu umgehen. Die Lehren der religiösen Führer haben dem Unglauben, dem Spiritismus und der Verachtung von Gottes heiligem Gesetz Tür und Tor geöffnet. Diese Männer tragen eine schreckliche Verantwortung für die Gottlosigkeit, die in der Christenheit vorherrscht.

Doch gerade diese Leute behaupten, dass der schnell überhandnehmende Sittenverfall hauptsächlich durch die Entweihung des so genannten »christlichen Sabbats« hervorgerufen würde und die Durchsetzung der Sonntagsheiligung die Sitten des Volks sehr verbessern würde. Diese Behauptung wird besonders in Amerika erhoben, wo die Lehre vom wahren Sabbat schon an vielen Orten verkündigt wurde. Hier wird der Aufruf zur

Mäßigkeit, eine der bedeutendsten und wichtigsten sittlichen Reformen, oft mit der Sonntagsbewegung in Verbindung gebracht. Die Anhänger dieser Bewegung stellen sich als Förderer des höchsten Wohls der Gesellschaft hin, und wer sich weigert, mit ihnen zusammenzuarbeiten, wird als Feind der Mäßigkeit und Reform verschrien. Wenn sich eine Bewegung, die Irrtum verkündigt, mit einem Werk verbindet, das an sich gut ist, spricht dies nicht zugunsten des Irrtums. Man kann Gift mit gesunder Nahrung vermischen und dadurch heimlich verabreichen, trotzdem ändert sich seine Wirkung nicht. Es ist eher noch gefährlicher, da es unerkannt bleibt. Einer der Tricks Satans ist es, gerade so viel Wahrheit mit Lüge zu vermischen, dass die Lüge glaubwürdig erscheint. Die Führer der Sonntagsbewegung mögen Reformen vorantreiben, die für das Volk notwendig sind und mit biblischen Prinzipien übereinstimmen, doch können sich Gottes Diener ihnen nicht anschließen, weil zumindest eine Forderung damit verbunden ist, die dem Gesetz Gottes entgegensteht. Nichts kann die Beseitigung von Gottes Geboten zugunsten menschlicher Satzungen rechtfertigen.

Durch die beiden großen Irrtümer, die Unsterblichkeit der Seele und die Sonntagsheiligung, will Satan seinen Betrug unter das Volk bringen. Der eine Irrtum legt die Grundlage für den Spiritismus, während der andere ein Band der Übereinstimmung mit Rom schafft. Die Protestanten der Vereinigten Staaten werden die Ersten sein, die dem Spiritismus über den Abgrund hinweg die Hand reichen, und sie werden auch über die andere Kluft hinweg der römischen Macht die Hand geben. Unter dem Einfluss dieser dreifachen Vereinigung wird jenes Land den Fußspuren Roms folgen und die Rechte des Gewissens mit Füßen treten.

Da der Spiritismus das Namenschristentum von heute immer geschickter nachahmt, besitzt er eine größere Macht zur Täuschung und Verführung. Satan selbst hat sich zu dieser neuen Ordnung bekehrt und erscheint als Engel des Lichts. Mit Hilfe des Spiritismus wird er Wunder wirken, Kranke heilen und unbestreitbar große Taten vollbringen. Da die Geister vorgeben, an die Bibel zu glauben, und Achtung vor den Institutionen der Kirche bekunden, wird ihre Arbeit als Offenbarung göttlicher Macht angesehen.

Die Trennungslinie zwischen Gottlosen und Namenschristen ist heute kaum erkennbar. Kirchenmitglieder lieben, was die Welt liebt, und sie sind bereit, sich mit ihr zu vereinigen. Satan ist entschlossen, sie zu einer Gesellschaft zu vereinen, um seine Sache dadurch zu stärken und alle in die Reihen des Spiritismus zu treiben. Anhänger des Papsttums, die behaupten, dass Wunder Zeichen der wahren Kirche seien, werden durch diese Wunder wirkende Macht am leichtesten getäuscht, und Protestanten, die den Schild der Wahrheit weggeworfen haben, werden ebenso getäuscht. Katholiken, Protestanten und Weltmenschen nehmen alle den Schein der Frömmigkeit ohne deren Kraft an und werden in dieser Verbindung eine bedeutende Bewegung zur Bekehrung der Welt und zur Errichtung des lang erwarteten Millenniums sehen.

KRIEG UND KATASTROPHEN

Durch den Spiritismus erscheint Satan als Wohltäter der Menschheit, heilt Krankheiten der Menschen und gibt vor, eine neue und höher stehende Religion einzuführen. Gleichzeitig wirkt er aber als Zerstörer. Durch seine Versuchungen führt er die Massen ins Verderben. Unmäßigkeit schaltet die Vernunft aus. Sinnliche Begierden, Streit und Blutvergießen sind die Folgen. Satan hat Freude am Krieg, da dieser die niedrigsten Triebe des Menschen weckt, seine Opfer in Laster und Blut ertränkt und sie wegfegt in die ewige Verlorenheit. Sein Ziel ist es, die Völker gegeneinander in den Krieg zu hetzen, denn so kann er die Menschen davon abhalten, sich auf den Tag des Herrn vorzubereiten.

Satan wirkt auch durch die Naturelemente, um unvorbereitete Menschen – bildhaft gesprochen – als seine Ernte einzubringen. Er hat die Geheimnisse der Naturabläufe erkundet und bietet seine ganze Macht auf, um die Naturgewalten zu beherrschen, soweit es Gott zulässt. Als ihm erlaubt wurde, Hiob zu peinigen, waren Herden, Knechte, Häuser, Kinder im Nu hinweggerafft, und ein Unglück folgte dem anderen. Gott beschützt seine Geschöpfe und bewahrt sie vor der Macht des Verderbers. Doch das entartete Christentum verachtet das Gesetz Jahwes, und der Herr wird genau das tun, was er angekündigt hat: Er wird seinen Segen von der Erde wegnehmen und all jenen seinen Schutz entziehen, die sich gegen sein Gesetz und seine Lehren auflehnen und andere zwingen, dasselbe zu tun. Satan hat die Kontrolle über alle, die Gott nicht speziell schützt. Er begünstigt manche und schenkt ihnen Wohlstand, um seine eigenen Absichten zu fördern. Andere führt er in Schwierigkeiten und lässt sie glauben, dass Gott sie peinigt.

Während Satan sich als großer Arzt ausgibt, der sämtliche Krankheiten heilen kann, bringt er Gebrechen und Unheil über die Menschen, bis große Städte in Trümmerfelder und Einöden verwandelt sind. Immer ist er am Werk. Bei Unfällen und Katastrophen zu Wasser und zu Land, bei großen Feuersbrünsten, bei heftigen Wirbel- und Hagelstürmen, bei Orkanen, Überschwemmungen und Sturmfluten, Flutwellen und Erdbeben – überall übt Satan in tausenderlei Gestalt seine Macht aus. Er vernichtet die reifende Ernte und lässt Hungersnot und Elend folgen. Er verseucht die Luft, und Tausende kommen durch Seuchen um. Solche Heimsuchungen werden immer häufiger und unheilvoller. Das Verderben befällt Mensch und Tier. »Das Land verdorrt und verwelkt ... die Höchsten des Volks ... verschmachten. Die Erde ist entweiht von ihren Bewohnern; denn sie übertreten das Gesetz und ändern die Gebote und brechen den ewigen Bund.« (Jesaja 24,4.5)

Dann redet der große Betrüger den Menschen ein, dass diejenigen, die Gott dienen, solches Unheil verursachen. Die Gruppe, die den Aufstand im Himmel angezettelt hat, legt die jetzigen Probleme denen zur Last, deren Gehorsam gegenüber den Geboten den Übertretern ein beständiger Vorwurf ist. Man wird erklären, dass Menschen Gott durch Missachtung der Sonntagsfeier beleidigen und dass diese Sünde die Katastrophen herbeigeführt hätte. Die Probleme würden nicht eher aufhören, bis die Sonntagsfeier konsequent eingeführt sei. Diejenigen, die das vierte Gebot hochhalten und dadurch der Sonntagsfeier die Achtung verweigern, werden als Unruhestifter bezeichnet, welche göttliches Wohlwollen und irdisches Wohlergehen verhindern. So werden die Anklagen gegen den Diener Gottes von einst mit den gleichen Argumenten wiederholt: »Und als Ahab Elia sah, sprach Ahab zu ihm: Bist du nun da, der Israel ins Unglück stürzt? Er aber sprach: Nicht ich stürze Israel ins Unglück, sondern du und deines Vaters Haus dadurch, dass ihr des Herrn Gebote verlassen habt und wandelt den Baalen nach.« (1. Könige 18,17.18) Wenn der Zorn der Menschen durch falsche Anschuldigungen erregt wird, werden sie mit den Boten Gottes auf ähnliche Art verfahren wie das abtrünnige Israel mit Elia.

DIE TAKTIK BLEIBT UNVERÄNDERT

Die Wunder wirkende Macht, die sich im Spiritismus offenbart, wird ihren Einfluss gegen all jene ausüben, die Gott mehr gehorchen wollen als den Menschen. In Mitteilungen werden Geister erklären, dass Gott sie zu den Sonntagsübertretern gesandt habe, um diesen ihren Irrtum zu erklären und sie zu überzeugen, dass die Landesgesetze als Gesetze Gottes geachtet werden müssten. Sie werden sich über die große Bosheit der Welt beklagen und Zeugnisse religiöser Lehrer unterstützen, dass die gesunkene Moral auf die Entheiligung des Sonntags zurückzuführen sei. Groß wird ihre Entrüstung über jene sein, die dieses Zeugnis ablehnen.

Satans Taktik in diesem letzten Konflikt gegen das Volk Gottes ist dieselbe wie zu Beginn des großen Kampfes im Himmel. Er gab vor, die göttliche

Regierung festigen zu wollen, während er heimlich ihren Sturz plante. Die Taten, die er auszuführen gedachte, legte er den treuen Engeln zur Last. Dieselbe Taktik der Verführung kennzeichnet die Geschichte der römischen Kirche. Sie gab vor, als Stellvertreterin des Himmels zu arbeiten, während sie versuchte, sich über Gott zu setzen und sein Gesetz zu ändern. Unter der Herrschaft Roms bezahlten Menschen ihre Treue zum Evangelium mit dem Tod und wurden als Übeltäter gebrandmarkt. Man beschuldigte sie, mit Satan im Bunde zu sein, und jedes nur mögliche Mittel wurde benutzt, um sie mit Schande zu bedecken und in den Augen des Volks und vor sich selbst als gemeinste Verbrecher erscheinen zu lassen. So wird es auch jetzt sein. Während Satan versucht, jene zu vernichten, die Gottes Gebote halten, wird er sie als Gesetzesbrecher anklagen, als solche, die Gott entehren und Gericht über die Welt bringen.

Gott zwingt nie das Gewissen oder den Willen. Satan benutzt hingegen immer Zwang und Grausamkeit, wenn er Menschen beherrschen will, die er sonst nicht verführen kann. Durch Angst und Zwang ist er bestrebt, das menschliche Gewissen zu beherrschen und Anerkennung für sich zu gewinnen. Um dies zu erreichen, wirkt er durch kirchliche wie weltliche Behörden und beeinflusst sie, menschliche Gesetze durchzusetzen, um dem Gesetz Gottes zu trotzen.

Wer den biblischen Sabbat hält, wird als Feind von Gesetz und Recht, Zerstörer der sittlichen Ordnung, Wegbereiter von Anarchie und Korruption angeklagt, der die Strafgerichte Gottes über die Erde bringt. Die Bedenken ihres Gewissens werden als Eigensinn, Verbohrtheit, Geringschätzung der Obrigkeit und Feindschaft gegen die Staatsmacht bezeichnet. Sie werden beschuldigt, die Regierung zu missachten. Prediger, welche die Verbindlichkeit des göttlichen Gesetzes leugnen, werden von der Kanzel zur Pflicht aufrufen, den zivilen Behörden als von Gott eingesetzt Gehorsam zu leisten. In gesetzgebenden Versammlungen und an Gerichten werden Menschen, die die göttlichen Gesetze beachten, verleumdet und verurteilt. Man wird ihre Worte falsch deuten und ihren Taten die niedrigsten Beweggründe unterstellen.

Wenn die protestantischen Kirchen die klaren biblischen Argumente verwerfen, die das göttliche Gesetz verteidigen, werden sie versuchen, jene zum Schweigen zu bringen, deren Glauben sie mit biblischer Argumentation nicht überwinden können. Weil sie ihre Augen vor den Tatsachen verschließen, schlagen sie jetzt den Weg der Verfolgung jener ein, die sich gewissenhaft weigern, das zu tun, was die übrige Christenheit tut, nämlich den falschen Ruhetag des Papsttums anzuerkennen.

Kirchliche und staatliche Würdenträger werden sich zusammentun und Menschen bestechen, überreden oder zwingen, den Sonntag zu heiligen. Das Fehlen der göttlichen Autorität wird durch Gewalt ersetzt. Politische Korruption wird die Liebe zur Gerechtigkeit und die Achtung vor der Wahrheit zerstören. Selbst im freien Amerika werden Herrschende und Gesetzgeber dem öffentlichen Druck nach Einführung einer allgemeinen Sonntagsheiligung nachgeben, um sich das Wohlwollen der Öffentlichkeit zu sichern. Die Gewissensfreiheit, die so große Opfer gekostet hat, wird nicht mehr beachtet werden. Im bald kommenden Konflikt werden sich die Worte des Propheten erfüllen: »Und der Drache wurde zornig über die Frau und ging hin, zu kämpfen gegen die Übrigen von ihrem Geschlecht, die Gottes Gebote halten und haben das Zeugnis Jesu.« (Offenbarung 12,17)

KAPITEL 37

STANDHAFT DURCH GOTTES WORT

»Hin zur Weisung und hin zur Offenbarung! Werden sie das nicht sagen, so wird ihnen kein Morgenrot scheinen.« (Jesaja 8,20) Menschen, die zu Gott gehören, werden zur Heiligen Schrift geführt. Sie ist ihr Schutz vor dem Einfluss falscher Lehrer und vor der trügerischen Macht der Geister der Finsternis. Satan ist jedes Hilfsmittel recht, um Menschen davon abzuhalten, Bibelerkenntnis zu erwerben, denn ihre eindeutigen Aussagen offenbaren seine Täuschungen. Bei jeder Erweckung, die von Gott ins Leben gerufen wird, steigert der Fürst des Bösen seine Betriebsamkeit. Nun setzt er seine äußersten Kräfte zum letzten Gefecht gegen Christus und seine Nachfolger ein. Der letzte große Betrug wird bald offenbar werden. Der Antichrist wird seine großartigen Taten vor unseren Augen ausführen. Die Fälschung wird dem Echten so ähnlich sein, dass eine Unterscheidung nur durch die Heilige Schrift möglich ist. Jede Auslegung und jedes Wunder muss an ihren Aussagen geprüft werden.

»SO SPRICHT DER HERR«

Diejenigen, die sich bemühen, allen Geboten Gottes zu gehorchen, werden angefeindet und ausgelacht werden. Sie können sich nur mit der Hilfe Gottes behaupten. Um die vor ihnen liegende Prüfung bestehen zu können, müssen sie den Willen Gottes verstehen, wie er in seinem Wort offenbart ist. Nur jene Menschen werden Gott die Ehre geben können, die eine richtige Vorstellung von seinem Wesen, seiner Regierung und seinen Absichten haben und auch dementsprechend handeln. Nur wer seinen Geist mit den Wahrheiten der Bibel gestärkt hat, wird in der letzten großen Auseinandersetzung standhaft bleiben. Jeder Mensch muss sich der Frage stellen: »Soll ich Gott mehr gehorchen als den Menschen?« (Apostelgeschichte 5,29) Die Stunde der Entscheidung ist greifbar nahe. Stehen wir mit beiden Beinen auf dem Felsen von Gottes unveränderlichem Wort? Sind wir darauf vorbereitet, für die Gebote Gottes und den Glauben Jesu eine klare Haltung einzunehmen?

Vor seiner Kreuzigung erklärte Christus seinen Jüngern, dass er getötet werden müsse und danach aus dem Grab auferstehen würde. Engel würden anwesend sein, um seine Worte ihrem Geist und ihren Herzen einzuprägen. Doch die Jünger erwarteten eine irdische Befreiung vom römischen Joch; sie konnten den Gedanken nicht ertragen, dass derjenige, der der Mittelpunkt ihrer Hoffnung war, einen schmachvollen Tod erleiden sollte. Die Worte, an die sie sich erinnern sollten, entschwanden ihrem Gedächtnis, und als die Zeit der Prüfung kam, waren sie unvorbereitet. Der Tod Jesu zerstörte ihre Hoffnungen so vollständig, als ob er sie nie vorgewarnt hätte. Uns wird die Zukunft in den Prophezeiungen ebenso deutlich erhellt, wie dies die Worte Christi an die Jünger taten. Die Ereignisse am Ende der Gnadenzeit und die Vorbereitung auf die Zeit der Trübsal werden uns deutlich vor Augen geführt. Dennoch hat die große Mehrheit kein klares Verständnis von diesen wichtigen Wahrheiten. Es macht den Eindruck, als wären sie nie offenbart worden. Satan achtet darauf, von den Menschen alles fernzuhalten, was ihnen Erkenntnis über die Erlösung geben könnte. So gehen sie unvorbereitet in die trübselige Zeit.

Die Warnungen, die Gott den Menschen sendet, sind so wichtig, dass der Prophet ihre Übermittlung durch heilige Engel darstellt, die mitten durch den Himmel fliegen (vgl. Offenbarung 14). Er erwartet von jeder mit Vernunft begabten Person, dass sie diese Botschaft beachtet. Die schrecklichen Strafgerichte, die über die Anbetung des Tieres und seines Bildes ausgesprochen werden (Offenbarung 14,9-11), sollten alle zu fleißigem Studium dieser Prophezeiungen anspornen, um zu erkennen, was das Malzeichen des Tieres ist und wie vermieden werden kann, es anzunehmen. Aber die große Mehrheit der Menschen verschließt ihre Ohren vor der Wahrheit und wendet sich erfundenen Geschichten zu. Der Apostel Paulus blickte auf die letzten Tage und schrieb: »Es wird eine Zeit kommen, da sie die heilsame Lehre nicht ertragen werden.« (2. Timotheus 4,3.4) Diese Zeit ist jetzt da. Die Mehrheit der Menschen hört die biblische Wahrheit nicht gerne, weil sie sich mit den Wünschen eines sündigen, weltliebenden Herzens nicht verträgt. Satan dagegen blendet sie mit Trugbildern, die sie lieben.

Aber Gott wird eine Gruppe von Menschen auf dieser Welt haben, die sich einzig und allein an die Bibel als Norm für jede Glaubenslehre und als Grundlage für jede Erneuerung hält. Weder die Meinungen von Gelehrten, die Schlussfolgerungen der Wissenschaft oder Glaubensbekenntnisse und

Beschlüsse von Kirchenversammlungen – zahlreich und uneins wie die Kirchen, die sie vertreten – noch die Stimme der Mehrheit, sollten allein oder gemeinsam als Beweis für oder gegen irgendeinen Glaubenspunkt betrachtet werden. Bevor eine Glaubenslehre oder ein Grundsatz angenommen werden kann, sollten wir ein deutliches »So spricht der Herr« zur Begründung verlangen.

GLAUBE UND EIGENVERANTWORTUNG

Satan ist stets darum bemüht, unsere Aufmerksamkeit auf Menschen statt auf Gott zu lenken. Er verleitet die Menschen dazu, sich von Bischöfen, Pastoren und Theologieprofessoren führen zu lassen, anstatt die Heilige Schrift zu erforschen und ihre Aufgaben selbstständig kennen zu lernen. Wenn Satan dann die Gedanken dieser Leiter steuert, kann er die Massen nach seinem Willen beeinflussen.

Als Christus kam, um Worte des Lebens zu verkünden, hörte ihm das gewöhnliche Volk mit Freude zu, und viele, sogar von den Priestern und Obersten, glaubten an ihn. Aber der Hohepriester und die Oberen waren entschlossen, seine Lehren zu verdammen und abzulehnen. Obwohl es ihnen misslang, Anklagepunkte gegen Jesus zu finden, und sie sich dem Einfluss seiner göttlichen Macht und Weisheit, die seine Worte begleiteten, nicht entziehen konnten, verschanzten sie sich hinter ihren Vorurteilen. Sie wiesen die klarsten Belege für seine Messianität zurück, um ja nicht seine Jünger werden zu müssen. Diese Gegner Jesu wurden vom Volk hoch geehrt, denn von Kindheit an waren die Menschen so unterwiesen worden. Jedermann war gewohnt, sich ihrer Autorität vorbehaltlos zu beugen. »Wie kommt es«, fragten sie, »dass unsere Obersten und weisen Schriftgelehrten nicht an Jesus glauben? Würden diese frommen Männer ihn nicht annehmen, falls er Christus wäre?« Der Einfluss solcher Lehrer verleitete die jüdische Nation dazu, ihren Erlöser abzulehnen.

Bis heute zeigt sich der Geist, der diese Priester antrieb, bei vielen, die ihre Frömmigkeit groß herausstreichen. Sie weigern sich, das Zeugnis der Heiligen Schrift über die besonderen Wahrheiten für unsere Zeit zu prüfen. Sie verweisen auf ihre vielen Anhänger, ihren Reichtum und ihre Popularität. Verächtlich blicken sie auf die Vertreter der Wahrheit herab, die nur eine kleine, arme und unpopuläre Gruppe bilden, und zudem noch einen weltfremden Glauben haben.

Christus sah voraus, dass der unangemessene Machtanspruch der Pharisäer und Schriftgelehrten mit der Zerstreuung der Juden nicht aufhören würde. In prophetischer Sicht sah er das Werk überheblicher menschlicher Autorität zur Beherrschung des Gewissens voraus, das für die Kirche zu allen Zeiten ein schrecklicher Fluch war. Seine furchtbaren Anklagen gegen die Schriftgelehrten und Pharisäer und seine Warnungen an das Volk, diesen blinden Führern nicht zu folgen, wurden als Mahnung für zukünftige Generationen aufgezeichnet.

Die römische Kirche behält das Recht der Schriftauslegung dem Klerus vor. Mit der Behauptung, allein die Geistlichkeit habe den Sachverstand, Gottes Wort zu erklären, hielt sie die Bibel lange von der Allgemeinheit fern.[78] Die Reformation hat wohl allen Menschen die Schrift gebracht, doch das Prinzip, das Rom vertrat, hindert noch heute viele in den protestantischen Kirchen daran, die Bibel für sich selbst zu studieren. Auch Protestanten werden unterwiesen, die Lehren so anzunehmen, wie die Kirche sie auslegt, und Tausende wagen es deshalb nicht, etwas anzunehmen, wie deutlich es auch in der Schrift offenbart ist, was im Gegensatz zu ihrem Glaubensbekenntnis oder den geltenden Lehren ihrer Kirche steht.

Obwohl die Bibel viele Warnungen vor falschen Lehrern enthält, überlassen doch viele die Sorge für ihr ewiges Heil der Geistlichkeit. Es gibt heute Tausende praktizierende Christen, die keinen anderen Grund für ihre Glaubensüberzeugung anführen können, als dass sie durch ihre religiösen Führer so unterrichtet wurden. Sie lassen die Lehren des Erlösers praktisch unbeachtet und haben blindes Vertrauen in die Worte ihrer Prediger. Aber sind diese unfehlbar? Wie können wir unser Heil ihrer Führung überlassen, solange wir nicht aus Gottes Wort erkannt haben, dass sie Träger des Lichts sind? Ein Mangel an Zivilcourage, die ausgetretenen Pfade der Welt zu verlassen, führt viele dazu, den Spuren gelehrter Männer zu folgen. Durch ihre Abneigung gegen selbstständiges Forschen werden sie hoffnungslos mit den Ketten des Irrtums gebunden. Sie sehen zwar, dass die Bibel die Wahrheiten für unsere Zeit klar hervorhebt, und fühlen die Macht des Heiligen Geistes, der die Wortverkündigung begleitet, lassen sich aber dennoch durch den Widerstand der Geistlichkeit vom Licht abbringen. Ihre Vernunft und ihr Gewissen sind zwar überzeugt, trotzdem wagen es diese irregeführten Menschen nicht, Überzeugungen zu vertreten, die von der Meinung des Predigers abweichen. Ihr eigenständiges Urteil, ihre ewigen Interessen werden dem Unglauben, dem Stolz und dem Vorurteil eines Anderen geopfert.

---

78 Siehe Glossar »Bibelverbote«, S. 653.

SELBSTSTÄNDIG DENKEN

Satan benutzt viele Wege, um seine Gefangenen durch menschlichen Einfluss zu halten. Er sichert sich ganze Scharen, indem er sie mit seidenen Banden der Zuneigung an solche bindet, die Feinde des Kreuzes Christi sind. Welche Art der Zuneigung es auch ist, ob zu Eltern, Kindern, Ehepartnern oder auch zur Gesellschaft, die Wirkung ist immer dieselbe. Die Gegner der Wahrheit üben Macht über das Gewissen aus, und die Menschen, die sie so in ihrer Gewalt haben, sind nicht mutig oder unabhängig genug, ihren eigenen Überzeugungen zu folgen.

Die Wahrheit und die Verehrung Gottes sind untrennbar. Es ist für uns nicht möglich, Gott mit irrigen Auffassungen zu ehren, während wir freien Zugang zur Bibel haben. Viele meinen, es komme nicht darauf an, was man glaube, wenn man nur rechtschaffen sei. Doch unser Leben wird durch den Glauben geprägt. Wenn sich Licht und Wahrheit in unserer Reichweite befinden und wir die Gelegenheit nicht nutzen, sie zu sehen und zu hören, kommt dies einer Ablehnung gleich. Wir ziehen so die Finsternis dem Licht vor.

»Manchem scheint ein Weg recht; aber zuletzt bringt er ihn zum Tode.« (Sprüche 16,25) Wenn es genügend Möglichkeiten gibt, den Willen Gottes kennen zu lernen, können Irrtum und Sünde nicht mit Unwissenheit entschuldigt werden. Wegweiser zeigen einem Wanderer an einer Weggabelung die verschiedenen Richtungen an. Schlägt er irgendeinen Weg ein, der ihm richtig erscheint, ohne auf sie zu achten, wird er höchstwahrscheinlich einen falschen Weg wählen – mag er dabei auch noch so aufrichtig sein.

Gott hat uns sein Wort gegeben, damit wir mit seinen Lehren vertraut werden und selbst wissen, was er von uns erwartet. Als der Schriftgelehrte mit der Frage zu Jesus kam: »Was muss ich tun, dass ich das ewige Leben ererbe?«, wies der Erlöser ihn auf die Schrift hin und sagte: »Was steht im Gesetz geschrieben? Was liest du?« (Lukas 10,25.26) Unwissenheit entschuldigt weder Jung noch Alt, noch befreit sie von Strafe für die Übertretung des Gesetzes Gottes, weil sich eine getreue Wiedergabe der Gebote, seiner Grundsätze und seiner Forderungen in ihren Händen befindet. Gute Absichten genügen nicht. Es genügt auch nicht, das zu tun, was ein Mensch für richtig hält oder was ein Prediger ihm gegenüber als richtig bezeichnet. Das Heil des Menschen steht auf dem Spiel, und er sollte selbst in der Schrift forschen. Wie stark seine Überzeugung auch immer sein mag und wie zuversichtlich er auch immer glaubt, dass sein Pfarrer die Wahrheit kennt: das ist noch kein sicheres Fundament. Er besitzt eine Karte, die alle Wegweiser auf der Reise zum Himmel enthält, daher muss er nirgends Mutmaßungen anstellen.

Es ist die höchste Pflicht eines jeden vernunftbegabten Wesens, aus der Heiligen Schrift zu lernen, was Wahrheit ist, in diesem Licht zu wandeln und andere zu ermutigen, dasselbe zu tun. Wir sollten täglich fleißig in der Bibel forschen, jeden Gedanken sorgfältig abwägen und Schrifttext mit Schrifttext vergleichen. Wir müssen uns mit Gottes Hilfe eine eigene Meinung bilden, denn wir haben vor Gott für uns selbst Rechenschaft abzulegen.

Die Wahrheiten, die in der Schrift so eindeutig offenbart sind, haben Gelehrte unter Vorspiegelung großer Weisheit in Zweifel und Dunkel gehüllt. Sie sei mystisch, geheimnisvoll und die verborgene geistliche Bedeutung in der verwendeten Sprache nicht offensichtlich. Diese Männer sind falsche Lehrer. Zu solchen Menschen sagt Jesus: »Ist's nicht so? Ihr irrt, weil ihr weder die Schrift kennt noch die Kraft Gottes.« (Markus 12,24) Die Ausdrücke der Bibel sollten nach ihrer offensichtlichen Bedeutung erklärt werden, es sei denn, es werden Symbole oder Bilder verwendet. Christus hat die Verheißung gegeben: »Wenn jemand dessen Willen tun will, wird er innewerden, ob diese Lehre von Gott ist.« (Johannes 7,17) Wenn die Menschen die Bibel einfach beim Wort nähmen und es keine falschen Lehrer gäbe, die ihren Geist täuschen und sie verwirren, dann könnte ein Werk vollbracht werden, das Engel glücklich machen und Abertausende, die jetzt im Irrtum leben, zur Herde Christi führen würde.

LERNBEREITSCHAFT

Wir sollten beim Schriftstudium all unsere Geisteskräfte einsetzen und den Verstand so gebrauchen, dass wir den Sinn der tiefen Wahrheiten Gottes ergründen können, soweit Sterbliche dazu in der Lage sind. Dabei dürfen wir nicht vergessen, dass kindliche Fügsamkeit und Unterordnung den wahren Geist des Lernens ausmachen. Schwierigkeiten in der Bibel können niemals mit denselben Methoden überwunden werden, wie sie bei der Lösung philosophischer Probleme eingesetzt werden. Das Bibelstudium sollten wir nicht mit derselben Eigenständigkeit angehen, mit der so viele das Feld der Wissenschaft betreten. Hier sind eine betende Abhängigkeit von Gott und der ehrliche Wunsch, seinen Willen kennen zu lernen, angemessen. Wir müssen mit einer demütigen und lernbereiten Einstellung zum großen ICH BIN kommen, um Erkenntnis von ihm zu erlangen. Andernfalls werden böse Engel unseren Verstand so vernebeln und unsere Herzen so verhärten, dass uns die Wahrheit nicht mehr beeindruckt.

Viele Abschnitte der Heiligen Schrift, die von Gelehrten als Geheimnis hingestellt oder als unwichtig übergangen werden, enthalten für den, der sich unterweisen lässt, großen Trost und wichtige Informationen. Ein Grund, warum viele Theologen kein klares Verständnis des Wortes Gottes haben, liegt darin, dass sie ihre Augen vor jenen Wahrheiten verschließen, die sie nicht ausleben wollen. Das Verständnis der Bibel hängt nicht so sehr von den intellektuellen Fähigkeiten ab, sondern viel mehr von der Zielstrebigkeit des Bemühens und dem ernsten Verlangen nach Rechtschaffenheit.

Die Bibel sollte nie ohne Gebet studiert werden. Der Heilige Geist allein kann uns das Verständnis für die Bedeutung der Aussagen schenken, die leicht zu verstehen sind, oder uns vom Verdrehen schwer verständlicher Wahrheiten abhalten. Der Dienst himmlischer Engel bereitet unsere Herzen auf das Verständnis des Wortes Gottes so vor, dass wir von seiner Schönheit überwältigt werden, empfänglich für Warnungen sind oder von seinen Verheißungen ermutigt und gestärkt werden. Wir sollten die Bitte des Psalmisten zu unserer eigenen machen: »Öffne mir die Augen, dass ich sehe die Wunder an deinem Gesetz.« (Psalm 119,18) Oft erscheinen Versuchungen unüberwindbar, weil wir uns wegen Vernachlässigung des Bibelstudiums und des Gebets nicht mehr sofort an die Verheißungen Gottes erinnern können und weil wir Satan nicht mit biblischen Waffen entgegentreten. Aber Engel umgeben die, die bereit sind, sich in göttlichen Dingen unterweisen zu lassen, und in Zeiten großer Not werden sie sie an jene Wahrheiten erinnern, die sie dann nötig haben. Wenn dann der Feind kommt »wie ein reißender Strom« (Jesaja 59,19), wird der Herr »sein Banner gegen ihn aufrichten«.

Jesus verhieß seinen Jüngern: »Aber der Tröster, der Heilige Geist, den mein Vater senden wird in meinem Namen, der wird euch alles lehren und euch an alles erinnern, was ich euch gesagt habe.« (Johannes 14,26) Aber erst müssen die Lehren Christi in unserem Gedächtnis gespeichert sein, damit der Heilige Geist sie uns in Zeiten der Gefahr in Erinnerung rufen kann. David sagte: »Ich behalte dein Wort in meinem Herzen, damit ich nicht wider dich sündige.« (Psalm 119,11)

Wer auf ewige Dinge Wert legt, sollte wachsam sein und nicht mit Kritik beginnen. Die Grundpfeiler der Wahrheit werden erschüttert werden. Es ist unmöglich, sich dem weit verbreiteten Einfluss von Sarkasmus und ausgeklügelten Scheinbeweisen gänzlich zu entziehen – den heimtückischen und gefährlichen Lehren des modernen Unglaubens. Satan passt seine Verführungen allen Klassen an. Er überfällt Ungebildete mit Spott oder Hohn, Gebildeten dagegen tritt er mit wissenschaftlichen Einwänden und philosophischen Argumenten entgegen, immer mit derselben Absicht, nämlich Misstrauen oder Geringschätzung gegen die Heilige Schrift zu wecken.

Sogar die unerfahrene Jugend maßt sich an, Zweifel gegenüber den grundlegenden Prinzipien des Christentums zu äußern. Dieser oberflächliche jugendliche Unglaube übt einen großen Einfluss aus. Viele werden dazu verleitet, über den Glauben ihrer Eltern zu scherzen und den Geist der Gnade zu verachten (vgl. Hebräer 10,29). Mancher, der zur Ehre Gottes und zu einem Segen für die Welt zu werden versprach, wurde durch den verderblichen Hauch des Unglaubens zu Fall gebracht. Alle Menschen, die den überheblichen Entscheidungen menschlicher Vernunft vertrauen und glauben, sie könnten göttliche Geheimnisse erklären und ohne die Weisheit Gottes zur Wahrheit gelangen, verstricken sich in den Schlingen Satans.

Wir leben in der dramatischsten Zeit der Weltgeschichte. Das Schicksal der jetzt lebenden Erdenbewohner steht kurz vor der Vollendung. Unser zukünftiges Wohlergehen sowie das Heil anderer Menschen hängen davon ab, welchen Weg wir jetzt einschlagen. Wir müssen durch den Geist der Wahrheit gelenkt werden. Jeder Nachfolger Christi sollte sich ernstlich fragen: »Herr, was soll ich tun?« (Apostelgeschichte 22,10) Wir müssen uns vor dem Herrn durch Beten und Fasten demütigen, viel über sein Wort und insbesondere über die Gerichtsszenen nachdenken. Wir müssen jetzt eine tiefe und lebendige Erfahrung in göttlichen Dingen suchen und dürfen keinen Moment verlieren. Um uns herum ereignen sich bedeutsame Dinge, und wir befinden uns in Satans Einflussbereich. Wächter Gottes, schlaft nicht ein! Der Feind lauert in der Nähe und ist jederzeit bereit, euch anzufallen und zu seiner Beute zu machen, solltet ihr schläfrig und matt werden.

TREU UND FEST

Viele sind über den wahren Zustand ihrer Beziehung zu Gott irregeführt worden. Sie schätzen sich glücklich, gewisse böse Taten nicht zu begehen, vergessen aber die guten und edlen Taten, die Gott von ihnen erwartet und die zu tun sie versäumt haben. Es reicht nicht aus, dass sie Bäume im Garten Gottes sind. Sie müssen seinen Erwartungen entsprechen und Früchte tragen. Gott macht sie verantwortlich für ihr Fehlverhalten, denn sie hätten durch seine stärkende Gnade viel Gutes vollbringen können. In die Bücher des Himmels werden sie als solche eingetragen, die das Land behindern. Doch selbst die Lage dieser Menschen ist nicht völlig hoffnungslos. Noch hat Gott in seiner langmütigen Liebe Geduld mit den Menschen, die seine Barmherzigkeit herabgewürdigt und seine Gnade missbraucht haben. »Darum heißt es: Wach auf, der du schläfst, und steh auf von den Toten, so wird dich Christus erleuchten. So seht nun sorgfältig darauf, wie ihr euer Leben führt ... und kauft die Zeit aus; denn es ist böse Zeit.« (Epheser 5,14-16)

Wenn die Zeit der Prüfung kommt, werden die deutlich zu erkennen sein, die Gottes Wort zu ihrer Lebensregel gemacht haben. Im Sommer besteht kein wahrnehmbarer Unterschied zwischen immergrünen Pflanzen und solchen, die ihre Blätter abwerfen, doch wenn der Winterwind kommt, bleiben immergrüne Pflanzen unverändert, während die anderen ihr Laub verlieren. Der Scheinchrist mag jetzt noch nicht vom echten Christen zu unterscheiden sein, doch die Zeit wird kommen, in der dieser Unterschied zutage tritt. Wenn Widerstand sich erhebt, wenn Fanatismus und Unduldsamkeit überhandnehmen und Verfolgungen wieder einsetzen, werden die Halbherzigen und Scheinheiligen dem Druck nachgeben und ihren Glauben aufgeben, doch der wahre Christ wird wie ein Fels dastehen und einen stärkeren Glauben und eine größere Hoffnung besitzen als in den Tagen des Wohlergehens.

»Über deine Mahnungen sinne ich nach. ... Dein Wort macht mich klug; darum hasse ich alle falschen Wege.« (Psalm 119,99.104) »Wohl dem Menschen, der Weisheit erlangt, und dem Menschen, der Einsicht gewinnt!« (Sprüche 3,13) »Der ist wie ein Baum, am Wasser gepflanzt, der seine Wurzeln zum Bach hin streckt. Denn obgleich die Hitze kommt, fürchtet er sich doch nicht, sondern seine Blätter bleiben grün; und er sorgt sich nicht, wenn ein dürres Jahr kommt, sondern bringt ohne Aufhören Früchte.« (Jeremia 17,8)

KAPITEL 38

DIE LETZTE WARNUNG

»Danach sah ich einen andern Engel herniederfahren vom Himmel, der hatte große Macht, und die Erde wurde erleuchtet von seinem Glanz. Und er rief mit mächtiger Stimme: Sie ist gefallen, sie ist gefallen, Babylon, die Große, und ist eine Behausung der Teufel geworden und ein Gefängnis aller unreinen Geister und ein Gefängnis aller unreinen Vögel und ein Gefängnis aller unreinen und verhassten Tiere. ... Und ich hörte eine andre Stimme vom Himmel, die sprach: Geht hinaus aus ihr, mein Volk, dass ihr nicht teilhabt an ihren Sünden und nichts empfangt von ihren Plagen!« (Offenbarung 18,1.2.4)

Dieser Schriftabschnitt weist voraus auf eine Zeit, in welcher die Ankündigung von Babylons Fall, wie schon durch den zweiten Engel von Offenbarung 14,8 vorgestellt, wiederholt wird. Zusätzlich erwähnt er die Verderbnisse, die in die verschiedenen Gemeinschaften eingedrungen sind, aus denen Babylon besteht, seitdem die Botschaft im Sommer 1844 zum ersten Mal verkündigt wurde. Hier wird ein schrecklicher Zustand in der religiösen Welt beschrieben. Mit jeder Ablehnung einer Wahrheit verfinstert sich das Gewissen der Menschen mehr und mehr, ihre Herzen werden noch widerspenstiger, bis sie keck in ihrem Unglauben verharren. Trotz der Warnung, die Gott an sie gerichtet hat, treten sie weiterhin eines der Zehn Gebote mit Füßen, bis sie diejenigen verfolgen, die es heilig halten. Christus selbst wird durch die Geringschätzung, die seinem Wort und seinem Volk entgegengebracht wird, verachtet. Sobald die Lehren des Spiritismus von den Kirchen angenommen werden, fallen die Schranken, die dem natürlichen Herzen auferlegt sind. Dann wird das Glaubensbekenntnis zu einem Deckmantel für die entwürdigendsten Sünden. Der Glaube an spiritistische Erscheinungen öffnet verführerischen Geistern und Lehren der Teufel die Tür, wodurch der Einfluss böser Engel in den Kirchen spürbar wird.

Von Babylon wird uns über die Zeit, die die Prophetie beschrieben, gesagt: »Ihre Sünden reichen bis in den Himmel, und Gott denkt an ihren

Frevel.« (Offenbarung 18,5) Das Maß der Sünde dieser Stadt ist voll, und das Verderben wird schnell über sie kommen. Aber Gott hat noch ein Volk in Babylon, und ehe seine Strafgerichte hereinbrechen, müssen die Treuen herausgerufen werden, »dass ihr nicht teilhabt an ihren Sünden und nichts empfangt von den Plagen« (Offenbarung 18,9). Deshalb wird auch die Bewegung durch einen Engel symbolisiert, der vom Himmel herabkommt, die Erde mit seiner Herrlichkeit erleuchtet und mit lauter Stimme die Sünden Babylons bekannt macht. In Verbindung mit dieser Botschaft erklingt dann der Ruf: »Geht hinaus aus ihr, mein Volk!« (Offenbarung 18,4) Diese Ankündigungen sind zusammen mit der Botschaft des dritten Engels die letzte Warnung an die Bewohner der Erde.

DER SABBAT UND DIE LETZTEN TREUEPRÜFUNGEN

Die Welt geht einer schrecklichen Auseinandersetzung entgegen. Die Weltmächte vereinigen sich in ihrem Kampf gegen Gottes Gebote und verfügen, dass »die Kleinen und Großen, die Reichen und Armen, die Freien und Sklaven« (Offenbarung 13,16) durch die Feier des falschen Sabbats die Gebräuche der Kirche annehmen. Wer dieser Forderung nicht nachkommt, hat mit strafrechtlicher Verfolgung zu rechnen und riskiert zuletzt die Todesstrafe. Andererseits verlangt das Gesetz Gottes die Einhaltung des Gedenktages der Schöpfung und bedroht die Übertreter mit dem Zorn Gottes.

Wem immer diese Auseinandersetzung klar vor Augen geführt worden ist, und wer dennoch das Gesetz Gottes mit Füßen tritt, um einer menschlichen Verordnung zu gehorchen, empfängt das Malzeichen des Tieres. Er nimmt das Gefolgschaftszeichen dieser Macht an und hat sich entschieden, ihr anstatt Gott zu gehorchen. Die Warnung vom Himmel lautet: »Wenn jemand das Tier anbetet und sein Bild und nimmt das Zeichen an seine Stirn oder an seine Hand, der wird von dem Wein des Zornes Gottes trinken, der unvermischt eingeschenkt ist in den Kelch seines Zorns.« (Offenbarung 14, 9.10)

Aber kein einziger Mensch wird Gottes Zorn erleiden müssen, bevor nicht die Wahrheit seinem Verstand und seinem Gewissen nahe gebracht wurde und er diese abgelehnt hat. Viele hatten nie Gelegenheit, die besonderen Wahrheiten für diese Zeit zu hören. Ihnen wurde die Verbindlichkeit des vierten Gebots nie im wahren Licht gezeigt. Der Herr jedoch, der in allen Herzen liest und jeden Beweggrund kennt, wird keinen Wahrheitssuchenden über den Ausgang der Auseinandersetzung im Unklaren lassen.

Der Erlass wird dem Volk nicht blindlings aufgenötigt. Jeder wird genügend Licht erhalten, um eine weise Entscheidung treffen zu können.

Der Sabbat wird der große Prüfstein der Treue sein, denn dieser Wahrheitspunkt ist besonders umstritten. Wenn die letzte Prüfung über die Menschheit kommt, wird eine klare Trennungslinie gezogen werden können zwischen denen, die Gott dienen, und denen, die dies nicht tun. Die Beachtung des falschen Sabbats in Übereinstimmung mit den Landesgesetzen, die dem vierten Gebot widerspricht, ist ein offenes Bekenntnis zu der Macht, die gegen Gott aufbegehrt, während das Halten des wahren Sabbats ein Zeichen der Treue zum Schöpfer ist. Die einen unterwerfen sich irdischen Mächten und nehmen das Malzeichen des Tieres an, die anderen wählen das Zeichen der Treue zur göttlichen Autorität und empfangen das Siegel Gottes.

Die Verkündiger der dritten Engelsbotschaft wurden früher oft der Schwarzmalerei bezichtigt. Ihre Vorhersagen, dass religiöse Unduldsamkeit in den Vereinigten Staaten zunehmen werde, Kirche und Staat sich vereinen und diejenigen verfolgt würden, die Gottes Gebote halten, wurden als grundlos und unsinnig bezeichnet. Man glaubte zuversichtlich, dieses Land könne nicht anders werden, als es seit Beginn war, nämlich ein Verteidiger der Religionsfreiheit. Überall wird aber heftig über die Durchsetzung einer Sonntagsgesetzgebung diskutiert, und das Ereignis, das eigentlich nie ernst genommen wurde, sieht man nun herannahen. Die dritte Engelsbotschaft wird eine Wirkung zeigen, wie dies zuvor noch nicht möglich gewesen ist.

Zu jeder Zeit hat Gott seine Diener ausgesandt, um Sünde in der Welt wie auch in der Kirche zu tadeln. Das Volk hört gerne sanfte Reden, und die reine, ungeschminkte Wahrheit ist unbeliebt. Viele Reformatoren entschieden sich zu Beginn ihres Dienstes, große Vorsicht walten zu lassen, wenn sie gegen die Sünden in ihrer Kirche und in ihrem Land vorgingen. Mit dem Vorbild eines reinen christlichen Lebens hofften sie, Menschen zu den Lehren der Schrift zurückzuführen. Aber der Geist Gottes kam über sie, wie er einst über Elia gekommen war und ihn dazu bewegt hatte, die Sünden eines bösen Königs und eines abgefallenen Volkes zu rügen. Sie konnten nicht anders, als die deutlichen Aussagen der Bibel zu predigen und zwar auch jene Lehren, die sie bisher nur zögerlich dargelegt hatten. Sie wurden dazu gedrängt, die Wahrheit und die Gefahr, die den Menschen drohte, mit Eifer zu verkünden. Ohne Furcht vor den Folgen machten sie die Worte, die ihnen der Herr mitgeteilt hatte, bekannt, sodass das Volk gezwungen war, die Warnung zu hören.

So wird auch die dritte Engelsbotschaft gepredigt werden. Wenn die Zeit da ist und ihr Inhalt mit größter Kraft verkündigt werden muss, wird der Herr durch demütige Menschen wirken und die Gedanken derjenigen leiten, die sich seinem Dienst weihen. Die Mitarbeiter werden viel mehr durch die Salbung des Heiligen Geistes befähigt als durch Lehrinstitute. Menschen des Glaubens und des Gebets werden gedrängt, mit heiligem Eifer hinauszugehen und die Worte zu verkünden, die Gott ihnen anvertraut hat. Die Sünden Babylons werden offengelegt. Die schlimmen Folgen der durch den Staat erzwungenen Beachtung kirchlicher Bestimmungen, das Vordringen des Spiritismus, die schleichende Zunahme der päpstlichen Macht, das alles wird entlarvt werden. Diese ernsten Warnungen werden das Volk aufrütteln. Abertausende werden Worte hören, die noch nie an ihr Ohr gedrungen sind. Mit Verwunderung werden sie vernehmen, dass Babylon die Kirche ist, die wegen ihrer Irrtümer und Sünden gefallen ist, weil sie die Wahrheit ablehnte, die ihr vom Himmel gesandt wurde. Wenn sich das Volk dann an seine früheren Lehrer wendet und diese eindringlich fragt, ob die Dinge sich wirklich so zugetragen hätten, werden die Prediger ihnen Fabeln erzählen und beruhigende Dinge vorhersagen, um ihre Befürchtungen zu besänftigen und ihr erwachtes Gewissen zu beruhigen. Da sich aber viele nicht durch bloße menschliche Aussagen abspeisen lassen und ein klares »So spricht der Herr« verlangen, werden die volkstümlichen Prediger wie einst die Pharisäer in Zorn geraten, weil ihre Autorität in Frage gestellt wird. Sie werden die Botschaft als satanisch verleumden und Massen, die der Sünde verfallen sind, aufwiegeln, um die zu verfolgen, die die Botschaft verkündigen.

Sobald sich der Kampf auf neue Gebiete ausdehnt und sich das Volk auf Gottes unterdrücktes Gesetz besinnt, gerät Satan in Aufruhr. Die Kraft, die von der Heilsbotschaft ausgeht, irritiert nur die, die ihr widerstehen. Die Geistlichen werden fast übermenschliche Anstrengungen unternehmen, um das Licht zurückzuhalten, damit es nicht auf ihre Herden scheint. Mit allen ihnen zur Verfügung stehenden Mitteln werden sie versuchen, eine Diskussion über solch lebenswichtige Fragen zu unterdrücken. Die Kirche wendet sich an den starken Arm der Staatsgewalt, und Papsttreue und Protestanten werden dies gemeinsam tun. Wenn die Bewegung zur Durchsetzung der Sonntagsfeier mutiger und entschlossener auftritt, wird man gegen diejenigen, die Gottes Gebote halten, diskriminierende Gesetze erlassen. Man wird sie mit Geldstrafen und Gefängnis bedrohen, oder es werden ihnen als Anreiz zur Aufgabe ihres Glaubens einflussreiche Stellungen oder andere Belohnungen und Vorteile angeboten. Doch ihre standhafte Antwort wird sein: »Beweist uns unseren Irrtum aus dem Wort Gottes« – genauso wie sich Luther unter ähnlichen Umständen verteidigte. Diejenigen, die man vor ein Gericht führt, werden die Wahrheit kraftvoll verteidigen, sodass etliche, die ihnen zuhören, sich entschließen werden, alle Gebote Gottes zu halten. Auf diese Weise wird Licht zu Tausenden gebracht, die sonst nichts über diese Wahrheiten erfahren hätten.

MITLÄUFER UND STANDHAFTE

Gewissenhafter Gehorsam gegenüber dem Wort Gottes wird als Rebellion behandelt werden. Satan wird Eltern so verblenden, dass sie ihre gläubigen Kinder hart bestrafen. Vorgesetzte werden den Mitarbeiter unterdrücken, der Gottes Gebote hält. Die Liebe wird erkalten, Kinder werden enterbt und aus dem Haus getrieben. Die Worte des Paulus werden sich buchstäblich erfüllen: »Alle, die fromm leben wollen in Christus Jesus, müssen Verfolgung leiden.« (2. Timotheus 3,12) Weil sich die Verteidiger der Wahrheit weigern, den Sonntag zu heiligen, werden einige von ihnen ins Gefängnis geworfen, andere verbannt, wieder andere wie Rechtlose behandelt werden. Für die menschliche Vernunft erscheint dies heute alles unmöglich. Doch sobald der bändigende Geist Gottes von den Menschen zurückgezogen wird und sie unter dem Einfluss Satans, der die göttlichen Grundsätze hasst, stehen, werden seltsame Dinge geschehen. Das menschliche Herz kann äußerst grausam werden, wenn Gottesfurcht und Liebe einmal beseitigt sind.

Wenn der Sturm herannaht, werden viele, die sich zum Glauben an die dritte Engelsbotschaft bekannt haben, aber nicht durch Gehorsam gegenüber der Wahrheit geheiligt worden sind, ihren Standpunkt aufgeben und sich auf die Seite der Gegner schlagen. Sie werden sich der Welt und ihrem Geist anschließen und die Angelegenheit in nahezu demselben Licht sehen. Wenn Prüfungen kommen, wählen sie den leichten, populären Weg. Talentierte Menschen mit vorbildlichen Manieren, die sich einst an der Wahrheit erfreuten, werden ihre Talente einsetzen, um ihre Zeitgenossen zu täuschen und zu verführen. Sie werden die erbittertsten Feinde ihrer ehemaligen Brüder. Wenn die Sabbathalter vor Gericht ihren Glauben verteidigen müssen, werden diese Abgefallenen die wirksamsten Helfer Satans sein, um sie zu verleumden und anzuschuldigen und um die Machtaber durch Falschaussagen und Unterstellungen gegen sie aufzuhetzen.

Während dieser Verfolgungszeit wird der Glaube der Nachfolger Gottes geprüft werden. Sie haben die Warnung treu verkündigt und dabei nur auf Gott und sein Wort geschaut. Ihr Herz war vom Geist Gottes ergriffen, und sie mussten reden. Die Treuen wurden von einem heiligen Eifer angespornt und vom Geist Gottes mit Macht getrieben. Sie erfüllten ihre Aufgabe, ohne über die Folgen nachzudenken, die eine Verkündigung dieses gottgegebenen

Wortes an das Volk nach sich ziehen könnte. Sie haben weder über ihr irdisches Wohlergehen nachgedacht noch über ihren Ruf oder ihr Leben. Wenn aber der Sturm des Widerstands und der Vorwürfe über sie hereinbricht, werden einige bestürzt ausrufen: »Hätten wir die Folgen unserer Worte vorhergesehen, hätten wir geschwiegen.« Sie sind in Schwierigkeiten gefangen. Satan bestürmt sie mit grimmigen Versuchungen. Die Aufgabe, die sie sich aufgebürdet haben, scheint ihre Kräfte weit zu übersteigen, und sie werden mit dem Tod bedroht. Ihre ursprüngliche Begeisterung ist verflogen, und doch können sie nicht mehr zurück. Dann werden sie sich ihrer Hilflosigkeit bewusst und flehen zum Allmächtigen um Stärke. Sie erinnern sich daran, dass die Worte, die sie gesprochen haben, nicht ihre eigenen waren, sondern die Worte dessen, der sie mit dieser Warnung beauftragt hatte. Gott legte ihnen die Wahrheit in ihre Herzen, und sie konnten es nicht unterlassen, sie zu verkündigen.

Die gleichen Prüfungen mussten Gottesmänner in vergangenen Zeiten erleben. Wycliff, Hus, Luther, Tyndale, Baxter oder Wesley verlangten, dass ihre Lehre durch die Bibel geprüft werde, und erklärten sich bereit, alles zu widerrufen, was diese verurteilt. Diese Männer wurden unerbittlich verfolgt, dennoch hörten sie nicht auf, die Wahrheit zu verkündigen. Die verschiedenen Perioden der Kirchengeschichte zeichnen sich durch die Herausbildung bestimmter Wahrheiten aus. Diese waren auf die Bedürfnisse des Volkes Gottes zu jener Zeit zugeschnitten. Jede neue Wahrheit musste sich ihren Weg durch Hass und Widerstand hindurch bahnen. Jeder, der durch ihr Licht Segen empfing, wurde versucht und geprüft. In solchen Notlagen vermittelt der Herr Menschen besondere Wahrheiten. Wer könnte es dann wagen, sie nicht bekannt zu machen? Er beauftragt seine Diener, der Welt die letzte Einladung der Gnade zu überbringen. Sie können nicht schweigen, ohne ihr eigenes Leben in Gefahr zu bringen. Sie müssen ihren Auftrag ausführen und den Ausgang Gott überlassen.

GERECHTE IM MEER DER UNGERECHTIGKEIT

Wenn der Widerstand an Heftigkeit zunimmt, werden die Beauftragten Gottes wieder verwirrt sein, denn es wird ihnen vorkommen, als hätten sie selbst die Krise verursacht. Ihr Gewissen und das Wort Gottes versichern ihnen aber, dass sie richtig gehandelt haben. Mit der Fortdauer der Prüfungen erhalten sie die Widerstandskraft, sie zu ertragen. Je heftiger und entschlossener gegen sie gekämpft wird, desto mehr nehmen ihr Glaube und ihr Mut in dieser Notlage zu. Ihr Zeugnis lautet: »Wir dürfen Gottes Wort nicht verfälschen, indem wir sein heiliges Gesetz in Wesentliches und Unwesentliches aufteilen, nur um die Gunst der Welt zu erlangen. Der Herr, dem wir dienen, kann uns befreien. Christus hat die Mächte dieser Welt besiegt. Sollten wir uns vor einer besiegten Welt fürchten?«

Verfolgungen in verschiedenster Form wird es so lange geben, wie Satan existiert und das Christentum seine Lebenskraft behält. Niemand kann Gott dienen, ohne den Widerstand der Scharen der Finsternis auf sich zu ziehen. Böse Engel überfallen die Gläubigen, weil sie fürchten, dass ihnen ihre Beute durch deren Einfluss entrissen werden könnte. Böse Menschen, die sich durch das Beispiel Gläubiger getadelt fühlen, werden sich mit den gefallenen Engeln vereinen und versuchen, diese durch Verführungen von Gott zu trennen. Bleiben sie erfolglos, wird Gewalt angewendet, um ihr Gewissen zu brechen.

Doch solange Christus der Fürsprecher des Menschen im himmlischen Heiligtum bleibt, spüren Herrscher und Volk die Schranken, die ihnen der Heilige Geist auferlegt. Bis zu einem gewissen Grad beherrscht dieser immer noch die irdische Gesetzgebung. Ohne diese Gesetze wäre der Zustand der Welt viel schlimmer als er jetzt ist. Viele Machthaber dieser Welt sind aktive Helfer Satans, aber auch Gott hat seine Mitarbeiter unter den führenden Männern auf Erden. Der Feind bedrängt seine Helfershelfer, Maßnahmen zu entwickeln, die das Werk Gottes weitgehend behindern sollen. Aber gottesfürchtige Staatsmänner werden von heiligen Engeln beeinflusst, solchen Vorhaben mit unwiderlegbaren Argumenten zu begegnen. Wenige Männer werden also den mächtigen Strom der Bosheit eindämmen. Der Widerstand der Feinde der Wahrheit wird während der Verkündigung der dritten Engelsbotschaft in Schach gehalten. Wenn die letzte Warnung verkündigt wird, werden diese führenden Leute, durch die der Herr jetzt wirkt, aufmerksam, und manche werden sie annehmen und sich in der Zeit der Trübsal zum Volk Gottes bekennen.

Der Engel, der sich der Verkündigung der dritten Engelsbotschaft anschließt, soll die ganze Welt mit seiner Herrlichkeit erleuchten. Hier wird ein Werk von weltumspannender Ausdehnung und ungewöhnlicher Kraft vorhergesagt. Die Adventbewegung von 1840 bis 1844 war eine herrliche Offenbarung der Macht Gottes. Die erste Engelsbotschaft wurde zu jeder Missionsstation der Welt getragen, und in einigen Ländern entstand die größte religiöse Bewegung, die seit der Reformation des 16. Jahrhunderts je in irgendeinem Land beobachtet wurde. Aber diese wird von der mächtigen Bewegung während der letzten Warnung durch den dritten Engel bei Weitem übertroffen werden.

Das Geschehen wird dem zu Pfingsten ähnlich sein. Wie der »Frühregen« in der Ausgießung des Heiligen Geistes am Anfang der Apostelzeit gegeben wurde, um das Aufsprießen des kostbaren Samens zu bewirken, so wird der »Spätregen« am Ende der Tage ausgegossen werden, damit die Ernte reift. Dann werden wir »darauf Acht haben und danach trachten, den Herrn zu erkennen; denn er wird hervorbrechen wie die schöne Morgenröte und wird zu uns kommen wie ein Regen, wie ein Spätregen, der das Land feuchtet« (Hosea 6,3). »Und ihr, Kinder Zions, freut euch und seid fröhlich im Herrn, eurem Gott, der euch gnädigen Regen gibt und euch herabsendet Frühregen und Spätregen.« (Joel 2,23) »Und es soll geschehen in den letzten Tagen, spricht Gott, da will ich ausgießen von meinem Geist auf alles Fleisch; und eure Söhne und eure Töchter sollen weissagen. ... Und es soll geschehen: Wer den Namen des Herrn anrufen wird, der soll gerettet werden.« (Apostelgeschichte 2, 17.21)

DIE MACHT DER LETZTEN OFFENBARUNG

Das große Werk der Evangeliumsverkündigung wird mit keiner geringeren Entfaltung der Macht Gottes abschließen als bei seinem Beginn. Die Prophezeiungen, die sich zu Anfang bei der Ausgießung des Frühregens erfüllten, werden sich genauso bei der Ausgießung des Spätregens am Ende erfüllen. Dies ist die Zeit, welcher der Apostel Petrus entgegensah, als er sagte: »So tut nun Buße und bekehrt euch, dass eure Sünden getilgt werden, damit die Zeit der Erquickung komme von dem Angesicht des Herrn und er den sende, der euch zuvor zum Christus bestimmt ist: Jesus.« (Apostelgeschichte 3,19.20)

Diener Gottes, deren Gesichter von heiliger Hingabe strahlen, werden von Ort zu Ort eilen, um die himmlische Botschaft zu verkündigen. Tausende von Stimmen werden die Warnung über die ganze Erde verbreiten. Wunder werden geschehen, Kranke geheilt, Zeichen und Wunder folgen den Gläubigen. Auch Satan wird Lügenwunder hervorbringen und sogar »Feuer vom Himmel auf die Erde fallen« lassen vor den Menschen (Offenbarung 13,13). Dadurch werden die Bewohner der Erde dazu veranlasst, sich endgültig zu entscheiden.

Die Botschaft wird Menschen nicht so sehr durch Argumente, sondern durch die tiefe Überzeugungskraft des Geistes Gottes ergreifen. Die Argumente wurden vorgebracht, der Same ist gestreut. Nun wird er aufgehen und Frucht bringen. Die Schriften, die von den Mitarbeitern verteilt wurden, haben ihre Wirkung erzielt. Doch viele, die überzeugt waren, wurden davon abgehalten, zum vollen Verständnis der Wahrheit zu gelangen oder gehorsam zu werden. Nun dringen die Lichtstrahlen überall hinein, die Wahrheit wird in ihrer Klarheit erkannt, und die aufrichtigen Kinder Gottes überwinden die Schranken, die sie zurückgehalten haben. Familienbande oder kirchliche Bindungen können sie nicht mehr aufhalten. Die Wahrheit ist kostbarer als alles andere. Ungeachtet der Kräfte, die sich gegen die Wahrheit verbündet haben, stellt sich eine große Anzahl von Menschen auf die Seite des Herrn.

DIE ZEIT DER TRÜBSAL

»**Z**u jener Zeit wird Michael, der große Engelfürst, der für dein Volk eintritt, sich aufmachen. Denn es wird eine Zeit so großer Trübsal sein, wie sie nie gewesen ist, seitdem es Menschen gibt, bis zu jener Zeit. Aber zu jener Zeit wird dein Volk errettet werden, alle, die im Buch geschrieben stehen.« (Daniel 12,1)

GOTT ZIEHT SICH ZURÜCK

Wenn die Verkündigung der dritten Engelsbotschaft abgeschlossen ist, gibt es keine Gnade mehr für die sündigen Bewohner der Erde. Gottes Volk hat seine Aufgabe vollendet. Es hat den »Spätregen«, »die Erquickung von dem Angesicht des Herrn«, empfangen und ist auf die bevorstehende schwere Stunde vorbereitet. Engel eilen im Himmel hin und her. Ein Engel kommt von der Erde zurück und verkündigt, dass die Aufgabe abgeschlossen ist. Die letzte Prüfung ist über die Welt gegangen, und alle, die den göttlichen Geboten treu geblieben sind, haben »das Siegel des lebendigen Gottes« (Offenbarung 7,2) empfangen. Dann beendet Jesus seinen Vermittlerdienst im himmlischen Heiligtum. Er hebt seine Hand auf und spricht mit lauter Stimme: »Es ist vollbracht!«, und alle Engelscharen legen ihre Kronen nieder, wenn Jesus feierlich verkündigt: »Wer Böses tut, der tue weiterhin Böses, und wer unrein ist, der sei weiterhin unrein; aber wer gerecht ist, der übe weiterhin Gerechtigkeit, und wer heilig ist, der sei weiterhin heilig.« (Offenbarung 22,11) Jeder Fall, sei es zum Leben oder zum Tod, ist entschieden. Christus hat sein Volk versöhnt und dessen Sünden getilgt. Die Vollzahl seiner Untertanen ist erreicht. »Reich, Gewalt und Macht unter dem ganzen Himmel« werden den Erben des Heils übergeben, und Jesus wird als Herr aller Herren und König aller Könige herrschen.

Wenn er das Heiligtum verlässt, bedeckt Finsternis die Bewohner der Erde. In dieser angstvollen Zeit müssen die Gerechten ohne Vermittler vor einem heiligen Gott leben. Die Unbußfertigen werden nicht mehr zurückgehalten, und Satan hat nun vollständige Kontrolle über sie. Gottes Langmut ist zu Ende. Die Welt hat seine Gnade abgelehnt, seine Liebe verschmäht und sein Gesetz mit Füßen getreten. Die Gottlosen haben die Grenzen ihrer Bewährungsfrist überschritten, und der Geist Gottes, dem sie fortwährend widerstanden haben, ist ihnen letztlich entzogen worden. Sie werden nicht mehr durch die göttliche Gnade beschützt und sind dem Bösen wehrlos ausgeliefert. Satan wird nun die Welt in eine letzte große Trübsal stürzen. Sobald die Engel Gottes die wilden Stürme der menschlichen Leidenschaften nicht länger zurückhalten, können sich Zank und Streit ungehindert entfalten. Die ganze Welt wird in ein Verderben hineingezogen werden, das schrecklicher als jenes sein wird, das damals über das alte Jerusalem hereinbrach.

Ein einziger Engel tötete die Erstgeborenen der Ägypter und brachte große Klage über das Land. Als David gegen den Willen Gottes verstieß und das Volk zählen ließ, verursachte ein Engel jene schreckliche Vernichtung, mit der Davids Sünde bestraft wurde. Die gleiche zerstörende Macht, die heilige Engel ausübten, als Gott es befahl, führen böse Engel aus, wenn Gott es zulässt. Diese Kräfte stehen nun bereit und warten nur auf die göttliche Freigabe, um überall Verwüstungen anzurichten.

Jene, die Gottes Gesetz anerkennen, werden beschuldigt, Strafgerichte über die Welt gebracht zu haben. Man betrachtet sie als die Auslöser schrecklicher Naturkatastrophen, von Streit und Blutvergießen unter den Menschen, die die Welt mit Leid erfüllen. Die Macht, die die letzte Warnung begleitete, hat die Gottlosen in Wut versetzt. Ihr Zorn entbrennt gegen alle, welche die Botschaft angenommen haben, und Satan wird den Geist des Hasses und der Verfolgung mit noch größerer Entschlossenheit anfachen.

Als Gott sich letztlich von der jüdischen Nation zurückzog, bemerkten es weder die Priester noch das Volk. Obwohl Satan schon längst die Herrschaft über sie gewonnen hatte und äußerst schreckliche und bösartige Ausschreitungen an der Tagesordnung waren, betrachteten sich die Juden immer noch als die Auserwählten Gottes. Der Tempeldienst wurde fortgesetzt, auf dem verunreinigten Altar wurde weiterhin geopfert, und täglich flehte man um den göttlichen Segen, obwohl man sich an dem Blut des treuen Gottessohns schuldig gemacht hatte und seine Diener und Apostel umbringen wollte. Ebenso wird die Welt nichts davon ahnen, wenn die unwiderrufliche Entscheidung im Heiligtum ausgesprochen wird und über das Schicksal der Menschen endgültig entschieden ist. Religiöse Formen werden weiterhin vom Volk beachtet, obwohl sich der Geist Gottes endgültig zurückgezogen hat, und der satanische Eifer, mit dem sie der Fürst des Bösen für seine niederträchtigen Ziele beeinflusst, wird dem Eifer für Gott ähneln.

Der Sabbat ist zu einem besonders kontroversen Thema in der ganzen Christenheit geworden. Religiöse und weltliche Führer haben sich vereinigt, um die Sonntagsfeier zu erzwingen. Eine kleine Minderheit weigert sich jedoch hartnäckig, dieser allgemeinen Forderung nachzukommen. Dadurch wird sie weltweit diskriminiert. Es wird eindringlich gefordert werden, dass die Wenigen, die sich der kirchlichen Verordnung und dem staatlichen Gesetz widersetzen, nicht geduldet werden dürfen. Es ist besser, sie leiden zu lassen, als dass ganze Nationen in Unordnung und Gesetzlosigkeit fallen. Dasselbe Argument verwendeten die Obersten des Volkes Israel vor fast 2000 Jahren gegenüber Christus. Der verschlagene Kaiphas sagte: »Ihr bedenkt nicht, dass es besser für euch ist, wenn ein einziger Mensch für das Volk stirbt, als wenn das ganze Volk zugrunde geht.« (Johannes 11,50) Diese Begründung scheint berechtigt, und es wird schließlich einen Erlass geben, welcher alle, die den Sabbat des vierten Gebotes halten, anprangert, dass sie die härtesten Strafen verdienten und dass das Volk nach einer gewissen Zeit die Freiheit habe, sie umzubringen. Der Katholizismus in der Alten und der abgefallene Protestantismus in der Neuen Welt verfolgen das gleiche Ziel und richten sich gegen alle, welche die göttlichen Vorschriften beachten.

DIE ZEIT DER »ANGST FÜR JAKOB«

Das Volk Gottes wird dann in eine solche Trübsal und Not hineingeraten, wie sie der Prophet Jeremia als eine Zeit der »Angst für Jakob« beschrieben hat: »So spricht der Herr: Angstgeschrei vernehmen wir: Schrecken und kein Friede. Fragt doch und schaut, ob je ein Mann Kinder zur Welt bringt. Warum sehe ich alle Männer mit den Händen auf den Hüften wie eine Gebärende? Jedes Gesicht ist verstört und leichenblass. Denn groß ist jener Tag, keiner ist ihm gleich. Eine Notzeit ist es für Jakob, doch wird er daraus gerettet.« (Jeremia 30,5-7 EÜ)

Jakobs Nacht der Angst (1. Mose 32,25-31), als er im Gebet um die Befreiung aus der Hand Esaus rang, ist ein Sinnbild für die Erfahrung, die das Volk Gottes in der Zeit der Trübsal erleiden muss. Weil er seinen Vater überlistet hatte, um sich den Segen zu verschaffen, der seinem Bruder Esau zugedacht war, musste Jakob um sein Leben fürchten und fliehen, aufgeschreckt durch die Todesdrohung seines Bruders. Nach vielen Jahren der Verbannung machte er sich auf Gottes Geheiß mit seinen Frauen und Kindern sowie seinen Herden auf den Weg in seine Heimat. Als er die Grenze des Landes erreichte, erschreckte ihn die Nachricht, dass Esau ihm an der Spitze einer Gruppe von Kriegern entgegenkam und sicher Rache üben wollte. Jakobs unbewaffnete Schar schien ein hilfloses Opfer der Gewalt und des Gemetzels zu werden. Zur Belastung durch die Angst kam noch die bedrückende Last der Selbstanklage, denn es war seine eigene Sünde, die ihn in diese Gefahr gebracht hatte. Die Gnade Gottes war seine einzige Hoffnung, und seine einzige Verteidigung war das Gebet. Doch ließ er nichts ungetan, um das begangene Unrecht an seinem Bruder wieder gutzumachen und die drohende Gefahr abzuwenden. So sollten die Nachfolger Christi beim Herannahen der trübseligen Zeit jede Anstrengung unternehmen, um sich vor den Menschen ins richtige Licht zu rücken, Vorurteile abzubauen und die Gefahr abzuwenden, die der Gewissensfreiheit droht.

Jakob schickt seine Familie weg, damit sie seine Not nicht miterleben muss, und bleibt allein im Gebet mit Gott. Er bekennt seine Sünde, anerkennt dankbar die Barmherzigkeit Gottes und erinnert in tiefer Demut an den Bund Gottes mit seinen Vätern und die Verheißung, die ihm in jener Nacht in Bethel und im Land seiner Verbannung gemacht wurde. Er befindet sich an einem Wendepunkt in seinem Leben; alles steht auf dem Spiel. In der Dunkelheit und Einsamkeit betet er weiter und demütigt sich vor Gott. Plötzlich legt sich eine Hand auf seine Schulter. Er meint, ein Feind trachte ihm nach dem Leben, und so kämpft er mit der Kraft der Verzweiflung gegen seinen Angreifer. Bei Tagesanbruch lässt ihn der Fremde seine übermenschliche Macht spüren. Bei diesem Griff scheint der starke Mann wie gelähmt und wird ein hilfloser, weinender Bittsteller am Hals seines geheimnisvollen Gegners. Nun weiß Jakob, dass er mit dem Engel des Bundes gekämpft hat. Er ist kampfunfähig und leidet heftige Schmerzen, gibt aber sein Ziel nicht auf. Lange Zeit war er ratlos gewesen, wurde von einem schlechten Gewissen geplagt und litt unter seiner Sünde. Jetzt aber will er die Gewissheit haben, dass sie ihm vergeben ist. Der göttliche Besucher scheint ihn verlassen zu wollen, aber Jakob klammert sich an ihm fest und fleht um einen Segen. Der Engel drängt: »Lass mich gehen, denn die Morgenröte bricht an«, aber der Patriarch ruft aus: »Ich lasse dich nicht, es sei denn, du segnest mich.« (1. Mose 32,27 ZÜ) Was für ein Vertrauen, welche Entschlossenheit und Ausdauer kommen hier zum Ausdruck! Wenn diese Forderung aus einer überheblichen und vermessenen Haltung heraus

563

gestellt worden wäre, würde Jakob augenblicklich vernichtet worden sein. Doch sie kam aus der Gewissheit eines Menschen, der seine Schwachheit und Unwürdigkeit eingestanden hatte und auf einen gnädigen und bundestreuen Gott vertraute.

»Er kämpfte mit dem Engel und siegte.« (Hosea 12,5) Durch Demut, Reue und Übergabe errang dieser sündhafte, irrende Sterbliche die Anerkennung der Majestät des Himmels. Er klammerte sich zitternd an Gottes Verheißungen, und der unendlich liebende Gott konnte die Bitte dieses Sünders nicht abweisen. Als Beweis dieses Triumphs und dieser Ermutigung für andere, diesem Beispiel zu folgen, erhielt Jakob einen neuen Namen, der nicht mehr an seine Sünde, sondern an seinen Sieg erinnerte. Gott sicherte Jakob damit gleichzeitig zu, dass er sich auch bei Menschen durchsetzen werde. Er fürchtete sich nicht mehr vor dem Zorn seines Bruders, denn der Herr war sein Schutz.

Zuvor hatte Satan Jakob vor Gottes Engeln angeklagt und das Recht beansprucht, ihn wegen seiner Sünden zu vernichten. Er wirkte auf Esau ein, gegen ihn in den Kampf zu ziehen. Während Jakob eine Nacht hindurch rang, drängte ihm Satan ein Gefühl der Schuld auf, um ihn zu entmutigen und seine Bindung zu Gott zu zerbrechen. Jakob war am Rande der Verzweiflung. Er wusste jedoch, dass er ohne Hilfe vom Himmel umkommen würde. Seine große Sünde hatte er aufrichtig bereut, und nun bat er um Gottes Barmherzigkeit. Er ließ sich von seinem Ziel nicht abbringen, sondern hielt den Engel fest und brachte seine Bitte unter schmerzlichem Flehen vor, bis er sich durchsetzte.

EINE HARTE GLAUBENSPRÜFUNG

So wie Satan auf Esau eindrang, gegen Jakob in den Kampf zu ziehen, so wird er die Gottlosen in der Zeit der Trübsal aufwiegeln, Gottes Kinder zu vernichten. Und so wie er Jakob anklagte, wird er seine Anklagen gegen das Volk Gottes vorbringen. Er nennt die Welt seine Untertanen, und nur die kleine Gruppe, die Gottes Gebote hält, widersetzt sich seinem Herrschaftsanspruch. Wenn er sie von der Erde ausrotten könnte, wäre sein Triumph vollkommen. Er sieht, dass sie von heiligen Engeln beschützt wird, und schließt daraus, dass ihre Sünden vergeben worden sind; aber er weiß nicht, dass ihre Fälle im himmlischen Heiligtum bereits entschieden wurden. Satan kennt die Übertretungen genau, zu denen er diese Menschen verführt hat, und er bringt ihre Sünden nun in höchst übertriebener Form vor Gott und behauptet, diese Personen verdienten es genauso, von Gottes Gnade ausgeschlossen zu werden, wie er selbst. Er erklärt, dass der Herr in seiner Gerechtigkeit ihnen ihre Sünden nicht vergeben könne, während er und seine Engel vernichtet würden. Der Gegner Gottes beansprucht sie als seine Beute und verlangt ihre Auslieferung, um sie zu vernichten.

Während Satan Gottes Kinder wegen ihrer Sünden verklagt, lässt Gott es zu, dass der Böse diese Menschen bis zum Äußersten versucht. Ihr Gottvertrauen, ihr Glaube und ihre Standhaftigkeit werden ernsthaft geprüft. Wenn sie auf ihre Vergangenheit blicken, sinkt ihre Hoffnung, denn sie können in ihrem Leben wenig Gutes entdecken. Sie sind sich ihrer Schwachheit und Unwürdigkeit völlig bewusst. Deshalb versucht Satan sie mit dem Gedanken zu quälen, ihre Fälle seien hoffnungslos, und der Makel ihrer Verunreinigung könne niemals abgewaschen werden. So hofft er, ihren Glauben zu zerstören, damit sie seinen Versuchungen nachgeben und sich von Gott abwenden.

Obwohl Gottes Volk von Feinden umgeben sein wird, die es auf seinen Untergang abgesehen haben, fürchten sich diese Gläubigen nicht vor der Verfolgung um der Wahrheit willen. Sie sorgen sich vielmehr darum, ob sie auch jede Sünde bereut haben, um nicht etwa durch unvergebene Schuld selbst die Erfüllung der Verheißung Christi zu verhindern: »Weil du mein Wort von der Geduld bewahrt hast, will auch ich dich bewahren vor der Stunde der Versuchung, die kommen wird über den·ganzen Weltkreis, zu versuchen, die auf Erden wohnen.« (Offenbarung 3,10) Wenn sie die Gewissheit der Vergebung erlangen könnten, dann würden sie weder vor Folter noch vor dem Tod zurückschrecken. Wenn hingegen offenkundig würde, dass sie unwürdig seien und ihr Leben aufgrund ihrer Charaktermängel verlieren müssten, dann würden sie Gottes heiligem Namen Schande bereiten.

Überall hören sie von Anschlägen und Verrat und sehen die deutlichen Auswirkungen der Empörung. In ihnen erwächst ein starkes inneres Verlangen, dass dieser große Abfall und diese Bosheit der Gottlosen bald zu einem Ende kommen möge. Während sie aber Gott bitten, doch der Rebellion Einhalt zu gebieten, machen sie sich selbstkritisch Vorwürfe, keine Kraft mehr zu haben, Satans Angriffen zu widerstehen und sie zurückzudrängen. Sie meinen, wenn sie stets ihre ganze Fähigkeit in den Dienst Christi gestellt hätten, wären sie von Erfolg zu Erfolg gekommen, und Satans Helfershelfer hätten dann weniger Macht, sie zu bedrängen.

Sie quälen sich vor Gott, weisen darauf hin, wie sehr sie ihre vielen Sünden bereut haben und berufen sich auf das Versprechen des Erlösers:

»Sie suchen Zuflucht bei mir und machen Frieden mit mir, ja, Frieden mit mir.« (Jesaja 27,5) Ihr Glaube lässt nicht nach, obwohl ihre Gebete nicht unmittelbar erhört werden. Trotz größter Angst, Schrecken und Not hören sie nicht auf, zu Gott zu flehen. Wie sich damals Jakob an den Engel klammerte, ergreifen sie die Kraft Gottes, und der Schrei ihres Inneren ist: »Ich lasse dich nicht, du segnest mich denn.« (1. Mose 32,27)

KEIN KOMPROMISS MIT DER SÜNDE

Hätte Jakob nicht vorher seine Sünde – die Erlangung des Erstgeburtsrechts durch Betrug – bereut, hätte Gott sein Gebet nicht erhört und auch sein Leben nicht gnädig bewahrt. Wenn also Gottes Volk in der trübseligen Zeit noch nicht bekannte Sünden entdecken würde, während es in Angst und Schrecken gepeinigt wird, könnte es überwältigt werden. Die Verzweiflung würde ihren Glauben ersticken, und sie hätten kein Vertrauen mehr, Gott um ihre Errettung zu bitten. Während sie sich ihrer Unwürdigkeit wohl bewusst sind, haben sie keine verborgene Schuld zu enthüllen. Ihre Sünden sind bereits durch das Gericht beurteilt und getilgt worden, und es existiert keine Erinnerung mehr an sie.

Satan verleitet viele Menschen zu der Annahme, dass Gott kleine Fehltritte im Leben übersieht. Der Herr zeigt jedoch am Beispiel Jakobs, dass er das Übel absolut nicht billigt oder duldet. Alle, die versuchen, ihre Sünden zu entschuldigen oder zu verbergen und die zulassen, dass sie als nicht bereut und daher unvergeben in den Büchern des Himmels stehen bleiben, wird Satan leicht überwinden. Je höher ihr Anspruch an die Frömmigkeit und je ehrenhafter ihre Stellung ist, die sie einnehmen, desto strenger wird ihr Handeln in den Augen Gottes beurteilt und desto sicherer wird ihr großer Gegner über sie siegen. Alle, die ihre Vorbereitung auf den Tag des Herrn aufschieben, können diese während der trübseligen Zeit oder später nicht mehr nachholen. Solche Fälle sind hoffnungslos.

Namenschristen, die unvorbereitet den letzten Kampf miterleben werden, können ihre Sünde nur noch mit Worten brennender Angst bekennen, während die Gottlosen über ihr Leid frohlocken. Solche Bekenntnisse haben einen ähnlichen Wert wie die von Esau oder Judas. Die so handeln, beklagen sich über die Folgen der Übertretung, nicht aber über die Schuld selbst. Sie fühlen keine wahre Reue, keine Abscheu vor dem Übel. Aus Furcht vor Strafe gestehen sie ihre Sünden ein. Doch wie einst Pharao würden sie dem Himmel wiederum trotzen, sollten die Gerichte sie verschonen.

Die Geschichte Jakobs bezeugt auch, dass Gott jene nicht verwerfen wird, die getäuscht, versucht, betrogen und zur Sünde verleitet worden sind und sich in wahrer Reue an ihn gewandt haben. Satan will diese Menschen vernichten, doch Gott wird seine Engel senden, um sie in Zeiten der Gefahr zu schützen und zu trösten. Die Angriffe Satans sind schlimm und zielstrebig, seine Täuschungen schrecklich, aber Gott wacht über die Seinen, sein Ohr hört auf ihre Schreie. Ihre Trübsal ist groß, und die Flammen des Feuerofens scheinen sie zu verschlingen. Doch sie werden aus der Hand dessen, der sie läutert, wie gereinigtes Gold aus dem Feuer hervorkommen. Gottes Liebe zu seinen Kindern in der Zeit ihrer schwersten Prüfungen ist ebenso stark und warmherzig wie in ihren sonnigsten Tagen. Doch sie müssen durch diesen Feuerofen hindurch. Ihre Liebe zum Irdischen muss verzehrt werden, damit das Bild Christi sich in ihnen vollkommen widerspiegelt.

GLAUBEN LERNEN

Die Zeit der Trübsal und der Angst, die vor uns liegt, wird einen Glauben erforderlich machen, der Mühsal, Verzug und Hunger erdulden kann, einen Glauben, der nicht wankt, auch wenn er schwer geprüft wird. Allen wird eine Zeit der Gnade gewährt, um sich auf jene Tage vorzubereiten. Jakob war erfolgreich, weil er Ausdauer und Entschlossenheit bewies. Sein Sieg ist auch ein Beweis der Macht beharrlichen Gebets. Wer sich auf die Verheißungen Gottes stützt, wie Jakob dies tat, und so ernst und beharrlich ist wie er, wird wie dieser Erfolg haben. Wer nicht bereit ist, Selbstverleugnung zu üben, mit Gott zu ringen und lange und ernstlich um Gottes Segen zu bitten, wird diesen nicht empfangen. Mit Gott ringen – wie wenige wissen, was das bedeutet! Wie wenige haben sich jemals von ganzem Herzen so ernstlich an Gott gewandt, dass sie alle ihre Kräfte dafür einsetzten. Wenn Wogen der Verzweiflung, die durch keine Sprache zu beschreiben sind, über den Bittenden hinwegrollen, klammern sich nur wenige mit unbeirrbarem Vertrauen an die Verheißungen Gottes.

Wer in der heutigen Zeit nur wenig Glauben übt, steht in äußerster Gefahr, von Satan verführt zu werden und sich dem Gewissenszwang zu beugen. Selbst wenn er die Prüfung bestehen sollte, fällt er in noch tiefere Bedrängnis und Seelenqual, weil er es sich nie zur Gewohnheit gemacht hat, auf Gott zu vertrauen. Die Entwicklung seines Glaubens, die er vernachlässigt hat, muss er nun unter äußerst entmutigenden Umständen nachholen.

Wir sollten Gott heute kennen lernen und seine Verheißungen erproben. Engel schreiben jedes ernste und aufrichtige Gebet auf. Wir sollten eher unsere egoistischen Ziele aufgeben, als die Gemeinschaft mit Gott zu vernachlässigen. Die größte Armut, die tiefste Selbstverleugnung mit Gottes Anerkennung sind besser als Reichtum, Ehre, Bequemlichkeit und Freundschaft ohne ihn. Wir müssen uns Zeit nehmen für das Gebet. Wenn uns weltliche Angelegenheiten zu sehr in Anspruch nehmen, gibt uns Gott vielleicht dadurch Zeit, dass er uns unsere Götzen in Form von Gold, Häusern oder fruchtbaren Ländereien wegnimmt.

Junge Menschen könnten nicht zum Sündigen verführt werden, wenn sie sich weigerten, einen Weg zu betreten, auf dem sie nicht um Gottes Segen bitten können. Wenn die Botschafter, die der Welt die letzte und ernste Warnung bringen, nicht auf kalte, teilnahmslose und träge Weise, sondern eifrig und in vollem Vertrauen wie Jakob um den Segen Gottes bitten würden, dann hätten sie viele Gelegenheiten, bei denen sie sagen könnten: »Ich habe Gott von Angesicht gesehen, und doch wurde mein Leben gerettet.« (1. Mose 32,31) Der Himmel würde sie als Prinzen betrachten, die über Gott und die Menschen den Sieg davongetragen haben.

Diese Zeit der Bedrängnis, »wie sie nie gewesen ist« (Markus 13,19), wird bald über uns hereinbrechen. Wir werden dann eine Erfahrung brauchen, die wir jetzt noch nicht besitzen und die zu erstreben viele zu träge sind. Eine Zeit der Trübsal sieht im Vorfeld oft schlimmer aus, als sie dann in Wirklichkeit ist. Das ist bei jener Krise jedoch nicht der Fall. Die lebhafteste Phantasie kann sich das Ausmaß dieser Prüfung nicht vorstellen. In dieser Zeit der Trübsal steht jeder allein vor Gott. Wenn auch Noah, Daniel und Hiob darunter wären, »so wahr ich lebe, spricht Gott der Herr: Sie würden durch ihre Gerechtigkeit weder Söhne noch Töchter retten, sondern allein ihr eigenes Leben« (Hesekiel 14,20).

Während unser Hoherpriester uns mit Gott versöhnt, sollten wir uns um Vollkommenheit in Christus bemühen. Unser Erlöser konnte nicht einmal in Gedanken dazu gebracht werden, der Macht der Versuchung nachzugeben. In menschlichen Herzen hingegen findet Satan immer einen Winkel, wo er sich einnisten kann. Sündhafte Neigungen werden gepflegt, wodurch seine Versuchungen ihre Macht entfalten können. Christus aber erklärte von sich: »Es kommt der Fürst dieser Welt. Er hat keine Macht über mich.« (Johannes 14,30) Satan konnte am Sohn Gottes nichts finden, wodurch er den Sieg hätte gewinnen können. Er hielt die Gebote seines Vaters, und in ihm war keine Sünde, die Satan zu seinem Vorteil hätte ausnutzen können. In diesem Zustand müssen sich jene befinden, die in der trübseligen Zeit bestehen werden.

Wir müssen uns schon in diesem Leben durch den Glauben an das versöhnende Blut Christi von der Sünde trennen. Unser Erlöser lädt uns ein, mit ihm zusammen zu arbeiten, unsere Schwäche mit seiner unerschöpflichen Kraft, unsere Unwissenheit mit seiner Weisheit, unsere Unwürdigkeit mit seinem Verdienst zu verbinden. Gott hat dieses Leben als Schule bestimmt, in der wir die Sanftmut, Demut und Selbstlosigkeit Jesu lernen sollen. Der Herr zeigt uns stets das wahre Lebensziel und nicht den Weg, den wir wählen würden, weil er uns leichter und angenehmer erscheint. Es liegt an uns, ob wir mit den Kräften des Himmels zusammenarbeiten und unseren Charakter nach dem göttlichen Vorbild gestalten lassen wollen oder nicht. Niemand kann diese Aufgabe aufschieben oder vernachlässigen, ohne Gefahr zu laufen, sein Seelenheil zu verlieren.

GEWALTIGE TÄUSCHUNGEN

In seiner Vision hörte der Apostel Johannes eine laute Stimme rufen: »Weh aber der Erde und dem Meer! Denn der Teufel kommt zu euch hinab und hat einen großen Zorn und weiß, dass er wenig Zeit hat.« (Offenbarung 12,12) Die Ereignisse, die durch diese Stimme aus dem Himmel angekündigt werden, sind schrecklich. Der Zorn Satans nimmt zu, je kürzer seine Zeit wird, und seine Täuschungen und Zerstörungen erreichen in der trübseligen Zeit ihren Höhepunkt.

Erschreckende übernatürliche Erscheinungen werden bald am Himmel als Zeichen der Macht von Wunder wirkenden Dämonen zu sehen sein. Die Geister der Teufel werden zu den Königen der Erde und über die ganze Welt gehen, um Menschen in ihrem Betrug gefangen zu halten und sie mit Satan in seinem letzten Kampf gegen die Herrschaft des Himmels zu vereinen. Herrscher und Untergebene werden in gleicher Weise betrogen. Menschen werden vorgeben, Christus zu sein, und den Titel und die Verehrung beanspruchen, die nur dem Erlöser der Welt zukommen. Sie werden Wunderheilungen vollbringen und behaupten, sie hätten Offenbarungen vom Himmel erhalten, die jedoch dem Zeugnis der Heiligen Schrift widersprechen.

Als Krönung dieses Täuschungsmanövers wird sich Satan selbst als Christus ausgeben. Die Kirche hat lange behauptet, auf die Wiederkunft des Erlösers als Ziel ihrer Hoffnung zu warten. Nun wird der große Betrüger den Anschein erwecken, dass Christus gekommen sei. In verschiedenen Teilen der Erde wird sich Satan den Menschen in schillerndem Glanz als majestätisches Wesen darstellen, das eine täuschende Ähnlichkeit mit dem Sohn Gottes hat, wie ihn Johannes in der Offenbarung beschreibt (Offenbarung 1,13-15). Die Herrlichkeit, die ihn umgibt, übertrifft alles, was sterbliche Augen jemals gesehen haben. Es ertönt der Jubelruf:»Christus ist gekommen! Christus ist gekommen!« Menschen werfen sich vor ihm nieder, während er seine Hände erhebt und sie segnet, wie Christus seine Jünger segnete, als er auf Erden war. Seine Stimme ist sanft und leise, aber dennoch voller Wohlklang. In mildem, mitfühlendem Ton wiederholt er einige der großartigen himmlischen Wahrheiten, die schon Jesus ausgesprochen hatte. Er heilt die Krankheiten der Menschen, tritt dadurch wie Christus auf und behauptet nun, er habe den Sabbat auf den Sonntag verlegt. Er ordnet an, dass alle jenen Tag heiligen sollen, den er gesegnet hat. Er erklärt alle zu Gotteslästerern, die den siebten Tag heiligen und sich weigern, auf seine Engel zu hören, die er mit Licht und Wahrheit zu ihnen sandte. Dies ist eine starke, beinahe überwältigende Täuschung. Wie die Samariter, die sich von Simon dem Magier täuschen ließen, lässt sich auch diese Menge, vom Geringsten bis zum Vornehmsten, durch Satans Zaubereien betören und ruft aus:»Dieser Mann ist die Kraft Gottes, die man ›die Große‹ nennt.« (Apostelgeschichte 8,10 ZÜ)

Aber das Volk Gottes lässt sich davon nicht täuschen. Die Lehren dieses falschen Messias stimmen nicht mit der Heiligen Schrift überein. Er spricht seinen Segen über die Anbeter des Tieres und dessen Bild aus. Genau von diesen Menschen sagt die Bibel, dass der unvermischte Zorn Gottes über sie ausgegossen wird.

NICHT ALLEIN IN DER NOT

Es wird Satan außerdem nicht erlaubt sein, die Art und Weise der Ankunft Christi nachzuahmen. Der Erlöser hatte seine Jünger vor einer derartigen Täuschung gewarnt und die Art und Weise seiner Wiederkunft deutlich vorhergesagt.»Es werden falsche Christusse und falsche Propheten aufstehen und große Zeichen und Wunder tun, sodass sie, wenn es möglich wäre, auch die Auserwählten verführten. ... Wenn sie also zu euch sagen werden: Siehe, er ist in der Wüste!, so geht nicht hinaus; siehe, er ist drinnen im Haus!, so glaubt es nicht. Denn wie der Blitz ausgeht vom Osten und leuchtet bis zum Westen, so wird auch das Kommen des Menschensohns sein.« (Matthäus 24,24-27.31; 25,31; Offenbarung 1,7; 1. Thessalonicher 4,16.17) Jesu Wiederkunft kann nicht gefälscht werden. Die ganze Welt wird sie erkennen und bezeugen.

Nur wer fleißig in der Bibel geforscht und die Liebe zur Wahrheit angenommen hat, wird vor dieser mächtigen Täuschung geschützt sein, die die ganze Welt fesselt. Durch das biblische Zeugnis werden die Gläubigen den Verführer in seiner Maskerade entlarven. Für alle wird es eine Zeit der Prüfung geben. Durch den Ausleseprozess bei der Versuchung offenbart sich der echte Christ. Ist das Volk Gottes jetzt so fest auf sein Wort gegründet, dass es sich nicht von dem täuschen lässt, was es mit seinen Sinnen wahrnimmt? Wird es sich in solch einer Entscheidungsstunde an die Bibel und nur an die Bibel halten? Wo immer möglich wird Satan versuchen, sie davon abzuhalten, sich auf diesen Tag so vorzubereiten, dass sie standhaft bleiben können. Er wird Umstände herbeiführen, die ihren Weg versperren und die sie an irdische Güter binden. Diese werden für sie zu drückenden Lasten, die ihre Herzen mit den Sorgen für dieses Leben so beschweren, dass der Tag der Prüfung unerwartet wie ein Dieb über sie kommt.

Wenn der Erlass verschiedener Regierungen christlicher Länder gegen die rechtskräftig wird, die Gottes Gebote halten, und geltendes Recht ihnen den Schutz entzieht, wird sich das Volk Gottes zusammentun. Seine Getreuen werden Städte und Dörfer verlassen und vor denen fliehen, die ihnen nach dem Leben trachten, um in öden und einsamen Gegenden zu wohnen. Viele werden in einsamen Gebirgsgegenden Zuflucht finden. Wie die Christen in den Tälern des Piemonts werden sie die Höhen der Erde zu ihren Heiligtümern machen und Gott für »diese Feste und diesen Schutz« danken (Jesaja 33,16). Viele aber aus allen Völkern und Ständen, Hohe und Geringe, Reiche und Arme, Farbige und Weiße werden eine sehr ungerechte und grausame Gefangenschaft erdulden müssen. Gottes geliebtes Volk muss beschwerliche Tage durchmachen, gebunden in Ketten, hinter Schloss und Riegel gesetzt und zum Tode verurteilt. Es sieht so aus, als würden einige in finsteren, stinkenden Verliesen dem Hungertod überlassen. Kein Mensch hört ihr Klagen, niemand reicht ihnen die Hand zur Hilfe.

Wird der Herr sein Volk in der Stunde dieser Prüfung vergessen? Vergaß er den treuen Noah, als das Gericht über die vorsintflutliche Welt hereinbrach? Vergaß er Lot, als das Feuer vom Himmel herabfuhr, um die Städte der Ebene zu verzehren? Vergaß er Josef, als er in Ägypten von Götzenanbetern umgeben war? Vergaß er Elia, als ihn der Schwur Isebels bedrohte, wonach ihm das gleiche Schicksal widerfahren sollte wie den Propheten Baals? Vergaß er Jeremia in der dunklen und trostlosen Grube in seinem Gefängnis? Vergaß er die drei tapferen Jünglinge im Feuerofen oder Daniel in der Löwengrube?

»Zion aber sprach: Der Herr hat mich verlassen, der Herr hat meiner vergessen. Kann auch eine Frau ihr Kindlein vergessen, dass sie sich nicht erbarme über den Sohn ihres Leibes? Und ob sie seiner vergäße, so will ich doch deiner nicht vergessen. Siehe, in die Hände habe ich dich gezeichnet.« (Jesaja 49,14-16) Der Herr der Heerscharen hat gesagt: »Wer euch antastet, der tastet meinen Augapfel an.« (Sacharja 2,12)

Werden sie auch von Feinden ins Gefängnis geworfen, können Kerkermauern die Verbindung zwischen ihnen und Christus doch nicht unterbrechen. Einer, der all ihre Schwachheit sieht, der mit jeder Prüfung vertraut ist, steht über allen irdischen Mächten. Engel werden sie in ihren einsamen Gefängniszellen besuchen und ihnen Licht und Frieden vom Himmel bringen. Das Gefängnis wird wie ein Palast sein, denn dort wohnen die Reichen im Glauben, und die düsteren Wände werden mit himmlischem Licht erleuchtet werden wie damals, als Paulus und Silas um Mitternacht im Gefängnis zu Philippi Loblieder sangen.

KEINE GNADE MEHR!

Die Gerichte Gottes werden jene treffen, die versuchen, sein Volk zu unterdrücken und zu vernichten. Seine Langmut macht die Gottlosen kühn in ihren Übertretungen. Doch ihrer Bestrafung werden sie nicht entrinnen, und diese wird schrecklich sein, weil sie so lange zurückgehalten wurde. »Denn der Herr wird sich aufmachen wie am Berge Perazim und toben wie im Tal Gibeon, dass er sein Werk vollbringe, aber fremd ist sein Werk, und dass er seine Tat tue, aber seltsam ist seine Tat!« (Jesaja 28,21) Strafen zu vollstrecken ist für unseren barmherzigen Gott »ein fremdes Werk«. »So wahr ich lebe, spricht Gott der Herr: Ich habe kein Gefallen am Tode des Gottlosen« (Hesekiel 33,11). Der Herr ist »barmherzig und gnädig und geduldig und von großer Gnade und Treue ... und vergibt Missetat, Übertretung und Sünde, aber ungestraft lässt er niemand« (2. Mose 34,6.7). »Der Herr ist geduldig und von großer Kraft, vor dem niemand unschuldig ist.« (Nahum 1,3) Durch schreckliche, aber gerechte Strafen wird er die Autorität seines mit Füßen getretenen Gesetzes verteidigen. Die strenge Vergeltung, die auf die Übertreter wartet, zeigt sich darin, dass der Herr zögert, das Gericht zu vollstrecken. Das Volk, mit dem er so lange Geduld gehabt hat und das er nicht eher schlagen will, bis das Maß der Ungerechtigkeit gegen Gott voll ist, wird schließlich den Wein des göttlichen Zorns trinken müssen, der keine Gnade mehr enthält.

Wenn Christus seine Vermittlertätigkeit im Heiligtum beendet, wird der lautere Zorn Gottes ausgegossen werden, der denen angedroht wurde, die das Tier und sein Bild anbeten und sein Malzeichen annehmen (Offenbarung 14,9.10). Die Plagen, die Gott über Ägypten kommen ließ, ehe er das

Volk Israel befreite, gleichen den noch schrecklicheren und umfangreicheren Gerichten, die die Welt vor der endgültigen Befreiung des Volkes Gottes heimsuchen werden. Johannes beschreibt diese furchtbaren Plagen mit folgenden Worten: »Es entstand ein böses und schlimmes Geschwür an den Menschen, die das Zeichen des Tieres hatten und die sein Bild anbeteten.« (Offenbarung 16,2) Das Meer »wurde zu Blut wie von einem Toten, und alle lebendigen Wesen im Meer starben. ... Und der dritte Engel goss aus seine Schale in die Wasserströme und in die Wasserquellen; und sie wurden zu Blut« (Offenbarung 16,3.4). So schrecklich diese Plagen auch sein werden, an Gottes Gerechtigkeit besteht kein Zweifel. »Gerecht bist du ... dass du dieses Urteil gesprochen hast; denn sie haben das Blut der Heiligen und der Propheten vergossen, und Blut hast du ihnen zu trinken gegeben; sie sind's wert.« (Offenbarung 16,5.6) Obwohl sie die Kinder Gottes nur verbal zum Tode verurteilt haben, werden sie genauso für schuldig erklärt, wie wenn sie deren Blut mit eigenen Händen vergossen hätten. In gleicher Weise gab Christus den Juden seiner Zeit die Schuld am Blut aller Heiligen seit Abel, das vergossen wurde, da sie den gleichen Geist wie diese Mörder besaßen und das gleiche Werk verrichten wollten.

In der nächsten Plage wird der Sonne Macht gegeben, »die Menschen zu versengen mit Feuer. Und die Menschen wurden versengt von der großen Hitze« (Offenbarung 16,8.9). Die Propheten schildern den Zustand der Erde zu dieser schrecklichen Zeit folgendermaßen: »Das Feld ist verwüstet ... das Getreide ist verdorben. ... Alle Bäume auf dem Felde sind verdorrt; denn die Freude der Menschen ist zum Jammer geworden. ...« (Joel 1,10-12) »Der Same ist unter der Erde verdorrt, die Kornhäuser stehen wüst. ... O wie seufzt das Vieh! Die Rinder sehen kläglich drein, denn sie haben keine Weide. ... Die Wasserbäche sind ausgetrocknet, und das Feuer hat die Auen in der Steppe verbrannt.« (Joel 1,17.18.20) »Die Lieder im Tempel sollen in Heulen verkehrt werden zur selben Zeit, spricht Gott der Herr. Es werden an allen Orten viele Leichname liegen, die man heimlich hinwirft.« (Amos 8,3)

Hier handelt es sich nicht um weltweite Plagen, sonst würden die Bewohner der Erde völlig ausgerottet werden. Trotzdem werden sie die schrecklichsten Geißeln sein, die sterbliche Menschen je erlebt haben werden. Alle Gerichte, die vor Beendigung der Gnadenzeit über die Menschen kamen, waren mit Gnade vermischt. Das rettende Blut Christi schützte den Sünder davor, das volle Strafmaß zu erhalten. Doch beim Endgericht wird der Zorn Gottes ungehemmt und ohne Gnade ausgegossen werden.

An jenem Tag werden viele den Schutz der göttlichen Gnade begehren, die sie bis dahin verachtet haben. »Siehe, es kommt die Zeit, spricht Gott der Herr, dass ich einen Hunger ins Land schicken werde, nicht einen Hunger nach Brot oder Durst nach Wasser, sondern nach dem Wort des Herrn, es zu hören; dass sie hin und her von einem Meer zum andern, von Norden nach Osten laufen und des Herrn Wort suchen und doch nicht finden werden.« (Amos 8,11.12)

DENNOCH BEWAHRT

Gottes Volk wird nicht ohne Leiden sein. Während es aber verfolgt und entmutigt wird und Entbehrung und Hunger erleidet, wird es doch nicht umkommen. Dieser Gott, der für Elia sorgte, wird an keinem seiner aufopferungswilligen Kinder vorbeigehen. Der die Haare auf ihren Häuptern zählt, wird für sie sorgen, und in Zeiten der Hungersnot werden sie gesättigt werden. Während die Gottlosen an Hunger und Seuchen zugrunde gehen, beschützen Engel die Gerechten und sorgen für ihre Bedürfnisse. Für den Gerechten gilt die Verheißung: »Sein Brot wird ihm gegeben, sein Wasser hat er gewiss.« (Jesaja 33,16) »Die Elenden und Armen suchen Wasser, und es ist nichts da, ihre Zunge verdorrt vor Durst. Aber ich, der Herr, will sie erhören; ich, der Gott Israels, will sie nicht verlassen.« (Jesaja 41,17)

»Da wird der Feigenbaum nicht grünen, und es wird kein Gewächs sein an den Weinstöcken. Der Ertrag des Ölbaums bleibt aus, und die Äcker bringen keine Nahrung; Schafe werden aus den Hürden gerissen, und in den Ställen werden keine Rinder sein. Aber ich will mich freuen des Herrn und fröhlich sein in Gott, meinem Heil.« (Habakuk 3,17.18)

»Der Herr behütet dich; der Herr ist dein Schatten über deiner rechten Hand, dass dich des Tages die Sonne nicht steche noch der Mond des Nachts. Der Herr behüte dich vor allem Übel, er behüte deine Seele.« (Psalm 121,5-7)

»Er errettet dich vom Strick des Jägers und von der verderblichen Pest. Er wird dich mit seinen Fittichen decken, und Zuflucht wirst du haben unter seinen Flügeln. Seine Wahrheit ist Schirm und Schild, dass du nicht erschrecken musst vor dem Grauen der Nacht, vor den Pfeilen, die des Tages fliegen, vor der Pest, die im Finstern schleicht, vor der Seuche, die am Mittag Verderben bringt. Wenn auch tausend fallen zu deiner Seite und zehntausend zu deiner Rechten, so wird es doch dich nicht treffen. Ja, du wirst es mit eigenen Augen sehen und schauen, wie den Gottlosen vergolten wird. Denn der Herr ist deine Zuversicht, der Höchste ist deine Zuflucht. Es wird dir kein Übel begegnen, und keine Plage wird sich deinem Hause nahen.« (Psalm 91,3-10)

Trotzdem wird es aus menschlicher Sicht den Anschein haben, als ob Gottes Volk sein Zeugnis, wie einst die Märtyrer, bald mit Blut besiegeln müsste. Die Gläubigen werden befürchten, der Herr lasse es zu, dass sie durch die Hände ihrer Feinde fallen werden. Es ist eine Zeit schrecklicher Seelenangst. Tag und Nacht schreien sie zu Gott um Befreiung. Die Gottlosen frohlocken, und man hört ihren spöttischen Ruf: »Wo ist nun euer Glaube? Warum befreit euch Gott nicht aus unseren Händen, wenn ihr wirklich sein Volk seid?« Aber die Wartenden denken an den sterbenden Jesus am Kreuz auf Golgatha und an die Worte der Priester und Oberen, als diese höhnten: »Andern hat er geholfen und kann sich selber nicht helfen. Ist er der König von Israel, so steige er nun vom Kreuz herab. Dann wollen wir an ihn glauben.« (Matthäus 27,42) Wie Jakob ringen sie mit Gott. In ihrem Angesicht erkennt man ihren inneren Kampf. Die Gesichter sind bleich, und doch geben sie ihr ernstes Bitten nicht auf.

Könnten die Menschen mit den Augen des Himmels sehen, würden sie die Scharen erhabener Engel erblicken, die sich um die Gläubigen lagern, die das Wort Christi in Geduld bewahrt haben. Engel haben mitfühlend die Not gesehen und die Gebete der Gläubigen gehört. Sie warten auf das Wort ihres Anführers, um die Leidenden aus der Gefahrenzone herausreißen zu können. Doch sie müssen noch ein wenig warten. Das Volk Gottes muss aus dem bitteren Kelch trinken und mit einer besonderen Taufe getauft werden. Obwohl diese Verzögerung äußerst schmerzlich für sie ist, ist sie die beste Antwort auf ihre Bitten. Während sie vertrauensvoll auf das Eingreifen des Herrn warten, müssen sie Glaube, Hoffnung und Geduld üben. Das hatten sie in ihrer bisherigen Glaubenserfahrung noch zu wenig gelernt. Um der Auserwählten willen wird diese trübselige Zeit jedoch verkürzt werden. »Sollte Gott nicht auch Recht schaffen seinen Auserwählten, die zu ihm Tag und Nacht rufen, und sollte er's bei ihnen lange hinziehen? Ich sage euch: Er wird ihnen Recht schaffen in Kürze.« (Lukas 18,7.8) Das Ende wird schneller kommen, als es die Menschen erwarten. Der Weizen wird geerntet und für die Scheune Gottes in Garben gebunden. Das Unkraut liegt in Bündeln zur Vernichtung durch das Feuer bereit.

Die himmlischen Wächter führen ihren Dienst getreu ihrem Auftrag weiter aus. Obwohl ein generelles Datum für den Vollzug des Todesurteils an den Gläubigen, welche die Gebote halten, festgesetzt ist, wollen ihre Feinde in einigen Fällen diesen Erlass früher als geplant ausführen. Sie werden versuchen, die Gläubigen zu töten, aber niemand kommt an den mächtigen Wächtern vorbei, die jeden treuen Gläubigen beschützen. Einige werden auf ihrer Flucht aus Städten und Dörfern angegriffen, aber die Schwerter, die gegen sie erhoben werden, zerbrechen und werden kraftlos wie Stroh. Andere werden durch Engel in der Gestalt von Soldaten beschützt.

ENGEL IN MENSCHENGESTALT

Zu allen Zeiten hat Gott seinem Volk durch heilige Engel geholfen und es befreit. Himmlische Wesen haben aktiv an menschlichen Unternehmungen teilgenommen. Sie sind in Gewändern aufgetreten, die wie Blitze leuchteten, oder sie sind als Männer in der Kleidung eines Wanderers erschienen. Engel sind Männern Gottes in menschlicher Gestalt begegnet. Als ob sie ausruhen müssten, haben sie mittags unter Eichen geruht. Sie haben die Gastfreundschaft menschlicher Heime angenommen. Sie haben Reisenden in der Nacht den Weg gewiesen. Sie haben das Feuer des Altars mit eigenen Händen angezündet. Sie haben Gefängnistüren geöffnet und Diener des Herrn befreit. In himmlischer Ausrüstung kamen sie, um den Stein vom Grab des Erlösers wegzurollen.

Engel nehmen oft in Menschengestalt an Versammlungen der Gerechten teil und besuchen Zusammenkünfte der Gottlosen wie einst in Sodom. Sie zeichnen deren Taten auf, um festzustellen, ob die Grenzen von Gottes Langmut überschritten worden sind. Der Herr liebt Barmherzigkeit und im Interesse einiger Weniger, die ihm aufrichtig dienen, hält er Katastrophen zurück und verlängert für viele Menschen die Zeit des Friedens. Menschen, die gegen Gott sündigen, ahnen kaum, dass sie ihr eigenes Leben gerade den wenigen Treuen verdanken, die sie selbst so gerne verspotten und unterdrücken.

Obwohl es die Herrscher dieser Welt nicht wissen, haben in ihren Versammlungen oft Engel das Wort ergriffen. Menschliche Augen haben sie erblickt, menschliche Ohren haben ihre Aufrufe gehört, menschliche Lippen haben sich ihren Vorschlägen widersetzt und ihre Ratschläge verlacht, menschliche Hände haben sie beleidigt und misshandelt. In Ratsversammlungen und an Gerichtshöfen haben diese Boten gezeigt, dass sie genaue Kenntnisse der menschlichen Geschichte haben. Sie haben die Sache der Unterdrückten besser vertreten als deren fähigste und gewandteste Verteidiger. Sie vereitelten böse Absichten und Taten, die das Werk Gottes sehr behindert und seinem Volk großes Leid zugefügt hätten. »Der Engel des Herrn lagert sich um die her, die ihn fürchten, und hilft ihnen heraus« (Psalm 34,8) in der Stunde der Gefahr und Trübsal.

Das Volk Gottes erwartet mit großer Sehnsucht die Zeichen seines kommenden Königs. Wenn die Wächter angerufen werden: »Wächter, ist die Nacht bald hin?«, wird ohne Zögern die Antwort ertönen: »Wenn auch der Morgen kommt, so wird es doch Nacht bleiben.« (Jesaja 21,11.12) Licht erscheint auf den Wolken über den Bergspitzen. Bald wird seine Herrlichkeit offenbar. Die Sonne der Gerechtigkeit wird bald hervorleuchten. Der Morgen und die Nacht stehen beide nahe bevor: der Beginn eines endlosen Tages für die Gerechten und der ewigen Nacht für die Gottlosen.

Während die Bedrängten ihre Bitten noch zu Gott empor senden, scheint der Schleier, der sie von der unsichtbaren Welt trennt, fast weggezogen. Die Dämmerung des ewigen Tages lässt die Himmel erglühen, und wie die Melodie eines Engelchors dringen die Worte an das Ohr: »Steht fest in eurer Treue! Die Hilfe kommt!« Christus, der allmächtige Sieger, hält seinen müden Streitern eine Krone unvergänglicher Herrlichkeit bereit, und seine Stimme ertönt von den halb geöffneten Toren: »Siehe, ich bin mit euch! Fürchtet euch nicht! Ich kenne all euren Kummer, ich habe eure Sorgen getragen. Ihr kämpft nicht gegen unbesiegbare Feinde. Ich habe den Kampf für euch ausgefochten, und weil ihr meinen Namen tragt, kann euch niemand überwinden.«

DIE HILFE KOMMT ZUR RECHTEN ZEIT

Christus sendet seine Hilfe genau dann, wenn wir sie brauchen. Der Weg zum Himmel ist durch seine Fußstapfen geheiligt. Jeder Dorn, der unseren Fuß verwundet, hat auch seinen Fuß verletzt. Jedes Kreuz, zu dem er uns aufruft, es zu tragen, hat er vor uns getragen. Der Herr lässt Konflikte zu, um uns auf den Frieden vorzubereiten. Die Zeit der Trübsal ist eine schwere Prüfung für das Volk Gottes. Es ist aber auch die Zeit für jeden Gläubigen, aufzuschauen, und im Glauben kann er den Bogen der Verheißung sehen, der ihn umgibt.

»So werden die Erlösten des Herrn heimkehren und nach Zion kommen mit Jauchzen, und ewige Freude wird auf ihrem Haupte sein. Wonne und Freude werden sie ergreifen, aber Trauern und Seufzen wird von ihnen fliehen. Ich, ich bin euer Tröster! Wer bist du denn, dass du dich vor Menschen gefürchtet hast, die doch sterben, und vor Menschenkindern, die wie Gras vergehen, und hast des Herrn vergessen, der dich gemacht hat ... und hast dich ständig gefürchtet den ganzen Tag vor dem Grimm des Bedrängers, als er sich vornahm, dich zu verderben? Wo ist nun der Grimm des Bedrängers? Der Gefangene wird eilends losgegeben, dass er nicht sterbe und begraben werde und dass er keinen Mangel an Brot habe. Denn ich bin der Herr, dein Gott, der das Meer erregt, dass seine Wellen wüten – sein Name heißt Herr

Zebaoth –; ich habe mein Wort in deinen Mund gelegt und habe dich unter dem Schatten meiner Hände geborgen.« (Jesaja 51,11-16)
»Darum höre dies, du Elende, die du trunken bist, doch nicht von Wein! So spricht dein Herrscher, der Herr, und dein Gott, der die Sache seines Volks führt: Siehe, ich nehme den Taumelkelch aus deiner Hand, den Becher meines Grimmes. Du sollst ihn nicht mehr trinken, sondern ich will ihn deinen Peinigern in die Hand geben, die zu dir sprachen: Wirf dich nieder, dass wir darüber hin gehen! Und du machtest deinen Rücken dem Erdboden gleich und wie eine Gasse, dass man darüber hin laufe.« (Jesaja 51,21-23)

Das Auge Gottes, das alle Zeiten überschaut, ist auf die Bedrängnis gerichtet, die seinem Volk begegnen wird, wenn sich irdische Mächte gegen es erheben. Wie die Gefangenen in der Verbannung lebt es in der Furcht vor dem Tod durch Hunger oder Gewalt. Aber der Heilige, der das Rote Meer für die Israeliten teilte, wird seine gewaltige Macht offenbaren und seine Gefangenschaft wenden. »Sie sollen, spricht der Herr Zebaoth, an dem Tage, den ich machen will, mein Eigentum sein, und ich will mich ihrer erbarmen, wie ein Mann sich seines Sohnes erbarmt, der ihm dient.« (Maleachi 3,17) Wenn das Blut der treuen Zeugen in dieser Zeit vergossen würde, wäre es nicht mehr wie das Blut der Märtyrer eine Saat für eine neue Ernte zur Ehre Gottes. Ihre Treue wäre kein Bekenntnis, um andere von der Wahrheit zu überzeugen, denn die verhärteten Herzen haben den Wogen der Barmherzigkeit getrotzt, bis sie nicht mehr wiederkehren. Wenn die Gerechten jetzt ihren Feinden zum Opfer fielen, wäre dies ein Triumph für den Fürsten der Finsternis. Der Psalmist sagt: »Er deckt mich in seiner Hütte zur bösen Zeit, er birgt mich im Schutz seines Zeltes und erhöht mich auf einen Felsen.« (Psalm 27,5) Christus hat durch Jesaja gesprochen: »Geh hin, mein Volk, in deine Kammer, und schließ die Tür hinter dir zu! Verbirg dich einen kleinen Augenblick, bis der Zorn vorübergehe. Denn siehe, der Herr wird ausgehen von seinem Ort, heimzusuchen die Bosheit der Bewohner der Erde. Dann wird die Erde offenbar machen das Blut, das auf ihr vergossen ist, und nicht weiter verbergen, die auf ihr getötet sind.« (Jesaja 26,20.21) Die Erlösung wird für all jene herrlich sein, die geduldig auf die Wiederkunft des Herrn gewartet haben und deren Namen im Buch des Lebens geschrieben sind.

TEIL 7

AM ENDE SIEGT DAS LICHT

»Und Gott wird jede Träne abwischen von ihren Augen. Es wird keinen Tod und keine Trauer mehr geben, kein Klagegeschrei und keinen Schmerz. Denn was früher war, ist vergangen.«

Offenbarung 21,4 Basisbibel

KAPITEL 40

GOTTES VOLK WIRD BEFREIT

Wenn den Gläubigen, die Gottes Gesetz achten, der Schutz menschlicher Gesetze entzogen wird, kommt es in verschiedenen Ländern gleichzeitig zu einer Bewegung, die beabsichtigt, sie zu vernichten. Wenn die im entsprechenden Dekret festgesetzte Zeit näher kommt, werden die Menschen ein Komplott schmieden, um die verhasste Sekte auszurotten. Sie werden beschließen, in einer Nacht einen vernichtenden Schlag auszuführen, um die abweichenden und tadelnden Stimmen endgültig zum Schweigen zu bringen.

Die Kinder Gottes, einige in Gefängniszellen, andere in verborgenen Schlupfwinkeln in Wäldern und auf Bergen, beten nach wie vor um den Schutz Gottes, während bewaffnete Männer, von bösen Engelscharen angetrieben, sich überall auf ihr Todeswerk vorbereiten. Jetzt, in der Stunde äußerster Not, schreitet der Gott Israels ein und erlöst sein auserwähltes Volk. Der Herr sagt: »Da werdet ihr singen wie in der Nacht des heiligen Festes und euch von Herzen freuen, wie wenn man mit Flötenspiel geht zum Berge des Herrn, zum Hort Israels. Und der Herr wird seine herrliche Stimme erschallen lassen, und man wird sehen, wie sein Arm herniederfährt mit zornigem Drohen und mit Flammen verzehrenden Feuers, mit Wolkenbruch und Hagelschlag.« (Jesaja 30,29.30)

Mit Triumphgeschrei, Spott und Verwünschungen wollen sich böse Menschen auf ihre Beute stürzen, aber siehe da, eine tiefe Finsternis, tiefer als die schwärzeste Nacht, fällt über die Erde. Dann umschließt ein Regenbogen mit der Herrlichkeit vom Thron Gottes jede betende Gruppe. Plötzlich sind die zornigen Scharen gehemmt. Ihre spöttischen Rufe verklingen, und der Grund ihres Blutrauschs ist vergessen. Mit schrecklichen Vorahnungen starren sie auf das Bundeszeichen Gottes und wünschen sich, vor seiner überwältigenden Helligkeit geschützt zu werden.

DER TAG DES HERRN

Das Volk Gottes vernimmt eine klare und klangvolle Stimme, die ruft: »Seht auf!« Alle heben ihre Augen zum Himmel empor und erblicken den Bogen der Verheißung. Die schwarzen, drohenden Wolken, die den Himmel bedeckten, haben sich verzogen, und wie einst Stephanus schauen sie gebannt aufwärts und sehen die Herrlichkeit Gottes und den Menschensohn auf seinem Thron sitzen. An seiner göttlichen Gestalt erkennen sie die Zeichen seiner Erniedrigung, und von seinen Lippen hören sie die Bitte, die er vor seinen Vater und die heiligen Engel bringt: »Vater, ich will, dass dort, wo ich bin, auch all jene sind, die du mir gegeben hast.« (Johannes 17,24 ZÜ) Und wieder ertönt eine klangvolle und triumphierende Stimme, die ausruft: »Sie kommen, sie kommen, heilig, unversehrt und makellos! Sie haben das Wort meiner Geduld gehalten, sie sollen unter den Engeln wandeln!« Die blassen und bebenden Lippen derer, die am Glauben festgehalten haben, brechen in Siegesjubel aus.

Es ist Mitternacht, wenn Gott seine Macht zur Befreiung seines Volkes offenbart. Die Sonne bricht hervor und scheint in voller Kraft. Zeichen und Wunder folgen dicht aufeinander. Die Gottlosen schauen bestürzt und erstaunt auf diese Ereignisse, während die Gerechten in großer Freude die Signale für ihre Befreiung erkennen. Die Natur scheint ihre gewohnte Ordnung verloren zu haben. Die Flüsse fließen nicht mehr. Schwere, dunkle Wolken steigen auf und prallen aufeinander. Inmitten dieses aufgebrachten Himmels erkennt man eine Stelle von unbeschreiblicher Herrlichkeit, und von dort ertönt die Stimme Gottes wie das Rauschen vieler Wasser, die da spricht: »Es ist geschehen!« (Offenbarung 16,17)

Diese Stimme lässt Himmel und Erde erbeben. »Es geschah ein großes Erdbeben, wie es noch nicht gewesen ist, seit Menschen auf Erden sind – ein solches Erdbeben, so groß.« (Offenbarung 16,18) Es sieht so aus, als würde sich das Firmament öffnen und schließen. Die Herrlichkeit vom Thron Gottes scheint durchzublitzen. Die Berge wogen wie Schilfrohr im Wind, und Felsbrocken werden in alle Richtungen geschleudert. Winde heulen wie vor einem Gewitter. Das Meer ist zornig aufgewühlt. Man hört das Brüllen eines Orkans wie den Schrei von Dämonen, die sich aufmachen, um etwas zu zerstören. Die ganze Erde hebt und senkt sich wie die Wellen des Meeres. Ihre Oberfläche bricht auf, ihre Grundfesten scheinen zu weichen. Bergketten versinken, bewohnte Inseln verschwinden. Seehäfen, die durch das lasterhafte Leben ihrer Bewohner wie Sodom geworden sind, werden von dem Wüten des Meeres verschlungen. »Und Babylon, der großen, wurde gedacht vor Gott, dass ihr gegeben werde der Kelch mit dem

Wein seines grimmigen Zorns.« (Offenbarung 16,19) »Ein großer Hagel wie Zentnergewichte« (Offenbarung 16,21) vollbringt sein Zerstörungswerk. Die stolzesten Städte der Erde fallen in Schutt und Asche. Paläste, an denen die Großen ihre Reichtümer verschwendet haben, um sich selbst zu verherrlichen, zerbersten vor ihren Augen. Gefängnismauern zerbrechen, und Angehörige des Volkes Gottes, die ihres Glaubens wegen eingesperrt waren, werden frei.

Gräber öffnen sich, »und viele, die unter der Erde schlafen liegen, werden aufwachen, die einen zum ewigen Leben, die andern zu ewiger Schmach und Schande« (Daniel 12,2). Alle, die im Glauben an die dritte Engelsbotschaft gestorben sind, steigen verklärt aus ihren Gräbern, um Gottes Friedensversprechen zu hören für die, die sein Gesetz gehalten haben. Auch diejenigen, »die ihn durchbohrt haben« (Offenbarung 1,7), die Christus in seinem Todesschmerz verspotteten und verlachten, die heftigsten Widersacher seiner Wahrheit und seines Volkes werden auferweckt, um ihn in seiner Herrlichkeit zu sehen und mitzuerleben, welche Ehre denen gegeben wird, die treu und gehorsam waren.

Immer noch ist der Himmel mit dicken Wolken verhangen, doch hin und wieder bricht die Sonne durch, die wie das rächende Auge Jahwes erscheint. Blitze zucken vom Himmel herab und hüllen die Erde in ein Flammenmeer. Durch das schreckliche Grollen des Donners verkünden geheimnisvolle und furchterregende Stimmen das Schicksal der Gottlosen. Nicht alle verstehen diese Worte, aber die falschen Lehrer wissen genau, worum es sich handelt. Menschen, die kurz zuvor noch rücksichtslos, prahlerisch, trotzig und frohlockend über ihre Grausamkeiten gegen Gottes Volk waren, das seine Gebote hielt, sind bestürzt, überwältigt und zittern vor Angst. Ihre Klagerufe übertönen das Getöse der Elemente. Dämonen anerkennen die Gottheit Christi und zittern vor seiner Macht, während Menschen vor Schrecken am Boden kriechen und um Gnade bitten.

SCHRECKEN UND VERZWEIFLUNG

Die Propheten des Alten Bundes sagten, als sie den Tag des Herrn in der Vision sahen: »Heulet, denn des Herrn Tag ist nahe; er kommt wie eine Verwüstung vom Allmächtigen.« (Jesaja 13,6) »Verkrieche dich in den Felsen und verbirg dich im Staub aus Furcht vor dem Herrn und vor der Herrlichkeit seiner Majestät! Die stolzen Augen der Menschen werden erniedrigt, und der Hochmut der Männer wird gebeugt werden; der Herr aber wird allein erhaben sein an jenem Tag. Denn es kommt ein Tag [des Gerichts] von dem Herrn der Heerscharen über alles Stolze und Hohe und über alles Erhabene, und es wird erniedrigt werden ... An jenem Tag wird der Mensch seine silbernen Götzen und seine goldenen Götzen, die jeder sich gemacht hat, um sie anzubeten, den Maulwürfen und Fledermäusen hinwerfen, um sich zu verkriechen in die Felsspalten und Steinklüfte aus Furcht vor dem Herrn und der Herrlichkeit seiner Majestät, wenn er sich aufmachen wird, um die Erde in Schrecken zu versetzen.« (Jesaja 2,10-12.20.21 Schl.)

Durch ein Loch in den Wolken funkelt ein Stern, der einen Kontrast zu dieser Finsternis bildet und dessen Helligkeit sich vervierfacht. Den Treuen verspricht er Hoffnung und Freude, den Gesetzesübertretern aber strenges Gericht und Zorn. Die alles für Christus geopfert haben, sind nun in Sicherheit, als wären sie ganz geborgen im Zelt des Herrn. Sie wurden geprüft und haben vor der Welt und vor denen, die sie verachtet haben, ihre Treue zu dem bewiesen, der für sie gestorben ist. Diejenigen, die im Angesicht des Todes ihre Rechtschaffenheit bewahrt haben, erleben eine große Veränderung. Sie werden plötzlich aus der finsteren und schrecklichen Tyrannei von Menschen befreit, die sich in Dämonen verwandelt haben. Noch vor kurzem waren ihre Gesichter blass, ängstlich und verstört, doch nun strahlen sie vor Verwunderung, Glaube und Liebe. Siegesgewiss erheben sie ihre Stimmen und singen: »Gott ist unsre Zuversicht und Stärke, eine Hilfe in den großen Nöten, die uns getroffen haben. Darum fürchten wir uns nicht, wenngleich die Welt unterginge und die Berge mitten ins Meer sänken, wenngleich das Meer wütete und wallte und von seinem Ungestüm die Berge einfielen.« (Psalm 46,2-4)

Während diese Worte heiligen Vertrauens zu Gott emporsteigen, weichen die Wolken zurück, und der sternenübersäte Himmel wird sichtbar, unaussprechlich herrlich im Gegensatz zum schwarzen und zornigen Firmament ringsumher. Der Glanz der himmlischen Stadt leuchtet aus den offenen Toren. Dann erscheint eine Hand am Himmel, die zwei zusammengelegte Steintafeln hält. Der Prophet sagt: »Die Himmel werden seine Gerechtigkeit verkünden; denn Gott selbst ist Richter.« (Psalm 50,6) Jenes heilige Gesetz, Gottes Gerechtigkeit, das unter Donner und Blitz vom Sinai herab als Richtschnur des Lebens verkündigt worden war, wird nun den Menschen als Maßstab des Gerichts offenbart. Die Hand öffnet die Tafeln, und nun werden die Zehn Gebote, wie von einem feurigen Griffel geschrieben, sichtbar. Erinnerungen werden wach, der Verstand eines jeden Menschen wird von der Finsternis des Aberglaubens und der

Irrlehre befreit und allen Bewohnern der Erde stehen die Zehn Gebote Gottes kurz, vollständig und als verbindliche Norm vor Augen. Es ist unmöglich, den Schrecken und die Verzweiflung derer zu beschreiben, die Gottes Gesetz mit Füßen getreten haben. Der Herr selbst gab es ihnen. Sie hätten ihren Charakter damit vergleichen und ihre Fehler erkennen können, solange noch Zeit für Buße und Bekehrung war. Aber sie zogen die Gunst der Welt vor, missachteten die Gebote und lehrten andere, diese zu übertreten. Sie haben es gewagt, Gottes Volk zu zwingen, den Sabbat des Herrn zu entheiligen. Nun werden sie durch jenes Gesetz verurteilt, das sie verachtet haben. Mit schrecklicher Deutlichkeit erkennen sie, dass sie keine Entschuldigung haben. Sie bestimmten selbst, wem sie dienen und wen sie anbeten wollten. »Ihr werdet am Ende doch sehen, was für ein Unterschied ist zwischen dem Gerechten und dem Gottlosen, zwischen dem, der Gott dient, und dem, der ihm nicht dient.« (Maleachi 3,18)

Die Feinde des Gesetzes, angefangen von den Geistlichen bis hinunter zu den Geringsten, gewinnen jetzt eine neue Vorstellung von Wahrheit und Pflicht. Zu spät erkennen sie, dass der Sabbat des vierten Gebots das Siegel des lebendigen Gottes ist. Zu spät erkennen sie die wahre Natur des falschen Sabbats und den sandigen Grund, auf den sie gebaut haben. Ihnen wird klar, dass sie gegen Gott gekämpft haben. Religiöse Führer haben Suchende ins Verderben geführt, während sie vorgaben, diese zu den Toren des Paradieses zu geleiten. Erst bei der Endabrechnung wird bekannt werden, wie groß die Verantwortung der Menschen in heiligen Ämtern ist und wie schrecklich die Folgen ihrer Untreue sein werden. Erst in der Ewigkeit wird man den Verlust eines einzigen Menschen richtig einschätzen können. Das Urteil wird für den schrecklich sein, zu dem Gott sagt: »Gehe hinweg von mir, du gottloser Knecht!« (Lukas 13,27)

ER KOMMT!

Die Stimme Gottes ertönt vom Himmel und verkündigt Tag und Stunde der Wiederkunft Jesu und das Inkrafttreten des ewigen Bundes für sein Volk. Wie das Dröhnen eines Donners rollen Gottes Worte über die Erde. Das Israel Gottes hört gebannt zu, wobei die Augen zum Himmel gerichtet sind. Ihre Gesichter erstrahlen im Glanz seiner Herrlichkeit und leuchten wie einst das Antlitz Moses, als er vom Sinai herabstieg. Die Gottlosen können ihren Anblick nicht ertragen. Wenn der Segen über die ausgesprochen wird, die Gott durch Halten des Sabbats geehrt haben, erschallt ein mächtiger Siegesruf.

Bald erscheint gegen Osten eine kleine schwarze Wolke, ungefähr halb so groß wie die Hand eines Mannes. Es ist die Wolke, die den Erlöser umgibt und sie erscheint aus der Ferne wie in Dunkelheit gehüllt. Gottes Volk weiß: Dies ist das Zeichen des Menschensohnes. In ernstem Schweigen blicken alle auf diese Wolke, wie sie sich der Erde nähert und dabei zusehends heller und herrlicher wird, bis sie eine große weiße Wolke ist, deren Unterseite wie verzehrendes Feuer aussieht und über welcher der Regenbogen des Bundes schwebt. Jesus reitet ihr als mächtiger Sieger voraus. Er ist nicht mehr »der Mann der Schmerzen« (vgl. Jesaja 53), der den bitteren Kelch der Schmach und des Leides trinken muss, sondern der Sieger im Himmel und auf Erden, der die Lebenden und die Toten richtet. Er heißt »Treu und Wahrhaftig, und er richtet und kämpft mit Gerechtigkeit. ... Und ihm folgt das Heer des Himmels auf weißen Pferden, angetan mit weißem, reinem Leinen« (Offenbarung 19,11.14). Mit dem Gesang himmlischer Melodien begleitet ihn eine riesige, unzählbare Menge von Engeln. Das Himmelszelt scheint von leuchtenden Gestalten bedeckt: »Tausendmal Tausende ... und zehntausendmal Zehntausende« (Daniel 7,10). Keine menschliche Feder vermag diese Szene zu beschreiben, kein Sterblicher kann diese Pracht erfassen. »Seines Lobes war der Himmel voll, und seiner Ehre war die Erde voll. Sein Glanz war wie Licht.« (Habakuk 3,3.4) Wenn sich diese lebende Wolke der Erde nähert, sieht jedes Auge den Lebensfürsten. Keine Dornenkrone entstellt sein erhabenes Haupt, aber ein herrliches Diadem ruht auf seiner heiligen Stirn. Sein Angesicht strahlt heller als die Mittagssonne. Er »trägt einen Namen geschrieben auf seinem Gewand und auf seiner Hüfte: König aller Könige und Herr aller Herren« (Offenbarung 19,16).

Vor seinem Angesicht werden »alle Angesichter so bleich« (Jeremia 30,6), und auf den, der seine Gnade ablehnt, fällt der Schrecken endgültiger Verzweiflung. »Ein mutloses Herz und wankende Knie! Und ein Zittern in allen Hüften, und die Gesichter aller sind erblasst!« (Nahum 2,11 ZÜ) Die Gerechten rufen mit Zittern: »Wer kann bestehen?« (Offenbarung 6,17) Der Gesang der Engel verstummt, und es herrscht eine Zeit lang Ehrfurcht gebietendes Schweigen. Dann hört man die Stimme Jesu sagen: »Lass dir an meiner Gnade genügen.« (2. Korinther 12,9) Die Gesichter der Gerechten hellen sich auf, und Freude erfüllt jedes Herz. Die Engel stimmen ihren Gesang in einer höheren Tonart an und singen, während sie sich der Erde nähern.

Der König der Könige kommt, in ein Flammenmeer gehüllt, auf einer Wolke herab. Der Himmel rollt sich zusammen wie eine Schriftrolle (vgl.

Offenbarung 6,14), die Erde bebt vor ihm, Berge und Inseln werden von ihren Orten bewegt.»Unser Gott kommt und schweiget nicht. Fressendes Feuer geht vor ihm her und um ihn her ein mächtiges Wetter. Er ruft Himmel und Erde zu, dass er sein Volk richten wolle.« (Psalm 50,3.4)
»Und die Könige auf Erden und die Großen und die Obersten und die Reichen und die Gewaltigen und alle Sklaven und alle Freien verbargen sich in den Klüften und Felsen der Berge und sprachen zu den Bergen und Felsen: Fallt über uns und verbergt uns vor dem Angesicht dessen, der auf dem Thron sitzt, und vor dem Zorn des Lammes! Denn es ist gekommen der große Tag ihres Zorns, und wer kann bestehen?« (Offenbarung 6,15-17)
Die verächtlichen Witze sind verstummt. Lügenmäuler sind zum Schweigen gebracht. Waffengeklirr, dröhnendes Schlachtgetümmel und blutbefleckte Kleider (vgl. Jesaja 9,4) gibt es nicht mehr. Nur Gebete, Weinen und Wehklagen sind jetzt vernehmbar. Von den Lippen derer, die vor Kurzem noch spotteten, vernimmt man Schreie: »Es ist gekommen der große Tag ihres Zorns, und wer kann bestehen?« (Offenbarung 6,17) Die Gottlosen bitten, unter den Bergfelsen begraben zu werden, statt in das Angesicht dessen sehen zu müssen, den sie verachtet und verworfen haben.

Sie kennen jene Stimme, die bis zu den Ohren der Toten durchdringt. Wie oft hatte ihr traurig sanfter Klang sie zur Umkehr gerufen? Wie oft war sie vernehmbar in der bewegenden Bitte eines Freundes, eines Bruders, eines Retters? Keine Stimme wird diejenigen, die Christi Gnade zurückgewiesen haben, so sehr verurteilen und so schwer belasten, wie jene, die sich so lange für sie eingesetzt hatte: »So kehrt nun um von euren bösen Wegen. Warum wollt ihr sterben?« (Hesekiel 33,11) Ach, wenn es für sie doch nur die Stimme eines Fremden wäre! Jesus sagt: »Ich rufe, und ihr weigert euch, ich strecke meine Hand aus und niemand achtet darauf, ihr lasst fahren all meinen Rat, und meine Zurechtweisung wollt ihr nicht« (vgl. Sprüche 1,24.25). Diese Stimme weckt Erinnerungen, die sie gern ausgetilgt hätten: verachtete Warnungen, ausgeschlagene Einladungen, zurückgewiesene Vorrechte.

Da sind jene, die Christus in seiner Demütigung verspotteten. Mit eindringlicher Macht kommen die Worte des Leidenden in ihr Gedächtnis, als er nach der Beschwörung durch den Hohenpriester feierlich erklärte: »Von nun an werdet ihr sehen den Menschensohn sitzen zur Rechten der Kraft und kommen auf den Wolken des Himmels.« (Matthäus 26,64) Nun sehen sie ihn in seiner Herrlichkeit und müssen mit ansehen, wie er zur Rechten der Macht sitzt.

Jene, die über seinen Anspruch, er sei Gottes Sohn, spotteten, sind nun sprachlos. Da ist der hochmütige Herodes, der sich über Jesu königlichen Titel lustig machte und den höhnenden Kriegern befahl, ihn zum König zu krönen. Da sind eben jene Männer, die ihm das purpurne Gewand anlegten, die Dornenkrone auf seine heilige Stirn setzten, das Zepter des Spottes in seine widerstandslose Hand legten und sich vor ihm gotteslästerlich verneigten. Die Männer, die den Fürsten des Lebens schlugen und bespuckten, wenden sich nun vor seinem durchdringenden Blick ab und versuchen vor der übermächtigen Herrlichkeit seiner Gegenwart zu fliehen. Jene, die ihm die Nägel durch Hände und Füße trieben, der Soldat, der seine Seite durchstach: Sie alle betrachten diese Zeichen nun mit Schrecken und schlechtem Gewissen.

Mit furchtbarer Deutlichkeit erinnern sich Priester und Oberste an die Ereignisse auf Golgatha. Mit Schaudern denken sie daran, wie sie mit satanischer Freude ihre Köpfe schüttelten und ausriefen: »Andere hat er gerettet, sich selbst kann er nicht retten. Der König Israels ist er doch: So steige er jetzt vom Kreuz herab, und wir werden an ihn glauben. Er hat auf Gott vertraut; der soll ihn jetzt retten, wenn er will, er hat ja gesagt: Ich bin Gottes Sohn.« (Matthäus 27,42.43 ZÜ)

Lebhaft erinnern sie sich an Jesu Gleichnis von den Weingärtnern, die sich weigerten, ihrem Herrn den Ertrag des Weinbergs zu übergeben, seine Knechte misshandelten und seinen Sohn erschlugen. Sie erinnern sich ebenfalls ihres Ausspruchs: Der Herr des Weinbergs »wird den Bösen ein böses Ende bereiten« (Matthäus 21,41). In der Sünde und Bestrafung dieser untreuen Männer erkennen die Priester und Ältesten ihr eigenes Verhalten und ihr gerechtes Urteil. Und jetzt hört man sie in Todesangst schreien. Lauter als der Ruf »Kreuzige, kreuzige ihn!« (Lukas 23,21), der durch die Straßen Jerusalems hallte, schwillt jetzt der schreckliche, verzweifelte Klageruf an: »Er ist Gottes Sohn! Er ist der wahre Messias!« (Matthäus 27,54) Sie wollen vor der Gegenwart des Königs der Könige fliehen. Vergeblich versuchen sie, sich in den tiefen Erdhöhlen, die sich beim Ausbruch der Elemente bildeten, zu verstecken.

Im Leben aller, welche die Wahrheit ablehnen, gibt es Momente, in denen das Gewissen erwacht, wo qualvolle Erinnerungen an ein Leben der Heuchelei aufkommen und der Mensch wegen versäumter Reue nicht zur Ruhe kommt. Aber was sind diese Momente im Vergleich zu den Gewissensbissen jenes Tages, »wenn über euch Angst und Not kommt«, wo das »Unglück wie ein Wetter« offenbar wird (Sprüche 1,27)? Diejenigen, die Christus und sein treues Volk vernichten wollten, werden nun Zeuge der

Herrlichkeit, die auf den Erlösten ruht. Inmitten des Schreckens hören sie die Stimmen der Heiligen, die in freudiger Erwartung ausrufen:»Siehe, das ist unser Gott, auf den wir hofften, dass er uns helfe.« (Jesaja 25,9)

ERLÖST UND ANGENOMMEN

Mitten im Taumeln der Erde, wenn Blitze zucken und Donner rollen, ruft die Stimme des Sohnes Gottes die schlafenden Heiligen. Er schaut dann auf die Gräber der Gerechten, erhebt seine Hände zum Himmel und ruft:»Erwachet, erwachet, erwachet, die ihr im Staube schlaft, und stehet auf!« Auf der ganzen Erde hören die Toten diese Stimme, und die sie hören, werden leben. Die Erde wird von den Tritten einer riesigen Schar aus allen Nationen, Geschlechtern, Sprachen und Völkern erbeben. Sie kommen aus den Gefängnissen des Todes, tragen Kleider unsterblicher Herrlichkeit und rufen:»Tod, wo ist dein Sieg? Tod, wo ist dein Stachel?« (1. Korinther 15,55), und die Stimmen der lebenden Gerechten und der auferstandenen Heiligen vereinigen sich zu einem langen, fröhlichen Siegesjubel.

Alle steigen in derselben Körpergröße aus ihren Gräbern hervor, mit der sie hineingelegt wurden. Adam steht unter der auferstandenen Menge in erhabener Größe und majestätischer Gestalt, nur wenig kleiner als der Sohn Gottes. Er steht in markantem Gegensatz zu späteren Generationen, durch die die Entartung des Menschengeschlechts deutlich zum Ausdruck kommt. Aber alle stehen in der Frische und Kraft ewiger Jugend auf. Am Anfang wurde der Mensch als Abbild Gottes geschaffen, nicht nur im Charakter, sondern auch in der Gestalt und im Aussehen. Die Sünde hat das Bild Gottes fast gänzlich entstellt und nahezu ausgelöscht, aber Christus kam, um das Verlorengegangene wiederherzustellen. Er wird unseren entarteten Körper verwandeln und seinem verklärten Leib gleich machen. Der sterbliche und vergängliche Körper war ohne Anmut und mit Sünde beschmutzt. Nun wird er vollkommen, schön und unsterblich. Jeder Makel und jede Verunstaltung bleibt im Grab. Zurückgebracht zum Baum des Lebens im so lange verlorenen Eden, werden die Erlösten zur vollen Größe ihrer ursprünglichen Herrlichkeit heranwachsen. Die letzten Spuren des Fluchs der Sünde werden beseitigt, und die, die Christus treu geblieben sind, werden in der Herrlichkeit des Herrn, unseres Gottes, erscheinen. In Leib, Seele und Geist werden sie das vollkommene Bild ihres Herrn widerspiegeln. Welch eine wunderbare Erlösung! So lange wurde von ihr gesprochen, so lange wurde sie erhofft und mit Begeisterung erwartet, aber nie völlig verstanden.

Die lebenden Gerechten werden verwandelt, »und das plötzlich, in einem Augenblick« (1. Korinther 15,52). Durch die Stimme Gottes werden sie verherrlicht, nun sind sie unsterblich und werden mit den Auferstandenen entrückt, um ihrem Herrn in der Luft zu begegnen. Engel werden »seine Auserwählten versammeln von den vier Winden, vom Ende der Erde bis zum Ende des Himmels« (Markus 13,27). Engel tragen kleine Kinder in die Arme ihrer Mütter. Freunde, die lange durch den Tod getrennt waren, werden wieder vereint, um nie mehr getrennt zu werden. Mit Freudengesängen steigen sie gemeinsam zur Stadt Gottes auf.

Auf beiden Seiten des Wolkenwagens befinden sich Flügel und unter ihm lebendige Räder. Wenn der Wagen aufwärts rollt, rufen die Räder: »Heilig!«, und die Flügel rufen bei jedem Flügelschlag: »Heilig!«, und das Gefolge der Engel ruft: »Heilig, heilig, heilig ist Gott, der Herr, der Allmächtige!« Die Erlösten rufen: »Halleluja!«, wenn sich der Wagen aufwärts bewegt, dem neuen Jerusalem entgegen.

ALS ERBEN GEKRÖNT

Vor dem Einzug in die Gottesstadt verleiht Christus seinen Nachfolgern die Auszeichnung des Sieges und schmückt sie mit den Zeichen ihres königlichen Standes. Die glänzenden Reihen stellen sich in Form eines offenen Vierecks um ihren König auf. Seine Gestalt überragt majestätisch alle Heiligen und Engel, und sein Angesicht erstrahlt voll gütiger Liebe über allen. Jeder Blick dieser unzählbaren Schar der Erlösten ist auf ihn gerichtet, jedes Auge schaut auf seine Herrlichkeit, dessen »Gestalt hässlicher war als die anderer Leute« (Jesaja 52,14). Eigenhändig setzt Jesus die Kronen der Herrlichkeit auf die Häupter der Überwinder. Jeder erhält eine Krone, auf der sein »neuer Name geschrieben« steht (Offenbarung 2,17), sowie die Inschrift »Heilig dem Herrn!« In die Hand eines jeden werden eine Siegespalme und eine leuchtende Harfe gelegt. Wenn die führenden Engel den Ton angeben, streicht jede Hand mit großem Geschick über die Saiten der Harfe, und es ertönt eine melodische und wohlklingende Musik. Unaussprechliche Begeisterung erfüllt jedes Herz, und jede Stimme erhebt sich zu dankerfülltem Lobgesang: »Ihm, der uns liebt und uns erlöst hat von unsern Sünden mit seinem Blut und uns zu Königen und Priestern gemacht hat vor Gott, seinem Vater, ihm sei Ehre und Gewalt von Ewigkeit zu Ewigkeit! Amen.« (Offenbarung 1,5.6)

Vor der Schar der Erlösten liegt die heilige Stadt. Jesus macht die Perlentore weit auf, und Menschen aus allen Nationen, die an der Wahrheit festgehalten haben, ziehen ein. Nun sehen sie das Paradies Gottes, die Heimat Adams während seiner Unschuld. Es ertönt eine Stimme, klangvoller als alles, was ein sterbliches Ohr je gehört hat, und verkündet: »Euer Kampf ist zu Ende!« »Kommt her, ihr Gesegneten meines Vaters, ererbt das Reich, das euch bereitet ist von Anbeginn der Welt!« (Matthäus 25,34) Nun hat sich das Gebet des Erlösers für seine Jünger erfüllt: »Ich will, dass, wo ich bin, auch die bei mir seien, die du mir gegeben hast.« (Johannes 17,24) Christus bringt sein Volk, das er durch sein Blut erkauft hat, »untadelig und mit Freuden« (Judas 24) vor seinen Vater und sagt: »Hier bin ich und die Kinder, die mir der Herr gegeben hat.« (Jesaja 8,18) »Die du mir gegeben hast, die habe ich bewahrt.« (Johannes 17,12) Oh, welch ein Wunder der erlösenden Liebe! Was für eine Dynamik erfüllt diese Stunde, wenn der ewige Vater auf die Erlösten schaut. In ihnen erblickt er sein Ebenbild – der Missklang der Sünde ist gebannt, ihr zerstörender Einfluss hinweggefegt und das Menschliche ist mit dem Göttlichen wieder in Einklang!

Mit unaussprechlicher Liebe heißt Jesus seine Getreuen willkommen »zu ihres Herrn Freude« (Matthäus 25,21. 23). Die Freude des Erlösers beruht darauf, dass er die Menschen, die er durch seine Leiden und seine Demütigungen errettet hat, im Reich der Herrlichkeit erblickt. Die Erretteten werden diese Freude teilen, wenn sie unter den Gesegneten Menschen erblicken, die durch ihre Gebete, ihr Wirken und ihren liebevollen, aufopferungsvollen Dienst für Christus gewonnen wurden. Unsagbare Freude wird die Herzen erfüllen, wenn sie sich um den großen weißen Thron versammeln und erkennen, dass jene, die sie für Christus gewonnen haben, andere erreichten und diese wiederum andere auf den Weg zum Himmel geleitet haben. Alle haben den Himmel erreicht, legen dort ihre Kronen Jesus zu Füßen und preisen ihn in den endlosen Perioden der Ewigkeit.

Wenn die Erlösten in der Stadt Gottes willkommen geheißen werden, schallt ein Jubelruf der Anbetung durch die Luft. Der erste und der zweite Adam werden sich treffen. Der Sohn Gottes streckt seine Arme aus und empfängt den Vater unseres Geschlechts, das Wesen, das er schuf, das gegen seinen Schöpfer sündigte und dessen Sünde die Narben der Kreuzigung auf den Händen seines Erlösers hinterließ. Wenn Adam die Male der grausamen Nägel erkennt, fällt er seinem Herrn nicht an die Brust, sondern wirft sich demütig zu seinen Füßen nieder und ruft: »Das Lamm, das geschlachtet ist, ist würdig.« (Offenbarung 5,12) Liebevoll richtet ihn Christus auf und zeigt ihm zum zweiten Mal seine Heimat in Eden, aus der er so lange verbannt war.

LETZTE ERINNERUNGEN AN DIE VERGANGENHEIT

Nach seiner Vertreibung aus Eden war Adams Leben auf Erden mit Kummer erfüllt. Jedes sterbende Blatt, jedes Opfertier, der Zerfall der einst vollkommenen Natur, jeder Makel an der Reinheit des Menschen erinnerte ihn von Neuem an seine Sünde. Sein Schmerz und seine Reue waren schrecklich, als er die allseits überhandnehmende Gottlosigkeit sah und als Antwort auf seine Warnungen die Vorwürfe einstecken musste, er trage die Schuld für die Sünde. Fast tausend Jahre lang trug er die Strafe für seine Übertretung in Geduld und Demut. Aufrichtig bereute er seine Sünde, vertraute auf die Verdienste des verheißenen Erlösers und starb in der Hoffnung auf eine Auferstehung. Der Sohn Gottes sühnte die Fehler und den Fall des Menschen, und durch das Versöhnungswerk Jesu wird Adam jetzt wieder in seinen ursprünglichen Herrschaftsbereich eingesetzt.

Überwältigt vor Freude betrachtet er die Bäume, die ihn einst entzückten, dieselben Bäume, deren Früchte er damals in den Tagen seiner Unschuld und Freude pflückte. Er sieht die Reben, die er mit eigenen Händen aufzog, dieselben Blumen, die er so gerne pflegte. Nun erfasst er die Wirklichkeit dieser Szene und versteht, dass er sich wahrhaftig im wiederhergestellten Garten Eden befindet, der so viel schöner ist als damals, als er ihn verlassen musste. Der Erlöser führt ihn zum Baum des Lebens, pflückt die herrliche Frucht und bittet Adam, sie zu essen. Er blickt um sich und sieht die Menge seiner erlösten Familie im Paradies des Herrn stehen. Dann legt er seine glänzende Krone Jesus zu Füßen, wirft sich an seine Brust und umarmt ihn. Er ergreift die goldene Harfe, und durch das Himmelsgewölbe ertönt der triumphierende Gesang: »Das Lamm, das geschlachtet ist, ist würdig, zu nehmen Kraft und Reichtum und Weisheit und Stärke und Ehre und Preis und Lob.« (Offenbarung 5,12) Die ganze Familie Adams stimmt in diesen Gesang ein, legt ihre Kronen dem Herrn zu Füßen und beugt sich in Anbetung vor ihm.

Engel, die beim Fall Adams weinten, aber jubelten, als Jesus nach seiner Auferstehung in den Himmel fuhr und die Gräber all jener öffnete, die an den Namen Jesu glaubten, sind jetzt Zeugen dieses Wiedersehens. Nun erkennen sie, dass das Werk der Erlösung vollendet ist, und stimmen in den Lobgesang mit ein.

Auf dem kristallenen Meer vor dem Thron, jenem gläsernen Meer, das so von der Herrlichkeit Gottes glänzt, als wäre es mit Feuer vermengt, hat sich jene Gruppe von Menschen versammelt, »die den Sieg behalten hatten über das Tier und sein Bild und über die Zahl seines Namens«

(Offenbarung 15,2). Mit dem Lamm Gottes stehen die 144.000, die aus den Menschen erlöst wurden, auf dem Berg Zion und haben Harfen Gottes. Man hört »die Stimme eines großen Wassers und wie die Stimme eines großen Donners ... wie von Harfenspielern, die auf ihren Harfen spielen.« Und sie singen »ein neues Lied« (Offenbarung 14,1-3), ein Lied, das niemand außer den 144.000 lernen kann. Es ist das Lied Moses und des Lammes (Offenbarung 15,3), ein Lied der Befreiung, das Lied ihrer eigenen Erfahrung, einer Erfahrung, die sonst niemand gemacht hat. »Diese ... folgen dem Lamm nach, wohin es geht.« Sie wurden aus den Lebendigen von der Erde entrückt und gelten »als Erstlinge für Gott und das Lamm.« (Offenbarung 14,4) »Diese sind's, die gekommen sind aus der großen Trübsal« (Offenbarung 7,14). Sie sind durch eine Zeit der Trübsal gegangen, wie es nie eine gegeben hat, seit Menschen auf dieser Erde wohnen. Sie haben die seelischen Schmerzen in der »Zeit der Angst für Jakob« (Jeremia 30,7) durchlitten. Sie durchlebten die letzte Ausgießung der Gerichte Gottes ohne Fürsprecher. Aber sie wurden befreit, denn sie »haben ihre Kleider gewaschen und haben ihre Kleider hell gemacht im Blut des Lammes« (Offenbarung 7,14). »In ihrem Mund wurde kein Falsch gefunden; sie sind untadelig.« (Offenbarung 14,5) »Darum sind sie vor dem Thron Gottes und dienen ihm Tag und Nacht in seinem Tempel; und der auf dem Thron sitzt, wird über ihnen wohnen.« (Offenbarung 7,15) Sie haben erlebt, wie die Erde durch Hungersnöte und Seuchen verwüstet wurde und Menschen unter der großen Hitze der Sonne schmachten mussten, und haben selbst Leid, Hunger und Durst erlitten. Aber nun werden sie »nicht mehr hungern und nicht mehr dürsten, und weder die Sonne noch irgendeine Hitze wird auf ihnen lasten. Denn das Lamm in der Mitte des Thrones wird sie weiden und wird sie führen zu Quellen lebendigen Wassers, und Gott wird abwischen jede Träne von ihren Augen« (Offenbarung 7,16.17 ZÜ).

Zu allen Zeiten wurden die Auserwählten Christi in der Schule der Prüfung erzogen und gebildet. Sie gingen auf schmalen Pfaden über die Erde und wurden im Schmelzofen des Leids geläutert. Um Jesu willen ertrugen sie Widerstand, Hass und Verleumdung. Sie folgten ihm durch schmerzliche Kämpfe, erduldeten Selbstverleugnung und erfuhren bittere Enttäuschungen. Sie lernten durch ihre eigene bittere Erfahrung das Übel der Sünde, ihre Macht, ihre Schuld und Not kennen und betrachteten sie mit Abscheu. Ihr Wissen um das unermessliche Opfer, das für ihre Erlösung gebracht werden musste, erfüllte ihre Herzen mit Demut, Dankbarkeit und Lob. Geschöpfe, die nie gesündigt haben, können das gar nicht wertschätzen. Die Erlösten lieben viel, weil ihnen viel vergeben wurde. Sie haben an den Leiden Christi teilgenommen und nehmen jetzt teil an seiner Herrlichkeit.

Die Erben Gottes sind aus Dachkammern, Hütten, Kerkern, vom Schafott, aus den Bergen, Wüsten, Grüften und Höhlen am Meer gekommen. Auf Erden waren sie bettelarm, wurden angegriffen und gequält. Millionen sanken mit Schande beladen ins Grab, weil sie sich standhaft geweigert hatten, den trügerischen Forderungen Satans nachzukommen. Menschliche Gerichte verurteilten sie wie gemeinste Verbrecher. Aber jetzt ist »Gott selbst ihr Richter« (Psalm 50,6). Nun werden die irdischen Urteile umgekehrt. »Er ... wird aufheben die Schmach seines Volks.« (Jesaja 25,8) »Man wird sie nennen heiliges Volk, Erlöste des Herrn.« (Jesaja 62,12) Er hat angeordnet, dass »ihnen Schmuck statt Asche, Freudenöl statt Trauerkleid, Lobgesang statt eines betrübten Geistes gegeben werden« soll. (Jesaja 61,3) Sie sind nicht mehr schwach, gequält, verstreut und unterdrückt. Von nun an sind sie auf ewig beim Herrn. Sie stehen vor dem Thron Gottes und sind mit Gewändern bekleidet, die kostbarer sind als alles, was die Vornehmsten der Erde jemals getragen haben. Sie sind mit Kronen geschmückt, die herrlicher sind als irdische Herrscher sie je besessen haben. Die Tage der Schmerzen und Trauer sind für immer vorbei. Der König der Herrlichkeit hat die Tränen von allen Gesichtern abgewischt, jeder Kummer ist beseitigt. Unter wogenden Palmzweigen hört man ihren klaren, wohlklingenden und harmonischen Lobgesang. Alle stimmen in diese Melodie ein, bis dieses Lied das ganze Himmelsgewölbe erfüllt. »Das Heil ist bei dem, der auf dem Thron sitzt, unserm Gott, und dem Lamm!« (Offenbarung 7,10) Alle Himmelsbewohner beantworten diesen Zuruf: »Amen, Lob und Ehre und Weisheit und Dank und Preis und Kraft und Stärke sei unserm Gott von Ewigkeit zu Ewigkeit!« (Offenbarung 7,12)

STAUNEN OHNE ENDE

In diesem Leben können wir das wunderbare Geschehen der Erlösung nur ansatzweise verstehen. Mit unserem begrenzten Verstand können wir zwar aufrichtig über Schande und Herrlichkeit, Leben und Tod, Gerechtigkeit und Gnade nachdenken, die sich am Kreuz begegnen, aber deren volle Bedeutung werden wir trotz größter geistiger Anstrengungen nicht erfassen können. Die Länge, Breite, Tiefe und Höhe der erlösenden Liebe können wir nur schwach verstehen. Den Erlösungsplan werden die

Erlösten nie völlig begreifen, nicht einmal wenn sie sehen, wie sie gesehen werden, und erkennen, wie sie erkannt sind. Aber in der Ewigkeit wird sich die Wahrheit ständig weiter entfalten und den Verstand mit Staunen und Freude erfüllen. Obwohl der Kummer, der Schmerz und die Versuchungen der Welt vergangen sind und die Ursache dafür entfernt ist, wird den Kindern Gottes für immer klar und deutlich bewusst bleiben, was ihre Erlösung gekostet hat.

Das Kreuz Christi wird für die Erlösten in alle Ewigkeit hinein Gegenstand ihres Nachdenkens und Singens sein. Im verherrlichten Christus werden sie den Gekreuzigten erkennen. Nie wird man vergessen, dass der Geliebte Gottes, durch dessen Macht zahllose Welten in den Weiten des Universums geschaffen wurden und erhalten werden – die himmlische Majestät, welche die Cherubim und glänzende Seraphim mit Freuden anbeten – sich erniedrigte und den gefallenen Menschen aufrichtete. Unvergessen bleibt ebenfalls, dass dieser die Schuld und Schande der Sünde auf sich nahm und es zuließ, dass sich sein Vater von ihm abwandte, bis die Leiden einer gefallenen Welt sein Herz brachen und sein Leben am Kreuz von Golgatha auslöschten. Dass der Schöpfer aller Welten, der Richter aller Geschicke, seine Herrlichkeit ablegen und sich aus Liebe zu den Menschen demütigen sollte, wird im Universum immer wieder Verwunderung und Verehrung hervorrufen. Wenn die Scharen der Erretteten auf ihren Erlöser schauen und in seinem Angesicht die ewige Herrlichkeit seines Vaters erkennen, wenn sie auf seinen Thron blicken, der seit Ewigkeit besteht, und wissen, dass sein Reich wirklich kein Ende nehmen wird, dann brechen sie in den begeisterten Gesang aus:»Würdig ist das Lamm, das geschlachtet ist, und uns mit seinem kostbaren Blut für Gott erkauft hat.« (vgl. Offenbarung 5,9.12 und 1. Petrus 1,19 ZÜ.)

Das Geheimnis des Kreuzes erklärt alle anderen Geheimnisse. Im Licht, das von Golgatha ausgeht, scheinen die Eigenschaften Gottes, die uns einst mit Furcht und Scheu erfüllten, schön und anziehend. Gnade, Güte und väterliche Liebe verbinden sich mit Heiligkeit, Gerechtigkeit und Macht. Während wir die Majestät seines hoch erhabenen Thrones vor Augen haben, erkennen wir durch die Zeugnisse der Gnade sein inneres Wesen und verstehen wie nie zuvor, was der gütige Name »unser Vater« wirklich bedeutet.

Es wird deutlich werden, dass der unendlich weise Gott für unsere Erlösung keinen anderen Plan hätte entwerfen können, als seinen Sohn zu opfern. Der Lohn für dieses Opfer ist die Freude, die Erde mit erlösten Geschöpfen zu bevölkern, die glücklich, heilig und unsterblich sind. Das Ergebnis des Kampfes Christi mit den Mächten der Finsternis ist die Freude der Erlösten und die Verherrlichung Gottes bis in alle Ewigkeit. So hoch ist der Wert eines Menschenlebens, dass der Vater mit dem bezahlten Preis zufrieden ist, und wenn Christus die Früchte seines großen Opfers betrachtet, ist er glücklich.

KAPITEL 41

DIE VERWÜSTUNG DER ERDE

»Denn ihre [Babylons] Sünden haben sich aufgetürmt bis zum Himmel, und Gott hat ihrer Schandtaten gedacht. ... Schenkt ihr in den Becher, den sie euch gemischt hat, das Doppelte ein! Was sie an Pracht und Luxus genossen hat, das gebt ihr nun an Qual und Trauer! Denn in ihrem Herzen sagt sie: Als Königin sitze ich auf dem Thron, und Witwe bin ich nicht, und Trauer werde ich nie sehen. Darum werden die Plagen über sie kommen an einem einzigen Tag: Tod und Trauer und Hunger, und im Feuer wird man sie verbrennen, denn mächtig ist Gott, der Herr, der sie richtet. Und die Könige der Erde, die mit ihr Unzucht getrieben haben und an ihrem Luxus teilhatten, werden weinen und wehklagen über sie, wenn sie den Rauch von ihrer Brandstätte aufsteigen sehen. In der Ferne werden sie stehen bleiben aus Furcht vor ihrer Qual und sprechen: Wehe, wehe der Stadt, der großen, Babylon, der mächtigen Stadt: In einer einzigen Stunde ist das Gericht über dich gekommen.« (Offenbarung 18,5-10 ZÜ)

»Die Kaufleute der Erde sind reich geworden durch ihren überbordenden Luxus.« (Offenbarung 18,3 ZÜ) und »werden in der Ferne stehen bleiben aus Furcht vor ihrer Qual; sie werden weinen und klagen und sagen: Wehe, wehe der Stadt, der großen, die gekleidet war in feines Leinen, in Purpur und Scharlach, die geschmückt war mit Gold, Edelsteinen und Perlen: In einer einzigen Stunde ist dieser große Reichtum vernichtet worden!« (Offenbarung 18,15-17 ZÜ)

DAS GROSSE ERWACHEN

So sieht das Gericht aus, das am Tag des Zornes Gottes über die Stadt Babylon hereinbrechen wird. Das Maß ihrer Ungerechtigkeit ist voll, ihre Zeit ist gekommen, die Zeit für ihre Zerstörung ist reif.

Wenn Gottes Stimme die Gefangenschaft seines Volkes wendet, wird es für jene, die im großen Kampf des Lebens alles verloren haben, ein böses Erwachen geben. Während der Gnadenzeit wurden sie durch Satans Täuschungen geblendet und rechtfertigten ihren sündhaften Lebenswandel. Die Reichen rühmten sich ihrer Vorherrschaft über die weniger Begünstigten, doch ihren Reichtum hatten sie durch die Verletzung des Gesetzes Gottes erzielt. Sie hatten es versäumt, die Hungrigen zu speisen, die Nackten zu kleiden, recht zu handeln und Barmherzigkeit zu üben. Sie wollten sich selbst verherrlichen und von den Mitmenschen geehrt werden. Nun haben sie alles verloren, was sie groß machte, und sind mittel- und wehrlos geworden. Voller Schrecken müssen sie zusehen, wie ihre Götzen vernichtet werden, die sie ihrem Schöpfer vorgezogen haben. Sie haben ihr Gewissen für irdische Reichtümer und irdische Freuden verkauft und nicht danach gestrebt, in Gott reich zu werden. Ihr Leben wurde zu einem Fehlschlag, ihre Freuden sind verdorben, ihre Schätze zerstört. Der Reichtum, den sie während eines ganzen Lebens angehäuft hatten, ist plötzlich dahin. Die Reichen beklagen die Zerstörung ihrer großzügigen Häuser und den Verlust ihres Goldes und Silbers. Doch die Furcht, dass sie selbst mit ihren Götzen umkommen werden, bringt ihre Klagen zum Verstummen.

Die Bösen trauern, aber nicht etwa über ihre sündhafte Gleichgültigkeit gegenüber Gott und ihren Mitmenschen, sondern weil Gott sie besiegt hat. Sie beklagen wohl die Folgen ihrer Bosheit, nicht aber das böse Verhalten selbst. Wenn sie könnten, würden sie nichts unversucht lassen, um ihre Stellung zurückzuerobern.

Jetzt sehen die Weltmenschen, wie jene, die sie verspottet und verlacht hatten und die sie beseitigen wollten, inmitten von Seuchen, Stürmen und Erdbeben unversehrt bleiben. Gott, der für die Übertreter seines Gesetzes wie ein verzehrendes Feuer ist, wird für seine Kinder zu einem schützenden Dach.

Der Verkündiger, der die Wahrheit aufgab, um die Gunst der Menschen zu gewinnen, erkennt nun das Wesen und die Auswirkungen seiner Lehren. Es ist offensichtlich, dass das allwissende Auge ihm folgte, als er auf der Kanzel stand, als er die Straßen entlangging, als er sich bei verschiedensten Ereignissen unter die Menschen mischte. Jede seelische Regung, jede geschriebene Zeile, jedes gesprochene Wort, jede Tat, die Menschen dazu führte, sich in einem Lügengebäude sicher zu fühlen, war wie eine ausgestreute Saat. Und in den elenden, verlorenen Menschen, die ihn umgeben, erkennt er nun das Ergebnis seines Wirkens.

Der Herr sagt: Sie »heilen den Schaden meines Volks nur obenhin, indem sie sagen: Friede! Friede! und ist doch nicht Friede« (Jeremia 8,11).

Ihr habt »das Herz der Gerechten betrübt ... die ich nicht betrübt habe, und die Hände der Gottlosen gestärkt ... damit sie sich von ihrem bösen Wandel nicht bekehren, um ihr Leben zu retten« (Hesekiel 13,22).

»Weh euch Hirten, die ihr die Herde meiner Weide umkommen lasst und zerstreut!« (Jeremia 23,1.2) »Heult, ihr Hirten, und schreit, wälzt euch in der Asche, ihr Herren der Herde; denn die Zeit ist erfüllt, dass ihr geschlachtet und zerstreut werdet. ... Und die Hirten werden nicht fliehen können, und die Herren der Herde werden nicht entrinnen können.« (Jeremia 25,34.35)

Sowohl die Verkündiger als auch das Volk erkennen, dass sie keine echte Beziehung zu Gott gepflegt haben. Es wird ihnen bewusst, dass sie sich gegen den Urheber aller wahren und gerechten Ordnungen auflehnten. Die Missachtung der göttlichen Grundsätze ließ tausende von Quellen entstehen, aus denen Bosheit, Uneinigkeit, Hass und Ungerechtigkeit flossen, bis die Welt schließlich zu einem riesigen Kampfplatz und einem Sammelbecken der Korruption wurde. Diese Erkenntnis stellt sich nun bei denen ein, die die Wahrheit zurückgewiesen und am Irrtum festgehalten haben. Worte können nicht beschreiben, wie sehr sich die Ungehorsamen und Treulosen jetzt nach dem unvergänglichen Leben sehnen, das sie für immer verloren haben. Menschen, die von der Welt für ihre Begabungen und ihre Redegewandtheit vergöttert wurden, sehen jetzt alles im rechten Licht. Es wird ihnen bewusst, was sie durch ihre Verfehlungen verwirkt haben. Sie fallen denen zu Füßen, deren Treue sie verachtet und verspottet hatten und bekennen, dass Gott sie geliebt hat.

Das Volk sieht, dass es getäuscht wurde. Einer klagt den anderen an, dass er ihn ins Verderben geführt habe. Mit ihren bittersten Vorwürfen überhäufen sie gemeinsam die Geistlichen. Verantwortungslose Prediger hatten stets Angenehmes vorhergesagt (vgl. Jesaja 30,10). Damit verleiteten sie ihre Zuhörer dazu, das Gesetz Gottes beiseite zu stellen und jene zu verfolgen, die es heilig hielten. Aber in ihrer jetzigen Verzweiflung bekennen diese Lehrer vor der Welt, dass sie ihre Mitmenschen getäuscht haben. Wutentbrannt schreit deshalb die Menge: »Wir sind verloren, und ihr seid schuld an unserem Verderben!« und geht auf die falschen Hirten los. Gerade jene, die sie am meisten verehrten, sprechen nun die furchtbarsten Verwünschungen über sie aus. Dieselben Hände, die sie einst mit Lorbeeren krönten, erheben sich nun zu ihrer Vernichtung. Die Schwerter, die Gottes Volk töten sollten, werden nun zur Ausrottung seiner Feinde verwendet. Überall gibt es Streit und Blutvergießen.

»Zu allen Erdbewohnern dringt der Schall, ja bis ans Ende der Erde; denn der Herr hat einen Rechtsstreit mit den Völkern: Er hält Gericht über alle Sterblichen und liefert die Schuldigen dem Schwert aus.« (Jeremia 25,31 EÜ) 6000 Jahre hat der große Kampf gedauert. Der Sohn Gottes und seine himmlischen Boten haben gegen die Macht des Bösen gekämpft, um die Menschenkinder zu warnen, zu erleuchten und zu retten. Nun haben alle ihre Entscheidung getroffen. Die Bösen haben sich gänzlich mit Satan im Kampf gegen Gott vereint. Für Gott ist jetzt die Zeit gekommen, die Autorität seines missachteten Gesetzes wieder aufzurichten. Der Streit betrifft nun aber nicht allein Satan, sondern auch die Menschen. »Der Herr hat einen Rechtsstreit mit den Völkern«, »und liefert die Schuldigen dem Schwert aus«.

EIN TRAGISCHES ENDE

Mit dem Zeichen der Befreiung wurden diejenigen gekennzeichnet, »die da seufzen und jammern über alle Gräuel, die darin geschehen« (Hesekiel 9,4). Nun erscheint der Todesengel, den Hesekiel in seiner Vision durch Männer mit tödlichen Waffen darstellte und denen das Kommando erteilt wurde: »Erschlagt Alte, Jünglinge, Jungfrauen, Kinder und Frauen, schlagt alle tot; aber die das Zeichen an sich haben, von denen sollt ihr keinen anrühren. Fangt aber an bei meinem Heiligtum! Und sie fingen an bei den Ältesten, die vor dem Tempel waren.« (Hesekiel 9,6) Die Vernichtung fängt mit denen an, die behaupteten, geistliche Führer des Volkes zu sein. Die falschen Wächter fallen als Erste. Für sie gibt es kein Erbarmen und keine Begnadigung. Männer, Frauen, Mädchen und kleine Kinder kommen alle miteinander um.

»Der Herr wird ausgehen von seinem Ort, heimzusuchen die Bosheit der Bewohner der Erde ... und nicht weiter verbergen, die auf ihr getötet sind.« (Jesaja 26,21) »Und dies wird die Plage sein, mit der der Herr alle Völker schlagen wird, die gegen Jerusalem in den Kampf gezogen sind: Ihr Fleisch wird verwesen, während sie noch auf ihren Füßen stehen, und ihre Augen werden in ihren Höhlen verwesen und ihre Zungen im Mund. Zu der Zeit wird der Herr eine große Verwirrung unter ihnen anrichten, sodass einer den andern bei der Hand packen und seine Hand wider des andern Hand erheben wird.« (Sacharja 14,12.13) In diesem wilden Kampf ihrer eigenen Leidenschaften und durch die Ausgießung von Gottes entsetzlichem und unvermischtem Zorn fallen alle gottlosen Bewohner der Erde: Priester, Herrscher und Volk, Reiche und Arme, Hohe und Niedrige. »Zu der Zeit werden die vom Herrn Erschlagenen liegen von einem Ende der Erde bis ans andere Ende; sie werden nicht beklagt noch aufgehoben noch begraben werden, sondern müssen auf dem Felde liegen und zu Dung werden.« (Jeremia 25,33)

Beim Kommen Christi werden die Bösen auf der ganzen Erde vernichtet. Der Hauch seines Mundes verzehrt sie und der Glanz seiner Herrlichkeit vernichtet sie. Christus nimmt sein Volk mit sich zur Stadt Gottes, und die Erde wird unbewohnt sein. »Siehe, der Herr macht die Erde leer und wüst und wirft um, was auf ihr ist, und zerstreut ihre Bewohner. ... Die Erde wird leer und beraubt sein; denn der Herr hat solches geredet. ... Denn sie übertreten das Gesetz und ändern die Gebote und brechen den ewigen Bund. Darum frisst der Fluch die Erde, und büßen müssen's, die darauf wohnen. Darum nehmen die Bewohner der Erde ab.« (Jesaja 24,1.3.5.6)

Die ganze Erde ist zur öden Wüste geworden. Überall sieht man die Ruinen von Städten und Dörfern, die durch Erdbeben zerstört wurden; entwurzelte Bäume, Felsblöcke, vom Meer auf die Erde geworfen oder aus der Erde selbst gerissen, liegen verstreut auf der Erdoberfläche, während große Löcher die Stellen kennzeichnen, wo einst Berge aus ihrem Fundament gerissen wurden.

Nun findet statt, worauf der letzte feierliche Dienst am Großen Versöhnungstag hinwies. Nachdem der Dienst im Allerheiligsten vollendet war und die Sünden Israels durch das Blut des Sühnopfers aus dem Heiligtum entfernt worden waren, wurde der Sündenbock lebend vor den Herrn gebracht, und im Beisein des Volkes bekannte der Hohepriester »alle ihre Übertretungen, mit denen sie sich versündigt« hatten, und legte sie dem lebenden Bock auf das Haupt (3. Mose 16,21). Wenn das Versöhnungswerk im himmlischen Heiligtum vollendet ist, werden die Sünden des Volkes Gottes entsprechend dem alttestamentlichen Vorbild in der Gegenwart Gottes, der heiligen Engel und der Schar der Erlösten auf Satan gelegt. Er wird für all das Übel schuldig erklärt, dessen Ursache er war und das er andere ausführen ließ. Wie der Sündenbock in ein unbewohntes Gebiet gejagt wurde, so wird Satan auf die verwüstete Erde verbannt sein, in eine unbewohnte und verödete Wildnis.

SATAN IST GEBUNDEN

Der Schreiber der Offenbarung sagt die Verbannung Satans sowie das Chaos und den Zustand der Verwüstung auf der Erde voraus und erklärt, dass dieser Zustand 1000 Jahre lang bestehen wird. Nach der Schilderung der Wiederkunft Christi und dem Untergang der Bösen fährt der Prophet fort: »Ich sah einen Engel vom Himmel herabfahren, der hatte den Schlüssel zum Abgrund und eine große Kette in seiner Hand. Und er ergriff den Drachen, die alte Schlange, das ist der Teufel und der Satan, und fesselte ihn für 1000 Jahre und warf ihn in den Abgrund und verschloss ihn und setzte ein Siegel oben darauf, damit er die Völker nicht mehr verführen sollte, bis vollendet würden die 1000 Jahre. Danach muss er losgelassen werden eine kleine Zeit.« (Offenbarung 20,1-3)

Der Begriff »Abgrund« beschreibt die Erde in einem Zustand des Chaos und der Finsternis. Das wird aus anderen Schriftstellen klar. Der biblische Bericht bezeugt über den Zustand der Erde am Anfang: »Die Erde war wüst und leer, und es war finster auf der Tiefe.«[79] (1. Mose 1,2) Die Prophetie lehrt uns, dass die Erde wenigstens teilweise in diesen Zustand zurückversetzt werden wird. Der Prophet Jeremia blickt voraus auf den großen Tag Gottes und erklärt: »Ich schaue die Erde, und siehe, sie ist wüst und leer – und zum Himmel, und sein Licht ist nicht da. Ich schaue die Berge, und siehe, sie beben; und alle Hügel schwanken. Ich schaue, und siehe, kein Mensch ist da; und alle Vögel des Himmels sind entflohen. Ich schaue, und siehe, das Fruchtland ist eine Wüste; und alle seine Städte sind niedergerissen.« (Jeremia 4,23-26 Elb.)

Für Satan und seine bösen Engel wird diese Umgebung nun 1000 Jahre lang zur Wohnstätte. Sein Wirken wird auf die Erde beschränkt sein. Er wird keinen Zugang zu anderen Welten haben, um dort jene zu versuchen und zu plagen, die nie in Sünde gefallen sind. In diesem Sinne ist er »gebunden«, denn es ist niemand mehr da, auf den er mit seiner Macht Einfluss nehmen könnte. Er kann niemanden mehr verführen und nichts mehr zerstören, was während so vieler Jahrhunderte seine einzige Freude gewesen war.

Der Prophet Jesaja schaut vorwärts auf die Zeit von Satans Sturz und ruft aus: »Wie bist du vom Himmel gefallen, du schöner Morgenstern! Wie wurdest du zu Boden geschlagen, der du alle Völker niederschlugst! Du aber gedachtest in deinem Herzen: Ich will in den Himmel steigen und meinen Thron über die Sterne Gottes erhöhen, ich will mich setzen auf den Berg der Versammlung im fernsten Norden. Ich will auffahren über die hohen Wolken und gleich sein dem Allerhöchsten. Ja, hinunter zu den Toten fuhrst du, zur tiefsten Grube! Wer dich sieht, wird auf dich schauen, wird dich ansehen und sagen: Ist das der Mann, der die Welt zittern und die Königreiche beben

---

79 Das hebräische Wort, das in 1. Mose 1,2 mit »Tiefe« übersetzt wird, ist in der Septuaginta (die antike griechische Übersetzung des hebräischen Alten Testaments) das gleiche, das auch im griechischen Text von Offenbarung 20,1-3 für »Abgrund« steht.

machte, der den Erdkreis zur Wüste machte und seine Städte zerstörte und seine Gefangenen nicht nach Hause entließ?« (Jesaja 14,12-17)

6000 Jahre lang hat Satans Rebellion »die Erde erschüttert und zerrissen« (Psalm 60,4). Er war es, »der den Erdkreis zur Wüste machte und seine Städte zerstörte und seine Gefangenen nicht nach Hause entließ« (Jesaja 14,17). 6000 Jahre lang hat er Gottes Volk in seine Gefängnisse geführt, und er hätte es auf ewig gefangen gehalten. Doch Christus hat die Fesseln gesprengt und die Gefangenen befreit.

Selbst die bösen Menschen sind nun für Satans Macht außer Reichweite. Er bleibt mit seinen bösen Engeln allein zurück, um die Auswirkungen des Fluches zu erkennen, den die Sünde über die Erde gebracht hat. »Alle

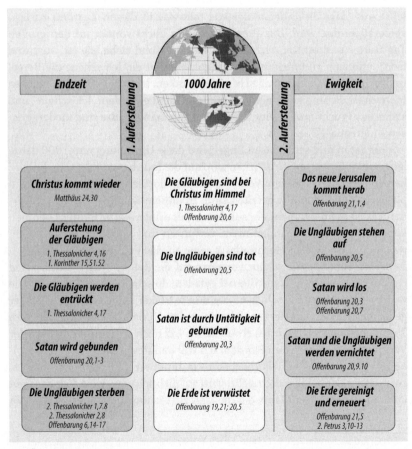

Diese Übersicht listet die wichtigsten Ereignisse auf, die vor, während und nach den in Offenbarung 20 vorhergesagten 1000 Jahren geschehen werden.

Könige der Völker ruhen doch in Ehren, ein jeder in seiner Kammer [im Grab]; du aber bist hingeworfen ohne Grab wie ein verachteter Zweig. ... Du wirst nicht wie jene begraben werden, die hinabfahren in eine steinerne Gruft; denn du hast dein Land verderbt und dein Volk erschlagen.« (Jesaja 14,18-20)

1000 Jahre lang wird Satan die verwüstete Erde durchwandern und über die Folgen seiner Auflehnung gegen Gottes Gesetz nachsinnen. In dieser Zeit wird er heftig leiden. Seit seinem Fall führte er ein Leben in rastloser Betriebsamkeit und verdrängte jegliches Nachdenken. Doch nun ist er entmachtet und hat Zeit, über die Rolle nachzudenken, die er seit seiner ersten Rebellion gegen die Herrschaft des Himmels gespielt hat. Mit Zittern und Schrecken sieht er der furchtbaren Zukunft entgegen, da er für all das angerichtete Übel und für die Sünden, zu denen er andere anstiftete, wird büßen müssen.

DAS GERICHT ÜBER DIE BÖSEN

Dem Volk Gottes wird die Gefangenschaft Satans Freude und Jubel bringen. Der Prophet sagt: »Und zu der Zeit, wenn dir der Herr Ruhe geben wird von deinem Jammer und Leid und von dem harten Dienst, in dem du gewesen bist, wirst du dies Lied anheben gegen den König von Babel [der hier Satan darstellt] und sagen: Wie ist's mit dem Treiber so gar aus. ... Der Herr hat den Stock der Gottlosen zerbrochen, die Rute der Herrscher. Der schlug die Völker im Grimm ohne Aufhören und herrschte mit Wüten über die Nationen und verfolgte ohne Erbarmen.« (Jesaja 14,3-6)

Während der 1000 Jahre zwischen der ersten und zweiten Auferstehung wird über die Gottlosen Gericht gehalten. Der Apostel Paulus weist auf dieses Gericht hin als ein Ereignis, das auf die Wiederkunft Christi folgt: »Darum richtet nicht vor der Zeit, bis der Herr kommt, der auch ans Licht bringen wird, was im Finstern verborgen ist, und wird das Trachten der Herzen offenbar machen.« (1. Korinther 4,5) Daniel erklärt: Als der »Uralte« kam, wurde »das Gericht den Heiligen des Höchsten gegeben« (Daniel 7,22 Elb.). Während dieser Zeit herrschen die Gerechten als Könige und Priester Gottes. »Und ich sah Throne, und sie setzten sich darauf, und ihnen wurde das Gericht übergeben. ... Sie werden Priester Gottes und Christi sein und mit ihm regieren 1000 Jahre.« (Offenbarung 20,4.6) Zu dieser Zeit werden »die Heiligen die Welt richten« (1. Korinther 6,2), wie Paulus vorausgesagt hat. Zusammen mit Christus richten sie die Bösen und vergleichen ihre Taten mit dem Gesetzbuch, der Bibel. Sie entscheiden jeden Fall nach den

Werken, die zu Lebzeiten getan wurden (vgl. 2. Korinther 5,10) Dann wird das Strafmaß bestimmt, das über jeden Einzelnen nach seinen Werken ausgesprochen und neben dem betreffenden Namen im Buch des Todes eingetragen wird.

Satan und seine Engel werden ebenfalls von Christus und seinem Volk gerichtet. Paulus sagt: »Wisst ihr nicht, dass wir über Engel richten werden?« (1. Korinther 6,3) Und Judas erklärt: »Die Engel, die ihren himmlischen Rang nicht bewahrten, sondern ihre Behausung verließen, hat er für das Gericht des großen Tages festgehalten mit ewigen Banden in der Finsternis.« (Judas 6)

Am Ende der 1000 Jahre wird die zweite Auferstehung stattfinden. Dann werden die Gottlosen, »über die schon längst das Urteil geschrieben ist« (Judas 4), aus ihren Gräbern auferweckt werden und vor Gott erscheinen, um es zu empfangen. So sagt die Offenbarung, nachdem über die Auferstehung der Gerechten berichtet wurde: »Die andern Toten aber wurden nicht wieder lebendig, bis die 1000 Jahre vollendet wurden.« (Offenbarung 20,5) Jesaja sagt über die Bösen: »Und sie werden eingesperrt, als Gefangene eingesperrt in einer Zisterne, und sie werden eingeschlossen im Verschlossenen, und nach vielen Tagen wird Rechenschaft von ihnen gefordert.« (Jesaja 24,22 ZÜ)

KAPITEL 42

DER KAMPF IST ZU ENDE

Am Ende der 1000 Jahre kehrt Christus erneut zur Erde zurück. Er wird von der Schar der Erlösten und einem Gefolge von Engeln begleitet. Während er in prachtvoller Majestät herniederfährt, weckt er die Gottlosen aus ihrem Todesschlaf, damit sie ihr Urteil empfangen. Eine mächtige Schar steigt aus den Gräbern, zahllos wie der Sand am Meer. Welch ein Gegensatz zu denen, die bei der ersten Auferstehung aufgeweckt wurden! Die Gerechten wurden mit unsterblicher Jugend und Schönheit bekleidet. Die Gottlosen jedoch tragen die Spuren von Krankheit und Tod.

Jedes Auge in dieser gewaltigen Menge ist auf die Herrlichkeit des Gottessohnes gerichtet. Wie mit einer Stimme ruft die gottlose Schar:»Gelobt sei, der da kommt im Namen des Herrn!« (Matthäus 23,39) Nicht Liebe zu Jesus lässt sie diese Worte wählen. Die Übermacht der Wahrheit drängt ihre unwilligen Lippen dazu. So wie die Gottlosen ins Grab sanken, kommen sie auch wieder hervor; mit derselben Feindschaft gegen Christus und mit demselben Geist der Auflehnung. Sie erhalten keine neue Gnadenzeit, um die Fehler ihres Erdenlebens zu bereinigen. Damit wäre nichts gewonnen, denn ihr Leben voller Übertretungen hat ihr Herz nicht verändert. Eine zweite Gnadenzeit hätte nur zur Folge, dass sie wie bei der ersten die Gebote Gottes missachten und einen Aufstand gegen ihn anregen würden.

Christus kommt zum Ölberg hernieder, von wo aus er seinerzeit in den Himmel fuhr und wo die Engel die Verheißung seiner Rückkehr wiederholten. Der Prophet sagt:»Da wird dann kommen der Herr, mein Gott, und alle Heiligen mit ihm.« (Sacharja 14,5)»Und seine Füße werden stehen zu der Zeit auf dem Ölberg, der vor Jerusalem liegt nach Osten hin. Und der Ölberg wird sich in der Mitte spalten ... sehr weit auseinander.« (Sacharja 14,5)»Und der Herr wird König sein über alle Lande. Zu der Zeit wird der Herr der einzige sein und sein Name der einzige.« (Sacharja 14,9) Wenn das neue Jerusalem in seinem blendenden Glanz vom Himmel auf die Erde kommt, lässt es sich auf seinen vorgesehenen und gereinigten Platz nieder, und Christus zieht mit seinem Volk und seinen Engeln in die Heilige Stadt ein.

DER LETZTE ANGRIFF SATANS

Satan bereitet sich nun auf einen letzten mächtigen Kampf um die Oberherrschaft vor. Als er keine Macht mehr hatte und niemanden mehr verführen konnte, fühlte sich der Fürst des Bösen erbärmlich und entmutigt. Nachdem nun aber die gottlosen Toten auferstanden sind und er die zahllose Menge auf seiner Seite sieht, kehren seine Hoffnungen zurück; er ist entschlossen, den großen Kampf nicht aufzugeben. Das ganze Heer der Verlorenen ruft er unter sein Banner und versucht, mit ihnen seine Pläne umzusetzen. Die Gottlosen sind Satans Gefangene. Indem sie Christus ablehnten, haben sie die Führung des Aufrührers anerkannt. Sie sind bereit, seinen Vorschlägen zu folgen und seine Befehle auszuführen. Listig wie in früherer Zeit gibt er sich nicht als Satan zu erkennen. Er behauptet, der Fürst und legitime Eigentümer der Welt zu sein, dem das Erbe unrechtmäßig entrissen wurde. Seinen verführten Untertanen gibt er sich als Erlöser aus und versichert ihnen, dass seine Macht sie aus ihren Gräbern hervorgeholt habe und er sie jetzt von der grausamsten Gewaltherrschaft befreien wolle. Während sich Christus zurückgezogen hat, wirkt Satan Wunder, um seinen Ansprüchen Nachdruck zu verschaffen. Er macht die Schwachen stark und verleiht allen seinen Geist und seine Energie. Er schlägt ihnen vor, sie gegen das Lager der Heiligen zu führen und die Stadt Gottes zu erobern. Mit teuflischer Begeisterung zeigt er auf die unzähligen Millionen, die vom Tode auferweckt worden sind, und erklärt, dass er als ihr Anführer bestens in der Lage sei, die Stadt einzunehmen und dort seinen Thron und sein Königreich zurückzugewinnen.

In dieser zahllosen Menge befinden sich viele aus den langlebigen vorsintflutlichen Generationen, Menschen von stattlichem Körperbau und hohem Intellekt, die sich der Herrschaft der gefallenen Engel unterworfen und all ihr Geschick und ihre Kenntnisse zur eigenen Verherrlichung eingesetzt haben. Es sind Personen, deren wunderbares künstlerisches Geschick die Welt dazu verführte, ihr Können zu vergöttern. Doch ihre Grausamkeiten und ihre bösen Vorhaben, mit denen sie die Erde beschmutzt und das Bild Gottes entstellt hatten, veranlassten Gott, sie vom Erdboden zu vertilgen. Unter ihnen befinden sich Könige und Feldherren, die ganze Völker eroberten, tapfere Männer, die nie eine Schlacht verloren hatten, stolze und ehrgeizige Soldaten, die ganze Königreiche erzittern ließen. Im Tod haben sie sich nicht verändert. Mit denselben Gedanken, mit denen sie sich vor ihrem Tod beschäftigt hatten, kommen sie aus ihren Gräbern hervor. Sie werden von demselben Streben nach Macht beherrscht, mit dem sie starben. Satan berät sich mit seinen Engeln und anschließend mit diesen Königen, Eroberern und Mächtigen. Sie betrachten ihre eigene zahlenmäßige Überlegenheit und erklären, dass die Armee innerhalb der Stadt vergleichsweise klein sei und daher besiegt werden könne. Sie planen, wie sie die Reichtümer und Herrlichkeiten des neuen Jerusalems in Besitz nehmen können. Alle machen sich sofort zum Kampf bereit. Geschickte Handwerker stellen Kriegsgeräte her. Feldherren, die für ihre Erfolge berühmt waren, ordnen die kriegerischen Scharen in Kompanien und Divisionen.

Schließlich wird der Marschbefehl erteilt, und die gewaltige Schar setzt sich in Bewegung. Es ist ein Riesenheer, wie es noch nie von irdischen Eroberern befehligt wurde; es sind die vereinigten Streitkräfte aller Zeiten. Es gibt nichts Vergleichbares in der ganzen irdischen Kriegsgeschichte. Satan, der mächtigste aller Krieger, leitet die Vorhut, und seine Engel sammeln ihre Truppen zu diesem endgültigen Kampf. Könige und Krieger befinden sich in seinem Zug, und die Menge folgt in riesigen Kompanien, jede unter einem zugewiesenen Anführer. Mit militärischer Präzision ziehen die dicht geschlossenen Reihen über die aufgerissene und unebene Oberfläche der Erde gegen die Stadt Gottes. Auf Befehl Jesu werden die Tore des neuen Jerusalems geschlossen. Die Heere Satans umlagern die Stadt und machen sich zum Angriff bereit.

DIE LETZTE BEGEGNUNG

Nun erscheint Christus wieder im Blickfeld seiner Feinde. Über der Stadt auf einem Fundament aus feinem Gold steht hoch und erhaben ein Thron. Auf diesem Thron sitzt der Sohn Gottes, und um ihn herum sind die Bürger seines Königreichs zu sehen. Die Macht und Majestät Christi kann keine Sprache schildern, keine Feder beschreiben. Die Herrlichkeit des ewigen Vaters umhüllt seinen Sohn. Der Glanz seiner Gegenwart erfüllt die Stadt Gottes, scheint auf deren Umgebung außerhalb der Tore und überflutet die Erde mit ihrer Pracht.

Ganz nahe am Thron stehen jene, die einst eifrig die Sache Satans vertraten, aber wie »ein Brandscheit ... aus dem Feuer gerettet« (Sacharja 3,2) wurden und ihrem Erlöser mit inniger Hingabe gefolgt sind. Als Nächste kommen diejenigen, die inmitten von Falschheit und Unglauben einen vollkommenen christlichen Charakter entwickelt haben und das Gesetz Gottes ehrten, als es die christliche Welt für nichtig erklärte; dann die Millionen Menschen aller Zeitalter, die für ihren Glauben getötet wurden. Dahinter ist die »große Schar, die niemand zählen konnte, aus allen Nationen und Stämmen und Völkern und Sprachen; die standen vor dem Thron und vor dem Lamm, angetan mit weißen Kleidern und mit Palmzweigen in ihren Händen« (Offenbarung 7,9). Der Krieg ist zu Ende, der Sieg gehört ihnen. Sie haben am Wettlauf teilgenommen und den Siegespreis gewonnen (vgl. 1. Korinther 9,24). Der Palmzweig, den sie in ihrer Hand halten, ist das Symbol für ihren Sieg, das weiße Gewand ein Zeichen der fleckenlosen Gerechtigkeit Christi, die nun ihre eigene ist.

Die Erlösten stimmen einen Lobgesang an, der durch den ganzen Himmel erschallt und am Himmelsgewölbe widerhallt: »Das Heil ist bei dem, der auf dem Thron sitzt, unserm Gott, und dem Lamm!« (Offenbarung 7,10) Engel und Seraphim stimmen in diese Anbetung ein. Während die Erlösten nun die Gewalt und Bosheit Satans erkennen, sehen sie wie nie zuvor, dass sie durch keine andere Macht als die von Christus zu Überwindern geworden sind. In dieser ganzen glänzenden Schar gibt es niemanden, der sich die Errettung selbst zuschreibt, als ob sie durch eigene Kraft und Verdienste hätte erreicht werden können. Von dem, was sie getan oder erlitten haben, wird nichts gesagt, aber der Hauptinhalt eines jeden Gesanges und die Kernaussage eines jeden Liedes lautet: »Heil unserem Gott und dem Lamm!«

In Gegenwart der versammelten Bewohner des Himmels und der Erde findet die endgültige Krönung des Sohnes Gottes statt. Und nun, ausgestattet mit höchster Majestät und Macht, spricht der König der Könige das Urteil über die Verschwörer gegen seine Herrschaft und richtet jene, die sein Gesetz übertreten und sein Volk unterdrückt haben. Der Prophet Gottes sagt: »Und ich sah einen großen, weißen Thron und den, der darauf saß; vor seinem Angesicht flohen die Erde und der Himmel, und es wurde keine Stätte für sie gefunden. Und ich sah die Toten, Groß und Klein, stehen vor dem Thron, und Bücher wurden aufgetan. Und ein andres Buch wurde aufgetan, welches ist das Buch des Lebens. Und die Toten wurden gerichtet nach dem, was in den Büchern geschrieben steht, nach ihren Werken.« (Offenbarung 20,11.12)

Sobald die Bücher geöffnet werden und Jesus auf die Gottlosen blickt, sind sich diese jeder einzelnen Sünde bewusst, die sie je begangen haben. Sie sehen dann genau, wo ihr Fuß vom Pfad der Reinheit und Heiligkeit abgewichen ist und inwieweit ihr Stolz und ihre Auflehnung sie zu Übertretungen des Gesetzes Gottes veranlasst haben. Verführerische Verlockungen, welche sie durch Verharmlosung der Sünde nährten, Segnungen, die abgelehnt, Boten Gottes, die verachtet, Warnungen, die nicht beachtet, Wogen der Barmherzigkeit, die durch hartnäckige und unbußfertige Herzen zurückgeschlagen wurden – all dies kommt nun zum Vorschein, als ob es in feurigen Buchstaben festgehalten worden wäre.

ALLE ANERKENNEN GOTTES GERECHTIGKEIT

Über dem Thron erscheint das Kreuz, und wie in einem großen Panorama erscheinen die Szenen von Adams Versuchung und Fall und dann die folgenden Stationen des großen Erlösungsplans: Die Geburt Jesu in Niedrigkeit – seine Jugend in Einfachheit und Gehorsam – seine Taufe im Jordan – sein Fasten und seine Versuchung in der Wüste – sein öffentlicher Dienst, durch den er den Menschen die kostbarsten Segnungen des Himmels darlegte – die Tage, die gekrönt waren mit Taten der Liebe und Barmherzigkeit – die Nächte der Gebete und des Wachens in der Einsamkeit der Berge – die Anschläge des Neids, des Hasses und der Bosheit, mit denen seine Wohltaten vergolten wurden – das schreckliche und geheimnisvolle Ringen in Gethsemane unter der erdrückenden Last der Sünden der ganzen Welt – der Verrat und seine Auslieferung in die Hände eines mörderischen Pöbels – die Ereignisse jener Schreckensnacht – der widerstandslose Gefangene, der von seinen geliebtesten Jüngern verlassen wurde, roh durch die Straßen Jerusalems gejagt – der Sohn Gottes, johlend dem Hannas vorgeführt, im Palast des Hohenpriesters, in dem Richthaus des Pilatus und vor dem feigen und grausamen Herodes, angeklagt, verhöhnt, verschmäht, gefoltert und zum Tode verurteilt. All dies wird anschaulich dargestellt.

Und jetzt werden der wogenden Menge die letzten Ereignisse offenbart: Der geduldig Leidende auf seinem Weg nach Golgatha – der Fürst des Himmels am Kreuz – die hochmütigen Priester und der höhnende Pöbel, die den Todeskampf Christi verspotten – die übernatürliche Finsternis – die bebende Erde – die zerbrochenen Felsen – die offenen Gräber, die den Augenblick festhalten, als der Erlöser der Welt sein Leben aushauchte.

Das entsetzliche Schauspiel wird genauso gezeigt, wie es war. Satan, seine Engel und seine Untertanen haben keine Möglichkeit, sich von der Darstellung ihrer eigenen Taten abzuwenden. Jeder Darsteller erinnert sich an seine Rolle: Herodes, der die unschuldigen Kinder Bethlehems ermorden ließ, um den zukünftigen König Israels zu vernichten; die gemeine Herodias, in deren schuldigem Gewissen das Blut Johannes' des Täufers mahnt; der schwache und wankelmütige Pilatus; die spottenden Soldaten; die Priester und Obersten und die rasende Menge, die schrie: »Sein Blut komme über uns und unsere Kinder!« (Matthäus 27,25) Sie alle erkennen die Größe ihrer Schuld. Sie versuchen vergeblich, sich vor dem Angesicht seiner göttlichen Majestät zu verbergen, das die Herrlichkeit der Sonne überstrahlt, während die Erlösten ihre Kronen vor die Füße des Erlösers legen und rufen: »Er starb für mich!«

Unter der Schar der Geretteten befinden sich die Apostel Christi, der heldenhafte Paulus, der eifrige Petrus, der geliebte und liebende Johannes mit ihren aufrichtigen Brüdern und mit ihnen die zahllosen Märtyrer, während außerhalb der Mauern – gemein und abscheulich – all jene lagern, durch die sie verfolgt, eingekerkert und erschlagen wurden. Da ist Nero, dieses Ungeheuer der Grausamkeit und Unmoral, der nun die Freude und Herrlichkeit derer mit ansehen muss, die er einst folterte und an deren Todesangst er sich satanisch ergötzte. Seine Mutter ist anwesend und erlebt nun die Folgen ihrer eigenen Taten mit. Sie muss erkennen, welch üble Charakterzüge sie an ihren Sohn weitergegeben hat. Die Leidenschaften, die durch ihren Einfluss und ihr Beispiel gefördert wurden, trugen verbrecherische Früchte, welche die ganze Welt erschaudern ließen.

Da erkennt man Priester und Prälaten des Papstes, die vorgaben, Christi Botschafter zu sein, und doch Folterbank, Kerker und Scheiterhaufen benutzten, um das Gewissen von Gottes Volk zu beherrschen. Da sind die stolzen Päpste, die sich über Gott erhoben und sich anmaßten, das Gesetz des Höchsten zu verändern. Diese angeblichen Väter der Kirche müssen vor Gott Rechenschaft ablegen, wovon sie am liebsten entbunden wären. Zu spät erkennen sie, dass der Allwissende um sein Gesetz eifert und den Schuldigen nicht ungestraft lässt. Nun erfahren sie, dass Christus sich ganz mit seinem leidenden Volk identifiziert und verspüren die Macht seiner Worte: »Was ihr getan habt einem von diesen meinen geringsten Brüdern, das habt ihr mir getan.« (Matthäus 25,40)

Die ganze Welt der Gottlosen sitzt vor Gott auf der Anklagebank und ist des Hochverrats gegen die Herrschaft des Himmels angeklagt. Sie haben niemanden, der sie verteidigt, und können keine Entschuldigung vorbringen. Das Urteil, das über sie ausgesprochen wird, heißt ewiger Tod.

Nun wird allen deutlich, dass der Lohn der Sünde nicht vorteilhafte Unabhängigkeit und ewiges Leben ist, sondern Versklavung, Verderben und Tod. Die Gottlosen erkennen, was sie durch ihr Leben in Auflehnung verloren haben. Die weitaus wertvollere, ewige Herrlichkeit haben sie verachtet, als sie ihnen angeboten wurde. Wie begehrenswert erscheint sie ihnen jetzt! »Dies alles«, schreit die verlorene Seele, »hätte ich haben können; aber ich zog es vor, diese Dinge weit von mir zu stoßen. O seltsame Verblendung! Ich habe Frieden, Glückseligkeit und Ehre gegen Elend, Schmach und Verzweiflung eingetauscht!« Alle erkennen, dass ihr Ausschluss aus dem Himmel gerecht ist. Durch ihre Lebensführung haben sie erklärt: »Wir wollen nicht, dass dieser [Jesus] über uns herrsche!« (Lukas 19,14)

Wie gebannt beobachten die Gottlosen die Krönung des Sohnes Gottes. Sie sehen in seinen Händen die Gesetzestafeln, das göttliche Gesetz, die Anweisungen, die sie verachtet und übertreten haben. Sie erleben mit, wie die Erlösten in Jubel ausbrechen und Jesus voller Bewunderung anbeten, und als die Welle der Begeisterung zu der Menge außerhalb der Stadt durchdringt, rufen alle wie mit einer Stimme: »Groß und wunderbar sind deine Werke, Herr, Gott, Allmächtiger! Gerecht und wahrhaftig sind deine Wege, o König der Nationen! Wer sollte sich nicht fürchten, Herr, und verherrlichen deinen Namen?« (Offenbarung 15,3.4 Elb.) Alle fallen vor dem Fürsten des Lebens nieder und beten ihn an.

SATAN WIRD ENTLARVT

Satan ist wie gelähmt, wenn er die Herrlichkeit und Majestät Christi erblickt. Er, der einst ein schirmender Cherub war, erinnert sich nun an seinen Fall. Der einstmals glänzende oberste Engel, der »Sohn der Morgenröte« (Jesaja 14,12); wie hat er sich verändert und wie tief ist er gefallen! Von der Ratsversammlung, die ihn einst ehrte, ist er für immer ausgeschlossen. Ein anderer steht nun neben dem Vater und verhüllt seine Herrlichkeit. Satan hat gesehen, wie ein Engel von erhabener und majestätischer Gestalt Christus die Krone aufs Haupt setzte, und er weiß, dass das hohe Amt dieses Engels sein eigenes hätte sein können.

Er erinnert sich an seine Unschuld und Reinheit, an den Frieden und das Glück, deren er sich erfreute, bevor er gegen Gott murrte und Neid gegen Christus entwickelte. Seine Anklagen, seine Auflehnung, seine Verführungen, durch die er hoffte, die Sympathie und Unterstützung der Engel zu erhalten, seine hartnäckige Weigerung, selbst etwas zu seiner eigenen Wiederherstellung beizutragen, als Gott ihm Vergebung gewährt hätte – alles erscheint lebhaft vor seinen Augen. Er blickt auf das Werk zurück, das er unter den Menschen angerichtet hat und auf dessen Folgen: die Feindschaft des Menschen gegen seinen Nächsten, die schreckliche Vernichtung von Leben, der Aufstieg und Fall von Königreichen, der Sturz von Königen, die lange Reihe von Tumulten, Kriegen und Revolutionen. Er erinnert sich, wie er sich dem Werk Christi ständig widersetzte und der Mensch deshalb immer tiefer sank. Er erkennt, dass seine teuflischen Anschläge wirkungslos waren, um die zu vernichten, die ihr Vertrauen auf Jesus setzten. Satan blickt auf sein Reich und erkennt, dass die Früchte seiner Bemühungen nur Misserfolg und Verderben waren. Er hat die Massen dazu verführt, zu glauben, die Stadt Gottes sei eine leichte Beute; aber er weiß, dass dies falsch ist. Immer und immer wieder wurde er während des großen Kampfes besiegt und gezwungen, nachzugeben. Er kennt die Macht und die Majestät des Ewigen nur allzu gut.

Es ist immer das Ziel des großen Aufrührers gewesen, sich selbst zu rechtfertigen und die Herrschaft Gottes für den Aufruhr verantwortlich zu machen. Auf dieses Ziel hin hat er all seine enormen Verstandeskräfte ausgerichtet. Er hat vorsätzlich und planmäßig gearbeitet und damit einen erstaunlichen Erfolg gehabt. Unzählige konnte er dazu verleiten, seiner Sichtweise des schon so lange anhaltenden großen Kampfes zuzustimmen. Jahrtausende hindurch hat dieser Erzverschwörer Lüge als Wahrheit ausgegeben. Nun aber ist die Zeit gekommen, in der der Aufstand endgültig besiegt und Satans Werdegang und Charakter aufgedeckt werden. Bei seinem letzten großen Bemühen, Christus zu entthronen, dessen Volk zu vernichten und die Stadt Gottes einzunehmen, wird der Erzverführer vollständig entlarvt. Seine Verbündeten erkennen nun sein völliges Versagen. Christi Nachfolger und die treuen Engel sehen das volle Ausmaß seiner Intrigen gegen die Herrschaft Gottes. Jetzt wird er Gegenstand allgemeiner Abscheu.

Satan sieht, dass ihn seine freiwillige Rebellion für den Himmel untauglich gemacht hat. Er hat seine Kräfte für den Krieg gegen Gott geschult. Die Reinheit, der Friede und die Harmonie des Himmels würden ihm zur größten Qual werden. Seine Anklagen gegen die Gnade und Gerechtigkeit Gottes sind nun zum Schweigen gebracht. Der Vorwurf, den er Jahwe zur Last legen wollte, fällt nun vollständig auf ihn zurück. Und nun beugt sich Satan vor Gott und bekennt, dass seine Verurteilung gerecht ist.

»Wer sollte dich, Herr, nicht fürchten und deinen Namen nicht preisen? Denn du allein bist heilig! Ja, alle Völker werden kommen und anbeten vor dir, denn deine gerechten Gerichte sind offenbar geworden.« (Offenbarung 15,4) Jede Unklarheit über Wahrheit und Irrtum während dieser lang anhaltenden Auseinandersetzung ist nun beseitigt. Allen geschaffenen Wesen im ganzen Universum ist klar geworden, wohin es führt, wenn göttliche Verordnungen missachtet werden, und was die Herrschaft Satans von der Herrschaft Gottes unterscheidet. Satan wurde durch seine eigenen Werke verdammt. Gottes Weisheit, Gerechtigkeit und Güte sind völlig gerechtfertigt worden. Jeder erkennt, dass er in dem großen Kampf immer mit Blick auf das ewige Wohl seines Volks und zum Besten aller Welten, die er geschaffen hatte, handelte. »Es sollen dir danken, Herr, alle deine Werke und deine Heiligen dich loben.« (Psalm 145,10) Die Geschichte der Sünde wird für alle Ewigkeit bezeugen, dass das Glück aller Geschöpfe Gottes eng mit seinem Gesetz verbunden ist. Da sämtliche Tatsachen des großen Kampfes offengelegt sind, gibt es für alle Geschöpfe, für die treuen wie für die rebellischen, nur eine Erklärung: »Gerecht und wahrhaftig sind deine Wege, du König der Völker.« (Offenbarung 15,3)

DAS ENDE DER SÜNDE

Vor dem ganzen Universum wurde die Größe des Opfers klar gezeigt, das Vater und Sohn für die Menschen gebracht haben. Nun ist die Stunde gekommen, in welcher Christus seine rechtmäßige Stellung über Fürstentümer und Mächte einnimmt und über alle Namen verherrlicht wird. Er nahm das Kreuz auf sich und achtete nicht auf die Schande wegen der Freude, viele Kinder in die Herrlichkeit zu bringen. Wenn auch das Leid und die Schande unvorstellbar groß waren, noch größer sind die Freude und die Herrlichkeit. Er schaut auf die Erlösten, die in sein Ebenbild verwandelt worden sind: jedes Herz trägt die vollkommene Prägung des Göttlichen, jedes Angesicht spiegelt die Ähnlichkeit seines Königs wider. In ihnen sieht er den Lohn seiner Seelenkämpfe und ist glücklich. Dann erklärt er mit einer Stimme, die jeden Einzelnen in der großen Menge der Gerechten und der Gottlosen erreicht: »Seht den Erlös meines Blutes! Für diese habe ich gelitten; für diese bin ich gestorben, damit sie auf ewig in meiner Gegenwart wohnen!« Von denen in weißen Kleidern, die um den Thron stehen, steigt der Lobgesang empor: »Das Lamm, das geschlachtet ist, ist würdig, zu nehmen Kraft und Reichtum und Weisheit und Stärke und Ehre und Preis und Lob.« (Offenbarung 5,12)

Obwohl Satan gezwungen war, Gottes Gerechtigkeit anzuerkennen und sich vor der Überlegenheit Christi zu verneigen, bleibt sein Charakter unverändert. Wie ein mächtiger Strom bricht der Geist der Rebellion wieder hervor. Zornerfüllt entschließt er sich, den großen Kampf nicht aufzugeben. Die Zeit des letzten verzweifelten Ringens mit dem König des Himmels ist gekommen. Er stürzt sich unter seine Untertanen und versucht, sie mit seiner Wut zu inspirieren und zum sofortigen Kampf aufzuhetzen. Aber unter all den Millionen, die er zum Aufruhr angestiftet hat, ist keiner, der jetzt seine Oberherrschaft anerkennt. Seine Macht ist zu Ende. Die Gottlosen sind zwar mit dem gleichen Hass gegen Gott erfüllt wie Satan, aber sie sehen ein, dass ihr Fall hoffnungslos ist und sie gegen Jahwe nichts ausrichten können. Nun entbrennt ihr Zorn gegen Satan und seine betrügerischen Helfershelfer, und mit dämonischer Wut fallen sie über diese her.

Der Herr sagt: »Weil sich dein Herz überhebt, als wäre es eines Gottes Herz, darum siehe, ich will Fremde über dich schicken, die Gewalttätigsten unter den Völkern; die sollen ihr Schwert zücken gegen deine schöne Weisheit und sollen deinen Glanz entweihen. Sie sollen dich hinunterstoßen in die Grube.« (Hesekiel 28,6-8) »Da verstieß ich dich vom Berge Gottes und tilgte dich, du schirmender Cherub, hinweg aus der Mitte der feurigen Steine. ... Darum habe ich dich zu Boden gestürzt und ein Schauspiel aus dir gemacht vor den Königen ... und zu Asche gemacht ... auf der Erde vor aller Augen. Alle, die dich kannten unter den Völkern, haben sich über dich entsetzt, dass du so plötzlich untergegangen bist und nicht mehr aufkommen kannst.« (Hesekiel 28,16-19)

»Denn jeder Stiefel, der mit Gedröhn dahergeht, und jeder Mantel, durch Blut geschleift, wird verbrannt und vom Feuer verzehrt.« (Jesaja 9,4) »Denn der Herr ist zornig über alle Heiden und ergrimmt über alle ihre Scharen. Er wird an ihnen den Bann vollstrecken und sie zur Schlachtung dahingeben.« (Jesaja 34,2) »Er wird regnen lassen über die Gottlosen Feuer und Schwefel und Glutwind ihnen zum Lohne geben.« (Psalm 11,6) Feuer kommt von Gott vom Himmel. Die Erde spaltet sich. Die Waffen, die in ihrer Tiefe verborgen sind, kommen hervor. Verzehrendes Feuer lodert aus gähnenden Schlünden. Selbst Felsen stehen in Flammen. »Der Tag, der brennen soll wie ein Ofen« (Maleachi 3,19), ist gekommen. »Die Elemente aber werden vor Hitze schmelzen, und die Erde und die Werke, die darauf sind, werden ihr Urteil finden.« (2. Petrus 3,10) Die Erdoberfläche gleicht einer schmelzenden Masse, einem riesigen kochenden Feuersee. Es ist die Zeit des Gerichts und der Verdammnis der gottlosen Menschen, »der Tag der Rache des Herrn und das Jahr der Vergeltung, um Zion zu rächen« (Jesaja 34,8).

Die Gottlosen erhalten ihre Vergeltung auf Erden (Sprüche 11,31). Sie werden »Stroh sein, und der kommende Tag wird sie anzünden, spricht der Herr Zebaoth« (Maleachi 3,19). Manche werden in einem Augenblick vernichtet, während andere tagelang leiden, aber alle werden »nach ihren Werken« (Offenbarung 20,12) bestraft. Da die Sünden der Gerechten auf Satan geladen wurden, muss er nicht nur für seine eigene Auflehnung leiden, sondern für all die Sünden, zu denen er Gottes Volk verführt hat. Seine Strafe ist weit schwerer als die derjenigen, die er verführt hat. Nachdem alle bereits umgekommen sind, die er verführt hat, ist er noch immer am Leben und leidet weiter. Schließlich werden die Gottlosen in den reinigenden Flammen mit »Wurzel und Zweigen« (Maleachi 3,19) vernichtet – Satan bildet die Wurzel, seine Nachfolger die Zweige. Die volle Strafe des Gesetzes ist ausgeführt, die Forderungen der Gerechtigkeit sind erfüllt, und Himmel und Erde anerkennen die Gerechtigkeit Jahwes.

Satans Zerstörungswerk ist für immer beendet. 6000 Jahre lang konnte er seinen Willen durchsetzen, Qualen über die Erde und Kummer über das Universum verbreiten. Die ganze Schöpfung stöhnte und ächzte unter Schmerzen. Jetzt sind Gottes Geschöpfe auf ewig von seiner Gegenwart und den Versuchungen befreit. »Nun hat Ruhe und Frieden alle Welt und jubelt fröhlich.« (Jesaja 14,7) Das gesamte treue Universum bricht in Lobgesänge und Freudenrufe aus. »Ich hörte etwas wie eine Stimme einer großen Schar und wie eine Stimme großer Wasser und wie eine Stimme starker Donner, die sprachen: Halleluja! Denn der Herr, unser Gott, der Allmächtige, hat das Reich eingenommen!« (Offenbarung 19,6)

Während die Erde in vernichtendes Feuer eingehüllt ist, wohnen die Gerechten im Schutz der heiligen Stadt. »Selig ist der und heilig, der teilhat an der ersten Auferstehung. Über diese hat der zweite Tod keine Macht.« (Offenbarung 20,6) Während Gott für die Gottlosen ein verzehrendes Feuer ist, ist »der Herr Sonne und Schild ... denen, die rechtschaffen sind« (Psalm 84,12 EÜ).

»Und ich sah einen neuen Himmel und eine neue Erde; denn der erste Himmel und die erste Erde sind vergangen.« (Offenbarung 21,1) Das Feuer, das die Gottlosen verzehrt, reinigt die Erde. Jede Spur des Fluches ist weggefegt. Keine ewig brennende Hölle hält den Erlösten die Folgen der Sünde vor Augen.

EINE HEIMAT FÜR DIE ERLÖSTEN

Nur ein einziges Zeichen bleibt als Erinnerung: Unser Erlöser wird immer die Male seiner Kreuzigung tragen. Auf seinem verwundeten Haupt, an seiner Seite, an seinen Händen und Füßen verbleiben die Spuren, die die Sünde hinterlassen hat. Der Prophet, der Christi Herrlichkeit sieht, sagt: »Sein Glanz war wie Licht; Strahlen gingen aus von seinen Händen. Darin war verborgen seine Macht.« (Habakuk 3,4) In jener durchbohrten Seite, aus welcher damals der blutrote Strom hervorquoll, der die Menschen mit Gott versöhnte, liegt die Herrlichkeit des Erlösers, »darin ist verborgen seine Macht«. Durch sein Opfer erhielt er die Macht zur Erlösung und die Stärke,

Gerechtigkeit über die zu bringen, die Gottes Gnade verachteten. Die Zeichen seiner Erniedrigung sind seine höchste Ehre. In alle Ewigkeit werden die Wundmale von Golgatha ihn rühmen und seine Macht verkünden. »Und du, Turm der Herde, du Feste der Tochter Zion, zu dir wird kommen und wiederkehren die frühere Herrschaft.« (Micha 4,8) Die Zeit ist gekommen, nach der sich heilige Menschen seit dem Tag gesehnt haben, als das flammende Schwert dem ersten Menschenpaar den Zugang zu Eden versperrte: die Zeit »unsrer Erlösung, dass wir sein Eigentum würden« (Epheser 1,14). Die Erde, ursprünglich dem Menschen als sein Königreich gegeben, von ihm in die Hände Satans verraten und so lange vom mächtigen Feind festgehalten, ist durch den großen Erlösungsplan zurückgewonnen. Alles, was durch die Sünde verloren gegangen war, ist nun wiederhergestellt. »Denn so spricht der Herr ... der die Erde bereitet und gemacht hat – er hat sie gegründet; er hat sie nicht geschaffen, dass sie leer sein soll, sondern sie bereitet, dass man auf ihr wohnen solle.« (Jesaja 45,18) Gottes ursprüngliche Absicht bei der Erschaffung der Erde ist erfüllt, indem sie zur ewigen Wohnstätte der Erlösten gemacht worden ist. »Die Gerechten werden das Land ererben und darin wohnen allezeit.« (Psalm 37,29)

Die Befürchtung, sich das zukünftige Erbe allzu irdisch vorzustellen, hat viele dazu verleitet, ausgerechnet jene Wahrheiten zu vergeistigen und zu verdrängen, die uns dazu führen würden, unser Erbe als unsere wahre Heimat zu betrachten. Christus versicherte seinen Jüngern, dass er hingehe, um ihnen im Hause seines Vaters Wohnungen zu bereiten (Johannes 14,2). Wer die Lehren des Wortes annimmt, wird nicht völlig unwissend über die himmlischen Wohnungen sein. Und dennoch gilt: »Was kein Auge gesehen hat und kein Ohr gehört hat und in keines Menschen Herz gekommen ist, ... [hat] Gott bereitet ... denen, die ihn lieben.« (1. Korinther 2,9) Menschliche Sprache ist unzureichend, um die Belohnung der Gerechten angemessen zu beschreiben. Sie wird nur denen bekannt sein, die sie sehen. Kein sterblicher Verstand kann die Herrlichkeit des Paradieses Gottes erfassen.

In der Bibel wird das Erbe der Erlösten »ein Vaterland« genannt (Hebräer 11,14). Der himmlische Hirte führt seine Herde dort zum Brunnen mit lebendigem Wasser. Der Baum des Lebens spendet jeden Monat seine Früchte, und die Blätter des Baums dienen der Gesundheit der Völker. Es gibt dort Ströme, klar wie Kristall, die immer fließen und an deren Ufern wogende Bäume ihre Schatten auf die Wege werfen, die für die Erlösten des Herrn vorbereitet wurden. Weite Ebenen steigen zu schönen Hügeln auf, und die Berge Gottes erheben majestätisch ihre Gipfel. Auf diesen friedvollen Ebenen, an lebendigen Wassern wird Gottes Volk, das so lange ein Volk von Pilgern und Wanderern war, endlich eine Heimat finden. »Dass mein Volk in friedlichen Auen wohnen wird, in sicheren Wohnungen und in stolzer Ruhe.« (Jesaja 32,18) »Man soll nicht mehr von Frevel hören in deinem Lande noch von Schaden oder Verderben in deinen Grenzen, sondern deine Mauern sollen ›Heil‹ und deine Tore ›Lob‹ heißen.« (Jesaja 60,18) »Sie werden Häuser bauen und bewohnen, sie werden Weinberge pflanzen und ihre Früchte essen. Sie sollen nicht bauen, was ein anderer bewohne, und nicht pflanzen, was ein anderer esse. ... Und ihrer Hände Werk werden meine Auserwählten genießen.« (Jesaja 65,21.22)

»Die Wüste und Einöde wird frohlocken, und die Steppe wird jubeln und wird blühen wie die Lilien.« (Jesaja 35,1) »Es sollen Zypressen statt Dornen wachsen und Myrten statt Nesseln.« (Jesaja 55,13) »Dann wohnt der Wolf beim Lamm, der Panther liegt beim Böcklein. Kalb und Löwe weiden zusammen, ein kleiner Knabe kann sie hüten ... Man tut nichts Böses mehr und begeht kein Verbrechen auf meinem ganzen heiligen Berg.« (Jesaja 11,6.9 EÜ)

Schmerz kann in himmlischer Atmosphäre nicht existieren. Da wird es keine Tränen mehr geben, keine Leichenzüge, keine Zeichen der Trauer. »Und der Tod wird nicht mehr sein, noch Leid noch Geschrei ... denn das Erste ist vergangen.« (Offenbarung 21,4) »Und kein Bewohner wird sagen: Ich bin schwach; denn das Volk, das darin wohnt, wird Vergebung der Sünde haben.« (Jesaja 33,24)

ENDLICH DAHEIM

Das neue Jerusalem, die Metropole der verherrlichten Erde, ist »eine schöne Krone in der Hand des Herrn und ein königlicher Reif in der Hand deines Gottes« (Jesaja 62,3). »Ihr Licht war gleich dem alleredelsten Stein, einem Jaspis. ... Und die Völker werden wandeln in ihrem Licht; und die Könige auf Erden werden ihre Herrlichkeit in sie bringen.« (Offenbarung 21,11.24) Der Herr sagt: »Ich will fröhlich sein über Jerusalem und mich freuen über mein Volk.« (Jesaja 65,19) »Siehe da, die Hütte Gottes bei den Menschen! Und er wird bei ihnen wohnen, und sie werden sein Volk sein, und er selbst, Gott mit ihnen, wird ihr Gott sein.« (Offenbarung 21,3)

In der Stadt Gottes »wird keine Nacht mehr sein« (Offenbarung 22,5). Niemand wird der Ruhe bedürfen oder danach verlangen. Niemand wird müde werden, den Willen Gottes zu tun und seinen Namen zu preisen. Wir werden stets die Frische des Morgens verspüren, der nie zu Ende sein wird.

»Sie bedürfen keiner Leuchte und nicht des Lichts der Sonne; denn Gott der Herr wird sie erleuchten.« (Offenbarung 22,5) Das Sonnenlicht wird von einem Glanz überstrahlt, der nicht schmerzlich blendet, jedoch unermesslich heller als unser hellstes Mittagslicht scheint. Die Herrlichkeit Gottes und des Lammes erleuchten die heilige Stadt mit nie erlöschendem Licht. Die Erlösten wandeln in der Herrlichkeit eines ewigen Tages, zu dessen Licht es keine Sonne braucht.

»Und ich sah keinen Tempel darin; denn der Herr, der allmächtige Gott, ist ihr Tempel, er und das Lamm.« (Offenbarung 21,22) Das Volk Gottes wird die Gnade erleben, eine offene Gemeinschaft mit dem Vater und dem Sohn zu haben. »Wir sehen jetzt durch einen Spiegel ein dunkles Bild.« (1. Korinther 13,12) In der Natur und durch seine Gemeinschaft mit den Menschen zeigt Gott uns heute sein Bild wie in einem Spiegel, doch dann werden wir ihn von Angesicht zu Angesicht ohne trübenden Schleier dazwischen sehen. Wir werden in seiner Gegenwart stehen und die Herrlichkeit seines Angesichts betrachten.

Dort werden die Erlösten erkennen, genauso wie sie auch erkannt worden sind (1. Korinther 14,12). Die Liebe und Sympathie, die Gott selbst in sie gepflanzt hat, werden dort auf wahrhaftigste und zarteste Weise zur Entfaltung kommen. Die reine Gemeinschaft mit heiligen Wesen, das ungetrübte gesellschaftliche Leben mit den heiligen Engeln und den Gläubigen aller Zeiten, die ihre Kleider im Blut des Lammes gewaschen und hell gemacht haben, und das heilige Band, das »alles, was da Kinder heißt im Himmel und auf Erden« (Epheser 3,15) miteinander verbindet, tragen zum Glück der Erlösten bei.

Dort werden unsterbliche Wesen mit nie nachlassender Freude über die Wunder der Schöpfermacht und die Geheimnisse der erlösenden Liebe nachdenken. Da wird es keinen grausamen und betrügerischen Feind mehr geben, der uns verführen kann, Gott zu vergessen. Jede Fähigkeit wird entwickelt, jede Begabung vermehrt werden. Wachsendes Wissen wird den Geist weder ermüden noch erschöpfen. Die größten Unternehmungen können durchgeführt, die erhabensten Wunschträume erfüllt, höchste Ziele verwirklicht werden. Und immer noch können neue Höhen erklommen, neue Wunder bestaunt, neue Wahrheiten begriffen werden. Stets neue Aufgaben fordern die Kräfte des Geistes, der Seele und des Körpers heraus.

Alle Schätze des Universums liegen den Erlösten Gottes zur Erforschung offen. Frei von den Bindungen der Sterblichkeit erkunden sie unermüdlich ferne Welten, die einst durch den Anblick menschlichen Leids gefesselt waren und nun die Nachricht von der Erlösung mit Freudengesängen aufgenommen haben. Mit unaussprechlicher Freude erhalten die Kinder der Erde Anteil am Glück und der Weisheit von nie gefallenen Wesen. Diese teilen mit ihnen die Schätze des Wissens und der Erkenntnis, die sie in unendlichen Zeiträumen durch die Betrachtung der Schöpfungswerke Gottes gewonnen haben. Mit ungetrübtem Blick sehen sie auf die Herrlichkeit der Schöpfung. Sonnen, Sterne, ganze Galaxien kreisen in festgesetzten Bahnen um den Thron Gottes. Auf allen Dingen, von den geringsten bis zu den größten, steht der Name des Schöpfers geschrieben, und in allen ist der Reichtum seiner Macht sichtbar.

Und die dahingehenden Jahre der Ewigkeit bringen immer reichere und herrlichere Offenbarungen Gottes und Christi hervor. Wie sich die Erkenntnis mehrt, so nehmen auch Liebe, Ehrfurcht und Glück ständig zu. Je mehr die Menschen über Gott erfahren, desto größer wird die Bewunderung für das Wesen Gottes. Wenn Jesus vor ihnen die tiefsten Wunder der Erlösung und die erstaunlichen Erfolge in der großen Auseinandersetzung mit Satan offen legt, werden die Freigekauften von noch herzlicherer Zuneigung ergriffen sein. Mit noch leidenschaftlicherer Freude lassen sie dann die goldenen Harfen erklingen. Zehntausend mal zehntausend und tausend mal tausend Stimmen vereinen sich zu einem mächtigen Lobgesang.

»Und jedes Geschöpf, das im Himmel ist und auf Erden und unter der Erde und auf dem Meer und alles, was darin ist, hörte ich sagen: Dem, der auf dem Thron sitzt, und dem Lamm sei Lob und Ehre und Preis und Gewalt von Ewigkeit zu Ewigkeit!« (Offenbarung 5,13)

Der große Kampf ist zu Ende. Sünde und Sünder gibt es nicht mehr. Das ganze Universum ist rein. Eintracht und Freude durchdringen alle Bereiche der unermesslichen Schöpfung. Von dem, der alles schuf, strömen Leben, Licht und Freude durch alle Bereiche des grenzenlosen Raums. Vom kleinsten Atom bis zum größten Weltenkörper verkündet alle lebende und unbelebte Natur in ihrer ungetrübten Schönheit und vollkommenen Freude: Gott ist Liebe.

KIRCHENGESCHICHTLICHE ZEITTAFEL

Aus der Fülle der geschichtlichen und kirchengeschichtlichen Ereignisse und Personen wurden primär solche in diese Liste aufgenommen, die im Buch »Vom Schatten zum Licht« erwähnt werden. Eine Ergänzung bilden vor allem kirchengeschichtlich bedeutsame Ereignisse nach 1900. Bei Herrschern und Päpsten wird nicht die Lebens- sondern die Amtszeit angegeben.

Von der Urgemeinde zur Papstkirche bis 500

- 27–31 Öffentliches Wirken Jesu
- 31 Gründung der urchristlichen Gemeinde
- ~67 Flucht der ersten Christen aus Jerusalem und Judäa
- 70 Zerstörung Jerusalems durch die Römer (Titus)
- 79–81 Titus, römischer Kaiser
- ~37–100 Josephus, jüdischer Geschichtsschreiber
- 54–68 Nero, römischer Kaiser, Christenverfolger
- 64 Neronische Verfolgung in Rom
- 95 Verfolgung unter Domitian (81–96)
- 250/257/303–313 Große und allgemeine Verfolgungen unter Decius, Valerian und Diokletian
- 306–337 Konstantin, römischer Kaiser
- 312 Konstantins Sieg über Maxentius an der Milvischen Brücke und seine Hinwendung zum Christentum
- 313 Kaiser Konstantin sichert allen Bürgern des Römischen Reiches Religionsfreiheit zu
- 321 Konstantins Sonntagsgesetz
- 325 Konzil von Nicäa; die Lehre von Arius, der die Gottheit Christi leugnete, wird verurteilt, das erste offizielle Glaubensbekenntnis wird formuliert.
- 337 Konstantins Taufe und Tod
- 342 Die Synode von Serdika (Sofia) erkennt den Bischof von Rom als Appelationsinstanz über alle Bischöfe an
- 380 Unter Kaiser Theodosius wird das Christentum Staatsreligion
- 412 Die Geistlichen erhalten eine eigene Gerichtsbarkeit
- 415 Alle Tempelgüter werden von der Kirche konfisziert, die Kirche wird reich
- 440–461 Papst Leo I. d. Große – volle Ausprägung der Papstidee
- 445 Alle Verordnungen des Papstes erhalten die gleiche Gerichtskraft wie die Edikte des Kaisers
- 476 Ende des weströmischen Reiches durch Odoaker (Völkerwanderung)

Spätantike und Frühmittelalter 500 – 1100

- 533–534/535–553 Vernichtung der arianischen Germanenreiche in Nordafrika (Vandalen) und in Italien (Ostgoten), das Papsttum erhält dadurch weltpolitische Macht

538	Höhepunkt des Gotenkrieges. Die Oströmer entreißen Rom den Goten. Der Papst wird von politischer Bevormundung frei
672–754	Bonifatius wirkt als »Apostel der Deutschen« in Germanien
768–814	Kaiser Karl der Große, Frankenkönig, ab 800 Kaiser, »bekehrt« die Sachsen mit Gewalt (782)
1054	Trennung der West- und Ostkirche (Rom und Konstantinopel)
1073–1085	Papst Gregor VII. bemüht sich um die Stärkung der päpstlichen Macht
1084–1105	Heinrich IV., Kaiser des römischen Reiches deutscher Nation
1073–1122	Investiturstreit. Rom verbietet kaiserliche Laieninvestitur von Bischöfen
1076/77	Heinrich IV., Gang nach Canossa, um sich Papst Gregor VII. zu unterwerfen
1122	Wormser Konkordat, Einigung im Streit um die Macht zwischen Kirche und Kaiser (Investiturstreit) Kaiser: Investitur mit Zepter Papst: Investitur mit Ring und Stab

Hoch- und Spätmittelalter
100 – 1500

1176	Bekehrung von Petrus Valdes (auch Waldus), auf den man die Waldenser zurückführt, ihre Wurzeln reichen jedoch weiter zurück
1209–1229	Albigenserkriege (Kreuzzug gegen die Albigenser)
1215	Verdammung der Waldenser auf dem 4. Laterankonzil
1231	Gregor IX. führte die päpstliche Inquisition ein

~1324–1384	John Wycliff, englischer Theologe und Kirchenreformer, bestreitet den politischen Machtanspruch des Papstes
1383	Wycliff vollendet die Übersetzung der Heiligen Schrift ins Englische. Die Bibel ist »goddis lawe« – Gottes Gesetz
~1369–1415	Jan Hus, Priester in Prag, Reformer und Märtyrer
~1365–1415	Hieronymus von Prag, böhmischer Gelehrter, Märtyrer
1414–1418	Konzil zu Konstanz Es befasste sich mit der Kirchenspaltung (3 Päpste) und verurteilte die Reformatoren Hus und Hieronymus zum Feuertod
1410–1415	Papst Johannes XXIII. (als Gegenpapst) war einer von drei Päpsten und wurde auf dem Konzil abgesetzt
1410–1437	Kaiser Sigismund
1419–1436	mehrere Kreuzzüge gegen die Hussiten
1453	Fall Konstantinopels und Ende des Byzantinischen Reiches. Konstantinopel wird Hauptstadt des Osmanischen Reiches
1450–1455	Gutenberg druckt die erste lateinische Bibel
1492	Christoph Columbus entdeckt Amerika

Die Reformation
1500 – 1600

1483–1546	**Martin Luther**, Doktor der Theologie, Reformator
1505	Eintritt ins Kloster der Augustiner Eremiten
1507	Luthers Priesterweihe
1510/1511	Luthers Rombesuch
1512	Luther erhält den Doktortitel
1513/14	Luthers »Turmerlebnis«. Er

oder 1518/19	erkennt, dass der Mensch aus dem Glauben vor Gott gerecht wird	1529	2. Reichstag zu Speyer, Protest der evangelischen Fürsten gegen die Aufhebung der Beschlüsse von 1526 (»Protestanten«), Marburger Religionsgespräch mit Zwingli
1516	Tetzels Auftreten in Deutschland, Ablasshandel zur Finanzierung des Neubaus der Peterskirche in Rom		
1517	Thesenanschlag in Wittenberg. Mit 95 Thesen stellt Luther den Verkauf des Ablasses (Nachlass der zeitlichen Sündenstrafen) in Frage	1530	Reichstag zu Augsburg. Augsburger Bekenntnis. Die lutherischen Reichsstände formulieren in 28 Artikeln ein grundlegendes Bekenntnis ihres Glaubens
1518	Verhör Luthers in Augsburg. Der Papst erscheint ihm schlimmer als der Türke	1531	Schmalkaldischer Bund, die Evangelischen schließen sich zusammen, um sich gegen gegenreformatorische Maßnahmen Karls V. zu verteidigen
1519	Leipziger Disputation, Eck – Luther. Luther leugnet die Heilsnotwendigkeit des päpstlichen Primats		
1519–1556	Karl V., deutscher Kaiser, er nimmt gegen die Reformation Stellung	1532	Nürnberger Religionsfriede bis zum Konzil
		1534	Luthers Bibelübersetzung wird mit dem Alten Testament vollendet
1520	Die reformatorischen Hauptschriften werden von Luther publiziert		
1521	Bannbulle gegen Luther	1545–1563	Konzil zu Trient Die katholische Kirche nimmt deutlich Stellung gegen die Lehren der Reformation, Verdammung der reformatorischen Grundpositionen
1 486–1525	Friedrich der Weise, Kurfürst von Sachsen unterstützt Luther und die Reformation		
1521	Reichstag zu Worms, Luther weigert sich, seine Schriften zu widerrufen, über ihn wird die Reichsacht verhängt	1546	Tod Luthers. Schmalkaldischer Krieg, Karl V. unterwirft die Protestanten
		1555	Augsburger Religionsfriede Der Landesherr bestimmt die Religion. Die Reformation in Deutschland kommt damit zum Stillstand
1521–1522	Luther auf der Wartburg, Übersetzung des Neuen Testaments aus dem Griechischen		
1524	Thomas Müntzer (1489–1525), evangelischer Theologe mit radikalen, sozialrevolutionären und spiritualistischen Ansichten gerät in Widerspruch zu Luther	1484–1531	**Ulrich Zwingli**, Reformator in Zürich, Bibelübersetzer
		1506	Zwingli in Glarus
		1516	Zwingli in Einsiedeln
		1519	Zwingli in Zürich, Pest
1525	Bruch mit Erasmus von Rotterdam. Luther heiratet die ehemalige Nonne Katharina von Bora. Bauernkrieg	1523	Die Reformation wird in Zürich eingeführt
		1525	Die Zürcher Täufer (Conrad Grebel, Felix Mantz) richten die biblische Glaubensgemeinde wieder auf
1526	1. Reichstag zu Speyer, Entstehung der lutherischen Landeskirchen		

1526	Religionsgespräch in Baden (»Schweizer Worms«) Oekolampad vertritt an Stelle von Zwingli die Sache der Reformierten vor Dr. Eck	1533/1535	Calvin muss aus Paris fliehen, weil er für die Reformation Stellung genommen hat
1527	Felix Mantz, ein Täufer, wird im Zürichsee ertränkt	1536–1538	Erste Wirkungszeit Calvins in Genf
1528	Sabbathaltende Täufer (Oswald Glait, Andreas Fischer) in Schlesien	1538–1541	Calvin in Straßburg
		1541–1564	Zweite Wirkungszeit Calvins in Genf
1529	Marburger Religionsgespräche, hier trafen sich Luther und Zwingli, Einigung in allen Punkten, außer in der Lehre vom Abendmahl	1549	Consensus Tigurinus. Zürcher und Genfer einigen sich in der Lehre
		1559	Calvin gründet die Genfer Akademie
1531	Zwinglis Tod auf dem Schlachtfeld im zweiten Kappelerkrieg	1562–1598	Hugenottenkriege, Verfolgung der Hugenotten in Frankreich
		1572	Bartholomäusnacht oder Pariser Bluthochzeit (24. Aug.), Pogrom der Katholiken gegen die Calvinisten (Hugenotten), veranlasst durch König Karl IX.
~1450–1536	Jacques Lefèvre d'Etaples, französischer Theologe und Humanist, Übersetzung des Neuen Testamentes (1523)		
		1553	Michael Servet wegen Leugnung der Dreieinigkeit in Genf verbrannt
1489–1565	Guillaume Farel, Reformator der französischsprachigen Schweiz	1509–1581	Antoine Froment, reformierter Geistlicher und Mitarbeiter Calvins
1470–1534	Bischof von Meaux, Guillaume Briçonnet, unterstützt die Arbeit von Farel	1519-1605	Theodor Beza, Nachfolger Calvins in Genf
1515–1547	Franz I., französischer König, bekämpft die Reformation mit harter Hand	1496–1561	Menno Simons, führender Vertreter der Täuferbewegung in den Niederlanden und Norddeutschland, nach ihm wurden die Mennoniten benannt
1490–1529	Louis de Berquin entscheidet sich für die Reformation, er wird in Paris auf dem Scheiterhaufen verbrannt		
		~1494–1561	Hans Tausen, der »dänische Luther«, evangelischer Theologe und Reformator in Dänemark
~1505–1538	Pierre-Robert Olivetan, Vetter Calvins, reformierter Theologe und Bibelübersetzer, nahm an der Synode der Waldenser in Chanforan teil und wurde dort beauftragt, eine französische Bibelübersetzung zu erstellen		
		1493–1552	Olaus Petri, zusammen mit seinem Bruder Lorenz, schwedischer Theologe und Reformator
		~1494–1536	William Tyndale, Priester und Gelehrter in England, Bibelübersetzer. Auf dem Scheiterhaufen verbrannt
1534	Gründung des Jesuitenordens durch Ignatius von Loyola zum Kampf gegen die Reformation		
		~1469–1536	Erasmus von Rotterdam, niederländischer Gelehrter, Theologe und Sprachwissenschaftler, Herausgeber des Neuen
1509–1564	**Johannes Calvin**, Reformator in Genf, Begründer des Calvinismus		

Testaments in Griechisch
(1516)
1525–1537 Verschiedene Drucke der Tyndale Bibel (Englisch), es wurden jeweils nur Teile gedruckt
1542 Papst Paul III. stellt die Inquisition wieder her
1572–1585 Papst Gregor XIII., veranlasste die Kalenderreform von 1582
~1513–1572 John Knox, schottischer Reformator

Gegenreformation, Pietismus, Aufklärung
1600 – 1800

1610 Baptisten in England.
1617 Siebenten-Tags-Baptisten (Sabbathalter)
1618–1648 Dreißigjähriger Krieg: Hegemonie- und Religionskrieg mit schweren sozialen und wirtschaftlichen Folgen. Kaiser Ferdinand II. (1619–1637) versucht, die Reformation auszulöschen.
Gustav Adolf v. Schweden (1611–1632) rettet den deutschen Protestantismus
1575–1625 John Robinson, Priester der Church of England und später puritanischer Pastor, hilft bei den Vorbereitungen zur Überfahrt der Pilgerväter (Mayflower) nach Amerika
1620 Die Pilgerväter (engl. Puritaner = Calvinisten) landen mit der Mayflower in Amerika (21. Nov.)
1604–1683 Roger Williams; gilt als Vater des amerikanischen Baptismus und Vorkämpfer der Religionsfreiheit (Trennung von Kirche und Staat)
1636 Gründung von Providence (Rhode Island)

1628–1688 John Bunyan, Baptistenprediger und Schriftsteller in England (schrieb 1678/84 das Buch »Pilgerreise«)
1664 Die Siebenten-Tags-Baptisten (Stephen Mumford) in Amerika
1635–1705 Philipp Jakob Spener, Begründer des deutschen Pietismus
1663–1727 August Hermann Francke, Gründer der Halleschen Stiftungen (Waisenhaus, Armenschule, Pädagogium)
1687–1752 Albrecht Bengel, deutscher Pietist, beschäftigte sich mit der Offenbarung des Johannes und erwartete den Anbruch des Millenniums (1000-jähriges Reich) in der ersten Hälfte des 19. Jh.
1700–1760 Nikolaus Ludwig Graf von Zinzendorf sammelt ausgewanderte böhmisch-mährische Brüder und gründet die Herrenhutter Brüdergemeinde
1694–1778 Voltaire, Schriftsteller und Wegbereiter der Aufklärung (Franz. Revolution), Gegner der römisch-katholischen Kirche (»Zerschlagt die Schändliche«)
1632–1704 Der engl. Philosoph John Locke plädiert für religiöse Freiheit in seinen »Letters concerning toleration«
1703–1791 John Wesley, Erweckungsprediger, Begründer der methodistischen Bewegung. Der Methodismus betont Heiligung und Sozialengagement
1707–1788 Charles Wesley, Bruder und Mitarbeiter von John Wesley, Liederdichter
1729–1735 In dieser Zeit schufen die Gebrüder Wesley nach ihrer persönlichen Bekehrung die Grundlage für die Methodistenkirche

1799–1821	Napoleon Bonaparte, französischer General, Staatsmann und Kaiser	1795	Gründung der Londoner Missionsgesellschaft
1789–1799	Französische Revolution; Kampf um bürgerliche Freiheitsrechte, Revolution, Terror und Guillotine, Entchristianisierung, (1793) Abschaffung der Religion, Verbrennung religiöser Bücher (1797), Wiederherstellung der Kultfreiheit	1826–1830	Die europäischen Adventgläubigen sammeln sich in den Albury Konferenzen (H. Drummond, J. Wolff, E. Irving)
		1795–1862	Joseph Wolff, ein Konvertit aus dem Judentum, widmet sich der Verkündigung der nah geglaubten Wiederkunft Christi in Asien, Afrika, Europa und Amerika
1793	Ein schrecklicher Tag in Paris (21. Jan.): Tod Ludwigs XVI. auf dem Schafott	1790–1863	Samuel Robert Louis Gaussen, Pfarrer und Lehrer in Genf, wendet sich gegen die rationalistische Theologie seiner Zeit. Er betont die erfüllte Prophetie aus den Büchern Daniel und Offenbarung und lenkt die Aufmerksamkeit auf die nahe Wiederkunft Christi
1798	Rom wird von einer französischen Armee erobert. Papst Pius VI. muss auf Befehl von General Berthier seinen Bischofssitz in Rom verlassen. Vorübergehendes Ende des Kirchenstaates		
1775–1799	Papst Pius VI. stirbt im Exil. Er wurde damals von den Zeitgenossen als »letzter Papst« betrachtet	1804	Gründung der »British and Foreign Bible Society«
		1816	Gründung der »American Bible Society«
1755	Erdbeben in Lissabon	1782–1849	William Miller, amerikanischer Baptistenprediger, sieht im Studium der Bücher Daniel und Offenbarung die Möglichkeit, den Rationalismus seiner Zeit zu überwinden. Er widmet sich seit 1831 der öffentlichen Verkündigung seiner Erkenntnisse und erwartet die Wiederkunft Christi »um 1843«
1780	Finsterer Tag (15. Mai) in den USA		

Weltmission und Erweckung 1800 – 1900

1731–1801	Der Jesuit Manuel Diaz Lacunza (Chile), betont wieder den frühchristlichen Chiliasmus (Millennium), der mit der Wiederkunft Christi beginnt. Damit lehnte er Augustins Millenniumslehre – die Herrschaftszeit der Kirche sei das Millennium – ab. Lacunza beeinflusste die europäischen Adventisten (Albury Konferenz)		
		1833	Meteorregen (13. Nov.)
		1840	Die Hoheit des Osmanischen Reiches wird eingeschränkt. Die Türkei wird durch den Einfluss der europäischen Mächte (England, Russland, Österreich, Preußen) entmündigt
		1840–1844	Große adventistische Erweckungsbewegung durch William Miller und seine Anhänger (Erste Advent-Bewegung). An den 100 000 Anhänger in den USA. Die Wiederkunft Christi wird zwischen Frühjahr 1843 und
1761–1834	William Carey, Baptistenmissionar in Indien (1793). Bibelübersetzer		

Frühjahr 1844 erwartet. Das Datum ist keine Glaubensfrage

1843 Der Widerstand gegen die Adventbewegung wächst. Charles Fitch, ein Mitarbeiter Millers, ruft die Adventgläubigen aus den uneinsichtigen Kirchen (»Babylon«) heraus. Miller ist weder dafür noch dagegen

1844 Da sich die Parusie (berechnet nach dem religiösen Jahr der Juden – Frühling zu Frühling) nicht erfüllte, sucht man nach einer Erklärung.

1844 Im Sommer findet man eine Erklärung: Es muss das Datum des Versöhnungstages im Herbst sein

1844 Die »Seventh Month Movement« (Bewegung des siebenten Monats) bringt noch einmal einen Aufschwung, endet aber am 22. Oktober (10. Tag des 7. jüdischen Monats / Großer Versöhnungstag) mit der großen Enttäuschung

1844–1857 Der Irrtum der Millerbewegung, das Heiligtum aus Dan. 8,14 sei die Erde, klärt sich auf. Die sabbathaltenden Adventgläubigen erkennen in diesem Heiligtum den himmlischen Tempel und die dort beginnende Gerichtszeit (Zweite Adventbewegung)

1863 Die Zweite Adventbewegung konstituiert sich als »Kirche der Siebenten-Tags-Adventisten«

1854 Dogma von der »unbefleckten (sündlosen) Empfängnis Mariens« durch Papst Pius IX.

1870 Erstes Vatikanisches Konzil, Dogma von der »Unfehlbarkeit des Papstes« in Lehrentscheidungen

Die Christenheit in der Zeit der Weltkriege – das ökumenische Zeitalter 1900 – Gegenwart

1907 Papst Pius X. verurteilt den »Modernismus« (katholische Reformbestrebungen)

1910 Überkonfessionelle Weltmissionskonferenz von Edinburgh

1925/27 Konferenzen von Stockholm und Lausanne führen

1948 zur Gründung des »Ökumenischen Rats der Kirchen«

1916/17–43 Christenverfolgungen in der Türkei (Armenien) und in der UdSSR

1933–1945 Christenverfolgungen im nationalsozialistischen Deutschland

1928 Pius XI. lehnt den überkonfessionellen Ökumenismus ab

1929 Lateranverträge des Vatikans mit B. Mussolini. Der Kirchenstaat wird wiederhergestellt

1933 Konkordat der römisch-katholischen Kirche mit Adolf Hitler

1937 Pius XI. verurteilt das NS-Regime in der Enzyklika »Flagranti cura« (»Mit brennender Sorge«)

1933 Die »deutschen Christen« versuchen die NS-Ideologie in die evangelischen Kirche einzupflanzen

1934 Die Synode von Barmen erklärt dagegen die »Bekennende Kirche« zur rechtmäßigen Vertreterin des evangelischen Kirchentums

1940 Euthanasieprogramm des NS-Staates

1942–45 »Endlösung« der Judenfrage. Der evangelische Bischof Wurm protestiert, Pius XII. schweigt

1945 Stuttgarter Schuldbekenntnis. Die deutschen evangelischen Christen anerkennen ihr Versagen während der NS-Zeit

1950	Pius XII. dogmatisiert die »leibliche Himmelfahrt Mariens«	1988	Johannes Paul II. lehnt weibliches Priesteramt ab (»Mulieris dignitatem«)
1959	Johannes XXIII. kündigt die Einberufung eines neuen ökumenischen Konzils an	1983	Herausgabe des neuen Kodex des kanonischen Rechts (CIC)
1962–1965	Zweites Vatikanisches Konzil	1993	Herausgabe des neuen Katechismus der katholischen Kirche (KKK)
1967	Bekräftigung des Zölibats durch Paul II. (Enzyklika »Sacerdotalibus caelibatus«)		
1968	Paul VI. verbietet die hormonelle Empfängnisverhütung (Enzyklika »Humanae vitae«)	1999	In der Gemeinsamen Erklärung zur Rechtfertigungslehre (GE) erklären Vatikan und Lutherischer Weltbund, einen »Grundkonsens« gefunden zu haben
1973	Leuenberger Konkordie. Lehreinigung der reformatorischen Kirchen in Europa	2007	Benedikt XVI. gestattet wieder die Feier der Tridentinischen Messe
1982	Konvergenzerklärungen von Lima über Taufe, Amt und Eucharistie		

Gunther Klenk / Hans Heinz

DER RÖMISCHE KATHOLIZISMUS

KONTINUITÄT UND WANDEL

Die römisch-katholische Kirche stellt zahlenmäßig die größte christliche Konfessionskirche in der Gegenwart dar. Sie hat über lange Zeit die politische Geschichte Europas mitbestimmt und ist auch heute noch ein Kulturfaktor von außergewöhnlicher Bedeutung. In der vom Ökumenismus geprägten Jetztzeit bemüht sie sich, Stimme für alle Christen, ja alle Religionen zu sein und tritt in der Auseinandersetzung mit dem modernen Zeitgeist zielstrebig für die traditionellen Werte der jüdisch-christlichen Ethik ein.

Das Zentrum der Weltkirche, der Kirchenstaat, geographisch heute ein winziges Gebilde, gilt dem Einfluss nach immer noch als »Weltmacht«.[1] Vordergründig klein, stellt der Vatikanstaat ein bedeutungsvolles »Reich von dieser Welt« dar.

Biblisches oder geschichtliches Urteil?

Obwohl diese Kirche auf eine lange und wechselvolle Geschichte zurückblicken kann, ist sie nicht ganz so alt wie das Christentum. Als Papstkirche aus der Spätantike herausgewachsen,[2] gleicht sie in vielem nicht mehr der alten katholischen Kirche des 2.–4. Jh. und noch weniger der urchristlichen Gemeinde aus apostolischer Zeit. Nach dem Urteil eines ihrer bedeutenden vorkonziliaren Theologen ist der römische Katholizismus der Versuch, Elemente aus vielen Religionen und Kulturen aufzunehmen und sie zu verchristlichen. Daher »ist der Katholizismus nicht schlechtweg identisch mit dem Urchristentum«,[3] sondern ist grundsätzlich offen für eine Synthese von Elementen aus Judentum, Buddhismus, Hinduismus und Schintoismus.[4] Aus diesem Grund beschrieb der Religionswissenschafter F. Heiler (1892–1967), der von Rom zum Luthertum gekommen war, das Wesen des Katholizismus als »complexio oppositorum«,[5] als eine Vereinigung von Gegensätzen, in der biblische Grundelemente mit später gewachsener kirchlicher Tradition (hierarchische Strukturen, Sakramentsdenken, Mariologie) verbunden erscheinen.

Der römische Katholizismus von heute gleicht auch nicht mehr der spätmittelalterlichen Kirche, jener Kirche, die M. Luther in Leben und Lehre reformieren wollte, denn sie hat mit dem Konzil von Trient im 16. Jh. die Reformation abgewiesen und sich mit Dogmen wie der Sündlosigkeit Mariens (1854) und ihrer leiblichen Himmelfahrt (1950) sowie der Unfehlbarkeit des Papstes bei der Verkündigung eines Dogmas (1870) zu einer Kirche entwickelt, welche die Reformatoren – M. Luther, H. Zwingli, J. Calvin – so nicht gekannt haben. Während ein ausschließlich biblisch orientierter christlicher Glaube alles geschichtlich Gewachsene immer an der biblischen Norm misst und von ihr her beurteilt [6] – ecclesia semper reformanda (Die Kirche bedarf der ständigen Reform) – identifiziert der römisch-katholische Glaube das historisch Entstandene einfach mit dem Willen Gottes.[7] So wie sich die Lehre und der Kult der Kirche entwickelt haben, so glaubt der Katholik, hat sie Gott auch gewollt.[8]

Die nachtridentinische Kirche (16. – 20. Jh.)

Mit der Verwerfung der Reformation und verschiedenen innerkirchlichen Reformen wie Verbot der Ablassprediger, Reform der Bettelorden und Residenzpflicht der Bischöfe entstand die nachtridentinische Kirche, die »neue Pflanzung des Katholizismus« (L. v. Ranke). Mit seinem kämpferischen Charakter wie er in der Gründung des Jesuitenordens und der Erneuerung der Inquisition zum Ausdruck kam, gelang es ihm, die Ausbreitung der Reformation in Europa anzuhalten. Die katholische Welt schloss sich um das erneuerte Papsttum zusammen und unterwarf sich der strengen Kontrolle Roms: Herstellung dogmatischer Uniformität (Catechismus Romanus), Einführung des Index der verbotenen Bücher, Ablehnung des kaiserlichen Wunsches auf Laienkelch und Priesterehe.

Diese Maßnahmen verliehen der nachtridentinischen Kirche jenen oft zitierten »monolithischen Charakter«, mit dem sie sich gegen den pluralistischen Protestantismus und den Freigeist der Aufklärung behauptete. Erst mit dem »aggiornamento«, dem »Heutigwerden« der Kirche, und dem »aperturismo«, der Öffnung zur Welt auf dem 2. Vatikanischen Konzil (1962–65), ging diese Periode zu Ende.

Dieser auf dem Konzil von Trient (1545–63) erneuerte Katholizismus hat aber für seine weitere Selbstbehauptung und dogmatische Geschlossenheit einen hohen Preis bezahlt. Es ist der Katholizismus dieser Prägung, den die Autorin E. G. White im 19. Jh. bei Abfassung des vorliegenden Werkes »Vom Schatten zum Licht« im Auge hatte und ins Blickfeld der Kritik rückte.

• Diese Form des Katholizismus hat in Abwehr gegen den Protestantismus seinen mittelalterlichen **intoleranten Charakter** nicht abzustreifen vermocht. Die Gegenreformation versuchte sich durch Kriege (Hugenottenkriege, Dreißigjähriger Krieg) und Vertreibungen (Auswanderung der Waldenser in die Schweiz im 17. Jh., Vertreibung der evangelischen Salzburger im 18. Jh. und der evangelischen Zillertaler im 19. Jh.) mit Gewalt durchzusetzen. Die nachtridentinische Kirche handelte ganz im Sinne von Thomas von Aquin, dem großen Scholastiker des 13. Jh., für den es eisern feststand, dass »Häretiker nicht nur exkommuniziert, sondern gerechterweise auch umgebracht werden können.«[9]

Stimmen, die in jener Zeit für Gewissens- und Religionsfreiheit laut wurden, waren freilich auch im Protestantismus selten wie R. Williams im Amerika des 17. Jh., und J. Locke im England des 17./18. Jh. Von der römischen Kirche aber wurden derartige Forderungen mit großer Entrüstung zurückgewiesen. Noch im 19. Jh. hat Papst Gregor XVI. die Gewissensfreiheit als »Wahnsinn«

und »verpesteten Irrtum« bezeichnet. Die »Freiheit des Irrtums« wurde mit aggressiver Schärfe als »Verderben des Staates und der Kirche« verdammt.[10] Der Papst berief sich dabei auf den Kirchenvater Augustinus (4./5. Jh.), um zu zeigen, dass eine solche Haltung der guten katholischen Tradition entsprach.

• Mit ähnlicher Schroffheit wurde auch die **Ideenwelt der Neuzeit** wie Volksherrschaft und Sozialismus als »Pestkrankheiten« und »tödliche Geißeln der menschlichen Gesellschaft« (Leo XIII.)[11] abgewiesen. Die moderne Forderung nach Trennung von Kirche und Staat wurde von Päpsten wie Pius IX.[12] und Pius X. eindeutig verworfen. Für Letzteren stellte diese Forderung einen »im höchsten Grade verderblichen Grundsatz« dar.[13] Liberales Gedankengut, das um die Wende zum 20. Jh. aus der Übernahme von Ideen der neo-protestantischen Theologie in das katholische Denken eingeflossen war wie die historisch-kritische Bibelexegese und Anschauungen der modernen wissenschaftlichen Forschung wurden im sog. »Modernistenstreit« bekämpft und entschieden abgelehnt. Pius X. forderte 1910 jedem römisch-katholischen Geistlichen den sog. »Antimodernisteneid« ab, der noch über das 2. Vatikanische Konzil hinaus bis 1967 in Kraft war.

• In einem solchen geistigen Klima war selbstverständlich jede Form von **ökumenischem Dialog** ausgeschlossen. Der gegenreformatorische Bann[14] über Hussiten, Wycliffiten, Lutheraner, Zwinglianer, Calvinisten und Täufer zusammen mit Piraten und Räubern blieb aufrecht und änderte sich bis zum 20. Jh. nicht. Noch 1910 apostrophierte Pius X. den Protestantismus als »ersten Schritt zum Atheismus und zur Vernichtung der Religion.« Die Reformatoren wurden als »hochmütige und aufrührerische Menschen« gegeißelt, ja sogar als »Feinde des Kreuzes Christi« bezeichnet, »deren Gott der Bauch ist«.[15]

Auf die sich zu Beginn des 20. Jh. auf dem Boden des Protestantismus entwickelnde ökumenische Bewegung,[16] die auch die katholische Kirche zur Kooperation einlud, antwortete Rom mit der Aufforderung zur »Rückkehr in den Schoss der römischen Kirche« (Benedikt XV.)[17] bzw. mit dem Bekenntnis, dass die »Einigung der Christen sich nicht anders fördern lässt als dadurch, dass man die Rückkehr der Andersgläubigen zu der einen wahren Kirche Christi fördert, von der sie eben früher unglücklicherweise abgefallen sind« (Pius XI.).[18] Grundbedingung für Rom blieb die Anerkennung der Mariendogmen und die Akzeptanz der päpstlichen Unfehlbarkeit. Sowohl Pius XI. als auch Pius XII. verboten daher den Katholiken ausdrücklich die Teilnahme an außerkatholischen ökumenischen Konferenzen.

• Mit all diesen Verneinungen verband aber Rom gleichzeitig einen schwindelerregenden Anspruch. Konsequent strebte man danach, sich mit einer **Aura der Unfehlbarkeit** zu umgeben. Konnte das Papsttum auch nicht mehr wie im Mittelalter die politische Welt beherrschen, so sollte sich wenigstens die religiöse Welt seiner Unfehlbarkeit unterwerfen. Anschauungen wie die unbefleckte Empfängnis (Sündlosigkeit) Mariens oder deren leibliche Aufnahme zu Gott, die Jahrhunderte in der Kirche umstritten waren, wurden nun im 19. und 20. Jh. selbstherrlich ohne Konzilsbeschluss zu Dogmen erhoben. Obwohl für beide Glaubenslehren weder ein biblischer Befund noch eindeutige Zeugnisse der Tradition ins Treffen geführt werden konnten, entsprach ihre Verkündigung ganz dem Anspruch Roms, selbst Wort Gottes und Tradition zu verkörpern.[19]

Die Krönung dieser Hybris bildete dann das 1870 promulgierte Dogma von der Unfehlbarkeit des Papstes in Fragen des Glaubens und der Sitten[20] ohne Zustimmung der Kirche. Dem Papst kommt nach Vatikanum 1 der Jurisdiktionsprimat über die gesamte Kirche[21] und über die Welt zu.[22] Dass es dabei nur um einen Ehrenprimat gehe, wird ausdrücklich zurückgewiesen.[23] Als »Stellvertreter Christi« beansprucht er nicht nur Bischof von Rom zu sein, sondern als »Haupt der Kirche« und »Vater und Lehrer aller Christen« betrachtet er sich als über alle gestellt.[24] Damit steht er auch über den Konzilien, deren Beschlüsse nur mit seiner Approbation gültig sind.[25] Dieses Dogma gilt als »Lehre der katholischen Wahrheit« und seine Annahme ist heilsnotwendig, denn »niemand kann ohne Schaden für Glauben und Heil davon abweichen«.[26] Wer es dennoch tun sollte, wurde und wird mit einem »Anathema« belegt.[27]

Was also bis 1870 als schnöde protestantische Unterstellung galt und in der katholischen Theologie selbst Jahrhunderte lang heiß umstritten war, musste nun als definierte »Wahrheit« angenommen werden, so als ob sie Christus und die Apostel selbst ausgesprochen hätten. Dieser Denkweise entsprechend, gelten daher die »neuen Dogmen« (Mariendogmen, Infallibilitätsdogma), obwohl sie erst nach fast 2000 Jahren entstanden sind, als aus Schrift und Tradition »unversehrt weitergegeben« sowie »unantastbar bewahrt«[28] und daher auch als »unveränderlich«.[29]

Katholisch sein bedeutete von da an mehr denn je, nicht nur den einen oder anderen Lehrpunkt als kirchlich begründet hinzunehmen, sondern vor allem die Unterwerfung unter das Lehramt, ganz gleich, ob dieses nun »ex cathedra« oder nicht »ex cathedra« spricht.[30]

Mit Pius XII. (1939–58) ging diese Periode der nachtridentinischen Kirche zu Ende, nicht aber die Denkweise, wie sogar Vatikanum 2 und die Zeit danach bewiesen haben. Die Regierungszeit dieses Papstes gilt zwar heute als »Höhepunkt des römischen Zentralismus« (G. Schwaiger), eines Zentralismus, der sich aber nach wie vor regt und weiterlebt. Pius XII. erscheint gegenwärtig als der letzte Papst, der glaubte, die Welt mit Strenge belehren und gängeln zu können[31] und der auch meinte, der aufkeimenden ökumenischen Bewegung sowie der modernen katholischen Theologie (1950, Enzyklika »Humani generis«) enge Grenzen setzen zu müssen.[32]

Das »neue Pfingsten« – das 2. Vatikanische Konzil

Die Wende zur Öffnung (»aperturismo«) gegenüber der modernen Welt und der übrigen Christenheit kam Mitte des 20. Jh. überraschend mit dem Nachfolger Pius XII., mit Johannes XXIII., dem »Papst der Güte« (M. de Kerdreux). Obwohl er nur etwas mehr als vier Jahre regierte, von 1958–63, und von vielen nur als »Übergangspapst« eingestuft wurde, war sein Pontifikat eines der wichtigsten der Neuzeit.

In seiner persönlichen Grundhaltung noch sehr konservativ – der Papst erhob

z. B. den Gegenreformator Laurentius von Brindisi zum Kirchenlehrer, warnte vor den Schriften des jesuitischen Evolutionisten Teilhard de Chardin und lehnte die Aufhebung des Zölibats ab – war sein Plan dennoch auf Erneuerung, auf das »aggiornamento«, das Heutigwerden der Kirche, ausgerichtet. Die Welt und die anderen Christen, die »getrennten Brüder«, sollten nicht mehr in einem Geist der Abwehr und Ablehnung, sondern in einem Geist der Liebe angesprochen und gewonnen werden. Daher war das von ihm 1959 einberufene 2. Vatikanische Konzil, das von 1962–65 dauerte und von vielen hoffnungsvoll als »neues Pfingsten« begrüßt wurde, zuerst als Unionskonzil gedacht, als Versammlung zur »Suche nach der Einheit«.[33] Ein »mirabile spectaculum«, ein großartiges Schauspiel der »Wahrheit, Einheit und Liebe«, sollte die »getrennten Brüder« bewegen, zu der »einen Herde« zurückzukehren.[34]

Johannes XXIII., der sich vorgenommen hatte, nie »ex cathedra« zu sprechen, wollte keine neuen Dogmen und Verurteilungen, sondern eine zeitgemäße Erklärung der römisch-katholischen Lehre. Bald stellte es sich freilich heraus, dass das Ziel eines Unionskonzils zu hoch gegriffen war und so wandelte sich Vatikanum 2 zu einem Reform- und Pastoralkonzil, zu einem »Konzil der Kirche über die Kirche«.[35] Mit dogmatischen Entscheidungen über die Liturgie – umfassenderer Gebrauch der Volkssprachen im Gottesdienst[36] und Feier der Messe mit dem Kirchenvolk[37] – über die Bibelbewegung und den Ökumenismus als »Zeichen der Zeit«[38] verlieh das Konzil der Kirche ein teilweise anderes Gesicht als das, welches bis dato bekannt gewesen war. Der Katholizismus wurde mit Bibelbewegung und Volkssprache »evangelischer«, freilich mit der Verherrlichung der Kirche auf dem Konzil – Erklärung ihrer Heilsnotwendigkeit[39] und Vergleich mit Christus[40] – zugleich auch »römischer«.

Auf jeden Fall erkannte die Mehrheit der Konzilsväter die Notwendigkeit einer volksnäheren, toleranteren und dialogbereiteren Kirche. Jahrhunderte nach Gewährung der Religionsfreiheit in den amerikanischen Kolonien Rhode Island (1636) und Maryland (1649) und dem Kampf der europäischen Aufklärung (17./18. Jh.) gegen religiöse Intoleranz entschloss sich nun endlich auch die römisch-katholische Kirche für das Prinzip der Religionsfreiheit, das sie so lange bekämpft hatte.

• In der Erklärung »Dignitatis humanae« (Religionsfreiheit) räumte das Konzil das Recht der menschlichen Person auf religiöse Freiheit ein.[41] Zwar sei die »einzig wahre Religion in der katholisch, apostolischen Kirche verwirklicht«,[42] aber die Menschen hätten die Pflicht, persönlich zu suchen und nach ihrem Gewissen zu entscheiden.[43] Dabei darf kein Zwang ausgeübt werden.[44] Der Staat hat die Pflicht, dieses Menschenrecht zu schützen und zu fördern.[45] Alle »religiösen Gemeinschaften« müssen davon profitieren können.[46] Religionsfreiheit ist nicht nur ein Menschenrecht, sondern gehört auch zum Inhalt des geoffenbarten Glaubens.[47]

Das Konzil hatte damit ein Anliegen von Johannes XXIII. aufgenommen, der schon 1963 in der Enzyklika »Pacem in terris« die Religionsfreiheit zum Menschenrecht erklärt hat.[48] Von seinen Nachfolgern hat besonders der aus dem ehemaligen kommunistischen Raum stammende Johannes Paul II. (1978–2005) keine Gelegenheit versäumt, sich als Verfechter der Gewissens- und Religionsfreiheit zu präsentieren. Da die katholische Kirche in vielen Ländern des ehemaligen Ostblocks unter der marxistischen Intoleranz zu leiden hatte, scheute sich der Papst nicht, dieses Recht im Weltanschauungskampf auch als »politische Waffe« (L. Ring-Eifel)[49] gegen die modernen Diktaturen einzusetzen. Was für Gregor XVI. im 19. Jh. noch als »Wahnsinn« und »Verderben« galt,[50] weil nur der Wahrheit und nicht auch dem Irrtum Recht zukäme – nach dem katholischen Theologen K. Rahner der Inbegriff der »katholischen Intoleranz«[51] – das definierte nun das Konzil als »unverletzliches Recht«.[52]

• Ähnlich wie im Fall der Zurückweisung von Gewissens- und Religionsfreiheit verfuhr der vorkonziliare Katholizismus auch in der Frage der Trennung von Kirche und Staat. Beharrlich hatte sich – wie oben ausgeführt – die nachtridentinische Kirche geweigert, den Ideen der modernen westlichen Welt Raum zu geben. Bis ins 20. Jh. hinein lehnten die Päpste die Trennung von Kirche und Staat ab,[53] weil der Vatikan unaufhörlich darauf pochte, der »Staat müsse sich um die Religion kümmern«,[54] was im Klartext heißen sollte, die Staaten müssten der römischen Kirche eine privilegierte Position einräumen und sie tatkräftig fördern.

Das Konzil brach mit dieser Sichtweise. Nicht eine einzelne Gesinnungsgemeinschaft sollte von nun an vom Staat gefördert werden, sondern die allgemeine »Freiheit für alle Bürger und religiösen Gemeinschaften«.[55] Staat und Kirche »sind auf je ihrem Gebiet voneinander unabhängig und autonom«.[56] Obwohl der Kirchenstaat selbst autoritär regiert wird, machte sich so das Konzil gegen Diktatur und Totalitarismus stark.[57]

Ganz neue Töne schlugen die Konzilsväter auch im Hinblick auf die empfohlene Staatsform an. Zwar hatte sich die römisch-katholische Kirche in der Vergangenheit auf keine bestimmten politischen Strukturen festgelegt, aber in der Regel folgte man dem »Normaltheologen« Thomas von Aquin (13. Jh.), der die Monarchie als gottgegebene und aus dem Naturrecht stammende Verfassung befürwortete.[58] Ganz auf dieser Linie lag es noch, dass Leo XIII. gegen Ende des 19. Jh. die angeblich durch die »Tumulte« der Reformation entstandene Idee der »Volksherrschaft« ablehnte.[59] Jetzt aber lobte man jene politischen Verhältnisse, »in denen ein möglichst großer Teil der Bürger in echter Freiheit am Gemeinwesen beteiligt ist«.[60] Zur Erreichung dieses Ziels sollen die Bürger »von Recht und Pflicht der freien Wahl Gebrauch machen«.[61] Mit dieser Einstellung folgte man offensichtlich dem Trend der Zeit, der mit dem Sieg der Demokratien über die Diktaturen des 20. Jh. klar in Richtung der einst so heftig abgelehnten »Volksherrschaft« ging.

Ähnliche Tendenzen manifestierten sich auch auf dem Gebiet der Sozialpolitik. Hier hatte freilich schon lange vor dem 2. Vatikanum Leo XIII. (1878–1903), der »Arbeiterpapst«, mit seiner Enzyklika »Rerum novarum« (1891) neue Wege eingeschlagen. Rom entschied sich damals – nachdem man lange die soziale Frage hat schleifen lassen – für eine christliche Sozialpolitik (Sonntagsruhe, geregelte Arbeitsdauer, Mindestlöhne) gegen den marxistischen Sozialismus. Andere Päpste wie Pius XI. (1931, »Quadragesimo anno«), Johannes XXIII. (1961, »Mater et magistra«) und Paul VI. (1967, »Populorum progressio«) sind ihm nachgefolgt.

Johannes XXIII. freilich mit ganz neuen, dem Trend der Zeit folgenden Ideen wie die teilweise Verstaatlichung der Produktionsmittel, gewerkschaftliche Mitbestimmung und Entwicklungshilfe für die Dritte Welt.[62]

Auch das Konzil rückte die sozialen Ideen der Zeit wie eine neue sozialpolitische Ordnung, gerechtere Güterverteilung und die Gleichstellung von Frauen und Männern ins Blickfeld.[63] Die »sozialen Ungleichheiten« in der Welt werden beklagt. Ihnen setzte das Konzil die »Grundsätze der Gerechtigkeit« entgegen, wie sie nach Überzeugung der Konzilsväter von der Kirche schon Jahrhunderte lang vertreten worden sind.[64] Die »Zusammenarbeit im sozialen Bereich« wird als Aufgabe aller Menschen gesehen, besonders aber aller Christen. Hier eröffnet sich nach Meinung des Konzils ein Raum, wo ökumenische Verbundenheit zum Aufbruch für die »Einheit der Christen« werden kann.[65]

Mit der pastoralen Konstitution »Gaudium et spes« (Freude und Hoffnung – Die Kirche in der Welt von heute), wo die meisten dieser Ideen zu finden sind, hoffte das Konzil, in der Moderne angekommen zu sein. »Gaudium et spes« wurde daher von evangelischen Betrachtern wie W. v. Loewenich als »Höhepunkt des Konzils«, von katholischen Traditionalisten wie der Piusbruderschaft als das »Verderblichste im ganzen Konzil« gewertet.

Tatsächlich begann Rom zu begreifen, dass die Jahrhunderte währende Bevormundung der Menschen so nicht mehr möglich war. Das zeigte sich besonders auf dem Gebiet der Printmedien, wo der Ausstoß eine derartige Dichte erreicht hatte, dass eine gründliche Kontrolle einfach nicht mehr möglich war.

Das seit der Spätantike (6. Jh., Decretum Gelasianum) existierende Verbot kirchenkritischer oder kirchenfeindlicher Werke, das 1563 im tridentinischen »Index librorum prohibitorum« (Index verbotener Bücher) seine Spitze erreicht hatte,[66] wurde nun außer Kraft gesetzt und im neuen CIC (Codex des kanonischen Rechts) aus dem Jahre 1983 nicht mehr behandelt. Die letzte 1948 erschienene Ausgabe (bis 1962 ergänzt) umfasste z.B. Verbote protestantischer Bibelausgaben bzw. Verwerfungen bedeutender philosophischer (Spinoza, Descartes, Kant) und historischer Werke (L. v. Ranke).[67]

Mit »Gaudium et spes« öffnete sich das Konzil der modernen Welt, den veränderten gesellschaftlichen Verhältnissen und dem wissenschaftlichen Fortschritt. Dies schien ganz dem von Johannes XXIII. gewünschten »Heutigwerden« der Kirche zu entsprechen und hat seither glühende Anhänger unter den Reformgesinnten, aber auch erbitterte Bekämpfer unter den Traditionalisten gefunden.

• Der neue Geist zeigte sich auch auf dem Gebiet der zwischenkirchlichen Beziehungen (Ökumenismus). Waren für die Väter von Trient die Reformatoren des 16. Jh. verderbliche »Häretiker«, die sich der »Vergebung der Sünden brüsteten«,[68] ja in der Sicht moderner Päpste wie Pius X. sogar »Schrittmacher des Atheismus«,[69] so pries nun das 2. Vatikanum die »getrennten Brüder«[70] als vom Heiligen Geist zur Einheit Geführte, in Christus Eingegliederte und durch die Taufe Gerechtfertigte. Sie werden von der römisch-katholischen Kirche mit »Recht« als »Brüder im Herrn« anerkannt und »stehen in einer, wenn auch nicht vollkommenen Gemeinschaft mit der katholischen

Kirche«.[71] Die ökumenische Bewegung – Charakteristikum der modernen Kirchengeschichte – wird daher auch als »Zeichen der Zeit« gewürdigt.[72] Katholiken werden ermutigt, dies zu erkennen und sich mit Eifer ökumenisch zu engagieren. Schon vor Beginn des Konzils wurde deshalb das 1960 gegründete »Sekretariat zur Förderung der Einheit der Christen« eingerichtet und auch nichtkatholische Beobachter zum Konzil eingeladen.

Hatte die vorkonziliare katholische Lutherforschung den Reformator noch als »Philosophen des Fleisches« (H. Denifle)[73] und »abnormalen Charakter« (H. Grisar)[74] gebrandmarkt, so machte die moderne Forschung vor und nach dem Konzil den Weg für eine positive Wertung Luthers frei. Nun galt der Reformator als »homo religiosus« (J. Lortz),[75] ja sogar als »homo propheticus« (J. Hessen),[76] dessen Lehre von der Rechtfertigung aus dem Glauben allein eine »Rückkehr zum Evangelium« darstellt (H. Küng)[77] und der deshalb »Heimatrecht« in der katholischen Kirche erhalten müsse (O. H. Pesch).[78]

Zwar hat sich das 2. Vatikanische Konzil zu den Gestalten der Reformation nicht geäußert, aber ihre neue Wertung wurde 1970 sogar von Vertretern des Vatikans aufgenommen, als Kardinal Willebrands, der damalige Vorsitzende des Sekretariats für die Einheit der Christen, Luther eine »zutiefst religiöse Persönlichkeit« nannte, die in der Frage der Rechtfertigung als »gemeinsamer Lehrer« angesprochen werden könne.[79] Auch Johannes Paul II. würdigte 1996 anlässlich seines Deutschlandbesuches Luthers Willen zur »geistlichen Erneuerung der Kirche«.[80]

Dieser Bruch mit alten Polemiken machte den Weg zu einem neuen Verhältnis gegenüber Orthodoxie und Protestantismus frei. Dafür stehen vor allem zwei nachkonziliare Ereignisse von großer Tragweite:

• Die Aufhebung des wechselseitigen Bannfluches von 1054 zwischen Rom und Konstantinopel zu Ende des Konzils (1965) durch Papst Paul VI. und den Patriarchen Athenagoras bzw.

• die »Gemeinsame Erklärung zur Rechtfertigungslehre« (GE) zwischen dem »Lutherischen Weltbund« und dem »Päpstlichen Rat zur Förderung der Einheit der Christen« aus dem Jahre 1999, in der beide Seiten einen »Konsens in Grundwahrheiten der Rechtfertigungslehre« beanspruchten.

Mit dem Willen zum Ökumenismus und dem daraus resultierenden neuen zwischenkirchlichen Klima entstand so ein »neuer Stil der Kirche« (P. Neuner), der unumkehrbar erscheint, weil er von vielen Menschen an vielen Fronten als lebensnotwendige Aufgabe der Kirchen für die Gegenwart und Zukunft angesehen wird.

Die neue Restauration

Als das 2. Vatikanum zu Ende war, galt es als das »katholische Ereignis« des 20. Jh. (G. Maron).[81] Sehr bald war man sich aber der Ambivalenz des Geschehens bewusst, trug doch das Konzil sowohl »evangelische« als auch »römische« Züge.

• Von den katholischen Reformkräften als »neues Pfingsten« begrüßt, galt es Männern wie dem katholisierenden Protestanten R. Schütz aus Taizé als Erfüllung der Reformforderungen M. Luthers.

• Da das Konzil sich »auf dem Weg der Pilgerschaft« zu einer »dauernden Reform«[82] durchgerungen hatte, sahen

reformfreudige Theologen wie H. Küng das Konzil sogar als Anstoß für weitere zukünftige Reformen. Küng berief sich dabei auf die Parole des Protestanten Schleiermacher aus dem 19. Jh.: »Die Reformation geht weiter«.[83]
• Genau das aber bedeutete für die traditionalistischen Kräfte den großen Sündenfall. Mit der Erklärung über die »Religionsfreiheit« und dem Dekret zum »Ökumenismus« wurde für den antiprotestantischen und antimodernistischen Bischof M. Lefebvre (1905–91) und seine Anhänger in der sog. »Piusbruderschaft des hlg. Pius X.« das Konzil zum »größten Unglück des vergangenen Jahrhunderts«.[84]
Auch im Vatikan selbst machten sich bald restaurative Tendenzen bemerkbar. »Pfingsten« wich einer »winterlichen Zeit« (K. Rahner).[85] Reformkräfte sprachen bald vom »Verrat am Konzil«.[86] Ultrakonservative Kräfte aus dem Jesuitenorden hingegen hatten schon Johannes XXIII. vorgeworfen, seine Politik werde zum »Untergang der Kirche führen«.[87] Sein Nachfolger Paul VI., der Zögerer »Hamlet«, wie ihn Johannes noch zu Lebzeiten apostrophiert hat, fühlte sich zwischen den Progressiven und Traditionalisten in die Zange genommen und bereitete vorsichtig die Wende vom »Johannismus« zur »Rückkehr nach Hause«, zu Traditionalismus und Romanismus, vor. Der Papst fürchtete den »Rauch Satans, der durch einen Spalt in die Kirche eingedrungen war«.[88]
Unter seinen Nachfolgern erfolgte noch eine Verstärkung der restaurativen Tendenzen. Kenner des Vatikans sprachen sogar von einer »neuen Gegenreformation« (G. Zizola).[89] Das lange Pontifikat Johannes Pauls II., des polnischen »Reisepapstes«, wirkte wie ein »Pontifikat der Widersprüche«

(H. Küng).[90] Nach außen ein engagierter Kämpfer gegen Unterdrückung und Krieg – hier hatte er, wie man sagte, der Welt ein Gewissen gegeben[91] – wirkte er nach innen mit repressiver Zölibatspropaganda und Gegnerschaft einer zeitgemäßen Familienplanung wie ein moderner Inquisitor, kein Johannes XXIV., sondern eher ein Pius XIII.[92] Der Volksmund sprach von »Papa Jekyll und Karol Hyde«.

Vieles von dieser Restaurationsstrategie allerdings ging im theologischen Bereich – Ablehnung der Befreiungstheologie, Abwertung der Reformationskirchen – auf den Präfekten der Glaubenskongregation (ehemals »heilige Inquisition«) J. Ratzinger, den späteren Benedikt XVI., zurück.

Der **Zölibat der Priester** – obwohl nur Kirchengesetz und nicht Dogma – dessen Abschaffung manche vom Konzil erhofft hatten, stellte wegen seines heiklen Stellenwertes im Leben der Priester auf dem Konzil keinen Diskussionsgegenstand dar. Das Konzil referierte nur den status quo.[93] Paul VI. hatte sich die Antwort auf das Problem Zölibat selbst vorbehalten. Er lieferte sie 1967 in der Enzyklika »Sacerdotalibus caelibatus«, die den Zölibat bekräftigte und unter die Debatte über seine Abschaffung, wie er dachte, einen endgültigen Schlussstrich zog. 1988 hat dann Johannes Paul II. im Apostolischen Schreiben »Mulieris dignitatem« diese Position für Männer und Frauen neuerlich eingeschärft.[94]

Ebenso wurde die moderne Forderung nach Öffnung des **Priesteramtes für Frauen** strikt verworfen. Sowohl Paul VI. (1976, »Inter insignioris«) als auch Johannes Paul II. (1988, »Mulieris dignitatem«) begründeten dies mit der These von der »Ähnlichkeit zwischen Christus und dem männlichen Priester«.[95]

Der Geist der Repression zeigte sich nach dem Konzil vor allem gegen Theologen, die energisch am Dogma zu rütteln versuchten und die meinten, die nachkonziliare Restauration sei ein »Verrat am Konzil«. Der nach außen geführte Kampf des Vatikans für **Gewissensfreiheit und Toleranz** schien und scheint vielen wie ein Torso zu sein, denn im Inneren der Kirche kam es zu ähnlichen Disziplinierungen wie unter Pius XII. Hier sei nur an die Namen J. Pohier, H. Küng, Ch. Curran, B. Häring, E. Schillebeeckx, L. Boff, E. Drewermann, M. Fox, P. Collins , T. Balasuriya und J. Imbach erinnert. Zum Teil verloren jene Männer ihre Ämter, zum Teil wurden sie gemaßregelt oder sogar exkommuniziert. Hingegen wurde die 1988 ausgesprochene Exkommunikation der Anhänger von Bischof M. Lefebvre, die sog. »Piusbruderschaft«, eine der nachtridentinischen Kirche verpflichtete Gruppe, die das 2. Vatikanum ablehnt, von Benedikt XVI. 2009 aufgehoben. Aber nicht nur einzelne, sondern ganze Bewegungen verfielen der neuen Repression. So traf ein besonderer Bannstrahl die radikale Befreiungstheologie (1979, »Dokument von Puebla«)[96] mit ihrer These vom Klassenkampf und der Notwendigkeit der marxistischen Gesellschaftsanalyse (1984, »Libertatis nuntius«).[97]

Eine der größten Enttäuschungen in der religiösen wie auch in der säkularen Welt verursachte Paul VI. auf dem Gebiet der **Familienplanung und Sexualethik** mit seiner umstrittenen Enzyklika »Humanae vitae« (1968) – im Volk als »Pillenenzyklika« bekannt – die den Gebrauch der hormonellen Empfängnisverhütung verbot und alle Erörterungen dieser Frage »schroff autoritär abschnitt« (G. Maron).[98] Sein Nachfolger hat diese Sichtweise in »Familiaris consortio« (1981) als »lebendige Überlieferung der Kirche« erneut eingeschärft.[99] Kondome dürfen nach Benedikt XVI. nur in »Ausnahmefällen« benützt werden. So im Falle homosexueller AIDS-Kranker. Für die Empfängnisverhütung bleiben sie nach wie vor verboten.[100]

Den traditionalistischen Kräften im Vatikan war der in der Zeit um das Konzil erfolgte Aufbruch in der katholischen **Theologie** schon lange verdächtig. Nun sollte auch hier das Rad zurückgedreht werden. Mit der Einschärfung der Unverzichtbarkeit der Dogmen und der Verpflichtung auf die darin definierten Glaubensinhalte versuchte Rom, gegen protestantische sowie liberale Tendenzen in der Theologie korrigierend und stabilisierend einzugreifen. So veröffentlichte Paul VI. 1968 das »Credo des Gottesvolkes«, ein Glaubensbekenntnis, das mit seiner Betonung der Mariologie – Mitwirkung Marias im Heilswerk[101] – der päpstlichen Unfehlbarkeit,[102] der Heilsnotwendigkeit der Kirche,[103] der Wandlungslehre (Transsubstantiation)[104] und des Vergleichs der Priester mit Christus[105] – wieder sehr starke traditionalistische Sichtweisen zum Tragen brachte.

Ähnliches gilt auch vom neuen CIC – Codex des kanonischen Rechts, 1983 unter Johannes Paul II. herausgebracht –, der im Vergleich zu dem von 1917 wohl einen Fortschritt bedeutet, im Grunde aber nach wie vor dem »alten System« verhaftet bleibt und »vorkonziliaren Geist in nachkonziliaren Formulierungen« bietet (K. Walf). Nach H. Küng ein »deutliches Signal der Restauration«.[106] Sprach das Konzil mit Vorliebe vom »Dienst« (munus), so spricht das neue Kirchenrecht an den entscheidenden Stellen wieder von »Macht« bzw. »Gewalt« (potestas).[107] Zehn Jahre später (1993) erschien der Weltkatechismus (»Katechismus der katholischen Kirche«), herausgegeben von einer Kommission unter dem Vorsitz von J. Kardinal Ratzinger, der ein »Bezugspunkt« für die regionalen Katechismen sein und die »rechte Lehre« im Kontext des heutigen Lebens darbieten sollte.[108] Er hält sich über weite Strecken – z.B. in der Lehre über die Kirche – an das 2. Vatikanum, betont aber in bestimmten Fragen – wie z.B. dem Ablass – die nachkonziliaren Restaurationstendenzen.[109] Dies führte im ökumenischen Bereich zu diskrepanten Situationen. So folgte auf die »Gemeinsame Erklärung zur Rechtfertigungslehre« (1999), in der mit dem »Lutherischen Weltbund« ein »Grundkonsens«[110] vereinbart wurde, im Jahr 2000 die Ankündigung eines vollkommenen Ablasses, so als hätte die an der Ablassfrage aufgebrochene Reformation nie stattgefunden.

Ganz auf dieser Linie lag auch die Relativierung einer »zentralen Reform des 2. Vatikanums«,[111] nämlich der Messfeier von Priester und Gläubigen in der Muttersprache, die von den Traditionalisten heftig bekämpft wurde. Um ein Schisma zu verhüten, gab Benedikt XVI. 2007 die Feier der alten tridentinischen Messe in lateinischer Sprache mit dem vom Kirchenvolk abgewandten Priester wieder frei. Der Papst ist dieses Zugeständnis bewusst eingegangen, lag ihm doch eine Wiedervereinigung mit den Traditionalisten sehr am Herzen.

Ähnlich rückwärts gewandte Tendenzen manifestieren sich auch auf dem Feld des **Ökumenismus**. Die »Blütenträume« der konziliaren Zeit haben sich da verflüchtigt und sind einer neuen »Eiszeit« gewichen. Die nachkonziliare Periode hat gezeigt, dass Rom nur bereit ist, den Dialog mit den anderen Christen zu seinen eigenen Bedingungen zu führen. Unverhandelbar ist hier der Primat des Papstes und die Heilsnotwendigkeit der römischen Kirche. Im Verhältnis zur übrigen Christenheit lässt man keinen Zweifel, dass Rom das bestimmende Zentrum ist und bleiben muss. In der Enzyklika »Ecclesiam suam« (1964) entwickelte der Vatikan seinen »Weltplan«. Von Rom ausgehend, erstreckt sich der Erdkreis gleichsam in konzentrischen Kreisen von der christlichen Ökumene über die nichtchristlichen Religionen bis hin zu allen Menschen guten Willens. Sie alle sind in dieser Sicht auf Rom hingeordnet, welches das universale geistig-geistliche Zentrum darstellt.

Daher wurde und wird auch immer den nichtrömischen Christen für eine volle kirchliche Gemeinschaft abgefordert, »das Fortdauern des Petrusprimats in seinen Nachfolgern, den Bischöfen von Rom, anzuerkennen«.[112] Es wird daher auch ausdrücklich betont, dass der Fortgang des ökumenischen Prozesses der Kontrolle Roms unterliegt.[113] Dabei sollen die anderen Christen so geleitet werden, »dass sie zur ganzen Fülle der katholischen Wahrheit gelangen«.[114] Fundament der angestrebten Einheit bleibt das Papsttum,[115] das »sichtbare Prinzip« der Einheit, in die man – so schon vom Konzil definiert – nur durch »Eingliederung«[116] eintreten kann. So strebt katholischer Ökumenismus wohl nach »Erlangung der vollen Gemeinschaft« (Johannes Paul II.),[117] jedoch kann diese nur durch Teilhabe an der »Fülle der Heilsmittel«, wie sie die Papstkirche nach eigenem Anspruch besitzt, erreicht werden.[118]

Gemeinschaft lässt sich nur über Rom realisieren, denn dies stellt ein »grundlegendes Erfordernis« der Einheit dar.[119] Von dieser Warte aus gesehen, verstehen sich dann auch die vielen Brüskierungen der anderen Kirchen durch Rom. Während die schismatischen Kirchen der Orthodoxie noch als »Schwesterkirchen«[120] und echte »Teilkirchen«[121] anerkannt werden, wird den Kirchen der Reformation das Prädikat »Kirche« aberkannt. Sie sind in den Augen Roms nur »kirchliche Gemeinschaften,«[122] da sie nach katholischem Verständnis »Defizite« aufweisen und sich erst noch auf der »Suche nach Gott« befinden, den sie offensichtlich noch nicht ganz gefunden haben.[123]

Eine eucharistische Gemeinschaft wird daher mit den protestantischen Volks- und Freikirchen ausgeschlossen. Interkommunion,[124] Interzelebration sowie Konzelebration sind nicht möglich. So erscheint neben der Papstfrage das eucharistische Problem als »*das* Problem der ökumenischen Bewegung«.[125]

Nicht weniger befremdlich muss auf die protestantische Welt die Übertragung des ganzen ökumenischen Prozesses an Maria wirken. So behauptete Johannes Paul II. in der Enzyklika »Redemptoris mater« (1987), nur »Maria kennt den Weg zur Einheit«. Als immerwährende Jungfrau und Mutter der Kirche ist und bleibt sie Vorbild für alle Christen.[126] Um zu einer »echten Übereinstimmung im Glauben zu gelangen,« werden daher den Dialogpartnern Themen wie die Funktion der kirchlichen Tradition bei der Erklärung der Heiligen Schrift, die Realpräsenz Christi im Herrenmahl, das Lehramt des Papstes und Maria als »Ikone der Kirche«, die für die ganze Menschheit eintritt, ans Herz gelegt.[127]

Erstaunlich wirkt auch die Doppelbödigkeit, mit der der Vatikan seine eigenen Missionsbestrebungen und die anderer Kirchen bewertet. Während Rom bestrebt ist, Boden in Osteuropa zu gewinnen – Vertreter der Orthodoxie sprechen von einer »Expansion des Katholizismus« und einer »fortschreitenden Entfernung von der durch das 2. Vatikanum gezeichneten Linie«[128] – tadelt es die Missionserfolge protestantischer Freikirchen in Südamerika und verketzert die Anhänger dieser Kirchen als »tollwütige Wölfe«.[129]

Dagegen werden häufig die vielen Schuldbekenntnisse Pauls VI. und Johannes Pauls II. ins Treffen geführt und behauptet, Rom habe die Andersgläubigen und einst durch die Inquisition Verfolgten rehabilitiert und sich damit von Schuld gereinigt. Aber bei genauem Hinsehen wirken diese Erklärungen ziemlich halbherzig. Entweder wurden sie durch Sätze wie »*wenn* uns eine Schuld zuzuschreiben ist« eingeschränkt[130] oder die Schuld wurde von der Amtskirche auf ihre »sündigen Kinder« verschoben.[131] Vergebens plädierten Kritiker wie H. Küng für die Einbeziehung von Päpsten und Amtskirche in diese Schuldbekenntnisse.[132]

Semper eadem – im Wesen unverändert

Wer vom 21. Jh. auf den katholischen Aufbruch um die Mitte des 20. Jh. und die Zeit danach zurückblickt, hat sicherlich genug historischen Abstand gewonnen, um sich ein einigermaßen zutreffendes Urteil über diese Periode bilden zu können. Das Fazit ist ernüchternd. Das 2. Vatikanische Konzil, das »katholische Ereignis des 20. Jh.«, hat trotz unübersehbarem Wandel – Öffnung zur Welt (Gewissens- und Religionsfreiheit) und Öffnung zu den Religionen (Ökumenismus) – die typisch römische Hybris nicht abzustreifen vermocht, sondern hat sie in gewissem Sinn noch gesteigert. War das 1. Vatikanum das Konzil der päpstlichen Selbstüberhebung, so wurde das 2. Vatikanum das Konzil der kirchlichen Selbstverherrlichung.

Darüber darf die pastorale und irenische Sprache und der ökumenische Geist sowie der Verzicht auf jede Art von Verurteilung nicht hinwegtäuschen. Im Kern hat das 2. Vatikanische Konzil mit der Beharrung auf all dem, was das 1. Vatikanische Konzil dem päpstlichen Lehramt zuerkannt hat und der Gleichsetzung der Kirche mit Christus den »vatikanischen Frevel« (K. Barth)[133] fortgesetzt und einzementiert. Die Restaurationstendenzen der nachkonziliaren Zeit waren und sind nur eine logische Folge dieser im Kern unveränderten Position.

»Was war, verbleibt in Geltung«, so hat Paul VI. gesagt[134] und damit bestätigt, dass Rom nie die Absicht hatte und auch nicht hat, sein überkommenes dogmatisches Lehrgebäude zu sichten oder gar in Frage zu stellen. Mit der Formel von der »Hierarchie der Wahrheiten«[135] wollte man höchstens zugestehen, dass es unterschiedliche Akzentuierungen, aber keine wesentlichen Veränderungen geben kann. Von ökumenischen Optimisten auf beiden Seiten wurde und wird viel zu wenig beachtet, dass die dogmatische Substanz der römischen Kirche – das, was »ex cathedra« festgelegt ist – als »unabänderlich« gilt.[136]

Die Euphorie der johanneischen Wende mit ihrem scheinbaren Aufbruch zu mehr Evangelium und weniger Tradition hat den inneren Kern des Katholizismus nicht berührt. Nur wer die unberechtigte Hoffnung hegte, auch Konzilsbeschlüsse könnten und sollten korrigiert werden,[137] musste im Nachhinein enttäuscht sein und die Periode nach dem Vatikanum 2 mit ihren Restriktionen als »Verrat am Konzil« empfinden. Tatsächlich war es nie die Absicht, etwas anderes zu tun als die alten Dogmen in neuer Sprache auszusagen. Das hatte schon Johannes XXIII. als Ziel vorgegeben. In seiner Rede zur Eröffnung des Konzils betonte er die Unveränderlichkeit des Erbgutes, das nur in neuer Formulierung vorgelegt werden müsse. Nicht um Veränderung des »depositum fidei«, des Glaubensgutes, ginge es, sondern um dessen »modus enuntiandi«, d. h. um die Aussageform, die aber den »gleichen Sinn und dieselbe Bedeutung« wahren müsse.[138] Diese Unterscheidung wird seither immer wieder in Erinnerung gerufen.[139] Von einer Modifikation des eigentlichen Dogmas war und ist nicht die Rede.[140] Daher hat das Konzil zwar von »dauernder Reform« der Kirche gesprochen, diese aber nur auf deren menschliche und irdische Seite bezogen und den »Glaubensschatz« ausgenommen.[141]

Als J. B. Bossuet, der berühmte Kanzelredner des 17. Jh. und Bischof von Meaux, dem protestantischen Pluralismus seiner Zeit die katholische Geschlossenheit der nachtridentinischen Kirche gegenüberstellte, betonte er das mit dem stolzen »semper eadem« – sie ändert sich nicht – und wollte damit belegen, dass die römische Kirche im Gegensatz zum Protestantismus immer die gleiche geblieben sei.

Bossuet und allen, die sich seither auf ihn berufen haben, ist dabei offensichtlich nicht bewusst geworden, wie oft sich Päpste und Konzilien in der Vergangenheit schon widersprochen haben. Von einer beständigen Gleichförmigkeit kann keine Rede sein. In einem wesentlichen Zug jedoch trifft das »semper eadem« voll zu: Im beständigen Anspruch, Papst und Kirche mit einer Aura der Unfehlbarkeit zu umgeben, sie gleichsam zu christifizieren und damit die römische Kirche zur Heilsanstalt, die über alle gesetzt ist und alle betrifft, hochzustilisieren. Das göttliche Vorrecht der Irrtumslosigkeit wird entweder einem Menschen wie dem Bischof von Rom oder einer Mehrzahl von Menschen wie der Kirche zugesprochen und so das Irdisch-Menschliche mit dem Nimbus des Überirdischen umgeben. Die Hochstufung von römischem Lehramt und Kirche auf dem 2. Vatikanum und nachher hat bewiesen, dass sich dieses Denken nicht geändert, sehr wohl aber gesteigert hat.

• Alles, was das 1. Vatikanische Konzil vom Papst, seiner Autorität und seiner Unfehlbarkeit ausgesagt und gefordert hat, wurde ohne Abstriche übernommen. Dem Papst eignet »Unfehlbarkeit«, wenn er eine Glaubens- oder Sittenlehre in einem »endgültigen Akt« verkündigt.[142] Solche Lehren sind dann »unveränderlich«.[143] Aber auch wenn er nicht mit höchster Lehrautorität spricht, schuldet man ihm Gehorsam.[144] Die im Zusammenhang damit behandelte Kollegialität der Bischöfe reduziert sich folglich auf ein Zustimmungsgremium, denn am Bischof von Rom, dem »Haupt« der Bischöfe, führt kein Weg vorbei. Er steht auch über einem allgemeinen Konzil, dessen Beschlüsse nur durch ihn Gültigkeit erlangen.[145] Er ist nicht nur »oberster Hirte«[146] und »unfehlbarer Lehrer,«[147] sondern auch »oberster Richter«.[148] Mit diesem Pochen auf alles, was schon seit dem 1. Vatikanum beansprucht wird, hat das 2. Vatikanum keinen Fingerbreit die Christifizierung des Bischofs von Rom eingeschränkt oder sogar zurückgenommen.

Nach biblischem Befund aber kommt einzig und allein Gott Unfehlbarkeit zu und Grund und Haupt der Kirche ist allein Christus, der durch den Heiligen Geist, seinen Stellvertreter (Jo 14,16 f), die Christenheit leitet. Allein Christus kommt die Stellung des »Oberhirten« (1 Pt 5,4) und »Richters« (2 Tim 4,8) zu. Von ihm wurden die Apostel eingesetzt (1 Ko 12,28), die grundsätzlich gleich waren (Eph 2,20). So spricht auch das Neue Testament nur von einem Aposteldienst, ein eigenes Petrusamt war den ersten Christen unbekannt. Petrus selbst bezeichnete sich daher nur als »Mitältester« (1 Pt 5,1), der seine Kollegen vor Herrschsucht und Gier warnte (1 Pt 5,2f). Die beständige Berufung Roms auf Petrus (2. Vatikanisches Konzil, Kirche III,22; DH 4146) ist weder theologisch noch historisch gerechtfertigt. Alles, was Petrus zugesagt wurde (Mt 16,18f), galt auch den anderen Aposteln (Eph 2,20), ja sogar der ganzen Gemeinde (Mt 18,17f). Nach den ältesten Quellen war Petrus als Apostel und nicht als Bischof in Rom. Daher wurde der in 2 Tim 4,21 genannte Linus als erster Bischof von Rom gezählt (Irenäus, Adversus haereses III,3,3; Eusebius, Kirchengeschichte III,2). Das heutige Papsttum geht nicht auf das Urchristentum zurück, sondern ist eine Schöpfung der Spätantike.[149]

Unfehlbarkeit gehört auch nicht zu den der christlichen Gemeinde

verliehenen Geistesgaben, sondern ist allein Gott und seinem Wort vorbehalten, das als »recht, richtig und wahrhaftig« gilt (Ps 33,4). Nicht durch Berufung auf ihr eigenes Wort, sondern nur durch Berufung auf Gottes Wort kommt der christlichen Verkündigung verbindliche Autorität zu, denn »niemand ist schuldig mehr zu glauben, denn in der Schrift gegründet ist« (M. Luther).[150]
• Hatte schon das 1. Vatikanum die Kirche über alles erhoben und sie in die Aura göttlicher »Unfehlbarkeit«[151] gerückt, so fand diese Selbstübersteigerung mit dem 2. Vatikanum ihren Höhepunkt. Die schon seit langem vertretene Auffassung, die »sichtbare Kirche« sei der »unter den Menschen erscheinende [...] Sohn Gottes« (J. A. Möhler)[152] und damit der »zweite Christus« (Pius XII.),[153] der zur »Fülle und Ergänzung des Erlösers«[154] gebraucht wird, erreichte im 2. Vatikanischen Konzil ihren krönenden Abschluss. Da die Kirche unfehlbar ist, gleicht sie dem »fleischgewordenen Wort,«[155] besitzt die »Fülle der Gnade und Wahrheit«[156] und ist »zum Heil notwendig«.[157] Diese Kirche ist natürlich nach katholischem Verständnis die Kirche mit dem »Nachfolger Petri als Haupt«.[158] Sie erscheint daher unter den Menschen als »allgemeines Sakrament des Heils«.[159] Wer sie so zu erkennen vermag, nicht aber in sie eintritt und in ihr ausharrt, »kann nicht gerettet werden«.[160]

Diese Identifizierung der Kirche mit Christus lässt sich jedoch – vom biblischen Standpunkt aus gesehen – nicht rechtfertigen. Nach 1 Ko 12,27 wird die christliche Gemeinde zwar bildlich als »Leib Christi« oder verkürzt als »Christus« (V 12) angesprochen, aber das ganze Bild ergibt sich aus Kol 1,18a, wo Christus als »Haupt« und die Gemeinde als »Leib« bezeichnet wird. Damit ist gesagt, dass der Leib vom Haupt regiert wird und sich der Leib nach dem Haupt zu richten hat. Nur wenn die Kirche Christi Wort gehorcht, darf sie sich auf ihn berufen. Sie ist somit nicht bedingungslos aus sich selbst mit Christus identisch.

Der daraus gewonnene Schluss ist daher einfach: Päpstliche und kirchliche Christifizierung auf den Konzilien Vatikanum 1 und 2 stellen die Krönung eines seit langem in Gang gesetzten Prozesses dar. Dieser bleibt unberührt von der kirchlichen Anpassung an bestimmte Erfordernisse der Moderne, zu denen sich das 2. Vatikanische Konzil durchgerungen hat. Worauf man bereits im nachtridentinischen Katholizismus erwartungsvoll gehofft hat – schon im 16. Jh. strebte der Jesuitenorden die Unfehlbarkeitserklärung des Papstes an –, das wurde nun im 19. und 20. Jh. Wirklichkeit: Ein Mensch und eine Institution stellen den Anspruch auf Verkörperung göttlicher Wahrheit!

Die Kritik an dieser Hybris vom Standpunkt eines ausschließlich biblisch begründeten christlichen Glaubens ist daher berechtigt und veraltet nicht. Sie verleiht dem vorliegenden Werk »Vom Schatten zum Licht« von E. G. White bleibende Aktualität und Berechtigung.

Hans Heinz

Endnoten
zu den Seiten 631-645

Abkürzungen in den folgenden Endnoten:
CIC Codex Iuris Canonici – Codex des kanonischen Rechtes, Kevelaer 1994, 4. Auflage
DH Denzinger, Heinrich/Hünermann, Peter, Enchiridion symbolorum definitionum et declarationum de rebus fidei et morum – Kompendium der Glaubensbekenntnisse und kirchlichen Lehrentscheidungen, Freiburg i. Breisgau 1991, 37. Auflage
GE Gemeinsame Erklärung zur Rechtfertigungslehre, Lutherischer Weltbund/Päpstlicher Rat zur Förderung der Einheit der Christen, 1999
KKK Katechismus der katholischen Kirche, München 1993
RGG Galling, Kurt u.a. (Hg.), Die Religion in Geschichte und Gegenwart, Tübingen 1986, 3. Auflage (Neudruck)
S.Th. Thomas von Aquin, Summa Theologica
WA Luther, Martin, Werke, Kritische Gesamtausgabe (Weimarer Ausgabe)

[1] Vgl. L. Ring-Eifel, Weltmacht Vatikan – Päpste machen Politik, München 2004.
[2] Das »papokratische Herrschaftsprinzip« – der Primat des Papstes im universalen Sinn – begann mit Leo I. im 5. Jh.; vgl. H. Kühner, Lexikon der Päpste, Wiesbaden 1991, 49; ähnlich auch K. Heussi: »In Leo I. dem Großen (440-61) begegnet uns der erste eigentliche ›Papst‹ [...] Der Ehrentitel Papst (papa, páppas) war ursprünglich im Osten für höhere Kleriker, besonders Bischöfe, allgemein üblich; seit dem Ende des 5. Jh. nahmen ihn die römischen Bischöfe ausschließlich für sich in Anspruch.« Kompendium der Kirchengeschichte, Tübingen 1949[10], 130; der Titel bedeutet »Vater« und wurde den Jüngern von Jesus verwehrt (Mt 23,9). Mit »Heiliger Vater« hat Jesus allein Gott angesprochen (Jo 17,11). Mit der Wandlung des römischen Weltreiches zur römischen Kirche am Ende der Antike setzte sich der Herrschaftsanspruch Roms über die Welt fort; vgl. J. Haller, Das Papsttum – Idee und Wirklichkeit, Hamburg 1965, Bd. 1,119. Mit der Fortsetzung des kaiserlichen Rom durch das päpstliche Rom änderte sich auch die alte katholische Kirche (2.–4. Jh.). Aus der Reichskirche des 4. Jh. entwickelte sich im lateinischen Westen die Papstkirche (5. Jh.).
[3] K. Adam, Das Wesen des Katholizismus, Düsseldorf 1957[13], 12.
[4] Ibid., 12 und 234.
[5] Der Katholizismus, München 1970, 12.
[6] Nach dem Wort Jesu (Lk 10,25f) und dem Bericht der Apostelgeschichte (Apg 17,11) stellte und stellt die Bibel in Fragen des Glaubens die einzige Norm und Quelle dar. So bildete das Alte Testament, die Bibel der Urgemeinde (2 Tim 3,15-17), in Verbindung mit der apostolischen Verkündigung die Glaubensgrundlage der ersten Christen. Diese zuerst mündlich vorgetragene Verkündigung floss aber auch in die apostolischen Schriften ein (1 Jo 1,3f). Diese wurden schon in urchristlicher Zeit

ausgetauscht (Kol 4,16) und gesammelt (2 Pt 3,15f).
Als sich daher im 2. Jh. die nachapostolische Gemeinde über den Kanon des Neuen Testamentes zu vergewissern trachtete, indem sie die ihr erhalten gebliebenen Schriften der Apostel und Apostelschüler zusammentrug, entstand so die Sammlung der neutestamentlichen Bücher. Mit der Feststellung dieses Kanons wollten die frühen Christen sagen: Diese Schriften verbürgen die Lehre Jesu und der Apostel und sind daher Norm und Quelle aller echten christlichen Lehre. Alles, was sich aus ihnen nicht belegen lässt, kann nicht als apostolische Wahrheit gelten!

[7] Daher ist für katholische Gläubige die Kirche »irrtumslos« (1870, 1. Vatikanisches Konzil, Konstitution »Dei filius« 4; DH 3020) und kann daher mit Christus verglichen werden (1964, 2. Vatikanisches Konzil, Kirche I,8; DH 4118).

[8] W. v. Loewenich, Der Katholizismus und wir, München 1954, 22.

[9] S.Th. II-II, q.11, a.3.

[10] 1832, Enzyklika »Mirari vos arbitramur«; DH 2730f.

[11] 1881, Enzyklika »Diuturnum illud«; K. Guggisberg, Die römisch-katholische Kirche, Zürich 1946, 338.

[12] 1864, Syllabus VI,55; DH 2955.

[13] 1906, Enzyklika »Vehementer nos«; Guggisberg, ibid., 300.

[14] 1627, Urban VIII. Bulle »In coena Domini«; Guggisberg, ibid., 337.

[15] Enzyklika »Editae saepe«; Guggisberg, ibid., 338f.

[16] 1925 entstand die Bewegung für »Praktisches Christentum« in Stockholm und 1927 die Bewegung für »Glauben und Kirchenverfassung« in Lausanne, worauf 1948 die Gründung des ÖRK (Weltkirchenrat) erfolgte. Er umfasste damals 147 Kirchen, die meist dem protestantischen Spektrum angehörten.

[17] Vgl. G. Tavard, Geschichte der ökumenischen Bewegung, Mainz 1964, 120.

[18] 1928, Enzyklika »Mortalium animos«; Guggisberg, ibid., 341.

[19] In diesem Sinn schleuderte Pius IX. den Kritikern der päpstlichen Unfehlbarkeit auf dem 1. Vatikanischen Konzil das überhebliche Wort entgegen: »Die Tradition bin ich.« Vgl. W. v. Loewenich, Der moderne Katholizismus vor und nach dem Konzil, Witten 1970, 40.

[20] Konstitution »Pastor aeternus« 4; DH 3074.

[21] Ibid. 1; DH 3053.

[22] Ibid. 3; DH 3059.

[23] Ibid. 1; DH 3055.

[24] Ibid. 3; DH 3059.

[25] Idem, DH 3063.

[26] Idem, DH 3060.

[27] Ibid. 4; DH 3075.

[28] 2. Vatikanisches Konzil, Kirche III, 25; DH 4150.

[29] Idem; DH 4149.

[30] Idem

[31] Während Pius XI. (1922–39) in der Enzyklika »Mit brennender Sorge« (1937) die Diskriminierung der römisch-katholischen Kirche im nationalsozialistischen Deutschland scharf verurteilte, schwieg Pius XII. zur Judenverfolgung des NS-Regimes, exkommunizierte aber die Mitglieder der kommunistischen Partei (1949/50) und äußerte sich häufig als strenger Mentor in Fragen der Moderne. Er belehrte in Problemen des Völkerrechts (1939), der Sterilisierung (1940),

des sog. unwerten Lebens (1940), des Ehezwecks (1944), der künstlichen Befruchtung (1949), des Geschlechtsverkehrs (1952) und der Situationsethik (1956).
[32] Vgl. G. Maron, Die römisch-katholische Kirche von 1870–1970, Göttingen 1972, 227.
[33] Ibid., 230.
[34] Vgl. K. E. Skydsgaard, »Das kommende Konzil – Absicht und Problematik«, in K. E. Skydsgaard (Hg.), Konzil und Evangelium, Göttingen 1962, 118. 121 u. D. A. Seeber, Das Zweite Vaticanum, Freiburg i. Br. 1966, 32f.
[35] K. Rahner/H. Vorgrimler, Kleines Konzilskompendium, Freiburg i. Br. 1967^3, 24.
[36] Liturgie I,36; DH 4036.
[37] Ibid. II,49; Rahner/Vorgrimler, ibid., 68.
[38] Ökumenismus I,4; Rahner/Vorgrimler, ibid., 234.
[39] Kirche II,14; DH 4136.
[40] Ibid. I,8; DH 4118.
[41] Religionsfreiheit I,2; DH 4240.
[42] Ibid. 1; Rahner/Vorgrimler, ibid., 661f.
[43] Ibid. I,3; ibid., 663.
[44] Ibid. I,3.4; ibid., 664f.
[45] Ibid. I,6; ibid., 666.
[46] Idem; ibid., 667.
[47] Ibid. II,10; DH 4245.
[48] DH 3961.
[49] Ibid., 174.
[50] Vgl. Fußnote 10.
[51] Rahner/Vorgrimler, ibid., 655.
[52] Religionsfreiheit 1; Rahner/Vorgrimler, ibid., 662.
[53] Vgl. Fußnoten 12 u. 13.
[54] 1906, Pius X., Enzyklika »Vehementer nos«; Guggisberg, ibid., 300.
[55] Religionsfreiheit I,6; Rahner/Vorgrimler, ibid., 667.
[56] Die Kirche in der Welt IV,76; Rahner/Vorgrimler, ibid., 534.
[57] Ibid. IV,75; Rahner/Vorgrimler, ibid., 533.
[58] Vgl. Loewenich, Der moderne Katholizismus, 380.
[59] Vgl. Fußnote 11.
[60] Die Kirche in der Welt II,31; DH 4331.
[61] Ibid. IV,75; Rahner/Vorgrimler, ibid., 532.
[62] Vgl. Loewenich, Der moderne Katholizismus, 389-95.
[63] Die Kirche in der Welt 9; DH 4309.
[64] Ibid. III,63; Rahner/Vorgrimler, ibid., 518.
[65] Ökumenismus II,12; Rahner/Vorgrimler, ibid., 240f.
[66] Vgl. H. Barion, »Index«, RGG^3, Bd. 3, 699.
[67] Im extrem konservativen »Opus Dei« existiert allerdings nach wie vor ein inoffizieller Index.
[68] DH 1533.
[69] Vgl. Fußnote 15.
[70] Ökumenismus, Vorwort; DH 4186.
[71] Ibid. I,3; DH 4188.
[72] Ibid. I,4; Rahner/Vorgrimler, ibid., 234.
[73] Luther und Luthertum, Mainz 1904, Bd. 1,787.
[74] M. Luthers Leben und Werk, Freiburg i. Br. 1927^2, 79.
[75] Die Reformation in Deutschland, Freiburg i. Br. 1962^5, Bd. 1,191.
[76] Luther in katholischer Sicht, Bonn 1949^2, 16.
[77] »Katholische Besinnung auf Luthers Rechtfertigungslehre heute«, in Kath. Fakultät Tübingen (Hg.), Theologie im Wandel, München 1967, 464.
[78] Ketzerfürst und Kirchenlehrer, Stuttgart 1971, 42.
[79] D. Olivier, Le procès Luther 1517-21, Paris 1971, 217f.

80 Salzburger Nachrichten, 8. 3. 2000, 10.
81 Ibid., 241.
82 Ökumenismus II,6; Rahner/Vorgrimler, ibid., 237.
83 Kirche im Konzil, Freiburg i. Br. 1963, 31.
84 F. Schmidberger, »Die Zeitbomben des 2. Vatikanischen Konzils«, Dokumentation Humanistischer Pressedienst (HPD), Stuttgart 2009, 2.
85 P. Imhof/H. Biallowons (Hg.), Glaube in winterlicher Zeit – Gespräche mit K. Rahner in den letzten Lebensjahren, Düsseldorf 1986, 18; vgl. auch H. Küng, Ist die Kirche noch zu retten?, München 2011, 29.
86 N. Greinacher/H. Küng (Hg.), Katholische Kirche – Wohin? Wider den Verrat am Konzil, München 1986.
87 M. Serafian, Der Pilger oder Konzil und Kirche vor der Entscheidung, Reinbek b. Hamburg 1964, 164.
88 Vgl. H. Krätzl, Im Sprung gehemmt, Mödling 1999⁴, 183.
89 Der Spiegel, 9. November 1985, 164.
90 Ibid., 26. März 2005, 107.
91 Tiroler Tageszeitung, 4. April 2005, 2.
92 Greinacher/Küng, ibid., 20.
93 Dienst und Leben der Priester III,16; Rahner/Vorgrimler, ibid., 589.
94 DH 4836.
95 DH 4600. 4840.
96 DH 4630.
97 Ibid. 4734. 4738.
98 Ibid., 236.
99 DH 4708.
100 Salzburger Nachrichten, 22. Nov. 2010, 5.
101 Das Credo des Gottesvolkes, Leutesdorf/Rhein 1971⁷, 14 f.
102 Ibid., 18.
103 Ibid., 19.
104 Ibid., 20.
105 Ibid., 19.
106 Greinacher/Küng, ibid., 32.
107 Ibid., 80.
108 KKK, 30 f.
109 Ibid., § 1471-79.
110 GE 5,43.
111 Salzburger Nachrichten, 3. Februar 2009, 1.
112 J. Ratzinger/A. Bovone, Schreiben an die Bischöfe der katholischen Kirche über einige Aspekte der Kirche als communio, Vatikanstadt 1992, 19.
113 CIC, can. 755.
114 Ratzinger/Bovone, ibid., 29.
115 Ibid., 13.
116 Ökumenismus I,3; DH 4190.
117 1995, Enzyklika »Ut unum sint« 3.
118 Ibid. 86. Wie einseitig die römische Amtskirche die ökumenische Frage behandelt, beweist ihre Forderung nach »evangelischer Distanzierung« (Bischof G. L. Müller von Regensburg) von Luthers »Antichrist Äußerungen«, die der bis heute diskutierten Sachfrage der kirchlichen Heilsvermittlung entsprechen. Protestantische Zugeständnisse in dieser Frage seien »unverzichtbar«. Kathpress, 6.5.2011.
119 Ibid. 97.
120 Ibid. 56.
121 2000, Erklärung »Dominus Iesus« 17.
122 Idem
123 Ökumenismus III,21; Rahner/Vorgrimler, ibid., 247.
124 CIC, can. 844.
125 E. Lange, Die ökumenische Utopie oder was bewegt die ökumenische Bewegung? München 1986², 73.
126 Vgl. Lutherische Monatshefte 26 (1987): 193-95.

[127] »Ut unum sint« 79.
[128] Die Zeit, 13. Dezember 1991, 16.
[129] Frankfurter Allgemeine Zeitung, 8. April 1991, 6; Die Welt, 16. Oktober 1992, 6.
[130] Vgl. H. Küng, Erkämpfte Freiheit, München 2002, 503.
[131] Frankfurter Allgemeine Zeitung, 13. März 2000, 1 f.
[132] Salzburger Nachrichten, 8. März 2000, 10.
[133] Zit. in H. Fries/K. Rahner, Einigung der Kirchen – reale Möglichkeit, Freiburg i. Br. 1983², 73.
[134] Zit. in G. C. Berkouwer, Gehorsam und Aufbruch – Zur Situation der katholischen Kirche und Theologie, München 1969, 43.
[135] Ökumenismus II,11; DH 4192.
[136] 1. Vatikanisches Konzil, Konstitution »Pastor aeternus« 4; DH 3074.
[137] H. Küng, »The Council in Action«, in J. Pelikan, Development of Christian Doctrine, New Haven 1969, 145.
[138] Berkouwer, ibid., 73.
[139] Johannes Paul II., »Ut unum sint« 81.
[140] Vgl. H. Oschwald, Der deutsche Papst – Wohin führt Benedikt XVI. die Kirche?, München 2005, 165.
[141] Ökumenismus II,6; Rahner/ Vorgrimler, ibid., 237.
[142] Kirche III,25; DH 4149.
[143] Idem
[144] Idem
[145] CIC, can. 338. 341.
[146] Ibid., can. 333.
[147] Ibid., can. 749.
[148] Ibid., can. 1404.
[149] Vgl. Heussi, ibid., 130.
[150] WA 7,453.
[151] Konstitution »Dei filius« 4; DH 3020.
[152] Symbolik, Mainz 1843⁶, 332 f.
[153] Enzyklika »Mystici corporis«; DH 3806. 3813.
[154] Idem, DH 3813.
[155] Kirche I,8; DH 4118.
[156] Ökumenismus I,3; DH 4189.
[157] Kirche II,14; DH 4136.
[158] Ökumenismus I,2; DH 4187.
[159] Kirche VII,48; DH 4168.
[160] Ibid. II,14; DH 4136.

GLOSSAR

Quellen zum Glossar:

CIC: Codex Iuris Canonici (Codex des kanonischen Rechtes), Kevelaer 1994[4].
DH: Heinrich Denzinger – Peter Hünermann, Kompendium der Glaubensbekenntnisse und kirchlichen Lehrentscheidungen, Freiburg i. Breisgau 1991[37].
ELThG: Evangelisches Lexikon für Theologie und Gemeinde (Helmut Burkhardt u. Uwe Swarat, Hg.), Wuppertal 1992–94.
KKK: Katechismus der katholischen Kirche, München 1993.
RGG: Die Religion in Geschichte und Gegenwart (Kurt Galling, Hg.), Tübingen 1957–65[3] (Neudruck 1986); idem (Hans Dieter Betz u.a., Hg.), Tübingen 1998–2005[4].
TRE: Theologische Realenzyklopädie (Gerhard Krause u. Gerhard Müller, Hg.), Berlin 1977–2006.

Ablass: (S. 57/79) Nach dem CIC, Can. 992 versteht man unter Ablass den »Nachlass zeitlicher Strafe vor Gott für Sünden, deren Schuld schon getilgt ist.« Ein Ablass existiert als Teilablass oder vollkommener Ablass (ibid., Can. 993). Ablässe können den Lebenden oder den Verstorbenen zugewendet werden (ibid., Can. 994).

Nach römisch-katholischer Sicht besteht die Reinigung von der Sünde aus einem doppelten Akt: 1) Aus der Vergebung der Schuld (ewige Sündenstrafen) durch den Priester in der Beichte und 2) aus der Tilgung der zeitlichen Sündenstrafen durch Gebet, gute Werke und Bußübungen (KKK, § 1472–73) im Diesseits oder durch Reinigung im Jenseits (Fegefeuer).

Der Ablass, den nur die Kirche gewähren kann, speist sich aus dem »Kirchenschatz« d.h. aus den Verdiensten Christi, Marias und der Heiligen (ibid., § 1476–77). Da im Mittelalter oft die Unterscheidung von ewigen und zeitlichen Sündenstrafen verwischt wurde, wurde damals manchmal der Ablass auch als Erlass der Schuld verstanden. Außerdem wurde Ablass auch verkauft, woraus sich für die Päpste ein einträgliches Geldgeschäft entwickelte, das heute als »ausgemachter Skandal« apostrophiert wird (vgl. Karl August Meissinger, Der katholische Luther, München 1952, 129).

Während man in der Zeit der Reformation – Luthers Kritik begann mit dem Kampf gegen den Ablasshandel in den 95 Thesen (31. Okt. 1517) – den Reliquienverehrern noch Ablass von Millionen von Jahren versprach – so der kath. Kirchenhistoriker Joseph Lortz (Die Reformation in Deutschland, Freiburg i. Br. 1962[5], Bd. 1, 106) – stellt man heute keine zeitlichen Begrenzungen mehr nach Tagen, Monaten und Jahren auf. Auch den Ablassverkauf gibt es seit dem Konzil v. Trient (1545–63) nicht mehr (DH 1820). Die Lehre vom Ablass selbst aber blieb und bleibt bestehen. Wer sie als »unnütz« bezeichnet oder die Macht der Kirche, Ablass zu »gewähren« leugnet, wird mit einem Anathema (Kirchenbann) verurteilt (DH 1835). Dabei hat Jesus, wenn er vergeben hat, volle Vergebung und Heilung gewährt und den Sündern keine zusätzlichen Bußleistungen abgefordert (Mk 2,5.10.11; Jo 5,8. 9.14).

Ablasshandel: (S. 120) Papst Leo X. (1513–21), der zur Vollendung der prunkvollen Peterskirche in Rom eine Ablassbulle am 18. Okt. 1517 erlassen hatte, teilte die deutschen Gebiete unter drei Hauptbevollmächtigte auf, wovon der Erzbischof Albrecht von Mainz und Magdeburg einer war. Dieser ernannte als Unterbevollmächtigten den in Ablassfragen erfahrenen Dominikanermönch Tetzel aus Leipzig. Albrecht versprach durch ihn die volle Sündenvergebung ohne Reue und Beichte (vgl. Walther von Loewenich, Martin Luther, München 1983, 107). Dagegen protestierte der Augustinermönch und Doktor der Theologie Martin Luther (1483–1546) in seinen 95 Thesen. Aus dem Kampf um den Ablass entwickelte sich aber bald ein Streit um die Heilsfrage. Aus Paulus leitete Luther die Rechtfertigung des Sünders »allein aus Gnaden, allein aus dem Glauben und allein durch Christus« ab. Damit widersprach er der römischen Verdienstlehre und der kirchlichen Heilsvermittlung. Mit dieser Sichtweise wurde er zum bedeutendsten Reformator, der die »westliche Kirche insgesamt tiefgehend verändert hat« (Martin Brecht, ELThG 2,1281). Zu Luthers Leben und Wirken s. Heinrich Fausel, Martin Luther, Leben und Werk, 2 Bde., München 1966 bzw. Bernhard Lohse, Martin Luther, Leben und Werk, München 1983[2]; für Luthers Theologie s. Paul Althaus, Die Theologie Martin Luthers, Gütersloh 1975[4].

Äthiopische Kirche und der Sabbat: (S. 528) Zur Thematik vgl. Ernst Hammerschmidt, Stellung und Bedeutung des Sabbats in Äthiopien, Stuttgart 1963 bzw. Bekele Heye, The Sabbath in Ethiopia, Lincoln, NE 2003.

Noch heute wird der Sabbat – mehr oder weniger streng – in der Äthiopischen Kirche gefeiert (Hammerschmidt, 2). Besonders gefeiert wird er in den nördlichen Provinzen (Heye, 59).

Nach der Kirchenordnung des Königs Zara Yaqob (15. Jh.) soll der Sabbat wie auch der Sonntag gefeiert werden (Hammerschmidt, 20). Diese Doppelfeier entspricht der alten syrischen Kirchenordnung, den sog. »Apostolischen Konstitutionen« (VIII,33,1) aus dem 4. Jh., und beweist, dass die äthiopische Kirchenordnung nicht neu war, sondern eine alte Tradition reflektierte (ibid., 71–72). Begründet wurde die Sabbatfeier bei den Äthiopiern mit der Schöpfung (ibid., 38) und mit dem Dekalog, der auch im Neuen Testament Gültigkeit besitzt (ibid., 23).

Nach der äthiopischen Version des »Testamentum Domini« (5. Jh.) wurde an beiden Tagen (Samstag und Sonntag) das Abendmahl gefeiert (ibid., 43). Nach den äthiopischen »Statua apostolorum« galten beide Tage auch als Ruhetage (ibid., 47), wobei das Gebot vom Sinai (2 Mo 20) nur als eine Einschärfung des bereits seit der Schöpfung existierenden Sabbats galt (ibid., 48). In der »Confessio Claudii« (16. Jh.) distanzierten sich die Äthiopier von den talmudischen Sabbat-Tabus und der Sabbatkasuistik zugunsten einer christlichen Sabbatfeier (Eucharistie,

Agape, Freudentag; ibid., 51.72). Mit dem Einsetzen der jesuitischen Mission im 17. Jh. wurde die äthiopische Sabbatfeier von den Katholiken heftig bekämpft (ibid., 54–57).

Babylon: (S. 345) »Babylon« (griech.) oder »Babel« (hebr. »Verwirrung«) heißt eine sehr alte Stadt im Süden des heutigen Irak, wohin die Juden im Jahr 586 v. Chr. deportiert wurden. »Sie symbolisiert schon im Alten Testament die Stadt der gottfeindlichen Macht (1 Mo 11,9); im Neuen Testament versteckt sich Rom hinter dieser Bezeichnung (1 Pt 5,13; Offb 14,8; 16,19; 17,5; 18,2.10.21)«. Xavier Léon-Dufour, Wörterbuch zum Neuen Testament, München 1977, 106.

Bibelverbote: (S.50/311/516/521/545) In der Urgemeinde (2 Tim 3,15) und in der Alten Kirche (Apostolische Väter [2. Jh.], Apologeten [2./3. Jh.] und Kirchenväter [2.-8. Jh.]) waren die heiligen Schriften jedem zum Lesen freigegeben, soweit die Möglichkeit der Beschaffung gegeben war.

Clemens v. Rom (um 100) konnte der Gemeinde von Korinth trotz vieler Tadel das Lob zuerkennen: »Die heiligen Schriften, die wahren, die vom Heiligen Geist eingegebenen, habt ihr genau durchforscht ... Die heiligen Schriften kennt ihr, Geliebte, und zwar gut, und ihr habt euch vertieft in die Worte Gottes« (1. Brief an die Korinther 45,2 u. 53,1).

Polykarp (gest. um 155), der Gemeindevorsteher der christlichen Gemeinde von Smyrna, konnte an die Schwestergemeinde von Philippi schreiben: »Ich habe die Zuversicht zu euch, dass ihr in den heiligen Schriften wohl bewandert seid« (Brief an die Philipper 12,1).

Origenes (2./3. Jh.), der bis dahin gelehrteste Kirchenvater und Apologet, konnte ausrufen:»Wollte Gott, wir erfüllten alle, was geschrieben steht: Forschet in der heiligen Schrift« (In visiones Isaiae, Hom. 11,2).

Chrysostomus (4./5.Jh.), Patriarch von Konstantinopel und gefeiertster Redner der christlichen Antike, war ein besonders bibelorientierter Theologe, der seinen Hörern immer wieder einschärfte, die Schrift zu studieren: »Unzählige Übelstände schreiben sich von der Unkenntnis der heiligen Schriften her ... Damit dies nicht geschehe, wollen wir unsere Augen für die Lichtstrahlen der apostolischen Worte offen halten« (Kommentar zum Römerbrief 1,1). In den Homilien zur Genesis (29) heißt es daher: »Ich ermahne euch ... dass ihr mit Sorgfalt auf die Lesung der göttlichen Schriften achtet und auch zu Hause die heiligen Schriften in die Hände nehmt und mit Sorgfalt den Nutzen empfangt, der darin enthalten ist.«

Hieronymus, Zeitgenosse von Chrysostomus und bedeutendster Bibelgelehrter der Alten Kirche, musste den Christen seiner Zeit zurufen: »Unkenntnis der Schrift ist Unkenntnis Christi« (Vorrede zu Isaias) und Augustinus (4./5. Jh.), der einflussreichste Denker der christlichen Antike, wünschte nur das Eine: »Gib Du mir Zeit, die Geheimnisse Deines Gesetzes zu betrachten und verschließe es nicht denen, die anklopfen« (Bekenntnisse XI,2).

Mit dem letzten Kirchenvater, Johannes v. Damaskus (7./8. Jh.) schließt sich der Kreis, wenn er in seiner »Darlegung des orthodoxen Glaubens« (4,17) seinen Lesern rät: »Es ist sehr gut und heilsam, die göttlichen Schriften zu durchforschen.«

Diese positive Einstellung zur Bibellektüre des Volkes erfuhr mit dem Auftreten der albigensischen Gegenkirche und der waldensischen Reformbewegung (12. Jh.) eine einschneidende Veränderung. Zwar wurde nie ein allgemeines kirchliches Bibelverbot erlassen (vgl. Max Seckler, »Bibelverbote«, RGG[4], Bd.1, 1516), aber es kam zu lokalen Verboten, die Bibel in bestimmte Volkssprachen zu übersetzen und zu lesen (Synode von Toulouse [1229], Synode von Tarragona [1234], 3. Synode von Oxford [1408], Bücherordnung Bertholds v. Mainz [1485]). Nach einem Wort von Papst Innozenz III. machten sich die Laien, welche die Bibel anrührten, einer Heiligtumsverletzung schuldig und müssten dafür bestraft werden (vgl. Ernst v. Dobschütz, Die Bibel im Leben der Völker, Witten o.J.[3], 114–19). Dennoch gab es allein im Deutschen schon siebzehn Bibelausgaben vor Luther (ibid., 133), die sich allerdings mit des Reformators Werk absolut nicht messen konnten. Luthers Übersetzung war seine »größte literarische Tat und zugleich das größte literarische Ereignis des Jahrhunderts«, ja der ganzen Periode vom 14. bis zum 17. Jh. (ibid., 146).

Seit dem 15. Jh. sollten Übersetzungen in moderne Sprachen nur mit kirchlich approbierten Anmerkungen herausgegeben werden (ibid., 119). Alle anderen Übersetzungen waren für das Volk verboten. Noch im 19. Jh. gab es daher heftige Reaktionen Roms gegen die prot. Bibelgesellschaften. So bezeichnete Leo XII. sie als »Pest«, weil sie angeblich das Volk auf »todbringende Weiden« führen und damit verderben (Enzyklika »Ubi primum« [1824]). Erst die moderne kath. Bibelbewegung im 20. Jh. brachte einen Umschwung (Leo XIII., Benedikt XV., Pius XII.). Der entscheidende Durchbruch aber erfolgte auf dem 2. Vatikanischen Konzil, das ausdrücklich erklärte: »Der Zugang zur heiligen Schrift muss für alle, die an Christus glauben, weit offenstehen« (Konstitution »Dei verbum« [Offenbarung] VI. 22; DH 4229). Nun wurde die Arbeit der Bibelgesellschaften als »ökumenische Aktivität« par excellence gepriesen – so lobte Johannes Paul II. ausdrücklich die Arbeit der nationalen Bibelgesellschaften (Bibelreport, Nr. 3, Sept. 2002, 6) – und gemeinsame ev.-kath. Übersetzungen wurden in Angriff genommen, deren Zahl zu Ende des 20. Jh. auf fast 200 angewachsen ist.

Bibelverbreitung: (S. 262) Vorläufer der modernen Bibelbewegung finden sich schon im Zeitalter des Pietismus. So wurde 1710 die Cansteinsche Bibelanstalt in Halle gegründet. Bis zur Gründung der Britischen und Ausländischen Bibelgesellschaft (1804) verbreitete die Cansteinsche Anstalt schon 3 Millionen Bibeln; s. Ernst v. Dobschütz und Alfred Adam, Die Bibel im Leben der Völker, Witten o.J.[3], 183. Das »Jahrhundert der Bibel« (Adolphe Monod) aber sollte das 19. Jh. werden. Nach Gründung der Britischen Bibelgesellschaft erfolgten die Gründungen von Gesellschaften in Basel (1804), Stuttgart (1812), Berlin (1814), Amsterdam (1815), New York und Oslo (1816).

Auch die katholische Kirche wurde von diesem Aufbruch erfasst. So kam es 1805 zur Gründung der Kath. Bibelgesellschaft in Regensburg, die allerdings schon wieder 1817 von Pius VII. aufgehoben wurde. In der Enzyklika »Ubi primum« (1824) bezeichnete Papst Leo XII. die Bibelgesellschaften sogar als »Pest« und »todbringende

Weiden« (zit. in Carl Mirbt, Quellen zur Geschichte des Papsttums und des römischen Katholizismus, Tübingen 1911³, 338). Erst im 20. Jh. (Leo XIII., Pius XII., und das 2. Vatikanische Konzil [1962–65]) setzte ein Umdenken ein. So erfolgte 1933 die Gründung des Kath. Bibelwerks in Stuttgart.

Seit 1946 existiert der überkonfessionelle Weltbund der Bibelgesellschaften. Im Jahre 2006 hat er weltweit mehr als 393 Millionen Bibeln und Bibelteile verbreitet; s. Bibelreport, Nr. 3, 2007, 9. Bibelübersetzungen gibt es zu Beginn des 21. Jh. in 2.479 Sprachen; ibid., Nr. 2, 2009, 14. Zum Thema vgl. Rudolf Kassühlke, »Bibelverbreitung«, ELThG, Bd. 1, 264–65.

Bilderverehrung: (S. 50) Das erste Gebot des biblischen Dekalogs (Zehn Gebote) fordert den Glauben an den einen wahren Gott (2 Mo 20,1.2). Das zweite Gebot (biblische Zählung) regelt seine Anbetung. Weil Gott der »ganz Andere« ist, der Überzeitliche und Überweltliche, persönlich, aber nicht kreatürlich, so ist er auch nicht darstellbar: »Du sollst dir auch kein Schnitzbild machen, noch irgendein Abbild von dem, was droben im Himmel oder auf der Erde unten oder im Wasser unter der Erde ist. Du sollst dich vor ihnen nicht niederwerfen und sollst sie nicht verehren« (2 Mo 20,4.5a; römisch-katholische Übersetzung von Vinzenz Hamp u. Josef Kürzinger, Aschaffenburg 1966[18]).

Zwei Dinge sind es, die hier angesprochen werden: Gott darf nicht geschöpflich dargestellt werden und solche Darstellungen dürfen nicht Gegenstand des religiösen Kultes sein. Im Umkehrschluss bedeutet dies aber auch, dass nichts Geschöpfliches – wie z. B. Menschen und deren Bilder – in einer nur Gott zukommenden Weise verehrt werden darf (Apg 10,25.26). Aus diesem Grunde kannte die christliche Urgemeinde keinen Bilderdienst. Wenn im Neuen Testament von Kultobjekten die Rede ist, dann geht es um heidnische Dinge und Praktiken (Apg 19,23–28). Wenn auch die kath. Lehre zwischen Anbetung Gottes und Verehrung der Heiligen und ihrer Bilder unterscheidet (Konzil v. Trient,»Dekret über die Verehrung und Reliquien der Heiligen und über die heiligen Bilder«; DH 1823), so ist zu bemerken, dass dieser Unterschied in der Praxis kaum eine Rolle spielt und dass eine Verehrung von Menschen und ihren Bildern durch»Niederfallen« (idem) gegen den Geist des Neuen Testamentes verstößt, da hier wieder die Grenze zwischen dem Göttlichen und dem Geschöpflichen verwischt wird.

Damit ist weder religiöse Kunst oder Kunst überhaupt getroffen. Auch die Israeliten hatten ihre Cherubim im Allerheiligsten (2 Mo 25,18) und andere Kunstgegenstände im Vorhof des Salomonischen Tempels (1 Kön 7,23–26). Wenn aber solche Gegenstände kultisch verehrt wurden, hatten sie keine Berechtigung mehr (2 Kön 18,4).

Der Einfluss der hellenistischen Kultur, das Bedürfnis des Volkes nach greifbaren Kultobjekten, der beginnende Heiligenkult und das Auftauchen von wundertätigen Bildern im Volkskult führten allmählich zur Abkehr von der urchristlichen Einstellung. Dies geschah aber nicht ohne Kampf. So erklärte die Synode von Elvira in Spanien (306),»dass es keine Bilder in der Kirche geben soll, damit nicht, was verehrt und angebetet wird, auf Wänden gemalt erscheint« (Can. 36; zit. in Kirchen- und Theologiegeschichte in Quellen [Heiko A. Oberman u. a., Hg.], Neukirchen Vluyn 19874, Bd.1, 116–17). Im 8. Jh. kam es dann in der Ostkirche zum großen Bilderstreit, indem Kaiser Leo III. (716–41) alle Bilder aus den Kirchen entfernen ließ, weil sie die Reinheit des christlichen Kultes gefährdeten. Aber schon unter Kaiserin Irene (780–802) wurde der Bilderkult wieder eingeführt und auf dem 7. ökumenischen Konzil zu Nicäa (787) sanktioniert. Zur Begründung konnte man sich aber nur auf die »Überlieferung der katholischen Kirche« beziehen (DH 601–02). Dies rief im Westen den Protest Karls des Großen und der Fränkischen Kirche hervor, die gerade darin eine Abweichung von dieser Tradition sahen (Synode v. Frankfurt [794], Can. 2). Da aber der Bilderkult die Unterstützung Roms genoss, setzte er sich auch in der Westkirche durch. Das 2. Vatikanische Konzil wollte die Bilderverehrung nicht angetastet wissen, warnte aber vor einer Überzahl von Bildern, die einer »weniger gesunden Frömmigkeit Vorschub leisten könnte« (Konstitution »Sacrosanctum Concilium« [Liturgie] VII. 125).

Britannien, das Christentum im alten B.: (S. 60) Seit dem Ende des 2. Jh. hatte das Christentum schon im römischen Britannien Wurzel gefasst. Mit der Invasion der heidnischen Angelsachsen (449) wurde aber das Christentum nach Westen (Wales) zurückgedrängt, wirkte aber um so erfolgreicher unter der heidnisch-keltischen Bevölkerung in Irland (Patrick) und Schottland (Columban d. Ältere). Als 150 Jahre später (596) der römisch-katholische Abt Augustin mit 40 Mönchen in England eintraf, um die Angelsachsen zu bekehren, stellte es sich heraus, dass die britische Kirche in vielen Dingen von der römischen verschieden war. So wussten die Briten nichts vom Primat des Papstes, besaßen einen abweichenden Osterkanon und praktizierten die Priesterehe. In Wales, Irland und Schottland hielt man den biblischen Sabbat und nicht den kirchlichen Sonntag als Ruhetag (2 Mo 20,8–11). Am Sonntag ging man zur Kirche, wo gepredigt und die Messe gehalten wurde, daneben wurde aber auch am Sonntag gearbeitet (vgl. David Marshall, The Celtic Connection, Grantham, Lincs. 1994, 29–35).

Deismus: (S. 232, 291) Unter Deismus (vom lat. »deus«: Gott) versteht man einen Gottesglauben, der am Dasein Gottes festhält, aber Gott jegliche Form von direkter Offenbarung an Menschen und Einwirkung auf das Weltgeschehen abspricht. Damit verfängt sich der Deismus in einen Widerspruch mit der Allmacht und Freiheit Gottes.

Dreifache Engelsbotschaft: (S. 395) Die Botschaft der drei Engel (Offb 14,6–12) ist »ein ewiges Evangelium« (V. 6a; d.h. ein seit Ewigkeit unveränderlicher Rat Gottes im Hinblick auf das Ende. Diese Botschaft ist »Warnungsbotschaft« vor dem Abfall (V. 9), »Rettungsbotschaft« – Aufruf zur Hinkehr zum Schöpfer (V. 7) – und »Gerichtsbotschaft« – das Gericht ist gekommen (V. 7). Das Gericht betrifft das geistliche »Babylon« (V. 8), die falsche Religion, sowie das »Tier«, den Antichrist, und sein »Bild«, ein ihm ähnliches System (V. 9). Das Verbindungselement von Tier und Bild ist das »Malzeichen« (V. 9b), das Charakteristikum des Tieres (Offb 13,16.17). Gegen diese Mächte – »Meertier« (Offb 13,1–10), »Erdtier« (V. 11–

18) und »Bild« (V. 14.15) steht die endzeitliche treue Schar Gottes (Offb 14,12). Ist ihr Kennzeichen der Gehorsam zu »Gottes Geboten«, dann ist das Zeichen oder die Prägung (Luther: Malzeichen) des Antichrists die gesetzliche Autonomie, die in den selbstherrlich geänderten Geboten Gottes zum Ausdruck kommt (s. Glossar »Sonntagsgesetz Konstantins«).

Erdbeben von Lissabon: (S. 279) Wohl hat es an Vernichtungsgewalt, an Zahl der Toten und sonstigen Schäden größere und entsetzlichere Erdbeben gegeben, aber keines hat so tiefgreifend auf die geistige und auch seelische Verfassung der Menschen gewirkt wie das von 1755. Gerade weil in der Zeit der Aufklärung, des Verstandes und der Vernunft der Autorität heischenden Macht Gottes und der Religion der Kampf angesagt worden war, glaubten viele die so plötzlich und schrecklich hereinbrechende Erschütterung als ein nachdrückliches Zeichen für das Wirken Gottes werten zu müssen, der sich durch sein Strafgericht menschlicher Anmaßung entgegenstellte. Deshalb griffen die geistigen Auswirkungen dieses Erdbebens unendlich tiefer in das Bewusstsein des Volkes ein als die materiellen Verluste. Man erinnerte sich, dass es einen Gott als Herrn der Geschichte gibt! Der Vernunftglaube war zutiefst erschüttert.

Fegefeuer: (S. 57) Eigentlich »Purgatorium« d.h. Reinigungsort, wo die Seelen der Verstorbenen vom Makel nicht abgebüßter zeitlicher Sündenstrafen gereinigt werden. Dabei helfen ihnen die Gebete für die Toten, die Totenmessen und der für sie zugewendete Ablass. Wer diese Lehre verwirft, wird mit einem Anathema (Kirchenbann) belegt (Konzil v. Trient, DH 1580).

Obwohl das Konzil die Fegefeuerlehre als »gesunde Lehre« bezeichnete (DH 1820), die aus Bibel und Tradition belegt werden könne, geben in der Gegenwart römisch-katholischer Theologen offen zu, dass »es keine Stelle der Heiligen Schrift gibt, die mit Sicherheit auf ein Purgatorium gedeutet werden kann« (Josef Finkenzeller, »Purgatorium«, in Wolfgang Beinert (Hg.), Lexikon der katholischen Dogmatik, Freiburg i. Br. 1987, 428). Nach Hans Küng haben daher »viele kath. Theologen« die Lehre von einer Reinigung nach dem Tod »aufgegeben« (Credo, München 1992[2], 232).

Nach der Bibel ist der aufrichtig Glaubende ganz errettet und der Christus Verwerfende ganz verloren (Jo 3,36). Einen Mittelzustand kennt die Bibel nicht. Ein solcher stammt auch nicht aus dem Glaubensdenken der Urchristenheit, sondern vielmehr aus der philosophischen Spekulation der Antike (vgl. Platon, Phaidon 62).

Frankreich, Ablehnung der volkssprachlichen Bibellektüre: (S. 243/516) Zu den lokalen Bibelverboten im Mittelalter s. Glossar »Bibelverbote«. Von diesen Verboten waren auch Laien betroffen, die in Gebieten lebten, die heute zu Frankreich gehören (1229, Synode v. Toulouse). Diese Verbote richteten sich vor allem gegen die Albigenser und Waldenser (vgl. Ernst v. Dobschütz und Alfred Adam, Die Bibel im Leben der Völker, Witten o.J.[3], 117). Gegen die Bibellektüre von Laien in der Diözese Metz richtete sich die Erklärung von Innozenz III.

Der Jansenismus in Frankreich (17./18. Jh.) – eine innerkatholische

Bewegung, die nicht nur eine an Augustinus angelehnte Gnadenlehre, sondern auch die Bibellektüre der Laien befürwortete – geriet damit bald in einen heftigen Disput mit den Jesuiten und Rom. In der Bulle »Unigenitus« (1713) hat Papst Clemens XI. die meisten Lehrpositionen der Jansenisten verworfen. Darunter auch die Feststellung: »Die Lektüre der heiligen Schrift ist für alle« (§ 79–86; DH 2479–86).

Frankreich, die Bevorzugten und die Massen: (S. 256) Die Kriege und die Verschwendungssucht Ludwigs XIV. (1643–1715) sowie die sorglose Vergeudung von Land und Geld unter Ludwig XV. (1715–74) hatten die Finanzen des französischen Staates zugrunde gerichtet. Der letzte König Ludwig XVI. (1774–92) war zwar ein bescheidener, gutmütiger, aber vollkommen unfähiger Herrscher. Seine Gattin, Marie Antoinette von Österreich, war ihrem Mann zwar an Intelligenz überlegen, aber unreif. Beide waren unfähig die Zeichen der Zeit zu erkennen. So trieb das Staatsschiff dem unvermeidlichen Sturm entgegen.

Am Vorabend der Revolution lebte der Staat nur mehr auf Pump. Der Großteil der Steuern wurde von den verelendeten Massen aufgebracht, während der Adel und die Geistlichkeit weitgehend von Steuern befreit waren. Vgl. Oskar Jäger und Arnold Reimann, Weltgeschichte (Geschichte der Zeit von 1789–1871), Bielefeld 1929, Bd. 4, 6–12.

Dazu kam noch, dass die Hugenottenverfolgungen unter Ludwig XIV. – 1685 hatte er das Edikt von Nantes aufgehoben, das den Protestanten weitgehend Religionsfreiheit zugesichert hatte – die fähigsten und verantwortungsvollsten Bürger ins Ausland getrieben hatten (England, Niederlande, Brandenburg), wo sie die neuen Heimatländer wohlhabend machten. Vgl. Albert Martin Steffe, Die Hugenotten – Macht des Geistes gegen den Geist der Macht, Augsburg 1995, 469–502.

Frankreich, Schreckensherrschaft (La Terreur): (S. 255) Sie wurde durch die Septembermorde im Jahre 1792 eingeleitet und wütete vom 2. Juli 1793 bis zum 28. Juli 1794. Unter der Führung von Robespierre gelang es den Jakobinern mit Hilfe des sog. Wohlfahrtsausschusses und des Revolutionstribunals, Hunderttausende ihrer Gegner zu ermorden. Darunter die Königin Marie Antoinette, den Chemiker Lavoisier und den politischen Rivalen Danton. Während sich die Revolutionsführer untereinander verurteilten und unter das Fallbeil brachten, tobte in der Vendée ein Ausrottungskrieg gegen die Gegner der Revolution.

In jene Zeit fiel auch die Abschaffung des Christentums (s. Glossar »Französische Revolution«). Nachdem Robespierre alle Gegner ausgeschaltet hatte, wurde er selbst hingerichtet. Damit endete die Schreckensherrschaft, aber nicht die Schrecken der Revolution. Auch unter dem Direktorium (1795–99) ging der Kampf gegen Priester und Royalisten weiter; vgl. A. Goodwin, Die Französische Revolution, Frankfurt/M. 1964, 137–48; Hilaire Belloc, Die Französische Revolution, München o.J., 89–100; Paul Sethe, Die großen Tage, München 1965, 174–254; zu Robespierre s. Friedrich Sieburg, Robespierre, München 1963.

Französische Revolution, Ursachen und Auswirkungen: (S. 243) Die Verwerfung der Reformation mit ihrem an der Bibel allein ausgerichteten Glauben sowie die unheilvolle Instrumentalisierung des Staates durch die kath. Kirche in den Hugenottenverfolgungen bereitete unter anderem den Boden für die Revolution, die sich dann in einer Art Überreaktion gegen alles Christliche wandte. Vorbereitet wurde diese Abwendung vom Christentum durch den Antiklerikalismus der Gebildeten, der 1793 zur Einführung des Revolutionskalenders und des Kultes der Vernunft führte. Christliche Namen und Symbole wie das Kreuz sollten abgeschafft und alle kath. sowie prot. Kirchen geschlossen werden. An die Stelle der intolerant herrschenden Kirche trat der intolerante Kult der Nation. Der Bruch mit dem Christentum war die Folge.

Ländern wie England hingegen, wo es dem Methodismus gelungen war, durch Evangelisierung und sozialen Einsatz die unteren Schichten der Gesellschaft zu erreichen, blieben die Schrecken der frz. Revolution erspart. Zum Thema Revolution und Religion s. Pierre Lanarès, La Révolution française, hg. 1990, Association internationale pour la défense de la liberté religieuse sowie Jules Michelet, Bilder aus der frz. Revolution, München 1989, 259–68 und Paul Sethe, Die großen Tage, München 1965, 90–103 bzw. Raoul Stephan, Histoire du Protestantisme français, Paris 1961, 207–16.

Gefälschte Urkunden: (S. 54) Die geistliche Macht des Papsttums wurde im Frühmittelalter durch die teilweise gefälschten »Pseudoisidorischen Dekretalen« (Erhöhung der Autorität von Bischöfen und Papst), die weltliche Macht durch die gefälschte »Konstantinische Schenkung« (Begründung des Kirchenstaates) gemehrt.

Die Dekretalen entstanden in Frankreich um die Mitte des 9. Jh., wurden aber einem gewissen Isidor Mercator aus älterer Zeit zugeschrieben. Dieser Name stellt ein Pseudonym aus Isidor v. Sevilla (6./7. Jh.) und Marius Mercator dar. Schon im Mittelalter von einzelnen als unecht erkannt, wurde ihre Fälschung endgültig im 17. Jh. durch den reformierten Theologen David Blondel nachgewiesen (vgl. Horst Fuhrmann, »Pseudoisidorische Dekretalen«, RGG³, Bd.5, 694–95). Die Fälschung wird heute in der röm.-kath. Literatur zugegeben (vgl. Idem, »Pseudo-Isidor«, in Walter Kasper (Hg.), Lexikon für Theologie und Kirche, Freiburg i. Br. 1999³, Bd.8, 709–10).

Die sog. »Konstantinische Schenkung« (Donatio Constantini) stellt ebenfalls eine Fälschung dar und wurde Kaiser Konstantin (306–37) zugeschrieben. Tatsächlich ist sie in der 2. Hälfte des 8. Jh. von der päpstlichen Kanzlei verfertigt worden, um die politischen Ansprüche Roms zu sichern. Sie bildete später einen Teil der »Pseudoisidorischen Dekretalen«. Der Inhalt (1. Teil) besteht aus einer erdichteten Heilung des Kaisers vom Aussatz durch Silvester I., den Bischof von Rom (314–35), und wie darauf Konstantin von Silvester getauft wurde. Tatsächlich aber war Silvester schon zwei Jahre verstorben, als sich Konstantin taufen ließ (!). Zum Dank (2. Teil) hätte der Kaiser dem Bischof von Rom, der als »oberster Bischof und allgemeiner Papst« (!) angesprochen wird, die Herrschaft über den Westen des römischen Reiches überlassen (»Provinzen, Festungen und Städte«), einschließlich der damit verbundenen Würden (Diadem, Purpur und Zepter).

Päpste des Mittelalters wie Leo IX. (11. Jh.) und Innozenz III. (13. Jh.)

haben sich im Kampf mit der morgenländischen byzantinischen Kirche und der abendländischen kaiserlichen Macht immer wieder auf diese Fälschung berufen. Der 2. Teil ging sogar in das »Decretum Gratiani« (12. Jh.) ein und erlangte kanonische Geltung. Der italienische Humanist Laurentius Valla (1407–57) hat die Fälschung kurz vor der Reformationszeit nachgewiesen. Martin Luther kannte die wahren Zusammenhänge bis 1520 noch nicht, als ihn Ulrich von Hutten mit den Ergebnissen Vallas bekannt machte. Von da an galt das gefälschte Dokument für den Reformator als die »große unchristliche Lüge« (Werke [Weimarer Ausgabe], Bd.7, 173; vgl. Gerhard Ruhbach, »Konstantinische Schenkung«, ELThG, Bd.2, 1158).

Gewissensfreiheit: (S. 515) Die Apostrophierung der Gewissensfreiheit als »Irrtum« und »Pest«, die im Zitat von J. Strong (SOC) erwähnt wird, stammt nicht von Pius IX., sondern von Gregor XVI. (Enzyklika »Mirari vos« aus dem Jahre 1832); s. Anhang: Der römische Katholizismus – Kontinuität und Wandel (Kap. »Die nachtridentinische Kirche«). Zum Wandel in der römisch-katholischen Position in der Frage der Gewissens- und Religionsfreiheit s. das Kap. »Das ›neue Pfingsten‹ – das 2. Vatikanische Konzil«.

Himmelfahrtskleider: (S. 339) Die Fabel, die Adventisten hätten sich Kleider angefertigt, um dem wiederkommenden Herrn zu begegnen, ist von Gegnern erdichtet worden, welche die erste Adventbewegung (Miller-Bewegung) verunglimpfen wollten. Sorgfältige Untersuchungen haben die Unrichtigkeit dieser Anschuldigung bewiesen;

vgl. Francis D. Nichol, The Midnight Cry, Washington, D.C. 1944, 389–447. Keiner der Adventgläubigen war in den Glaubenslehren der Heiligen Schrift so unkundig, dass er hätte annehmen können, für diesen Anlass Kleider anfertigen zu müssen. Das einzige Kleid, dessen die Gläubigen bedürfen, um Christus zu begegnen, ist das »Kleid der Gerechtigkeit Jesu Christi« (Offb 19,8). Dies war die Überzeugung der vielen aufrichtigen Christen in dieser Bewegung.

Hus, Jan (um 1370–1415): (S. 91) Tschechischer »Vorläufer der Reformation« (Eberhard Busch, ELThG 2,940). Von seiner Kindheit und Jugend wissen wir wenig. Sein Schulbesuch in der Pfarrschule zu Prachatitz ist gesichert, ebenso der große Einfluss, den seine Mutter auf ihn ausübte. Sie brachte ihm nahe, alles als von Gott geschickt anzunehmen. Die Umstände seiner Reise nach Prag hingegen liegen im Dunkeln.

Hus' Rektorat: (S. 91) Seit 1398 beschäftigte er sich mit Wycliffs Ideen, blieb aber in seinen Ansichten viel gemäßigter. So hielt er an der Wandlungslehre fest, beharrte aber auf dem Schriftprinzip und bekämpfte das entartete Papsttum, das seit dem Konzil von Pisa (1409) von drei Päpsten beansprucht wurde. 1400 wurde Hus zum Priester geweiht und schon ein Jahr später war er Dekan der Artistenfakultät. 1402 wurde er zum Prediger der Bethlehemskapelle berufen und 1409/10 wurde er Rektor der Universität; vgl. Ferdinand Seibt, »Jan Hus«, in Martin Greschat (Hg.), Gestalten der Kirchengeschichte, Stuttgart 1994[2], Mittelalter II, 251–66. Zur Gesamtthematik s. Paul Roubiczek u. Joseph Kalmer, Jean Hus, Neuchâtel 1951.

Hussitenkriege: (S. 108) Die Verurteilung von Hus und dessen Freund Hieronymus v. Prag löste in Böhmen einen Volksaufstand aus. Es entstand ein fürchterlicher Bürgerkrieg (1420–36), in dem die kath. Kreuzheere verheerende Niederlagen erlitten. Die Hussiten – geteilt in die gemäßigtere Partei der Calixtiner (calix, Kelch) und der radikaleren Taboriten – schienen unbesiegbar zu sein. Darüber schreibt Hans Prutz in »Staatengeschichte des Abendlandes im Mittelalter von Karl dem Großen bis auf Maximilian«, S. 398, in Onckens Allgemeiner Geschichte in Einzeldarstellungen, 2. Hauptabt., Teil VI, Bd. 2: »Unwiderstehlich waren sie im Angriff, wenn sie – einer wandelnden Mauer vergleichbar – mit dem eisenbeschlagenen Dreschflegel dreinhauend, mit jener Todesverachtung auf den Feind eindrangen, welche die des Paradieses gewissen Glaubenskämpfer zu erfüllen pflegt. Dabei wussten sie das Terrain vortrefflich zu benutzen und ihre Bewegungen den Anforderungen desselben anzupassen. Besonders eigentümlich für die hussitische Kriegsweise war die Verwendung des Trosses und namentlich der zur Fortführung des Kriegsgerätes, Gepäcks und Proviants dienenden Wagen. Den Anmarsch auf den Feind deckten diese in zwei Reihen geordnet zu beiden Seiten des Fußvolks fahrend; sie wirkten beim Angriff mit, indem sie, gleichsam ein Mittelding zwischen Reiterei und Artillerie, in den Feind hineinfuhren und erst sich trennend, dann wieder schließend eine Abteilung desselben umfuhren und isolierten, welche dann dem Fußvolk leicht erlag; die Wagen dienten, hinter der Schlachtreihe aufgefahren und mit Ketten verbunden, dem fechtenden Heere als Stütze und im Fall der Not als Zufluchtsort, der sich gelegentlich in eine förmliche Festung verwandelte, hinter deren primitiven Werken selbst Weiber und Kinder am Verteidigungskampf teilnahmen. Ohnmächtig stand die alte ritterliche Kriegskunst, so sehr auch sie sich schon gewandelt hatte, in Angriff und Abwehr dieser hussitischen Kampfesweise gegenüber: wo sie dieselbe zu bestehen suchte, erlag sie ruhmlos. Niederlage auf Niederlage traf sie schwer wie Gottesgericht; das Vertrauen auf die eigene Kraft, der Glaube an die Möglichkeit eines Sieges ging Rittern und Gemeinen verloren, und bald kam es dahin, dass, wo es die Hussiten zu bestehen galt, alle von panischem Schrecken ergriffen sich zur Flucht wandten.« Zur Gesamtthematik s. Adolf Kutschera, Aus den Tagen der Hussitenkriege, Prag 1917; Heinz Rieder, Die Hussiten, Gernsbach 1998.

Inquisition: (S. 57/216/515) Das Wort leitet sich vom lat. »inquisitio« (Untersuchung) ab. In der Kirchengeschichte versteht man darunter ein eingesetztes geistliches Gericht zur Aufspürung und Verurteilung von Menschen, die von der römischen Kirche als »Ketzer« (Irrlehrer) betrachtet wurden (z.B. im Mittelalter die Albigenser, Waldenser u.a.).

Die Inquisition begann als bischöfliche Inquisition (12. Jh.) und wurde 1231/32 durch Papst Gregor IX. zur päpstlichen Inquisition. Die Durchführung – Aufspürung, Verurteilung und Übergabe an den weltlichen Arm zur Bestrafung – wurde den Dominikanern anvertraut. Die bedeutendsten weltlichen Herrscher von damals wie Kaiser Friedrich I. Barbarossa und König

Ludwig IX. der Heilige erwiesen sich als willige Helfer dieser Ketzergerichte. Die theologische Rechtfertigung für dieses Handeln lieferten bedeutende kath. Theologen wie Thomas v. Aquin, der ausdrücklich feststellte: »Häretiker können nicht nur exkommuniziert, sondern gerechterweise auch getötet werden« (Summa theologica II–II, q.11, a.3).

Der Bestrafung durch den Staat (Haft, Todesstrafe durch Verbrennen) gingen die kirchlichen Strafen voraus: Exkommunikation, Folter, Geißelung. Reuige erhielten oft eine lebenslängliche Gefängnisstrafe, Rückfällige wurden von der Synode v. Béziers (1246) zur Einmauerung bei lebendigem Leib verurteilt (vgl. Guy u. Jean Testas, L'Inquisition, Paris 1966[5], 34–47).

In Spanien wirkte die Inquisition am nachhaltigsten, und zwar im 15. Jh. gegen Moslems und Juden und im 16. Jh. gegen die Protestanten. Unter dem Großinquisitor Thomas Torquemada (15. Jh.) allein kam es zu 9.000 Autodafés d.h. zu öffentlichen Verurteilungen, denen der Feuertod folgen konnte (vgl. Carl Andresen u. Georg Denzler, Wörterbuch der Kirchengeschichte, München 1982, 276).

In der Reformationszeit wurde die Inquisition 1542 durch Paul III. erneuert und währte in Spanien bis 1834 und in Italien bis 1859 bzw. im Kirchenstaat bis 1870. Während Pius IX. noch den Satz, es stehe jedem Menschen frei, die Religion anzunehmen, die er für wahr erachtet, verurteilt hat (1864, Syllabus, § 15; DH 2915), hat sich schon der CIC von 1917 (Can. 1351) zur Erkenntnis durchgerungen, dass niemand zum kath. Glauben gezwungen werden darf. Der CIC von 1983 wiederholt diese Feststellung (Can. 748, § 2).

Das 2. Vatikanische Konzil hat in der Erklärung über die Religionsfreiheit (»Dignitatis humanae«) folgende Aussage gemacht: »Religiöse Freiheit liegt in der Würde des Menschen begründet. Niemand darf im religiösen Bereich gezwungen werden. Der Mensch hat auch ein Recht auf Irrtum.« (DH 4240–41). In diesem Sinne haben Päpste des 20. Jh. (Paul VI., Johannes Paul II.) auch Schuldbekenntnisse im Hinblick auf katholische Intoleranz abgelegt, aber leider dafür nicht die offizielle römisch-katholische Kirche, sondern nur ihre »sündigen Kinder« verantwortlich gemacht (vgl. Johannes Paul II., Schuldbekenntnis aus dem Jahr 2000, § 2). Zur Gesamtthematik s. Henry Charles Lea, Die Inquisition, Nördlingen 1985.

Irrtumslosigkeit der Kirche: (S. 55) Nach dem biblischen Zeugnis kann auch die Mehrheit des Volkes Gottes in Glaubensfragen irren, wenn sie sich vom Wort Gottes emanzipiert. Die Geschichte Israels im Alten Testament liefert dafür ein beredtes Beispiel (1 Ko 10,1–10). Es dient der neutestamentlichen Gemeinde zur Warnung. Auch sie kann sich, wenn sie sich vom Wort entfernt, verirren (V. 11). Wie Gott im Alten Bund sein Werk mit dem treugebliebenen Rest fortgesetzt hat (4 Mo 26,65; 1 Kön 19,18), so will er das auch im Neuen Bund tun (Offb 12,17). Nur durch den Gehorsam zur Wahrheit – zu Christus (Jo 14,6) und zum Wort (Jo 17,17) – bleibt die christliche Gemeinde im Glauben irrtumsfrei.

Im Unterschied dazu wurde bereits im 2. Jh. die Reinheit der Kirche auch an die kirchlichen Ämter (Monarchischer Bischof, Presbyter [Priester] und Diakone) gebunden. So wurde die Bindung an Christus zur Bindung an den Bischof, der »den Vorsitz führt an Stelle Gottes« (Ignatius v. Antiochien, An die Magnesier 6,1). Wer ohne den Bischof ist, ist unrein (Idem, An die Trallianer 7,12).

Zwar konnte Irenäus (2. Jh.) noch sagen: »Wo der Geist Gottes ist, da ist die Kirche«, aber er fügte auch schon ganz im Sinne einer aus sich selbst wirkenden Kirche hinzu: »Wo die Kirche ist, da ist der Geist Gottes« (Adversus haereses III,24,1). Diese Kirche ist die hierarchisch verfasste katholische Kirche, die, obwohl schon weit entfernt vom apostolischen Ideal, kühn behauptete: »Gott kann der nicht zum Vater haben, der die Kirche nicht zur Mutter hat« (Cyprian v. Karthago, Über die Einheit der kath. Kirche 6). Die logische Schlussfolgerung daraus lautete: »Außerhalb der Kirche gibt es kein Heil« (Idem, Epistel 73,21).

Aus der katholischen Kirche des 2.-4. Jh. wurde dann im 5. Jh. und nachher die römisch-katholische, die Papstkirche. Diese ist für Augustinus das »Reich Christi und der Himmel« (Gottesstaat XX,9) und der »Pförtner des Reiches« ist nach Leo I. der Bischof von Rom, der Papst. Im Mittelalter wurden diese Ideen weiter entwickelt. Gregor VII. (1073–83) behauptete in der Schrift »Dictatus Papae« nicht nur die Oberhoheit des Papstes über alle Christen (§ 2), sondern auch die immerwährende Irrtumslosigkeit der römischen Kirche (§ 22), mit der alle übereinstimmen müssen (§ 26). Das 4. Laterankonzil (1215) zog daraus die bereits bekannte Schlussfolgerung: »Außer ihr (der römischen Kirche) wird keiner gerettet« (DH 802).

Die Neuzeit (19./20. Jh.) erlebte noch eine weitere Steigerung. Das theologische Denken bemühte sich immer mehr, die Kirche Christus anzunähern und mit ihm zu identifizieren. Den Grund legte Johann Adam Möhler (19. Jh.) mit seiner Gleichsetzung von Kirche und Christus. Nach ihm ist die röm.-kath. Kirche »der unter den Menschen ... erscheinende ... Sohn Gottes« (Symbolik, Mainz 1843[6], 332–33). Bereitwillig haben Päpste wie z.B. Pius XII. in der Enzyklika »Mystici corporis« (1943) diese Idee aufgegriffen und die Kirche gleichsam christifiziert (»Die Kirche ist gleichsam die zweite Person Christi« [DH 380[6]]). Auch das 2. Vatikanische Konzil hat sich dieser Idee bedient und die Kirche »in einer nicht unbedeutenden Analogie mit dem Geheimnis des fleischgewordenen Wortes verglichen« (»Lumen gentium« [Kirche] I,8; DH 4118). Daher könne die Gesamtheit der Gläubigen unter der Leitung des Lehramtes d.h. des päpstlichen Amtes »im Glauben nicht fehlgehen« (ibid., II,12; DH 4130; vgl. auch Johannes Paul II., »Christifideles laici« [1988]; DH 4852).

Den anderen Christen wird zwar vom Konzil zugestanden, dass sie mit der röm. Kirche, welche die »Verwirklichung« der wahren Kirche ist (Kirche I,8; DH 4119) – weil sie den »Nachfolger Petri« zum Haupt hat (»Unitatis redintegratio« [Ökumenismus] I,2; DH 4187) – in einer gewissen, wenn auch »unvollkommenen Gemeinschaft« stehen (ibid I,3; DH 4188). Sie werden als »Brüder im Herrn« anerkannt (ibid., I,3; DH 4188), nicht jedoch ihre Kirchen, die mit »Mängeln« behaftet sind und daher entweder »getrennte Kirchen« (Orthodoxie) oder nur »kirchliche Gemeinschaften« (protestantische Volkskirchen) darstellen (idem, DH 4189). Diese Weigerung, die Reformationskirchen als echte Kirchen anzuerkennen, da sie offensichtlich nicht die von Rom beanspruchte apostolische Sukzession und das kath. Eucharistieverständnis besitzen, wurde seither immer wieder gegen die Protestanten wiederholt: 1992 von Kardinal Joseph Ratzinger im »Schreiben an die Bischöfe ... über einige Aspekte der Kirche als Communio« V,17 und 2000 in der Erklärung »Dominus Jesus« IV,17 bzw. 2007 als J. Ratzinger schon als Benedikt XVI. regierte und eine ähnliche Feststellung billigte (»Antworten auf Fragen zu einigen Aspekten der Lehre über die Kirche« 5. Frage).

Jesuitenorden: (S. 215) Der vom ehemaligen spanischen Ritter Ignatius von Loyola (1491–1556) 1534 gegründete Orden – ursprünglich »Compañia de Jesús«, heute offiziell »Societas Jesu« (SJ) – besaß von Anfang an den Charakter eines Kampfordens zur Unterstützung des »päpstlichen Weltherrschaftsgedankens« (Kurt Guggisberg). Sein Ziel ist es, »jeden Befehl des Papstes ... auszuführen, entweder zur Bekämpfung der »Ketzer« oder zur Missionierung der »Türken« (Paul III., 1540, Bulle »Regimini militantis«, § 6; zit. in Carl Mirbt, Geschichte des Papsttums und des römischen Katholizismus, Tübingen 1911[3], 201–02).

So wurde der Orden zum wichtigsten Instrument der Gegenreformation. Die Mitglieder gelten als hochgebildet und wenden sich ihrerseits vor allem an die Welt der Gebildeten. Um die gesteckten Ziele zu erreichen, muss sich der Jesuit »überreden«, dass alle Befehle »gerecht seien« und daher in »blindem Gehorsam« zu befolgen sind. Der Jesuit muss sich behandeln lassen, als wäre er ein »Kadaver« (Aus den Konstitutionen, 1558, zit. in Kurt Guggisberg, Die römisch-katholische Kirche, Zürich 1946, 315). Nach den »Geistlichen Übungen« (1548) des Ordensgründers soll das Mitglied das, »was seinen Augen weiß erscheint, für schwarz halten, wenn die hierarchische Kirche so entscheidet« (§ 13).

Zwistigkeiten innerhalb der katholischen Kirche und mit den weltlichen Regierungen führten 1773 zur Aufhebung des Ordens durch Papst Clemens XIV. In der Restaurationszeit jedoch – d.h. nach der frz. Revolution und den Napoleonischen Kriegen – kam es 1814 wieder zur Aufrichtung des Ordens. Zu Ende des 20. Jh. umfasste dieser ungefähr 28.000 Mitglieder, verteilt auf über 100 Länder (vgl. Carl Andresen und Georg Denzler, Wörterbuch der Kirchengeschichte, München 1982, 284).

Ähnliche Ziele wie die Jesuiten verfolgt auch der Geheimorden »Opus Dei«, 1928 von José Maria Escrivá de Balaguer gegründet. Während aber der Jesuitenorden eine »Geisteselite« darstellt, will das »Opus Dei« »Laienelite« sein, die um die missionarische Durchdringung des Alltags bemüht ist. Das Werk hat ungefähr 65.000 Mitglieder und arbeitet in 80 Ländern (ibid., 435). Zum Gründer der Jesuiten s. Ludwig Marcuse, Ignatius von Loyola – Ein Soldat der Kirche, Hamburg 1956; zum Orden s. René Fülöp-Miller, Macht und Geheimnis der Jesuiten, Berlin 1929 und zum Geist des Jesuitismus s. Friedrich Heiler, Der Katholizismus – Seine Idee und seine Erscheinung, München 1970, 311–16.

Kaiser Karl V.: (S. 151) Martin Luther und mit ihm viele Deutsche erwarteten vom jungen Kaiser mutige Schritte in der Kirchenreform. »In seiner kühn die

Nation bestürmenden Schrift ›An den christlichen Adel‹ verkündete er seine Hoffnung: ›Gott hat uns ein junges, edles Blut zum Haupt gegeben und damit viel Herzen zu großer guter Hoffnung erweckt‹«; s. Karl Brandi, Kaiser Karl V., Frankfurt/H. 1986[8], 103. Aber der junge Kaiser, durchdrungen von seiner Mission der universalen Kaiseridee und tiefgläubig katholisch erzogen, vermochte diese Erwartungen nicht zu erfüllen. Ihn beseelte die mittelalterliche Idee vom Kaiser als dem weltlichen Haupt der Christenheit. Als solcher betrachtete er die Kirchenspaltung als Gefahr, gegen die es mit Entschlossenheit zu kämpfen galt.

Katholizismus in den USA: (S. 524) Als sich 1776 die nordamerikanischen Kolonien von Großbritannien lossagten, machte die Zahl der Katholiken – vor allem in Maryland und Pennsylvania ansässig – gerade 1% aus. Die 13 Staaten, die sich als unabhängig erklärten, hatten eine mehrheitlich protestantische Bevölkerung. Im Süden – Gründung von Jamestown (1607) – waren die Anglikaner die »established church«, im Norden – Gründung von Plymouth (1620) durch die sog. »Pilgerväter« – bildeten die Kongregationalisten die offizielle Kirche.

Aber schon um 1850 stellten die Katholiken die größte christliche Konfession in den USA. Dies kam durch starke Einwanderungswellen aus Irland und Deutschland in der ersten Hälfte des 19. Jh. zustande und steigerte sich noch in der zweiten Hälfte durch die Einwanderung von Italienern und Polen. Im nachfolgenden 20. Jh. stärkten dann die Einwanderer aus Lateinamerika das katholische Element. Um 2000 machten daher die Katholiken bereits ein Viertel der Bevölkerung aus, während die Gesamtheit der Protestanten 55% betrug. Dabei muss aber bedacht werden, dass diese Gesamtheit in viele Kirchen zerfällt: Baptisten, Methodisten, Lutheraner, Presbyterianer, Episkopalisten u.a., so dass die römisch-katholische Kirche schon seit langem die stärkste Kirche in den USA bildet; zur Geschichte und Statistik s. Martin E. Marty, »Vereinigte Staaten von Amerika«, in Erwin Fahlbusch u.a. (Hg.), Evangelisches Kirchenlexikon, Göttingen 1996[3], Bd. 4,1126–36 und Gerald P. Fogarty, »Vereinigte Staaten von Amerika«, in Walter Kasper (Hg.), Lexikon für Theologie und Kirche, Freiburg i. Br. 2001[3], Bd. 10,620–39 und D. W. Wills, »Vereinigte Staaten von Amerika«, in TRE, Bd. 34,635 f.

Der Einfluss und die Bedeutung des Katholizismus nehmen immer mehr zu, was vor allem auch daran sichtbar wurde, dass im Jahre 1960 zum ersten Male, was bis dahin als undenkbar galt, ein Katholik (John F. Kennedy) als Präsident in das Weiße Haus einzog.

Kirchenspaltung (Schisma): (S. 95) Der ab 1309 unter französischem Einfluss nach Avignon verlagerte Papstsitz kam 1377 wieder nach Rom zurück. Dies führte allerdings zum großen abendländischen Schisma (1378–1415), weil neben dem Papst in Rom auch ein neugewählter Papst in Avignon den Anspruch stellte, Haupt der Christenheit zu sein. Auf dem Konzil zu Pisa (1409) sollte dem Schisma ein Ende gemacht werden und ein vom Konzil gewählter Papst sollte die beiden anderen ablösen. Da diese aber nicht abdankten, gab es von da an drei Päpste! Erst auf dem Konzil von

Konstanz (1414–18) wurde die Spaltung beseitigt.

Konzil zu Konstanz: (S. 96) Im Jahre 1410 wurde Hus exkommuniziert und 1411 über ihn der Kirchenbann verhängt. Sigismund v. Luxemburg – seit 1410 Reichsoberhaupt und seit 1433 gekrönter Kaiser – war bereit, dem allgemeinen Drängen nach einer »Reform an Haupt und Gliedern« nachzugeben. Es gelang ihm, den Konzilspapst Johannes XXIII. – als Gegenpapst offiziell nicht gezählt – zu überreden, ein allgemeines Konzil einzuberufen. Die Einberufung erfolgte 1413 nach der deutschen Stadt Konstanz. Das Konzil dauerte von 1414–18 und hatte drei Ziele: Die Klärung der Glaubensfragen, die Beseitigung des Papstschismas und eine allgemeine Kirchenreform.

Luthers literarische Tätigkeit während der Wartburgzeit: (S. 157) Der Reformator übersetzte das Neue Testament in der kurzen Zeit von zwei bis drei Monaten (Jan.–März 1522). Da er den Text der lateinischen Übersetzung (Vulgata) fast auswendig kannte, bedeutete dies eine große Hilfe in seiner Übersetzungsarbeit. Was ihn von seinen Vorläufern unterschied – es gab seit der Erfindung des Buchdruckes im 15. Jh. bereits 14 Bibelausgaben in Oberdeutsch und drei in Niederdeutsch – war der Rückgriff auf den griechischen Text und die Benützung der Sprache der sächsisch-böhmischen Hofkanzlei, mit der er sich allen Deutschsprachigen verständlich machen konnte. So entstand durch Luther eine einheitliche deutsche Schriftsprache. Die Übersetzung – vollendet mit dem Alten Testament im Jahre 1534 – stellt das »größte literarische Ereignis« im deutschen Kulturraum vom 14. bis zum 17. Jh. dar (W. Scherer).

Neben der Übersetzung des Neuen Testamentes verfasste der Reformator auf der Wartburg eine Fülle von theologischen Schriften wie z. B. deutsche Auslegungen von Psalmen, eine deutsche Postille für die Prediger, eine Schrift über die Beichte und eine andere über die Mönchsgelübde sowie die polemischen Schriften »Wider Latomus« und das Ablasswesen.

Marienverehrung: (S. 56) Maria, die »Mutter Jesu« (Jo 2,1), tritt im Neuen Testament nur wenig in Erscheinung. Ihre Erwählung, den Messias zu gebären, war ein Gnadenakt Gottes (Lk 1,28: »Begnadete« [katholische Übersetzung von Josef Kürzinger] und nicht »Gnadenvolle« [katholische Übersetzung von Konstantin Rösch]). Sie hat diese Erwählung im Glauben und Gehorsam angenommen (Lk 1,38.45) und reihte sich damit in die Schar derer ein, die »das Wort Gottes hören und bewahren« (Lk 11,27.28). Für diesen Glaubensgehorsam soll sie durch alle Zeitalter hindurch gepriesen werden (Lk 1,48), ähnlich anderen Frauen aus der Umgebung Jesu (Mt 26,13).

Trotz aller Demut und Frömmigkeit erscheint ihr Verhältnis zu Jesus in den Evangelien nicht ungebrochen. Obwohl sie die einzigartigen Ereignisse um die Geburt ihres Sohnes nie vergessen hat (Lk 2,19), so verstand sie das tiefe Wort des Zwölfjährigen genauso wenig wie Josef (Lk 2,49.50). In Kana drängte sie Jesus in liebender Ungeduld zum Handeln und musste sich deswegen von ihm zurechtweisen lassen (Jo 2,1–4). Seinem verzehrenden Eifer für die Erfüllung seiner Sendung stand sie mit ihrer Familie völlig verständnislos gegenüber (Mk 3,20.21.31–35). Echt menschlich und mütterlich dagegen zeigte sie sich in Jesu Todesstunde, als die Jünger bis auf Johannes geflohen waren (Jo 19,25–27). Nach der Auffahrt Jesu findet man sie im Kreise der Apostel und Jünger, aber ohne irgendeine bevorzugte oder gar beherrschende Stellung (Apg 1,14). Jesus hat bei all seiner innigen Liebe für sie (Jo 19,27) jeder Art von Marienverehrung einen deutlichen Riegel vorgeschoben (Lk 11,27.28). In den Schriften der Apostolischen Väter und frühen Kirchenväter (2. Jh.) wird Maria ebenfalls nur selten oder gar nicht erwähnt. Justin d. Märtyrer (Dialog 100) und Irenäus (Adversus haereses III,22,4; V,19,1) stellen sie Eva gegenüber. Diese glaubte der Schlange und wurde Urheberin des Todes, Maria hingegen glaubte dem Wort Gottes und wurde so Werkzeug des Lebens. Tertullian im 3. Jh. aber bezeugt noch die Texte der synoptischen Evangelien (Mt 1,24.25; Lk 2,22.23), wonach von einer immerwährenden Jungfräulichkeit – später Dogma sowohl in der orthodoxen als auch in der kath. Kirche (DH 427; 2. Vaticanum, »Lumen gentium« [Kirche] VIII. 57) – keine Rede sein könne (De carne Christi 23). Erst ab dem 4. Jh. begann sich die Anschauung zu verbreiten, Jesus sei aus ihrem Leibe auf wundersame Weise hervorgetreten.

Den eigentlichen Wendepunkt zur Marienverehrung aber erbrachten die großen christologischen Auseinandersetzungen, die mit dem 4. Jh. einsetzten. Das Konzil v. Ephesus (431) erklärte sie zur »Gottesgebärerin« (DH 251), so dass sie in den folgenden Jahrhunderten bis heute als »Mutter Gottes« angerufen wird (KKK, § 495). Während aber noch Kirchenväter wie Tertullian sie mit der ungläubigen Synagoge vergleichen konnten (KKK, § 7), begann man über ihre Sündlosigkeit zu spekulieren, ja sie sogar leiblich in den Himmel zu versetzen (»Transitus Mariae«, apokryphe Schrift aus dem 5. Jh.).

Im Mittelalter tobte ein heftiger Streit um ihre »unbefleckte Empfängnis« d.h. um ihre Freiheit von der Erbund jeglicher Tatsünde. Während Duns Scotus und die Franziskaner für die völlige Sündlosigkeit Mariens eintraten, bestritt der größte kath. Theologe jener Zeit, der Dominikaner Thomas v. Aquin, die unbefleckte Empfängnis, denn, wenn Maria sündlos gewesen wäre, wäre Christus nicht der Erlöser aller Menschen (Summa theologica III, qu.27, art.1). Der Streit trennte sogar die berühmten Visionärinnen des Mittelalters. Während die heilige Birgitta (14. Jh.) behauptete, ihr sei offenbart worden, dass die Franziskaner Recht hätten, sagte die heilige Katharina v. Siena, Gott habe ihr das Gegenteil mitgeteilt. Die Päpste jener Zeit wie z. B. Sixtus IV. (15. Jh.) wollten die Frage offen lassen. Der Minnesang mit seinem Frauenkult, die Entstehung einer eigenen Marienliteratur, die Hereinnahme Marias in die Liturgie, ihr geweihte Wallfahrtsorte und zugeschriebene Wunder sowie die Entstehung der Marienfeste im Mittelalter, all dies trug dazu bei, dass sich die römisch-katholische Kirche seither immer wieder der Versuchung aussetzt, das Evangelium von Christus durch eine Marienreligion zu verändern.

Die Abgrenzung von der Reformation (16. Jh.) förderte den Marienkult in besonderer Weise. Maria galt jetzt als Triumphatorin über Pest, Krieg, Hungersnot und Ketzerei, dargestellt auf vielen Mariensäulen der Barockzeit.

Franziskaner und Jesuiten drängten auf das Dogma von der Sündlosigkeit Marias. Dazu gesellte sich in der Zeit der Romantik eine schwärmerisch-mystische Verehrung, der sich auch große Protestanten nicht entziehen wollten: »Ich sehe dich in tausend Bildern, Maria, lieblich ausgedrückt« (Novalis) und »Neige, du Schmerzensreiche, dein Antlitz gnädig meiner Not« (Goethe).

Die Marienfrömmigkeit des kath. Volkes entzündete sich vor allem an den von der Amtskirche behaupteten und anerkannten Marienerscheinungen: La Salette (1846), Lourdes (1858) und Fatima (1917), aber auch an denen, die nicht oder noch nicht bestätigt sind wie Heroldsbach (1949), Syrakus (1953) und Medjugorje (1981) sowie an den Marienwallfahrtsorten wie z.B. Altötting, Einsiedeln, Mariazell, Czenstochau mit ihren »wundertätigen« Gnadenbildern und an den »weinenden Madonnen« von Salerno (1992), Subiaco und Civitavecchia (1995).

Da wollte auch die Theologie nicht zurückstehen und behauptete, die Welt des 19. u. 20. Jh. erlebe ein »Marianisches Zeitalter«. Tatsächlich hatte Pius IX. 1854 endlich die von vielen gewünschte Sündlosigkeit Mariens zum Dogma erhoben (Bulle »Ineffabilis Deus«; DH 2800–01) und Pius XII. hat 1950 darauf die leibliche Aufnahme Mariens gegründet (Apostolische Konstitution »Munificentissimus Deus«). Obwohl weder durch die Schrift noch durch die Tradition belegt, gilt dieses Dogma als »von Gott geoffenbarte Glaubenslehre«. Man nahm einfach zu Konvenienzbeweisen, wie sie das Mittelalter pflegte, seine Zuflucht: Da Christus Maria vor der Verwesung bewahren konnte, so muss man glauben, dass er es auch getan hat! (DH 3900).

Die Erwartung vieler Marienverehrer um die Mitte des 20. Jh., das 2. Vatikanische Konzil (1962–65) werde weitere Mariendogmen verkünden – Maria »Mittlerin aller Gnaden« und »Miterlöserin« – blieb allerdings aus ökumenischen Gründen unerfüllt. Das Konzil erklärte zwar, Maria werde in der kath. Kirche als Mittlerin angerufen (Kirche 62; DH 4177) und arbeite am Werk des Erlösers mit (Laienapostolat 4), widmete aber der Mariologie kein eigenes Schema, sondern integrierte Maria in die Konstitution über die Kirche. Dort allerdings wurde sie zur »Mutter der Kirche« erhoben (Kirche 53; DH 4173). Von ihr wird die zukünftige Einheit von West- und Ostkirche erhofft (Ostkirchen 30).

Nach dem Konzil gewann dieser Gedanke – Maria als Vollenderin der Ökumene – an beträchtlicher Popularität. So drückte Johannes Paul II. in der Marienenzyklika »Redemptoris Mater« (1987) die Hoffnung aus, Maria als »gemeinsame Mutter« könne die Christen zur Einheit führen (Nr. 29–30). Das Gleiche gilt für die Einheit der ganzen Welt, die 1984 Maria geweiht wurde. Auch der 1999 beanspruchte Konsens mit den Lutheranern in der Frage der Rechtfertigungslehre (»Gemeinsame Erklärung«) wurde vom Papst unter den »Schutz Marias« gestellt!

Messopfer: (S. 57) Das lat. Wort »missa« (Messe) leitet sich wahrscheinlich von der Formulierung: »ite missa est« ab: »Geht, die (Gemeinde) ist entlassen«. Seit ca. 500 n. Chr. ist Messe die Bezeichnung für den römisch-katholischen Gottesdienst (Eucharistiefeier).

Die biblischen Begriffe für die Eucharistie lauten: »Brotbrechen« (Apg 2,42), »Tisch des Herrn« (1 Ko 10,21) und »Herrenmahl« (1 Ko 11,20). Ab dem 2. Jh. gebrauchte man den allgemeinen bibl. Begriff für Danksagung (Eucharistie) für das Mahl (Justin d. Märtyrer, 1. Apologie 66). In der prot. Christenheit spricht man seit der Reformationszeit fast ausschließlich nur vom »Abendmahl«. Mit der Auffassung, das Herrenmahl sei ein wirklicher Verzehr von Leib und Blut Christi wurde in der römisch-katholischen Kirche der Begriff »Kommunion« (Gemeinschaft, Teilhabe) vorherrschend.

Nach dem biblischen Zeugnis werden im Herren- oder Abendmahl die Gläubigen an die Heilsbedeutung des Todes Christi erinnert (1 Ko 11,23.24). Sodann sollen sie sich der Geistgemeinschaft mit dem Auferstandenen und der Gemeinde bewusst sein (1 Ko 10,17), um schließlich mit Mut und Hoffnung der Wiederkunft des Herrn entgegenzublicken (1 Ko 11,26).

Aus dieser schlichten »Worthandlung« – die Elemente Brot und Wein sowie die Handlung des Brechens, Gießens, Essens und Trinkens haben die Bedeutung einer konkreten Verkündigung – entstand im Laufe der Zeit die Lehre vom Messopfer. Dabei muss aber bedacht werden, dass im Neuen Testament das Abendmahl ausschließlich Mahlcharakter hat und nur das Kreuzgeschehen echte Opferhandlung darstellt. Wenn sonst von »Opfern« die Rede ist, dann sind im übertragenen Sinn die Lobopfer und Wohltaten gemeint (Hbr 13,15.16). Noch zu Anfang des 2. Jh. wurde so die Danksagung als Opfer bezeichnet (Didaché 14,1). Bei Cyprian im 3. Jh. jedoch findet sich schon der Gedanke, dass das Mahl selbst ein Opfer darstellt, das vom Priester in »Nachahmung« der Selbstopferung Christi dargebracht wird (Epistel 63,14).

Während manche Kirchenväter noch in den Elementen eine »Abbildung« (Tertullian, Adversus Marcionem IV,40) oder ein »Zeichen« für den Opfertod Christi sahen (Augustinus, Contra Adimantum 12,3), betrachteten andere die Elemente selbst schon als »Fleisch und Blut Christi« (Justin d. Märtyrer, 1. Apologie 66). Durch Gebet oder durch die Konsekrationsworte, so glaubte man, werde das Brot in den Leib Christi »verändert« bzw. »umgestaltet« (Ambrosius, De sacramentis IV,5,23; De mysteriis IX,50; De fide IV,10,124).

Im Mittelalter prallten beide Auffassungen aufeinander. Paschasius Radbert (9.Jh.) und seine Anhänger sprachen von »Umänderung« der Elemente, Berengar v. Tours (11. Jh.) behauptete den »geistlichen Genuss«. Im 12. Jh. erfand man dann den terminus technicus, der bis heute die römisch-katholische Lehre beherrscht: Transsubstantiation oder Wesensverwandlung (Stephan v. Autun). Auf dem 4. Laterankonzil (1215) wurde diese Sicht von der Wesensverwandlung zum Dogma erhoben (DH 802). Es folgte der Kelchentzug der Gemeinde und die Anbetung der Hostien. Seit dem Frühmittelalter schon betrachtete man auch die Messen als gutes Werk für die Toten im Fegefeuer.

Die Entwicklung der Lehre von der Messe ist so verlaufen, dass die kath. Kirche von heute in Messopfer und Kommunion das »Zentrum der christlichen Frömmigkeit« sieht (Pius XII., Mediator Dei, 199). Das 2. Vatikanische Konzil (1962–65) hat versucht, vernachlässigte Aspekte der Messe neu zu betonen: Gedächtnis- und Gemeinschaftsmahl, Verwendung der Muttersprache statt des Lateinischen (Tridentinische Messe), Gewährung des Kelches in besonderen Fällen (»Sacrosanctum concilium«

[Liturgie] II,47.48.55). Grundsätzlich aber unterstrich auch das Konzil den Opfercharakter des Mahles: Das Messopfer ist – anders als es im Neuen Testament ausgeführt wird (Hbr 10,12–14) – die »Fortdauer« des Kreuzesopfers bis zur Wiederkunft des Herrn (ibid., 47). Um Gegner des Konzils (Anhänger des Bischofs Lefebvre) zurückzugewinnen, hat Benedikt XVI. 2007 die Feier der Tridentinischen Messe wieder gestattet.

Miller, William: (S. 290) Von 1782 bis 1849. Amerikanischer Laienprediger der Baptisten und Initiator einer großen Erweckungsbewegung (1840–44). Auf ihrem Höhepunkt umfasste sie 50.000–100.000 Anhänger. Aufgrund der historischen Auslegung des Buches Daniel bzw. der Offenbarung des Johannes kam Miller zur Überzeugung, dass die Postmillenniumslehre seiner Zeit – d.h. die Ansicht, Christus würde erst nach einem Millennium (1000 Jahren) des innerweltlichen Wohlstandes und der religiösen Wahrheit wiederkommen – falsch sei. Er erkannte das biblische Prämillennium – Christus kommt vor dem Millennium wieder – und in der Krise seiner Zeit (Frz. Revolution, Napoleonische Kriege, Restauration des Kirchenstaates, Wiedererstarken des Papsttums, Niedergang des Osmanischen Reiches, moderner Glaubensverfall) den Auftakt zu den Endereignissen. Aufgrund seiner Deutung von Da 8,14 – »Bis 2.300 Tage, dann wird das Heiligtum gereinigt werden« (King James Version) – glaubte er, dass die Wiederkunft Christi »um das Jahr 1843« geschehen werde. Nach dem Konzept der historischen Interpretation berechnete er die Tage der Prophetie als Jahre der Geschichte. Den Anfangspunkt fand er in den 70 Jahrwochen aus Da 9,24–27, die er als ersten Teil der längeren Zeitkette in Kap. 8 verstand. So kam er von 457 v. Chr. auf 1843 n. Chr. Die »Reinigung des Heiligtums« bedeutete für ihn die Wiederkunft Christi, der bei seiner Ankunft Kirche und Welt verändern werde.

Gefolgsleute Millers in der sog. »Bewegung des siebten Monats« (Samuel Snow) präzisierten die Berechnung von Herbst 457 v. Chr. auf den Herbst 1844 n. Chr. und glaubten, Christus würde am 22. Okt. 1844, dem jüd. Versöhnungs- und Gerichtstag, erscheinen. Dabei muss aber beachtet werden, dass weder Millers noch Snows Datensetzung in der adventistischen Bewegung als verbindlich betrachtet wurden. Worin sich die Vertreter aus vielen protestantischen Kirchen einig waren, war eigentlich mehr die Überzeugung, der Wiederkunft Christi nahe gekommen zu sein. Zu Miller s. »Miller, William«, in Don Neufeld (Hg.), Seventh-Day Adventist Encyclopedia, Washington, D.C. 1966, 787–89; zur Gesamtthematik s. »Millerite Movement«, ibid. (790–796); Francis D. Nichol, The Midnight Cry, Washington, D.C. 1944; Konrad F. Mueller, Die Frühgeschichte der Siebenten-Tags-Adventisten, Marburg 1969, 13–133; Everett N. Dick, »The Millerite Movement«, in Gary Land (Hg.), Adventism in America, Grand Rapids, MI 1986.

Missbräuche in geistlichen Dingen: (S. 96) Ungefähr hundert Jahre nach Beendigung des Schismas und zu Beginn der Reformation Luthers sagte der als Reformpapst angetretene Niederländer Hadrian VI. (1522–23) über die verworrenen Verhältnisse am Vorabend der Reformation: »Wir wissen, dass eine geraume Zeit viel Verabscheuungswürdiges bei dem heiligen Stuhl stattgefunden hat. Missbräuche in geistlichen Dingen, Überschreitung der Befugnisse, alles ist zum Bösen verkehrt worden. Von dem Haupte ist das Verderben in die Glieder, von dem Papste über die Prälaten ausgebreitet worden: Wir sind alle abgewichen, es ist keiner, der Gutes getan, auch nicht einer« (zit. in Leopold v. Ranke, Die Päpste, Wien o.J., 66).

Mission, äußere: (S. 262) Das Christentum war von Anfang an eine missionarische Religion (Mt 28,19.20; Apg 1,8). Schon im 1. Jh. erreichte es – von Jerusalem ausgehend – durch die Missionsunternehmungen des Apostels Paulus Kleinasien und Griechenland. Unabhängig von Paulus existierte schon um die Mitte dieses Jh. eine Gemeinde in Rom. Anfang des 2. Jh. erreichte es Ägypten im Süden und Edessa im Osten. Aus diesem Jh. ist es auch in Gallien (Frankreich), Nordafrika, in den römischen Provinzen Germaniens und in Britannien bezeugt. Um 200 war die ganze Längsachse des Römerreiches von Britannien bis Mesopotamien von christlichen Gemeinden besetzt.

Diese schnelle Ausbreitung erscheint umso erstaunlicher, da das Christentum von den römischen Behörden als »religio illicita«, als unerlaubte Religion eingestuft und von Zeit zu Zeit heftig verfolgt wurde. Auch verfügte das Frühchristentum über keine Machtmittel außer die des Geistes. So erfolgte die Missionsarbeit bis zum 4. Jh. ausschließlich durch friedliche und persönliche Werbung und nicht durch Zwang. Erst mit der Tolerierung des Christentums durch Kaiser Konstantin (313) und mit seiner Erhebung zur Staatsreligion durch Theodosius d. Großen (380) wurde aus Mission Christianisierung d.h. Zwangsübertritt eines Volkes auf Befehl des Herrschers (Germanenmission, Slawenmission).

Die Papstkirche des Mittelalters versuchte, das bereits stark veränderte Christentum (Machtkirche, Hierarchie, Sakramentalismus) durch Gewalt auszubreiten (Kreuzzüge gegen Moslems und christliche Reformbewegungen wie Waldenser und Hussiten). Das Reformationszeitalter hingegen erbrachte, was die Mission anbelangt, keine Rückkehr zum Urchristentum. Außer des jesuitischen Missionswerkes in Asien und Amerika gab es kaum missionarische Bestrebungen. Dies änderte sich im Zeitalter des Pietismus, welcher die moderne protestantische Mission begründete (Bartholomäus Ziegenbalg um 1700 in Südindien sowie der Graf von Zinzendorf und die Herrnhuter Brüdergemeinde unter den Indianern, Eskimos und Negersklaven).

Das »Große Jahrhundert« (Kenneth Scott Latourette) der Mission aber bildete das 19. Jh. 1792 wurde die »Baptistische Missionsgesellschaft« gegründet, die William Carey nach Indien sandte. 1793 folgte die »Londoner Missionsgesellschaft«. Eine andere, 1799 gegründete anglikanische Gesellschaft erhielt 1812 den Namen »Kirchliche Missionsgesellschaft«. Kurz darauf wurde die methodistische »Wesleyan Missionary Society« ins Leben gerufen. In den USA erfolgte 1810 die Gründung des »American Board of Commissioners for Foreign Missions« und 1816 wurde in der Schweiz die »Basler Mission« gegründet. 1814 trat die »American Baptist Missionary Union« auf den Plan und 1837 nahm der »Presbyterian Board of Foreign Missions« seine Tätigkeit auf. Durch diese Anstrengungen wurde das Christentum nun tatsächlich zu einer

Weltreligion. Bekannte Namen sind mit der Ausbreitung des Evangeliums in der Welt verbunden: William Carey, der Indienmissionar, David Livingstone, der Erforscher und Missionar Zentralafrikas, Adoniram Judson, der christliche Pionier von Burma, Robert Moffat, der christliche Lehrer Südafrikas, Hudson Taylor, der Begründer der China-Inland Mission und die Märtyrer John Williams (Südsee) und Allen Gardiner (Feuerland). Zur Gesamtthematik s. Martin Schlunk, Die Weltmission des Christentums, Hamburg 1925; Kenneth Scott Latourette, Geschichte der Ausbreitung des Christentums, Göttingen 1956; Horst R. Flachsmeier, Geschichte der evangelischen Weltmission, Gießen 1963; Helmut Höfling, Gehet hin und lehret alle Völker, Düsseldorf 1982.

Müntzer, Thomas: (S. 176) Ursprünglich ein Anhänger Luthers, wandte er sich früh der sozialen Frage zu und lehnte als christlicher Sozialrevolutionär Luthers Zwei-Reiche-Lehre ab, weil sie nach seiner Meinung den geistlichen und weltlichen Bereich trennte. Als Feldprediger der aufständischen Bauern wollte er das Reich Gottes in seiner Zeit erzwingen. Bei der Niederlage der Bauern (1525 bei Frankenhausen) verhaftet, wurde er nach schwerer Folterung hingerichtet. Was Müntzers Ideen betrifft, s. Nationale Forschungs- und Gedenkstätten der klassischen deutschen Literatur in Weimar (Hg.), Hutten, Müntzer, Luther, 2 Bde., Berlin 1975; zur Biographie Müntzers s. Hans-Jürgen Goertz, Thomas Müntzer: Mystiker, Apokalyptiker, Revolutionär, München 1989.

Ökumenismus, moderner: (S. 522) Die reformatorischen Volkskirchen (Lutheraner, Reformierte) haben in der Moderne über weite Strecken ihren reformatorischen Auftrag gegenüber Rom eingeschränkt. Mit der Entstehung der ökumenischen Bewegung 1910 Edinburgher Missionskonferenz, 1925 Gründung der Bewegung für »Praktisches Christentum« (Life and Work) in Stockholm und 1927 Gründung der Bewegung für »Glauben und Kirchenverfassung« (Faith and Order) in Lausanne, entstand ein neues konfessionelles Klima – zuerst einmal unter den protestantischen Kirchen – nach der Devise: »Die Lehre trennt, der Dienst eint« (Nathan Söderblom). Aus diesen genannten Bewegungen resultierte dann 1948 die Gründung des »Weltkirchenrates« (ÖRK) in Amsterdam. Er umfasste damals 147 Kirchen und ist gegen Ende des 20. Jh. auf über 300 Mitglieder angewachsen.

Rom hat sich zunächst diesem neuen Trend zu enger praktischen Zusammenarbeit bei gleichzeitiger dogmatischer Koexistenz verschlossen und ökumenische Arbeit ausdrücklich nur im Sinne einer »Rückkehrökumene« gestattet (Pius XI. 1928 in der Enzyklika »Mortalium animos«: »Die Einigung der Christen lässt sich nämlich nicht anders fördern als dadurch, dass man die Rückkehr der Andersgläubigen zu der Einen wahren Kirche Christi fördert ...«; zit. in Kurt Guggisberg, Die römisch-katholische Kirche, Zürich 1946, 341).

Das alles änderte sich schlagartig mit dem 2. Vatikanischen Konzil (1962–65). Die katholische Kirche hatte begriffen, dass sie durch eine Öffnung hin zu den »getrennten Brüdern« mehr gewinnen als verlieren konnte. Mit dem Dekret über den Ökumenismus (»Unitatis redintegratio«) erklärte sie sich bereit zur »Förderung der Wiederherstellung der Einheit unter allen Christen« (DH 4185). Da allerdings die kath. Kirche allein die »Fülle der Heilsmittel« besitzt – Sakramente und römisches Lehramt eingeschlossen – so ist diese künftige Einheit »Einverleibung in den Leib Christi«, wo Apostelkollegium (die Bischöfe) und Vorsteher Petrus (der Papst) die Spitze bilden (DH 4190).

Seither versuchte man in einer Reihe von Dialogen zwischen Rom und den Reformationskirchen, theologische Brücken zu schlagen. So 1978 in der Abendmahlslehre (mit einer Einigung zwischen Rom und den Lutheranern in der Frage der leiblichen Gegenwart Christi), 1981 in der Amtsfrage (mit einer Anerkennung in beiden Kirchen, dass es ein Episkopat [Bischofsamt] und Presbyterat [Priester, Pastor] geben muss) und 1984 (»Einheit vor uns«) in der Frage von Einheitsmodellen. 1982 haben auch Vertreter der kath. Kirche – obwohl Rom dem ÖRK nicht beigetreten ist – am sog. »Lima-Dokument« (Taufe, Eucharistie, Amt) des ÖRK mitgearbeitet.

Da die Rechtfertigungslehre das »Heiligtum der Reformation« (Wilhelm Dantine) darstellt, so hat man sich schon 1972 (»Malta-Bericht«) dieser Frage zugewandt und 1999 in der sog. »Gemeinsamen Erklärung« behauptet, einen »Grundkonsens« zwischen Katholiken und Lutheranern gefunden zu haben. Papst Benedikt XVI. bezeichnete 2005 die Erklärung als einen »Meilenstein« auf dem Weg zur Einheit. Aber die bewusst verschwiegenen Anathemata des Konzils von Trient gegen die Rechtfertigung »allein durch den Glauben« und »ohne Verdienste« sowie die Verharmlosung wesentlicher Gegensätze (Gnadenbegriff, Verhältnis Rechtfertigung-Heiligung, Gute Werke und Verdienste, Kirchengebote) haben auf evangelischer Seite zu einer Ablehnung von 150 Theologen geführt, die solch einem Unternehmen »Irreführung« und »Selbsttäuschung« (Eberhard Jüngel) vorwarfen und statt von einem Meilenstein von einem »Stolperstein« (Reinhard Frieling) sprachen. Trotzdem haben am Reformationstag (31. Okt. 1999) Vertreter beider Kirchen die Erklärung unterzeichnet. Mit der »Aufgabe lutherischer Grundaussagen« (Heike Schmoll) erscheint der moderne Ökumenismus als ein Unternehmen, dem es mehr um Einheit als um Wahrheit geht.

Zur Geschichte des Ökumenismus s. Ruth Rouse und Stephen Ch. Neill, Geschichte der ökumenischen Bewegung, Göttingen 1973; Hanfried Krüger, Werner Löser und Walter Müller-Römheld (Hg.), Ökumenelexikon, Frankfurt/M. 1983; Peter Neuner, Kleines Handbuch der Ökumene, Düsseldorf 1984.

Zum Thema: Texte interkonfessioneller Dialoge s. Michael Ulrich (Hg.), Auf den Wegen zur Einheit, Leipzig 1987; Harding Meyer u.a. (Hg.), Dokumente wachsender Übereinstimmung, Paderborn 2003.

Zur Thematik: Interkonfessionelle Koexistenz und zukünftige Einheit s. Heinrich Fries, Ökumene statt Konfessionen, Frankfurt/M. 1977; Heinrich Fries und Karl Rahner, Einigung der Kirchen – reale Möglichkeit, Freiburg i. Br. 1983; Oscar Cullmann, Einheit durch Vielfalt, Tübingen 1986.

Osmanisches Reich, Niedergang: (S. 306) Der Vormarsch der moslemischen Türken gegen Europa nach dem Fall Konstantinopels im Jahre 1453 war ebenso ernst und heftig wie die ein Jahrhundert nach Mohammeds Tod erfolgten Eroberungszüge der moslemischen Araber gegen das Oströmische Reich (Byzanz). Während des ganzen Reformationszeitalters waren die Türken eine beständige »Quelle der Angst« (Martin Brecht), standen sie doch schon 1529 zum ersten Mal vor Wien und dann 1683 noch einmal. Die Schriften der Reformatoren enthalten eine Fülle von Stellungnahmen zum Türkenproblem (»Zuchtrute der Christenheit«). Christliche Autoren haben sich seitdem immer wieder mit der Rolle der Türken im zukünftigen Weltgeschehen befasst, und Ausleger der prophetischen Bücher der Bibel haben die türkische Macht und deren Niedergang erkannt.

Für diese Schlussentwicklung erarbeitete der Methodistenpastor Josiah Litch (1809–86) aufgrund der Zeitangaben in der Weissagung von der sechsten Posaune (Offb 9,13–15: »Stunde, Tag, Monat und Jahr«) eine Deutung nach dem Jahr-Tag Prinzip der historischen Auslegung (s. Glossar »Prophetische Daten«). Die sich daraus ergebenden 391 Jahre und 15 Tage sah er in der Periode von 1449 (Der byzantinische Kaiser Konstantin Paläologus vermag nur mit einer Erlaubnis der Türken den Thron zu besteigen) bis 1840 (Die türkische Macht wird überwunden) erfüllt.

Tatsächlich wurde das Osmanische Reich kurz vor 1840 von inneren Aufständen (Abfall Ägyptens) heimgesucht und musste sich der Vormundschaft der europäischen Großmächte unterstellen. Während Frankreich den Abfall Ägyptens unterstützte, schlossen England, Österreich, Preußen und Russland im Sommer 1840 die sog. »Quadrupelallianz«, die zwar das Überleben der Türkei sicherte, aber ihre Macht einschränkte und dem Einfluss der großen europäischen Staaten unterwarf. Vgl. Seventh-day Adventist Bible Commentary, Washington, D.C. 1957, Bd. 7, 794–96.

Päpste, Titel: (S. 49) Die offiziellen Titel lauten: 1) Papa (Vater); 2) Vicarius Dei oder Christi (Stellvertreter Gottes oder Christi); 3) Summus Pontifex bzw. Pontifex Maximus (Oberster Priester); 4) Sanctissimus Dominus bzw. Sanctissimus Pater (Heiligster Herr, Heiligster Vater); 5) Dominus Apostolicus (Apostolischer Herr); Vgl. Fritz Leist, Der Gefangene des Vatikans, München 1971, 11.

Das päpstliche Amt schließt die Funktion des »obersten Hirten«, des »obersten Lehrers« und des »obersten Richters« ein (CIC, Can. 333, § 2; Can. 749, § 1; Can. 1442).

Nach dem Neuen Testament aber wird der Vatertitel in der christlichen Gemeinde streng auf Gott beschränkt (Jo 17,11). Daher kommt keinem Irdischen die Bezeichnung »Vater« zu (Mt 23,9). Ebenso bezieht sich die Bezeichnung »Herr« allein auf Christus (1Ko 8,6). Auch wurde die Stellvertreterschaft Gottes oder Christi keinem Menschen, sondern Gott selbst, dem Heiligen Geist, anvertraut (Jo 14,16.17.26; 15,26; 16,7.13.14). Das Neue Testament kennt zwar ein allgemeines Priestertum der Gläubigen (1Pt 2,9), aber nur einen einzigen ausübenden Priester und Hohenpriester. Dieser ist Christus, der vor dem Vater für die Gläubigen eintritt (Hbr 2,17; 4,15; 7,24–28).

Der Titel »Pontifex Maximus« bezog sich ursprünglich auf den heidnischen römischen Oberpriester. Dieser Titel wurde ab 12 v. Chr. bis zum 4. Jh. von den heidnischen römischen Kaisern getragen. Ab dem 5. Jh. wurde er dann

von den Päpsten übernommen (vgl. Kurt Aland, »Pontifex maximus«, RGG³, Bd.5, 460–61).
Päpste wie Leo I. (5. Jh.), Gregor I. (6./7. Jh.), Nikolaus I. (9. Jh.), Gregor VII. (11. Jh.), Innozenz III. (12./13. Jh.) und Bonifatius VIII. (13./14. Jh.) haben durch kluge Politik und fragwürdige theologische Ansprüche das Papsttum im Mittelalter zu einer derartigen Höhe geführt, dass es damals Stimmen gab, die den Papst als einen »Gott auf Erden« priesen (Augustinus de Ancona [14. Jh.]; zit. in Lutherisches Kirchenamt [Hg.], Unser Glaube [Die Bekenntnisschriften der ev.-luth. Kirche], Gütersloh 1987², 467) oder als »einen anderen Gott auf Erden« bezeichneten (Christoph Marcellus [16. Jh.]); zit. in Frank H. Yost, »Antichrist in History and Prophecy«, in Our Firm Foundation [Report of the Adventist Bible Conference 1952], Washington D.C., 1953, Bd.1, 695).

Den alleinigen Heilszugang durch Christus (Jo 14,6; Apg 4,12) haben Päpste wie Bonifatius VIII. daher modifiziert und die Anerkennung ihres Amtes als heilsnotwendig bezeichnet: »Wir erklären, sagen und definieren, dass es für jedes menschliche Geschöpf unbedingt notwendig zum Heil ist, dem Römischen Bischof unterworfen zu sein« (Bulle »Unam sanctam« [1302], DH 875).

Prager Artikel: (S. 109) Das Konzil v. Basel (1431–49) – 1439 von Eugen IV. nach Florenz verlegt – beschloss 1433 den Hussiten die sog. »Prager Kompaktaten« zu gewähren. Sie umfassten die Billigung der freien Predigt in der Landessprache, den Laienkelch und die Unterstellung der Geistlichen unter die weltliche Gerichtsbarkeit. Bis auf den Laienkelch blieben jedoch die anderen Forderungen nahezu unverwirklicht.

Prophetische Daten (457 v. Chr.): (S. 299) Nachdem unter Darius I. Hystaspes (522–486 v. Chr.) der Wiederaufbau des Tempels in Jerusalem 515 v. Chr. vollendet war, wurde unter Artaxerxes I. Longimanus (465–23) der Wiederaufbau Jerusalems und die Wiederherstellung als Stadt in Angriff genommen. Da der Vorgänger Xerxes gegen Ende des Jahres 465 starb, galt nach damaliger hebräischer Rechnungsweise – die Jahre eines Herrschers wurden von Herbst zu Herbst berechnet – die Periode von Ende 465 bis Herbst 464 als sog. Akzessions- oder Thronbesteigungsjahr. Das erste Jahr begann daher im Herbst 464 und dauerte bis Herbst 463. Das siebte Jahr, der Beginn der Wiederherstellung Jerusalems (Da 9,25; Esr 7,7.25), dauerte daher von Herbst 458 bis Herbst 457. Da Esra im fünften Monat ankam (Esr 7,9) – das religiöse Jahr wurde von Frühling zu Frühling gerechnet – konnte mit dem Wiederherstellungswerk im Herbst 457 v. Chr. begonnen werden. Vgl. Siegfried H. Horn und Lynn H. Wood, The Chronology of Ezra 7, Washington, D.C. 1953 bzw. The Seventh-day Adventist Bible Commentary, Washington, D.C. 1954, Bd.3, 97–110.

Prophetischer Schlüssel (Jahr-Tag-Prinzip): (S. 53) Dass ein Tag in der Prophetie – und hier besonders in der biblischen Apokalyptik, im Buch Daniel und in der Offenbarung des Johannes – einem Jahr in der Geschichte entspricht, ist ein Grundsatz der historischen Auslegungsschule. Diese geht in ihrer Deutung von der prophetischen Symbolsprache aus, in der Symbole wie Metalle, Tiere und Hörner Reiche darstellen, die von der Zeit des Propheten bis zur Vollendung der Geschichte reichen (Da 2,37–44; 7,17–27).

Zu dieser Symbolik gehören auch die mit der Prophetie von den Weltreichen verknüpften Zeitangaben. So z. B. die 3 1/2 Zeiten aus Da 7,25, die 42 Monate oder 1260 Tage ausmachen (Offb 11,2.3) und die 2.300 Abend-Morgen (Tage) aus Da 8,14. Wie die Tiere symbolisch zu verstehen sind, so auch die Zeiten. Ein Tag steht symbolisch für ein Jahr (4 Mo 14,34; Hes 4,6).

Die bekannteste Zeitweissagung ist die von den 70 Wochen (Da 9,24), die von der Wiederherstellung Jerusalems im Jahre 457 v. Chr. bis zur messianischen Zeit reicht (V. 24b.25.26a). Sie wurde daher schon von den Kirchenvätern (Hippolyt, Julius Africanus, Eusebius u.a.) als Zeitraum von 490 Jahren verstanden (vgl. LeRoy Edwin Froom, The Prophetic Faith of our Fathers, Washington, D.C. 1950, Bd. 1, 456–57). Die beste Erklärung ist die nach dem Jahr-Tag Prinzip (490 Tage=Jahre). Martin Luther spricht im Zusammenhang mit dem Propheten Daniel daher von »engelischen Tagen, das ist, ein Tag ein Jahr« (Werke [Weimarer Ausgabe], Deutsche Bibel 11, II, 121).

Prophetische Zeitrechnung: (S. 339/ 360) Dr. G. Bush, Professor für hebräische und orientalische Literatur an der New York-City Universität, schrieb einen Brief an William Miller, der am 6. und 13. März 1844 in den Zeitschriften »Advent Herald« und »Signs of the Times Reporter«, Boston, veröffentlicht wurde. Er machte darin bedeutsame Zugeständnisse bezüglich dessen Berechnung der prophetischen Zeiten. Prof. Bush äußerte sich: »Nach meinem Dafürhalten kann weder Ihnen noch ihren Freunden der Vorwurf gemacht werden, dass sie auf das Studium der Zeitrechnung der Weissagung viel Zeit und Aufmerksamkeit verwandt und sich viel Mühe gegeben haben, das Anfangs- und Schlussdatum der großen prophetischen Zeitspannen festzustellen. Falls diese Perioden tatsächlich durch den Heiligen Geist in den prophetischen Büchern niedergelegt sind, dann unzweifelhaft zu dem Zweck, dass sie studiert und schließlich auch völlig verstanden werden sollten; man kann niemandem vermessene Torheit zur Last legen, der ehrfurchtsvoll den Versuch macht, dies zu tun ... In der Annahme, dass ein Tag nach prophetischem Sprachgebrauch ein Jahr bedeutet, glaube ich, dass Sie sich auf die sicherste Bibelauslegung stützen und auch bestärkt werden durch die angesehenen Namen von Mede, Newton, Kirby, Scott, Keith und vielen anderen, welche in diesem Punkt schon längst auf wesentlich dieselben Schlüsse wie Sie gekommen sind. Sie stimmen alle darin überein, dass die von Daniel und Johannes erwähnten maßgebenden Perioden tatsächlich ungefähr in unserer Zeit ablaufen, und es müsste eine seltsame Logik sein, welche Sie der Ketzerei bezichtigen wollte, weil Sie in Wirklichkeit dieselben Ansichten hegen, die in den Angaben dieser hervorragenden Gelehrten so sehr hervortreten ... Ihre Ergebnisse auf diesem Gebiet der Forschung dünken mich bei weitem nicht so sehr abweichend, als dass sie irgendwie die großen Grundsätze der Wahrheit und der Pflicht beeinträchtigen könnten ... Ihr Irrtum liegt nach meiner Auffassung in einer anderen Richtung als derjenigen der Zeitrechnung ... Sie haben die Natur der Ereignisse, die sich beim Ablauf der Zeitperioden zutragen sollen, gänzlich missverstanden. Dies ist der Kern und die Summe Ihres Fehlers in der Auslegung.« Vgl. LeRoy

E. Froom, The Prophetic Faith of Our Fathers, Washington, D.C. 1954, Bd.4, 867. 870

Religionsfreiheit: (S. 185/269) Die Religionsfreiheit hat eine wechselvolle Geschichte hinter sich. In früheren Jahrhunderten war man nur selten bereit, den Glauben anderer Konfessionen zu tolerieren. Heute gehört die Religionsfreiheit zu den Grundrechten des Menschen (Allgemeine Erklärung der Menschenrechte, Resolution der Vereinten Nationen vom 10. Dez. 1948, Art. 18).

Historisch gesehen ist die Religionsfreiheit das Ergebnis heftiger Auseinandersetzungen der christlichen Konfessionen untereinander sowie zwischen den christlichen Kirchen und der säkularisierend wirkenden Aufklärung des 17./18. Jh. Dass heute die Religionsfreiheit für die Christen weitgehend eine Selbstverständlichkeit darstellt, verdankt man jedoch nicht den Theologen oder den Kirchen, sondern dem Staat und dem weltlichen Recht.

Besonders schwer tat sich die katholische Kirche mit der Religionsfreiheit. Noch 1864 im »Syllabus errorum« beanspruchte die römische Kirche das Recht, in der Religion Zwang anzuwenden (Nr. 24; DH 2924) und in kath. Ländern als Staatsreligion zu gelten (Nr. 77; DH 2977). Das Recht, die Religion frei zu wählen, wurde damals noch von Pius IX. verworfen (Nr. 15; DH 2915). Noch zu Beginn des 20. Jh. verwarf Pius X. (Enzyklika »Vehementer nos«) die Trennung von Kirche und Staat, die wirksamste Voraussetzung für echte Religionsfreiheit. Im 19. Jh. beanspruchte man gerne für kath. Minderheiten in prot. Ländern Religionsfreiheit, ohne aber bereit zu sein, dieses Recht in kath. Ländern den Andersgläubigen zu gewähren (Louis Veuillot, zit. in Kurt Guggisberg, Die römisch-katholische Kirche, Zürich 1946, 336). 1953 vertrat Pius XII. in seiner »Toleranzrede« noch den Standpunkt, nur die Wahrheit, aber nicht der Irrtum besitze das Recht auf Dasein, Verkündigung und Aktion.

Erst nach langer Auseinandersetzung war man bereit, auf dem 2. Vatikanischen Konzil (1962–65) in der Erklärung »Dignitatis humanae« das Recht auf Religionsfreiheit einzuräumen. Das Konzil stellte im Widerspruch zu allem, was früher gelehrt wurde, fest, jeder Mensch habe ein Recht auf religiöse Freiheit (I,2; DH 4240) und dieses Recht gelte ohne Zwang für Personen und Gemeinschaften (I,4; DH 4243). Dabei müsse aber die »gerechte öffentliche Ordnung« gewahrt bleiben (I,2) und niemand dürfe zu einem anderen Glauben »überredet« werden (I,4). Zur Gesamtthematik s. René Pahud de Mortanges, »Religionsfreiheit«, TRE 28, 565–74 und Helmut Burkhardt, »Toleranz«, ELThG 3, 2018–20.

Religionsfreiheit und die römische Kirche: (S. 520) Nachdem jahrhundertelang die Inquisition mit Hilfe der staatlichen Gewalt alles unterdrückt hatte, was dem römischen System zu widersprechen wagte (s. Glossar »Inquisition«), hat sich die katholische Kirche im 20. Jh. unter dem Druck des modernen Zeitgeistes endlich entschlossen, Religionsfreiheit zu gewähren und auch für sie einzutreten (2. Vatikanisches Konzil, »Dignitatis humanae«, Erklärung über die Religionsfreiheit; DH 4240–45).

Päpste wie Paul VI. (1963–78) und Johannes Paul II. (1978–2005) haben seither über hundert Schuldbekenntnisse für Trennung und Intoleranz abgegeben. Besonders die von Johannes Paul II. vorgebrachte Entschuldigung aus dem Jahre 2000 (»Reinigung des Gedächtnisses«) hat Christen und Nichtchristen tief beeindruckt. Dabei sprach aber der Papst nicht von der Schuld der römischen Kirche, sondern nur von der Schuld einiger »Glieder der Kirche« (§ 1). Intolerant war nicht Rom, sondern die »Christen« (§ 2.5–7), die »Gläubigen« (§ 3) bzw. die »sündigen Kinder Gottes« (§ 2).

Das vom frz. Bischof Bossuet zur Zeit der Gegenreformation (17. Jh.) den verschiedenen protestantischen Richtungen vorgehaltene »Rom ändert sich nicht!« setzt sich in einem neuen Kontext fort. Was sich durchaus ändern kann und tatsächlich ändert – damals wie heute – sind die Methoden. Was sich nicht ändert – und dies bestätigte auch das 2. Vatikanum – das ist der hybride Anspruch des Papsttums und der Kirche, an der Stelle Christi zu stehen und unfehlbar zu sein.

Satan, Teufel, Luzifer: (S. 449 ff) Das personal Böse trägt in der Bibel viele Namen. Häufig gebraucht ist »Satan« (hebr. »Gegner«) und »Teufel« (griech. »diabolos« von »dia-ballô«: »Trennen, anklagen, verleumden«). Der Name »Luzifer« (lat. »Lichtbringer«) leitet sich vom hebr. »Helel« (»Morgenstern«) ab (Jes 14,12). Unter diesem Bild für den König von Babylon (Vers 4) haben schon Kirchenväter wie Tertullian u.a. einen Hinweis auf den gefallenen Satan entdeckt (Lk 10,18).

Schechina: (S. 377) Der Begriff Schechina („Einwohnung" Jahwes, abgeleitet vom hebräischen Verb für „wohnen") bezeichnet in der nachexilischen, jüdischen Religion die Gegenwart oder Manifestation Gottes auf Erden. Im altisraelitischen Heiligtum offenbarte sich diese Gegenwart Gottes oberhalb der Bundeslade, die als Thron des Herrn betrachtet wurde (2. Mose 25,22).

Sigismunds Geleitbrief: (S. 99) Hus trat am 11. Oktober 1414 seine Reise nach Konstanz an, geschützt von böhmischen Edelleuten, die König Sigismund dazu abkommandiert hatte. Am 3. November erreichte er Konstanz. Zwei Tage später traf der Geleitbrief des Königs für ihn ein. Der Brief enthielt die Zusicherung für freies Geleit, Aufenthalt und Rückkehr (»anreisen, bleiben, verweilen und frei zurückkehren«); vgl. Heinrich Kurtz, Lehrbuch der Kirchengeschichte, Leipzig 1880[8], Bd. 1, § 119,4. Trotzdem wurde Hus noch vor dem Eintreffen Sigismunds von den Kardinälen inhaftiert. Der Protest des Königs verhallte ungehört, man hatte ihm versichert, einem Ketzer gegenüber brauche man das Ehrenwort nicht zu halten. Hus wurde dreimal öffentlich verhört und zum Widerruf gedrängt. Da er diesen aufgrund seiner Überzeugung verweigerte, wurde er 1415 zum Feuertod verurteilt.

Sonntagsgesetz Konstantins: (S. 51/524) Die urchristlichen Gemeinden feierten noch den universalen Schöpfungssabbat (1 Mo 2,2.3), dessen Verbindlichkeit im Dekalog in Erinnerung gerufen wird (2 Mo 20,8–11). Man versammelte sich am Sabbat und hielt diesen heilig (Mt 24,20; Apg 18,1–4). Von einer Verlegung der Sabbatruhe auf den Sonntag bzw. von einem Sonntagsgebot kann daher für die urchristliche Zeit (1. Jh.) keine Rede sein.

Nicht viel besser steht es auch um die Frage von Sonntagsversammlungen für diese Zeit. In 1 Ko 16,2 (»An jedem ersten Wochentage lege ein jeder von euch bei sich [zu Hause] zurück ...«) handelt es sich um »keine gottesdienstliche Kollekte, sondern eher um die private Sparbüchse« (Thomas Bergholz, »Sonntag«, TRE, Bd.31, 451). Apg 20,7 enthält auch »keinen Hinweis auf den Sonntag, sondern auf den Samstagabend. Das Gegenargument, dass Paulus dann ja am Sonntag zu reisen beabsichtigte, besitzt keine Beweiskraft, denn der Sonntag war ja nicht arbeitsfrei« (idem).

Als regelmäßiger christlicher Versammlungstag taucht der Sonntag eindeutig erst im 2. Jh. auf (Justin d. Märtyrer, 1. Apologie 67,3–7), als gebotener Ruhetag gar erst im 4. Jh. (Sonntagsgesetz des noch heidnischen Kaisers Konstantin vom 7. März 321: »Alle Richter, die Stadtbevölkerung und die gesamte Gewerbetätigkeit sollen am ›verehrungswürdigen Tag der Sonne‹ ruhen« [zit. in Willy Rordorf, Sabbat und Sonntag in der Alten Kirche, Zürich 1972, 179]). Erst in dieser Zeit entsteht die Lehre vom Sonntag als christlichem Sabbat (Kirchliche Sonntagsruhe, verordnet auf der Synode von Laodicea [Mitte des 4. Jh. Can. 29], wobei es aber noch eine gottesdienstliche Doppelfeier von Sabbat und Sonntag gab [Can. 16. 49. 51]). Noch am Anfang des 7. Jh. gab es sabbathaltende Christen, wie die Polemik von Papst Gregor d. Großen beweist (Brief 13,3; Rordorf, ibid., 235).

Sonntagsgebot und Rom: (S. 405) Dass das Sonntagsgebot nicht biblischen Ursprungs ist, sondern auf die angemaßte Autorität der römischen Kirche zurückgeht, bestätigt u.a. der »Catechismus Romanus«, der Katechismus der Gegenreformation: »Die Kirche Gottes hat es für gut befunden, die Feier des Ruhetages auf den Tag des Herrn (Sonntag) zu verlegen« (III,4,18).

Auch der moderne »Katechismus der Kath. Kirche« führt das Sonntagsgebot auf die kirchliche Tradition zurück (KKK, § 2177). Es wird ausdrücklich betont, dass es dabei um ein »Kirchengebot« geht (ibid., § 2180). Zur Behauptung, die Urchristen im 1. Jh. n. Chr. hätten schon den Sonntag gefeiert (ibid., § 2178), s. Glossar »Waldenser und die Sabbatfeier«.

Aus der Veränderung der Gebote leitete die römische Kirche in der Reformationszeit ihre der Bibel vorgeordnete Autorität ab. Dies wurde aber von den Reformatoren mit Recht bestritten. So schrieb Melanchthon in der »Augsburger Konfession« (Art. 28): »So beruft man sich darauf, dass der Sabbat (ihrer Meinung nach) im Gegensatz zu den Zehn Geboten in den Sonntag umgewandelt wurde; und es wird kein Beispiel so hochgehalten und (so häufig) herangezogen wie diese Umwandlung des Sabbats, und sie wollen damit beweisen, dass die Gewalt der Kirche groß ist, weil sie von den Zehn Geboten dispensiert und etwas an ihnen verändert hat.«

Dass die evangelische Kirche Augsburgischen Bekenntnisses mit dieser Sicht dennoch nicht zur biblischen Sabbatfeier durchgedrungen ist, hängt mit dem Irrtum zusammen, die Heilige Schrift hätte den Sabbat abgetan und der Ruhetag im Neuen Testament sei eine rein menschliche Einrichtung (idem).

Unfehlbarkeit des Papstes: (S.49/81) Bis zu den gefälschten »Pseudoisidorischen Dekretalen« (9. Jh.) »dachte keiner der Päpste daran, sich ein solches Vorrecht beizulegen« (Ignaz v. Döllinger, Das Papsttum, München

1892 [Neudruck, Darmstadt 1969], 35; vgl. auch Brian Tierney, »Ursprünge der päpstlichen Unfehlbarkeit« in Hans Küng (Hg.), Fehlbar?, Zürich 1973, 125–26). Auch die Dekretalen redeten noch nicht ausdrücklich von Unfehlbarkeit in Glaubensdingen, sprachen aber dem Papst die Universalherrschaft über die Kirche zu und damit auch über die Glaubenslehre (Döllinger, Papsttum, 36–37).

Dennoch haben Päpste des Mittelalters (Innozenz III., Innozenz IV., Johannes XXII.) durchaus eingeräumt, dass sie auch in Glaubensfragen irren können (ibid., 138–39). Auch das Konzil v. Trient (1545–63) mit seiner Absage an die Reformation hat es nicht gewagt, eine päpstliche Unfehlbarkeitslehre zu definieren. Bis weit ins 19. Jh. galt ein derartig formulierter Anspruch als tückische Verleumdung des Papsttums durch die Protestanten.

Dies änderte sich aber gründlich mit Pius IX. (1846–78), der auf dem 1. Vatikanischen Konzil (1869–70) das Dogma durchsetzte, dass, wenn der Papst »ex cathedra« spricht und damit ein Dogma in der Glaubens- oder Sittenlehre verkündigt, er »unfehlbar« sei. Solche Entscheidungen seien daher aus sich heraus »unabänderlich« und daher von der ganzen Kirche »festzuhalten« (Konstitution »Pastor aeternus«, Kap. 4, DH 3074). Das Gehaltensein in der Unfehlbarkeit ist auch rückwirkend für alle Päpste zu verstehen (DH 3071). Wer diesem Dogma widerspricht, wird mit dem Fluch der Exkommunikation (»Anathema«) belegt (DH 3075).

Der lebhafte Protest mancher Konzilsväter, die auf die Glaubensirrtümer der römischen Bischöfe in der Zeit der Reichskirche (Spätantike) verwiesen, verhallte ungehört. Vergeblich führte man ins Treffen, dass Liberius (4. Jh.) den Arianismus, die Leugnung der Gottheit Christi, unterstützt hatte, Vigilius (6. Jh.) zwischen der Einnaturen- und Zweinaturenlehre Christi hin- und herschwankte und Honorius I. (7. Jh.) nur einen Willen in Christus (Monotheletismus) anerkennen wollte (vgl. Hans Kühner, Lexikon der Päpste, Wiesbaden 1991, 39.59–60.68–69). Der Vulgärkatholizismus des Kirchenvolkes mit seiner »Papst-Vergottung« (ibid., 366) und der Ultramontanismus von Intellektuellen wie Louis Veuillot, auf die sich Pius IX. stützte, hatten sich ein für allemal durchgesetzt.

Der Konstitution »Pastor aeternus« (18. 7. 1870) war die Konstitution »Dei Filius« vorausgegangen (24. 4. 1870), in der dem Papst der »Primat der Jurisdiktion« (DH 3053–56) in Glaubens- Sitten- Disziplinar- und Leitungsfragen zuerkannt wurde (DH 3053–55). Damit besitzt der Papst als beanspruchter Nachfolger des Apostels Petrus die »Schlüssel des Reiches« (DH 3056) und die geistliche Vollgewalt »über den ganzen Erdkreis« (DH 3059). Diese Ansprüche dürfen keiner Revision unterzogen werden (DH 3063) und sind heilsverbindlich (DH 3059).

Das 2. Vatikanische Konzil (1962–65) hat diese Definitionen in einem neuen Kontext und in einer neuen Sprache wiederholt. Bei der Verkündigung »in einem endgültigen Akt« einer Glaubens- oder Sittenlehre »erfreut sich der Bischof von Rom der Unfehlbarkeit« (Konstitution »Lumen gentium« [Kirche] III. 25; DH 4149; KKK, § 891). Solche Definitionen sind »unveränderlich« (Kirche III. 25). Die Kirche, das Bischofskollegium und ein ökumenisches Konzil können nur dann als unfehlbar betrachtet werden, wenn sie sich »mit dem Nachfolger Petri« artikulieren (idem).

In neuester Zeit wird besonders betont, dass das katholische Glaubensvolk gehalten ist, auch nichtverbindlichen Lehren Gehorsam zu schulden. So hat Johannes Paul II. (1978–2005) für Lehrfragen, die nicht »ex cathedra« vorgelegt werden, »Verstandes- und Willensgehorsam« der Gläubigen eingefordert (CIC, Can. 752; KKK, § 892).

Waldenser, Bibelübersetzung: (S. 62) Die vorreformatorische Waldenserbewegung war eine ausgesprochene Bibelbewegung. »Ausnahmslos alle Schriften der Waldenser sind in bewusster Absicht von biblischen Texten durchdrungen« (Amedeo Molnár).

Petrus Waldus ließ sich Übersetzungen der Psalmen, Evangelien und Paulusbriefe aus der lateinischen Bibel (Vulgata) in die Volkssprache anfertigen, die mit Sicherheit bereits 1179 zirkulierten. Diese Texte stehen uns allerdings nicht mehr zur Verfügung. Erhalten aber ist das Manuskript der sog. »Bibel von Lyon« (14. Jh.?), dessen Ursprung bei den Katharern (Albigenser) zu suchen ist, aber von Waldensern hergestellt worden sein könnte. Ebenfalls für das 14. Jh. sind deutsche waldensische Texte belegt. So z. B. ein Neues Testament bayrischen Ursprungs, der sog. »Codex teplensis«, genannt nach dem böhmischen Kloster Teplá; vgl. Amedeo Molnár, Die Waldenser, Berlin 1988, 368–70 und Ernst v. Dobschütz/Alfred Adam, Die Bibel im Leben der Völker, Witten o.J.[3], 112.

Waldenser und die Sabbatfeier: (S. 63) Wenn man die Bezeichnung »Waldenser« im engeren Sinn gebraucht (piemontesische Waldenser), wie es häufig der Fall ist, dann hat man bis dato keine Sabbatspuren unter ihnen gefunden (vgl. William Earle Hilgert, Religious Practices of the Waldensians, Washington, D.C. 1946, zit in Alfred Vaucher, Le jour du repos, Collonges-sous-Salève 1963, 36). Wenn man aber den Begriff im weitesten Sinn ausdehnt (Amedeo Molnár: »Waldenisch-hussitische Internationale«), dann finden sich unter den sog. »Picarden« oder »Waldensischen Brüdern«, einer Gruppe von vereinigten Waldensern und Hussiten, »einige, die den Sabbat mit den Juden hielten« (Ignaz v. Döllinger, Beiträge zur Sektengeschichte des Mittelalters, München 1890, Bd. 2, 662). Vgl. auch David Augsburger, »The Sabbath and Lord's Day During the Middle Ages«, in Kenneth A. Strand (Hg.), The Sabbath in Scripture and History, Washington D.C., 1982, 207-09.

Waldenserdekrete und Verfolgungen: (S. 73) Schon 1184 exkommunizierte Papst Lucius III. die ersten Waldenser. 1215 bestätigte das 4. Laterankonzil unter Papst Innozenz III. diese Exkommunikation für »ewige Zeiten«. Um 1230 begannen daher die Verfolgungen durch die Inquisition in Norditalien und Deutschland. Am Ende des 14. Jh. steigerten sich die Verfolgungen in Frankreich und im 15. Jh. in Norditalien mit dem Ziel der versuchten Ausrottung (1488 wurde ein eigener Kreuzzug gegen die Waldenser geführt).

In Deutschland, Österreich, der Schweiz und Böhmen erreichten die Verfolgungen in jener Zeit fast das vorgefasste Ziel. Aufgrund des Anschlusses der Waldenser an die schweizerische Reformation (1532) wütete die Gegenreformation ganz besonders gegen sie (1655: Der sog. »Piemontesische

Blutfrühling«!). 1686 wurden sie sogar aus ihren Tälern in die Schweiz vertrieben, kehrten jedoch schon 1689 wieder zurück. Erst 1848 erlangten sie vom im Entstehen begriffenen italienischen Staat die volle Religionsfreiheit (vgl. Valdo Vinay, »Waldenser«, RGG[3], Bd. 6, 1530-33 bzw. Giorgio Tourn, Geschichte der Waldenser-Kirche, Erlangen 1983[2], 55-59. 98-168).

Wycliff, John (um 1330-84): (S. 80) Auch Wycliffe, Wyclif oder Wiclif und »Doctor evangelicus« genannt. Wycliffs biblisch begründeter Protest – die Bibel galt ihm als alleinige Glaubensquelle, das Papsttum als antichristlich und die Wandlungslehre als Irrglaube – fand in England Anhänger (Lollarden), stieß aber auch auf Widerstand. Noch zu Wycliffs Lebzeiten (1377) verdammte Papst Gregor XI. 19 Sätze aus Wycliffs Schriften. Die Universität von Oxford wandte sich 1381 wegen seiner Leugnung der Wandlungslehre gegen ihn und das sog. Erdbebenkonzil (1382) verurteilte sowohl seine Lehre als auch seine Anhänger. Nach seinem Tod erfolgten noch drei Verurteilungen: 1388, 1397 und 1415 auf dem Konzil zu Konstanz (Lehre und Person Wycliffs). Vgl. F. L. Cross (Hg.), »Wycliffe, John«, in The Oxford Dictionary of the Christian Church, Oxford 1978[2], 1502-03.

Hans Heinz

LIEBEVOLL UND LEIDENSCHAFTLICH JESUS BEZEUGEN:

ELLEN G. WHITE – LEBEN UND WERK (1827–1915)

Im sonnigen Napa Valley, einem Tal im nördlichen Kalifornien, das von vielen Weinbergen durchzogen ist, befand sich Ellen G. Whites Altersruhesitz. Als sie 1915 in ihrem Haus starb, blieb sie ihren Nachbarn – zumeist geschäftige und wohlhabende Weinbauern, die viel arbeiteten und wenig Zeit hatten – als die kleine alte Dame mit dem weißen Haar in Erinnerung, die sich Zeit nahm und »immer so liebevoll von Jesus sprach.« Jesus und seine Erlösung für uns Menschen beschäftigten Ellen G. White ein Leben lang. 1896 schrieb sie: »Ich spreche so gern über Jesus und seine einzigartige Liebe ... Komm doch zu ihm so wie du bist ... dann wird er für dich alles sein, was du dir wünschst.« Als leidenschaftliche christliche Rednerin, Schriftstellerin, Reformerin und Visionärin hat sie Jesus Christus, den erniedrigten Erlöser am Kreuz und den in Herrlichkeit wiederkommenden Richter und König, immer wieder ins Zentrum ihrer Verkündigung gerückt. Ihm hat sie ihre besten und wichtigsten Werke gewidmet. Bis zu ihrem Tod erschienen aus ihrer Feder 26 Bücher und nahezu 5.000 Artikel und Beiträge in verschiedenen Zeitschriften. Ihr literarisches Erbe ist beeindruckend. Ellen G. White zählt heute zu den meist gelesenen Autorinnen der Welt. Schätzungen zufolge liegt sie in der Weltrangliste der meist übersetzten Autoren – je nach Zählweise – hinter W. I. Lenin auf Platz zwei. Ihre Bücher wurden in über 160 Sprachen übersetzt, allen voran ihr Klassiker »Der Weg zu Christus« (Steps to Christ), eines ihrer schönsten Bücher über die Nachfolge Jesu. Unberücksichtigt in der Zählung ist natürlich die Bibel, die insgesamt sowie auch in Teilen in wesentlich mehr Sprachen übersetzt worden ist.

Das literarische Schaffen Ellen G. Whites umfasst neben der christozentrischen Ausrichtung ein weites Spektrum an Themen über Glaube und Religion, Bibel, Prophetie und Weltgeschichte, Erziehung, Charakter und Bildung, Ehe und Familie, Gesundheit, Ernährung und Mäßigkeit bis hin zu Mission und Evangelisation. Allen Bereichen liegt ein pragmatisches, ganzheitliches Menschenbild zugrunde. Ihr leicht verständlicher Schreibstil ist erbaulich, didaktisch und erwecklich zugleich und lässt oft die Seelsorgerin, Mahnerin und Trösterin erkennen mit einem tiefen Einblick in die Seele des Menschen. In ihren Schriften verarbeitete sie auch viele Texte, die aus Büchern zeitgenössischer Autoren stammen, wenn sie passend und trefflich das zum Ausdruck brachten, was sie beschreiben wollte. Es ging ihr bei historischen Schilderungen nicht darum, eigene akademische Nachforschungen anzustellen. Sie verließ sich auf den Wissensstand ihrer Zeit. So mögen aus heutiger Sicht da und dort manche historische Angaben als unvollständig erscheinen. Das ändert jedoch nichts an der geistlichen Intention ihrer Darstellung.

In der nun vorliegenden neubearbeiteten monumentalen Reihe »Geschichte der Hoffnung« spürt Ellen G. White in faszinierender Weise dem göttlichen Heilsplan in der Weltgeschichte nach. Mit prophetischem Ernst greift sie darin das umfassende Thema auf, das zum bedeutungsvollsten in ihrer gesamten Verkündigung werden sollte. Sie beschreibt anschaulich die von Anbeginn an grundlegende, tragische Auseinandersetzung zwischen Licht und Finsternis, Gut und Böse, Gott und Satan. Ellen G. White sah darin einen geistlich-weltanschaulichen Konflikt von kosmischer Dimension, den »Großen Kampf« (Great Controversy, auch als Buchtitel), der sich in der Geschichte der Menschheit bis zur Wiederkunft Jesu verdichtet und keinen Lebensbereich unberührt lässt. Jeder von uns ist – ob er nun will oder nicht – in diesen existenziellen Kampf hineingestellt. Doch die Liebe und Gnade des Erlösers Jesu Christi, der sein Leben am Kreuz opferte, vermag dem Menschen jetzt schon Halt und Trost im Sturm der Zeit zu geben. Vollendet und gewonnen ist der »Große Kampf« für uns Menschen aber erst durch die Machtübernahme Jesu Christi bei seiner Wiederkunft, die Ellen G. White bald erwartete und auf die sie ihre ganze Hoffnung setzte. Dann wird für immer offenbar, dass »Gott Liebe ist«. Es darf nicht vergessen werden, dass dieser Kampf, so schrecklich er auch sein mag, letztlich eingebettet ist in Gottes souveräner Heilsgeschichte, die zu einem guten Ende führen wird.

Als Mitbegründerin der »Zweiten Adventbewegung« (von lateinisch »adventus« – Wiederkunft oder Ankunft Jesu) in Nordamerika, aus der später die weltweite Freikirche der Siebenten-Tags-Adventisten hervorgegangen ist, stellte für Ellen G. White die bevorstehende Wiederkunft Christi dieses »gute Ende« dar, die endgültige »Erfüllung der christlichen Hoffnung und Sehnsucht«. So besteht in ihren Augen die wichtigste Aufgabe der Adventisten darin, einer untergehenden Welt Hoffnung zu machen auf das kommende, ewige und bessere Reich Christi. Gott wird die Welt, die seine Schöpfung darstellt, nicht im Chaos versinken lassen, sondern einen neuen Kosmos schaffen. Für dieses »gute Ende« lohnt es sich zu leben und alles einzusetzen. Aus dieser Gewissheit heraus konnte Ellen G. White am Ende ihres Lebens bezeugen: »Jesus sehen ... welch unaussprechliche Freude ... jene Hände segnend nach uns ausgestreckt zu sehen, die einst zu unserer Erlösung durchbohrt wurden. Was tut's, dass wir uns hier abmühen und leiden, wenn wir nur an der Auferstehung zum Leben teilhaben!« Endzeitliche Dringlichkeit, Glaubensgehorsam und Hoffnungsgewissheit prägten in besonderer Weise ihr religiöses Denken.

BERUFUNG UND DIENST

Ellen Gould Harmon (White) und ihre Zwillingsschwester Elisabeth wurden am 26. November 1827 auf einer Farm in der Nähe von Gorham (Maine, USA) geboren. Sie war eines von acht Kindern. Kurz nach ihrer Geburt zog der Vater nach Portland, wo er als Hutmacher sein Auskommen fand. Ellen war schon als Kind tiefreligiös und schloss sich 1842 der Methodistenkirche an. Besonderen Einfluss auf ihr religiöses Denken übte der Baptistenprediger William Miller (1782–1849) aus, der eine zunächst überkonfessionell-orientierte Erweckungsbewegung ins Leben gerufen hatte und aufgrund einer Fehldeutung biblischer Prophetie die Wiederkunft Christi im Herbst des Jahres 1844 erwartete. Die Enttäuschung war groß, besonders auch bei Ellen G. Harmon und ihrer Familie, als Jesus wider Erwarten nicht wieder gekommen war. Die »Erste Adventbewegung« um Miller zerbrach. An ihre Stelle traten mehrere Nachfolgebewegungen, unter denen die »Siebenten-Tags-Adventisten« (Zweite Adventbewegung) die größte Bedeutung erlangen sollten.

Die Adventisten hatten erkannt, dass sich Millers Deutung der biblischen Prophetie (Daniel 8,14) auf ein anderes Ereignis als die Wiederkunft Jesu bezog, nämlich auf einen Höhe- und Wendepunkt des heilsgeschichtlichen Wirkens Jesu als Fürsprecher im Himmel. Außerdem gelangten sie zu der Überzeugung, dass sich für die Parusie (Wiederkunft Jesu) kein Termin berechnen ließe. Trotzdem hielten sie am baldigen Kommen Jesu fest. Wie der seit 1860 gewählte Name (»Seventh-day Adventist Church«) der Freikirche zum Ausdruck bringt, gehörte der Glaube an die baldige Wiederkunft Christi von Anfang an zur grundlegenden Kernbotschaft der Siebenten-Tags-Adventisten. Mit der biblischen Lehre vom »Sabbat« (»siebenter Tag«), dem von Gott im Dekalog gebotenen Ruhetag, setzten Adventisten ein Zeichen dafür, dass nur ein konsequent gelebtes und gehorsames Christentum vor Gott bestehen kann.

Ellen G. Harmon spielte von Anfang an eine entscheidende Rolle in der Entwicklung der neuen Bewegung. Schon im Dezember 1844 erlebte sie als 17-Jährige eine göttliche Berufung, als sie die erste von vielen Visionen erlebte, die ihre Mitgläubigen und Weggefährten als geistliche Wegweisung »von oben« deuteten. Mit prophetischer Vollmacht zeigte sie einen Ausweg aus der Sackgasse, in die die enttäuschten Anhänger William Millers geraten waren. Im August 1846 heiratete Ellen den milleritischen Laienprediger und Volksschullehrer James White (1821–1881), dessen religiöser Eifer nur noch von seiner Armut übertroffen wurde. Zusammen mit dem Schiffskapitän Joseph Bates, ebenfalls ein ehemaliger Mitstreiter Millers und leidenschaftlicher Evangelist, begann das junge Ehepaar seinen Dienst der Verkündigung und Mission – mit äußerst geringen Mitteln, aber mit um so größerem persönlichen Einsatz und in der unerschütterlichen Gewissheit, eine besondere endzeitliche Botschaft in die Welt tragen zu müssen. Nach und nach schlossen sich der Gruppe weitere prägende Persönlichkeiten an wie John N. Andrews, Uriah Smith, Stephen N. Haskell, John N. Loughborough u. a. 1863 veranlassten sie die organisatorische Gründung der Freikirche. Ihnen allen, besonders aber der um Identität und Einheit ringenden Ellen G. White, ist es zu verdanken, dass aus einer kleinen Schar enttäuschter Milleriten eine weltweite dynamische protestantische Missionskirche mit über 16 Millionen Mitgliedern (Stand 2009) entstanden ist, deren missionarisches und sozial-karitatives Engagement Tausende von Bildungs-, Sozial- und Gesundheitseinrichtungen hervorgebracht hat und deren Credo »Unser Herr kommt!« heute in allen Teilen und Winkeln der Erde verkündet wird.

Dabei verlor Ellen G. White in den sieben Jahrzehnten ihres Wirkens das zentrale Anliegen – die persönliche christliche Nachfolge in der Auseinandersetzung zwischen Gott und Satan und in der Vorbereitung auf Jesu baldige Wiederkunft – nie aus den Augen, ganz gleich ob sie nun in Nordamerika, Europa oder Australien mithalf, Gemeinden, Verlagshäuser, Kliniken oder Schulen zu gründen und Gemeindeleiter mit Rat und Tat zu begleiten, oder ob sie in Briefen oder persönlichen Gesprächen zahlreiche Einzelpersonen betreute und sie für Jesus Christus zu gewinnen suchte. Immer lag ihr daran, Jesus zu verherrlichen und seinem Charakter nachzueifern, selbst wenn sie an ihre eigenen Grenzen stieß oder Schwächen in ihrem Leben eingestehen musste: »Sage dir vielmehr: Jesus ist gestorben, damit ich lebe! Er liebt mich und will nicht, dass ich verlorengehe ... verzage nicht, blicke auf ihn.« Um ihre ständig am Glauben zweifelnde Zwillingsschwester Elisabeth bemühte sich Ellen G. White ein Leben lang, allerdings nahezu erfolglos. 1891 schrieb sie ihr aus tiefstem Herzen: »Jedem, der mich fragt: ›Was muss ich tun, um gerettet zu werden?‹ antworte ich: Glaube an den Herrn Jesus Christus! Zweifle keinen Augenblick daran, dass er dich so retten möchte, wie du bist ... Nimm Jesus beim Wort und klammere deine hilflose Seele an ihn.«

WELTMISSION UND WIEDERKUNFTSHOFFNUNG

Von 1855 bis 1881 lebte Ellen G. White mit kürzeren Unterbrechungen in Battle Creek, Michigan, dem frühen Zentrum der Adventisten. Die kalten Wintermonate nutzte sie für ihr literarisches Schaffen, in den Sommermonaten ging sie auf Reisen und besuchte »Camp Meetings«, manchmal bis zu 28 (!) in einem Sommer. 1876 sprach sie bei einer Zeltversammlung in Groveland, Massachusetts, zu 20.000 Besuchern. Ihr Ehemann James White, dem sie vier Kinder schenkte, bemühte sich um die organisatorische Festigung der jungen Kirche. Die vielen Aufgaben als Verlagsleiter, Autor, Prediger und Vorsteher der Generalkonferenz, dem kirchlichen Führungsgremium der Adventisten, zehrten an seiner Gesundheit – James White hatte seit 1865 fünf Schlaganfälle erlitten – und führten zu seinem frühen Tod im Jahr 1881. Noch sechzehn Jahre nach seinem Tod bekannte Ellen G. White: »Niemand kann ermessen, wie sehr er mir fehlt! Ich sehne mich nach seinem Rat und seinem Weitblick.«

Nach dem Tod ihres Mannes zog Ellen G. White an die Westküste des

Kontinents und lebte abwechselnd, wenn sie nicht auf Reisen war, in Healdsburg und in Oakland, im nördlichen Kalifornien. Seit 1874 hatten die Siebenten-Tags-Adventisten ihren weltweiten Missionsauftrag in vollem Umfang erkannt und bereits in Europa Fuß gefasst. Ellen G. White besuchte die junge Mission in Europa (England, Schweiz, Norwegen, Frankreich, Deutschland, Italien) in den Jahren von 1885 bis 1887 und ermutigte die weit verstreut lebenden Glieder zu Einheit und treuer Nachfolge. Die Betonung des persönlichen Glaubens an Christus, das Bekenntnis zur Bibel als dem verbindlichen Wort Gottes und das Festhalten an der Hoffnung auf die baldige Wiederkunft Jesu standen im Mittelpunkt ihrer Predigten und Ansprachen. Die meiste Zeit hielt sie sich in Basel auf, wo die Adventisten ein Verlagshaus errichtet hatten. Begleitet wurde sie u. a. von Ludwig R. Conradi, der ihr als Übersetzer und Berater zur Seite stand. In dem Ort Tramelan, Schweiz, war bereits 1867 durch das selbständige Wirken Michael B. Czechowskis die erste adventistische Gemeinde außerhalb Nordamerikas entstanden. 1886 hielt Ellen G. White dort die Einweihungspredigt für die neu erbaute Kapelle. Für die jungen Gemeinden in Europa bedeutete ihr Besuch »in der Diaspora« besondere geistliche Stärkung und Trost. Ein weiterer langjähriger Übersee-Aufenthalt in Australien (1891–1900), der zur Gründung einer Missionsschule bei Sydney (»Avondale College«) führte, zeugt ebenfalls von ihrem weltumspannenden missionarischen Engagement.

So nachhaltig wie Verkündigung und Missionsreisen, wirkten sich auch ihre schriftstellerische Arbeit und ihr prophetisches Sendungsbewusstsein auf den Fortgang der Freikirche aus. Mit klarem christozentrischen Blick und dem Bewusstsein, dass alle echte prophetische Rede allein dem Wort Gottes dient, brachte sie sich immer wieder in theologische Auseinandersetzungen ein, die den Adventismus vor eine »Zerreißprobe« stellten. So auch im Jahr 1888 anlässlich der Generalkonferenzversammlung in Minneapolis, als sie den Teilnehmern zurief: »Wir wollen über Jesus Christus sprechen, über seine Liebe und Stärke, denn wir haben nichts Besseres, worüber wir sprechen könnten ... Ich erkenne seinen unvergleichlichen Zauber.«

Die adventistischen Glaubensväter hatten anfänglich ihre erstrangige Aufgabe darin gesehen, von der Christenheit vergessene oder vernachlässigte Glaubenslehren (Sabbatlehre oder baldige Parusie) zu verkünden. Sicherlich geschah dies zur Begründung der eigenen Existenz als Freikirche. Doch diese einseitige Verkündigung war – nach Aussage Ellen G. Whites – nicht nur »trocken wie die Hügel von Gilboa«, sondern drohte auch in gesetzliche Betriebsamkeit umzuschlagen. Die junge Gemeinde benötigte dringend ein neues, lebendiges Christusbild. Ellen G. White unterstützte daher von ganzem Herzen die jungen Prediger E. J. Waggoner und A. T. Jones, die während der Konferenz eine christozentrische Wende im Denken der Adventisten forderten, indem sie in ihren Ansprachen Kreuz und Rechtfertigung in die Mitte des Glaubens rückten. Sie selbst begann in den nun folgenden Jahren unter dem Eindruck der Erweckung von Minneapolis ihre bedeutendsten Werke über das Leben und Wirken Jesu zu schreiben. Die Konferenz führte auch zu mannigfachen missionarischen Impulsen, so dass sich die Zahl der Gemeindeglieder zwischen 1888 und 1901 verdreifachte.

Die Gewissheit der Liebe Gottes, seiner rettenden Gnade und seines baldigen Wiederkommens blieben das Fundament ihres gesamten Lebens und Wirkens. Dabei war ihr das Studium der Heiligen Schrift von größter Bedeutung: Wenn ich erfahren will, wer Jesus war und was er für mich als Erlöser getan hat, muss ich mich an das göttliche Wort der Bibel halten. Dort hat sich Jesus den Menschen offenbart. »Das Wort Gottes«, so schreibt sie an anderer Stelle, »ist ausreichend, um den dunkelsten Verstand zu erleuchten; es kann von allen verstanden werden, die den Wunsch haben, es zu verstehen ...« Ihren prophetischen Anspruch stellte Ellen G. White immer unter das ewig gültige Wort Gottes, denn »Gottes Wort ist der untrügliche Maßstab.«

1909 im hohen Alter von 81 Jahren trat Ellen G. White zum letzten Mal an einer Generalkonferenzversammlung auf. Viele Vertreter der Weltkirche waren anwesend. Nachdem sie die letzte von elf Ansprachen und Predigten gehalten hatte und das Podium verlassen wollte, drehte sie sich plötzlich noch einmal um, hob die Bibel mit zittriger Hand empor und rief der Versammlung zu: »Brüder und Schwestern, ich empfehle euch dieses Buch!« Kein Wort über ihre zahlreichen Bücher, kein Verweis auf ihre Ratschläge und Mahnungen. »Ich empfehle euch dieses Buch!« – im Grunde wollte Ellen G. White doch sagen: Im Christentum geht es nicht so sehr um uns, als vielmehr um »Jesus für uns«. Am 9. Juli 1915 flüsterte sie auf dem Totenbett ihrem Sohn William zu: »Ich weiß, an wen ich geglaubt habe.«

Jesus verherrlichen und sein Wort über alles leuchten lassen, gilt als Vermächtnis ihres Lebens. Den Lesern ihrer Bücher bleibt zu wünschen, dass auch sie Jesus Christus als den Herrn ihres Lebens erkennen mögen. Denn Jesus allein schenkt Hoffnung, Geborgenheit und Trost. Die Herren dieser Welt gehen, unser Herr aber kommt!

Dr. Daniel Heinz

VERZEICHNIS DER VERWENDETEN QUELLEN

Historische Werke, die in diesem Buch zitiert werden.

AEB	Anderson, Annals of the English Bible	BRGE	H. Bullinger, Reformationsgeschichte
AHE	A. Alison, History of Europe from the Commencement of the French Revolution in 1789 to the Restoration of the Bourbons in 1815	CA*	Confessio Augustana, Augsburger Religionsbekenntnis
		CCCI	R. Challoner, The Catholic Christian Instructed
AHS	J.N. Andrews, History of the Sabbath	CCL	J. Cochlaeus, Commentaria de actis et scriptis Lutheri, Köln, 1568
AHST	The Advent Herald and Signs of the Times Reporter	CCNT	A. Clarke, Commentary on the New Testament
AP	W.H.D. Adams, In Perils Oft	CGKB	S. Czerwenka: Geschichte der evangelischen Kirche in Böhmen
ASAL	R. Atkins, Second Advent Library		
BA*	W. Beyschlag, Der Altkatholizismus	CGS	L.R. Conradi, Geschichte des Sabbats
BASR	S. Bliss, in Advent Shield and Review	CHB	J.A. Comenius, Historia Persecutionis Ecclesiae Bohemicae
BBSC	Ch. Beecher, The Bible a Sufficient Creed, Predigt, gehalten in Fort Wayne, Indiana, am 22. Februar 1846	CHC	H. Crosby, The Healthy Christian: An Appeal to the Church
		CJ	Congregational Journal
BGNR	G. Brandt, Geschichte der niederländischen Reformation	COL	J. Calvin, opun. lat.
		CSE	J. McClintock & J. Strong, Cyclopedia
BGW	F. Bender, Geschichte der Waldenser, Ulm 1850	CSL	J.D. Cox, Sabbath Laws and Sabbath Duties
BHE	Beda Venerabilis, Historia ecclesiastice gentis Anglorum, Oxford 1896	DAGR	J.-H. Merle D'Aubigné, Geschichte der Reformation, Stuttgart 1854
BHUS	G. Bancroft, History of the United States of America	DAGC	J.-H. Merle d'Aubigné, Geschichte der Reformation zu den Zeiten Calvins
BM	Blackwood's Magazine		
BMM	S. Bliss, Memoirs of William Miller	DAP	R.M. Devens, American Progress or The Great Events of the Greatest Century
BPF	J. Brown, The Pilgrim Fathers		
BPW	R. Baxter, Practical Works	DFC	R.M. Devens, Our First Century
BR	British Reformers – Tindale, Frith, Barnes	DHR	J.W. Dowling, History of Romanism
		DML	J. von Dorneth, Martin Luther
BRAR	J.-M.-G. de Bonnechose, Les réformateurs avant la réforme du XVIe siècle, Paris 1845	DN	The Dublin Nation
		DUSK	Dokumente des US-Kongresses

689

EA	Encyclopaedia Americana	LAW	M. Luther, Ausgewählte Werke, München 1948.
EAS	George Elliott, The Abiding Sabbath		
EB	Encyclopaedia Britannica	LEA	Luthers Werke, Erlanger Ausgabe
EMLB	L. Enders, Dr. Martin Luthers Briefwechsel	LFS	H. Latimer, First Sermon Preached before King Edward VI
EOE	D. Erasmus, Opus epistolarum – Eine Sammlung der Briefe des Erasmus von Rotterdam	LHA	Luthers Werke, Hallenser Ausgabe
		LHC	J. Lenfant, Histoire du concile de Constance
ESP	E. Everett, Speech delivered at Plymouth, Massachusetts	LHRF	J. Ch. D. de Lacretelle der Jüngere, Histoire de la Révolution française jusqu'aux 18 et 19 brumaire
FAM	J. Foxe, Acts and Monuments		
FCHB	T. Fuller, Church History of Britain	LHW	J. Lewis, The History of the Life and Sufferings of the Reverend and Learnde John Wicliffe
FGPF	De Félice, Geschichte der Protestanten Frankreichs, Leipzig, 1855		
GCEH	John C.L. Gieseler, A Compendium of Ecclesiastical History	LLA	Luthers Werke, Leipziger Ausgabe
		LPG	Sir Charles Lyell, Principles of Geology
GCHE	Michael Geddes, Church History of Ethiopia		
		LSP	Hugh Latimer, Sermon of the Plough
GGE	Th. Guthrie, The Gospel in Ezekiel		
GHR	William Gordon, History of the Rise, Progress, and Establishment of the Independence of the USA	LWK	David Laing, The Works of John Knox
		LWTL	Luthers Werke, STL [Standard Template Library]
GL	A. Gavazzi, Lectures		
GLTH	M. Gillett, The Life and Times of John Huss	MD	Th. Morer, Discourse
		MHJ	Milman, The History of the Jews
GPD	L. Gaussen, Der Prophet Daniel	MHSC	Brief Dr. Samuel Tenney aus Exeter, New Hampshire, Dezember 1785 [in Massachusetts Historical Society Collections]
HA	Roger de Hoveden, Annals		
HGHB	K. von Höfler, Die Geschichtsschreiber der hussitischen Bewegung		
		MIHE	J. L. von Mosheim, Institutiones historiae ecclesiasticae
HGW	C. U. Hahn, Geschichte der Waldenser		
		MLD	Th. Morer, Discourse in Six Dialogues on the Name, Notion and Observation of the Lord's Day
HHE	J. H. Hottinger, Historia ecclesiastica		
HHR	K.R. Hagenbach, History of the Reformation		
		MLH	J. Mathesius, Luther-Historien
HHS	P. Heylyn, History of the Sabbath	MLL	Ph. Melanchthon, Leben Luthers
HK	K. J. Hefele, Konziliengeschichte	MLTL	W.C. Martyn, The Life and Times of Luther
HLSV	K. R. Hagenbach, Leben und ausgewählte Schriften der Väter und Begründer der reformierten Kirchen		
		MZ	O. Myconius, Zwingli
		NGK	W. Nigg, Geschichte der Ketzer
HW	S. Hopkins, Works	NGR	A. J. W. Neander, Allgemeine Geschichte der christlichen Religion und Kirche, Gotha 1856
JGJL	Flavius Josephus, Geschichte des jüdischen Krieges		
		NHP	D. Neal, History of the Puritans
JP	Journal von Paris	NKG	A. J.W. Neander, Kirchengeschichte
KML	J. Köstlin, Martin Luther	OAG	W. Oncken, Allgemeine Geschichte
KNRU	F. Kapp, Nachlese reformatorischer Urkunden	PA	Portland Advertiser

PEA	Portland Evening Advertiser	TMS	Isaiah Thomas, Massachusetts Spy or American Oracle of Liberty
PGB	F. Palacky, Geschichte Böhmens		
PHNE	J. G. Palfrey, History of New England	TNW	G. A. Townsend, The New World Compared with the Old
PPI	E. Petavel, The Problem of Immortality		
		TPNT	W. Tyndale, Preface to New Testament, 1534
PSA	H. Prutz, Staatengeschichte des Abendlandes im Mittelalter		
		TRCE	Daniel T. Taylor, The Reign of Christ on Earth or The Voice of the Church in All Ages
RCA	F. Reed in Christian Advocate and Journal		
RDG	L. von Ranke, Deutsche Geschichte im Zeitalter der Reformation	TSK	D. T. Taylor, Stimme der Kirche
		VHCC	T. Vrie, Historia Concilii Constantiensis
RE	Real-Enzyklopädie für protestantische Theologie und Kirche, Leipzig, 1878		
		VLW	R. Vaughan, Life and Opinions of John de Wycliffe
RER	R. Robinson, Ecclesiastical Researches	WFM	J. Wolff, Forschungen und Missionswirken
RWG	L. von Ranke, Weltgeschichte	WHKG	L. Wirz, Helvetische Kirchengeschichte
SAS	C. Spangenberg, Adelsspiegel		
SCK	J. M. Schröckh, Christliche Kirchengeschichte	WHLD	F. West, Historical and Practical Discourse on the Lord's Day
SCL	V. L. von Seckendorff, Commentarius historicus et apologeticus de Lutheranismo	WHP	J. A. Wylie, History of Protestantism
		WL	Works of Hugh Latimer
		WLCW	John Whitehead, Life of the Reverend Charles Wesley
SCR	J. Salat, Chronik der Reformationszeit		
		WLD	A. E. Waffle, The Lord's Day
SHB	Aeneas Sylvius, Historia Bohemiae	WLM	J. White, Life of William Miller
SLN	W. Scott, The Life of Napoleon	WLS	J. G. Walch, D. Martin Luthers sämtliche Schriften
SOC	J. Strong, Our Country		
SPTP	Mgr. Segur, Plain Talk about Protestantism	WMB	H. White, The Massacre of St. Bartholomew
SSZ	M. Schuler, J. Schulthess: Zwingli	WP	John Wesley, Predigt
ST	Signs of the Times and Expositors of Prophecy	WRE	J. Wolff, Reiseerfahrungen
		WRP	Kardinal Wiseman, The Real Presence of the Body and Blood of Our Lord Jesus Christ in the Blessed Eucharist, Proved From Scripture
SZLW	R. Staehelin, Huldreich Zwingli, sein Leben und Wirken nach den Quellen		
		WT	J. Wolff, Tagebuch
TA	Tertullian, Apologeticum	WW	John Wesley, Works
TACD	Henry Tuberville: An Abridgement of the Christian Doctrine		
TEA	The Essex Antiquarian, Salem MA		
TH	Z. Theobald, Hussitenkrieg		
THRF	A. Thiers, Histoire de la Révolution française		

* Diese zwei Zitate (S. 406) wurden 1959 in die deutschsprachige Ausgabe ergänzend eingefügt.

Verwendete Bibelübersetzungen

In diesem Buch wird aus folgenden Bibelübersetzungen zitiert:

Bibeltexte ohne Quellenangabe
    Die Bibel nach der Übersetzung Martin Luthers in der revidierten Fassung von 1984, durchgesehene Ausgabe in neuer Rechtschreibung, 1999.

Basisbibel NT, Deutsche Bibelgesellschaft, Stuttgart, 2010.

Elb.   Die Bibel, aus dem Grundtext übersetzt, Elberfelder Bibel, revidierte Fassung, R. Brockhaus Verlag, 1985.

EÜ   Einheitsübersetzung der Heiligen Schrift, Verlag Katholisches Bibelwerk, 1980.

GNB   Gute Nachricht Bibel, revidierte Fassung der »Bibel in heutigem Deutsch«, Deutsche Bibelgesellschaft, 2000.

NGÜ   Neue Genfer Übersetzung, Genfer Bibelgesellschaft 2009.

Schl.   Die Bibel, übersetzt von Franz Eugen Schlachter, Genfer Bibelgesellschaft, 2002.

ZÜ   Zürcher Bibel, Genossenschaft Verlag der Zürcher Bibel beim Theologischen Verlag Zürich, 2007.

Abkürzungen der biblischen Bücher
Verwendung im Glossar

Altes Testament

1 Mo	1. Mose
2 Mo	2. Mose
3 Mo	3. Mose
4 Mo	4. Mose
5 Mo	5. Mose
Jos	Josua
Ri	Richter
Rut	Ruth
1 Sam	1. Samuel
2 Sam	2. Samuel
1 Kön	1. Könige
2 Kön	2. Könige
1 Chr	1. Chronik
2 Chr	2. Chronik
Esr	Esra
Neh	Nehemia
Est	Ester
Hi	Hiob
Ps	Psalm
Spr	Sprüche
Pred	Prediger
Hld	Hohelied
Jes	Jesaja
Jer	Jeremia
Kla	Klagelieder
Hes	Hesekiel
Da	Daniel
Hos	Hosea
Joel	Joel
Am	Amos
Ob	Obadja
Jon	Jona
Mi	Micha
Nah	Nahum
Hab	Habakuk
Ze	Zefanja
Hag	Haggai
Sach	Sacharja
Mal	Maleachi

Neues Testament

Mt	Matthäus
Mk	Markus
Lk	Lukas
Jo	Johannes
Apg	Apostelgeschichte
Rö	Römer
1 Ko	1. Korinther
2 Ko	2. Korinther
Gal	Galater
Eph	Epheser
Phil	Philipper
Kol	Kolosser
1 Th	1. Thessalonicher
2 Th	2. Thessalonicher
1 Tim	1. Timotheus
2 Tim	2. Timotheus
Tit	Titus
Phlm	Philemon
1 Pt	1. Petrus
2 Pt	2. Petrus
1 Jo	1. Johannes
2 Jo	2. Johannes
3 Jo	3. Johannes
Hbr	Hebräer
Jak	Jakobus
Jud	Judas
Offb	Offenbarung

INSPIRIEREND – MOTIVIEREND – EINZIGARTIG

DIE GESCHICHTE DER HOFFNUNG
VON ELLEN G. WHITE

Dieses fünfbändige Werk der bekannten christlichen Schriftstellerin Ellen G. White ist ein einzigartiger Begleiter durch die gesamte Geschichte der Bibel. Die wichtigsten Stationen von der Schöpfung bis zur Neuschöpfung der Welt werden in anschaulicher Sprache lebendig nachgezeichnet.

BEZUGSADRESSEN

Schweiz
Advent-Verlag Schweiz
info@advent-verlag.ch
www.advent-verlag.ch
0041 (0) 33 511 11 99

Österreich
Top Life Wegweiser-Verlag
info@toplife-center.com
www.toplife-center.com
0043 (0) 1 2294000

Deutschland
Advent-Verlag Lüneburg
info@advent-verlag.de
www.advent-verlag.de
0049 (0) 4131 9835 02

INFOS: Hardcover, Format 14 x 21 cm, Umfang insgesamt 3280 Seiten

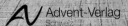

WIE ALLES BEGANN
Von der Schöpfung bis zum König David

Band eins führt zu den Anfängen der Geschichte. Damit verknüpft sind die drängenden Grundfragen nach Leid und Tod, Ursprung, Sinn und Ziel des Lebens. Anhand packender Lebensgeschichten der alten Patriarchen, Propheten und ihrer Familien bis zu den ersten Monarchen Israels werden die Prinzipien für ein glückliches Leben sichtbar und das Handeln Gottes in jenen Tagen begreifbar.

MACHT UND OHNMACHT
Das geteilte Israel und die große Verheißung

Band zwei lässt unvergessliche Persönlichkeiten und Ereignisse aus der bewegten Geschichte Israels seit König Salomo lebendig werden. Welche Konsequenzen hatten der Glaube und das Handeln der großen Männer und Frauen jener Epoche für das Schicksal einer ganzen Nation? In jener Zeit des Niedergangs offenbarte Gott die größten Verheißungen für die gesamte Menschheit.

DER SIEG DER LIEBE
Das Leben von Jesus Christus

Band drei beschreibt in einzigartiger Schönheit die Person und das Wirken des Jesus von Nazareth. Angefangen bei der Geburt in Bethlehem, über sein öffentliches Wirken in Palästina bis hin zum Tod am Kreuz und der Auferstehung am dritten Tag. Das Buch verdeutlicht, weshalb Jesus Christus bis heute für Millionen von Menschen Hoffnung und neues Leben bedeutet.

GUTE NACHRICHT FÜR ALLE
Das Evangelium durchdringt das römische Reich

Band vier nimmt uns hinein in die ereignisreiche Zeit des frühen Christentums. Die Apostel von Jesus Christus tragen das Evangelium in die Welt des römischen Reiches. Sie verbreiten im ganzen Imperium den Geist der Nächstenliebe und der Hoffnung auf das kommende Reich Gottes. Die frühe Gemeinde zeigt bis heute, wie lebendiger Glaube wächst und unter Gottes Leitung kirchliche Arbeit fruchtbar wird.

Vom Schatten zum Licht
Der große Kampf zwischen Gut und Böse

Band fünf liefert einen eindrucksvollen Abriss der Geschichte des christlichen Abendlandes bis zur Vollendung der Welt. Mit prophetischem Scharfblick werden die tieferen Zusammenhänge im langen Konflikt zwischen Wahrheit und Irrtum, Licht und Finsternis aufgedeckt. Blut und Tränen bleiben nicht das unabwendbare Schicksal der Menschheit. Der Kampf ist vorüber, wenn das verheißene Reich Gottes die Heilsgeschichte vollendet.

DIE GESCHICHTE DER HOFFNUNG

Auch als Premiumausgabe erhältlich!

Die Vorzüge der Premiumausgabe

- durchgängig farbige Ausgabe mit Leseband
- reich bebildert
- zahlreiche Infokästen
- wichtige Textpassagen in farbigen Kästen
- erweitertes Sachregister mit farbigen Tabellen und Grafiken
- mit umfangreichem Wortindex – ermöglicht sehr einfach das Buch nach gewissen Begriffen, Themen oder Personen zu durchsuchen
- Register aller Bibelstellen mit Seitenangaben
- zu jedem Kapitel Fragen und Anregungen zur Vertiefung des Gelesenen und zur praktischen Anwendung im täglichen Leben
- engl./deutsches Seitenregister zum Vergleichen mit der Originalausgabe
- ausklappbare Chronologie der Bibel (in Band 1 – *Wie alles begann*)
- gebunden, Format 21,5 x 27 cm

Die Geschichte der Hoffnung

Die Hörbuchreihe

Parallel zu den gedruckten Ausgaben erscheinen die wertvollen Inhalte von *Die Geschichte der Hoffnung* als Hörbücher im MP3-CD-Format.

Schweiz
Advent-Verlag Schweiz
info@advent-verlag.ch
www.advent-verlag.ch
0041 (0)33 511 11 99

Österreich
Top Life Wegweiser-Verlag
info@toplife-center.com
www.toplife-center.com
0043 (0) 1 2294000

Deutschland
Advent-Verlag Lüneburg
info@advent-verlag.de
www.advent-verlag.de
0049 (0) 4131 9835 02

Ellen G. White

Der rettende Weg
Jesus Christus

Was politische Parolen, philosophische Manifeste und moralische Appelle nicht vermögen, kann der Glaube an Jesus Christus: das Herz des Menschen zum Guten verändern. Er hat uns einen Gott gezeigt, der den Menschen unendlich liebt und wertschätzt. Einen barmherzigen Gott, der nicht verdammen will, sondern unter größtem Einsatz rettet und so unsere besten Kräfte weckt. Mit großer Feinfühligkeit nimmt uns die Autorin dieses Bestsellers an der Hand und führt uns auf den Weg zu einem frohen Leben mit Jesus Christus. „Es ist ein Werk, das Fragenden hilft, junge Christen inspiriert und reife Gläubige ermutigt und motiviert. Das Buch ist einzigartig hilfreich."
Fleming H. Revell

Format: 11 x 18 cm
Art: Paperback
Umfang: 160 Seiten

Ellen G. White

Der Sieg der Liebe
Das Leben von Jesus Christus

Ellen G. White beschreibt in einzigartiger Schönheit die Person und das Wirken des Jesus von Nazareth. Angefangen bei der Geburt in Bethlehem, über sein öffentliches Wirken in Palästina bis hin zum Tod am Kreuz und der Auferstehung am dritten Tag. Das Buch verdeutlicht, weshalb Jesus Christus bis heute für Millionen von Menschen Hoffnung und neues Leben bedeutet.

Format: 11 x 18 cm
Art: Paperback
Umfang: 840 Seiten

Schweiz
Advent-Verlag Schweiz
info@advent-verlag.ch
www.advent-verlag.ch
0041 (0)33 511 11 99

Österreich
Top Life Wegweiser-Verlag
info@toplife-center.com
www.toplife-center.com
0043 (0) 1 2294000

Deutschland
Advent-Verlag Lüneburg
info@advent-verlag.de
www.advent-verlag.de
0049 (0) 4131 9835 02

Hans Heinz

Radikale Veränderungen
gestern – heute – morgen

Unser Planet durchläuft heute radikale Veränderungen: Schlagwörter wie Klimawandel, Umweltkatastrophen, Globalisierung, Bevölkerungsexplosion, Wertezerfall, Kulturkampf oder internationaler Terrorismus sind unsere täglichen Begleiter. Dabei brechen auch fundamentale Fragen neu auf. Gibt es allgemeine ethische Normen? Existiert Gott? Wenn ja, wo und wie handelt er? Entwicklungen und Umwälzungen der Vergangenheit eröffnen heute verblüffende Einsichten in die Zukunft. Erfüllte Prophezeiungen der Bibel bekräftigen seit der Antike: Gott wirkt von vielen unbemerkt, aber stetig in der Geschichte und lenkt sie zu einem guten Ziel.

Format: 11 x 18 cm
Art: Paperback
Umfang: 128 Seiten

John T. Baldwin, L. James Gibson, Jerry D. Thomas

unfassbar!
Existiert mehr als wir sehen?

Wir entdecken Unfassbares, wenn wir mit Teleskopen in den Weltraum blicken und zudem die physikalischen Voraussetzungen erfassen, die das Leben auf unserem Planeten ermöglichen. Wir entdecken Erstaunliches, wenn wir die Lebewesen auf der Erde und ihre gegenseitige Abhängigkeit untersuchen. Wir entdecken Außergewöhnliches, wenn wir die Fähigkeiten des Menschen und seine Leistungen betrachten. Wir entdecken eine unfassbare Liebe, wenn wir den Plan Gottes für unsere Welt und seine Lösung für das Problem des Leides und Todes kennenlernen. Die Autoren nehmen die Leser auf eine erstaunliche Gedankenreise mit, die ihnen eine neue Weltsicht vermittelt. Sie beschreiben die unfassbare Zukunft, die Gott für die Menschen vorbereitet hat.

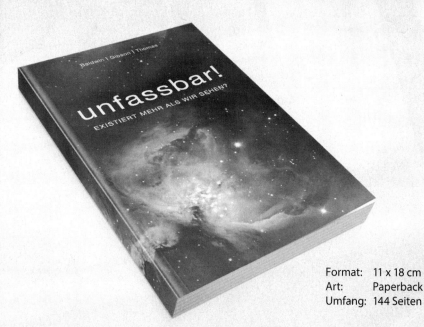

Format: 11 x 18 cm
Art: Paperback
Umfang: 144 Seiten

Schweiz
Advent-Verlag Schweiz
info@advent-verlag.ch
www.advent-verlag.ch
0041 (0)33 511 11 99

Österreich
Top Life Wegweiser-Verlag
info@toplife-center.com
www.toplife-center.com
0043 (0) 1 2294000

Deutschland
Advent-Verlag Lüneburg
info@advent-verlag.de
www.advent-verlag.de
0049 (0) 4131 9835 02

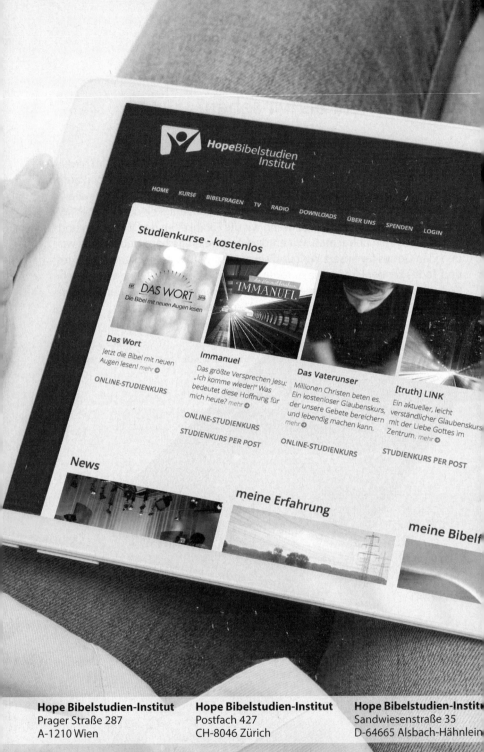

HopeBibelstudien Institut

HÖR NIE AUF ZU ENTDECKEN!

www.hope-kurse.org

GLAUBENSKURSE

SPANNEND

ONLINE & PER POST